Herbert Vorgrimler

Neues Theologisches Wörterbuch

mit CD-ROM

Herder

Freiburg · Basel · Wien

Die Deutsche Bibliothek – CIP-Einheitsaufnahme

Vorgrimler, Herbert:
Neues theologisches Wörterbuch : mit CD-ROM /
Herbert Vorgrimler. – Freiburg : Herder, 2000
ISBN 3-451-27430-3

2. Auflage

Alle Rechte vorbehalten – Printed in Germany
© Verlag Herder Freiburg im Breisgau 2000
Einbandgestaltung: Finken & Bumiller, Stuttgart
Umschlagfoto: © Mauritius
Satztechnische Verarbeitung und Mediendesign: SatzWeise, Föhren
Gesetzt in der Minion und Gill Sans
CD-Herstellung: House of Audio, Karlsdorf
Druck und Bindung: Freiburger Graphische Betriebe 2000
Gedruckt auf umweltfreundlichem, chlorfrei gebleichtem Papier
ISBN 3-451-27340-3

Herbert Vorgrimler

Neues Theologisches Wörterbuch

Herrn

KARDINAL FRANZ KÖNIG

em. Erzbischof von Wien
Dr. phil., Dr. theol., Dr. h. c. mult.
Ehrenbürger von Wien
zur Vollendung des 95. Lebensjahres
in freundschaftlicher und
herzlicher Verbundenheit zugeeignet

Vorwort

Neben den großen Enzyklopädien der Theologie ist vielleicht ein kleineres und erschwingliches Wörterbuch sinnvoll und nützlich. Es kann auf viele in den Lexika gespeicherte Erkenntnisse dankbar zurückgreifen, aber es will und kann den großen Werken keinesfalls Konkurrenz machen. Da selbst diese bei weitem nicht vollständig sind, ist es wohl verständlich, daß das kleine Lexikon nur eine begrenzte Auswahl an Begriffen enthalten kann. Diese will es im Rahmen des Möglichen von ihrer Bedeutung, ihrer Herkunft und ihrem Problemhintergrund her erklären und so berechtigte Wünsche nach ersten Informationen und vermehrtem Wissen in Glaubensdingen erfüllen. Es ist von einem Vertreter der systematischen Theologie verfaßt, der hier, so gut es ihm möglich war, über sein Fachgebiet hinaus Begriffe aus vielen theologischen Einzelwissenschaften zu erläutern versucht hat. Dabei wollte ich dort, wo in Theologie und Kirche Meinungsverschiedenheiten bestehen, meine eigene Auffassung nicht völlig hinter neutral-objektiver Darstellung verbergen. Hoffentlich wird der ökumenische Geist trotz aller Katholizität deutlich. Selbstverständlich kann das Wörterbuch kein Fachlexikon ersetzen. In seinem Rahmen war es auch nicht möglich, weiterführende Literatur anzugeben.

Es sei mir gestattet, noch kurz auf die Vorgeschichte einzugehen. 1961 haben Karl Rahner und ich das »Kleine theologische Wörterbuch« veröffentlicht, das wir 1976 neu bearbeiteten und das bis 1988 in 16 Auflagen erschienen und in mehrere Sprachen übersetzt worden ist. In Jahren enger Zusammenarbeit sind Anteile an diesem gemeinschaftlichen Unternehmen in das vierbändige Werk »Sacramentum Mundi« übergegangen oder von dort in die Auflage von 1976 übernommen worden. Manches von dem, was uns damals wichtig erschien, hat meines Erachtens seine Gültigkeit bis heute nicht verloren. Ich habe darum einiges hier übernommen und kenntlich gemacht. Wenn jemand den Eindruck haben sollte, es handle sich um Rahnersches Gedankengut, so kann ich dem nur zustimmen, da ich von seiner Aktualität überzeugt bin. Ich habe aber den Stichwortbestand von 644 Artikeln in eigener Verantwortung auf 891 erweitert und bleibe nicht bei jedem Thema in den Spuren Rahners.

Von Herzen danke ich meinem lieben und verehrten Freund Kardinal Franz König, em. Erzbischof von Wien, für die Annahme meiner Widmung als Zeichen einer 40jährigen Verbundenheit. Für uns ist das Zweite Vatikanische Konzil keine überholte oder rückgängig zu machende Angelegenheit.

Münster im Frühjahr 2000   Herbert Vorgrimler

Abkürzungen

Allgemeine Abkürzungen

AT	Altes oder Erstes Testament
atl.	alttestamentlich
bzw.	beziehungsweise
ca.	circa
CIC	Codex Iuris Canonici
d. h.	das heißt
ebd.	ebenda
Ev.	Evangelium
ev.	evangelisch
f, ff	folgende
griech.	griechisch
hebr.	hebräisch
Jh(h).	Jahrhundert(e)
JHWH	der heilige jüdische Gottesname
kath.	katholisch
lat.	lateinisch
LXX	die Septuaginta (griech. Übersetzung der hebr. Bibel)
n. Chr.	nach Christus
NT	Neues Testament
par.	mit Parallelstellen (bei Bibelzitaten)
röm.	römisch
s.	siehe
sog.	sogenannt
theol.	theologisch
u.	und
u. a.	und andere, unter anderem
u. ö.	und öfter
usw.	und so weiter
v. Chr.	vor Christus
Vg.	die Vulgata, lateinische Bibelübersetzung
z. B.	zum Beispiel
z. T.	zum Teil

Abkürzungen der biblischen Bücher

Altes oder Erstes Testament:

Gen	Genesis (1. Mose)
Ex	Exodus (2. Mose)
Lev	Leviticus (3. Mose)
Num	Numeri (4. Mose)
Dtn	Deuteronomium (5. Mose)
Jos	Josua
Ri	Richter
Rut	Rut
1 Sam	1. Buch Samuel
2 Sam	2. Buch Samuel
1 Kön	1. Buch Könige
2 Kön	2. Buch Könige
1 Chr	1. Buch Chronik (Paralipomenon)
2 Chr	2. Buch Chronik (Paralipomenon)
Esra	Esra (1 Esra)
Neh	Nehemia (2 Esra)
Tob	Tobit
Jdt	Judit
Est	Esther
1 Makk	1. Buch Makkabäer
2 Makk	2. Buch Makkabäer
Ijob	Ijob (Hiob)
Ps(s)	Psalm(en)
Spr	Sprichwörter (Salomos)
Koh	Kohelet (Prediger, Ecclesiastes)
Hld	Hohelied
Weish	Weisheit
Sir	Jesus Sirach (Ecclesiasticus)
Jes	Jesaja
Dt-Jes	Deutero-Jesaja
Jer	Jeremia
Klgl	Klagelieder (des Jeremia)
Bar	Baruch
Ez	Ezechiel
Dan	Daniel
Hos	Hosea
Joel	Joel
Am	Amos

Obd	Obadja
Jona	Jona
Mi	Micha
Nah	Nahum
Hab	Habakuk
Zef	Zefanja
Hag	Haggai
Sach	Sacharja
Mal	Maleachi

Neues Testament:

Mt	Matthäus-Evangelium
Mk	Markus-Evangelium
Lk	Lukas-Evangelium
Joh	Johannes-Evangelium
Apg	Apostelgeschichte
Röm	Römerbrief
1 Kor	1. Korintherbrief
2 Kor	2. Korintherbrief
Gal	Galaterbrief
Eph	Epheserbrief
Phil	Philipperbrief
Kol	Kolosserbrief
1 Thess	1. Thessalonicherbrief
2 Thess	2. Thessalonicherbrief
1 Tim	1. Timotheusbrief
2 Tim	2. Timotheusbrief
Tit	Titusbrief
Phlm	Philemonbrief
Hebr	Hebräerbrief
Jak	Jakobusbrief
1 Petr	1. Petrusbrief
2 Petr	2. Petrusbrief
1 Joh	1. Johannesbrief
2 Joh	2. Johannesbrief
3 Joh	3. Johannesbrief
Jud	Judasbrief
Offb	Offenbarung des Johannes

Abkürzungen der zitierten Dokumente des Zweiten Vatikanischen Konzils

AA   Apostolicam Actuositatem (Dekret über das Laienapostolat)
AG   Ad Gentes (Dekret über die Missionstätigkeit der Kirche)
CD   Christus Dominus (Dekret über die Hirtenaufgabe der Bischöfe)
DH   Dignitatis humanae (Erklärung über die Religionsfreiheit)
DV   Dei Verbum (Dogmatische Konstitution über die göttliche Offenbarung)
GS   Gaudium et spes (Pastorale Konstitution über die Kirche in der Welt von heute)
LG   Lumen gentium (Dogmatische Konstitution über die Kirche)
NA   Nostra aetate (Erklärung über das Verhältnis der Kirche zu den nichtchristlichen Religionen)
OT   Optatam totius (Dekret über die Ausbildung der Priester)
SC   Sacrosanctum Concilium (Konstitution über die heilige Liturgie)
UR   Unitatis redintegratio (Dekret über den Ökumenismus)

Dokumente der kath. Lehrverkündigung

Die Ausgaben der kirchenamtlichen Lehrtexte werden nur in ganz seltenen Fällen mit Zahlen angegeben (bei älteren Konzilien und Synoden und bei den beiden letzten Dogmen). Die Einzelnachweise sind bei den Stichworten in den großen Lexika leicht auffindbar.

DS   H. Denzinger – H. Schönmetzer, Enchiridion Symbolorum, Definitionum et Declarationum de rebus fidei et morum, 36. Auflage Freiburg i. Br. 1976
NR   J. Neuner – H. Roos, Der Glaube der Kirche in den Urkunden der Lehrverkündigung, hrsg. von K. H. Weger, 11. Auflage Regensburg 1983

Literaturhinweise

Es ist nicht möglich, im Rahmen eines kurzgefaßten Wörterbuchs Spezialliteratur anzugeben. Wichtige Literaturhinweise zu den theologischen Einzelwissenschaften finden sich bei A. Raffelt, Proseminar Theologie (viele Auflagen). Das Philosophische Wörterbuch (Neuauflage Freiburg i. Br. 2000) meines Freundes A. Halder, Ordinarius für Philosophie an der Universität Augsburg, wird mit großem Nutzen zur Vertiefung der systematischen Beiträge dieses Wörterbuchs herangezogen.

Die neueren großen Lexika haben bei der Erarbeitung dieses kleinen Lexikons beste Dienste getan; sie seien nachdrücklich empfohlen:

Lexikon religiöser Grundbegriffe, hrsg. von A. Th. Khoury, Graz 1987
Wörterbuch des Christentums, hrsg. von V. Drehsen u. a., Gütersloh – Zürich 1988
Evangelisches Kirchenlexikon, in 3. Auflage hrsg. von E. Fahlbusch u. a., 5 Bände, Göttingen 1986–1997
Lexikon für Theologie und Kirche, in 3. Auflage hrsg. von W. Kasper u. a., bisher 9 Bände, Freiburg i. Br. 1993–2000.
Eine sinnvolle Ergänzung dieses Wörterbuchs stellt das Theologenlexikon von W. Härle und H. Wagner, 3. Auflage, München 2001, dar.

A

Abendmahl. *1. Begriff.* Seit M. Luther 1522 ist A. der auf ev. Seite beliebteste Begriff für jenen Gottesdienst der christlichen Gemeinde, der ausdrücklich auf das letzte Mahl Jesu mit seinen Jüngern (»Letztes A.«) zurückgeführt wird. Das Wort A. gilt dafür in röm.-kath. u. orthodoxer Sicht als wenig geeignet, weil »Mahl« das Gottesdienstgeschehen einenge u. »Abend« den Zeitpunkt der Feier zu bestimmt benenne, auch weil A. mißverständlich nur die Vergegenwärtigung des letzten Mahles Jesu meinen könne. – *2. Biblische Zeugnisse. a) Eigenart der ältesten Berichte.* Die im NT enthaltenen Abendmahlsberichte gelten in allen christlichen Kirchen als historische u. theol. Grundlagen des Abendmahlsgottesdienstes. Historische Berichte im Sinn der heutigen Geschichtswissenschaft sind sie allerdings nicht; der früher übliche, auch juristisch geprägte Begriff »Einsetzungsberichte« wird immer mehr aufgegeben. Die Abendmahlsberichte setzen die frühe christliche Liturgie, das Zusammenkommen »im Namen Jesu«, im Glauben an seine neue, wirkliche Gegenwart, in der Erinnerung an sein Leben u. Sterben u. an die Wahrnehmungen des aus dem Tod auferweckten Jesus, in der Erfahrung lebendiger Gemeinschaft mit ihm, im Vorausblick auf bleibendes Zusammensein mit ihm voraus. Sie wollen offenkundig der konkreten Gestaltung u. dem Verständnis der Liturgie dienen (der literarischen Gattung nach sind sie wohl Kult – ↗Ätiologien). – Die Berichte erzählen von dem letzten Mahl, das Jesus am Abend vor seinem Tod mit seinem engeren Jüngerkreis hielt. Sie lassen den Unterschied zu anderen Mahlzeiten mit Jesus darin erkennen, daß Jesus – wenigstens in einer sicheren Vorahnung von seinem bevorstehenden gewaltsamen Sterben – hier seinen Tod deutete. Daß Jesus dieses Mahl als jüdische Tischliturgie gestaltete, darf als sicher gelten. Nach den Berichten hat er das Brechen u. Überreichen des Brotes sowie das Reichen des Segensbechers mit deutenden Worten verbunden. In ihrem Kernbestand dürfen diese als historisch sicher gelten, wenn sie auch nicht mehr genau rekonstruierbar sind. Möglicherweise lauteten sie bei der Brotgabe: »Dies (ist) mein Leib«, bei der Bechergabe: »Dieser Becher (ist) mein Blut für viele« (was allerdings die Frage aufwirft, ob der Jude Jesus damit wirklich Blutgenuß gemeint habe). Das Becherwort könnte aber eher, nach der älteren Überlieferung, gelautet haben: »Dieser Becher ist mein Blut des Bundes«. »Leib« meint die ganze konkrete Person, für die Jesus hier eine neue Gegenwartsweise ankündigt. Das Becherwort mit der Betonung des Bundes würde zur Erneuerung des Bundes beim gemeinsamen Trinken aufrufen. Bei der Betonung des Blutes dagegen würde die Erinnerung dem gewaltsamen Tod Jesu gelten: wie sein Leben, so solle auch sein Sterben »vielen«, gerade auch den vor Gott an seinem Tod Schuldiggewordenen, zugute kommen. Mit dem Vorausblick auf den Tod war, wie die meisten Exegeten annehmen, eine Äußerung der Zuversicht, nämlich auf das Leben über den Tod hinaus im Hinblick auf das, wofür Jesus lebte u. starb, die ↗Herrschaft Gottes, verbunden. – *b) Spätere Interpretationen.* In ihrem heutigen Wortlaut enthalten die Abendmahlsberichte weitere religiös-theol. Ausdeutungen. Die älteren Berichte Mk 14,22–25 u. 1 Kor 11,23–26 sind nach heutiger Ansicht voneinander unabhängige Überlieferungsformen einer nicht erhaltenen Urfassung. Ob Jesu letztes Mahl ein Pesachmahl (jüdisch auch »seder«) war, wie die synoptischen Evangelien im Unterschied zu Joh (18,28; 19,14) sagen, läßt sich historisch wohl nicht aufhellen. Die spätere, nicht auf Jesus zurückgehende Pesach-Deutung, wonach das jüdische Pesach bloßes Vorausbild des Pascha-Mysteriums Jesu gewesen sei, ist bereits von der erfolgten leidvollen Trennung der Christen- von der Judengemeinde geprägt. Das Becherwort Mk 14,24 deutet unter Anspielung auf Ex 24,5–8 den gewaltsamen Tod Jesu als Vermittlung eines »neuen« Bundes, d.h. als Verwirklichung einer von Gott immerfort angebotenen Erneuerung des ↗Bundes als Ort der Vergebung u. Versöhnung. Es versteht Jesus als den ↗Knecht Gottes, der als Bundesmittler (vgl. Jes 42,6; 49,8; 53,11) die Sünde »der vielen«, d.h. aller, trug u. vor Gott für die Schuldigen eintrat. Es handelt sich um *eine* Version der frühchristlichen ↗Soteriologie. – *c) Anamnese-Auftrag.* Paulus betont ebenso wie Lk in hellenistischer Sprachgestalt eine Aufforderung Jesu, »dies« im Andenken an Jesus zu wiederholen. Für Paulus sind ferner von Bedeutung: Die Verkündigung des Todes Jesu bei jeder dieser Feiern, der ekklesiologische Charakter (Konstitution des kirchlichen ↗Leibes Jesu Christi durch Teilhabe an den eucharistischen Gaben: 1 Kor 10,17) sowie das ethisch-soziale Verhalten der Teilnehmer (1 Kor 11,28). – d) Taufe u. A. (Eucharistie) sind die schon im NT bestens bezeugten ↗Sakramente (liturgische Symbolhandlungen). Die Eucharistie heißt auch »Brotbrechen« (Apg 2,46; 20,7 11; 1 Kor 10,16) oder »Herrenmahl« (1 Kor 11,20). Wohl vom Segensgebet der jüdischen Tischliturgie (hebr. »beraka«, griech. »eucharistia«) her erhält die Abendmahlsfeier von den Apostolischen Vätern des 2. Jh. an den Namen »Eucharistie« = Danksagung. – *3. Zur kath. Theologie u. Lehrentwicklung* ↗Eucharistie. – *4. Die Einsprüche der Reformatoren* bezogen sich auf die kath. Auffassung vom ↗Meßopfer, insbesondere auf das Verständnis des Sühneopfers (↗Opfer) u. die ausschließliche Bevollmächtigung des Amtspriesters zu dessen Feier, auf die theol. Interpretation der wahren Gegenwart Jesu Christi in diesem Sakrament (↗Transsubstantiation), auf die kath. Konsequenzen aus diesem Verständnis (Kommunion außerhalb der Messe, eucharistische Andachten u. Prozessionen) sowie auf die faktische, bis zum II. Vaticanum bestehende Verweigerung des Kelchs gegenüber den ↗Laien. Von einer einheitlichen Auffassung der Reformatoren hinsichtlich des A. kann jedoch keine Rede

sein. – *a)* Für *M. Luther* († 1546) war die reale Gegenwart des gekreuzigten
u. auferweckten Jesus in der Abendmahlsfeier von fundamentaler Bedeutung. Die irdische Materie Brot u. Wein wird für ihn mit der himmlischen
Materie Leib u. Blut Jesu Christi sakramental geeint (so real-objektiv, daß
auch Ungläubige ihn in der Kommunion zu sich nehmen würden: »man-
ducatio oralis et impiorum«). Für Luther war das möglich, weil er die
menschliche Natur Jesu Christi für allgegenwärtig hielt (↗Ubiquitätslehre).
Das Ziel der Abendmahlsfeier als Mahlgemeinschaft ist für ihn die Liebesgemeinschaft der Glaubenden mit dem erhöhten Herrn. – *b) J. Calvin*
(† 1564) sah in Luthers Auffassung von der realen Gegenwart Jesu Christi
unter der Gestalt des Brotes u. Weines eine zu große Verdinglichung.
Grundlage seiner Gegenposition war sein Glaube, daß die menschliche
Natur Jesu orthaft an den Himmel gebunden sei, so daß an die Stelle ihres
Kommens die Erhebung der menschlichen Herzen zu ihr in den Himmel
treten müßte, bewirkt durch die Vermittlung des Hl. Geistes. Den Abend-
mahlsempfang verstand er als geistliche Speise der Menschenseele. Zweifellos hielt er an einer Realpräsenz Jesu Christi im A. fest, doch wird seine
Sicht mit Recht als Lehre von der realen Spiritualpräsenz bezeichnet. –
c) H. Zwingli († 1531) u. andere Reformatoren deuteten Brot u. Wein im
A. als bloße Symbole der geistigen Gegenwart Jesu; das Geschehen bestand
für sie in einem gemeinschaftlichen Gedenken des Todes Jesu, verbunden
mit dem Bekenntnis des Glaubens der Feiernden. – *d)* Bis ins 20. Jh. waren
die Lehr- u. Glaubensunterschiede hinsichtlich des A. so groß, daß zwischen den aus der Reformation hervorgegangenen lutherischen u. reformierten Kirchen eine Abendmahlsgemeinschaft nicht möglich war. Auch
nach deren Einführung u. dem Verzicht auf Kontroversen bleibt ein Unterschied in der praktischen Wertschätzung des A. bestehen. Die Basis der
Abendmahlsgemeinschaft (»Leuenberger Konkordie« zwischen den lutherischen u. reformierten Kirchen Europas 1973) besagt, daß im A. (wie in
der Verkündigung des Evangeliums) reale Begegnung mit Jesus Christus,
der gegenwärtig ist kraft des Heiligen Geistes, geschieht u. daß es sich dabei
um die Gegenwart des ganzen Christus »in, mit u. unter« den Gaben von
Brot u. Wein handelt. Neuere theol. Überlegungen (unter Beteiligung der
Anglikaner, der Kirchen der Dritten Welt u. der Freikirchen) haben sich
von den orthodoxen Ostkirchen durch eine neue Beachtung der ↗Anam-
nese u. ↗Epiklese beeinflussen lassen; ferner haben sie den gemein-
schaftsbildenden Charakter der Abendmahlsfeier wieder entdeckt u. deren
Zusammenhang mit sozialen Aufgaben (Befreiung, Verantwortung für
Frieden, Gerechtigkeit u. Bewahrung der Schöpfung) reflektiert.

Aberglaube ist kein theol. Begriff, sondern eine wertende Bezeichnung für
einen falschen Glauben, nämlich für Auffassungen u. Praktiken, die im

Widerspruch zur eigenen ↗Religion stehen (oder zu stehen scheinen) u. die als unterlegen gelten: als geistig inferior, aus Lebensschwäche entstanden usw. Gesichtspunkte aus der jüdisch-christlichen Offenbarung zur Beurteilung einer Haltung als abergläubisch sind etwa: a) Die Meinung, es gebe neben Gott mit ihm konkurrierende selbständige Naturmächte oder böse Geister (↗Teufel, ↗Dämonen); b) Versuche, den souveränen Gott oder solche angenommenen Mächte zu beherrschen durch magische Riten oder Objekte; c) aus dem Grundbedürfnis, das Leben zu meistern, der Zukunftsneugier durch ↗Astrologie, Orakel usw. nachzugeben u. dadurch wenigstens indirekt die freie Führung u. Fügung durch Gott zu leugnen. Solche Formen des A. treten als Ersatzreligion in nachchristlicher Zeit aus der unüberwindbaren Lebensangst, aus der Suche nach Halt vermehrt auf (↗Esoterik, ↗Okkultismus). Zusammenhänge mit dem Bereich des Unbewußten müßten untersucht werden. Das Christentum hat einerseits auf dem Boden der jüdisch-biblischen ↗Aufklärung von Anfang an den A. bekämpft; so zeigt sich z. B. der Kampf gegen die Verehrung von Sternenmächten von Gen 1 an bis hin zu den nachpaulinischen Schriften des NT (Kol). Anderseits muß die Gefahr von A. im Christentum auch gesehen werden: Die Skala reicht von harmlosen Bräuchen (Amulette, geweihte Gegenstände als Talismane) bis zu magischen Auffassungen (↗Reliquien, Blutwunder, nötigende Beschwörung von Heiligen usw.). Die viel größere Gefahr liegt freilich in den Folgen des der Offenbarung nicht gehorsamen A.: Antisemitismus (angebliche Ritualmorde), Hexenglauben u. -verfolgung sowie generell Fanatismus.

Ablaß (lat. »indulgentia«) bedeutet historisch den Erlaß von Bußwerken (↗Bußsakrament), an deren Stelle die Zusage der kirchlichen Fürbitte u. die Auferlegung eines Ablaßwerkes treten. In diesem Sinn der Umwandlung der Bußleistung kommen die Ablässe vom 11. Jh. an auf. Die scholastische Theologie unterbaute diese Praxis mit der Lehre vom ↗Kirchenschatz, dem »Schatz« der überschüssigen Verdienste Jesu Christi u. der Heiligen, aus dem der Papst Ablässe gewähren könne, die auch Verstorbenen zuwendbar seien. Nach heftiger theol. Kritik u. völliger Ablehnung des Ablaßwesens durch die Reformatoren warnte das Konzil von ↗Trient vor Mißbräuchen, es lehrte aber auch, Ablässe seien überaus segensvoll u. beizubehalten. In der neueren kath. Dogmatik wurde vorgeschlagen, den A. als qualifizierte Fürbitte der Kirche für einen reuigen Sünder bei der Aufarbeitung der zeitlichen unheilvollen Folgen seiner Sünde (↗Sündenstrafen) zu verstehen. Bei der Ablaßreform 1967 wurde jedoch am autoritativen Verwalten u. Zuwenden des Schatzes der Sühneleistung Jesu Christi u. der Heiligen festgehalten; der A. selber wird definiert als »Nachlaß zeitlicher Strafe vor Gott für Sünden, deren Schuld schon getilgt ist« (CIC von

1983 can. 992); er kann, je nach der erbrachten Voraussetzung, ein »vollkommener« oder nur ein Teil-A. sein. Ob kath. Christen sich um einen A. bemühen wollen oder nicht ist ihnen ausdrücklich freigestellt.

Abraham (zunächst hebr. »Abram« = der Vater ist erhaben, dann »Abraham« nach Gen 17,4 f. = Vater der Völker), eine theol. bedeutende biblische Gestalt, nach überwiegender exegetischer Meinung eine historische Persönlichkeit des 2. vorchristlichen Jahrtausends, von der im AT die Erzählungen Gen 11–25 sprechen. Diese Erzählungen gehören unterschiedlichen Quellenschichten an. Nach der ältesten erging an A. eine Verheißung Gottes, daß in ihm alle Geschlechter auf Erden gesegnet werden würden. In dieser Linie wird A., der aufgrund des göttlichen Anrufs vertrauensvoll die Heimat verließ u. mit seiner JHWH verehrenden Sippe eine lebenslange Wanderung auf sich nahm, als Urbild des glaubenden Menschen gezeichnet. Er versagt allerdings mehrfach u. wird Gen 22 belehrt, was der Glaube von Gott nicht annehmen darf (nämlich daß Gott Menschenopfer fordere). Durch Gottes Bund mit A. u. die Bundesverheißung wurde A. zum Ahnherrn Israels. Die Israeliten im babylonischen Exil sahen in ihm den Inbegriff der Fortdauer der ihnen geltenden Gottesverheißung. A. gilt dem AT aber auch als Stammvater der arabischen Völker (daher seine hervorragende Rolle im Koran). Der Gott der unwiderruflichen Offenbarung in Jesus, der Gott des NT, ist der Gott Abrahams, Isaaks u. Jakobs, die Jesus auch nach ihrem Tod als in Gott Lebendige bezeichnete (Mk 12,26 f.). Die Aussage des AT, daß Abrahams Glaube ihm zur Gerechtigkeit angerechnet wurde (Gen 15,6), nahm Paulus zum Ausgangspunkt seiner Ablehnung einer Gerechtigkeit vor Gott aus Werken (der Gesetzesbeobachtung) (Röm 4; Gal 3 f.). Das NT fügt zur leiblichen Abstammung der Juden u. so auch Jesu (Mt 1,1) von A. die Abstammung von ihm im Glauben hinzu. In der Sicht des II. Vaticanums verbindet die Kindschaft Abrahams Juden, Christen u. Muslime (LG 16; NA 3 f.).

Absolute, das oder der Absolute (lat. = das Losgelöste), in der Theologie der lat. Kirchenväter Bezeichnung Gottes; bei Anselm von Canterbury (†1109) u. Nikolaus von Kues (†1464) theol. Reflexionen über diese Gleichsetzung. Absolut ist das Unabhängige u. Unbedingte, das In-sich-Stehende u. Durch-sich-Seiende, also das Gegenteil des Endlichen, Bedingten, Relativen, Vorläufigen. Als Begriff der ↗Gotteslehre bezeichnet das schlechthin A. Gott, insofern er aus sich allein seiend, aus sich wahr u. aus sich gut gedacht werden muß. Ob das Denken, das zunächst auf die Erfahrungen des Bedingten (Raum u. Zeit) angewiesen ist, das A. erreicht (was nicht heißt: begreift), hängt von seiner Fähigkeit, den ↗Grund zu erkennen, ab. Eine deutlichere Erfahrung des A. ist im Appell einer sittlichen Verpflichtung (↗Gewissen) u. im Kern einer existentiellen Entscheidung möglich.

Absolutheit (Absolutheitsanspruch) des Christentums. Es handelt sich um eine mißverständliche, interpretationsbedürftige Wortprägung, die, ausgehend von G. W. F. Hegels († 1831) Begriff der »absoluten Religion«, im 19. Jh. in der ev. Theologie viel verwendet u. diskutiert wurde u. in der 1. Hälfte des 20. Jh. auch in die kath. Theologie eindrang. Drei Gesichtspunkte sind zu unterscheiden: 1) Es gehört zum unaufgebbaren Kern des christlichen Glaubens, daß der allein absolute Gott sich dem Bedingten u. Endlichen selber mitgeteilt hat u. mitteilt (↗Selbstmitteilung Gottes) u. daß er in Jesus Christus das Bedingte u. Endliche, das Menschsein, in unbedingter Weise selber angenommen hat. Dieses Verhältnis Gottes zum Geschaffenen läßt sich gedanklich nicht überholen. Wenn darin ein Anspruch auf A. liegt, kommt er Gott allein u. seinem Verhältnis zur Kreatur zu. – 2) Insofern in diesem von Gott selber geoffenbarten Verhältnis Gottes zu seiner Kreatur ein Angebot des endgültigen ↗Heils ergangen ist, stellt sich die Frage, inwieweit dieses auch ohne ausdrücklichen christlichen, d. h. Christus-Glauben angenommen werden kann. Religionsgeschichtlich sieht sich das ↗Judentum vor einer parallelen Frage. Die Antwort muß von dem Grundsatz ausgehen, daß Gott allein über das ewige Geschick der Menschen entscheidet (↗Anonymes Christsein). – 3) Gehört jedoch die Zugehörigkeit zu einer bestimmten Religionsgemeinschaft zu den von Gott geoffenbarten Bedingungen des ewigen Heils eines Menschen? In kath. Sicht kennt Gott allein die konkreten Heilswege, auf denen er Menschen zu sich führt. Die Funktion der christlichen Kirche als Heilszeichen für Welt u. Menschheit darf nicht mit dem trivialen Schlagwort »alleinseligmachend« wiedergegeben werden (↗Extra Ecclesiam nulla salus). Erst recht darf eine endliche, historisch bedingte u. sündige Religionsgemeinschaft nicht zu einem Absoluten gemacht werden. (Vgl. auch die biblischen Aussagen zum nie gekündigten Gottesbund mit ↗Noach, zum Gottespriester Melkisedek Gen 14, 18–20, zur wahren Gottesverehrung auch bei Heiden Mal 1, 11.) Dennoch stellt in der Sicht des Glaubens die Zugehörigkeit eines Menschen zu einer bestimmten sozio-kulturellen u. institutionell verfaßten Situation einen Anruf Gottes an ihn dar, der bei entsprechender, nicht schuldhaft niedergehaltener Erkenntnis absolut verpflichtenden Charakter annehmen kann.

Absolution (lat. »absolvere a peccatis« = von Sünden lossprechen), die Lossprechung von Sünden im ↗Bußsakrament, die als Absolutionsformel seit der Wende zum 2. Jahrtausend die Gebete um Vergebung u. Versöhnung allmählich zu verdrängen begann. A. heißt auch die Bitte um Vergebung in anderen Bußriten. Die Erteilung der A. ist, außer der A. zu Beginn der Eucharistiefeier oder bei der Kommunion außerhalb der Eucharistiefeier, an kirchenrechtliche Normen gebunden. A. bezeichnete manchmal auch einen feierlichen Abschluß beim nichtsakramentalen Gottesdienst (Stundengebet, Totenoffizium).

Abstrakt, Abstraktion (lat. »abstractum« = das Abgezogene). Abstrahieren ist ein Vorgang bei der Frage nach dem ↗Wesen eines Seienden, also bei der Wesenserkenntnis, bei der Eigenschaften oder Zustände als »unwesentlich« abgezogen, d. h. weggelassen, u. andere als besonders bedeutsam hervorgehoben werden. Nach der aristotelisch-thomanischen Philosophie setzt das Abstrahieren ein Vorverständnis dessen, was wesentlich ist, voraus (in der neueren Philosophie besteht dieses Vorverständnis in einem Vergleichen von Vorstellungen, der »Komparation«, oder aber in einer Intuition). Das Abstrahieren, das bei der Erkenntnis auf die Frage »was ist das?« antworten u. daher zu Begriffen u. Definitionen führen soll, ist ein Denkvorgang, der das Über-Individuelle, Allgemeine, Formale erreicht. Von da her ist das Abstrakte das Unanschauliche, während das Konkrete (lat. »concretum« = das Zusammengewachsene) das individuelle, zusammengesetzte Anschauliche, Vorstellbare u. Vorgestellte, aber auch Mißverständliche, daher das des Verstehens u. der Deutung Bedürftige ist.

Absurd (lat. = widersinnig). Eine ältere Problematik spitzt mit diesem Begriff das Verhältnis von Glauben u. Denken (Vernunft) zu: »Credo quia absurdum«, ich glaube, gerade weil es Widersinn ist, ein zu Unrecht Tertullian († nach 220) zugeschriebener Ausspruch. Er wurde als Ausdruck blinder Autoritätsgläubigkeit besonders kath. Christen zur Last gelegt. Die amtliche kirchliche Lehre besagt dem gegenüber, daß auch die Mysterien des Glaubens keine logischen Widersprüche enthalten u. der Glaubensgehorsam vernunftgemäß zu sein hat. Ein bis zum Absurden zugespitzter Stil meint eher das Überraschende oder Paradoxe gerade der konkreten Liebe Gottes zu den Menschen. – In manchen Ausprägungen der »existentialistischen« Weltanschauung nach 1945 galt die menschliche Existenz als bestimmungslos; sie konnte daher zu dem Gefühl beitragen, verurteilt zu sein, sich vor dem Dasein zu ekeln (J.-P. Sartre † 1980) u. es für absurd zu halten (A. Camus † 1960).

Adam (der aus Erde Gemachte, von hebr. »adama« = Ackererde), Bezeichnung, z. T. Eigenname des ersten Menschen, auch Gattungsname (»kollektive Persönlichkeit«). Die Bibel thematisiert A., außer bei theologisch durchaus relevanten Anspielungen, zweimal eingehend, in Gen u. bei Paulus. – 1. Nach dem älteren Schöpfungsbericht Gen 2 ist A. aus Erde vom

Ackerboden gebildet, also Teil der Natur u. ihrer Geschichte, u. von Gott mit dem »Atem des Lebens« begabt, von Gott abhängig u. sterblich geschaffen worden. Gott vertraute ihm die ↗Schöpfung als sein Lebenshaus an, ließ ihn seine Grenzen, die er nicht übertreten durfte, erkennen u. erschuf ihm eine gleichwertige (aus seinem Gebein u. Fleisch genommene) Partnerin. Nach dem jüngeren Text Gen 1 wurde die Schöpfung auf den »männlich u. weiblich« geschaffenen Menschen hin bereitet. Gott schuf Mann u. Frau (↗Eva) als sein Bild u. als seine Stellvertreter in der Schöpfung (↗Gottebenbildlichkeit). Die Bemühungen der späteren Theologie, über die »Ausstattung« der ersten Menschen nachzudenken, sind nicht schlechthin verfehlt. Bis zu den Erkenntnissen der historisch-kritischen Exegese gingen sie zwar von der irrigen Annahme aus, bei den Schöpfungsberichten handle es sich um Informationen über geschehene ↗Urgeschichte. Aber auch dann, wenn einsichtig geworden ist, daß Gen 1 u. 2 nicht isoliert genommen werden dürfen, sondern daß sie im Gesamtzusammenhang von Gen 1–9 zu lesen sind, nicht als Berichte, sondern als Versuche einer Erklärung (↗Ätiologie), wie es zu den »heutigen« lebensmindernden Zuständen gekommen ist, bieten die Erzählungen genug Anhaltspunkte dafür, *wie* die Menschen von Gott gewollt waren u. *daß* die Menschheit im ganzen von Anfang an Gottes Erwartungen nicht erfüllt hat. – 2. Paulus stellt im Rahmen seiner Überlegungen über die heilsgeschichtliche Funktion des ↗Gesetzes A. u. Jesus Christus einander (»antitypisch«) gegenüber, um anhand der kosmischen Folgen der Sünde des A. das universale Heil in Jesus Christus hervorheben zu können (Röm 5,12–21; 1 Kor 15,22 f. 45 f.). Schlüsselbegriffe dabei sind ↗Sünde u. ↗Tod (beide wohl personifiziert, Tod nicht oder nicht nur biologisch gedacht) durch den Ungehorsam des A., Verurteilung aller Menschen durch Gott, da A. als Repräsentant der Menschheit im ganzen galt, einerseits, Gerechtsprechung durch Gott, Gnade u. Leben (nicht biologisch gedacht) durch den Gehorsam Jesu als des neuen Repräsentanten der Menschheit im ganzen anderseits. Die Paulustexte legen Reflexionen über Jesus als den im Sinn Gottes gelungenen Menschen u. die in ihm begonnene Vollendung der Schöpfung nahe. – Die altkirchliche Theologie, besonders Augustinus (†430), leitete aus Röm 5,12 die Lehre über die ↗Erbsünde ab (↗Monogenismus).

Adiaphora (griech. = das Nicht-Unterschiedene). Der aus der griech. Philosophie stammende Begriff bezeichnet in der ev. Ethik jenen »mittleren« Bereich des menschlichen Lebens, für den es keine biblischen Weisungen gibt. Da sich aber das ganze sittliche Leben im Bereich christlicher ↗Freiheit abspielt, gibt es auch für die ev. Ethik kein sittlich indifferentes christliches Verhalten. In der ev. Theologiegeschichte spielte der Begriff A. eine

Rolle bei der Frage, wie verbindlich kirchliche Rechtsordnungen sind
(16. Jh.), eine Frage, die sich im Zusammenhang mit dem Verhalten von
Christen in der Politik neu stellt.

Adoptianismus ist ein Begriff der ↗Trinitäts-Theologie u. ↗Christologie,
der die Auffassung bezeichnet, ↗Jesus Christus sei nur ein Mensch gewesen,
allerdings ein von Gott in besonderer, ja einzigartiger Weise ausgezeichneter u. daher »adoptierter« Sohn. Der A. gehört zu der vom 1. Jh. an auftretenden Strömung des ↗Monarchianismus, die, ernsthaft besorgt um die
Treue zum ↗Monotheismus, das Kommen Gottes selber in seine Schöpfung in der ↗Inkarnation nicht akzeptierte (genannt werden außer frühen
Judenchristen: im 3. Jh. Paul von Samosata; im 8. Jh. Elipandus von Toledo, Felix von Urgel u. a.).

Affekt, Affektivität. Die ältere Theologie sah kaum einen Unterschied zwi-
schen Affekt (lat. = Zustand, Stimmung, Betroffensein) u. ↗Leidenschaft.
Sie war sich mit der griech. Psychologie unschlüssig darüber, inwieweit die
höheren geistigen Vermögen des Menschen an den Affekten beteiligt sind.
Die Stellungnahmen gingen völlig auseinander: Teils galten die Affekte als
Quelle der Unordnung im Menschen; die Befreiung von ihnen war mit
einer Abwertung des ↗Leibes u. mit wachsender »Vergeistigung« gegeben
(↗Stoische Philosophie), bis hin zum Ideal völliger Gefühls- u. Empfindungslosigkeit; teils wurden die Affekte im Gefolge des Aristoteles († 322
v. Chr.) als naturgegebene Regungen aufgefaßt, die als gut galten, wenn sie
von der ↗Vernunft beherrscht u. geordnet sind (Thomas von Aquin
† 1274); teils bewertete man, besonders unter dem Eindruck des Liebes-
gebots, die Affekte höher als die Vernunft (Bonaventura † 1274, Johannes
Gerson † 1429, M. Luther † 1546). – Nach der neueren Religionspsycho-
logie zählen die Leidenschaften zu den Strebevermögen, die Affekte zu den
spontanen Gefühlsaufwallungen oder emotionalen Regungen. Affekte entstehen teilweise aus Sinneseindrücken, vegetativen Vorgängen (Schmerz u.
Leid), teilweise sind sie an Denkvorgängen beteiligt oder gehen aus diesen
hervor. Die aus dem Denken hervorgehende Betroffenheit ist eine wesentliche Komponente von ↗Religion. Emotionale Erlebnisfähigkeit kann nicht
hervorgerufen, wohl aber durch falsche ↗Askese generell unterdrückt werden (intellektualistische »Verkopfung« der Theologie, Nichtzulassung von
↗Gefühlen u. ↗Intuitionen in der Kirche usw.). Affektivität ist vielfach ein
Kennzeichen von ↗Mystik (z. B. in den ignatianischen Betrachtungen).

Agape (griech. = Liebe), ein im nichtchristlichen Griechisch seltener, im NT
häufiger Begriff für ↗Liebe, vor allem für selbstlose Zuneigung im Unterschied zu den sinnlich-begehrenden Momenten des Eros. A. ist die Liebe

Gottes (der selber die A. ist, 1 Joh 4,16) zu Jesus, zu den Menschen, in Gestalt des Heiligen Geistes in die Herzen der Menschen eingesenkt (Röm 5,5), dann – paulinisch als Frucht des Geistes – die geschwisterliche Liebe der Glaubenden zueinander u. die praktische Liebe (lat. »caritas«) zu den Bedürftigen. Im frühen Christentum (bes. 3. Jh.) heißt auch eine Mahlveranstaltung, oft in zeitlicher Nähe zum Gottesdienst, A. (»Liebesmahl«), von da her ein heute wieder belebter Name u. Brauch, die lebendige Gemeinschaft, deren Grund u. Zeichen die Eucharistie ist, über die Liturgie hinaus zu realisieren.

Agnostizismus (griech.-lat. = Lehre von der Nichterkennbarkeit), im 19. Jh. entstandener Begriff für eine Haltung, die für eine sichere Erkenntnis als Voraussetzung eine empirische, allgemein nachprüfbare ↗Erfahrung verlangt u. daher eine sichere ↗Erkennbarkeit Gottes leugnet. Der A., dessen Tradition bis zum skeptischen Denken der Antike zurückreicht, richtet seine Ablehnung aber auch auf philosophische Erkenntnis im allgemeinen. In unterschiedlichen Ausdrucksformen reicht er von »metaphysischer Stimmenthaltung« bis zu der Auffassung, Kosmos u. Leben seien ↗absurd. Eine Ergänzung erhält er im »metatheologischen A.«: auch die Nichtexistenz Gottes sei nicht beweisbar. Der A. bedeutet eine ständige Anfrage an Theologie u. Verkündigung, ob sie der ↗Unbegreiflichkeit Gottes, des absoluten ↗Geheimnisses, u. der ↗Analogie jeder Gottesrede Rechnung tragen. Ferner stellt er immer neu die auch ökumenisch wichtige Frage, wie sich Glaube, religiöse Erfahrung u. »natürliche« Gotteserkenntnis zueinander verhalten.

Ahnenverehrung, ebenso wie Ahnenkult ein falsches, diffamierendes Wort. Grundlage ist der Glaube an ein individuelles Leben nach dem Tod in einer geistigen Dimension dieser Welt u. an eine Teilnahme der lebendigen Verstorbenen am Leben der Hinterbliebenen (in der Familie, Stammesgemeinschaft usw.). Letztere realisieren das Leben der Toten nicht nur in ↗Erinnerung u. geistiger Verbundenheit, sondern auch in konkreten Formen der Aufmerksamkeit für die Ahnen bei Festen u. Mahlzeiten, ohne daß die Ahnen in göttlichen Rang erhoben würden. In Afrika u. Asien verbreitet.

Akkomodation (lat. = Anpassung) war ursprünglich zentrales Thema der ↗Missionstheologie: Wie u. in welchem Umfang können die Inhalte des Glaubens in außerchristlichen Begriffen u. Symbolen vermittelt, kann der Gottesdienst in nichtchristliche Riten »eingekleidet« werden? Heute stellt sich das Problem auch bei der Kommunikation der Kirchen mit den nachchristlichen Gesellschaften. Die Bewahrung der Identität des Glaubens ist unbestrittene Aufgabe; sie wäre völlig verfehlt, wo die biblischen Zeugnisse der Selbsterschließung Gottes einem jeweiligen Zeitgeist »angepaßt« würden. Es widerspräche dem eschatologischen Charakter der Offenbarung, wollte man sie um neue Inhalte erweitern oder ihre Wertmaßstäbe verändern (↗Pluralismus). Allerdings zeigt die theol. ↗Hermeneutik, daß die Unterscheidung einer überzeitlichen, unwandelbaren Substanz u. einer geschichtlich veränderlichen Einkleidung unhaltbar ist.

Akt (lat. = Tätigkeit, Vollzug) ist ein wichtiger Begriff der traditionellen christlichen Philosophie, Theologie u. Ethik; er hat auch eine Bedeutung in Philosophien der 1. Hälfte des 20. Jh. (Akt- u. Erlebnispsychologie, Phänomenologie, Ontologie) u. von da her bei der Analyse des religiösen Verhaltens. – 1. Grundlegend sind von Aristoteles (†322 v.Chr.) her *Akt und Potenz* (griech. »energeia« u. »dynamis«), Wirklichkeit u. Möglichkeit, als die beiden Modalitäten jedes – endlichen – Seienden, mit deren Hilfe das Werden verstanden werden kann. Bei seiner Rezeption des Aristotelismus hat Thomas von Aquin (†1274) die Reflexion über A. u. Potenz u. ihren realen Unterschied (»distinctio realis«) weitergetrieben. Der ↗Potenz kommt durchaus Sein zu, aber als Unbestimmtes, Unentfaltetes, nur So-Seiendes, noch nicht Da-Seiendes. Bei allem endlichen Seienden bedeutet die Überführung der Potenz in einen A. – wie die Entfaltung von Anlagen, die Bestimmung von Unbestimmtem – eine Beschränkung u. Verendlichung, die beim Unendlichen, bei Gott, nicht denkbar sind. Daher ist im Thomismus eine bevorzugte Umschreibung Gottes: »actus purus«, reine, unbeschränkte Aktualität. Die ↗Inkarnation richtet an diese Sicht die Frage, ob Gott nicht doch etwas werden konnte, was er nicht »immer schon« war, so daß die Leugnung einer Potenz (einer Möglichkeit) in Gott mindestens von da aus problematisch ist. – 2. *Religiöser Akt* heißt jener Selbstvollzug des Menschen, in dem dieser sich auf die ↗Transzendenz seines eigenen Wesens einläßt. Das Bezogensein auf Gott ist mit dem Wesen des ↗Menschen, also »immer schon« (apriorisch, unausweichlich) gegeben; es kann bewußt werden, bewußt angenommen u. realisiert werden, es kann unbewußt bleiben, verdrängt oder niedergehalten werden. Wird es angenommen, dann bedeutet das Gottesverhältnis des Menschen eine Steigerung seiner Selbstverwirklichung, da die (bewußte) Nähe Gottes die menschlichen Möglichkeiten mehrt, nicht mindert. Eben darum lebt der religiöse A. nicht von den Rändern her, sondern aus u. in der Mitte des menschlichen Subjekts, wo das göttliche ↗Geheimnis angenommen, angebetet u. geliebt wird, ohne daß dies eine Minderung des vernünftigen Denkens bedeutete. Der religiöse A. hat, wo er bewußt begonnen hat, die Tendenz, sich »kategorial« zu vollziehen, d.h. das Bezogensein auf Gott in allen konkreten u. geschichtlichen Momenten (Schichten u. Dimensionen) des Menschseins thematisch-greifbar zu realisieren. Damit antwortet er nicht nur auf die »immer schon« im Menschen gegebene, ihn anrufende Gegenwart des Heiligen Geistes, sondern auch auf die geschichtliche Zusage Gottes, an sein Kommen in das Menschsein hinein in Jesus von Nazaret. Beide Gestalten der Antwort können unter Umständen im religiösen A. zunächst nur anfanghaft u. ohne bewußtes Verstehen der ganzen Tragweite erfolgen. Sie können implizit in menschlicher Liebe, in Liebe zur Schöpfung zugleich Liebe zu Gott, zum Menschgewordenen sein u. umgekehrt. Je weiter u. je tiefer sich der religiöse A. von solchen Anfangsformen aus entfaltet, umso mehr sind in ihm die Solidarität mit den Leidenden u. die Erinnerung der Toten vor Gott einbezogen. – 3. *Sittlicher Akt* ist ein wichtiger Begriff der traditionellen kath. Moraltheologie. Ein menschliches Verhalten, bei dem der Mensch seine personalen Fähigkeiten, nämlich Verstand u. Willen, nicht voll einsetzt, heißt »actus hominis«. Die spezifisch menschliche Entscheidungstat heißt im Unterschied dazu »actus humanus«. Sie ist immer ein sittlicher A., weil sie – ob das ausdrücklich bewußt u. thematisiert wird oder nicht – zur normativen Grundlage der ↗Sittlichkeit Stellung nimmt. Die kath. Moraltheologie beurteilt dieses Stellungnehmen von der Art u. Weise aus, wie ein Mensch seine Entscheidung u. sein Verhalten auf sein letztes (übernatürliches) Ziel hin orientiert. Von dieser Hinordnung hängt es ab, ob ein A. *subjektiv* gut oder schlecht ist. Hier hängt die Fragestellung engstens mit der ↗Gnadenlehre zusammen: Es ist eine auch ökumenisch zentrale Frage, ob es ein natürliches Endziel des Menschen u. natürlich sittlich gute Akte gibt, die auf es hingeordnet sind, oder ob alle sittlich guten Akte ihre Gutheit der ↗Gnade Gottes verdanken, darum auf das übernatürliche Ziel hingeordnet u. ↗Heilsakte sind. Die heutige kath. Theologie tendiert dahin, dieses Letztere anzunehmen. Im konkreten Einzelfall kann ein A. durch unterschiedliche Faktoren beeinträchtigt u. begrenzt sein, die sowohl den menschlichen Verstand als auch den Willen (z. B. im Fall deformierter, determinierter ↗Freiheit) betreffen. – Nach der traditionellen kath. Moraltheologie ist ein A. neben seiner subjektiven Seite auch *objektiv* gut oder schlecht. Die Frage danach wird vom ↗Formalobjekt des sittlichen Aktes her beantwortet. Zwei Elemente bilden das Objekt des Sittlichen: der innere ↗Zweck (↗Finalität) einer menschlichen Handlung, der aus ihrer eigenen inneren Struktur ersichtlich ist, u. die Umstände, von denen der wichtigste der vom Handelnden angezielte, daher »äußere«, Zweck (nämlich die Motivation) ist. Wie verhalten sich innerer u. äußerer Zweck zueinander? Sind sie einander angenähert, d. h. sind Motive u. Handlungsstruktur zu einer Einheit integriert, dann ist der gute oder schlechte A. »schwer«; er stellt eine Entscheidung u. ein Verhalten dar, die einen Menschen vor seinem letzten Ziel, das Gott ist, radikal prägen. Von da her wird verständlich, daß es nach der kath. Moraltheologie wohl sittlich indifferente »actus hominis«, aber keinen sittlich indifferenten »actus humanus« geben kann.

Akzidens (lat. = das Hinzukommende, Zufällige) bezeichnet in der von Aristoteles († 322 v. Chr.) herkommenden Philosophie – beim Nachdenken über das Verhältnis von Wesen u. Erscheinung – dasjenige unselbständige Seiende, das »zufällig« (d. h. nicht notwendig) als nähere Bestimmung des selbständig Seienden (der ↗Substanz) in Erscheinung tritt. Konkret wird immer ein Ganzes erfahren, u. zwar wird das Wesen mittels der Akzidentien erkannt, aber die Akzidentien lassen sich von der Substanz (vom Wesen) unterscheiden, weil bei gleichbleibendem Wesen (»Was ist das?«) Veränderungen zu beobachten sind. Ein A. kann nie ohne die Substanz, an der es anhaftet, existieren, daher kann das ↗Sein von ihm nur analog (↗Analogie) ausgesagt werden. Weil Zufälligkeiten nur im Bereich des Endlichen vorkommen, wird das Unendliche ohne A. gedacht. Nach Aristoteles ist jedes endliche Seiende in 10 Kategorien aussagbar, nämlich einerseits in seiner Substanz (seinem Wesen), anderseits nach 9 Akzidentien: nach Quantität u. Qualität als absoluten Akzidentien, nach Relation, Ort, Zeit, Tätigkeit, Leiden, Lage u. Besitz als relativen Akzidentien. Die kath. Theologie der ↗Eucharistie verwendet in der Lehre von der ↗Transsubstantiation den Unterschied von Substanz, die gewandelt wird, u. Akzidentien (↗Species), die bleiben.

Alexandrinische Theologenschule. In dem antiken Bildungszentrum Alexandrien, wo der biblische Offenbarungsglaube von hellenistischen Juden mit dem griech. Denken vermittelt wurde (Philon † um 50 n. Chr.), entstanden eine christliche Katechetenschule u. eine Art akademischer Bildungswerke. Bedeutende Lehrer: Pantaenus (um 180), Klemens von Alexandrien († vor 215), Origenes († 253). Seit Origenes kann von einer eigentlichen theol. »Schule« gesprochen werden (später noch Athanasius, † 373, u. Kyrill, Metropolit von Alexandrien, † 444). Ihre Einflüsse sind in den Konzilien von Nikaia u. Ephesos, bei den ↗Kappadokiern, in der byzantinischen Theologie bei Maximos Confessor († 662), im Westen bei Ambrosius († 397) spürbar. – Die Alexandriner suchten, summarisch gesprochen, nach der Einheit von Glauben u. Denken (auf der Basis des ↗Mittelplatonismus), ausgehend von der Wahrheit des einen ↗Logos. Sie brachten die christologische Reflexion (wenn auch einseitig vom göttlichen Logos aus, mit der Gefahr des ↗Monophysitismus) voran, bildeten die ↗Idiomenkommunikation aus, suchten hinter den biblischen Buchstaben den tieferen göttlichen Sinn (↗Allegorie u. ↗Typos in der Exegese) u. integrierten Mystik u. Askese in die Theologie.

Allegorie (griech. »allegorein« = etwas anderes aussagen), eine Darstellungsweise in bildender Kunst u. Literatur, die »hinter« dem unmittelbar Dargestellten ein Zweites verborgen wissen will, das sich »an sich« nicht zur Darstellung oder zur Sprache bringen läßt. Dieses Zweite ist mit dem ersten unmittelbar Dargestellten auch nicht innerlich verwandt (wie das beim ↗Symbol der Fall ist) oder ähnlich (so daß es durch einen Vergleich, eine »Metapher«, anschaulich gemacht werden könnte). Während Symbol u. Metapher (Gleichnis) dem Verstehen leichter zugänglich sind, gehört der Zugang zur A. eher in den Bereich esoterischen Wissens, da die A. auf bewußter Verschlüsselung beruht. Darin liegt das theol. Problem einer allegorischen Exegese, wie sie vom kirchlichen Altertum an bis ins Mittelalter verbreitet war. Vgl. auch ↗Schriftsinne.

Allgegenwart Gottes. Die biblischen Zeugnisse über Nähe u. Ferne Gottes haben zwei Aspekte oder Pole, die unausgeglichen nebeneinander stehen. Nach dem einen Aspekt, der stärker von menschlichen Erfahrungen geprägt ist, gibt es bevorzugte Orte oder Erlebnisse der Nähe Gottes u. Wahrnehmungen Gottes als des Fernen, Unnahbaren, Verborgenen, in der transzendenten Dimension des »Himmels« Wohnenden. Nach dem anderen, mehr vom religiösen Denken her erschlossenen Aspekt ist Gott allem u. überall gegenwärtig, der Unentrinnbare (Ps 139), dessen Macht die Geschichte lenkt u. am Totenreich nicht endet, den Himmel u. Erde nicht fassen. Im NT ist das Bekenntnis zur A. G. manchmal gegen den Tempel als bevorzugte Wohnstätte Gottes gewendet. – Wenn das theol. Denken sich die Frage nach Gott unter dem Gesichtspunkt des Raumes stellt (»wo ist Gott?«), muß es davon ausgehen, daß Gott selber jeder anderen, von ihm verschiedenen Wirklichkeit nahe ist, weil er jede existierende Wirklichkeit als ↗Grund bewirkt hat u. sie tragend im Dasein hält. Alles ist ihm nahe u. allem ist er nahe, u. zwar so, daß alles in ihm ist u. daß außerhalb seiner nichts ist. Gottes Sein ist selber weder räumlich-raumhaft noch raumbildend noch in einer endlichen Weise auf einen endlichen Raum bezogen: aus seiner ↗Unendlichkeit ergibt sich, daß er alle endlichen Gegenwartsweisen (zirkumskriptive u. definitive Gegenwart) unendlich überbietet. Diese A. G. ist von seiner Gegenwart durch ↗Selbstmitteilung an das endliche Geschöpf zu unterscheiden.

Allmacht Gottes. Dort, wo Liturgie u. Theologie die ↗Eigenschaften Gottes aufzählend nennen, um die Göttlichkeit Gottes rühmend u. umschreibend von allem Nichtgöttlichen abzuheben, wird Gott meist an erster Stelle der »Allmächtige« genannt. In den Gotteserfahrungen der atl. Glaubenszeugen wurde Gott zunächst als der mächtige, genügende Gott der Vorfahren (»El Schaddaj«), als der allen widrigen Mächten Überlegene

(»JHWH Zebaot«) erkannt. Diese Gottespreisungen wurden in der LXX oft mit »Allherrscher« (»Pantokrator«) wiedergegeben (im NT selten). Damit war der Blick monotheistisch ausgeweitet: Dem in der Schöpfung, d. h. in Natur u. Geschichte unbegrenzt wirkmächtigen Gott steht kein anderes Prinzip entgegen, keine Größe vermag seine Macht zu begrenzen. – Die Übersetzung von »Pantokrator« mit »Omnipotens« in der Vg. u. in den Glaubensbekenntnissen bringt die Gefahr des Mißverständnisses hervor, als sei Gott jederzeit in der Lage, alles das zu verwirklichen, was nicht innerlich-philosophisch (wie: hölzernes Eisen) oder moralisch (wie das Böse) unmöglich ist. Bei dieser Meinung drängt sich das Problem der ↗Theodizee besonders belastend auf. Die Theologie muß das Bewußtsein dafür vermitteln, daß »Allmacht« nur ein analoges menschliches Wort, von einer positiven Bedeutung des Begriffs »Macht« aus gebildet, ist, das sich gegen die vermeintliche Macht des faktisch Gegebenen u. Herrschenden richtet. Dabei sind aus der Tradition drei Inhalte zu bedenken: 1. Gottes Macht ist nicht Alleinwirksamkeit, sondern bekundet sich als schöpferische Macht in der Befähigung der Menschen, frei u. verantwortlich zu handeln, u. in der Befähigung der Kreatur zur ↗Selbsttranszendenz (Gottes Bejahung der ↗Evolution); 2. die Liturgie bekennt von Gott, er übe seine A. vor allem im Verschonen u. Erbarmen aus; 3. Glauben gegen die Bedrängnis durch das Faktische bedeutet Vertrauen darauf, daß Gott sich am Ende als der in Wahrheit Geschichtsmächtige u. als der rettende Anwalt aller kreatürlichen Opfer erweisen werde. Die traditionelle Redeweise, daß Gottes A. das innerlich Unmögliche nicht bewirken könne, wird dadurch korrigiert, daß alle Möglichkeiten in Gott gründen u. daher nicht unser Urteil über Möglichkeit oder Unmöglichkeit, sondern Gottes ↗Unbegreiflichkeit das letzte Wort ist. Die ↗Theodizee vermag A. u. Güte Gottes nicht zu versöhnen.

Allwissenheit Gottes. In den biblischen Gotteszeugnissen wird nicht von einem »Wissen« Gottes in unserem Sinn von Wissen gesprochen. Die Personalität Gottes bekundet sich in Erkennen u. Wollen, die nicht neutral, sondern engagiert sind u. für die es keine Grenzen gibt: überall findet Gott die schutzbedürftige Kreatur, um sie bei sich zu bergen (jedoch auf seine göttliche Weise: ↗Vorsehung), überall findet sein Gericht die Schuldiggewordenen. Trinitarische Ansätze im NT deuten darauf hin, daß Gott liebend auch sich selber erkennt. Das Bekenntnis des I. ↗Vaticanums zur A. G. wollte in erster Linie gegenüber Tendenzen des ↗Pantheismus betonen, daß Gott ein souverän erkennendes u. wollendes personales Gegenüber zu seiner Schöpfung, nicht mit ihr identisch, ist. Die dogmatische Gottes- u. Gnadenlehre thematisierte unter A. G. vor allem folgende Gesichtspunkte: 1. Das Erkennen Gottes kann nur vollkommen sein, wenn

Gott tatsächlich *alles* erkennt, u. ↗Vollkommenheit gehört zu den wichtigsten Gottesprädikaten; 2. Gott erkennt *sich selber;* 3. Gott erkennt alle *Möglichkeiten* des Geschaffenen, weil alles Geschaffene seiner Möglichkeit u. seiner Wirklichkeit nach (seiner Seinswirklichkeit, nicht seiner durch eigene Schuld verdorbenen Qualität nach) den Ideen u. dem schöpferischen Wollen Gottes entspringt; 4. die *Wirklichkeit,* die für die Kreatur Mensch in Vergangenheit, Gegenwart u. Zukunft geteilt ist, ist für Gottes Erkennen reine Gegenwart (hier sind die Grenzen des Denkbaren u. des Wissens erreicht); 5. in den ↗Gnadensystemen beschäftigt sich die Theologie auch mit Gottes Erkenntnis des bedingt Zukünftigen (↗Scientia media).

Altes Testament. *1. Altes Testament als Heilige Schrift.* Was Christen von 2 Kor 3, 14 aus als »Altes Testament« bezeichnen, ist die Heilige Schrift des Judentums u. der größere Teil der Heiligen Schrift des Christentums (lat. »testamentum«, griech. »diatheke«, hebr. »berit« = Treueverpflichtung, Verfügung, theol. ↗Bund). Die Sammlung unterschiedlicher Schriften, deren älteste Texte ins 2. Jahrtausend v. Chr. zurückgehen dürften, war ein Jahrhunderte dauernder Vorgang. Der ↗Kanon der hebräischen Bibel war im Wesentlichen um 100 n. Chr. abgeschlossen. Die Einteilung des AT ist bei den Christen anders als bei den Juden (↗Tenak). Röm.-kath. u. orthodoxe Christen zählen aufgrund der LXX Tob, Jdt, Weish, Sir, Bar, 1 u. 2 Makk zum AT, während diese Schriften für die Juden u. Protestanten nicht zum Kanon gehören (↗Apokryphen). Wegen der immer wieder zu befürchtenden u. vorkommenden Abwertung des AT als »überholt« u. »veraltet« sprachen die Kirchenväter auch vom »Ersten Testament«, eine Bezeichnung, die nach dem II. Vaticanum von der Päpstl. Bibelkommission wieder aufgenommen wurde. – Das AT ist, wie für Jesus u. das ganze NT, verbindliche ↗Heilige Schrift der Christen, nicht nur als bleibendes ↗Wort Gottes über Gott, Schöpfung, Gottes Willen, humane Weltgestaltung in Gerechtigkeit u. Liebe, Zukunft der Schöpfung, sondern auch in ihren menschlichen Eigentümlichkeiten: Bleibende Bedeutung der hebräischen Sprache in ihrer Eigenart; liturgisches u. nichtliturgisches Gotteslob; konkrete Menschen- u. Geschichtsauffassung; Zeugnisse des Leidens u. der Klage; Lebensweisheiten u. a. Zur Interpretation: ↗Bibelwissenschaften. Nicht übersehen werden darf, daß das AT auch israelische Literaturgeschichte darstellt u. eine jüdische Nachgeschichte hat. – *2. Altes Testament (»Alter Bund«) als heilsgeschichtliche Größe* umfaßt jene Zeit der Erfahrung u. Selbsterschließung Gottes, die theologisch ihren Anfang im ↗Bund Gottes mit ↗Abraham u. im Exodus (Auszug) Israels aus der ägyptischen Knechtschaft hat sowie im Bund Gottes mit Israel unter der Führung des Mose am ↗Sinai gipfelt. Zeitlich rückwärts »hinter« dieser

Zeit liegt, dem AT als Buch u. als Offenbarung Gottes zugehörig, die Ur-
oder Vorgeschichte mit dem Bund Gottes mit der gesamten Menschheit u.
Schöpfung (↗Noach). Das AT als heilsgeschichtliche Größe weist insoweit
eine Begrenzung auf, als sie nur die Heilsgeschichte Gottes mit seinem Volk
Israel umfaßt, während zur ↗Heilsgeschichte überhaupt auch – nach dem
Wortlaut u. Verständnis des AT selber – die Verheißung an die Heiden
(»Völker«) gehört u. es nach jüdischer wie christlicher Meinung auch außerhalb des erwählten Volkes Gottes ↗Gnade u. Heilsmöglichkeiten gab u.
gibt. Hinsichtlich der Bedeutung u. fortdauernden Geltung dieser besonderen Heilsgeschichte besteht innerhalb der christlichen Theologie in folgenden Punkten Übereinstimmung: Der eine Gott selber hat sich in dieser
Geschichte als gegenwärtig erfahren lassen; er hat Israel zur Anerkennung
seiner Einzigkeit geführt (↗Monotheismus); er hat Israel seinen Namen
bekanntgegeben (↗Jahwe); er hat seinen Willen mit der Schöpfung u. ihr
Ziel geoffenbart, das er trotz aller menschlichen Verweigerungen erreichen
werde (↗Erlösung). Die Erwählung des kleinen Volkes Israel u. Gottes
Bund mit ihm sind in christlicher Sicht der konkrete geschichtliche Weg,
auf dem Gott Israel in Dienst nahm, um die Menschheit im ganzen zu
ihrem Ziel, der beseligenden Gemeinschaft mit Gott in der vollendeten
Schöpfung, zu führen. Da die Vorfahren im Glauben auch für Christen
unentbehrliche Glaubenszeugen sind, die Schriften des AT Gottes Offenbarung, Verheißungen u. Wegweisung für alle Zeiten enthalten, die Gebete
u. Hoffnungen Israels auch die Gebete u. Hoffnungen der Christen sind u.
das Christentum ohne die Geschichte Israels, die seine eigene Herkunft u.
Vergangenheit ist, unerklärlich bleibt, besteht dieser Dienst des für immer
erwählten Volkes Israel weiter: »Das Heil kommt von den Juden« (Joh
4,22). – Die Unterschiede innerhalb der christlichen Theologie beziehen
sich auf das Verhältnis des Alten Bundes zum Neuen Bund. Immer noch
begegnen krasse, aus Unkenntnis oder Bösartigkeit entstehende Fehldeutungen, wie sie zuerst von dem Irrlehrer Markion im 2. Jh. vorgelegt wurden, der den guten Erlösergott des NT gegen den angeblich bösen
Schöpfergott des AT ausspielte. Eine Fehldeutung ist ebenso die Meinung,
der Neue Bund habe den Alten Bund ungültig gemacht u. abgelöst. Die aus
dem NT selber entstehenden Fragen sind bis heute weitgehend ungelöst
bzw. noch nicht im Sinn eines Konsenses beantwortet. Dazu gehört das
Problem antijüdischer u. polemischer Äußerungen im NT, bei denen
darüber diskutiert wird, inwieweit sie zu jüdischen »Familienstreitigkei-
ten« (insbesondere zur Thematik des ↗Gesetzes, der ↗Tora) oder aber
zum Sondergut der von der Synagoge schon getrennten Kirche zu rechnen
sind (↗Antijudaismus). Dazu gehört die Auffassung, die ↗Verheißungen
des Alten Bundes seien im Neuen Bund erfüllt (im NT in zahlreichen
»Erfüllungszitaten« dokumentiert), während nach anderen Hinweisen die

↗Verheißungen des AT über Jesus hinaus einen bleibenden Überschuß haben (↗Messias). Für die kath. Theologie bedeutet der Rückgriff des II. Vaticanums auf eine alte, vermeintlich nicht antijüdische Tradition keinen Fortschritt im Hinblick auf die Eigenständigkeit u. bleibende selbständige Geltung des AT: Der Neue Bund sei im Alten verborgen, der Alte im Neuen erschlossen; die Bücher des Alten Bundes erhielten u. offenbarten erst im Neuen Bund ihren vollen Sinn, umgekehrt beleuchteten u. deuteten sie diesen (DV 16, vgl. auch 14 f.). Vielmehr müßte erkannt werden, daß »Neuer Bund« die auch heute noch fortbestehende Möglichkeit einer Erneuerung des Bundes Gottes mit Israel bedeutet, in den durch den Juden Jesus auch Nichtjuden einbezogen oder wenigstens heilsrelevant ihm zugeordnet werden können. Vgl. auch ↗Neues Testament, ↗Judentum und Christentum, ↗Prophet.

Amt ist nicht ein biblischer, sondern ein soziologischer Begriff für jenes Organ in einer schon hoch organisierten Gemeinschaft, dem die Kompetenz u. die Verpflichtung zukommen, im Interesse der Gemeinschaft für diese verbindlich tätig zu werden. – Israel hatte zur Zeit Jesu einen so hohen Organisationsgrad, daß es Ämter mit definierten Funktionen in Kultus, Lehre u. Leitung besaß. Wenn Jesus auch einem engeren Schülerkreis Anteil an seiner Sendung gab, so macht doch seine Hoffnung, ganz Israel gewinnen u. in kurzer Zeit die ↗Herrschaft Gottes verwirklichen zu können (↗Naherwartung), die Gründung eigentlicher Ämter durch ihn unwahrscheinlich. Die Jüngerschaft der in die Nachfolge Jesu Gerufenen ist nicht mit einem A. identisch, denn »hinter« oder gar »unter« den Jüngern gab es nicht die einfache Gemeinde, sondern sie selber waren diese Gemeinde. Diskutiert wird, ob noch von Jesus selber (durch eine Krise ausgelöst?) im Kreis der ↗Zwölf u. in einer besonderen Beauftragung des Petrus Ansätze zu einer späteren Ämterbildung in der Jesus nachfolgenden Gemeinde gegeben wurden. – Die Entstehung kirchlicher Ämter in den frühchristlichen Gemeinden folgt unterschiedlichen Motiven u. Modellen: jeweils anders fungieren Paulus als ↗Apostel in »seinen« Gemeinden u. die Altapostel in Jerusalem; eine Vielzahl von Aufgaben zeichnet sich ab, ohne daß daraus notwendigerweise stabile Ämter erwachsen müssen; eher aus dem hebräischen Muttergrund tritt die Einrichtung der Ältesten (Presbyter) hervor, aus dem hellenistischen Kulturkreis die der Diakone u. der Episkopen. Insofern sich die Gemeinden unter dem Antrieb des Heiligen Geistes wissen, werden sowohl freie Gaben (↗Charisma) als auch institutionellere Funktionen im Werden u. Bestehen auf ihn zurückgeführt. Innerhalb des NT, aber spät bezeugen die Pastoralbriefe Ämter, Amtsübertragungen durch ↗Handauflegung u. andere Elemente einer Gemeindeordnung; zeitlich noch früher sind die Ansätze zu einer Amtstheologie im

Klemensbrief (um 96) u. zu einer Bischofstheologie bei Ignatius von Antiochien († um 110), die jedoch lediglich lokale Auffassungen wiedergeben. Jedenfalls wird aber schon in ntl. Zeit der Auftrag des Amtes, der kirchlichen Einheit zu dienen, deutlich. – In der weiteren Entwicklung treten in der Amtstheologie hervor: Die sinnenfällige Vergegenwärtigung Gottes bzw. Jesu Christi in der Gemeinde, ein »priesterlicher Dienst« zweiten Grades als Gehilfen u. Vertreter der Episkopen vom 3. Jh. an (↗Priestertum), mit der Tendenz vom 4. Jh. an, in der Amtsübertragung nicht nur den Aspekt der Ordnung, sondern auch den des »Könnens« (der späteren »Vollmacht«) im sakramentalen Bereich zu sehen. Drei Stufen einer Hierarchie des A. (Bischof, Priester, Diakon) bilden sich heraus, mit der Konzentration der »Fülle« des A. zunächst auf den Bischof, später, besonders unter fränkischem Einfluß, auf den Priester, eine Entwicklung, die die Ostkirchen nicht mitmachen (↗Synode) u. die das II. Vaticanum rückgängig zu machen suchte. Funktionen, die nicht durch das ↗Weihesakrament übertragen wurden, galten zunehmend nicht mehr als eigentliche kirchliche Ämter. Faktisch traten Institutionen u. Charismen weitgehend auseinander. – Die Frage nach der »Vollmacht« war eng verbunden mit der Frage nach der Legitimität der Amtsübertragung, d. h. im Kontext der Sorge um die kirchliche Einheit stellte sich (angesichts gnostischer u. rigoristischer Sektenbildungen) die Aufgabe der Wahrung der kirchlichen Identität durch amtliche Rückbindung an die Kirche der Apostel (↗Successio apostolica). Des weiteren wurde über die Gültigkeit von Amtshandlungen von Amtsträgern außerhalb der Großkirche (Streit um die ↗Ketzertaufe u. um den ↗Donatismus) u. von unwürdigen Amtsträgern diskutiert. Im kirchlichen Altertum wurden Kandidaten für das kirchliche A. häufig vom Volk bzw. von einer Gemeinde benannt, wenn auch die Amtsübertragung durch die Handauflegung anderer Amtsträger geschah. Im Zug der mittelalterlichen Zentralisierungs- u. Feudalisierungstendenzen kam diese Mitwirkung in der kath. Kirche abhanden; sie konnte auch mit der weltweiten Verbreitung demokratischen Bewußtseins bisher nicht wieder Fuß fassen. – Das Amtsverständnis der orthodoxen Ostkirchen ist eher noch stärker auf den Bischof konzentriert, wobei die liturgisch-sakramentale Auffassung dominiert; die dreistufige Weihehierarchie entspricht der röm.-katholischen; Laien werden mit Lehr- u. Verwaltungsaufgaben betraut. – In reformatorischer Sicht bedarf die Kirche zur Sicherung des Dienstes an Wort u. Sakrament eines A., das insoweit auch auf Gottes Willen u. Stiftung zurückgeführt werden kann. Seine konkrete Ausgestaltung ist der Kirche überlassen. Gegenüber der Unterscheidung von Klerus u. Laien u. der Stufenhierarchie, die insgesamt als nicht schriftgemäß bezeichnet werden, betonen die Reformatoren die gemeinsame Berufung u. Weihe aller Glaubenden. Da in den aus der Reformation hervorgegangenen Kirchen die Rückbindung an die Kirche der Apostel durch aufeinanderfolgende Amtsübertragungen unterbrochen wurde, haben die Ämter in diesen Kirchen in offizieller röm.-kath. Sicht »Mängel« (II. Vaticanum UR 22), ungeachtet der Rückbindung im Glauben an die Norm des Anfangs. – In Reaktion auf die Reformation lehrte die röm.-kath. Kirche verbindlich, daß nicht alle Christen hinsichtlich des Dienstes am Wort Gottes u. an den Sakramenten die gleiche Befugnis haben, daß vielmehr kraft »göttlichen Rechts« eine in Bischöfe, Priester u. dienende Weihegrade gestufte Hierarchie in der Kirche besteht (vor allem Konzil von ↗Trient). Den ökumenischen Aufgaben suchte sie dadurch gerecht zu werden, daß sie die Lehre von den drei Ämtern Christi aufnahm. Schon im Altertum hat man von Hebr aus das Priestertum u. von den messianischen Texten aus das Königtum Jesu Christi thematisiert. Eine um das Prophetenamt erweiterte Ämtertrias vertrat vor allem J. Calvin († 1564). Nach der Lehre des II. Vaticanums (besonders in LG) haben die Mitglieder der Kirche in unterschiedlicher, gestufter Weise in der Fortführung der Sendung Jesu Christi Anteil an seinen Ämtern (»munera«). Diese Sicht steht theologisch nicht ausgeglichen neben der traditionellen Auffassung von den zwei »Gewalten« oder »Vollmachten« (»potestates«) in der Kirche, der Leitung (Lehr- u. Hirten-A.) u. der Weihe oder Heiligung (Priester-A.). – *Heutige Probleme*. Ein weitgehender Konsens besteht darüber, daß die Kirche nicht nur eine spontan-charismatische, sondern auch eine geschichtlich-institutionelle Gemeinschaft ist u. daher das A. notwendigerweise zu ihr gehört; auch darüber, daß das A. – in einem allgemeinen Sinn – von Gott gewollt ist, weil er das Bleiben der Kirche will. Da das A. wie alles Institutionelle in Struktur u. Funktionen zutiefst von dieser, zum Vergehen bestimmten, ↗Welt geprägt ist, unterliegt es der Gefahr, sich der Welt (in Herrschsucht, Ungerechtigkeit, Selbstdarstellung usw.) gleichförmig zu machen. Die Frage nach einer ausdrücklichen »Stiftung« des Amtes oder der Ämter durch Gott in Jesus Christus kann, historisch enggeführt, unlösbare Aporien aufwerfen, wenn nicht die geschichtliche Entfaltung (mit konkreten, situationsbedingten Ausdifferenzierungen) des Amtes als geistgewirkt u. damit als legitim anerkannt wird. Damit ist nicht geleugnet, daß in der Anfangszeit der Glaubensgemeinschaft bleibende u. wesensnotwendige Aufgaben geoffenbart wurden. Es kann aber bezweifelt werden, daß sich damit der Unterschied zwischen göttlichen u. menschlichen Amtsgründungen (↗»Ius divinum« – »humanum«) rechtfertigen läßt. Trotz aller Bemühungen ist das Verhältnis des Amtes zur Gemeinschaft der Glaubenden insgesamt noch nicht geklärt, z. B. die Frage nach einer Kontrolle des Amtes, nach der Pflicht, einen ↗Konsens zu suchen (↗Lehramt), nach der Mitwirkung bei der Bestellung von Amtsträgern usw. Vgl. auch ↗Ämteranerkennung.

Ämteranerkennung. Es handelt sich hier im engeren Sinn um die gegenseitige Anerkennung der Ämter in der röm.-kath. Kirche u.
in den aus der
Reformation hervorgegangenen Kirchen, eine Aufgabe, die nach den vielen
Fortschritten in den ökumenischen Gesprächen als letztes kirchentrennen-
des *theologisches* Problem geblieben ist. Die von K. Rahner (†1984) vor-
gebrachten Gesichtspunkte sind nach wie vor aktuell: 1. Zu unterscheiden
ist zwischen dem Inhalt einer Aufgabe (einer »Vollmacht«) in der Kirche u.
dem individuellen oder kollektiven Träger dieser Aufgabe. Die Aufgabe
kann sich wesensnotwendig aus der Sendung u. dem Selbstvollzug der Kirche ergeben u. kann darum auf den Willen Gottes u. Jesu Christi zurückgeführt werden. Sie kommt aber zunächst wie jede kirchliche Aufgabe u.
Vollmacht der Kirche im ganzen als der ursprünglichen Trägerin zu. Die
Fragen nach dem geschichtlich-konkreten Träger u. der konkreten Ausübung der Aufgabe müssen sorgfältiger als bisher auf offene Möglichkeiten
hin geprüft werden. – 2. Zu unterscheiden ist zwischen dem geschichtlich-
konkreten Verfassungsrecht einer Kirche (zu dem auch dasjenige zu rechnen ist, was ihr aufgrund einer legitimen geschichtlichen Entwicklung als
»göttliches Recht«, »ius divinum«, gilt) u. dem Wesensrecht der Kirche
Jesu Christi als der im Heiligen Geist versammelten Gemeinde der an Jesus
als den Gekreuzigten u. Auferstandenen Glaubenden. Aus diesem Wesensrecht können neue Rechtsnormen geschaffen werden, die über die »normalen Regeln« hinausreichen. Ist die Reihenfolge einer (wirklich oder vermeintlich) ununterbrochenen Amtsübertragung der »Normalfall« für die
Anerkennung der »Gültigkeit« der Weihe eines Amtsträgers, so kann sich
aus dem Wesensrecht eine solche »Gültigkeit« dadurch ergeben, daß eine
Kirche oder Gemeinde einen Amtsträger widerspruchslos als solchen anerkennt. – 3. Bei einer genaueren Betrachtung des Verhältnisses der röm.-
kath. Kirche zu den aus der Reformation hervorgegangenen Kirchen muß
das heutige Selbstverständnis dieser Kirchen genau geprüft u. gewürdigt
werden. Dabei muß unvoreingenommen nach einer bereits bestehenden
Einheit gefragt werden. Deren erstes Element ist, noch vor Glaube, Taufe,
Hochschätzung der Hl. Schrift, in der jeweiligen Überzeugung, Kirche Jesu
Christi zu sein, zu sehen. Eine solche gewissensmäßige Überzeugung hat
(als »bona fides«) auch in der klassischen kath. Moraltheologie höchsten
Stellenwert. Versteht sich eine von Rom getrennte Kirche nicht mehr in
erster Linie von ihrem Widerspruch gegen das Römisch-Katholische her,
dann *kann* die röm.-kath. Kirche gottesdienstliche Handlungen der getrennten Kirche auch für sich als »gültige« sakramentale Handlungen anerkennen. Der theol. Gedankengang beruht auf der bereits bestehenden
Anerkennung der ↗Taufe u. wird hier letztlich konsequent weitergedacht,
z.B. auf das Abendmahl u. die Amtsübertragung hin. Der Gedankengang
ergibt sich ferner aus einem konsequenten Durchdenken der inneren Hin-

ordnung aller Sakramente, Gottesdienste u. Ämter durch den *einen* Heiligen Geist auf die *eine* Kirche Jesu Christi hin, eine innere Hinordnung, die etwas anderes ist als eine lose Union getrennt existierender Kirchen mit je eigenen Sakramenten u. Ämtern.

Anakephalaiosis (griech. = neue Zusammenfügung im Haupt), von Eph 1, 10 aus besonders bei Irenäus von Lyon († um 202) vorkommender Begriff einer theol. ↗Christozentrik. Er setzt voraus, daß Gott von allem Anfang an seine Schöpfung verwirklichte, um als Menschgewordener in sie einzutreten. Die Menschheit im ganzen gilt als Partnerschaft des ankommenden Gottes. In der konkreten, durch menschliche Freiheit u. Sünde entstellten Ordnung besagt der Begriff A.: Gott hat in seinem menschgewordenen ↗Logos die Zustände der Menschheit einschließlich der Sünde u. des Todes zu eigen angenommen u. positiv überwunden, so daß er in Jesus Christus als dem Haupt der Menschheit Schöpfung u. Menschheit erlöst u. »wiederherstellt«. Dem Sachverhalt einer Vollendung der Schöpfung, die den Anfangszustand (auch den Idealtyp eines ↗Paradieses) unendlich übertrifft, wird der Begriff A. nicht gerecht.

Analogie (griech. »ana logon« = nach Verhältnis), ein Wort, mit dem entscheidende Probleme der Gotteserkenntnis u. der Rede von Gott angesprochen werden. Als philosophischer Begriff kommt A. bei Platon († 347 v. Chr.) vor. Verschiedene Arten der A. werden bei Aristoteles († 322 v. Chr.) thematisiert, der auch der Sache nach erstmals die Seins-A. entwickelte. Für ihn ist analoge Rede ein »Mittleres« zwischen univoker (geschlossen eindeutiger) u. äquivoker (völlig mehrdeutiger) Begrifflichkeit. Sie besagt eine (genauer zu bestimmende) Ähnlichkeit oder Entsprechung zweier Größen. Bei der Proportions-A. wird das Verhältnis zweier Proportionen zueinander vergleichend ausgesagt, bei der Attributions-A. werden zwei Begriffe oder Größen in ihrem Bezogensein auf ein Eines oder Erstes ausgesagt. Thomas von Aquin († 1274) vermittelte in seiner A.-Lehre die aristotelische Seins-A. mit dem neuplatonischen Gedanken der ↗Teilhabe. Auf die Frage, wie der endliche Geist das Verhältnis Gottes zu dem vielfältigen endlichen Seienden erkennen könne, antwortete er, daß alles, was ist, am ↗Sein teilhat, aber auf je verschiedene Weise. Damit war das theol. Problem gegeben, die Art u. Weise dieser unterschiedlichen Teilhaben am Sein sprachlich so zu formulieren, daß die radikale Verschiedenheit von Gott u. Endlichem nicht durch die Verwendung eines übergeordneten Seinsbegriffs bedroht würde. Gedanklicher Hintergrund bei Thomas war die ↗Schöpfungslehre u. der für die kath. Theologie bis heute gültige Grund-Satz des IV. ↗Lateran-Konzils (1215), daß von Schöpfer u. Geschöpf keine Ähnlichkeit ausgesagt werden kann, ohne daß eine größere

Unähnlichkeit zwischen beiden mit ausgesagt werden müßte. – Gegen die
Lehre von der Seins-A. im Hinblick auf Schöpfer u. Kreatur wandte sich
mit Vehemenz K. Barth († 1968), der die seinsmäßige Geschiedenheit Gottes, des ganz ↗Anderen, von der Kreatur hervorhob, aber von einer Ähnlichkeit der Entscheidung der Gnade Gottes zu der menschlichen Entscheidung im Glauben (bei bestehender größerer Unähnlichkeit) sprach. Diese
Auffassung nannte er in Anlehnung an Röm 12, 6 »Analogia fidei« (Glau-
bens-A.). E. Przywara († 1972) verteidigte die A.-Lehre eingehend; er wies
darauf hin, daß bei jedem Ist-Sagen eine letzte Einheit des Seins ausgesprochen u. Gott als das absolute Sein mitgemeint u. mitgesagt ist, daß aber
alles Endliche, weil u. insofern es das Geschehen der Seinsteilhabe ist, mit
dem Unendlichen nur eins ist in der Verschiedenheit. Von neueren Päpsten
wurde der Begriff der »Analogia fidei« in Anspruch genommen für die
Mahnung, daß jede einzelne Glaubens- u. Lehrmeinung bezogen sein
müsse auf das gesamte Glaubensgut. – Für die kath. Theologie bleibt die
A.-Lehre des IV. Laterankonzils das erste, letzte u. umfassende Grundgesetz jeder möglichen Theologie (E. Przywara). Sie verhindert irreführende Redeweisen über Gott (seinerzeit die mystische Identität bei Joachim
von Fiore † 1202), wie das bei der eindeutigen Gleichheit des Ist-Sagens
(Univozität), die ein völliges Erfassen behaupten würde, aber auch bei bloßer Mehrdeutigkeit der Begriffe (Äquivozität), die eine positive Aussage
unmöglich machen würde, der Fall wäre. Die kath. Theologie hält damit
positive, affirmative Aussagen über Gott über eine reine ↗Negative Theologie hinaus für möglich, ohne daß dadurch die Absolutheit Gottes relativiert würde, wie manche ev. Theologen befürchten. – Der Kern der kath.
A.-Auffassung heute besteht aus folgenden Thesen. Eine Erkenntnis heißt
analog, wenn das, was erkannt werden soll, nicht in ihm selber (in seinem
↗Wesen), sondern »nur« in seiner Beziehung zu einem andern, das uns
bekannt ist, erkannt wird. Ein Begriff heißt analog, wenn er etwas nicht
definierend in seinem Wesen, sondern in verschiedenartiger Beziehung
oder verschiedenartigem Verhältnis zu einem anderen, das uns bekannt ist,
aussagt. Bei der Attributions-A. kann nur von *einem* Seienden im eigentlichen Sinn »ist« gesagt werden; alles andere »ist« nur durch seine Beziehung zu diesem ersten Seienden. Bei der Proportions-A. wird mit »ist«
oder »sein« ein inneres Verhältnis bezeichnet, das sich zwar bei allem Seienden findet (z. B. Wesen u. Dasein), aber was u. wie einzelne Seiende
genauer in einem inneren Verhältnis zueinander stehen, wird mit diesem
»ist« oder »sein« nicht ausgesagt. Es gibt also kein gemeinsames Drittes.
Bei der Attributions-A. lautet die theol. Hauptaussage: Gott »hat« nicht
Sein, sondern er ist in seinem Wesen das Sein; alles andere hat durch Gottes freie Souveränität Anteil am Sein. Bei der Proportions-A. lautet die
theol. Hauptaussage: Alle möglichen inneren Verhältnisse sind bei Gott

reine Identität, bei allen Kreaturen treten sie auseinander. Die konsequente Beachtung der Analogheit aller Rede über Gott führt dazu, alle theol. Aussagen auf Gottes absolutes, unbegreifliches ↗Geheimnis hin zurückzuführen u. offenzuhalten.

Anamnese (griech. = Wiedererinnerung) ist ein Grundbegriff der ↗Sakramententheologie (↗Liturgie). Er beruht auf jener allgemein menschlichen Erfahrung, daß einmalige Ereignisse u. Erlebnisse, die von entscheidender Bedeutung waren u. noch sind, immer neu »realisiert« werden können. Handelt es sich bei solchen Ereignissen um Heilstaten Gottes, dann tritt noch die Überlegung hinzu, daß bei Gott u. in Gott diese vergangenen Ereignisse selber u. nicht nur ihre Wirkungen reine Gegenwart sind. Sie werden daher dort, wo Menschen die Gegenwart Gottes realisieren, mit vergegenwärtigt. Höhepunkte in der Geschichte Gottes mit der Menschheit sind in dem vom Judentum lebenden christlichen kulturellen Gedächtnis: Der Exodus des jüdischen Volkes aus der ägyptischen Knechtschaft als entscheidendes u. bis heute gültiges Heilsereignis u. die Besiegelung des Bundes Gottes mit der Menschheit in Tod u. Erhöhung Jesu. Von der A. dieser beiden Ereignisse sind daher bis heute die jüdische (Pesach-Pascha) u. christliche (Abendmahl-Eucharistie) Liturgie geprägt: Das geschichtlich einmalige Ereignis – hierin liegt ein wesentlicher Unterschied zu Kulten der »Wiederholung«, z. B. des Naturzyklus, in andern Religionen – wird feiernd gegenwärtig gesetzt; es behält dabei seine Einmaligkeit, aber die Feiernden realisieren u. aktualisieren es als Ereignis, das *auch für sie* Heilsbedeutung hat, auch im Sinn einer Verheißung des zukünftigen Heils. Die Heilsereignisse, die in der Liturgie anamnetisch vergegenwärtigt werden, haben überindividuelle Bedeutung, ja sie konstituieren ihrerseits Glaubensgemeinschaft. Daher ist diese u. nicht primär der einzelne Glaubende Träger der A. Die christliche Liturgie, namentlich in ihren Hochgebeten, ist grundsätzlich aufgebaut als A., ↗Epiklese u. ↗Doxologie. (Vgl. auch ↗Mysterientheologie, ↗Erinnerung.)

Anbetung ist eine Grundgestalt des religiösen ↗Aktes, die Gott allein gilt: A. ist die ausdrückliche, realisierte Anerkennung der Göttlichkeit Gottes, seiner unendlichen ↗Heiligkeit u. ↗Herrlichkeit, seines unendlichen Unterschieds gegenüber jedem Geschöpf. Israels Ringen um die Erkenntnis des einzigen Gottes (↗Monotheismus) gipfelt in dem Bekenntnis, daß JHWH allein A. gebührt, daß er allein heilig u. herrlich ist. In dieser Glaubenstradition lebte u. betete Jesus (Lk 4,8 mit Dtn 6,13). Mit der Glaubenserkenntnis der bleibenden u. unüberbietbaren Gegenwart Gottes in Jesus ist die A. des ↗Kyrios Jesus verbunden. Sie wird nicht nur in innerlichen Akten des Bekennens, des Rühmens, Lobens u. Dankens verwirklicht, sondern auch in äußerlich-konkreten Gesten u. Ritualen (↗Liturgie). Nach Paulus u. Hebr wird Gott in seinem wahren Haus, der versammelten Gemeinde, angebetet; nach Joh (4, 23 f.) im Geist u. in der Wahrheit, d. h. im Bekenntnis, daß der unendliche u. unbegreifliche Gott sich selber in Transzendenz u. in Geschichte (im ↗Pneuma u. im ↗Logos) den Menschen mitteilend bleibend nahe ist; nach der Offb wird dem Kyrios Jesus A. durch die ganze Schöpfung erwiesen. – Nach kath. Glauben umfaßt die A. Gottes auch alles das, womit sich Gott unmittelbar-konkret geeint hat, so die Menschheit Jesu u. die eucharistischen Gaben als Orte der pneumatischen Gegenwart Gottes. Gegen alle Mißverständnisse betont die kath. Glaubenslehre, daß kein heiliger Mensch (auch kein besonders auserwählter wie Maria), kein Bild u. kein Gegenstand angebetet werden darf (↗Heiligenverehrung, ↗Bilderverehrung, ↗Reliquien). Sie können nur Wegweiser zur rühmenden A. Gottes allein sein u. insofern in Dankbarkeit verehrt werden.

Andere, der A., ein Wort, das in der Philosophie des 20. Jh. viel verwendet wird, das andere Ich oder Selbst, mit dem zusammen auch ich erst ich selber werde (K. Jaspers † 1969), oder der befremdend Fremde (J.-P. Sartre † 1980), oft einfach das Du. Das ↗Subjekt wird aus der Geschlossenheit seiner Systeme u. Strukturen befreit, wenn das »Antlitz« des anderen Menschen darin einbricht u. das Subjekt in eine un-endliche Verantwortung ruft (E. Levinas † 1995). In der Theologie wird (seit R. Otto † 1937) Gott der »ganz Andere« genannt; damit werden seine schlechthinnige Unverfügbarkeit u. absolute Transzendenz bezeichnet.

Anfang ist von den biblischen Offenbarungszeugnissen her ein theol. Begriff: Am A. zu sein u. schöpferisch einen A. der Kreaturen zu setzen, kommt Gott zu (Gen 1, 1; Jes 41, 4; Offb 1, 8; 21, 6) u. seinem ↗Logos (Joh 1, 1; Offb 22, 13); im A. ist die ↗Christozentrik aller Kreatur einbegriffen (Kol 1, 16 ff.); die Auferweckung Jesu ist der A. der neuen Schöpfung (1 Kor 15, 20–23). Dem seins- u. zeitmächtigen Dasein Gottes am A. entspricht sein geschichtsmächtiges, vollendendes Dasein am ↗Ende. Buchstabensymbolisch wird das in der Schrift mit dem Prädikat Gottes bzw. Jesu Christi als des Alpha u. Omega ausgesprochen. – In der systematischen Theologie kommt der A., im Hinblick auf das schöpferische Wirken Gottes ausgesagt, mit dem ↗Grund überein; A. ist nicht ein erster Moment, sondern die Begründung u. Ermöglichung dessen, was beginnen soll, überhaupt. Die Frage danach, wie das Vergängliche begründend erklärt werden könnte, war bereits eine Thematik der griech. Philosophie. Von einem wirklichen A. kann sodann nur bei der geistig-personalen Kreatur gesprochen werden, deren ↗Zeit eine innere, qualifizierte Zeit ist. Wegen der ihr eigenen ↗Transzendenz, die mit ihrem A. von Gott schöpferisch gesetzt ist, liegen Ziel u. Ende für die geistig-personale Kreatur verhüllt schon im A. So ist der A. für sie nicht das Zurückbleibende, sondern das immer mehr Einzuholende u. das sich Enthüllende. Im A. entspringt, was zeitlich an Gültigem »gezeitigt« werden soll (»Werde, was du bist«). A. u. Ende in diesem Sinn sind Themen der ↗Protologie u. ↗Eschatologie in der Dogmatik.

Angelologie (griech.), die Lehre von den ↗Engeln (griech. »angeloi«). Die A. als Traktat der Dogmatik hat ihren Ort seit der Scholastik des 12. Jh. nach der allgemeinen ↗Schöpfungslehre. Ort, Inhalt u. Methode sind völlig ungeklärt: Die Vielzahl von Typen u. Vorkommnissen, in denen die Bibel von Engeln spricht, widersetzt sich einer Systematisierung, wie sie seit Ps.-Dionysios Areopagites (um 500) u. Gregor I. (†604) immer wieder unternommen wurde. Als Kreaturen müssen die Engel der Erfahrung (wenn auch nicht naturwissenschaftlicher Erkenntnis) zugänglich sein; die Grenzen zu mythischen Figuren sind unscharf. Der Zusammenhang mit der Gottesoffenbarung u. dem Heil der Menschen muß reflektiert werden; ohne ihn ist die Beschäftigung mit Engeln religiös u. theologisch unwichtig.

Angst (von lat. »angustus« = eng) ist eine menschliche Urerfahrung, mit der sich viele Wissenschaften befassen. Die Unterscheidung zwischen Furcht als gegenstandsbezogener A. u. eigentlicher A. als grundloser Existenz-A. bei S. Kierkegaard (†1855) hilft zur Klärung, läßt sich aber nicht konsequent durchhalten. A. als Grundgefühl des Bedroht- u. Ausgeliefertseins hat im AT religiöse Komponenten: A. vor dem (vor allem vorzeitigen) Tod, vor Zorn u. Gericht Gottes, als A. des Sünders, von Gott überfordert zu sein. Namentlich die Psalmen weisen Wege der Angstbekämpfung in der »Flucht nach vorn«, voll Vertrauen zu dem erbarmungsvollen, geleitenden u. schützenden Gott. Das NT zeigt in der Todesangst Jesu (Lk 22,42–46, bes. 44) die Annahme kreatürlicher u. religiöser A.; es kennt im Mitleiden mit Jesus eine begnadete A. der Glaubenden (Röm 8,17; 2 Kor 6,4); von der vollkommenen Liebe sagt es, daß sie Zuversicht bewirke u. die Furcht austreibe (1 Joh 4,17 f.). – In der Sicht der theol. Systematik stammt die A. in allen ihren Formen, die normale wie die krankhafte, die individuelle wie die sozial-kollektive A. in der Wurzel, wenn auch nicht im konkreten Vorkommen, aus der universalen, »vormoralisch« negativ geprägten Situation der Menschheit (↗Erbsünde). Diese Deutung fordert zu einer realistischen Haltung auf. In dem Wissen, daß die A. nicht grundsätzlich u. überall beseitigt werden kann, muß doch, wo immer möglich, therapeutisch u. kämpfend gegen sie angegangen werden. Die Theologie kann wesentlich

dazu beitragen, daß die kirchliche Verkündigung nicht zur Quelle von Ver-
ängstigungen (Gewissens- u. Gerichtsängste) wird. Die Analyse von Ängsten (vor Ich-Verlust, Isolierung, Veränderung, Unfreiheit) kommt der
Psychologie zu; die Therapie ist eine Aufgabe von Psychoanalyse u. Verhaltenstherapie, die das religiöse Hoffnungspotential u. das ethische
Wissen um Einübung der Tapferkeit bisher zu sehr außer acht lassen. Kollektive u. soziale Ängste (vor Gewalt, Manipulation, Arbeitslosigkeit, Zerstörung der Umwelt bis hin zu irreversiblen Schäden) sind immer begründet u. sollten alle zum Handeln motivieren, zumal da sie durch
irrationale Momente zu Flucht u. Passivität verführen. Philosophisch hat
M. Heidegger († 1976) die ontologische A. thematisiert (wenn durch das
Andrängen des Nichts das Sein erst recht sichtbar wird u. das Dasein sich
selber findet); J.-P. Sartre († 1980) befaßte sich vielfach mit der A. vor
Freiheit u. vor Entscheidungen.

Anima naturaliter christiana (lat. = die Seele von Natur aus christlich),
von dem Kirchenschriftsteller Tertullian († um 220) auf das Dasein eines
einzigen Gottes bezogener Gedanke der ↗Stoischen Philosophie. Er bedeutet bei ihm (Apol. 17,6): Die menschliche Seele bekam vom Anfang der
Schöpfung an von Gott die Erkenntnis des einzigen Gottes mitgegeben,
eine Gottesgabe, die nur noch verdunkelt, aber nicht mehr ausgelöscht
werden kann. Der Satz wird auch in der heutigen Theologie häufig zitiert
in der Reflexion über das Verhältnis von ↗Natur und Gnade u. in der Diskussion über eine ↗Natürliche Theologie. Er besagt dann: Es gehört zum
Wesen des Menschen, Gott u. das natürliche ↗Sittengesetz erkennen zu
können (Röm 1,20; 2,14f.); Hörer u. Empfänger einer möglichen ↗Offen-
barung Gottes sein zu können; als Mitglied der einen Menschheit durch
die Heilsgeschichte Gottes mit den Menschen bewußt oder unbewußt mitbetroffen zu sein; in Gottes universalem ↗Heilswillen auf ein übernatürliches Ziel hin orientiert zu sein (↗Existential). Das heißt aber, daß es konkret eine bloße vorchristliche oder außerchristliche »Natur« nicht gibt u.
nie gegeben hat.

Animismus (lat. »anima« = Seele, »animal« = Lebewesen), von dem engl.
Anthropologen E. B. Tylor († 1917) in die Religionswissenschaft eingeführter Sammelbegriff für eine vor allem bei »Naturvölkern« verbreitete
Weltanschauung. Ihre empirisch feststellbaren Elemente: Organische u.
anorganische Natur sei beseelt; Menschen u. Tiere hätten persönliche, den
Tod überlebende Seelen; außer von den Seelen der verstorbenen Lebewesen sei die sichtbare Welt auch von andern Geistern beeinflußt (auch als
Glaube an ein Zwischenreich zwischen Göttern u. Menschen). Tylors Meinung, eine daraus entspringende Verehrung der personifizierten Natur sei

die Urform von ↗Religion gewesen, wurde kritisiert u. abgelehnt. A. bzw. »animistisch« werden heute noch als Bezeichnungen für einen die Natur mitumfassenden Geisterglauben verwendet.

Anonymes Christsein ist ein von K. Rahner († 1984) geprägtes Stichwort, das zwei Mißverständnissen ausgesetzt ist: a) es wolle Nichtchristen auch gegen ihren Willen als Christen vereinnahmen, und b) es enthalte in sich einen Widerspruch, da es Christsein nur im offenen Bekenntnis, nicht aber »anonym« geben könne. In Wirklichkeit soll die Bezeichnung nur zur Klärung einer innertheologischen Frage dienen. Ausgangspunkt ist die Forderung der Offenbarung Gottes, die zum ↗Heil eines Menschen Glauben u. Taufe (u. damit Kirchenzugehörigkeit) verlangt (am nachdrücklichsten Mk 16,16; Joh 3,5 18). Die Theologie hat sich schon im Mittelalter bemüht, auch in Nichtglaubenden u. Nichtgetauften Elemente dessen ausfindig zu machen, was zum Heil notwendig ist (z. B. unter dem Stichwort einer »fides implicita«, eines »einschlußweisen Glaubens« oder eines ↗Votum). Bei Rahner bezieht sich das genauere Wie des Vorhandenseins solcher Elemente auf zwei Gegebenheiten: a) die Heiligung der ganzen Menschheit durch die Annahme der unwiderruflichen Zusage Gottes in Jesus Christus, also durch die ↗Inkarnation, b) die Befolgung eines Gewissensspruchs, der als absolute sittliche Verpflichtung aufgefaßt wird; ein solcher Gehorsam gegenüber dem ↗Gewissen wird von der Theologie als von der Gnade Gottes getragene Anerkennung dessen, der im Gewissen spricht, also Gottes, u. damit als ↗Heilsakt aufgefaßt. Aus Rahners Theologie einer transzendentalen ↗Offenbarung, die gemäß der Geschichtlichkeit des Menschen »kategorial« (geschichtlich, greifbar, konkret, gesellschaftlich) angenommen u. realisiert werden will, ergibt sich, daß die Glaubensverkündigung damit nicht überflüssig, sondern erst recht verpflichtend wird. – Das II. Vaticanum hat sich auf die Frage nach dem Wie des Heils auch der Nichtglaubenden nicht eingelassen, aber im Vertrauen auf den universalen, wirksamen ↗Heilswillen Gottes auf Wege zur Rettung hingewiesen, die Gott allein kennt (LG 16; GS 22; AG 7).

Anschauung Gottes (»visio beatifica«, beseligende Gottesschau) ist in der klassischen Theologie die Bezeichnung für die vollendete u. vollkommene Gottesbeziehung der geistig-personalen Kreatur. Die Bezeichnung umfaßt nicht alles, was von der verheißenen Vollendung zu erhoffen ist: Sie spricht nicht über die ↗Seligkeit des ↗Leibes, die den Menschen in der Auferweckung der Toten mit verheißen ist; sie meint zunächst nur Individuen, nicht die Einheit aller erlösten u. vollendeten Kreaturen (↗Himmel, ↗Gemeinschaft der Heiligen); sie betrifft nicht die nicht-geistigen, nicht-personalen Kreaturen, die in der Vollendung der ↗Schöpfung bei Gott, ihrem Ur-

sprung u. Ziel, mit-aufgehoben sein werden. – Trotz dieser Beschränkung
ist eine solche Bezeichnung sinnvoll, weil die Beschreibungen der Vollendung der Kreaturen in den Offenbarungszeugnissen primär geistig-personale Geschöpfe meinen: Das Schauen Gottes von Angesicht zu Angesicht, das Erkennen Gottes wie er ist, ohne Spiegel u. Gleichnis, das
Schauen durch das reine Herz, das Schauen statt Hoffen (Mt 5, 8; 1 Kor
13, 12; 1 Joh 3, 2 u. ö.). Freilich darf das seligmachende Geschehen nicht
einseitig vom Intellekt verstanden werden; das verbieten auch die biblischen Worte »Erkennen« u. »Herz«. Die kirchenamtliche verbindliche Lehre besagt, daß den ↗Seelen der Vollendeten nach Tod u. Läuterung schon
»vor« der Auferweckung des Leibes die intuitive Schau der Wesenheit Gottes gewährt werde, u. zwar ohne Vermittlung durch ein (als vermittelnder
Erkenntnisgegenstand wirkendes) Geschöpf. Indirekt wird gelehrt, daß
Gott auch in der Vollendung unbegreiflich bleibt. Abgelehnt ist die Ansicht, jede geistige Natur sei in sich selber natürlicherweise selig, u. die
Seele bedürfe zur Gottesschau des »Glorienlichts« nicht. Hier bleiben noch
Einseitigkeiten auszugleichen: Mit geistiger Erkenntnis oder intuitiver Wesensschau ist noch nicht einmal die geistige Seite der Vollendung ganz
ausgesprochen; die Tradition sprach nicht nur von einem Erkennen, sondern auch von einem Genießen Gottes. Die Zeitdifferenz zwischen der
Vollendung des Menschen in seiner geistig-personalen u. der in seiner leiblichen Dimension ist unerheblich; Gottes Verheißungen gelten dem *ganzen*
Menschen. Die bleibende, unüberbietbare Erfahrung der Nähe Gottes muß
trinitarisch sein: Sie gründet ja in der schon jetzt im irdischen Leben ge-
schehenden Mitteilung des göttlichen Geistes u. in der Gleichgestaltung
mit Jesus Christus u. bedeutet Einbeziehung in die ↗Herrlichkeit Gottes
des Vaters. – K. Rahner († 1984) vertiefte die erkenntnismäßige Seite der
amtlichen u. herkömmlichen Lehre von der Theologie der ↗Gnade her:
Erkenntnis ist nicht ein intentionales Sich-Ausstrecken oder ein Ausgehen
des Erkennenden aus sich selber, hin auf einen Erkenntnisgegenstand, so
daß der Erkennende durch den Erkenntnisprozeß eins würde mit dem
Erkannten. Vielmehr ist erst dadurch, daß die beiden eins sind u. der Erkennende innerlich erhellt wird, Erkenntnis möglich. Dieses Einswerden
geschieht durch die freie ↗Selbstmitteilung Gottes an seine Kreatur. Das
geistig-personale Geschöpf ist »an sich« nur unbegrenzt offen auf Sein,
Wahrheit u. Wert hin (↗Natur), die vollendende Erfüllung dieser Offenheit
schuldet Gott der Kreatur jedoch nicht, auch unabhängig von einer eventuellen Sünde. Verheißung der A. G. u. faktische Hinordnung auf sie sind
das Wunder seiner radikalen Liebe (die freilich im nachhinein enthüllt,
was von Gott »immer schon« als Sinn des Menschen u. als Ziel der Geschichte gedacht u. gewollt war). Beim Einswerden Gottes mit seiner Kreatur durch seine Selbstmitteilung wirkt er so auf den kreatürlichen Geist

ein, daß Gottes Sein schließlich in der A. G. zur Wirklichkeit des Geistes als des erkennenden Geistes wird u. diesen so schöpferisch verändert. Diese Auffassung des Erkennens durch Einswerden schützt Rahner dadurch vor Mißverständnissen (als werde die Kreatur zu Gott gemacht), daß er das neue Verhältnis Gottes zum Geschöpf unter der Kategorie »quasi forma-ler« Ursächlichkeit sieht: Die Kreatur wird in den souverän bleibenden ↗Grund hineingenommen. Diese Anschauung als Erkenntnis infolge des Einswerdens bedeutet, daß Gottes ↗Unbegreiflichkeit in ihrer Unendlich-keit als bleibendes radikales ↗Geheimnis geschaut wird u. so den Erken-nend-Schauenden selig macht. – Diese Auffassung wahrt die Unmittelbar-keit der Gottesschau. Sie leugnet nicht, daß eine geschaffene Gnade, das »Glorienlicht« (»lumen gloriae«), als Disposition dem Einswerden voraus-gehen muß. – Die klassische Christologie zog aus dem Dogma von der ↗Hypostatischen Union die Schlußfolgerung, daß die menschliche Seele Jesu von Anfang ihrer geschaffenen Existenz an in der unmittelbaren A. G. lebte. Wenn das so verstanden wird, daß Jesu Seele immer u. uneinge-schränkt an das unbegreifliche Geheimnis Gottes übereignet war, dann muß das weder bedeuten, daß dieses restlose Verfügtsein an Gott Jesus in jedem einzelnen Moment bewußt war, noch daß es ihn in jeder Hinsicht selig machte. Echtes Kindsein Jesu, Lernen, Nichtwissen, Glaubensdunkel usw. sind damit so wenig ausgeschlossen wie wirkliches Leiden u. Todes-angst.

Anthropologie (griech. = die Lehre vom Menschen) heißt der reflexe Ver-such des ↗Menschen, sich selber zum Gegenstand wissenschaftlicher Erfor-schung zu machen u. zu Darstellungen seines Selbstverständnisses zu ge-langen. »Vorwissenschaftlich« gab es immer schon Äußerungen des Interesses des Menschen an sich selber. Aber erst in der Neuzeit kommen Ansätze zu einer im modernen Sinn wissenschaftlichen A. auf; der Be-griff A. begegnet erstmals Ende des 16. Jh. Das Selbstverständnis des Men-schen kann von unterschiedlichen methodischen Zugängen aus reflektiert werden: Ein Zugang kann philosophisch-»apriorisch« angebahnt werden, so wie das I. Kant (†1804) in der ↗Transzendentalphilosophie von der Frage »Was ist der Mensch?« aus unternahm. Die Suche nach einem »Wesen« des Menschen ist nicht einfach abgetan; es ist nicht einsichtig, wie die Ethik (Menschenwürde, Menschenrechte) auf sie verzichten könnte. Die religiös-theol. Frage nach dem Menschen kann ihren Ausgang bei einer Offenbarung Gottes nehmen. Der Mensch kann aber auch Ge-genstand »aposteriorischer« einzelwissenschaftlicher Untersuchungen sein, die durchaus legitim auf die Wesensfrage verzichten u. statt dessen von der Vielheit der menschlichen Erscheinungsweisen ausgehen; so ent-standen vielfältige Anthropologien (medizinische, biologische, psycho-

logische, soziologische usw.). Die *theologische A.* kann insofern als »aposteriorisch« erscheinen, als sie die Aussagen der Glaubensbotschaft über
den Menschen voraussetzt. Sie unterscheidet sich von den genannten apo-
steriorischen Anthropologien jedoch dadurch, daß die Deutung des Menschen in »von außen« kommender, geschichtlich kontingenter Form vorgelegt wird u. dennoch die grundlegende u. entscheidende Interpretation
des Menschen ist, also sein »Wesen« bestimmt. In theol. Sicht kann es eine
»reine« apriorische Erkenntnisform nicht geben. Von seinem Wesen her ist
der Mensch auf das geschichtlich Aposteriorische verwiesen; er »hat« sich
in *jeder* Reflexion nur als den Bedingten u. geschichtlich Konkreten, darin
aber »hat er« sich selbst (↗Person, ↗Subjekt). Wenn von *theologischer A.* die
Rede ist, dann handelt es sich nicht um ein geschlossenes Lehrstück (Traktat) der theol. Systematik. Was die Offenbarung Gottes über den Menschen
sagt u. wie das Selbstverständnis des Menschen dem in der Offenbarung
Gehörten korrespondiert, das ist z. T. auf die einzelnen theol. Wissenschaften (z. B. A. des AT, des NT), vor allem aber auf die ↗Dogmatik verteilt.
Hier können nur noch einzelne, besonders herausragende »Orte« u. Zusammenhänge der theol. A. angegeben werden (Grundlegendes bei
↗Mensch): a) Die Zeugnisse der biblischen Offenbarung erheben den Anspruch, den Menschen allein zur vollen Erkenntnis seines eigentlichen,
konkreten Wesens zu bringen: als Subjekt, Person, Empfänger der Selbstmitteilung Gottes, Partner Gottes. Die genaue Untersuchung dieser biblischen Aussagen ist nicht allein Sache der Bibelwissenschaften. – b) Die
Bestimmung des Menschen zum Empfänger der Selbstmitteilung u. zum
Partner Gottes läßt das Geschaffensein (die Kreatürlichkeit) als erste u.
umfassende Bestimmung des Menschen erscheinen. Sie wird in der
Schöpfungslehre thematisiert. – c) Die Selbstmitteilung Gottes an den
Menschen kann unterschieden werden in die Selbstoffenbarung im Wort,
in die Schaffung der Voraussetzungen, die gewährleisten, daß die Freiheit
des Menschen gewahrt bleibt, in die Aufnahme der Selbsterschließung
Gottes in Liebe u. Gnade, in der Vollendung dieser Selbstmitteilung in
der Anschauung Gottes. Die entsprechenden Anteile der theol. Anthropologie kommen in Fundamentaltheologie, Gnadentheologie u. Eschatologie zur Sprache. – d) Das Sollen des Menschen unter dem Anspruch der
Offenbarung Gottes u. im Licht seines Selbstverständnisses, u. zwar als ein
individuelles Sollen u. als eingebunden in die Gemeinschaft, wird in der
Moraltheologie (theol. Ethik) thematisiert; es handelt sich um wesentliche
Aspekte einer theol. A. – e) Eine besondere Schlüsselfunktion für die
theol. A. nimmt die Christologie ein, denn Mensch »ist genau das, was
Gott selber (Gott bleibend) wird, wenn er sich selbst entäußert in die Dimension des Anderen seiner selbst, des Nichtgöttlichen« (K. Rahner). So
erscheint die Christologie als die radikalste Gestalt einer theol. A.

Anthropomorphismus (griech. = nach Menschenart oder -gestalt geprägte Rede, nämlich von Gott). Die biblischen Offenbarungszeugnisse reden häufig »nach Menschenart« von Gott, indem sie Gott menschliche Gefühle u. Verhaltensweisen, ja sogar Atem u. Gliedmaßen zuschreiben (lachen, zürnen, schlafen, erwachen, bereuen, Mund, Nase, Rücken, Füße usw.). Gott wird dadurch als lebendige, nahe u. dynamische Persönlichkeit dargestellt. Zugleich lassen andere Texte seine Unbegreiflichkeit, ja eine transzendente Ferne erkennen. Immer bleibt sein unendlicher qualitativer Abstand zu jeder Kreatur gewahrt. Im Unterschied zu anderen orientalischen Religionen war im biblischen Offenbarungsbereich Gottes Gestalt nie sichtbar: Er bekundete sich in Wort u. Geist, offenbarte seinen Namen, gestattete aber kein ↗Bild von Menschenhand; sein Bild sind die von ihm geschaffenen Menschen, ist Jesus Christus (↗Gottebenbildlichkeit). – Schon früh wurden Probleme empfunden: Gibt es nicht menschliche Eigenschaften u. Verhaltensweisen, die nicht geeignet sind, die Göttlichkeit Gottes auszusprechen? Wie ist Gottes Güte mit der ihm zugeschriebenen Veranlassung von Übeln u. mit Willkür zu vereinbaren? Wie ist mit widersprüchlichen Anthropomorphismen umzugehen? Die theol. Reflexionen über die Wege der ↗Erkennbarkeit Gottes u. über die Notwendigkeit, in jeder Rede über Gott auf die ↗Analogie zu achten, haben die Fragen nur zu einem Teil klären können. Das spezifisch menschliche, an die Anschauung gebundene Erkennen bewirkt, daß das Bildhafte einen Erkenntnisüberschuß gegenüber dem ↗Abstrakten hat, wenn auch beide vor dem unendlichen ↗Geheimnis Gottes verstummen müssen.

Anthroposophie (griech. = weises Wissen vom Menschen), Bezeichnung einer theosophischen Weltanschauung (↗Theosophie) u. einer von Rudolf Steiner († 1925) gegründeten Gesellschaft, die auf dieser weltanschaulichen Basis pädagogisch, heilpädagogisch u. ökologisch Menschen zu einer bewußten geistig-moralischen Höherentwicklung u. zur Integration in die Prozesse des Kosmos bringen will. Das von Steiner errichtete Lehrsystem (keine Dogmen) besteht aus Erkenntnissen, die u. a. dem griechischen Denken, der indischen Mentalität, der Mystik u. dem philosophischen Idealismus frei auswählend entnommen sind. Es kann erst nach langjähriger Einübung auch hellseherischer Kräfte (↗Parapsychologie) erfaßt werden: Das Geistige ist der Urgrund u. das Ziel alles dessen, was ist. In einer Ursünde hat sich das Materielle vom Geistigen abgespalten; in diesem Kontext ist auch die Entstehung der »Erde« zu sehen. In einem Prozeß von sieben Stufen zu je sieben Perioden soll die Welt wieder zum Geistigen zurückgelangen; dabei sind die Einflüsse von Geistwesen wichtig, unter denen der Sonnengeist Christus der bedeutendste ist. Das kosmische Wesen Christus inkarnierte sich, vorbereitet durch Zarathustra u. Buddha, in

Jesus von Nazaret, um die Menschheit vor dem Untergang im Materiellen zu bewahren u. um vor allem durch Golgatha Impulse für die Entdeckung der höheren Kräfte im Menschen zu geben. Der einzelne Mensch hat die Lebensaufgabe, über die hemmenden Naturanteile hinaus zum rein Geistigen zu kommen. Das ist nur in immer neuen Anläufen zur Läuterung möglich, da es Rückfälle durch böses Verhalten gibt. Das jeweilige Leben muß somit die Ergebnisse früherer Existenzen aufarbeiten; zugleich entscheidet es über die Gestalt des nächsten Lebens (↗Reinkarnation nicht als verhängnisvoller Kreislauf, sondern als Wiederholung von Chancen).

Anthropozentrik (griech. »anthropos« = Mensch; »kentron« = Mittelpunkt), Bezeichnung für eine Auffassung vom Menschen u. praktische Verhaltensweisen, bei denen der Mensch zentrale Bedeutung hat. Für die Theologie stellte sich A. als methodische Frage durch die Wende der Neuzeit zum ↗Subjekt. Eine anthropozentrische Theologie geht aus von der menschlichen Grundfrage nach dem Wovonher u. Woraufhin (↗Transzendenz) u. sichtet die Offenbarungszeugnisse unter dem Gesichtspunkt ihrer Bedeutung für den Menschen. Die entsprechenden bibeltheologischen Erkenntnisse weisen auf die ↗Schöpfung um des Menschen (bzw. um der ↗Inkarnation) willen u. auf die Selbsterschließung Gottes um des Heils der Menschen willen hin. In dieser anthropozentrischen Sicht liegen heute Probleme für eine Ökotheologie, die sich um Würde u. Rechte der nichtmenschlichen ↗Natur müht. Theologiegeschichtlich wurde der A. unterstellt, sie enge Gott auf dasjenige ein, was im religiösen Bewußtsein erfahren werden könne; theozentrische Programme (K. Barth † 1968) wurden dem entgegengesetzt. Die Interpretation der Transzendenz schließt jedoch eine letzte Bestimmung aller Wirklichkeit durch Gott nicht aus, sondern ein.

Antichrist (griech. = Gegenchristus), als Wort nur in den Johannesbriefen vorkommend, meint einen Feind des Christus u. der Kirche, der sich als Messias ausgibt u. mit Hilfe falscher Propheten u. Apostel Menschen für eine Gegenkirche gewinnt, die zu Verfolgungen gegen die Kirche Jesu antritt. Das Auftreten des A. gehört zu den eschatologischen Bedrängnissen der christlichen Gemeinde (»Mensch der Gesetzlosigkeit« 2 Thess 2, 1–12; Pseudochristusse u. Pseudopropheten nach Mk 13, 22), die nicht nur von außen, sondern durch Irrlehre auch aus dem Innenbereich kommen können. Die so unter verschiedenen Begriffen vorgenommene Personifizierung des Widerchristlichen führte in der Kirchengeschichte zu Legendenbildungen u. zu illegitimen Identifizierungen einzelner konkreter Personen mit dem A. Die Figur des A. faszinierte bis ins 20. Jh. Philosophen u. Schriftsteller.

Antijudaismus, Antisemitismus. Der im 19. Jh. entstandene Begriff Antisemitismus bezeichnet eine grundsätzlich negative Einstellung gegenüber »den« Juden, verbunden mit dem Versuch, die angebliche »jüdische Rasse« als minderwertig u. für die Umwelt der Juden schädlich zu behandeln. Antijudaismus ist ein neueres, vor allem nach dem Schock von Auschwitz in der christlichen Theologie verwendetes Wort zur Kennzeichnung judenfeindlicher literarischer Zeugnisse u. praktischer Haltungen im Christentum. Als Minderheit, die auch um den Preis des eigenen Lebens an ihrem Glauben u. an ihrer religiösen Selbständigkeit festhielt, waren die Juden schon in vorchristlicher Zeit da u. dort gesellschaftlicher Ächtung, ja Pogromen ausgesetzt. Seit den jüdischen Aufständen gegen die römische Besatzung wurde auch die Haltung der römischen Behörden gegenüber den Juden zunehmend feindselig; die Christen wurden z.T. als jüdische Sekte angesehen u. mitverfolgt. Den wesentlichen Anteil am Entstehen des eigentlichen Antisemitismus haben die schon mit dem NT beginnenden antijüdischen Texte. Die wissenschaftlich-exegetische Diskussion bezieht sich vor allem auf die Frage, ob es sich bei antijüdischen Äußerungen im NT um Zeugnisse einer innerjüdischen, orientalisch heftigen Auseinandersetzung oder um feindselige Polemik der vom Judentum tragisch getrennten frühchristlichen Gemeinden handelt. Unter den diskutierten Texten des NT waren u. sind besonders folgenschwer: Die judenfeindliche Haltung des Johannesevangeliums, das pauschal »die Juden« als Bezeichnung der Gegner Jesu sagt u. »die Juden« religiös disqualifiziert, den Teufel als ihren Vater bezeichnet (Joh 8,23 44); das »Blutwort« im Matthäusevangelium (27,25), das dem ganzen jüdischen Volk eine Selbstverfluchung in den Mund legt; die pauschal negative Einschätzung der Pharisäer u. Schriftgelehrten in den synoptischen Evangelien. Dazu kommen Äußerungen über die Verstockung Israels, über die Verstoßung aus dem ↗Bund, die offensichtlichen Versuche, aus Opportunismus den Anteil der Römer am Tod Jesu zu verkleinern. Der in den Texten des NT selber u. nicht erst in späteren Interpretationen breit dokumentierte Sachverhalt wurde in der Wirkungsgeschichte durch die singulären Äußerungen Joh 4,22 (»das Heil kommt von den Juden«) u. Röm 9–11 nicht »neutralisiert«. Der Antijudaismus prägte die Haltung der Christen gegenüber den Juden von Anfang an auf allen Ebenen, von der Volksreligiosität bis zur Theologie. Legitimiert wurde er durch den Vorwurf des Christusmords, gelegentlich auch des »Gottesmords« u. durch die Behauptung, die Juden hätten, von Gott verflucht, die Zugehörigkeit zum Bund, die Auserwählung u. die Qualität als Eigentumsvolk Gottes verloren; das Judentum sei in allen positiven Hinsichten von der Kirche beerbt worden. Mit dem zunehmenden öffentlichen Einfluß der Kirche wuchsen die Bedrohungen der Juden, die zu den Judenverfolgungen des Mittelalters u. zu Sondergesetzen für die Juden führten (IV. Laterankonzil 1215: Die Juden werden gezwungen, sich an ihren Kleidern zu kennzeichnen). Eine Zusammenfassung des christlichen Antijudaismus stellt M. Luthers Schrift »Von den Juden u. ihren Lügen« (1546) dar. Gesellschaftlich wurden die Juden nicht nur diskriminiert, sondern regelrecht dämonisiert (»Weltverschwörung«). So verband sich der christliche Antijudaismus nahtlos mit dem Ende des 18. Jh. einsetzenden rassistischen Antisemitismus, der von der unteren kirchlichen Ebene bis in die Bereiche der Literatur u. des Theaters u. in die Politik (Frankreich, Österreich-Ungarn, Deutschland) reichte. Die christlichen Kirchen verhielten sich, von Ausnahmen abgesehen, teilnahmslos gegenüber der modernen Judenverfolgung mit dem Mordprogramm der »Endlösung«. Ausgelöst durch den Schock von Auschwitz, setzte in den 40er Jahren nach dem Krieg in den christlichen Kirchen eine Besinnung ein, die auf ev. wie auf kath. Seite wiederholte Schuldbekenntnisse u. Verurteilungen des Antisemitismus zur Folge hatte. Eine theol. Revision begann mit Johannes XXIII. u. dem II. Vaticanum (NA 4) (↗Judentum und Christentum); auch ev. Synoden erklärten das Fortbestehen der Erwählung der Juden u. des ungekündigten Gottesbundes mit ihnen. Die neue christliche Haltung leidet aber auch (z. B. hinsichtlich der Verwendung antijüdischer NT-Texte im Gottesdienst) unter Zaghaftigkeit u. Bedenken u. sieht sich vor der Aufgabe, den noch immer existenten christlichen Antisemitismus effektiver zu bekämpfen.

Antinomismus (griech. = gegen die Berechtigung jedes Gesetzes gerichtete Haltung) galt in der Theologiegeschichte als Bezeichnung für die Auffassung, mit dem Kommen des Evangeliums habe die Verpflichtung des »Sittengesetzes« für Christen aufgehört. – In der Philosophie heißt Antinomie der (scheinbar nicht aufzulösende) Widerspruch zwischen zwei Prinzipien oder Gesetzen, die sich zwar gleich gut begründen lassen, einander aber ausschließen; als Problem von den Sophisten, Platon († 347 v. Chr.), I. Kant († 1804) u. von der modernen Logik behandelt. In der Theologie führt die Notwendigkeit, alles Bedingte auf den Unbedingten als letzten ↗Grund zurückzuführen, zur Gottesrede im ↗Paradox (↗Coincidentia oppositorum). – *Antinomistenstreit* heißen Kämpfe innerhalb des Luthertums des 16. Jh. über den Stellenwert des ↗Gesetzes für das Leben der Christen u. in der Predigt (stärkste Affirmation bei M. Luther: Das Gesetz ist wegen der äußeren Disziplin, wegen des allgemeinen Friedens, vor allem aber zur Sündenerkenntnis notwendig).

Antiochenische Theologenschule bezeichnet weniger eine örtliche Schule als eine theol. Methodenrichtung, die sich von der ↗Alexandrinischen Theologenschule unterschied u. teilweise gegen sie arbeitete. Sie wandte ihre Aufmerksamkeit eher dem ↗Aristotelismus u. der Geschichtstheologie zu; in der Exegese mühte sie sich um den Wortsinn des Bibeltextes, in der Christologie um die Erkenntnis u. Verteidigung der vollständigen Menschheit Jesu Christi (mit den Gefahren des ↗Subordinatianismus u. ↗Nestorianismus). Als wichtigste Vertreter werden genannt: Lukian († 312), sein Schüler Arius († 336) mit den Theologen des ↗Arianismus, Diodor von Tarsus († 392) mit seinem Schüler Theodor von Mopsuestia († 428), Johannes Chrysostomus († 407).

Antizipation (lat. = Vorwegnahme) bedeutet seit der Stoa in einem weiteren philosophischen Sinn die logisch erschlossene Annahme von etwas Gegenwärtigem, das erst später als wahr oder real erwiesen bzw. das einmal aus der Verborgenheit zutage treten wird. Im Zusammenhang mit dem neuzeitlichen ↗Utopie-Denken wird A. auch theologisch verwendet (Anregungen von der johanneischen präsentischen ↗Eschatologie), u. zwar in ungenauem u. irreführendem Sinn, z. B. als Vorwegnahme des Endes der Geschichte in der Auferweckung Jesu von den Toten u. ä.

Äon (griech. = überaus lange Zeit, Ewigkeit; Weltalter; Welt in räumlicher Sicht; eine personifizierte, Raum u. Zeit verbindende Größe), ein Wort der griech. Philosophie, der frühjüdischen ↗Apokalyptik, des NT (Synoptiker, Paulus, Hebr), der ↗Gnosis. Die frühjüdische Apokalyptik sprach ihre Hoffnung auf eine Geschichtswende mit einer Zwei-Äonen-Lehre aus: Der Betrachter befindet sich am Ende (Endzeit) dieses, des gegenwärtigen, vergänglichen, von Bedrängnis erfüllten Äons. Der erhoffte neue, Wahrheit u. Gerechtigkeit bringende Ä. ist entweder mit der himmlischen Welt identisch oder bezeichnet eine neue Weltzeit auf der erneuerten Erde. Nicht bei Jesus selber, aber bei den Synoptikern ist von den beiden Äonen die Rede. Paulus spricht nur vom gegenwärtigen, bösen, von bösen ↗Gewalten u. Mächten, ja von einem »Gott dieses Äons« (2 Kor 4, 4) beherrschten Äon; ein positiver Gegenbegriff fehlt bei Paulus; das Erhoffte wird anders formuliert. Eine analoge Thematik: »diese« ↗Welt im johanneischen Schrifttum. Die Äonenlehre spielte auch eine Rolle beim Nachdenken über ↗Zeit u. ↗Ewigkeit bei Gott.

Apathie (griech. = Leidens-, Leidenschaftslosigkeit). In der griech. Metaphysik ist A. Kennzeichen des »tätigen ↗Geistes«, zusammen mit Abgetrenntsein u. Unvermischtheit, d. h. der Geist kann, im Unterschied zur Sinnlichkeit, nicht von außen beeinflußt, sondern nur durch sich selber affiziert werden. In der stoischen Ethik ist A. praktisch mit Ataraxie identisch, der Unerschütterlichkeit der Seele, dem Freisein von Affekten bis hin zur Empfindungslosigkeit. Dieses Ideal des weisen Menschen wurde im frühchristlichen Mönchtum als ethische Zielvorstellung übernommen. In der späteren christlichen Askese mußte es dem Ideal des mittleren Maßes Platz machen, das ↗Affekte zuließ, aber ihre Beherrschung verlangte. – In der systematischen Theologie meint das A.-Axiom die Vorstellung, Gott sei als reiner Geist keinerlei Affekten ausgesetzt (verwandt mit der Leidensunfähigkeit Gottes wegen seiner absoluten Souveränität über von außen kommende Impulse). ↗Leiden Gottes.

Apokalyptik (griech. »apokalypsis« = Enthüllung), zusammenfassende Bezeichnung für eine geschichtstheologische Literaturgattung u. deren Inhalte in AT, Frühjudentum u. NT sowie für immer wiederkehrende Strömungen, die sich mit einem Ende der bisherigen Geschichte befassen. Im Rahmen jüdisch-christlicher Gläubigkeit steht die A. im Gegensatz zu der traditionellen Hoffnung auf ein rettendes u. die Not wendendes Eingreifen Gottes *innerhalb* der Geschichte. Die A. beurteilt die gegenwärtige Zeit als böse (↗Äon), die bisherige Geschichte als heillos negative Entwicklung, u. erwartet, daß Gott ihr ein Ende machen u. in einer Geschichtswende seine ↗Herrschaft herbeiführen wird. Kennzeichnend für die Literaturgattung der A. ist die literarische Fiktion, daß ein Verfasser vom Ende her schreibt, die Umstände des Endes beschreibt u. eventuell das Kommende ansagt, alles dargestellt als Offenbarung Gottes. Die Interessen sind eindeutig von Aufforderungen zur Umkehr, von Warnungen vor dem Gericht Gottes u. von Vermittlungen des Trostes u. der Zuversicht an die Gläubigen, die sich in Bedrängnis befinden, bestimmt. – *1. Zur Geschichte der A.* Nach gelegentlichen Ansätzen apokalyptischer Motive, z. B. in der Rede vom »Ende der Tage«, stellt Dan 2,28–49 die erste eigentliche Apokalypse (= Offenbarungsschrift) innerhalb des AT dar. Der Blick über die Abfolge der Weltreiche u. ihr Geschick enthält eine frühe Periodisierung der Geschichte. Eine große Wirkungsgeschichte hatte die Ansage einer Auferweckung der Toten mit doppeltem Ausgang (das Motiv der ausgleichenden Gerechtigkeit): die einen zum »ewigen Leben«, die andern »zu Schmach, zu ewigem Abscheu« (Dan 12,2). Das außerbiblische Judentum erbrachte vom 3. Jh. v. Chr. bis zum 7. Jh. n. Chr. zahlreiche apokalyptische Schriften, deren Motive z. T. Einfluß auf das NT hatten oder die anderseits später christlich überarbeitet wurden u. die auch bei Rabbinen wiederkehren. Zur Sicherung ihrer Autorität schreiben die »Geheimnisträger« pseudonym (unter den Namen Henoch, Baruch, Esra, Mose, Abraham u. a.). Die Hoffnung auf Fortschritte in der Geschichte ist überall aufgegeben, Schilderungen der Welt-, Natur- u. Geschichtskatastrophen am Ende dominieren. Da Gott selber geschichtswendend eingreift, sind Rettergestalten nicht überall vorgesehen (↗Menschensohn, ↗Messias). Über apokalyptische Texte u. Inhalte im NT ist die Diskussion weiterhin im Gang. Ungeklärt ist vor allem, ob Jesus selber eine apokalyptische Sicht auf die Geschichte u. ihren Ausgang hatte. Unzweifelbar apokalyptisch sind die Jesus zugeschriebene Parusierede Mk 13, in der paulinischen Tradition 2 Thess 2, 1–12 u. die einzige »komplette« ntl. Apokalypse, das Buch der Offb. Kennzeichnend für die spezifisch christlich-apokalyptische Sicht sind die Überzeugung, daß die Mächte der alten Welt (des alten Äons) bereits entmachtet sind, in der Auferweckung Jesu das (zeitlich sich erstreckende) Ende bereits angebrochen ist u. die ↗Parusie Jesu (als des von Gott eingesetzten Richters) nahe bevorsteht (↗Naherwartung). In der nachbiblischen christlichen Tradition entstanden zahlreiche apokalyptische Schriften, die dasjenige detailreich ausmalen, was in der Hl. Schrift allenfalls angedeutet war, mit Schilderungen von Jenseitsreisen u. mit geradezu sadistischer Freude an Höllenvorstellungen. Die älteste ist die Petrusapokalypse aus der 1. Hälfte des 2. Jh., zu nennen sind ferner die Ascensio Jesaiae, die wohl vom 2. bis 4. Jh. entstand, u. die Paulusapokalypse Ende des 4. Jh., die in der Kirchenväterzeit oft als Autorität galt. Einflüsse dieser Enthüllungsliteratur zeigen sich drastisch in apokalyptischen Bewegungen des Altertums u. Mittelalters, in Endzeitberechnungen u. Ängsten, in religiösen phantasievollen Publikationen von Gregor I. (†604), Hildegard von Bingen (†1179), Dante (†1321) bis Fatima 1917 u. in großem Umfang in der Kunst. – *2. Theologisch.* Apokalyptische Enthüllungen können nach christlichem Verständnis der ↗Offenbarung Gottes inhaltlich über diese hinaus nichts Neues erbringen. Die apokalyptischen Einzelheiten in der Bibel sind im Horizont der zentralen Glaubensoffenbarungen als paränetisch (↗Paränese) u. pädagogisch instrumentell eingesetzte Bilder zu verstehen, die Hoffnung u. Vertrauen nicht zerstören dürfen. Gefährdungen u. Konflikte der Glaubenden in der heutigen Situation können so wenig als Vorzeichen des nahen Endes gedeutet werden wie die Naturkatastrophen von Erdbeben, Dürre usw. oder wie die allezeit wütenden Kriege.

Apokatastasis (griech. = Wiederherstellung, im ev. Sprachgebrauch oft: Wiedereinbringung), in Apg 3,21 die Wiederherstellung der paradiesischen Heilsgüter durch den Messias (im Frühjudentum u. Mk 9,12 dem Propheten Elija zugeschrieben, im Sinn einer Bereitung des Volkes für den Messias Mk 9,13 im Hinblick auf Johannes den Täufer ausgesagt), bezeichnet in der späteren Theologie die »Allversöhnung«, die Wiederherstellung der ganzen Schöpfung in einem Zustand vollkommener Heilung, Versöhnung, Vollendung u. Seligkeit, einschließlich der schweren Sünder, der Verdammten in der Hölle u. der Dämonen. Eine radikale A.-Lehre wurde schon im Altertum Origenes (†253) zugeschrieben. Er hat wohl damit gerechnet, daß nach unendlich langen Zeiträumen »alle vernunftbegabten Seelen« in einen vollkommenen Vollendungszustand zurückgeführt würden, der den Anfangszustand durch die Erfahrung vollkommener Liebe überbieten u. alle vor einem neuen Abfall schützen würde. Daß er behauptet habe, auch der Teufel würde erlöst werden, wies er als verleumderische Unterstellung zurück. Die A.-Lehre war ein wichtiger Bestandteil des später konstruierten ↗Origenismus. Eifernde Mönche, die mit entstellten Zitaten gegen Origenes agitierten, erreichten seine Verurteilung u. die Ablehnung einer völligen A. 300 Jahre nach seinem Tod durch Kaiser Justinian I. u. eine Provinzialsynode von Konstantinopel (543). Eine A. wurde im Lauf der Kirchen- u. Theologiegeschichte immer wieder gelehrt oder erhofft. Neben bedeutenden Theologen der griechischen Patristik (die nicht verurteilt wurden) u. einzelnen Theologen des Mittelalters sind viele kath. u. ev. Theologen u. Theologinnen der Neuzeit zu nennen. Auf der Gegenseite wurde die Meinung vom doppelten Ausgang des Gerichts einschließlich der ewigen Verdammung der Todsünder mit Gewißheit vertreten (Augustinus † 430 als der geistesgeschichtlich einflußreichste Antipode des Origenes). Der Sache nach ist zu unterscheiden zwischen einer *sicheren positiven* Aussage einer A., die sich ein gewisses Urteil über den Ausgang der Geschichte anmaßt, das Menschen nicht zusteht, u. der festen Hoffnung auf die endgültige Rettung *aller* Menschen im ewigen Heil bei Gott, die im Vertrauen auf die Macht u. Barmherzigkeit Gottes gründet u. von der Nächstenliebe her geboten ist. Die Theologie hat über die Möglichkeiten Gottes, Freiheitsentscheidungen seiner Geschöpfe positiv zu verändern, ohne die Freiheit zu zerstören u. den schöpferischen Anfang, als »alles gut« war, unendlich zu überbieten, keine Einsichten u. keine Entscheidungsbefugnis.

Apokryphen (griech. »apokryphos« = verborgen, versteckt), Gruppen von Schriften jüdischer bzw. christlicher Herkunft aus der Zeit zwischen etwa 200 v. Chr. u. 400 n. Chr., die entweder nicht in den ↗Kanon der Hl. Schrift aufgenommen wurden oder über deren Zugehörigkeit zu ihm Uneinigkeit besteht. Der Sammelname A. erklärt sich vielleicht aus dem Ursprung oder bevorzugten Umlauf mancher von ihnen in esoterischen Kreisen (Geheimwissen der Gnosis usw.). Der Problemlage nach ist zwischen A. des AT u. A. des NT genau zu unterscheiden. – Juden sprechen nicht von A., sondern von »außenstehenden Büchern«. Sie bezeichnen damit eine Gruppe von Schriften u. auch von Zusätzen zu biblischen Büchern, die nicht in der hebräischen Bibel, wohl aber in der LXX enthalten sind (u. deren hebräischer Urtext z. T. in neuerer Zeit entdeckt wurde). Sie werden von den Juden nicht als Heilige Schrift anerkannt, da das »Ende der Prophetie« mit Esra angesetzt wird. In der röm.-kath. Kirche werden sie seit dem 3. Konzil von Karthago 397 definitiv zum Kanon gerechnet. Auch der ostkirchlichen Orthodoxie gelten sie als kanonisch. Von den Reformatoren

A. Karlstadt († 1541), der sie A. nannte, u. M. Luther († 1546) wurden sie als nützlich, aber nicht als kanonisch anerkannt. Katholischerseits hießen sie nie A.; sie erhielten eine Zeitlang die Bezeichnung »deuterokanonisch«. – Neben diesen Schriften existiert eine weitere Gruppe jüdischer Bücher mit philosophischem, ethischem u. apokalyptischem Inhalt, die im kirchlichen Altertum eine gewisse Rolle spielten. Sie heißen bei den Katholiken A. des AT, bei den Protestanten »Pseudepigraphen« (d. h. Schriften mit nicht zutreffender Verfasserangabe), obwohl nicht alle einen Verfassernamen tragen. – Katholiken u. Evangelische verwenden gemeinsam den Namen A. für frühchristliche Schriften (Evangelien, Apostelgeschichten, Briefe, Apokalypsen) mit volkstümlichen, an Wundern u. Gerichtsbildern besonders interessierten Inhalten (viele pseudepigraphisch; bedeutende Funde im 20. Jh.).

Apollinarismus, Lehrauffassung der ↗Christologie (↗Monophysitismus) nach Apollinarios, um 360 Bischof von Laodikeia, wonach Jesus Christus nur eine einzige Natur besessen habe, die aus der Gottheit des Logos u. dem menschlichen »Fleisch« bestanden habe. Grund dafür war die Meinung, das menschliche Fleisch sei (erbsündlich) so verdorben, daß es in Jesus Christus nicht zusammen mit der geistigen Menschenseele eine Menschennatur gebildet habe. Vielmehr sei an die Stelle des geistigen Seelenteils die radikal unsündliche Willenskraft des göttlichen Logos getreten.

Apologeten heißen jene christlichen Schriftsteller, die im 2. u. 3. Jh. das Christentum gegen das kaiserliche Heidentum u. auch gegen gläubige Juden verteidigten (erste Ansätze einer christlichen Philosophie bei Aristides, Justin u. Athenagoras). Höhepunkte der antiken christlichen Apologetik sind im 3. Jh. Klemens von Alexandrien († nach 215) u. Origenes († 253), im 5. Jh. Augustinus († 430) mit seinem »Gottesstaat«. Aus dem Mittelalter ist besonders Thomas von Aquin († 1274) mit seiner »Summe gegen die Heiden« als einem ausdrücklich apologetischen Werk zu nennen.

Apologetik (griech. = Lehre von der Apologie, der Verteidigung), eine zusammenfassende Bezeichnung, zunächst im Zusammenhang der Auseinandersetzung von Christen mit Vertretern anderer Religionen u. Weltanschauungen, dann auch bei Rechtfertigungen einer christlichen Konfession gegen andere sowie für die Begründung des Glaubens überhaupt. Biblische Ansätze u. Prinzipien zeigen sich Apg 2,14–36; 17,22–31; 1 Petr 3,15: Die Apologie erfordert nicht nur Zeugnis u. Bekenntnis, sondern auch argumentative Anstrengung. Die Sache der A. ist von dem theol. Fach A. zu unterscheiden. Ein Fach wurde die A. in der ev. u. kath. Theologie im 19. Jh. im Zusammenhang mit Aufklärung u. Atheismus. Die ev. A. versuchte, unter Reflexion auf das Wesen des Christentums eine religionsphilosophische Grundlage der ↗Dogmatik zu erarbeiten. Dabei wandte man, auch auf kath. Seite, seine Aufmerksamkeit der religiösen »Sehnsucht« u. anderen »Anknüpfungspunkten« bei Andersdenkenden zu (↗Immanenzapologetik). Die klassische kath. A. versuchte, in drei großen Themenbereichen die Beweisargumente für die Nichtwidersprüchlichkeit katholischer Glaubensauffassungen zusammenzutragen, gegen die Bestreiter der Religion, des Christentums u. der (christlichen Authentizität der) kath. Kirche. Diese Fachbezeichnung A. wurde im 20. Jh. zunehmend aufgegeben zugunsten der ↗Fundamentaltheologie u. im Zeichen fortschreitender wissenschaftlicher Spezialisierung (Religionsphilosophie, Kontroverstheologie, Ökumenische Theologie usw.). Der Sache nach bleibt zwar die Aufgabe, gegen die Versuchungen des ↗Fundamentalismus u. ↗Traditionalismus die Korrespondenz von Vernunft u. Glauben aufzuzeigen. Glaubensüberzeugungen kommen jedoch nicht durch die Logik von »Beweisen« zustande. Gefordert sind vielmehr die Bewahrheitung des christlichen Glaubens durch die Praxis u. die Anstrengungen um sprachliche Kommunikationsfähigkeit des Christentums.

Apophatische Theologie (griech. »apophasis« = Verneinung) bezeichnet jene Theologie, die konsequent die Erkenntnis berücksichtigt, daß es ein völliges Erfassen der göttlichen ↗Wahrheit in Begriffen u. satzhaften Formulierungen nicht geben kann. Sie leugnet nicht, daß es begriffliche u. abgrenzende Aussagen der Glaubenswahrheit (↗Bekenntnis, ↗Dogma) gibt, beharrt aber auf der grundsätzlichen ↗Unbegreiflichkeit Gottes. Sie läßt sich schon in der griech. Philosophie (Platon † 347 v. Chr.) konstatieren, kam bei jüdischen u. griechischen Theologen zur Geltung u. wurde von Ps.-Dionysios Areopagites (um 500) bis zum ↗Paradox entwickelt (er sprach vom »namenlosen Namen« oder »überwesentlichen Wesen« Gottes). Für A. Th. besteht die höchstmögliche Gotteserkenntnis in der ↗Mystik, die nicht das Wesen Gottes, sondern seine Beziehung zu Schöpfung u. Menschen wahrnimmt. In der westlichen Theologie ist auch der Begriff ↗Negative Theologie geläufig.

Apostel (griech. = Bote, Gesandter), eine im NT häufig vorkommende Bezeichnung für solche, die zur Verkündigung des ↗Evangeliums berufen sind, für die Leiter der ↗Urgemeinde u. für die ↗Zwölf in ihrer besonderen Eigenschaft als Zeugen des auferweckten Jesus. Älteste Belege für die Existenz der A. finden sich bei Paulus, der von einem festen Kreis von Aposteln in Jerusalem (in der Exegese auch »Alt-A.« genannt) spricht u. Kephas, Jakobus u. Johannes mit Namen nennt; als Letzten zählt er sich selber zu den Aposteln, da auch ihm eine Erscheinung des Auferstandenen mit der Berufung, dies zu bezeugen u. zur Verkündigung des Evangeliums zuteil wurde (Gal 1, 17; 1 Kor 15, 7 ff.). Eine andere Art von Berufung war die charismatische durch Mitteilung des göttlichen Geistes (Apg 13, 1 ff.; 1 Kor 12, 28); namentlich werden wiederum Paulus, dann Barnabas (Apg 14, 4–14), Andronikus u. die Apostolin Junia genannt (Röm 16, 7). Als dritte Aufgabe neben der Zeugenschaft für den Auferweckten u. der Verkündigung des Evangeliums erscheint die Gründung u. Leitung von Gemeinden (2 Kor 8, 23, Phil 2, 25). Die Funktion der A., die frühe Kirche an das Wirken Jesu selber zurückzubinden, kommt in der Szene der Berufung der ↗Zwölf zum Ausdruck (Lk 6, 13–16 par.). Eine vorübergehende Erscheinung des 2. Jh. waren die Wanderapostel. Schon in Zeugnissen des NT tritt die Entschlossenheit der frühen Kirche hervor, an der »Lehre der A.« festzuhalten (Apg 1–15), nämlich an der Lehre der Zwölf u. des Paulus (Pastoralbriefe, ↗Apostolische Väter). So erscheinen die A. als ein fester Kreis, der in heutiger Sprache ein Kollegium genannt werden kann, das sich in den Bischöfen (u. Diakonen) einen Nachfolgerkreis gab (1. Clemensbrief; Irenäus von Lyon † um 202; ↗Successio apostolica). – Für die kath. kirchliche Lehre u. die Systematik ergeben sich folgende Gesichtspunkte: Für die A. als Zeugen Jesu Christi u. insbesondere seiner Auferweckung gibt es keine eigentliche Nachfolgerschaft, aber einen Fortbestand ihres Zeugnisses u. darum die Aufgabe der Kirche, den Fortbestand dieses Zeugnisses mit Hilfe des Heiligen Geistes zu garantieren. So bekam die Kirche die (amtlich-öffentliche) ↗Offenbarung Gottes ganz u. ausschließlich durch die A. vermittelt; daraus ergibt sich die Lehre, daß diese Offenbarung »mit dem Tod des letzten Apostels« abgeschlossen ist u. darum zwar vertiefende Interpretation (↗Dogmenentwicklung), nicht aber inhaltliche Erweiterung erfahren kann. Dem entsprechend gibt es die Einmaligkeit des Anfangs bei den Aposteln des NT, aber auch eine legitime Entfaltung des Apostelamtes im Kollegium der Bischöfe (↗Bischof, ↗Apostolizität der Kirche).

Apostolische Väter, im 17. Jh. geprägte Bezeichnung für Schriften unterschiedlichen Charakters, die nicht zum ↗Kanon des NT gehören, z. T. jünger als das NT sind, als theol. Texte mit rechtgläubigem Charakter gelten u. höchst wichtige Quellen für die Kenntnis der frühen Kirche sind: Didache (1. Hälfte 2. Jh.?), Barnabasbrief (130–150), 1. Clemensbrief (96), sog. 2. Clemensbrief (Mitte 2. Jh.), Ignatiusbriefe (um 115), Brief des Bischofs Polykarp († 156) an die Philipper, Martyrium des Polykarp (etwa nach 156), Hirt des Hermas (140–150), Brief an Diognet (2. Hälfte 2. Jh.).

Apostolizität der Kirche bezeichnet eine Eigenschaft, die der ↗Kirche von ihrem innersten Wesen her zukommt u. die besagt, daß die heute existierende Kirche trotz ihrer geschichtlichen Entwicklung u. Veränderung in ihrem Wesen mit der Kirche der ↗Apostel identisch ist. Zusammen mit der ↗Einheit, ↗Heiligkeit u. ↗Katholizität gehört die A. zu den Merkmalen (Kennzeichen), an denen nach der klassischen Theologie die »wahre Kirche« Jesu erkannt werden kann. Die A. wurde vom 4. Jh. an in die ↗Glaubensbekenntnisse aufgenommen. Die Art u. Weise, wie Paulus seine gesamtkirchliche Aufgabe als Apostel verstand u. ausübte, markiert den Beginn einer theol. Reflexion. Die Pastoralbriefe suchen die »gesunde Lehre« durch den Nachweis ihrer Herkunft von Paulus u. durch seine Handauflegung zu sichern (2 Tim 1,6 12 14). Von da aus gelten nicht nur Identität u. Kontinuität der Verkündigung, sondern auch die Amtsnachfolge der Bischöfe u. insbesondere des Bischofs von Rom als Kriterien der A. (Irenäus von Lyon † um 202). Im Mönchtum u. in Reformbewegungen nimmt die Übereinstimmung mit den Aposteln im Glauben, im Zeugnis des Wortes u. in der Praxis breiteren Raum ein als die amtlich immer eindrücklicher vertretene Theorie einer auf gültiger sakramentaler Weihe beruhenden »materialen« Nachfolgerschaft (↗Successio apostolica). Daß die Bischöfe auch die Apostolizität der nichtbiblischen ↗Tradition garantieren, wird seit dem kirchlichen Altertum an gelehrt u. in der ostkirchlichen Orthodoxie besonders betont. Nach ev. Glaubensauffassung ist die A. damit gegeben, daß in der Kirche Gottes Wort gemäß der apostolischen Botschaft in ihr lebendig ist. Das II. Vaticanum hat sich wiederholt zur A. als Eigenschaft der Gesamtkirche geäußert u. den Versuch gemacht, in der Konzeption des Bischofskollegiums als Nachfolgerschaft des Apostelkollegiums die überbetonte Rolle des Papstes, in dem man früher die A. konzentriert sah, etwas zurückzunehmen.

Appropriation (lat. = Zueignung), ein Begriff der ↗Trinitäts-Theologie, der notwendig wurde, nachdem sich in der westlichen Theologie die Auffassung durchgesetzt hatte, daß Gott »nach außen«, gegenüber der Welt u. Schöpfung, ein einziges Wirkprinzip ist, das das Nichtgöttliche schafft u. erhält. In der Folge wurden den ↗Hypostasen (»Personen«) in Gott Eigenschaften oder Tätigkeiten nur »zugeschrieben«, »appropriiert«. Damit ist eine doppelte Problematik gegeben: Auf der einen Seite bezeichnen die beiden Möglichkeiten Gottes, sich dem Geschaffenen selber mitzuteilen, durch das Wort u. durch den Geist, Möglichkeiten, die Gott in den biblisch bezeugten ↗Sendungen wahr gemacht hat, mehr als nur »Zuschreibungen«. Auf der anderen Seite hat die Tradition Zuschreibungen vorgenommen, wo sie eigentlich hätte »Wesensaussagen« treffen müssen. Daß der eine ewige Gott Liebe ist, muß in einer »Wesensaussage« ausgesagt u. darf nicht der Hypostase des Heiligen Geistes zugeschrieben werden. An der A. wird die Problematik des Gott zerteilenden Personbegriffs deutlich.

Arbeit ist ein Begriff, mit dem mehrere Fachwissenschaften operieren u. für den sie jeweils genaue Verwendungsregeln aufstellen. Die für die Theologie relevante biblische Tradition enthält grundlegende Perspektiven: Der sich selber offenbarende Gott wird als arbeitender u. als ruhender gesehen; das Kultivieren der Erde u. Bewahren der Schöpfung werden als wesentliche Äußerung der ↗Gottebenbildlichkeit der Menschen verstanden; die grundsätzliche Gleichwertigkeit u. Gleichberechtigung aller Menschen gilt uneingeschränkt, also auch für A. u. Ruhe. Das AT bringt vielfältige soziale Aspekte, darunter das Ruherecht, zur Geltung. Nicht die A. an sich, aber ihre jeweils konkrete Gestalt ist auch negativ gesehen als Folge menschlichen Versagens (Gen 3, 17 ff.). In beiden Testamenten finden sich heftige Kritik an Arbeitsverhältnissen u. Stellungnahmen zugunsten der Benachteiligten (Propheten; Jak). – Theologische Aussagen über die A. in der Antike (im frühen Mönchtum) u. im Mittelalter treffen für die nach der industriellen Revolution entstandene Arbeitswelt kaum noch zu. Der Arbeitsbegriff der christlichen Philosophie u. Theologie ist sehr weit gefaßt, etwa so, daß jede von ihrem Ziel her bestimmte Tätigkeit, die mit dem Einsatz von Energie Widerstände überwinden muß, A. genannt werden kann. Ruhe (Muße, Kontemplation) wird als komplementäres Element dazu gesehen. In diesem Zusammenhang wird die Bedeutung der A. für die Selbstverwirklichung u. Selbsterhaltung der menschlichen ↗Person deutlich. Für Theologie u. Kirche ergibt sich daraus das Grundrecht des Menschen auf A. (II. Vaticanum GS 25 f., 65). Eine frühere »Theologie der A.« machte auch das Mitwirken des Menschen bei der Vollendung der Schöpfung sowie die A. als Sozialgeschehen, als Dienst am Gemeinwohl, geltend. Von großer Bedeutung ist der weit gefaßte Arbeitsbegriff noch bei den Überlegungen zur sinnvollen Gestaltung der Freizeit. Selbstverwirklichung durch A. trifft vor allem bei frei gewählter Tätigkeit zu, in einem theologisch u. spirituell gefüllten Sinn gerade auch bei ehrenamtlicher Tätigkeit in kirchlichen u. sozialen Diensten. – A. im engeren Sinn bezeichnet dagegen die abhängige Lohn-A., zu der die überwiegende Mehrzahl der Menschen wegen der notwendigen ökonomischen Existenzsicherung gezwungen ist. Die moderne arbeitsteilige Marktwirtschaft prägt dieser A. negative Merkmale auf (Zerstörung menschlicher, vor allem auch familiärer Beziehungen; immer stärkere Rationalisierung u. Technisierung; Verstärkung von Befehls- u. Kontrollsystemen; Identitätsverlust; Massenarbeitslosigkeit; Entstehung neuer Klassen; Mitverantwortung bei ökologischen Schäden usw.). Wenn im Blick auf diese Deformierung der A. die kirchliche Soziallehre betont, der Mensch habe Vorrang vor der A., die Arbeit habe Vorrang vor dem Kapital, dann bleibt sie bei aller Dringlichkeit der Appelle doch weithin im Abstrakten.

Ärgernis, als deutsches Wort wohl von M. Luther († 1546) in die Theologie
eingeführt, hat im AT hebr. Äquivalente mit den Bedeutungszusammen-
hängen »Falle stellen«, »Weg behindern«. Im NT bezeichnet »skandalon«
(griech. = Falle) den »Anstoß« mit Verletzung gewohnter religiöser
Gefühle bei Jesus. Er ist »Zeichen des Widerspruchs« (Lk 2,34; vgl. Mt
11,6; 1 Kor 1,18 – 2,16), den er gegenüber zeitgenössischen Messiaserwar-
tungen u. in seiner Praxis u. Lehre gegenüber der Selbstgerechtigkeit erhebt. Nach Meinung des Paulus nehmen Nichtverstehende Ä. an seiner
Predigt des gekreuzigten Jesus (1 Kor 1,23 f.; Gal 5,11). Lk 17,1 referiert
ein Jesuswort, nachdem Ärgernisse »sein müssen« u. doch vom Weheruf
Jesu getroffen werden. – In der Moraltheologie wird zwischen aktivem u.
passivem Ä. unterschieden. Aktives Ä. (»scandalum diabolicum«) ist bewußte Provokation der religiösen Gläubigkeit u. Lebensführung, Verführung zur Sünde. Es gilt als Sünde gegen die Liebe; seine Vergebung ist mit
der Pflicht verbunden, den Schaden wiedergutzumachen. Beim passiven Ä.
gilt die Aufmerksamkeit zunächst einem Ä., das in der Tradition eine zutiefst bedauerliche Bezeichnung, nämlich »pharisäisches Ä.« (»scandalum
pharisaicum«) erhalten hat, das der authentischen Religiosität der ↗Phari-
säer Unrecht tut. Es wäre besser mit »Ä. der Hochmütigen« wiederzugeben: wenn ein Verhalten in sich gut u. von guten Intentionen u. Motiven
gesteuert ist, aber bei uneinsichtigen Selbstgerechten Anstoß erregt. Dieses
Ä. darf nicht vermieden werden. Bewußte Provokation ist oft Anlaß für
Besinnung, Dialog u. Reform. Das »Ä. der Kleinen« (»scandalum pusillo-
rum«) besteht aus einem Verhalten, das für geistig unreife, charakter-
schwache Menschen Anlaß zur Sünde wird; es ist nicht immer vermeidbar.
Wie bei allem Tun sollten die Folgen von vornherein mit bedacht werden.
Ein Ä. geben Kirche u. Christentum, wenn sie ihre Verantwortung für
menschliche Verhältnisse in der Welt (gegen Ungerechtigkeit u. Krieg)
nicht wahrnehmen, aber verbal stets das Gegenteil beteuern.

Arianismus bezeichnet unterschiedliche christologische Auffassungen, die
zu einem großen Streit in der Kirche vom 4. Jh. ab geführt hatten u. einheitlich auf Arius von Alexandrien zurückgeführt werden, der aus der
↗Antiochenischen Theologenschule hervorgegangen war. Der Hauptgegner dieser Auffassungen, Athanasius von Alexandrien († 373), versuchte,
aus den Lehren des Arius, über die etwa ab 321 der Streit ausbrach, ein
möglichst einheitliches System zu konstruieren. Da Kaiser Konstantin
(† 337) die Vernichtung aller Schriften des Arius anordnete, lassen sich
dessen Anschauungen aus fragmentarischen Quellen u. aus den polemischen Gegendarstellungen des Athanasius kaum zutreffend rekonstruieren. Arius scheint sich vehement gegen die Teilung der göttlichen Natur in
zwei ewige notwendige Wesen gewehrt zu haben, da damit Gott wie ein

materielles Seiendes aufgefaßt werde. Darum sei der göttliche Sohn als ↗Hypostase außerhalb unserer Zeit allein durch den Willen des Vaters erschaffen worden; ihm als dem ersten u. größten Geschöpf habe Gott alle Herrlichkeit verliehen, die überhaupt einem Geschöpf zuteil werden könne, daher könnten wir den Sohn mit der Bibel ehrenhalber »Gott« nennen, auch wenn er in Wahrheit nicht Gott sei. Ein weiterer Grund der Verherrlichung sei der sittliche Gehorsam des Sohnes gewesen, der unveränderlich geblieben sei, obwohl er »an sich« veränderlich war. Der Anhaltspunkt dafür war wohl, daß der antiochenisch geschulte Arius sich oft auf Texte des NT berief, die von der Menschlichkeit Jesu, besonders seiner Leidensfähigkeit u. seinem Nichtwissen, sprachen. Die Gegner des Arius konstruierten daraus den Vorwurf des ↗Adoptianismus. Das vom Kaiser organisierte Konzil von ↗Nikaia verurteilte 325 den A. als Häresie. Gegen sie formulierte es dogmatisch bindend die Lehre vom ↗Homoousios, der Wesenseinheit des Sohnes mit dem Vater, wobei es diese aber nicht genauer erklärte (außer daß es den Zeitfaktor ausdrücklich verneinte). Außerdem überging es das wahre Menschsein Jesu Christi. Arius wurde verbannt; kurz vor der ihm zugedachten Rehabilitation starb er plötzlich. Auch Athanasius wurde wegen seiner Kompromißlosigkeit in Verbannung geschickt. Von »arianischen« Schülern wurde die Kontroverse weiter betrieben; sie spaltete die Kirche in Parteien (↗Semiarianismus). Ihr theol. Ende fand sie mit dem Konzil von ↗Konstantinopel 381. Länger als in den östlichen Kirchen überlebten arianische Ansichten im Westen (bis Ende des 6. Jh.), weil die Westgoten den A. angenommen hatten. Arius u. seine Gegner sind Zeugen des Einflusses des ↗Neuplatonismus auf die Theologie.

Aristotelismus bezeichnet die philosophischen Theorien des Aristoteles († 322 v. Chr.), der Schüler u. Mitarbeiter Platons († 347 v. Chr.) war, sowie auch die Einflüsse dieser Philosophie in der Antike, in Judentum u. Islam, in der Scholastik des Mittelalters u. in der Renaissance. Die »erste Philosophie« (oder ↗»Metaphysik«) stellt die Basis sämtlicher Wissenschaften dar, weil sie den Begriff des ↗Seienden (»to on«) darlegt, den alle Wissenschaften benötigen. Sie sucht nach den obersten oder letzten Ursachen des Seienden u. wird dadurch zur Theologie. Bei allen vielfältigen Möglichkeiten des Seienden hält sich seine Beziehung zum Einen u. zu einer Natur durch; diese Beziehung des Seienden zum Einen bedeutet reales Abhängigsein. Gäbe es die unveränderliche göttliche »Seiendheit« (»ousia«) nicht, dann könnte auch die veränderliche, wahrnehmbare »Seiendheit« des Seienden nicht sein. Nur der göttlichen »ousia« kommt das volle Ist-Sein zu; es ist identisch mit reiner Tätigkeit; die göttliche »ousia« ist sich selber denkender Geist (»noesis noeseos«). Die veränderliche, wahrnehmbare

»ousia« des Seienden wird als »erste« (formbare) ↗Materie gedacht, auf die das gestaltgebende Prinzip ↗Form einwirkt (↗Hylemorphismus). Die Ethik des Aristoteles schenkt den ↗Tugenden größte Aufmerksamkeit, unter denen die ↗Gerechtigkeit die bedeutsamste ist (Zusammengehörigkeit von Ethik u. »Politik«). Die Aktivität der Tugenden bezieht sich auf die Ordnung der Antriebe (↗Affekte) u. auf die Erkenntnis der ethischen Pflichten. Die höchste ↗Gut ist für Aristoteles das ↗Glück des Menschen, das dieser als Gemeinschaftswesen (»zoon politikon«) jedoch nur in Gemeinschaft realisieren kann. In der Zeit der Kirchenväter fand Aristoteles keine breite Beachtung; gelegentlich wird auf seine Übereinstimmung mit dem damals hoch geschätzten Platon hingewiesen. Der Islam wandte dem A. große Aufmerksamkeit zu; etwa Mitte des 10. Jh. waren alle Schriften des Aristoteles ins Arabische übersetzt. Auf dem Weg über den Islam in Spanien erlangte auch das Judentum Kenntnis des A. In beiden großen Religionen fanden sich Philosophen, die in der Klarheit der aristotelischen Philosophie eine gute Voraussetzung für das Glaubensverständnis sahen. Mitte des 13. Jh. waren fast alle Schriften des Aristoteles ins Lateinische übersetzt; der philosophische A. wurde an allen mittelalterlichen Universitäten gelehrt. Die scholastische Theologie übernahm den A. nicht als geschlossenes System. Unter den von ihr, besonders im ↗Thomismus, ausgewählten aristotelischen Theorien ragen hervor: Der ↗Hylemorphismus, die Lehre von ↗Potenz u. ↗Akt, ↗Substanz u. ↗Akzidens, die ↗Finalität. Abgelehnt wurde von den meisten die Theorie von der ↗Ewigkeit der Welt.

Arkandisziplin (lat. »arcanus« = verschwiegen, geheim) soll in der frühen Kirche (2.–5. Jh.) eine Verhaltensnorm gewesen sein, wonach in Anwesenheit von Ungläubigen u. Ungetauften gar nicht oder nur in Symbolen über wesentliche Inhalte des Glaubens u. des kirchlichen Lebens gesprochen werden durfte. Ihre Existenz wird heute von Historikern bezweifelt. – Es könnte gefragt werden, ob es im Bereich des religiösen u. kirchlichen Lebens nicht Dinge gibt, die nur beteiligten oder ernstlich interessierten Menschen zugänglich sein, der bloßen Zuschauerneugier aber nicht einfach ausgesetzt werden dürfen. Eucharistiefeiern im Fernsehen als »Versorgung« alter u. kranker Menschen auszugeben, dürfte als Hintergrund ein magisches Sakramentsverständnis haben. Fotografien von betenden u. kommunizierenden Menschen beruhen oft auf Schamlosigkeit.

Armut ist im Judentum u. im Christentum ein wichtiges Thema. Individuelle A. konnte u. kann in Gesellschaften des Nahen Ostens oft vom Familienverband aufgefangen werden. Schon in vorexilischer Zeit entstanden in Israel jedoch Unterschichten u. Randgruppen, die an Mängeln u. Entbehrungen litten, durch Schulden gedrückt waren usw. Zu ihren Gunsten erhoben vor allem die Propheten ihre Stimme; ein Armenrecht wurde ausgebildet. Der theol. Leitgedanke war dabei die Überzeugung, daß der Schöpfergott allen Menschen gleichen Anteil an den Gütern der Erde geben wollte. Gerade die Erfahrung einer massenhaft verbreiteten A. u. Verelendung wird in der Spätzeit Israels zur Ablehnung des Tun-Ergehens-Zusammenhangs, den die Theorie der ↗Weisheit gelehrt hat, geführt haben. In Psalmen wird auf die Verantwortung JHWHs für die Armen hingewiesen. Nach der Unterdrückung ganz Israels in hellenistischer Zeit wird »arm« zu einem religiösen Begriff im Sinn von »demütig« u. »fromm«, ja sogar im Sinn von »auserwählt«. Die Gemeinschaft von ↗Qumran (»Gemeinde der Armen«) scheint im Vertrauen auf späteren Lohn durch Gott in der Endzeit freiwillig auf Besitz verzichtet zu haben. Die Armen, die Jesus selig pries, denen er das Reich Gottes versprach (Lk 6, 20) u. zu denen er sich in besonderer Weise gesandt wußte (Lk 7, 22), waren die real Armen, Kleinen u. Unterdrückten. Die matthäische Version der Seligpreisung meint mit den »Armen im Geist« die auf Gott Hoffenden (Mt 5, 3). Reichtum wird von Jesus wie von der Urgemeinde durchwegs als Gefahr u. als Hindernis für die ↗Nachfolge Jesu gesehen, deren Radikalität in der Forderung zum Ausdruck kommt, allen Besitz den Armen zu geben (Mk 10, 21; Lk 18, 22). Die »Werke« aus dem Glauben, die Jak 2, 14–26 fordert, gelten vorzugsweise Schwestern u. Brüdern, die Mangel leiden; 2, 6 wird vor der Verachtung der Armen gewarnt; 5, 1–6 enthält drastische Drohungen gegen die Reichen. – In der Kirche galt A. immer als Gegenstand eines ↗Evangelischen Rates zur besonderen Nachfolge Jesu Christi, wie die andern evangelischen Räte heute besonders durch den Hinweischarakter auf die Andersartigkeit des ausstehenden u. erhofften Reiches Gottes begründet. Die Verwirklichung dieser A. in den Ordensgemeinschaften hat ihre besondere Problematik (Besitz der Gemeinschaft, Entbehrung des zur Wahrung der Menschenwürde Notwendigen bei einzelnen Mitgliedern; krasse Ungleichheiten gegenüber dem »Weltklerus« usw.). Helfen u. Teilen angesichts konkreter begegnender A. sind kein bloßer »Rat« für Vollkommene, sondern ein Gebot der ↗Nächstenliebe. Als Bestandteil christlicher ↗Askese kann A. durch diese konkrete Liebe, aber auch durch Selbstliebe (Freiheit von Abhängigkeit) motiviert sein. Im Zusammenhang mit der Erneuerungsbewegung der Kirche, die zum II. ↗Vaticanum u. zum Bewußtwerden der Probleme nicht-europäischer Kontinente führte, entstand die Forderung, die Kirche müsse eine »Option für die Armen« treffen, nicht nur durch Organisation solidarischer Hilfe (die von allen großen Kirchen praktiziert wird), sondern auch durch prophetische Anprangerung schreienden Unrechts. Die letztere Aufgabe, von der ↗Befreiungstheologie in Angriff genommen, wurde durch religiös-praktische Beschwichtigungsversuche (unter Beibehaltung verbaler Appelle) unterlaufen, die der früheren kirchlichen Vertröstung, A. sei gottgewolltes Schicksal u. in Ergebenheit zu ertragen, bedenklich nahekommen. Die Analysen der globalen A. durch heutige Wirtschafts- u. Sozialwissenschaften zeigen eine anwachsende Zunahme der »absoluten A.« in sog. Entwicklungsländern sowie der »neuen A.« auch in Industrieländern vor allem infolge der Massenarbeitslosigkeit. Ursachen u. Verursacher sind deutlich erkennbar, doch Macht, Mittel u. Kompetenzen zur effektiven Behebung dieser sehr komplexen Armutssituation sind nicht in Sicht.

Aseität (lat.), das scholastische Grundverständnis der ↗Gotteslehre, daß Gott »a se«, d.h. von sich aus u. durch sich, ist, also über die Fülle des ↗Seins verfügt u. nicht wie alles Geschaffene »ab alio«, in einem anderen seinen Grund hat

Askese (griech. = Übung, Verzicht) bedeutet der Sache (nicht dem seltenen Begriff) nach schon in der vorchristlichen Antike die Übung in der Beherrschung des Körpers mit seinen Sinnen u. Begehren u. des Geistes mit seinen Antrieben, das Erlernen des Sterbens gegenüber dem Materiellen u. der Welt, mit dem Ziel, Unerschütterlichkeit u. Freiheit (↗Apathie) des Weisen zu erlangen. Im AT begegnen »asketische« Weisungen vor allem situationsbedingt im Zusammenhang mit der Einhaltung der von Gott im ↗Dekalog gegebenen Lebensordnung; sie werden schließlich zusammengefaßt als »Gebet, Fasten, Almosen« (Tob 12,8). Einen Sonderfall der A. bildet die sexuelle Enthaltsamkeit, die primär nicht im Dienst der Selbstbeherrschung, sondern der kultischen ↗Reinheit steht. Im NT stehen die Ratschläge zum Verzichten unter dem Vorzeichen der ↗Naherwartung der Vollendung der ↗Herrschaft Gottes, angesichts deren das weltliche Sich-Einrichten als vorläufig u. überholt erscheint. Das Schicksal Jesu angesichts des Kreuzes gibt der ↗Nachfolge Jesu eine neue asketische Qualität. Die christliche A. war von Anfang an von Deformierung bedroht: Weltverachtung (aus Feigheit oder Ressentiment), ↗Weltflucht, Untreue gegenüber der Verantwortung für die Schöpfung, Hoffnung auf »jenseitigen« Lohn für Verzicht u. gute Werke. In der Praxis der christlichen A. sind Motive u. Werte enthalten, die sie auch heute verständlich u. sinnvoll erscheinen lassen: Läuterung egoistischer Antriebe (christlich: »Kampf gegen die Sünde«), Training zur Erlangung einer größtmöglichen Harmonie zwischen den verschiedenen Schichten u. Kräften des Menschen (christlich: Einübung von ↗Tugenden), Konsumverzicht als Bewährung individueller Freiheit u. als Dienst an der Bewahrung der Schöpfung. Aber zum Wesen der christlichen A. gehört diese *moralische* A. nicht. Ebenso wenig ist christliche A. *kultische* A., d.h. die Auffassung, Gott habe am bloßen Verzicht als ↗Opfer Wohlgefallen, u. durch größere oder kleinere Opfer komme man immer tiefer in die Dimension des Heiligen. Auch die *mystische* A. als »entleerende« Hinreise in den Personkern, um unter Hinterlassung der »Welt«, ja des eigenen Willens eine Gotteserfahrung möglich zu machen, gehört nicht zum Wesen der christlichen A. Diese wird vielmehr begründet durch eine radikal *christliche* Interpretation des menschlichen Daseins, u. zwar des Daseins als eines zutiefst u. offensichtlich sinnwidrig bedrohten: des unweigerlich dem ↗Tod ausgesetzten Daseins. Christliche A. bedeutet, sich der Todessituation bewußtseinsmäßig zu stellen, sie zu akzeptieren, sie als Möglichkeit der ↗Nachfolge Jesu auch in seinem Sterben zu begreifen. Diese »Realisierung« des Todes besagt, ihn nicht auf die letzte Agonie zu beschränken, sondern ihn lebenslang stückweise einzuüben, ihm den Charakter als bloß erzwungenes Widerfahrnis zu nehmen u. statt dessen loslassend u. verzichtend aus ihm eine Tat der Übereignung an Gott zu machen. Ein solches Verständnis schließt ein dankbares Genießen der Schöpfungsgaben nicht aus (so wie Jesus, der den Weg zum Tod als »Muß« auffaßte, sich dennoch dem Vorwurf konfrontiert sah, er sei ein Fresser u. Säufer: Mt 11,18f.). Die konkrete *Art u. Weise*, wie eine christliche A. realisiert wird, unterliegt keinem Schema; sie ist Sache einer persönlichen ↗Berufung.

Ästhetik (griech. = Lehre von der Wahrnehmung), bezeichnete im 18. Jh. die Wissenschaft vom Schönen, das in der platonischen Philosophie als Einheit der ewigen Ideen des Guten u. Wahren galt. In neuerer Zeit befaßt sich Ä. nicht nur mit dem ästhetischen Erleben im engeren Sinn, sondern auch mit den Künsten u. ihren Zusammenhängen (Ethik, Gesellschaft usw.). – Die christliche Theologie behandelte, ohne daß die Ä. eine eigene Disziplin geworden wäre, ästhetische Themen im Zusammenhang mit der Polarität zwischen der Herrlichkeit Gottes, der höchsten ↗Schönheit, des Schöpfers alles Schönen, u. der ↗Kenosis Gottes im leidenden Menschen ohne Gestalt u. Schönheit (Jes 53,2). In der scholastischen Philosophie wurden die transzendentalen Eigenschaften des Seienden, das Eine, Wahre u. Gute (»unum, verum, bonum«) ergänzt durch das Schöne (»pulchrum«). Gegenüber der bejahenden Thematisierung des Schönen überwogen die Warnungen vor den Versuchen, im Erleben des Schönen Gott erfahren zu wollen. In einem umfangreichen Werk versuchte H. U. von Balthasar († 1988) eine theol. Ä. als »Schönheitslehre aus den Daten der Offenbarung« zu begründen u. mit reichem Traditionsmaterial zu dokumentieren. Er stellt die vollkommene Liebe Gottes in Jesus Christus u. die Hoffnung auf Allversöhnung in das Zentrum dieser Bemühungen um die Wahrnehmung der Gestalt Gottes (strenge Theozentrik unter Zurückstellung der Probleme der ↗Theodizee). Kulturgeschichtlich begegnet häufig eine ästhetische Faszination des Abstoßenden. Totalitäre Mächte instrumentalisierten zu allen Zeiten das ästhetisch Schöne (u. die Kunst) im Dienst des Bösen.

Astrologie (griech. = Wissenschaft von den Gestirnen), volkstümlich die Meinung, daß die Charakteranlagen u. das Geschick eines Menschen durch den Stand der Gestirne bei seiner Geburt beeinflußt werden; dann das Deutesystem hinsichtlich der (beobachtbaren) Gestirnkonstellationen, das zu einem »Horoskop« führt. Die A. bezieht sich nicht auf die physikalischen Einwirkungen, z. B. der Sonneneruptionen, auf Erde u. Menschen. Die A. beruht auf jahrtausendealten Gestirnbeobachtungen (Babylon u. Assur, Griechenland) u. beeindruckt viele durch eine ganzheitliche Weltauffassung. Innerhalb der A. schwanken die Schwergewichtssetzungen (z. B. auf Psychologie, Charakteranalyse, oder auf Geschichtsphilosophie, Wassermannzeitalter usw.); auch ist vielfach Skepsis gegenüber Zukunftsvoraussagen festzustellen. Das Interesse für A. signalisiert den Wunsch vieler Menschen nach einem integrierenden Verhältnis von Menschen u. Kosmos. Wo die A. eine grundsätzlich deterministische Lebensauffassung fördert, kommt sie in unlösbaren Widerspruch zur Freiheitsüberzeugung der christlichen ↗Anthropologie, doch sind noch längst nicht alle die menschliche Freiheit determinierenden u. einschränkenden Faktoren bekannt u. erforscht. – ↗New Age, ↗Esoterik.

Aszetik (von ↗Askese), erstmals 1655 bezeugter Name einer theol. Disziplin, die sich mit der christlichen Lebensgestaltung, vor allem der ↗Nachfolge Jesu, beschäftigte u. sich dabei von der ↗Moraltheologie, die »nur« über das von allen Gesollte nachdenkt, u. von der ↗Mystik, die von individuellen Gotteserfahrungen spricht, unterschied.

Atheismus (griech. = die Auffassung von der Nichtexistenz Gottes), als Begriff seit dem 16. Jh. bekannt, umfaßt mehrere Bedeutungen. Nicht sachgerecht ist es, nicht-theistische Religionen (Teile des ↗Buddhismus u. ↗Konfuzianismus) u. andere Auffassungen, die das Numinose (↗Heilig) nicht leugnen, als atheistisch zu bezeichnen. Wird das Numinose (ein schlechthin heiliges Geheimnis) abgelehnt oder die Existenz eines personalen Gottes argumentativ bestritten, so handelt es sich um *theoretischen* A.; dieser kann eine philosophische, tolerante Gestalt ohne missionarische Absichten haben oder »militant« sein, indem er jede Religion als menschenschädliche Verirrung bekämpft u. sich selber als Lehre versteht, die zum Glück der Menschheit zu verbreiten ist. Eine Lebenspraxis, die sich konkret verhält, als ob Gott oder das Heilige nicht existierte, kann *praktischer* A. genannt werden; er kann auch in der Gestalt vorkommen, daß das Dasein Gottes theoretisch anerkannt u. so gut wie keine praktischen Folgerungen daraus gezogen werden. – *1. Zum geistesgeschichtlichen Vorkommen.* Der Vorwurf des A. wurde in der griech. Diskussion vom 7. Jh. v. Chr. an gegen Philosophen erhoben, die die Existenz der Götter der Volksreligion leugneten u. sich um einen geläuterten Begriff des Göttlichen bemühten. Ein bedeutendes Beispiel war Sokrates († um 399 v. Chr.), wegen A. u. Jugendverführung zum Tod verurteilt. Ähnliche Anklagen richteten sich gegen Juden u. Christen, die das Götter-Pantheon u. den Kaiserkult ablehnten. Vorwürfe des A. im Lauf des Mittelalters u. der beginnenden Neuzeit (z. B. wegen der Versuche, staatliche Ordnungen unabhängig von der Religion zu konzipieren) sind ebenso wenig stichhaltig. Wenn im Lauf der christlichen Jahrhunderte entschiedene atheistische Überzeugungen aufkamen, so äußerten sie sich kaum öffentlich, da ihre Vertreter sich aus der von Religion geprägten Gemeinschaft ausgegrenzt hätten und die kirchlich-staatliche Verfolgung durch die Inquisition zu fürchten gewesen wäre. Die naturwissenschaftlichen Welterklärungen seit dem 17. Jh. erfolgten zunächst auf der Basis eines berechtigten »methodologischen A.«, da sie keine vollständige Erklärung der Welt ohne transzendenten Grund in Gott liefern, sondern nur einzelne Abläufe ohne die »Hypothese Gott« erklären wollten. Erst manche Theoretiker der französischen ⟋Aufklärung formulierten eine ausgeprägt atheistische Erkenntniskritik. Die Streitigkeiten des Idealismus bezogen sich nicht auf die Existenz Gottes als solche, sondern auf die Art u. Weise der Gotteserkenntnis u. auf die von der klassischen ⟋Metaphysik gelehrten ⟋Eigenschaften Gottes. Atheistisch sind dagegen die rein anthropologischen Auffassungen der Religion bei L. Feuerbach († 1872) u. a., als sei der Gedanke »Gott« identisch mit dem Selbstbewußtsein des Menschen oder dessen Projektion ins »Jenseits«. Während K. Marx († 1883) dem A. wenig Aufmerksamkeit zuwandte, entstand auf der Basis eines naturwissenschaftlichen »Vulgärmaterialismus«, verbunden mit einer mechanistisch-ökonomischen Gesellschafts- u. Geschichtstheorie, der ausgeprägte militante A. des Marxismus-Leninismus. Als atheistisch gilt F. Nietzsches († 1900) Philosophie, die den Gottesgedanken, der dem menschlichen Willen durch Behauptung eines »höchsten Wertes« entsprungen sei u. dem Menschen den besten Teil seines Lebens raube, zerstören wollte. Die S. Freud († 1939) radikal folgende Psychoanalyse geht davon aus, daß Gottesvorstellungen aus dem infantilen Wunsch, durch einen Über-Vater beschützt zu werden, entstünden u. durch den Fortschritt des Ich-Werdens als Illusion entlarvt u. beseitigt würden. Angesichts der Unlösbarkeit des ⟋Theodizee-Problems entstand im 20. Jh. eine eher »bekümmerte« Gestalt des A. (J.-P. Sartre † 1980, A. Camus † 1960, marxistische Revisionisten), die von der Nichtwirksamkeit der Gottesidee angesichts der überwältigenden menschlichen Leiden u. von ihrer Unfruchtbarkeit für den Gewinn der Freiheit überzeugt waren.

Daneben finden sich Auffassungen, die das ↗Geheimnis als solches nicht leugnen, es aber prinzipiell für »unsagbar« oder für (noch) nicht verstehbar u. darum ausständig-abwesend (M. Heidegger † 1976) verstehen. Im Neopositivismus (↗Positivismus) wird ein A. vertreten, der erkenntniskritische u. sprachphilosophische Überlegungen verbindet: das Wort »Gott« u. die Rede von ihm seien sinnlos, weil »Gott« nachweislich nicht die Eigenschaften aufweise, die man ihm in dem Begriff »Gott« zuschreibe, u. weil kein Gegenstand verifizierbar oder falsifizierbar sei, auf den der Begriff »Gott« zutrifft. Hier tritt theoretisch das zutage, was im »praktischen A.« seine Grundlage in der konkreten »Unbrauchbarkeit Gottes« hat u. für die Theologie eine größere Herausforderung darstellt als die frühere materialistische u. militante A. – *2. Theologiegeschichtlich.* Der A., von dem die Bibel gelegentlich spricht (z. B. in den Psalmen u. in der Weisheitsliteratur), ist keine Theorie, sondern eine Gott nicht in Betracht ziehende Praxis. Auch Anhänger des »Götzendienstes« können als Gottlose bezeichnet werden. Seltene Bibeltexte sprechen in einem eher philosophischen Sinn von der ↗Erkennbarkeit Gottes u. in diesem Zusammenhang vom Niederhalten der Erkenntnis (des wahren) Gottes (z. B. Röm 1, 18 ff.). In Betracht zu ziehen ist die Möglichkeit, daß die Versuchung des modernen A., bei der umfassenden Welterklärung (»holistisch«) ohne Gott auskommen zu wollen, durch die biblische Sicht auf die Welt, durch die »Entgötterung« u. »Entzauberung« alles Geschaffenen, mit gefördert wurde u. wird. Katholischerseits reagierte das I. ↗Vaticanum 1870 auf den erst in der Neuzeit offen u. bei zahlreichen Menschen auftretenden A., indem es die Erkennbarkeit Gottes dogmatisierte u. die Atheisten exkommunizierte. In der Folge galt der A. in der kirchlichen Lehre schlicht als Ergebnis eines Defekts in der Vernunft oder, als Mangel an gutem Willen, in der Moral. In der kath. Theologie wurde gelehrt, ein schuldloser negativer A., der zu keinem Urteil über die Gottesfrage komme, sei einem Menschen unter normalen Verhältnissen über längere Zeit nicht möglich. Ein positiver A., der die Nichtexistenz Gottes oder seine Unerkennbarkeit behaupte, sei schuldhaft. Erst im 20. Jh. kamen nuanciertere Auffassungen des A., vor allem in der französischen Theologie, auf. Die sozio-kulturelle Abhängigkeit der Menschen von ihrem Milieu wurde gesehen; von da aus wurde es für denkbar gehalten, daß viele Erwachsene hinsichtlich der Gottesfrage »unmündig« bleiben. Die radikale, »wesenhafte« Verwiesenheit des Menschen auf Gott wurde so betont, daß es im Grund keine Atheisten geben könne, sondern nur solche, die meinen, nicht an Gott zu glauben. Solche Überlegungen gingen differenziert in das II. ↗Vaticanum ein. Das Konzil hielt einen »unschuldigen« A., der den Atheisten nicht vom ewigen Heil Gottes ausschließt, für real möglich (LG 16). Es erklärte, daß der A. möglicherweise in der Ablehnung eines Gottes bestehe, den es in Wirklichkeit gar nicht gibt; daß der A. oft aus der Unlösbarkeit der Theodizee-Frage entstehe; daß er auch gesellschaftliche Ursachen hat: Oft sei A. eine falsch interpretierte, an sich legitime Autonomieerfahrung, eine Folge aktiver Befreiung aus ökonomischer u. gesellschaftlicher Abhängigkeit, die den Gottgläubigen zur Last gelegt wird, oder eine Absolutsetzung humaner Werte. Das Konzil bekannte, daß der A. eine kritische Reaktion auf ungenügende Vergegenwärtigung des Gottesglaubens in der Theorie u. in der Lebenspraxis von Christen sei, so daß diese den A. mit herbeiführten. Das Konzil erklärte den Willen der Kirche zum Dialog u. zur Zusammenarbeit mit Atheisten, denen es sagen wolle, daß der Glaube an Gott die Antwort auf eine Frage sei, der ein Mensch auf Dauer u. in den entscheidenden Augenblicken seines Lebens nicht ausweichen könne, u. daß die aktive, innerweltliche Zukunftsgestaltung durch den christlichen Glauben u. die eschatologische Hoffnung nicht geschwächt werde (GS 19–21). – *3. Systematisch.* Eine »Widerlegung« des A. kann nicht in einem blind angenommenen Glauben oder in der schlichten Verneinung der Theodizeeprobleme, d. h. in der Apathie gegenüber den Leiden der Kreatur bestehen. Eine Entgegnung theoretischer, transzendentaler Art kann zeigen, daß eine absolute ↗Skepsis oder eine Beschränkung menschlicher Erkenntnisfähigkeit auf unmittelbare Erfahrungen sich selber aufhebt. Wenn der A. sich selber reflex versteht u. zugleich erfaßt, was mit »Gott« gemeint ist, u. wenn er dabei entschiedener A. bleibt, dann heißt das, daß er die Frage nach dem ↗Sein im ganzen u. die Frage nach dem die Seinsfrage stellenden Subjekt abweist. Da in der notwendigen Erkenntnis des Menschen implizit eine ↗Metaphysik (unabhängig von dieser Bezeichnung) gegeben ist, wird im Erkenntnisvorgang selber die Möglichkeit solcher Metaphysik bejaht. Ähnliches gilt von der Akzeptanz absoluter Bindung an das ↗Gewissen in vielen Formen des A., der es nur nicht wagt, das letzte Woraufhin u. Wovonher seiner ethischen Freiheit u. Liebe objektivierend »Gott« zu nennen. Zu dieser theoretischen Antwort auf den A. müßte sich die Analyse des menschlichen Elends gesellen, das den tiefsten Grund des A. darstellt, eine mit Praxis begleitete Kritik der gesellschaftlichen Verhältnisse, die den A. als Massenerscheinung fördern (sowohl in der Dritten Welt als auch in der westlichen Vergnügungsgesellschaft). Die Theologie müßte sich stets ihrer Aufgabe bewußt sein, den naiven, »vulgären« ↗Theismus zu widerlegen, da der A. häufig nur von dem Mißverständnis des Gottes lebt, den der praktisch vorkommende Theismus vertritt. Die innerste Verbindung von Theologie u. Spiritualität müßte immer neu betont werden, weil die Gotteserkenntnis auf die Dauer nur lebendig bleibt, wenn sie sich in das anbetende Ja der ganzen menschlichen Person zu Gott hinein »aufhebt«.

Ätiologie (griech. = Lehre von der Ursache) bezeichnet im weiteren philosophischen Sinn die methodische Frage nach dem Grund oder nach der ↗Ursache eines Seienden. Der Grund eines jetzt erfahrenen Zustands oder Geschehens kann in einem früheren Zustand oder Geschehen liegen, auch in theol. Sicht. So kommen auch in der Theologie unterschiedliche Ätiologien vor. Deren Ausformulierung kann bewußt auf Bilder oder Mythen zurückgreifen, um einen jetzigen Zustand zu »erklären«: mythologische Ä. Daneben gibt es wissenschaftlich genaue Rückschlüsse auf die Ursache u. Herkunft eines jetzigen Zustands, der dabei als logische Folge des früheren an den Tag tritt: geschichtliche Ä. Diese Arten von Ä. können in Mischformen auftreten. Auch der ideal- oder prototypische Entwurf, wie etwas von Gott hätte gedacht sein können, sich aber wegen der menschlichen Freiheit nicht realisieren ließ, kann Ä. heißen (z. B. Kultur-Ätiologie). Die Frage nach der Ä. spielt bei der Reflexion über den jetzigen leidvollen Zustand der Menschheit (↗Erbsünde) u. sein Verhältnis zum Anfang der Menschheitsgeschichte (↗Schöpfung, ↗Urgeschichte) eine Rolle.

Attritionismus (lat. = Lehre von der attritio-Reue), eine Lehrauffassung, daß eine »attritio« eine genügende Vorbereitung auf das ↗Bußsakrament sei. In der Bußgeschichte bedeutete »attritio« seit dem 12. Jh. eine »unvollkommene«, auf die vollkommene Reue (»contritio«) hingeordnete Haltung. In der späteren Scholastik war »attritio« eine ernsthafte, von sittlichen Motiven, aber nicht von der Liebe zu Gott getragene Reue, z. B. motiviert aus der Furcht vor der strafenden ↗Gerechtigkeit Gottes. Eine solche »attritio« griff M. Luther († 1546) vehement als »Galgenreue« an. Das Konzil von ↗Trient nannte die »attritio« eine sittlich gute Vorbereitung auf das Bußsakrament. Die Diskussion über die ↗Reue u. ihre Motive ging weiter.

Auferstehung der Toten. Die Erwartung einer Errettung aus dem ↗Tod u. einer Vollendung des menschlichen Lebens, in sehr vielen religiösen Traditionen der Menschheit bezeugt, ist nicht einfach identisch mit der Erwartung, daß die Vollendung des individuellen Menschen angesichts der Erfahrung der Einheit u. Ganzheit des Menschen ↗Seele u. ↗Leib umfange; erst diese ganzheitliche Vollendung heißt zutreffend A. d. T. – *1. Biblische u. frühjüdische Zeugnisse.* Die Glaubenszeugnisse, daß die Macht des Gottes Israels nicht an den Grenzen des Totenreiches endet, sind älter als die Erwartung einer A. d. T. In Psalmen wird (nachexilisch) die Hoffnung auf eine individuelle Rettung aus dem Tod deutlich (Ps 16; 22; 49; 73; 88). Bei Jes 25 wird die endzeitliche Vernichtung des Todes angesagt. Das AT bezeugt ein allmähliches Hervortreten des Glaubens an eine A. d. T. Wenn die Vision von der Wiederbelebung der Totengebeine in Ez 37 auch eine

Metapher für die Neubelebung Israels ist, so gibt sie doch Einblick in eine Vorstellungswelt, in der eine A. d. T. für möglich gehalten wird. Das erste sichere Zeugnis für die erwartete Verwirklichung dieser Möglichkeit ist Dan 12, 1 f. (um 165 v. Chr.), bei der die »ausgleichende Gerechtigkeit« den gedanklichen Hintergrund bildet. Auch in 2 Makk 7 steht die sichere Hoffnung auf leibliche A. d. T. unter dem Gedanken der doppelten Vergeltung für die gerechten Blutzeugen u. den verbrecherischen Tyrannen, mit besonderer Betonung der Macht Gottes über den Tod hinaus. Weitere sichere Zeugnisse finden sich im frühjüdischen Schrifttum (Henochbuch; in den Ausführungen bei Flavius Josephus † um 100 n. Chr. über die ↗Sadduzäer). Seit der jüdischen Katastrophe 70 n. Chr. gehört die A. d. T. zum festen Bestand jüdischen Glaubens. Bei den Auferstehungstexten des NT ist auf die genaue Bedeutung zu achten, in der von A. d. T. gesprochen wird: vom Herauskommen der Toten aus den Gräbern (1 Thess 4, 16; 1 Kor 15, 52), von der Auferweckung zur doppelten Vergeltung (Joh 5, 28 f., Offb 20, 13), von der verwandelnden Gabe des unvergänglichen Lebens (1 Kor 15, 50 52 u. ö.). Zentrale Texte finden sich bei Paulus unter Bezugnahme auf die ↗Auferstehung Jesu Christi: 1 Thess 4, 14–17 in apokalyptischem Bildmaterial; 1 Kor 15, 1–58 mit einer wichtigen Unterscheidung zwischen dem jetzigen verweslichen Leib u. dem geistgewirkten Auferstehungsleib. Die Deuteropaulinen Kol u. Eph wehren ein Mißverständnis ab, als sei das Taufgeschehen bereits die A. d. T. In anderen Texten des NT sind die Zusammenhänge, in denen vom ↗Ewigen Leben oder vom ↗Leben gesprochen wird, für die Auferstehungshoffnung bedeutsam. Jesus selber hat unter der Dringlichkeit der Verkündigung der hier u. jetzt zu erwartenden ↗Herrschaft Gottes eher indirekt von der A. d. T., an die er fest glaubte (Mk 14, 25), gesprochen (Mk 12, 18–27; hier ist auch von der Andersartigkeit des Auferstehungsleibes die Rede). Die griech. Unterscheidung von sterblichem Leib u. unsterblicher Seele spielt im NT trotz sprachlicher Anklänge keine Rolle. Ein Überleben des Todes ohne die ausdrückliche Vorstellung einer A. d. T. wird in Gestalt der Lebensgemeinschaft mit (dem erhöhten) Jesus zum Ausdruck gebracht (Phil 1, 12; Lk 23, 43; Apg 7, 59). – 2. *Theologiegeschichtlich-systematisch.* Im Gegensatz zum griech. Denken hielt die alte Kirche am Glauben an die A. d. T., u. zwar mit dem Ziel einer doppelten Vergeltung, fest. Wenn in der altchristlichen Literatur von der Auferstehung *des Fleisches* gesprochen wird, dann ist damit nicht die negativ qualifizierte ↗Sarx gemeint, sondern gegen leibfeindliche Tendenzen die Einheit des Menschen, der Menschheit u. damit auch die Güte der Schöpfung betont. Die Gegenwarts- u. Zukunftsaussagen des NT werden schon früh unter frühjüdischem Einfluß in die Gestalt gebracht, daß mit dem Tod die Seelen in jenseitige »Kammern« gelangen, während die leibliche Auferweckung eher im Sinn einer physischen Wiederbelebung am Ende

der Welt erwartet wird (↗Zwischenzustand). Die andersartige, verwandelte
Qualität des Auferstehungsleibes bleibt in der ↗Alexandrinischen Theologenschule erhalten. Die mittelalterliche Theologie brachte in das Bedenken der A. d. T. die hylemorphistische Vorstellung von der Seele als ↗Form
des Leibes ein (↗Hylemorphismus); die Seele galt nun als das entscheidende Prinzip, das die Identität des Menschen auch nach dem Tod garantierte,
so daß ihr allein nun auch sofort mit dem Tod die Seligkeit oder die Verdammung zuteil würde (Papst Benedikt XII. † 1342 in einer Entscheidung
von 1336). Die leibliche Auferweckung trat ihr gegenüber in der Erwartungshaltung zurück. Ebenso galt die Hoffnung dem Eingehendürfen in
den ↗Himmel, nicht mehr der Vollendung der Schöpfung. Die von M. Luther († 1546) ausgehenden Impulse nahmen verschiedene Richtungen: einmal zum Gedanken des Todesschlafs, der bis zur A. d. T. dauere, sodann
zur Idee eines Ganztods von Seele u. Leib, dem eine im Glauben erhoffte
völlige Neuschöpfung folge, schließlich zur Andeutung einer »dialogischen«, nicht einer »natürlichen« ↗Unsterblichkeit. Die Unsterblichkeits-
Philosophie des späten 18. u. des 19. Jh. war der einseitigen Betonung des
Überlebens des Todes durch die geistige Seele günstig. Im 20. Jh. wurde die
A. d. T. in R. Bultmanns († 1976) Programm der ↗Entmythologisierung zu
den Mythen gerechnet u. als eine Umschreibung des Wortes »Gott« entmythologisiert. Die Rückkehr zu einer neuen Aufmerksamkeit für die
A. d. T. ist einerseits der intensiven Beschäftigung mit der ganzheitlichen
Auffassung des Menschen in der Bibel, vor allem in der hebräischen ↗An-
thropologie, u. anderseits der Erneuerung des Leib-Seele-Denkens bei
Thomas von Aquin († 1274) durch K. Rahner († 1984) zu verdanken, die
sich nahtlos mit der biblischen Hoffnung auf eine Erlangung der unmittelbaren Gottesgemeinschaft des Menschen im Tod u. mit den biblischen
Aussagen über die völlige Andersartigkeit des Auferstehungsleibes vereinbaren ließ. In Rahners Gedanken, daß die menschliche Geistigkeit notwendigerweise Bezug zur ↗Materie u. Bezug zur Welt bedeute u. Rettung aus
dem Tod durch Gott daher die Gewährung eines neuen, andersartigen
Materie-Bezuges sein könne, sind die Vorstellung einer vom Leib getrennten, von Gott künstlich erhaltenen Seele u. die Idee eines »Zwischen-
zustands« entbehrlich. Auf Rahner geht die inzwischen von vielen geteilte
Hoffnung auf eine Auferstehung des *ganzen* Menschen im Tod zurück. Die
Erwartung der allgemeinen Auferstehung aller Toten am »Ende der Welt«
besagt dann für den Einzelmenschen, daß die Vollendung der Schöpfung
Gottes u. der Menschheit im ganzen auch für ihn noch Gegenstand der
Hoffnung auf Neues sein kann. Die Erwartung einer physischen Wiederherstellung des alten Leibes berücksichtigt die biblischen Aussagen über
die verwandelte Andersartigkeit des Auferstehungsleibes nicht. Sie bedenkt
auch nicht konsequent genug, daß die Individualität eines Menschen

durch seine (»seelisch« getroffenen) Lebensentscheidungen erwirkt ist u. ihrerseits die Leiblichkeit prägt u. nicht umgekehrt. Um den einen ganzen Menschen in seine »ganz andere«, empirischen Augen nicht zugängliche Lebenswirklichkeit erneuernd u. beseligend hineinzubergen, benötigt Gott den Leichnam nicht.

Auferstehung (Auferweckung) Jesu Christi. *1. Zu den neutestamentlichen Zeugnissen.* Eine »Beweisführung« im Sinn der Geschichtswissenschaft für die Tatsache, daß ↗Jesus Christus nach seinem wirklichen Tod, seiner Abnahme vom Kreuz u. seiner ordnungsgemäßen Bestattung durch Gott aus dem Tod gerettet u. in seiner ganzen u. darum auch leibhaften Wirklichkeit zu seiner Vollendung geführt wurde, steht nicht im Vordergrund der Osterbotschaft des NT. Wenn Glaube u. Theologie dennoch von einer geschichtlichen Tatsache der A. Jesu sprechen, dann stützt sich das auf zwei sich gegenseitig tragende u. erhellende Erfahrungen, die auch in historisch-kritischer Sicht jeder ernsthaften Bestreitung standhalten. Die eine Erfahrung ist die Entdeckung des leeren Grabes (älteste Bezeugung Mk 16,1–8), die nach kritisch-exegetischem Befund gerade *nicht* in den Dienst einer apologetischen Beweisführung gestellt wurde, denn einerseits wurde das leere Grab durch Frauen entdeckt, die nach damaligem Recht zeugnisunfähig waren (»leeres Geschwätz«: Lk 24,11), u. der Bericht schloß mit einem bloßen Furchtmotiv (Mk 16,8); anderseits war der Bericht in Jerusalem nachprüfbar u. es existiert keinerlei Zeugnis dafür, daß die Tatsache des leeren Grabes bestritten wurde. Die andere Erfahrung ist die, daß sich Jesus mehrmals als Lebendiger selber bezeugt hatte. Das älteste Zeugnis dafür ist 1 Kor 15,3b-5, ein ursprünglich aramäisch gefaßtes, in den ersten Jahren der ↗Urgemeinde, also kurz nach dem Tod Jesu entstandenes Traditionsstück, das nach der jüdischen Anthropologie *nur* eine leibliche A. meinen u. jedenfalls nicht »reine Legitimationsformel« sein kann (sehr alt sind auch die formelhaften Bekenntnisse 1 Thess 1,10; 4,14). Diese Selbstbezeugung Jesu geschah gegenüber ausgewählten Zeugen, die ihren Glauben nicht in erster Linie aufgrund des leeren Grabes bekundeten, sondern aufgrund einer durch eigene Wahrnehmung gewonnenen eigenen Überzeugung, die nachträglich auch in den Evangelien für andere glaubwürdig gemacht wird durch den Bericht über die in Jerusalem unbestrittene u. un-bestreitbare Auffindung des leeren Grabes. – Wie schon 1 Kor 15,3–5, so bekunden auch die Petrusreden Apg 2,22–40; 3,12–16; 5,29–32; 10,34–43 u.ö. (übrigens Zeugnisse von einem Streit über die A.) den *Osterglauben* der Urgemeinde an die Machttat *Gottes* in der Auferweckung u. Sichtbarmachung Jesu. Die Texte über diesen frühesten Osterglauben wollen die Erscheinungen des Auferstandenen als *objektive* Ereignisse bezeugen (das Grundschema der ältesten Osterpredigt war:

Auferweckung – Schriftbeweis – Jüngerzeugnis; das spätere Schema: leeres Grab – Christophanie – Himmelfahrt). Weitere wesentliche Momente am Zeugnis über diese Erscheinungen sind das Interesse an einem Nachweis, daß der Auferstandene mit dem Gekreuzigten identisch ist (z. B. Lk 24; Joh 20), u. das Faktum, daß bei der Bezeugung den ↗Aposteln u. vor allem dem Petrus eine hervorgehobene Bedeutung zukommt, die durch die Berichte von den Reden des Auferstandenen noch einmal eigens untermauert wird. Im NT ist die A. Jesu immer unter der vom Zeugnis nicht ablösbaren Voraussetzung eines objektiven Ereignisses bezeugt, das nicht genügend, wenn auch nicht unrichtig, mit »A. ins Bewußtsein der Glaubenden« wiedergegeben wird. Angesichts der Neuartigkeit u. Andersartigkeit, wie der »Leib« des Auferweckten wahrgenommen wird, ist es verständlich, daß gesagt wird, die in bestimmten Kreisen des damaligen Judentums erwartete ↗Auferstehung der Toten diene als »Interpretament« der Ostererfahrung der Jünger (auch bei der Entrückung auserwählter Gerechter wie Henoch u. Elija zu Gott wurde an einen »feinstofflichen«, d. h. verwandelten Leib gedacht). Aber diese Erfahrung bestand nicht nur in einem inneren, interpretationsbedürftigen Reflexionsvorgang, sondern war offenkundig fundiert in objektiven Ereignissen. – Der *Inhalt des apostolischen Glaubens* an die A. Jesu u. seiner Bekundung in Katechese u. Liturgie (besonders in der ↗Taufe) besagt sehr kurz gefaßt: Die A. Jesu ist die höchste Machttat des Vaters; sie ist die »greifbare« Eröffnung der Endzeit u. ihres ↗Heils u. zugleich die Erfahrung des Heils in der Gegenwart. Sie ist die volle Erkenntnis Jesu u. seiner Besonderheit, die nun mit unterschiedlichen Formeln christologisch umschrieben wird (↗Menschensohn, zweiter ↗Adam, »Anführer des Lebens«, ↗Knecht Gottes, Begründer u. Vorbild der neuen Schöpfung, ↗Kyrios, der seiner Gemeinde als Erhöhter gegenwärtig ist, ↗Sohn Gottes usw.). Aus dieser Erkenntnis des Lebendigen ergibt sich die Mahnung zur Praxis eines neuen Lebens, zum »Anziehen« des neuen Menschen, eine Mahnung, die freilich nur in der vom Auferweckten vermittelten Gnade erfüllt werden kann, da es letztlich der »Geist« des Auferstandenen ist (vgl. Röm 7,6; 8,9; 14,17 u. ö.), der den Glaubenden neu macht zum Bild des »letzten u. himmlischen Adam« (vgl. 1 Kor 15,45–49), ja der ihn dazu befähigt, daß der Auferstandene in ihm Gestalt annehmen kann (vgl. Röm 8,10; Gal 2,20; Eph 3,17). – *2. Theologische Bedeutung.* Die A. Jesu ist wesentlicher Bestandteil aller Glaubensbekenntnisse von Anfang an u. gehört daher bis heute zum gemeinsamen Glauben der von einander getrennten Kirchen. Sie bleibt zentrales Thema auch heutiger Theologie, da sie die Vollendung des Heilswirkens Gottes an der Schöpfung u. an der Menschheit anzeigt. Das Wort Gottes, der »Sohn« schlechthin, ist durch die A. Jesu endgültig ausgewiesen; in dieser A. nimmt Gott das geschaffene Nichtgöttliche mit der Materie unwiderruflich u. endgültig zu eigen an. Es handelt sich bei der A. Jesu insofern um ein eigentliches Geheimnis des Glaubens, als sie in ihrem vollen, konkreten Wesen die Vollendung gerade des konkreten Jesus Christus ist u. daher nur von dem absoluten Geheimnis der ↗Inkarnation her adäquat verstanden werden kann. Theologisch ist die A. Jesu also nicht einfach ein Fall einer allgemeinen Totenerweckung, die in sich schon verständlich wäre, sondern das einmalige Ereignis, das die Menschwerdung, das Leben Jesu mit seinen Einzelheiten, sein Leiden u. seinen Tod vollendete u. das *darum* die Grundlage für die Auferweckung der im Glauben an ihn u. mit ihm Gestorbenen ist. *a)* Der *christologische Aspekt* der A. besagt, daß Jesus in seiner ganzen u. darum auch leibhaften Wirklichkeit zur verklärenden ↗Vollendung auferweckt wurde, die ihm zukam kraft seines Leidens u. Sterbens. Diese konkrete Vollendung unterscheidet sich von der Wiedererweckung eines Toten u. von einer Rückkehr in das irdische Leben mit seiner irdischen Leiblichkeit. Der Tod u. die A. Jesu sind ein einziger, innerlich unlösbar zusammenhängender Vorgang (vgl. Lk 24, 26 46; Röm 4, 25; 6, 4 ff.). Der ↗Tod ist ein Endgültig-Werden, ein Vollendet-Werden, in dem das Dasein in Zeitlichkeit u. in Freiheit sich aus-gezeitigt hat, so daß die Vollendung nicht etwas völlig Unterschiedenes wäre, das wie eine auf das Alte folgende neue Periode einfach daran-gefügt würde. Dennoch ist die Vollendung auch zugleich von Gott geschenkt, da der Tod ja in jeder Hinsicht ein Sich-Einlassen auf die Verfügung des Verfügenden ist. Die A. Jesu ist darum das vollendende u. vollendete Ende eben dieses *seines* Todes als Tat u. als Verfügung, u. beide Momente des einen Vorgangs müssen sich gegenseitig bedingen u. interpretieren. Darum ist es nicht eine mythische Aussage, sondern die Aussage des Sachverhalts selbst, wenn Schrift u. Tradition die A. Jesu als die reale Annahme der Lebenshingabe Jesu durch den Vater betrachten. – *b)* Zum *soteriologischen Aspekt* der A. Jesu: Da die leibhafte Menschheit Jesu ein bleibender Teil der Welt u. Menschheit mit ihrer einheitlichen Dynamik auf ihre von Gott in seiner ↗Selbstmitteilung bewirkte Vollendung hin ist, darum darf die A. Jesu als ein Anfang verstanden werden, in dem die Vollendung der Welt u. Menschheit grundsätzlich entschieden ist. Auch hier ist die ↗Heilsgeschichte letztlich der Grund der Naturgeschichte; sie spielt sich nicht bloß im Rahmen einer von ihr unberührten, allein ihren eigenen Gesetzen folgenden Natur ab. Mit dem Zeugnis von der A. Jesu ist objektiv der Anfang der Verwandlung u. Vollendung der Schöpfung bezeugt (so sehr auch schon »vor« dieser A. Menschen in das Leben bei Gott, im ↗»Himmel«, gerufen u. geborgen wurden, wie das von Abraham, Isaak u. Jakob, von Henoch, Mose u. Elija biblisch bezeugt ist). Anderseits besagt die A. Jesu, daß der Auferstandene, gerade weil er der irdischen eingrenzenden Leiblichkeit enthoben ist, also durch sein »Weggehen«, in Wahrheit der Nahe geworden ist, der in einer neuen Gegenwartsweise den in seinem Namen

Versammelten (Mt 18, 20), aber auch der Welt im ganzen nahe geworden ist. Daß dies offenkundig u. für alle erfahrbar wird, das steht noch aus: ↗Parusie. – *c) Glauben u. Verstehen.* Die Berichte des NT über die Erfahrung eines »Jenseitigen«, der sich »zeigen« muß, damit irdisch-menschliche Augen ihn sehen können, eines »Jenseitigen«, der bei Gott verwandelt u. vollendet ist, diese Berichte betreffen nicht etwas, das im Bereich menschlicher Erfahrungen »verstehbar« wäre. Ohne die Erfahrung des Geistes, das heißt in diesem Fall ohne die in Glauben u. Vertrauen akzeptierte Erfahrung der Sinnhaftigkeit des Daseins, kann ein Mensch sich nicht vertrauend auf das Osterzeugnis der Jüngerinnen u. Jünger Jesu einlassen. »Nur der Hoffende kann die Erfüllung der Hoffnung sehen, u. an der gesehenen Erfüllung kommt die Hoffnung in die Ruhe ihrer eigenen Existenz« (K. Rahner). Eine »leibhafte« A. ist nicht »vorstellbar«, denn sie ist ja nicht eine Wiederbelebung; sie ist keine Wiederherstellung eines früheren Zustands. Sie bedeutet eine radikale Verwandlung, durch die ein Mensch samt allen seinen freien irdischen Lebensvollzügen hindurchgehen muß, wenn er seine Vollendung in der Überwindung der Zeit finden soll.

Aufklärung (englisch »enlightenment«, französisch »les lumières«), eine von England u. Frankreich ausgehende, europäische geistige u. gesellschaftlich wirksame Bewegung mit der produktivsten Zeit von Ende des 17. bis Ende des 18. Jh., dem »Zeitalter« der A. u. der Vernunft (in neuerer Zeit wird A. auch für »Rationalisierungsprozesse« in anderen Zivilisationen verwendet). Einige bedeutende Namen: F. Bacon († 1626), Th. Hobbes († 1679), J. Locke († 1704), P. Bayle († 1706), Ch. de Montesquieu († 1755), Voltaire († 1778), J. L. d'Alembert († 1783) u. D. Diderot († 1784) als Hauptmitarbeiter der einflußreichen »Enzyklopädie«, P.-H. D. d'Holbach († 1789), Ch. Wolff († 1754), H. S. Reimarus († 1768), G. E. Lessing († 1781). Unter dem Begriff A. werden höchst unterschiedliche Strömungen zusammengefaßt. Die A. in England war antimetaphysisch u. erfahrungsbestimmt, um rationale Kritik der Offenbarungsreligion bemüht, mit starkem Interesse an einer von Religion unabhängigen Ethik u. an Verfassungsfragen. Religionskritisch u. später atheistisch war das Denken der A. in Frankreich, wo die A. auch radikale politische Ziele sowie pädagogische u. juristische Programme verfolgte. Die deutsche Aufklärung war weder wissenschaftsoptimistisch noch religionsfeindlich; ihr ging es um »vollkommene« Bildung des Individuums, altruistische Menschlichkeit u. um ↗Menschenrechte (↗Toleranz). Programmatisch formulierte I. Kant († 1804) auf die Frage »Was ist A.?« 1784: »A. ist der Ausgang des Menschen aus seiner selbst verschuldeten Unmündigkeit. Unmündigkeit ist das Unvermögen, sich seines Verstandes ohne Leitung eines anderen zu bedienen. Selbstverschuldet ist diese Unmündigkeit, wenn die Ursache derselben nicht am Mangel des Verstandes, sondern der Entschließung u. des Mutes liegt, sich seiner ohne Leitung eines andern zu bedienen. Sapere aude! Habe Mut, dich deines eigenen Verstandes zu bedienen, ist also der Wahlspruch der A.« Die Ermutigung ist noch nach 200 Jahren gerade in den Kirchen höchst aktuell u. notwendig. – Kirchengeschichtlich war die A. in den Bereichen des Universitäts-, Schul- u. Gesundheitswesens von großem positivem Einfluß. Reformansätze betrafen die Liturgie, die Volksfrömmigkeit u. das Ordensleben. Die Pastoraltheologie fand in der Zeit der A. zu einer vertieften Auffassung der Seelsorge. Die Theologie der A. widmete sich der notwendigen Vereinbarkeit von Vernunft u. Offenbarung, der Mündigkeit in der Wahrheitserkenntnis u. einer vernunftbegründeten, kommunikablen Ethik. Für das ev. Christentum war das Aufkommen der historisch-kritischen Bibelauslegung folgenreicher als für das katholische. Die Französische Revolution, die ↗Säkularisation u. die Revolution von 1848 führten auf der kath. kirchlichen, staatlichen u. gesellschaftlichen Ebene heftige Reaktionen gegen die A. herbei, die als »rationalistische Verflachung« verunglimpft wurde. Die Neuscholastik u. die Dogmen von 1854 u. 1870 sollten den Folgen der A., die im Materialismus des 19. Jh. popularisiert wurde, entgegenwirken. In der Philosophie des 20. Jh. wurde die »Dialektik der A.« reflektiert: In den Totalitarismen u. Kriegen, in der Zerstörung von Natur u. Kultur habe die »instrumentelle Vernunft« (deren positive Seite hinsichtlich der Menschenrechte nicht bestritten wird) verheerende Triumphe gefeiert, so daß in einer weiterzuführenden A. stets über die Bedingungen u. Konsequenzen des eigenen Denkens u. Handelns selbstkritisch zu reflektieren sei (M. Horkheimer † 1973, Th. W. Adorno † 1969 u. a.). Diese philosophische Diskussion über A. ist weiter in Gang, auch in Frankreich (M. Foucault † 1984).

Aufnahme Marias in den Himmel, in der kath. Kirche das vierte u. letzte auf ↗Maria bezogene Dogma, das besagt, daß zur Vollendung Marias nach dem Abschluß ihres irdischen Lebens schon jetzt ihre verwandelte (»verklärte«) Leiblichkeit gehört. Biblische Zeugnisse dafür existieren nicht. Die frühkirchliche Verehrung Marias (vom 3. Jh. an) u. die liturgischen Feiern ihrer »Entschlafung« (seit dem 5. Jh., so heute noch in den orthodoxen Ostkirchen) sind ebenfalls keine Zeugnisse hinsichtlich der Vollendung ihrer Leiblichkeit. Außerkanonische, apokryphe Schriften (5.–7. Jh.) enthalten »Transitus«-Legenden, die nur örtliches Ansehen genossen. In der frühmittelalterlichen Theologie wird von Zweifeln über den Tod Marias gesprochen. Das erste sichere Zeugnis für eine Theologie der leiblichen Verklärung Marias ist im Westen der Traktat »De assumptione Beatae Mariae Virginis« eines unbekannten Verfassers zu Beginn des 11. Jh. In ihm wird zur Begründung auf die Mutterschaft Marias hingewiesen, die bewir-

ke, daß sie für immer mit ihrem Sohn verbunden bleibe; ferner wird auf
den kirchlichen Glauben an die Fürbitte Marias Bezug genommen. Im
kirchlichen Osten beginnen vereinzelte theol. Überlegungen im 7. Jh. In
der Scholastik stehen sich zwei Positionen gegenüber, solche, die der Meinung sind, nur die ↗Seele mache den Menschen zur ↗Person, u. die gegenteilige, die von der Person-Einheit aus Leib u. Seele ausgeht. Zur letzteren
zählen Bonaventura († 1274) u. Thomas von Aquin († 1274). Während die
reformatorische Theologie wegen der fehlenden biblischen Zeugnisse die
A. ablehnt u. gegen die ↗Hyperdulie Marias Vorbehalte hat, ziehen sich
kath. theol. Diskussionen bis in die Neuzeit hin. Eine Welle frommer Peti-
tionen um Dogmatisierung beginnt im 19. Jh. Nach schriftlicher Befragung aller Bischöfe hinsichtlich der Glaubensüberzeugung der Katholiken
verkündete Pius XII. 1950, es gehöre zum geoffenbarten Glauben, daß Maria nach Vollendung ihres irdischen Lebens mit Leib u. Seele in die himmlische Herrlichkeit aufgenommen worden sei (DS 3903 f.; NR 487). Diese
Dogmatisierung, für die keine Notwendigkeit bestand, wurde vielfach als
ökumenisch verletzend empfunden. Systematisch-theol. hängt die Lehre
von der A. mit der Glaubensüberzeugung zusammen, daß Maria der am
vollkommensten erlöste Mensch ist (↗Unbefleckte Empfängnis). Ein tiefe-
res Verständnis der A. ergibt sich aus dem Nachdenken über die ↗Auferste-
hung der Toten als Vollendung der Menschen. Das Dogma von der A.
beinhaltet nicht notwendig die Meinung, neben Jesus habe nur Maria
»schon jetzt« diese Vollendung bei Gott erfahren. Deren genaue Art kann
vom »ganz anderen« irdischen Dasein aus nur hoffend auf die Rettung des
»ganzen Menschen« erahnt werden (1 Kor 15, 35–57).

Augustinismus ist ein Kunstbegriff, der sowohl die Theologie u. Philosophie des nordafrikanischen Bischofs Augustinus († 430) als auch spätere
Ausprägungen seiner Ansichten bezeichnen kann. Augustinus war über
1000 Jahre lang die unbestrittene theol. Autorität. Sein großer Einfluß auf
Denken u. Religiosität des Augustinermönchs M. Luther († 1546) fällt
nicht unter den Begriff A. Da Augustinus davon ausging, daß der Glaube
selber nach Verstehen verlangt, ist sein Werk stark philosophisch geprägt
(vom ↗Neuplatonismus inspiriert). Unter den vielen einzelnen Beiträgen,
die Augustinus in einer oft gelegenheitsbedingten Form zur Theologie bei-
steuerte, ragt seine Geschichtstheologie hervor, die auch die ↗Eschatologie
noch einbezieht. In ihr ist das naturhafte, zyklische Geschichtsdenken der
Antike durch ein lineares, heilsgeschichtliches Denken ersetzt. Von bleibender Bedeutung sind seine sakramententheol. Überlegungen, sowohl
hinsichtlich des Verhältnisses von Wort u. Zeichen (↗Sakrament) als auch
hinsichtlich der »Gültigkeit« eines Sakraments (↗Donatismus). Auch die
↗Ekklesiologie ist bei ihm stark von der Eucharistie her, unter Einbezie-

hung der biblischen Zeugnisse vom ↗Leib Jesu Christi, bestimmt. Von der »Innensicht« her galt ihm die Gesamtkirche als Bürgin des Heils bei Gott; der konkreten Erscheinungsform nach sah er allerdings eine ganz reine u. heilige Kirche als unmöglich an. Wie kein Theologe des Altertums u. nur wenige spätere Theologen gab Augustinus Aufschluß über seine eigenen Bekehrungs- u. Gotteserfahrungen; durch die Darstellung der inneren Gottesbeziehungen wurde er grundlegend für die ↗Mystik. Am problematischsten ist seine in der Auseinandersetzung mit dem ↗Pelagianismus entwickelte Theologie der nach Gottes nicht hinterfragbarem Beschluß zu jedem Guten aktuell notwendigen ↗Gnade u. ↗Prädestination, die ihn an der ewigen Rettung der meisten Menschen zweifeln ließ. – A. heißt sodann eine spätere Form der *Gnadenlehre*, in der u. a. gesagt wurde, die aus sich wirksame Gnade, zu der ein Mensch ohne eigenes Verdienst vorherbestimmt werde, überwinde auch die ↗Begierde, die als Folge der Erbsünde gelte. Als Hauptvertreter dieser gegen den Calvinismus, ↗Bajanismus u. ↗Jansenismus vorgetragenen Lehre werden H. de Noris († 1704), F. Bellelli († 1742) u. J. L. Berti († 1766) genannt. Ferner spricht man von einem *A. in der Philosophie.* Seine Grundzüge besagen: Jede menschliche Erkenntnis geht auf eine unmittelbare göttliche Erleuchtung zurück; in die Materie wurden bei der Schöpfung entwicklungsfähige Formprinzipien (»rationes seminales«) eingeschaffen; im Menschen liegt eine Mehrzahl von Wesensformen vor (philos. Pluralismus); dem Willen (der Liebe) gebührt der Vorrang vor dem Verstand usw. Diese Ansichten beruhten auf einer Verschmelzung augustinischer Elemente mit Auffassungen arabischer Philosophen. Als Hauptvertreter gelten: Wilhelm von Auvergne († 1249), Alexander von Hales († 1245), Bonaventura († 1274), Petrus Joannis Olivi († 1298).

Autonomie (griech. = Selbstgesetzlichkeit), meint in der griech. Antike die Möglichkeit u. Fähigkeit einer Gemeinschaft, sich ihre Rechtsnormen in eigener Verantwortung zu geben (weiterwirkend als Grundlage staatlicher Souveränität sowie in der ostkirchlichen Konzeption »autokephaler« Kirchen). Der ethische Aspekt wurde durch I. Kant († 1804) eingehend reflektiert. Nach ihm bedeutet A. freiwillige Selbstbindung. Das ethische Wollen müsse von jeder Fremdbestimmung frei sein u. müsse befähigt sein, sich selber in Freiheit das Gesetz seines ethischen Handelns zu geben. Dieses Gesetz müsse sich als gemäß der ↗Vernunft erweisen. Weil die Vernunft überall gleich u. nur *eine* sei, bedeute die Subjektivität in der Ethik nicht Willkür; folgt das Wollen seinem vernunftgemäßen eigenen Gesetz, dann handle es gleichzeitig auch allgemein. Die klassische theol. Ethik hatte bereits von der Verpflichtung jedes Menschen, in Freiheit u. entsprechend der Vernunft zu handeln, gesprochen u. hierin die Begründung der ↗Verantwortung gesehen (z. B. Thomas von Aquin † 1274, auch mit seiner Lehre von der Bindung an das irrige Urteil des ↗Gewissens). Die neuere Polemik gegen das Programm einer »autonomen Moral« in der kath. Theologie übersieht diese Tradition, daß nur dort eine ethische Verpflichtung besteht, wo sie als vernunftgemäß erkannt u. bejaht wird. Das bedeutet nicht, daß Gott als der Schöpfer der vernunftbegabten Person u. damit als transzendenter Grund aller ethischen Verpflichtungen geleugnet würde. Neuzeitliche philosophische Diskussionen beziehen sich vor allem auf Begriff u. Leistungsfähigkeit der Vernunft.

Autorität (lat. = maßgebender Einfluß, Ansehen) heißt die prinzipiell überprüfbare Vertrauenswürdigkeit oder der Rechtsanspruch einer Person oder einer Sache (z. B. eines Buches), die eine andere Person von der Richtigkeit eines Sachverhalts oder einer Anordnung zu überzeugen bzw. auf sie zu verpflichten vermag, ohne daß ihre Verbindlichkeit bewiesen würde oder unmittelbare Einsicht gegeben wäre. Der Anspruch, einen andern ernsthaft zu überzeugen oder zu verpflichten, setzt jedoch voraus, daß die prinzipielle Absicht besteht, ihm unmittelbare Einsicht zu verschaffen. Eine unmittelbare Einsichtigkeit setzt gründliche u. umfassende Information, Einsicht in komplexe Zusammenhänge, Bildung usw. voraus. Wo Partizipation u. ↗Dialog in diesem Sinn verweigert werden, hört die A. auf, A. zu sein, da sie die notwendige Vertrauensbasis durch die Verweigerung ruiniert hat. Authentisch autoritatives Verhalten schlägt in autoritäre Herrschaft um (↗Macht, ↗Gewalt; vgl. ↗Aufklärung). Das Schlagwort »antiautoritär« meint die Ablehnung eines sich der vernünftigen Argumentation u. dem Gespräch verweigernden Verhaltens. Die A. in der Kirche ist durch ihren Dienst an der Sendung Jesu legitimiert. Sie kann weder mit der A. Jesu einfach identifiziert werden (das Wort »Wer euch hört, der hört mich« Lk 10,18 wurde oft in diesem Sinn mißbraucht) noch sich mit Berufung auf die A. Jesu dem Gespräch u. der Sachkritik verweigern. Auch die kirchliche A. hat nachzuweisen, daß u. inwiefern sie zur hörenden u. glaubenden Kirche gehört. Die Annahme einer Wahrheit auf A. hin heißt ↗Glauben, die Annahme einer Anordnung auf A. hin heißt ↗Gehorsam; beides sind Weisen des *mittelbaren* Erkennens, da sie auf der A. des Vermittlers beruhen.

B

Bajanismus, die Auffassung des dem ↗Augustinismus anhängenden Theologen M. Bajus (1513–1589), daß Gott dem Menschen im ↗Paradies, das als historische Gegebenheit galt, die besonderen Gaben des ↗Urstands nicht verweigern konnte. Folge der Sünde der ersten Menschen ist es nach dieser Ansicht, daß die »gefallenen« Menschen in allem, auch im Bemühen um das Gute, fortwährend sündigen. Auch unfreiwillige ↗Begierde ist Sünde. Den gerechtfertigten Menschen ist die Strafe, die sie dafür an sich verdienen, erlassen. Die Freiheit erscheint hier als reduziert auf eine Wahlfreiheit hinsichtlich indifferenter Werte. Angesichts einer heftigen Diskussion wurden 1567 durch die kath. Leitungsinstanz 79 Sätze aus Bajus' Schriften verurteilt, ohne Rücksicht darauf, ob manche von ihnen rechtgläubig interpretiert werden können.

Bañezianismus, eine auf Thomas von Aquin († 1274) gestützte, von D. Bañez OP († 1604) formulierte Lehre über die ↗Gnade. Grundlage ist die Auffassung vieler Theologen, daß Gott vor einer freien menschlichen Entscheidung (»in actu primo«) mit einer aktuellen Gnade dem Menschen die Möglichkeit zu einem freien ↗Heilsakt gibt. Diese aktuelle Gnade nannte Bañez eine »hinreichende« (»gratia sufficiens«); erst eine zusätzliche wirksame Gnade (»gratia efficax«), die real von der hinreichenden verschieden sei, bewirke die tatsächliche Setzung des Heilsaktes. Näher erklärte er, durch eine »physische Vorausbewegung« (»praemotio physica«) u. deren innere Natur bewirke Gott im voraus zu einer freien Entscheidung unfehlbar, daß der menschliche Wille von der ↗Potenz zu einem bestimmten freien ↗Akt übergehe. Dabei gebe Gott diesem Akt die Qualität der Freiheit mit, so daß diese letztere nicht beeinträchtigt werde.

Bann, Exkommunikation, Anathema. Bann bezeichnet religionsgeschichtlich oft einen Tabubereich. Im AT begegnet die Überzeugung von der Notwendigkeit, Menschen mit schwerer Schuld aus der »Mitte« des Eigentumsvolkes Gottes zu entfernen u. sie so aus einem heiligen Bereich in den des Unreinen u. Bösen, des Zornes Gottes zu »versetzen«, d h. eigentlich: sie als diesem durch eigene Entscheidung zugehörig zu erklären. Das Frühjudentum entwickelte auf dieser Grundlage ein Ausschlußverfahren, das von stufenweiser Befristung der Distanzierung bis zur Erklärung eines Totalausschlusses aus der Synagoge reichte. Dabei trat die Tendenz zutage, Strafe möglichst nicht zur Vergeltung, sondern zur Besserung auszusprechen. Die frühchristlichen Gemeinden übernahmen den so vorgeformten Bann (vgl. das gestufte Verfahren Mt 18, 15–18). Im paulinischen u. deuteropaulinischen Schrifttum wird er als Anathema (griech. =

dem Fluch Verfallenes) bezeichnet (1 Kor 5, 1–5; 1 Tim 1, 18 ff.; Tit 3, 9 ff.
u. ö.). Die Bannvorstellungen bilden auch den Hintergrund zu den Worten
vom ↗Binden und Lösen. – In der kirchlichen Rechtstradition wurde der
Bann zum Kirchenbann, der Exkommunikation (lat. = Ausschluß von der
Gemeinschaft). Die kirchliche Praxis erlebte vielfachen politischen Mißbrauch der Exkommunikation. In ev. Kirchenordnungen lebt der Bann
als Ausschluß vom Abendmahl (nach Ermahnung u. Berufungsmöglich-
keit) weiter. Im neuen kath. Kirchenrecht sind Besserungsstrafen vorgesehen, die jedoch keinen Ausschluß aus der Kirche bedeuten (CIC von1983
can. 1331 f. 1338). Der Exkommunikation, vor allem dem Abbruch der
Kommunikation im Bereich der Sakramente u. dem Verlust anderer kirchlicher »Rechte«, unterliegen Häresie, Verunehrung der Eucharistie, illegale
Bischofsweihe, Attentat auf den Papst u. Abtreibung (can. 1364 1367 1382
1377 1398). Die heute problematische Voraussetzung der Wirksamkeit eines Kirchenbanns ist der Wunsch der Bestraften, mit allen Rechten zur
kirchlichen Gemeinschaft zu gehören (viele wollen das gar nicht). Im
↗Bußsakrament ist ein Kern der biblischen Bannauffassung – Distanzierung vom »Todsünder« – erhalten. – Seit der Synode von ↗Elvira um 300
ist das Wort »Anathema« eine Drohung, die oft auf Konzilien u. Synoden
unkirchlichen Lehrsätzen u. Auffassungen beigefügt wurde. Sie meint »an
sich« den Kirchenbann, aber auch das Gericht Gottes. Gelegentlich versuchte die kirchliche Autorität (wie z. B. auf dem Konzil von Trient), auch
reine Disziplinärforderungen mit der Androhung des Anathema durchzusetzen. Auf dem I. Vaticanum bedeutete das Anathema, daß das kontradiktorische Gegenteil des betreffenden verurteilten Satzes dogmatisch verpflichtende Glaubenslehre ist. Johannes XXIII. († 1963) motivierte das
II. Vaticanum dazu, auf jedes Anathema zu verzichten.

Barmherzigkeit ist die Bereitwilligkeit, aus ↗Liebe dem Notleidenden u.
Hilflosen zu helfen. Die B. Gottes wird im AT mit verschiedenen Begriffen
ausgesagt: Gütigsein, mütterlich empfinden, Mitleid haben, sich herabnei-
gen, bezogen auf die Gesinnung Gottes wie auf seine konkreten Hilfen. Die
B. Gottes ist nicht nur als ungeschuldet charakterisiert, sondern auch mit
Erwartungen an die Menschen verbunden, von denen Gott B. erwartet.
Der mögliche ↗Zorn Gottes ist besiegt durch seine B. u. seine grenzenlose
↗Geduld. Diese Sicht bezeugt auch das NT. In den synoptischen Evangelien
wird der göttlichen Forderung nach B. der Menschen in Gestalt von Wei-
sungen u. Gleichnissen breiter Raum eingeräumt. Diese B. erweist sich
nicht in Gefühlen, sondern in praktischer Hilfe u. effektivem Verzeihen
(↗Mitleid). In den paulinischen u. deuteropaulinischen Texten wird das
Angewiesensein der Menschen auf Gottes B. u. die Rettung der Menschen
durch sie betont. In der Theologiegeschichte taucht die Spannung von B. u.

⌐Gerechtigkeit Gottes auf u. führt z. T. zur Forderung nach ausgleichender Gerechtigkeit, Bestrafung der Bösen u. zumindest für die Zeit nach dem Tod eines Menschen nach einer Ablösung der B. Gottes durch seine Gerechtigkeit (besonders deutlich bei Anselm von Canterbury † 1109; ⌐Satisfaktionstheorie). Die gegensätzliche u. der Gottesoffenbarung entsprechende Meinung setzt der B. Gottes keine Grenzen u. weist darauf hin, daß Gott Möglichkeiten besitzt, seine Gerechtigkeit in Übereinstimmung mit seiner B. zu bringen. – In der christlichen Tradition wurde die menschliche B. in jeweils 7 Werken der leiblichen u. geistigen B. beispielhaft konkretisiert. Das Bewußtsein auf das Angewiesensein auf Gottes B. tritt in der Gegenwart hinter den unterschiedlichen Wirkungen eines Unschuldsbewußtseins zurück. Durch ⌐Apathie gegenüber individuellen Leidenssituationen u. durch den Alibi-Hinweis auf Leistungen der gesetzlichen Sozialhilfe wird die eminente Bedeutung der menschlichen B. gefährdet.

Basel. Eine Generalsynode der lat. Kirche (als 17. ökumenisches Konzil gezählt) wurde unter Papst Eugen IV. 1431 in B. eröffnet, von ihm 1431 nach Bologna, 1437 nach Ferrara, 1439 nach ⌐Florenz verlegt. In B. wurden keine wichtigen theol. Beschlüsse gefaßt, doch verlief der Dialog mit den Hussiten tolerant. Anhänger des ⌐Konziliarismus verblieben in B., erklärten 1439 die Oberhoheit des Konzils über den Papst zum Dogma, setzten Eugen IV. ab u. wählten den Gegenpapst Felix V. Kaiser Friedrich III. wies sie 1448 aus B. aus. Ihr »Gegenkonzil«, nach Lausanne verlegt, löste sich 1449 auf.

Basisgemeinde (kirchliche Basisgemeinde) ist insofern für die kath. Theologie von Bedeutung, als in ihr authentische ⌐Communio-Ekklesiologie realisiert, die reale Gegenwart Jesu auch in der kleinsten u. ärmsten Gemeinde wahrgenommen (II. Vaticanum LG 26) u. die Praxis der ⌐Herrschaft Gottes in der effektiven Solidarität mit Armen u. Leidenden zum greifbaren Glaubenszeugnis wird. Die B. ist der Prototyp für innovative Sozialformen des Christentums (vgl. auch ⌐Hauskirche). Zuerst in Lateinamerika entstanden, durch die ⌐Befreiungstheologie reflektiert, erfuhren die Basisgemeinden durch die Versammlungen aller lateinamerikanischen Bischöfe in Medellín 1968 u. in Puebla 1979 kirchliche Anerkennung. Später entstanden Basisgemeinden auch in Afrika, Asien u. Europa. Kennzeichen der Basisgemeinden u. zugleich konstitutive Elemente ihrer Theologie sind die Anerkennung der kontextuellen Gegebenheiten als Basis der Religiosität, des Engagements u. der Theologie (⌐Kontextuelle Theologie), die (oft durch den Priestermangel erzwungene) eigenständige Spiritualität im Hinblick auf Bibellesung, Liturgie u. Gebete, eigene amtliche Dienste bei Aufrechterhaltung der Zugehörigkeit zur Gesamtkirche durch die Verbundenheit mit dem Bischof, Mitbestimmung u. -verantwortung aller, Gemeinschaftsbewußtsein, genossenschaftliche praktische Arbeit. Eine B. setzt territoriale Nachbarschaft voraus.

Befestigung in der Gnade (»confirmatio in gratia«) bezeichnet in der scholastischen ↗Gnadenlehre eine besondere gnadenhafte (unverdiente u. unverdienbare) Auszeichnung eines Menschen, nämlich über die faktische Sündenlosigkeit hinaus die Unmöglichkeit zu sündigen. Thomas von Aquin u. Bonaventura (beide † 1274) erklärten diese als innere Unfähigkeit des nach wie vor freien Willens zum Sündigen. F. Suárez († 1617) sah in ihr eine äußere Verhinderung der Sünde durch Gott bei bleibender Fähigkeit zum Sündigen. Die Fragestellung hängt mit Überlegungen zur Verwirklichung des Heilsplans Gottes in der Geschichte zusammen, so daß Menschen mit einem besonderen Dienst in der Heilsgeschichte diese B. erhalten hätten, z. B. Johannes der Täufer, Maria, Josef, die Apostel.

Befreiungstheologie bezeichnet der Sache nach eine neue Einstellung der mit Theologie Beschäftigten, nämlich aus dem Glauben, das heißt aus der Identifizierung mit dem biblischen Befreiungspotential (vor allem Exodus-Geschehen, Befreiungsbotschaft Jesu Lk 4,18f., Zuwendung zu den »Geringsten« Mt 25,31–45; Freiheit der Kinder Gottes Gal 4,4ff.; 5,1) sich konkret auf die Seite der Unfreien, Unterdrückten, Benachteiligten u. Armen zu stellen, aktiv für ihre Befreiung tätig zu sein u. diesen Prozeß mit theol. Reflexion zu begleiten. Dieser Reflexion geht also das konkrete u. entschiedene Engagement für die Befreiung voraus. Die dabei gewonnenen Glaubenserfahrungen verändern die theol. Fragestellung wie die Erkenntnisse (»epistemologischer Bruch«) gegenüber den Perspektiven der Theologie der »atlantischen Gesellschaften« (vgl. auch ↗Kontextuelle Theologie). Die theol. Reflexion ist gekennzeichnet a) durch eine Situationsanalyse, die sich unterschiedlicher sozialwissenschaftlicher Methoden bedient, b) durch die Konfrontation der Glaubenstradition mit der Situation der Unterdrückten. Hier wird nach der Bedeutung der biblischen Botschaft vom rettenden u. befreienden Gott u. seiner Option für die »Kleinen«, nach dem Befreiungspotential der Reich-Gottes-Botschaft Jesu, nach dem Befreiungsauftrag der Kirche mit ihrer Sozialethik, nach dem Zusammenhang zwischen individueller Bekehrung u. gesellschaftlichen Veränderungen gefragt, c) durch die Analyse der Möglichkeiten konkreten Handelns in entschiedener Parteilichkeit. – Die B. entstand in den 60er Jahren des 20. Jh. in Lateinamerika auf kath. wie auf ev. Seite. Ähnliche, wenn auch nicht in allem identische theol. Initiativen entwickelten sich von den späten 60er Jahren an in USA (gegen die Unterdrückung durch Rassismus) u. Afrika (»Schwarze Theologie«), auf den Philippinen, in Sri

Lanka u. Indien (»Theologie der Dritten Welt«). Die offensiv ausgesprochene Erkenntnis der B., daß die westlichen Gesellschaften die Religion
zur Stützung von Macht u. Interessen u. zur Beschwichtigung der verelen-
deten Massen mißbrauchen, führte zu heftigen Reaktionen sowohl von
politischer wie von kirchlicher Seite. Schon Ende der 60er Jahre wurden
politische Strategien zum Kampf gegen die B. entwickelt (Morde, Pogrome, Verschleppungen usw.). In kirchlichen Dokumenten werden die »Option für die Armen« u. die analytische Erkenntnis der »strukturellen
Sünde« zwar von Ende der 60er Jahre bis zur Gegenwart positiv aufgenommen, doch wurden gerade von seiten der röm. Kirchenleitung
administrative Anstrengungen unternommen, um die B. zu unterdrücken.
Wesentliche Punkte der amtlichen Kritik waren die Anwendung »marxistischer« Kategorien bei der Situationsanalyse (»Dependenztheorie«), der
Ersatz der Erlösungstheologie durch die Befreiungstheorie, der Anspruch,
durch universale Befreiung das Reich Gottes auf Erden verwirklichen zu
wollen, die Option für Gewaltanwendung im Fall extremer Unterdrückung. Diese Kritik war durch gewollte Mißverständnisse, Unverständnis für das Pathos der befreienden Sprache, Furcht vor marxistischer Un-
terwanderung der Kirche gekennzeichnet u. bekämpfte nur eine Karikatur
der B.

Begierde, Begierlichkeit (lat. »concupiscentia«, griech. »epithymia«),
Triebregungen, die der menschlichen Freiheit vorausliegen, von Freiheitsentscheidungen nicht völlig kontrolliert u. gesteuert werden können u. nur
auf einen partiellen Wert für den Menschen hingeordnet sind. Ist die B. auf
ein Teil-Gut gerichtet, dessen Bejahung ↗Sünde wäre, so spricht die Theologie von »böser B.« Die B. gehört zu dem Komplex ganzheitlicher Unordnung, in dem sich jeder Mensch »vorfindet«. Er wird im AT vielfältig umschrieben (Weisheitsliteratur u. Rabbinen sprechen vom »bösen Trieb«).
Paulus wendet ihm Röm 7,7–25 große Aufmerksamkeit zu. Die Selbstent-
zweiung des Menschen ist in einem täglichen Wettkampf zu überwinden
(1 Kor 9,24–27); der Sieg gelingt erst in der endgültigen Erlösung. Bei der
theol. Reflexion in der Kirchenväterzeit spielte die negative Bewertung der
menschlichen ↗Sinnlichkeit in der griech. Philosophie eine große Rolle
(↗Affekt, ↗Apathie). Nach der ↗Antiochenischen Theologenschule stammt
die Unordnung des sinnlichen Bereichs von Gott dem Schöpfer, der die
Herbeiführung der Ordnung u. Beherrschung u. damit die gottgemäße
Gestaltung der Welt den Menschen als Aufgabe gestellt habe (ähnlich später Thomas von Aquin † 1274). Nach der ↗Alexandrinischen Theologenschule kennt der gut geschaffene, auf das Wahre u. Gute hinorientierte
Mensch keine sinnliche B.; erst wenn der menschliche Geist sich von Gott
abkehrt, kommt das sinnliche Begehren in ihm auf, so daß es, engstens mit

der Sünde verbunden, als Äußerung der menschlichen Sündhaftigkeit verstanden werden muß. Augustinus († 430), der Vater der Theorie der ↗Erbsünde, identifizierte auf dieser Basis die B. material mit dem Schuldcharakter der Erbsünde; seine Sicht trug wesentlich zur Abwertung der Sinnlichkeit in der christlichen Mentalität u. Theologie bei u. beeinflußte, verbunden mit den persönlichen Erfahrungen M. Luthers († 1546), die reformatorische Auffassung der B. Dem hielt die Lehre des Konzils von ↗Trient entgegen, daß die B. nicht mit der Sünde identisch ist, so daß sie auch noch im gerechtfertigten Menschen existiert (Röm 13,14 u. ö.), u. zwar nicht in seinem ↗Leib allein ihren Sitz hat (↗Sarx). Nach dieser kirchlichen Lehre ist die B. etwas Natürliches, aber im Vergleich mit dem von Gott ursprünglich gewollten Zustand des Menschen u. besonders in der Art, wie ihr Einwirken erfahren wird, ein Mangel an Entscheidungskraft, der eine Folge der Erbsünde u. ein Anreiz zu persönlicher Sünde, aber dank der Gnade Gottes überwindbar sei. Die Theologie der Konkupiszenz bei K. Rahner († 1984) hat in neuester Zeit positive Aufmerksamkeit gefunden. In Ablehnung der augustinischen Auffassung u. der Lehre in der kath. Theologie in der Interpretation des Konzils von Trient, daß die B. eine von Gott juridisch verhängte Straffolge der Erbsünde, in sich aber »natürlich«, auch beim konkreten Menschen etwas Selbstverständliches sei, besagt die Theorie Rahners: Die B. ist eine noch nicht böse, natürliche Triebhaftigkeit des Menschen, steht aber, wenn ein Mensch noch nicht personal zu ihr Stellung genommen hat, im Widerspruch zum übernatürlichen ↗Existential. Dadurch ist sie eine wirkliche Manifestation der Schuld. Die Entscheidung für das Gute u. die Abkehr vom Bösen kann der Mensch in personaler Selbstverfügung jedoch nur gebrochen realisieren; er erfährt sich in bleibender Entzweiung (aber nicht im Sinn des prinzipiellen ↗Dualismus). Im gerechtfertigten Menschen prägt die B. jene Situation, in der der Glaubende aktiv den ↗Tod annehmen u. dadurch die B. überwinden soll (↗Askese), ohne die sinnlichen Regungen abwertend zu unterdrücken. – Durch die B. ist nicht nur die individuelle Situation bestimmt; sie kennzeichnet auch gesellschaftliche Zustände zutiefst u. führt den Zustand »struktureller Sünde« in Eigennutz u. Ausbeutung mit herbei. Freiheit u. Gerechtigkeit werden als noch ausständig erfahren u. durch nicht notwendige gesellschaftliche Strukturen verhindert. Gegen diese konkupiszente Situation kämpft die ↗Befreiungstheologie.

Begierdetaufe (lat. »baptismus flaminis«) ist ein Begriff im Zusammenhang mit der Frage, wie ein Mensch, der nicht ausdrücklich an Gott u. seine Offenbarung glaubt, der nicht im amtlich greifbaren Sinn zur Kirche gehört u. nicht getauft (↗Taufe) ist, das ewige Heil bei Gott erlangen kann. Die Frage ist bis heute ökumenisch wichtig, weil im NT, besonders bei

Paulus, die ↗Rechtfertigung des Menschen vor Gott (allein) durch den Glauben zentrale Bedeutung hat. Die Antwort muß zwei Glaubensaussagen berücksichtigen, einerseits den universalen ↗Heilswillen Gottes, der nicht dadurch unwirksam gemacht wird, daß das Evangelium nicht zu allen Menschen u. nicht zu allen in richtiger, überzeugender Weise gelangte u. gelangt, andererseits die in der frühen Kirche ausgebildete Auffassung von der ↗Heilsnotwendigkeit der ↗Kirchengliedschaft. Bemühungen um eine positive Antwort sind in der Kirchenväterzeit selten. Die Theologie der Hochscholastik fand die Lösung in der Lehre vom ↗Votum, dem Verlangen nach dem Sakrament, bei Thomas von Aquin († 1274) zu einer Theorie vom Vorauswirken des Sakraments entwickelt. Die kirchenamtlich mitgetragene Lösung besagt dann, daß die reale Kirchengliedschaft vertreten werden kann durch den Wunsch, zur wahren Kirche Jesu zu gehören; dieser Wunsch braucht nur »implizit« zu sein, d. h. er kann in dem (von der zuvorkommenden Gnade Gottes bewirkten) Verlangen bestehen, Gott gemäß zu leben, auch wenn dem Menschen die Existenz einer wahren Kirche Jesu nicht bekannt ist. Er kann, selbst wenn die Erkenntnis Gottes unsicher oder nicht vorhanden ist, auch in dem festen Willen bestehen, den Weisungen des ↗Gewissens zu gehorchen. Die Frage beschäftigte die Theologie erst in größerem Umfang, als sie sich im Zeitalter der großen Entdeckungen u. der Kolonisation (ab dem 15. Jh.) Gedanken über das ewige Heil so vieler nicht getaufter Menschen machte. Das II. Vaticanum nahm die Lehre vom Votum u. von der B. nicht ausdrücklich auf, sondern setzte in seinen Aussagen über eine Zuordnung von Nichtchristen u. Nichtgetauften zur Kirche (LG 16) u. über das Gewissen (DH 1 f.) voraus, daß Gott seine Gnade nicht an die Sakramente u. an die institutionelle Kirchenzugehörigkeit gebunden hat (wie schon Thomas von Aquin lehrte)

Beharrlichkeit, ein Begriff der Gnadentheologie u. des spirituellen Lebens, der das Bleiben eines Menschen in der Gnade der ↗Rechtfertigung bis hin zur Annahme des ↗Todes meint. Im Zusammenhang mit den Auseinandersetzungen um Gnade u. Werke lehrte das Konzil von ↗Trient verpflichtend: Ohne besondere Gnade ist ein tatsächliches Ausharren eines Menschen bis ans Ende (»perseverantia finalis«) nicht möglich. Eine Gewißheit über dieses Gnadengeschenk Gottes besteht nicht. Die B. läßt sich also nicht verdienen; auch das Gebet um sie u. die feste Hoffnung auf sie sind Gnade. – ↗Heilsgewißheit.

Bekehrung (griech. im NT oft »metanoia«, lat. »conversio«) ist ein Begriff für jede religiöse oder ethische Neuorientierung, die in einem radikalen u. fundamentalen religiösen ↗Akt besteht, dem eine starke religiöse ↗Erfahrung vorausgeht u. der mit subjektiver Gewißheit verbunden ist. Biblisch

u. in Bibelübersetzungen werden die Begriffe Umkehr (↗Metanoia) u.
↗Buße oft synonym mit B. verwandt. Die Appelle zur B. richten sich in
biblischen Texten an das Gottesvolk im ganzen, so oft es dem ↗Bund un-
treu wurde, oder an Heiden, sich von den Götzen weg zum wahren Gott zu
bekehren, so im AT u. im NT, oder an Juden, den Glauben an den vom Tod
erweckten Jesus als den ↗Kyrios u. als Retter im kommenden Gericht anzunehmen, so nur im NT. Die B. des Saulus zum Paulus durch ein direktes
Eingreifen Gottes (Apg 9, 1–22; vgl. Gal 1, 13–24) wurde oft als Idealtyp
einer B. (durch emotionale Überwältigung) aufgefaßt. In der Sicht der
Kirchenväter beanspruchte die B. alle Dimensionen des Menschen, auch
seine gedanklich-philosophischen Fähigkeiten. Mit Origenes († 253) erscheint eine neue, im Mönchtum verbreitete Konzeption: Die B. ist nicht
ein einmaliger Akt, sondern ein das ganze Leben hindurch anhaltender
Prozeß. Solche Bekehrungen können u. müssen oft noch innerhalb des
schon übernommenen Glaubens bei Christen u. Kirchenmitgliedern geschehen (»B. der Bekehrten«). Die psychischen Vorgänge einer intensiven
Suche u. eines radikal-einmaligen Aktes der B. schildert Augustinus († 430)
eindrucksvoll. Massenbekehrungen z. B. in den Missionen oder in Erwek-
kungsveranstaltungen sind fragwürdig. Theol. ist die B. nicht Folge einer
menschlichen Anstrengung u. Leistung, sondern ist bewirkt durch die zuvorkommende ↗Gnade Gottes. Sie vermittelt die Absage an falsche Priori-
täten im Leben u. Hoffnung auf Sinnerfüllung in der Zukunft Gottes; sie
gibt auch Einsicht in lebensfeindliche Verhaltensweisen: B. zur Absage an
Konsum u. zur Verantwortung gegenüber der Schöpfung. Die B. der Strukturen hängt von der B. der Herzen ab (↗Befreiungstheologie). – Das lat.
»Konversion« wird verwendet für den Übertritt von einem zu einem anderen christlichen Bekenntnis.

Bekenntnis ist die äußere Bekundung innerer Entscheidungen u. Überzeugungen anderen Menschen (Gruppen, Individuen) gegenüber. Biblisch
gehören zum B. Äußerungen des Lobpreises Gottes u. des Dankes wegen
der erwiesenen Machttaten, Bekundungen des aktuellen Glaubens u. Vertrauens, Geständnisse des Versagens u. der Schuld. Im AT wie im NT sind
solche Bekundungen feste Bestandteile der Liturgie. ↗Glaubensbekenntnis-
se (seit Dtn 6, 4–9) in formelhafter Gestalt dienen nicht nur der Gottesverehrung, sondern auch der Versicherung der Identität der Glaubensgemeinschaft. In glaubensfeindlichen Verhältnissen oder bei Verweigerung der
Religionsfreiheit durch Kirchen wurden Bekenntnisse oft erpreßt oder
zum Anlaß für das ↗Martyrium. In der Zeit der Privatisierung des Glaubens u. der Verringerung der öffentlichen Repräsentanz der Kirchen hat
das B. in alternativen, kommunikativen Gottesdienstformen u. im persönlichen Gespräch neue Aktualität.

Bekenntnisschriften, die Grundschriften, die von einer Kirche als Sammlung u. zuverlässige Formulierung ihrer Glaubenswahrheiten offiziell anerkannt sind. Sie können gegebenenfalls der Kontrolle der Rechtgläubigkeit innerkirchlicher Meinungsäußerungen oder der Abgrenzung gegenüber anderen »Bekenntnissen«, Gemeinschaften u. Kirchen dienen. Im fachlichen Sinn spricht man bei der kath. Kirche nicht von B., doch existiert eine Vielzahl von verbindlichen ↗Glaubensbekenntnissen mit gleicher Zielsetzung. Ebenso kennen die orthodoxen Ostkirchen keine für alle Kirchen verbindlichen B. In den aus der Reformation hervorgegangenen Kirchen stellen die B. nicht »Summen« des ganzen Offenbarungsglaubens, sondern »konfessionskirchliche Lehrnormen« dar, deren Beginn schon 1528 zu konstatieren ist u. die in großer Anzahl existieren. Die wichtigste lutherische Bekenntnisschrift ist das Konkordienbuch 1580 (eine Sammlung überregionaler B.), nicht in allen luth. Kirchen anerkannt. Verbindlich für alle luth. Kirchen sind, in das Konkordienbuch aufgenommen, das Augsburger Bekenntnis (Confessio Augustana 1530) u. Luthers Kleiner Katechismus (1529). Im reformierten Bereich, in dem eine Vielzahl von B. regionaler Prägung vorhanden ist, kommt keine an Ansehen den luth. B. gleich. Die anglikanischen »39 Artikel« (1563–1571) u. die B. anderer ev. Kirchengemeinschaften (Kongregationalisten, Baptisten, Methodisten) haben unterschiedliche, meist nicht sehr stark verpflichtende Geltung.

Bergpredigt, eine der fünf großen, Jesus im Matthäusevangelium zugeschriebenen Reden, die weithin als Inbegriff der Weisungen Jesu zu spezifisch »christlichem« Verhalten gilt. Nach heutiger Exegese liegt ihr eine in der ↗Logienquelle Q enthaltene Rede zugrunde, die in die »Feldrede« im Lukasevangelium einging (Lk 6, 20–49). Aus diesen u. weiteren überlieferten Texten wurde im Matthäusevangelium die B. in eigenständiger Bearbeitung komponiert (Mt 5, 1 – 7, 29). In den *Seligpreisungen (Makarismen)* (Mt 5, 3–12) werden die von den Jesusjüngern erwarteten Gesinnungen u. praktischen Taten mit Verheißungen verbunden. Im Hinblick auf die Zielsetzung der B., nämlich nicht eine universale ethische Theorie, sondern das »Grundgesetz« der Jüngergemeinde zu sein, ist die Klärung des Verhältnisses zur jüdischen ↗Tora von besonderer Bedeutung: Jesus ist nicht gekommen, das »Gesetz« (= die Tora) u. die Propheten »aufzulösen«, sondern sie zu erfüllen (Mt 5, 17), u. die »kleinsten« Weisungen der Tora sind im praktischen »Tun« von denen zu erfüllen, die am »Reich der Himmel« interessiert sind (Mt 5, 18 f.). In den *Antithesen* (Mt 5, 21–48) werden die ethischen Weisungen Jesu mit dem »Ich aber sage euch« nicht in einen antijüdischen Gegensatz zur Tora gebracht, sondern sie werden mit einer bestimmten, die Tora erweiternden Gesetzesüberlieferung konfrontiert. Nach exegetischer Ansicht stammen die Antithesen zum Töten, zum Ehebruch u. zum Schwören von Jesus selber. Die in den Antithesen enthaltenen Weisungen zielen auf die Erfüllung des Willens Gottes in der Schöpfung u. im Hinblick auf die ↗Herrschaft Gottes; ihr Kern ist die konkret-praktische radikale Liebe (schon in der lukanischen Feldrede war die Feindesliebe der Inbegriff des Christseins). Von der von Gott gewollten u. in Gnade geschenkten neuen ↗Gerechtigkeit sprechen die Weisungen zu Almosen, Gebet (mit dem Vaterunser) u. Fasten (Mt 6, 1–18). Besonders bedeutsam im Zusammenhang mit dem Thema der Liebe u. in der Wirkungsgeschichte bis heute relevant ist in den daran anschließenden Weisungen die ↗»Goldene Regel« (Mt 7, 12). – Im kirchlichen Verständnis der B. erhob sich von Anfang an die Frage, ob ihre radikalen Forderungen »erfüllbar« seien. Die Kirchenväter des Altertums bejahten diese Frage fast einstimmig. Im Mittelalter entstand die Unterscheidung der ↗»evangelischen Räte«, d. h. der B., die nur für den engeren Jüngerkreis Geltung hätten, u. den für alle Christen bestimmten »Geboten« (↗Dekalog). M. Luther († 1546) sah die Christen als gespalten an: ihnen als Glaubenden gälten die Forderungen der B., als Angehörige der Welt hätten sie sich nach öffentlichen Gesetzen zu richten (↗Zwei-Reiche-Lehre). In der Neuzeit wollte man, unter Ablehnung der buchstäblichen Forderungen, in der B. das Programm einer »Gesinnungsethik« sehen, während in der neuesten Zeit bis zur Gegenwart sowohl die Radikalität der Entscheidung für das Reich Gottes als auch die radikale Verpflichtung zu einem in Kontrast zu den bestehenden Lebensverhältnissen befindlichen praktischen Verhalten (»Verantwortungsethik«) betont werden. »Die B. muß als konkrete Formulierung der Liebe aus *ganzem* Herzen verstanden werden, die dem Menschen in Gottes Pneuma möglich ist, wenn er anfängt, danach zu verlangen u. in ihrem Anfang nicht nach ihrer Größe fragt, sondern nach Gott, nicht nach dem Genuß der eigenen Gesinnung, sondern nach der Leistung für andere, u. er dabei weiß, daß die variable Leistung nie restlos die immer selbe, aber wachsende Liebe mit sich identisch setzen darf« (Rahner-Vorgrimler 1961, 48).

Berufung bezeichnet die Überzeugung eines Menschen, daß eine bestimmte Lebensform dem Willen Gottes entspricht u. diesem gemäß eine Lebensaufgabe sein kann, die für sein ewiges Heil bei Gott von Bedeutung ist. Im Ersten Testament finden sich viele Erzählungen von Berufungen durch Gott, bei denen Menschen zu einem bestimmten Auftrag auserwählt u. gesendet werden, wobei die Aufgabe lebenslang oder befristet sein kann. Die Berufenen geraten in Krisen, wenn ihre B. bezweifelt wird oder sie sich für ihre B. legitimieren sollen. Neue, andersartige Lebensformen sollen die B. u. die Authentizität der Botschaft beweisen. Nach dem Neuen Testament geht die B. (der ↗Jünger, der ↗Zwölf, der ↗Apostel) von Jesus aus: ↗Nachfolge Jesu. Nach Paulus beruft Gott aus reiner Gnade u. ohne menschliche Leistung zur Gemeinschaft mit Jesus u. zum Dienst am Evangelium; er kann wiederholt die Gemeinde der Glaubenden als »berufene Heilige«, d. h. zum Glaubenszeugnis in Anspruch Genommene, bezeichnen. In der kirchlichen Tradition wurde der Begriff B. in einem speziellen Sinn für die Überzeugung eines Menschen verwendet, zum Priestertum u. zum Ordensleben berufen zu sein. Nach der kirchlichen Praxis wird vom Vorliegen einer solchen B. ausgegangen, wenn die geistigen u. moralischen Voraussetzungen für eine solche Lebensform gegeben sind, wenn die Motive (z. B. religiöse Selbstlosigkeit) geklärt sind, die Lebensform probeweise eingeübt wurde (Reifung der personalen Identität) u. die kirchliche Autorität den Menschen für eine konkrete Existenz u. Dienste anzunehmen bereit ist. Kriterien der Erkenntnis, ob ein einzelner Mensch einer B. folgen »soll« (gewissensmäßige Verpflichtung), können, im Unterschied zu den Kriterien bei der Erkenntnis allgemeiner Normen, nicht angegeben werden; es handelt sich um ein Problem der ↗Existentialethik. Das II. Vaticanum suchte die B. zu besonderen Lebensformen u. Diensten in die Sicht auf die umfassende allgemeine B. der Christen einzubinden (LG 39–42).

Beschneidung im biblischen Sprachgebrauch meint nur die Entfernung der Vorhaut am männlichen Geschlechtsglied, nicht auch die Verstümmelung von Mädchen. Der archaische Ritus wurde in der ↗Abrahams-Überlieferung dahingehend interpretiert, daß die B. das Zeichen des ↗Bundes sei (Gen 17,9–14). In Verfolgungszeiten wurde die B. das Zeichen der Glaubenstreue. Im Ersten Testament ist auch von einer B. des Herzens die Rede. Das Neue Testament berichtet von der B. Johannes des Täufers u. Jesu (bis 1960 ein röm.-kath. Fest am 1. Januar). Im Zusammenhang mit der Heidenmission der Urkirche entstand ein innerkirchlicher Konflikt, der durch die Entscheidung des »Apostelkonzils«, bei bekehrten Heiden auf die B. zu verzichten, gelöst wurde (Apg 15,6–31). Offenbar in Auseinandersetzung mit dem ↗Judenchristentum äußerte Paulus, daß bei Abraham nicht die B., sondern der Glaube heilsentscheidend war (Gal 4,9–12); er griff auf die B. des Herzens zurück (Röm 2,25–29). Der deuteropaulinische Kol nennt die Taufe unter Abwertung der alten B. »Christus-B.« (Kol 2,11 f.). Die theol. Tradition rechnete die B. zu den aus Glauben rechtfertigenden Sakramenten des Alten Bundes. Während das orthodoxe Judentum bis zur Gegenwart an der B. als Bundeszeichen festhält, kann sie seit Ende des 19. Jh. nach dem Reformjudentum durch ein Tauchbad ersetzt werden.

Besessenheit tritt als Vorstellung in allen Kulturen im Zusammenhang mit den Manifestationen geistiger Störungen u. krankhaft-abnormen Körperreaktionen auf u. besteht in der Meinung, böse Geister (↗Dämonen) seien in einen Menschen »eingefahren« u. hätten derart von ihm Besitz ergriffen, daß zuweilen sprachliche Äußerungen nicht mehr ihm, sondern dem Bösen zugeschrieben werden müßten. In diesem Sinn kommen Besessene auch in der Bibel vor. Als zerstörerische Folgen der B. werden Krankheiten, abstoßendes Verhalten, Gotteslästerungen angesehen. Die B. ist vom ↗Teufel bzw. den Dämonen realisiert worden. Infolge dieser Auffassungen wurden die vermeintlich Besessenen gesellschaftlich ausgegrenzt u. der Verwahrlosung überlassen. Die Überwindung der B. liegt in der Macht Gottes u. der von ihm Bevollmächtigten. Nach übereinstimmender Ansicht der Exegeten verstand Jesus zweifellos das Wirken seiner Heilungskräfte als ↗Exorzismus, als Zeichen des nahegekommenen Reiches Gottes. Die biblischen Berichte über B. wurden in der Kirchengeschichte weithin als Informationen über unbezweifelbare Sachverhalte verstanden, mit großem Interesse beachtet u. weitergehend interpretiert. Ein spezifisch christliches Verhalten gegenüber »Besessenen« ist nicht zu konstatieren (im Altentum wurden sie wie die Geisteskranken gefesselt, später, besonders im Zusammenhang mit dem Hexenwahn, auch verbrannt). Die heutige Auffassung der B. in den Kirchen ist von weitgehender Überlagerung einer Reliktmentalität durch wissenschaftliche Erkenntnisse gekennzeichnet. Keine Manifestation vermeintlicher B. nötigt dazu, das Phänomen theol. als Auseinandersetzung mit einem personalen ↗Bösen anzugehen; es gehört allenfalls in den Bereich der ↗Theodizee. In wissenschaftlicher Sicht handelt es sich um interdisziplinär anzugehende psychische Erkrankungen, vor allem Schizophrenie (Persönlichkeitsspaltung), Neurosen, Psychosen, Depressionen, z. T. Epilepsie, mit der Zuständigkeit von Psychologie u. Psychoanalyse, auch Parapsychologie (wegen der Kenntnis unbekannter Sprachen bei den Kranken), Psychopathologie u. Psychiatrie. Vielfach ist die vermeintliche B. auf Fehlverhalten der Verantwortlichen in der religiösen Sozialisation u. in den Phasen sexueller Entwicklung zurückzuführen, das zu Feindseligkeit der Kranken gegen Religion u. Kirche führt. Nachweisbar ist auch die gezielte Beeinflussung Kranker in ihrer Meinung, sie seien vom Teufel besessen, durch selber kranke Personen der Umgebung u. durch »Seelsorger«.

Betrachtung ist ein Wort der kath.-kirchlichen Spiritualität; es bezeichnet das individuelle Erwägen einzelner Glaubensinhalte, verbunden mit innerem Gebet, u. zwar auch mit praktisch-ethischer Zielsetzung. Eine Betonung liegt auf dem Nachdenken u. auf der Bestimmtheit durch den Willen; darin liegt ein Unterschied zur ↗Kontemplation, die stärker passiven Charakter hat. Die ↗Meditation ist eher auf Öffnung u. Veränderung des Bewußtseins gerichtet u. wendet sich nicht notwendigerweise Glaubensinhalten zu. Die traditionelle Betrachtungsmethode grenzt den Betrach-

tungsstoff einteilend ab, müht sich um sinnenhafte Vergegenwärtigung des
Betrachtungsthemas u. bringt die personale Gottesbeziehung zu deutlich-
stem Bewußtsein. Durch diese Methode unterscheidet sich die B. vom ra-
tional-diskursiven Nachdenken. Die kirchlich empfohlene B. ist wegen der
Gefahr rationalistischer Trockenheit u. schematischer Zwänge oft durch
die Therapie versprechende Meditation verdrängt worden, doch ist eine
theologisch, d.h. durch Denken u. Reflexion bestimmte B. für das innere,
persönliche ⁊Gebet unverzichtbar.

Beweger, erster Beweger, eine Gottesbezeichnung der aristotelischen u.
thomistischen Philosophie. Ausgangspunkt ist die Beobachtung des wer-
dehaft Seienden, das aus dem Übergang von der ⁊Potenz in den ⁊Akt entsteht u. auch nie das Selbige bleibt, sondern immer neue Möglichkeiten
aktualisiert (Erkenntnis, Wachstum, Ortsveränderung, Beziehungswechsel
usw.). Alles, was so im »Übergang« zwischen Möglichkeit u. Wirklichkeit
existiert, bedarf einer Ursache, die selber ohne Ursache sein muß (⁊Kausa-
lität) u. die nicht nur ⁊Grund, sondern auch »wie ein Geliebtes« (Aristoteles † 322 v.Chr.) Ziel *aller* Bewegung ist. Diese umfassende, höchste
Wirkursache muß reiner Akt sein; Akt u. ⁊Sein müssen in ihr identisch
sein, d.h. sie ist dann notwendigerweise ⁊Geist – ⁊Person. – Vgl. auch
⁊Gottesbeweise.

Bibel, eingebürgerter Begriff für die Schriften, die zusammen als Altes oder
Erstes u. Neues Testament die ⁊Heilige Schrift des Christentums bilden, als
Begriff ein Lehnwort aus dem griech. »biblion« = Buch(rolle), Schrift; seit
Johannes Chrysostomus († 407) »ta biblia«, Gesamtbezeichnung für die im
⁊Kanon gesammelten Schriften des AT u. NT. Das Wort »biblion« war
abgeleitet von »byblos« = Papyrusstengel (u. dies vielleicht von der phöni-
kischen Stadt Byblos).

Bibelwissenschaften, die Wissenschaften, die auf die im modernen Sinn
wissenschaftliche Beschäftigung mit dem AT u. NT bei J. Reuchlin († 1522)
u. Erasmus von Rotterdam († 1536) zurückgehen u. wissenschaftliche Disziplinen seit dem 17. Jh. geworden sind: Die Einleitungswissenschaft, die
Exegese des AT u. NT sowie die Biblische Theologie. 1. Die *Einleitungswissenschaft* untersucht die Geschichte des biblischen ⁊Kanons u. fragt nach
der Entstehung des Bibeltextes der verschiedenen Schriften (Zeitgeschichte
mit der biblischen Umwelt, Orte der Entstehung, Verfasser u. Adressaten,
Anlaß u. Gliederung, literarische Eigenart) u. nach dessen Überlieferungsgeschichte. Es handelt sich um eine streng historische, kritische Wissenschaft mit Querverbindungen zu zahlreichen anderen Wissenschaften (Archäologie, Religionsgeschichte, Geschichte, Literaturgeschichte) u. mit

internationaler ökumenischer Kooperation. – 2. Die *Exegese* (griech. = Erklärung, Deutung) bezeichnet die methodisch orientierte Auslegung (Interpretation), die mit der ↗Hermeneutik als der methodischen Verstehenslehre verbunden ist. Die Exegese ist hinsichtlich der Einzeltexte eine streng historisch u. literaturwissenschaftlich arbeitende Disziplin, muß aber zugleich der theol. Eigenart der Texte als ↗Heiliger Schrift des Christentums u. z. T. auch des Judentums gerecht werden. Interpretatorische Bemühungen um ältere Texte finden sich schon in jüngeren Texten der Bibel. Anfänge einer Exegese unter Übernahme des zeitgenössischen Umgangs mit Texten im Judentum u. Hellenismus finden sich bei Origenes († 253), der drei ↗Schriftsinne unterschied. Erhebliche Differenzen in der Schriftauslegung sind in der ↗Alexandrinischen u. in der ↗Antiochenischen Theologenschule festzustellen. Im kirchlichen Westen diente in den innerkirchlichen Auseinandersetzungen (v. a. mit der ↗Gnosis) die apostolische Tradition als Norm (↗Regula fidei, Glaubensregel), nach der die Schrift ausgelegt werden müsse. Im Mittelalter fand insofern eine methodische Erweiterung der Exegese statt, als in den »Katenen« u. »Glossen« frühere unterschiedliche Auslegungen in einer Zusammenschau geboten werden; in ihnen ist der Anfang der Bibelkommentare zu sehen. Die mittelalterliche Exegese ging von vier Schriftsinnen aus. Bemerkenswert ist ihr Interesse, die Bedeutung der Bibelaussagen für das konkrete Christenleben zu erheben. M. Luther († 1546) bevorzugte den buchstäblichen Sinn des Bibeltextes u. ließ die Glaubensinhalte, insbesondere die Rechtfertigungsthematik, nicht aber das Lehramt als Autorität bei der Auslegung zu (↗Sola Scriptura). Vom Konzil von ↗Trient an ergaben sich deshalb konfessionelle Kontroversen: Bedeutung von Tradition u. Lehramt für die Auslegung auf kath., Bestehen auf der Identität von Schrift u. Offenbarung u. auf unmittelbarer Verständlichkeit auf ev. Seite. Die moderne Bibelexegese begann mit der Einführung der historisch-kritischen Forschung im 17. Jh. Die hauptsächlichen, heute vertretenen exegetischen Methoden sind: a) Die Textkritik mit den Versuchen der Rekonstruktion des Urtextes; b) die Literarkritik als Erforschung der literarischen Quellen, der Eigenart u. der Struktur der Texte; c) die formgeschichtliche Methode: Untersuchung der Gattung eines Textes unter Beachtung des sozio-kulturellen Kontextes u. Suche nach dem »Sitz im Leben« dieser Gattung; Erforschung der Überlieferungsgeschichte; Erhellung der Traditionsgeschichte, die sich nicht der Gattung, sondern einzelnen Begriffen zuwendet; d) die Redaktionsgeschichte, die sich mit der Geschichte eines Textes von seiner ersten greifbaren Fassung bis zu seiner Endgestalt befaßt; e) die sprachliche u. begriffsgeschichtliche Forschung unter Einbeziehung moderner Methoden der Sprachwissenschaften (Linguistik); f) die religionsgeschichtlichen Vergleiche tragen durch Beachtung entsprechender Texte aus der Umwelt erheblich zum Verständnis biblischer Texte bei (im 20. Jh.: ↗Mysterientheologie, ↗Gnosis, ↗Qumran). – Von kath. Seite wurden der ev. Exegese im 18. u. 19. Jh. Liberalismus u. Rationalismus sowie z. T. religionsgeschichtliche u. philosophische Aprioris (Vor-urteile) vorgeworfen. Seit der Bibelenzyklika Pius' XII. (1943) wird jedoch eine sachgerechte historisch-kritische Exegese von der kath. Leitungsautorität gefördert. Sie wurde durch das II. Vaticanum weiter ermutigt (DV 12, 23; OT 16). Ev.-kath. wissenschaftliche Bibelkommentare sind damit möglich geworden. – 3. Die *Biblische Theologie* stellt heute eine eigene wissenschaftliche Disziplin dar, nachdem die Auseinandersetzung von historischer u. systematischer Theologie weitgehend beendet ist. Der Beginn einer wissenschaftlichen Theologie des AT ist in die erste Hälfte des 20. Jh. zu datieren, der einer Theologie des NT auf das Ende des 19. Jh., beide auf ev. Seite. Mit einer gewissen Verzögerung entstand im 20. Jh. eine kath. Biblische Theologie. Problemkreise zeigen sich auch in der ev. Theologie hinsichtlich der Einheit des biblischen Kanons, hinsichtlich des jeweiligen Eigenwerts u. der Zusammengehörigkeit von AT u. NT, in der Suche oder Ablehnung einer »Mitte« von AT u. NT, im unterschiedlichen Verständnis von Hermeneutik. Die thematischen Schwerpunkte können hier nicht einmal skizziert werden. Ein spezifisch kath. Problem ergibt sich daraus, daß die Schrift in der Kirche unter der »nächsten« Norm der aktuellen Glaubensverkündigung der Kirche (womit in diesem Fall in der amtlichen Sprache immer das ↗Lehramt gemeint ist) zu verstehen ist. Aber trotz dieser Vorgabe ist die Hl. Schrift nicht nur *eine* Erkenntnisquelle der Dogmatik unter anderen. Denn die aktuelle Glaubensverkündigung der Kirche geschieht im dauernden, immer neuen u. notwendigen Bezug auf die bleibende u. in ihrer Reinheit von Gott garantierte (↗Inspiration) Konkretheit des Ursprungs der Verkündigung. Dieser konkrete Ursprung ist in der Schrift u. nur in ihr gegeben; die ↗Tradition bietet keine Garantie dafür, daß sie rein von bloß menschlichen Zutaten ist (das Lehramt selber unterscheidet zwischen göttlicher u. menschlicher Tradition). Die Dogmatik ist zusammen mit der kirchlichen Autorität gegenüber dem offenbarenden ↗Wort Gottes in der Schrift in die Rolle des Hörenden, nicht des Beurteilenden, verwiesen. Die Biblische Theologie besteht im Rückgang zum *reinen* Anfang des Glaubenskerygmas, nicht in der Aufsammlung von Beweisstellen. Diese Aufgabe ist freilich erschwert durch die Erkenntnis der historischen Bedingtheit vieler biblischer Aussagen, so daß sich die Wahrheitsfrage jeweils neu stellt u. das Glaubenszeugnis in die jeweils aktuelle Gegenwart »übersetzt« werden muß.

Biblizismus ist ein polemisches Schlagwort, mit dem eine Haltung gekennzeichnet werden soll, die eine Schriftauslegung mit den Mitteln der historisch-kritischen Exegese ablehnt u. den Bibeltext als einzige Quelle der

Glaubenserkenntnis u. der ethischen Normen betrachtet. In diesem Sinn
verhält sich der ev. ↗Fundamentalismus wissenschaftsfeindlich. In umge-
kehrtem Sinn ist B. zu einem Schimpfwort der kath. ↗Traditionalistenbe-
wegung geworden, die nicht nur der Theologie, sondern auch der röm.
Kirchenleitung die Ermutigung der Exegese u. die häufigen Bezugnahmen
auf die Bibel zum Vorwurf macht u. statt dessen eine ideologische Fundierung in der früheren Tradition, vor allem in »antimodernistischen« Positionen fordert.

Bild, Bilderverehrung. Schon aus prähistorischer Zeit sind Bilder mit religiöser Bedeutung (Kult, Beschwörung) bekannt. Die in Hochkulturen bezeugte Bilderverehrung kann zwei Grundformen annehmen: 1) Im Abbild
kann das abgebildete Urbild, die Gottheit, als real gegenwärtig gedacht
werden, so daß das B. im Kult oder privat angebetet wird; 2) das B. stellt
nur eine symbolische Gegenwart der abgebildeten Gottheit dar, kann also
mit respektvoller Verehrung behandelt, aber nicht angebetet werden. Im
Zusammenhang mit Israels Auseinandersetzung mit Religionen der Umwelt (mit ihren Götterbildern) u. mit der allmählichen Durchsetzung des
↗Monotheismus ist das biblische, im ↗Dekalog (Dtn 5,8) verankerte Bilderverbot zu sehen. In dieser Zeit schützt das Bilderverbot die unverfügbare Lebendigkeit des Gottes Israels, seine erhabene Andersartigkeit im
Vergleich mit den starren Götterbildern (Goldenes Kalb, Stierkult usw.).
Israel ist ausgezeichnet durch die Offenbarung des ↗Gottesnamens. Später
theol. reflektiert ist das Bilderverbot ein Hinweis auf die ↗Transzendenz
Gottes. Es handelt sich weder um ein Verbot, von Gott in Bildern u. Metaphern zu reden, noch läßt sich daraus eine kunstfeindliche Haltung erschließen. Darüber hinaus stellt die Deutung des männlichen u. weiblichen
Menschen als Abbild Gottes (Gen 1,26f.) einen Hinweis auf ein von Gott
selber gewolltes B. dar. Im NT wird der Dekalog einschließlich des Bilder-
verbots vorausgesetzt. Die Ablehnung der Götterbilder zeigt sich auch in
der strikten Absage an jede Art des Götzendienstes. Breiter als das AT geht
das NT auf die ↗Gottebenbildlichkeit ein. In der westlichen Kirche sind
christlich-religiöse Bilder vom 3. Jh. an (zuerst in der Grabkunst) bezeugt.
Wandmalereien u. Mosaiken kamen im Osten wie im Westen auf. Eine
kultische Verehrung der Ikonen (besonders auch der »wundertätigen«) ist
im kirchlichen Osten vom 6. Jh., im Westen eine Verehrung plastischer
Kultbilder (später »wundertätiger Gnadenbilder«) vom 10. Jh. an bezeugt.
In den westlichen Kirchen gewannen auch Andachts- u. Altarbilder ein
bestimmtes Gewicht. Die Reformation warnte mit Recht vor der Gefahr
des Aberglaubens u. magischer Vorstellungen. Das Konzil von ↗Trient reagierte 1563 darauf mit einem Lehrtext über die richtige Bilderverehrung
(»Ehrfurcht vor dem Urbild«). In der Gegenwart scheint die Gefahr der

↗Anbetung von Bildern nicht mehr gegeben zu sein. Wertschätzung erfahren sie als Symbole, als Ausdruck religiöser Erfahrungen, als sinnvolle Ergänzung des ↗Abstrakten in der theol. Sprache, als psychologische Medien (Meditationsbilder). – ↗Kunst.

Bilderstreit. Der ↗Islam kannte von Anfang an ein strenges Verbot, Lebewesen überhaupt abzubilden. Vielleicht war das mit Anlaß für den B. in der östlichen Kirche. Kaiser Leon von Byzanz verbot 730 die Bilderverehrung. Die Maßnahme war wohl auch gegen die Macht des Mönchtums gerichtet. Unter Leons Nachfolger Konstantin V. wurden die Anhänger des Bilderkults verfolgt u. zahlreiche religiöse Bilder barbarisch vernichtet (Ikonoklasmus). Die Verehrung – nicht Anbetung! – von Bildern (Ikonen) wurde durch das II. Konzil von ↗Nikaia 787 gutgeheißen. Nach einem neuerlichen Aufflammen des B. wurde die Bilderverehrung 843 durch Kaiserin Theodora mit der Einsetzung des »Festes der Orthodoxie« legitimiert. – Wenn die Reformatoren die Bilderverehrung auch allgemein ablehnten, so wurden im lutherischen Bereich religiöse Bilder u. Bildwerke doch geduldet, während es in calvinistischen Bereichen u. bei den »Täufern« verbreitet zu Zerstörungen kam. Ein eigentlicher Bildersturm wurde im Zusammenhang mit der Französischen Revolution entfesselt.

Binden und Lösen, nach Mt 16, 19 dem Petrus, Mt 18, 18 (vgl. 18, 1) den »Jüngern« zugesagt, nach heutigem exegetischem Erkenntnisstand keine authentischen Jesusworte. Die genauere Bedeutung dieses B. geht aus dem NT allein nicht mit Sicherheit hervor. Zum Verständnis werden rabbinische Texte sowie Zeugnisse aus Qumran u. aus der hellenistischen Zauberpraxis herangezogen. Rabbinisch besagt es das Belegen mit dem Synagogen-↗Bann bzw. das Aufheben dieses Bannes, davon wohl abgeleitet auch das autoritative Erklären, Erlauben u. Verbieten. Ein mit der Zauberpraxis verwandter dämonologischer Sprachgebrauch in AT u. NT bedeutet das Überantworten an das Böse bzw. das Befreien von ihm. Die beiden von der Situation her ganz unterschiedlichen Übertragungen Mt 16 u. 18 hatten eine unterschiedliche Wirkungsgeschichte zur Folge. Fälschlicherweise wurde das B. mit der ↗Schlüsselgewalt identifiziert. Schon von patristischer Zeit an u. systematisiert in der Scholastik diente es als Beleg für das »göttliche Recht« der Vollmachten des ↗Papstes. Außerdem spielte es in der Theologie des ↗Bußsakraments eine große Rolle, in neuerer Zeit gerade wegen des ekklesialen Charakters des Bußverfahrens, in dem der dämonologische Aspekt (dem Bösen übergeben bzw. von ihm befreien) den tieferen Hintergrund des Ausschluß- bzw. Wiederaufnahmeverfahrens andeutet.

Bischof (deutsches Lehnwort von griech. »episkopos« = Aufseher), Bezeichnung für den Inhaber eines kirchlichen Amtes, der nach kath. Glaubensverständnis wegen seiner Zugehörigkeit zum Nachfolgerkollegium des
Apostelkollegiums (d. h. kraft »göttlichen Rechts« u. in Gemeinschaft mit
dem Bischof von Rom) eine Ortskirche (Diözese, Bistum) leitet. Vorgebil-
det war das Episkopenamt des NT im damaligen griechischen u. helle-
nistisch-jüdischen Bereich. Nach Apg 20, 28 wird der Dienst der »Ältesten«
der Gemeinde in Ephesos, die auch »episkopoi« heißen, mit einem Hirten-
dienst verglichen. Weitere deutliche Zeugnisse für die Existenz u. Ausgestaltung des Bischofsamtes in ntl. Zeit sind Phil 1, 1; 1 Thess 5, 12; 1 Tim
3, 2 ff.; Tit 1, 5 ff. Die Entwicklung des Bischofsamtes von einem Kollegium
mehrerer Episkopen innerhalb einer Gemeinde zum »monarchischen«
Episkopat (Monepiskopat) ist gut erforscht; sie war in der 1. Hälfte des
3. Jh. abgeschlossen (eine ausgeprägte Theologie des B. als des Repräsentanten Jesu Christi bei Cyprian † 258). Ein Konflikt, der wesentlich an der
Spaltung der Ostkirchen vom lat. Westen beteiligt war u. der in der westlichen Kirche bis zur Gegenwart andauert, entstand aus dem Anspruch des
Bischofs von Rom auf einen ↗Jurisdiktionsprimat über die Gesamtkirche
seit dem 3. Jh. Mit der Eigenverantwortung der Bischöfe für ihre Ortskirche u. mit der Institution kollegialer Synoden war dies in der Sicht vieler
Ortskirchen nicht vereinbar. Waren die Priester ursprünglich nur die Gehilfen der Bischöfe zweiten Grades, so bedeutete die Entwicklung der Prie-
stertheologie mit ihren Höhepunkten im 12. u. 13. Jh., daß die Priesterweihe als Erteilung der Vollmacht über den eucharistischen Leib Christi
höher bewertet wurde als die Weihe zum B., die nun nicht als Sakrament
galt. Eine weitere Schwächung in der Einschätzung der Bischöfe ist auf den
ausgeprägten römischen Zentralismus mit seinem Höhepunkt in den
Papstdogmen des I. Vaticanums 1870 zurückzuführen. Die daraus entstandenen praktischen u. theol. Spannungen u. Gleichgewichtsstörungen suchte das II. Vaticanum (vor allem in LG Kap. III u. in CD) durch Rückkehr zu
alten Traditionen zu beheben. Zu ihnen gehörte nicht nur die Bischofstheologie der ersten Jahrhunderte, sondern auch die frühere verbindliche
Glaubenslehre, daß der Episkopat »göttlichen Rechts« ist, so daß er von
keiner Instanz, auch vom Papst nicht, abgeschafft werden könnte. Nach
dem II. Vaticanum existieren in der Kirche drei Stufen des kirchlichen
Amtes, deren höchste die des B. ist: Die Weihe zum B. ist ein Sakrament
u. überträgt die »Fülle« des Amtes; in ihr liegt der Ursprung der jurisdik-
tionellen wie der sakramentalen Vollmachten des B.; durch sie werden die
Bischöfe zu Nachfolgern der Apostel, indem sie in das Bischofskollegium
eingegliedert werden. Die Versuche seit dem 2. Jh., die ↗Successio apostolica so zu verstehen, als sei jeder B. der Nachfolger eines bestimmten Apostels, werden also aufgegeben u. durch den Gedanken ersetzt, daß das Apo-

stelkollegium (↗Zwölf) seine legitime Nachfolge im Bischofskollegium hat. Durch die Weihe werden dem B. drei Ämter übertragen, die der Heiligung, der Lehre u. der Leitung, die jedoch »nur in der hierarchischen Gemeinschaft mit Haupt u. Gliedern des Kollegiums ausgeübt werden können« (LG 21; insgesamt 21–27). Die Amtsvollmacht üben die Bischöfe nicht als Stellvertreter des Papstes, sondern im Namen Jesu Christi als eigene persönlich aus. In der Eucharistiefeier der Ortskirche, die im Namen des B. vollzogen wird, aktualisiert sich die Gesamtkirche, deren Einheit der B. darstellt (LG 26). Einzelheiten in der spannungsvollen Zuordnung von Papst u. Bischofskollegium wurden durch das Kirchenrecht (CIC von 1983) geregelt, in dem die Eigenständigkeit des B. u. die Bedeutung des Bischofskollegiums hinter dem römischen Zentralismus zurückstehen. – Das theol. Verständnis des B. u. seiner Weihe ist in den orthodoxen Ostkirchen nahezu identisch mit der Lehre des II. Vaticanums, nicht jedoch das Verständnis der Kollegialität: Wie in der alten Kirche gilt auch heute in den Ostkirchen, daß die Gesamtkirche eine Gemeinschaft eigenständiger Ortskirchen ist u. sich in deren Leben unter der Leitung der jeweiligen Bischöfe verwirklicht, während das gesamtkirchliche Kollegium nur in außergewöhnlichen Fällen zu einem ökumenischen Konzil zusammenkommt. In röm.-kath. Sicht ist der B. zuerst Mitglied des Bischofskollegiums unter dem Vorsitz des Papstes u. von dort aus der Leiter seiner Teilkirche. In den aus der Reformation hervorgegangenen Kirchen wächst die Neigung, ein die Gemeinden übergreifendes, kollegial strukturiertes Amt der Leitung u. Aufsicht wiederzugewinnen. Eine ökumenische Basis ist mit dem Verständnis einer wirklichen Nachfolge der Apostel im Amt der Verkündigung des Evangeliums gegeben. Divergenzen bestehen hinsichtlich der sakramentalen Weihe u. der mit ihr übertragenen Vollmachten sowie hinsichtlich der Dreigliedrigkeit des kirchlichen Amtes mit der »Fülle« im Bischofsamt.

Bischofskonferenz. Vorläufer der heutigen B. waren die seit dem 2. Jh. bezeugten Bischofsversammlungen, in denen die kirchliche Mitverantwortung eines Bischofs über sein Bistum hinaus zum Ausdruck kam (↗Synode). Kath. Bischofskonferenzen im heutigen Sinn, d.h. auf nationaler Ebene, sind erst seit dem 19. Jh. bekannt. Der theol. u. kirchenrechtliche Rang der B. ist, nicht ohne Vermengung der Sprachebenen, Gegenstand lebhafter Diskussionen. Zweifellos ist der einzelne ↗Bischof in seinem Bistum authentischer Zeuge des apostolischen Glaubens u. Hüter der kirchlichen Einheit, nicht ausführendes Organ der B. Rechtlich hat die B. nicht die Kompetenzen des einzelnen Bischofs. Anderseits ist die B. ein geschichtlich notwendiger (u. darum in einem »göttlichen Recht« gründender) Weg, um das kollegiale Wesen der Kirche (die »Communio ecclesia-

rum«) u. die sakramental begründete Kollegialität der Bischöfe konkret zu
verwirklichen u. zum Ausdruck zu bringen.

Bittgebet, eine der drei Grundgestalten des ⁊Gebets (neben dem Lob- u.
dem Dankgebet). Im B. flieht ein Mensch (oder eine Glaubensgemeinschaft) mit großen oder kleineren konkreten Nöten zu Gott. Darin liegen
die bewußte Erkenntnis der Hilfsbedürftigkeit, der Versuch zur Wertung –
wenn erkannt wird, daß Gott u. sein Heil das Höchste sind, um das gebetet
werden kann –, das Bekenntnis, daß schlechterdings nichts der Verfügung
Gottes entzogen ist. Die von Ängsten u. Sorgen geprägte Bitte ist oft von
Klage, ja Anklage, von einer Auseinandersetzung mit dem Willen Gottes
begleitet. Die biblischen Äußerungen u. Aufforderungen zum B. sowie die
biblisch bezeugten Bittgebete lassen alle diese Merkmale erkennen; sie
gründen in einem Vertrauen zu Gott, dem nichts zu banal u. zu gering
für ein B. ist u. der in seinem Erbarmen für seine Kinder sorgt, noch ehe
sie ihn bitten. Diese Vorleistung des Vertrauens ist auch wichtig bei Zweifeln über die Sinnhaftigkeit des B. angesichts dessen, was alles von Menschen bewältigt, verursacht u. verschuldet werden kann. B. ist nicht nur,
aber auch Bewußtseinsänderung u. keine Verführung zur Passivität. Das
B., das Übereinstimmung mit dem Willen Gottes sucht, erstreckt sich auch
auf die Nöte anderer, auf Frieden, Gerechtigkeit u. Bewahrung der Schöpfung. Die theol. Fragen (Vorauswissen Gottes – Freiheit des Menschen;
Selbstbeschränkung der göttlichen Allmacht; Bewegbarkeit Gottes »von
außen«?) sind theoretisch-systematisch nicht lösbar. Das B. erinnert Gott
(eng verbunden mit dem Dankgebet) an Erweise seines Erbarmens, um
daraus Zutrauen zu seinen Verheißungen zu schöpfen.

Blut. In der hebr. Bibel werden B. u. Leben identifiziert; wie das Leben ist das
B. ausschließliches Eigentum Gottes. B. u. ⁊Seele (»nephesch«) werden
daher ebenfalls parallel gebraucht. Blutvergießen ist gleichbedeutend mit
gewaltsamem Tod. Von da her wird das im biblischen u. im heutigen Judentum strikt geltende Verbot des Genusses von B. verständlich. Wie in
vielen antiken Regionen, so spielt auch in der israelitischen Opferliturgie
das B. eine große Rolle: ihm wird sündentilgende, reinigende u. heiligende
Kraft zugeschrieben, die ihm Gott zum Heil der Menschen geschenkt hat
(Lev 17,11). Dieses Verständnis des »sühnenden« (= entsündigenden)
Blutvergießens wird in manchen Texten des NT (v.a. im Hebr) auf das
B. Jesu Christi übertragen. In der Pesach- (Pascha-) Feier hatte das B. ab-
wehrende (apotropäische) u. schützende Funktion. Auch in diesem Sinn
spricht das NT manchmal vom B. Jesu, durch das die Glaubenden gerettet
sind. Schließlich ist das Aussprengen des B. beim Bundesschluß am ⁊Sinai
ein Symbol des Bundes, da es zugleich auf den Altar als Symbol der Gegen-

wart Gottes u. auf das versammelte Volk ausgesprengt wurde. Diese Auffassung wird im NT ebenfalls im Hinblick auf das B. Jesu vorgetragen (außer im Becherwort des ↗Abendmahls nach 1 Kor 11,25; Lk 22,20 v. a. Hebr 9,8–22). Die Erkenntnis der Übertragung der dreifachen Bedeutung des B. auf das B. Jesu läßt die sozio-kulturelle Zeitbedingtheit erkennen. Mißverständnisse bleiben abzuwehren sowohl in der Gottesauffassung, als habe Gott blutgierig Genugtuung durch den blutigen Tod Jesu gefordert u. erhalten (↗Satisfaktionstheorie), als auch hinsichtlich einer vermeintlich magischen Kraft des B.

Böse, das Böse ist ein kaum zu definierender Begriff, mit dem elementare, negative menschliche Erfahrungen charakterisiert werden. Diese Erfahrungen sind zu einem guten Teil subjektiv; sie sind nicht immer u. notwendig, aber sehr oft Leidenserfahrungen. – 1. Sinnvoll ist es, das B. vom physischen ↗Übel zu unterscheiden u. das Vorkommen des Bösen auf den ethischen Bereich zu beschränken. In ihm existiert ein Wertsystem, das höhere u. niedere Ziele umfaßt. Von ihm aus kann eine Entscheidung oder Handlung, in der das höhere Ziel bewußt hinter das niedere zurückgesetzt wird, als »böse« bezeichnet werden. Naturanlagen, die biologisch der Erhaltung der Art u. dem Überleben dienen u. sich u. a. in wenig oder gar nicht reflektierten Aggressivitäten äußern, werden mit Recht als das »sogenannte B.« bezeichnet. In der antiken Philosophie (Plotin † 270 n. Chr.) wurde das B. als Gefährdung des guten u. erfüllten Seins, als Negation u. als Privation (lat. = Minderung) u. als Phänomen der Entzweiung verstanden. Von da aus erklärte die christliche Philosophie (Augustinus † 430, Thomas von Aquin † 1274) das B. als Mangel an Gutem. Der richtige Kern dieser Auffassung ist darin zu sehen, daß auch der böse handelnde Mensch Gutes intendiert, das aber in einer eigenmächtig verkehrten Wertordnung (z. B. sich Gutes zudenkt, indem er einen Feind beseitigt u. dabei das höhere Gut, dessen Lebensrecht, zurücksetzt). Die schrecklichen Phänomene des Bösen (Auschwitz) führten dazu, diese »privative Erklärung« des Bösen als zu harmlos zu erkennen u. das B. wenigstens als bewußte u. ausdrückliche Verneinung des erkannten Guten zu verstehen. Wegen der rational kaum einsichtigen Begründung einer solchen Verneinung wird oft vom »Mysterium des B.« gesprochen. – 2. In theol. Sicht stellt sich als heute scharf gesehenes Grundproblem die Frage nach der Verantwortlichkeit Gottes für das B. Weisen die vorpersonalen physischen Übel (Krankheiten, Katastrophen, der Tod) auf Defekte der Schöpfung hin, so ist das moralische B. direkt auf Freiheitsentscheidungen der Menschen zurückzuführen, indirekt aber auf jenen Schöpfer, der die Kreatur Mensch als mit Freiheit begabte entstehen ließ. Die Auskunft, das B. u. die Übel seien der Preis dieser Freiheit, ist theol. kurzschlüssig, weil in theol. Sicht die Möglichkeit nicht ausgeschlossen werden kann, daß Gott positiv auf die Freiheit einwirkt, ohne diese zu zerstören. Biblische Zuschreibungen des Bösen an Gott (Jes 45,6 f.; die Ermordung der Menschen in der Sintflut, die Ermordung der ägyptischen Erstgeborenen usw.) lassen die Frage nach einer möglichen »dunklen Seite« Gottes aufkommen. – 3. Nach der Tradition des jüdischen u. christlichen Glaubens hat der eine u. einzige Gott keinen gleichrangigen Widersacher; kein böses Prinzip oder Urwesen steht immer schon dem Guten entgegen (↗Dualismus). Zur Entlastung des guten Gottes wird das B. mythologisch erklärt (Engelssturz) oder personifiziert (↗Teufel); diese sekundären Größen verführten Menschen zum Bösen Das freie Geschöpf Mensch verweigerte sich dem Anruf Gottes, der auch Weisungen enthielt, von Anfang an (↗Ursünde). Darin wird das Grundwesen des Bösen in theol. Sicht gesehen: Die hybride Absage der Geschöpfe an den göttlichen Schöpfer, die Weigerung, seine Lebensordnung u. damit das Existenzrecht anderer zu respektieren. Der Durchsetzung des Willens Gottes mit seiner Schöpfung diente das Angebot der ↗Herrschaft Gottes in Jesus von Nazaret. Die Lebensordnung der Gottesherrschaft ist dank der zuvorkommenden Hilfe Gottes realisierbar, so daß Menschen dem Bösen widerstehen u. es durch das Gute überwinden können (Röm 12,21). Ist das Reich Gottes auch nicht universal verwirklicht worden, so existiert es doch »punktuell« überall dort, wo die Macht der Gnade Gottes im kleinen u. im großen (im Kampf gegen das »strukturelle B.«) sich durchsetzt u. die Schöpfung auf ihre Vollendung, in der Möglichkeit u. Wirklichkeit des Bösen vernichtet sind, hintreibt.

Brautsymbolik, Brautmystik. In der atl. Brautsymbolik kommt die Glaubensüberzeugung von der einzigartigen, freien ↗Erwählung des ↗Volkes Gottes zu besonders intensivem Ausdruck (Jes 49,18; 61,10; Jer 2 u.ö., als Anlaß zu vielen Kommentaren u. Meditationen auch Hld). In den Gleichnissen Jesu (z. B: Mt 22,1–10; 25,1–13) ist die Rolle der Braut völlig offengelassen. Die Deutung auf die Glaubensgemeinde setzt mit ntl. Spätschriften (Eph 5,22–32; Offb 19,9) ein u. wird bis zum II. Vaticanum weitergeführt (SC 7, 47, 84). ↗Maria als ↗Typos der Kirche wird ebenfalls als Braut (des Vaters, des Gottessohnes, des Hl. Geistes) bezeichnet. Der Metapher liegt immer die Erwählung zu partnerschaftlichem Gegenüber zugrunde. – Brautmystik bezeichnet jene Gestalt von ↗Mystik, in der sich ein Mensch als von Gott in einzigartiger Weise geliebt erfährt u. sein Leben als Liebesantwort an Gott »bräutlich« zu realisieren versucht. Dabei sind vitale u. affektive Kräfte stark beteiligt; wobei es von persönlicher Biographie, Individualität u. Geschlecht abhängt, inwieweit Sexus u. Eros (sublimiert oder nicht) mitschwingen. Schon in der Kirchenväterzeit u. von da an häufig wird die individuelle Brautmystik mit Sprachen u. Symbolik des atl. Hohenliedes zum Ausdruck gebracht, vor allem um das beharrliche Suchen der Braut-Seele nach dem göttlichen Freund zu beschreiben.

Brüder und Schwestern Jesu. Das NT erwähnt an verschiedenen Stellen B. u. Sch. Jesu. Namentlich werden als B. erwähnt: Jakobus, Joses, Judas u. Simon (Mk 6,3 par.), die Namen der Sch. werden nicht genannt. Die B. u. Sch. verhalten sich nicht verständnisvoll u. solidarisch gegenüber Jesus (Mk 3,20 31–35 par., Joh 7,2–10). Maria, die B. Jesu, die Frauen u. die Apostel bildeten die Urgemeinde in Jerusalem (Apg 1,13 f.). Nach zahlreichen ntl. Zeugnissen fand Jakobus in der Jerusalemer Gemeinde als »Herrenbruder« besondere Anerkennung. Ein theol. Problem wurden die B. u. Sch. im Zusammenhang mit der allmählichen Entwicklung der Glaubensauffassung von einer dauernden Jungfräulichkeit Marias (griech. »aeiparthenos«; ↗Jungfrauengeburt). Letztere findet sich nicht in den Evangelien; Mt u. Lk berichten nur von einer Empfängnis Jesu durch die Jungfrau Maria. Gestützt auf das apokryphe Protoevangelium (2. Jh.), Klemens von Alexandrien († nach 215) u. Origenes († 253) wird in den orthodoxen Ostkirchen angenommen, bei den B. u. Sch. handle es sich um Kinder Josefs aus einer früheren Ehe, also um Stiefgeschwister Jesu. Die kath. Tradition versteht sie seit Hieronymus († 419) als leibliche Verwandte Jesu, da das Hebräische (im Unterschied allerdings zum Griechischen) keine Begriffe für Vettern u. Basen hat u. statt Vettern Brüder sagt, u. verweist darauf, daß Maria nach Lk 1,27 nicht ältere Kinder gehabt haben könne u. wegen der Pesachwallfahrt nach Jerusalem Lk 2,41–52 auch jüngere Kinder nicht denkbar gewesen wären; ferner wird geltend gemacht, daß Jesus am Kreuz seine Mutter nicht Johannes anvertraut hätte (Joh 19,26 f.), wenn er Geschwister gehabt hätte. Die Bedeutung der Frage nach den B. u. Sch. Jesu hängt davon ab, welche theol. u. religiöse Relevanz, abgesehen von dem wichtigen Thema der Empfängnis Jesu, der »immerwährenden« Jungfräulichkeit Marias zugemessen wird.

Buch. Das Buch ist von den Tontafeln des 3. vorchristlichen Jahrtausends bis zur Konsumware zu Beginn des 3. nachchristlichen Jahrtausends ein einzigartig ausgezeichneter Kulturträger u. ein unentbehrliches Kommunikationsmedium. Judentum, Christentum u. Islam sind nicht die einzigen Buchreligionen, aber es läßt sich fragen, wie anders die Selbsterschließung Gottes in einer Offenbarungsgeschichte, auf der diese Religionen beruhen, ohne Buch hätte überliefert u. verbreitet werden können. Das Angewiesensein des Glaubens u. der Glaubensboten auf Bücher gehört zu den Konkretionen des Kommens Gottes zu den Menschen (Offb 1,3). Sind auf der einen Seite Engführungen kritisch zu betrachten – das Gottesbild des Buchhalters, eine unhistorische Praxis des Schriftprinzips –, so erweisen sich anderseits Bücher u. Lesekultur als unentbehrlich für den Fortbestand der monotheistischen Religionen. Der Glaube findet nicht allein im Hören der (oft nicht kompetenten) Verkündigung, sondern oft auch im Lesen Ursprung u. Vertiefung.

Buddhismus, nach dem Buddha (= »der Erleuchtete«, »der Erwachte«) benannte Kenntnis u. Einübung einer Selbstbeherrschung, deren Ziel die Erlangung innerer Freiheit ist. Der historische Buddha lebte wahrscheinlich 450–370 v. Chr.; seine von ihm als Wanderlehrer in indischen Sprachen vorgetragenen Lehren sind in chinesischen u. tibetanischen Übersetzungen erhalten. Ihr Gehalt wurde in unterschiedlichen Schulen u. kanonischen Zusammenfassungen, »Körben«, überliefert Einige Kernstücke der ursprünglichen Lehre: Das menschliche Dasein ist Leiden, das aus der Begierde entsteht. Der Mensch ist in einen Kreislauf von Geburt, Tod, Geburt usw. (der Samsara heißt) verstrickt, bei dem sich gute u. böse, auf Begehren zurückzuführende Taten u. ihre Wirkungen ansammeln, die jeweils ein neues, leidvolles Leben zur Folge haben (dieses Vergeltungsgesetz heißt Karma). Die Verstrickung u. mit ihr das Leiden werden im B. näher erklärt, auch unter Beachtung der menschlichen Sinnlichkeit, so daß die Gründe für Alter u. Tod deutlich werden. Die Kontinuität bei einer ⁊Reinkarnation besteht nicht in einer menschlichen Geist-Seele, sondern in der Fortdauer der Kräfte des Karma, die das neue Individuum prägen. Der Buddha lehrte einen »achtgliedrigen Pfad« zur Aufhebung des Leidens, auf dem sittlich-asketische Lebensführung u. Meditation (auch der Lehrinhalte!) zusammenwirken, um die Flamme des Karma zum Erlöschen zu bringen: im Nirvana. Dort sind in umfassendem Einswerden alle Trennungen u. Polarisationen aufgehoben, alle Begierden verstummt. Bei den 6 Bereichen der Wiedergeburt finden sich himmlische Wesen, aber auch Welten der Tiere, der Dämonen u. entsetzliche Höllen. Die rituellen Kulthandlungen sind sinnenhafte Begleitung der Meditation durch Rezitation u. Darbringung von Obst, Getreide u. Blumen. Im 3. u. 2. Jh. v. Chr. entstand der bis heute wichtige B. des »Großen Fahrzeugs« (Mahayana). Er lehrt die Übereinkunft von Erscheinungswelt u. Nirvana in der Leere, womit auch die prinzipielle Gleichheit aller Daseinselemente (»kosmische Sympathie«) gegeben ist. Künftige Buddhas, Bodhisattvas genannt, stellen ihr eigenes Kommen ins Nirvana zurück; sie geben möglichst großen Anteil an ihrem eigenen guten Karma an andere Lebewesen weiter, um ihnen so zur »Erlösung« zu verhelfen (großes Gelübde). – Das II. Vaticanum urteilte über den B. folgendermaßen: »In den verschiedenen Formen des Buddhismus wird das radikale Ungenügen der veränderlichen Welt anerkannt u. ein Weg gelehrt, auf dem die Menschen mit frommem u. vertrauendem Sinn entweder den Zustand vollkommener Befreiung zu erreichen oder – sei es durch eigene Bemühung, sei es vermittels höherer Hilfe – zur höchsten Erleuchtung zu gelangen vermögen« (NA 2). Ausdrücklich wird der B., entgegen der Auffassung, er sei keine Religion, zu den Weltreligionen gerechnet.

Bund ist ein biblisch-theol. Begriff (hebr. »berit«, griech. »diatheke«, lat. »testamentum«), mit dem das einzigartige Verhältnis JHWHs zu seinem geliebten u. für immer erwählten Eigentumsvolk Israel in einer bestimmten Hinsicht ausgesprochen wird. In der Kulturgeschichte steht B. zuweilen für ein in erster Linie rechtliches Verhältnis zweier (gleicher oder unterschiedlicher) Partner mit Festlegungen der gegenseitigen Pflichten u. Rechte. Bundesschlüsse wurden u. werden (wie beim Ehebund u. bei Staatsverträgen) rituell inszeniert. In der systematischen christlichen Theologie war der Begriff B. außer in der reformierten Föderaltheologie des 16. u. 17. Jh. u. bei Karl Barth († 1968) nicht von Bedeutung. – *1. Im Ersten Testament.* Zu unterscheiden sind sprachlich die Redeweise vom B. im Singular, von Bünden u. von einer Vielzahl von Bundesschlüssen (Bunderserneuerungen) sowie die Bundestheologie. Heutige Exegese datiert den Beginn einer Bundestheologie mit dem Anspruch Gottes, der einzige Gott Israels zu sein, mit Verheißungen Gottes (vor allem der Zusage, sich in einzigartiger Weise an Israel zu binden) u. mit der freiwilligen Selbstverpflichtung des Volkes auf die Bundeserwartungen Gottes auf den Beginn des 7. Jh. v. Chr. In Ex 19–34 werden drei Bundesschlüsse am ↗Sinai erzählt. Gen 15,7–18 hat sachlich einen B. Gottes mit ↗Abraham zum Thema. Jos 24 berichtet von einem B. in Sichem u. markiert den Beginn der Auffassung, daß der Gehorsam gegenüber der ↗Tora zu den Bedingungen des Bundes gehört. Nach 2 Kön 23,1 ff. wurde 622 v. Chr. im Jerusalemer Tempel das Bundesbuch aufgefunden, vorgelesen, gefolgt von einem Bundesschluß. Breiten Raum u. theol. Entfaltung bietet das Buch Dtn dem Bundesthema. Es handelt von einem B. am Horeb (= ↗Sinai) u. einem B. in Moab. Im Endergebnis wird deutlich, daß Gott ungeachtet aller Bundesbrüche u. trotz der notwendigen Strafen (Verbannung Israels ins babylonische Exil) in ewiger Treue zum B. stehen wird, der ein B. ungleicher Partner mit völliger Gleichberechtigung ist u. der aufseiten Israels die Verpflichtung auf den Dekalog u. auf die mosaische Tora enthält. Heutige Exegese hält das Bundesbuch Ex 20 u. 33 u. den Bericht vom Sinaibund Ex 24,3–8 (Ritus der Besprengung mit ↗Blut beim Bundesschluß nur dort) für »spätexilisch«. Als noch später werden u. a. die Erzählungen von Bundesschlüssen mit ↗Noach (Gen 9) u. wiederum mit Abraham (Gen 17) angesetzt, die stärker die Bindung Gottes an seine Gnade betonen. Die Bundestheologie der Propheten findet sich bei Jer, Ez u. Dt-Jes., wobei die Heilsverheißungen trotz aller Bundesbrüche gelten u. unterschiedlich um-

schrieben werden: als »neuer« B. (Jer 31,31–34), als Ehe-B. (Ez 16,59–63),
als Wiederherstellung Israels bei Jer u. Ez u. als Heilsansage für die nichtis-
raelitischen »Völker« in Dt-Jes. Auch in anderen Texten (u. a. Psalmen) des
AT wird der B. thematisiert. Bei allen unterschiedlichen Sichtweisen u.
geschichtstheol. Interessen dominiert das Thema der unverbrüchlichen
Treue Gottes zum B., der Verheißung eines universalen ↗Heils, bei aller
realistischen Einsicht in das fortwährende Versagen des menschlichen
Bundespartners. – 2. *Im Neuen Testament.* Sachlich läßt das NT das Fortbestehen der Bundesbindung erkennen, wenn auch der Begriff B. viel weniger als im AT auftaucht. In der Erzählung vom ↗Abendmahl lassen 1 Kor
11,25 u. Lk 22,20 Jesus den Kelch mit dem neuen B. in seinem Blut identifizieren, während Mk 14,24 u. Mt 26,28 im Kelch das Blut des Bundes,
das für »die Vielen« vergossen wird, erkennen. Nach heutiger Exegese besagen die Worte keinesfalls einen Widerruf des Bundes Gottes mit Israel u.
eine Ablösung des alten Bundes durch einen neuen, vielmehr weisen sie
auf die durch Jesus eröffnete Möglichkeit der Versöhnung u. Vergebung
kraft der Bundestreue Gottes hin. Es wird diskutiert, ob das Bundesmotiv
in beiden Traditionslinien überhaupt auf Jesus zurückgeht, wenngleich die
Einfügungen sehr früh erfolgt sein müßten. – Paulus sieht den Verhei-
ßungs-B. Gottes mit Abraham als primäre Größe an, die den Sinai-B. als
»alte« Wirklichkeit erscheinen läßt (Gal 3,13–17; vgl. die Typologie Gal
4,21–31 u. die Entgegensetzung 2 Kor 3,6–18). Die polemischen Spitzen
bei Paulus werden nicht ausgeglichen, aber positiv überholt in Röm 9–11
mit der Beteuerung der bleibenden Erwählung Israels, dem die Bündnisse
gehören (Röm 9,4) u. das als ganzes am Ende gerettet werden wird. –
Breiten Raum nimmt das Bundesthema im Hebr ein, der in seiner soteriologischen Theorie vom Hohepriester Jesus Christus den »alten B.« abwer-
tet (7,22; 8,6), Jesus Christus zum Mittler des »neuen Bundes« erklärt
(ebd. u. 9,15) u. vom reinigenden Blut des Bundes im Tod Jesu spricht
(9,20; 10,29; 13,20). Diese im NT singuläre Deutung war verhängnisvoll
im Kontext der antisemitischen Wirkungsgeschichte, so sehr sie der Intention u. dem Adressaten-Kontext nach begrenzt gewesen sein mag. – 3. *Die
Aktualität* des Themas ist im Nachdenken über das Verhältnis von ↗Juden-
tum und Christentum zu sehen. Unbestritten ist, daß der Bund Gottes mit
Israel weiterbesteht u. die Heilsverheißungen für die Juden allezeit ihre
Kraft behalten. Weithin besteht Konsens darüber, daß der »neue B.« den
»alten« nicht abgelöst hat; wenn die Rede von »Bünden« oder »Bündnis-
sen« ist, sind nicht nur zwei, sondern die vielen Bundesschlüsse des AT
gemeint. Diskutiert wird darüber, auf welchem Weg die Heilsverheißungen
des Bundes für die Jüngerinnen u. Jünger Jesu Geltung erhalten: Erneuerung des einen Bundes durch den Juden Jesus oder Zulassung der Christen
in den einen B. kraft der Hingabe Jesu oder Ausweitung der Heilsverhei-

ßungen des Bundes auf die Glaubenden ohne eigentliche Zugehörigkeit zum Bund.

Buße (sprachlich zusammenhängend mit Besserung) bezeichnet in spezifisch christlichem Sinn das richtige, von Gott dem Menschen geschenkte Verhalten in Gesinnung u. Aktivitäten gegen die ↗Sünde; es beinhaltet zwei in ihrer Eigenart verschiedene »Bewegungen«: die Abkehr von der Sünde (von eigenen Sünden u. von der Sünde überhaupt) u. die aktive Hinkehr zu dem von Gott Gewollten. Die B. ist Gabe Gottes u. Voraussetzung der Vergebung, die nicht durch menschliche Leistung bewirkt werden kann. Die Umkehr u. Neuorientierung der Lebenshaltung eines Menschen bedeutet (wenigstens letztlich, als Vollendung des Umkehrprozesses) ein innerliches Erfassen der Liebe Gottes, das den Menschen in allen seinen Schichten ergreift u. umformt. Von da aus läßt sich die in Andeutungen schon im NT greifbare Meinung der frühesten Christenheit verstehen, daß Gottes Initiative in einer solch radikalen Weise nur einmal im Menschen wirksam wird, so daß es grundsätzlich nur eine B. geben kann. Im Widerspruch dazu stehen die Erfahrungen, daß die B. als Aufarbeitung der verkehrt orientierten Vergangenheit u. als Hineinwachsen in die Nähe Gottes ein langwieriger Prozeß sein kann, u. daß Menschen die einmal gewonnene Überzeugung revidieren, sie aber unter Umständen in einem neuen Prozeß wiedergewinnen können. Die »Äußerungen« der B. hängen von der Sünde ab: Ist sie direkte u. bewußte Ablehnung Gottes? Oder ist sie Verweigerung eines Gehorsams gegenüber den erkannten Weisungen Gottes in punktuellen Einzelgegebenheiten? Oder ist sie, da das Gottesverhältnis immer menschlich vermittelt ist, relevante Ablehnung göttlicher Weisungen im mitmenschlich-sozialen Bereich? – In der klassischen kath. Theologie gilt die B. als eigene ↗Tugend, einmaliges Geschenk der Gnade Gottes, das im Lauf eines Lebens niedergehalten u. unfruchtbar gemacht werden, aber auch wiederaufleben kann. Der wesentliche Akt der B. als Tugend besteht in der von Gott geschenkten ↗Reue, vom Konzil von ↗Trient beschrieben als »Schmerz der Seele u. Abscheu über die begangene Sünde mit dem Vorsatz, in Zukunft nicht mehr zu sündigen«. In der kirchlichen Tradition des Christentums bildeten sich mannigfaltige Formen heraus, in denen sich B. konkretisiert. Die wichtigeren von ihnen sind: 1) Versöhnung durch das Hören des ↗Wortes Gottes mit seiner Kritik an der ↗Selbstgerechtigkeit u. in der dialogischen Form dieses Hörens, im Gebet; 2) durch Wiedergutmachung (vgl. Mt 5,23f.); 3) durch produktive Liebe, die in Einheit Gottes- u. Menschenliebe ist; 4) durch Gespräch, in dem die Kritik des eigenen Fehlverhaltens angenommen wird; 5) durch »Abtötung«, Entsagung, »Bußwerke«. Abgesehen von den Mißverständnissen, als werde Gott durch asketische Leistungen zur Vergebung bewegt, als könnten eige-

ne oder fremde Sünden durch ↗Opfer »gesühnt« werden, als seien Verzicht
auf Freude, Lust u. Genuß, Unterdrückung der menschlichen Sinnlichkeit
Werte an sich oder Wertzuwachs für Gott (so in dualistischen u. manichäi-
schen Auffassungen) ist auf die Gefahr pathologischer Bußpraktiken ma-
sochistischer Art zu achten. Zu richtig verstandenen Bußwerken: ↗Askese;
6) Versöhnung durch die Kirche, in der Gott einen Raum der Versöhnung
u. des Friedens eröffnen wollte. Den gläubigen Grundvollzügen der Kirche,
den von Gottes Gnade getragenen ↗Sakramenten, wurde von der kirchlichen Frühzeit an sündenvergebende Wirkung zugesprochen: a) Das erstrangige sündenvergebende Sakrament ist die ↗Taufe. Ihre Einmaligkeit
entspricht der Einmaligkeit der von Gottes Gnade bewirkten Grund-
umkehr; b) unter den Sakramenten der Versöhnung der schon Getauften
steht an erster Stelle die ↗Eucharistie. Nach der Lehre des Konzils von
Trient schenkt sie die Gabe der B. u. tilgt auch die schwersten Sünden; c) in
der kirchlichen Lehre u. Praxis hinsichtlich der sündenvergebenden Sakramente steht das ↗Bußsakrament im Vordergrund; d) im Sakrament der
↗Krankensalbung soll angesichts der andrängenden schweren Krankheit
dem leidenden Menschen, begleitet von der kirchlichen Fürbitte, die vergebende Gnade Gottes zuteil werden.

Bußsakrament. 1. *Biblischer Hintergrund.* Das B. entstand aus dem Verhalten der kirchlichen Gemeinschaft gegenüber dem schweren Versagen von
Mitchristen. Seine Existenzform in der alten Kirche wird als »öffentliche
Buße« oder, wegen der Formulierung der Verfahrensregeln, als »kanonische Buße« bezeichnet. Die ältesten Zeugnisse aus paulinischen Gemeinden waren von dem Bestreben motiviert, die Gemeinde vom Bösen rein-
zuhalten; dies wurde auf dem Weg einer Distanzierung (eines Ausschlusses
unter bewußter Anknüpfung an die jüdische Praxis, 1 Kor 5, 9 ff. mit Dtn
19, 5; ↗Bann) versucht. Reuige Sünder wurden, ebenfalls nach Paulus, wieder aufgenommen. Ausdrückliche Bezugnahmen auf neutestamentliche
Texte für dieses Bußverfahren sind zu Beginn des 3. Jh. bezeugt: Klassische
Belege für die Herkunft des B. von Jesus (in der kath. Dogmatik bis heute)
sind das ↗Binden und Lösen (Mt 16, 19; 18, 18) u. das Nachlassen u. Behalten der Sünden (Joh 20, 23 den Jüngern, d. h. dort der Gemeinschaft der
Glaubenden, zugesagt). – 2. *Zur Geschichte des B. a) Die »kanonische Buße«.* Die kirchliche Bußpraxis ist von der Wende zum 2. Jh. an bezeugt,
relativ früh die Tendenz, die wesentlichen liturgischen Funktionen für
Amtsträger zu reservieren; die »Vollmacht« der ↗Absolution bei den
Bischöfen seit Beginn des 3. Jh. Theol. Hintergrund: Der Ausschluß von
den Lebensvollzügen der Kirche hat Unheilsbedeutung für einen Menschen, der Friede mit der Kirche ist für ihn heilsrelevant. Bis zur 3. Synode
von Toledo 589 sprechen die Zeugnisse von nur einer einzigen Bußmög-

lichkeit. Gegen die rigorosen Bußauffassungen des ↗Montanismus u. ↗Novatianismus setzt sich seit dem 3. Jh. die mildere Auffassung durch, daß alle schweren Sünden, auch Glaubensabfall, Mord u. Ehebruch, die als die schwersten Sünden galten, vergeben werden können, doch müssen alle Sünden, auch die »geheimen« durch Kirchenbuße getilgt werden. In den westlichen Kirchen werden für die ganze Lebenszeit nach der offiziellen Versöhnung (Rekonziliation) grausame Dauerfolgen (Verbot des Ehevollzugs auf Lebenszeit, Berufsverbote usw.) verordnet; dadurch sollen die Echtheit u. Beständigkeit der Umkehr erwiesen werden. Als Folge wird das Bußverfahren, sogar durch synodale Regelung, in das hohe Alter bzw. auf das Sterbebett verschoben. In den östlichen Kirchen setzt sich seit dem Aufkommen des Mönchtums immer mehr die individuelle Beicht bei einem Seelenführer durch, der nicht unbedingt einer Weihe bedurfte. – *b) Die »Tarifbuße«.* Vom 6. Jh. an ändert sich im irisch-angelsächsischen Kirchenbereich die Bußpraxis: Eine wiederholte Beicht mit Absolution durch den Priester, nicht nur durch den Bischof, ist nun, unter Einbeziehung auch leichter Sünden in das Bekenntnis, an jedem beliebigen Tag des Jahres möglich. Die schweren Bußauflagen zur Bewährung blieben zunächst bestehen, konnten aber bald »verwandelt« werden (in Geldspenden, angehäufte Gebete, Bußübungen usw.). Diese neue Bußpraxis kam mit dem iroschottischen Mönchtum auf das Festland, wo sie nach dem Erweis der Bußbücher mit ihren Listen der Bußauflagen im 8. Jh. überall verbreitet war (»Tarifbuße«). Trotz kirchenamtlichen Widerstands hatte sich das neue Bußverfahren mit der »Privatbeicht« um das Jahr 1000 durchgesetzt. Um möglichst viele Gläubige seelsorglich zu kontrollieren, verordnete das IV. Laterankonzil 1215: Jeder Gläubige in den »Jahren der Unterscheidung« (von Gut u. Böse) hat wenigstens einmal im Jahr alle seine Sünden zu beichten. – *c) Die scholastische Bußtheologie.* Seit dem 12. Jh. wurde die Buße (»paenitentia«, aber zunehmend: Beicht, »confessio«) zu den Sakramenten gerechnet. Bis Mitte des 13. Jh. galt die Auffassung, die von Gott geschenkte ↗Reue tilge die Schuld, die ↗Absolution zeige die Vergebung an. Von Wilhelm von Auvergne († 1249) an wurde eine neue Theorie eingeführt: Die Wirkung der priesterlichen Absolution bestehe in der Vergebung der Sünden bei Gott. Thomas von Aquin übernahm (mit Bonaventura, beide † 1274) diese Theorie, er lehrte allerdings, die wahre Reue tilge im voraus auch die schweren Sünden, wenn sie mit dem inneren Verlangen (↗Votum) nach dem Sakrament verbunden sei. (Zu weiteren Diskussionen: ↗Attritionismus, ↗Kontritionismus.) Diese Theorie wurde durch Johannes Duns Scotus († 1308) vereinfacht u. kirchenamtlich übernommen: Nicht durch die Reue, sondern allein durch die Gnadenmitteilung in der Absolution wird die Sünde getilgt. Nach Thomas besteht das sakramentale Zeichen in den Akten des Pönitenten (Reue, Bekenntnis, Genugtuung) als

Materie, in der Absolution durch den Priester als Form. Für Duns Scotus sind die Akte des Pönitenten nur unerläßliche Voraussetzung des sakramentalen Zeichens; das Sakrament bestehe (ohne Nachdenken über eine Materie) allein im Richterspruch des Priesters. Damit mußten die kirchliche Dimension u. die liturgische Gestalt des Bußverfahrens endgültig in Vergessenheit geraten. – d) *Das Konzil von Trient*. Die Reformatoren hatten gelehrt, die Buße sei kein wirkliches u. eigentliches Sakrament; sündentilgendes Sakrament sei nur die Taufe; bei der Sündenvergebung gehe es nicht um Reue, Bekenntnis u. Genugtuung, sondern um den Schrecken aus dem Sündenbewußtsein u. um den Glauben aufgrund des Evangeliums; die contritio-Reue sei bloße Zerknirschung; die priesterliche Absolution sei nicht ein richterlicher Akt, sondern die Erklärung, dem Glaubenden seien die Sünden nachgelassen; eine Beichtpflicht bestehe nicht, die beste Buße sei ein neues Leben; Gott sei nicht durch Bußwerke zu versöhnen, die Genugtuungsleistungen könnten die einmalige Genugtuung durch Jesus Christus beeinträchtigen; die »Privatbeichte« sei nicht göttliche Stiftung, sondern zu vernachlässigende Vorschrift des IV. Laterankonzils; die Befähigung zur Absolution, d. h. zur Stärkung des Glaubens, komme jedem Christen zu; die Praxis der römischen Klirche, die Absolution mancher Sünden der höheren Instanz vorzubehalten (Reservation) u. die Erteilung von Befugnissen zur Absolution (Jurisdiktion) sei nicht rechtens. Mit diesen Lehren versuchten die Reformatoren in einem Bereich, der damals theol. frei diskutiert werden durfte, Mißstände in der Bußpraxis zu beseitigen u. den Glauben angesichts der Gefährdung durch magisch-mechanische Mißverständnisse besonders zu betonen. Das Konzil von ↗Trient verabschiedete 1551 ein Lehrkapitel u. 15 Canones zum B., mit den wesentlichen Inhalten: Die Buße ist ein wirkliches u. eigentliches, von Jesus Christus »eingesetztes« Sakrament, um Getaufte, so oft sie gesündigt haben, mit Gott zu versöhnen (was »Einsetzung« durch Jesus Christus bedeutet, wird nicht erklärt u. bleibt unterschiedlicher Interpretation zugänglich). Die Worte Joh 20, 22 f. sind vom B. zu verstehen. Drei Akte des Büßenden, Reue, Bekenntnis u. Genugtuung, sind die Quasi-Materie des B. u. zur vollkommenen u. vollständigen Nachlassung der Sünden erforderlich. Das sakramentale Bekenntnis ist nach »göttlichem Recht« eingesetzt; das geheime Bekenntnis vor dem Priester allein, das von der kath. Kirche von Anfang an stets beobachtet worden sei (eine historische Behauptung, für die das Konzil nicht kompetent war), entspreche der Einsetzung u. dem Auftrag Jesu Christi u. sei keine menschliche Erfindung. Nach »göttlichem Recht« sei es notwendig, zur Vergebung der Sünden im B. alle Todsünden einzeln zu bekennen, deren man sich nach geschuldeter u. sorgfältiger Erwägung erinnere (nach historischer Forschung wird damit kein Dogma aufgestellt, sondern eine Disziplinarvorschrift mit dem »Anathema« geschützt). Es ist erlaubt, auch läßliche Sünden zu beichten. Die sakramentale Lossprechung durch den Priester ist ein richterlicher Akt, nicht bloß ein Dienst der Verkündigung u. Erklärung des Freigesprochenseins (womit aber kein Vergleich mit einem weltlichen Gerichtsverfahren ausgesagt ist: es kann als Gnadengericht Gottes verstanden werden). Weitere Lehren gelten der Jurisdiktion, der Wirkung der Genugtuung usw. – Die spirituellen u. praktischen Reformimpulse waren damit nur ungenügend aufgegriffen worden; auf die theol. Zentralfrage nach dem Glauben ging das Konzil nicht ein. – *e) Weitere Entwicklung.* Der wesentliche Ertrag einer umfangreichen Forschung erbrachte die Wiederentdeckung der ekklesialen Dimension des Bußverfahrens, aufgenommen vom II. Vaticanum (LG 11). Die bis Mitte des 20. Jh. allgemein verbreitete Beichthäufigkeit nahm infolge komplexer Ursachen radikal ab: Kirchliche Moral einseitig als Schuldmoral verstanden, Verängstigung bis zur Erzeugung von Neurosen (Skrupel, Selbstanklagen) durch willkürliche Konstruktion von »Todsünden«, inquisitorische Verhöre, Inkompetenz der »Beichtväter« zu psychologischer Beratung u. zu echtem Beichtgespräch, Verlagerung der Schulderfahrungen vom Intimbereich auf das »strukturelle Böse«, Eindruck bloß symbolischer Versöhnung im B. In dieser Krisensituation wurden ab 1947 Bußgottesdienste konzipiert.

C

Cartesianismus, das Denken des kath. französischen Philosophen René Descartes (†1650). Als Übergang zu einer ↗Transzendentalphilosophie stellt es eine wichtige Etappe in der Entwicklung einer neuzeitlichen christlichen Philosophie dar. Kennzeichnend dafür war bereits, daß Descartes in der naturwissenschaftlichen Methode der analytischen Geometrie (Mathematik) das Ideal (nämlich Evidenz u. Ordnung) aller wissenschaftlichen Erkenntnis sah, die ihren Ausgang von *einem* evidenten Grundprinzip nehmen müsse. Ein unbezweifelbares Grundprinzip der ↗Metaphysik wäre mit der Existenz eines unbezweifelbaren Satzes gegeben. Für Descartes sind bis auf einen evidenten Satz alle Gewißheiten der Erkenntnis u. der sinnenhaften Erfahrungen bezweifelbar (mindestens, weil ein trügerischer Dämon die Hand im Spiel haben könnte). Ein ↗Zweifel ist aber daran nicht möglich, daß der Mensch als denkendes Wesen existiert, solang er zweifelt: »Ich denke, also bin ich« ist ein Satz evidenter Gewißheit, weil der (denkende) Zweifel unbezweifelbar ist. Ein Mensch ist seiner Wirklichkeit als denkende Sache (»res cogitans«) gewiß. Aus seinem (noch scholastisch begründeten) Gottesdenken, in dem Descartes die unendliche Vollkom-

menheit u. das Fehlen jedes Betrugs in Gott annahm, zog er die Schlußfolgerung, daß Gott als Schöpfer eine Täuschung des Menschen nicht zuläßt, wenn dieser eine völlige Gewißheit in einer Erkenntnis hat, also muß
aus der Idee Gottes im Menschen die Gewißheit von dem existierenden
Gott stammen (»Gottesbeweis«). Evident, d. h. kein Betrug Gottes in unserer Erkenntnis, ist auch die Existenz einer sinnlich wahrnehmbaren Welt,
einer »ausgedehnten Sache (res extensa)«. In ihr sind alle Veränderungen
mechanisch beschreibbar; alle Organismen sind sich selber regulierende
Maschinen. Die »res cogitans« u. die »res extensa« werden aufgrund dieser
mechanistischen Analyse als zwei real voneinander verschiedene Substanzen (nicht Teilsubstanzen, wie im aristotelisch-thomistischen Denken)
aufgefaßt, die nicht direkt auf einander einwirken können (↗Dualismus).

Chalkedon, kleinasiatische Stadt am Bosporus, in der vom 8.10. bis
1.11.451 das 4. ökumenische Konzil stattfand (aus dem kirchlichen Westen nahmen nur 4 päpstliche Legaten u. 2 nordafrikanische Bischöfe teil).
Vom Kaiser einberufen u. straff gelenkt, sollte es durch einen Bekenntnistext verschiedene Streitigkeiten autoritativ beenden. Das vom Konzil formulierte christologische Dogma besagt: ↗Jesus Christus, der Mensch gewordene ↗Logos Gottes, ist *eine* ↗Person in *zwei* ↗Naturen, die in dieser
einen Person unvermischt, unverwandelt, ungetrennt u. ungeschieden vereint sind (DS 301 ff.; NR 178; ↗Hypostatische Union). Darin ist weitgehend die Einungschristologie Kyrills von Alexandrien (†444) übernommen, die in damaliger Zeit die *eine* biblisch bezeugte Person Jesu Christi in
ihrer Herkunft von Gott am besten wiederzugeben schien, gegen den sog.
↗Nestorianismus (in Jesus Christus seien zwei Personen miteinander verbunden) u. gegen den strikten ↗Monophysitismus (in Jesus Christus seien
die zwei Naturen zu einer einzigen vermischt worden). Die typische Kompromißformel umgeht das Problem, das mit der einen geschichtlichen Person in zwei ungeschichtlichen Naturen gegeben ist. Papst Leo I. bestätigte
das Konzil ohne dessen can. 28, der Konstantinopel den Vorrang vor Antiochien u. Alexandrien zuerkannte u. so an Roms Position annäherte.

Chaos (griech. = gestaltloser Zustand), bezeichnet religionswissenschaftlich
u. philosophiegeschichtlich entweder einen Urstoff, aus dem der Kosmos
geformt wurde, oder einen durch Unordnung charakterisierten Macht-
bereich, der den geordneten Kosmos bedroht u. der z. T. personifiziert oder
als Chaosmächte divinisiert wird. Mit dem Rückgriff auf das Chaosdenken
illustrieren religiöse Texte die Macht der das Ch. überwindenden Gottheit
(so auch das AT); zugleich können sie mit der Gefährdung der Schöpfung
durch das Ch. physische Übel u. Katastrophen erklären. Allerdings wird
JHWH in Jes 45, 7; Spr 8, 23 f. als Schöpfer des Ch. bezeichnet. – In der

neueren Naturwissenschaft befaßt sich die Ch.-Theorie mit dem Phänomen, daß die Dynamik von Systemen für kleine Abweichungen anfällig ist,
aus denen große Störungen hervorgehen können, theol. interessant im
Kontext der Frage nach ↗Determinismus u. ↗Zufall.

Charakter, sakramentaler Charakter (griech. = Erkennungszeichen,
Prägestempel), ein Fachbegriff der kath. Glaubenslehre. Er besagt, daß drei
↗Sakramente, Taufe, Firmung u. Weihesakrament, dem Christen ein »geistiges u. unauslöschliches Zeichen« einprägen, womit die bleibende
Gültigkeit, daher Nicht-Wiederholbarkeit dieser Sakramente gemeint ist,
die von der subjektiven Einstellung u. einer eventuellen Meinungsände-
rung des Menschen unabhängig ist (verbindliche kath. Glaubenslehre).
Die Lehre geht auf die kirchliche Meditation von Offb 7, 2–8 zurück, wo-
nach die Auserwählten Gottes mit einem »Siegel« (↗Sphragis) bezeichnet
sind, u. wurde erstmals von Augustinus († 430) entfaltet. Die Lehre vom s.
Ch. weist auf den inneren, gnadenhaften, der menschlichen Entscheidung
zuvorkommenden Ruf Gottes hin, nicht nur zur »Angleichung« an Jesus
Christus, sondern zum Dienst in der geschichtlichen Öffentlichkeit der
Kirche, ihres Zeugnisses u. ihrer Liturgie (Bestellung zur Gottesverehrung:
II. Vaticanum LG 11). Der s. Ch. ist nicht einfach identisch mit der
↗Gnade. Weil in der Liturgie (im weiten Sinn dieses Wortes!) die bleibende
Berufung des getauften, gefirmten u. sakramental geweihten Menschen
aktualisiert wird, appelliert die Besinnung auf den s. Ch. an den betreffenden Menschen, den unwiderruflichen, bleibenden Liebeswillen Gottes u.
dessen Annahme durch die Glaubensgemeinschaft sichtbar-erfahrbar darzustellen. In diesem Sinn findet die von den Reformatoren abgelehnte Lehre vom s. Ch. im ökumenischen Gespräch Verständnis.

Charisma (seltenes griech. Wort = Gnadengabe, Gunsterweis) bezeichnet,
schon im NT in der Mehrzahl »Charismen« verwendet, Einwirkungen des
↗Heiligen Geistes auf die einzelnen Glaubenden, Gaben, die von Gott in
vielfältiger Weise spontan gegeben werden, d.h. von Menschen nicht erwirkt oder verdient, vom kirchlichen Amt nicht vorhergesehen, durch die
Sakramente nicht erreicht werden können. Sie werden in großem Umfang
für den Aufbau u. das Leben der Glaubensgemeinschaft gegeben u. stehen
dem kirchlichen Amt bei der Erfüllung seiner Aufgaben zur Seite. Im NT
findet sich eine eingehende Reflexion über die Charismen vor allem 1 Kor
12–14. In apostolischer Zeit waren von Bedeutung: Weisheit, Erkenntnis,
Stärkung, Unterscheidung der Geister, Gemeindedienste, Sprachengabe.
Die Charismen sind nicht auf die Anfangszeit beschränkt. Weil sie der
Kirche zu allen Zeiten unvorhersehbar gegeben werden, können sie überall
vermutet, müssen sie jeweils neu entdeckt u. akzeptiert werden. Das II. Va-

ticanum sprach vom Wirken des Geistes Gottes in *allen* Mitgliedern der Kirche (LG 32). Die Neuartigkeit eines Ch. ist kein Grund, seine Herkunft vom Hl. Geist u. seine Kirchlichkeit zu bezweifeln, wenn es auch der sorgfältigen Prüfung bedarf. Ein bedeutsames Ch. war die Armutsbewegung im Mittelalter; ein in der Zeit der Verdunstung des Glaubens u. am Ende der Volkskirche notwendiges Ch. zeigt sich in der Entstehung charismatischer Gemeinschaften. – In ntl. Sicht werden Charismen nicht nur für kirchliche Dienste, sondern auch für persönliche Lebensvollzüge gegeben.

Chassidismus (hebr. »chasid« = fromm), Sammelbezeichnung für verschiedene Frömmigkeitsbewegungen im Judentum mit volkstümlichem u. zugleich mystischem u. esoterischem Charakter: 1. Die »Frommen« (auch Hasidäer) mit besonders strenger Tora-Treue im 2. Jh. v. Chr. (1 Makk 2, 29 ff.42); 2. die aschkenasischen Chasidim im 12.–13. Jh. n. Chr. in Deutschland u. Frankreich mit dem »Buch der Frommen«; 3. der in Südostpolen seit Anfang des 18. Jh. entstandene Ch., der meistbekannte. Er wird auf den charismatischen Wundertäter Israel ben Eliezer (später Baal Schem Tov, abgekürzt Bescht, 1700–1760) als »Gründer« zurückgeführt, hatte große Lehrer u. im 20. Jh. einflußreiche Zeugen wie Martin Buber († 1965) u. Elie Wiesel. Neben mystischen u. esoterischen Sonderlehren ragt der Ch. vor allem durch verinnerlichte, stark emotionale Frömmigkeit, ausgeprägte Pflege des Narrativen u. Betonung musikalischer u. tänzerischer Elemente hervor.

Chiliasmus (griech. »chilia«, tausend = Lehre von den tausend Jahren), auf der Grundlage von Offb 20, 1–15 entstandene Spekulation über eine tausendjährige irdische Herrschaft Jesu Christi, die dem Ende der Welt vorausgehe. Die jüdische Erwartung eines diesseitigen, rettenden Eingreifens Gottes wird damit christlich rezipiert, aber mit der Aussicht auf eine völlig neue Schöpfung nach dem Endgericht nicht wirklich versöhnt. Viele Kirchenväter (besonders zu nennen Irenäus von Lyon † um 202) vertraten den Ch. im Sinn einer realen Hoffnung. Er wurde sachlich wiederbelebt, ohne ausdrücklichen Rückgriff auf Offb 20, durch Joachim von Fiore († 1202), danach durch die Franziskanerspiritualen, die damit die Absage an die verweltlichte Großkirche verbanden. Die reale chiliastische Auffassung wurde durch Augustinus († 430) bekämpft, der das 1000jährige Reich mit dem in der Kirche bereits gegenwärtigen Reich Jesu Christi identifizierte. Seit der Ablehnung des Ch. durch die Scholastik (Thomas von Aquin † 1274) wird er in der kath. Theologie nicht mehr ernsthaft vertreten. Neu aktualisiert wurde er in radikalen reformatorischen Kreisen, in Freikirchen u. Sekten. Die gegenwärtige Theologie lehnt in großer Mehrheit die Identifizierung der Kirche mit dem Reich Gottes auf Erden ab u.

bemüht sich, den Gedanken der Rettung u. Vollendung der Schöpfung in die ↗Eschatologie zu integrieren, ohne in einem Ch. vordergründigen Trost anzubieten.

Christentum ist nach dem Verständnis der gläubigen Christen selber jenes Verhältnis der Menschen zu Gott, das Gott selber durch seine ↗Selbstmitteilung an ↗Jesus Christus u. durch seine ↗Offenbarung im Wort begründet hat. Von dieser Verwurzelung in der Person u. in der Praxis Jesu ist das Ch. nicht zu trennen. Da drei je in ihrer Art nie erschöpfend beschreibbare Komponenten des Ch. gegeben sind, Jesus Christus als konkrete Person, die Menschen in ihrer Vieldimensionalität zusammen mit ihrer Welt u. das unbegreifliche Gott-Geheimnis, kann es keine Definition des Ch. geben. Das Ch. wird von seinen Anhängern häufig als ↗Religion verstanden; ob zu Recht, ist in der Diskussion über »Religion« umstritten (schon die lat. Kirchenväter sprachen von »religio christiana«). Der Lebensbezug zu Jesus Christus kam bereits im 1. Jh. in der Bezeichnung »christianoi« = Christusanhänger (Apg 11, 26) zum Ausdruck. In Parallele zu den geläufigen Begriffen Judentum u. Heidentum taucht an der Wende vom 1. zum 2. Jh. der Begriff »christianismos« = Ch. auf. Von den unterschiedlichen Bedeutungen, in denen der Begriff Ch. verwendet wird, sind besonders zwei hervorzuheben: Ch. als Summe der Glaubensinhalte u. Ch. als auf ethischen Prinzipien beruhende praktische Lebensführung. Zahlreiche Analysen u. Entwürfe befassen sich in der Neuzeit affirmativ oder religionskritisch mit dem »Wesen« des Ch., mit seiner Identität oder mit dem »unterscheidend Christlichen«. Das Ch. kann »von außen« betrachtet werden, wenn es als Religion verstanden u. in seinem Verhältnis zu anderen Religionen charakterisiert wird, u. »von innen«, befragt nach seinem Selbstverständnis. Im Anschluß an K. Rahner (✝ 1984) kann dazu in Kürze folgendes gesagt werden. *1. Das Ch., »von außen« betrachtet.* a) Das Ch. versteht sich als universal, faktisch als (größte u. multikulturelle) Weltreligion, tendenziell, indem es sich mit seiner Botschaft zu allen Zeiten an alle Menschen wenden will, sich grundsätzlich nicht auf bestimmte Nationen, Rassen oder Klassen beschränkt u. eine Heilsbotschaft für alle Dimensionen des menschlichen Daseins u. der Welt zu besitzen beansprucht. b) Das Ch. umfaßt die ganze Breite der inneren u. äußeren menschlichen Möglichkeiten in der Überzeugung, daß sich in ihnen allen das Religiöse »verleiblicht« oder verleiblichen kann. Daher ist das Ch. produktiv in Kulturleistungen, Philosophie, Humanwissenschaften, Künsten usw. c) Das Ch. bezieht sich auf geschichtliches Geschehen u. geschichtliche Offenbarung (im Unterschied zu Naturreligionen oder auf überzeitlichen Mythen begründeten Religionen). Es ist untrennbar verwurzelt in der Gottesoffenbarung, im Glauben u. in den Gebeten des Judentums u. sieht in der

↗Inkarnation Gottes in Jesus Christus die denkbare höchste Gestalt der Selbstmitteilung Gottes an das Nichtgöttliche u. an die Geschichte. d) Das Ch. ist ganz wesentlich auf die Vermittlung im Wort (im Unterschied etwa zu wortloser Meditation u. Versenkung) hin orientiert, ist von da her ein zuinnerst kommunikatives Geschehen, das infolge seiner Geschichtlichkeit u. seiner Existenzbedingungen in einer religiös, sprachlich u. kulturell pluralen Menschheit der notfalls abgrenzenden (also »dogmatischen«) Formulierung seiner Glaubenswahrheiten in Sätzen bedarf. e) Das Ch. ist durch dieses Kommunikationsgeschehen u. infolge der Aufgabe, seine Identität geschichtlich zu wahren, auf die institutionelle Realisierung in der Kirche mit ihren ↗Sakramenten u. ihrem ↗Amt angewiesen. f) Das Ch. versteht sich als »eschatologisch«. Damit ist gesagt, daß es das von Gott selber begründete Gottesverhältnis der Menschen als nicht mehr überholbar u. als für alle Zeiten gültig versteht (der richtig verstandene ↗Absolutheitsanspruch). Es schließt aus, daß es jemals von einer anderen Religion abgelöst wird, sondern hält daran fest, daß es nur noch durch die Vollendung in der ↗Anschauung Gottes überboten wird. Eschatologisch heißt auch, daß es zu diesem Ziel unterwegs u. von da her vorläufig u. geschichtlich bedingt (sehr »kontingent«) ist, u. daß es von der ↗Hoffnung auf endgültige Erlösung lebt. g) Der zwiespältige Charakter der ↗Welt erfordert, daß das Ch. sich den Absolutheitsansprüchen aller innerweltlichen Weltanschauungen u. Mächte widersetzt u. auch nicht beansprucht, irdische Wirklichkeiten zu beherrschen. – *2. Das Selbstverständnis des Ch. in inhaltlicher Sicht.* a) Die Welt, in der die Menschen sich vorfinden, ist nicht ein Zufallsprodukt unbekannter Herkunft, sondern von Gott aus dem Nichts derart ins Dasein gerufen u. zu einer Entwicklung bestimmt, daß sie im Menschen zum Bewußtsein ihrer Situation kommen konnte: in allem auf das unendliche Geheimnis Gottes verwiesen, von ihm gewollt u. angerufen, als Adressat seiner Selbstmitteilung in überströmender Güte u. zur Vollendung in ihm berufen. b) Die Struktur dieser freien, ungeschuldeten (also rein gnadenhaften) Selbstmitteilung Gottes enthüllt die innere Wirklichkeit Gottes selber: Der ohne Ursprung existierende, sich »immer schon« mitteilen Wollende (Vater), die Möglichkeit seiner geschichtlichen Selbstaussage, die in ihm zugleich Wirklichkeit ist (Wort), die Möglichkeit, sich als Gabe der Liebe dem anderen mitzuteilen u. die Annahme dieser Liebe zu erwirken, in Gott ebenfalls Wirklichkeit (Heiliger Geist), offenbart sich als der eine Gott in seiner dreifachen Gegebenheitsweise. c) Die Geschichte der Selbstmitteilung Gottes an die von seiner Gnade befreite Freiheit ereignet sich ausnahmslos in jedem Menschenleben, das zu seinem Personsein im vollen Sinn erwacht, also in Erkenntnis u. Willen zu sich selber kommt. Ob der sich selber mitteilende Gott in dieser Freiheit angenommen oder abgewiesen wird, diese Frage ist dem Ch. unbeantwortbar;

sie verliert sich im Dunkel des Geheimnisses. d) Der wirksame Wille Gottes zu seiner liebenden Selbstmitteilung an die Kreatur ist nicht auf den Raum der Offenbarung, auf die Verbreitung des Christentums oder auf die Zugehörigkeit zur Kirche beschränkt (↗Heilswille, ↗Existential, ↗Anonymes Christsein). Insofern gab u. gibt es keine für Gott »verlorenen« Menschen. Die Geschichte Gottes mit der Menschheit steht freilich unter dem Ziel, daß das liebende Verhältnis Gottes zur Menschheit u. die Tatsache seiner Selbstmitteilung zu reflexem Bewußtsein kommen sollte, das dann zu worthaften Aussagen (Heilige Schrift) u. zur sozialen Greifbarkeit (Israel, Kirche) führt. e) Die qualitativ einmalige Verwirklichung der Selbstmitteilung Gottes, die greifbare Garantie seines Heilswillens für alle ist nach Überzeugung des Ch. darin gegeben, daß Gott in seinem Wort eine menschliche Wirklichkeit in Jesus Christus als seine eigene Wirklichkeit angenommen hat. »Indem der Glaubende Jesus erkennt als den Menschen, dessen Sein das Dasein Gottes bei uns selber ist u. in dessen Leben, Schicksal, Tod u. Auferstehung Gott selber an unserer Existenz teilgenommen hat, weiß er sich in seiner eigenen Wirklichkeit enthüllt« (Rahner-Vorgrimler 1961, 65) u. als von Gott angenommen. f) Enthüllt wird darin auch die radikale Erfahrung, daß der Mensch nicht nur Empfänger der freien, gnädigen Selbstmitteilung Gottes, sondern in einer geheimnisvollen Freiheit möglicherweise der unwürdige Sünder ist, der von sich aus verloren wäre u. völlig auf die in Jesus Christus angebotene Vergebung der Schuld angewiesen ist. g) In diesem Weg der Schöpfung von ihrem Ursprung im Liebeswillen Gottes über die auf vielfältige u. in Jesus Christus auf einmalige Weise verwirklichte Selbstmitteilung Gottes bis zur seligen Vollendung jeder Kreatur in der Anschauung Gottes erweist sich in der Sicht des Ch. der einzige Sinn des menschlichen Lebens. In der Zeitspanne des irdischen Lebens wird dieser Sinn »realisiert«, indem begriffen wird, daß die Liebe zu Gott u. zu den Menschen eine strikte Einheit bilden, u. indem diese Liebe praktiziert wird: Ch. als Religion der Liebe u. der Versöhnung.

Christologie ist die Bezeichnung für das theol. Lehrstück (Traktat der Dogmatik) über ↗Jesus Christus. Von Thomas von Aquin († 1274) an bis in die 2. Hälfte des 20. Jh. wurde zwischen der Person Jesu u. ihren geoffenbarten Qualitäten einerseits u. seinem Werk, seiner Heilsbedeutung, andererseits unterschieden u. über die Person in der Ch., über das Werk in der ↗Soteriologie (Lehre von der ↗Erlösung) gesprochen, eine Trennung, die nun effektiv überwunden zu sein scheint. In der Geschichte des Traktats der Ch. wurde diese bis ins 12. Jh. nach der Lehre über den Sündenfall (die auf ↗Trinitätslehre u. ↗Schöpfungslehre folgte) vorgetragen, die Frage nach der ↗Inkarnation u. ihrem Motiv also nur von der Rettung der »verlore-

nen« Menschheit her beantwortet. Die neuere Theologie sah zunächst auf
die innerste Verbindung von Trinitätslehre u. Ch.: Entsprechend der Offenbarung Gottes ist es das göttliche Wort (der ↗Logos), in dem Gott eine
andere Wirklichkeit annahm im Unterschied zu der Wirklichkeit, in der er
»immer schon« war, u. diese neue Wirklichkeit (in der Inkarnation) ließ er
zur Erscheinung seiner wirklich ihn »zeigenden« Gegenwart werden (↗Tri-
nität). Erst von dieser Verbindung von Trinitätstheologie u. Ch. her kann
die Theologie die ↗Schöpfung verstehen u. die Geschichte deuten. In der
Geschichte der Ch. lag der Schwerpunkt aller zur Geltung in der Kirche
gelangten Bemühungen um Verstehen u. Redeweisen lange Zeit bei der
Göttlichkeit Jesu unter einer gewissen Zurücksetzung seines wahren
Menschseins. Bei aller Aufmerksamkeit für seine Sendung als Offenbarer
u. für Kreuz, Tod u. Auferweckung waren sein Leben u. seine Reich-Gottes-
Praxis nicht Thema der Ch. (so wie sie auch im Credo fehlen). Die Kompromißformel des Konzils von ↗Chalkedon schien den Ausgangs- u. Endpunkt aller Ch. zu markieren: In Jesus Christus sind zwei ↗Naturen,
Gottheit u. Menschheit, zu einer Person geeint, getragen von der ↗Hypo-
stase des göttlichen Logos, der die menschliche Natur »angenommen« hat
(↗Hypostatische Union). Zugleich bot sie wenig Raum für eine Integration
der Soteriologie. In der Neuzeit wurde das Menschsein Jesu außerhalb der
offiziellen Ch. thematisiert (↗Aufklärung, G. W. F. Hegel † 1831, Leben-Jesu-Forschung im Zeichen kritischer Bibelexegese). Neuansätze im 20. Jh.
(↗Jesus Christus) zeigten, daß die Ch. mit der Formel von Chalkedon nicht
für alle Zeiten abgeschlossen war. Die Spannung einer »Ch. von oben« u.
einer »Ch. von unten« weist auf weiterhin zu bearbeitende Aufgaben der
Ch. hin. Hat die »Ch. von oben« in ihrer Weiterentwicklung erreicht, daß
Möglichkeit u. Bedeutung dessen deutlich wurde, daß Gott selber »das
andere seiner selber« wird, so ergab sich bei der »Ch. von unten« nur eine
Anzahl z. T. heterogener »Zugänge« (Schwerpunktsetzungen beim Tod, bei
der Auferweckung; im Leiden: ↗Politische Theologie; beim Befreier:
↗Befreiungstheologie; sehr differenziert in der feministischen Theologie,
↗Feminismus). Die Reformatoren haben, bei allem Willen, an der altkirchlichen Ch. festzuhalten, jeweils auf ihre Weise die Heilsbedeutung Jesu
besonders betont. Die Integration der Soteriologie in die Ch. leidet daran,
daß kein Konsens darüber besteht, was »Erlösung« durch Jesus Christus
ist. Die (»skotistische«) Antwort, daß bereits in der Menschwerdung des
göttlichen Logos die denkbar höchste, geschichtliche u. unwiderrufliche
↗Selbstmitteilung Gottes an das von ihm geschaffene Nichtgöttliche zu
sehen ist u. daß in dieser immer gültigen, sich verschenkenden Zuwendung
der Liebe (u. Vergebung) die Erlösung besteht, findet Beachtung, aber
nicht allseitige Zustimmung.

Christozentrik heißt jene ausgeprägte Gestalt der christlichen Theologie u. Religiosität, die ↗Jesus Christus so zentral in der Schöpfungs- u. Heilsgeschichte sieht, daß seine Stellung alles andere bedingt u. ordnet. Biblische Grundlagen dafür sind vor allem in Kol 1 u. im Hebr sowie in der Qualifizierung Jesu Christi als des einzigen ↗Mittlers gegeben. In der Theologie waren Anfänge einer Ch. in der kosmologischen ↗Logos-Spekulation gegeben. Erst im 20. Jh. kam die Ch. zu großer Geltung in Dogmatik u. Moraltheologie (P. Teilhard de Chardin † 1955, K. Barth † 1968, R. Guardini † 1968, H. U. von Balthasar † 1988, B. Häring † 1998), während sie vorher eher in Spiritualität u. Mystik zu finden war. Ch. besagt, »daß die natürliche Welt geschaffen ist als Voraussetzung u. Adressat der ↗Selbstmitteilung Gottes in der Geschöpfwerdung des Logos, daß auch die Gnade des Urstandes schon Gnade Christi ist, daß die Sünde als Widerspruch zu Gott in *Christus* von Gott zugelassen ist, weil sie in Christo eingefangen bleibt in den absoluten Willen zu dieser Selbstmitteilung Gottes, die eo ipso eine erlösende wird, daß die Gnade der Rechtfertigung u. Vergöttlichung, so wie sie uns faktisch gewährt wird, wesentlich Gnade des Menschgewordenen u. Gekreuzigten so sehr ist, daß Gnade u. ↗Inkarnation zwei untrennbare Momente des einen ↗Geheimnisses der Selbstmitteilung Gottes an die Kreatur sind« (Rahner-Vorgrimler 1961, 67). Diese Sicht der Ch. sieht sich im besonderen Hinblick auf das Judentum u. auf den theozentrischen Glauben des Juden Jesus ernsthaften Fragen ausgesetzt: Kann ohne konstruierende Spekulation gesagt werden, daß alle Gnade »immer schon« Gnade Christi ist? Ist das ↗Heil der Menschen zu allen Zeiten u. im gesamten Universum von Jesus Christus vermittelt?

Christusfrömmigkeit. Jesus selber war in seiner religiösen Lebensorientierung u. in seinem Beten dem Gott seiner Vorfahren, seinem Vater JHWH u. dessen Willen zugewandt. Mehrere Motive trugen dazu bei, daß er selber »Gegenstand« von religiöser Anrede und Verehrung wurde: Die spirituelle Erfahrung seiner Gegenwart im Andenken der eucharistischen Feier, die ↗Naherwartung seines Kommens in Herrlichkeit, die Hoffnung auf ihn als Fürsprecher beim Vater u. als Retter beim kommenden Gericht (1 Kor 16, 22; Offb 22, 20). Die Christologien der ↗Erhöhung u. der ↗Präexistenz trugen zu einer Intensivierung der Christusfrömmigkeit bei (↗Kyrios-Bekenntnis bei Paulus, Jesus als der einzigartige Offenbarer des Vaters u. als »der ↗Weg« schlechthin bei Joh). Die Liturgie der ersten Jahrhunderte richtete wohl Akklamationen an Jesus Christus, den Lobpreis, Dank u. Fürbitte aber stets »durch den Sohn« »im Hl. Geist« an den Vater. Veränderungen ergaben sich mit den Armutsbewegungen des Hochmittelalters, der Kreuzestheologie M. Luthers († 1546), der Herz-Jesu-Frömmigkeit der Barockzeit usw. Die Unterweisungen Jesu über das Beten behalten korrigierende Geltung.

Christusmystik lebt aus der Erfahrung einer personalen Einigung der eigenen Person mit Jesus Christus. Im NT ist sie insbesondere bei Paulus u. Johannes grundgelegt. Bei Paulus bezeugen nicht nur die Stellen über das gegenseitige Insein (Ineinander) eine solche Erfahrung; der Apostel bekennt auch seine Sehnsucht, bei Jesus zu sein (1 Thess 4, 17; Phil 1, 23 f.; 2 Kor 5, 6 ff.). Bei Johannes ist die Rede vom »Bleiben« in Jesus Christus, aber auch vom Kommen zur gemeinsamen Wohnstätte (Joh 14, 2 ff.; 15, 7 u. ö.). Diese ntl. Zeugnisse bekunden eindeutig eine personale Liebesbeziehung zu Jesus als wesentliches Element des Glaubens u. der Spiritualität. In der Geschichte der ↗Mystik waren das Brautmotiv (↗Brautmystik) u. der Gedanke der immer neu notwendigen Geburt des göttlichen Logos im Herzen des einzelnen Menschen (↗Logosmystik) besonders einflußreich. Gegen stark individualisierende Tendenzen, die auch den Wortschatz der Christusmystik prägen, wirkt die Besinnung auf den ↗Leib-(Jesu-)Christi-Gedanken u. damit auf die Gemeinschaft aller in Jesus Christus Lebenden u. Bleibenden ausgleichend.

Coincidentia oppositorum (lat. = Zusammenfall des Entgegengesetzten), von Nikolaus von Kues († 1464) geprägt, beruht auf der Beobachtung, daß menschliches Erkennen ständig Unterschiedenes vergleicht, dabei aber nicht *die* Wahrheit als solche erkennt, weil das Erkennen endlich bleibt. Die Wahrheit kann nur gedacht werden als unbegreifliche Einheit alles Unterschiedenen, des absolut Größten wie des absolut Kleinsten, wobei diese Einheit das Unterschiedene weder zerstört noch vermischt. Das Denken schaut die Wahrheit in demjenigen am endlichen Begriff, was – von ihm verschieden – unbegreifbar ist. »Jenseits« des Zusammenfalls der Gegensätze, nicht in ihm, ist der »Ort« Gottes, der absoluten Notwendigkeit.

Communio-Ekklesiologie. »Communio« (griech. ↗»Koinonia«, deutsch ↗Gemeinschaft) bezeichnet in der altchristlichen Theologie die Teilhabe der Glaubenden an den von Gott geschenkten Heilsgütern, die dadurch entstehende Gemeinschaft der Glaubenden u. die gnadenhafte Gemeinschaft mit Gott. Die Verwirklichung dieser »Communio« beruht auf dem Liebeswillen Gottes des Vaters durch seinen Logos u. in seinem Heiligen Geist; ihr Inbegriff ist die eucharistische Kommunion, die (von Paulus her: Essen von dem einen Brot, 1 Kor 10, 17) kirchenkonstitutive Bedeutung hat. In der synodalen Kirchenpraxis der ersten Jhh. u. in den orthodoxen Ostkirchen bis heute findet diese C.-E. ihre institutionelle Gestalt. Die Erneuerung der ↗Ekklesiologie durch das II. ↗Vaticanum im Rückgriff auf die Ursprungstradition fand Ausdruck in der Bezeichnung der Kirche als »Zeichen u. Werkzeug für die innigste Vereinigung mit Gott wie für die Einheit der ganzen Menschheit« (LG 1), u. darin, daß die Kirche selber als »Communio« charakterisiert wird, um damit die ursprüngliche Einheit (im Unterschied zu juridischer Uniformität) u. Gleichheit (die Unterschiede von Klerus u. Laien übergreifend) aller in der Kirche zu bekennen. (Zum ökumenischen Aspekt: ↗Einheit der Kirche.) Diese C.-E. leidet sehr gravierend an zwei Fehlentwicklungen: a) Noch zur Zeit des Konzils wurde durch ängstliche Eingriffe der kirchlichen Autorität in die Texte der Begriff »Communio« an manchen Stellen verändert zu »Communio hierarchica«, also zu einer Gemeinschaft von Ungleichen (so auch im CIC von 1983); b) kath. Dogmatiker erklärten die kirchliche »Communio« zum Abbild der göttlichen ↗Trinität; sie scheuten sich nicht, unter Ignorierung des strikten Ein-Gott-Glaubens Jesu (↗Monotheismus) von Gott als einer Gemeinschaft dreier Subjekte oder einer Personenkommunität zu sprechen. Abgesehen von diesem tritheistischen Irrweg kann interessebedingt die Redeweise von Gott als Kommunität u. so als idealem Urbild der Kirche dazu dienen, unter Hinweis auf den Gehorsam des Gottessohnes Forderungen nach Mitsprache aller in der Kirche usw. ideologisch abzuweisen.

Corredemptrix (lat. = Miterlöserin), ein theol. Ehrentitel ↗Marias, mit dem ihr heilsgeschichtlich zwar einmaliger, immer aber wirksam bleibender Beitrag zur ↗Erlösung durch ihren Sohn Jesus Christus zum Ausdruck gebracht werden soll. Erwägungen über die »Mutter des Erlösers« führten seit dem 10. Jh. gelegentlich zum Lobpreis der »redemptrix«; C. wurde im 15. Jh. bei der Betrachtung des Mit-Leidens Marias gebraucht. Im engeren Sinn meint C. seit dem 17. Jh. nicht die Erlöser-Mutterschaft, sondern direkte Akte Marias im Zusammenhang mit dem Kreuz. Eine solche direkte Mitwirkung am »Erlösungswerk« hat keine biblischen Anhaltspunkte. Von marianischen Kreisen noch auf dem II. Vaticanum als Gegenstand eines Dogmas gefordert, ist C. ein mißverständlicher, Irrtümer nahelegender Begriff.

D

Dämonen (griech. »daimon«, ursprünglich = zerteilender Geist), im Volksglauben zu aller Zeit bekannte »Geister«, unterschiedlich nach ihrer Qualität, ihrem Rang u. ihrer Macht (bei den Griechen z. T. auch etwas Göttliches, die gute innere Stimme des Menschen), meist im Sinn von »Schadensgeister« gebraucht. Das AT setzt ihre Existenz als selbstverständlich voraus, ohne ihnen eine offenbarungsmäßige Bedeutung zuzuerkennen. Im Frühjudentum werden die Dämonenvorstellungen breiter ausgemalt (Entstehung durch einen Engelfall; Anführer; Hierarchie; verderberisches Wirken), die sich dann im NT wiederfinden; der Satan ist ihr »Fürst« (Mk 3,22 par.), ihr Zerstörungswerk manifestiert sich in Krankheiten u. in ↗Besessenheit. Das IV. Laterankonzil 1215 erklärte, es gebe kein von Anfang an ↗Böses, sondern alles Böse sei endlich-zeitlich u. Resultat der kreatürlichen Freiheit; der ↗Teufel u. die anderen D. seien von Gott als von Natur aus gut erschaffen, aus sich heraus böse geworden. Auch dieser Lehrtext stellt keine ausdrückliche Lehre über die Existenz der D. dar, sondern setzt diese einfach voraus. Weder die biblischen noch die kirchlich-amtlichen Texte erlauben es, wie das im volkstümlichen Glauben meist der Fall ist, die Eigenart u. das Wirken der D. auszumalen u. in ihnen überaus mächtige Gegner Gottes zu sehen. Es ließe sich denken, daß die D. die Mächte der ↗Welt sind, insofern die »Welt« im biblischen Sinn sich Gott verweigert u. die Menschen zur Sünde verführt. Diese Mächte sind nicht unabhängig von den schuldig gewordenen Menschen zu denken. Da jede radikale Unordnung in der Welt personal realisiert wird, kann man die D. »personal« nennen. Die Pluralität der D. ließe sich im Zusammenhang mit der regionalen u. qualitativen Vielfalt der Welt denken. In Spannung zu der realen innerweltlichen (nicht prinzipiellen!) dämonischen Macht von Kriegen, Diktaturen, Rassismus usw. steht der biblische Glaube, daß die D. entmachtet sind (Lk 10,18; Mt 12,28). – ↗Gewalten und Mächte.

Dämonologie (griech. = Lehre von den Dämonen) stellt kein Lehrstück der Dogmatik dar, sondern wird in der ↗Schöpfungslehre im Zusammenhang mit der ↗Angelologie thematisiert.

Dank, Dankbarkeit, Danksagung. Im Alltagsverständnis, schon in der Antike bezeugt, ist ein Mensch, dem Hilfe, ein Geschenk oder eine Freundlichkeit erwiesen wurde, zum Dank verpflichtet. Ebenfalls alt ist die Vorstellung, für das Geschenkte sei eine angemessene Gegenleistung zu erbringen (»sich revanchieren«). An dieser Mentalität übt Jesus in der programmatischen »Feldrede« Kritik (Lk 6,32–35 par.). Bei den zu ihm Gehörenden soll gelten: »Umsonst habt ihr es empfangen, umsonst sollt ihr es geben« (Mt 10,8). Die ↗Liebe ist andern immer geschuldet, nicht nur im Tauschverfahren gegen empfangene Liebe (Röm 13,8). Das Verhalten Gottes gegenüber Israel ist reine, ungeschuldete Liebe; der ↗Bund ist eine Partnerschaft von Ungleichen, bei dem Gottes Gnade nicht aufgrund der Leistungen geschenkt oder bei Bundesbruch zurückgezogen würde. Daher sind die Liturgie u. das private Beten in Israel durch lobpreisende Danksagung gekennzeichnet. Diese Auffassung von »gratis« geschenkter göttlicher ↗Gnade (lat. »gratia«, griech. »charis«) als Erwählung u. Vergebung findet sich unverändert im NT. Die kirchliche Liturgie besteht großteils aus Danksagungen, auch an Gott den Vater gerichtet als Dank für den von ihm gesandten Jesus; das bedeutendste ↗Sakrament trägt die Kurzbezeichnung ↗Eucharistie (= Danksagung).

Dasein (lat. »existentia«), in der scholastischen Philosophie das Wirklichsein, Realsein, im Unterschied zum bloßen Gedachtsein. Wichtig ist die reale Verschiedenheit von D. u. Sosein (= das ↗Wesen, »essentia«): nicht jedes denkbare Wesen ist notwendig verwirklicht u. in der Welt antreffbar; es muß durch einen Daseinsgrund ins D. treten. In der Existenzphilosophie wird der Begriff des Daseins dem ↗Menschen vorbehalten, weil dieser jenes Seiende ist, das sich selber in seinem »Da« versteht, das Sein überhaupt zu denken vermag u. so durch Seinsverständnis ausgezeichnet ist.

David (Regierungszeit 40 Jahre bis etwa 966 v. Chr.) hat nicht nur historische Bedeutung durch die Begründung eines Großreichs, das keinen Bestand haben konnte. Die Erinnerung an ihn führte zu einer Art Königstheologie (Königspsalmen 2; 18; 20; 21; 45; 72; 101; 110), die gerade in Zeiten großer Bedrängnis eine Erneuerung u. ewigen Bestand der Dynastie Davids erhoffte. In manchen Kreisen verbanden sich diese Erwartungen mit der Hoffnung auf einen ↗Messias, der »Sproß Davids« oder »Sohn Davids« sein würde. Für die frühchristlichen Kreise, die in Jesus den Messias Israels sahen, wurde es wichtig, daß Jesus in der »Stadt Davids« Bethlehem geboren wurde u. daß in den Genealogien D. als sein Vorfahre angeführt wird (Mt 1,1 6; Lk 3,31).

Deduktion (lat. = Ableitung), bezeichnet den gedanklichen Prozeß, bei dem aus vorgegebenen, für wahr gehaltenen Aussagen (Prämissen) mit der Hilfe logischer Regeln eine andere Aussage erschlossen wird (Schlußfolgerung, Konklusion). Sind die vorgegebenen Aussagen nachweislich wahr, dann heißt die D. »Beweis«. Theol. relevant in der ↗Konklusionstheologie.

Definition (lat. = Abgrenzung) meint in der Philosophie die eindeutige, vollständige Bestimmung eines Begriffs oder Sachverhalts. Eine D. kommt zustand durch klare Angabe der notwendigen Merkmale u. durch Rückführung unbekannter Sachverhalte auf bekannte. In der kath. Dogmengeschichte bezeichnet »lehramtliche D.« eine feierliche Lehrentscheidung der höchsten Lehrinstanz in der Kirche (durch den ↗Papst oder durch ein ökumenisches ↗Konzil zusammen mit dem Papst). In einer solchen D. wird eine Glaubenswahrheit der Gesamtkirche in verpflichtender

Form vorgelegt *als* enthalten in der ↗Offenbarung Gottes oder als so mit einer Offenbarungswahrheit innerlichst zusammenhängend, daß eine nicht ohne Bestreitung der andern geleugnet werden könnte. – ↗Dogma.

Deismus (lat. = Gottesauffassung), jenes Denken über Gott, das an seiner Existenz u. Personalität festhält, auch die Welt mit ihren natürlichen Abläufen (»Naturgesetzen«) als seine Schöpfung annimmt, aber jedes weitere Eingreifen Gottes in diese Abläufe (Vorsehung, Wunder) u. jede übernatürliche ↗Offenbarung ablehnt (der Sache nach schon im 14. Jh. vertreten: Gott als Uhrmacher der Weltuhr). Ausdrücklich trat der D. seit dem Ende des 16. Jh. in den unterschiedlichsten Zusammenhängen hervor u. lebt bis zur Gegenwart immer wieder auf. Er verfolgte berechtigte Anliegen: Läuterung der Religion von abergläubischen Vorstellungen u. von interessebedingten Manipulationen, Versuch einer Religionsverständigung (↗Toleranz); mit Recht lehnte er eine Vorstellung von Gott als Alles-Erklärer u. Lückenbüßer ab. Da im D. implizit oder explizit die Meinung vertreten wurde, Gott sei bei der Schöpfung nicht frei gewesen (Widersprüche im D. selber) u. da er die gnädige Zuwendung Gottes zu seiner Kreatur, also ↗Gnade u. Offenbarung, ablehnte, wurde er vom I. Vaticanum 1870 verurteilt.

Dekalog (griech. = Zehnwort), Fachausdruck für die biblisch in zwei Versionen (Ex 20, 2–17; Dtn 5, 6–21) überlieferten »Zehn Gebote« Gottes. Das Erste Testament schreibt dem D. besondere Bedeutung, weil von Gott selber niedergeschrieben (Ex 20), zu; er stellt das Grundgesetz Israels im ↗Bund dar. Die heutige Forschung diskutiert eine Entstehung in der Zeit vom 8. bis 6. Jh. v. Chr. Unter Erinnerung an die Befreiung aus der Knechtschaft durch ihn verbietet Gott die Verehrung fremder Götter u. Bilder (Hauptgebot), womit auch die religiöse Identität Israels in polytheistischer Umwelt geschützt wird. Einzelgebote (-verbote) mit stark sozio-kultureller Prägung sollen ein positives menschliches Zusammenleben garantieren. Im NT wird der D. im ganzen nicht zitiert, doch finden sich seine Weisungen der Sache nach in der Betonung der Einzigkeit Gottes, in der Identifizierung von Gottes- u. Nächstenliebe u. in mannigfachem Eingehen auf die Einzelgebote. Schon bei frühen Kirchenvätern des 2. Jh. u. von da an bis zur Scholastik einschließlich wird die Übereinstimmung des D. mit dem natürlichen ↗Sittengesetz thematisiert; damit wurde dem D. überzeitliche Qualität zugeschrieben. Nachdem seit dem 16. Jh. die »Sittenlehre« in Katechismen (auch lutherischen) u. Handbüchern der Moraltheologie der Gliederung des D. folgend vorgetragen wurde, »aktualisierte« man die Inhalte der Gebote u. vor allem der Verbote in zeitbedingter u. teilweise sehr kasuistischer Form (folgenschwer die dadurch bedingte Verfälschung des

6. Gebots im Dienst einer repressiven Sexualmoral). In dieser detaillierten Gestalt lag der D. auch der Gewissenserforschung bzw. der Befragung mittels eines »Beichtspiegels« zugrunde. Nur schwer findet die Theologie zu einer neuen, positiven Würdigung des D. als Zeugnis des Glaubens an einen lebens- u. menschenfreundlichen Gott zurück.

Demiurg (griech. = Werkmeister), in der Philosophie Platons († 347 v. Chr.) der göttliche Weltbaumeister, der das vorgegebene Chaos mit dem Blick auf die ewigen Ideen zum Kosmos formt. In der ↗Gnosis wurde der D. vom höchsten Gott unterschieden, u. zwar galt er als Schöpfungsmittler, der aus vorgegebener Materie die irdische Sinnenwelt erschaffen hat. Tendentiell war damit der Versuch gegeben, den höchsten Gott von Unvollkommenheiten u. Leiden in der ↗Schöpfung zu entlasten u. sie dem D. aufzubürden. Dagegen verteidigten die Kirchenväter die Gutheit der Schöpfung u. die Identität des einen höchsten Gottes mit dem Weltschöpfer. Gelegentlich wurde der göttliche ↗Logos als »unmittelbarer« D. bezeichnet.

Demokratisierung in der Kirche. Demokratie (griech. = Volksherrschaft) bedeutet nicht das Fehlen einer Ordnungsmacht, sondern die »Selbstregierung« der Staatsbürger in dem Sinn, daß die Organisierung von Aufsicht u. Ordnung vom »Volk« ausgeht u. kontrolliert wird. Voraussetzung ist, daß alle Mitglieder des Gemeinwesens als gleichberechtigt anerkannt sind; Folge ist die Bejahung von Mehrheitsentscheidungen (die die universalen ↗Menschenrechte nicht verletzen dürfen). Zur Zeit des II. Vaticanums u. danach (60er Jahre des 20. Jh. u. später) wurde in der kath. Kirche eine D. gefordert. Von seiten kirchlicher Autoritäten wurde die Ablehnung damit begründet, daß die Kirche von der Selbstmitteilung Gottes in seiner ↗Offenbarung gegründet u. für alle Zeiten (auch unter allen gesellschaftlichen, politischen Umständen) an sie gebunden sei; die Institution des kirchlichen ↗Amtes sei als Dienst zur Wahrung des Zusammenhangs des heutigen Offenbarungsglaubens u. der heutigen Kirche mit dem Ursprung (Garantie der Identität) von Gott gewollt (»göttlichen Rechts«); die daraus notwendig zu folgernde Aufsichts- u. Ordnungsmacht sei sakramental u. daher wenigstens im Prinzip unantastbar begründet (↗Hierarchie des Weiheamts). Aus diesen Gründen sei die weltliche Ordnungsstruktur einer Demokratie sachlich u. sprachlich auf die Kirche nicht übertragbar. Diese zutreffende Argumentation ist dahingehend zu ergänzen, daß die in diesem Zusammenhang oft herangezogene ↗Communio-Ekklesiologie nicht überzeugend ist u. daß die Forderung nach D. eine sachliche Berechtigung hat, daß ihre Erfüllung jedoch nicht als D. verstanden werden kann: Die Selbstmitteilung Gottes in seinem heiligen ↗Pneuma an alle Mitglieder der Kirche, ihre Berufung durch Gott, ihre Heiligung durch Taufe u. Firmung begründen eine vor jeder institutionellen Differenzierung liegende grundsätzliche Gleichheit, aus der je nach sachlicher Kompetenz der Anspruch auf Mitbestimmung abgeleitet werden kann (Mitspracherecht in Fragen des Glaubens u. der Ethik, Beteiligung an Reformen, gerade auch hinsichtlich der Stellung der Frauen in der Kirche, Mitwirkung bei der Besetzung kirchlicher Ämter usw.). Umgekehrt ist nicht zu übersehen, wie weit (wenn auch nicht überall) verbreitet ein »Paternalismus« kirchlicher Amtsträger ist, der Mitchristen bevormundet, zurücksetzt oder einfach ignoriert.

Demut hat keine genaue Entsprechung in biblischen Begriffen. In der Schrift wird von Niedrigsein, Erniedrigung zunächst im realen Sinn des Arm- u. Unterdrücktseins, dann religiös im Sinn von Anerkennung des Angewiesenseins auf Gott u. ethisch in der negativen Bewertung des Hochmuts gesprochen. Christologisch ist die freiwillige Erniedrigung Jesu (↗Kenosis) von Bedeutung. Er wird in seiner D. (»humilitas«) bei den Kirchenvätern seit Augustinus (†430) zum großen Vorbild (↗Nachfolge Jesu). In der Geschichte der christlichen Spiritualität wird, u. a. in der Konstruktion von »Stufen« der D. von Johannes Cassian († um 430) bis Ignatius von Loyola (†1556), D. zu einer servilen Haltung deformiert. Dennoch behält die Tradition der D. ihren Wert als Anregung zur Vermeidung der ↗Selbstgerechtigkeit vor Gott, zur Bekämpfung der Überheblichkeit gegenüber Mitmenschen u. zu realistischer Selbsterkenntnis, zum Ertragen seiner selbst.

Denomination (lat. = Benennung), wertfreie, vor allem angelsächsische Bezeichnung einer christlichen Konfession mit soziologischem Hintergrund. D. wird als mittlere Position zwischen ↗Kirche u. ↗Sekte aufgefaßt. Im Unterschied zu Kirche ist eine D. nicht auf Universalität hin angelegt. Anders als bei einer Sekte fehlen Uniformierung der Mentalität u. strenge Normierung des Verhaltens. Typische Denominationen sind die Methodisten u. Baptisten. Die Entstehung von Denominationen wird durch religiösen u. theol. Pluralismus, Verkümmerung der Volkskirche u. bürgerliche Gleichberechtigung aller religiösen Gruppierungen begünstigt.

Deontologische Ethik, die Lehre von sittlichen Geboten u. Verpflichtungen (Deontologie: griech. = die Lehre von der Pflicht), die mittels einer »Logik der Normen« ergründet wird, in der Moraltheologie durch Rückgriff auf göttliche Gebote, z. B. auf den ↗Dekalog. Sie sieht sich der Frage konfrontiert, wie sie in Kommunikation mit nichtreligiösen Menschen die Allgemeingültigkeit einer unbedingten sittlichen Verpflichtung begründen kann, u. wird daher durch eine teleologische Ethik (↗Teleologie) ersetzt oder wenigstens ergänzt.

Depositum fidei (lat.), ein »objektivierender«, sachhafter Begriff (deutsch: Glaubenshinterlage, Glaubensschatz, Glaubensvermächtnis), beruht auf der Vorstellung, daß aus dem Heilsgut, das Jesus Christus in seiner Verkündigung u. Praxis vermittelte, Wesentliches der Kirche anvertraut ist. Nach amtlichem kath. Verständnis hat sie dieses Glaubensgut unverfälscht zu hüten (1 Tim 6, 20; 2 Tim 1, 12 ff.) u. authentisch zu erklären, wobei sie vor Irrtum im wesentlichen bewahrt wird (↗Unfehlbarkeit; II. Vaticanum DV 10). Darüber hinaus hat sie es zu aktualisieren, in der jeweiligen Situation verständlich u. fruchtbar zu machen (soweit das von ihr u. nicht von Gott allein abhängt). Diese Aufgabe hinsichtlich des D. f. kommt allen Mitgliedern der Kirche, keineswegs nur den Amtsträgern, zu; sie wird nicht nur durch Lehren u. Predigen, sondern auch durch Lebenspraxis (Glaubhaftmachen des D. f.) u. Liturgie realisiert. Das D. f. ist im Lauf der Jahrhunderte durch Elemente älterer Philosophien u. Mentalitäten, Antworten auf frühere Fragen, geschichtlich unterschiedliche Schwerpunktsetzungen zu einem so umfangreichen Gebilde angewachsen, daß nicht alles davon wesentlich ist. Die Auffassung, die Glaubenslehre lasse sich nur im ganzen annehmen, entstammt einer Ideologie des Totalitarismus. – ↗Glaubenssinn, ↗Hierarchie der Wahrheiten, ↗Tradition.

Desiderium naturale (lat. = natürliches Verlangen), ein Wort der kath. Anthropologie u. Gnadentheologie, das seit Thomas von Aquin († 1274) das Hingeordnetsein des menschlichen ↗Geistes auf die ↗Anschauung Gottes bezeichnet. Diese Betonung des Geistes unterscheidet sich z. B. von der Auffassung des Augustinus († 430), daß das Gottverlangen des Menschen auf dessen Glücksstreben beruht. Philosophische Überlegungen weisen darauf hin, daß der menschliche geschaffene Geist auf Unendliches hin unbegrenzt offen ist. Die Offenbarung Gottes besagt, daß das Angebot der ↗Selbstmitteilung Gottes an den Menschen weit über alles hinausgeht, was von diesem erhofft u. ersehnt werden kann. Die Rede vom D. n. soll nicht eine natürliche Erwartungshaltung kennzeichnen, auf die Gottes Gnade »antwortet«. Vielmehr sucht sie aufzuzeigen, was genau am Menschen es ist, in das hinein rein gnadenhaft u. ungeschuldet Gott selber als konkrete Gegenwart u. als faktisches Ziel kommen kann. In dieser Hinsicht analysiert sie die Struktur des Menschen als dynamische Öffnung u. Offenheit. – Übernatürliches ↗Existential, ↗Gnade.

Destruktionstheorien, jene Deutungen des ↗Meßopfers, die von einem Begriff des ↗Opfers ausgehen, der zerstörende Veränderung (lat. »destructio«) der Opfergabe, so daß sie menschlichem Gebrauch entzogen ist, besagt. Mit diesem Entzug ist der Gedanke der Übereignung der Gabe u. symbolisch mit ihr auch des Menschen an Gott verbunden. Theologie-

geschichtlich verbreitet war die Auffassung, das Wesen des Meßopfers bestehe in einer »mystischen Schlachtung«, nämlich in der sakramentalen
Auseinandertrennung von Leib u. Blut Jesu Christi in der Doppelkonsekration (Gegenwärtigsetzung u. darin »Darbringung« Jesu in der Gestalt
seines Todesleidens).

Determinismus, Determination (lat. die Lehre von der »determina-
tio« = Abgrenzung, Festlegung). In deterministischer Sicht sind die Bewegungen des menschlichen Willens nicht frei im Sinn der Wahlfreiheit
(↗Freiheit), sondern im voraus zu dieser Freiheit durch von außen einwirkende Motive oder von inneren Ursachen (psychischen Zuständen) eindeutig festgelegt. Die Existenz geschichtlicher, biologischer, soziologischer
u. a. Determinanten kann nicht bestritten werden; sie mindert gegebenenfalls die Verantwortlichkeit für eine konkrete menschliche Verhaltensweise.
Der radikale Determinismus sieht die Ursachen als notwendige Festlegung
an u. identifiziert damit das Motiv einer willentlichen Handlung mit der
geistig-personalen Ursache. Ist ein konkreter Willensakt auch determiniert, so ist die willentliche Bejahung dieses Willensaktes im voraus zu
ihm doch nicht determiniert, sondern frei.

Diakon (griech. = Diener), im NT Bezeichnung für den Inhaber u. die Inha-
berin eines kirchlichen ↗Amtes (Phil 1,1; Röm 16,1; 1 Tim 3,8–13), das
direkt dem Bischof zugeordnet war u. caritative u. verwaltende Aufgaben
hatte. Falls die 7 Männer Apg 6,1–6 Diakone u. Leiter der hellenistischen
Gemeinde waren, kamen dem D. auch Aufgaben in Lehre u. Leitung zu
(vgl. Apg 6,8 – 8,40). In der alten Kirche blieb die Zuordnung zum Bischof; zu den Aufgaben gehörten soziale Fürsorge, Vermögensverwaltung,
liturgische Assistenz (eigenständig in der Taufliturgie um 300 n.Chr.),
Krankenseelsorge, Predigt (4. Jh.). Eine Diakonin ist Röm 16,1 bezeugt.
Diakoninnen mit sozial-caritativen u. liturgischen Aufgaben gab es im
kirchlichen Osten vom 3. bis 10. Jh., mit gewissen Unterschieden in der
Weiheform, in der westlichen Kirche vom 6. bis zum 13. Jh. Die Frage, ob
die Weihe zum D. u. zur Diakonin als Sakrament anzusehen sei, stellte sich
in der Zeit des selbständigen Diakonats nicht. Die sich ausdehnende Über-
nahme diakonischer Aufgaben durch die »Priester zweiten Grades« führte
dazu, daß die Diakone spätestens im Frühmittelalter nicht mehr engste
Mitarbeiter des Bischofs waren u. der Diakonat als ein Grad der »höheren
Weihen« nur eine Durchgangsstufe zum Priestertum war. Das II. Vaticanum führte, nach vergeblichen früheren Versuchen u. nach ausreichender
Vorbereitung in »Diakonatskreisen«, den ständigen Diakonat in der lat.
Kirche wieder ein (LG 29, vgl. AG 17), wobei es vor allem durch den Priestermangel motiviert war. Die Weihe durch Handauflegung ist sakramen-

tal. Der Amtsauftrag des D. in sozial-caritativem Dienst, in der Glaubensverkündigung u. in der Liturgie wird vom Konzil ohne Anspruch auf Vollständigkeit u. ohne theol. Begründung genannt; der D. gehört mit Priester
u. Bischof zu den Inhabern des Weiheamtes, wird aber nicht zum Priester-
amt, sondern zum Dienstamt geweiht. In der röm.-kath. Kirche wurden
nach dem Konzil »Laien« mit verschiedenen Aufgaben betraut, die früher
den Inhabern des Weiheamtes vorbehalten waren (Leitung der Eheliturgie
u. des Begräbnisses, Darreichung der Kommunion, Predigt), so daß sich
spezifische Aufgaben des D. nicht benennen lassen. Vielfach fungiert er,
anders als in der alten Kirche, einfach als Gehilfe des Priesters. Eine Theologie des Diakonats kann diesen, unter Hinweis auf den dienenden Jesus,
als greifbare u. spezifische Manifestation des Dienstcharakters des kirchlichen Amtes verstehen. Mit der Wiedereinführung des ständigen Diakonats seit 1967 (1999 über 20 000 ständige Diakone) wurde nicht einfach
der alte Diakonat wiederhergestellt, vielmehr handelt es sich um die Einführung eines neuen Weiheamtes unter Rückgriff auf Elemente der Tradition. Damit bekennt sich die kirchliche Leitung zu ihrer Kompetenz, das
↗Amt je nach den Erfordernissen der Zeit differenzierend auszugestalten
u. Aufgaben auch im sakramentalen Bereich unterschiedlich zuzuweisen.
Daher wäre es ihr nun möglich, den Diakonen die Leitung von Bußgottes-
diensten u. die Krankensalbung anzuvertrauen (dringendes Erfordernis in
der Kranken-, Alten- u. Gefangenenseelsorge). Ebenso wäre es ihr möglich, das Amt der ständigen sakramental geweihten Diakonin einzuführen
(das Kirchenrecht versagt derzeit Frauen eine »höhere Weihe«). – Mit ausschließlich liturgischen Aufgaben sind die Diakone in vielen orthodoxen
Ostkirchen betraut. Die (nicht ordinierten) Diakone in den aus der Reformation hervorgegangenen Kirchen sind überwiegend ehrenamtlich im
sozial-caritativen Bereich tätig, die Schwesternschaft der (kirchlich einge-
segneten) Diakonissen arbeitet seit Mitte des 19. Jh. v. a. in der Kranken-
pflege.

Diakonia, in der neueren Praktischen Theologie eine der drei bzw. vier
Grundfunktionen der Kirche, zusammen mit Martyria (Verkündigung)
u. Leiturgia (Liturgie); manchmal wird Koinonia (Gemeindebildung) da-
zugenommen. Die Konzeption der D. geht von dem den Armen u. Kleinen
zugewandten u. auch den Jüngern dienenden Jesus aus. Unter Berufung
auf die Absage an die Herrschaft (Mk 10,42–45 par.), von Jesus an die
Adresse des Kreises gerichtet, dem später das Bischofskollegium folgte,
werden die in eine ↗Hierarchie gegliederten kirchlichen Ämter als Dienste
aufgefaßt. Insofern die Kirche in Sendung u. Verkündigung Jesu eingetreten u. um seine ↗Nachfolge bemüht ist, kann sie nur eine anderen dienende Kirche sein. – Im ev. Bereich bezeichnet Diakonie zunächst das ganze

diakonische Handeln der Kirche; sie nimmt auch in der theol. Diskussion (Sozialethik, Gemeindetheologie, Ökologie usw.) breiten Raum ein.

Dialektik (griech. ursprünglich = Überredungskunst, »dialegein« = mit Argumenten reden), in der antiken u. mittelalterlichen Philosophie u. Theologie das »Beweisen« mit Vernunftschlüssen, bei G. W. F. Hegel (†1831) darüber hinaus das Verständnis der Wirklichkeit als dialektische Bewegung: Jeder These begegnet eine Antithese, beide werden in der Synthese »aufgehoben« (im Sinn von: negiert, erhoben, bewahrt). In diesem Prozeß vollziehen sich Geschichte u. Geistesgeschichte (oft banalisiert als unversöhnte Auseinandersetzung der Gegensätze).

Dialektische Theologie, Bezeichnung eines Aufbruchs in der ev. Theologie seit 1913, auch »Theologie der Krise« oder »Theologie des Wortes Gottes«, als wirksamer Protest gegen die ↗Liberale Theologie des 19. Jh., verstand sich nicht als System u. bezeichnete sich selber nicht als D. Th. Kurzcharakteristik: Bei einer Analyse der menschlichen Existenz zeigen sich generell Versuche der Absicherung; ihr verkehrtester ist die ↗Religion als menschliche Absicherung u. Selbstbehauptung gegen Gott. Tod u. Auferstehung Jesu werden in der D. Th. dialektisch verstanden: Sie bedeuten die Verneinung des Menschen durch Gott; eine Todeslinie scheidet Gott u. Mensch, Zeit u. Ewigkeit. Gegenüber der alten Welt u. dem alten Menschen ist Gott der ganz ↗Andere. Aber gerade im Tod u. in der Auferstehung Jesu berührt die neue Welt Gottes die alte Welt »wie eine Tangente einen Kreis«. Dieser Vorgang läßt sich nicht geschichtlich erfassen noch erfahren, nicht einmal im Glauben, der nur als »Hohlraum« verstanden wird. Die im Wort Gottes geoffenbarte Menschwerdung Gottes, die Mitte des neuen Lebens, läßt sich weder aussagen noch anschaulich machen. Ihr Ja läßt sich nur mit einem Nein umschreiben: »Der neue Mensch, der ich bin, ist nicht das, was ich bin«. Diese radikale Form der D. Th. wurde vom jungen K. Barth (†1968) u. E. Thurneysen (†1974), mit Impulsen von S. Kierkegaard (†1855) u. F. Overbeck (†1905), geschaffen. Ihre Kritik am Bürgertum u. an modernen Ideologien hatte politische Bedeutung. Nach 1933 verstanden E. Brunner (†1966), R. Bultmann (†1976) u. F. Gogarten (†1967) den dialektischen Charakter der Theologie nicht vom Nein der Offenbarung, sondern von der dialogischen Verfaßtheit der menschlichen Existenz her. Die kath. Theologie reagierte mit einer neuen Besinnung auf Gott als das unbegreifliche ↗Geheimnis u. auf die ↗Analogie jeder Gottesrede auf die D. Th.

Dialog (griech. = Gespräch, Zwiegespräch) ist ein philosophisch qualifizierter Begriff, der im engeren Sinn nicht ein Streitgespräch oder eine Disputation meint, sondern davon ausgeht, daß *beide* Partner akzeptieren u. anstreben, *voneinander* lernen zu können u. das Risiko der eigenen Veränderung einzugehen. Mit der Geschichtlichkeit der ↗Wahrheit u. mit dem Prozeßcharakter der Wahrheitserkenntnis ist gegeben, daß es einen statischen, zeitlosen »Besitz« der Wahrheit nicht gibt, daß vielmehr der D. ein wesentliches Konstitutiv der Wahrheitsfindung ist. Des ↗Anderen zu bedürfen u. ihn ernstzunehmen, ist zwar im jüdisch-christlichen ↗Personalismus begründet; die Angewiesenheit auf D. auch in der Glaubenserkenntnis läßt sich jedoch den biblischen Gesprächsstrukturen nicht entnehmen. Das Ernstnehmen des Anderen im D. erfordert die Anstrengung, sein Verstehen dadurch zu suchen, daß die eigene Überzeugung in seine Sprache »übersetzt« wird (programmatisch, wenn auch nicht eingelöst 1 Kor 9, 19–22). Wenn die »Zeichen der Zeit« besagen, daß Epochen der Abgrenzung u. der Gewaltanwendung auch in Glaubensfragen zu Ende sind, wird die viele Bereiche umfassende Pflicht zum D. für die Kirchen evident, motiviert durch die höheren Werte einer Einigung überhaupt, einer eigenen Erweiterung der Einsichten, der Effizienz des Zeugnisses gegenüber der Welt u. einer Humanisierung der Gesellschaft durch Abbau von Feindbildern. Von da her versteht sich der Appell des II. Vaticanums zum innerkirchlichen D. u. zum D. der Katholiken mit Nichtkatholiken, Nichtchristen u. mit Atheisten. Die Sicherung einer Zukunft der Welt in Frieden u. Gerechtigkeit u. die Behebung konkreter Nöte verlangen, daß die Christen vom D. mit Andersdenkenden zur Zusammenarbeit übergehen (GS 21, 90; AG 11, 41 u. ö.). – Das mit D. Gemeinte wird im humanwissenschaftlichen u. philosophischen Denken der Gegenwart auch unter den Begriffen »Diskurs« u. »Diskursethik« verhandelt.

Dichotomismus (griech. = Lehre von der Zweiteilung), jene Meinung, wonach der ↗Mensch aus ↗Leib u. ↗Seele als den beiden Teilen zusammengesetzt sei (R. Descartes † 1650: ↗Cartesianismus). Leib u. Seele werden dabei als Seiende, als selbständig existieren Könnende, aufgefaßt, nicht wie in der klassischen Anthropologie als Seinsprinzipien. Damit ist die substantielle Einheit des Menschen nicht mehr gewahrt. Eine popularisierte Form des D. schreibt das ganze Bewußtsein nur der Seele, alles Körperliche u. Sinnliche nur dem Leib zu u. endet so faktisch in einem ↗Dualismus.

Discretio (lat. = Unterscheidung, Sichtung) bezeichnet jene Fähigkeit eines »geistlichen« Menschen, Gut u. Böse, Wahr u. Falsch usw. schon von den ↗Motiven u. ↗Intentionen eines Menschen her zu unterscheiden. Spielt bei den Meistern der Spiritualität von den älteren Mönchen Antonius († um 356), Johannes Cassian († um 430) u. Benedikt († nach 547 ?) bis zu Ignatius von Loyola († 1556) eine große Rolle. – ↗Unterscheidung.

Disposition (lat. = Veranlagung, Bereitschaft, Anordnung), ein in Philosophie u. Psychologie unterschiedlich verstandener Begriff, der aktives Sich-Disponieren (Befähigen, Einüben) u. faktisches Disponiertsein bezeichnet. In der Theologie wird er vor allem in der ↗Gnadenlehre u. in der ↗Sakramententheologie verwendet. Allgemein umfaßt er dasjenige, was einen Menschen unmittelbar zu einem bestimmten Tun bereit macht oder ihn befähigt, eine bestimmte Wirkung aufzunehmen, indem eine Verhaltensweise oder ein Zustand beseitigt wird, der der angezielten Wirkung widerspricht, u. indem eine Fähigkeit positiv zur Aufnahme einer bestimmten Wirkung ausgerichtet wird. In diesem letzteren Sinn ist dem Menschen eine D. als positive Ausrichtung auf die rechtfertigende Gnade notwendig. Zwei Mißverständnisse sind möglich: daß ein Mensch sich selber, durch eigene Leistungen, so auf diese Gnade hin ausrichten könne, daß daraus eine Forderung resultieren würde, u. daß die Gnade sich diese notwendige D. nicht selber schaffen könne. Die disponierende Initiative kann nicht vom Menschen ausgehen. Auch dort, wo Gott nach biblischem Zeugnis vom (erwachsenen) Menschen vor der Rechtfertigung die Umkehr (↗Metanoia) fordert, ist diese schon die Wirkung der zuvorkommenden Initiative Gottes, der den Menschen anruft u. die den Menschen verwandelnde Annahme dieses Rufes bewirkt (zur kirchlichen Lehre: ↗Gnade, ↗Rechtfertigung). In der kath. Theologiegeschichte zeigte sich seit dem 12. Jh. die Neigung, das Verhältnis von Gnade u. Freiheit dahingehend zu verstehen, daß Gottes Gnade zwar das Wollen, Können (u. damit die positive D.) u. faktische Vollbringen des Guten bewirkt, daß dem Menschen aber die Möglichkeit verblieb, dem Heilswirken Gottes ein Hindernis (»obex«) entgegenzusetzen. Das Fehlen eines solchen Hindernisses hieße dann negative D. Da das Bleiben in der Gnade wiederum dem Wirken der Gnade zuzuschreiben ist, verliert sich das Problem im Dunkel des Geheimnisses. Eine Art »negativer D.« besteht nach kath. Tradition in dem »in sich sachgemäßen« personalen Tun des Menschen, formuliert in dem Axiom: Dem, der (nicht: weil er!) sachgerecht handelt, verweigert Gott seine Gnade nicht (»Facienti quod in se est, Deus non denegat gratiam«). – Eine positive, von Gottes Gnade zuvorkommend erwirkte u. getragene D. ist notwendig für den »Empfang« der ↗Sakramente bei erwachsenen Christen. – ↗Intention.

Ditheismus (griech. = Anschauung von zwei Gottheiten), liegt historisch konkret im theol. ↗Dualismus u. im ↗Manichäismus vor, der ebenfalls zwei von einander unabhängige Urprinzipien annahm, u. wurde dem strengen ↗Subordinatianismus von seinen »monarchianistischen« Gegnern (↗Monarchianismus) vorgeworfen.

Docta ignorantia (lat. = belehrte Unwissenheit), das Wissen um das Nicht-wissen u. um das Nichtwissenkönnen, theol. insbesondere im Hinblick auf das Wesen ↗Gottes u. auf die (letzte u. höchste) ↗Wahrheit. Der Sache u. z. T. den Worten nach ist die D. i. bei Augustinus († 430), Ps.-Dionysios Areopagites (um 500), Bonaventura († 1274) u. in der ↗Negativen Theo-logie thematisiert. In besonderer Weise befaßte sich Nikolaus von Kues († 1464) mit der D. i.: sie bezeichnet jenes menschliche Erkennen, das sich im Bewußtsein seiner Endlichkeit die unübersteigbaren Grenzen seiner Möglichkeiten eingesteht, ohne die Ahnung von der Existenz des Unbe-greiflichen aufzugeben.

Dogma (griech. = das, was als richtig erschienen ist). Der Sprachgebrauch von D. war in der Theologiegeschichte zunächst schwankend. Mit D. konn-ten in der Kirchenväterzeit die kirchliche Glaubenslehre u. Disziplinarnor-men bezeichnet werden, aber auch die Irrlehren der Häretiker. In der spä-teren Reflexion war eine Glaubensregel des Mönchs Vinzenz von Lérins († vor 450) sehr angesehen: Katholisch (= rechtgläubig) ist, was überall, immer u. von allen geglaubt wurde u. wird (Comm. 2). – *1. D. im kath. Verständnis.* Der Begriff des D. im engeren Sinn entwickelte sich seit dem 18. Jh. u. wurde vom I. ↗Vaticanum 1870 folgendermaßen formuliert: D. ist innerhalb der kirchlichen Lehre alles das, »was im geschriebenen oder überlieferten Wort Gottes enthalten ist u. von der Kirche in feierlichem Entscheid oder durch gewöhnliche u. allgemeine Lehrverkündigung als von Gott geoffenbart zu glauben vorgelegt wird«. In diesem Zusammen-hang erläutern kirchliche Dokumente u. das Kirchenrecht, daß ein solches D mit »göttlichem u. katholischem ↗Glauben« anzunehmen ist u. daß sei-ne Leugnung eine ↗Häresie (↗Bann) ist. Für den formellen Begriff des D. sind also zwei Momente entscheidend: a) die Zugehörigkeit einer be-stimmten Lehre zur ↗Offenbarung Gottes im Gegensatz zu frommen Mei-nungen u. ↗Privatoffenbarungen, u. b) die ausdrückliche u. definitive Vor-lage dieser Lehre *als* einer von Gott geoffenbarten Wahrheit durch die »Kirche«, d. h. in diesem Fall: durch die ordentliche, universale Lehr-verkündigung (↗Lehramt) oder durch das außerordentliche Lehramt, d. h. durch eine ↗Definition durch ein Konzil zusammen mit dem ↗Papst oder durch den Papst als Spitze des Bischofskollegiums. Da Dogmen immer aus konkreten Anlässen formuliert wurden, sind bei weitem nicht alle zentra-len Glaubenswahrheiten in einer Zusammenstellung der Dogmen enthal-ten. Nach kath. Auffassung kann auch als D. gelten, was nie formell vor-gelegt wurde, was jedoch in einer anderen dogmatischen Wahrheit enthalten ist. Ob sich ein D. aus einer geoffenbarten Wahrheit mit Hilfe nicht-geoffenbarter Prämissen logisch ableiten lasse, wird kontrovers dis-kutiert. Der konkrete, personale u. existentielle Glaube bezieht sich nie auf

formelle Dogmen, sondern muß im Zusammenhang mit anderen Erkenntnissen, Intuitionen u. kirchlicher Haltung stehen (↗Glaubenssinn).
Der kath. Glaube hält daran fest, daß ein D. nicht revidierbar ist, wenn
dieser »Widerruf« bedeuten würde, daß ein früheres, verbindliches Festhalten an einer Offenbarungswahrheit ein Irrtum gewesen sei. Wenn in der
kirchlichen Verkündigung ein bestimmter Glaubensinhalt als Gegenstand
einer Offenbarung Gottes vorgelegt wird, dann hätte der Glaube daran
keinen Sinn, wenn es grundsätzlich möglich wäre, daß Gott selber bei der
Annahme seines Wortes die Glaubenden in die Irre führen würde. In der
kirchlichen amtlichen Lehre u. Theologie besteht ein Konsens darüber, daß
die Kirche nur durch den wahrnehmenden, formulierenden u. bekennenden Vorgang, der unter Umständen ein D. nötig macht, ihre Identität bewahren kann. In diesem Kontext erkennt die neuere Theologie die nicht
nur unterscheidende, sondern auch einheitsstiftende Funktion eines Dogmas u. seine Eigenart als kommunitäre Sprachregelung. Dieser Vorgang ist
geschichtlich bedingt (↗Geschichtlichkeit); seine Sprache ist, wenn sie Gott
betrifft, immer analog (↗Analogie); mit der Vorlage u. mit der ↗Rezeption
einer Offenbarungswahrheit Gottes sind konkrete Sprach- u. Verstehens-
modelle, unwillkürlich mitlaufende Meinungen u. Perspektiven vermischt.
Dogmen können auch von »frommen«, psychologischen u. gesellschaftlichen Interessen mitbedingt sein. Dieser Umstand kann das Verständnis
eines Dogmas bis hin zur Nichtannahme erschweren. Durch die epochalen
Veränderungen der Denk- u. Verstehensstrukturen ist es möglich, daß ein
D. »heute« nicht mehr verstanden wird, unter Umständen nicht einmal
mehr durch Interpretation neu aktualisierbar ist, so daß es einfach vergessen wird (auch wenn es im »kulturellen Gedächtnis« der Kirche auf-
bewahrt bleibt). Alle diese Komponenten, die erkennen lassen, daß ein D.
geschichtlich ist, bedeuten nicht, daß es auf einen Irrtum der lehrenden u.
hörenden Kirche zurückgeht. Ein D. ist nicht ein Satz abstrakter Wahrheit,
sondern »Heilswahrheit«, Wahrheit um des Heils der Menschen willen
(II. Vaticanum DV 11; vgl. GS 28); da diese nie abschließend erfaßt werden
kann, sondern in die Zukunft des Geheimnisses Gottes hinein verweist, ist
auch ein D. auf ein neues Verständnis in der Zukunft hin offen. Schließlich
haben nicht alle Dogmen den gleichen Rang; es existiert eine ↗»Hierarchie
der Wahrheiten« (II. Vaticanum UR 11 f.). – *2. Ein Blick auf das Verständnis von D. in nichtkath. Kirchen.* a) In einer mehr »positivistischen« Auffassung wird in den orthodoxen Ostkirchen gesagt, daß nur die Dogmen
der ersten sieben Konzilien (die in Ost u. West Geltung haben) unwiderrufliche Zustimmung verlangen. Die Dogmenbildung wäre demnach mit
dem II. Konzil von Nikaia 787 beendet. Die orthodoxe Theologie besteht
darauf, daß Glaube u. Leben sich aus einem kirchlichen ↗Konsens ergeben
müssen, der auf Ökumenischen Konzilien vom Hl. Geist bewirkt u. im

Lobpreis der Liturgie aktualisiert wird. Auch nach der neueren orthodoxen Theologie sind dogmatische Erklärungen von Konzilien zum Schutz der Wahrheit vor Irrtümern grundsätzlich möglich; Wahrheit wird aber nicht als satzhaft formulierbar, sondern als pneumatisch-ekklesial »lebbar« verstanden. – b) Nach M. Luther († 1546) u. der lutherischen Theologie, ähnlich J. Calvin († 1564) existieren kirchliche Dogmen, die jedoch nur insofern Geltung haben, als sie vom Wort Gottes, besonders hinsichtlich der Rechtfertigung, durchdrungen sind u. den Glauben an dieses Wort zum Ausdruck bringen; in diesem Sinn sind sie zustimmende u. bekennende, aber grundsätzlich revidierbare Worte der Kirche (»relative Autorität«) u. Zeugnisse der Vergangenheit.

Dogmatik, die theol. Disziplin, die sich mit wissenschaftlichen Methoden den Dogmen (↗Dogma) zuwendet, sich also mit solchen Glaubenswahrheiten befaßt, die sich aus der ↗Offenbarung Gottes erheben lassen u. im Lauf der Glaubensgeschichte zu satzhaften, verbindlichen Glaubensformulierungen geführt haben. *1. Zu Geschichte u. Methode.* Eigenständige Disziplin wurde die D. seit Ende des 16. Jh., als die konfessionelle u. innerkirchliche Streitsituation immer mehr nach Zusammenfassungen der verbindlichen kirchlichen Glaubenslehre verlangen ließ. Zunächst war die D. von positivistischer Logik geprägt: Die These wurde dem Dogma bzw. ihm möglichst nahekommenden kirchlichen Lehren entnommen, denen die Aufzählung der gegnerischen Meinungen folgte. Der Beweisgang begann mit den verbindlichen Äußerungen des kirchlichen Lehramts, ging zu Schriftbelegen über, gefolgt von Traditionszeugnissen u. der gedanklichen Durchdringung. Der Aufbau war nach dem »Apostolischen ↗Glaubensbekenntnis« gegliedert. Je mehr sich die Theologie bei der gedanklichen Durchdringung mit zeitgenössischen Philosophien u. Mentalitäten auseinandersetzen mußte, umso größer wurde das Bedürfnis, diese »additive« Methode zu verlassen, die Thesen in ihrer Entstehung u. in ihren Grenzen zu sehen (Einbeziehung der ↗Dogmengeschichte), sie gegenseitig zu »vernetzen« u. ihre Gesamtheit möglichst unter einem einheitlichen Leitgedanken zu sehen. In der aus diesem Bedürfnis entstehenden ↗»Systematischen Theologie« bildet die D. ein Hauptstück. In diesem Entwicklungsgang wurde die kath. D. durch die Neuscholastik (↗Scholastik) gehemmt, die seit dem 19. Jh. die Lehrbücher der D. bis über die Mitte des 20. Jh. prägte. Die Erneuerung der D. brachte zunächst die mit der Heiligen Schrift gegebene Grundlage aller Dogmen neu zur Geltung, oft unter dem Gedanken der ↗Heilsgeschichte systematisiert, verbunden mit einer gründlichen Einbeziehung der unterschiedlichen Auslegungen (im Zeichen der patristischen Erneuerung). Im Bewußtsein größerer Freiheit konnte die D. kritisch vorgehen u. je nach gegebenen Möglichkeiten die

Dogmen an den Ergebnissen der historisch-kritischen Bibelexegese messen sowie ihre begrenzten Aussageabsichten aus der exakten Erforschung der Dogmengeschichte erheben. Die heutige D. ist von stärkeren Bezügen zu Problemen, nicht nur philosophischer Art, der Gegenwart gekennzeichnet. Ihr Bemühen, den Geltungsanspruch der Glaubenslehre auch öffentlich zu rechtfertigen u. nicht nur der Selbstvergewisserung der Kirche zu dienen, nähert die D. heute stärker der ↗Fundamentaltheologie an. – *2. Einteilung der D.* Die Berücksichtigung der heilsgeschichtlichen Struktur der Offenbarung Gottes ist nicht einfach überholt. Nach ihr ist das Wesensverhältnis Gottes zur Menschheit in seinem Willen zur ↗Selbstmitteilung u. in seiner unverbrüchlichen Treue zwar immer das gleiche, aber dieses Wesenhafte steht bei aller überzeitlichen Nähe nie in einem immer gleichen Verhältnis zum Kontingenten. Zugleich kann die geschichtlich gehörte Wahrheit von den Menschen nur wirklich innerlich angeeignet werden, wenn die gehörte Offenbarungswahrheit mit dem Ganzen des Selbst- u. Weltverständnisses der Hörenden konfrontiert u. in deren Sprache »übersetzt« wird; andernfalls steht die D. in der Gefahr, Antworten auf Fragen zu geben, die niemand im Ernst (mehr) hat. Diese Situation führte zur immer neuen Suche nach dem »zeitgemäßen« Aufbau der D. u. zu einem z. T. zwiespältigen Erscheinungsbild von Wesensaussagen u. Bemühungen, existentielles Verstehen zu erreichen. – Die Einzeltraktate, die der Sache nach jedenfalls den wesentlichen Inhalt der D. darstellen, sind in der traditionellen Reihenfolge: ↗Gotteslehre u. ↗Trinitätstheologie, ↗Schöpfungslehre mit ↗Angelologie, ↗Anthropologie, ↗Gnadenlehre, ↗Christologie mit ↗Soteriologie, ↗Mariologie, ↗Pneumatologie, ↗Ekklesiologie, ↗Sakramentenlehre, ↗Eschatologie. – *3. Ein Blick auf nichtkath. D.* a) Die D. der orthodoxen Ostkirchen entstand erst spät unter dem Konkurrenzdruck der röm.-kath. u. ev. D. u. hat sich ihnen in Aufbau u. Methode stark angeglichen. In der Gegenwart werden die Unterschiede hervorgehoben: Dogmen sind nicht Lehrformeln u. Satzungen in der Hand einer Lehrautorität. Die D. soll von der Kirche als einziger Quelle der Offenbarung u. vom Glauben als gelebter u. erfahrener Wirklichkeit in der Gemeinschaft des Hl. Geistes ausgehen u. in diesem Rahmen die Schriftzeugnisse, die Kirchenvätertheologie u. spätere Überlieferungen darlegen. Die »Übersetzung« in die Sprache der Gegenwart ist erwünscht, wenn sie nicht mit einer rationalistischen Analyse verbunden ist. – b) Die D. der ev. Theologie befaßt sich eingehend mit ihrer Grundlage, dem in der Hl. Schrift gegebenen Wort Gottes u. mit den daraus hervorgehenden wesentlichen, im Glaubensbekenntnis zusammengefaßten Glaubensinhalten, die unter Berücksichtigung der Tradition wissenschaftlich (begründend, methodisch) u. systematisch (auf Ganzheit bedacht) dargelegt u. im Gespräch mit der jeweiligen Gegenwart reflektiert werden. Der wesentliche Unterschied zur D. der nicht-reformatorischen

Kirchen besteht darin, daß in der ev. D. dem Lehramt u. der Tradition keine dogmatisch verbindliche Autorität zukommt. So können auch die ↗Bekenntnisschriften in die Kritik einbezogen werden. Inwieweit das ↗Sola-Scriptura-Prinzip durch die historisch-kritische Exegese erschüttert wird, bildet den Gegenstand weiterer Diskussionen (über die Bibel als Buch der *vor* ihr existierenden kirchlichen ↗Tradition).

Dogmatische Tatsachen (»facta dogmatica«) heißen in der kath. Theologie jene Sachverhalte, die aus der Offenbarung Gottes zwar nicht abgeleitet werden können, aber als Voraussetzungen für die unverfälschte Bewahrung des ↗Depositum fidei erkannt werden können u. formuliert werden müssen (z. B. zur Erkenntnis einer Häresie, der Legitimität eines Papstes, des ökumenischen Charakters eines Konzils).

Dogmatismus (von ↗Dogma), eine seit M. de Montaigne († 1592) u. B. Pascal († 1662) geläufige Bezeichnung für kritikloses Behaupten einer Lehre, deren Voraussetzungen u. Begründungen nicht hinterfragt werden. Die Defizite eines solchen Verhaltens wurden philosophisch eingehender bei I. Kant († 1804), J. G. Fichte († 1814), G. W. F. Hegel († 1831) u. a. analysiert. Die neuere Sozialphilosophie stellte die Zusammenhänge mit autoritärem Charakter, Abgrenzungsbedürfnissen u. Schutzmechanismen heraus. Anhänger des ↗Fundamentalismus u. der ↗Traditionalistenbewegung sind meist von D. geprägt. Erhellend ist die Unterscheidung zwischen dem historischen Sinn u. Inhalt eines Dogmas u. einem kommunikationsunfähigen Stil des Verhaltens.

Dogmenentwicklung. Erst seit dem 19. Jh. wird die D. als Problem der kath. Theologie theoretisch reflektiert. Ein komplexer Tatbestand bildet den Ausgangspunkt: a) Bei dogmatischen ↗Definitionen werden satzhaft Glaubenswahrheiten formuliert, die schon vorher zwar existierten, aber nicht schon immer *als* von Gott geoffenbart vorgetragen wurden; b) bei dogmatischen Definitionen werden Glaubenswahrheiten satzhaft u. verbindlich vorgetragen, die in der früheren Tradition in einer anderen Begrifflichkeit ausgesagt worden waren, so daß eine Entwicklung der sprachlichen Formulierung u. ihre Interessen (Abschirmung der früheren Aussage gegen Mißdeutungen, die nun als häretisch gelten) greifbar werden; c) es werden in dogmatischen Definitionen satzhaft Glaubenswahrheiten formuliert, für die es in der Tradition keine ausdrücklichen (»expliziten«), unmittelbar greifbar äquivalenten Sätze gibt, die sich bis zu den Aposteln zurückverfolgen ließen (↗Trinität, ↗Sakramente, Dogmen über ↗Maria von 1854 u. 1950; ↗Papst, ↗Unfehlbarkeit). Das Problem besteht darin, daß sich die Theologie vor der Aufgabe sieht, die Identität der »ent-

wickelten«, späteren Glaubensformulierung mit der in apostolischer Zeit
verwendeten Formulierung der ↗Offenbarung Gottes sowohl als grundsätzlich einsehbar als auch als in den einzelnen Fällen als vorhanden nachzuweisen. Die Schwierigkeit liegt darin, daß nach kirchlicher Lehre diese
Offenbarung mit dem Tod der Apostel abgeschlossen ist (II. Vaticanum LG
25; DV 2, 4, 17) u. sich deshalb das kirchliche Glaubenszeugnis nur auf
dasjenige beziehen kann, was die apostolische Generation von Jesus Christus (u. durch ihn vom Gottesglaubens Israels) gehört u. als ihr Glaubensgut anerkannt hat. Die kirchliche Lehrautorität kann zwar für den einzelnen Gläubigen das Bestehen eines objektiven Zusammenhangs zwischen
»alten« u. »neuen« Sätzen garantieren, aber sie kann diesen Zusammenhang nicht hervorbringen oder gar ersetzen. Abgelehnt wird der Versuch
einer Antwort der nachtridentinischen Theologie, die in der Heiligen
Schrift nicht enthaltenen Glaubenswahrheiten einer – ganz unbeweisba-
ren – ungeschriebenen ↗Tradition seit apostolischen Zeiten zuzuordnen.
Hinweise auf eine organische, dialektische Selbstauslegung der Idee des
Christentums (Tübinger Schule des 19. Jh.), auf den Prozeß der geschichtlichen Vermittlung der ganzheitlichen christlichen Idee in ihren unterschiedlichen Aspekten (J. H. Newman † 1890) oder auf die »Überlieferung
lebendiger Wirklichkeit« gegen ein bloßes Satzverständnis (M. Blondel
† 1949) werden der harten Wirklichkeit nicht gerecht, daß die Dogmen
eben satzhafte Formulierungen sind u. daß ein Zusammenhang zwischen
»alten« u. »neuen« Sätzen rational einsichtig nachgewiesen werden muß,
wenn ein »neuer« Satz nicht eine neue Offenbarung sein soll. Auch der
Hinweis, daß der Abschluß des einmaligen »amtlichen« Offenbarungs-
geschehens einen geschichtlichen Prozeß der reflexen Erkenntnis u. satzhaften Formulierung der zunächst eher »global« u. unreflex angenommenen Wahrheit nicht ausschließt, oder die Meinung, daß in der gelebten
Glaubensgemeinschaft das Offenbarungsgeschehen immer neu aktualisiert
u. sakramental vergegenwärtigt wird, erklären den Zusammenhang nicht.
Das Problem der D. ist bisher nicht in einsichtiger Weise beantwortet.

Dogmengeschichte ist die wissenschaftliche (also methodische, analytische u. systematische) Darstellung der Geschichte der dogmatischen Formulierungen einzelner Glaubenswahrheiten sowie der Geschichte des
Ganzen des jüdisch-christlichen Glaubensverständnisses nach dem Abschluß der ↗Offenbarung Gottes. Die D. begann im ev. Bereich u. verstand
sich zunächst im Zeichen der Aufklärung als »Kritik des Dogmas«, mit
einem Wiederaufleben dieser Richtung im 20. Jh. in der ev. Theologie u.
im sog. Modernismus. Positiv gewendet wurde die Intention der D. durch
die Erkenntnis der ↗Geschichtlichkeit der Wahrheit u. damit auch der
Dogmen. Die D. ist ein ausgesprochenes Forschungsfach mit imponieren-

den Leistungen im 20. Jh. Schwierig ist es, von ihr außer exakter historischer Arbeit auch die Bemühung um ein explizites, glaubendes Verstehen ihres Untersuchungsgegenstandes zu erwarten u. sie damit als strikt theol. Disziplin zu begründen. Der Unterschied von D. u. Theologiegeschichte ist kaum einsichtig zu machen, es sei denn, man erkläre eine hypostasierte Kirche zum Subjekt der D. u. verstehe die Theologiegeschichte als Geschichte einzelner Theologen.

Doketismus (griech. »dokein« = scheinen), eine christologische Auffassung, nach der die irdische Körperlichkeit Jesu Christi nur Schein u. Sinnestäuschung gewesen sei; auch das Kreuz sei nur ein Leiden zum Schein u. zur Täuschung der Ungläubigen gewesen. Der D. war keine geschlossene, sektenbildende Lehre, sondern ein Erklärungsversuch hinsichtlich der Vereinigung des unsterblichen, leidensunfähigen göttlichen Logos mit einem Menschen. Er wurde schon seit apostolischer Zeit (vgl. 1 Joh 4, 2 f.; 2 Joh 7) in verschiedenen Spielarten vorgetragen. Manche Gnostiker scheinen einen himmlischen Äther-Leib Jesu behauptet zu haben. Die dogmatische Formulierung von ↗Chalkedon macht doketistische Auffassungen unmöglich.

Donatismus, eine Bewegung u. Kirchenorganisation in Nordafrika im 4. u. zu Beginn des 5. Jh. Sie wurde von politischen und sozialen Spannungen genährt u. lebte aus dem Selbstverständnis, die geisterfüllte Kirche der Reinen u. Heiligen zu sein. Das konkret auslösende Moment war die Beurteilung derjenigen Kleriker, die in der Christenverfolgung des Kaisers Diokletian (†305) dessen Edikt zur Auslieferung der hl. Schriften direkt oder indirekt befolgt hatten. Überlebende Märtyrer lehnten eine Bischofsweihe durch »Auslieferer« ab; sie bildeten eine Oppositionsgruppe, die einen Gegenbischof wählte; von dessen Nachfolger Donatus († um 355) erhielt die Bewegung ihren Namen. Theologisch vertraten die Donatisten die Meinung, ein sündiger Bischof verliere seine Kirchenzugehörigkeit u. könne die Sakramente nicht mehr gültig spenden; daher lehrten sie die Wiedertaufe in Fällen, in denen ein unwürdiger Amtsträger getauft hatte. Den Frieden der Kirche mit dem römischen Staat lehnten sie ab. Die rigorose, enthusiastische Bewegung spaltete sich in Parteien; ihre sozial-revolutionären Anhänger, die gewaltsam das Martyrium suchten, wurden staatlich verfolgt. Synoden im Lateran (313) u. in Arles (314) hatten die theol. Auffassungen des D. verurteilt; der Hauptgegner des D. wurde Augustinus (†430), der auch staatlichen Zwang zur Rückführung der Donatisten in die Großkirche befürwortete. Mit dem Sieg der Vandalen in Afrika 430 endete der D. Die Auseinandersetzungen fanden ein theol. Echo in den

Lehren über die ↗Kirche, die Gültigkeit der ↗Sakramente u. den sakramentalen ↗Charakter.

Doppelmoral, ein praktisches ethisches Verhalten oder ein theoretisches moralisches Urteil, bei denen »mit zweierlei Maß gemessen« wird. Vorkommen: Diskriminierung von Gleichberechtigten wegen ihrer Weltanschauung, ihres Geschlechts oder ihrer Rasse usw.; Bestehen auf einer nur individuell geltenden ↗Situationsethik im Unterschied zu einer Wesensethik; Inanspruchnahme von Privilegien auch im ethischen Bereich (Freiheit der Kunst).

Doppelte Wahrheit, die kirchlich im V. Laterankonzil 1512–1517 u. im I. Vaticanum 1870 verurteilte Auffassung, wonach eine Wahrheit der philosophischen Erkenntnis u. eine (kirchlich verbürgte) Offenbarungswahrheit unbeschadet ihrer jeweiligen ↗Wahrheit durchaus auch in Widerspruch zueinander stehen können. Es bleibt noch zu erforschen, wo genau diese These vertreten wurde. Die kirchenamtliche Lehre leugnet auch in neuester Zeit die Möglichkeit eines solchen Widerspruchs. Wenn für den Bereich historischer Forschung u. amtlich-kirchlicher Lehre zwei unterschiedliche Erkenntnisquellen angenommen werden, wobei die des Lehramts die Wahrheit für sich hat, liegt die Meinung einer D. W. nahe.

Doxologie (griech. = Verherrlichungsrede), im weiteren Sinn alles, was zum Lobpreis Gottes geschieht. So soll nach weit verbreiteter Meinung auch wissenschaftliche Theologie zur anbetenden Verherrlichung Gottes hinführen. Im engeren Sinn ist D. ein wesentlicher Bestandteil der Struktur der Liturgie, ein (oft formelhafter) Lobpreis Gottes zu Beginn oder zum feierlichen Schluß eines Gebets. Christliche Schluß-Doxologien sind oft trinitarisch geprägt (Ende des eucharistischen Hochgebets; »Gloria Patri«). Dabei werden in mißverständlicher Weise drei göttliche Subjekte gepriesen (»Ehre dem Vater u. dem Sohn u. dem Hl. Geist«), statt daß der geschichtlich-dynamische Charakter der Selbsterschließung Gottes berücksichtigt würde (»Ehre dem Vater durch den Sohn im Hl. Geist«). – ↗Herrlichkeit Gottes.

Dreifaltigkeit Gottes, altertümlicher, Mißverständnisse nahelegender u. eingehender Erläuterung bedürftiger Begriff für die göttliche ↗Trinität.

Dreifaltigkeitsmystik, jene ↗Mystik, die nach der Erfahrung der drei Gegebenheitsweisen des einen Gottes in Urgrund, Selbstaussage u. Selbstgabe sucht. Die Zeugnisse für eine D. sind viel seltener als die für eine Braut-, Passions- u. sonstige Christusmystik.

Dualismus (lat. = Lehre von der Zweiheit), im weiteren Sinn die Meinung, in bestimmten relevanten Bereichen existierten zwei von einander unabhängige, gleichursprüngliche, nebeneinander stehende oder gegeneinander wirkende Kräfte oder Prinzipien. Ein D. kennzeichnet die Philosophie Platons († 347 v. Chr.) u. des ↗Platonismus, wenn dort der von Werden u. Bewegung geprägte Bereich des Sinnenfälligen in Gegensatz zum Bereich der unveränderlichen ewigen Ideen gebracht wird. Die Vorstellung zweier gegensätzlicher Prinzipien ist in der Götter- u. Kosmosauffassung mancher alter Religionen verbreitet (vgl. z. B. ↗Manichäismus, ↗Gnosis). Gewisse dualistische Tendenzen in AT u. NT können nicht bestritten werden (Leben u. Tod, Segen u. Fluch, Leib u. Seele, Pneuma u. Sarx, Licht u. Finsternis, alter u. neuer Äon). Der Gegensatz von Gott u. dem ↗Teufel (↗Dämonen) kann dagegen nicht dualistisch verstanden werden, weil Teufel u. Dämonen als ursprünglich von Gott gut geschaffen u. grundsätzlich entmachtet gelten. Ein ausgeprägter D. findet sich in der platonisch geprägten heilsgeschichtlichen Konzeption (die Geschichte nur bestimmt vom Kampf zweier Reiche) u. in der Abwertung der Sexualität bei Augustinus († 430). Nachdem schon Theologen des 2. u. 3. Jh. den D. des Irrlehrers Markion bekämpft u. Synoden vom 5. Jh. an den D. verurteilt hatten, erfolgte eine Verurteilung des D. u. eine Bejahung des einen Gottes als des Schöpfers aller Dinge, der beide Ordnungen, die geistige u. die körperliche, gut erschaffen habe, durch das IV. Laterankonzil 1215. Das Judentum ist mit seiner Bejahung der diesseitigen Welt u. ihrer erhofften Vollendung im Grunde immun gegen einen D.; auf dieser Basis weist das Christentum jeden D. (gegen immer wiederkehrende eigene Versuchungen) ab, indem es Geist u. Materie, Sexualität u. Welt durch die Selbstmitteilung Gottes an das Geschaffene als schon befreit u. in der Vollendung als erlöst u. geheilt bekennt.

E

Ebioniten (hebr. = die Armen), in der alten Kirche Bezeichnung für die Anhänger des ↗Judenchristentums, mit Festhalten an der ↗Tora, Hochschätzung des Apostels Jakobus, Ablehnung des Apostels Paulus, aber auch des Opferkultes. Gnostische Einflüsse finden sich bei dieser Gruppe, die bis ins 5. Jh. im Nahen Osten existierte, vor dualistischem Hintergrund.

Ehe, Ehesakrament. In historischer, anthropologischer u. soziologischer Sicht existiert eine größere Zahl konkreter Gestaltungsmöglichkeiten u. Leitbilder der Ehe (Sorge um Nachwuchs, wirtschaftliche Interessen, Part-

nerschaft usw.), die hier nicht registriert werden können. *1. Biblisch.* Das
AT enthält viele Zeugnisse zur konkreten Ausgestaltung der Ehe in Israel,
jedoch keine religiöse Deutung. Die Texte zeigen sozio-kulturelle Bedingtheiten, aber auch ein für die Zeit außergewöhnlich hohes Niveau bei der
Auffassung der Frau in der Ehe: Sie ist nicht Eigentum des Mannes u.
besitzt eigene Rechte (Vermögen, Lebensunterhalt usw.). Die Eheschließung hat den Charakter eines Vertrags im Dienst der Erhaltung u. Weiterführung der Sippe des Mannes. Von da her erklärt sich das ungleiche
Verständnis des Ehebruchs: Nimmt der Mann sexuelle Kontakte mit einer
verheirateten Frau auf, so bricht er die fremde Ehe. Die Frau kann dagegen
nur die eigene Ehe brechen. Die Ehe gilt als grundsätzlich lösbar; eine
Verpflichtung zur Einehe besteht nicht. Das AT kennt Ehelosigkeit als Lebensform nicht, auch nicht eine solche aus religiösen Motiven. Die Existenz der Ehe u. die Einzelheiten der Regelungen werden vom NT einfach
als bekannt vorausgesetzt. Eine Ehetheologie wird Mk 10,2–12 par. begründet, wo die Partnerschaft der beiden ersten Menschen im ↗Paradies
(Gen 1,27; 2,24) als Ehe interpretiert u. so die unauflösliche Ehe als »Stiftung« Gottes verstanden wird. Die Rechte der Frau werden im Zusammenhang mit dem Verbot der Ehescheidung eindrucksvoll verteidigt (Mk
10,11 f. par.). In der Briefliteratur des NT wird freilich, ohne überzeitlichen
Geltungsanspruch, von der Unterordnung der Frau unter den Mann gesprochen. Ehelosigkeit gilt als Ausnahme bzw. als ↗Charisma u. steht ganz
im Zeichen der ↗Naherwartung (Mt 19,3–12; 1 Kor 7). Wirkungsgeschichtlich einflußreich war Eph 5,22–33, wo unter Zitation von Gen 2,24
das Verhältnis Jesu Christi zu seiner Kirche in Parallele gesetzt wird zu dem
Verhältnis der Ehegatten zueinander, so daß von da her die Vorbild-Auf-
gabe einer christlichen Ehe begründet werden kann. Dieses Verhältnis wird
ein großes »Mysterium« genannt (Eph 5,32, von der Vg. mit »sacramentum« wiedergegeben). Die Forderung der Unterordnung der Frau wird in
etwa abgeschwächt durch die Forderung an den Mann, seine Frau so zu
lieben wie sich selber (Eph 5,33). Die Auflistung der Anforderungen an
Bischöfe, Diakone u. Presbyter (1 Tim 3,2–13; Tit 1,6) gehen vom Normalfall, daß sie verheiratet sind, aus, enthalten aber nach überwiegender
exegetischer Meinung das Verbot einer Wiederverheiratung. In den kirchlichen Witwenstand soll nur eine Frau aufgenommen werden, die ein einziges Mal verheiratet gewesen war (1 Tim 5,9). – *2. Theologiegeschichtlich.*
Aus der Zeit der frühen Kirche sind einige rechtliche Zeugnisse erhalten;
eine Segnung bei der Eheschließung bürgerte sich vom 3. Jh. an allmählich
ein (seit dem 4. Jh. auch mit Eucharistiefeier). Im Geltungsbereich des
römischen Rechts kam die Ehe durch den gegenseitigen Konsens (»Ja-
wort«) zustande. Die schon bei Paulus (1 Kor 7,2 5) greifbare Tendenz,
Rechtfertigungsgründe für die Ausübung der Sexualität in der Ehe zu su-

chen, findet bei Augustinus († 430) breite Entfaltung. Seine bis ins 20. Jh. nachwirkende Lehre von den »Ehegütern« nennt in dieser Reihenfolge die Erzeugung von Nachkommen, die Lebensgemeinschaft u. die treue Liebe als christliches Zeugnis (»sacramentum«) gemäß Eph 5. Die mittelalterliche Theologie sah sich veranlaßt, die Berechtigung der Ehe gegen manichäische Tendenzen zu verteidigen sowie ihre christlich-theologische Sicht von Augustinus her mit der römisch-rechtlichen Sicht zu verbinden. Zugleich war das Verhältnis zu der Auffassung zu klären, daß die rechtsgültige Eheschließung durch den ersten sexuellen Vollzug (die »copula«) erfolge. Kirchenamtlich zählte erstmals das II. Laterankonzil 1139 die Ehe zu den ↗Sakramenten. Der nach eingehenden Diskussionen gefundene Konsens hat in der kath. Theologie u. im Kirchenrecht bis heute Geltung: Die Ehe von zwei Getauften ist ein Sakrament (vollzogen in der Liturgie der Eheschließung) u. gleichzeitig durch Austausch des Konsenses ein Vertrag; unauflöslich wird sie durch den ersten sexuellen Vollzug. Nach der Übernahme der Theorie des ↗Hylemorphismus in die Sakramententheologie wurde die Auffassung bei Thomas von Aquin († 1274) allgemein übernommen: Die Form des Ehesakraments besteht im Austausch des Konsenses, die Materie besteht in der Verpflichtung zur Geschlechts- u. Lebensgemeinschaft. Damit gelten die Eheschließenden als die »Spender« dieses Sakraments, ein Faktor, der zur Abwertung der Liturgie beim Eheabschluß führen konnte u. führt. Die Reformatoren bekannten sich zu der Gründung der Ehe durch den Schöpfergott, konnten aber für die Sakramentalität der Ehe keine Grundlagen im NT erkennen; überdies wandten sie sich gegen die zu enge Verbindung von Rechtsfragen u. Glauben. Daraufhin erklärte das Konzil von ↗Trient dogmatisch verbindlich, daß die Ehe eines der sieben Sakramente u. die Kirche für die rechtliche Regelung der Ehefragen allein zuständig sei. Trotz mehrerer Zitate aus AT u. NT wird nichts über eine »Stiftung« durch Jesus Christus gesagt. Bemerkenswert ist, daß die Unauflöslichkeit der Ehe nicht zum Dogma erhoben wird. In can. 7 der Trienter Ehelehre wird nur die Behauptung, bei der Verteidigung der Unauflöslichkeit der Ehe irre sich die Kirche, disziplinarisch mit dem »Anathema« bedroht. Die Zurückhaltung des Konzils hat ihren Grund darin, daß viele hoch angesehene Kirchenväter des Altertums u. in ihrem Gefolge die Ostkirchen Ehescheidung tolerieren u. eine kirchliche Wiederverheiratung, z. T. unter Bußauflagen, manchmal sogar eine dritte Heirat für erlaubt erklären. Diese Praxis sollte nicht verurteilt werden. Mißstände, die sich beim Brauch »heimlicher« (»klandestiner«) gültiger Ehen eingestellt hatten, wollte das Konzil durch die Festlegung der »Formpflicht« beheben, d. h. nur durch die kirchliche Eheschließungsform kommt eine gültige Ehe (wenn ein Partner oder beide katholisch ist bzw. sind) zustande. Während die Ehe*theologie* jahrhundertelang nicht vertieft wurde, befaßten sich kirchliche Instanzen mit einem immer weiteren Ausbau des Kirchen*rechts* u., vor allem nach neuen humanwissenschaftlichen Erkenntnissen hinsichtlich der Empfängnisverhütung, immer intensiver mit der Ehe*moral*. Das II. Vaticanum wollte eine einseitig juristische Sicht der Ehe als Vertrag ausgleichen u. führte den Begriff ↗Bund in ausdrücklich theol. Zusammenhang ein (GS 48). – *3. Systematische u. praktische Aspekte* können nur äußerst kurz, unter Verzicht auf das Kirchenrecht, benannt werden. Die Liturgie der Eheschließung, verstanden als sakramentale Symbolhandlung, stellt die Ehe unter den Segen Gottes, um den die anwesenden Mitliturgen bitten. Hierin liegen Anknüpfungsmöglichkeiten für ökumenische Gespräche, da die Ehe bei ev. Christen nur in rechtlicher Hinsicht ein »weltlich Ding« ist, theologisch aber als durch Jesus Christus geheiligte Gründung Gottes, die unter seinem Segen steht, gilt. Durch den Rückgriff auf Eph 5 wird es möglich, die christliche Ehe als die kleinste Gestalt von ↗Kirche (gleichsam als ↗Hauskirche, so das II. Vaticanum LG 11) zu verstehen u. die Trauung als öffentliche Bekundung des Willens, die Ehe als gelebten Glauben zum Zeugnis in der »Welt« zu machen, zu deuten. Die Veranstaltung der kirchlichen Hochzeit als folkloristisches Brauchtum, die Häufigkeit der Ehescheidungen, das Zusammenleben in »informellen« Lebensgemeinschaften auch gleichgeschlechtlicher Partner, der Zusammenbruch vieler »Beziehungen«, das zunehmende Leben als »Singles« mit nur gelegentlichen sexuellen Kontakten usw. stellen die Kirchen vor erhebliche ungelöste Probleme, angesichts derer sich die kath. Kirche defensiv verhält u. durch Aufrechterhaltung von Prinzipien »Dammbrüche« zu verhindern sucht. Mittels einer aufwendigen Ehegerichtsbarkeit erklärt sie Ehen als nie zustandegekommen (Ehenichtigkeitsprozesse), um die Möglichkeit eines Scheiterns wirklicher Ehen nicht zugeben zu müssen, wobei die Warnungen Jesu vor Ehescheidung als irreformable Gesetze aufgefaßt werden. Zivil wiederverheiratete Geschiedene werden nicht zur eucharistischen Kommunion zugelassen, da, anders als in den ev. u. orthodoxen Kirchen, das Prinzip den Vorrang vor der Barmherzigkeit hat. Nach kath. Kirchenrecht wird durch den Empfang einer sakramentalen Weihe (Bischof, Priester, Diakon) ein trennendes Ehehindernis begründet, so daß die Geweihten eine sakramentale Ehe nicht eingehen können. In den orthodoxen Kirchen ist Diakonen u. Priestern eine Eheschließung nur vor der Weihe erlaubt u. Bischöfen grundsätzlich untersagt.

Ehre Gottes. Nach dem biblischen Zeugnis wird Gott dadurch die Ehre erwiesen, daß seine geoffenbarte ↗Herrlichkeit von Menschen erkannt u. in ↗Anbetung, ↗Dank u. Lobpreis (↗Doxologie) ausdrücklich anerkannt wird. Daß Gott solchermaßen Ehre zuteil wird, ist natürlich analoge Rede (↗Analogie); jedenfalls kann menschliche rühmende Verehrung Gottes

Ehre nicht mehren. Ehrung Gottes geschieht ferner durch respekt- u. liebevollen Umgang mit seiner Schöpfung: »Die Ehre Gottes ist der lebendige Mensch« (Irenäus von Lyon † um 202). Die in der Dogmatik früher übliche Rede von der E. G. als Sinn der göttlichen Schöpfungstat ist mißverständlich; aus der Selbstehrung konnte Ehrsüchtigkeit herausgelesen werden (F. Nietzsche).

Ehrfurcht, ein Ende des 17. Jh. auftauchendes Wort, in dem »Furcht« nicht ↗Angst, sondern zurückhaltende Scheu meint u. das die Anerkennung des ↗Anderen als des unverfügbaren Anderen nicht nur in äußeren Beteuerungen, sondern auch aus innerer Überzeugung bezeichnet. Dieser Andere kann Gott sein: ↗Gottesfurcht. E. gegenüber Menschen ist sachlich identisch mit ↗Nächstenliebe u. ↗Feindesliebe u. mit der praktischen Anerkennung der universalen ↗Menschenrechte. Obwohl theoretisch undeutlich, ist Albert Schweitzers (†1965) Aufruf zur »E. vor dem Leben« ein bedeutender ethischer Impuls, um die Verantwortung für die nichtmenschliche Kreatur u. die Schöpfung insgesamt ins Bewußtsein zu rufen. Im übertragenen Sinn kann auch kulturellen Gütern E. erwiesen werden. Sinnlose Zerstörungen zeugen von Verlust der E. Gott hat (im analogen Sinn) E. vor den Menschen durch Respektierung ihrer ↗Freiheit.

Eigenschaften Gottes. Angesichts der Erfahrung, daß ↗Gott nicht definiert werden kann, ist der schon bei Platon (†347 v. Chr.) ansetzende Versuch verständlich, denkerisch Merkmale zu erschließen, aufgrund derer sich die wahre Göttlichkeit Gottes ergibt. In der abendländischen philosophisch orientierten Theologie galt als Inbegriff der E. G., die ihm von seinem Wesen als Gott her zukommen, seine ↗Vollkommenheit (Thomas von Aquin †1274; vgl. dagegen die ↗Coincidentia oppositorum bei Nikolaus von Kues †1464). Daraus wurden die E. G. in seinem Sein u. in seiner Tätigkeit abgeleitet. Als *Seinseigenschaften* galten ↗Aseität, ↗Geist-Sein, ↗Einfachheit, ↗Unendlichkeit, ↗Unveränderlichkeit, ↗Transzendenz von Raum u. Zeit (Unermeßlichkeit, ↗Ewigkeit), Einzigkeit (↗Monotheismus), ↗Wahrheit-Sein, ↗Person-Sein. Als *Tätigkeitseigenschaften* wurden genannt: Vollkommenes Erkennen (↗Allwissenheit, ↗Weisheit) u. vollkommenes Wollen: ↗Liebe u. Güte (↗Gut), ↗Freiheit, ↗Heiligkeit, ↗Gerechtigkeit, ↗Barmherzigkeit, ↗Allmacht, ↗Treue. Wie die Aufzählung der Tätigkeitseigenschaften zeigt, sieht sich das philosophische Gottesdenken mit der Selbsterschließung Gottes u. der Offenbarung seiner wesentlichen Eigenschaften konfrontiert. Die hier zutage tretende eigentümliche Zwiespältigkeit prägt die christliche offizielle Gebetssprache bis heute. Allmählich bildet sich, auch wegen der Einsicht in die ↗Analogie jeder Gottesrede u. unter Berücksichtigung der Bedeutungsveränderungen einzelner

E., die in der historisch-kritischen Bibelwissenschaft erforscht werden, ein Konsens darüber, daß die z. T. zeitbedingten Konstrukte (müssen Macht u. Wissen als positive E. gelten?) nicht über diejenigen E. dominieren dürfen, mit denen sich Gott selber identifiziert hat u. denen sich die Hoffnung des betenden Menschen zuwendet. Die Summe aller Gotteserfahrungen führt zum Inbegriff aller E.: zur ↗Unbegreiflichkeit Gottes als des absoluten ↗Geheimnisses.

Einfachheit Gottes ist eine der ↗Eigenschaften Gottes, die nicht durch eine Selbstbekundung Gottes erkannt, sondern durch schlußfolgerndes Denken erhoben wurden. Da im griech. Gottesdenken negative Qualitäten von ↗Gott ausgeschlossen wurden, um so seine Göttlichkeit umso reiner hervortreten zu lassen, u. da in der griech. Antike dem Zusammengesetzten u. Teilbaren eine viel mindere Qualität als dem Nicht-Zusammengesetzten u. Unteilbaren zugeschrieben wurden, ergab sich schon früh eine Bestimmung des Göttlichen als des Einfachen. Dem Denken lag die Überlegung zugrunde, daß »hinter« Zusammensetzung u. Teilbarkeit eine Macht zu denken sei, die das Zusammensetzen u. Teilen bewirken könne; diese »Macht« wäre also »stärker« als Gott, was vom Begriff »Gott« her ausgeschlossen werden müsse. In der Scholastik wurde die E. G. ein wesentliches Thema der Gotteslehre (besonders bei Thomas von Aquin † 1274): Sein u. Tätigsein, Möglichkeit u. Wirklichkeit sind in Gott eins. Im Zusammenhang mit aktuellen Diskussionen haben diese letzteren Thesen ihre Bedeutung. Während die Vertreter einer Personen-Kommunität in Gott immer künstlichere Begriffe verwenden müssen, um E. G. u. ↗Trinität Gottes schließlich doch nicht in Übereinstimmung bringen zu können (die »Personen« in der Dreifaltigkeit »totizipieren« die E. G. auf je unmittelbare Weise usw.), können die beiden Möglichkeiten einer göttlichen Selbstmitteilung im Wort u. im Geist zugleich als in Gott »immer schon« gegebene Wirklichkeit gesehen werden.

Einheit der Kirche. *1. Biblisch.* In der ältesten Begrifflichkeit des NT zum Thema ↗Kirche, bei Paulus, wird von »der Kirche Gottes« in der Einzahl u. von »den Kirchen« im Plural, nämlich im Sinn der ↗Ortskirchen u. der ↗Hauskirchen, gesprochen, ohne daß dies theol. problematisch wäre. Daß die Kirche nach dem Willen Gottes nur *eine* ist, ergibt sich aus den Metaphern für Kirche (Pflanzung Gottes, Tempel Gottes, Bau oder Haus Gottes usw.) wie aus theol. Begründungen: Die Kirche gründet in dem einen Wirken Gottes, in der einen Offenbarung in dem einen Jesus Christus, im Wirken des einen Geistes (1 Kor 8, 6; Eph 2, 18 u. ö.), konkretisiert u. aktualisiert in dem einen ↗Evangelium, der einen ↗Taufe, der einen ↗Eucharistie (am Modell des ↗Leibes Jesu Christi verdeutlicht; 1 Kor 10, 17) u.

dem einen ↗Amt. Diese E. d. K. ist auf innere Einheit im Glauben u. in der Lebenspraxis angewiesen, daher wird die Grenze gezogen gegenüber dem »Draußen«, in das sich ein Mensch durch schwere Schuld freiwillig begeben hat (↗Bußsakrament), u. insbesondere in der Abwehr der spalterisch wirkenden Parteibildungen der »Falschlehrer«, die die E. d. K. bedrohen. Die Pluralität der Ortskirchen, der Kulturen u. Mentalitäten (Juden u. Heiden: Gal 2, 11–14) u. der ↗Charismen ist legitim u. nicht lebensbedrohlich für die E. d. K. Eine Rückbindung an den einen Ursprung ist in der Anerkennung Jerusalems als der Mutterkirche zu sehen (Gal 2, 1–10; Apg 15, 1–34), ohne daß daraus ein institutionelles Zentrum der E. d. K. gemacht worden wäre. – 2. *Systematisch.* Die E. d. K. ist eines der vier im Glaubensbekenntnis genannten Merkmale der Kirche Jesu Christi. Die Existenz vieler institutionell von einander getrennter Kirchen u. kirchlicher Gemeinschaften läßt die Frage aufkommen, wie die Trennung zu überwinden u. die E. d. K. wiederhergestellt werden könnte. Dabei zeigt die E. d. K. zwei Aspekte. Theoretisch wäre die E. d. K. als Herstellung einer institutionell gesicherten Einheit denkbar, entweder durch eine Einigung auf eine institutionelle, mit Lehr- u. Leitungsbefugnissen ausgestattete Größe oder durch »Rückkehr« aller Getrennten in eine Mutterkirche, z. B. in die von Rom aus geleitete Großkirche. Beide Wege sind nicht gangbar, weil Einheit hier von einer Uniformität her verstanden wäre, die von der großen Mehrzahl der Christen als (psychische) Gewalt, die zur Verleugnung von Gewissensüberzeugungen u. von Eigenwerten nötigen müßte, empfunden würde. E. d. K. kann aber auch von einem geschwisterlichen Gemeinschaftswillen her verstanden werden. Voraussetzung dafür wäre, gegenseitige Verurteilungen rückgängig zu machen u. unentwegt nach bestehenden Gemeinsamkeiten zu suchen, um von einer »nicht vollen Gemeinschaft« zu einer »vollen Gemeinschaft« zu gelangen. Das Ziel wäre eine E. d. K. als Kirchengemeinschaft selbständiger, in versöhnter Verschiedenheit mit einander verbundener Kirchen. Als Motiv, solche Gemeinschaft überhaupt herzustellen, wird durchwegs genannt, daß Spaltungen u. Feindseligkeiten das Gelingen des Werkes Gottes in der Welt beschädigen.

Einwohnung Gottes ist ein wesentliches Ergebnis der ↗Selbstmitteilung Gottes (in seiner ↗Gnade) an den einzelnen Menschen, u. zwar insofern, als die Gabe dieser Mitteilung Gott selber ist. Nach dem biblischen Zeugnis ist der »Ort« dieser E. das ↗Herz des Menschen (Röm 5, 5), das als Inbegriff der Einheit u. gesammelten Mitte des Menschen gilt. Wird Gott nicht »tritheistisch« mißverstanden (↗Tritheismus), indem von drei göttlichen Subjekten u. einer Personengemeinschaft in Gott gesprochen wird, sondern wird am Glauben an die Einheit u. Einzigkeit Gottes festgehalten,

dann bieten die Zeugnisse von der E. G. hervorragende Anhaltspunkte für
ein Gespräch mit Judentum u. Islam über ↗Trinität u. ↗Christologie
(↗Schekhina). Die E. G. beruht auf den Selbst-Mitteilungsweisen des einen
Gottes in seinem ↗Heiligen Geist u. in seinem ↗Wort. Die E. G. wurde in
der traditionellen ↗Gnadenlehre kaum thematisiert; umso größer ist die
Bedeutung dieses Themas in der ↗Mystik.

Ekklesiologie (über den Begriff des griech. »ekklesia«: ↗Kirche) bezeichnet
in der kath. Theologie die Lehre über die Kirche. Eine systematische E.
fehlte durch viele Jhh., Einzelthemen wurden von der Kirchenväterzeit an
gründlich reflektiert, im Mittelalter mit einem starken kirchenrechtlichen
Übergewicht, auch in mystischer Zuwendung zu Bildern der Kirche
(Braut). Im 15. Jh. begegnen ein »Tractatus de Ecclesia« u. eine »Summa
de Ecclesia«. Auf eine kontroverstheol. u. apologetische Phase in der Folge
der Reformation entstanden in der Tübinger Schule des 19. Jh. von der
Pneumatologie u. Inkarnationstheologie geprägte ganzheitliche Ansätze
der Lehre von der Kirche. In der klassischen Theologie wurden dagegen
die Themen der E. in der ↗Fundamentaltheologie vorgetragen. In historischen Nachweisen u. Argumentationsformen befaßte man sich mit der
»Stiftung« der Kirche durch Jesus Christus, mit ihrer Lehrautorität, ihrer
Hierarchie usw.; mit Einbeziehung dogmatischer Aspekte, da die Wesensmerkmale (Kennzeichen) der Kirche in das Glaubensbekenntnis aufgenommen wurden u. damit Gegenstand des Glaubens sind; ferner da die
wesentlichen theol. Aussagen über ↗Heilige Schrift u. ↗Tradition (über die
bloß historischen Probleme hinaus) eine Glaubenslehre über die Kirche
voraussetzen. In den Diskussionen des 20. Jh. über die Kirche als Grund-
oder Wurzelsakrament u. Jesus Christus als ↗Ursakrament bahnte sich eine
ganzheitliche, dogmatische, d. h. vom Glauben her bestimmte E. an, die
das II. Vaticanum mit seinem sakramentalen Verständnis der Kirche beeinflußte (↗Communio-Ekklesiologie).

Elvira, iberisch-röm. Stadt an der Stelle des heutigen Granada, Stätte einer
Synode um 306 (oder 309) mit wirkungsgeschichtlich wichtigen Be-
schlüssen zum Bußverfahren, zur christlichen Initiation, zu Sexualität,
Ehe u. priesterlichem Amt sowie zu den Beziehungen von Christen, Juden
u. Heiden. Für die lat. Kirchen folgenreich war can. 33, der den verheirateten Bischöfen, Priestern u. Diakonen ständige eheliche Enthaltsamkeit vor-
schrieb.

Emanation (lat. = das Ausfließen), bezeichnet das Hervorfließen aller niedrigeren Wirklichkeiten (in Stufen) aus höheren, religionsgeschichtlich das
Hervorgehen aller Wirklichkeiten aus der göttlichen Substanz; davon abge-

leitet wird E. auch für das Hervorgegangene verwendet. Zu der vor allem in der ↗Gnosis ausgebildeten Vorstellung von Emanationen gehört der Gedanke, daß sie mit dem Abstand vom göttlichen Urquell immer unvollkommener werden, so wie die Strahlen eines Lichtes, daher die negative Sicht auf die ↗Materie. In der christlichen Theologiegeschichte wurde das Emanationsdenken vielfach abgelehnt, weil es von der Notwendigkeit der Schöpfung für Gott, von einer Vielfalt in Gott u. einer Veränderlichkeit Gottes ausgehe, im Widerspruch zu der Schöpfung »aus dem Nichts« stehe u. zu ↗Pantheismus führe (eine von dem Neuplatoniker Plotin † nach 270 n. Chr. bestrittene Konsequenz). Diese Ablehnung machte sich das I. ↗Vaticanum 1870 in seiner Verurteilung des »Emanatismus« zu eigen.

Emanzipation (lat. = Entlassung) bezeichnete im röm. Recht die Entlassung eines Sohnes aus väterlicher Bevormundung oder auch die Freilassung eines Sklaven. Auf politische Bereiche wurde der Begriff Ende des 18. Jh. übertragen, von der ersten Hälfte des 19. Jh. an programmatisches Wort für die Befreiung unterdrückter Menschen aus verschiedenartiger Abhängigkeit (zuerst Juden, dann Arbeitende, Menschen schwarzer Hautfarbe, Frauen), auch Befreiung des Denkens von Fremdbestimmung (E. als sachlicher Grundwert der ↗Aufklärung: Selbstbefreiung durch kritische Vernunft). Die im Christentum verbreitete Ideologie der von Gott gesetzten Obrigkeit u. Gesellschaftsordnung behinderte zunächst die aktive Beteiligung von Christen am Kampf für partielle (Sklaven) oder umfassende E.; ein besonderes Hemmnis war die Forderung nach E. von jeder Art von Religion durch den Materialismus des 19. Jh. Aufmerksamkeit in der Theologie, vor allem in der ↗Politischen Theologie, fand der von der ↗Kritischen Theorie in den 60er u. 70er Jahren des 20. Jh. vorgetragene Befreiungsanspruch (Forderung nach »herrschaftsfreier Kommunikation«). Später verlor der Begriff E. unter dem Eindruck anonymer Übermacht (»Sachzwänge« der Industrialisierung, Technisierung u. Globalisierung) immer mehr an Praxisbezug u. Faszination. – ↗Befreiungstheologie, ↗Utopie.

Empirismus (griech. = Lehre von der Erfahrung) bezeichnet die wissenschaftlich vorgetragene These, daß alles menschliche Wissen in der ↗Erfahrung begründet ist. Sie entstand als Reaktion auf den ↗Rationalismus (↗Cartesianismus) im 17. Jh. in England (als Hauptvertreter werden genannt: F. Bacon † 1626; J. Locke † 1704, D. Hume † 1776). Einerseits betont der »empiristische« Ansatz die Notwendigkeit, Wissensgrundlagen durch Experimente jederzeit überprüfbar zu machen (Bacon), oder er weist anderseits darauf hin, daß sinnenhafte Erfahrung die Grundlage jeder intellektuellen Erkenntnis ist. Gilt sie nicht als *einzige* Grundlage, dann ist das

auch die erkenntnistheoretische Auffassung bei Aristoteles († 322 v. Chr.)
u. Thomas von Aquin († 1274). Wenn in manchen Philosophien des 20. Jh.
die These aufgestellt wird, daß sinnvolle Sätze nur diejenigen sind, die
logische Wahrheiten (»Tautologien«) oder faktische Wahrheiten, die durch
Beobachtungen »verifiziert« werden können, aussagen, dann äußert sich
darin das Erbe des E. (↗Positivismus).

Ende bezeichnet die Grenze des ↗Daseins oder den Überschritt dessen, was
mit einem echten ↗Anfang gesetzt ist u. sich »zeitigen« soll, in den Zustand
vollendeten Daseins. *a) Das E. der materiellen Welt.* Die Frage nach diesem
E. ist nicht sinnvoll, weil es eine bloß materielle Welt als solche nicht gibt
(↗Materie). In theol. Sicht ist alles Materielle an der Welt nach der Bestimmung des erschaffenden Gottes die Voraussetzung u. die Umwelt des kreatürlichen ↗Geistes. Wird dieser letztere vollendet, so geht mit ihm das
Materielle, auf das er angewiesen bleibt, in die Vollendung ein. *b) Das E.
des Biologischen* bedeutet nicht das Aufhören des bisher Dagewesenen, sondern das Erreichen jener Möglichkeiten, die mit der Ursache des Anfangs
gegeben waren, wobei diese Ursache als ↗Grund den Anfang selber transzendiert. *c) Das E. des Geistig-Personalen* bedeutet weder die Negation des
Seins noch den willkürlichen Abbruch einer ↗Zeit im jeweiligen Einzelfall,
die darüber hinaus ins Unabsehbare weiterliefe. Vielmehr ist das E. des
Geistig-Personalen die Vollendung der Zeit: im E. ist die ↗Freiheit nach
den Prozessen der Zeitigung in die absolute Gültigkeit eingemündet, die
Lebens-Entscheidung ist end-gültig geworden. Der ↗Tod ist dieses E. der
Freiheitsgeschichte, wobei allerdings offenbleiben muß, welche Möglichkeiten Gott zur Aktivierung menschlicher Freiheit auch nach dem Tod
noch besitzt. Ein Mensch nimmt, bewußt oder unbewußt oder in Gestalt
der Verdrängung, zu seinem E. Stellung, darum ist ihm das E. zugleich
gegenwärtig u. noch ausständig, u. so ist das E. auch Aufgabe, nämlich die,
den echten menschlichen Anfang frei zu übernehmen (= Gott zu lieben) u.
sich selber als geistig-personales Wesen wissend u. frei in Besitz zu nehmen.

Endlichkeit bezeichnet das Begrenztsein, Beschränktsein u. Abhängigsein in
jeder Hinsicht (nach Raum, Zeit, Kraft, Zahl usw.). Im mittelalterlichen
Denken wird allem Seienden E. zugeschrieben, das nicht seinen letzten
Grund in sich selber hat, also einer Ursache bedarf, um dasein zu können
(↗Kontingenz, ↗Kausalität). Für G. W. F. Hegel († 1831) ist das Endliche
die »Entäußerungsgestalt« der ↗Unendlichkeit; es bewegt sich auf diese zu
u. hebt sich in ihr auf. Nach I. Kant († 1804) vermag der menschliche
Intellekt nur das Endliche zu erkennen. Konsequenterweise denkt die Exi-
stenzphilosophie das Endliche nicht mehr von seinem Bezug zu einer

Unendlichkeit, sondern nur noch »in sich« (Annahme des auf den Tod
zulaufenden endlichen Daseins bei M. Heidegger † 1976; Übernahme der
E. als Struktur des Freiheitsaktes bei J.-P. Sartre † 1980).

Engel (griech. »angelos« = Bote), eher eine Vorstellung als ein fester Begriff,
meist nicht in seiner primären Bedeutung als Gottesbote, -botin verstanden. Die Religionsgeschichte vermeint in fast allen Religionen E. zu finden,
als außerirdische Geistwesen, doch mit wahrnehmbarer Gestalt ausgestat-
tet, menschenähnlich (Jünglinge, Knaben oder Mädchen, Frauen) oder
tierähnlich (wie die biblischen Kerubim u. Seraphim), beflügelt (wie die
griech. Göttin Nike), mit Intelligenz u. Willen, unter Umständen in riesi-
ger Zahl, hierarchisch gegliedert, als Hofstaat Gottes, von ihm mit irdischen Aufgaben betraut u. daher imstand, die »himmlische« Dimension
zu verlassen u. sich von Menschen im Wachzustand oder in Träumen
wahrnehmen zu lassen. In der Diskussion über E. herrscht Übereinstimmung darin, daß jüdische, christliche u. muslimische Vorstellungen von
Engeln auf Einflüsse aus Assur, Babylon u. Persien sowie aus der griech.-
röm. Antike zurückgehen u. daß von dort her in biblischer Zeit die Existenz von Engeln als selbstverständlich angenommen wurde. – *1. Biblisch.*
Die E. gehören in biblischer Sicht zum himmlischen Hofstaat Gottes bzw.
sie bilden das »himmlische Heer« (1 Kön 22,19–22; Lk 2,13; Mt 26,53),
führen göttliche Befehle auf Erden aus, verkünden Gottes Ratschlüsse, wirken fürbittend, strafend u. zum Schutz. Hebr scheint vor übermäßiger
Einschätzung der E. zu warnen: sie sind nur Diener (1,14), u. der erhöhte
Jesus Christus steht ungleich höher als alle E. (2,16). Zu den biblischen
Einzelheiten über E. gehören die Nennung der hebr. Namen der E. Gabriel
(= Mann Gottes oder Stärke Gottes), Michael (bedeutet wahrscheinlich
nicht »Wer ist wie Gott?«, sondern = der Übermächtige) u. Raphael
(= Gott heilt) sowie eine Erwähnung von Erzengeln (1 Thess 4,16). Das
frühjüdische Schrifttum kannte eine Vielzahl von Engelsnamen u. -funk-
tionen. In den Umkreis der Engelsvorstellungen, meist einfach mit den
Engeln identifiziert u. zum Anlaß von Spekulationen über eine Engelshier-
archie genommen, gehören die (vier) Wesen am Thron Gottes (Ex
25,18–22; 1 Kön 6,23–28; Ps 18,11; Ez 1,8–11; Offb 4,6ff.), die tiergestal-
tigen Kerubim (Gen 3,24 als Wächter; Ez 28,14; Hebr 9,5) u. Seraphim
(Jes 6,2), die ↗Gewalten u. Mächte, Fürstentümer, Throne u. Herrschaften
(Jos 5,14; Dan 10,20; Eph 1,21; Kol 1,6). – Ein Thema, das im frühjüdischen Schrifttum breit entfaltet ist, spielt im NT nur in späten Texten eine
Rolle, ein Aufstand von Engeln gegen Gott, dessen Folge ihr Sturz aus der
Herrlichkeit des Himmels war (Jud 6; 2 Petr 2,4). – Eine besondere Gestalt
im AT ist der Gottesbote »malak JHWH« (Gen 16,7–14; 18,1ff. u. ö.),
dessen Erscheinen zugleich als Manifestation Gottes selber wie als die eines

Engels gezeichnet wird; vielleicht ein Indiz dafür, daß Gott, je mehr er transzendent gedacht wird, sich eher durch geschaffene Größen als durch sich selber in der Geschichte bekundet. – *2. Theologiegeschichtlich.* Kirchenväter verteidigen die bloße Geschöpflichkeit der E. gegen gnostische Vorstellungen, es handle sich um göttliche Kräfte (nach Art des ↗Demiurgen); sie nehmen so selbstverständlich wie die Bibel die Existenz einer Fülle von Engeln im Dienst Gottes an. Bei Augustinus († 430) ist die Zuordnung der Erschaffung der E. zur Erschaffung des Lichts bemerkenswert, u. trotz seiner breiten Erörterungen zum Wesen der E. erklärt er, daß »Engel« der Name einer Aufgabe u. nicht einer Gattung sei. Er widersetzte sich den Versuchen, Kirchen Engeln zu weihen, u. wollte die Verehrung von Engeln strikt von der Anbetung Gottes unterschieden wissen. Im kirchlichen Osten taucht der Gedanke einer himmlischen, von Engeln parallel zur irdischen verrichteten Liturgie auf. Nachhaltigen Einfluß auf die späteren Engellehren übte Ps.-Dionysios Areopagites (um 500) mit seinen detaillierten Darlegungen über die Hierarchie der E. aus, deren »Chöre« Stufen von der geschaffenen Welt zum trinitarischen Gott bilden, mit deren Hilfe der Kirche u. ihren Mitgliedern Erleuchtung zuteil wird. Thomas von Aquin († 1274) zieht aus seinen spekulativen Überlegungen zur Vollkommenheit des Universums u. zu dessen Aufbau in Stufen die Schlußfolgerung, daß E. »reine ↗Formen«, d. h. auch reine Geister seien, an Erkenntnis u. Willen den Menschen weit überlegen. Damit prägt er die kath. Angelologie bis ins 20. Jh. Die ev. Theologie beteiligte sich an solchen Spekulationen nicht. Trotz gelegentlicher Neuansätze ging das theol. Interesse an Engeln zurück, ein Konsens, was E. eigentlich sind, war nicht zustande gekommen. Zurückhaltung charakterisierte die offizielle kirchliche Lehre. Dem IV. Laterankonzil 1215 lag nur daran, entschieden zu lehren, daß alles, was nicht Gott ist, von Gott geschaffen wurde, u. in diesem Zusammenhang sagt es infolge eines Irrtums bei der Übersetzung des hebr. »tohu wabohu« (»wüst u. öde«: Gen 1, 2) mit griech. »sichtbar u. unsichtbar«, Gott sei der Schöpfer der sichtbaren u. der unsichtbaren Dinge, er habe beide Ordnungen der Schöpfung aus dem Nichts geschaffen, die geistige u. die körperliche, d. h. die Engelwelt u. die irdische Welt. Auch hier wird die Existenz der E. einfach vorausgesetzt u. eine Erklärung des Wesens der E. nicht angeboten. – *3. Volksfrömmigkeit u. Kunst.* Verbreitete Verehrung erfuhren die drei »Erzengel«, beginnend mit Michael vom 4. Jh. an. Nach der Einbeziehung der E. in liturgische Texte wegen der erhofften Verbindung der irdischen Liturgie mit der himmlischen u. nach dem Aufkommen der Vorstellung von individuellen Schutzengeln wurde in der röm. Kirche ein Schutzengelfest im 17. Jh. eingeführt. Breiten Raum nehmen die E. in der Ikonographie (mit Einflüssen der antiken Eroten auf die barocken Putten) u. in der Literatur, auch außerhalb des kirchlichen Christentums, bis zu

Filmen in der Gegenwart ein. In der Zeit des Rückgangs der kirchlichen u. glaubensmäßigen Bindung wanderte die Beschäftigung mit den Engeln in den Bereich esoterischer Naturkulte ab; vom religiösen Kitsch führt eine gerade Linie zu den Engeln in der Werbung. – *4. Hermeneutische Über-legung.* Angesichts der heterogenen Herkunft der E. u. ihrer offenbaren Zugehörigkeit zum antiken, mythologischen Weltbild u. der Selbstver-ständlichkeit, mit der sie im Bereich der biblischen Zeugnisse einfach vor-ausgesetzt werden, aber nicht Gegenstand einer göttlichen Offenbarung sind, stellt sich die Frage nach der Bedeutung ihres Vorkommens in der Hl. Schrift. Ein offenbarungsmäßiger Gehalt kann darin gesehen werden, daß Gott im Zusammenhang mit der Läuterung anthropomorpher Got-tesvorstellungen zwar in seiner absoluten ↗Transzendenz erkannt wird, daß er aber deshalb die lebendige Beziehung zu seiner Schöpfung nicht aufgibt. Er realisiert sie nach den Offenbarungszeugnissen durch seine ↗Selbstmitteilung im Heiligen Geist u. durch die Inanspruchnahme ge-schöpflicher Botinnen u. Boten. Die E. der christlichen Tradition sind nicht göttliche Kräfte, sondern geschaffene Wesen. Von geschöpflichen Wirklichkeiten gilt, daß sie grundsätzlich menschlicher Erkenntnis (Erfah-rung), wenn auch nicht wissenschaftlicher Empirie zugänglich sind. Das in menschlichen Erfahrungen Erkennbare bildet keinen Glaubensgegenstand. Die biblischen Engelszeugnisse, soweit sie nicht literarkritisch u. psycho-logisch (Traumdeutung!) erklärt sind, brauchen nicht bezweifelt zu wer-den. Aber es stellt sich die Frage, welche Engelserfahrungen (von frag-würdigen Visionen abgesehen) in der Gegenwart gegeben sind. Hier könnte der biblische Sprachgebrauch hilfreich sein, daß Gott auch menschliche Botinnen u. Boten in Anspruch nimmt. So wird z. B. Johannes der Täufer E. (»angelos«) genannt: Mk 1,2 unter Zitation von Mal 3,1. In diesem Sinn könnte sich die Frage nach Engeln heute darauf beziehen, ob nicht Gottesbotinnen u. -boten nach wie vor begegnen. – Die Frage nach Schutzengeln, die ebenfalls ihre biblischen Anhaltspunkte hat (z. B. Ps 91,11), gerät unweigerlich in die harte Problematik der ↗Theodizee.

Entelechie (griech. = was die Vollendung als Ziel in sich hat), philosophi-scher Begriff bei Aristoteles († 322 v. Chr.) für eine Tätigkeit oder Bewe-gung, die nach einem ↗Ziel strebt u. in diesem zur Vollendung kommt, besonders für das Prinzip dieser Bewegung, die ↗Form. Ein »natürlicher Körper«, der in sich die ↗Potenz zum Leben hat, gelangt dorthin durch die ↗Seele als seine »erste E.« Bei der E. handelt es sich also um eine innere, nicht äußerlich-mechanische, Steuerung einer ↗Finalität.

Entfremdung, in der Antike ein juristischer Begriff für die Übertragung von (Besitz-)Rechten an einen anderen (»alienatio«); in der Theorie des »Gesellschaftsvertrags« bei J.-J. Rousseau († 1778) die Übertragung bestimmter individueller Freiheitsrechte (»aliénation«) an die Gesellschaft. G. W. F. Hegel († 1831) verstand unter E. die Durchgangsstufe des »Selbstverlusts« bei der »Bildung« des Bewußtseins, aber auch den realen Abstand des Innerlichen vom äußerlich-geschichtlich Wirklichen; ferner ist E. wesensmäßig mit ↗Arbeit u. daher mit dem Menschen verbunden, weil die Arbeit sich im Hergestellten vom arbeitenden Menschen ablöst u. ihm »fremd« gegenübertritt. Für K. Marx († 1883) existieren vier Gestalten individueller E.: von den Produkten, der Gattung, der Natur u. dem Selbst; sie sind für ihn weder wesensmäßig noch unaufhebbar, sondern Ergebnis des Verkaufs des Menschen u. seiner Produkte an das Kapital, womit ein Mensch sich zum Ding als Ware entäußert. Die Versuche der revolutionären Überwindung der E. durch eine Gesellschaft, in der die Produkte der Arbeit je nach den Bedürfnissen den Arbeitenden direkt zugänglich seien, führte zu neuen Formen der E. In der heute verbreiteten Kritik an der modernen Zivilisation wird ihnen deskriptive Aufmerksamkeit zugewandt (Verlust des Subjektseins unter anonymen Mächten, Industrialisierung, Technisierung, Globalisierung, Bürokratisierung, Umweltzerstörung). Die Religion, die seit L. Feuerbach († 1872) häufig als Ursache der Selbst-E. des Menschen angesehen wurde, erlangt eine gewisse neue Bedeutung im Kampf gegen solche Entfremdungen.

Entmythologisierung ist eine einprägsame, aber sachlich nicht ganz richtige u. auch nicht authentische Bezeichnung für das Programm R. Bultmanns († 1976), das NT »existential« zu interpretieren, d.h. den jeweils heutigen Menschen so mit dem ↗Kerygma zu konfrontieren, daß er sich von ihm unmittelbar betroffen, vor eine »existentielle« Entscheidung gestellt sieht. – *Das Programm:* Nach Bultmann gibt es Elemente im NT, die das Kerygma verdecken u. daher zu interpretieren oder zu eliminieren sind, mythologische Ausdrucksweisen in Aussagen, die dem historischen Jesus zugeschrieben werden (z.B. ↗Menschensohn, ↗Herrschaft Gottes), u. Vermehrung solcher Mythologien in späteren Texten des NT (vor allem der Auferstehungs-Mythos), vor allem in hellenistisch geprägten Schichten (vor allem ein gnostischer Erlöser-Mythos). Die Mythen im NT »vergegenständlichen« oder »objektivieren« Dinge, die den Menschen gar nicht angehen; sie verdecken dasjenige, was zur Entscheidung rufen will. Zusätzlich widersprechen sie der modernen Welterkenntnis: Sie behaupten, die Welt stehe für den Einbruch der Transzendenz offen (z.B. durch ↗Wunder), während sie doch in Wirklichkeit »geschlossen« u. von den Naturwissenschaften erforscht ist. Mythologie wäre die Ansicht, das NT verkünde objektive, allgemein gültige u. heilwirkende Wahrheiten u. Geschehnisse. Die den Menschen angehende Botschaft des NT besage vielmehr: Jesus ruft zur

Entscheidung zwischen Gott u. der vergänglichen Welt auf, u. zwar ist es dafür die »letzte Stunde«, das entscheidende ↗»Jetzt«. Jesus starb am Kreuz in gehorsam-gläubiger Annahme seines Schicksals, so daß in seinem Sterben Gottes Gericht über den dieser Welt verfallenen Menschen erging, er hatte aber nie Wunder an sich erfahren oder selber Wunder gewirkt. Ebenso sind vom Menschen »jetzt« Glaube u. Entscheidung gegen Welt u. Sünde gefordert, ohne daß es für die Wahrheit des den Menschen anredenden Wortes Gottes irgendeinen Beweis gäbe. Nach Bultmann nahm bereits das NT diese »existentiale Interpretation« vor, in verdeckter Gestalt dadurch, daß es widersprüchliche Mythen verwendete u. zeigte, daß die objektivierenden Vorstellungen nicht das eigentlich Gemeinte sind (wie z.B. die »präsentische ↗Eschatologie« als Entscheidung gegen die je jetzige Welt im Joh-Ev. zeige). – *Die Kritik* hat aufgezeigt, daß das Kerygma des NT nicht nur Aufruf zur Entscheidung, sondern auch Mitteilung des »objektiven« Christusereignisses ist. Zudem wird Bultmanns Begriff der Transzendenz der apriorischen transzendentalen Verfaßtheit des Menschen nicht gerecht. Bultmanns Programm führe zu einem grundlos paradoxen Glauben. Außerdem dürften Welt u. Geschichte nicht in so radikalem Dualismus verurteilt werden, wie das bei Bultmann der Fall ist, wobei nicht genügend berücksichtigt ist, daß Gott selber diese Wirklichkeit bleibend zu eigen angenommen hat. Damit ist der echte Erkenntnisgehalt des Programms nicht bestritten: Die Bibel gibt die mythischen Vorstellungen über Welt u. Mächte aus der Zeit ihrer Entstehung wieder. Die ↗Offenbarung Gottes garantiert diese mythischen Vorstellungen nicht; Theologie existiert gerade wegen der Aufgabe, danach zu fragen, was überlieferte Sätze »eigentlich« sagen wollen u. was nicht. Überdies ist neu zu bedenken, ob es nicht Sachverhalte gibt, die in ihrem ganzen Umfang, in allen die Menschen »angehenden« Aspekten, notwendigerweise in ↗Metaphern, Bildern u. auch Mythen ausgesprochen bzw. erzählt werden müssen, während die Abstraktbildungen die »Hörer des Wortes« eher nicht »existentiell« betreffen. – ↗Mythos.

Entscheidung besagt in der Alltagssprache die in Freiheit getroffene Wahl einer unter mehreren Möglichkeiten. In der Theologiegeschichte wurde unter E. zuweilen ein radikaler Akt der menschlichen ↗Freiheit verstanden, in dem ein Mensch zum Ganzen seines Daseins Stellung nimmt u. über seinen Ort darin »verfügt« (S. Kierkegaard † 1855; K. Rahner † 1984), nicht als autonome Leistung, sondern im Sinn einer durch die ↗Gnade befreiten Freiheit verstanden. Eine solche Grundentscheidung kann in einer ausdrücklichen oder in einer eher impliziten positiven oder negativen Stellungnahme gegenüber Gott geschehen; sie kann sich dabei selber als unwiderruflich interpretieren (»Berufung« zu einer bestimmten Lebensform

usw.). Im NT wurden die Umkehr (↗Metanoia), Glaube u. Taufe als eine
solche, »an sich« nur einmal mögliche fundamentale Freiheitsentscheidung gesehen. In der Gegenwart ist die Tendenz weit verbreitet, sich die
Möglichkeiten für wiederholte Revisionen einer E. offenzuhalten. Diese
Mentalität optiert nicht einfach für »konsumorientierte Auswahlentschei-
dungen«. Häufig gelingt es der kirchlichen Verkündigung nicht, verbindliche Geltungsansprüche zu begründen.

Entwicklung, in einem engeren Sinn die Ausfaltung (Explikation) eines
»eingefalteten« (impliziten) Gedankengangs, in weiterem Sinn die »allmähliche, kontinuierliche u. unumkehrbare Veränderung in der Zeit«
(H. M. Baumgartner † 1999). Entwicklungsdenken prägt mehrere Wissenschaften in entscheidendem Sinn. In der alten Metaphysik nahm die E. die
Gestalt von ↗Emanation(en) an, im Mittelalter auch als Entfaltung des
Mannigfaltigen aus dem Einfachen u. Absoluten verstanden. In der Neuzeit wurde dieses Denken zuerst auf die Philosophie des Organischen übertragen u. dann in den naturwissenschaftlichen Theorien der ↗Evolution
wirksam. Philosophien über ↗Teleologie, moralische Höherentwicklung,
gesellschaftlichen ↗Fortschritt prägten das 19. u. 20. Jh. Von größter aktueller Bedeutung ist die Ende des 19. Jh. entstandene Entwicklungspsychologie, die alle Lebensphasen, nicht nur Kindheit u. Jugend, umfaßt.

Enzyklika (griech. = Rundschreiben), seit dem 18. Jh. eingebürgerter, seit
dem 7. Jh. bezeugter Fachausdruck für Rundschreiben des ↗Papstes, die
nach den ersten Worten benannt werden (z. B. »Pacem in terris«). Welt-
rundschreiben richten sich an alle Bischöfe, die in Gemeinschaft mit dem
Papst leben, an alle Mitglieder der röm.- kath. Kirche oder auch in neuerer
Zeit an alle Menschen »guten Willens«. Es gibt ferner Rundschreiben an
Teilkirchen. Eine E. ist in theol. Sicht eine Äußerung des ordentlichen
↗Lehramts, die grundsätzlich eine positive, innere Zustimmung von allen
röm.-kath. Christen verlangt, aber innere Vorbehalte (z. B. wegen größerer
Sachkenntnis), Verweigerung der ↗Rezeption u. späteren Widerruf der Zustimmung nicht ausschließt. Theoretisch könnte der Papst eine E. zu einer
endgültigen Entscheidung einer offenen Frage benutzen, wobei er die Normen zur authentischen Auslegung der göttlichen Offenbarung zu beachten
u. die Absicht ausdrücklich auszusprechen hat. Faktisch stieße ein solches
Vorhaben auf schwerwiegende Probleme der Hermeneutik, Kommunikation, Rezeption u. des Konsenses. In Sprache, Akzentsetzungen, thema-
tischer Auswahl kann eine E. trotz aller Zeitbedingtheit u. Überholbarkeit
eine sinnvolle konkrete Weisung sein.

Ephesos, Stadt an der Westküste Kleinasiens, in der, vom Kaiser einberufen, vom 22.6. bis 17.7.431 das 3. ökumenische Konzil stattfand. Es sollte den christologischen Streit zwischen Nestorius († um 451) u. Kyrill von Alexandrien (†444) beilegen. Zunächst wurde im Sinn Kyrills der ↗Nestorianismus verurteilt u. als Folge davon ↗Maria der Titel »Gottesmutter« (griech. »theotokos«; ↗Gottesmutterschaft) zuerkannt (DS 250–264; NR 160–172), doch mußte Kyrill 433 einen versöhnlichen Unionstext unterzeichnen.

Epikie (griech. = Nachsicht), eine ↗Tugend, die nach Aristoteles (†322 v. Chr.) dem Menschen hilft, sich in schwierigen Lebenssituationen ethisch gut zu verhalten, auch wenn er übergeordnete ethische Normen nicht einhalten kann. Im Lauf der Theologiegeschichte wurde die E. in einem weitherzigen Sinn verteidigt (Thomas von Aquin † 1274; Alfons M. de Liguori † 1787), von anderen eingeengt. E. ist Teil einer Individualethik (↗Existentialethik).

Epiklese (griech. = Herabrufung), im engeren Sinn jenes Gebet innerhalb des eucharistischen Hochgebets, das den Geist Gottes bittet, er möge die Gaben auf dem Altar heiligen, damit sie den Empfangenden zum Heil gereichen. Wo die E. ausdrücklich darum bittet, der göttliche Geist möge Brot u. Wein zur sakramentalen Gegenwart Jesu Christi »machen«, spricht man von Wandlungs-E. Wenn die Betonung auf der Gewährung der »Speise der Unsterblichkeit« liegt, handelt es sich um eine Kommunion-E. Im weiteren Sinn umfaßt der zweite Teil des eucharistischen Hochgebets mit seinen konkreten Bitten um Heil nicht nur die Anwesenden, sondern alle Lebenden u. Verstorbenen, deren vor Gott gedacht wird. Die Liturgie aller Sakramente ist auf der Basis der jüdischen Liturgie nach dem Strukturgesetz ↗Anamnese, E. u. ↗Doxologie aufgebaut.

Epiphanie (griech. = die Erscheinung, das Aufscheinen) meint in der Religionsgeschichte ein zeitweiliges Sich-Zeigen der Gottheit (Gotteserfahrungen, im Kult durch Menschen realisierbar). In der Schrift ist im Unterschied dazu die historisch greifbare Selbsterschließung Gottes in den unterschiedlichsten Manifestationen gemeint, aber nicht in dem Sinn, daß Gott mit Menschenaugen geschaut werden könnte. Die ↗Herrlichkeit Gottes kommt in seinen Machttaten, im AT am ↗Sinai, im NT in der Person u. dem Wirken Jesu, zur greifbaren Erscheinung. Als rettende E. gilt die von den Glaubenden in naher Zukunft erhoffte ↗Parusie Jesu. Das aus dem kirchlichen Osten stammende, vom 4. Jh. an bezeugte Hochfest der E. am 6. Januar ist dem Erscheinen der Herrlichkeit u. Menschenfreundlichkeit Gottes in der Person Jesu gewidmet.

Erbauung. Die biblischen Metaphern, die dem kirchlichen Begriff E. zugrunde liegen (»Bauen« oder »Wiederaufbauen« des Hauses Israel, »aufbauen« – »niederreißen«, »Erbauen« der künftigen Kirche auf dem Felsen
Petrus Mt 16,18) haben christologische u. ekklesiologische Bedeutung; sie
führen aber nicht zu einem Verständnis im Zusammenhang mit individueller Frömmigkeit (Spiritualität). Ein solches findet sich in der mittelalterlichen Mystik u. vor allem im ↗Pietismus: »erbaulich« ist, was den inneren
Menschen reinigt, sein Denken u. Fühlen zu Gott erhebt u. zur Erfahrung
der Vereinigung mit Gott führen kann. F. Schleiermacher († 1834) definierte E. als »Erweckung u. Belebung des frommen Bewußtseins«. Nach
Epochen der stärkeren Betonung des Kritisch-Rationalen im Glauben u.
Ablehnung allzu emotionaler »Erbaulichkeiten« ist die moderne Mentalität wieder sensibler für das Heimatrecht des ↗Gefühls u. des »positiven
Denkens« in Spiritualität u. Theologie.

Erbsünde, ein deutsches, mißverständliches Wort, im 15.–16. Jh. geprägt u.
von M. Luther († 1546) verbreitet, mit dem in der heutigen Theologie eine
negative Vorprägung der ganzen Menschheit bezeichnet wird, eine Vorprägung, weil sie von Anfang an u. universal existiert u. individuellen Fehlhaltungen u. -entscheidungen vorausliegt, negativ, weil sie eine Schuldver-
flechtung (»Unheilslast«) bedeutet, von der die Menschheitsgeschichte
geprägt ist. Mißverständlich ist das Wort, weil »Sünde« in diesem Fall nicht
eine zurechenbare Tat bezeichnet u. weil eine wirkliche, verantwortbare
Sünde nicht vererbt werden kann. Die klassische Theologie ging davon aus,
daß der »erste Mensch« (↗Adam mit ↗Eva) eine persönliche Sünde beging,
die ↗Ursünde (lat. »peccatum originale originans«), deren Unheilsfolgen
auf die Menschheit übergingen (»peccatum originale originatum«). –
1. Biblisch. Der in Gen 3 erzählte »erste Sündenfall« wird in der biblischen
Weisheitsliteratur als Einbruch der ↗Sünde in die Menschheitsgeschichte
gedeutet, der den ↗Tod der Menschen zur Folge gehabt habe (Sir 25,24;
Weish 2,24). In der negativen Sicht der ↗Apokalyptik wird diese düstere
Sicht auf die Menschheitsgeschichte weiter ausgebreitet. Der Einfluß dieser
Deutung auf Paulus ist offensichtlich; sein Rückgriff auf den mythologischen »Adam«, dessen Ungehorsam u. die Folgen (Röm 5,12ff.; 7,7–12;
8,20) dient als der klassische biblische Beleg für die kirchliche Lehre von
der E. Indessen lehrt Paulus keine E., vielmehr führt er den Tod auf die
zurechenbaren persönlichen Sünden aller zurück: Die Menschen sind dem
Tod verfallen, »weil (griech. eph'hoo) alle gesündigt haben«. Die lat. Bi-
belübersetzung gab dieses »weil« nicht mit »quia«, sondern fälschlich mit
»in quo« (»in welchem«, nämlich »in Adam«) wieder, so daß die spätere
Erbsündentheologie alle Menschen im Samen Adams eingeschlossen u.
von seiner Sünde mitbetroffen annehmen konnte. So sehr beide Testamen-

te der Bibel das universale Vorkommen u. die Macht der Sünde bezeugen, so wenig finden sich Texte über eine E. – 2. *Theologiegeschichtlich.* Erste Ansätze zu einer Erbsündentheologie ergaben sich im 3. Jh. durch die Praxis der ↗Kindertaufe, aus der man schlußfolgerte, »etwas« im Kind sei der Vergebung bedürftig. Die Nachwirkung der eben genannten Fehlübersetzung ist bei Ambrosius († 397) greifbar. Vor Augustinus († 430) u. in der östlichen Theologie galt die Aufmerksamkeit jedoch der Ausstattung der paradiesischen Menschen (»Urstand«) u. deren Verlust als Folge der Ursünde u. nicht dem Schuldcharakter. In der Auseinandersetzung des Augustinus mit dem ↗Pelagianismus entstand unter Rückgriff auf Röm 5,12 u. die Praxis der Kindertaufe die eigentliche Erbsündentheologie: Die Schuld Adams sei auf die ganze von ihm abstammende Menschheit übergegangen, so daß sie bis auf ganz wenige Gerettete auf ewig verdammt werden würde (sie bilde eine »massa damnationis« oder »damnata«). Die Weitergabe geschehe durch die sexuelle Begierde. Die Straffolgen der E. (bei Augustinus erstmals »peccatum hereditarium«) seien neben der Höllenstrafe die ↗Begierde, der Verlust der Freiheit, gut zu handeln, intellektuelle Defekte u. der leibliche Tod aller Menschen. Die Existenz der E. u. der Tod als ihre Folge wurden von der Synode von Karthago 418, die auf Betreiben des Augustinus den Pelagianismus verurteilte, als kirchliche Glaubenslehre bezeichnet (mit nachfolgender päpstlicher Bestätigung). Die mittelalterliche Scholastik befaßte sich mit dem Problem, inwiefern die E. eine Sünde sei u. Straffolgen haben könnte. Zu späterer Geltung kamen die Auffassungen Anselms von Canterbury († 1109) u. Thomas' von Aquin († 1274), die den Schuldcharakter bei den Nachkommen Adams nicht in einem Tatbestand, sondern im Fehlen eines »an sich« Gott geschuldeten Zustands, nämlich der »Urstandsgerechtigkeit« (↗Heiligmachende Gnade), sahen. Das Konzil von ↗Trient erließ ein Dekret über die E., weil M. Luther († 1546) das Wesen der E. in der Begierde gesehen hatte, aber auch, weil man in der zeitgenössischen Theologie (etwa bei Erasmus von Rotterdam † 1536) pelagianische Tendenzen vermutete. Diese Lehre bewegt sich im Rahmen der antiken Vorstellungswelt: daß »Adam« durch seine Sünde für sich u. alle Nachkommen Heiligkeit u. Gerechtigkeit verloren habe; daß diese Sünde allen Menschen zu eigen sei, auch den Kleinkindern; daß sie durch Fortpflanzung (»propagatione«), nicht durch Nachahmung übertragen werde; daß die Schuld der E. durch die Taufe getilgt, aber die Begierde, die zur Sünde geneigt macht u. selber keine Sünde sei, nicht hinweggenommen werde. In der späteren Lehrentwicklung spielte die Bewahrung Marias vor der E. (↗Unbefleckte Empfängnis Marias) eine Rolle. Durch zwei Faktoren wurde die Lehre von der E. in Frage gestellt. Im Gefolge der ↗Aufklärung wurde eine Kollektivhaftung für eine fremde Schuld abgelehnt u. auf die Unverhältnismäßigkeit der

Strafe hingewiesen, die unweigerlich eine Deformierung der Gottesvorstellungen zur Folge habe. Die naturwissenschaftlichen Erkenntnisse zeigten,
daß der Tod nicht durch den Sündenfall in die Geschichte kam (so noch
der Weltkatechismus von 1992), sondern allem Lebendigen genetisch einprogrammiert ist, u. daß die ↗Hominisation in verschiedenen Regionen
der Erde in Populationen, nicht in einem Paar, erfolgte. – *3. Aktuelle Aspekte.* In der kath. Theologie des 20. Jh. sind mehrere Versuche zu registrieren,
die kirchliche Lehre über die E. zu »retten«. Sie kommen darin überein,
daß eine universale Schuldverfallenheit der Menschheit von Anfang an u.
die Notwendigkeit einer Erlösung aller durch Jesus Christus angenommen
werden, u. daß ein Widerspruch zu naturwissenschaftlichen Befunden vermieden werden muß. Dabei konnten sie zwei Probleme nicht lösen, die
genauere Herkunft der universalen Unheilssituation u. die genauere Bedeutung u. Tragweite von ↗Erlösung (deren Begriff ungeklärt bleibt). Im
einzelnen wurde die E. gedeutet als Preis der Evolution u. der menschlichen Freiheit, als vorpersonales ↗Existential, durch welches jedes einzelne
Leben in einen Unheilszusammenhang hineinverflochten ist, der seinerseits Anreize zu persönlicher Sünde enthält u. die »strukturelle Sünde«
des gesellschaftlichen Unrechts gebiert, u. als Verfallenheit an die Angst u.
Verzweiflung (die an Gott irre werden läßt). Die Frage, inwieweit Gottes
»dunkle Seite« für die Übel in der Welt u. damit für eine aus der Leid-
erfahrung entstehende Verweigerung ihm gegenüber verantwortlich ist,
wurde nicht ernsthaft angegangen.

Erfahrung heißt eine ↗Erkenntnis, die ein Mensch dadurch gewinnt, daß er
vonseiten einer inneren oder äußeren Wirklichkeit, die seiner freien Verfügung entzogen ist, einem unmittelbaren Eindruck ausgesetzt ist. Darin
unterscheidet sich E. von jener Erkenntnis, in der ein Mensch sich anderem
aktiv handelnd zuwendet, es untersucht, prüft, die Erkenntnis in Experi-
menten wiederholt (↗Empirismus) usw. Zur E. gehört, daß ein Widerspruch gegen sie nicht möglich ist, weil die Gegenwart des Erfahrenen sich
selber unwiderstehlich bezeugt. Daher eignet der E. eine ausgezeichnete
Gewißheit (Evidenz). Heute werden die unterschiedlichsten Gefühlserleb-
nisse als »religiöse E.« bezeichnet (↗Gefühlsreligion). Zur *religiösen Erfahrung* in einem präzisen Sinn gehören sowohl die philosophische, ethische
u. existentielle E. des ↗Daseins u. des ↗Seins als dessen Grundes als auch
die E. der Selbstbezeugung Gottes im ↗Gewissen (dieses verstanden als
integrierendes Organ aller inneren u. äußeren existentiell bedeutsamen
Erkenntnisse). Die religiöse E. schließt also die *Transzendenzerfahrung* in
sich ein, in der ein Mensch sich selber intuitiv (in einer »Ur-Erfahrung«)
als verwiesen auf andere, auf Dinge u. Welt, als Subjekt seines Denkens u.
Verhaltens vor dem Horizont des Ganzen wahrnimmt (↗Transzendenz).

Gnadenerfahrung meint dann eine religiöse E., in der sich die übernatürliche Wirklichkeit (↗Gnade) dem Menschen innerlich selbst bezeugt; sie ist dem einzelnen Menschen bzw. der Menschheit in ihrer Glaubensgeschichte nur zusammen mit einer begrifflichen Reflexion (sprachlichen Artikulation) möglich. Zwischen Gottes schöpferischem Gnadenwirken u. dessen begrifflicher Interpretation, die unter Umständen falsch sein kann, läßt sich nicht mit letzter Sicherheit unterscheiden. Die (in theol. Sicht durch Gottes Gnade ermöglichte) Transzendenz des menschlichen Geistes auf Gott hin u. deren Berufung zur gnadenhaften Teilhabe am inneren Leben Gottes (durch Jesus Christus im Heiligen Geist) lassen sich in der Reflexion nicht eindeutig von einander abheben, weil Gott u. sein Wirken nie als vom kreatürlichen Denken isoliert erfaßt werden können. Darum gibt es trotz u. inmitten der Gnadenerfahrung keine ↗Heilsgewißheit. Wenn bei dieser Sicht auf die *Gotteserfahrung* die Vermittlung durch menschliche Begegnungen u. Beziehungen vermißt werden sollte, dann ist theol. zu bedenken, daß Gottes Gnadenwirken wesentlich in den »göttlichen« ↗Tugenden Liebe, Glaube u. Hoffnung geschieht. Sie sind von Gott geschenkt, ermöglicht u. getragen, sind aber gerade als solche auch echte Akte des Menschen. Von da her zeigen sich Möglichkeiten der Gotteserfahrung in der E. von Liebe, Versöhnung, Treue, Freude, Friede, Trost, Erleuchtung, Dankbarkeit.

Erhaltung der Welt (lat. »conservatio mundi«) ist in der klassischen Theologie ein Bestandteil der ↗Schöpfungslehre u. bezeichnet die dauernde radikale Abhängigkeit der Schöpfung von ihrem Schöpfer. Sie unterscheidet sich vom Akt der freien »Verursachung« der Welt in der einmaligen Setzung des ↗Anfangs in einer Tat, die auf nichts zurückgreift (während eine kreatürliche Verursachung des Rückgriffs auf Vorgegebenes bedarf), u. sie unterscheidet sich auch von den möglichen Einflüssen Gottes auf die Steuerung der immanenten Weltkräfte u. auf die menschliche Freiheit, die in der theol. Sprache ↗Vorsehung heißen. Werden diese Unterschiede beachtet, so bleiben nur wenige biblische Zeugnisse für einen Glauben an die E. übrig (Apg 17,28: »in ihm leben wir, bewegen wir uns u. sind wir«). Bei lat. Kirchenvätern wurde die E. dadurch begründet, daß dasjenige, was Gott aus dem Nichts ins Dasein gerufen hat, ständig von Gott bejahend im Dasein gehalten werden müsse, um nicht ins Nichts zurückzusinken: Fortdauer des Schöpfungsaktes, »creatio continua«. In der Scholastik wurde die E. im Zusammenhang mit den Themen der Ursache u. der ↗Kontingenz eingehender durchdacht. In der neueren Theologie ist eher die Rede vom transzendenten ↗Grund, der bei allem Existierenden als ständig begründend gedacht wird. Das Thema hat eine gewisse Bedeutung angesichts des vielfältigen Mißbrauchs der menschlichen Freiheit: Gott »trägt«

das Dasein seiner Kreaturen u. damit die Existenz der Freiheit; sie »tragen« die Verantwortung für das So-Sein, Gestaltung u. Mißbrauch des Geschaffenen. Im Dialog mit den Naturwissenschaften ist die E. als eigener Akt Gottes – wie in der Tradition zuweilen gesagt wurde – kaum zu begründen. Vgl. auch ↗Selbsttranszendenz.

Erhöhung Jesu Christi, eine biblische Redeweise über die Stellung, die der nach seiner Erweckung von den Toten bei Gott vollendete Jesus Christus innehat. Sie ist in vielen ntl. Texten als Herrschaftsstellung charakterisiert; damit wird die Absicht erkennbar, die auch nach seinem irdischen Weggang bleibende Heilsbedeutung Jesu auszusagen. Zuweilen wird von einem förmlichen Erhöhungsakt (Röm 1,4; Eph 1,20ff.) gesprochen, der im Hebr (mehrfach) wie eine Inthronisation dargestellt wird. Im Hinblick auf die erst 40 Tage nach seiner Auferweckung angesetzte ↗Himmelfahrt Jesu Christi ist es von Belang, daß diese E. nach den meisten Zeugnissen zugleich mit seiner Auferweckung geschehen ist. Im Joh wird die E. am Kreuz als die E. in die Herrlichkeit Gottes gesehen (Joh 12,32 34). Die E. gilt nach dem vorpaulinischen Christushymnus als die Einsetzung Jesu Christi zum Herrn, in dessen Namen sich alle Knie beugen müssen, »derer die im Himmel u. auf Erden u. unter der Erde sind« (Phil 2,9f.).

Erinnerung ist eine fundamentale Aufgabe der menschlichen Existenz u. der Philosophie, weil vergangene u. vergehende Ereignisse die Tendenz haben, sich dem Bewußtsein zu entziehen, auch wenn sie als noch so bedeutsam empfunden worden waren. Von Platon († 347 v.Chr.) an wurden Theorien über das Speichern von Bildern, Ideen, Formen usw. u. über Möglichkeiten der Wiedervergegenwärtigung im Bewußtsein entwickelt (Aristoteles † 322 v.Chr., Augustinus † 430). Detaillierte Erkenntnisse sind der neueren Psychologie zu verdanken. Das Christentum versteht sich als eine Erzählgemeinschaft, die von der E. an die Selbstoffenbarungen Gottes in der Geschichte u. an das einmalige geschichtliche Ereignis in Jesus Christus lebt. In der ↗Politischen Theologie ist E. an die Leidensgeschichte Jesu u. an die Leidensgeschichten der menschlichen Opfer die normative Basis für freiheits- u. befreiungsbezogenes Handeln. – Vgl. auch ↗Anamnese.

Erkennbarkeit Gottes. In der Glaubenswelt der Bibel sprechen die Schönheiten der Schöpfung u. die Erfahrungen mit dem lebendigen Gott (in behütender Führung u. im Gericht) so deutlich von seiner Existenz, daß sich die theoretische Frage nach der E.G. erst zögernd, vielleicht von hellenistischer Skepsis provoziert, einstellt. Für die Sprache des AT ist der Zusammenhang von Erkennen u. Lieben von größter Bedeutung. Wichtige Bezugsstellen für die Frage nach der E.G. sind Weish 13,1–9 u. Röm

1,18 ff., wo von den eindrucksvollen Werken der Schöpfung aus der Rückschluß auf den Schöpfer nahegelegt wird. Vom Suchen u. der Verehrung des unbekannten Gottes in Athen spricht Apg 17,22–28. In der älteren theol. Tradition wurde die E. G. nur selten Gegenstand einer eigenen Erörterung; erst Thomas von Aquin († 1274) entfaltete eingehende Begründungen in seiner Theorie der ↗Kausalität u. in seinen sog. ↗Gottesbeweisen. So wurde das Thema der E. G. wesentlicher Bestandteil einer philosophischen Gotteslehre. Diese wurde von M. Luther († 1546) als Widerspruch zur Gnadenhaftigkeit des Glaubens abgelehnt (↗Natürliche Theologie). In der neueren Zeit sahen die theol. Bestrebungen des ↗Fideismus u. ↗Traditionalismus alle religiöse Erkenntnis ausschließlich in der Wortoffenbarung Gottes u. darum im Glauben allein gegeben. Auf der anderen Seite wandte sich der ↗Agnostizismus gegen eine E. G. Gegen beide Seiten wandte sich das I. ↗Vaticanum mit der Lehre, daß Gott durch das »natürliche Licht« der ↗Vernunft aus der geschaffenen Welt mit Sicherheit erkannt werden könne. Diese Lehre von einer »natürlichen« E. G. behauptet nicht, daß diese Erkenntnis von der Ganzheit der menschlichen Einstellung u. Haltung unabhängig sei, so daß sie von dieser her auch beeinträchtigt werden kann. Da eine Grundeinstellung immer auch »von außen« mitgeprägt ist, kann z. B. eine negative Erfahrung mit religiös gläubigen Menschen die E. G. verdunkeln. Die kirchliche Lehre gilt also nicht notwendig vom konkreten einzelnen Menschen in seinen individuellen u. sozialen Bedingtheiten u. Hindernissen. Vor allem leugnet die Lehre nicht, daß in der »konkreten Ordnung« von Sünde u. Gnade jede tatsächlich erreichte Gotteserkenntnis von der ↗Gnade Gottes getragen ist. Sie besagt aber, daß ein Mensch es auch dann noch, wenn er sich dem Glauben verschließt, mit Gott zu tun hat. Die theol. Frage nach der E. G. kann sinnvoll nur im Zusammenhang mit dem umfassenden Verhältnis von ↗Natur und Gnade erörtert werden. Praktisch u. positiv ist die E. G. mit positiven Erfahrungen verbunden, die, getragen von der Gnade Gottes, im Sinn der Bejahung der Existenz Gottes interpretiert werden. Auch im transzendentalen Weg des Denkens wird das Dasein Gottes nicht »a priori« entworfen; es handelt sich um eine nachträgliche Reflexion des Erkenntnisvorgangs, bei welcher der sich eröffnende umfassende Horizont, das im Unendlichen liegende Ziel des menschlichen Erkennens u. Wollens, das als sich entziehendes »heiliges Geheimnis« genannt wird, als der sich in Gnade erschließende Gott der Offenbarung interpretiert wird. Dieser Weg führt durchaus über die Erkenntnis des Geschaffenen. Auf der Basis des Ur-Vertrauens, das ein Mensch (nicht jeder) schon als Kleinkind aufzubauen beginnt, können spätere positive Erfahrungen von Liebe, Schönheit, Trost, Treue, Harmonie usw. als Hinweise auf den erschaffenden u. geleitenden Gott interpretiert werden. Entsprechendes gilt vom Aushalten-Können in negativen Lebenserfahrungen, wobei der Glaube als Dennoch-Glaube verstanden wird. Ein Mensch, dem die Gründe nicht ausreichend zu sein scheinen, die Existenz Gottes zu verneinen, wird in den Erfahrungen der Dunkelheiten u. des Unverstandenen, auch des unerklärlichen Geliebtseins, einen Zugang zur Unbegreiflichkeit Gottes finden können. Bei allen positiven Wegen zur E. G. gilt, daß sie in den allermeisten Fällen nicht von einem Individuum allein gegangen werden, sondern mit Kommunikationsvorgängen in der Erzählgemeinschaft der Glaubenden verbunden sind. Daraus entsteht nicht Beweiswissen, aber die Gewißheit kann sich verstärken, sich bei der Interpretation des Wovonher u. des Woraufhin nicht zu irren.

Erkenntnislehre, theologische E., eine Grundwissenschaft der Theologie, im neueren Sinn seit Beginn des 19. Jh. entwickelt, die sich mit den formalen Regeln u. Prinzipien befaßt, die bei der Gewinnung von Erkenntnis im Glauben u. in dessen wissenschaftlicher Reflexion, der ↗Theologie, zu beachten sind. Glaubenserkenntnis u. theol. Erkenntnis gehören hier zusammen. Die Th. E. erörtert also die bleibende Abhängigkeit des Menschen von der göttlichen ↗Offenbarung u. von seinem bleibenden Bezogensein auf sie (↗Geheimnis), von der Eigenart u. Unterschiedenheit der religiösen Erkenntnis im Glauben, in der Glaubenswissenschaft u. in der echt menschlichen, rationalen u. geschichtlichen Wahrheitserkenntnis. Sie hat einzugehen auf die materialen Quellen dieser Erkenntnis, auf die ↗Heilige Schrift u. auf die ↗Tradition in ihrem gegenseitigen Beziehungszusammenhang. Ihr Thema ist dann das eigentliche, erste Subjekt dieser Erkenntnis, nämlich nicht das menschliche Individuum, sondern die ↗Kirche als Glaubensgemeinschaft. Zu diesem Thema gehört das Verhältnis des einzelnen Gläubigen u. Theologen (mit seiner Erkenntnis u. seinem Gewissen) zur Lehre der Kirche u. ihren lehramtlichen Entscheidungen (↗Lehramt). Schließlich hat die Th. E. die theol. Methoden in den verschiedenen Sektionen auf ihre Sachgemäßheit hin zu überprüfen u. darzulegen (historisch-kritische, spekulative, dogmatisch positive, kerygmatische u. praktisch orientierte Methode usw.). Wissenschaftsorganisatorisch ist die Th. E. manchmal ein Traktat der ↗Fundamentaltheologie.

Erlösung besagt in einem allgemeinen Sinn, daß menschliche Zustände u. Befindlichkeiten, die vom Menschen (individuell u. kollektiv) als unvermeidlich gegeben u. als unheilvoll empfunden werden u. die durch keine eigene Kraft aufgehoben werden können, endgültig überwunden werden. Wird diese Begriffsbestimmung auf E. im religiösen Sinn angewendet, dann fragt sich, worin der Unheilszustand gesehen wird (»wovon erlöst?«), durch wen er überwunden wird u. worin der endgültige Zustand besteht

(»wohin erlöst?«). – *1. Biblisch.* Weder im AT noch im NT existiert ein dominierender, sich durchhaltender Begriff für E. Vielfältig sind die Zeugnisse des AT über Unheilszustände, in denen sich einzelne Menschen u. das Eigentumsvolk Gottes befinden (Schuld, Krankheit, Hunger, Entbehrungen, Verfolgung, Verschleppung, Tod). Aus allen diesen Elendszuständen vermag Gott zu retten; um seine Hilfe wird flehentlich gebetet. So treten häufig Begriffe mit der weiten Bedeutung von »helfen«, »retten«, »befreien«, verbunden mit den Bekundungen festesten Vertrauens auf Gott, auf. Die Erfahrungsbasis für dieses Vertrauen war mit der Befreiung aus dem Sklavenhaus Ägypten gegeben, sie wurde durch die stete Erinnerung immer neu bekräftigt. Entsprechend dieser Befreiung wurde auch die Ermöglichung der Heimkehr aus dem Exil in Babylon dem Retter-Gott zugeschrieben. Neben den Begriffen für Hilfe u. Rettung finden sich solche mit der Bedeutung »loskaufen«, »auslösen«. Sie legen die Meinung nahe, »jemandem« würde ein Kaufpreis entrichtet, doch wird dazu nichts gesagt. Der endgültige Zustand nach dem befreienden Handeln Gottes tritt in den eschatologischen Ansagen der ↗Propheten u. der ↗Apokalyptik zutage (Versöhnung von Juden u. »Heiden«, von Menschen u. Natur, Vernichtung des Todes u. allen Leids, ewige Lebensgemeinschaft mit Gott). – Im NT gelten bei Jesus entsprechend dem AT zunächst der konkrete Zustand der Armen, Kranken u. Benachteiligten, dann auch die Schuldverhaftung als Unheil, aus dem der Gott Jesu Rettung verspricht. Das von Menschen nicht zu verwirklichende ↗Heil besteht in der Errichtung der universalen ↗Herrschaft Gottes, die Jesus in den Gleichnissen von Befreiung u. Vergebung umschreibt u. in seiner heilenden u. vergebenden Praxis verdeutlicht; er ermutigt zu Umkehr u. zur Lebensorientierung am Reich Gottes, um es schon jetzt erfahrbar zu machen. Ohne jeden Zweifel war die Verwirklichung dieses Heils schöpfungsbejahend-diesseitig gemeint. Ein Begriff, der dem theol. Begriff E. entspräche, fehlt bei Jesus. – Paulus versteht unter der Unheilssituation, aus der kein Mensch sich mit eigener Kraft befreien kann, den alle Menschen betreffenden Zustand der Knechtschaft unter der Macht der ↗Sünde, die den Menschen spaltet u. besiegt. Jesus Christus hat auf die Initiative des göttlichen Vaters hin durch seinen Gehorsam, der ihn ans ↗Kreuz brachte, diese Macht der Sünde gebrochen u. die ↗Rechtfertigung der Sünder durch den Glauben ermöglicht, so daß sie durch den Heiligen Geist zu einem neuen Leben befähigt sind (diese umfassende Sicht auf das Heilsgeschehen wird prägnant im Röm vorgetragen). Das Geschehen wird an einigen Stellen mit Begriffen wie »loskaufen« (vom Fluch des ↗Gesetzes) u. »Kaufpreis« umschrieben. Man darf nicht verbieten zu fragen, an wen denn der Kaufpreis bezahlt wurde. Das Ziel, der Heilszustand, ist bei Paulus ohne Zweifel »weltjenseitig« »im Himmel«, wenn auch das neue Leben im göttlichen Geist »diesseitige« Früchte heiler

u. versöhnter Zustände mit sich bringt. – Im johanneischen Schrifttum ist die ↗»Welt« im ganzen unheilvoll, von Haß u. Sünde geprägt, Finsternis, u. doch von Gott geliebt, der den Sohn sandte als Licht u. Wegweisung u. der den Glaubenden »schon jetzt« ↗Ewiges Leben schenkt. Der Sohn trug die Sünde der Welt u. starb für ihr Leben. – Hebr sieht den Inbegriff des Heilsgeschehens, das er in einer Opfersprache schildert, in der Tilgung der Sünden. Bei einem Überblick über biblische Aussagen, die die Unheilssituation u. die Rettung aus ihr betreffen, ergibt sich eine Übereinstimmung darin, daß menschliche Anstrengungen zu einer umfassenden Befreiung nicht fähig sind. Ein eindeutiger Begriff für E. fehlt jedoch; der Begriff »Loskauf« (lat. »redemptio«, griech. »apolytrosis«) ist mißverständlich. Von der Hoffnung Israels auf Rettung u. der Gottesreich-Verkündigung Jesu verschob sich die Betrachtungsweise zunehmend in die Richtung eines einseitig moralischen Verständnisses. – *2. Zur Theologiegeschichte.* Der Glaube an die Verheißungen Gottes u. der Lobpreis für sein rettendes Eingreifen, insbesondere in Jesus Christus, prägten von Anfang an Leben u. Liturgie der Kirche, in der die biblischen Zeugnisse in ihrer Vielfältigkeit erinnernd vorgetragen wurden. Ein einheitliches theol. Verständnis von E. ergab sich jedoch nicht, auch nicht in kirchlich-amtlichen Aussagen. So sind mehrere »Modelle« kurz zu registrieren. Auch die Unheilssituation, von der die Reflexion über E. fast immer ausgeht, wird nicht genau einheitlich verstanden. Ehe die Theorie der ↗Erbsünde u. ihrer Folgen sich durchgesetzt hatte, wurden eher das Verfallensein an die materielle Welt u. ihre Hinfälligkeit, die Vergänglichkeit, als Inbegriff des Unheils gesehen. So konnten Erlösungsvorstellungen entstehen, in deren Zentrum nicht das Kreuz, sondern die Menschwerdung stand u. deren Ziel die Erneuerung der Menschheit war (↗Anakephalaiosis; Irenäus von Lyon † um 202). Auch dort, wo die ↗Heilsgeschichte als ein Prozeß göttlicher Pädagogik zu immer tieferer Erkenntnis aufgefaßt wurde (↗Alexandrinische Theologenschule), wurde das erzieherische Wirken des menschgewordenen ↗Logos Gottes stärker betont als sein Sterben. In der lat. wie in der griech. Vätertheologie spielte der Tauschgedanke eine große Rolle: Fleischwerdung des göttlichen Logos gegen ↗Vergöttlichung des Menschen, oder Übernahme der Sterblichkeit durch den Sohn Gottes, um der Menschheit Unsterblichkeit zu erwirken. Eine deutlichere Profilierung erfährt die Lehre von der E., die ↗Soteriologie, erst durch die ↗Satisfaktionstheorie Anselms von Canterbury († 1109), in deren Mitte die Wiederherstellung der verletzten Ehre Gottes durch die Genugtuung, die ihm Jesus Christus als ein Subjekt unendlicher Würde leistete, stand. Diese stark juridisch geprägte Vorstellung beherrschte amtliche Äußerungen u. Soteriologie bis ins 20. Jh. – *3. Systematische Gesichtspunkte.* Ein heute unbestrittener Ausgangspunkt jedes Nachdenkens über E. besteht darin, daß E.

keinesfalls verstanden werden darf als Umstimmung u. Versöhnung eines zürnenden Gottes, der sogar auf dem blutigen Tod seines eigenen Sohnes bestanden hätte. Eine ausschließliche Konzentration der Sündenvergebung auf Leben u. Sterben Jesu Christi steht im Widerspruch zum vergebungsbereiten ↗Bund Gottes mit der Menschheit in Noach u. Abraham u. mit dem einzigartigen Bund Gottes mit seinem Eigentumsvolk Israel, dessen Sünden in der immer wieder möglichen Erneuerung des Bundes durch Gott vergeben werden u. wurden. Wenn Jesus seine Sendung gehorsam erfüllt bis zum Tod am Kreuz, dann ist dieses Geschehen mit der Auferweckung durch den Vater zusammenzusehen als wirksames Zeichen der göttlichen Liebe; es muß nicht notwendigerweise als stellvertretende ↗Sühne interpretiert werden. Bei H. U. von Balthasar († 1988) ist der Stellvertretungsgedanke auf die Spitze getrieben: Er gründet in einem innertrinitarischen Drama, in dem zunächst der göttliche Vater in einer Ur-Kenose (↗Kenosis) sich seiner Göttlichkeit entledigt hat, um dann den Sohn zu verlassen, der in seiner Gottverlassenheit den Fluch der Sünde radikal stellvertretend für alle zu erleiden u. aufzuheben hat. Mag diese Sicht auch einer visionären Mystik entspringen, Bestand vor den biblischen Zeugnissen hat sie nicht, so wenig wie die Umdeutung Jesu zum »Sündenbock« im Versuch einer »dramatischen Soteriologie«, wonach die Menschen alles bei ihnen komprimierte Böse einem unschuldigen Opfer aufladen. Bei der Erneuerung der Theologie in der 2. Hälfte des 20. Jh. trat immer deutlicher der Wunsch hervor, ohne Vernachlässigung der Frage nach der Wiederherstellung der durch die Sünde gestörten Gottesbeziehung zu der Hoffnung auf Rettung aus unheilen »diesseitigen« Zuständen zurückzukehren. Es handelt sich weder um die Behauptung einer Selbsterlösung noch um eine angezielte universale Befreiung, es handelt sich aber um eine Perspektive, die den Wunsch nach »ganzheitlicher« Heilung u. nach der »Erfahrbarkeit« von E. ernst nimmt. Das Befreiungshandeln Jesu wird in der Sicht der ↗Befreiungstheologie engstens mit dem Befreiungshandeln der Menschen verbunden. Darin liegt dann nicht ein Rückfall in gottwidriges, autonomes Leistungsdenken, wenn die menschliche ↗Freiheit im Glauben als gnadenhaft befreite Freiheit verstanden wird. Wird das Verhältnis Gottes zu seiner Schöpfung u. zur Menschheit als die Geschichte seiner ↗Selbstmitteilung gesehen, u. entspricht diese Geschichte dem souveränen u. wirksamen Liebeswillen Gottes, dann kann diese Geschichte durch menschliche Verweigerung u. Schuld nicht zerstört werden. Den Höhepunkt erreicht diese Geschichte dann, wenn Gott sie sich zu seiner eigenen macht (obwohl, aber nicht weil sie eine Geschichte der Schuld ist) u. wenn die Kreatur diese Selbstmitteilung Gottes in einer von Gott ermöglichten Freiheitstat annimmt. Eine Theologie des ↗Todes kann aufzeigen, daß im Tod (als Tun der Freiheit u. als Erleiden der Schuldsituation) die radikale Annahme der Selbstmitteilung Gottes durch den Menschen geschieht. So ließe sich die E. im engeren theol. Sinn als E. durch das Kreuz u. den Tod Jesu verstehen, ohne daß zu Sühne- u. Genugtuungsvorstellungen gegriffen werden müßte. Wird E. *im vollen Sinn des Begriffs* verstanden, dann ist die von Gott vielfach verheißene E. ohne Zweifel noch nicht eingetreten. Darum ist das Leben der Glaubenden charakterisiert als Existenz »auf Hoffnung hin« (Röm 8,21 24) in der Erwartung der kommenden E., die erst dann eingetreten sein wird, wenn Leiden, Vergänglichkeit u. Tod aufgehoben sind u. auch die gesamte Schöpfung einbezogen ist (Röm 8,18–25). Darum bitten Vaterunser u. Liturgie um das Kommen der E. Christen brauchen sich daher nicht (durch F. Nietzsche † 1900 u. a.) wegen ihres unerlösten Aussehens verspotten zu lassen. In diesem Sinn besteht eine große Glaubens- u. Hoffnungsgemeinschaft der Juden u. Christen als derer, die nach der von Gott versprochenen E. immer noch Ausschau halten.

Erschaffung des Menschen ist ein wesentlicher Bestandteil der Schöpfungstheologie u. der theol. Anthropologie u. besagt, daß »der Mensch« als ganzer, ein jeder einzelne, Gottes Geschöpf ist. In der Auseinandersetzung mit antiken Anschauungen besagte dies zunächst, daß weder »der Mensch« noch seine ↗Seele göttlich ist, ferner daß auch die Seele jedes einzelnen Menschen von Gott erschaffen ist u. nicht präexistent war (↗Kreatianismus, ↗Präexistenzvorstellungen). E. d. M. besagt nicht, daß jeder einzelne Mensch von Gott »aus nichts« erschaffen wird. Zu den biblischen Grundaussagen: ↗Schöpfungsmythen u. biblische Schöpfungserzählungen. Kirchenamtliche Aussagen, die sich auf die E. d. M. beziehen, sind offenbar von dem Interesse geleitet, eine Gleichsetzung »des Menschen« mit anderen Kreaturen (Lebewesen) als unvereinbar mit der Offenbarung Gottes aufzuzeigen. Die Frage nach der E. d. M. stellt sich heute im Horizont der in allgemeiner Form unbestritten angenommenen evolutionsbiologischen Sicht der ↗Hominisation (↗Evolution). Die Entwicklungsgeschichte der Menschheit ist hinsichtlich einiger markanter Phasen erforscht: Vor etwa 2,2 Millionen Jahren der »Homo habilis«, vor etwa 1,8 Millionen Jahren der »Homo erectus«, »Neanderthaler« um 300 000 v. Chr., »Homo sapiens« um 100 000 v. Chr. Daß dieser Prozeß seinen Ausgang aus dem Tierreich nahm, wird heute in der Forschung nirgendwo bestritten. Da die Evolutionshypothese hinsichtlich der menschlichen Leiblichkeit von den kirchlichen Lehrinstanzen toleriert wird, konzentriert sich die Frage nach der E. d. M. heute auf die Herkunft der menschlichen Seele, u. zwar sowohl beim Ablauf der evolutiven Hominisation als auch beim Werden des einzelnen Menschen. Wenn, wie im heutigen Gespräch von Theologie u. Naturwissenschaften festgestellt wird, die Evolution ein vieldimensionaler Prozeß der Selbstorganisation des Geschaffenen ist, der auf die schöpferisch-begründende Initiative Gottes zurückgeht, dann könnte die Erschaffung des ganzen Menschen (auch mit Hilfe des Gedankens der ↗Selbsttranszendenz) darin einbegriffen gedacht werden. Eine solche Sicht müßte die Überzeugung nicht behindern, daß »der Mensch« dabei zu einem personal bewußten Selbstverständnis u. Gottesverhältnis fähig wurde u. daß die Identität des menschlichen Individuums über den biologischen Tod hinaus bewahrt wird, kurz, daß »der Mensch« innerhalb der Evolution nicht ein Produkt des Zufalls ist.

Erscheinungen (Visionen) sind psychische Erlebnisse, über die visionäre Menschen berichten, sie hätten Personen (z. T. auch Objekte), die für die normale menschliche Erfahrung unzugänglich, unsichtbar u. unhörbar sind, auf sinnenfällige Weise wahrgenommen. *1. Vorkommen u. Eigenart.* In der Religionsgeschichte sind Erzählungen von E. in großer Mannigfaltigkeit registriert. AT u. NT berichten von E. Gottes (Theophanien), E. von ↗Engeln u. von verstorbenen Menschen. Die Beurteilung solcher Berichte muß zwei Faktoren berücksichtigen, die Glaubwürdigkeit der Erzählenden unter Beachtung der Umstände (Erschrecken; E. in Träumen usw.) u. die literarische Gestaltung (Intentionen u. Interessen). Zu den E. des vom Tod auferweckten Jesus: ↗Auferstehung Jesu Christi. In der Geschichte der ↗Mystik wird zwischen E. u. Visionen unterschieden. Visionen wären demnach die vorwiegend geistigen Vorgänge (innerliches Sehen), während E. von den äußeren Sinnesorganen wahrgenommen würden. Psychologische u. ärztliche Untersuchungen wenden sich Teilaspekten der Berichte über E. zu: E. als optische Phänomene u. damit oft verbundene akustische Wahrnehmungen (Auditionen) werden als Halluzinationen untersucht, weil sie auch experimentell (durch Drogen, Chemikalien) hervorgerufen u. wiederholt werden können. Autosuggestionen u. Massensuggestionen kommen in Betracht. Heftige psychische Erlebnisse, unter Umständen durch Fremdbeeinflussung stimuliert u. gesteigert, können nach außen projiziert werden (auch als Wunscherfüllungen aus dem Unbewußten; bei fehlgeleiteter religiöser oder sexueller Erziehung auch als Selbstbestrafung: ↗Besessenheit). Berichte über E. zeigen häufig die psychischen Vorprägungen durch Umwelt u. Kontext (die Personen tragen zeitbedingte Kleidung u. sprechen zeitgenössische Sprache mit diskutierten religiös-theol. Aktualitäten, Engel sind geflügelt, Themen beziehen sich auf aktuelle Konflikte usw.). Von E. ist zu allen Zeiten der Geschichte des Christentums berichtet worden; sie waren von großem Einfluß auf die offizielle Liturgie (eucharistische Prozessionen, Herz-Jesu-Verehrung, Rosenkranzandachten), deren Wert als Glaubensquelle daher kritisch zu betrachten ist, u. auf die Volksreligiosität (Wallfahrten). Die Gefahren durch Wundersucht, leichtgläu-

bige Verführbarkeit u. Habgier sind evident. Auffallend ist die Häufung der
Marienerscheinungen in der Neuzeit, sporadisch auch bei ostkirchlich-orthodoxen Christen, nicht jedoch im evangelischen Bereich: 1993 waren im
kath. Bereich aus der ganzen Geschichte 918 Marienerscheinungen registriert, davon 106 aus dem 19. u. 427 aus dem 20. Jh. – *2. Theol. Aspekte.*
Berichte über bloße psychische Erlebnisse haben keinerlei theol. Bedeutung; sind sie nicht mit Sensationsmache, Geltungsdrang u. Friedensstö-
rung verbunden, können sie als Manifestationen gesteigerter Religiosität
toleriert werden. Die meisten E. sind jedoch mit »Botschaften« verbunden,
die individuelle, aber auch kirchliche Geltung beanspruchen. Für sie gilt
das theol. Urteil, daß sie *ausnahmslos* zu den ↗Privatoffenbarungen gehören. Auch wenn sie sich auf Gott, Maria, Engel oder Heilige als Autoren
berufen, sind darin keinerlei Autorisierung u. Authentizitätsnachweis zu
sehen. Ob ihre Inhalte privat oder kirchlich ernsthaft beachtet u. akzeptiert
werden können, hängt davon ab, inwieweit sie mit *sicheren* Inhalten der
↗Offenbarung Gottes übereinstimmen. Über diese »mit dem Tod des letzten Apostels abgeschlossene« öffentliche Offenbarung hinaus ist keine inhaltlich neue Offenbarung mehr bis zur Vollendung der Geschichte mit der
↗Parusie zu erwarten (II. Vaticanum DV 4). Dementsprechend könnten
»Botschaften« bei E. ausschließlich den Sinn haben, Vertiefungen einer
bestimmten Überzeugung zu bewirken, auf vernachlässigte Schwerpunkte
aufmerksam zu machen. Auffällig sind das häufige Vorkommen von
Selbstverständlichkeiten (vermehrte Gebete, Förderung des Friedens usw.)
wie auch pathogenes Sühneverlangen. Daß sich Gott bei der Vermittlung
seiner Impulse kreatürlicher Botinnen u. Boten bedient, kann grundsätzlich nicht ausgeschlossen, kann aber auch in keinem einzelnen Fall von E.
nachgewiesen werden. Die kirchliche Leitungsinstanz besteht auf ihrer (im
18. Jh. geregelten) Kompetenz, E. zu beurteilen. Wenn sie eine Erscheinung
»anerkennt«, so bedeutet das nicht, daß diese tatsächlich stattgefunden hat
oder daß ihre »Botschaft« im Glauben anzunehmen sei; auch Katholiken
sind grundsätzlich frei, E. anzunehmen oder abzulehnen. Die kirchliche
Approbation bezieht sich nur auf die Nichtwidersprüchlichkeit einer »Erscheinung« u. ihrer »Botschaft« im Verhältnis zur Offenbarung.

Erwählung, in erster Linie die freie Entscheidung Gottes, Israel zu seinem
für alle Zeiten geliebten Eigentumsvolk zu machen, ohne daß diese Wahl in
besonderen Qualitäten Israels begründet wäre (Dtn 7,7; 9,4ff.). Für Israel
bedeutet das Absonderung von allen anderen Völkern mit ihren religiösen
Kulturen u. Annahme des von Gott begründeten besonderen Verhältnisses
zu ihm (Dtn 4,37; 7,6ff.; 10,15; 14,2). Der Gegenbegriff zu E. ist Verwerfung. Die E. Israels bedeutet keineswegs Verwerfung der nichterwählten
Völker; »auserwähltes Volk« zu sein, ist kein Anlaß zu Hochmut u. Über-

heblichkeit, sondern bedeutet Indienstnahme für die anderen (Gottesknecht u. Völkerwallfahrt in den Jesaja-Büchern). Im Zusammenhang
mit den leidvollen Erfahrungen des ↗Antijudaismus u. Antisemitismus ist
die Erkenntnis besonders wichtig, daß für das NT die E. Israels ausdrücklich weiterbesteht (Röm 9, 4 f. 11; 11, 18 29; 15, 8). Wenn 1 Petr 2, 9 f.
Ehrentitel Israels (auserwähltes Geschlecht, königliche Priesterschaft, heiliges Eigentumsvolk, begnadigtes Volk Gottes) auf die christliche Glaubensgemeinschaft übertragen werden, so ist der gedankliche Hintergrund
der, daß Heidenchristen in das Erwählungshandeln Gottes an Israel einbezogen werden (Apg 15, 7), u. keineswegs der, daß die E. der Kirche nun
die E. Israels abgelöst habe (vgl. auch ↗Bund). Im NT wird ohne antijüdische Tendenz von der E. Jesu Christi zum erwählten = geliebten Sohn (Lk
9, 35; Mk 1, 11) u. von der E. der Mitglieder der Christengemeinden (häufig) gesprochen, wobei aus der E. von Christen ebenfalls die Konsequenz
einer Indienstnahme gezogen wird. In der Theologiegeschichte wurde der
Begriff E. individualisiert auf die freie, ungeschuldete ↗Gnade (in der reformatorischen Theologie unter dem Begriff ↗Prädestination) hin, oder
aber in die Überlegungen zur ↗Heilsnotwendigkeit der Kirche integriert.

Eschatologie (griech. = die Lehre vom Letzten). *1. Begriff u. Traktat.* Ausgehend von der biblischen Mahnung, bei allem Tun das Letzte (griech. »ta
es-chata«) zu bedenken (Sir 7, 36), wurde im 17. Jh. der Begriff E. für das
Lehrstück der Dogmatik geprägt, das auch »Lehre von den ↗Letzten Dingen« hieß u. das sich mit der ↗Zukunft u. der ↗Vollendung der einzelnen
Menschen u. der Schöpfung im ganzen befaßt. In diesem Sinn spricht auch
die Religionsgeschichte von E. In der soziologischen, politologischen u.
philosophischen Futurologie wird der Begriff E. gelegentlich ebenfalls verwendet; er meint dann die Erforschung der wissenschaftlich prognostizier-
baren Möglichkeiten der Geschichte, ohne eine Vollendung in Betracht zu
ziehen. In den Glaubensbekenntnissen wird die christliche Erwartungs- u.
Hoffnungshaltung ausgesprochen im Hinblick auf das (Wieder-) Kommen
Jesu als Richter über Lebende u. Tote (↗Parusie), auf die ↗Auferstehung der
Toten u. das ↗Ewige Leben. In der alten Kirche wurden die einzelnen biblischen Aussagen, außer denen über die genannten Themen auch diejenigen über ↗Tod, ↗Himmel, ↗Hölle, ↗Seele, ↗Leib, ↗Ewigkeit u. die über das
katastrophische Ende der Welt eingehend, aber isoliert behandelt. Einige
wenige Theologen brachten ihre geschichtstheologischen Überlegungen in
eine systematische Gestalt (Irenäus von Lyon † um 202: ↗Anakephalaiosis;
Origenes † 253: ↗Origenismus; Augustinus † 430: ↗Augustinismus). Da die
biblischen Zeugnisse vielfach als relativ dürftig empfunden wurden, fanden außerbiblische Texte über Jenseitsreisen u. Visionen große Aufmerksamkeit. Die Beschäftigung mit den Einzelthemen der E. geschah im Hori-

zont des als selbstverständlich hingenommenen antiken ↗Weltbildes, das mit dem »Himmel« oben als der Wohnstätte Gottes u. dem Versammlungsraum der Seligen sowie mit der Unterwelt als der unterirdischen Strafhölle rechnete. Diese »Jenseitsgeographie« erleichterte die Auffassung, die Zukunft bestehe aus letzten »Dingen«. Die biblische ↗Naherwartung verband sich mit der bei Kirchenvätern geläufigen Theorie, der Kosmos sei alt u. erschöpft u. stehe deshalb vor seinem Ende, eine Meinung, die ↗Weltflucht u. -verachtung begünstigte u. dazu beitrug, daß die Geschichte nur als Ort der Prüfung u. Bewährung, um in den Himmel zu kommen, aufgefaßt wurde. Die mittelalterliche Theologie kam über die Sammlung u. Kommentierung biblischer Einzelthemen zur E. kaum hinaus. Kirchenamtliche Stellungnahmen betrafen den ↗Chiliasmus u. das Schicksal der menschlichen ↗Seele sofort nach ihrem Tod. Eine kath. Sonderlehre wurde beim Thema des ↗Fegfeuers entwickelt. Auch die Theologie der Reformatoren fand noch nicht zu einem systematischen Traktat der E. Die Anfänge eines solchen finden sich in der ev. Theologie bei F. Schleiermacher († 1834), in der kath. Theologie vor allem in der Tübinger Schule des 19. Jh., wobei die Einflüsse G. W. F. Hegels († 1831) mit seinem Bedenken des zielgerichteten Geschichtsprozesses u. seiner Vollendung nicht zu verkennen sind; von da an wurde das Zentralthema Jesu, die ↗Herrschaft Gottes, das durch Jahrhunderte von der Himmelssehnsucht verdrängt worden war, wieder theologisch relevant. Allerdings blieb der Traktat »De novissimis« (über die letzten Dinge) in der kath. neuscholastischen E. bis in die 2. Hälfte des 20. Jh. eine jenseitsorientierte Sammlung einzelner Lehrstücke, bei der Bibeltexte als Informationsmaterial benützt wurden. – *2. Erneuerung der E.* Entscheidende Veränderungen der kath. E. sind H. U. von Balthasar († 1988) u. K. Rahner († 1984) zu verdanken. Bei den Bibeltexten unterschied von Balthasar zwei nicht miteinander vereinbare Aussagereihen, die mit Drohungen einer ewigen Verwerfung arbeitende u. die Hoffnung stiftende. Dementsprechend teilte sich für ihn die E. in eine solche der Hoffenden (mit Origenes als großem Impulsgeber) u. in eine solche der Wissenden (angeführt von Augustinus). In seiner Geschichtstheologie kam von Balthasar, christologisch u. soteriologisch begründet, einer ↗Apokatastasis sehr nahe. Die Redeweise von den »letzten Dingen« wollte er verändert sehen in das Bedenken der »letzten Begegnungen«, nämlich mit dem erbarmungsvoll richtenden, läuternden u. rettenden Gott. Rahner verwies auf die Notwendigkeit einer ↗Hermeneutik biblisch-eschatologischer Aussagen, bei denen es sich nicht um vorausschauende Reportagen des noch ausständigen Kommenden handle, sondern um Ansagen der »je jetzt« gegebenen Situation u. der in ihnen liegenden, auf die Zukunft gerichteten Möglichkeiten. Die humanisierende Arbeit an der innerweltlichen Zukunft wird, im Zeichen der Einheit von Gottes- u. Menschenliebe, als eigentlich religiöse Aufgabe verstanden, bei der in der fortschreitenden Befreiung (Emanzipation) von Menschen eine glaubend-hoffende Offenheit für das Ankommen einer anderen, der endgültigen, »absoluten« Zukunft, die Gott selber ist, verwirklicht wird. Die Arbeit an der innerweltlichen Zukunft ist so unabdingbare Voraussetzung der Vollendung, führt diese von sich aus aber nicht herbei. Die Vollendung (das Eintreten der Menschen u. des von ihnen Erwirkten in den Zustand der Endgültigkeit) bleibt unter dem »eschatologischen Vorbehalt« Gottes. Die neuere ↗Politische Theologie stellt die Fragen, ob die Menschheitsgeschichte tatsächlich unter dem Vorzeichen eines evolutiven Fortschritts stehe oder ob die Menschheit nicht imstand sei, Gottes Absichten mit der Schöpfung zerstörerisch zu durchkreuzen. Jedes theol. Nachdenken über die Zukunft muß ihrer Meinung nach die Erinnerung an die Opfer der Geschichte u. die Leidenden einbeziehen; die christliche Verantwortung für eine rettende Zukunft soll im Zeichen apokalyptischer Naherwartung unter Handlungsdruck gesetzt werden. In der ev. Theologie ist außer dem konstanten Nachwirken Schleiermachers ein Neuansatz der E. bei K. Barth († 1968) zu registrieren, in dem allein die Begegnung des Menschen mit dem »ganz anderen«, transzendenten Gott von Bedeutung ist u. die biblischen Ansagen sowohl zum Reich Gottes als auch zum Weltuntergang nur noch zum Protest gegen den Kulturprotestantismus taugen. R. Bultmann († 1976) war derjenige, der die »präsentische« johanneische E. wieder zur Geltung brachte u. die zeitliche Zukunft für unerheblich erachtete. Jeden Augenblick könne das ↗Kerygma den Sünder treffen, so daß er für ihn zum eschatologischen Augenblick werde, den es wahrzunehmen gelte. Die ev. Politische Theologie protestierte gegen diese extrem individualisierende, sich der Welt- u. Zukunftsverantwortung verweigernde Sicht. Ungeachtet der Beobachtung, daß die Verheißungen des AT durch Jesus Christus keineswegs völlig u. universal »erfüllt« sind, sondern jede teilhafte Erfüllung einen Verheißungsüberschuß zutage treten läßt, stellt sich ein Teil der ev. E. unter das Vorzeichen einer radikalen Christozentrik. Das führt z. B. bei W. Pannenberg dazu, von einer ↗Antizipation der verheißenen Zukunft in Jesus Christus zu sprechen u. das Geschichtsgeschehen von da her verstehen zu wollen, ungeachtet dessen, daß ein vorweg ereignetes ↗Ende ein Widerspruch in sich ist. – Das in vielfachen Bedeutungen auftretende Eigenschaftswort *eschatologisch* ist dann eindeutig, wenn es nicht für Voraussagen der Zukunft oder für apokalyptische Endzeit steht, sondern ein Verhältnis Gottes zu Schöpfung u. Menschheit u. die Offenbarung dieses Gottesverhältnisses als »endgültig« u. »unüberholbar« charakterisiert.

Esoterik (griech. = Lehre von einem Sonderwissen). »Esoterisch« hieß in der Antike das einem vertrauten (Schüler-)Kreis Mitgeteilte; das Hauptwort E. wurde im 19. Jh. als Sammelbegriff für ↗Theosophie, ↗Okkultismus u. ↗Spiritismus geprägt. In der Umgangssprache kann E. heute alles bezeichnen, was einer breiten Allgemeinheit nicht zugänglich ist. Eine neue esoterische Bewegung erfaßte seit den 80er Jahren des 20. Jh. weite angloamerikanische u. europäische Kreise, unterstützt durch eine weltanschauliche (populärphilosophische) Literatur, mit dem Ziel, sicheren Halt in den (post-)modernen Gefährdungen vor allem der psychischen Zustände zu gewinnen. Die ↗Weltanschauung der E. ist ein diffuses Mischgebilde astrologischer u. mystischer Anschauungen mit populären naturwissenschaftlichen u. psychologischen Erkenntnissen. Sie lehrt die Möglichkeit, mit den unterschiedlichsten (vor allem auch asiatischen) Methoden höherer Erkenntnis ein Einsichts-Wissen zu erwerben u. das eigene Bewußtsein in der Richtung eines kosmischen Einswerdens zu transzendieren. Auf diesen Wegen sollen seelisch-körperliche Heilung u. neue Lebensenergien gewonnen werden. Diese moderne E. weist unübersehbar auf emotionale Defizite in den traditionellen Religionen u. Gemeinden u. auf eine verbreitete Ablehnung von rational reflektiertem Glaubenswissen hin.

Ethik (griech. = die Lehre vom sittlichen Sollen) als Wissenschaft ist ein grundlegender Teil der *praktischen Philosophie* (manchmal auch »Moralphilosophie« genannt). Sie befaßt sich mit den Normen für das menschliche Handeln u. mit deren vernunftmäßiger u. argumentativer Begründung. Die philosophische E. ist streng zu unterscheiden von einer theol. E. (vorwiegend im kath. Sprachgebrauch ↗Moraltheologie genannt), die die Normen für das sittliche Handeln von dem in der Offenbarung ergangenen u. von der Kirche bezeugten ↗Wort Gottes her begründet. Die philosophische E., die sich mit der ↗Sittlichkeit des Menschen befaßt, wendet ihre wissenschaftlich-methodische Reflexion einem Urphänomen im Selbstverständnis des Menschen zu: Der Mensch erfährt sich in seinem Selbstvollzug als ein Wollender, der sich selber in der Aktualisierung dieses Wollens »willig« (frei-willig) auf das ↗Gute oder auf das ↗Böse hin verfügt. Im freien Selbstvollzug des Menschen als geistiger ↗Person ist dieser Unterschied zwischen Gut u. Böse in Gesinnung u. Handlung immer schon mitgewußt. Die sich selber frei vollziehende Person erfährt sich selber dabei als sittlichen Grundwert. In einer am Glauben orientierten philosophischen E. wird diese »Grund-Wert-Erfahrung« thematisiert; von ihr aus kann die geistige Person als eine verstanden werden, die zugleich ihre »Natur« (↗Sittengesetz) u. ihre Hinordnung auf ein letztes Ziel sittlich-verantwortlich vollzieht, die als solche absolut gewollt ist, so daß aus ihrer absoluten Gewolltheit der unbedingt verpflichtende Charakter jener sittlichen Werte abgeleitet werden kann u. muß, die der Verwirklichung jener absolut gewollten geistigen Person dienen. In der philosophischen E. werden in sinnvoller Weise die einzelnen Seinsbezüge dieser Person, ihr Verhältnis zu sich selber, zu anderen freien Personen (Mitmenschen), zur Menschengemeinschaft im ganzen, zur ↗Umwelt u. letztlich zu Gott einer wissenschaftlichen Analyse unterzogen u. für die konkreten Vollzüge konkrete ethische Normen formuliert. Eine Aufteilung dieser Analyse führt zur Unterteilung der allgemeinen E. in eine Individualethik u. in eine ↗Sozialethik (vielfach spezialisiert, z.B. als Wirtschaftsethik, Umweltethik usw.). Der sich daraus ergebenden objektiven sittlichen Ordnung ist die unmittelbare subjektive Norm des jeweils sittlich Handelnden zuzuordnen: das ↗Gewissen des einzelnen Menschen, dessen Spruch letztlich den Wert oder Unwert einer konkreten Handlung bestimmt. Somit ergeben sich letzte Prinzipien für das Gewissen wie: Objektiv schlechte Mittel werden nicht durch einen subjektiv guten Zweck gerechtfertigt; ein als verpflichtend begriffener sittlicher Wert kann nicht einem vorsittlichen Teilwert des menschlichen Daseins geopfert werden. – Die Analyse des Gesollten kann anhand leitender Schwerpunktsetzungen erfolgen. Demgemäß lassen sich in der Geschichte der E. unterscheiden: *Tugendethik*, von Aristoteles († 322 v.Chr.) in der Entwicklung des systematischen Verständnisses der ↗Tugend konzipiert; *Gesetzesethik*, von Thomas von Aquin († 1274) auf der Basis der Tugendlehre als Theorie des Sittengesetzes erörtert; *Pflichtethik* nach I. Kant († 1804) als Bewußtsein der mit dem ↗Kategorischen Imperativ gegebenen moralischen Verpflichtung (im 20. Jh. weiterentwickelt in der auf ↗Konsens hin orientierten *Diskursethik*); *Nutzenethik* als Reflexion über einen Ausgleich der individuellen Eigeninteressen (↗Utilitarismus); *Wertethik* (M. Scheler † 1928; N. Hartmann † 1950) mit dem Ausgangspunkt bei den von allen Menschen »erfühlbaren« Grundwerten. Im Zusammenhang mit solchen unterschiedlichen Konzeptionen ist der von M. Weber († 1920) thematisierte Unterschied von ↗Gesinnungsethik u. ↗Verantwortungsethik von Bedeutung. Schließlich bedingen auch komplexe Tätigkeitsfelder eigene ethische Konzeptionen (z.B.»medizinische E.«).

Eucharistie (griech. »eu« = gut, »charis« = Geschenk, Gunst, »eucharistein« = sich reich beschenkt dankend verhalten, »eucharistia« = Danksagung), eines der beiden höchsten kirchlichen ↗Sakramente, die Liturgie, in der die Kirche der Machterweise Gottes des Vaters in seinem Liebeswillen zur Schöpfung, zur Erwählung u. Befreiung Israels, zur Sendung seines Sohnes Jesus Christus, des Lebens, des Todes u. der Auferweckung Jesu im Heiligen Geist dankend gedenkt u. in dieser Erinnerung dieses Heilsgeschehen als gegenwärtig wahrnimmt. So glaubt die Kirche an das wirkliche Gegenwärtigsein Jesu in der verwandelnden Symbolhandlung mit den Gaben von Brot u. Wein u. an das gemeinschaftsbildende Wirken des Hl. Geistes in dieser Feier in der Gestalt eines gemeinsamen Mahlhaltens. – *1. Zur neutestamentlichen Herkunft:* ↗Abendmahl. – *2. Zur Geschichte.* Die Möglichkeit von Vergegenwärtigung (realer Gegenwart) durch Erinnerung (↗Anamnese) ist der Judentum u. Hellenismus verbindende Gedanke. Das Gedenken der christlichen Gemeinde geschieht nicht eigenmächtig, sondern durch den Hl. Geist, den sie, der Erhörung gewiß, in der ↗Epiklese um sein Wirken bittet. Aus der Überzeugung, daß Jesus Christus in einer neuen Weise bei seinen Gläubigen gegenwärtig ist, entsteht das Verständnis, daß er in Wirklichkeit der eigentliche Liturge ist. Im Glauben an seine Selbstgabe beim Abendmahl an die Seinen u. am Kreuz in die Hände des Vaters kommt im 2. Jh. die Auffassung auf, in der E. sei die Verheißung eines »reinen Opfers« (Mal 1, 11) erfüllt. Die in der frühchristlichen Gemeinde gemiedenen Begriffe »Priester« u. »Opfer« werden nun kirchlich adaptiert (Cyprian † 258). Ambrosius († 397) befaßt sich unseres Wissens erstmals genauer mit der Verwandlung (griech. »metabole«) der Gaben. Augustinus († 430) sieht die E. im Rahmen seiner Zeichentheorie (↗Sakrament), in der das Zeichen als das eigentlich Wirkliche gilt, u. wendet sich der kirchebildenden Kraft der E. zu. Der Einfluß des germanischen Denkens verursacht zwei Abendmahlsstreite im 9. u. 11. Jh., in denen deutlich wird, daß die Wirklichkeit von Abbild, Symbol u. geistiger Gegenwart nicht mehr begriffen wird (»figura«, später »signum«, wird gegen »veritas« ausgespielt; Symbolismus steht gegen krassen Realismus). Im 11. Jh. bahnt sich die spätere Lehre von der ↗Transsubstantiation an (röm. Synode 1079). Auf die Einwände der Reformatoren gegen die Transsubstantiationslehre, den Opferbegriff in der Theorie des ↗Meßopfers u. die Verweigerung der Kelchkommunion für Laien (↗Abendmahl) reagiert das Konzil von ↗Trient mit umfangreichen Erklärungen: In der E. ist der Leib u. das Blut Jesu Christi zusammen mit seiner Seele u. seiner Gottheit »wahrhaft, wirklich u. wesentlich (substantialiter)« u. nicht nur in Zeichen, Bild oder Wirksamkeit gegenwärtig. Dies geschehe dadurch, daß die ganze Brotsubstanz (Substanz = das geistige Wesen) in den Leib u. die ganze Weinsubstanz in das Blut Jesu Christi verwandelt werden, während die ↗Species von Brot u. Wein erhalten bleiben; diese Wandlung werde »sehr treffend« (»aptissime«) Transsubstantiation genannt. Auf die Warnung der Reformatoren, daß die Meßopferlehre das einmalige Geschehen am Kreuz entwerte, antwortet das Konzil von Trient, daß die E. die Darstellung (»repraesentatio«), das Gedächtnis (»memoria«) u. die Zuwendung (»applicatio«) jenes einmaligen Kreuzesopfers sei. Die Verweigerung des Laienkelchs wird vom Konzil (nicht dogmatisch verpflichtend) verteidigt, weil »der ganze, unversehrte Christus« auch unter »der bloßen Gestalt des Brotes genossen« werde (sog. Konkomitanzlehre). – *3. Heutige Aspekte.* Die in ökumenischem Geist erneuerte kath. Theologie der E. im 20. Jh. hat ein erweitertes Verständnis der Gegenwartsweisen Jesu in der E. gewonnen;

die reale Gegenwart ist die Gegenwart des erhöhten, in seiner Leiblichkeit »verklärten« Jesus, also eine somatisch-pneumatische, nicht physikalisch-räumliche Realpräsenz, die eingebettet ist in die »Aktualpräsenz« seiner ganzen heilwirkenden Existenz. Dazu gehört wesentlich das versöhnende Geschehen am Kreuz. Die Feier ist Mitvollzug der Selbstgabe Jesu an den Vater in seinem Tod durch die Glaubenden u. in diesem Sinn ein »Opfer der Kirche«. Jesus Christus als der eigentliche Liturge gibt diese Gegenwart u. damit sich selber den Glaubenden (alle Sakramente sind »Sakramente des Glaubens«) im Zeichen eines Mahles, das als solches gemeinschafts-stiftenden Charakter hat. Die heutige eucharistische Liturgie ist durch ze-remonielle Einflüsse u. Ästhetisierungswillen als Feier der Gegenwart Jesu geprägt, während ihre ursprüngliche Gestalt als Brotbrechen, Miteinander-Teilen u. Mahlhalten hinter den rituellen Subtilitäten verschwindet. Die Verehrung der eucharistischen Brotgabe außerhalb der Eucharistiefeier (Anbetung vor dem Tabernakel, Prozessionen) soll ihren antireformatori-schen Protest- u. Demonstrationscharakter verlieren u. den Zusammen-hang mit der gemeinschaftlichen Feier erkennen lassen. Die früher übliche Trennung des dogmatischen Lehrstücks über die E. in Sakrament, Meß-opfer u. Kommunion wird nicht mehr aufrechterhalten. Zu den wesent-lichen offen gebliebenen Fragen gehört die nach einer eucharistischen Ge-meinschaft der in Kirchen von einander getrennten Christen. Die volle gegenseitige Abendmahlsgemeinschaft (mit Predigt u. Kommunion) heißt »Interkommunion«. Die allgemeine Öffnung der Abendmahlsgemein-schaft für Mitglieder anderer Kirchen heißt »offene Kommunion«, die es auf Ausnahmefälle begrenzt geben kann. Die Beschränkung der Abend-mahlsgemeinschaft auf Mitglieder der eigenen Kirche heißt »geschlossene Kommunion«. Der offizielle röm.-kath. Standpunkt besagt, daß die E. Zei-chen der vollen bestehenden Einheit im Glauben ist u. die kath. Kirche deshalb an der »geschlossenen Kommunion« festhält. Da im Abendmahl der reformatorischen Kirchen »die ursprüngliche u. vollständige Wirklich-keit (substantia)« des eucharistischen Mysteriums nicht bewahrt sei (II. Vaticanum UR 22), ist Katholiken die Teilnahme an diesem Abend-mahl nicht erlaubt (CIC von 1983 c. 844 § 1). Angehörige reformatorischer Kirchen können unter bestimmten Bedingungen an der kath. eucharisti-schen Kommunion teilnehmen (ebd. c. 844 § 4). Da die orthodoxen Ost-kirchen trotz der Trennung wahre Sakramente besitzen, »vor allem die E.«, »wodurch sie in ganz enger Verwandtschaft bis heute mit uns verbunden sind«, ist eine wechselseitige eucharistische Gemeinschaft mit ihnen unter bestimmten Bedingungen »nicht nur möglich, sondern auch ratsam« (UR 15). Bei den orthodoxen Ostkirchen sind nur seltene Ausnahmen von ihrer »geschlossenen Kommunion« gestattet. Die aus der Reformation hervorgegangenen Kirchen praktizieren im allgemeinen die »offene Kom-

munion« auch für röm.-kath. u. orthodoxe Christen. Der theol. Haupt-
einwand gegen diese Beschränkungen besteht in den Hinweisen, daß die
E. schon vom Altertum an nicht nur als Bekenntnis bestehender Einheit im
Glauben, sondern auch als Mittel u. Weg zu ihr verstanden wurde, u. daß
der Hl. Geist eine substantielle Einheit im Glauben u. eine sakramentale
Einheit durch die Taufe aufrechterhalten hat u. immerfort neu erwirkt.

Eva (hebr. »chawwah«, wohl = die Lebendige), in der Bibel die erste Frau,
↗Adam partnerschaftlich zugesellt. In der Erzählung von ihrer Erschaffung
aus einer Rippe des Adam werden ihre Wesensgleichheit u. Gleichwertigkeit mit dem Mann wie ihre Verschiedenartigkeit von ihm angesprochen,
näher verdeutlicht durch die ↗Namen-Gebung: sie steht auf einer Ebene
wie der erste Mann, herausgehoben über alle anderen Lebewesen, das »Gegenüber« des Mannes (Gen 2,23). Zusammen mit ihm hat sie den Auftrag,
die Erde als Schöpfung Gottes u. als gemeinsames Lebenshaus zu hüten u.
dafür Verantwortung zu tragen (beide zusammen sind Bild, d. h. Repräsentanten Gottes; Gen 1,26 ff.). Biblische Texte der spät-atl. u. der ntl. Zeit
haben bei der Auslegung der E.-Gestalt in übersteigerter Abwehrhaltung
gegenüber der eigenen sexuellen Bedrohtheit u. in Auseinandersetzung mit
hellenistischen Auffassungen zu negativen Klischees gegriffen, um ihre
eigene Tradition zu verteidigen, u. dadurch eine verhängnisvolle Fehldeutung Evas als Urbild der verführerischen Frauen eingeleitet.

Evangelisch ist ein schon in der frühen Kirche geläufiges Wort, das ein
Leben gemäß dem ↗Evangelium bezeichnet. In der Kirchengeschichte wurde es von spirituellen Bewegungen, aber auch von Reformkreisen benutzt.
Den Reformatoren u. vor allem M. Luther († 1546) galt das Evangelische
als Kriterium nicht nur für Kritik u. Reform der Kirche, sondern auch für
den richtigen Glauben. Es ist sehr stark an Paulus orientiert: Der allein
rechtfertigende ↗Glaube (↗Sola fide) ist eine personale Begegnung mit Jesus Christus im lebendigen ↗Wort Gottes. Da die vollständige Sündigkeit
des Menschen vor Gott ihn in keiner Weise dazu befähigt, etwas zu seinem
Heil beizutragen, ist dieser Glaube allein aus ↗Gnade (↗Sola gratia) geschenkt, ein Wagnis gläubiger Existenz aus dem Evangelium, vom Menschen trotz der nach der Taufe bleibenden Sündigkeit (↗Simul iustus et
peccator) auf sich genommen. Der Glaube gründet allein auf der ↗Heiligen
Schrift (↗Sola Scriptura) u. den beiden von Jesus Christus eingesetzten
↗Sakramenten Taufe u. Abendmahl, nicht auch auf der Autorität der Kirche u. ihrer ↗Tradition. Die Bibel soll nach Luther nicht gesetzlich, sondern
als Gnadenbotschaft verstanden werden: Das »sola Scriptura« gilt nur, »soweit es Christum treibet«. Jesus Christus aber ist Herr u. Erlöser, menschgewordener Gott, wie es das festzuhaltende altkirchliche ↗Dogma sagte. Er

ist nicht Gesetzgeber u. Stifter der Kirche im römisch-katholischen Sinn. Er ist gegenwärtig durch den Heiligen Geist in Wort u. Sakrament, mit der Betonung des Wortes: die Predigt steht im Mittelpunkt des Gottesdienstes. Diese Gegenwart Jesu Christi in seiner Kirche steht nicht im Zeichen der zwar zukünftigen, jetzt aber schon anbrechenden Herrlichkeit, sondern im Zeichen des ↗Kreuzes u. Leidens, der ↗Sünde, als deren Folge dann auch die Spaltung der Christenheit verstanden wird. Gnade ist Gottes Gnädigsein in Jesus Christus (↗Rechtfertigung). Sie ist zwar die wirkliche Neuschöpfung des Menschen zur neuen Kreatur, bringt zwar gute Werke hervor, ist aber nie so dem Menschen gegeben, daß er nicht Sünder bliebe. Ein unfehlbares Lehramt gibt es nicht; das Wort der Heiligen Schrift legt sich selber aus. Hinsichtlich der Auffassung des Kirchenrechts u. des Amtes gibt es in den aus der Reformation hervorgegangenen Kirchen große Unterschiede. Gemeinsam u. grundlegend ist die Ablehnung eines geweihten ↗Priestertums u. des ↗Meßopfers; daher wird der Aufbau der Kirchen aufgrund des allgemeinen Priestertums der Gläubigen von der Gemeinde her verstanden. Die geläufige Zusammenfassung des Evangelischen auf die Formel von der »Freiheit eines Christenmenschen« ist heute insofern mißverständlich, als sie ursprünglich nicht, wie in manchen späteren »liberalen« Ausprägungen, die Freiheit von der Gewissensbindung an Dogma u. Bekenntnis (vor allem zur Gottheit Jesu Christi) meinte, sondern negativ die Freiheit von kirchlicher Gesetzlichkeit, positiv die vom Heiligen Geist gewirkte Spontaneität der Gottesliebe zum Tun des Willens Gottes. – Der Begriff »Protestantismus« (lat. = Bewegung des Widerspruchs) wurde von der sog. Protestation lutherischer Reichsstände auf dem 2. Reichstag zu Speyer 1529 für die Gesamtheit der aus der Reformation des 16. Jh. hervorgegangenen Glaubensgemeinschaften u. deren theol. Lehren verwendet, denen als Grundzug der Protest gegen das Römisch-Katholische gemeinsam war. Im Wort »Protestantismus« kommt dasjenige, was die Reformatoren positiv als Rückkehr zum Evangelium beabsichtigten, nicht so gut zum Ausdruck. Zu den schon im 16. Jh. entstandenen konfessionellen (bekenntnismäßigen u. institutionellen) Differenzierungen in »Lutheraner« u. »Reformierte« kamen noch viele andere (Anglikanische Kirche, Methodisten, Freikirchen usw.) hinzu, deren Selbstverständnis heute sämtlich nicht durch den bloßen Protest gegen das Römisch-Katholische gekennzeichnet ist, so daß »evangelisch« die bessere Sammelbezeichnung bleibt. Das Römisch-Katholische bedarf des Evangelischen u. seines Einspruchs zur ständigen Besinnung u. Korrektur.

Evangelische Räte gehen auf eine Eigenart der Verkündigung Jesu zurück, sich mit bloßer Gesinnung nicht zufrieden zu geben u. Menschen nicht mit Geboten u. Leistungsdruck zu überfordern, sondern den Anspruch Gottes im Hinblick auf die Geltung seiner ↗Herrschaft u. auf die ↗Nachfolge Jesu an Beispielen zu konkretisieren. In »Räten« oder Empfehlungen des ↗Evangeliums wird das entscheidende Doppelgebot der Gottes- und Menschenliebe auf verschiedene Lebenssituationen hin formuliert oder konkretisiert. Die kirchliche Tradition hat solche »Räte« sehr selektiv wahrgenommen, z. B. die höchst eindrücklichen Räte zum Gewaltverzicht oder zur Absage an hierarchische Herrschaft »ausgeblendet« u. statt dessen die Lehre von drei »klassischen« E. R. herausgebildet: Armut, Ehelosigkeit u. Gehorsam. Die ↗Armut nimmt in der Verkündigung Jesu insofern den ersten Rang ein, als er nachdrücklich auf die den Menschen in seinem Selbstverständnis u. in seiner mitmenschlichen Solidarität bedrohenden Gefahren von Besitz u. Reichtum hinwies. Die Ehelosigkeit ist im Zusammenhang mit der ↗Naherwartung Jesu, die das Ende aller menschlichen Institutionen voraussah, ein »Rat«. ↗Gehorsam ist bei Jesus nur als Gehorsam gegenüber Gott von Bedeutung. Die Unterscheidung von ↗Geboten Gottes mit Geltung für alle (Getauften) u. Räten für diejenigen, die nach größerer Vollkommenheit streben, ist erstmals bei Ambrosius († 397) bezeugt. Vom 12. Jh. an werden die drei klassischen E. R. zum Gegenstand der Gelübde beim Eintritt in ein Ordensleben, mit Geltung im kath. Kirchenrecht bis heute. Die Kritik an den drei klassischen E. R. weist darauf hin, wie wenig bei ihnen die breiten Möglichkeiten immer größerer Liebe Raum erhalten u. wie sehr sie einen Vollkommenheits- u. Standesdünkel fördern. Die Befürworter der Dreiheit der E. R. beschädigen die Konzeption der »Räte« durch Übertreibungen, wenn sie sie als zum Wesenskern der christlichen Identität gehörig erklären, die ökologische u. gesellschaftliche Zukunft der Menschheit an den Geist dieser Räte binden u. das Leben nach genau diesen Räten als »freiheitsstiftende Provokation« ausgeben.

Evangelium (griech. = die gute Botschaft), ein Wort, das außerhalb des NT eine gute Nachricht bezeichnet, im NT theol. gefüllt ist: Die von Gott durch Jesus Christus kommende gute Kunde oder die Botschaft vom Wirken Gottes in Jesus Christus zum Heil der Menschen. Adressat des Ev. Jesu ist der arme Mensch (Mt 11, 5), der sich in einer Situation des Elends vorfindet, die keine hoffnungsvollen Perspektiven bietet, u. sich auch einer Situation der Schuld vor Gott bewußt ist, so daß er von ihm Ablehnung u. Unheil erwarten müßte. Ihm sagt die gute Kunde an, daß ihm die liebende u. vergebende Zuwendung Gottes gilt, daß die ↗Herrschaft Gottes ihm die endgültige Befreiung u. Rettung verheißt, so daß Grund zur Hoffnung ist, u. daß Gottes Herrschaft in dieser Welt bereits wirksam geworden ist (Mk 1, 14 f.) u. sie zur Vollendung führen wird. Diese Inhalte werden in den einzelnen Schriften des NT unterschiedlich akzentuiert (ein bedeutender Begriff ist E. bei Paulus). Der Begriff E. wird sodann ausgedehnt auf das-

jenige, was Augen- u. Ohrenzeugen von Jesus selber wahrgenommen haben. Die Existenz, die Rede u. das Leben Jesu werden so zu einem Inhalt
des Ev. (aber nicht zu einer Biographie im modernen Sinn). Mit E. in der
Einzahl wird in der kirchlichen Sprache bis heute die ganze Verkündigung
des ↗Wortes Gottes bezeichnet (Predigt, Unterricht, Lehre, »Evangelisa-
tion« u. Mission, praktisches Zeugnis des Lebens). Bei der Verkündigung
des ganzen Wortes Gottes (nicht nur des E. aus dem NT) wird Gott der
Gemeinde gegenwärtig, ereignet sich reale Gegenwart Jesu Christi (II. Vaticanum SC 7). Nach einer früh bezeugten Glaubensüberzeugung bewirken Verkünden u. Annahme des E. die Vergebung der Sünden. Daraus
müßte sich eine »Aufwertung« des Wortgottesdienstes in der kath. Kirche
ergeben. Die erstrangige Aufgabe des kirchlichen Amtes in allen drei Weihestufen ist die Verkündigung des E. (II. Vaticanum LG 28). – *Die Evangelien als Schriften.* In der frühen Kirche entstand eine Vielzahl von Evangelien, aber allgemeine Anerkennung erlangten nur vier (diejenigen nach
Matthäus, Markus, Lukas u. Johannes), die als anerkannte zuerst im
»Kanon Muratori« (um 200) bezeugt sind. Sie verbinden biographische
Absichten im Sinn antiker (nicht moderner!) Biographien mit dem Glaubenszeugnis u. mit genaueren, von aktuellen Fragen bedingten Glaubens-
interpretationen. Auf der Basis älterer Traditionsstücke formen sie die Reden u. die Praxis Jesu in mannigfaltiger literarischer Gestaltung. Die
heutige, schon um 200 vorkommende Reihenfolge besagt nichts über die
Entstehungszeit; sie ergab sich aus der Häufigkeit der liturgischen Verwendung. Wegen der zeitgeschichtlichen Umstände, die sich aus den Evangelien erschließen lassen, u. wegen des theol. Reflexionsstandes wird (gegen den Widerstand des wissenschaftsfeindlichen ↗Fundamentalismus)
heute im allgemeinen bei Mk etwa das Jahr 70, bei Mt u. Lk etwa 80 u.
für Joh 90 angenommen. – ↗Logienquelle, ↗Synoptische Evangelien,
↗Johanneische Schriften.

Evolution (lat. = Entwicklung) ist ein Begriff für den Werdecharakter u. die
Selbstorganisation der von Gott verschiedenen Wirklichkeit. Ein dynamisches, »prozessuales« Verständnis der Wirklichkeit trat bereits in der
↗Stoischen Philosophie u. seither immer wieder in der Geschichte der Philosophie auf. Wo Gott mit Notwendigkeit in ein innerweltliches u. inner-
geschichtliches Geschehen eintritt (wie bei G. W. F. Hegel † 1831) oder
mißverständlich gesagt wird »Gottes Sein ist im Werden«, entstehen Konflikte mit der jüdisch-christlichen Gottesüberlieferung. Die gewaltigen Katastrophen u. Verbrechen, die die Menschheitsgeschichte prägen u. die das
↗Theodizee-Problem unlösbar machen, verbieten es, die Geschichte in
evolutionärem Optimismus als ↗Fortschritt zu interpretieren. Eine umfangreiche naturwissenschaftliche u. naturphilosophische, bis heute nicht

abgeschlossene Diskussion, die auch die Theologie nachhaltig beschäftigt, entstand mit Ch. Darwins († 1882) Versuch, die Entstehung u. Veränderung von Lebewesen kausal zu erklären. Die Theorie der *Deszendenz* (lat. = Abstammung) ist als generelles Verständnismodell allgemein akzeptiert, doch ist sie nicht imstand, alle vorkommenden Änderungen zu erklären u. auf eine gemeinsame Wurzel zurückzuführen. Die Entstehung des Lebens wohl vor 4 Milliarden Jahren konnte nicht erklärt werden; Organismenbereiche haben sich unabhängig von einander entwickelt; Darwins Theorie der Selektion (lat. = Auswahl) als Ursache von Artveränderungen mittels der am besten »angepaßten« Individuen ist z. T. durch die Forschung widerlegt (in ethischer Sicht führt sie zur Leugnung des Unterschieds zwischen ↗Mensch u. ↗Tier u. zu Rassismus). Das evolutive Verständnis der Entstehung der heutigen Menschen (»homo sapiens«) aus phyletisch verwandten Tieren rief im 19. Jh. heftige Abwehr kirchlicher u. theol. Kreise aller Konfessionen hervor, z. T. wegen eines buchstäblichen Verständnisses der biblischen Schöpfungserzählungen (↗Schöpfungsmythen), z. T. wegen der propagandistischen Verwendung der Evolutionslehre durch den vulgären ↗Materialismus. Im 20. Jh. erfolgte eine vorsichtige Annäherung an unbestreitbare naturwissenschaftliche Erkenntnisse. P. Teilhard de Chardin († 1955) konnte seine evolutionsoptimistische Sicht zu seinen Lebzeiten nicht veröffentlichen. Er beeinträchtigte die Verständigung mit Naturwissenschaftlern durch mystische Interpretationen (»Christozentrik« der E., der Christus-Evolutor als Treibkraft u. Ziel des expandierenden u. konvergierenden Universums). Eine gewisse Vereinbarkeit der Theorie der E. mit der Schöpfungslehre konstatierte Pius XII. († 1958) mit Vorbehalten hinsichtlich des ↗Monogenismus u. der Erschaffung der einzelnen menschlichen ↗Seele. Einen namhaften Beitrag zu einer Naturwissenschaft u. Theologie versöhnenden Auffassung der ↗Hominisation leistete K. Rahner († 1984) mit seiner Theorie der ↗Selbsttranszendenz, die mit der »Selbstorganisation« in der naturwissenschaftlichen Evolutionslehre nah verwandt ist. Während der ↗Fundamentalismus jeder Annäherung an die E. heftigen Widerstand leistet, vertrat das II. Vaticanum eine generall fortschrittsoptimistische Sicht (GS 5), bei der die geschaffenen Wirklichkeiten evolutiv verstanden werden. Der notwendige Dialog von ↗Naturwissenschaften und Theologie bezieht sich heute eher auf einzelne Themenbereiche (Gehirn, Seele, Bewußtsein; »evolutionäre Ethik« u. ↗Verhaltensforschung) als auf Evolutionstheorien.

Ewiges Leben meint nicht einfach das Überleben des Todes (etwa in der Unterwelt, der ↗Scheol), die Hoffnung, durch Gottes Macht dem Tod entrissen oder zu ihm entrückt zu werden (so im AT) oder die ↗Auferstehung der Toten, sondern die Qualität des Verheißenen u. Kommenden. Im NT ist »Leben« (griech. »zoe«) der Inbegriff des von Gott erwarteten ⁊Heils, das Neue, das in der Verkündigung Jesu mit der ⁊Herrschaft Gottes gemeint ist. Das Interesse gilt dabei nicht einer Ewigkeit im Sinn von endloser Dauer, sondern der neuen Lebensqualität: »Leben« (»zoe«) in diesem Sinn unterscheidet sich vom Lebensprinzip des irdischen Lebens (griech. »psyche«) u. von dem zum Untergang bestimmten irdischen Leben (griech. »bios«). In den Schriften des NT, die nicht zum johanneischen Schrifttum gehören, wird die Qualität dieses neuen Lebens mit Wendungen, die die Gemeinschaft mit dem lebendigen Gott oder mit Jesus Christus bezeichnen, umschrieben. In der johanneischen Theologie wird denen, die an Gottes Offenbarung in Jesus glauben u. die Liebe praktizieren, angesagt, daß sie bereits »jetzt« im E. L. sind, in einer bereits jetzt durch den Glauben u. durch das »Brot des Lebens« möglichen Gemeinschaft mit Jesus E. L. haben können. – In der theol. Tradition wird die Hoffnung auf E. L. inhaltlich mit zwei unterschiedlichen Betonungen ausgesprochen. In einer stärker von Sehnsucht u. Gefühl geprägten Erwartung gilt die Aufmerksamkeit der Erfüllung des Glückverlangens, also etwas durchaus Dynamischem, verbunden aber mit der Ruhe vom Umgetriebensein durch irdische Bedrängnisse, mit Frieden (exemplarisch Augustinus † 430). Anders die von theoretischer Reflexion bestimmten Akzentsetzungen: Ewigkeit wird in erster Linie von der Unveränderlichkeit her verstanden, die allein Gott zukommt, an der er aber, wenn er die Geschöpfe vollendet, diesen Anteil geben kann. Die dann mögliche Gottbegegnung wird eher statisch in der Ruhe immerwährender intellektueller ⁊Kontemplation gedacht (exemplarisch Thomas von Aquin † 1274). Die Erneuerung der ⁊Eschatologie im 20. Jh. betonte erneut Dynamik u. Intensität des erhofften E. L. Vgl. zu den Inhalten: ⁊Himmel. Eine aktuelle Fragestellung betrifft das Verhältnis von Zeit u. Ewigkeit unter den Gesichtspunkten, daß die Zeit für das E. L. nicht gleichgültig ist, aber anderseits E. L. auch nicht als endlose Verlängerung menschlicher Zeit erscheint. Die stark beachtete Idee der »Auszeitigung« einer Vollendungsgestalt des Individuums u. seines Lebensertrags in der »Endgültigkeit« wird dem dynamischen Verständnis einer »Lebensfülle« noch nicht gerecht.

Ewigkeit (hebr. »olam«, griech. »aion«, lat. »aeternitas«) meint nur in volkstümlichen Auffassungen, nicht im biblischen, philosophischen u. theol. Sinn »endlose Dauer«. E. in ausgezeichneter Bedeutung ist eine Eigenschaft Gottes, die selbstverständlich voraussetzt, daß Gott ohne Anfang u. ohne Ende ist, die inhaltlich aber die sich selber absolut besitzende Gegenwart meint, die »in sich selber stehend« kein Früher u. kein Später kennt, also schlechthinnige Seinsfülle ist. Die ⁊Zeit ist dem gegenüber die Seinsweise des Zeitlichen, des kreatürlichen Seienden, das sich, wenn es sich seiner bewußt ist, nur in einem stetigen Nacheinander, im Zerfall der Gegenwart erlebt. In der ⁊Schöpfung erweist sich die E. Gottes nicht als bloße Negation von Zeit, sondern als Zeitmächtigkeit. Im AT steht die Zeitlosigkeit nicht im Vordergrund; Gott gilt als immer Daseiender, »von E. zu E.« (Ps 90, 2), als unvergänglich, aber betont werden seine wirkende Gegenwart zu jeder Zeit u. seine Macht über sie. So wie in der atl. Weisheitsliteratur begegnen auch im NT Gedanken über ⁊Präexistenz (im AT auf die göttliche Weisheit, im NT auf Jesus Christus bezogen) u. auf eine Überwindung des Todes (der im AT nur in archaischer Redeweise als ewig bezeichnet wird), bei Joh in der spezifischen Ausdrucksform ⁊»ewiges Leben«. Andere Texte über E. im NT weisen auf das Eindringen hellenistischer Vorstellungen hin. – Die in der Theologie einflußreichste Definition der E. bei Boethius († um 525) besagt, daß E. der vollständige u. zugleich vollkommene Besitz unbegrenzten (»interminabilis«) Lebens ist. Die ⁊Vollendung der Kreaturen wird daher in der Glaubenstradition als Teilhabe an der E. Gottes durch Eintritt in seine Lebensfülle, falls das Leben in Gnade verwandelt wird, verstanden. In der Sicht des Glaubens ist die Zeit jener Raum, in dem Gott (der in Jesus selber die Zeitlichkeit annahm) sich den zeitlichen Menschen mitteilt, um sie so in Gnade für seine E. zu öffnen.

Exemplarursache heißt eine der Ursachen in der Erweiterung der Kausalitätstheorie u. ist von Bedeutung in der scholastischen Erklärung des Verhältnisses Gottes zu seiner Schöpfung. Der Gedanke geht von einer verursachenden Form aus, die ein Ähnlichkeitsbild produziert. Für dieses stellt sie das Urbild (lat.»exemplar«) dar, das aber im Abbild nicht erreicht werden kann. Die Philosophie des Neuplatonismus zog eine gestufte Ähnlichkeit in Betracht. Für die scholastische Theologie ist das göttliche Urbild jedem Abbild gleich nahe, ein Gedanke, der wenigstens mittelbar Freiheit, Autonomie u. Gleichberechtigung der Kreaturen förderte.

Existential, übernatürliches. Die Existenzphilosophie verwendete das Wort »Existential« zur Kennzeichnung dessen, was seinsmäßig u. notwendig zum Dasein des Menschen überhaupt gehört, während »existentiell« dasjenige meint, was zum konkreten Dasein eines bestimmten Menschen einschließlich seiner Freiheitsentscheidungen gehört. Im Wort »Existential« schwingt also die Bedeutung: »vorgängig zu einer Freiheitsentscheidung« mit. Der von K. Rahner († 1984) in die systematische Theologie eingeführte Begriff des ü. E. bezeichnet die Situation eines Menschen vor Gott im voraus zu seiner ⁊Rechtfertigung (durch die sakramental oder außersakramental empfangene Gnade), u. zwar bezeichnet er diese Situation, insofern sie geprägt ist durch den universalen ⁊Heilswillen Gottes.

Diese Situation ist also bestimmt von Gottes Liebe; sie beinhaltet auch Gottes Willen, den Menschen auf die Wege zu seinem übernatürlichen Ziel zu verpflichten. Sie ist nicht eine bloße göttliche Absicht, sondern eine reale positive Bestimmung des Menschen im voraus zu allen späteren freien Entscheidungen u. Verhaltensweisen seines Lebens. Sie ist geschenkhaft gewährt, also übernatürlich, nicht der menschlichen Natur geschuldet, sie fehlt faktisch aber keinem einzigen Menschen. Auch die Zugehörigkeit eines Menschen zur konkreten Menschheit u. ihrer Geschichte liegt im voraus zu seinen freien Entscheidungen. Insofern diese Menschheit durch die Verweigerungen gegenüber Gott ebenso real u. unausweichlich negativ bestimmt ist, tritt jeder Mensch auch mit einem negativen Existential ins Leben, mit der ↗Erbsünde. Sie ist allerdings umgriffen u. beherrscht vom mächtigeren ü. E. der Gnade Gottes.

Existentialethik (Individualethik) ist keine Einzeldisziplin der theol. Ethik, sondern eine wesentliche ethische Betrachtungsweise oder Perspektive, die davon ausgeht, daß das ethische Verhalten eines Menschen nicht nur der »Fall« einer allgemeinen ethischen (Wesens-)Norm, sondern die Verwirklichung eines Menschen in seiner einmaligen Individualität ist. Diese Verwirklichung ist ihm in einer je ihm allein möglichen Weise aufgegeben u. kann von allgemeinen Normen nicht adäquat erfaßt werden. Die E. ist daher eine notwendige Ergänzung der Wesens-Ethik (nicht deren Ersatz, wie das die ↗Situationsethik sein wollte). Die E. versteht die allgemeinen ethischen Normen »perspektivisch« im Hinblick auf die »Situation« des einzelnen Menschen. »Situation« heißt der geschichtliche Ort des einzelnen Menschen, der aus seiner personalen Einmaligkeit, aus seinen individuellen Verhältnissen, aus der personal-geschichtlichen »Befindlichkeit«, der ihm verstehensmäßig zugänglichen Wesens-Ethik besteht. Bei dieser »Hin-wendung« der allgemeinen ethischen Norm auf die Situation des einzelnen Menschen ist »der ↗Andere«, das »Du«, die Gemeinschaft vom Handelnden betroffen, bestimmt aber auch ihrerseits die Situation des Handelnden in positiver Weise (indem er bzw. sie auch konkrete Ansprüche stellt oder Verhaltungen modifiziert). In dieser komplexen Situation u. »hinter« ihr wird legitim ein Anruf Gottes an den einzelnen Menschen gesehen, der nicht nur die allgemeinen ethischen Weisungen durchsetzen, sondern auch die Selbstverwirklichung des Subjekts anspornen u. in eine bestimmte Richtung führen will.

Existenztheologie ist ein nicht überall eingebürgerter Begriff für unterschiedliche theol. Bemühungen, die in gewisser Hinsicht von den Reflexionen der Existenzphilosophie inspiriert sind. *Existenzphilosophie* ist ihrerseits ein Sammelbegriff für unterschiedliche philosophische Überlegungen, deren Gemeinsamkeit darin besteht, daß sie vom ↗Dasein (der menschlichen »Existenz«) ausgehen u. das Ganze der Wirklichkeit primär als Aufgabe der menschlichen Freiheit, als Zu-Entwerfendes im Unterschied zum schlechthin Vorgegebenen, verstehen. Sie unterschied sich prinzipiell von einem Denken, das den Menschen in ein System allgemeingültiger Normen u. Werte einordnet oder nach dem ewigen Sein u. der von diesem stammenden Wesensordnung fragt. Die Existenzphilosophie ordnete bewußte Entscheidung u. Handlung vor der Suche nach Erkenntnis u. Wissen ein. Damit ist das Interesse an Sein, Erkenntnis u. Wissen nicht geleugnet, aber es ist »eingeordnet«. Wesentliche Impulse gingen von S. Kierkegaard († 1855) u. seiner Bemühung um das »Selbst« als Verhältnis zu sich selber aus, doch spielten für das existenzphilosophische Denken auch F. Nietzsche († 1900), M. Scheler († 1928), E. Husserl († 1938) u. der ↗Personalismus eine wegbereitende Rolle. Die Katastrophen der Menschheit in Weltkriegen u. Völkermord waren als »kontextueller« Hintergrund von größter Bedeutung. Die unterschiedlichen Gedankenrichtungen der Existenzphilosophie lassen sich mit einigen Namen verbinden. M. Heideggers († 1976) Frage nach dem »Sinn von Sein« ging zunächst von dem »Da« des Seins, also von einer Daseinsanalyse, als einzig zuverlässiger Basis des Nachdenkens aus; sie sieht das Dasein als durch die »Sorge« um das je eigene Sein-Können gekennzeichnet. Später suchte Heidegger die Krise des Seins durch Seinsverbergung u. Wahrheitsentzug (ausgeprägt in Wissenschaft u. Technik) zu enträtseln. K. Jaspers († 1969) sieht den Menschen in Grenzsituationen zwar auf die Frage nach der Transzendenz verwiesen, für die er jedoch nur »Zeichen« u. »Chiffren« zu entwerfen vermag. Die Erfahrung dieses Scheiterns könnte zu einer entscheidenden Existenz-Werdung verhelfen. G. Marcel († 1973) empfand die tägliche Erfahrung der konkreten leib-geistigen Existenz des Menschen als Herausforderung (Behauptung) des Seins im Menschen, sich zu »engagieren«. In der reflektierenden, aber nie nur theoretischen Begegnung mit dem Mysterium des Seins sei eine Wiederherstellung der ursprünglichen Totalität des »Ich bin« möglich. Bei J.-P. Sartre († 1980) gilt der Mensch als jenes Seiende, das kein Wesen »hat«, sondern sich in seinem Wesen entwerfen muß. Die unausweichliche menschliche Freiheit ist durch Negativität (dem Seinsmangel bis zum Nichts ausgesetzt), Autonomie (absolut für-sich sein müssen) u. Konstruktivität (zum schöpferischen Entwurf) charakterisiert u. wird durch die Angst in ihrer Absurdität erfahren. Dennoch erhebt die praktisch-soziale Konstitution des Menschen die moralische Forderung nach Engagement. A. Camus († 1960) optiert zwischen kontemplativer Weltflucht u. ideologischem Aktivismus (den er Sartre vorwirft) für den Aufstand (die Revolte) gegen das Absurde in den Qualen des Lebens, u. darin erblickt er die Chance für eine Menschlichkeit des Lebens

ohne umgreifenden Sinnzusammenhang. – Als *Existenztheologie* gilt zunächst die von R. Bultmann († 1976) vorgelegte »existentiale Interpretation« der Bibel, die auf daseinsanalytische Elemente Heideggers (Geschichtlichkeit, Sein zum Tod, Sein in der Welt) zurückgriff u. das
↗Kerygma des NT als Ruf in die Entscheidung zu »eigentlicher« oder »un-
eigentlicher« Existenz verstand. Unter einer gewissen Zurücksetzung der
Exegese u. neuer Hinwendung zur Dogmatik wurde die Rede von Gott
unter dem Bedenken der menschlichen Existenz neu formuliert. So deutete
P. Tillich († 1965) das Verhältnis zu Gott als das Verhältnis zu demjenigen,
»was uns unbedingt angeht«. H. Braun († 1991) wollte Gott interpretieren
als »das Wovonher meines Geboren- u. meines Verpflichtetseins vom Mitmenschen her«. Die Formulierung deutet an, daß die E. in der Folge sich
stärker der Ethik zuwandte, auf der einen Seite individualistisch mit der
Thematik der »radikalen Entscheidung« befaßt, auf der anderen Seite in
die ↗Politische Theologie eingebracht. Im Bereich der ev. Theologie u.
darüber hinaus viel beachtet wandte sich P. Ricoeur den Problemen der
↗Hermeneutik (mit starken sprachphilosophischen Gehalten) in Auseinandersetzung mit dem ↗Strukturalismus zu. Gelegentlich zeigt sich die
Neigung, die ↗Transzendentaltheologie K. Rahners († 1984) der E. zuzurechnen, doch läßt sich nicht verkennen, daß Rahner trotz bestimmter
existenzphilosophischer Thematiken u. Begriffe (Existential, Auszeitigen
der Endgültigkeit in der Freiheitsentscheidung, der eigene Tod als Tat,
Hermeneutik eschatologischer Aussagen als Ansagen der Gegenwartssitua-
tion usw.) das Seinsdenken der klassischen ↗Metaphysik u. ihre Begrifflichkeit immer für unverzichtbar bei der Reflexion des Glaubens vor dem Anspruch der Vernunft u. bei begrifflich klaren theol. Formulierungen hielt.

Exodus (griech. = Auszug), Bezeichnung für ein im AT (Ex 1,1 – 15,21)
erzähltes Ereignis, das im alten Israel wie im heutigen Judentum von fundamentaler religiöser Bedeutung ist, u. auch Bezeichnung für das »zweite
Buch Moses« im AT. Die Erfahrungen eines rettenden u. befreienden Eingreifens Gottes, gefolgt von der Schaffung einer Gemeinschaft von Glaubenden, der allein er seinen Namen (↗Jahwe) anvertraut u. mit der er einen
↗Bund schließt (↗Sinai), lassen sich weder datieren noch geographisch genau fixieren. Sie waren von Anfang an Bestandteile der Preisungen Gottes,
des Bekenntnisses u. der liturgischen Feier (↗Pascha). Das Gedächtnis jener Rettung ist für den jüdischen Glauben die Grundlage für die Hoffnung,
Gott werde immer wieder rettend u. helfend eingreifen. In neuerer Zeit
wird stärker bewußt, daß Gott das Volk zu aktivem Befreiungshandeln
befähigt hat, ein Gedanke, der auch von der christlichen ↗Befreiungs-
theologie in Anspruch genommen wird.

Exorzismus (griech. = Herausbeschwörung), in der Bibel beider Testamente die Beseitigung des Wirkens böser Mächte (↗Dämonen) im Menschen, manchmal verbunden mit der Heilung der mit der ↗Besessenheit verbundenen Krankheit. Da im Frühjudentum zur Zeit Jesu die Überzeugung verbreitet war, der ↗Messias werde die bösen Mächte definitiv besiegen, zeichnen die ↗Synoptischen Evangelien in christologischer Absicht Jesus als Exorzisten. Das Eintreten der Jesusjünger in seine Sendung wird auch durch deren exorzistisches Wirken verdeutlicht. In der kirchlichen Tradition ist der E. seinem Wesen nach ein fürbittendes Gebet, das zu den ↗Sakramentalien gerechnet wird (»Teufelsaustreibung« in der Form eines Befehls läßt einen abergläubischen Hintergrund erkennen). Er wurde, erstmals im 3. Jh. bezeugt, bei der ↗Taufe als Symbol für die Absage an ein »altes Leben« u. als Beginn eines neuen Lebens praktiziert. Ferner stellt er in der kath. Kirche auch gegenwärtig einen eigenen Ritus dar, der jedoch ärztliche Behandlung Kranker keineswegs behindern oder sogar ersetzen darf.

Extra Ecclesiam nulla salus (lat. = außerhalb der Kirche kein Heil), eine auf Cyprian (†258) u. Origenes (†253) zurückgehende Formulierung der ↗Heilsnotwendigkeit der Kirche (vulgär wiedergegeben in der Redeweise von der »Alleinseligmachenden«). In der alten Kirche zeichnen sich zwei Tendenzen ab, eine offene, die sich entschieden für Heilsmöglichkeiten *vor* Jesus Christus u. außerhalb der ↗Kirche aussprach (Justin † um 165, Irenäus von Lyon † um 202, Klemens von Alexandrien † nach 215 u. a.), u. eine rigorose (Hilarius von Poitiers † 367, Hieronymus † 419, Augustinus † 430). Der »harten Linie« folgten mittelalterliche Päpste, das IV. Laterankonzil (↗Lateran) u. das Konzil von ↗Florenz. Sie konnte nur so lange Geltung haben, als man der Meinung sein konnte, die riesige Mehrheit der Menschheit sei vom Evangelium erreicht worden u. gehöre der Kirche an. Die offene Haltung kommt in den ebenfalls mittelalterlichen Theorien des »impliziten Glaubens«, der ↗Begierdetaufe u. des ↗Votums zum Ausdruck. Im 20. Jh. setzt sich die Überzeugung durch, daß der wirksame ↗Heilswille Gottes allen Menschen gilt. Amtlichen Ausdruck fand sie im II. Vaticanum, das in seinem »gestuften Kirchenverständnis« alle nichtkatholischen Kirchen, Glaubensgemeinschaften, Juden, Muslime, die Angehörigen nichtchristlicher Religionen u. die Atheisten »guten Willens« der Kirche Jesu Christi zuordnete u. sich zur Heilsmöglichkeit für sie bekannte. Daß Gottes Gnade eine innere Dynamik auf ihre geschichtliche »Verleiblichung« in der Kirche hat, wird damit nicht geleugnet.

Extrinsezismus, extrinsezistisch sind wichtige Begriffe der kath. ↗Gnadenlehre im Zusammenhang mit dem Problemkreis von ↗Natur und

Gnade. Vom 16. Jh. an entsteht die Konzeption einer »reinen Natur« (»natura pura«), die sachlich u. begrifflich von der ↗Gnade, dem ↗Übernatürlichen streng getrennt sei, so daß der Anruf der Gnade Gottes von »außen« (»extrinsece«) komme. Ebenso wird in dieser extrinsezistischen Theorie von einer rein natürlichen Ausstattung der Menschen (die Gott als Schöpfer seiner Kreatur schuldete) u. von einer möglichen rein natürlichen Vollendung nach dem Tod gesprochen. Das Interesse dabei war die Betonung der Ungeschuldetheit der freien Gnade Gottes. Die faktische Mitteilung dieser Gnade wurde folglich ebenfalls als von »außen« kommend aufgefaßt (»Stockwerkstheorie«). In der Erneuerung der Gnadentheologie im 20. Jh. wurde die faktische Existenz einer »reinen Natur« immer stärker in Frage gestellt (mit Konsequenzen für die Gotteserkenntnis u. die Gnadenerfahrung), ohne daß die freie Ungeschuldetheit der Gnade angetastet wurde (Auffassung der ↗Schöpfung als motiviert durch den freien Willen Gottes zu seiner ↗Selbstmitteilung an das Nichtgöttliche; übernatürliches ↗Existential). – Ein anderer Bereich, in dem von »Extrinsezismus« gesprochen werden kann, umfaßt das Verhältnis menschlicher Möglichkeiten u. Fähigkeiten zum Hören einer möglicherweise ergehenden göttlichen ↗Offenbarung. Wo diese Fähigkeiten ignoriert oder vernachlässigt werden, begründet man (wie in der Neuscholastik des 19. Jh.) die gläubige (= gehorsame) Annahme der Offenbarung allein mit dem Gehorsam gegenüber der lehrenden kirchlichen Autorität. Diese Annahme verhält sich »extrinsezistisch« zu den Inhalten der Offenbarung. Vgl. auch ↗Desiderium naturale, ↗Potentia oboedientialis.

F

Fanatismus (lat. »fanari« = umherrasen), eine stark emotionalisierte, oft pathologisch deformierte Geisteshaltung u. Verhaltensweise, die ohne Verlangen nach Kommunikation (↗Dialog) eigene Überzeugungen oder Wahnvorstellungen rücksichtslos durchsetzen will, z. T. auch mit Gewaltanwendung. Je nach vorhandener geistiger Kapazität können dabei ganze religiöse oder weltanschauliche Systeme entworfen werden. F. ist mit Begeisterung u. Idealismus nicht verwandt. Da Fanatiker argumentativ nicht überzeugt u. gegen ihren Willen nicht therapiert werden können, bedürfen gesellschaftliche u. kirchliche Bereiche des Schutzes vor ihnen.

Fatalismus (lat. »fatum« = Schicksal), der Glaube, daß das Leben des Menschen im ganzen oder einzelne Vorkommnisse sowie der Gang des Kosmos durch ein undurchschaubares ↗Schicksal vorherbestimmt sind. Auf ein mögliches Eingreifen oder Nichteingreifen Gottes in die Welt u. in das einzelne Leben bezogen verstärkt der F. das ↗Theodizee-Problem. Im Blick auf die Situation der Menschen wertet der F. die menschliche ↗Freiheit u. Verantwortung völlig ab.

Fegfeuer, volkstümlicher u. irreführender deutscher Begriff für die Über-zeugung, daß Menschen oder genauer vom Leib getrennte ↗Seelen nach dem Tod eine Läuterung von Schuld u. ihren Folgen erfahren. Das Wort ist geprägt von der Rettung »wie durch Feuer« 1 Kor 3, 15 aus (keine Beleg-stelle für die Existenz eines F.). Viele Religionen (Ägypten, Buddhismus, Platon, Vergil usw.) kennen die Vorstellung einer z. T. schmerzhaften Rei-nigung nach dem Tod. Der Glaube an eine solche Reinigung ist in bibli-schen Texten allenfalls 2 Makk 12, 42–45 greifbar (eine sühnende Läute-rung der im Krieg Gefallenen ist für deren Auferweckung notwendig; es ist gut u. nützlich, für sie zu beten). Die Lehre über sie ist keine Erfindung des 12. Jh.; sie findet sich bei den Kirchenvätern mindestens seit Origenes (✝ 253). In der östlichen Kirche wurde sie eher als heilende Reinigung ver-standen. Im kirchlichen Westen war die Auffassung leitend, ein »schwerer Sünder« müsse, auch wenn er die Versöhnung mit Gott u. der Kirche er-langt habe (↗Bußsakrament), durch Bußleistungen die Ernsthaftigkeit u. Beständigkeit seiner Umkehr dokumentieren. Habe er diese Leistungen im »Diesseits« nicht erbracht oder vollendet, so müsse er sie im »Jenseits« nachholen. Bei der Ausmalung dieses Geschehens wurde auf außerbibli-sche Vorstellungen zurückgegriffen; der lat. Begriff »purgatorium« kann durchaus orthaft verstanden werden. Das theol. Problem wurde mit der Meinung der Trennung von Leib u. Seele im Tod verknüpft (↗Zwischen-zustand). Zeugnisse für eine kirchenamtliche Lehre (Konzilien von Lyon 1274 u. Florenz 1439) sprechen von »reinigenden Strafen«. Eine päpstliche Lehrentscheidung von 1336 besagt, daß die Verstorbenen, die der Rei-nigung bedürfen, diese auch schon vor der »Wiedervereinigung mit ihrem Leib« erfahren, ehe sie in die ↗Anschauung Gottes gelangen. Die Aussage zielt weder auf die Existenz des F. noch auf eine Trennung von Leib u. Seele, sie bedeutet vielmehr, daß es nach dem Tod keinen unentschiedenen War-tezustand für Verstorbene geben werde. Die orthodoxen Ostkirchen spra-chen (dogmatisch nicht verpflichtend) von Leiden u. Reifung nach dem Tod, lehnten u. lehnen aber orthafte u. physikalische Vorstellungen ab. Die reformatorische Theologie hielt das F. für eine teuflische Erfindung ohne biblische Begründung; ebenso wies sie Gebete u. a. gute Werke (↗Ab-laß) für Verstorbene strikt zurück, weil damit die ↗Rechtfertigung aus dem Glauben allein geleugnet werde. Ihnen gegenüber hielt das Konzil von ↗Trient daran fest, daß ein »purgatorium« existiere u. daß den dort fest-gehaltenen »Seelen« durch das ↗Meßopfer u. durch Fürbitten Hilfe zuteil werden könne; die Bischöfe hätten aber die Verantwortung dafür, daß in diesem Zusammenhang keine spitzfindigen Theorien aufgestellt oder die Menschen zu Neugier, Aberglauben u. Geldgier verführt würden. Die heutige kath. Theologie sieht die innerliche (ethische) ↗Vollendung eines Menschen wegen der menschlichen Zeitlichkeit u. Mehrdimensionalität als zeithaften Vorgang an u. akzeptiert eine nur von »außen« kommende, dekretorisch erklärte Läuterung nicht. Anderseits geht sie hoffend davon aus, daß Gott sich beim Tod eines Menschen unwiderruflich für diesen entscheidet. Die Rettung durch Gott träfe dann in der Vielschichtigkeit des Menschen auf Widerstände, die durch frühere Fehlentscheidungen aufgebaut wurden. Die »Erfahrung« dieses Widerstands bedeutet Leiden, das nicht auf ein Strafdekret zurückgeführt u. physisch verstanden werden muß. Keinesfalls darf angenommen werden, daß die Rechtfertigung des Sünders durch das F. geschieht. Die Bedeutung einer Fürbitte für Verstorbene ergibt sich aus der Solidarität von Lebenden mit den Verstorbenen, die mit dem theol. Verständnis von Kirche gegeben ist.

Feind, Feindesliebe. Realistisch geht die Bibel von der Existenz von Feinden aus, deren Feindschaft sich gegen das erwählte Eigentumsvolk Gottes wie gegen die Gerechten, Frommen u. Gläubigen richtet. Im Glauben werden »diesseitige« Hilfe von Gottes Gerechtigkeit, auf jeden Fall aber Strafe in seinem Gericht erwartet. Die biblischen Texte machen keinen Versuch, die Gründe der Glaubensfeinde zu verstehen; sie unterstellen, daß diese die Handlanger des Bösen sind. Harte Reaktionen (Fluchpsalmen) sind von der sozio-kulturellen Situation her u. als extrem formulierte Zeugnisse des Gottvertrauens zu verstehen. Den Glaubenden wird im Ersten Testament u. nicht erst vom Christentum an die Feindesliebe zur Überwindung der Feindschaft empfohlen (Ex 23,4 f.; Spr 24,17; 25,21 f.). Feindesliebe stellt den Inbegriff der Bergpredigt dar (Mt 5,43 f.); Jesus lebte sie konsequent bis in den Tod am Kreuz hinein. Wenn Feindesliebe wie Liebe überhaupt Gegenstand eines Gebotes ist, dann kann damit nicht gemeint sein, Gefühle u. Sympathien seien willentlich zu erzwingen. Die willentliche Energie kann sich aber dazu durchringen, das Existenzrecht auch der Feinde zu bejahen, mit ihnen nach der ↗Goldenen Regel umzugehen, die Gründe ihrer Aggressivitäten zu verstehen u. die Mechanismen von Schlag u. Gegenschlag (Rache) außer Kraft zu setzen, um so die Herrschaft Gottes zu bezeugen. In Fällen schweren strukturellen Unrechts u. der Notwehr gestattet die christliche Tradition Gewaltanwendung, bei der das Gebot der Feindesliebe jedoch nicht aufgehoben ist.

Feminismus, Feministische Theologie. *1. Feminismus* wird unterschiedlich definiert. Nicht alle schon von der Antike an auftretenden Bemühungen um ↗Emanzipation der Frauen werden als F. bezeichnet. In historischer Sicht geht der F. (bewußtseinsmäßige Haltung u. organisierte Anstrengungen im Hinblick auf Gleichberechtigung der Frauen in Gesellschaft u. Kirche, Beseitigung der vielschichtigen Unterdrückungssituationen u. der Vermarktung der weiblichen Körper, Befreiung von männlicher Gewalt u. Herrschaft auch in der Ehe) im engeren wissenschaftlichen Sinn auf das 19. Jh. zurück, in dem der F. sich u. a. in der Entstehung von liberalen, bürgerlichen, konfessionellen, interkonfessionellen u. proletarischen Frauenverbindungen äußerte. Die notwendigen Aufgabenstellungen des F. sind nicht erfüllt, der F. ist weiterhin notwendig. – *2. Feministische Theologie,* eine neue, von männlicher Seite nicht adäquat zu beschreibende Art der Theologie, die im 20. Jh. in internationalen Aufbrüchen begann, die sich methodisch von der patriarchalischen Theologie der Männer unterscheidet u. von Anfang an sehr umfangreiche Aufgabenstellungen hatte. Allgemein bedeutet sie, daß die Glaubens- u. Lebenserfahrungen der Frauen theologisch thematisiert, aber nicht als bloßer Anhang oder als Ergänzung zur patriarchalischen Theologie eingebracht werden, sondern zu einer neuen Konzeption von Theologie führen. Sie geht Hand in Hand mit der Frauenforschung vor u. artikuliert sich in allen theol. Disziplinen, mit bisherigen Schwerpunkten in der Gotteslehre, in feministischer Exegese (von der Päpstlichen Bibelkommission 1993 gewürdigt), in Anthropologie u. Ethik (mit Ökologie) sowie, verbunden mit der Programmatik innerkirchlicher Reformen, in der Ekklesiologie. Das Ziel ist eine Neuformulierung der Glaubenslehre im ganzen.

Fideismus (lat. »fides« = Glaube), im 19. Jh. geprägter Begriff für Versuche in der französischen Philosophie u. reformierten Theologie, eine gläubige Haltung als Voraussetzung aller religiösen u. nichtreligiösen Gewißheiten zu sehen. Religiöse Begriffe u. bekenntnishafte Formulierungen sind danach nur Symbole eines »Glaubens«, der vor jeder Begriffsbildung, unabhängig von historischer Sicherheit u. von theol. Reflexion u. Argumentation, »immer schon« gegeben ist. Der gnadenhafte, heilswirksame Charakter dieses Glaubens wird nicht geleugnet, aber der Glaube wird nicht als eine vom Verstand mitgetragene Zustimmung, sondern, nach einer Ausprägung des F. Ende des 19. u. zu Beginn des 20. Jh., als ausschließlich vom ↗Gefühl bestimmte Hingabe des Herzens verstanden. Eine Art kath. F. stellt der ↗Traditionalismus dar.

Fiduzialglaube (lat. »fiducia« = Vertrauen), eine kontroverstheologische Charakterisierung des reformatorischen Glaubensverständnisses: Der rechtfertigende ↗Glaube ist nichts anderes als die feste Zuversicht (»fiducia«) des Herzens auf die in Jesus Christus trotz der bleibenden Sündigkeit verheißenen Barmherzigkeit Gottes. Diese Sicht wendet sich gegen kath. Auffassungen: Gegen die Rede von einer freien Zustimmung wird der passive Charakter des Glaubens betont, gegen den dogmatisch gebundenen Glauben an allgemein verbindliche Offenbarungswahrheiten werden der Bezug des Glaubens auf das individuelle Heil u. seine für sich allein rechtfertigende Kraft betont. Das Konzil von ↗Trient lehnte das »nichts anderes als« ab. Einem Verständnis des rechtfertigenden Glaubens, daß er die feste individuelle Heilshoffnung u. als völlige Selbstübergabe an Gott zugleich jene ↗Liebe ist, die den Glauben zum rechtfertigenden Glauben macht, steht katholischerseits nichts im Weg: Nicht die Werkgerechtigkeit, sondern das Erbarmen Gottes rettet.

Filioque (lat. = und vom Sohn), ein Zusatz, der besagt, daß der ↗Heilige Geist vom Vater *und vom Sohn* ausgeht u. der in der lat. Kirche seit Ende des 6. Jh. in das sog. nicaeno-constantinopolitanische Glaubensbekenntnis (dem Konzil von ↗Konstantinopel 381 zugeschrieben) eingefügt u. in Spanien u. Franken von Synoden akzeptiert wurde, inhaltlich 809 päpstlich gebilligt, aber ohne Erlaubnis der Einfügung ins Glaubensbekenntnis. Auf Drängen Kaiser Heinrichs II. wurde diese Einfügung 1014 vom Papst gestattet. Schon früher vom Patriarchen Photios († 897) bekämpft, bildet das F. für die orthodoxen Ostkirchen bis heute einen zentralen Vorwurf an die Adresse der lat. Kirche, zumal das 4. Ökumenische Konzil von ↗Chalkedon 451 jede Veränderung des Glaubensbekenntnisses feierlich verboten hatte. Das Scheitern einer Versöhnung von Ost u. West im Zusammenhang mit dem Konzil von ↗Lyon 1274 u. auf dem Konzil von ↗Florenz 1439 geht wesentlich auf die lat. Forderung zurück, die Orthodoxie müsse die Legitimität der Einfügung des F. anerkennen u. dem Sachgehalt des F. zustimmen. Die orthodoxen Ostkirchen akzeptieren eine »heilsökonomische« Sendung des Hl. Geistes durch den Sohn (Joh 16,7), nicht aber einen innertrinitarischen Hervorgang aus dem Vater u. dem Sohn, weil damit der Vater aufgehört hätte, einziger Ursprung (griech. »arche«) zu sein. Der Westen wendet in der christologischen Defensive gegen den ↗Arianismus ein, wegen der Wesenseinheit von Vater u. Sohn bildeten sie ein einziges Prinzip des Hervorgangs. Diese für den Glauben nicht mehr relevante Position stellt zweifellos einen geringeren Wert dar als die Versöhnung von Ost u. West; der Westen könnte ohne Schaden zum ursprünglichen Text des Glaubensbekenntnisses zurückkehren.

Finalität, Finalursache (lat. »finis« = Ende, Ziel, Zweck), in der aristotelisch-thomistischen Philosophie dasjenige, um dessentwillen etwas getan wird oder sich ereignet. Die Finalursache ist zugleich der Grund, warum etwas beschlossen oder in Gang gesetzt wird, u. der Grund, warum dasjenige, was wegen eines ⁊Zieles in Gang ist, im Ziel erfüllt u. vollendet ist. Für Thomas von Aquin († 1274) ist die Finalursache das Prinzip aller anderen Ursachen. Vgl. auch ⁊Zweck, ⁊Entelechie, ⁊Kausalität.

Firmung (lat. »confirmatio« = Bestätigung, Stärkung) ist nach röm-kath. u. ostkirchlich-orthodoxem Glauben eines der sieben ⁊Sakramente der Kirche, das in engem Zusammenhang mit der ⁊Taufe als Symbolhandlung der christlichen ⁊Initiation zu sehen ist. Der biblische Ursprung wird in der ⁊Handauflegung gesehen (Apg 8,17 f.; 9,17; 19,6 u. a.), die den zum Glauben Bekehrten die Gabe des ⁊Heiligen Geistes deutlich machen soll. Manche denken auch an die Zeugnisse für die Geistsalbung (⁊Salbung) u. die Besiegelung (⁊Sphragis). Die Vollendung des Taufgeschehens durch Segensgebet, Handauflegung u. Salbung wird nach Texten des 3. Jh. in der westlichen Kirche zu einer eigenständigen Symbolhandlung. Diese Verselbständigung fand in den Ostkirchen nicht statt. Eine sogleich im Anschluß an die Taufe erteilte Salbung mit aromatischem Öl, Myron, heißt dort »Gabe des Heiligen Geistes« u. wird als Sakrament betrachtet. Nachdem die Reformatoren keinen Auftrag Jesu Christi zur F. erkennen konnten u. deren Sakramentalität ablehnten, auch weil durch die F. die Taufe abgewertet werde, verteidigte das Konzil von ⁊Trient die schon in ⁊Florenz aufgestellte Lehre über die F. als Sakrament; außerdem gehörte zu seinen verbindlichen Erklärungen die Existenz des sakramentalen ⁊Charakters, in dem die Nichtwiederholbarkeit der F. begründet ist. Bis zum II. Vaticanum war die Erteilung der F. dem Bischof vorbehalten; wenn dieses Konzil den Bischof nur »erstberufenen Spender« (LG 26) nennt, sind andere Liturgen der F. damit nicht ausgeschlossen. Das Konzil wünschte eine neue Verdeutlichung des Zusammenhangs der F. mit der ⁊Initiation (SC 71) u. verstand dieses Sakrament als vollkommenere Bindung der Getauften an die Kirche u. als Beauftragung zum Zeugnis des Glaubens in Wort u. Tat (LG 11). Von dieser Sicht her liegt es nahe, die F. als bewußte u. entschiedene Ratifikation der Taufe durch junge Erwachsene unter dem Gebet der Kirche zu sehen. Dem gegenüber erscheinen liturgisch-historische Bemühungen, die alte Reihenfolge der Initiation (Taufe – F. – Eucharistie) wiederherzustellen, als anachronistisch. Das kirchliche Amt müßte aus der Besiegelung der Gegenwart des Hl. Geistes u. seiner prophetischen Kraft in den Gefirmten stärkere Konsequenzen in der Anerkennung ihrer »Mündigkeit« ziehen. Ein Verständnis der ev. Konfirmation als Segenshandlung mit Gebet u. Salbung zeigt, daß die Existenz der F. keinen kirchentrennenden Widerspruch hervorrufen muß.

Florenz. Eine Generalsynode der lateinischen Kirche, zuerst nach ⁊Basel einberufen, durch Eugen IV. 1431 nach Bologna, 1437 nach Ferrara, 1439 nach F. verlegt (als 17. ökumenisches Konzil gezählt), befaßte sich mit Fragen der Vereinigung der östlichen Kirchen mit der lateinischen Kirche, wobei die Bedrängnis der Ostkirchen u. des Kaisers von Byzanz durch die Türken von lateinischer Seite ausgenützt wurde. Die Unionen mit den Griechen (6. 7. 1439), Kopten (4. 2. 1442) u. – nach einer neuerlichen Verlegung nach Rom 1443 – mit den Syrern (30. 9. 1444), mit manchen Chaldäern u. Maroniten (7. 8. 1445) hatten zum Teil keinen Bestand. Der Einsatz der Autorität der Synode bezog sich auf das ↗Filioque, die sofortige Entscheidung über das ewige Schicksal eines Menschen im ↗Tod u. den Primat des ↗Papstes (DS 1300–1307; NR 434). Das Dekret für die Armenier enthält eine Lehre über die 7 ↗Sakramente (DS 1310–1327; NR 501–504, 528–531, 552 ff., 564 ff., 630, 695, 705, 730), das für die Kopten (= »Jakobiten«) beschäftigt sich mit der ↗Trinitätstheologie, der ↗Christologie, der ↗Kindertaufe, der ↗Kirchengliedschaft, der Gutheit alles Geschaffenen u. dem atl. ↗Gesetz (DS 1330–1351; NR 281–286 301 f. 86 381). Die Texte sind in hohem Maß von der Sichtweise der Scholastik des lateinischen Westens geprägt.

Form (lat. = Gestalt, Zustand) bezeichnet in der aristotelisch-thomistischen Philosophie den Wesensgrund, der das eigentliche So-Sein eines Seienden bestimmt, oder das gestaltgebende Seinsprinzip. Die F. bestimmt die (passiv verstandene) ↗Materie, mit der sie untrennbar zusammengehört. Da es in Gott keinen Unterschied zwischen einer F. u. einer zu prägenden Materie gibt, wird er in dieser Metaphysik als »reine F.« aufgefaßt. Der ↗Geist wird, auch wenn er »nur« geschaffenes, nicht materielles, freies Bei-sich-selber-Sein ist, analog zum reinen Geist Gottes als F. der Formen (»forma formarum«) verstanden, weil von ihm alles Sein umfaßt wird. In der Sakramententheologie bezeichnet F. das sinngebende, deutende Wort, das eine bestimmte »Materie« »formend« zum sakramentalen Zeichen konstituiert. Elemente dieses ↗Hylemorphismus leben in Überlegungen zur F. seit I. Kant († 1804) weiter (Denkformen, symbolische Formen), während das Begriffspaar F.-Materie als nicht mehr brauchbar erscheint.

Formalobjekt, übernatürliches, ein Begriff der kath. ↗Gnadenlehre, der die Zielrichtung der menschlichen Intentionalität angibt: ist diese Zielrichtung »übernatürlich«, dann ist die Intentionalität des Menschen von Gott »erhöht« (in biblischer Sprache: »erleuchtet«) u. auf die unendliche Wirklichkeit Gottes hin orientiert. Die Diskussion dreht sich um die Frage, ob ein menschlicher, übernatürlicher Akt rein ontisch (seinsmäßig) »erhoben« ist, ein ↗Heilsakt also dem von Gottes ↗Gnade dazu befähigten Menschen gar nicht bewußt wird, oder ob die Gnade das Bewußtsein des Menschen »affiziert«. Wenn Gnade eine wirkliche u. wahre Teilhabe am

Leben Gottes auf der Grundlage einer wirksamen ⊅Selbstmitteilung Gottes
ist, dann kann angenommen werden, daß diese Gegenwart Gottes die ganze geistige Aktivität des Menschen betrifft u. sie wenigstens keimhaft »aus-
richtet« auf die Vollendung in der seligen ⊅Anschauung Gottes. Die so
betroffene u. »erhöhte« Intentionalität kann wenigstens den ungegenständlichen, unthematischen »Horizont« (eine Art Grundbefindlichkeit)
bilden, innerhalb dessen alles »existentiell« Bedeutsame wahrgenommen
u. auf seine letzte Bestimmung hingeordnet wird, auch wenn die von u.
zu Gott erhöhte Intentionalität in der Reflexion nicht eindeutig von der
Transzendentalität des menschlichen Geistes unterschieden werden kann.

Fortschritt ist der Name eines Prozesses, der durch weltliche u. individuelle
Veränderungen, die von Menschen gesteuert sind, bessere Zustände oder
Verhältnisse herbeiführt. In diesem Sinn ist F. erst in der Neuzeit im Zeichen der naturwissenschaftlichen Erkenntnisse u. technischen Möglichkeiten reflektiert u. realisiert worden, stimuliert vom ⊅Optimismus der
⊅Aufklärung. Philosophische Interpretationen des F. bei I. Kant († 1804)
u. G. W. F. Hegel († 1831) universalisierten den Fortschrittsgedanken. Ende des 19. Jh. ist F. ein Aktionsbegriff geworden, von dem aus Geschichte
u. Zustände beurteilt werden. Die Weltkatastrophen des 20. Jh., durch Errungenschaften des technischen F. erst möglich geworden u. mit z. T. völligem Verlust der Wertorientierung verbunden, führten zu ⊅Pessimismus u.
⊅Angst. Während in der ev. Kirche u. Theologie in der 2. Hälfte des 19. Jh.
der sog. Kulturprotestantismus unter heftigem Widerspruch den F. bejahte, verhielten sich kath. Kirche u. Theologie zurückhaltend bis abweisend,
vor allem wegen des z. T. wertblinden Fortschrittsdenkens in Materialismus u. Liberalismus (Ausnahme: die Unterstützung des F. in der Arbeiter-
frage durch die kath. Sozialethik). In der Theologie leugnete die Neuscholastik im Grunde, daß es F. in der theol. Erkenntnis geben könne
(⊅Modernismus-Krise). In einer gewissen Blindheit gegenüber den Opfern
(Auschwitz als mit nichts vergleichbarem Desaster für Humanität u. Religion; Kriege, Diktaturen) wurde Mitte des 20. Jh. die Mitarbeit am
evolutiven F. fast enthusiastisch bejaht (»vorwärts u. zugleich empor« bei
P. Teilhard de Chardin † 1955; Theologien der »irdischen Wirklichkeiten«;
Schöpfungsverantwortung in Wahrnehmung des Auftrags Gen 1, 28; opti-
mistische Sicht der Menschheitsgeschichte im II. Vaticanum GS usw.).
Nach den prinzipiellen apokalyptischen Warnungen durch die ⊅Politische
Theologie werden heute vor allem die gen-technisch möglichen »Fortschritte« durch die Bioethik u. die Auswirkungen der Medienwelt weit-
gehend abgelehnt. Dabei werden echte Fortschritte (Erkenntnis u. vielfache
Respektierung der ⊅Menschenrechte, Sensibilisierung gegen Rassismus,

Sexismus, Gewaltanwendung, Strafjustiz; weltweite Solidarität bei Katastrophen) nicht geleugnet: F. ist ambivalent.

Frauenordination. Das Bewußtsein von der grundsätzlich gleichen Würde u. Gleichberechtigung von Frau u. Mann in Gesellschaft u. Kirche einerseits, das Beispiel nichtkatholischer Kirchen anderseits, in denen Frauen unter Gebet u. Handauflegung zum kirchlichen Dienst ordiniert werden (bei allem Unterschied von ↗Ordination u. ↗Weihesakrament), haben auch in der kath. Kirche schon vor dem II. ↗Vaticanum die Frage nach der F. aufkommen lassen. Wissenschaftliche Untersuchungen haben nachgewiesen, daß es zwingende theol. Gründe für einen Ausschluß der Frauen vom »geweihten ↗Amt«, auch vom Weihepriestertum, nicht gibt. Die frühe Kirche, die sich bei der Ausgestaltung ihrer Ämter u. Dienste auf den Heiligen Geist Gottes verließ, kannte sowohl »stabile« Bestellungen zu Diensten u. Organisationsformen (»Witwenstand«) als auch eine Amtsübertragung durch eine eigentliche Weihe bei Diakoninnen in Ost u. West. Die Rechtsvorbehalte beim Dienst der Sakramente durch ↗Diakone galten auch bei ihnen. Die z. T. umfangreichen Vollmachten von Äbtissinnen im frühen Mittelalter u. später können hier außer Betracht bleiben. Die Stellung der Frauen in der Kirche war generell durch ihre Unterordnung unter die Männer bestimmt; Thomas von Aquin († 1274) rechtfertigte sie damit, daß die Frauen nicht genügend Verstand für eine leitende Stellung hätten. Die Anerkennung prophetischer Frauen (heute als ↗Kirchenlehrerinnen) betrifft nicht die Frage nach dem Amt u. den Zugängen zu ihm, kann also nicht als Alibi dienen. Nachdem die theol. Einwände gegen eine F. Zug um Zug widerlegt waren, verblieb als Begründung der negativen Stellungnahmen der Päpste Paul VI. († 1978) von 1976 u. Johannes Paul II. von 1994 sachlich nur noch der Hinweis auf die Tradition (Jesus habe nur Männer zu ↗Aposteln berufen usw.), so daß »die Kirche« sich nicht bevollmächtigt sehe, Frauen zum geweihten Amt zuzulassen. Das 1983 neu vorgelegte Kirchenrecht schließt daher kategorisch Frauen vom Empfang des Weihesakraments u. von allen damit verbundenen Diensten aus. Es weist aber auf eine Fülle von Aufgaben hin, die von Frauen in der Liturgie, in der pastoralen Praxis u. in der kirchlichen Verwaltung übernommen werden können. Vor allem in Deutschland, den USA u. in der Dritten Welt kommen Möglichkeiten der Arbeit in der theol. Wissenschaft, auch in der Priesterausbildung, hinzu. Sie tragen dazu bei, die völlig einseitig patriarchalische Prägung der Kirchen- u. Gemeindeleitung allmählich abzubauen. Die negativen Entscheidungen der Kirchenleitung stellen zwar nur disziplinarische Anweisungen dar, die prinzipiell reformabel sind. Sie wurden aber mit Qualifikationen versehen, die eine Änderung in absehbarer Zeit als höchst unwahrscheinlich erscheinen lassen: Sie seien »authentisch«,

»unwiderruflich«, »definitiv anzunehmen« (ein Diskussionsverbot). Ernstzunehmen ist die ökumenische Rücksichtnahme, vor allem im Hinblick
auf die Traditionsverbundenheit der orthodoxen Ostkirchen. Offen bleibt
nach wie vor die Möglichkeit, daß auch in der röm.-kath. Kirche erkannt
wird, welche Kreativität im Hinblick auf die Ausbildung neuer, auch frau-
enspezifischer Ämter u. Dienste ihr vom Geist Gottes her zukommt u. wie
flexibel sie in der Erteilung von »Befugnissen« sein kann.

Freiheit. *1. Philosophisch.* Grundsätzlich (was nicht heißt: in jedem konkreten Einzelfall) ist der Mensch von allem anderen in seiner Umwelt dadurch
unterschieden, daß der Naturzusammenhang, in dem er existiert wie alles
andere, ihn im Vollzug seines menschlichen Wesens nicht durchgängig u.
restlos determiniert. Das heißt: Er ist ins »Offene« gesetzt; es ist ihm aufgegeben, selber die verschiedenen geschichtlichen Möglichkeiten zu verwirklichen (durch Wahl der Lebensform, des Berufs, durch ↗Arbeit usw.)
u. darin seine Wesensausprägung zu finden, zunächst individuell, dann
aber auch als Beitrag zur Verwirklichung der Gattung Mensch. Verzicht
auf diese Aufgabe wäre Verzicht auf die F., wäre Verzicht auf ein Wesens-
konstitutivum dessen, was ↗Mensch bedeutet, u. wäre letztlich Selbstauf-
gabe. So sieht sich der Mensch (grundsätzlich) vor der Pflicht, diesen Auftrag zur personalen F. zu übernehmen. Darin ist eine »positive F.«
begründet, die F. »zu etwas« (»zu jemandem«), die ihrerseits eine »negative F.« mit sich bringt, nämlich die freie Möglichkeit des Menschen, dies
oder das zu tun, dies oder jenes zu unterlassen. Im Vollzug seiner jeweils
individuell-personalen F. trifft der einzelne Mensch auf andere freie
»Selbständigkeiten«, die sich gegenüber seinen eigenen Absichten öffnen
oder verschließen können. Dadurch kann nicht die F. des Menschen selber,
wohl aber der Freiheitsraum u. so die Objektivierung der F. eingeschränkt
werden. – Die erste ins Einzelne gehende Analyse der menschlichen F.
stammt von Aristoteles († 322 v.Chr.). Er führte sie auf den ↗Willen
zurück, für dessen Aktualisierung in F. er das Fehlen von ↗Zwang u. die
Kenntnis der Umstände einer Handlung verlangte. Die Aktualisierung des
Willens in einem vorsätzlichen Tun beruht auf einer ↗Entscheidung, die er
als Selbstbestimmung der menschlichen ↗Vernunft ansah. Die ↗Stoische
Philosophie war um die innere F. (von ↗Affekten) bemüht. Nach Thomas
von Aquin († 1274) ist der Mensch innerhalb der Schöpfung dadurch ausgezeichnet ist, daß er ↗Person mit den beiden geistigen Grundkräften Verstand u. Wille ist. Er thematisiert die F. in der Reflexion über die freie
Entscheidung (»liberum arbitrium«); daß der Wille von äußerem Zwang
frei sein muß, ist für ihn selbstverständlich; eine innere ↗Notwendigkeit ist
dadurch gegeben, daß der menschliche Wille notwendigerweise das
↗Glück des Menschen will. Von der Entscheidung zum Glück kann der

Mensch sich enthalten; entschließt er sich aber zu ihr, dann nimmt er eine
↗Güterabwägung vor, u. insofern bleibt der Wille auch hinsichtlich des
notwendig angestrebten Glücks noch frei. Im ↗Skotismus wird die F. als
Wille zur Selbstbestimmung u. nicht mehr als natürliches Glücksstreben
aufgefaßt. In der Neuzeit wird die F. in Zusammenhang mit der ↗Kausali-
tät gebracht. Für I. Kant († 1804) ist F. negativ bestimmt durch die Unabhängigkeit von fremden Ursachen, die sie bestimmen; positiv ist sie ↗Auto-
nomie (Selbstgesetzlichkeit, die sich auch gegen das Gesetz der Vernunft
wenden kann) u. heißt »transzendentale F.« Im Unterschied dazu kann die
»psychologische F.« durch innere Gründe u. Bestimmungen, die aus der
Vergangenheit stammen, eingeschränkt sein. Die neuere Philosophie neigt
unter dem Eindruck der psychologischen Erkenntnisse zum ↗Determinis-
mus. – 2. *Biblisch.* Das AT beschreibt konkret Freiheitssituationen: Das
grundlegende Ereignis der Befreiung durch den ↗Exodus, die menschliche
Verantwortung vor Gott, die unterschiedliche Situation von Sklaven u.
Freien, die von Gott in der neuerlichen Unterdrückung erhoffte Befreiung.
Die F. des Menschen in einem philosophischen Sinn scheint zuweilen
durch das Einwirken der ↗Allmacht Gottes eingeschränkt zu sein. Im NT
hält sich Jesus im Rahmen der konkreten Umschreibungen der F. Von Paulus stammt eine Theologie der F., die sich der Befreiung von den personifiziert gedachten Mächten des ↗Gesetzes, der ↗Sünde u. des ↗Todes zuwendet. Diese F. ist durch Jesus Christus erwirkt worden u. wird dem
Menschen durch den Heiligen Geist, durch die ↗Rechtfertigung im Glauben geschenkt (Röm 8, 21; Gal 5, 1 13; 2 Kor 3, 18). Paulus muß gegenüber
der Meinung, seine Botschaft der F. bedeute Einverständnis mit ethischer
Zügellosigkeit, auf die Liebe hinweisen, die dem Ausleben der F. Grenzen
setzt (1 Kor 8, 7–13; Röm 13, 8 f.; 14, 15–19). Die ↗Wahrheit Jesu Christi
macht nach Joh 8, 32 frei. Von dem »vollkommenen Gesetz der F.« spricht
Jak 1, 25. – 3. *Theologiegeschichtlich-systematisch.* Die Kirchenväter der ersten Jhh. verteidigten die F. des Menschen gegen die antike Auffassung von
der Fremdbestimmung durch das ↗Schicksal. Augustinus († 430) hielt
theoretisch am Willen als menschlichem Grundvermögen u. damit an der
F. fest, sah sie aber faktisch durch die Sünde ohnmächtig gemacht; die
Rettung des Menschen erfolgt durch die Alleinwirksamkeit der Gnade Gottes (↗Pelagianismus). Die mittelalterliche Auffassung von der F. war einerseits durch die philosophische Konzeption der beiden Grundvermögen der
Person, Verstand u. Willen, u. anderseits durch die Auffassung, daß eine
positive, für das ↗Heil relevante Entscheidung der Gnade Gottes bedürfe,
bestimmt. Die Ausrichtung des Willens auf das umfassende Gute einschließlich des Glücks ist bei Thomas von Aquin († 1274) eine von Gott
als Schöpfer bewirkte, von Zwang freie »Wahlfreiheit«, die sich durch das
Vernunfturteil vor mehreren Möglichkeiten sieht u. sich spontan entschei-

det. Nachdem der Humanismus (Erasmus von Rotterdam † 1536) die Wahlfreiheit als willentliche Fähigkeit, sich dem ewigen Heil zuwenden oder sich von ihm abwenden zu können, bestimmt hatte, betonte M. Luther († 1546) in seiner Sicht vom knechtischen Willen (»servum arbitrium«), daß ein Mensch nicht imstande ist, sich mit willentlicher Entscheidung positiv (»gerechtmachend«) Gott zuzuwenden (ethische Verantwortung u. Entscheidungsfähigkeit in weltlichen Angelegenheiten leugnete er nicht). Seine Auffassung von der göttlichen Allmacht bedeutete faktisch hinsichtlich des Gottesverhältnisses die Bejahung einer Alleinwirksamkeit Gottes. Die Antwort des Konzils von ↗Trient bejahte die Notwendigkeit der göttlichen Gnade zu jedem Heilshandeln des Menschen, sah aber in der ↗Rechtfertigung die Befreiung der (durch die Sünde geschwächten, aber nicht völlig aufgehobenen) menschlichen F. zu einem positiven Freiheitshandeln vor Gott, bei dem nicht von einem Zusammenwirken zweier gleichartiger Kräfte, Gott u. Mensch, die Rede sein kann (↗Synergismus). In der nachtridentinischen kath. Theologie spielte die Freiheitsthematik im Verhältnis von Gnade u. F. eine bedeutende Rolle, ohne daß eine wesentliche Klärung erreicht worden wäre (↗Gnadensysteme; ↗Natur und Gnade). – In systematischer Sicht ist F. eine transzendentale Eigentümlichkeit des Seins überhaupt, die einem Seienden im Maß seiner »Seinshöhe« zukommt, u. ist dort F. im vollen Sinn, wo die »Seinshöhe« der geistigen Person erreicht ist. Dort ist F. die selbstverantwortliche Selbstverfügung, u. das gerade auch Gott selber gegenüber, weil die Abhängigkeit von ihm (anders als bei innerweltlicher Ursächlichkeit) gerade die Begabung mit freiem Selbstand bedeutet. Diese geschaffene F. ist in der faktischen Ordnung gewollt als die Ermöglichung der personalen freien ↗Selbstmitteilung Gottes an freie Partner in einem beiderseits freien Dialog. Ein vom Wesen der Liebe Gottes u. der dafür notwendigen Partner her entwickelter Begriff der existentiellen Wahlfreiheit als wesenhafter Würde der Person bildet die Grundlage für die Lehre von der richtig verstandenen Gewissensfreiheit (↗Gewissen), vom Recht auf den nötigen »Raum« zur konkreten Realisation der F. gegenüber aller zwanghaften Aufhebung oder ungebührlichen Einschränkung dieses Raumes durch gesellschaftliche Mächte des Staates u. der Kirche (↗Toleranz, ↗Emanzipation).

Freiheit Gottes. Die biblischen Offenbarungszeugnisse sprechen von Gott als dem absolut freien Schöpfer, dessen Verhältnis zu seiner Schöpfung u. insbesondere zu den Menschen allein von seinem souveränen freien ↗Willen bestimmt ist (ein zusammenfassender Ausdruck: »Wem ich gnädig bin, dem bin ich gnädig, u. wessen ich mich erbarme, dessen erbarme ich mich« Ex 33,19). Die Einsetzung der Menschen in ihre Freiheit u. Verantwortung bedeutet keine Einschränkung der F. G. Die Selbstbindung

Gottes in Bundestreue, ja Liebe (Hos 11 u. ö.) geht ebenfalls auf seinen freien Willen zurück. In seiner Freiheit ist Gott nicht berechenbar u. begreiflich (↗Verborgenheit Gottes, ↗Unbegreiflichkeit Gottes), so sehr menschliches Bemühen der Ergründung seines »Heilsplanes« (der »Heilsökonomie«) gilt. In dieser Sicht der F. G. stimmt das NT vollkommen mit dem AT überein. In der Theologiegeschichte der alten Kirche gehörte die F. G. zu den selbstverständlichen Glaubensinhalten, doch entstand mit den Axiomen von der ↗Einfachheit u. ↗Unveränderlichkeit Gottes eine Art metaphysischer Festlegung der göttlichen Freiheit. Die mittelalterliche Theologie bedenkt die F. G. vor allem im Zusammenhang mit der Erkenntnis von Verstand u. Willen als den zwei Grundvermögen des personalen Geistes, wobei Thomas von Aquin (†1274) die Impulse der F. G. aus dem Intellekt hervorgehen läßt, während Johannes Duns Scotus (†1308) sie auf den als Liebe verstandenen Willen zurückführt. Wilhelm von Ockham (†1349) betont die F. G. in der Setzung des Kontingenten (↗Ockhamismus). Die Neuzeit kommt durch die naturwissenschaftlichen Erkenntnisse hinsichtlich der Kausalitäten innerhalb der Schöpfung zu der Frage, inwieweit die F. G. in ihren Einwirkungsmöglichkeiten nicht begrenzt sei. G. W. Leibniz (†1716) nahm an, daß Gottes Wesen als absolute Güte ihn genötigt habe, die bestmögliche Welt zu erschaffen. G. W. F. Hegel (†1831) charakterisierte die absolute Freiheit durch die Möglichkeit, im Anderen seiner selbst bei sich selber sein zu können, u. nahm von da aus die Notwendigkeit einer Verwirklichung dieser Möglichkeit (Selbstvermittlung Gottes im Geschichts- u. Weltprozeß) an. Gegen die Auswirkungen dieser Auffassung auch in der Theologie äußerte sich das I. ↗Vaticanum verbindlich zur völligen F. G. bei der Verwirklichung des Nichtgöttlichen. Die gegenwärtige Theologie sieht sich vor der Aufgabe, über die F. G. angesichts der unbezweifelbaren ↗Freiheit des Menschen u. insbesondere angesichts der menschlichen Freiheit, die ↗Selbstmitteilung Gottes anzunehmen oder sich ihr zu verweigern (die existieren muß, wenn die Appelle an Glauben u. Verantwortung einen Sinn haben sollen), nachzudenken. Kommt durch die Existenz der menschlichen Freiheit eine Selbstbegrenzung der F. G. in den Blick, so legt sich auch der Gedanke nahe, daß die unbedingte Treue u. Liebe Gottes in seinem ↗Heilswillen eine weitere Einschränkung der F. G. bedeuten könnten; beide Male würde es sich natürlich wie auch bei der Schöpfung nicht um innere oder äußere Nötigung, sondern um völlig freie Selbstbeschränkung handeln. Die unleugbaren Gesetzmäßigkeiten der evolutiv konzipierten Schöpfung lassen weiter die Frage aufkommen, inwieweit von der aktiven Realisierung der F. G. bei seiner ↗Mitwirkung u. ↗Vorsehung gesprochen werden kann. Die genannten Probleme weisen auf die Notwendigkeit hin, auch bei der F. G. die ↗Analogie jeder Gottesrede ernst zu nehmen u. nicht die menschliche

Wahl- u. Entscheidungsfreiheit zum Maßstab der göttlichen Freiheit zu machen. Ein ernstes Problem der gegenwärtigen Theologie stellt die tritheistische Versuchung dar, den drei »Personen« in Gott jeweils eigene Freiheit in innergöttlichen Beziehungen u. im Wirken nach außen zuzuschreiben (↗Trinität).

Freude, ein gefühlsmäßiges sinnliches oder geistiges oder ganzheitliches Erlebnis, gegebenenfalls der daraus resultierende Zustand gehobener, zufriedener Stimmung. Nach den biblischen Zeugnissen ist die F. ein Geschenk Gottes, der selber die F. u. Wonne des Menschen werden will (Ps 43, 4) u. es nach vielen Texten auch geworden ist, so daß die F. an Gott die Stärke des Menschen ist (Neh 8, 10). Ihr »Sitz« ist das ↗Herz, aber ihre Äußerungen sind auch öffentlich, jubelnd u. feiernd. Nach dem NT ist das Heilshandeln Gottes in Jesus Christus die Ursache der F., ist die F. Gabe des Heiligen Geistes (Röm 14, 7; Gal 5, 22; 1 Thess 1, 6) u. kann deshalb auch in bedrängten Christengemeinden lebendig bleiben (öfter in Apg). Zu demjenigen, was die Glaubenden nach Joh »schon jetzt« besitzen wie das »ewige Leben«, gehört auch die F. (öfter in Joh). Über die Legitimität »irdischer Freuden« bestand in der christlichen Tradition (im Unterschied zum Judentum) keine Einigkeit. Freudlose Glaubensauffassungen ergaben sich oft aus freudloser, auf Pflicht u. Moralisieren fixierter Verkündigung u. aus deformierter ↗Askese.

Friede. *1. Biblisch.* In der Bibel beider Testamente kommt F. als Abwesenheit von Krieg u. Gewalttätigkeit u. damit als Aufgabe der Menschen vor. In der ↗Bergpredigt werden die Frieden Stiftenden selig gepriesen u. konkrete Beispiele für die Überwindung von Haß u. Aggressivität geboten (↗Feind). Vor allem gilt der F. jedoch als Gabe Gottes, um die Gott gebeten u. für die ihm im Lobpreis gedankt wird. Das hebr. Wort »schalom« umfaßt nicht nur die Abwesenheit von Krieg; es hat die Bedeutung von ↗Heil schlechthin. Darum gilt F. als das entscheidende eschatologische Geschenk, durch das auch die Feindschaft von Juden u. Heiden beseitigt wird (Jer, Ez, Jes). Bei Paulus geht die Versöhnung von Gott u. Menschen auf die Initiative Gottes zurück, der darum oft »Gott des Friedens« heißt (Röm 15, 13; Phil 4, 9; 1 Thess 5, 23 u. ö.). In ausgezeichneter Weise nennt Eph 2, 14 ff. Jesus Christus »unseren Frieden«; von ihm her ist F. Aufgabe der Kirche (Röm 12, 18; Eph 4, 3). – *2. Theologiegeschichtlich.* Die Haltung des frühen Christentums war in der Frage des Friedens zwiespältig. Auf der einen Seite wurde den Christen der Soldatendienst wegen der möglichen Tötungen verboten. Anderseits wies man den irdischen Instanzen die Pflicht zu, die Bürger vor Gewalt zu schützen. Auf Augustinus (†430), der die Gewaltanwendung gegen Ketzer forderte, ging die Auflistung von Bedingungen

für einen »gerechten Krieg« zurück, die in der scholastischen Theologie
reflektiert (Thomas von Aquin † 1274 definierte den Frieden als »Ordnung
des Zusammenlebens auf dem Fundament der Gerechtigkeit«) u. ausgebaut wurden. »Pazifistische« Strömungen tauchten immer wieder bei
solchen auf, die eine radikale Nachfolge Jesu leben wollten. Im späten Mittelalter u. in der Zeit der Renaissance entstanden Bemühungen um eine
rationale, nicht vom Glauben her begründete Friedensordnung unter den
Völkern (↗Utopie bei Thomas Morus † 1535), in eindrucksvoller Weise bei
I. Kant († 1804) weiterentwickelt. Hier taucht der Gedanke eines Staaten-
bundes für den Frieden u. der Schaffung eines unabhängigen Gerichts zu
seiner Sicherung auf. Das 19. Jh. sieht einerseits Anstrengungen um
völkerrechtliche Vereinbarungen für den Kriegsfall, anderseits unbegrenzten Militarismus, der dann in die Katastrophen des 20. Jh. führt, die von
den immer sehr begrenzten Kreisen christlicher Pazifisten nicht aufgehalten werden konnten. Die Besinnung nach dem »totalen Krieg« führte zu
Anstrengungen der Friedenssicherung auf vielen Ebenen einschließlich der
Rüstungskontrolle u. der vereinbarten Abrüstungen, mit den Versuchen
zur Stärkung der internationalen Autorität. An ihnen waren die Kirchen,
sowohl der Ökumenische Rat in Genf als auch das II. Vaticanum (GS 42,
78, 82 u. ö.), aktiv beteiligt. Nach dem Abbau der globalen Konfrontation
der Blöcke tauchten durch unvermutet wiedererwachten Nationalismus,
Befreiungskämpfe gegen autoritäre Strukturen u. irrationale Aufrüstungen
in der Dritten Welt neue Friedensprobleme auf, an denen sich die Erste
Welt durch Waffenhandel mit schuldig macht. Auch das brutale 20. Jh.
hatte seine Märtyrer des Friedens, u. a. M. J. Metzger († 1944), D. Bonhoeffer († 1945), M. Gandhi († 1948), M. L. King († 1968).

Frömmigkeit war als deutscher Begriff im nichtreligiösen Bereich gleichbedeutend mit »tauglich«, »rechtschaffen« oder »nützlich sein«, bezeichnete
dann (seit dem ↗Pietismus) ein religiöses Gefühl u. die innere, durch Vertrauen u. Gebete gekennzeichnete Haltung des Menschen vor Gott. Biblische Entsprechungen in AT u. NT wären ↗»Gottesfurcht«, »Bundestreue«,
»Gerechtigkeit«. Der vertrauensvolle Umgang mit Gott äußert sich bei Juden u. Christen nicht nur in der Vater-Anrede Gottes, sondern auch in
Gestalt der Frage u. Anklage. Die Propheten u. Jesus warnen vor einer rein
innerlichen oder vor einer nur kultisch orientierten F. unter Zurücksetzung der ↗Nächstenliebe. Der griech. Begriff »eusebeia« bezeichnet eher
die Ehrfurcht der Kinder vor Eltern u. Älteren u. die Ehrfurcht vor Gott.
Das lat. Wort »pietas« meint eher treue Pflichterfüllung gegenüber dem
staatlichen Gemeinwesen, später auch ↗Mitleid u. ↗Barmherzigkeit. Seit
der Mitte des 20. Jh. wird der deutsche Begriff F. durch den aus Frankreich
übernommenen Begriff ↗Spiritualität zunehmend verdrängt.

Frühkatholizismus ist ein Begriff der ev. Theologie, mit dem konfessionell-kirchliche Unterschiede zwischen Katholizismus u. Protestantismus bereits in den ersten Jahrzehnten des Christentums gekennzeichnet u. Merkmale der »katholizistischen« Eigenart erforscht werden sollen. Die ersten Theorien sahen bei F. Ch. Baur († 1860) den Katholizismus als notwendige, wenn auch überholte Synthese von Judaismus u. Paulinismus, bei A. von Harnack († 1930) als Verbindung von Evangelium u. Hellenismus mit der besonderen Anspruchsform des Dogmas. Nach dem Zweiten Weltkrieg bemühten sich ev. Exegeten vor allem um den F. innerhalb des NT, um Analyse von Merkmalen (Sakramente, Kirchenverfassung, Verhältnis zum Gesetz), die im Gegensatz zur »Mitte der Schrift« stünden u. die im lukanischen Doppelwerk, in den Pastoralbriefen, in Jak u. 2 Petr gesucht wurden. Die Diskussion erstreckte sich auf die Einheit der Schrift im heute faktisch gegebenen ↗Kanon u. auf die Frage nach einem »Kanon im Kanon«. Insgesamt zeigte sie die Relevanz u. Problemstellungen einer biblischen ↗Hermeneutik.

Fundamentalartikel, manchmal in der ev. Theologie verwendete Bezeichnung für jene Glaubensinhalte, die ein Mensch bejahen muß, um das persönliche Heil bei Gott erlangen zu können (↗Heilsnotwendigkeit). Den Gegensatz dazu bilden die nicht-fundamentalen Artikel (↗Adiaphora). Nach der kath. Theologie ist alles, was von Gott geoffenbart ist u. was die Kirche übereinstimmend als von Gott geoffenbart glaubt, mit innerer, religiöser Glaubenszustimmung anzunehmen; es gibt aber eine Rangordnung oder »Hierarchie« der Glaubenswahrheiten »je nach der verschiedenen Art ihres Zusammenhangs mit dem Fundament des christlichen Glaubens« (II. Vaticanum UR 11).

Fundamentalismus war zunächst die Bezeichnung für eine um 1910 publizistisch greifbare nordamerikanische Bewegung evangelischer Christen, die vehement gegen die historisch-kritische Bibelwissenschaft u. deren Folgen kämpften u. gegen vermeintlichen Modernismus von einem festen Bestand unverstehbarer Glaubensinhalte, die für wahr zu halten seien, ausgingen (zu diesen »Fundamentals« zählten die göttliche Inspiration u. daher die Fehlerlosigkeit der Bibel, die Jungfrauengeburt, das stellvertretende Sühneleiden Jesu, dessen leibliche Auferstehung u. die Naherwartung seines Kommen; aus diesen Dogmen wurden weitere Glaubenswahrheiten verbindlich abgeleitet, nicht aber die Existenz der Kirche). Eine Konsequenz war, daß eine Entwicklung des Glaubens u. die Versuche, dessen Vereinbarkeit mit der Vernunft aufzuzeigen, strikt abgelehnt wurden. Nach 1914 wurde der F. organisatorisch weiterentwickelt, mit dem Programm, Einfluß in kirchlichen Vereinigungen zu gewinnen. Neue militante

u. absolut intolerante Initiativen richteten sich gegen die Naturwissenschaften (zunächst gegen ↗Hominisation u. Evolution in der Biologie, später gegen Neuentwicklungen in der Medizin), gegen ökumenische Gespräche u. gegen ethischen Liberalismus, politisch rechtsgerichtet. Der F. breitete sich international aus, besonders in englischsprachigen Bereichen u. dort, wo ev. Christen in der Minderheit waren. Weniger aggressiv militante Formen mit fundamentalistischen Tendenzen versuchten, sich von diesem F. abzugrenzen u. nannten sich »evangelikal« (Bekenntnisbewegung »Kein anderes Evangelium«). – Seit den 70er Jahren des 20. Jh. wird der Begriff F. ausgeweitet auf verschiedene Mentalitäten u. Gruppen bei Menschen unterschiedlicher Religionen u. Weltanschauungen. Einige gemeinsame Grundzüge: Ein Absicherungsbedürfnis aus Angst u. Ich-Schwäche führt zu sklavischer Abhängigkeit von Führerpersönlichkeiten; zu Verneinung von Gewissensfreiheit, Toleranz u. von Freiheit überhaupt; zu rigoroser Verteidigung enger moralischer Grundsätze (unter Fixierung auf den Bereich der Sexualität); zu Frontbildungen u. Konstruktion von Feindbildern (»Weltverschwörung«); zu völliger Gesprächsunfähigkeit. Der F. entspringt eindeutig psychopathischen Deformierungen. Er bildet kleinere geschlossene Gruppen mit ausgeprägtem Elite- u. Auserwählungsbewußtsein, deren Identität auf blindem Gehorsam, stereotyper Wiederholung von Formeln u. Vorlieben für starre Rituale beruht. Solche Ausprägungen des F. finden sich außer bei den Genannten in der kath. ↗Traditionalistenbewegung, bei Juden u. Muslimen, bei indischen u. japanischen Religionsanhängern, in den meisten Sekten. Wo zu weitgehende gesellschaftliche Toleranz herrscht, die Recht u. Sicherheit gegen ↗Fanatismus nicht zu schützen weiß, ist dieser F. bereit zur Gewaltanwendung. Der religiöse F. gefährdet das friedliche Zusammenleben von Menschen innerhalb von Staaten u. auf internationaler Ebene.

Fundamentaltheologie ist die Bezeichnung einer grundlegenden theol. Einzeldisziplin, die aus der Verantwortungsbereitschaft des Glaubens u. der Hoffnung (1 Petr 3,15) hervorgeht (Grundlagenreflexion über das ↗Christentum auch angesichts der Ansprüche der Vernunft). Aus ihrer frühesten Gestalt als »Apologie« (↗Apologeten) entwickelte sie sich mehr u. mehr zu einer systematischen ↗Apologetik, die als solche nicht mehr ausschließlich gegen Bestreiter der christlichen Offenbarung gerichtet zu sein brauchte, sondern »fundamentale« Fragen für das Selbstverständnis des Christentums u. seiner Theologie klären wollte. Mitte des 19. Jh. kam die Bezeichnung F. im kath. Bereich auf; sie wurde seit Mitte des 20. Jh. auch im ev. Bereich grundsätzlich akzeptiert. In der älteren F. des 19. Jh. wurden Thematiken, die früher an verschiedenen Orten behandelt worden waren, gesammelt, vor allem die Erkenntnismöglichkeiten der ↗Offen-

barung Gottes (Glaubensmotive u. -bereitschaft, ↗Praeambula fidei,
↗Wunder, Prophetie), die möglichen Arten einer solchen Offenbarung,
die Tatsache der in ↗Jesus Christus geschehenen Offenbarung; ferner das
historische Bleiben dieser Offenbarung in der ↗Kirche (deren Wesen mit
den Wesensmerkmalen u. ihre Struktur; ihre Ämter). Hinzu kamen die
von der neuzeitlichen Lebenswelt gestellten Probleme (Wissenschaftscha-
rakter u. Methodenpluralismus der Theologie, Verhältnis von Vernunft u.
Glauben, Subjektivität, Autorität, Tradition; philosophische Wahrheitsfrage usw.). Im 20. Jh. stellte sich die F. den aktuellen Infragestellungen des
Glaubens u. versuchte, die dialogische Kompetenz der Theologie in die
Diskussionen um Wahrheits- u. Bewahrheitungskriterien einzubringen.
In diesen Zusammenhängen versteht sich die ↗Politische Theologie als
»praktische F.« Die enorm erweiterten Aufgabenfelder der F. wuchsen zu-
sätzlich durch die neue theol. Sicht der ↗Nichtchristlichen Religionen an.

Funktion (lat. = Verrichtung, Aufgabe) bezeichnet im alltäglichen Sprachgebrauch eine bestimmte Aufgabe oder Position innerhalb eines bestimmten Zusammenhangs. Philosophisch unterscheidet sich F. von ↗Substanz:
Während die Letztere das »in sich stehende« ↗Wesen meint u. auf die Frage
»Was ist das?« antwortet, versteht sich F. von einem Beziehungszusammenhang her u. antwortet auf die Frage nach der Bedeutung. Eine »funktiona-
le« Betrachtungsweise hat die unterschiedlichen Zusammenhänge oder
»Bezugsrahmen« zu beachten. In Theologie u. Kirche wurde die sinnvolle
Verschiedenheit der Funktionen unter dem Thema ↗Subsidiarität reflektiert; heute treten auch Gesichtspunkte der »Arbeitsteilung« hinzu. Die
heute weit verbreitete »Gotteskrise« ist zu einem gewissen Teil dadurch
entstanden, daß Gott »funktional« unter dem Gesichtspunkt seiner
»Brauchbarkeit« betrachtet wurde.

G

Gebet geschieht, wenn ein Mensch sich auf die Tiefendimension u. Transzendenz seiner selbst einläßt, darin wahrnimmt, daß er ganz u. umfassend
angesprochen ist, dieses Angesprochensein antwortend bejaht u. sich so in
seinem ganzen Dasein auch subjektiv betroffen sein läßt von dem unausweichlichen, göttlichen, personalen Geheimnis. Über den so umschriebenen dialogischen Charakter des Betens, der sprachliche Textformulierun-
gen enthält, über den »inneren Herzensverkehr mit Gott« (F. Heiler
† 1967) hinaus, besteht heute in religionswissenschaftlicher u. theol. Sicht
weitgehende Übereinstimmung. Das G. in Israel ist wie auch das spätere G.

der Kirche sowohl individuell als auch kollektiv geprägt. Es äußert sich als
↗Bittgebet, als ↗Dank, als Lobpreis (↗Doxologie) u. ↗Anbetung, als
Schuldbekenntnis mit Bitte um Vergebung, als Klage. Alle Ebenen des individuellen Daseins u. alle Existenzprobleme des Eigentumsvolkes Gottes
werden in völligem Vertrauen auf Gott vor ihm ausgebreitet. So setzt die
Existenz der mannigfaltigen Gebete den festen Glauben voraus, daß Gott
auch den banalsten Einzelheiten des Lebens liebendes Interesse entgegen-
bringt. Bestimmte Tage im Jahreszyklus u. Tagzeiten zeigen, daß das G. den
Sinn hat, Gott als stets gegenwärtigen (der nicht erst um sein Kommen
angerufen werden muß) wahrzunehmen. Die leib-seelische u. gemeinschaftliche Verfaßtheit des Menschen kommt in begleitenden Gesten u. in
der betenden Kultgemeinschaft zum Ausdruck. Alle diese Eigentümlichkeiten des Gebets prägen auch die das G. betreffenden Texte des NT. Der
Jude Jesus betete auf jüdische Weise (Synagogengottesdienste; Psalmen; in
Stille u. Sammlung zurückgezogen; aufschreiend u. klagend). Seine Gottes-
anrede ↗»Vater« ist in Israel geläufig. Besonders hervorzuheben sind die
Gebetsunterweisung an den Jüngerkreis (Lk 11, 1–13) u. die Kritik an
einem demonstrativ-äußerlichen Gebetsverhalten (Mt 6, 5–8). Ein eigenes
exegetisches u. theol. Problem stellt die Frage dar, von wann an sich die
frühchristlichen Gemeinden im G. auch an Jesus gewandt haben. Das
↗Judentum u. der ↗Islam halten am mehrmaligen täglichen G. u. am gemeinschaftlichen G. der Gläubigen fest. – Schon von der Kirchenväterzeit
an bis heute kreist das theol. Nachdenken um die (durch Nichterhörung
widerlegte) Zusage sicherer Erhörung (Lk 11, 9 f. par.). Die oft bestehenden
Schwierigkeiten, sich im G. auf Gott einzulassen u. sich vor ihm auszusprechen, begegnen der biblischen Ermutigung, daß der Heilige Geist Gottes
das Beten lehrt u. dort betend eintritt, wo menschliche Worte fehlen (Röm
8, 26 f.). Auch wenn vielfältige Lebenserfahrungen tiefe Zweifel am Bittgebet hervorrufen, bleibt das G. aus vielen Gründen sinnvoll: Es lehrt, die
Mitmenschen mit ihren Sorgen u. Freuden wahrzunehmen, den Blick auf
die Menschheitsprobleme auszuweiten, sich selber immer besser kennenzulernen u. seine innersten Wünsche, Bedürfnisse, Ängste, Motive zu »ver-
balisieren«, das Leben zu »ordnen«, sich zur Regelmäßigkeit u. damit zur
Zuverlässigkeit anzuhalten, zur Ruhe zu kommen, Verdrossenheit u. Unlust zu überwinden. Von großer Bedeutung für die Wahrnehmung Gottes
im Freundeskreis u. bei der nachwachsenden Generation ist der immer
neue Versuch zu gemeinschaftlichem, nicht nur vorformuliertem, sondern
frei gesprochenem G. (↗Hauskirche). Er ist auch bei Menschen notwendig,
die sich in den lebens- u. erfahrungsfremden, »verobjektivierten«, einen
ästhetisierten, »gebildeten« Lebensstil voraussetzenden liturgischen Gebeten nicht zurechtfinden.

Gebote der Kirche können in einem weiteren Sinn alle kirchlichen Weisungen genannt werden, die der konkreten Verwirklichung der ↗Gebote Gottes dienen wollen. Im engeren Sinn werden fünf Weisungen G. d. K. genannt (1555 im Katechismus des P. Canisius formuliert u. vom »Weltkatechismus« 1992 wiederholt): 1) Heiligung der Feiertage, 2) Mitfeier der Eucharistie an Sonn- u. gebotenen Feiertagen, 3) eucharistische Kommunion in der Osterzeit (u. in Todesgefahr), 4) jährlich einmalige Beicht, falls eine schwere Sünde vorliegt, 5) Abstinenz u. Fasten an bestimmten Tagen. Eine spontane, charismatische Verwirklichung der Kirche ist über einen längeren Zeitraum u. in einer pluralistischen Gesellschaft, zu der die Kirche selber geworden ist, ohne »Minimalforderungen« nicht zu erwarten. Aufgrund der geschichtlich-gesellschaftlichen Struktur der Kirche müssen die G. d. K. als Zeugnisse des jeweils aktuellen Selbstverständnisses der Kirche angesehen werden. Sie unterliegen daher auch dem legitimen Wandel dieses Selbstverständnisses, insofern dieser nicht das theol. Wesen der Kirche, sondern ihren geschichtlichen Vollzug betrifft. Daher wurden im 20. Jh. G. d. K. bzw. Verbote der Kirche aufgehoben (Lektüre indizierter Bücher, Verbot der Feuerbestattung) oder stark geändert (»eucharistische Nüchternheit«, Fleischverbot an Freitagen, erweitertes Fasten). Mit G. d. K. kann der kirchliche Gesetzgeber nicht den Willen Gottes als dessen Stellvertreter konstituieren, daher kann er auch nicht als Stellvertreter Gottes die Menschen zur Einhaltung bloßer G. d. K. sittlich unmittelbar verpflichten. Die G. d. K. verpflichten nur insofern, als sie im christlichen Willen, Kirche zu sein u. kirchlich zu leben, im konkreten Fall mitenthalten sind.

Gebote Gottes heißen in den biblischen Zeugnissen beider Testamente Einzelweisungen, durch die der Wille Gottes konkretisiert wird, die aber nicht einfach mit der Grundurkunde des Volkes Gottes, der ↗Tora, oder mit dem »Hauptgebot« der Gottes- u. Nächstenliebe identisch sind. Zu ihnen zählen u. a. vielfältige rituelle u. kultische Vorschriften im AT, die nach der Auffassung des Paulus nicht abgeschafft sind – G. G. werden nicht »abgeschafft« –, sondern durch Jesus Christus »erfüllt« worden sind. Einen Sonderfall stellt das göttliche Gebot der ↗Beschneidung dar, das als Bundeszeichen für die Erstberufenen in den Bund in Geltung bleibt. Die Inhalte der Kataloge der ↗Tugenden u. ↗Laster im NT zählen gleichfalls zu den G. G. Da sie Wertvorstellungen enthalten, die sich in außerbiblischen Traditionen ebenfalls finden u. die sich auf bestimmte Erfahrungen im sozialen Zusammenleben stützen, die sozio-kulturell u. geschichtlich bedingt sind, erweist es sich als notwendig, nach dem ihnen allen zugrunde liegenden »eigentlichen« Willen Gottes zu fragen. Die einzelnen G. G. sind auf das umfassende Liebesgebot zurückzuführen u. erhalten in dem Maß, in dem sie dieses hier u. heute konkretisieren, ihre Verbindlichkeit. Als vom Liebesgebot unabhängige, autoritäre, überzeitlich u. universal geltende »Gebote«, die auf nicht weiter hinterfragbare göttliche Dekrete zurückzuführen wären, können u. dürfen sie nicht verkündet werden. – ↗Dekalog, ↗Bergpredigt.

Geduld ist in den biblischen Zeugnissen der Gottesoffenbarung vor allem eine Eigenschaft Gottes, die in seiner »Langmut« wurzelt, von der viele Texte sprechen (G. u. Langmut werden auch zusammen genannt, Röm 2,4). Sie äußert sich in seinem Mitleid u. in seiner liebenden Selbstbeherrschung (Hos 11,8 f.), in der Zurückhaltung seines Zorns (Röm 9,22), in der Hinnahme u. Vergebung der Sünden (Röm 3,25). Mit der G. Gottes wird die Aufforderung zur G. unter Menschen begründet (Mt 18,23–35). Bei Paulus u. in den Deuteropaulinen nimmt das Thema der G. breiten Raum ein, sei es im Hinblick auf Bedrängnisse, in denen sich der Glaube in G. zu bewähren hat (ähnlich die Bewährung durch G. im Hinblick auf die ↗Parusie Mk 13,13; Jak 5,7–11), sei es im Sinn ethischer Weisung. Jesus selber erscheint in seinen drängenden u. drohenden Reden u. in seinem Verhalten als weniger geduldig (außer in der Passion). G. im Umgang von Menschen miteinander ist nicht nur eine Frage von Temperament u. Belastbarkeit, sondern auch eine solche der ↗Toleranz.

Gefühl ist eine grundlegende Erlebnis- u. Erfahrungsweise, ein vom Denken verschiedenes starkes Betroffensein im psychischen Zentrum (dem Herzen, der Seele), das sich emotional, verbal u. in der Körpersprache Ausdruck verschaffen kann. Begrifflich wird das G. erst seit dem 17. Jh. von den ↗Affekten unterschieden. Es hat mit ihnen gemeinsam, daß es spontan entsteht, wohl unterdrückt oder verdrängt, aber nicht geboten werden kann (im Unterschied zur Liebe als willentlich gesteuerter Energie kann Sympathie nicht geboten werden), u. daß es nicht in sich selber, sondern nur in seinen Äußerungen moralischen Urteilen unterliegt. Das emotionale Vermögen des Menschen kann durch die Art u. Weise der Kommunikation, der Liturgie, der Theologie angesprochen werden oder auch nicht. Hier bestehen aufgrund jahrhundertelanger Verdächtigungen u. Abwertungen der Gefühlswelt erhebliche Defizite in der Kirche. In der theol. Anthropologie wurde diskutiert, ob das G. als drittes geistig-personales Grundvermögen des Menschen neben Vernunft u. Willen angesehen werden könne. Die traditionelle Auffassung blieb bestehen, daß das G. eher der sinnlichen Dimension zuzurechnen sei (↗Sinnlichkeit) u. daß Erkenntnis u. Freiheit die fundamentalen Vermögen der ↗Person seien.

Gefühlsreligion. Wenn ein Mensch in seiner Religiosität Gott als den sich selber unbegrenzt verschenkenden u. grundlos vergebenden erfährt, also der ↗Selbstmitteilung Gottes innewird, kann dies in subjektives Bewegtsein (Emotion) einmünden. Da eben eine solche Erfahrung eine Grundgegebenheit der jüdisch-christlichen Religiosität ist, ist in ihr das Gefühl konstitutiv, wenn es nicht durch verkehrte (angstmachende, herrschsüchtige) Gottesvorstellungen behindert wird. Theologiegeschichtlich wurde gelegentlich eine Auffassung von Religion vorgetragen, die das rational-einsichtige Wort des sich selber aussagenden Gottes u. die rational-antwortende Zustimmung des Menschen zu vernachlässigen u. Religion als Erfahrung des Göttlichen allein in der subjektiven Innerlichkeit zu verstehen schien (besonders in der Romantik des 19. Jh.). Einflußreich wurde F. Schleiermachers (†1834) Verständnis von Religion als »Sinn u. Geschmack fürs Unendliche« u. als »Gefühl der schlechthinnigen Abhängigkeit«. Es ist nicht zu verkennen, daß in der gegenwärtigen Spiritualität Mitteleuropas in Gottesdiensten, in Verkündigung u. Unterricht eine träumerische Gefühligkeit vorherrscht, die sich so gut wie gar nicht um Glaubensinhalte kümmert.

Gegenwart kann philosophisch-abstrakt gedacht werden als »Zeitpunkt« zwischen Vergangenheit u. Zukunft, als reines ↗»Jetzt«. In einer ursprünglichen, letztlich nicht auflösbaren Erfahrung kann jedoch die Pluralität der räumlich u. zeitlich auseinander liegenden Wirklichkeiten in einer gewissen Einheit erfahren werden. Das Denken u. z.T. auch das gefühlsmäßige Erleben können Vergangenes ver-gegenwärtigen, so daß es (in einer gewissen begrenzten Weise) »da ist«, im Modus der Erinnerung; ähnlich kann das Zukünftige ver-gegenwärtigt werden, so daß es (in einer gewissen dunklen, verhüllten Weise) wirklich »da ist«, im Modus der Erwartung. Diese dreifach-eine Zeitlichkeit des menschlichen Daseins wurde in der Philosophie häufig reflektiert, von Augustinus (†430) bis M. Heidegger (†1976). Wenn nach E. Levinas (†1995) ein Mensch durch das Antlitz des ↗Anderen betroffen wird, dann bricht eine andere Zeit in die Zeit oder G. des Betroffenen ein, ohne in dieser G. aufzugehen; sie ist dem Betroffenen gegenwärtig u. bleibt doch die Zeit des Anderen. – Die verschiedenen Möglichkeiten der Erfahrung einer Einheit der ↗Zeit in der G. werden in der Theologie als unterschiedliche *Gegenwartsweisen* erörtert: 1) die durch transzendentale Einheit begründete Gegenwartsweise des ↗Grundes im Begründeten; die Gegenwartsweise Gottes in der von ihm erschaffenen kontingenten Welt (↗Allgegenwart Gottes); die G. Gottes durch freie Zuwendung u. ↗Selbstmitteilung an den Menschen (↗Gnade, ↗Heiliger Geist, ↗Inkarnation); 2) die in einer kategorial faßbaren Einheit begründete Gegenwartsweise von Personen, die einander durch einende

Erkenntnis u. Liebe gegenwärtig sind; 3) die in der Einheit des Raumes
begründete Gegenwartsweise von Wirklichkeiten, die »im Raum« sind;
4) die Gegenwartsweise von Ereignissen u. Personen der Glaubensgeschichte: Der Glaubensvollzug »macht« diese Ereignisse u. Personen nicht
gegenwärtig, sondern der Glaubende wird der G. Gottes gewahr, in der
Ereignisse u. Personen pneumatisch verwandelt als gegenwärtige »auf-
bewahrt« sind, so daß sie in der Wahrnehmung des Glaubens in Wahrheit
gegenwärtig sind (↗Mysterientheologie). In diesem Sinn feiert gedenkend
die ↗Liturgie Heilsereignisse u. -gestalten als »heute« (»hodie«) gegenwärtig. In einer solchen »Aktualpräsenz« ist Jesus Christus nicht nur in der
↗Anamnese der ↗Eucharistie, sondern auch beim Beisammensein in seinem Namen (Mt 18,20), im Hören des Wortes Gottes, im Gebet u. im
Singen usw. gegenwärtig (II. Vaticanum SC 7). Jede dieser Gegenwartsweisen bedeutet *reale* G. des pneumatisch Verwandelten, bei der es sinnlos ist,
nach einer größeren oder kleineren (womöglich physikalischen) Dichte zu
fragen; die Unterschiede liegen nicht in der Realität der G., sondern auf der
Ebene der unterschiedlichen ↗Zeichen.

Geheimnis als Begriff der theol. Tradition: ↗Mysterien und Christentum,
↗Mysterien des Lebens Jesu. 1. Im *engeren theol. Sinn* bezeichnet G. etwas
in der jetzigen menschlichen, auf sinnliche Vermittlung angewiesenen Erkenntnis Unbegreifliches, dessen Geheimnischarakter in der ↗Anschauung
Gottes aufgehoben werden wird. Die traditionelle Theologie unterscheidet
a) »natürliche Geheimnisse«, Wahrheiten über Gott, die nach Faktizität u.
Inhalt erkennbar sind, wegen der ↗Analogie der verwendeten Begriffe aber
geheimnisvoll bleiben; b) Wahrheiten, die durch Gott geoffenbart werden
mußten, weil sie sich auf frei von Gott gesetzte Wirklichkeiten beziehen,
die mit der »natürlichen Vernunft« an der erfahrbaren Welt nicht abgelesen
werden können; c) Wahrheiten, deren Inhalt nach ihrer inneren Möglichkeit u. nach ihrer Faktizität nur durch offenbarende Zeugnisse Gottes gewußt werden können u. jedem geschaffenen Intellekt unzugänglich sind.
Diese letzteren sind nach der dogmatischen Lehre des I. ↗Vaticanums die
existierenden u. geoffenbarten Geheimnisse des Glaubens im strengsten
Sinn. Gewöhnlich werden dazu gerechnet: die ↗Trinität Gottes, die ↗Inkar-
nation, die übernatürliche ↗Gnade u. deren Vollendung, die Anschauung
Gottes. – 2. In der Theologie K. Rahners († 1984) gilt G. nicht als »Fehl-
form« der natürlichen menschlichen Erkenntnis, sondern als eine Wirklichkeit, die dem religiösen ↗Akt zuzuordnen ist; G. ist dasjenige, woraufhin ein Mensch in der Einheit seiner erkennenden u. in Freiheit liebenden
↗Transzendenz sich selber immer schon »übersteigt« (↗Selbsttranszen-
denz). G. ist daher ein wesentlicher u. bleibender Uraspekt der gesamten
Wirklichkeit, insofern diese als ganze u. damit als unendliche Wirklichkeit

dem endlichen geschaffenen Geist in seiner Offenheit auf das Unendliche hin gegenwärtig ist. Der ↗Geist, verstanden als »Eröffnetheit« auf das Unendliche hin, ist das Vermögen der Annahme des Unbegreiflichen als solchen, also des bleibenden Geheimnisses. Das Bleiben des Unbegreiflichen als solchen wird durch den Glauben an die Anschauung Gottes nicht aufgehoben: Religiös-theol. darf gedacht werden, daß die Anschauung Gottes die ↗Unendlichkeit u. ↗Unbegreiflichkeit Gottes gerade als solche öffnet, so daß diese für den schauenden Geist in der Gnade Gottes der Grund seiner wirklichen u. ewigen Seligkeit sind. So gibt es in dieser theol. Sicht nur *ein* G.: daß die Unbegreiflichkeit Gottes (in der er Gott ist) nicht bloß als die Ferne u. als der Horizont, innerhalb dessen sich die menschliche Existenz bewegt, gegeben ist, sondern daß »eben dieser Gott, unbegreiflich bleibend, sich selber den Menschen zur Unmittelbarkeit schenkt, so daß er als er selber die innerste Wirklichkeit des menschlichen Daseins wird« (K. Rahner).

Gehorsam bezeichnet die Anerkennung einer rechtmäßigen ↗Autorität in Gesinnung u. praktischem Verhalten. *1. Biblisch.* In der Schrift des AT u. NT besteht G. gegenüber Gott im Zusammenhang damit, daß Menschen die Erfahrung machen, von Gott angesprochen zu sein, im »Hören« (das im deutschen Wort »Gehorsam« u. im griech. »hypakoue« enthalten ist) des Wortes Gottes u. im »Tun« seines Willens. Den Willen Gottes in seinen Weisungen zu kennen, ist Grund für die Freude des Glaubenden. Der jüdischen Frömmigkeit »formalen Gesetzesgehorsam« vorzuwerfen, ist nichts anderes als antisemitisches Vorurteil. Ein im NT besonders hervorgehobener G. ist derjenige Jesu, der in die Annahme eines Knechtsdaseins einwilligt (Phil 2,7f.; Hebr 5,8). Wenn Paulus den G. mit der Annahme des Glaubens zusammenbringt, dann wird im Kontext vom Heil u. Rettung bringenden Glauben gesprochen, so daß der Glaubensgehorsam dem ureigensten Interesse des Angesprochenen entsprechen müßte u. nicht auf äußerlichem Befehl beruht. Gal 5,7 u. Röm 14,23 besagen, daß Glauben u. Handeln aus Einsicht erfolgen müssen. In der Tradition wirkte das Wort, daß man Gott mehr gehorchen müsse als den Menschen (Apg 5,29), verpflichtend. Die biblischen Anschauungen über den G. der Kinder gegenüber Eltern, der Sklaven gegenüber ihren Herren sind zeitbedingt. Aufschluß über sachgemäße Pädagogik ist von der Bibel nicht zu erwarten. – *2. Kirchliche Tradition.* Vor allem in zwei Bereichen der Kirchen- u. Spiritualitätsgeschichte ist das Thema des Gehorsams von großer Bedeutung. a) Der G. gehört zu den ↗Evangelischen Räten u. wurde von Anfang an nicht nur als der Gott geschuldete G., sondern auch als G. gegenüber kirchlichen Oberen verstanden. Zugrunde liegt die Meinung, man werde Gott in radikaler Weise gehorsam, wenn man sich einer menschlichen Befehlsgewalt unterstelle. Nach übereinstimmender Meinung in der Ethik hat ein formaler G. um des bloßen Gehorsams willen, auch als (falsche) ↗Selbstverleugnung u. ↗Demut, keine positive ethische Bedeutung. Ein Oberer kann nur im Dienst eines Zieles, von dem er überzeugt ist, daß es mit Sicherheit von Gott selber gewollt ist, von einem anderen Menschen G. verlangen, u. er hat das im Gespräch, um Verständnis u. Überzeugung werbend, argumentativ zu begründen. Andernfalls handelt er unsittlich. Gebietet der Obere das offensichtlich Sinnwidrige, dann ist es zugleich unmoralisch; damit ist die Verpflichtung gegeben, der Autorität zu widersprechen u. notfalls zu widerstehen. Sinn eines evangelischen Rates ist der G. gegenüber dem Wort Gottes u. die Absage an eitle Egozentrik, ist das Sich-zur-Verfügung-Stellen für den je Größeren, nicht der blinde G. – b) Nach der kirchlichen Rechtsordnung ist G. auf verschiedenen Ebenen (»kanonischer G.«) gefordert. Das neue kath. Kirchenrecht von 1983 u. nachfolgende Regelungen sind von dem Schema »Befehl – Unterwerfung« geprägt. Bei Übernahme eines kirchlichen Amtes ist häufig ein Eid oder ein Versprechen vorgesehen, um den G. Menschen gegenüber religiös zu unterbauen. Wer ein solches Amt übernimmt, muß Kenntnis der entsprechenden herrschenden Mentalität haben u. im Fall der Widersetzlichkeit mit kirchlichen Strafen rechnen. Weder die Forderung nach religiöser Glaubenszustimmung noch amtliche kirchliche Weisung heben die Gewissensfreiheit eines Menschen auf. Die Parole »Befehl ist Befehl« ist keine Kategorie des Glaubens. Nicht jede Verweigerung des Gehorsams in der Kirche ist ↗Häresie oder ↗Schisma: ↗Rezeption. Dialogische Bemühungen um Überzeugung u. Werbung um Zustimmung führen zu fairer, kritischer Loyalität u. zu konstruktiver Zusammenarbeit.

Geist als philosophischer u. theol. Begriff hat eine doppelte Herkunft, aus den biblischen Zeugnissen u. aus dem griech. Denken. *1. Biblisch.* Im AT ist das bevorzugte hebr. Wort für G. »ruach«, dem die Erfahrung des Atmens, Aushauchens u. des Windes zugrundeliegt, in der LXX meist mit ↗Pneuma wiedergegeben. Die »ruach« ist gleichbedeutend mit Lebenskraft oder befähigender Dynamik. Die »ruach« Gottes ist eine konkrete Weise seines Einwirkens in Menschen u. Schöpfung. Der menschliche G. (manchmal auch hebr. »leb« = ↗Herz als Stätte der Einsicht) wird als vielfältige seelische u. emotionale Erfahrung beschrieben. Prophetisch werden als eschatologische Gaben des Geistes genannt: Weisheit u. Einsicht, Rat u. Stärke, Erkenntnis u. Gottesfurcht (Jes 11, 2). Die »Ausgießung« des Geistes über »alles Fleisch«, d. h. alle Menschen, so daß »eure Söhne u. Töchter weissagen werden, eure Greise Träume träumen werden, eure Jünglinge Gesichte sehen werden« u. der Geist auch über Knechte u. Mägde ausgegossen wird, ist Gegenstand der Prophetie bei Joel 2, 28 f. Diese Bedeutungen von G. halten sich im NT durch. Zum G. als Weise der konkreten Einwirkung Gottes: ↗Pneuma. Als Wind (Wehen) u. Hauch oder als Atem, Lebenskraft des Menschen wird »pneuma« so eingesetzt wie im AT. Wie im AT begegnet die duale Auffassung des Menschen als Fleisch (↗Sarx) oder Leib einerseits, G. oder ↗Seele anderseits (Röm 8,10; 1 Kor 5,3 ff. u. ö.), wobei gesagt werden kann, der G. sei willig, das Fleisch aber schwach (Mk 14,38). Eine hellenistische Dreiteilung in G., Seele u. Leib begegnet 1 Thess 5,23 (↗Trichotomismus). – 2. *Philosophiegeschichtlich.* In der frühgriech. Philosophie ist der »nous« (lat. »intellectus«) ein Begriff für den Ort des Verstehens, zusammengesehen mit dem ↗Logos, der sowohl in der menschlichen Seele als auch im Ganzen der Welt existiert. Bei Plotin (†270), dem bedeutendsten, im christlichen Bereich äußerst einflußreichen Philosophen des ↗Neuplatonismus, ist das Nachdenken über den G. von einer konsequenten Einheitsauffassung bestimmt (»Alles Seiende ist durch das Eine seiend«). Dieses Eine ist das ↗Absolute, während alles Seiende nur Einheit in Vielheit ist. Das Eine ist jenseits des Seins, also absolut transzendent. Dieses Eine denkt Plotin »prozessual«: Die erste ihm (durch Hervorgang, ↗Emanation) entspringende Vielheit bleibt noch ganz von der Einheit bestimmt, der G. (»nous«), der in seinen vielen Momenten (= den ↗Ideen), mit sich identisch, sich selber als die Einheit der Vielheit denkt. Für Plotin existiert also ein zweites Eines, der G. In jeder Idee ist das Ganze des geistigen Seins enthalten. In dessen Entfaltung als Denken geschieht deshalb eine Rückkehr zu sich selber. Diese Einheit des Geistes wird erst in seiner zweiten Seinsstufe, der Seele, die die ↗Materie formt, zu einer Verschiedenheit. Dieses G.-Denken bleibt auch nach der Aristoteles-Rezeption des Mittelalters erhalten: Das geistige Sein ist gekennzeichnet durch Bei-sich-selber-Sein, durch die Fähigkeit zur Selbst-Mitteilung (»communicatio«) u. Zu-sich-selber-zurück-Kommen (»reditio in seipsum«). Darin wird der wesentliche Unterschied zur Materie gesehen, die nie bei sich selber ist u. die nicht sich selber, sondern nur ihr gegebene Impulse mitteilen kann. Der G. aber erkennt die Materie u. formt sie durch die Seele (↗Hylemorphismus). In der scholastischen Theologie war der Weg nicht weit, das transzendent Eine mit Gott zu identifizieren u. die Lebensäußerungen Gottes als Selbstmitteilung im G. zu verstehen. Der »prozessuale« Charakter dieses Verhältnisses Gottes zum Nichtgöttlichen, in der Theologie vom Geschehen der Schöpfung u. der Gnade verstanden, fand seinen philosophisch deutlichsten Ausdruck in der Religionsphilosophie G. W. F. Hegels (†1831). Nach ihm gelangt der G., der »das Andere seiner selbst« hervorbringt, durch den Ausgang zum Anderen zu sich selber (indem Gott den Kreaturen sein Leben, den menschlichen Subjekten sein Selbstbewußtsein mitteilt). Diese in der christlichen (besonders in der kath. ausgeprägten) Philosophie heimisch gewordenen Gedanken sahen

sich bei L. Feuerbach († 1872) u. den von ihm Beeinflußten dem Projekti-
onsverdacht ausgesetzt, als handle es sich nur um eine Selbstbespiegelung
des menschlichen Geistes, u. im Gefolge dieses nachwirkenden Verdachts
wird diesem Geistdenken bis zur Gegenwart vorgeworfen, im Konstrukt
der stimmigen Geistprozesse handle es sich nur um eine Legitimierung
des Faktischen, das durch diese Vorgänge selber als »vernünftig« ausgewiesen werden solle. Dem gegenüber wäre der Hinweis auf das Unplanbare u.
Unvorhersehbare, auch nicht einfach als Prozeß Analysierbare im Wirken
des Geistes von Bedeutung. – *3. Systematisch.* G. kann verstanden werden
als dasjenige Seiende, das auf das ↗Sein hin offen ist u. zugleich eröffnet ist
auf dasjenige hin, was es selber ist u. was es nicht ist, also durch ein dop-
peltes Eröffnetsein, so daß G. zwei Grundmerkmale aufweist, ↗Transzen-
denz u. Reflexion (die sich auf den Selbstbesitz im Bei-sich-Sein, Selbstbewußtsein, u. auf das Bewußtsein der ↗Freiheit bezieht). Wenn das
Denken auf das Sein im ganzen ausgreift, erfährt es sich selber als lebendig
u. als ↗Subjekt, während es das andere, das es (als ebenfalls seiend) wahrnimmt, u. zwar als anderes, begegnendes wahrnimmt, als »Objekt« erfährt.
So erfährt sich der G. im Abstand vom Fremden u. erkennt zugleich seine
Fähigkeit, das Ganze des Seins zu denken, u. eben dadurch erfährt er seine
Freiheit, zu einem bestimmten Anderen frei auswählend Stellung zu nehmen u. sich damit auch selber zu bestimmen. Zugleich erfährt sich der
menschliche G. bei solchen Vorgängen als endlich, denn das Andere, Fremde, begegnet ihm ungeplant, u. seine Erkenntnis des Anderen ist an die
Vermittlung durch den ↗Leib gebunden. Eben wegen dieser Bindung an
den Leib u. dadurch an Raum u. Zeit heißt der menschliche G. in der
christlichen Systematik nicht »reiner G.«, sondern ↗Seele, die in ihrem Erkennen u. Wollen auf die ↗Sinnlichkeit angewiesen ist. Die Bedingung der
Erfahrung u. Erkenntnis des Endlichen ist ein »Ausgriff« des menschlichen
Geistes, der als solcher unbegrenzt ist u. daher immer auf etwas hin offen
ist, das er niemals adäquat einholen (u. »begreifen«) kann. Der Projekti-
onsverdacht, als handle es sich nur um »Selbstbetrachtung«, ist von da
her nicht haltbar. Das Bewußtsein des menschlichen Geistes »weiß«, vielleicht ohne es wahrhaben zu wollen oder ohne es thematisch zu reflektieren, daß es nur existiert u. tätig sein kann, weil seine Transzendenz im
»Ausgriff« durch einen ↗Grund, ein »Woraufhin«, seiner Existenz u. seiner
Bewegung getragen ist. Dieser Grund läßt sich von ihm weder aufhellen
noch begreifen, daher erscheint er ihm als ↗Geheimnis, als unbegrenzt-un-
endliches Unbegreifliches. Von diesem her u. auf dieses hin erfährt sich der
menschliche Geist als ausgesetzt an sich selber u. an seine Freiheit. Er ist
also nicht allein oder primär durch das Faktische bestimmt. Auf das Geheimnis hin bleibt der menschliche G. auch in seiner Zukunft offen. –
4. Zum G. Gottes: ↗Pneuma, ↗Heiliger Geist.

Gelassenheit, als deutscher Begriff von Meister Eckhart († 1328) in die theol. ↗Mystik eingeführt, besagt das »Lassenkönnen«, mit dem ein Mensch sich von verkehrten Bindungen u. unfreien Abhängigkeiten befreit, um sich in Wahrheit begegnungsfähig zu machen. Das zugrunde liegende Denken u. Handeln ist nichts anderes als Liebe, die das Anderssein des Andern akzeptiert u. darum darauf verzichtet, ihn sich nach seinen eigenen Vorstellungen zurechtmachen zu wollen. Darum sprechen Eckhart u. die ihm folgenden Mystiker sogar von einem »Lassen« Gottes. Der erreichte Zustand der G. ist eng verwandt mit der ↗Weisheit, unaufgeregtes Sein- u. Gewährenlassen, aber weder Verweigerung von Zuneigung noch von Engagement. Daher ist sie nicht identisch mit der ↗Apathie der griech. Philosophie u. Kirchenväter u. erst recht nicht mit der ↗Weltflucht des Mönchtums. Eher kommt sie der ↗Indifferenz bei Ignatius von Loyola († 1556) nahe. Verwandt ist die G. auch mit der souveränen »Großmütigkeit« (lat. »magnanimitas«, griech. »makrothymia«), die das Andersartige gewähren läßt oder es sogar unterstützt, ohne sich mit ihm zu identifizieren (ihrerseits verwandt mit ↗Toleranz). Gegen die Verstellung des Daseins in der Neuzeit durch ↗Technik ist die G. des Denkens bei M. Heidegger († 1976) gewandt.

Gemeinde, bei M. Luther († 1546) bevorzugte Übersetzung von griech. »ekklesia« = ↗Kirche, ist ein Begriff, der mannigfaltige kirchliche Gemeinschaftsformen umfassen kann u. darum der Pluralität der kirchlichen Lebensweisen mehr gerecht wird als z. B. der kirchenrechtlich festgelegte Begriff Pfarrei. Die beiden biblischen Testamente haben keinen entsprechenden Begriff, da hebr. »qahal« (griech. »ekklesia«) u. »edah« (griech. »synagoge«) die verabredete oder angeordnete Versammlung bezeichnen. Auch die paulinischen Benennungen der Ortskirche u. der Gesamtkirche als »ekklesia« treffen noch nicht das mit G. Gemeinte. Dem heutigen Verständnis von G. kommen die freiwillig-privaten Gemeinschaftsformen der jüdischen Diasporagemeinden am nächsten. Gemeinschaftlichkeit als Bewußtsein freiwilliger Zusammengehörigkeit, gemeinsamer Glaubensüberzeugungen, gemeinsamer Liturgie u. gemeinsamer praktischer Aufgaben, die auch als Zeugnis für das Evangelium verstanden werden, ist konstitutiv für christliche Gemeinden, die als ↗Basisgemeinden, ↗Hauskirchen u. meist nur ausnahmsweise als Pfarreien existieren. Die Aufgliederung der bisherigen schematisch-territorialen Pfarreien in kleinere Einheiten (Gemeinden) ist für Zukunft u. Reform der Kirche lebensnotwendig.

Gemeinschaft ist ein Begriff, der nicht ein fest umgrenztes u. organisiertes Sozialgebilde meint, sondern der zutiefst emotional geprägt ist, gefühlsmäßige innere Verbundenheit u. Zusammengehörigkeit zum Ausdruck bringt. In diesem Sinn gilt sie seit den Zeiten der ↗Urgemeinde als christliches Ideal von Menschen, die wissen, daß ihre religiöse Überzeugung u. Praxis nicht auf den individualistischen Binnenraum begrenzt sein können u. dürfen u. daß sie unter dem Doppelgebot von Gottes- u. Menschenliebe stehen. Die nicht dem christlichen Ideal entsprechenden »Gegenbilder« sind z. B. die streng hierarchisch nach dem Prinzip von Befehl u. Unterwerfung organisierten militärischen u. militärähnlichen Sozialgebilde oder dem privaten Fortkommen dienende, von Egoismen, Gruppeninteressen u. Zweckrationalitäten dominierte Zusammenschlüsse (z. B. politische Parteien). Das II. ↗Vaticanum versuchte, grundlegende Gemeinsamkeiten aller zur Kirche gehörenden Menschen in einer ↗Communio-Ekklesiologie zum Ausdruck zu bringen. Schwierig ist die Unterscheidung von G. u. Freundschaft, ein Problem, das religiösen (Ordens-)Gemeinschaften zu schaffen macht: nicht alle Angehörigen einer G. sind Freunde bzw. Freundinnen.

Gemeinschaft der Heiligen (lat. »communio sanctorum«), erstmals im 5. Jh. als Zusatz im Apostolischen Glaubensbekenntnis bezeugt, gründet in dem umfassenden Begriff ↗Koinonia (griech. = Gemeinschaft), mit dem das NT die Gemeinschaft im Glauben, die Gemeinschaft der Glaubenden, vor allem bei der Feier der Eucharistie, die Gemeinschaft mit Jesus Christus u. die Gemeinschaft mit Gott bezeichnet. Die Glaubenden heißen im NT auch die »Heiligen«, nicht aufgrund eines außergewöhnlichen Lebens (↗Heiligkeit), sondern als von Gott Berufene u. in Dienst Genommene (Röm 1,7; 1 Kor 1,2; Kol 3,12; Hebr 2,17). Dies ist der erstrangige Inhalt, zu dem sich das Credo bekennt: Einssein im ↗Heiligen Geist, in der Gnade Gottes, bei der Feier der Liturgie u. das damit verbundene Eintreten-füreinander im praktischen Tun u. in der Fürbitte. Im kirchlichen Osten wurde der wesentliche Inhalt der G. d. H. in der Eucharistiefeier gesehen, u. zwar in der gemeinsamen Teilhabe an den »heiligen Gaben«, während im kirchlichen Westen sich die Betonung immer mehr auf die bei Gott vollendeten Heiligen verschob, so daß G. d. H. die Einheit der irdischen mit der »himmlischen« Kirche bezeichnen kann.

Gemeinwohl (lat. »bonum commune«), ein Hauptbegriff der kath. Sozialethik, der fachlich unterschieden wird vom *Gemeingut*. Dieses Letztere ist ein Gut (Wert), dessen Verwirklichung für alle Mitglieder eines Sozialgebildes bereichernd (nicht im bloß ökonomischen Sinn!) ist, d. h. es ist ein Zielgut; G. ist dann diejenige organisatorische Verfaßtheit eines Sozialgebildes, die der Verwirklichung des Zielgutes dienlich ist (II. Vaticanum GS 26, 76). Voraussetzung für die Geltung dieser Auffassung ist, daß bei allen weltanschaulichen u. gesellschaftlichen Differenzen ein Konsens über

Werte (Ziele) besteht, die im Interesse des Ganzen erstrebenswert sind,
auch wenn individuelle Interessen dahinter zurückstehen müssen (nicht
zurückgesetzt werden dürfen die ↗Menschenrechte). Die wesentliche Aufgabe des Staates besteht darin, das G. (Wohlergehen) seiner Menschen zu
garantieren u. zu fördern, soweit es in seiner Kompetenz u. Macht liegt,
was insbesondere bei der inneren u. äußeren Rechtssicherheit der Fall ist.

Generatianismus (lat. = Lehre von der Zeugung, nämlich der Seele), die
Auffassung, daß die Eltern aus unbeseeltem Stoff das Kind nach ↗Leib *und*
↗Seele *ganz* erzeugen. Der G. unterscheidet sich vom ↗Kreatianismus, nach
dem jede einzelne Seele unmittelbar von Gott erschaffen u. mit den in der
Zeugung vereinigten elterlichen Zellen zur Einheit eines neuen Menschen
verbunden wird, u. vom ↗Traduzianismus, nach dem ein Teil der elterlichen Seelensubstanz zusammen mit dem körperlichen Samen (»tradux«)
auf das Kind übergeht. Gegenüber Versuchen im 19. Jh., den G. für kirchlich tolerierbar zu erklären, u. a. durch die Erklärung, die Zeugung durch
die Eltern sei eine Schöpfung aus dem Nichts (J. Frohschammer † 1893),
verhielt sich die kirchliche Lehrinstanz ablehnend. Die Gründe der Ableh-
nungen lassen erkennen, daß fundamentale Sichten der Glaubenslehre
geschützt werden sollten, vor allem die Schöpfung aus dem Nichts durch
Gott allein u. die gottunmittelbare Individualität der Seele. Die naturwissenschaftlichen Erkenntnisse zwingen zu neuen Überlegungen, verbunden
mit den Einsichten, daß Gott als transzendenter Grund, nicht als innerweltliche Ursache unter anderen wirkt. Angesichts dessen, daß die Zeugung (Ontogenese) nicht aus unbeseeltem Stoff (wie vom Altertum an
durch Jahrhunderte angenommen), sondern aus schon Lebendigem erfolgt, zeigt sich der Begriff der von Gott frei u. schöpferisch gewollten
↗Selbsttranszendenz des Geschaffenen, zu dem es von sich aus nicht fähig
ist, als hilfreich. – ↗Erschaffung des Menschen.

Genugtuung (lat. »satisfactio«), ein der röm. Rechtssprache entlehnter Begriff, der zunächst die Wiederherstellung einer verletzten (Rechts-)Ord-
nung bezeichnet, sodann die Wiedergutmachung bei Schädigung der Ehre
oder der Habe eines anderen. Da Strafe weder ein Wert in sich ist noch der
Wiederherstellung u. Wiedergutmachung dient, vielmehr niederen Rache-
instinkten entspringt, kann eine G. nur uneigentlich Strafcharakter tragen,
insofern die Wiedergutmachungsleistungen in verschiedener Hinsicht
»schmerzen«. In der theol. Sprache wurden die Bußleistungen, die im
öffentlichen »kanonischen« Bußverfahren gefordert waren, zunächst nicht
als G. verstanden. Sie galten dem Nachweis der ernsthaften (radikalen) u.
dauerhaften Umkehr. Diese Auffassung hielt sich auch nach der Einführung des »Tarifbuße« mit ihren detaillierten Bußleistungen durch

(↗Bußsakrament). Sporadisches Eingehen auf die röm. »satisfactio«-Vorstellung (Cyprian †258) hatte auch in der scholastischen Theologie zunächst keine nennenswerten Folgen. Erst im Zusammenhang mit der ↗Soteriologie wurde die G. Gegenstand ernsthafter Kontroversen. Die Bußwerke im Bußsakrament u. in der christlichen ↗Askese waren insofern darin einbezogen, als sie in der spätmittelalterlichen Kirchenlehre u. -praxis als gnadenverdienstliche Leistungen dargestellt u. deshalb von den Reformatoren angegriffen wurden. Der Streit über die ↗Rechtfertigung offenbarte wenigstens im Hinblick auf die G. einen fundamentalen Konsens: In seinem Sterben hat Jesus Christus für alle Sünder »überfließende« G. (»satisfactio superabundans«) geleistet, indem er für alle starb. Auch in der Gnade Jesu Christi kann ein Mensch nicht vollwertige G. leisten. Durch eine freiwillige oder kirchlich auferlegte Buße kann er allenfalls die Sündenfolgen »aufarbeiten« (in der kirchlichen Sprache: zeitliche ↗Sündenstrafen tilgen). Der sprachliche, heute kaum mehr vermittelbare Hintergrund ist das römisch-germanische Ehr- u. Ordnungsdenken. Das Verständnis der G. als Wiedergutmachung bei beschädigten Mitmenschen nicht nur im Sinn einer Werterstattung, sondern auch als Zuwendung der Nächstenliebe ist eine Errungenschaft erst der neueren Zeit. – ↗Satisfaktionstheorie, ↗Stellvertretung.

Gerechtigkeit. Das AT beschreibt gerechtes Verhalten u. G. (hebr. »sedaqa«) in verschiedenen Zusammenhängen: als Gleichheit vor Gericht, als Kennzeichen der Königsherrschaft (»Tun von Recht«), als über die bloße Pflicht hinausgehende Solidarität mit Mitmenschen u. als lebensfreundliches Verhalten auch in der Schöpfung (Ez; Jes 40–66; Spr u. verschiedene Psalmen). Im NT ragt die Betonung der G. in der ↗Bergpredigt u. in anderen Jesusworten des Mt hervor, wobei die Benachteiligung der durch Ungerechtigkeiten unterdrückten »Kleinen« im Hintergrund steht, also soziale, mitmenschliche G. gemeint ist, die für das Gottesverhältnis bestimmend ist. Bei Paulus steht die »Glaubensgerechtigkeit« im Kontrast zur G. aus dem ↗Gesetz; sie steht im Zentrum seiner Lehre über die ↗Rechtfertigung des Sünders. In den weiteren Schriften des NT gelten Ermahnungen dem mitmenschlichen »Tun« der G. – In der abendländischen Tradition heißt G. jene ↗Tugend, die »jedem das Seine« (Ulpian †228 n. Chr.) zukommen läßt. Aufgrund von Unterscheidungen bei Aristoteles (†322 v. Chr.) teilte Thomas von Aquin (†1274) die G. in drei an den Verhältnissen des Gemeinschaftslebens abgelesene Arten ein: a) die ausgleichende G. (»iustitia commutativa«) im Verhältnis einzelner Menschen untereinander; b) die zuteilende G. (»iustitia distributiva«) im Verhältnis der Gemeinschaft der Familie, des Staates u. der Kirche zu den einzelnen Mitgliedern, so daß ihnen Teil am ↗Gemeinwohl gegeben wird; c) die natur-

rechtlich, nicht positiv rechtlich verstandene gesetzliche G. (»iustitia lega-
lis«) im Verhältnis des einzelnen Menschen zur Gemeinschaft, so daß dieser sich seinerseits dem Gemeinwohl unterordnet. Die ethische Diskussion
geht, vor allem hinsichtlich der »sozialen G.«, bis zur Gegenwart weiter u.
bezieht auch das Verhalten zur nichtmenschlichen Schöpfung ein (»ökologische G.«). Der Tradition nach ist die G. die höchste der ↗Kardinaltugen-
den. Für glaubende Menschen ist sie jedoch von der Liebe nicht abtrennbar, da vom Glaubenden mehr verlangt ist als eine Unparteilichkeit, die
jedem das gleiche Recht zuerkennt (↗Gleichheit), u. mehr als die Respektierung unabdingbarer Sachrechte (Röm 13, 8). Ein christlich glaubender
Mensch kann nicht akzeptieren, daß der ökonomische Bereich nur von den
ihm eigenen Gesetzen beherrscht wird, wie der Kapitalismus behauptet,
der die Geltung moralischer Kategorien im Bereich »unpersönlicher Evo-
lutionsprozesse« (= Marktsysteme) bestreitet.

Gerechtigkeit Gottes ist nach den Zeugnissen des biblischen Gottesglaubens eine der herausragenden Eigenschaften Gottes, die sich in Schutz u.
Fürsorge für sein Eigentumsvolk konkretisiert u. die Gegenstand des ver-
trauenvollen Gebets ist. Wenn dieses Vertrauen auf die G. G. sich in der
Hoffnung auf ein gerechtes ↗Gericht äußert, dann wird an die Wiederherstellung der durch Menschen verletzten oder zerstörten Gerechtigkeit gedacht. Ein Sonderthema des NT ist die G. G. (griech. »dikaiosyne theou«)
nach Paulus (besonders in Röm 3), die nicht den Sünder verurteilt u. vernichtet, sondern ihn aus zuvorkommender göttlicher Initiative rettet, indem sie ihn aus Gnade u. Liebe gerecht macht (vergebend neu schafft). In
der Theologiegeschichte wurde die G. G. in einen Gegensatz zu seiner
↗Barmherzigkeit gebracht. Man ging davon aus, daß die G. G. ihn zu
einem bestimmten Handeln »zwingt« (Anselm von Canterbury † 1109).
In der traditionellen ↗Eschatologie führte das dazu, daß behauptet wurde,
die Zeit des irdischen Lebens sei wegen der jederzeit angebotenen Um-
kehrmöglichkeit die Zeit des Erbarmens; mit dem Tod setze die Zeit uner-
bittlicher Gerechtigkeit ein. Eine nicht auf Wissen bedachte, die Analogie
jeder Gottesrede respektierende Theologie nimmt an, daß Gott fähig ist,
den schuldig gewordenen Menschen in seinem Erbarmen so umzuformen,
daß er den Ansprüchen auch der göttlichen Gerechtigkeit genügt (vgl.
auch ↗Coincidentia oppositorum). Das paulinische Thema der G. G. spielte in der Frage nach der ↗Rechtfertigung die zentrale Rolle. In der ev.
Theologie wird die G. G. eher als Strafgerechtigkeit gegenüber den Nicht-
Gerechtfertigten verstanden. Im Zeichen der neueren Theodizeediskussion
wird darauf hingewiesen, daß die G. G. nicht gleichermaßen Verbrechern
u. Opfern Gnade erweisen könne, sondern daß zu hoffen sei, sie werde die
Würde der Opfer respektieren u. wiederherstellen.

Gericht Gottes. Vorstellungen von einem richtenden, strafenden Eingreifen Gottes innerhalb der Geschichte oder an deren Ende sind in vielen
Religionen verbreitet. Einflußreich im Bereich der christlichen Theologie
waren die Ausführungen Platons († 347 v. Chr.) von einem Richterspruch
nach dem individuellen Tod, durch den die Gerechten in die Seligkeit, die
Ungerechten in die Strafhölle gelangen. – *1. Biblisch.* Das AT erzählt von
vielen Strafgerichten Gottes in konkreten Fällen schuldhaften oder gottlosen Verhaltens. Prophetisch wird das G. G. am nahenden Ende der Zeit,
am ↗Tag des Herrn, angekündigt. Wirkungsgeschichtlich ist die Ansage des
Endgerichts im Tal Joschafat am Rand Jerusalems von Bedeutung (Joel 4, 2
12). Das eschatologische G. G. wird, so wie öfter im Frühjudentum, erzählend geschildert (Jes 66, 15 f.; Dan 7, 9 f.; Weish 1–5). Das AT rühmt doxo-
logisch Gott als gerechten Richter über Völker u. über den Kosmos (besonders in den Psalmen, die das Kommen des G. G. auch erbitten). Die
Rettung der Getreuen u. Gerechten im G. G. ist ein wichtiges Thema (vgl.
auch ↗Zorn Gottes). Im NT tritt die Ansage des G. G. bei Johannes dem
Täufer hervor (Mk 1, 2–8 par.). Im Zusammenhang mit dem Hinweis auf
die Ernsthaftigkeit u. Dringlichkeit seiner Umkehrforderung wird auch
Jesus das G. G. motivierend eingesetzt haben; neu gegenüber dem AT ist
die Ankündigung, die Frage nach dem Bekenntnis zu ihm werde im eschatologischen G. G. heilsentscheidend sein (Lk 12, 8 f.). Das G. G. ist häufi-
ges, stereotyp verwendetes Thema im NT. Paulus verändert die Redeweise
vom G. G. insofern, als er unter Beibehaltung des Gerichtsmotivs auch
vom Richterstuhl Christi (2 Kor 5, 10) u. vom Tag Christi spricht (1 Kor
1, 8 u. ö.). Daß Jesus Christus der Richter der Lebenden u. Toten sein wird,
ist der frühchristlichen Predigt geläufig (Apg 10, 42; 2 Tim 4, 1; 1 Petr 4, 5).
Bei Joh wird das G. entsprechend den Bearbeitungsschichten sowohl als
»jetzt« ergehendes (Joh 3, 16–21 u. ö.) wie auch als zukünftiges (Joh
12, 46 ff.) thematisiert. Die breite Schilderung des G. G. Mt 25, 31–46 wurde in der theol. Tradition von großer Bedeutung. Der nach exegetischer
Auffassung nicht auf Jesus selber zurückgehende Text stellt den ↗Men-
schensohn als endzeitlichen Richter aller Völker u. als König dar, der sich
selber mit den Notleidenden identifiziert u. je nach dem praktischen Mitleid, nicht nach dem Bekenntnis richtet. In Anlehnung an Dan 7 beschreibt
Offb 20, 11–15 das G. G. am Ende der Zeit. – *2. Theologiegeschichtlich.* Für
die altkirchliche Theologie war der von Platon stammende (bei Dan
12, 1 ff. ebenfalls vorkommende) Gedanke einer notwendigen ausgleichenden ↗Gerechtigkeit leitend bei der Reflexion über das G. G., so daß das
individuelle G. G. beim Tod den Vorrang vor dem endzeitlichen erhielt.
Eine mitleidslose Gerichtstheologie der »Wissenden« (Cyprian † 258, vor
allem Augustinus † 430 u. a.) führt zu einer Seelsorge durch Einschüchterung, in der die Prediger sich an die Stelle des richtenden Gottes setzen.

Nur die alexandrinischen Theologen Klemens († nach 215) u. Origenes
(† 253) u. ihre Anhänger einschließlich der ↗Kappadokier lassen das Erbarmen Gottes nach einem Läuterungsprozeß der Schuldiggewordenen den
Sieg davontragen über das anthropomorphe Gerechtigkeitsdenken (↗Apo-
katastasis). In der mittelalterlichen Theologie wird das Thema des G. G. im
Sinn der »Wissenden« weiterbehandelt, so daß auch Jesus als gerechter u.
nicht als erbarmungsvoller Richter dargestellt wird. Neu ist das Ausein-
andertreten des individuellen u. des universalen Gerichts als Themen der
Theologie, mit der amtlichen Erklärung von 1336 päpstlich festgeschrieben. Während die Thematik des G. G. in der kath. Theologie im allgemeinen bis ins 20. Jh. hinein unverändert blieb: individuelles G. G. mit
definitivem Urteil – ↗Zwischenzustand der Seelen – Weltgericht mit ↗Auf-
erstehung der Toten, wird der Gedanke der im Leben gegenwärtigen Krisis
u. Gerichtsverzweiflung, aus der nur der Glaube an Jesus Christus rettet,
von M. Luther († 1546) aus in der ev. Theologie wirksam. Hier wird das bis
heute nicht einleuchtend geklärte Problem, wie sich denn individuelles u.
universales G. G. zueinander verhalten (u. in welchem Sinn »zwischen«
beiden überhaupt von »Zeit« gesprochen werden kann), wenigstens bewußt. Übereinstimmung besteht in der heutigen Theologie beider großen
Kirchen, daß es sich beim G. G. nicht um zwei getrennte, beziehungslose
»äußere« Veranstaltungen handelt. – *3. Heutige Gesichtspunkte.* Zwei Momente sind bei heutigen Überlegungen zum G. G. von besonderer Bedeutung, abgesehen von dem wachsenden Konsens, daß es Menschen u. Kirchen nicht zukommt, sich die Rede vom G. G. nach eigenen Maßstäben
zurechtzumachen u. sie zu instrumentalisieren: a) Der Gedanke, daß die
↗Vollendung des Menschen u. seiner Freiheitsgeschichte sowie die Vollendung der Menschheit mit ihrer Freiheitsgeschichte im ganzen das Bewußtwerden der ethischen Qualität dieser Freiheitsgeschichten vor Gott
bedeuten. Zu diesem Gedanken gehört die Überzeugung, daß Menschen
als ↗Personen für ihre Gesinnung u. Praxis verantwortlich sind (↗Verant-
wortung); b) in dem biblischen Zeugnis, daß Jesus der Richter sein wird,
ist die Verheißung enthalten, daß das G. G. über das Böse u. über alle
Schuld ein Gnadengericht sein wird. Gott, u. Gott allein, hat die Möglichkeit, Menschen vergebend so zu heilen, daß er sie als zugleich gerechter u.
barmherziger Gott durch das klare Bewußtsein ihres ethischen Zustands
hindurch zu sich zu retten vermag.

Geschichtlichkeit heißt die eigentümliche Grundbestimmung des Menschen, durch die er in die ↗Zeit gestellt ist, in eine Vergangenheit, die zum
allergrößten Teil nicht von ihm bestimmt wurde u. die auf ihn einwirkt, u.
angesichts einer Zukunft, die ihn herausfordert; er ist in eine komplexe
Zuständlichkeit »verfügt«, die er in ↗Freiheit übernehmen muß. Damit ist

gesagt, daß er sich selber verwirklicht (u. nicht bloß auf Vorgegebenes »reagiert«), indem er zum Geschehenen Stellung nimmt, u. daß er die Zeit selber verwandelt, insofern er im ↗Jetzt seiner verantwortlichen Entscheidung das Verfügte, die physikalische Zeit, zu »seiner« Zeit macht u. dadurch zu sich selber als Existierender kommt. Die Geschichte wäre demnach das von Menschen Gestaltete im Unterschied zu den Abläufen von Naturprozessen. Von S. Kierkegaard († 1855) stammt die Unterscheidung zwischen »historisch« u. »geschichtlich«. »Historisch« ist, was in Quellen als Ereignis bezeugt ist, sich rekonstruieren, interpretieren u. in einen Zusammenhang stellen läßt. »Geschichtlich« ist, was den Menschen zur Entscheidung herausfordert u. für seine Identitätsbildung prägend ist. Das Geschichtliche ist zugleich das Einmalige der Entscheidung im Augenblick u. dasjenige, was in der Freiheitsentscheidung auf Endgültigkeit hin transzendiert wird. Die mit dem menschlichen ↗Geist vorgegebene Aufgabe hinsichtlich der Zeit u. der Geschichte erfüllt der Mensch jedoch nie adäquat; er scheitert an seiner Endlichkeit. Das besagt, daß die G. des Menschen einer Heilung bedarf, die aus der Kette seiner Entscheidungen nicht zu erwarten ist. Von da aus wird deutlich, daß nur die Offenbarung Gottes im Aufweis des echten ↗Endes der Geschichte als deren definitiver ↗Vollendung die G. des Menschen zu sich selber bringt, u. es ergibt sich aus dem Wort Gottes auch, daß die G. zu den Grundbestimmungen eines Daseins im Glauben gehört. Als theol. Begriff besagt die G. des Menschen, daß das Wort Gottes als Anruf ihn in einem bestimmten, vorgeprägten »Augenblick« trifft u. ihn zu einer Antwort herausfordert, die gerade diesem »Jetzt« entspricht, so daß weder Anruf noch Antwort zeitlos u. geschichtslos sind (G. der ↗Wahrheit). Ferner besagt G. in theol. Sicht, daß »der Mensch« für die souveräne Verfügung Gottes so offen ist, daß er aus einem geschichtlich-personalen Ereignis das ↗Heil seiner selbst, seiner Welt u. Geschichte erwarten darf. Die G. besagt des weiteren, daß die Erinnerung an das heilshafte Ereignis als Geschehenes (↗Anamnese) die Kraft zu einer wirklichen, die bloße Vergangenheit überwindenden Vergegenwärtigung haben kann. Sie besagt schließlich, daß das Heilsereignis auch in seinem kommunikativen Charakter in seinem Andenken geschichtlich u. nicht rein historisch verwahrt ist, das heißt, daß die früheren Antworten der Glaubensgemeinschaft zusammen mit ihm verwahrt sind u. daß die »je jetzt« geforderte Glaubensentscheidung eines Menschen nicht nur durch seine »je jetzige« Situation, durch sein »je jetziges« Verständnis, sondern auch durch frühere Verständnisse geprägt ist (↗Dogmenentwicklung).

Geschichtstheologie heißt seit dem 20. Jh. das *theologische* Verständnis der Geschichte. Methode u. Inhalte einer G. sind weithin ungeklärt. Zu einer G. gehören mit Sicherheit ↗Anfang u. ↗Ende der Geschichte als von Gott

geoffenbarte, historisch-wissenschaftlich nicht faßbare konkrete Ereignisse. Wie Anfang u. Ende, so gründet auch der Verlauf der Geschichte als
durch menschliche ↗Autonomie u. Verantwortung gesteuerte u. als durch
die ↗Evolution mitbedingte in der freien Verfügung Gottes. Diese kann im
theol. Verständnis als der Wille Gottes zur ↗Selbstmitteilung an die nichtgöttliche Wirklichkeit u. als deren prozeßhafte Realisierung mit dem
Höhepunkt in der ↗Inkarnation verstanden werden. Die Annahme eines
einheitlichen, beständigen, in der Geschichte sich erst fortschreitend
enthüllenden Planes durch die Vertreter einer ↗Heilsgeschichte begegnet
jedoch erheblichen Bedenken. Wer ist das Subjekt der Geschichte? Die innerweltlichen Mächte der Geschichte müßten von einer G. theol. gedeutet
werden. Die Geschichte des Neins der Menschen zum Angebot u. zur Verwirklichung der Selbstmitteilung Gottes kann nicht gleichberechtigtes
Thema einer G. sein, wenn der universale ↗Heilswille Gottes eines ihrer
Grunddaten ist. Mit der Akzeptanz oder Verneinung eines ausdrücklichen,
durch innergeschichtliche Eingriffe gesteuerten Heilsplanes Gottes steht u.
fällt der Versuch, eine Theologie der Perioden oder Epochen der Geschichte zu entwerfen. – Ansätze einer G. kann man in der ↗Apokalyptik sehen.
In der alten Kirche versuchten Irenäus von Lyon († um 202), Eusebius von
Caesarea († 339), Orosius († nach 418) u. Augustinus († 430) heilsgeschichtliche Periodisierungen aufzustellen. Im Mittelalter findet sich heilsgeschichtliches Denken u. a. bei Joachim von Fiore († 1202) u. Bonaventura († 1274). Die eingreifende Steuerung der Geschichte durch Gott in der
Verwirklichung eines Heilsplanes wird in der Folge der ↗Aufklärung mit
der Betonung der menschlichen Gestaltungsfreiheit zunehmend verneint.
Im 19. Jh. waren in der ev. u. in der kath. Theologie geschichtstheol. Motive wirksam, ohne jedoch langfristig zur Geltung zu kommen (↗Tübinger
Schulen). Singulär blieben auch die Bemühungen P. Teilhard de Chardins
(† 1955), Geschichte zugleich theol. als von Gott bzw. Jesus Christus gesteuert u. naturwissenschaftlich evolutiv zu begreifen. H. U. von Balthasar
(† 1988) konzipierte von einem Standpunkt gnostischer Inneneinsicht aus
die Geschichte theol. als »Theodramatik« bzw. als »dramatische Soteriologie«. Bei neueren ev. Zugängen handelt es sich um Versuche, die Geschichte von einer in Jesus gegebenen ↗Antizipation des Endes der Geschichte her zu verstehen.

Gesetz bezeichnet eine für eine Gemeinschaft erlassene Ordnung, die von
der anerkannten Autorität dieser Gemeinschaft aufgestellt wurde. Gesetze,
wenn auch in unterschiedlicher Gestalt, existieren in allen Religionen.
1. Im Ersten Testament ist eine große Zahl von Weisungen in den unterschiedlichsten Zusammenhängen u. mit verschiedenen Begriffen oder
auch »nur« narrativ bezeugt. Den höchsten religiösen u. theol. Rang

nimmt die ↗Tora, Inbegriff der Weisungen Gottes für sein Eigentumsvolk, ein. In vorexilischer Zeit ist sie in Einzelweisungen formuliert. Wesentliche Weisungen der Tora sind im »Privilegrecht« (Ex 34, 12–26) aus der Königszeit mit kultischen Einzelvorschriften verbunden. Eine Sammlung u. erweiternde Fassung, verbunden mit theol. Begründungen, stellt das »Bundesbuch« (Ex 20–23) dar. Immer unter größter Respektierung der Tora werden weitere Gebote bzw. Verbote auch später angefügt (z. B. die »Reinheits«-Tora Lev 1–15 u. das »Heiligkeitsgesetz« Lev 17–26). »Am Ende der Perserzeit ist die ›Tora des Mose‹, d. h. der Pentateuch, kanonisiert« (F.-L. Hossfeld). Bemerkenswert für das Selbstverständnis des Judentums ist die bis heute geltende Beobachtung, daß das G. nicht als drückende Last, sondern als unter Jubel u. Dank entgegengenommenes Geschenk Gottes gilt (das bezeugen auch die »Tora-Psalmen«). Nach der Katastrophe des Jahres 70 entwickelte sich die Auffassung von der »doppelten Tora«: Der Pentateuch stellt die »schriftliche Tora« dar, die rabbinischen Aktualisierungen bilden die »mündliche Tora« (↗Rabbi). – 2. *Neues Testament.* a) Jesus sah zweifellos das G. im Licht der von ihm verkündeten nahen ↗Herrschaft Gottes. Er verstand sich nicht als »Gesetzeslehrer«, sondern interpretierte situationsbezogen Weisungen der von ihm grundsätzlich in ihrer Geltung bejahten Tora (↗Bergpredigt). Bei der Sammlung seiner Worte (↗Logienquelle) erhielten manche seiner interpretierenden Weisungen Gesetzesgestalt, die der frühesten Gemeinde aber nicht als unabänderlich galten, sondern z. T. verschärft (Mt 5, 21–48; Mk 10, 1–12), z. T. gemildert (Mk 2, 27; 7, 1–23) wurden. Für die ↗Synoptischen Evangelien steht nach Auffassung der heutigen Exegese fest, daß sie die Tora bejahen, z. T. radikalisieren, Einzelweisungen (z. B. Speise- u. Ritualgebote) aber »relativieren«. Zwischen der Gemeinde von Antiochien u. der von Jerusalem entstand die Streitfrage, ob »Heidenchristen« beschnitten werden müßten (↗Beschneidung). Petrus lehnte dies ab (Apg 15, 11); Jakobus ebenso, der aber für gemischte Gemeinden Klauseln verlangte (kein Essen von Götzenopferfleisch, Blut u. Ersticktem, keine Ehe mit nahen Verwandten) (vgl. die Beschlüsse des sog. Apostelkonzils Apg 15, 23–29; die Darstellung bei Paulus Gal 2, 1–10). In schroffer Weise setzt sich das ↗Johanneische Schrifttum vom G. ab; es steht ganz im Zeichen der Entfremdung von Juden u. Christen. – b) Eine eigene Stellungnahme zum G. legte Paulus vor; dabei hat der Begriff G. (griech. »nomos«) bei ihm sehr verschiedene Bedeutungen. Seine Radikalkritik am G. als Heilsweg enthalten Gal u. Röm, wobei nicht zu übersehen ist, daß er eine positive Bedeutung des Gesetzes als Wegweisung auch für Christen nicht leugnet (Röm 7 u. 8). Über das genauere Verständnis dieser Auseinandersetzung des Paulus mit dem G. u. über die Frage, welches G. er überhaupt gemeint habe u. ob es in der Form, in der er es bekämpft, im damaligen Judentum überhaupt nachgewiesen werden

könne, ist die exegetische Diskussion noch in vollem Gang. Nur eine Minderheit von Exegeten vertritt noch die Meinung, die Wendungen des Paulus gegen das G. seien gleichzeitig gegen das ↗Judentum gerichtet. Auf
seine heftige Polemik im Kampf um »seine« Gemeinden u. auf seinen
»Konvertitenstatus« (I. Broer) wird hingewiesen. – *3. Zur Theologiegeschichte.* In der Kirchenväterzeit vertraten nur Randgruppen die Auffassung einer völligen Freiheit vom G. Der antisemitische Irrlehrer Markion
(Mitte des 2. Jh.) gab sich als radikaler Anhänger des Paulus; er lehrte
einen völligen Gegensatz zwischen dem Gesetzesgott des AT u. dem Gott
des gesetzesfreien Evangeliums. Diese Ansicht fand so wenig wie der vom
Ernst der Taufentscheidung geprägte ↗Rigorismus kirchliche Anerkennung. Sowohl die eher rechtlich denkende westliche Theologie (unter
dem Einfluß der ↗Stoischen Philosophie in ihrer römischen Ausprägung)
als auch die pädagogisch orientierte östliche Theologie anerkannten die
bleibende Geltung des ↗Dekalogs, zu dem sich (von Röm 1 u. 2 aus) das
natürliche ↗Sittengesetz gesellte. Thomas von Aquin († 1274) systematisierte die überlieferten Theorien zum G. Als grundlegend erachtete er das
»ewige G.« (die »lex aeterna«), die auf die Schöpfung hin orientierte göttliche Ordnungsvernunft. An ihr partizipieren zwei Weisen des Gesetzes,
die auf menschliches Handeln bezogen sind, das »Naturgesetz« (»lex natu-
ralis«) u. das »göttliche G.« (»lex divina«). Das »Naturgesetz« besteht nicht
aus Normen, sondern wesentlich aus der Fähigkeit, zwischen gut u. böse
unterscheiden zu können (es ist also nicht mit dem Naturrecht identisch).
In einem Zusammenhang mit ihm steht das »menschliche G.« (»lex huma-
na«), eine Anordnung der Vernunft im Hinblick auf das ↗Gemeinwohl,
erlassen von der legitimen Autorität. Das »göttliche G.« (»lex divina«) unterscheidet sich in das »alte« (»lex vetus«) u. das »neue« (»lex nova«). Nach
Thomas behalten die Gebote des AT ihre Verbindlichkeit; sie gehen inhaltlich aber nicht über dasjenige hinaus, was ein Mensch als das sittlich Gesollte mit der natürlichen Vernunft erkennen kann. Die »lex nova« geht
unter dem Zeichen des Glaubens an das Heilshandeln Gottes in Jesus Christus u. als Liebesgebot über ein bloßes vernünftiges G. hinaus. Diese dem
biblischen Befund nicht gerecht werdende Auffassung blieb in der kath.
Theologie bis ins 20. Jh. vorherrschend. – *4. Zur Systematik:* ↗Gebote
Gottes, ↗Dekalog, ↗Moraltheologie, ↗Ethik.

Gesetz und Evangelium ist eine Formel, die einen Gegensatz zum
Ausdruck bringen soll, der für die religiöse Haltung u. die Theologie
M. Luthers († 1546) im Zusammenhang mit der Frage nach der ↗Recht-
fertigung von größter Bedeutung ist. Die Formel findet sich bei Paulus
nicht, kann aber aus seinen Wendungen gegen das ↗Gesetz u. für »sein«
Evangelium abgeleitet werden; sachlich nahestehend ist die Alternative von

»Geist« u. »Buchstabe« (z. B. 2 Kor 3,6). Luther ging von seiner ganz persönlichen Erfahrung aus, daß das G. zwar den Willen Gottes offenbart, aber vom Menschen nicht erfüllbar ist. Hinzu kam die Erfahrung der Überformung des Evangeliums durch das Kirchenrecht u. zahlreiche Kirchengebote. Der in einen dauernden Anklagezustand versetzte Mensch erfährt im Glauben an das Wort des Evangeliums die Befreiung von der Anklage (nicht zur ethischen Ungebundenheit). Das G. behält nach Luther eine doppelte positive Funktion (»duplex usus legis«): Im »ersten Brauch (usus)« dämmt das G. Gottes das Böse ein u. dient der »bürgerlichen Gerechtigkeit« (vgl. auch ↗Zwei-Reiche-Lehre), im »zweiten Brauch« überführt es den Menschen seiner Sünde u. treibt ihn in eine Verzweiflung vor Gott, in der er nach dem freisprechenden Evangelium Ausschau hält. Nach einer innerreformatorischen Kontroverse wurde, von Ph. Melanchthon († 1560) beeinflußt, ein »dritter Brauch« entwickelt, das Befolgen des Gesetzes aus Lust u. Freude am Willen Gottes. Die Frage nach G. u. E. führte nicht zu einem Streit mit Katholiken; das Konzil von Trient äußerte sich nicht zum Thema. Die exegetischen Bemühungen u. systematische Reflexionen haben einen Konsens denkbar gemacht, daß die Orientierungsmarken des Willens Gottes, die zur Findung immer neu aktualisierter Normen des ethischen Verhaltens führen sollen, mit dem Begriff »Gesetz« nicht zutreffend gekennzeichnet sind u. daß der sich selber erschließende Gott nicht als »Gesetzgeber« vorgestellt werden sollte. Auch ist ein »Gesetz« nicht das funktionierende Instrument zur Erkenntnis der ↗Sünde. Weder die Personifizierung des Gesetzes als Unheilsmacht noch die Polemik des Paulus sind mitvollziehbar. So bestehen heute kaum noch die Möglichkeiten, die gedanklichen Voraussetzungen des Themas G. u. E. mitzuvollziehen.

Gesinnung bezeichnet die ethischen (guten, weniger guten oder schlechten) Grundeinstellungen, die Absichten, die ein Handeln im voraus zur Aktivität bestimmen. In der früheren Ethik ist das mit G. Gemeinte beim Thema der ↗Intention mit besprochen (Augustinus † 430, Peter Abaelard † 1142). In der neueren Ethikdiskussion kritisierte M. Weber († 1920) die *Gesinnungsethik,* unter der er alle ethischen Auffassungen verstand, nach denen ausschließlich der Eigenwert des ethischen Handelns zu dessen Rechtfertigung genüge. Gemeint war von ihm pauschal »die christliche Ethik«. Die von Weber vertretene Verantwortungsethik (↗Verantwortung) bezeichnet die Haltung desjenigen, der bereit ist, für die voraussehbaren u. von ihm vorausgesehenen Folgen eines Handelns »aufzukommen«. Die bis zur Gegenwart andauernde Diskussion konnte nicht klären, ob eine Gesinnungsethik in reiner Form überhaupt vertreten wird.

Gewalt (von lat. »valere« = vermögen) ist ein unterschiedlich verwendeter Begriff, seit dem Mittelalter im Sinn von Vollmacht, Befugnis (»potestas«) gebraucht u. so in der Kirchensprache bis ins 20. Jh. üblich; vor allem bedeutet G. aber die Durchsetzung von ↗Macht, auch gegen den Willen eines betroffenen Menschen (einer Gruppe usw.), so daß G. mit ↗Zwang identifiziert werden kann. In der biblischen ↗Ätiologie werden die unheilvollen Zustände in der Welt auf eine ↗Ursünde zurückgeführt, zu deren ersten Folgen Haß u. Brudermord zählen (Gen 4, 1–16). Die beiden biblischen Testamente zeigen ein unterschiedliches Verhältnis zur G. Einerseits wird Gewaltanwendung, auch durch Gott u. sein Volk, einfach registriert, als G. durch die »Obrigkeit« von Paulus sogar legitimiert (Röm 13, 1–7). Anderseits übt Gott selber Gewaltverzicht durch liebende Selbstbeherrschung (Hos 11, 8 f.), u. die ↗Bergpredigt mahnt dazu, die G. durch ↗Feindesliebe zu entmächtigen (vgl. auch Mt 26, 52: »Wer das Schwert nimmt, soll durch das Schwert umkommen«). In der Theologiegeschichte wurde das ethische Problem der G. zu allen Zeiten diskutiert. Gewaltanwendung durch Christen wird in eingeschränktem Sinn für erlaubt erklärt, zum Schutz der ↗Menschenrechte (Verhinderung u. Bekämpfung von Verbrechen) durch befugte Instanzen, im »gerechten Krieg« unter Berücksichtigung bestimmter Bedingungen (vor allem der Verhältnismäßigkeit der Mittel) u. in Fällen der Notwehr. Neuere Überlegungen gelten der Frage, ob angesichts massiver Rechtsverletzungen durch die eigene politische Führung oder angesichts »struktureller G.« in bestimmten gesellschaftlichen Verhältnissen gewaltsamer Widerstand bzw. Revolution auch für Christen erlaubt sein könnten. Die überwiegende Meinung geht dahin, diese Frage zu bejahen. Ferner erstreckt sich die neuere Diskussion auf einen erweiterten Begriff von G., der auch psychische G. (seelische Erpressung u. Nötigung, Liebesentzug) einschließt. Die Anwendung jeder G. in persönlichen Beziehungsfeldern (Nachbarschaftskonflikte, Eltern-Kinder, Ehe) wird von der christlichen Ethik strikt abgelehnt. Im ↗Buddhismus gilt G. als einer der Gründe, die zur leidvollen, läuternden Reinkarnation führen; Menschen dürfen keinerlei Leid verursachen. Gewaltverzicht empfiehlt auch der ↗Hinduismus, wobei aber Ausnahmen zugelassen sind. Nach dem ↗Islam kann der Kampf zur Durchsetzung des Gotteswillens zur Anwendung von G. verpflichten. Christentum, Judentum u. Islam werden durch gewalttätige Konflikte erschüttert, die die Hilflosigkeit der Religionen gegenüber dem ↗Fundamentalismus zeigen.

Gewalten und Mächte heißen im NT Herrschaftskräfte des ↗Bösen, die durch Kreuz, Auferweckung u. Erhöhung Jesu Christi besiegt sind, aber diese Entmachtung ist noch verhüllt; die Atmosphäre dieser ↗Welt ist noch durchsetzt von den »Weltherrschern dieser Finsternis, den Geistern der

Bosheit in den Lüften« (Eph 6,12). Daher haben diejenigen, die an die Macht des Erhöhten glauben, Macht über diese bösen Kräfte, können den Versuchungen zum Bösen widerstehen u. in den Verfolgungen durch sie standhalten (vgl. 1 Kor 15,23–26; Röm 8,38f.; 1 Petr 3,22 sowie Kol u. Eph). Die G. haben nur (noch) Macht, insofern sich Menschen zu ihren Werkzeugen machen lassen. Die Redeweise gibt deutlich das Welt- u. Geschichtsbild der ↗Apokalyptik wieder; sie versucht den konkreten Zustand der »Welt« zu erklären u. die Glaubenden zu ermutigen. Es ließe sich an überindividuelle, aber gleichwohl personale G. denken, da »das Böse« sich kollektiv durchsetzt, aber immer durch personale Entscheidungen zustande kommt (Rassismus, Militarismus, Nationalismus, Sexismus usw.). – ↗Dämonen.

Gewissen (griech. »syneidesis«, lat. »conscientia«) bezeichnet die Fähigkeit des Menschen, Haltungen u. Handlungen ethisch zu beurteilen, sowie die Freiheitserfahrung, in der ein Mensch sich seiner ↗Verantwortung bewußt wird. *1. Geschichtliches u. Begriffliches.* In den biblischen Offenbarungszeugnissen wird das G. umschrieben u. als Begriff verwendet. In den Umschreibungen dessen, was mit G. gemeint ist, spricht die Schrift vom ↗Herzen, in das der Wille Gottes geschrieben ist (Röm 2,15), das versteinern (Ez 11,19) oder geteilt (Jak 1,8) sein kann, das beschnitten werden muß (Apg 7,51), in dem das Licht der göttlichen Wahrheit leuchtet (2 Kor 4,6). Wer ein »reines Herz« hat, der wird Gott schauen (Mt 5,8 28; vgl. 12,34f.). In der griech. Philosophie des 1. Jh. v. Chr. kam der Begriff ↗Syneidesis für »sittlich urteilendes Selbstbewußtsein« auf (bei Cicero † 43 v. Chr. u. a. röm. Philosophen »conscientia«); er ging auch in die apostolischen Schriften des NT ein. Für Paulus haben die Starken im Glauben das G. der Schwachen (1 Kor 8,7–13) u. das G. der Heiden (1 Kor 10,28f.) zu achten. Die ethischen Anforderungen sind von Natur aus in das Herz der Heiden eingeschrieben u. werden vom G. mitbezeugt (Röm 2,14ff.). In der Theologiegeschichte befaßte sich Thomas von Aquin († 1274) eingehend mit dem G. Er unterschied die Gewissensanlage als die Fähigkeit, gut u. böse zu erkennen u. sich für das ↗Gute zu entscheiden, von der Gewissenstätigkeit als dem konkreten Gewissensurteil in einer konkreten Situation. Hinsichtlich dieses Urteils betonten die Anhänger des Thomismus die Bestimmung durch die Vernunft, während die Franziskanerschule im Willen das bestimmende Moment sah. Das Gewissensurteil kann nach übereinstimmender Tradition fehlgehen, weil ihm falsche Informationen oder Irrtümer zugrunde liegen können oder es falsche Schlußfolgerungen zieht; es bleibt für den Menschen dennoch verpflichtend. Die Redeweise vom »irrigen G.« ist allerdings falsch, da nicht die Gewissensanlage als solche, sondern nur das konkrete Urteil irrig sein kann. Für die ganz vom Gedanken der ↗Rechtfertigung aus Gnade allein bestimmte reformatorische Theologie hat das G. die Funktion, die Sünde ins Bewußtsein zu rufen. In der Philosophie der Neuzeit wurde das G. im Zusammenhang mit der Frage nach Selbstbestimmung oder Fremdbestimmung diskutiert. Während das II. Vaticanum sich positiv zum G. äußerte (GS 16) u. die Gewissensfreiheit als ↗Religionsfreiheit anerkannte, vermehrten sich die Warnungen der kirchlichen Leitungsinstanz vor Irrtümern u. möglichem Mißbrauch des individuellen Gewissens, verbunden mit dem Anspruch des Amtes, bei der Vermittlung von Normen an das G. mitzuwirken. – 2. *Systematisch.* Der Mensch, der sich in seiner konkreten Situation entscheiden muß u. dennoch von der möglichen Falschheit seines Gewissensurteils weiß, ist auf die ↗Gnade Gottes angewiesen, die seine Freiheit befreit. Dies immer vorausgesetzt, kann zusammenfassend folgendes gesagt werden. Die Bildung der inneren Überzeugung ist in die Verantwortlichkeit der ↗Person gegeben u. muß sich darum auf alles beziehen, was mit »Person« gesagt ist: Verantwortung vor Gott als dem richtenden Geheimnis, vor dem eigenen Ich u. seiner inneren Wahrheit (↗Wahrhaftigkeit) u. vor dem sozialen Umfeld, den Beziehungen dieses Ichs. »Bildung« des Gewissens bedeutet, daß seine Reflexion über die vorgegebenen Wirklichkeiten vertieft u. geschärft werden kann. Dazu gehört, daß der Mensch die von ihm erkannten objektiven Normen (aus Gottes Offenbarung u. dem ↗Sittengesetz) in seinem Freiheitsakt bejaht. Diese objektiven Normen werden dem Menschen aber nur durch die Vermittlung seines personalen Gewissensurteils überhaupt präsent. Die objektiven Normen müssen also in ihrer Herkunft, in ihrer genaueren Bedeutung u. in ihrem Geltungsanspruch von der Vernunft erkannt werden; sind sie Ergebnis einer Interpretation (wie das bei der Interpretation der aus der Offenbarung abgeleiteten Normen durch das kirchliche Lehramt der Fall ist), dann muß diese Interpretation sich in jeder Hinsicht (nach ihren eigenen Quellen, Voraussetzungen, mitschwingenden Meinungen usw.) als vernunftgemäß u. argumentativ überzeugend ausweisen, weil andernfalls die interpretierend vorgetragenen Normen gar nicht Gegenstand eines Gewissensurteils werden können. Sind die Voraussetzungen für ein Gewissensurteil gegeben u. erfolgt dieses, dann ist es in jedem Fall absolut bindend. Ob u. wie es erfolgt, hängt aber von der Stellungnahme des Willens zur vernünftigen Erkenntnis ab. Von da aus kann in mehrfacher Hinsicht von *Gewissensfreiheit* gesprochen werden: a) die Freiheit des ↗Willens, die Forderungen des Gewissens anzuerkennen oder nicht; b) die Freiheit, gegenüber jeder Beeinflussung von außen dem G. allein zu gehorchen; c) die Freiheit, im sozialen Umfeld gemäß dem eigenen G. zu leben (↗Toleranz).

Gewißheit ist eine bestimmte Qualität der Erkenntnis u. ist dann gegeben, wenn das erkennende Subjekt sich der sachlichen Gründe seiner Erkenntnis unbeirrbar sicher ist. Im allgemeinen wird seit R. Descartes († 1650) die G. mit Evidenz (lat. = Augenscheinlichkeit) gleichgesetzt. Das betrifft allerdings nur die subjektive Evidenz, die dann gegeben ist, wenn ein Sachverhalt aus der Prüfung seiner Gründe unbezweifelbar einsichtig ist. Objektive Evidenz bezeichnet das Offenbarsein eines Sachverhalts, der »sich selber gegeben« hat u. Wissen begründet. Fehlt das Wissen, dann kann immer noch (subjektive) G. gegeben sein. Die Übereinstimmung der Vorstellungen des Bewußtseins mit einer Sache wird im »Urteil« festgestellt (↗Wahrheit). In der Sicht der christlichen Ethik muß einer Entscheidung ein Urteil zugrunde liegen, das begründet ist (= moralische G.), aber eine Letztbegründung ist bei keinem Urteil möglich; G. ergibt sich vielmehr normalerweise innerhalb eines »Systems von Überzeugungen«. – ↗Heilsgewißheit.

Glaube (sprachlicher Zusammenhang mit »geloben«, »verloben«, »sich anvertrauen«) heißt im allgemeinsten Sinn, die Äußerungen einer Person im Vertrauen auf sie frei anzunehmen (»ich glaube dir«). Beim Glauben handelt es sich immer um ein dialogisches Beziehungsgeschehen zwischen Personen, dessen Gelingen oder Mißlingen völlig von der Glaubwürdigkeit dessen, dem geglaubt wird, abhängt. G. in diesem Sinn unterscheidet sich von dem Beweiswissen, das auf Überprüfbarkeit beruht, von dem bloß unverbindlichen Meinen, das kein Beziehungsgeschehen ist (»ich glaube, morgen wird es regnen«), u. von dem grundlosen Paradox eines »blinden« Vertrauens (infantiler Verzicht auf eine eigene Entscheidung). Der religiöse G. im Sinn der jüdischen u. christlichen Tradition kommt mit diesem Glauben im allgemeinsten Sinn darin überein, daß er eine Vertrauensbekundung gegenüber den Zeugen einer ↗Offenbarung Gottes ist, die dem Glaubenden als glaubwürdig erscheinen. Ein Mißverständnis dieses religiösen Glaubens wäre es, würde man ihn als willentliche Zustimmung zu einer Lehre oder Information im Bereich der Vernunft verstehen, bei der Gott (oder die ihn vertretende kirchliche Autorität) ein äußerlich bleibendes Glaubensmotiv bliebe. Die Kundgabe des biblischen Gottes ruft alle Dimensionen des Menschen an u. sucht sie auf diesen Gott hin zu orientieren, u. zwar aus dem Grund, weil sie Liebe ist (↗Selbstmitteilung Gottes, ↗Gnade). Dieser Gott beansprucht das weitere Leben des zum Glauben gekommenen Menschen u. gibt sich in seiner Liebe als das letzte, einzige, alle Hoffnung in sich erfüllende u. übertreffende Ziel des Menschenlebens kund. – *1. Biblisch.* a) Die Glaubenszeugnisse des Ersten Testaments sprechen durchwegs von diesem Beziehungsgeschehen zwischen Gott u. seinem Volk sowie seinen individuellen Getreuen. Der Vorgang des Glaubens im theol. Sinn wird meist mit »he'emin« wiedergegeben, »festen Stand gewinnen in«, »sich festmachen in«. Erzählend wird vom Glauben oder der Verweigerung des Glaubens im Hinblick auf das Geleit des Volkes durch JHWH berichtet. Sobald sich die Hoffnung auf eine endzeitliche, unwiderrufliche Heilsfülle richtet, wird der G. an die entsprechende Verheißung JHWHs als Bedingung für die Erlangung dieses Heils verkündet (z. B. Jes 7, 9; 28, 16; Dan 6, 24; Jona 3, 5 u. ö.); Vorbild für dieses unerschütterliche Vertrauen im Glauben ist ↗Abraham. Der G. kann sich auch auf die ↗Tora als Willensbekundung Gottes (Ps 119, 66) u. auf die Boten Gottes (Ex 14, 31; 2 Chr 20, 20) beziehen. Für den gläubigen Juden ist es eine Selbstverständlichkeit, daß der G. sich konkretisiert im Gehorsam gegenüber den Weisungen der Tora u. in der Durchprägung aller Dimensionen des öffentlichen u. privaten Lebens. Besonders hervorgehobene Inhalte des jüdischen ↗Glaubensbekenntnisses sind die Einzigkeit Gottes (↗Monotheismus) u. die Rettung aus der Knechtschaft in Ägypten. Die Erfahrung von Katastrophen hat in biblischer Zeit den Glauben noch nicht (wie »nach Auschwitz«) zum Gegenstand bedrängender Fragen gemacht; ungebrochen war die gläubige Hoffnung auf eine ↗Erlösung, die dem Volk JHWHs u. allen einzelnen Angehörigen Gerechtigkeit, Freiheit u. Frieden bringen würde. – b) Im Neuen Testament wird der G., so wie in der LXX, mit »pisteuein« bzw. »pistis« wiedergegeben: sich in absolutem Vertrauen u. Gehorsam in Gott festmachen. Gebete, die sich in solchem Glauben auf Gott verlassen, werden erhört werden (Mk 11, 24 par. u. ö.); ein solcher G. »versetzt Berge« (Mk 11, 23 par.; Lk 17, 6 par.). Diskutiert wird, ob der G., von dem im Zusammenhang mit Heilungen die Rede ist, Vorbedingung eines ↗Wunders ist (Mk 5, 36 par.; 6, 6 u. ö.). Zweifel u. »Kleinglauben« der Jünger werden öfters getadelt. Die Apg versteht unter Glauben vorzugsweise die Annahme des verkündigten ↗Wortes Gottes. Bei Paulus steht der G. im Zusammenhang mit ↗Bekehrung, gehorsamem Vertrauen, Annahme des Evangeliums, Bekenntnis. Der G. richtet sich auf das ↗Kreuz (1 Kor 1, 18), erwirkt als Gnadengeschenk Gottes die ↗Rechtfertigung der Sünder (Gal u. Röm) u. wirkt sich aus in der aushaltenden Treue auch im ungerechten Leiden (1 Thess 1, 7 ff.; 3, 1–10). Jak 2, 14–26 wendet sich gegen ein Verständnis des Glaubens als bloßes »Fürwahrhalten«. Im übrigen ntl. Schrifttum ist der G. wie bei Paulus die Voraussetzung für die »eschatologische« Rettung. Der G. an Gott bzw. an Jesus schenkt schon jetzt das ↗Ewige Leben (Joh 3, 16 ff.: 14, 1; 20, 30 f.). – *2. Theologiegeschichtlich u. systematisch* können hier nur Grundzüge skizziert werden. a) In der Theologie der alten Kirche wurde der G. als vertrauendes Verständnis der in AT u. NT bezeugten Geschichte als ↗Heilsgeschichte u. als Gabe Gottes aufgefaßt, die den Menschen zum Glauben als Annahme des Evangeliums führt. So läßt er sich unterscheiden in den Akt der Zustimmung zum

↗Glaubensbekenntnis u. als daraus folgende getreue u. kompromißlose Lebensform. Die äußeren Umstände machen eine gewisse Konzentration auf die »objektive Lehre« notwendig: ↗Regula fidei. Der G. in diesem Sinn heißt bei Augustinus (†430) der »geglaubte G.« (»fides quae creditur«). Daneben verliert das Moment des biblischen Glaubens im Sinn von »festmachen in«, »festen Stand gewinnen in« nicht an Gewicht. Es wird in der Kirchenvätertheologie verbunden mit dem Wunsch, Einsicht in das Geglaubte zu gewinnen (augustinisch: der »glaubende Glaube«, »fides qua creditur«), von Gott in einem pädagogischen Prozeß ermöglicht, der dem Menschen Erleuchtung des Verstandes u. vertiefte Erkenntnis schenkt, so daß Zustimmung zum Glauben u. Denken nicht in Widerspruch geraten (augustinisch: »der G., der nach Einsicht sucht«, »fides quaerens intellectum«, bei Anselm von Canterbury †1109 programmatisch fortgeführt). Letztlich sind für Augustinus nicht Einzelwahrheiten im Zentrum des Glaubens, sondern Gott ist Gegenstand, Motiv u. Ziel des Glaubens schlechthin (»credere Deum, Deo, in Deum«). – b) Die mittelalterliche Glaubenstheologie war vom Erbe der Kirchenväterzeit, vor allem dem augustinischen, geprägt. Platon (†347 v. Chr.) hatte den Glauben als bloßes Meinen gegenüber dem wissenden Erkennen abgewertet. Thomas von Aquin (†1274) zeigte dagegen im Anschluß an Aristoteles, der eine glaubende Voraussetzung (Zustimmung zu ↗Prinzipien) vor allem Wissen angenommen hatte, daß G. eine dem Wissen überlegene Gewißheit vermittelt, die aus der Evidenz der »Ersten ↗Wahrheit« hervorgehe. So ist der G. für Thomas eine praktische Gewißheit ohne Fundierung in zwingenden Beweisen. In seiner Analyse des Glaubensaktes verstand er diesen als bejahende Annahme der Offenbarung Gottes, von einer willentlichen Energie getragene Verstandeszustimmung, wobei die Gnade Gottes es ermöglicht, in der Offenbarung die Heilswahrheit zu erkennen u. vom Glauben als Akt weiterzugelangen zum Glauben als Lebenshaltung, als ↗Tugend. Das Wesentliche des Glaubensinhalts besteht für Thomas in dem u. nur in dem, was Menschen »direkt auf das ewige Leben hinordnet«. Im bloßen Fürwahrhalten (der »fides informis«) ist erst der Ansatz dazu gegeben; erst der »durch Liebe durchformte G.« (»fides caritate formata«) bewirkt »den Anfang des ewigen Lebens«. Für Thomas ist der G. daher zum ewigen ↗Heil notwendig. Besorgt um das Heil der Nichtglaubenden unterschied er beim rechtfertigenden u. rettenden Glauben zwischen »ausdrücklichem Glauben« (»fides explicita«) u. »einschlußweisem Glauben« (»fides implicita«). Mit einer Tradition vor ihm hielt er Hebr 11,6 für die Formulierung des Minimums an Glaubensinhalt (»denn wer sich Gott nahen will, muß glauben, daß er ist u. denen, die ihn mit Ernst suchen, ein Belohner wird«). Für den einschlußweisen Glauben genügte es ihm, wenn ein Mensch das Gute um des Gutes willen tue, das Wahre um des Wahren willen bejahe

(einschlußweise Bejahung Gottes als des schlechthin Guten u. Wahren).
Die wesentlichen Elemente dieser Glaubenstheologie prägen die amtliche
kath. Auffassung des Glaubens bis zur Gegenwart. – c) Für M.
Luther (†1546) trat die »objektive« Seite des Glaubens hinter der »existentiellen«
zurück. G. war für ihn die Aneignung des Gerichts- u. Gnadenspruchs
Gottes im Evangelium (↗Fiduzialglaube, ↗Rechtfertigung). Das Konzil
von ↗Trient sah den Glauben als Moment in einem Prozeß: Der vom
Hören kommende G. ist Annahme der göttlichen Offenbarung, aber erst
der Anfang der aus Gnade geschenkten Rechtfertigung; ohne Hoffnung u.
Liebe ist er, obwohl aus Gnade gewirkt, tot. So stand Trient hinsichtlich des
Glaubens nicht in einem grundlegenden Widerspruch zu Luther; es wei-
gerte sich lediglich, G. u. Rechtfertigung zu identifizieren. – d) Während
die spät- u. neuscholastische Theologie beim Glauben die Aspekte des willentlichen Gehorsams u. der Verstandeszustimmung zu einer »instrukti-
onstheoretisch« verstandenen Offenbarung betonte (abgerundet im I. Vaticanum), setzte zunächst im nichtkath. Bereich der Theologie der Neuzeit
eine Akzentverlagerung ein, vom »dogmatischen Glauben« zum »Herzens-
glauben«, auf die in der Mystik schon immer bekannte Ebene der Erfahrung, der Betroffenheit u. Ergriffenheit. Eine ev. Linie führt von F. Schleiermacher (†1834) über S. Kierkegaard (†1855) zu R. Bultmann (†1976)
(↗Entmythologisierung, sachgemäßer »existentiale Interpretation«). Bei
der allmählichen Überwindung der einseitig intellektualistischen Glaubensauffassung der Neuscholastik spielte im kath. Bereich der ↗Personalis-
mus eine große Rolle; er führte von einem »Daß-Glauben« zu einem »Du-
Glauben«. – e) Die neuzeitlichen Infragestellungen des Glaubens mit
ihrem Beharren auf »Ausweisen« (von der ↗Aufklärung bis zum ↗Kriti-
schen Rationalismus) bewirkten zunächst eine Abkehr von einem autoritären Glaubensverständnis u. eine neue Aufmerksamkeit für innere
Evidenzen (die »Augen des Herzens«, ↗Immanenzapologetik, Gnadenerfahrung). Hand in Hand damit ging eine neue, Gottes absolute Souveränität respektierende Hinkehr zum universalen wirksamen ↗Heilswillen
Gottes, der zur »eschatologischen« Rettung der Menschen noch andere
Wege als den Glauben kennt. Dies ermöglichte es den christlichen Kirchen,
↗Religions- u. Gewissensfreiheit anzuerkennen. Erst allmählich wurde in
Kirchen u. Theologie bewußt, wie tief die Erschütterung des Glaubens
infolge des Versagens der Glaubenspraxis in den Katastrophen des 20. Jh.
ist. Sie hat nicht nur eine Glaubenskrise herbeigeführt, sondern angesichts
des Schweigens Gottes eine Gotteskrise geoffenbart. In dieser Situation
gewinnt die der Zukunft zugewandte »Hoffnungsstruktur« des Glaubens
neue Bedeutung

Glaubensabfall (griech. »apostasia«), im kirchlichen Verständnis die bewußte u. völlige Ablehnung des christlichen Glaubens durch einen Menschen, der einmal bewußt u. ganz zum Glauben gekommen war. Die Bibel verwendet das Wort im politischen u. im religiösen Sinn (Treulosigkeit gegenüber dem Gott Israels, gegenüber seiner Tora u. ä.). Als Typ eines Apostaten galt der Kirchengeschichtsschreibung Kaiser Julian († 363), der einmal dem christlichen Klerus angehört u. danach versucht hatte, die heidnischen Tempelkulte wiederzubeleben, eine Schrift »Gegen die Galiläer« schrieb u. die Kirchen drangsalierte. Im 19. Jh. wurde diskutiert, ob es subjektive, irrige Gründe für einen schuldlosen G. oder legitimen positiven ↗Zweifel am Glauben geben könne. Das I. ↗Vaticanum erklärte, für Katholiken gebe es keinen triftigen Grund (»iusta causa«), den Glauben zu wechseln oder zu bezweifeln, denn die Kirche sei durch sich selber »ein großer steter Beweggrund der Glaubwürdigkeit u. ein unwiderlegliches Zeugnis ihrer göttlichen Sendung«. Daraufhin erstreckte sich die Diskussion auf die Frage, ob damit nur gemeint sei, objektive Gründe für einen G. könne es nicht geben, oder ob auch die Existenz subjektiver Gründe (u. die mit ihnen verbundene Schuldlosigkeit) vom Konzil verneint worden sei. Das II. Vaticanum bejahte die Existenz subjektiver Gründe, indem es den Gläubigen einen erheblichen Anteil an der Entstehung des ↗Atheismus zuschrieb (GS 19). Auch bei bleibender ↗Heiligkeit der Kirche kann sie durch ihre amtlichen Repräsentanten u. durch ihre anderen Glieder als »sündige Kirche« einzelnen Menschen schuldhaft begegnen u. so zum G. beitragen. Die eher protestlose »Verdunstung« des Glaubens stellt in der neuesten Zeit andere Probleme als der öffentliche G. (den das Kirchenrecht mit Exkommunikation bedroht). Kirchenaustritt als solcher ist nicht mit G. identisch.

Glaubensbekenntnis als theol. Fachbegriff bezeichnet nicht das ↗Bekenntnis des Glaubens, sondern eine formelhafte Zusammenfassung des Glaubensinhalts einer Religion in Sätzen mit dem Ziel, wenigstens das Wesentliche wiederzugeben (griech. u. lat. »symbolum«, lat. auch »professio fidei«). Mehrere Religionen kennen solche Bekenntnisformeln, die z. T. aus dem Gottesdienst erwachsen sind, z. T. für gottesdienstlichen Gebrauch entworfen wurden. Im AT finden sich für die älteste Zeit Israels nur formelhafte Gottesprädikationen mit dem Lobpreis seiner Machttaten; spätere Formelbildungen dienen offensichtlich der Vergewisserung der Glaubensgemeinschaft u. ihrer Einheit nach außen. So kam es zu der bedeutenden Bekenntnisbildung des Judentums im »Schema« (Dtn 6, 4–9; 11, 13–21; Num 15, 37–41), das morgens u. abends zu sprechen, am Körper zu tragen u. an der Tür anzubringen ist. Ein weiteres, ebenfalls täglich zu sprechendes G. ist das »Achtzehnergebet«. Ähnlich, wenn auch in kürzerem Zeitraum ging die Glaubensformulierung der Christen nach dem NT vor sich. Den Anfang bildeten Gottes- bzw. Christusprädikationen, die auch liturgisch verwendet wurden (z. B. ↗Kyrios). Glaubenssätze, die noch vor Paulus formuliert waren, bezogen sich auf die Heilstaten Gottes in Jesus Christus (Röm 4, 25; 1 Kor 15, 3 ff. u. ö.). Abgrenzende Interessen verfolgen 1 Joh 4, 15 u. 5, 5. Die früheste Taufliturgie verlangte bereits ein G., dessen ursprüngliche Gestalt die einer dreigliedrigen Befragung war (eine schon weiter entwickelte Form Mt 28, 19). In den großen christologischen u. trinitarischen Auseinandersetzungen des kirchlichen Altertums entstanden jeweils situationsbedingt innerhalb u. außerhalb von Synoden Glaubensbekenntnisse im Dienst der Einheit des Glaubens (z. T. auch der staatlichen Einheit) u. der Abgrenzung gegenüber vermuteter ↗Häresie. Schließlich wurde die Rezitation des Glaubensbekenntnisses von neu einzuführenden bzw. zu weihenden Amtsträgern zum Zeichen ihrer Einbindung in die hierarchische Gemeinschaft u. ihrer Rechtgläubigkeit abverlangt. Heute sind die bevorzugten Orte des vorformulierten Glaubensbekenntnisses für die Gemeinde die Taufe, die Eucharistiefeier an Sonntagen u. Hochfesten sowie die österliche Tauferneuerung. – Von den im Lauf der Geschichte entstandenen Glaubensbekenntnissen seien hier nur die beiden wichtigsten genannt, die auch große ökumenische Bedeutung haben. Der Urtyp des sog. *Apostolischen Glaubensbekenntnisses* ist im 2. Jh. bezeugt; er enthält den Glauben an den dreieinigen Gott, die heilige Kirche u. die Vergebung der Sünden. In ausgebauter Form ist der Text als römisches Taufbekenntnis des 4. Jh. bezeugt. In der heutigen Textgestalt wird das »Apostolicum« im 6. Jh. in Südwestfrankreich rezitiert, im 9. Jh. in Rom offiziell für die Taufe übernommen. Auch das *Nicaeno-konstantinopolitanische G.* hat seine Entstehungsgeschichte. Ein G. der Ortskirche von Kaisareia in Kappadokien wurde durch das Konzil von ↗Nikaia 325 durch christologische Formulierungen gegen den ↗Arianismus ergänzt. Nach dem Zeugnis des Konzils von ↗Chalkedon wurde dieses nicaenische G. durch das 1. Konzil von ↗Konstantinopel 381 durch Formulierungen erweitert, die sich zur Göttlichkeit des Heiligen Geistes bekennen. Das so entstandene »Nicaeno-Constantinopolitanum« machte sich das Konzil von Chalkedon 451 feierlich zu eigen, verbunden mit dem bemerkenswerten Beschluß, daß »niemand ein anderes Glaubensbekenntnis vorbringen, niederschreiben oder abfassen darf«. Zusätze zu diesem G. sind daher nach der ausdrücklich vorgetragenen Überzeugung der orthodoxen Ostkirchen schwerwiegende Verstöße gegen den gesamtkirchlichen Glauben; das betrifft vor allem das ↗Filioque. Spätere Formulierungen von Glaubensbekenntnissen in der röm.-kath. Kirche begegnen zwei entgegengesetzten Auffassungen. Die röm. Kirchenleitung zeigt die Tendenz, möglichst viele einzelne Glaubenswahrheiten in den Bekenntnistext aufzunehmen (so z. B. in dem von Paul VI. 1968 vorgelegten »Credo des Gottesvolkes«, das von einem einzelnen Theologen verfaßt u. von der kirchlichen Gemeinschaft nicht rezipiert worden ist). In vielen Ortskirchen wird darauf hingewiesen, daß das offizielle G. wesentliche Glaubensinhalte gar nicht wiedergibt (z. B. das Zentralthema der Verkündigung Jesu, die ↗Herrschaft Gottes u. seine Praxis), daß die antiarianischen Formulierungen ein detailliertes dogmengeschichtliches Wissen voraussetzen u. daß der heutige »Kontext« des Glaubens (u. a. Fragen nach Gott angesichts der ↗Theodizee, Fragen nach der universalen Heilsbedeutung Jesu Christi, die Tragfähigkeit des Glaubens in Alltags- u. Grenzsituationen usw.) im »Credo« gar nicht vorkommt.

Glaubenssinn (»sensus fidei«) bezeichnet eine Erkenntnis, die aus dem Glauben kommt u. sich auf Wesensinhalte des Glaubens bezieht. Da er *jedem* an die Offenbarung Gottes *Glaubenden* zukommt, meint der Begriff G. das individuelle, vom Glauben u. daher von dem jedem Menschen innewohnenden ↗Heiligen Geist »erleuchtete« Bewußtsein. Das kollektive Glaubensbewußtsein heißt »Gläubigensinn« (»sensus fidelium«). Vom G. ist der Glaubenskonsens (»consensus fidelium«, ↗Konsens), die aus dem G. erwachsende Übereinstimmung der Glaubenden hinsichtlich bestimmter Glaubensinhalte u. die entsprechende Äußerung dieser Übereinstimmung, zu unterscheiden. Die in den biblischen Zeugnissen eingehend dargelegte Auffassung von Glauben besagt, daß er durch unmittelbares Einwirken des Hl. Geistes in den Individuen erzeugt wird u. daß der Geist dem einzelnen Glaubenden die Möglichkeiten schenkt, die Einsichten in die Offenbarung Gottes zu vertiefen u. eine gottgemäße Lebenspraxis zu entwickeln. Zugleich wird aus diesen Zeugnissen die Einbindung der Glaubenden in die von Gott gewollte Glaubensgemeinschaft deutlich. Damit ergibt sich die Notwendigkeit der Glaubenskommunikation mit dem Ziel, zu einem Konsens zu gelangen. Auf der einen Seite ist dieser Prozeß grundverschieden von elitären u. esoterischen Auffassungen, wie sie in der Gnosis zutage traten. Auf der anderen Seite ist dieser Prozeß, wenn er unter variablen sozio-kulturellen Bedingungen längere Zeit u. in größeren Sozialgebilden (Ortsgemeinden, kirchliche Regionen) verläuft, in der Gefahr, die kirchliche Einheit zu untergraben, so daß von da her die Beziehung deutlich wird, die das kirchliche ↗Amt zu dem primär individuellen G. hat, nämlich die Sorge um Kontinuität des Glaubens u. Identität der Glaubensgemeinschaft. Subsidiäre Eingriffe u. sogar Steuerungen der Entwicklung des G. durch das kirchliche Lehramt sind von da her verständlich. Die eher naheliegende Gefahr ist, daß die kirchliche Autorität den G. übergeht, zumal wenn sie behauptet, eine eigene, andern nicht zugängliche Erkenntnisquelle der Glaubenswahrheiten zu haben. Die ursprüngliche Tradition vom G.

wurde von J. H. Newman († 1890) aufgegriffen u. theol. reflektiert. Positiv, aber ängstlich auf die Erwähnung der Anleitung des Glaubenssinns durch die kirchenamtliche Lehrautorität bedacht, äußerte sich das II. Vaticanum zum G. (LG 12). Offen gebliebene Probleme sind die Lehrautorität der Gläubigen, die Möglichkeiten einer Konsensbildung u. die Bedeutung der Verweigerung einer ↗Rezeption, die nicht sogleich Häresie oder Schisma ist.

Gleichheit meint hier nicht die Frage nach der ↗Identität, sondern das Problem der Stellung des einzelnen Menschen in Organisationsformen der Gemeinschaft: Das Menschsein des Menschen, gemeint als Wesensaussage, ist allen Menschen gemeinsam, daher sind sie in ihrem Wesen oder in ihrer Natur gleich; alle besitzen eine ursprüngliche G. durch ihre Natur, religiös gesprochen: sie sind vor Gott gleich. In ihrer ↗Individualität sind sie jedoch ungleich; diese Ungleichheit ist ein konstitutives Element ihrer Individualität. Teile dieser Ungleichheit sind angeboren; sie gehen auf Vererbungsgefüge u. Evolution u. letztlich auf den Schöpfer zurück. Andere Teile sind »erworben«: Ungleichheiten in Ausbildung, Bildung u. Besitz u. dadurch bedingter ungleicher Stellung in Gesellschaften. Auch angeborene Ungleichheiten können durch ungleiche Stellung in Gesellschaften noch einmal verstärkt werden, z. B. solche des Geschlechts, der Herkunftskultur (Hautfarbe), des Charakters, der Begabung usw. Das Bestehen solcher Ungleichheiten wurde u. wird als Verweigerung von ↗Gerechtigkeit verstanden. In der christlichen Tradition wurde zwischen der Gerechtigkeit vor Gott (die prinzipiell allen möglich ist) u. irdischen, vor allem gesellschaftlichen Ungerechtigkeiten unterschieden. Letztere galten als Folgen der ↗Erbsünde, die konkret u. partiell (z. B. im Krankenhaus- u. Caritaswesen) bekämpft, prinzipiell aber nicht beseitigt werden konnten. Bestimmte Ungleichheiten aus Ungerechtigkeit, die auf die Gesellschaft zurückzuführen sind, wurden als unveränderliche Bestandteile göttlicher Ordnung ausgegeben (Benachteiligung der Frauen, Situation der Sklaven, Armen usw.). Die Beseitigung dieser Ungleichheiten aus Ungerechtigkeit ist auf die ↗Aufklärung u. die Französische Revolution (»égalité«) zurückzuführen. Sie bewirkten die Aufnahme bestimmter Elemente der Gleichheit in moderne Verfassungen u. Gesetze: G. aller vor dem Gesetz, Stimmengleichheit, Chancengleichheit usw. Die legitimen Ungleichheiten der Individuen werden durch gesetzlich garantierte ↗Religionsfreiheit u. durch ↗Toleranz geschützt. Bei allem verbalen Bekenntnis zu ↗Menschenrechten u. ↗Menschenwürde sind die Probleme von nicht gottgewollten Ungleichheiten in der Kirche noch nicht gelöst.

Gleichzeitigkeit kann die Gegenwart alles geschichtlich Vergangenen in Gott bezeichnen (vgl. auch ↗Allgegenwart u. ↗Allwissenheit Gottes). Menschen, denen in der ↗Selbstmitteilung Gottes das göttliche Pneuma geschenkt wurde, können im religiösen Vollzug der Vergegenwärtigung Gottes auch mit Vergangenem gleichzeitig sein. In diesem Sinn läßt sich das »Heute« der Vergegenwärtigung der Heilsereignisse in der Liturgie verstehen. Sich dem ewigen Gott in seiner Heilstat in Jesus Christus präsent zu setzen u. im Glauben anzunehmen, daß dieser sich dem Glaubenden präsent setzt, ist ein wichtiges Thema in S. Kierkegaards († 1855) »Einübung im Christentum«. Eine Verbindung zu G. als physikalischem Begriff besteht nicht.

Glossolalie (griech. = Sprachenreden), außergewöhnliche sprachliche Äußerungen in religiösen Zusammenhängen. Ekstatisches Reden oder unartikulierte Laute sind in vielen Religionen bekannt, von antiken Orakeln u. Feiern bis zur Gegenwart; im Zusammenhang mit dem Glauben gelten sie als Indizien für ein Wirken des Geistes oder für göttliche Botschaften. Paulus behandelt »Arten von Sprachen«, »Auslegung von Sprachen«, die an sich unverständlich wie die »Sprachen der Engel« sind, in 1 Kor 12–14, wo er diese Begabung unter die ↗Charismen zählt, sie auch positiv für das Beten wertet, aber vor Überschätzung warnt. Das »Reden in fremden Sprachen« (Apg 2,1–13) meint eine von Lukas erzählerisch eingekleidete Programmatik der frühchristlichen Verkündigung, daß sie kraft des Heiligen Geistes allen Völkern verständlich gemacht werden soll. Seit Mitte des 20. Jh. findet die G. neue starke Beachtung, in den Pfingstkirchen (zuerst in USA, mit Heiligungs-Theologie, Geisttaufe u. als deren erste Wirkung G., heute über die ganze Welt verbreitet) wie in den Bewegungen der Charismatischen Erneuerung (in ev. Kirchen seit Mitte 20. Jh., in der kath. Kirche seit 1967), wo das Charisma der G. bevorzugt »Sprachgebet« genannt wird u. sich in unverständlichen Lauten während des intensiven Betens äußert (»Herzenssprache« mit ganzheitlichen, der Lockerung u. Öffnung zum Unbewußten dienenden Ausdrucksformen, keinesfalls Manifestationen von Verzückungen oder Geltungsdrang).

Glück bezeichnet in der Mentalität des 20. Jh. eine Erlebnisqualität, die im höchsten Maß subjektiv bestimmt ist. Was in der antiken Philosophie u. im theol. Denken bis Thomas von Aquin († 1274) als G. thematisiert wurde, war eine Erfüllung der menschlichen geistigen Natur u. eine Stillung des Begehrens, im irdischen Leben eine bleibende Zielvorstellung, nur in der bleibenden Vereinigung mit dem höchsten ↗Gut in der ↗Vollendung erreichbar. Die sprachlichen Äquivalente für G. meinen genau das: lat. »beatitudo«, »felicitas«, griech. »eudaimonia«, ↗Seligkeit. Im 20. Jh. hat

G. eher affektive Bedeutung (↗Affekt), nicht selten verbunden mit Lust u.
Vergnügen, auch als ↗Zufall erfahren (»G. haben«), während Gotteserfahrungen u. Gnadenerfahrungen, mystische Erleuchtung u. Vereinigung
nicht als G. bezeichnet u. verstanden werden. Die höchst subjektiven Faktoren des Glücksempfindens machen G. als theol. Begriff unbrauchbar;
persönliche Zeugnisse (Gott ist das G. des Menschen; Religion macht
glücklich) sind nicht verallgemeinerbar.

Gnade (althochdeutsch »ganada« = Wohlwollen, Gunst; griech. »charis«, lat.
»gratia«) als theol. Begriff bezeichnet die sich aktiv, frei u. absolut ungeschuldet dem Menschen zuwendende Zuneigung Gottes sowie die Wirkung dieser Zuneigung, in der Gott sich dem Menschen selber mitteilt. –
1. Biblisch. Das Erste Testament stellt im ganzen ein einziges Zeugnis der
»personalen« Zuneigung JHWHs zu seinem Eigentumsvolk u. zu dessen
Angehörigen dar. Die Perspektive ist zuweilen auf die Schöpfung u. die
Menschheit ausgeweitet. Gottes Interesse gilt der Errichtung einer dauerhaften gegenseitigen Beziehung, in welcher der ungeheure Abstand der
beiden »Seiten« durch Liebe verringert wird; wenn diese Beziehung als
↗»Bund« bezeichnet wird, so steht doch nicht eine gegenseitige Verpflichtung im Vordergrund; wenn Gott seine Weisungen kundgibt (↗Tora), so ist
das Bekundung seiner Fürsorge u. nicht seiner Herrschsucht. Die Begriffe,
die Gottes Verhalten bezeichnen, bedeuten verläßliche Güte (»chesed«),
ungeschuldete Zuneigung (»chen«), erbarmende Liebe (»rachamim«),
Freundlichkeit (»razon«). Sie stehen oft im Zusammenhang mit Vergebung. Die der ganzen Menschheit geltenden Verheißungen meinen eine
erlösende, alle Hoffnungen erfüllende Gemeinschaft mit Gott (»schalom«). Auch das außerbiblische Judentum bleibt bei diesen Auffassungen
von G.: das Geschenk der Tora wie die Vergebung der Sünden u. die
Ermöglichung des Guten sind völlig unverdient, auf die reine Güte u. das
Erbarmen Gottes zurückzuführen. Wohl auf dem Weg über das hellenistische Judentum (Philon † um 50 n. Chr.) wurde der Begriff »charis« mit
seinem religiösen Gehalt der wichtigste Begriff für G. im NT. Bei Jesus wird
alles das, was im AT über Gottes liebevolle u. erbarmende Zuneigung gesagt wurde, erzählend verdeutlicht. Der ungeschuldete Charakter der G.
Gottes wird im Gleichnis von den unverdient belohnten Arbeitern im
Weinberg hervorgehoben (Mt 20, 1–16). Breit entfaltet Paulus das Thema
der G. Auf sie, die Initiative Gottes des Vaters, gehen Umkehr, Glaube,
↗Rechtfertigung zurück. Paulus sieht sie in seinem eigenen Wirken am
Werk (1 Kor 15, 10; 2 Kor 12, 9). Als Gottesgemeinschaft prägt sie den Lebensraum der Glaubenden, die dank der G. Gottes die Praxis des Guten
vollbringen können (2 Kor 8 u. 9); sie kann auch in den Glaubenden noch
»wachsen«. Ein paulinisches Eigengut ist die Prägung »G. des Kyrios Jesus«

(2 Kor 8, 9; 12, 9; Gal 1, 6; Röm 5, 15), bezogen auf die den Glaubenden in
Kreuz u. Auferweckung Jesu erwirkte Gerechtigkeit. Im übrigen Schrifttum des NT finden sich viele weitere Zeugnisse für die G. (bedauerlich
die antijüdische Wendung Joh 1, 17), die die Grundauffassung jedoch nicht
verändern. – *2. Theologiegeschichtlich.* Bemerkenswert ist die Thematisierung der G. im Rahmen der patristischen östlichen Theologie der ↗Ver-
göttlichung als des von Gottes G. gewollten u. »pädagogisch« prozeßhaft
verwirklichten Zieles des Menschen. Der kirchliche Westen betonte mehr
die G. als Vergebung der individuellen Sünde u. im Zusammenhang damit
die ↗Freiheit des Menschen (Augustinus † 430; ↗Pelagianismus). Die augustinische Sicht erlangte durch die Synode von ↗Karthago 418 kirchliche
Geltung: Soll der Mensch frei, gerecht u. heilig werden, so bedarf er der
erwählenden G. Gottes als absolut notwendiger, besonderer, helfender u.
unfehlbar wirkender Kraft. In der umfassenden Systematisierung der Gnadentheologie bei Thomas von Aquin († 1274) finden sich wichtige Axiome
u. Unterscheidungen, die in der kath. Theologie bis heute Geltung haben.
Als Geschöpf ist der Mensch nicht fähig, von sich aus zur ↗Anschauung
Gottes zu gelangen, die das ihn erfüllende u. vollendende Ziel darstellt; als
Sünder bedarf er erst recht der G. Diese wird ihm als ↗Heiligmachende
Gnade von Gott geschenkt u. wird ihm innerlich zu eigen (»gratia habi-
tualis« im Unterschied zu den einzelnen »aktuellen« Gnadenhilfen, die
Gott punktuell von außen schenkt). Die G. läßt sich unterscheiden in un-
geschaffene (»gratia increata«), die Gott selber in seiner Zuwendung zum
Menschen ist, u. in geschaffene (»gratia creata«), die Wirkung dieser Zu-
wendung im Menschen. Von der »Vorbereitung« auf die G. (↗Disposition)
bis zu der von der G. verliehenen neuen Qualität des Menschen ist für
Thomas im gerechtfertigten Menschen alles G. Diese Sicht wird im
↗Nominalismus verlassen zugunsten einer Tendenz, die ein verdienstliches
Handeln aus natürlicher Kraft erwägt. Dagegen u. gegen vielleicht mißverständliche Äußerungen zu den »guten ↗Werken« wendet sich M. Luther
(† 1546), der die G. als ↗Rechtfertigung thematisiert (↗Sola gratia). Die
Antwort des Konzils von ↗Trient zeigt in wesentlichen Auffassungen die
Übereinstimmung mit den Reformatoren: Der G. Gottes kommt die alleinige Initiative für das Wollen, Können u. faktische Vollbringen des Guten
zu; zu allem heilshaften Tun ist die G. absolut notwendig. Allerdings
ermöglicht die gnadenhafte Befreiung der menschlichen ↗Freiheit, daß
der gerechtfertigte Mensch wirklich gut u. heilshaft handeln kann (↗Ver-
dienst). In der nachtridentinischen kath. Theologie ergaben sich Streitigkeiten innerhalb der ↗Gnadensysteme sowie durch ↗Bajanismus u. ↗Janse-
nismus über die genaueren Bestimmungen der Verhältnisse von G. u.
Freiheit sowie von ↗Natur und Gnade. Die kath. kirchenamtliche Lehre
betonte wie schon früher immer von neuem die Übernatürlichkeit der G.,

die der Mensch durch keinerlei eigene Kräfte verdienen u. die er weder von
sich aus erbitten noch auf die er sich positiv vorbereiten kann. Die Überschätzung der menschlichen Leistungsfähigkeit beim Streben nach vollkommener Tugend durch die ↗Aufklärung hatte als Reaktion einen
↗Extrinsezismus in der Gnadenlehre der kath. Neuscholastik zur Folge,
der die G. Gottes als Grund bereits der Schöpfung aus den Augen verlor
u. »natürliche« u. »übernatürliche« (↗Übernatürlich) Wirklichkeiten aus-
einanderriß. Versuche zur Überwindung dieser Spaltung stellten die ↗Im-
manenzapologetik, die ↗Nouvelle Théologie, der theol. ↗Personalismus u.
die ↗Transzendentaltheologie K. Rahners (†1984) mit ihren Schlüssel-
begriffen des übernatürlichen ↗Existentials u. der ↗Selbstmitteilung Gottes
dar. Auf ev. Seite machte K. Barth (†1968) mit Nachdruck darauf aufmerksam, daß bereits das Schöpfungshandeln Gottes ein gnädiges Handeln aus Liebe ist (die Schöpfung der äußere Grund des Bundes, der Bund
der innere Grund der Schöpfung). Die ökumenischen Gespräche über die
Rechtfertigung erbrachten den Nachweis, daß eine ev.-kath. Verständigung
auch über die G. als innere Heiligung des Menschen u. als erneuernde,
Gutes bewirkende Kraft möglich ist. – 3. *Systematisch* (vgl. Rahner-Vorgrimler 1961, 138–141). a) Der glaubende Mensch versteht sich in u. trotz
seiner Geschöpflichkeit u. obwohl er sich von seiner Zugehörigkeit zur
Menschheit u. von seinem eigenen Verhalten her als Sünder anerkennt,
als der geschichtlich von Gott u. dem wirksamen Wort seiner freien absoluten Selbsterschließung in Gottes eigenstes u. innerstes Leben hinein An-
gerufene. Das Entscheidende dieser Aussage besteht darin, daß Gott dem
Menschen nicht nur *irgendeine* heilvolle Liebe u. Nähe zuwendet, *irgendeine* heilvolle Gegenwart schenkt, sondern ihn Gottes teilhaftig machen
will, ihn zum ewigen Leben Gottes, zur unmittelbaren selig machenden
↗Anschauung Gottes »von Angesicht zu Angesicht« beruft. – b) Diese G.
ist in sich freies Geschenk dem Menschen gegenüber, nicht bloß insofern er
Sünder ist, sondern schon *im voraus* dazu. Damit diese Selbstmitteilung
Gottes nicht durch die Annahme von seiten des endlichen Menschen zu
einem bloß endlichen Ereignis nach den Maßstäben der endlichen Kreatur
gemacht u. so als Selbstmitteilung Gottes aufgehoben wird, muß auch die
Annahme der G. von Gott selber in derselben Weise getragen sein wie die
Gabe selbst. Die Selbstmitteilung erwirkt als solche ihre Annahme; die
aktuelle u. nächste Verwirklichung dieser Annahme ist ebenso freieste
Gnade. – c) Insofern diese freie Selbstmitteilung Gottes von der geistigen
Kreatur in ebenso freier dialogischer Partnerschaft angenommen werden
muß, ist eine bleibende, von Gott frei gesetzte Verfaßtheit des Menschen
vorausgesetzt. aa) Diese geht der Selbstmitteilung Gottes so voraus, daß
der Mensch die G. als freies Ereignis der Zuwendung Gottes empfangen
muß, sie also nicht errechnen kann. Der Mensch ist zwar auf eine solche

Selbsterschließung Gottes hin offen (übernatürliches ↗Existential, ↗Potentia oboedientialis) u. ist, wenn er sich ihr versagt, mit seinem ganzen Wesen im Unheil, aber sie ist nicht einfach mit seinem Selbstvollzug »immer schon« mitgegeben. bb) Sie bleibt auch dann im Modus der Sinnlosigkeit bestehen, wenn der Mensch sich dieser Selbsterschließung Gottes verschließt. Diesen »Adressaten«, diese Voraussetzung der Selbstmitteilung Gottes, nennt man in kath. Begrifflichkeit die »Natur« des Menschen. – d) In diesem Sinn ist die G. der Selbstmitteilung Gottes »übernatürlich«, mit anderen Worten: sie ist dem Menschen schon im voraus zu seiner Unwürdigkeit als Sünder ungeschuldet, das heißt mit seinem unverlierbaren Wesen als Mensch noch nicht mitgegeben, Gott könnte sie also »an sich« auch ohne Sünde dem Menschen versagen. – e) In dieser Sicht ist die G. als *vergebende* nicht in den Hintergrund gedrängt. Denn der konkrete Mensch findet sich immer in einer doppelten unentrinnbaren Situation: als Kreatur u. als Sünder, wobei sich für die konkrete Erfahrung diese beiden Momente gegenseitig bedingen u. erhellen. Die Fehlbarkeit der endlichen Kreatur ist zwar noch nicht einfach Sünde, aber in dieser kommt sie unerbittlich ans Licht; u. die Sündigkeit zwingt den Menschen, sich unausweichlich als die absolut endliche Kreatur zu begreifen, für welche die vergöttlichende Zuwendung Gottes *immer* auch Vergebung ist. – f) Die G. hat geschichtlich-konkreten Charakter u. das besagt, daß sie – unbeschadet dessen, daß sie allen Menschen zu allen Zeiten u. überall gilt – nach dem geoffenbarten Willen Gottes »inkarnatorischen« u. sakramentalen Charakter hat u. den glaubenden Menschen einbezieht in das Leben u. in den Tod Jesu. – g) Von diesem gnadentheologischen Ansatz her ist leicht begreiflich, daß *die Gnade* schlechthin u. als streng übernatürliche der sich selber mit seinem eigenen Wesen mitteilende Gott ist, die »ungeschaffene G.« Von da aus ist eine sachhafte Auffassung der G., die die G. in die autonome Verfügung des Menschen gäbe, grundsätzlich u. in jeder Hinsicht ausgeschlossen. Der Begriff der »ungeschaffenen G.« besagt, daß *der Mensch selber in sich* wahrhaft neu geschaffen ist durch diese Selbstmitteilung Gottes, so daß es also in diesem Sinn auch eine »geschaffene G.« gibt. »Habituell« (beständig, dauerhaft) ist die G., insofern die übernatürliche Selbstmitteilung Gottes dem Menschen dauernd angeboten ist u. insofern sie vom »mündigen Menschen« in befreiter Freiheit angenommen ist. »Aktuell« wird diese selbe G. genannt, insofern sie aktuell den (existentiell *gestuften*, immer neu vollziehbaren) Akt ihrer Annahme trägt u. darin sich selber aktualisiert. Sie ist also nicht nur in äußeren, von Gott gestalteten Umständen zu sehen, sondern sie ist im selben Sinn wie die »heiligmachende G.« »innere« G. – h) Aus der Tatsache des allgemeinen ↗Heilswillens Gottes einerseits u. der Sündigkeit des Menschen anderseits ergibt sich, daß es auch eine angebotene, aber nicht wirksam werdende Gnadenhilfe gibt. In der Tradition wurde diese die »bloß hinreichende G.« (»gratia sufficiens«) genannt. Inwiefern das bloß Hinreichende mit dem erwählenden Willen Gottes zusammenhängt, muß dunkel bleiben. Jedenfalls wird die G. nicht wirksam kraft der unwiderstehlichen ↗Allmacht Gottes. – i) Trotz der ↗Erbsünde u. der ↗Begierde ist der Mensch kraft der befreiten Freiheit frei; er stimmt also der zuvorkommenden G. Gottes als Freier zu oder er lehnt sie frei ab. Wenn kirchliche Texte unter dieser Voraussetzung von einem »Miteinanderwirken« Gottes u. des Menschen sprechen, dann bedeutet das keinen die Heilswirkung aufteilenden ↗»Synergismus«. Denn nicht nur das Können des heilwirkenden Handelns, sondern auch die freie Zustimmung ist G. Gottes. Sie ist es also, die die menschliche Freiheit zum Können u. zum Tun befreit, so daß die Situation dieser Freiheit zum Ja oder Nein gegenüber Gott nicht autonome, emanzipierte Wahlsituation ist. Vielmehr tut der Mensch dort, wo er »nein« sagt, sein eigenes Werk, u. dort, wo er »ja« sagt, muß er das als *Gottes* Gabe Gott danken. – Eine *Erfahrung der Gnade* kann sich konkret in den verschiedensten Gestalten ereignen, bei jedem Menschen anders: als unbedingte personale Liebe, als unsagbare Freude, als Trost ohne erkenntlichen Grund, als unbedingter Gehorsam gegenüber dem Gewissen, als selbstloses Engagement im sozialen Dienst, im Dienst von Befreiung u. Gerechtigkeit für andere.

Gnadenlehre ist die Bezeichnung des dogmatischen Lehrstücks (Traktats), das sich mit Wesen, Wirkung u. geschichtlichem Verständnis der Gnade Gottes befaßt. Da die ganze Theologie in allen ihren Einzeldisziplinen es mit Gottes Gnade zu tun hat, steht die G. in enger Beziehung zu allen theol. Fächern, insbesondere zu allen anderen Traktaten der Dogmatik. Vom Bedenken des universalen Heilswillens Gottes her könnte die G. ihren Ort *vor* der Christologie haben. Eine einheitlich geltende Stelle der G. im Ganzen der Dogmatik gibt es jedoch nicht; eine Nähe zur ↗Pneumatologie hätte ebenfalls positive Aspekte. Als geschlossenes Lehrstück entstand die G. (mit der Lehre von der Rechtfertigung) erst nach dem Konzil von Trient (Traktat »De gratia« bei F. Suárez † 1617).

Gnadensysteme ist ein Fachbegriff der kath. Theologiegeschichte, mit dem die unterschiedlichen Versuche zusammengefaßt werden, wie das Einwirken der ↗Gnade Gottes auf den Menschen so gedacht werden könnte, daß die menschliche ↗Freiheit bestehen bliebe. »Systeme« waren diese Versuche insofern, als sie alle Themenkomplexe systematisch einbezogen, die beim Nachdenken über das Verhältnis von Gnade u. Freiheit mit bedacht werden müssen: Gott in seinem Verhältnis zum Nichtgöttlichen, die Gnade u. das Wesen des Übernatürlichen, die »Natur«, die Sünde u. die »Erbsünde« usw. Die wichtigsten G. in der Geschichte der kath. Theologie waren der

↗Augustinismus, der ↗Bañezianismus u. der ↗Molinismus. Die kirchliche Lehrautorität duldete alle drei, sprach sich selber aber nicht für eines von ihnen aus. Keines von ihnen konnte das Ausgangsproblem lösen. Die Versuche, Gottes Verhalten in einer Art Wahrscheinlichkeitsrechnung zu prognostizieren, stellten eine Art gnostischer Logik (↗Gnosis) dar u. mußten an der Unbegreiflichkeit u. Unberechenbarkeit des göttlichen ↗Geheimnisses scheitern. Unbegreiflich ist bereits das Faktum, daß durch die Erschaffung des Nichtgöttlichen das absolute Sein Gottes u. das kontingente (↗Kontingenz) u. dennoch wirkliche Seiende (die Kreatur) koexistieren. Das Verhältnis von Gnade Gottes u. Freiheit des Menschen stellt den höchsten »Fall« dieser Koexistenz dar, die denkerisch nicht bewältigt, sondern nur die Unverfügbarkeit Gottes respektierend ausgesagt u. gerühmt werden kann. Ebenso ist mit widersprüchlichen Aussagen der biblischen Offenbarung in diesem Problemzusammenhang zu verfahren. Die historischen G. markieren die Grenzen menschlichen Gottesdenkens, sind aber in der gegenwärtigen Theologie nicht mehr von Bedeutung.

Gnosis (griech. = Erkenntnis) hat einen christlichen Sinn u. bedeutet dann die charismatische, zum Glauben gehörende, von der Liebe umfaßte Erkenntnis, die im NT dem vollkommenen »geistlichen« Menschen, der im göttlichen ↗Pneuma ist, zugeschrieben wird, in welcher ein Mensch letztlich die unbegreifliche Liebe Gottes immer mehr glaubend »begreift« u. sich so immer mehr von dieser Liebe als dem Eigentlichen u. Endgültigen ergreifen läßt. Daß die Sprache des NT sich dabei derjenigen aus einer gnostischen Umwelt annähert oder von ihr lebt, ist der Sache nach unerheblich u. wird weiter erforscht. – In einem *fachwissenschaftlichen Sinn* bezeichnet G. ein religiöses Geheimwissen, das »erlösende Erkenntnis« vermittelt. *Gnostizismus* heißt nach neuerem wissenschaftlichem Sprachgebrauch eine Gruppe religiöser Systeme (in besonderem Zusammenhang mit den ↗Mysterien) u. Konventikel, die im 2. u. 3. Jh. n. Chr. in der spätantiken Mittelmeer-Kultur u. im Nahen Osten ihre Blütezeit erlebte. Die Erforschung dieses Gnostizismus erhielt durch immer neue Textfunde bis zur Gegenwart bedeutende Impulse. Er entstammt nicht einer einzigen geistesgeschichtlichen Quelle; seine Entstehungsbedingungen werden weiterhin diskutiert. Seine verschiedenen Strömungen kommen in etwa darin überein, daß ein gutes, unerkennbares, im ↗Pleroma des jenseitigen Lichtreichs existierendes, in ↗Emanationen (↗Hypostasen) sich »äußerndes« u. ein böses, die diesseitige Finsterniswelt beherrschendes Urprinzip in strengem ↗Dualismus gegen einander stehen. Das »Selbst« als pneumatischer Wesenskern des Menschen ist wegen der tragischen Spaltung der Gottheit als Funke des göttlichen Lichts in die materie-bestimmten Kerker des Leibes u. der Welt verbannt, von astrologischen Gesetzen u. Sexualität beherrscht. Befreiende Erkenntnis geschieht in der Selbst-Erinnerung des Selbst, das durch Geisteskraft erlöst wird. In der christlichen Version der G. wird letztere dem sich zum Schein in Menschengestalt verbergenden Erlöser zugeschrieben. Diese theologischen, kosmologischen u. anthropologischen Lehren werden im Gnostizismus auf verschiedene Weise in Mythen formuliert, die der Umwelt entnommen u. allegorisch umgedeutet werden u. den Kernbestand des elitären Geheimwissens darstellen. Der christliche oder christianisierte Gnostizismus wurde (nach neuerer Ansicht wohl noch nicht im NT) als gefährlichster Gegner der frühen Kirche angesehen, weil er durch echte religiöse Erfahrungen imponierte. Die Auseinandersetzung mit ihm führte zur Ausbildung einer theol. Systematik (Sicherung der apostolischen Tradition: ↗Successio apostolica, Bildung des biblischen ↗Kanons, positive Auffassung der ↗Schöpfung, Lehre von der menschlichen Verantwortung gegenüber einer schicksalhaften ↗Prädestination, Geschichtlichkeit der ↗Inkarnation u. Wahrheit des Leidens Jesu Christi, Realität der leiblichen ↗Auferstehung der Toten). Als nicht mehr rechtgläubige Gnostiker gelten in der Frühzeit vor allem im Osten Menander, Satornil u. Basilides, in Rom Valentinos u. der Antisemit Markion im 2. Jh. Die Hauptvertreter der Auseinandersetzung auf christlicher Seite sind in apologetischer Absicht Justin († um 165), Irenäus von Lyon († um 202) u. Hippolyt zugeschriebene Schriften des 3. Jh. sowie die konstruktiven Gegenpositionen zur G. bei Klemens von Alexandrien († nach 215) u. Origenes († um 253), die den »vollkommenen Christen« als den »wahren Gnostiker« aufzuzeigen versuchten. – Gnostisches Gedankengut lebte im ↗Manichäismus u. in von ihm beeinflußten mittelalterlichen Strömungen weiter. Moderne Gnostizismen, auch auf »Geheimwissen« konzentriert, finden sich in ↗Theosophie u. ↗Spiritismus des 19. Jh. u. in der ↗Esoterik des 20. Jh., die durch ↗Synkretismus (nach-christliche Auswahlreligiosität) gekennzeichnet ist.

Goldene Regel heißt seit dem 18. Jh. eine Kurzformel für eine schon vorchristlich u. im Frühjudentum bekannte Lebensweisheit, die im Lukasevangelium lautet: »Und wie ihr wollt, daß euch die Menschen tun, so sollt auch ihr ihnen tun« (Lk 6,31), in der ↗Bergpredigt etwas erweitert (Mt 7,12), ein Spruch, den Jesus in den Kontext von Barmherzigkeit u. Feindesliebe gestellt u. über die selbstverständliche Forderung nach vernünftiger Gegenseitigkeit erhoben hat. In der neueren ethischen Diskussion wird die G. R. im Sinn eines vernünftigen, niemand schädigenden Interessenausgleichs (»regulatives Moment der Wechselseitigkeit«) verstanden u. so als Prinzip einer Religionen u. Weltanschauungen umfassenden Ethik empfohlen.

Gott. *1. Gedanklicher Zugang.* Gott entzieht sich jeder Definition. Es ist auch nicht möglich, einen gemeinsamen Gottesbegriff der verschiedenen Kulturen u. ↗Religionen zu formulieren. Gott ist der Inhalt einer menschlichen Erfahrung, die sich von anderen Erfahrungen dadurch unterscheidet, daß bei der Gotteserfahrung die Realität des Inhalts dieser Erfahrung allein durch die Realität der Erfahrung verbürgt ist. Nach dem von K. Rahner (†1984) vorgeschlagenen Zugang wird sie Erfahrung der ↗Transzendenz genannt. Sie besagt in Kürze: In jeder Erkenntnis des Menschen, in seinem Zweifel, in der Frage, in der Weigerung, sich auf »Metaphysisches« einzulassen, in allen Bemühungen um Erkenntnis bejaht der Mensch das »Sein überhaupt« als den Horizont, vor dem jede Überlegung vor sich geht, als den ↗Grund, der jedes Leben u. jede Reflexion überhaupt erst ermöglicht, als das »Woraufhin«, das jede Bewegung anzielt. Man kann dieses Woraufhin der menschlichen Transzendenz das ↗Sein schlechthin, das Geheimnis oder, bei Betonung der Freiheit des Erkennenden, das absolute Gut, den Grund absoluter ethischer Verpflichtung, das »absolute personale Du« oder »Gott« nennen. Wenn ein Mensch die gegenständliche Wirklichkeit seines Alltags zu ergreifen u. zu begreifen sucht, vollzieht er als Bedingung der Möglichkeit eines solchen zugreifenden Begreifens immer einen »Vorgriff« auf die unbegreifliche Fülle der Wirklichkeit. Diese Fülle aller Wirklichkeit (= das Ganze) ermöglicht erst die einordnende, »definierende« Erkenntnis aller einzelnen Dinge u. Personen. Sie wird auch noch (unthematisch) von dem bejaht, der ihr zu entrinnen sucht, der sein Dasein für nur endlich oder absurd hält. Diese Transzendenzerfahrung hat viele konkrete »Orte« im Leben eines Menschen: in der Helle geistiger Erkenntnis, in der Erfahrung radikaler Fragwürdigkeit, im fundamentalen Impuls der Gewissensverpflichtung, in Angst, Freude u. Hoffnung, in der Erfahrung des Todes. In unzähligen Alltagsvollzügen (die darum besser nicht »Grenzerfahrungen« genannt werden) ist der Grund von allem gegenwärtig, ohne daß ein Mensch ihn durchschauen, sich seiner bemächtigen könnte. Die Transzendenzerfahrung wird unterschiedlich interpretiert. Stellt man sich das Woraufhin dieser Erfahrung als daseiend vor, dann trägt es den Namen »Gott« oder »höchstes Wesen«. Je nach den verschiedenen Erfahrungen kann man dieses mono- oder polytheistisch verstehen. Wenn die Einordnung dieses »höchsten Wesens« sprachlich in die Reihe anderer Wesen oder Daseienden vermieden werden soll, dann kann es auch den Namen »Nichts« erhalten. Faßt man die Transzendenz als innere Struktur des menschlichen Wesens auf, dann ist das Woraufhin der Transzendenz der werdende, noch nicht verwirklichte Mensch selbst. Die jüdisch-christliche Tradition bewahrt in ihrer Erzählgeschichte die Erfahrungen mit einem real daseienden, sich selber offenbarenden Woraufhin menschlicher Transzendenz, »Gott« genannt, u. bekennt sich dabei, zusammen mit dem ↗Islam, zu strengem ↗Monotheismus. – *2. Zur Geschichte des Gottesdenkens. a) Vorchristliches Altertum.* Der Gottes-»Begriff« der europäischen Philosophie (»theos«, »deus«) entstand vor u. außerhalb der griech. Philosophie des 6. Jh. v. Chr. u. bezeichnete ursprünglich jede übermächtige Erfahrung, sodann das besonders in kultischen Handlungen erfahrene überwältigende oder beseligende Gegenüber. Er wurde im Plural dann auch auf die anthropomorph (↗Anthropomorphismus) vorgestellten, mit Eigennamen benannten Göttinnen u. Götter übertragen. Vorsokratische Philosophen versuchten das Unendliche, Unsterbliche zu denken, dem sie die Lenkung der Welt, geistige Macht zuschrieben u. für das sie keinen Namen als angemessen erachteten. Bereits in der Sophistenzeit seit dem 5. Jh. v. Chr. begegnet ↗Atheismus. Platon († 347 v. Chr.) versuchte, Eigenschaften des »Göttlichen«, das im Zentrum seiner Philosophie stand, auszumachen (selig, ewig, allmächtig, allwissend, unbegrenzt gut, unwandelbar, körperlos). Dem Wesen des Göttlichen näherte er sich mit Begriffen wie »das Gute«, »das Eine«, das er sich »jenseits des Seins« dachte. »Den Schöpfer u. Vater dieses Alls zu finden ist schwierig, ihn dann allen mitzuteilen ist unmöglich« (Tim. 28c). Am Göttlichen partizipieren nach Platon auch die ↗Ideen u. der ↗Geist sowie (in anderer Art) die Vielzahl sekundärer Götter. Nach Aristoteles († 322 v. Chr.) befaßt sich die »erste Philosophie«, d. h. die »Theologie«, mit dem ursprünglichsten Sein, der Gottheit. In der »Metaphysik« erkannte er sie als die selber unbewegte Ursache der ewigen Bewegung u. als sich selber erfassendes Denken. Eine direkte Einwirkung dieser streng außerräumlichen Gottheit auf die Welt nahm Aristoteles nicht an (anders als bei den im Zusammenhang mit den Planeten, wie bei Platon, verstandenen Einzelgöttern). In der ↗Stoischen Philosophie wurde dieses Göttliche u. a. als die im Kosmos waltende Weltseele oder Vernunft gedacht. Die sich an Platon orientierende Philosophie mühte sich um eine weitere Klärung des Begriffs »Gott«. Philon († um 50 n. Chr.) bevorzugte negative Prädikationen (Gott ist jenseits der Welt, des Denkens, ohne Eigenschaften u. Namen), beschäftigte sich aber mit »Kräften«, die zu Gott vermitteln. Plotin († um 270 n. Chr.) dachte Gott als »das Erste«, den unbegrenzten, nur negativ bestimmbaren Ursprung aller Vielfalt der Wirklichkeit, als das Ziel alles Seienden, mit dem Menschen sich schon während ihres Lebens mystisch einen können. – *b) Der Gott der biblischen Offenbarung.* Das *Alte oder Erste Testament* bietet weder einen definierenden Gottesbegriff noch ein einheitliches »Gottesbild«; vielmehr stellt es die Erfahrungen des Eigentumsvolkes Gottes mit Gott so dar, daß Wesenszüge dieses Gottes deutlich werden. Drei Schlüsselerfahrungen bilden die Basis dafür: Die *Offenbarung* des »Gottes der Väter«, die dem Oberhaupt einer Nomadengruppe widerfährt (Verheißung von Schutz, Führung, Nachkommenschaft, Landbesitz); die *Errettung* des Volkes aus der existenzbedrohenden Knechtschaft in Ägypten (überwältigende Erfahrung eines Eingreifens Gottes, von da aus Erkennen u. Bekennen des Gottes ↗Israels, Konstituierung der Gemeinschaft des Volkes); die *Gotteserscheinung* in der Natur des ↗Sinai (↗Bund; Verbindung der Rechtssatzungen mit dem Willen Gottes). Schon mit diesen Grunderfahrungen ist gegeben, daß die adäquate Haltung diesem Gott gegenüber die der vertrauenden Hoffnung (u. nicht etwa der Kult) ist, daß Gott sich nicht abbilden läßt u. daß er keine feste Bindung an einen Ort eingeht, sondern mit dem wandernden Volk unterwegs ist. Der späteren Reflexion wird deutlich, daß die Menschen Bild u. Ort Gottes sind (↗Gottebenbildlichkeit). Aus den Gotteserfahrungen Israels ergibt sich nicht, wie u. was Gott *an sich* ist. Wie u. was Gott *für die Menschen* ist, zeigt sich an den ↗Gottesnamen; nach ihnen erweist er sich vor allem als der verläßliche Helfer u. als der über alle Mächte herrschende Mächtige. Nach einer lange Zeit dauernden Klärung gelangt Israel zu seinem fundamentalen Glaubensbekenntnis, daß Gott ein einziger Gott ist. Daraus spricht nicht nur der (im Alten Orient nicht singuläre) ↗Monotheismus, sondern auch ein singulärer *Ausschließlichkeitsanspruch,* der in der Auseinandersetzung Israels mit seiner Umwelt zutage trat u. zum Teil zu einer kritischen Haltung gegenüber Dämonenglauben, Magie, Priester- u. Opferwesen führte, aber auch mit sich brachte, daß JHWH Züge der Götter des Kulturlandes in sich aufnahm. Kein Bereich blieb für das Glaubensverständnis Israels aus dem Herrschaftsbereich des einen Gottes ausgespart: Er ist der Leben gebende u. nehmende Herr, der schließlich auch aus dem individuellen Tod rettet; er ist der Vater des sozialen Lebens u. des ganzen Kosmos (Schöpfer); er führt sein Volk in liebender Fürsorge (die auch Strafe u. Gericht einschließt) väterlich u. mütterlich zugleich zum Heil; er wird alle anderen Völker in dieses Heil einbeziehen; er wird allen Mächten u. Gewalten ein Ende machen, indem er sein Reich (↗Herrschaft Gottes) machtvoll über alle u. alles errichtet; schließlich stellt er eine vollendete neue Schöpfung in Aussicht. Die Gotteserfahrungen sind so *dynamisch,* daß sich nicht nur der Glaubensbereich ständig erweitert, sondern daß Gott nur in widersprüchlicher u. paradoxer Rede bezeugt werden kann. Eine helle u. eine dunkle Seite werden ihm zugeschrieben. Er ist einerseits der übermächtig bewußt (als »Ich«) allein Handelnde, u. anderseits ist er derjenige, der die Weltgeschichte als Raum menschlicher ↗Freiheit u. Verantwortung ansieht. Er ist der ganz Nahe (bis zu anthropomorpher Vertrautheit; ↗Anthropomorphismus) u. zugleich der absolut Ferne (↗Verborgenheit Gottes). Er ist der durch sein Wort (↗Wort Gottes) Inspirierende u. Kritisierende u. zugleich der gegenüber den zu ihm Rufenden abgründig Schweigende. – Das *Neue Testament* revidiert keinen einzigen Zug am differenzierten Gottesverständnis des AT, so daß dieses für das NT durchwegs gültig bleibt. Nur ↗Antisemitismus kann

einen Gegensatz zwischen einem zürnenden, rachsüchtigen Gott des AT u.
einem allerbarmenden Gott des NT herbeiphantasieren. Jener Gott, der
sich mannigfach in der Vorgeschichte u. Geschichte seines erwählten
Eigentumsvolkes Israel offenbarte, spricht nach dem NT zum letzten,
endgültigen Mal u. in künftig nicht mehr überbietbarer Weise in seinem
menschgewordenen Wort, seinem Sohn, dem Juden Jesus von Nazaret. In
seiner Verkündigung u. Lebenspraxis vergegenwärtigt Jesus, wie Gott ist u.
sich zu den Menschen verhält. Im Zentrum seiner Botschaft steht das in
ihm zum Greifen nahegekommene, aber zunächst nicht angenommene
Reich Gottes. In den Verheißungen dieses Reiches, im Verhalten Jesu u. in
seinen Gleichnissen wird noch einmal deutlich, daß der biblische Gott ein
parteiischer Gott ist: Er steht auf der Seite der religiös u. gesellschaftlich
Deklassierten (der Sünder, Armen, Randgruppen), auf der Seite der Opfer
der Mächtigen u. der Leidenden (Kranken). Im Leben u. Sterben Jesu, das
allen »zugute kommen« soll, wird sichtbar, wer Gott ist. In der Auferwek-
kung Jesu kommt vor Zeuginnen u. Zeugen zum Vorschein, daß Gott sich
mit Jesus identifiziert u. einen Anfang mit der verwandelten neuen
Schöpfung macht. Aus den Gottesbezeichnungen des AT ragen im NT die
als Vater (zu dem die Menschen ein Vertrauensverhältnis als Kinder haben
können u. sollen) u. die als Liebe (die radikale Gottes- u. Menschenliebe in
Einheit fordert, die aber selber gibt, was sie fordert) hervor. Ihnen entsprechen die Selbstmitteilungen Gottes als Wort u. als Geist, so daß Gott
schließlich als der erkannt wird, der sich *dreifach* (als ursprungloser Ursprung von allem, als mitgeteiltes Wort in historischer Einmaligkeit u. als
immer mitgeteilter Geist) zur Menschheit verhält u. damit innerlich differenzierte Lebensbewegungen offenbart, die ↗Trinität Gottes bei strikt mo-
notheistischer Einzigkeit seines Wesens (christlicher ↗Monotheismus). –
c) Gott im Christentum bis zum Beginn der Neuzeit. Bereits bei den *frühen
nachbiblischen Theologen* (↗Apologeten) wurde Gott zum Thema einer
christlichen Philosophie. Sie hoben besonders die geistige Transzendenz,
Allgegenwart, sein Verhältnis zu Welt u. Menschen hervor. Die Aussage,
daß Gott nicht an einem besonderen Ort wohne, sondern dort wirke, wo
Menschen sich frei entscheiden (Absage an Kultraum u. Bild), brachte den
Christen den Vorwurf des Atheismus ein. Von den Griechen versuchte man
später die ↗»Gottesbeweise« zu übernehmen, ausgehend von der Überlegung, daß das kontingente Seiende nicht ↗Grund seiner selbst sein kann,
so daß man Gott am Ende (Anfang) einer unendlichen Reihe von Seiendem oder als immanentes ordnendes Gesetz alles Seienden sah. Der Kontrast dieses Gottesverständnisses zu dem der Offenbarung wurde deutlich
empfunden. Er wurde dadurch noch verstärkt, daß im kirchlichen Altertum (bis zum 5. Jh.) die entscheidenden theol. Auseinandersetzungen um
Christologie u. Trinitätslehre dem Gott der Offenbarung galten. So wurde

eine *Parallelisierung* unvermeidlich: Die Philosophie reflektierte das Gottesdenken der Griechen, im Glaubensleben (insbesondere im Gebet u. in den ↗Glaubensbekenntnissen) wurde am Offenbarer-Gott festgehalten. Eine stärkere Orientierung an der neuplatonischen Philosophie führte Augustinus (†430) auf dem Weg über den Wahrheitsaufweis zu Gott: Eine unmittelbare Erleuchtung zeigt die unendliche, unbeschreibliche Wahrheit als Ermöglichung alles menschlichen Denkens u. Wollens, als Quelle eines unendlichen Glücksverlangens, das absolute Gut als Ziel u. Genuß des aufsteigenden menschlichen Geistes. In Auseinandersetzung mit dualistischen Weltbildern suchten Kirchenväter die Fragen der ↗Theodizee dadurch zu beantworten, daß sie alles Böse auf den menschlichen Willen zurückführten. In dieser Sicht war Gott von der Menschheitsgeschichte nicht wirklich betroffen. Durch die Betonung der menschlichen Verantwortung war aber in biblischem Sinn an einer personalen Beziehung des Menschen zu Gott festgehalten. – Das *mittelalterliche Denken,* dessen Hauptthema Gott war, übernahm die Gottesphilosophie der Griechen noch viel entschiedener als das Altertum, auch mit missionarischen Absichten. Von Platon u. den späteren Ausprägungen seiner Lehre her wurde Gott als das absolute Gute, als dem Menschen innerlich näher, als er sich selber ist, als Maßstab ethisch-politischer Werte gedacht (von Augustinus u. Boethius, †524, her bei Anselm von Canterbury, †1109, u. Nikolaus von Kues, †1464), ferner als das Eine, Unaussagbare, das die Existenz des Vielen ermöglicht (in der ↗Apophatischen Theologie von Ps.-Dionysios Areopagites um 500 an, bei Mystikern wie Meister Eckhart †1328, u.a.), das das Sein selber ist. Im Sinn der platonischen Ideenlehre wurde die Weltbeziehung Gottes verstanden: Gott enthält in seinem Geist produktiv die Formen aller Dinge, die ihrerseits Gott abbilden, so daß die Welt die Sichtbarkeit unsichtbarer Inhalte ist u. nichts sich außerhalb Gottes befindet (Nikolaus von Kues). Anders die von Aristoteles herkommende Gottesphilosophie (Thomas von Aquin †1274 u.a.): Hier wird Gott im logisch-kausalen Zusammenhang gedacht, als das einzige unabhängige Seiende (»ens a se« ist Gott allein, alles andere ist »ens ab alio«). Die ↗Analogie scheidet alle Negativitäten aus u. erkennt Gott singuläre Prädikate zu (auf dem Weg der Verneinung u. der überragenden Aussagen: »via negationis et eminentiae«), er ist das Erste u. Höchste (»primum et summum«). Die Unterscheidung zwischen Sein u. Seiendem führt zum Verständnis Gottes als dem ↗Sein schlechthin (»ipsum esse«) oder dem reinen ↗Akt (»esse subsistens«, »actus purus«). Gott regiert die Welt durch deren teleologischen Aufbau (↗Teleologie), den die Übel im ganzen nicht stören können. Dieser Aufbau ist hierarchisch (die Stufen- oder Rangordnung in Welt, Gesellschaft u. bei Menschen ist von Gott gewollt). Einen Fortschritt bedeutet die Erkenntnis der »Zweitursachen«: Gottes Macht offenbart sich gerade im gestaltenden Vermögen der Kreatur. Spezifisch christliche Aussagen zum Weltverhältnis Gottes (in der ↗Inkarnation, bei der ↗Erlösung) werden nur äußerlich mit der Theorie verbunden (durch die ↗Satisfaktionstheorie bei Anselm, durch das Motiv der Liebe bei Abaelard, † 1142). – Das Gottesverständnis der *Reformatoren* brachte nicht eine allseitige Rückkehr zum Gott der Offenbarung. M. Luthers (†1546) Erfahrung war die eines zürnenden, durch sein Wort richtenden Gottes, der nur durch »forensische« Beziehungen Gnade walten läßt u. dessen Wille allwirksam ist. Dieser herrscherliche Gott wirkt durch ↗Prädestination, Einsetzung des Leidens als Erziehungsmittel u. Indienstnahme des Bösen (H. Zwingli † 1531, J. Calvin † 1564). Zweifellos wurden ein rezeptives Gottesverhältnis u. ein passives Weltverhalten durch diese Auffassungen erheblich verstärkt. – *d) Zur Gottesproblematik der Neuzeit.* Vom 16. zum 18. Jh. ist zunehmende Kritik, zunächst aber nicht eigentlich ein Verlust des Gottesgedankens zu registrieren. Entschieden wird nun die Trennung von ↗Vernunft u. ↗Glaube, Philosophie u. Religion, Verstand u. Herz empfunden u. thematisiert (Festhalten an zwingenden Beweisen für die Existenz Gottes u. an klarer Erkenntnis seines Wesens bei R. Descartes † 1650, Betonung des unendlichen Abgrunds zwischen Gott u. Mensch, der nur durch Gott in Jesus Christus überbrückt werden konnte, bei B. Pascal † 1662). Nicht selten nimmt diese Trennung die Form an, daß man dem natürlichen Licht der Vernunft zwar die Erkenntnis zuschreibt, daß Gott ist, nicht aber die Einsicht, wer er ist, so daß sein Wesen Unbegreiflichkeit bleibt (außer Philosophen wie P. Bayle † 1706, Th. Hobbes † 1679 u. a. dachten insbesondere Naturwissenschaftler so: J. Kepler † 1630, I. Newton † 1727 u. a.). Von England aus entstand im 17. u. 18. Jh. der ↗Theismus, die Überzeugung, ein absoluter, weltüberlegener, personaler Gott existiere, der die Welt aus dem Nichts erschaffen habe, diese nun fortwährend erhalte, u. dem Eigenschaften zukämen, auf die sich die drei großen monotheistischen Religionen einigen könnten, wie Unendlichkeit, Allmacht, Vollkommenheitsfülle usw. Das Böse u. die in der Menschheitsgeschichte registrierten Leiden seien nicht auf diesen Weltenlenker, sondern auf die Verantwortung der geistbegabten Kreatur zurückzuführen. (Von dieser Konzeption unterscheidet sich der ↗Deismus dadurch, daß er Gott hinsichtlich der Weltlenkung Zurückhaltung, dem Weltlauf immanente ↗Evolution zuschreibt.) – Gegen das »metaphysische Ideengewebe« (D. Diderot † 1784) u. gegen »unwürdige Gottesvorstellungen« wie die des Allmächtigen, der nach Gutdünken in den Weltlauf eingreift oder auch nicht, des zürnenden »Despoten«, wendet sich eine im 18. Jh. von Frankreich ausgehende immer stärkere Kritik. Zunächst wird an Gottes Gegenwart in der Natur (D. Diderot, J. L. d'Alembert † 1783), an seiner Wahrnehmbarkeit als unbegreiflicher, weiser Wille u. höhere Intelligenz im Universum (J.-J. Rousseau † 1778), als großer

Künstler u. Inbegriff der Gerechtigkeit (Voltaire † 1778) festgehalten. Die Realität des Bösen u. die Gesetze des Universums zeigen allerdings eine Einschränkung der Allmacht Gottes (Voltaire). Im nächsten kritischen Schritt wird die Brauchbarkeit Gottes in Frage gestellt. Gott wollte, daß der Mensch Gebrauch von seiner Vernunft mache, seine gesellschaftlichen Pflichten erfülle; allein darin könne ein würdiger Kult gesehen werden. Für das Leben sei die Existenz Gottes jedoch unerheblich (A. Helvétius † 1771; J. O. de La Mettrie † 1751 u. a.). Schließlich erklärte P.-Th. d'Holbach († 1789) »Gott« zum sinnlosen Wort, da jeder völlig subjektive Vorstellungen mit ihm verbinde u. da es zur Erklärung der aus sich selber existierenden Materie unnötig sei. Holbach versuchte, die Entstehung der Gottesidee (aus Unwissenheit, Not, Angst, Unkenntnis, Priesterbetrug) zu analysieren. – Eine erhebliche Niveau- u. Abstraktionshöhe erreichte die Gottesspekulation bei I. Kant († 1804). Erst ihm gelang die Überwindung des (von Kausalität u. Formallogik bestimmten) objektivierenden Gegenüber-Denkens von Gott u. Mensch, das er durch eine transzendentale Reflexion ersetzte, in der menschliche Freiheit u. Geschichte philosophisch thematisierbar wurden. Zugleich ermöglichte Kant, Gott als das unbegreifliche Geheimnis, das sich innerweltlicher Brauchbarkeit u. Verrechnung entzieht, zu denken. In der reinen theoretischen u. in der reinen praktischen Vernunft kommt Gott nicht vor. Seine objektive Realität kann nach Kant weder bewiesen noch widerlegt werden. Wenn die Vernunft Gott als Gedanken seiner reinen Möglichkeit nach denkt, dann konstituiert sie damit das Ideal als oberste regulative Idee (nicht Objekt) der theoretischen Vernunft. Das bildet die Voraussetzung dafür, daß die praktische Vernunft Gott postulieren kann, das höchste Gut als gewissermaßen »moralische Weltursache«, die die Einheit von Tugend u. Glückseligkeit hervorbringen kann. Der so gedachte Gott beeinträchtigt die Autonomie der transzendentalen Selbstbegründung des Bewußtseins u. der Freiheit des Menschen nicht, er garantiert aber den Sinn der Bestimmung der moralischen Subjektivität (fundamental für die Humanisierung). Eine weitere bedeutsame Entwicklung des Gottesgedankens ist G. W. F. Hegel († 1831) zu verdanken. Seine Reflexion hängt mit dem Versuch zusammen, Freiheit u. Vernunft unter dem Vorzeichen ihrer jeweiligen geschichtlichen Entzweiung zu denken. Er hielt es für möglich, die begrenzte Gotteserkenntnis in Glaube, Gefühl u. Unmittelbarkeit durch das Denken zu überwinden: Gott, ein inhaltlich bestimmter logischer Gedanke, wird adäquat weder als Sein noch als Wesen, sondern als Begriff, der sich zur Idee entwickelt, gedacht: Gott als der *absolute Begriff.* Das Denken als Prozeß weist darauf hin: Gott ist eine Bewegung, die bei sich selber ist, indem sie beim andern ist, die den Widerspruch zu sich setzt u. Versöhnung herbeiführt. So findet sich Gottes Selbstbewußtsein im Selbstbewußtsein des Menschen; in seinem Unter-

schied findet Gott seine Selbsterfüllung, die Allgemeinheit u. Besonderheit; er ist also Persönlichkeit. Damit nahm Hegel Stellung gegen die Bestreitung der Persönlichkeit Gottes bei J. G. Fichte († 1814) u. a., die das
Persönlichsein als Bedingtsein identifizierten. – Mit den sog. Junghegelia-
nern setzt eine radikale Kritik der Religion u. des Gottesbegriffs ein.
L. Feuerbach († 1872) meinte, Gott als das Wesen des Menschen selbst
erkennen zu können, als Projektion aller menschlichen Wünsche, als Inbegriff aller erträumten menschlichen Vollkommenheiten: Gott, das ausgesprochene Selbst des Menschen. In moralischem Pathos forderte er die
Verneinung Gottes, damit der Mensch zu sich selber finde u. Gott aufhöre,
der »Ersatz der verlorenen Welt« zu sein. Auf dem Boden der Feuerbach-
schen Religionskritik stehend, deutete K. Marx († 1883) den Atheismus als
Aufhebung des Wesens Gottes für notwendig im Zusammenhang mit dem
Programm des theoretischen Humanismus. Der Sache nach hielt er den
Glauben an Gott für ersetzbar durch wissenschaftlichen ↗Materialismus
(auch andere Philosophen des 19. Jh. erklärten, wenn auch weniger exakt,
die Entstehung des Gottesbegriffs aus gestörten menschlichen Verhältnissen, so A. Schopenhauer † 1860 u. F. Nietzsche † 1900; im 20. Jh. S. Freud
† 1939). Das 20. Jh. übernahm auch in der Gottesfrage das Erbe des 19. Jh.:
Neben den Versuchen, Gott zu denken (A. N. Whitehead † 1947, L. Lavelle
† 1951, J. Maréchal † 1944, J. Maritain † 1973), stehen dialogisch-personale
Gottesauffassungen (M. Scheler † 1928, M. Blondel † 1949, M. Buber
† 1965, G. Marcel † 1973); neben der Aussparung Gottes aus der philosophischen expliziten Fragestellung (E. Husserl † 1938, M. Heidegger
† 1976, K. Jaspers † 1969) findet sich die ausdrückliche Bestreitung Gottes,
dessen Existenz mit der Existenz eines freien, sich selbst schaffenden Menschen unvereinbar sei (J.-P. Sartre † 1980, A. Camus † 1960, M. Merleau-
Ponty † 1961); neben der Behauptung vieler Vertreter der sprachanalytischen Philosophie, von Gott könne man sinnvoll nicht reden, stehen
dunkle Hinweise – auch in Dichtung u. Literatur – auf den Sinn des Themas Gott; der Glaube an Gott bedeute die Einsicht, daß es mit den Tatsachen der Welt nicht abgetan sei (L. Wittgenstein † 1951), oder ohne Gott
könne ein unbedingter Sinn des Ganzen nicht gerettet werden (M. Hork-
heimer † 1973). Neben der abweisenden Distanz des ↗Positivismus vor der
Gottesthematik finden sich Versuche, angesichts der unlösbaren Theodizeeprobleme an der Existenz Gottes festzuhalten, aber ihm das Attribut
der Allmacht abzusprechen (H. Jonas † 1993). – *e) Gott in der neueren
Theologie.* Die neuere Theologie bemüht sich, die biblischen Gottesüber-
lieferungen unter den Anstrengungen der ↗Hermeneutik zu verstehen u.
den Prozeß der Läuterung des Gottesdenkens weiter voranzubringen. Dabei werden in der ↗Gotteslehre die ↗Eigenschaften Gottes, die ja Eigenschaften der Gottesvorstellungen sind, kritisch revidiert, um Gottes gött-

liche Souveränität zu wahren u. die Zeugnisse mannigfacher Gotteserfahrungen auch in der Gegenwart glaubwürdig zu halten (↗Prozeßtheologie). Dazu gehört eine Revision der Lehre von der göttlichen ↗Vorsehung. Gottes »Eingreifen« in Naturabläufe u. Weltgeschichte wird als Ermächtigung der »Zweitursachen« (↗Selbsttranszendenz), als Wirken durch die Gesetze der ↗Evolution, als Impulse des Heiligen Geistes an die Adresse menschlicher Freiheit, nicht aber als mythologisch-mirakulöses Ausnahmehandeln verstanden. Gott kann von der Kirche, von interessierten Gruppen oder von der Theologie nicht als innerweltlicher Faktor (etwa physikalischer, biologischer oder chemischer Art) in irgendeine Kalkulation eingesetzt werden; insofern ist er von der früheren Kategorie der »Brauchbarkeit« befreit worden. Gott kann auch in der Theologie nur insofern als »Objekt« gelten, als er sich selber in seiner Selbstoffenbarung zum Gegenstand menschlicher Reflexion (nie zum Gegenstand der Bemächtigung oder zum Handelspartner) gemacht hat. In unterschiedlichen Typen sucht die Theologie die Gotteserfahrungen zu reflektieren u. begrifflich auszulegen. Nach der einen Art hätte die individuelle ↗Subjektivität gegenüber der absoluten Souveränität Gottes keinerlei Recht (↗Dialektische Theologie) oder es bliebe ihr nur das verzweifelt trotzige »Dennoch« des Glaubens (R. Bultmann † 1976). Die andere Art sucht nach begrifflich eindeutigen Formulierungen der Göttlichkeit des erfahrenen Gottes: Über-Person (H. Ott), Tiefe des Seins (P. Tillich † 1965), absolutes Geheimnis (K. Rahner † 1984). In erster Linie von einer kritischen Revision der patriarchalisch-sexistischen Gottesrede her sind die Impulse der Feministischen Theologie (↗Feminismus) in der Gotteslehre zu verstehen. Die ↗Politische Theologie hebt hervor, daß der jüdisch-christliche Gottesgedanke wesentlich ein praktischer Gedanke ist. In dieser Überlieferung hat die Rede von Gott unaufgebbar Erinnerungs- u. Erzählstruktur. Der Rückgriff auf die Glaubensgeschichten des AT u. NT zeigt, daß die Menschen gerade durch ihr Gottesverhältnis zu Subjekten konstituiert werden, das Volk zum Subjekt Volk wird. Der praktisch-befreiende Gottesgedanke inspiriert die ↗Befreiungstheologie u. die Theologien der Dritten Welt. In diesen Kontexten erweist sich, daß der Gottesgedanke kein ideologischer Überbau-Gedanke, sondern ein identitätsbildender Gedanke ist, da Identität nicht am Besitzen, sondern an Solidarität orientiert ist. Als Gott der Lebenden u. der Toten erweist Gott dadurch Solidarität, daß er für universale Gerechtigkeit einsteht, auch u. gerade für die Opfer der Geschichte. Hier erscheinen Differenzen im Verständnis: Leidet Gott in u. an seiner ohnmächtigen Liebe (D. Sölle, J. Moltmann)? Oder ist ein leidender Gott nicht mehr Gott, führt aber die Abwesenheit Gottes zu seinem Vermissen, zum Leiden an Gott (J. B. Metz)? Die Zukunftsverheißungen Gottes haben neue produktive Kraft gewonnen, seit die Geschichte als »Ort« Gottes wieder entdeckt wurde u. die Theologie aufgehört hat, Gott eine räumlich-dingliche Transzendenz u. als Ort seiner Zukunft nur noch die Nachgeschichte zuzuschreiben. Gegenüber allen innerweltlich-eingrenzenden Geschichtsauffassungen hält die jüdisch-christliche Theologie daran fest, daß Gott das Subjekt der Gesamtgeschichte ist u. deren Sinn u. Ziel unter seinem eschatologischen Vorbehalt stehen. – *3. Praktische u. kirchliche Aspekte.* Gewisse Analogien zwischen dem (jeweiligen) Gottesbegriff u. einer entsprechenden Gesellschaftsstruktur sind nicht zu leugnen. Eine Gesellschaft, die mit einer sehr einfachen Wirtschafts- u. Sozialordnung im Grunde nur auf das Überleben orientiert war u. die ständig unter der Erfahrung der nicht zu bewältigenden Welt lebte, fand sich resignierend mit der Allmacht Gottes ab u. akzeptierte ohne Widerspruch die Vorstellung von der Existenz einer zweiten, der Über-Welt. Eine hierarchisch straff strukturierte Gesellschaft, wie sie bis zum Ende des Feudalismus u. Absolutismus bestand (in Kirchen z. T. bis heute existiert), hatte ihre Entsprechung in einem konstruierten Gottesbild, nach dem Gott in »Verlängerung« der irdischen Hierarchien von Papst, Kaiser u. Königen die oberste Spitze als »höchstes Wesen« einnimmt (gleichgültig, ob mehr kath. vom hierarchischen Ordo oder reformiert mehr von der Zwei-Reiche-Auffassung her gedacht wurde). Solche Verstehensweisen setzen einen Gott voraus, der bei der Lenkung der irdischen Geschichte den irdischen Ursachen u. Mächten konkurriert, den Weltlauf eingreifend steuert, Gesellschaft u. Individuen in seiner Vorsehung beisteht u. seinen Weltplan durch ein Endgericht über Gute u. Böse zur Vollendung bringt. Auch nach dem Zusammenbruch naiv-theistischer, von Mythen genährter Vorstellungen blieben häufig »Reliktmentalitäten« erhalten, zum Teil darin begründet, daß die Verehrung des theistisch gedachten Gottes durch die Religion das Funktionieren gesellschaftlich-hierarchischer Strukturen förderte u. die öffentliche Moral durch Erinnerung an göttliche Sanktionen oder wenigstens durch Beschwörung göttlicher Gebote gestützt wurde. In diesem Sinn wurde Gott auch nach dem Aufkommen der Demokratien, nach der ↗Säkularisierung bis zur Gegenwart in Anspruch genommen. Die Erfahrungen der neuesten Zeit machten jedoch deutlich, in welchem Umfang die Menschheit selber für ihre Geschichte u. den Zustand der Welt verantwortlich ist. Daher mußte u. muß die Gesellschaft umfangreiche Aufgaben übernehmen, die früher als Domäne Gottes angesehen wurden (Katastrophenschutz, Gesundheitsfürsorge, Prävention von Krankheiten u. Gewalt, Verlängerung des Lebens, Organisierung der Nahrung, z. T. Veränderung der klimatischen Bedingungen usw.). Als Protest gegen diese enormen Aufgaben, teilweise auch aus Einsicht in die fehlende Kompetenz vieler Mitglieder der Kirchen zur Mitarbeit an den Gegenwartsproblemen, wird versucht, Gott in die Innerlichkeit gefühlsbeladener Nischen hineinzuziehen u. gängige Formen des labilen Wohlfühlens als »Gotteserfahrungen« auszugeben. Wenn auf der anderen Seite der Entwicklung Gott nicht mehr als Urheber von Schuldbewußtsein, als bedrohender Faktor u. als Löser der Lebensprobleme erscheint, bedeutet das weder eine Erniedrigung noch einen Verlust Gottes. Vielmehr werden das Gewicht seiner Zukunftsverheißungen, seine weltüberlegene Geheimnishaftigkeit u. seine intime geistige Nähe zum Menschen freigelegt. Die Freiheit des Glaubens, ohne gesellschaftlichen, moralischen oder pädagogischen Druck, wird neu erfahren. Die Einsicht, daß Gott nicht Gegenstand neben Gegenständen, innerweltliche Ursache neben anderen ist, führt dazu, Gott nicht als einen »Wert« des Menschen aufzufassen, auch nicht als höchsten Wert, so daß die Erkenntnis möglich wird, daß der höchste Wert des Menschen – der Mensch mit seinem Leben ist. Diese Erfahrungen der neuesten Zeit machen, zusammen mit der Erinnerung an biblisch begründete Einsichten, die Anerkennung der Kirche als »Sachwalterin« Gottes zunehmend schwerer, vor allem aus folgenden Gründen: Von Gott kann eher unzutreffend als zutreffend gesprochen werden (↗Analogie); die »univoke« Rede der Kirche gelangt jedoch über menschlich bedingte Meinungen nicht hinaus. Alle Gotteszeugnisse sind im Menschenwort formuliert, sind durch menschliches Verstehen hindurchgegangen, so daß das ↗Wort Gottes, auch seine »Gebote«, an der Geschichtlichkeit der menschlichen Erkenntnis u. Verstehensbedingungen teilhaben. Die bloßen Behauptungen, einer Offenbarung Gottes hinsichtlich konkreter Weisungen zu gehorchen, Weisungen, die angesichts der Geschichtlichkeit menschlicher Erkenntnisse in biblischen Zeiten noch gar nicht ergangen sein konnten (Sexualethik, Stellung der Frauen in der Glaubensgemeinschaft, Wirtschaftsethik, Umweltethik usw.), ermangeln der Legitimität u. erlangen nur in der Reichweite der behauptenden Autorität Geltung. Prinzipien, die für alle gelten sollen (Verfassungen, Menschenrechte, Grundwerte usw.) lassen sich nicht mehr theonom begründen; sie müssen im Dialog der pluralen Gesellschaften konsensfähig gemacht werden. Und schließlich: Die Ansprüche an die Glaubwürdigkeit von Glaubenszeugen sind angesichts der schwierigeren Lebensbedingungen größer geworden. Aus diesen u. anderen Gründen ergibt sich auch in der Sicht glaubender Menschen die Legitimität des ↗Pluralismus der Weltanschauungen. Keiner der genannten Faktoren reicht aus, die Erfahrungen der Verborgenheit, des Vermissens u. der Unbegreiflichkeit Gottes oder der Unzulänglichkeit jeder Gottesrede als definitiven »Tod Gottes« zu interpretieren.

Gottebenbildlichkeit ist ein aufgrund biblischer Zeugnisse gebildeter Begriff für die herausragende Stellung u. Aufgabe des Menschen in der Schöpfung. Ausgangstexte sind Gen 1,26f.; 5,1; 9,6. »Der Mensch« ist

zum Bild oder *als Bild* Gottes (nicht JHWHs) geschaffen. Der Begriff für
»Bild« meint eine Statue als Repräsentanz der Gottheit. Die damit verbundene Aufgabe wird in der neueren Exegese wiedergegeben als Beauftragung
der Menschen, Mann u. Frau, Sachwalter Gottes in der Schöpfung zu sein.
Im griech. Denken wird diese Sicht verändert: Weish 2, 23 interpretiert die
G. als Unvergänglichkeit. Im NT ist ↗Jesus Christus die »Ikone« Gottes
(Kol 1, 15–20; Hebr 1, 3). Seinem Bild sollen die Glaubenden »gleichgestal-
tet« werden (1 Kor 15, 49; 2 Kor 3, 18 u. ö.), d. h. Anteil an seiner Herrlichkeit erhalten. 1 Kor 11, 7 wird einseitig der Mann als Abbild Gottes dargestellt. In der frühen Kirchenväterzeit wird die G. des Menschen als
Abbildung des ↗Logos (mit der Aufgabe, sich ihm durch seelische Tugenden anzugleichen), als geistgewirkte Unsterblichkeit u. als Verheißung
eschatologischer Vollendung verstanden. Nach Augustinus († 430) ist der
menschliche Geist (in »memoria«, »intelligentia« u. »voluntas«) Abbild der
göttlichen ↗Trinität. In unterschiedlicher Weise kehren die Auffassungen in
der Scholastik wieder. Für die aus der Reformation entstandenen Theologien ging die G. bis auf einen »Rest« durch die ↗Ursünde verloren. Die
neuere Theologie sieht die Menschheit zusammen mit Jesus Christus als
Adressaten einer einzigartigen ↗Selbstmitteilung Gottes, so daß die durch
Gottes Gnade geschenkte »Teilhabe an der göttlichen Natur« (2 Petr 1, 4)
die G. der Menschen u. ihre Sonderstellung in der Schöpfung begründet.
Zugleich sieht sie jedoch immer drängender die darin gegebenen Aufgaben: Verantwortung für die Schöpfung (↗Umwelt), Gleichberechtigung
von Frau u. Mann, Verteidigung der ↗Menschenrechte.

Gottesbeweise. *1. Voraussetzungen.* Ein »Beweis« im Sinn der heutigen
Wissenschaftssprache ist eine logische Schlußfolgerung aus vorgegebenen
Sachverhalten oder Sätzen (»Prämissen«), die als wahr oder richtig ausgewiesen worden sind. Bestimmte Grundfiguren gelten in allen nicht-
theol. Wissenschaften: Widerspruchsfreiheit, experimentelle oder logisch
zwingende Bestätigung von Hypothesen, Ausschluß von Alternativen,
Kontrollierbarkeit. In der aus vielen Einzeldisziplinen zusammengesetzten
↗Theologie gibt es Wissenschaften, in denen Beweisführungen in diesem
Sinn notwendig u. üblich sind, z. B. in der Ethik oder in der Kirchengeschichte. Bei allen religiösen Aussagen, die aus dem Glauben hervorgehen, sich interpretierend auf ihn beziehen, ist eine solche Beweisführung
nicht möglich. Das gilt auch u. besonders für die sogenannten G. Sie gehören zu den Bereichen, in denen Beweise im naturwissenschaftlichen
Sinn von vornherein gar nicht in Frage kommen., sondern zu denen, in
denen sog. Vernunftbeweise geführt werden. (Es gibt im individuellen Bewußtsein ↗Gewißheiten, die für Einzelne evidente Kraft haben, z. B. durch
intuitive, mystische Erfahrungen; da sie jedoch nicht kommunikabel sind,

kommen sie für eine theol. Vergewisserung nicht in Betracht.) Inhaltliche Vernunftbeweise sind bei strikten Glaubensaussagen ebenfalls nicht möglich. Da diese aber nicht nur Geltungsansprüche, sondern Wahrheitsansprüche erheben, müssen sie wenigstens vernünftig vertretbar u. ethisch verantwortbar sein (die nicht vertretbare Alternative wäre ein argumentationsblinder ↗Fundamentalismus). Die Bemühungen darum heißen, auf die *Existenz Gottes* bezogen, G. Im Hinblick auf das Verfahren ist ihre Methode deduktiv, weil sie Schlußfolgerungen aus »Prämissen« sind, die aus Bereichen menschlicher Erfahrung genommen werden (ein induktives Vorgehen würde bedeuten, von vereinzelten Erfahrungen aus Verallgemeinerungen, Wahrscheinlichkeitsvermutungen, vorzunehmen). – *2. Grundvorgang.* Ein möglicher »Gottesbeweis« im Sinn einer vor ↗Verstand und Vernunft gültigen Vergewisserung könnte nach K. Rahner († 1984) davon ausgehen, daß in jedem geistigen Akt des Menschen (also in jedem Urteil u. in jeder freien Entscheidung) notwendig »Gott« bejaht wird. Der Gedankengang will u. kann nicht beanspruchen, Kenntnis über einen sonst schlechthin unbekannten (u. darum gleichgültigen!) Gegenstand zu vermitteln. Es geht um das reflexe Selbstbewußtsein darüber, daß ein Mensch es in seiner geistigen Existenz immer u. unausweichlich mit Gott zu tun hat (ob er ihn »Gott« nennt oder anders, ob er darauf reflektiert oder nicht, ob er es wahrhaben will oder nicht). Es handelt sich um etwas, was jeder Mensch »eigentlich« immer schon weiß u. was er sich darum nur sehr schwer in begrifflicher Objektivität sagen kann. Denn das so begrifflich Vergegenständlichte holt die »unthematische Gewußtheit« des Gemeinten nie adäquat ein, so wie jemand in seinem Alltag mehr, als er sich selber u. andern reflex sagen kann, weiß, was Liebe, Zeit, Freiheit, Verantwortung usw. ist. Die im Lauf der Geistesgeschichte vorgetragenen G. laufen alle darauf hinaus, daß sich in jeder Erkenntnis, ja sogar im Zweifel, sogar in der Weigerung, sich auf ↗Metaphysik einzulassen, womit auch immer sie sich beschäftigt, ein Geschehen ereignet vor dem Hintergrund des bejahten ↗Seins überhaupt. Jedes Ist-Sagen geschieht vor dem Horizont eines tragenden Grundes (sonst hätte es keinen ↗Sinn), vor einem Horizont, der ein »asymptotisches Woraufhin« darstellt. Jede Erkenntnis geschieht vor einem »namenlos abweisend Anwesenden«, wobei es zweitrangig ist, wie man es nennt (Sein schlechthin, Geheimnis oder, wenn man mehr die ↗Freiheit bei der Erkenntnis betont, das absolute ↗Gut, das personale Du, Grund letzter Verantwortung usw.). Indem ein Mensch mit der gegenständlichen Wirklichkeit seines Alltags umgeht, im »Zugriff« u. im umgreifenden »Begriff«, vollzieht er als Bedingung der Möglichkeit eines solchen zugreifenden Begreifens einen »unthematischen«, ungegenständlichen »Vorgriff« auf die unbegreifliche eine Fülle der Wirklichkeit. Dieses Ganze der Wirklichkeit ist in seiner Einheit zugleich Bedingung der Erkenntnis u. des einzelnen Erkannten u. wird als solches unthematisch immer bejaht, selbst noch in einem Akt, der das thematisch bestreitet (weil auch dieser »das ist – nicht« sagen muß). Der einzelne Mensch erfährt diese unentrinnbare Grundverfassung seines geistigen Daseins in der je individuellen Grundbefindlichkeit seines Daseins: als ungreifbar lichte Helle seines Geistes; als Ermöglichung jener absoluten Fraglichkeit, die ein Mensch sich selber gegenüber vollzieht u. in der er sich selber radikal übergreift; in der nichtigenden Angst (die etwas anderes ist als gegenständliche Furcht); in der Freude, die keinen Namen mehr hat; in der Gewissensverpflichtung, in der ein Mensch wirklich sich »losläßt«; in der Erfahrung des Todes, in der er um seine absolute Entmächtigung weiß. In solchen u. vielen anderen Weisen der »transzendentalen Grunderfahrung« seines Daseins ist dasjenige gegenwärtig (ohne »geschaut« zu werden), was schlechthin alles ist u. was gerade darum erst recht ↗Person ist, u. was der Mensch als den Grund seines geistigen Daseins erfährt, ohne sich selber, den Endlichen, mit diesem Grund identifizieren zu dürfen: »Gott«. – 3. *Einzelvorgänge.* Dieser Grundvorgang wird in den einzelnen »Gottesbeweisen« in unterschiedlichen einzelnen Überlegungen thematisiert. Die Erfahrung, daß jedes Urteilen (»das ist«) durch das schlechthinnige Sein getragen u. bewegt ist, das nicht durch das Denken erdacht ist, sondern das als notwendiges Tragendes erfahren wird, ist Gegenstand der Formulierungen des *metaphysischen Kausalprinzips.* Es darf nicht mit dem naturwissenschaftlichen funktionalen Kausalgesetz verwechselt werden, nach dem jedes Phänomen die Wirkung eines anderen ist, das dessen Ursache ist. Das »metaphysische Kausalgesetz« besagt vielmehr: Das kontingente Endliche, das als faktisches u. nicht notwendiges (weil es seinen hinreichenden Grund nicht in sich selber trägt) bejaht wird, existiert so wie auch seine Bejahung selber als »bewirkt« vom absoluten Sein als seinem Grund, von einer Ursächlichkeit, die anderer Art ist als die innerweltliche ↗Kausalität. Diese besondere Ursächlichkeit des anwesenden Seins, das die geistigen Vollzüge trägt u. das wesentlich von jedem gegenständlichen Seienden verschieden ist, kann hinsichtlich der verschiedenen formalen Aspekte eines Seienden formuliert werden. a) Das Seiende einfach als kontingentes betrachtet (↗Kontingenz) weist auf das absolute Sein als seinen Grund: *kosmologischer Gottesbeweis* oder *Kontingenzbeweis,* wobei noch einmal Einzelmomente unterschieden werden können, etwa aa) im Hinblick auf die dem Seienden eingestiftete ↗Finalität: *teleologischer Gottesbeweis,* oder bb) im Hinblick auf die Seinsabhängigkeit jedes Aktes von einem früheren u. im Hinblick auf den reinen ↗Akt (»actus purus«) ohne jede Potentialität, im Hinblick auf den ersten ↗Beweger: *kinesiologischer Gottesbeweis,* oder cc) im Hinblick auf den notwendigen ersten Anfang der Welt: *Entropiebeweis,* oder dd) im Hinblick darauf, daß jedem Endlichen alle reinen

»Seinsvollkommenheiten« nur durch ↗Teilhabe zukommen: der *Stufenbeweis* bei Thomas von Aquin († 1274). – b) Der absolute Sollenscharakter des personalen Seienden, die ihm innewohnende absolute sittliche Verpflichtung, verweist auf die Wirklichkeit des absoluten Wertes: *deontologischer, axiologischer, moralischer Gottesbeweis.* – c) Die Absolutheit der (real vollzogenen) Wahrheit verweist auf die reale Absolutheit des notwendigen Seins: *noetischer Gottesbeweis.* – d) Die übereinstimmende Überzeugung aller Völker vom Dasein Gottes muß im wirklichen Gott ihren Grund haben: *historischer, ethnologischer Gottesbeweis.* – K. Rahner ist die Einsicht zu verdanken, daß alle diese G. ihr Ziel einer vernünftigen, aber nicht zwingenden Vergewisserung des Daseins Gottes nur in dem Maß erreichen, als sie in je einzelner Artikulation die transzendentale Grunderfahrung des menschlichen Daseins reflektieren. Einen Sonderfall bildet der ↗Ontologische Gottesbeweis Anselms von Canterbury († 1109). Der *moralische Gottesbeweis* beruht bei I. Kant († 1804) auf der Voraussetzung, daß das ↗Sittengesetz unabhängig von der Existenz u. Erkenntnis Gottes als verpflichtend erkannt wird u. daß sein Zweck, durch Tugend zur Glückseligkeit zu gelangen, nur dann verpflichtend sein kann, wenn er auch erreichbar ist, u. das ist nur dann der Fall, wenn Gott existiert. Darum ist die Existenz Gottes nicht »beweisbar«, aber ein Postulat der praktischen Vernunft.

Gottesfurcht. Die biblischen Zeugnisse sprechen in mehrfacher Hinsicht von einer Furcht vor Gott. Sie umfassen das Erschauern u. Erschrecken, die ↗Angst vor Strafe u. Gericht, Ehrfurcht u. Scheu. Im NT wird die Furcht um das eigene ↗Heil positiv gewertet (Mt 5,29; 10,28; Joh 5,14; Phil 2,12; Röm 11,20 u. ö.). Darin liegen sowohl eine Warnung vor leichtfertiger Lebensauffassung als auch vor einer selbstvergessenen, furchtlosen Gleichgültigkeit gegenüber dem eigenen Heil. 1 Joh 4,18 thematisiert das Verhältnis von Furcht u. Liebe; danach treibt vollkommene Liebe die Furcht aus. Die kirchliche Tradition faßte die G. als das ethisch legitime Motiv auf, das als »knechtliche Furcht« (»timor simpliciter servilis«) zum Akt der ↗Reue über die Sünden bewegt. »Wo natürlich nur die Strafe Gottes als physisches Übel für den Menschen selbst gefürchtet wird u. der sittliche Unwert der Schuld als Widerspruch gegen Gott selbst nicht realisiert u. also an der Schuld als solcher innerlich festgehalten wird (›timor serviliter servilis‹, ›knechtische Furcht‹), da liegt kein sittlicher Akt vor« (Rahner-Vorgrimler 1961,150). Auch die ethisch legitime Furchtreue als vorbereitende Stufe im Prozeß der ↗Rechtfertigung ist erst an ihrem Ziel, wenn sie überformt u. integriert ist durch die Liebe zu Gott, in der Gott um seiner selbst willen geliebt u. so die G. zur liebenden ↗Ehrfurcht (»timor filialis«) wird. Die Praktische Theologie hat auf zwei Extreme war-

nend hinzuweisen, auf eine Drohpädagogik, die den Blick auf den Gott der
Offenbarung mit Schrecken verstellt, u. auf eine leichtfertige Vertraulich-
keit, in der Gottes Unbegreiflichkeit u. das Unzutreffende jeder Gottesvorstellung letztlich nicht mehr respektiert werden. – »Gottesfürchtige« heißen im Frühjudentum u. im NT fromme u. gerechte »Heiden« (nicht mit
↗Proselyten identisch).

Gotteskindschaft ist eine Aussage über das Verhältnis Gottes zu Menschen,
das über sein Schöpfertum hinausgeht. Sie ist den Mysterienreligionen u.
der ↗Stoischen Philosophie bekannt. Nach dem AT ist ganz ↗Israel durch
einzigartige Erwählung das Kind (oder der Sohn) Gottes (Ex 4,22 f.; Jes
63,16; Jer 31,9 20; Hos 11,1; ↗Vater). Auch der König, die Armen u. die
frommen Gerechten sind besondere Kinder Gottes. Nach Paulus ist die G.
allen Glaubenden zugedacht (Gal 3,26 ff.). Nur Jesus ist von Natur aus
Sohn Gottes (Röm 8,29), aber in ihm sind die Glaubenden als Kinder
adoptiert u. dürfen zu Gott »Abba, Vater« sagen (Gal 4,5 f.; Röm 8,14 ff.).
Wie im AT wird die G. ferner als Gabe der eschatologischen Heilszeit verstanden (1 Joh 3,2 10). Die griech. Kirchenväter sahen in der ↗Einwoh-
nung des ↗Heiligen Geistes im Menschen die Grundlage der G. In der
dogmatischen Tradition wurde die G. wenig anziehend zu den formalen
Wirkungen der ↗Heiligmachenden Gnade gerechnet. Von da aus stellte
sich in der kirchlichen Praxis die falsche Behauptung ein, erst durch die
Taufe würden die Menschen zu Kindern Gottes gemacht (↗Existential).
Das von Jesus verlangte »Kindsein« vor Gott (Mk 10,15 par.) meint erwar-
tungsvolles Vertrauen, nicht Infantilismus, u. leugnet die Aufgabe, im
Glauben erwachsen zu werden, nicht. Zu Recht verlangen Frauen, daß die
biblischen Redeweisen von »Söhnen« u. »Brüdern« geschwisterlich wiedergegeben werden.

Gotteslehre. Der Sache nach u. historisch lassen sich philosophische u.
theol. G. unterscheiden. Wenn in diesem Zusammenhang von »natürlicher
Gotteserkenntnis« oder ↗»natürlicher Theologie« die Rede ist, sollte nicht
übersehen werden, daß es auch in der Sicht der kath. Theologie eine konkret verwirklichte bloße ↗Natur nie gab. Die menschliche Vernunft gilt als
von Gottes Gnade zur Gotteserkenntnis befähigt, ist dann allerdings zu
wirklicher Erkenntnis fähig. Dies vorausgesetzt, gilt (nach Vorläufern wie
Augustinus † 430) F. Suárez († 1617) als Begründer einer eigentlichen philosophischen G., die sich mit der Erkenntnis Gottes als des Schöpfers der
Welt, als des höchsten ↗Gutes u. als des letzten ↗Zieles sowie mit den
philosophisch erkennbaren ↗Eigenschaften Gottes befaßt. Auch auf ev.
Seite wurde die so verstandene philosophische G. Teil der ↗Metaphysik
(Ch. Wolff † 1754). Die theol. G. entstand aus einer jahrhundertelangen

Beschäftigung mit Offenbarungszeugnissen. Ihr wissenschaftlicher Ansatz im Sinn einer konsequenten methodischen Durchformung des Stoffes datiert erst seit Thomas von Aquin († 1274). Er beginnt seine G. mit der Reflexion über das eine göttliche Wesen u. geht dann zur Offenbarung der Lebensdifferenzierung dieses einen göttlichen Wesens in Vater, Sohn u. Geist über. Die stark metaphysisch bestimmte Methode sollte nicht übersehen lassen, daß Thomas immer neu bei Gottes Offenbarung ansetzt. Bemerkenswert ist die Bedeutung der ↗Negativen Theologie u. der ↗Analogie in seiner G. Im 16. Jh. wurde die theol. G. in zwei Traktate der Dogmatik, »Vom einen Gott« (↗Gott) u. »Vom dreieinigen Gott« (↗Trinität) geteilt u. so, im Aufbau nahezu unverändert, ins 20. Jh. weitergegeben. Die Besinnung auf das Hören der Offenbarung ließ das Gottesdenken als Ansatz der G. zurücktreten u. die G. zunächst stärker christologisch u. dann pneumatologisch geprägt sein. Der Ernst des monotheistischen Glaubensbekenntnisses Israels u. Jesu ließ das Profil Gottes des ↗Vaters als des Ursprungs der ganzen Gottheit u. als des Schöpfers, Offenbarers u. Vollenders deutlicher hervortreten, während die trinitarischen Bekundungen u. die Umrisse der Eigenschaften Gottes im Rahmen des Heilsgeschehens zu erörtern seien (es sei denn, man lasse sich, wie H. U. von Balthasar † 1988, auf die Schilderung eines innergöttlichen Dramas dreier Subjekte von allem Anfang an ein). Die Erkenntnis Gottes als des unbegreiflichen ↗Geheimnisses markiert das Ende jeder »wissenden« u. informierenden G. So ist in der Gegenwart die Gestalt einer eigentlich theol. G. erst noch im Werden begriffen.

Gottesmutterschaft. Im Lauf der christologischen Auseinandersetzungen in der alten Kirche entstand der Titel »Gottesgebärerin« (griech. »theotokos«, lat. »Dei genitrix« oder »Deipara«) für ↗Maria, erstmals 322 bezeugt. In der ↗Alexandrinischen Theologenschule galt dieser Titel als legitim, weil Maria auch den mit dem Menschen Jesus von Anfang an geeinten göttlichen ↗Logos geboren habe (↗Idiomenkommunikation); in der ↗Antiochenischen Theologenschule wurde er abgelehnt, da die Geburt des Logos von einem Menschen unmöglich sei, Maria heiße zu Recht »Christusgebärerin« (griech. »christotokos«). Im Zusammenhang mit der Verurteilung des ↗Nestorianismus entschied sich das Konzil von ↗Ephesos 431 für »Gottesgebärerin«, vom Konzil von ↗Chalkedon 451 bestätigt. Biblischer Anhaltspunkt ist Lk 1,43 (»Mutter meines ↗Kyrios«). Der Titel ist also christologisch zu verstehen. Im gleichen Sinn trat ihm noch im kirchlichen Altertum »Mutter Gottes« zur Seite. »Mutterschaft« besagt mehr als nur biologisches Empfangen u. Gebären. Trotz der dogmatischen, auch von den Reformatoren nicht bestrittenen Geltung enthalten beide Titel die Möglichkeit des Mißverständnisses, ein Mensch sei konstitutiv für das

Zustandekommen der Gottheit. So sind sie z.B. im interreligiösen Dialog nicht übersetzbar (Maria kann z.B. im Gespräch mit dem Judentum nicht »Mutter JHWHs« oder »Gebärerin JHWHs« genannt werden).

Gottesnamen der jüdisch-christlichen Tradition. Hier können nur die wichtigsten G. kurz angegeben werden; die Gottesprädikate u. -umschreibungen müssen außer Betracht bleiben. In vorstaatlicher Zeit verehrt Israel den kanaanäischen Hauptgott »El« (Gottesbezeichnung bei allen Semiten). Dieser in seiner Bedeutung ungeklärte Name wird oft mit Zusätzen erweitert: »El eljon« = der höchste Gott; »El Schaddaj« = der mächtigste Gott; »El olam« = der ewige Gott. Der Plural »Elohim« (verwandt damit der islamische Gottesname »Allah«) deutet nicht auf eine göttliche Mehrzahl hin, sondern intensiviert die Majestät Gottes. Entscheidend für den Glauben Israels ist, daß einzig ihm Gott seinen eigenen Namen geoffenbart hat, den es ehrfürchtig verehrt: ↗Jahwe. Er wird auch verdeutlicht z.B. durch »Adonai« = mein Herr; »Melek« = König; »JHWH sebaot« = Herr der Heerscharen. Die LXX übersetzt JHWH mit ↗Kyrios. Der heilige Gottesname JHWH wird in der hebr. Bibel mit den Vokalen von »Adonai« geschrieben, daher die fälschliche Wiedergabe mit »Jehova«. Auch Christen sollten aus Respekt vor ihrer Verbundenheit mit ihrer jüdischen Herkunft JHWH nicht aussprechen. Im jüdischen Gottesdienst wird JHWH als »Adonai« oder als »Ha-schem« (= der Name) gelesen. JHWH wird im Deutschen sachlich richtig mit »der Lebendige« wiedergegeben. Juden u. Christen sind in besonderer Weise verbunden durch den Gottesnamen ↗Vater u. durch die vertrauensvolle Anrede »Du«. Das NT nennt diesen Vater auch »theos«. Daneben ist Kyrios oft gebraucht.

Gottmensch, eine in höchstem Maß irreführende Bezeichnung für ↗Jesus Christus, die zu bedeuten scheint, bei der ↗Inkarnation sei ein »Mischwesen« oder ein äußerlich zusammengesetztes Wesen, halb Gott, halb Mensch, entstanden. Ähnlich mißverständlich ist »Menschwerdung Gottes«, womit gemeint sein kann, Gott habe sich in einen Menschen verwandelt. Für den christlichen Glauben bleibt die christologische Aussage von ↗Chalkedon maßgeblich, daß in Jesus Christus Gottheit u. Menschheit »unvermischt, unverwandelt, ungetrennt u. ungesondert« vereint sind. Das Nachdenken über eine genauere Formulierung dieser Einheit muß die Grenze gegen eine »Vermischung« respektieren u. die Gefahr einer mythologischen Rede vermeiden (in der Formulierung »gottmenschliches Prinzip« nicht beachtet).

Grund (griech. »arche«, lat. »principium«) ist nach Thomas von Aquin († 1274) »alles das, aus dem etwas auf irgendeine Weise hervorgeht«. Die

philosophische Tradition unterscheidet Seinsgründe (mit Werdens- u.
Handlungsgründen) u. Erkenntnisgründe. Die logischen Urteile gründen
auf »ersten« (oder »letzten«) Prinzipien, die nicht begründet werden müssen, weil sie unmittelbar evident sind (z. B. der Satz vom Widerspruch;
⌐Gewißheit). In diesen »letzten« Gründen ist kein Unterschied mehr zwischen Logik u. ⌐Ontologie; sie sind bereits Seinsgründe. Die aristotelisch-
thomistische Philosophie identifiziert diese Seinsgründe mit den vier
Ursachen, die das Seiende konstituieren: 1) ⌐Form (»causa formalis«) u.
2) ⌐Materie (»causa materialis«), die sich zueinander verhalten wie ⌐Po-
tenz (Möglichkeit) u. ⌐Akt (Wirklichkeit), ⌐Wesen u. ⌐Dasein; 3) ⌐Kausa-
lität (»causa efficiens«, Ursache) u. 4) ⌐Finalität (»causa finalis«, ⌐Zweck).
Jedoch lassen auch die »letzten« Gründe sich zurückführen auf den *einen*
G. gemäß dem Satz vom zureichenden G., daß alles, was ist, einen G. haben
muß, daß es ist u. nicht nicht ist (Nikolaus von Kues † 1464). Das Wesen
dieses letzten Grundes ist das ⌐Sein, auf das als das unumfaßbare ⌐Ge-
heimnis die ⌐Transzendenz des Menschen in jedem Erkennen hinweist u.
das zugleich auch der G. der Wirklichkeit jedes Seienden ist, in der Theologie »Gott« genannt. In der Philosophie M. Heideggers († 1976) gilt die
Transzendenz des Daseins als Wesen des Grundes. Die neuere Philosophie
bemüht sich in Handlungstheorien um verschiedene Gründe (»reasons«,
Absichten, Motive usw.): Warum handeln Menschen so, wie sie handeln?

Gut, das Gute (griech. »agathon«, lat. »bonum«) heißt bei Platon († 347
v. Chr.) diejenige ⌐Idee, in deren Licht alle anderen Ideen ihr Sein als Er-
kanntsein erhalten. Für Aristoteles († 322 v. Chr.) ist das Gute dasjenige,
»wonach alles strebt« (beim Menschen das ⌐Glück in der ⌐Kontempla-
tion). Bei Augustinus († 430) wird Gott als das höchste u. vollkommene
Gut verstanden, während alles Geschaffene an seiner Güte Anteil hat, so
daß das ⌐Böse nur ein gemindertes Gutes ist. Auf dieser gedanklichen Basis
versteht die scholastische Theologie das Gute als eine transzendentale Eigentümlichkeit des Seienden (Seiendsein u. Gutsein sind vertauschbar);
Gott ist das von seinem Wesen her Gute (»bonum per essentiam«), die
Geschöpfe sind durch Teilhabe gut (»bonum per participationem«). Indem das Seiende sich »strebend« in seinem aktuellen Wesensvollzug setzt,
ist es ontisch für sich gut (»bonum sibi«); gut ist sodann alles, was diesem
Wesensvollzug dient (»bonum alteri«). Ist ein Seiendes sich selber zu freiem Selbstvollzug (⌐Freiheit) im Horizont des absoluten ⌐Seins gegeben, so
ist dessen ontische Gutheit das onto-logisch Gute, das heißt objektiv sitt-
liches Gut (»bonum honestum«) u. als im Horizont des absoluten Seins
gegebene Gutheit ein absoluter ⌐»Wert«. Das besagt: Weil u. insofern ein
Seiendes (Gut) in der mit dem Wesen des Menschen notwendig gesetzten
Zielordnung steht u. der Mensch im wissenden u. freien Selbstbesitz vor

Gott nicht mehr als Mittel auf anderes verwiesen ist, kommt einem Seienden eine absolute Gültigkeit, eine Gesolltheit zu, die die Freiheit nicht aufhebt, sondern voraussetzt u. zu einer inhaltlich bestimmten Entscheidung ruft. Objektiv sittlicher Wert ist also primär die geistige ↗Person (Gott u. Menschen), sekundär alles andere, insofern es dem primären objektiv sittlichen Wert zu seiner richtig bejahenden Selbstverwirklichung oder Anerkennung zu dienen vermag. Der freie geistige ↗Akt, der sich auf solche objektiv sittliche Gutheit in Anerkennung u. Vollzug bejahend bezieht, ist subjektiv sittlich gut (»bonum morale«). – In der Neuzeit ist die Zielorientierung der alten Begriffsbestimmung des Guten weitgehend aufrechterhalten, wenn es als das Nützliche (↗Utilitarismus), Taugliche, Erfreuliche verstanden wird. I. Kant († 1804) wandte sich in seiner ↗Gesinnungsethik dem moralisch Guten (↗Kategorischer Imperativ) zu, dessen Verwirklichung jedoch nie zu vollkommen Gutem führen wird. In der analytischen Ethik des 20. Jh. wird über die Sinnhaftigkeit u. Verifizierbarkeit des Begriffs des Guten kontrovers diskutiert; allgemein überwiegt die Tendenz, das Sollen nicht auf ein Sein zurückzuführen.

Güterabwägung heißt eine im praktischen Lebensvollzug überaus wichtige ethische Methode, die immer dann angewendet werden muß, wenn ein Mensch vor einer unausweichlichen Entscheidung steht u. dabei zwei oder mehrere Güter in Konkurrenz miteinander stehen. Die G. ist strikt verschieden von der *Doppelwirkung einer Handlung*, die gleich unmittelbar Gutes u. Schlechtes (Schädliches) hervorbringt u. bei der es ethisch nicht legitim ist, Schlechtes direkt zu intendieren (Doppelwirkung einer Handlung ist es wiederum nicht, wenn eine Handlung nicht gleich unmittelbar Gutes u. Schlechtes hervorbringt, sondern das Gute intendiert u. unmittelbar hervorgebracht wird, während das Schlechte nur als Nebenwirkung inkauf genommen wird, wie das bei der legitimen indirekten Sterbehilfe der Fall ist). Bei der Doppelwirkung einer Handlung handelt es sich oft um die Abwägung zweier Übel u. damit um einen schwerwiegenden Gewissenskonflikt (z. B. medizinisch indizierte Abtreibung, um den als größeres Übel geltenden Tod der Mutter zu vermeiden). Bei der G. nehmen ↗Menschenrechte u. -würde in jedem Fall den höheren Rang ein. Bei der Abwägung von »geistigen«, kulturellen u. materiellen, nur »nützlichen« Gütern wie bei einer Konkurrenz von ↗Gemeinwohl u. Eigennutz besteht ein beträchtlicher Spielraum an Gewissensfreiheit. Daß der Schutz der Umwelt das höhere verpflichtende Gut gegenüber dem privaten Reichtum oder dem Genuß weniger ist, versteht sich von selber. Bei einer kirchlichen Schwangerschaftsberatung handelt es sich nicht um eine Doppelwirkung einer Handlung u. nicht um materielle oder gar formelle Mitwirkung an Schlechtem, wie der ideologisch deformierte Standpunkt behauptet, da bei

der »offenen« Beratung nur ethische Grundsätze einer Entscheidung übermittelt werden, die immer eine Freiheits- u. Gewissensentscheidung der
betroffenen Frau ist u. bleibt, u. da die Rechtswidrigkeit einer Abtreibung
nicht bestritten wird, sondern das Strafrecht betroffen ist, für das die Kirche nicht zuständig ist.

H

Habitus (lat. = die Haltung), der Besitz erworbener, nicht angeborener, Eigenschaften; in der aristotelisch-thomistischen Ethik jene ethische Einstellung, für die nur eine ↗Potenz gegeben war, die durch beständige Übung so
geformt wurde, daß sie nun verhältnismäßig dauernd, d. h. als Zustand,
ihrer Natur vollkommen entspricht (»habitus perfectivus«). Entspringen
der so geformten Potenz gleichmäßige Akte einer bestimmten Qualität,
dann spricht man von »habitus operativus«. Die natürliche Grundlage für
einen bestimmten H. ist eine bestimmte ↗Disposition. Baut die ständige
Übung auf ihr auf u. führt sie durch beständige Wiederholung zu einem
H., so heißt dieser »erworbener H.« (»habitus acquisitus«). Richtet er sich
auf eine objektive ethische Gutheit, dann heißt der so erworbene gute H.
↗Tugend. Wenn Gottes Gnade einem Menschen eine Haltung oder Einstellung schenkt, die die bloß natürlichen menschlichen Fähigkeiten übersteigt, ohne die menschliche Freiheit aufzuheben, dann heißt diese qualitative Umwandlung der Seele »eingegossener H.« (»habitus infusus«), die
von Gott geschenkten »theol. Tugenden« Glaube, Hoffnung u. Liebe. Der
parallele »böse H.« heißt gewöhnlich ↗Laster.

Handauflegung, eine alte kultische Geste. Im AT kommt sie als Auflegung
(Stemmen) einer Hand auf ein Opfertier, als Auflegung beider Hände auf
den Sündenbock, als Ritus bei der Einsetzung von Leviten (Einsetzung des
Josua durch Mose zu seinem Nachfolger), als Segensgeste u. als H. auf
einen zum Tod Verurteilten durch die Zeugen einer Gotteslästerung vor.
Eine Deutung unterbleibt, die Symbolik ist unsicher. Nach dem NT praktizierte Jesus die H. heilend u. segnend. Die Jünger, v. a. die Zwölf, übten
die H. bei Heilungen im Namen Jesu aus. Nach Apg 8, 14–18 wurde die
↗Taufe durch die Mitteilung des ↗Heiligen Geistes unter H. ergänzt (Geistmitteilung auch Apg 19, 3–7). Als Ritus bei der Amtsübertragung ist die H.
Apg 6, 1–7; 14, 23; 1 Tim 1, 18; 4, 14 bezeugt; der Auftrag zur Verkündigung
des Evangeliums erfolgte einmal unter H. (Apg 13, 1 ff.). Auch das NT
erläutert die Bedeutung dieser Geste nicht. In der Liturgie (auch bei der
ev. Ordination) sind Handauflegungen vielfach vorgesehen.

Häresie (griech. = Auswahl), ein Begriff, der an sich eine bloße »Schulrichtung« bedeuten kann, in der christlichen Sprache jedoch negativen Charakter trägt, bei Paulus z. B. Parteiungen oder Konflikte in seinen Gemeinden (Gal 5, 20; 1 Kor 11, 18 f.), im späteren Schrifttum des NT Irrlehren meint (2 Petr 2, 1; Tit 3, 10). In der alten Kirche sahen Theologen u. Konzilien die Identität wesentlicher Glaubensinhalte, d. h. die auf die Apostel zurückgehende Tradition, besonders in der ↗Christologie, durch Sonderwege der Interpretation oder durch Leugnungen bedroht. Dabei wurde die produktive Kraft von Auseinandersetzungen nicht geleugnet. Zunehmend wurde die Tendenz zu eigenen Gemeinschafts- oder Kirchengründungen als lebensbedrohend empfunden. Die kirchlichen Autoritäten reagierten mit heftigen Maßnahmen (↗Bann) gegen die H. Dabei scheuten sie die Inanspruchnahme staatlicher Gewalt (Inquisition) nicht, wobei sie sich auf Augustinus († 430) berufen konnten, der Gewaltanwendung gegen Häretiker gutgeheißen hatte. In den orthodoxen Ostkirchen u. den aus der Reformation hervorgegangenen Kirchen wird an einem Grundbestand verbindlich formulierter Glaubenswahrheiten (Apostolisches ↗Glaubensbekenntnis, erste Ökumenische ↗Konzilien) u. damit an der Möglichkeit von H. u. an Verfahren gegen Häretiker festgehalten. – In der *heutigen kath. Theologie* wird zwischen einer »materiellen H.«, wenn jemand objektiv einer H. anhängt, ohne sich dessen bewußt zu sein, u. einer »formellen H.«, wenn jemand einer H. auch subjektiv u. hartnäckig anhängt, unterschieden. Seit den Erkenntnisfortschritten durch die ↗Aufklärung u. im Zusammenhang mit Ökumenischen Gesprächen über Lehrunterschiede setzen theol. Besinnungen über tiefere Verständnismöglichkeiten u. angemessenere Verhaltensweisen gegenüber den Problemen der H. ein. Historische Untersuchungen haben gezeigt, daß eine vehement bekämpfte H. eigentlich ein nonkonformer Sprachgebrauch (eine bloß »verbale H.«) u. den kirchlichen Folgen nach ein ↗Schisma sein konnte. Sie ergaben ferner, daß sich eine reale H. in eine bloß verbale zurückentwickeln kann u. daß Exkommunikationen aufgehoben werden können. Eine H. kann auch der Anlaß dafür sein, eine kirchliche Lehre zu vertiefen oder eine Praxis zu korrigieren, so daß sie eine positive Funktion für Christentum u. Kirche haben kann. Auch eine Schuld, die nicht sein soll, bleibt umfangen vom Willen u. der Liebe Gottes. Wenn die Kirche sich nicht von vornherein gegen den Widerspruch versperrt, sondern hört, u. nicht einen starren Wahrheitsbesitz unerbittlich verteidigt, dann kann die Kirche ihre eigene Wahrheit deutlicher kennenlernen. Das schließt die Pflicht zur ↗Unterscheidung der Geister u. zur Wahrung der Einheit der Kirche nicht aus. – Im heutigen kath. Kirchenrecht bezeichnet der Begriff H. nicht die Glaubensüberzeugungen in den von Rom getrennten Kirchen. H. bedeutet vielmehr die Trennung eines kath. Christen von der kirchlichen Gemeinschaft durch hartnäckiges Leugnen einer verbindlichen Glaubenswahrheit oder auch den öffentlichen Glaubensabfall. Diese H. hat die von selbst eintretende Exkommunikation zur Folge.

Hauskirche, Hausgemeinde. Aus den Paulusbriefen läßt sich erschließen, daß die Hausgemeinden eine wichtige Organisationsform der frühesten christlichen Gemeinden waren. Nach historischem Forschungsstand konzentrierte sich das kirchliche Leben einschließlich der Gottesdienste bis Mitte des 3. Jh. auf Privathäuser; für die Zeit vor Kaiser Konstantin († 337) kann von Kirchenbau nicht gesprochen werden. Vielfaches Unbehagen an einem schematischen »Pfarreibetrieb« mit immer gleicher genormter Liturgie ließ nach neuen Formen des Gemeindelebens suchen, so daß sich zu den ↗Basisgemeinden in der Dritten Welt eine Art Hausgemeinden in der »Ersten Welt« gesellen. Es handelt sich nicht um einen Rückgriff auf antike Verhältnisse. Hausgemeinden können bei heutigen Kleinfamilien ansetzen, in denen die Wiedergewinnung von Glaubensgesprächen u. gemeinsamem Gebet für die Zukunft des Glaubens von größter Bedeutung ist. Die Ausweitung auf Familiengruppen, Nachbarschaften usw. führt dann zu eigentlicher Gemeindebildung mit Hausgottesdiensten, kommunikativen Veranstaltungen u. gemeinsamen Projekten. Pastoralinstitut u. Bischofskonferenz in Österreich stellten 1982 fest, daß für Hausgottesdienste die Gestaltung jüdischer Hausliturgien Vorbild sein könnte.

Heidentum. *1. Biblisch.* Dem Wort »Heiden« (ungeklärter Herkunft) entsprechen in der Bibel unterschiedliche Begriffe. Die Israel umgebenden »Völker« (hebr. »gojim«) werden im AT vor allem in ihrer religiösen u. kulturellen Verschiedenheit gesehen, wenn sich Israel auch nicht völlig von allen fremden Einflüssen freihalten konnte. Bedrohungen von außen, die Situation des Exils u. die nachexilische Erneuerungsbewegung führten zu einer Stärkung des Bewußtseins Israels, das zuerst von Gott geliebte u. erwählte Volk (hebr. »am«, griech. »laos«) Gottes zu sein, u. zu stärkerer negativer Beurteilung der »Völker«, denen wegen ihres »Götzendienstes«, ihrer Unmoral u. ihrer Unrechtstaten das Gericht Gottes u. der Untergang angedroht werden. So können diese »Fremden« auch als Gottlose oder Unbeschnittene, die das Reine verunreinigen, aufgefaßt werden. Die Prophetie (Deutero-Jes) kennt jedoch auch eine theol. Sendung Israels (als des ↗Knechtes Gottes) zum Dienst an den Heiden-»Völkern« u. die Verheißung einer »Völkerwallfahrt« zum Zion, die eine endzeitliche Rettung der Heiden in das Friedensreich Gottes bedeutet. Im jüdischen Schrifttum findet auch der Bund Gottes mit der ganzen Menschheit in der Gestalt des ↗Noach Beachtung. Der Begriff »Völker« (griech. »ethne«) als Bezeichnung derer, die nicht zu den christlichen Gemeinden u. nicht zu Israel gehören, ist im NT geblieben; aus dem Griechischen werden auch die Bezeichnungen »Hellenen« (Griechen) u. »Barbaren« (Bartträger) übernommen. Erst nach der Ausweitung der Jesusverkündigung über die jüdische Glaubensgemeinschaft hinaus erfolgt eine theol. Beurteilung der Heiden, bei Paulus nach Apg 17 wegen ihrer Gottesverehrung großzügig, nach Röm 1 u. 2 wegen ihres Götzendienstes u. ihrer moralischen Verkommenheit völlig negativ. Die nationale Komponente des H. tritt zurück. Denen, die das Evangelium kennen u. es nicht annehmen, wird die Möglichkeit zum ewigen Heil zu gelangen abgesprochen. In der Offb erscheinen die heidnischen Machthaber als Werkzeuge der bösen Mächte. – *2. Theologiegeschichtlich.* Die theol. Bewertung des H. ist in der alten Kirche unterschiedlich (↗Extra Ecclesiam nulla salus): teils wird eine Möglichkeit der gerechten Heiden (u. Juden), in Gottes Heil zu gelangen, angenommen, teils wird diese Möglichkeit verneint. Nachdem die Christen im 4. Jh. die staatliche Macht im römischen Reich erlangten, begann die Unterdrückung der Heiden (lat. »gentiles«, »pagani«). Die theol. Beurteilung umfaßte »Ungläubige« (Heiden, Juden, Muslime), Schismatiker (↗Schisma), Häretiker (↗Häresie), später auch Atheisten (↗Atheismus). Sie machte von der Auffassung, daß die Zugehörigkeit zur röm.-kath. Kirche absolut heilsnotwendig sei, bis zur Anerkennung des universalen wirksamen ↗Heilswillens Gottes eine bemerkenswerte Entwicklung durch. Das praktische Verhalten der christlichen Kirche äußerte sich in Heiden- u. Ketzerverfolgungen, Kreuzzügen, Zwangstaufen u. Massenmorden bei den Kolonisierungen (auch durch ev. Christen), mit relativ seltenem Widerstand durch Kirchenangehörige. Thomas von Aquin († 1274) lehnte Zwangsbekehrungen von Heiden grundsätzlich ab, während Johannes Duns Scotus († 1308) die Nötigung von Heiden durch Drohungen u. Terror zur Zwangstaufe für erforderlich hielt. Das Ende der aggressiven christlichen Haltung gegenüber dem H. u. das Überhandnehmen der ↗Toleranz fallen in etwa mit der ↗Aufklärung zusammen. – *3. Neuere Aspekte.* Während die Theologien beider großen Kirchen das Verhältnis der Glaubenden zu Andersgläubigen u. Nichtglaubenden grundsätzlich u. systematisch erörtern, wird der Begriff H. nicht mehr verwendet außer in der Erforschung der Anfänge der Heidenmission in neutestamentlicher Zeit. Ein religionsgeschichtlicher Begriff war er ohnedies nie. Auch die Ersatzbezeichnungen »Nichtchristen« oder »Nichtglaubende« (so noch der Vatikan 1965 mit der Errichtung eines Sekretariats »pro non credentibus«) werden zunehmend vermieden, weil Haltungen u. Gruppierungen, die respektiert u. als Dialogpartner gesucht werden, mit ihnen nur negativ u. vom christlichen Standpunkt aus bezeichnet werden. – Zu Beginn des 20. Jh. entstanden in Deutschland u. Österreich nationalistische, rassistische u. kirchenfeindliche Bewegungen, die durch Rückgriffe vor allem auf das »Germanentum« weltanschaulich fundiert werden sollten. Von christlicher Seite wurden sie als »Neuheidentum« bezeichnet, obwohl bei ihnen obskure Vorstellungen von Gotteserkenntnis u. Vorsehung kursierten. Neben neonazistischen Überresten verstehen sich einige Manifestationen der »neuen Religiosität« heute selber als »neuheidnisch«, wobei Teile keltischer, indianischer, afro-amerikanischer, schamanischer Rituale u. Naturanschauungen in den Widerstand gegen technologische Zivilisation u. Naturzerstörungen einbezogen werden.

Heil (gotisch = ganz, vollständig), ein zentraler religiöser Begriff für das von allen Religionen Erwartete oder Verheißene: eine subjektive, existentielle Heilung u. Erfüllung des Menschen, das Ganzsein des Lebens. In der altgriech. u. röm. Religiosität wurde nach dem H. unter dem Begriff des ↗Glücks (griech. »eudaimonia«, lat. »beatitudo«; ↗Seligkeit) gefragt. Religionsphilosophisch setzt die Beschäftigung mit einem möglichen H. die Analyse des je jetzigen Daseinsverständnisses u. die Untersuchung der Frage, was Menschen eigentlich erwarten, voraus. Die ↗Ätiologie im AT, die Zeugnisse, wie stark Lebensbedrohungen, Schuld u. Tod erfahren werden, zeigen das Bewußtsein von der Heilungsbedürftigkeit jedes menschlichen Lebens. Der Glaube an die rettende u. heilende Macht Gottes u. die prophetischen Ankündigungen kommender ↗Erlösung zeigen, woher das H. erwartet wird. Die Verkündigung Jesu läßt ihre Verwurzelung in dieser Sicht erkennen; sie preist im Vertrauen auf das Eingreifen Gottes die Bedürftigen u. Armen selig. Beide Testamente verstehen H. in einem umfassenden Sinn; zu ihm gehören innerliche Freude u. Tröstung ebenso wie die Aufhebung von Krankheit u. Tod. Jesus, dessen Name identisch mit seinem Evangelium ist (Jehoschua = JHWH ist Heil), faßt die Heilsverheißungen in der Ankündigung der nahegekommenen ↗Herrschaft Gottes zusammen. Bei Paulus besteht das H. in der Gerechtmachung der Sünder (↗Rechtfertigung), im neuen »Sein in Christus«, in der Begabung mit dem göttlichen ↗Pneuma als Unterpfand der Auferweckung der Toten. Paulus, die Deuteropaulinen u. die Offb beziehen die Schöpfung auf unterschiedliche Weise in das kommende H. ein. Im Joh-Ev. ist das H. identisch mit dem ↗Ewigen Leben. Der jüdisch-christliche Glaube an die Möglichkeit u. Verheißung eines umfassenden Heils, das sich »schon jetzt« in bestimmter Hinsicht erfahren läßt, bringt nicht jene Gewißheit der Heilung, des Trostes, der Versöhnung, der integralen Befreiung u. des Bleibenden mit sich, die das Wort H. eigentlich meint (ähnlich ist der Sachverhalt bei dem Wort ↗Erlösung). Der Begriff H. ist daher nicht einfach mit dem der ↗Gnade identisch. Im Unterschied zu allen innerweltlichen Anstrengungen, Glück u. Befreiung zu erlangen (die legitim sind), u. zu allen Utopien sollte ihm jenes Merkmal der vollendeten Endgültigkeit belassen bleiben, das die

Theologie mit ↗Anschauung Gottes u. ↗Auferstehung der Toten ausspricht. Dieses Menschen u. Schöpfung in jeder Hinsicht umfassende H.
ist in der Zeitlichkeit des jetzigen Lebens in keiner objektiven Erlösung, in
keiner Gnade u. in keiner Kirche geschenkt. Die beständige Erfahrung der
Menschen bezeugt das. Besonders heftig sind die Heilserwartungen der
gläubigen Juden u. der mit ihnen solidarischen Christen durch »Auschwitz« verstört. So steht die weitergehende Glaubensgeschichte im Zeichen
der ↗Hoffnung »gegen alle Hoffnung«.

Heiland, althochdeutsches Wort, auch heilant, altsächsisch heliand, Wiedergabe des kirchenlateinischen salvator = Retter, Erlöser; des hebr. jehoschua = josua = griech. Jesus = »JHWH ist Heil«; des griech. soter = Retter.
Der deutsche Begriff, belastet von der sentimentalen Jesusdeutung des
19. Jh., erreicht die Bedeutungsfülle des ursprünglichen Namens nicht.

Heilig, das Heilige, ein religiöser Grundbegriff, der in Religionsphilosophie, Religionswissenschaft, in den Bibelwissenschaften u. in der systematischen Theologie sehr unterschiedlich verstanden wird. Religionswissenschaftlich kann das Heilige alles dasjenige bezeichnen, was von
Menschen als unverfügbar verehrt wird, was als Macht, von der Menschen
völlig abhängig sind, erfahren wird. Religiöse Erfahrungen können die unterschiedlichsten Gestalten annehmen. Werden sie religionsphilosophisch
analysiert, dann zeigt sich ein Doppelcharakter des Heiligen in der Welt: Es
wird auf den »Höhepunkten« des Daseins erschütternd u. unberechenbar
wahrgenommen, vor allem in der Liebe u. im Tod, u. zugleich entzieht es
sich unmittelbar in das Zweideutige u. Verhüllte hinein. Unter Umständen
wird das Heilige auf den Höhepunkten der Erfahrung als das Notwendige
verstanden, weil es allein ↗Sinn garantieren u. endgültiges ↗Heil in Aussicht stellen kann, u. gleichzeitig erscheint es als das Freie, weil es nicht
gefordert u. nicht durch Kulthandlungen erzwungen, sondern nur aus
dem (gnädigen) ↗Geheimnis erhofft werden kann. Dieser Doppelcharakter
des Heiligen läßt deutlich werden, daß es ein Ereignis ist. Seit dem Aufkommen der Analysen des Heiligen zu Beginn des 19. Jh. wird es bis zur
Gegenwart in äußerst zahlreichen Aspekten beschrieben. Viel beachtet
bleibt weiterhin die Beobachtung bei R. Otto († 1937), daß die Erfahrungen des Heiligen in furchterregender Scheu u. zugleich in einem faszinierenden, anziehenden Gefühl bestehen. Von da an scheint die Aufmerksamkeit für das intuitiv erspürte Heilige eine Art »Ausgleich« für die
Rationalität des theol. Denkens u. die »Entzauberung« der Welt zu sein,
in neuester Zeit auf das Unerklärliche u. Unverfügbare am Leben u. an der
Natur ausgedehnt (A. Schweitzer † 1965; H. Jonas † 1993 u. a.). Der Ereig-
nischarakter des Heiligen prägt dessen Erfahrungen, wie sie von der bibli-

schen Tradition bezeugt sind. Der »Heilige Israels« erscheint als der Ehr-
furchtgebietende, Geschichtsmächtige, absolut Erhabene, bei dessen Erfahrung die Menschen erst recht ihrer Nichtigkeit bewußt werden (↗Hei-
ligkeit Gottes). Bei dem bleibenden qualitativen Abstand zwischen dem
heiligen Gott u. den Menschen ist den Menschen dennoch eine dauerhafte,
wenn auch völlig unverfügbare innerste Nähe zum Heiligen geschenkt: im
↗Heiligen Geist. Die Verbindung von »heilig« mit »heilige Scheu« tritt im
NT zurück hinter der Bedeutung: »von Gott in Anspruch genommen«,
»erwählt« (↗Heiligkeit des Menschen). Was die neuere Religionswissenschaft am Phänomen des Heiligen besonders beschäftigt, die Erfahrung
des Furchterregenden u. Faszinierenden, des »Numinosen«, das kommt in
den biblischen Zeugnissen vor allem in den Erzählungen von Theophanien, von jähem Erschrecken u. blitzartigen Erleuchtungen zum Ausdruck.

Heilige Schrift. In vielen Religionen existieren »heilige Schriften«, die für
die Glaubensgemeinschaft konstitutive Bedeutung haben, auf göttlichen
Ursprung zurückgeführt werden, im Textbestand unantastbar sind u. für
die Lebensgestaltung der Glaubenden grundlegend sind. Die Bezeichnung
H. Sch. im Christentum geht auf Röm 1,2 (dort auf das AT bezogen)
zurück. – *1. Zu einer Theologie der H. Sch.* Die ↗Offenbarung Gottes ist
geschichtlich u. bedarf daher der weiteren Überlieferung; sie ist ein Wortgeschehen; sie ist ein sozial-kommunikativer Vorgang; sie wird von der
Glaubensgemeinschaft Kirche als »eschatologisch« verstanden, das heißt
als nicht mehr durch eine neue Offenbarung überholbar u. ersetzbar. Historisch gesehen ist es von Bedeutung, daß diese Offenbarung in eine
Menschheit mit Schriftkultur hinein erging. In theol. Sicht ist die H. Sch.
des Christentums die schriftliche Objektivation der ursprünglichen Offen-
barungsbotschaft, des apostolischen ↗Kerygmas, die unter dem besonderen urheberischen Einfluß des ↗Heiligen Geistes erfolgte, die so Quelle u.
Norm für die weitere Bezeugung dieser Offenbarung wird. – *2. Positive
Daten:* ↗Altes Testament, ↗Neues Testament. – *3. Göttliche Urheberschaft:*
↗Inspiration. – *4. Abgrenzung* der H. Sch. von anderen, nicht normativen
schriftlichen Objektivationen des Glaubens der frühen Kirche: ↗Kanon. –
5. »Irrtumslosigkeit« der H. Sch. Das II. Vaticanum berücksichtigte die bibelwissenschaftliche Erkenntnis, daß in der H. Sch. Unrichtigkeiten enthalten sind. Es unterschied zwischen Gott als dem »Urheber« der H. Sch.
u. den Menschen als deren »echten Verfassern«. Es vermied den Begriff
»Irrtumslosigkeit« u. lehrte statt dessen, daß die Bücher der H. Sch. »sicher, getreu u. ohne Irrtum die Wahrheit lehren, die Gott um unseres
Heiles willen in heiligen Schriften aufgezeichnet haben wollte« (DV 11).
Bei Verdacht auf Irrtümer ist zu untersuchen, was die Absicht einer Aussage u. deren Grenzen sind, unter genauer Berücksichtigung der literari-

schen Gattung (DV 12). Der »Sitz im Leben« einer Aussage ist zu berücksichtigen. Die unvermeidlichen »Randunschärfen« jeder menschlichen
Aussage sind mit zu bedenken. Aussageinhalt u. -absicht sind zu unterscheiden von bloßer Berichterstattung über gängige Meinungen (auch im
Hinblick auf Schriftzitate innerhalb der H. Sch.). Perspektivitäten u. Mentalitäten (z. B. des Apostels Paulus als eines Konvertiten) sind zu beachten.
Zu bedenken bleibt, daß vieles an Text u. Inhalt der H. Sch. noch dunkel ist
u. möglicherweise für immer dunkel bleiben wird. Die Bibelwissenschaft
hat das Recht, Textaussagen, die nicht unmittelbar eine Heilswirklichkeit
betreffen, nach den Maßstäben der heutigen Kriterien für Wahrheit u.
Richtigkeit zu beurteilen. – 6. *Zur Interpretation der H. Sch.:* ↗Bibelwissen-
schaften, ↗Hermeneutik, ↗Schriftsinne. – *7. H. Sch. u. kirchliches Lehramt.*
Wenn die H. Sch. als Objektivation des ↗Wortes Gottes gilt u. als solche
immer nur im lebendigen Zeugnis der verkündigenden (u. damit auch
lehrenden) Kirche erkannt werden kann, u. wenn Verkündigung (u. damit
auch Lehre) der ↗Urkirche legitim weitergeführt werden, dann ergeben
sich daraus ein innerer Zusammenhang von H. Sch. u. kirchlichem ↗Lehr-
amt u. die Legitimität der lehramtlichen Schriftinterpretation. Damit stehen Kirche u. Lehramt nicht über der H. Sch., wohl aber über deren individueller Auslegung. Zur Kirche in ihrem nicht-menschlichen Ursprung
gehört als ein inneres Moment die H. Sch. Die Treue zu diesem Ursprung
ist durch den Heiligen Geist garantiert u. ist damit immer auch Treue zur
H. Sch. Weil das Lehramt nur bezeugen u. weitergeben kann, was im
apostolischen Kerygma der Urkirche als geoffenbart bezeugt ist, u. weil
dieses Kerygma in der H. Sch. rein u. unverfälscht objektiviert ist, bleibt
die H. Sch. verpflichtende Quelle u. Norm für das Lehramt (DV 10). –
8. H. Sch. u. Tradition. Die Weitergabe des apostolischen Kerygmas als
autoritative, aktuelle Lehrverkündigung eines Inhalts *als* eines apostolisch
geoffenbarten Inhalts heißt ↗Tradition im theol. Sinn. Insofern die Erkenntnis der Inspiration u. des Kanons der H. Sch. auf die Tradition
zurückgeht, ist die Tradition bleibend der H. Sch. »vorgeordnet«. Wenigstens in diesem Sinn gelten H. Sch. u. mündliche Tradition in gleicher
Weise als Quelle u. Norm für die Lehrverkündigung der Kirche (DV 8–10;
LG 25). Dabei bleibt unbestritten, daß die mündliche Tradition der Kirche
auf die H. Sch. als Quelle u. Norm zurückgreifen muß (DV 10). In der
kath. Kirche u. Theologie besteht eine Kontroverse darüber, ob die Tradition nach der Konstitution der H. Sch. außer bei der Erkenntnis der Inspiration u. des Kanons auch noch materiale Glaubensinhalte weitergebe, die
in keiner Weise aus der H. Sch. erhoben werden können. Das II. Vaticanum hat diese Frage bewußt offen gelassen. Nach ihm sind H. Sch. u. Tradition zusammengefaßt in der »apostolischen Predigt«, die in der H. Sch.
»besonders deutlichen Ausdruck« gefunden hat. Der Tradition kommen

die Funktionen der Erkenntnis des vollständigen Kanons (DV 8) u. der Vergewisserung über alles Geoffenbarte zu (DV 9). In den kirchlichen Lehraussagen existieren keine konkreten Angaben über material-inhaltliche Sätze, die nur durch mündliche Tradition vermittelt seien. Auch bei definierenden Lehren, die weitab von der H. Sch. zu liegen scheinen, sucht das Lehramt ein »letztes Fundament« in der H. Sch. nachzuweisen. Der Nachweis, daß heute existierende Dogmen nur auf ein mündliches apostolisches Kerygma zurückzuführen seien, ist nicht leichter als der Versuch des Nachweises, daß ein heutiges Dogma die »Explikation« dessen ist, was »implizit« in der H. Sch. gesagt ist (so die Prinzipien der ⁊Dogmenentwicklung). In Zweifelsfällen kann nur durch die H. Sch. entschieden werden, was unter den überlieferten Inhalten der Tradition nur menschliche u. was göttlich-apostolische Tradition ist. – *9. Die H. Sch. als Quelle u. Norm des Glaubenslebens.* Die H. Sch. beider Testamente rühmt die Lebensbedeutung der Schriftlesung. Nach dem Beispiel der Synagogen gestalteten die frühchristlichen Gemeinden ihre Wortgottesdienste mit Schriftlesung. Das II. Vaticanum hob die Praxis des Glaubens aus dem ⁊Wort Gottes (DV 21–25), die Bedeutung der H. Sch. in der Liturgie (SC 7, 24, 35, 51, 92) u. als Glaubens- u. Lebensnorm bei nichtkatholischen Christen (LG 15) hervor.

Heiligenverehrung. In vielen Religionen werden lebende u. vor allem verstorbene Menschen verehrt, ihr Vorbildcharakter wird hervorgehoben, die Stätten ihres Lebens u. ihre Gräber sind Ziele von Wallfahrten, ihre ⁊Reliquien u. Bilder stehen in hohem Ansehen. Schon der Anblick u. erst recht der körperliche Kontakt mit lebenden Wundermenschen (»vir Dei«) versprechen Segen, von den verstorbenen Heiligen erhoffen sich Menschen Schutz u. Wunder. Alle diese Eigentümlichkeiten prägen auch die H. im Christentum, vor allem in der röm.-kath. Kirche u. in den orthodoxen Ostkirchen. Das erste Zeugnis der christlichen H. betrifft den Märtyrer Polykarp († um 156). Zu denen, die um des Glaubens willen das ⁊Martyrium auf sich genommen haben (vgl. deren Hervorhebung in der Offb), werden kurze Zeit danach die »Bekenner« gesellt, die um des Glaubens willen gefoltert wurden. Im 4. Jh. wird die Verehrung von Asketen u. von Soldatenheiligen bezeugt. Von da an werden die kirchlich verehrten Heiligen nach Gruppen u. Typen zusammengefaßt. Die Idee einer Fürsprache der bei Gott Vollendeten scheint durch Origenes († 253) von dem jüdisch-hellenistischen Philosophen Philon († 50 n. Chr.) übernommen worden zu sein. Sie spielt in der Marienverehrung (⁊Hyperdulie) von Anfang an eine bedeutende Rolle. In theol. Sicht ist die H. Ausdruck des Glaubens an die Rettung aus dem Tod u. an die Solidarität, die sich die Glieder der Kirche untereinander mit Hilfe der Gnade Gottes erweisen, auch indem sie ihnen

Möglichkeiten u. Wege des Glaubens (»vorbildlich«) aufweisen. Die Vorstellung, bei Gott vollendete Menschen könnten neue, von ihrem irdischen Leben unabhängige Initiativen entfalten, ist zumindest problematisch. Die Meinung, Heilige könnten Gott oder Jesus Christus in ihrem Zorn umstimmen u. von strengen Strafgerichten abhalten, ist Aberglaube. Die Initiativen zur H. gingen durch Jhh. vom »gläubigen Volk« aus, dem die von ihm verehrten Menschen natürlich vertraut waren. Die Praxis der Heiligsprechungen u. ihnen vorausgehend der Seligsprechungen in der röm.-kath. Kirche beruht auf dem Anspruch des Papstes, nach einem »Kanonisationsprozeß« ein Urteil über das geglückte Leben von Dienern u. Dienerinnen Gottes abgeben zu können (besondere Christusnachfolge, heroische Tugenden). Die erste Heiligsprechung durch einen Papst erfolgte 993. Seit 1588 sind die Selig- u. Heiligsprechungen dem Papst vorbehalten; im letzten Viertel des 20. Jh. nahmen sie gewaltige Ausmaße an. Da die Mehrzahl der proklamierten Heiligen der Mehrzahl der Christen unbekannt ist, bleibt das Verfahren weitgehend wirkungslos. In den orthodoxen Ostkirchen wird eine bestehende H. durch Synodenbeschluß anerkannt. Wegen der Ideen der Gnadenvermittlung u. der Fürsprache durch die Heiligen im Himmel lehnten die Reformatoren die H. u. vor allem auch Eucharistiefeiern »zu Ehren« von Heiligen ab, erkannten aber das ehrende Gedächtnis der Heiligen, ihre Beispielhaftigkeit u. den Dank an die Gnade Gottes für das Geschenk der Heiligen an. Kath. Christen genießen in der Praxis eine große Freiheit im Hinblick auf ihre H.

Heiliger Geist. Zu den Begriffen u. biblischen Zeugnissen: ↗Pneuma, ↗Paraklet, ↗Geist. *1. Zur Theologiegeschichte.* Das Interesse des theol. Nachdenkens wandte sich in den ersten Jahrhunderten dem H. G. weniger zu, wenn auch die biblischen Texte in Verkündigung u. Meditation breiten Raum einnahmen. In der Abweisung des ↗Patripassianismus u. ↗Sabellianismus wurde der H. G. eher beiläufig mitgenannt. Im Gefolge der Auseinandersetzung des 4. Jh. mit dem ↗Arianismus konzentrierte sich die Diskussion mit den ↗Makedonianern thematisch auf den H. G., wobei Athanasius († 373) u. die ↗Kappadokier auf der Seite der Großkirche die führende Rolle spielten. Unter arianischem Einfluß entstand die These, der H. G. sei ein Geschöpf Gottes, eine geschaffene Kraft. Um dem Spott zu entgehen, wenn Jesus entsprechend dem Konzil von ↗Nikaia wesenseins mit Gott sei u. der H. G. ebenso, dann seien Jesus u. der H. G. Brüder, verwendete das Konzil von ↗Konstantinopel 381 den Begriff ↗Homoousios für den H. G. nicht, sondern es teilte ihm göttliche Attribute zu (↗Kyrios, Lebendigmacher), bekannte sich zu seinem Ausgang vom göttlichen ↗Vater, u. stellte die Anbetung u. Verherrlichung des H. G. zusammen mit Vater u. Sohn fest. In der Folge gelangte die theol. Redeweise von dem einen göttlichen Wesen (griech. »ousia«, lat. »substantia«) in drei ↗Hypostasen, unter ihnen der H. G., zu offizieller Geltung. Die Theologie bemühte sich fortan, die genauere Eigentümlichkeit des »Hervorgangs« des H. G., gerade auch in seinem Unterschied zum »Hervorgang« des göttlichen ↗Logos, näher zu ergründen, wobei verschiedene philosophische Begriffe u. Metaphern verwendet wurden. Augustinus († 430) verstand in seiner einflußreichen Trinitätstheologie den H. G. als »Band der Liebe« zwischen Vater u. Sohn. In seiner Lehre von der ↗Einwohnung Gottes im Menschen konnte er an biblische Texte (Röm 5,5; ↗Schekhina) anknüpfen. Auf einen leidvollen Weg der Entfremdung von Ost- u. Westkirche führte die Einfügung des ↗Filioque in das Glaubensbekenntnis der Westkirche. Die scholastische u. reformatorische Theologie befaßten sich mit dem H. G. vor allem in den Lehrstücken über die ↗Gnade Gottes u. über die ↗Sakramente. Auf einen »personalistischen« Weg, der dem H. G. ein Eigensein im Sinn des neuzeitlichen Verständnisses von ↗Person zuschreibt u. damit die Einheit u. »Einfachheit« Gottes auflöst, führte die Spekulation des schottischen Augustiners Richard von St. Victor in Paris († 1173), der den H. G. als »gemeinsam Geliebten« des »liebenden« Vaters u. des »geliebten« Sohnes bezeichnete. Die ostkirchlich-orthodoxe Theologie wandte sich dem H. G. in zwei Phasen zu. In der ersten bis zum 14. Jh. galt ihre besondere Aufmerksamkeit dem Wirken des H. G. in der Gnade, das sie als ↗Vergöttlichung des Menschen thematisierte. In der darauf folgenden zweiten Phase entstand die spezifisch ostkirchliche »pneumatologische ↗Ekklesiologie« mit einer besonderen Schwerpunktsetzung bei der ↗Epiklese in dem kirchenkonstitutierenden Sakrament der Eucharistie. Neuere ostkirchliche Theologen möchten die ganze Theologie »pneumatologisch« geprägt sehen. Im II. Vaticanum wiesen die orthodoxen Gäste auf das »pneumatologische Defizit« der lat. Theologie u. Kirche hin, so daß das Konzil den H. G., seine Gaben u. Wirkungen, gerade auch in der Heiligung u. in der Vermittlung des ↗Glaubenssinns sowie seine Gegenwart in den konfessionell getrennten Kirchen relativ häufig erwähnte. – *2. Systematisch.* Eher als in den Spekulationen über innergöttlichen Ausgang, »Hauchung« usw. kann der H. G. im Glauben erfaßt werden in seinen Wirkungen u. in den von ihm geschenkten Erfahrungen. Theologisch lassen sie sich von der ↗Selbstmitteilung Gottes her in Worte fassen, wenn auch nicht begreifen: Im geschichtlichen Verhältnis Gottes zur Welt offenbaren sich zwei Grundweisen der göttlichen Selbstmitteilung, als Wahrheit, die sich geschichtlich ereignet u. den Menschen zukommt als Angebot göttlicher Zuneigung u. Treue, u. als Liebe, die sich nicht nur schenkt, sondern die auch die Annahme ihrer selbst bewirkt u. – wenn menschliche Freiheit das nicht verhindert – die ↗Transzendenz des Menschen auf Gott als absolute u. vollendende Zukunft des Menschen hin öffnet. Wenn Gott sich so aus sich selber heraus-»wagt«, nicht um zu sich selber zu kommen, um sich zu »verwirklichen«, sondern um sich dem andern zu »geben« (was bedeutet, daß Gott so groß ist, daß er frei am andern »kleiner« wird), dann ist das ↗Liebe. Das ist Gott als »Heiliger Geist«. Dieser H. G. ist schöpferisch u. lebendigmachend, er ist der weltimmanente Gott, der wahrhaft Neues entstehen läßt (↗Selbsttranszendenz). Er ist der Geist der ↗Gnade, das innere Beten u. Rufen, der Trost, Impulsgeber, Heiligung, das Bewußtsein, in der Freiheit der Kinder Gottes (Röm 8, 21) zu existieren. Er ist der Geist als Gegner der ↗Welt im negativen Sinn, der Sünde, der Apathie, der Egozentrik, der Geltungssucht. Der Geist ist die Kraft der Verwandlung, die über den Tod hinausdrängt zur Auferstehung u. zur Vollendung der Schöpfung. Er ist der Geist, der Menschen sucht u. in den Dienst für andere beruft, der durch menschliches Mit- u. Füreinander die Menschen auf Gott hin öffnen u. ihnen die Einheit von Gottes- u. Menschenliebe erschließen will, u. so ist er der Geist der Kirche, in der er in immer neuen Impulsen u. Aufbrüchen, aber auch im ↗Amt lebt. Da er »weht, wo er will« (Joh 3, 8), ist er in der Menschheit von Anfang an gegenwärtig u. am Wirken, nicht nur in der Zeit u. in den Grenzen der Kirche. – Die neuere ↗Pneumatologie auf kath. u. teilweise auch auf ev. Seite ist großteils geprägt durch die Konstrukte einer »Personenkommunität« in Gott. Ferner sind Vorbehalte gegen das Verständnis des Geistes überhaupt als Bewußtsein zu konstatieren, das gegen das Verständnis des Geistes als Leben ausgespielt wird. Beide Einseitigkeiten sind eher dazu angetan, ein bewußtes Bejahen des göttlichen Geistes als das »Bei-uns-Sein« des einen Gottes, des inneren Du-Partners des Menschen, zu behindern als zu fördern. Das innere Bei-uns-Sein Gottes bedeutet eine werbende Stimme, einen Appell an das Gewissen, nicht aber geschichtsmächtiges Eingreifen. Das ist bei der Rede vom H. G. nach »Auschwitz« stets mit zu bedenken.

Heiligkeit der Kirche ist in der Sicht der kath. Theologie eines ihrer Wesensmerkmale, die zugleich Erkennungszeichen sind, so daß die ↗Kirche also an ihrer Heiligkeit als die Kirche Jesu erkannt werden kann. Es ist nicht legitim, die H. d. K. auf die Ersterwählung Israels zum einzigartigen Eigentumsvolk Gottes zurückzuführen. Die H. d. K. geht auf das NT zurück, denn die apostolische Verhaltensweise gegenüber der Existenz schwerer Schuld in den Gemeinden ist von der Sorge um die H. d. K. bestimmt (↗Bußsakrament). Das Bekenntnis zur H. d. K. findet sich in den auch ökumenisch geltenden ↗Glaubensbekenntnissen. »Objektiv« bedeutet die H. d. K., daß die Kirche das Medium des Heils u. der Gnade Gottes in der Welt ist, von Gott in Dienst genommen u. daher zur Erfüllung ihrer Aufgabe verläßlich zugerüstet (II. Vaticanum LG 1, 9, 48, 59; GS 42, 45

u. ö.). »Subjektiv« bedeutet sie, daß es der Kirche nie an der »Wolke der Zeugen« (Hebr 12, 1), an subjektiver Heiligkeit ihrer Glieder fehlen werde (↗Heiligkeit des Menschen). Diese Lehre wäre mißverständlich ohne die andere Glaubenslehre (definiert seit dem Konzil von ↗Konstanz), daß die Sünder zur Kirche gehören (wie das in Erklärungen, von der Zeit des ↗Montanismus bis zu der des ↗Jansenismus, immer wieder festgehalten wurde), so daß die Kirche zugleich eine Kirche der Sünder ist (Mt 13, 47–50; 18, 17 u. ö.). Das heißt nicht nur, daß es *in* der Kirche Sünder gibt, sondern auch, daß die Kirche selber sündig ist, insofern ihre Glieder auch als Repräsentanten der Kirche Sünder sind u. sein werden, so daß die Kirche selber ständiger Erneuerung u. Läuterung bedarf (II. Vaticanum UR 4, 6 u. ö.). Mit dem Bekenntnis zur H. d. K. ist also nur gesagt, daß die Kirche durch Schuld nie so entstellt werden kann, daß der ↗Heilige Geist völlig aus ihr weichen würde oder sich nie mehr in ihr geschichtlich darstellen könnte. Durch die Gnade Gottes ist die Kirche im voraus zum tatsächlichen Verhalten ihrer Repräsentanten davor bewahrt, grundsätzlich u. wesentlich aus der Gnade u. den Verheißungen Gottes herauszufallen. Die Sünde der Kirche ist nie die Offenbarung des »Wesensgrundes« der Kirche.

Heiligkeit des Menschen. Mit diesem Wort ist nicht jene herausgehobene Existenzweise gemeint, der die ↗Heiligenverehrung gilt. Vielmehr bezeichnet H. d. M. im kath.-theol. Sinn eine Wirkung der ↗Rechtfertigung des Menschen. In biblischer Sicht ist die *Heiligung des Menschen* die auserwählende, berufende u. den Menschen zu einer bestimmten Sendung qualifizierende Tat Gottes, der in seiner Gnade den Menschen allererst zu einer Leistung befähigt. Nach dem Zeugnis beider Testamente ist die Glaubensgemeinschaft berufen, heilig zu sein wie Gott heilig ist. In der Sicht der systematischen Theologie kann die H. d. M. als gewährte Teilhabe an der ↗Heiligkeit Gottes verstanden werden, da sie übernatürliche ↗Gnade, d. h. ↗Selbstmitteilung des heiligen Gottes an den Menschen ist. Da nach kath. Lehre (besonders des Konzils von ↗Trient) die Rechtfertigung unlösbar mit der Gabe der »göttlichen« ↗Tugenden ↗Glaube, ↗Hoffnung u. ↗Liebe verbunden ist, bedeutet die H. d. M. ein absolutes (wenn auch verlierbares) Überantwortetsein an den Gott des ewigen Lebens, wie er selber ist, u. zugleich die Aufgabe, diesen Gott im Glauben zu bezeugen u. das Leben seinen Weisungen gemäß zu gestalten.

Heiligkeit Gottes bezeichnet die von Gott selber nach den Zeugnissen der biblischen Offenbarung mitgeteilte Eigentümlichkeit (↗Eigenschaften Gottes), daß er in seiner transzendenten ↗Herrlichkeit u. in übermächtigem Leben über alles Nichtgöttliche unendlich erhaben, jeder Verfügung von

»außen« von vornherein entzogen *und zugleich* in Liebe dem Nichtgöttlichen zugeneigt ist, um die Kreatur Mensch unter Vergebung der Schuld voll Erbarmen in sein eigenes göttliches Leben hineinzuziehen. Beide Grundzüge der Gottesoffenbarung des AT bewahrt das NT, indem es Gott als den ↗Vater Jesu u. in ihm auch als unseren Vater zeigt *und ihn zugleich* als den Gott eines unbegreiflichen u. furchtbaren Willens bekennt, der in unzugänglichem Licht thront (Hebr 10,31; 1 Petr 5,6; 1 Tim 6,16). Die dogmatische ↗Gotteslehre betont vor allem den Aspekt unendlicher Erhabenheit in der H. G., seine »objektive Heiligkeit«, der das Geschöpf die ↗Anbetung absolut schuldet, u. seine »subjektive Heiligkeit«, in der Gott die letzte u. höchste Norm alles Sittlichen ist, so daß er (analog gesprochen) seine eigene Güte notwendig liebt, ohne daß dies vom Menschen als »einsame Selbstliebe« aufgefaßt werden dürfte.

Heiligmachende Gnade heißt in der kath. Theologie ein besonderer Aspekt der ↗Gnade Gottes, nämlich jenes Handeln Gottes am Menschen in der ↗Rechtfertigung, das nicht nur in einer eschatologischen Verheißung oder in einer äußeren Anrechnung besteht, sondern ein gegenwärtiges, heilendes, vergebendes, zuständliches u. innerliches »Heilsgut« ist. Diese Auffassung hat ihre biblischen Anhaltspunkte: Das (an sich einmalige) Ereignis der ↗Metanoia, das Gläubigwerden u. die ↗Taufe werden als Neuschöpfung, als neue Geburt »von oben« (↗Wiedergeburt), als ein Neugewinn des Lebens aus dem Tod u. vor allem als Gabe des göttlichen ↗Pneuma (↗Heiliger Geist), die real verändernde Wirklichkeit Gottes selber (2 Petr 1,4), verstanden. Dieses bleibende, innere, wirksame Mitgeteilt-Sein des Gottesgeistes zusammen mit seinen Auswirkungen im Menschen heißt H. G. Die amtliche Lehre darüber findet sich in den Texten des Konzils von ↗Trient: In der Rechtfertigung werden die Sünden wahrhaft getilgt, so daß der Mensch aus einem Sünder ein Gerechter wird, u. zwar nur u. ausschließlich durch die ungeschuldete, unverdienbare Tat der Gnade Gottes in Jesus Christus. Diese Vergebung wandelt den Menschen innerlich um, sie heiligt ihn, die Gnade u. Gaben werden ihm wirklich zu eigen gegeben (was nicht heißt, daß sie eigenmächtig verfügbar werden), so daß diese Gnade als »eingegossene« oder »innerlich anhaftende« bezeichnet wird u. *diese* von Gott geschenkte Gerechtigkeit die einzige formale Ursache der Rechtfertigung ist. Mit der H. G. sind die »theologischen« ↗Tugenden identisch u. unlösbar verbunden. Weil die H. G. dem Menschen »eingegossen« u. »effizient gewirkt« ist, wird sie in Trient als »geschaffene« Qualität gesehen u. so der ungeschaffenen Gnade gegenübergestellt. Aber es wird auch von der Salbung u. Siegelung durch den Heiligen Geist selber gesprochen. Da zugleich an den Lehren von der Freiheit Gottes beim Geschenk der Gnade, von der notwendigen ↗Disposition des Menschen u. vom Wachstum der Gnade festgehalten wird, kann diese Gnade als »ungleich« in den einzelnen Gerechten bezeichnet werden. Als formale Wirkungen der H. G. werden Rechtfertigung, also Vergebung der Sünden u. innere Gerechtigkeit, Gotteskindschaft u. Gottesfreundschaft, Einwohnung Gottes, Anwartschaft auf die Seligkeit, Angliederung an Jesus Christus u. Teilhabe an der göttlichen »Natur« genannt. Durch die »schwere« persönliche ↗Sünde ist diese H. G. verlierbar. Dieser personal verschuldete Verlust darf nicht mit dem Fehlen der H. G. aufgrund der ↗Erbsünde verwechselt werden (übernatürliches ↗Existential, ↗Heilswille Gottes).

Heilsakt ist ein Fachbegriff der kath. Dogmatik, der ein von Gott ermöglichtes Tun des Menschen positiv auf die ↗Rechtfertigung hinordnet (»actus mere salutaris«) oder, bei einem schon gerechtfertigten Menschen, positiv zum Weg zur Vollendung in der ↗Anschauung Gottes beiträgt (in der Kirchensprache: ein von Gott ermöglichtes ↗Verdienst, »actus salutaris et meritorius«). Nach dogmatisch verbindlicher Lehre ist zu jedem einzelnen H., auch zum allerersten Beginn des Glaubens, die ungeschuldete ↗Gnade Gottes absolut notwendig.

Heilsgeschichte, ein im 19. Jh. entstandener, viel diskutierter Begriff, der besagt, daß Gott mit seinem universalen ↗Heilswillen die Geschichte der ganzen Menschheit umfaßt, einem jeden Menschen in ihr sein ↗Heil angeboten hat u. anbietet u. daß faktisch seine Gnade u. seine Rechtfertigung in der Menschheit geschichtlich konkret realisiert wurden. H. bedeutet sodann die Geschichte dieser Konkretisierungen der Heilserfahrungen innerhalb der Menschheitsgeschichte. Vertreter einer strengen ↗Christozentrik haben zudem geltend gemacht, daß der Begriff H. auch besage, daß die vor- u. außerchristlichen Heilserfahrungen auf die Heilszeit in Jesus Christus hingeordnet sind. Voraussetzung für diesen Begriff H. ist somit, daß die Menschen nicht nur innerhalb ihrer Geschichte auf Gottes Gnade hoffen u. sie, von Gott dazu befähigt, auch annehmen u. in sich wirksam werden lassen können, sondern daß die Gnade selber geschichtlich u. die Geschichte in einer bestimmten Hinsicht, aber in ihrer ganzen Konkretheit selber Gnade ist. In einem *engeren Sinn* bezeichnet der Begriff H. die Geschichte jener Heilserfahrungen u. -konkretionen, die sich innerhalb der allgemeinen H. von dieser in der Reflexion unterscheidend abheben lassen. Analog zu dem Begriff einer »amtlichen« ↗Offenbarung kann man diese eigens bezeugte H. auch amtliche, spezielle oder besondere H. nennen. – *1. Biblisch.* Der Beginn dieser besonderen H. wird in der Befreiungserfahrung des ↗Exodus gesehen. Die theol. Reflexion Israels erbrachte die Einsicht, daß diese besondere H. aus der allgemeinen H. hervorgegangen ist (ohne diese aufzuheben); der Glaube Israels läßt die allgemeine, von der

unerschütterlichen Treue Gottes gekennzeichnete H. mit der Erschaffung
der Welt u. der Menschen beginnen. Der Glaube Israels ist davon überzeugt, daß Gott allen gegenteiligen Vorkommnissen zum Trotz die Geschichte in der Hand behält u. seinen Heils- u. Vergebungswillen wirksam
werden läßt. Die Erinnerungen an die Machttaten Gottes in der Vergangenheit werden allerdings immer stärker durch ↗Verheißungen ergänzt.
Diese Geschichtsauffassung ist u. bleibt diejenige des NT, das jedoch die
Perspektiven unterschiedlich zeichnet. In apokalyptischer Sprache werden
das Kommen u. Wirken Jesu als eschatologische Erfüllung der Verheißungen am »Ende der Zeit« (als die Zeit »erfüllt« war) gesehen. Sein Auftreten
gilt im lukanischen Doppelwerk als »Mitte der Zeit« (H. Conzelmann
† 1989). Viele Schriften des NT befassen sich mit noch nicht erfüllten Verheißungen u. mit der noch ausstehenden Vollendung des Heils, während
das johanneische Schrifttum das ↗Ewige Leben im ↗Jetzt beginnen läßt.
Die ↗Ekklesiologie des NT reflektiert die Aufgabe der Kirche in der weitergehenden H. Die Bedeutung von Glaubensabfall u. Sünde wird im NT
unterschiedlich akzentuiert, doch bleibt es bis einschließlich der Offb die
feste Glaubensüberzeugung, daß Gott die Menschheitsgeschichte in Liebe
u. Vergebung zum vollendenden ↗Ende führen wird. – 2. *Theologiegeschichtlich-systematisch.* Mit dem Eintritt des Christentums in die »große
Weltgeschichte«, in der es sich in zunehmendem Maß nicht (wie das Judentum) als bloßes Objekt politischer Mächte erfuhr, wurden der theol.
»Wert« der weltgeschichtlichen Ereignisse u. Institutionen u. das Verhältnis der H. zur Weltgeschichte diskutiert (↗Geschichtstheologie). Im Zusammenhang mit dem Versuch, die Geschichte zu periodisieren, kam es
zu der Auffassung von dem erschöpften Kosmos u. der zu Ende gehenden
Geschichte. Der Gedanke, daß die weltliche Macht eine positive heilsgeschichtliche Funktion habe, verschwand jedoch nie ganz, er lebte neu
auf, als das Papsttum des 11. Jh. diese Macht für sich beanspruchte. Für
die mittelalterliche Theologie war die Zentrierung der H. im Heilsereignis
Jesus Christus selbstverständlich. Ein eigenes Interesse richtete sich auf die
im Evangelium erwähnten Anzeichen des Endes der Welt u. ihrer Geschichte (zuweilen verbunden mit dem ↗Chiliasmus oder mit der Erwartung des ↗Antichrist). Die Überzeugung, daß Gott die Weltgeschichte
durch Vorsehung u. gezieltes Eingreifen lenkt u. mitten in ihr u. teilweise
durch ihre weltlichen Ereignisse die H. planvoll verwirklicht, hielt sich bis
ins 19. u. 20. Jh. durch u. führte zu viel diskutierten heilsgeschichtlichen
Darstellungen (K. Barth † 1968, O. Cullmann † 1999 u. a.). Diese kamen
bei aller Verschiedenheit darin überein, daß sie zwischen H. u. Profange-
schichte als zwei parallel (»koextensiv«) verlaufenden, dem Wesen nach
strikt geschiedenen Wirklichkeiten unterschieden. Die Kritik an diesen
Darstellungen bezog sich darauf, daß in der Sicht des Glaubens eine we-

sentliche Scheidung von ↗Sakral und profan nicht möglich ist, weil sie der ↗Selbstmitteilung Gottes an die *ganze* geschaffene Wirklichkeit u. der Annahme der weltlichen Wirklichkeit durch Gott widersprechen würde. Außerdem haben die Theorien der gezielten punktförmigen Eingriffe Gottes in den Geschichtsablauf die von Gott gewollte u. bewirkte Einsetzung der Menschen in ihre ↗Freiheit u. ↗Autonomie als positive Geschichtsfaktoren minimalisiert (oft fast nur unter dem Gesichtspunkt der Sünde gesehen). Schließlich mußte die Theologie einsehen, daß ihr eine Entschlüsselung des Heilsplans angesichts des unbegreiflichen ↗Geheimnisses Gottes u. der nicht beantwortbaren ↗Theodizee-Frage nicht möglich ist. Die von Menschen herbeigeführten Katastrophen u. ausgeübten Verbrechen können nicht als Gerichtsinszenierungen Gottes ausgegeben werden. Es ist der erneuerten ↗Christologie auch nicht gelungen, die Zäsur der H. im Ereignis Jesu Christi, seine universale (universalgeschichtliche) u. kosmische Bedeutung überzeugend herauszuarbeiten. Der versuchsweise eingeführte Begriff eines vorweggenommenen Endes der Geschichte bei weitergehender Geschichte (↗Antizipation) erwies sich als unbrauchbar (widersprüchlich). So ist eine fundamentale Krise der Theologie der H. nicht zu übersehen.

Heilsgewißheit bezeichnet als Begriff der reformatorischen Theologie einen so festen Glauben an die ↗Rechtfertigung, daß dieser ↗Fiduzialglaube sich mit keinem Zweifel am endgültigen ↗Heil des Menschen mehr vereinbaren läßt. Das Konzil von ↗Trient wies eine solche H. zurück, da ein glaubender Christ zwar an dem wirklich von Gott in Jesus Christus gewirkten Heil u. an Gottes allgemeinem ↗Heilswillen nicht zweifeln dürfe, dies aber den Zweifel an der eigenen heilshaften Verfassung noch nicht ausschließe. Hinsichtlich dieser sei ein Christ darauf angewiesen, die »festeste Hoffnung« auf Gott zu haben u. gleichzeitig sein endgültiges Schicksal in die souveräne Verfügung Gottes zu stellen. Dies war die traditionelle Lehre bei Thomas von Aquin († 1274), der statt von H. von Hoffnungsgewißheit sprechen wollte. Die kath. Lehre versuchte, der deutlich ausgesprochenen *praktischen* H. bei Paulus u. zugleich anderen biblischen Aussagen, nach denen ein Mensch sein Heil »in Furcht u. Zittern« wirken müsse, gerecht zu werden (Phil 2,12: 1 Kor 10,12; Hebr 12,29). Es handelt sich im Kern um ein Mißverständnis in der Kontroverse des 16. Jh., da auch M. Luther († 1546) nicht auf eigene Sicherheit bauen wollte. Ähnliches gilt vom Disput über Glaube u. Werke oder über das ↗Verdienst.

Heilsnotwendigkeit. Die theol. Redeweise von der H. geht von dem Grundgedanken aus, daß der absolut souveräne Gott vom Menschen die Verwirklichung eines bestimmten Sachverhalts erwarten kann, um ihm sein gnadenhaftes ↗Heil schenken zu können, zumal dann, wenn er die Verwirklichung des Erwarteten durch die Hilfe der göttlichen ↗Gnade selber ermögliche. Die Redeweise von der H. legt das Mißverständnis nahe, als erlasse Gott willkürliche Dekrete (oder als unterschiebe ihm kirchliche Autorität solche Dekrete). Die Lehre von der H. ist jedenfalls immer im Sinn des umfassenden ↗Heilswillens Gottes zu verstehen, der jedem einzelnen Menschen in Liebe zugewandt ist. Nach kath. Lehre sind zum Heil bei Gott notwendig: der ↗Glaube sowie die ↗Kirchengliedschaft, die durch den Empfang der ↗Taufe u. den Vollzug anderer Sakramente die grundlegende Realisation u. Aktualisation findet. Die Theologie unterscheidet zwischen *absoluter* H. u. *hypothetischer* H. Dieser Unterschied wird durch die Erklärung deutlich: Hypothetische H. besagt, daß dort, wo ein Mensch ohne eigene Schuld die H. eines Gebotenen nicht in vollem Umfang u. reflex erfaßt, ihn sein inneres Verlangen nach dem Heil, auch wenn ihm dieses Verlangen nicht reflex bewußt wird, das zum Heil Notwendige erfassen läßt, weil auch ein solches Verlangen nur von der zuvorkommenden ↗Gnade Gottes bewirkt sein kann (II. Vaticanum LG 16; GS 22; AG 7; ↗Votum; ↗Begierdetaufe). Dies ist besonders bei der Frage nach der H. der Kirche zu beachten (vgl. dazu auch ↗Extra Ecclesiam nulla salus). Hinsichtlich der H. des Glaubens ist zu bedenken: Jede wirklich sittliche Entscheidung, die dem Anspruch des ↗Gewissens gehorcht, bedeutet, weil sie nur von Gottes Gnade ermöglicht sein kann, eine implizite (einschlußweise) Anerkennung Gottes, der sich im Gewissen offenbart u. sich in der Gnade schenkt, so daß eine gehorsame Gesinnung gegenüber Gott (= Glauben) auch dort gegeben sein kann, wo die äußere, geschichtliche Botschaft einen Menschen nicht erreicht hat oder sie ihm innerlich nicht so vermittelt wurde, daß er sie mit eigener Zustimmung annehmen konnte (Röm 2,14 f.; II. Vaticanum aaO.). Vgl. übernatürliches ↗Existential, ↗Anonymes Christsein.

Heilswille Gottes. Das Glaubensbekenntnis zum H. G. bezieht sich nicht auf eine notwendige, »statische« Eigenschaft Gottes, sondern auf sein freies »personales« Verhalten, das von ihm selber in der Offenbarungsgeschichte als unwiderruflich mitgeteilt worden ist: Gott will das endgültige ↗Heil *aller* Menschen u. die Vollendung der *ganzen* Schöpfung in umfassendem Heil, u. er führt wirkend u. wirksam dieses Heil im Geschehen der Geschichte herbei. Das Umfassende an diesem Willen Gottes wird auch als *Heilsuniversalismus* bezeichnet. Er ist im Bund, den Gott »mit allem Fleisch, das auf Erden ist«, unwiderruflich schloß (Gen 9,8–17), in der Verheißung des Segens für alle Völker, die an ↗Abraham erging (Gen 12,3), wie in der prophetischen Verheißung der Sammlung aller Völker bei Gott auf dem Zion (Jes 2,2; Mich 4,1–4), als deren »sakramentale«

Vermittlung Israel dienen sollte (als »Bundesmittler für die Menschheit«: Jes 42,6) u. dient, unmißverständlich ausgesagt. Er ist erneuert u. bekräftigt in Jesus Christus, wie es das ganze NT bezeugt (kurz gefaßt in 1 Tim 2,1–6; 4,10). Nur eine sachfremde Exegese, die in das NT hineinliest, was es nicht sagen will, kann von »einer fortschreitenden Reduktion Israels« hin auf Jesus Christus sprechen. Die machtvolle Kraft des erbarmenden Willens Gottes umfaßt *alle* u. schließt auch die Sünde übermächtig ein (Röm 5,17f.; 11,32). Dieses Evangelium gilt als Zusage des Trostes u. der Ermutigung allen Völkern, ist aber auch vom warnenden Wort über das ↗Gericht Gottes begleitet, so daß eine beruhigte Sicherheit, die über eine »allerfesteste« ↗Hoffnung hinausginge, nicht möglich ist (↗Apokatastasis). Nach kirchlicher Lehre geschah das Kommen Jesu in die Welt allen Menschen zugute (Glaubensbekenntnis). Es wäre eine Häresie zu behaupten, daß Jesus nur für die Vorherbestimmten, nur für die ausdrücklich Glaubenden oder nur für die Kirchenmitglieder gestorben sei (↗Extra Ecclesiam nulla salus; ↗Prädestination; II. Vaticanum LG 16). Der in der ganzen Offenbarungsgeschichte ausdrücklich bekundete u. in Jesus Christus definitiv »festgemachte« allumfassende H. G. besagt, daß das Heil nicht *eine* von zwei Möglichkeiten ist, neben der Unheil u. ewige Verdammung als gleichrangige zweite Möglichkeit stünde, wobei das Geschöpf Gottes in seiner Freiheit dazu verurteilt wäre, autonom zwischen beiden Möglichkeiten wählen zu müssen. Die zuvorkommende, liebende u. vergebende Gnade Gottes bildet den Raum der Freiheitsentscheidungen der einzelnen Menschen. Sie umfaßt das Ganze der Freiheitsgeschichte, die zugunsten des Heils der Welt vorentschieden war u. entschieden ist.

Hellenismus (griech. = Griechentum) ist kein antiker, sondern ein erst 1836 eingeführter, allerdings weitgehend üblich gewordener Begriff, der zunächst eine Epoche meint, die im 4. Jh. v. Chr. begann u. spätestens mit der Ausbreitung des Islam im 7. Jh. n. Chr. endete. Sie war gekennzeichnet durch Verbreitung der griech. Sprache u. Kultur weit über das klassische Griechenland hinaus. Sehr differenzierte Forschungen befassen sich mit den Prozessen der Begegnung u. Verschmelzung griech. Mentalität mit den Daseinsdeutungen u. Gestaltungen anderer Kulturen. Von nachhaltiger Bedeutung war u. bleibt die Begegnung des H. mit dem Judentum (wobei hier nicht das tragische Geschick Israels unter hellenistischer Fremdherrschaft gemeint ist). Vor allem in Alexandrien versuchte das Diasporajudentum, ohne Verfälschung der Glaubenssubstanz die biblischen Aussagen in griechische Begrifflichkeit zu übersetzen u. das Gespräch mit der hellenistischen Philosophie aufzunehmen. Herausragende Zeugnisse dafür sind die Übersetzungsleistung der LXX u. die hellenistisch-allegorische Bibelauslegung Philons († um 50 n. Chr.). Für das Christentum ist

zunächst einmal unbestritten, daß seine Vermittlung in den ganzen mittel-
meerischen Raum einschließlich Kleinasiens u. seine schriftliche Überlieferung ohne die griech. Sprache (»Koine« = die Allgemeine) nicht möglich
gewesen wären. Über die Einflüsse hellenistischer Denkformen u. Schriften
auf das NT ist eine umfangreiche Diskussion im Gang (ein Konsens besteht
jedenfalls hinsichtlich des Einflusses der hellenistischen Ethik vor allem auf
die christlichen Tugendauffassungen). Eine weitere, ebenfalls unabge-
schlossene Diskussion erstreckt sich auf die Prägung u. eventuelle Entstel-
lung des »authentischen« Christentums durch den H. Anfänge eines Unbe-
hagens auf christlicher Seite finden sich bereits Ende des 2. Jh. (Tertullian
† um 220: »Was hat Athen mit Jerusalem zu schaffen?«); es lebte u. a. zur
Zeit des Humanismus u. der Reformation wieder auf. In der Neuzeit fand
der ⁊Platonismus der ⁊Kirchenväter (⁊Mittelplatonismus, ⁊Neuplatonis-
mus) Aufmerksamkeit; mit der Kritik an der ⁊Scholastik u. ihrer ⁊Meta-
physik ging oft die Kritik am ⁊Aristotelismus Hand in Hand. Eine neue
Qualität erreichten die Diskussionen durch A. von Harnack († 1930). Er
betrachtete das kirchliche Dogma insgesamt (die altkirchlichen Dogmen)
als zwar notwendiges »Werk des griechischen Geistes auf dem Boden des
Evangeliums«, erhob aber die programmatische Forderung, das Wesentliche des Christentums von der hellenistischen Philosophie zu befreien, um
es in den Kategorien einer modernen Philosophie zum Ausdruck zu bringen. Eine Voraussetzung Harnacks ist heute allgemein nicht rezipiert,
nämlich daß es je ein reines, authentisches ⁊Christentum u. so auch sein
»überzeitliches« Wesen gegeben habe, da Übereinstimmung darin besteht,
daß sich das Christentum als synkretistisches Phänomen dargestellt (⁊Syn-
kretismus). Von größter Aktualität ist dagegen die Frage nach der jeweiligen ⁊»Inkulturation« des Christentums, zumal in einer polyzentristisch-
pluralen Welt.

Henotheismus (griech. = Glaube an einen Gott), im 19. Jh. geprägter Begriff der Religionsgeschichte: In der Entwicklung von Religionen sei eine
Phase zu beobachten, in der ein Gott als höchster (eine Göttin als höchste)
verehrt werde, ohne daß andere Götter verneint würden. Daß dieser H. je
eine eigene Religion gebildet hätte, läßt sich nicht nachweisen.

Hermeneutik (griech. = die Lehre vom Verstehen), die mit der Begegnung
der Kulturen gegebene Notwendigkeit u. Methodik der Geisteswissenschaften, sich das Andersartige, vor allem Texte, durch ⁊Verstehen zu erschließen. Die Frage kann sich auf das Erfassen von Sinn u. Bedeutung
richten oder zusätzlich nach der ⁊Wahrheit des Fremden fragen. Die Philosophie der neuesten Zeit versucht, den Grund für die Möglichkeit von
Verstehen reflektierend zu klären. In der Antike, auch im Judentum u.

Christentum, wurde bei der Interpretation nicht mehr dem unmittelbaren Verstehen zugänglicher Texte der Zugang über die ↗Allegorie versucht; in der Bibelexegese wurde die Theorie der ↗Schriftsinne entwickelt. Neue geistesgeschichtliche Epochen machten immer neue Methoden u. Theorien der H. erforderlich. M. Luther († 1546) hielt an der Möglichkeit fest, daß die Heilige Schrift auch im einzelnen selber den Sinn u. die Wahrheit erschließe, so daß sie sich selber interpretiere, eine Auffassung, der sich der immer stärker werdende Anspruch des kath. ↗Lehramts auf verbindliche Schriftauslegung widersetzte. Mit dem Durchbruch geschichtlichen Denkens im 19. Jh. (↗Geschichtlichkeit) bahnte sich auch in der Theologie eine größere Wissenschaftlichkeit der H. an, die für die Sinnerfassung unentbehrlich ist, ohne daß die Fragen nach der ↗Wahrheit u. dem normativen Anspruch der Schrift allein dem Kriterium der Vernunft untergeordnet würden. Die hermeneutische Diskussion in der Philosophie des 20. Jh. (M. Heidegger † 1976; H.-G. Gadamer) hat das große Verdienst, aufgezeigt zu haben, daß jedes Verstehen durch ein »Vorverständnis« (seien es kulturelle Kontexte u. Traditionen, seien es »Vor-Urteile«) u. durch den dialogischen Charakter geprägt ist. Diese Einsichten wurden u. werden auch auf nicht-philosophische Wissenschaften bezogen. In der gegenwärtigen theol. Systematik werden wesentliche hermeneutische Aspekte in der Aufmerksamkeit für die ↗Analogie jeder theol. Aussage, für die je individuelle Überzeugungskraft des ↗Glaubenssinns u. für die Geschichtlichkeit u. Kontextualität jeder Wahrheitserkenntnis (auch in der Feministischen Theologie) thematisiert. Die polyzentrische Situation des Christentums erschwert die hermeneutischen Anstrengungen durch den ↗Pluralismus der Kulturen u. Mentalitäten ungemein; der ↗Fundamentalismus verweigert sich prinzipiell jeder H., da er Vor-Urteile ungeprüft übernimmt u. am Verstehen von Fremdem nicht interessiert ist.

Herrlichkeit Gottes heißt in der jüdischen Glaubenstradition »dasjenige« am transzendenten, unsichtbaren Gott, der im ↗Himmel thront, was sich bei den Menschen zur Erscheinung u. Erfahrung bringen kann. Schon in früher, vorexilischer Zeit besagt dieser Glaube, daß die H. G. im Tempel thront, von Betenden erfahren wird (Ps 24; 26; 63; 66). Sie kann aber auch in der Natur erscheinen. Im Zusammenhang mit dem Exil wird zunächst die Frage nach der Rückkehr der H. G. in den Tempel bewegend (Ez 8; 43). Die Erscheinung der H. G. am ↗Sinai hat für das Selbstverständnis Israels als des Bundesvolkes große Bedeutung. Vor allem aber entsteht in den Zeiten großer Bedrängnis die Erwartung einer endzeitlichen u. dann endgültigen, die Völker umfassenden u. die Erde erfüllenden Erscheinung der H. G. von Jerusalem u. dem Zion aus (Jes 4; 24; 40; 48; 60; 66; Sach 2,9 u.ö.). Vgl. für das Judentum auch ↗Schekhina. Im NT wird wie in der LXX die H. G. mit dem griech. »doxa« bezeichnet; die Bedeutung als Erfahrung des Glanzes der göttlichen Macht bleibt ebenso erhalten wie die Erwartung der endzeitlichen Offenbarung der H. G. (Mk 8,38; 13,26; Offb 21,23 f. u. ö.). Der H. G. gilt der Lobpreis in ↗Doxologien. In der durch Jesus vermittelten Offenbarung kam die »Herrlichkeit des Christus« zur Erscheinung (2 Kor 4,4). Die Teilhabe an der H. G. ist in einzigartiger Weise dem erhöhten Jesus Christus geschenkt worden (1 Kor 2,8; Hebr 2,7 9 u. ö.); sie wird auch den Glaubenden in Aussicht gestellt (Röm 5,2; 8,17). Die ganze Geschichte Gottes mit der Menschheit wird von der Schöpfung an als Bekundung der H. G. verstanden. In der Theologie- u. Kirchengeschichte blieb das Thema der H. G. weitgehend für die Liturgie u. deren Gotteslob reserviert. M. Luther († 1546) deutete die kirchliche Theologie der Gotteskenntnis u. der kirchlich vermittelten Gottesgegenwart als »theologia gloriae«, der er seine Theologie des ↗Kreuzes u. der ↗Verborgenheit Gottes entgegensetzte. In einer Theologie der ↗Ästhetik versuchte H. U. von Balthasar († 1988) Wahrnehmungen der H. G. in lichten u. dunklen Erscheinungsformen über die ganze Geistes- u. Offenbarungsgeschichte hin zu identifizieren.

Herrschaft Gottes, auch Reich Gottes, Königtum oder Königsherrschaft Gottes (hebr. oft »malkut JHWH«, griech. »basileia«), ein zentraler Begriff der Bibeltheologie. *1. Biblische Aussagen.* Auch ohne die relativ späte Verwendung des Begriffs H. G. prägt die Überzeugung von der H. G. den Glauben Israels von Anfang an. Sie äußert sich in der Erwählung, im schützenden Geleit, in der Rettung u. Verteidigung des Volkes durch Gott. Sie führt, auf die ganze Schöpfung u. das »Weltregiment« bezogen, zur Überzeugung von der Geltung des ↗Monotheismus; sie prägt die Gottesverehrung im Kult, am Sabbat u. an den Jahresfesten mit dem Bekenntnis »Gott ist König«, gegenwärtig, immer u. ewig. Die Prophetie erwartet die endzeitliche Offenbarung der über alles Widergöttliche siegreichen H. G. in einem universalen Friedensreich (Jes 11,1–9 u. ö.; vgl. auch die apokalyptische Version Dan 2,31–45; 7,2–8). Die Ankündigung der endzeitlichen H. G. ist der Inbegriff der Verkündigung Jesu. Das Errichten bzw. Offenbaren seiner Herrschaft kommt Gott allein zu (Mk 4,26–29; Lk 17,21); die Glaubenden sollen um ihr Kommen beten (Lk 11,2 par.). In Jesus ist sie nahegekommen (Mk 1,15; Lk 10,9 par.); seine Sendung mit dem Angebot der H. G. gilt zunächst Israel (Mt 10,5 f.). Sie wird den »Armen« geschenkt, die deshalb seliggepriesen werden (Lk 6,20 par.). Die Gleichniserzählungen verdeutlichen die völlige Andersartigkeit der H. G. u. ihrer Wertordnung gegenüber allen irdischen Herrschaftsstrukturen, aber auch die Möglichkeiten, sie hier u. jetzt (»punktuell-situativ«) schon zu verwirklichen. Obwohl Jesus das Ziel seiner Verkündigung, die Annahme der Botschaft von der H. G. in der Zeit seines Lebens, nicht erreichte, hielt er auch im Vorausblick auf seinen Tod an der Erwartung der H. G. fest (Mk 14,25 par.). Die nachösterliche Glaubensgemeinschaft stand zunächst ganz im Zeichen einer ↗Naherwartung der H. G.; sie führte, wie vor allem Lk u. Apg bezeugen, die Verkündigung der H. G., motiviert durch die Erfahrungen der Auferweckung Jesu, weiter. Als Bedingungen für das »Hineingelangen« in die H. G. werden das ↗Bekenntnis zu Jesus u. das Tun der größeren ↗Gerechtigkeit genannt. Aus Ehrfurcht vor dem Gottesnamen umschreibt Mt den Begriff der H. G. mit »Himmelreich«, ohne damit die Erwartung der H. G. in ein ↗Jenseits zu verlagern. Das Thema der H. G. hat im Rahmen des ganzen NT nur in den synoptischen Evangelien diese große Bedeutung. Das verschiedentlich genannte »Reich Christi« ist mit der H. G. nicht identisch. Ebenso wenig gibt es im NT Anhaltspunkte, die Kirche mit dem »Reich Gottes« gleichzusetzen; die Kirche hat die Verkündigung der H. G. fortzuführen, die Möglichkeiten, die konkrete Praxis der H. G. auch in kleinen u. kleinsten Verhältnissen auszuüben, darzustellen u. die Hoffnung auf die Erscheinung der bleibenden universalen H. G. lebendig zu erhalten (Offb 20f.; 1 Kor 15). – *2. Zur Theologiegeschichte.* Gegenüber der »diesseitigen«, schöpfungsbejahenden Auffassung der H. G. bei Jesus wurde u. wird das Thema in der Theologiegeschichte gravierend verändert, u. zwar in dreifacher Hinsicht: Christologisch wird gesagt, ↗Jesus Christus in Person sei das Reich Gottes; ekklesiologisch wird die ↗Kirche als Reich Gottes oder wenigstens als Reich Gottes auf Erden bezeichnet; eschatologisch wird die Verwirklichung der H. G. weltjenseitig im ↗Himmel gesehen. Augustinus (†430) meint in seiner Darstellung des Kampfes zwischen dem Reich des Guten u. dem des Bösen mit dem Reich des Guten nicht die biblisch angesagte H. G., sondern die in der Kirche verwirklichte Herrschaft Christi. Die ekklesiologisch verengte Sicht begegnet bei mittelalterlichen Päpsten, während die eschatologische Konzeption bei Joachim von Fiore (†1202) u. Thomas von Aquin (†1274) zur Geltung kommt, bei Thomas jedoch mit dem Gedanken einer spirituell-innerlichen Gegenwart der H. G. (in Gerechtigkeit, Friede u. Freude der Glaubenden). Ebenso innerlich ist die Konzeption der H. G. in M. Luthers (†1546) ↗Zwei-Reiche-Lehre. J. Calvin (†1564) vertrat dagegen die Möglichkeit, die H. G. als Gegenentwurf zu den weltlichen Gesellschaften irdisch durchzusetzen. In der Neuzeit lebte der Gedanke von der H. G. im Hinblick auf das Programm, sittliche Ideale hier u. jetzt zu verwirklichen (von I. Kant †1804 bis zur ev. ↗Liberalen Theologie), u. im Hinblick auf die Durchsetzung der Vernunft im Weltprozeß (G. W. F. Hegel †1831) weiter. Versuche der Erneuerung der kath. Theologie im 19. Jh. führten zu einer Wiederbelebung des Themas von der H. G. im Zeichen der Versöhnung des Christentums mit der neuzeitlichen

Kultur. Während in der übrigen kath. Theologie von der Gegenreformation bis zur Neuscholastik einschließlich die röm.-kath. Kirche in ihrer konkreten hierarchischen Erscheinungsform als das Reich Gottes galt, kehrte das II. Vaticanum zu den Perspektiven der H. G. im NT zurück. In beiden kirchlichen Theologien wirkt die konkret diesseitig orientierte H.-G.-Thematik des NT mit ihrer hoffnungsstiftenden Kraft in der ↗Politischen Theologie u. in der ↗Befreiungstheologie weiter, ohne daß die allein Gott zukommende universale Vollendung seiner Herrschaft menschlichen u. kirchlichen Kräften zugeschrieben würde.

Herz ist ein »Urwort«, gilt in archaischen Kulturen als Sitz des Lebens, im AT u. NT ein Symbolwort für die »Mitte« des Menschen, in der die geistig-personalen Entscheidungen (das Gewissen), der Wille, die Gefühle, das Begehren ihre Einheit haben. Wenn das H. böse, verhärtet, zerknirscht oder liebend ist, meint H. auch einfach den ganzen Menschen. Gott sieht in das H. des Menschen (↗Kardiognosie), er prüft es u. offenbart im Gericht den wahren Zustand des menschlichen Herzens. Die Propheten kleiden die Heilsverheißung in das Bild des Geschenkes eines neuen Herzens. In der theol. Tradition wurde das H. relativ selten, aber eindrucksvolll thematisiert, als Symbol der Dynamik u. der Identität des Menschen (Augustinus † 430), als Gabe einer eigenen, dem Verstand nicht bekannten »Logik«, mit der Gott erfahren werden u. der Mensch zur Liebe finden kann (B. Pascal † 1662). In dieser Perspektive ist die kath. Verehrung des (durchbohrten) Herzens Jesu nicht physiologisch gemeint; vielmehr ist in ihr das H. Sinnbild der rettenden Liebe.

Hesychasmus (griech. = Lehre von der Ruhe), Bezeichnung einer wichtigen Auffassung u. Praxis in den Ostkirchen, die sich mit der Einübung äußerer (Schweigen) u. innerer (Absage an Leidenschaften, Hinordnung auf Gott) Ruhe, mit Meditation u. Gebet befassen. Der seit dem 3. Jh. von Mönchen vertretene u. immer weiter differenzierte H. lehrt die Notwendigkeit einer Seelenführung u. empfiehlt seit dem 12. Jh. das immerwährende »Jesusgebet«. Ein bedeutender Theologe des H. war Gregorios Palamas († 1359).

Hierarchie (griech. = heilige Herrschaft), im Alltagsgebrauch gesellschaftliche Über- u. Unterordnung, theol. von Ps.-Dionysios Areopagites (um 500) eingeführt: die Ordnung der Kirche als Abbild der Ordnung des Himmels, bezeichnet heute die Gesamtheit der Inhaber eines kirchlichen Weiheamtes (↗Amt) im Unterschied zu den ↗Laien u. den Ordenschristen. Verklärende Interpretationen negieren die Existenz einer Herrschaft in der Kirche; sie möchten den Sinn der H. »in der Darstellung u. Vergegenwärtigung des Ursprungs u. des Hauptes der Kirche«, Jesus Christus, sehen.

Hierarchie der Wahrheiten (»hierarchia veritatum«), vom II. Vaticanum in ernsthaftem ökumenischem Bemühen formuliertes Prinzip: »Beim Vergleich der Lehren miteinander soll man nicht vergessen, daß es eine Rangordnung oder ›Hierarchie‹ der Wahrheiten innerhalb der kath. Lehre gibt, je nach der verschiedenen Art ihres Zusammenhangs mit dem Fundament des christlichen Glaubens« (UR 11). Das »Fundament« ist theol. zu ergründen: Gott als unbegreifliches Geheimnis in seiner ↗Selbstmitteilung. Nicht alle überlieferten Glaubenswahrheiten stehen mit ihm im gleichen Zusammenhang, nicht alle haben für alle die gleiche »existentielle« Bedeutung (objektive u. subjektive H. d. W.).

Himmel begegnet in religiös-theol. Texten in zweifacher Bedeutung. 1) Im antiken, auch der Bibel geläufigen ↗Weltbild bezeichnet H. den oberen Raum, der die Erde überwölbt oder als Scheibe überspannt, oft in Stufen gedacht, an deren unterster die Gestirne aufgehängt sind, während die oberste als Wohnort u. Thronsaal Gottes (außerhalb Israels: der Götter) gilt. Im AT heißt der untere H. Firmament, über dem Wasser versammelt sind u. sich beim Öffnen der Schleusen auf die Erde ergießen (Gen 1, 6 ff.). Gott wohnt im H. (Dtn 26, 15 u. ö.), hat dort einen Hofstaat um sich (Ez 1, 4–28), aus dem er Boten sendet, er sieht u. spricht nach atl. Vorstellungen im H., verläßt ihn beim Kommen zu Menschen u. steigt wieder zu ihm auf, aber das AT selber »entmythologisiert« dieses Bilddenken, wenn es sagt, daß H. u. Erde Gott nicht fassen (1 Kön 8, 27; Jer 23, 24). Nach dem AT, das mehrfach die Hoffnung auf das Überleben des Todes in Geborgenheit bei Gott ausspricht, sagt dafür doch nicht »in den H. kommen«; nur bei Elija ist von einer Entrückung in den H. die Rede. Die prophetisch-apokalyptische Ansage verkündet ein Vergehen des H. u. der Erde (Jes 34, 4; Jer 4, 23–28 u. ö.) u. die Schaffung eines neuen H. u. einer neuen Erde (Jes 65, 16–25; 66, 22). Das NT spricht ebenso im Sinn des antiken Weltbilds vom Wohnen Gottes u. dem Standort seines Thrones im H. (Mt 5, 34; 6, 9 u. ö.; Hebr 8, 1; Offb 4, 2). Der johanneische Jesus ist vom H. »herabgekommen« (Joh 6, 38; 6, 41: das Brot vom H. herabgekommen). Jesus wird zum H. »emporgehoben« (Apg 1, 10 f.); Stephanus sah den H. offen u. den erhöhten Jesus zur »Rechten« Gottes (Apg 7, 55). Die Christen sollen nach dem streben, was »oben« ist (Kol 3, 1), dort ist ihre Heimat (Phil 3, 20; Hebr 13, 14). Paulus berichtet von seiner Entrückung bis in den dritten H. (2 Kor 12, 2). Offb 21, 10 läßt das »himmlische Jerusalem« vom H. herabkommen, nach Jes 60 die eschatologische Wohnstätte Gottes in der Gemeinschaft vollendeter Menschen auf der verwandelten Erde. Als gleich-

bedeutend mit dem H. als Ort der Seligkeit kann im NT u. in frühjüdischen Schriften ↗»Paradies« stehen (Lk 23,43; 2 Kor 12,4; Offb 2,7). In
den ntl. Umschreibungen der ↗Herrschaft Gottes mit Reich der H.
oder »Himmelreich« ist H. die ehrfürchtige Umschreibung des Namens Gottes
u. nicht die räumliche Verlegung der Gottesherrschaft in den H. – 2) In der
religiös-theol. Sprache kann H. auch eine Metapher für die Fülle des von
Gott erhofften ↗Heils, für die Seligkeit der in Gott vollendeten Menschen
sein. In Meditationen, Visionen u. künstlerischen Darstellungen nahm dieses Verständnis von H. in der Tradition breiten Raum ein. Christliche Spiritualität u. Askese waren bis Mitte des 20. Jh. von einer Abwertung der
Erde in irrtümlicher, irreführender Übersetzung des Baka-Tals Ps 84,7 als
»Jammertal« oder »Tränental« von »Sehnsucht nach dem H.« u. von dem
Wunsch, sich den H. zu »verdienen«, geprägt. Der Theologie gelang es
nicht, die Breite der biblischen Metaphern für die Vollendung in eine angemessene Redeweise vom H. zu übersetzen. Die Ankündigung einer »ewigen Ruhe« mit der immerwährenden Betrachtung Gottes durch den
menschlichen Intellekt in der thomistischen Theologie war nicht imstand,
frohgestimmte Hoffnung zu erzeugen; die Betonung einer Zukunft radikaler Liebe zwischen Gott u. seinen Geschöpfen in der skotistischen Schule
kam nicht stark zur Wirkung. Für ein heutiges Verständnis der Vollendung
»im H.« sind folgende Momente relevant: Zur Vielfalt der biblischen Hoff-
nungstexte gehört, daß sie einmal in Bildern, das andere Mal in Kategorien
personaler Begegnungen formuliert sind. a) Die Verheißung, ins »Paradies« zu kommen, beinhaltet als eschatologische Metapher die Vollendung
der Schöpfung, die, ebenso wie die Vollendung des einzelnen Menschenlebens, nur durch völlige Transformation verwirklicht werden kann, weil
die Signatur der Vergänglichkeit aus der Schöpfung entfernt werden muß.
Sind das Universum, der Planet Erde u. die ihn Bewohnenden in eine neue,
bleibende Daseinsgestalt verwandelt, dann sind »der neue H. u. die neue
Erde« da. Eine frühere Verkürzung der Eschatologie, als bestehe der H. nur
aus Gott u. den Menschen (u. eventuell den Engeln), ist aufgegeben. –
b) Gott zu schauen, »wie er ist«, ihm »auf dem Zion« zu begegnen, stellt
für viele Juden u. Christen dasjenige dar, was mit H. gemeint ist. Das Ein-
tauchen in Gottes Gegenwart, das Erfülltsein von Gottes Liebe wird seine
Unbegreiflichkeit nicht aufheben, da Gott gerade in seiner Göttlichkeit
nicht »geschaut« oder begriffen werden kann. – c) Christlich glaubenden
Menschen sind die Begegnung u. das Zusammensein mit Jesus der Inbegriff höchsten Glücks. Mit ihm erfahren sie die bleibende Annahme des
Menschseins einschließlich seiner Leiblichkeit durch Gott. – d) Für viele
glaubende u. hoffende Menschen gehört das »Wiedersehen« mit Menschen, die im Tod vorangegangen sind, wesentlich zum H. In den biblischen Verheißungen wird das dadurch in Aussicht gestellt, daß die kom-

mende Vollendung mittels der Metapher eines Gemeinwesens (»neue Stadt«, »himmlisches Jerusalem«), von »Völkern« bewohnt, bezeichnet wird. – e) Der Gedanke, daß der H. nicht langweilige Beschaulichkeit, sondern ein dynamischer Prozeß sein wird, verbindet sich mit Hoffnung auf Wachstum, Ergänzung u. Heilung, eine Hoffnung, die besonders wichtig ist im Hinblick auf Schulderfahrungen, auf allzu früh Verstorbene oder Ermordete, auf das behinderte u. kranke oder auf das kaum begonnene Leben. – Vgl. auch ↗Vollendung, ↗Seligkeit, ↗Ewigkeit.

Himmelfahrt Jesu Christi. Mit diesem volkstümlichen Ausdruck wird die Aufnahme des vom Tod auferweckten Jesus zu Gott symbolisch zum Ausdruck gebracht (Erzählungen: Lk 24, 50–53; Apg 1, 9 ff.; kurze Erwähnung: Mk 16, 19); vgl. ↗Erhöhung Jesu Christi. Die nicht zur ältesten Tradition gehörende H. J. Ch. ist den atl. Entrückungsszenen nachgestaltet. Auch die 40 Tage, die der auferweckte (nicht = irdisch wiederbelebte) Jesus nach Apg 1, 3 zum Erweis seines Lebens u. zur Unterweisung der Jünger über die ↗Herrschaft Gottes zubrachte, sind symbolische Illustration. Die Erhöhung Jesu Christi ist nach dem Kontext der Zeugnisse über die H. J. Ch. die Voraussetzung für die Sendung des ↗Heiligen Geistes. Apg 1, 11 kündet ein Wiederkommen Jesu vom »Himmel« in der gleichen Weise wie das »Auffahren« zum »Himmel« an (↗Parusie). Damit erhält die Erzählung über ihre christologische Bedeutung hinaus auch eschatologischen Charakter. Die Aufnahme der Menschheit Jesu zu Gott u. in seine Herrlichkeit hinein stellt im Hinblick auf die noch ausstehende ↗Vollendung ein starkes Element der Verheißung dar.

Hinduismus, abgeleitet von geographischen u. ethnischen Namen, bezeichnet Lebens- u. Sozialordnungen von überzeitlicher u. kosmischer Herkunft, nicht eine Religion im institutionellen Sinn, wird seit dem 19. Jh. als Sammelbegriff für in Indien entstandene Religionen verwendet. Im H. sind vielfältige religiöse Auffassungen möglich, auch eine polytheistisch erscheinende Volksreligion. Nach allgemeinem Glauben waltet eine ewige Ordnung über den ethischen u. geistigen Bereichen wie über dem Weltgeschehen; als »karman« macht sie die Menschen für ihr Schicksal verantwortlich (↗Reinkarnation). Alle disparaten Einzelheiten der Wirklichkeit gehen auf einen Urgrund oder einen personalen Grund zurück; sie sind jeweils Erscheinungsformen dieser Einheit. Das Selbst des Menschen (»atman«) u. der Grund der Welt (»brahman«) treten nicht dualistisch auseinander. Der Urgrund bzw. Gott können in allen Dingen verehrt werden. Der H. ist ferner allgemein durch den Wunsch charakterisiert, den (geheimnisvollen) Geist direkt zu erfahren (psychische Konzentrationen, Hingabe an Gott, Bewußtseinserweiterung, Yoga, d. h. körperliche u. be-

wußtseinsmäßige Übungen). – Die genauer faßbare Zeit der Ausgestaltung
des H. beginnt mit der »vedischen« Epoche (1500–500 v. Chr.): Neben dem
Hauptgott Indra stehen kosmische Gottheiten; 4 Veden (heilige Schriften
mit Hymnen an göttliche Mächte); Opferrituale, die der höchsten Kaste,
den Brahmanen, anvertraut sind; später die Upanischaden mit dem Thema
der Erfahrung des Einen, der Einheit. Eine große Rolle spielt von Anfang
an die Einübung der Entsagung, ohne die Erlösung nicht erlangt werden
kann. In der klassischen Epoche (etwa 700 n. Chr. bis zum 18. Jh.) werden
Götter- u. Schöpfungsmythen ausgestaltet, den Göttern (Shiwa als mehrdeutig mächtigem Gott, Wishnu mit seiner Abfolge von Inkarnationen,
daneben u. a. der Göttin Diwa) gelten theol. Abhandlungen, der Opferkult
wird durch sublimere Rituale, u. a. zur Teilhabe an der einenden Kraft der
großen Mutter, abgelöst. Bedeutungsvoll ist die theoretische Rechtfertigung des Kastensystems, das durch die ewige Ordnung des »dharma« für
alle Zeiten garantiert ist u. den Brahmanen die höchste Stellung als
priesterlichen Mittlern u. als Lehrern der Tradition zuschreibt. Eine Philosophie entstand im H. durch die Konfrontation mit Buddhismus u.
Islam. Seit dem 18. Jh. läßt sich von einer bis heute anhaltenden Renaissance des H., mit bedeutenden Gestalten wie Ramakrishna (†1886) u.
M. Gandhi (†1948), sprechen. Teileelemente der hinduistischen Mystik u.
Trainingsmethoden finden im Westen große Aufmerksamkeit (christliche
Aschrams = religiöse Wohneinheiten; christliches Yoga). – Über den H.
urteilte das II. Vaticanum: »Im Zusammenhang mit dem Fortschreiten
der Kultur suchen die Religionen mit genaueren Begriffen u. in einer mehr
durchgebildeten Sprache Antwort auf die gleichen Fragen. So erforschen
im Hinduismus die Menschen das göttliche Geheimnis u. bringen es in
einem unerschöpflichen Reichtum von Mythen u. in tiefdringenden philosophischen Versuchen zum Ausdruck u. suchen durch aszetische Lebensformen oder tiefe Meditation oder liebend-vertrauende Zuflucht zu Gott
Befreiung von der Enge u. Beschränktheit unserer Lage« (NA 2).

Hirtenamt. »Hirt« u. »Herde« sind im AT Metaphern, die das Verhältnis
Gottes zu seinem Eigentumsvolk Israel als ein personales, geleitendes,
fürsorgliches, schützendes u. rettendes Verhalten bezeichnen. Das Hirten-
bild wird Lk 15, 4–7 im Gleichnis vom verlorenen Schaf aufgenommen; es
bildet den Hintergrund für die Aussagen von den verlorenen Schafen des
Hauses Israel, vom »Weiden«, vom »Zerstreuen« usw. Nach Joh 10, 1–18
26–30 verstand sich Jesus als der einzigartige Hirt der Seinen, unter Abwertung aller anderen »Hirten«. In späteren ntl. Texten wird das Hirten-
prädikat für die bleibende Bedeutung des erhöhten Jesus für die Kirche
beibehalten (z. B. 1 Petr 5, 4), es wird dann aber doch auch auf Amtsträger
der Kirche angewandt (Joh 21, 15 ff.; Eph 4, 11; 1 Petr 5, 1 ff.; Apg 20, 28).

Obwohl das Bild von »Hirt« u. »Herde« in nichtorientalischen, neuzeitlichen Verhältnissen nicht mehr positiv verstanden werden kann, hat das
II. Vaticanum für den Leitungsdienst in der Kirche den Begriff H.
(»munus pascendi«, Hirtenaufgabe) übernommen, der dem Papst, den Bischöfen u.
den Priestern zukommt (LG 21 f., 27 f.).

Hoffnung (lat. »spes«, griech. »elpis«). *1. Biblisch.* Wenn H. in einem allgemeinen Verständnis die auf die ⊅Zukunft hin gerichtete sehnsuchtsvolle
Erwartung eines ⊅Gutes ist, dann hat das AT viele Möglichkeiten, Erwartung in Verbindung mit felsenfester Zuversicht u. Vertrauen in JHWH
zum Ausdruck zu bringen. Sie bezieht konkrete Lebensereignisse ebenso
ein wie die Vergebung der Sünden, eine positive Zukunft des Königtums in
Israel, die Befreiung von feindlichen Mächten, von Krankheit u. Tod, die
Schaffung eines neuen Himmels u. einer neuen Erde, das ⊅Heil für alle
Menschen. Die H. wird mit den Erfahrungen von Schutz u. Führung durch
JHWH in der Vergangenheit begründet. Inbegriff der H. Israels ist der ihm
anvertraute, H. vermittelnde ⊅Gottesname JHWH. Auch im NT wird H.
(hier substantivisch »elpis«) zusammen mit anderen vertrauensvollen
Grundhaltungen beschrieben. Ihr Inbegriff ist die Erwartung der universalen ⊅Herrschaft Gottes, die Jesus als nahegekommen angesagt hatte, u.
das »Eingelassenwerden« in sie; so bittet das Vaterunser um ihr Kommen.
Aber auch weitere Aussagen des NT charakterisieren die Christen als Er-
wartende. Das Heilshandeln Gottes in Jesus Christus, Kreuz, Auferwek-
kung, Rechtfertigung der Sünder, verbürgen für Paulus den Grund der
H., die er zusammen mit Glauben u. Liebe nennt (1 Thess 1, 3; 5, 8; 1 Kor
13, 13), die für ihn das geduldige Erwarten dessen ist, was man jetzt noch
nicht sieht, u. in die er die ⊅Erlösung auch der Schöpfung im ganzen einbezieht (Röm 8, 22–26). In Spätschriften des NT verlagert sich die H. stärker auf den ⊅Himmel, die verheißene Gottesstadt. Wirkungsgeschichtlich
bedeutend war Hebr 11, 1: »Es ist aber der Glaube eine Zuversicht auf das,
was man hofft, eine Überzeugung von Dingen, die man nicht sieht«. –
2. Systematisch. In der griech. Antike gehörten H. u. ⊅Angst (als ihr Gegenteil) zu den ⊅Leidenschaften, die durch die ⊅Tugend zu beherrschen seien.
Diese Sicht wurde in der christlichen Theologiegeschichte verändert. H.
gehört bei Thomas von Aquin († 1274) mit Glaube u. Liebe zu den von
der Gnade Gottes »eingegossenen« Tugenden u. ist wesentlich auf das ewige Leben in der ⊅Anschauung Gottes bezogen. Diese »eschatologische«
Ausrichtung (u. Engführung) der H. ist auch bei M. Luther († 1546) erhalten, der die H. auf die rettende Gerechtigkeit Gottes gerichtet sah. Für
I. Kant († 1804) ist die Religion für die Beantwortung der Frage: »Was darf
ich hoffen?« zuständig; die H. richtet sich auf die Unsterblichkeit der Seele
u. deren Glückseligkeit u. ist damit Vorbedingung für den von Kant gefor-

derten immerwährenden sittlichen Fortschritt. Ein bedenkenswertes Echo des Weltgefühls der Hoffnungslosigkeit (was nicht heißt: Mutlosigkeit) findet sich in der Philosophie von F. Nietzsche (†1900) bis A. Camus (†1960). Stärksten Einfluß auf eine erneuerte »Theologie der H.« im 20. Jh. übte E. Bloch (†1977) aus. Er verband Beobachtungen der materiellen Evolution mit der ↗Utopie eines erhofften, noch nie verwirklichten Weltzustands, der in »Transzendenz nach vorwärts« anzuzielen wäre (das »Prinzip H.« der Natur- u. Menschheitsgeschichte). Die Theologie der 60er u. 70er Jahre des 20. Jh. war bemüht, die einseitige Jenseitsorientierung der traditionellen Theologie der H. auszugleichen. In der Annahme der menschlichen Geschichte durch Gott in der ↗Inkarnation wurde ein wesentlicher Impuls dafür gesehen, an den praktischen Verwirklichungen innerweltlicher H. mitzuarbeiten. Die H. wurde in der ↗Politischen Theologie verstanden als Wachhalten der Erinnerung an die noch unabgegoltenen Verheißungen Gottes, auf deren Erfüllung die Menschheit zugeht, wenn sie an ihrer innerweltlichen ↗Zukunft arbeitet (ohne deren Vollendung aus eigener Kraft zu erreichen). Im Unterschied dazu ist die Gegenwart vom Zusammenbruch der Utopien, von einer Stimmung der Resignation angesichts einer sehr begrenzten Freiheit, einer zerstörten Umwelt, vielfacher Beschädigungen der Seelen geprägt. Da helfende u. heilende Gegenkräfte nicht in Sicht sind, durch moralische Appelle u. pragmatische Vorschläge auch nicht zustande kommen, scheint sich die H. auf die Erreichbarkeit kleiner, eher privater Teilziele zurückzuziehen.

Hölle (nordgermanisch »hel« = das Totenreich u. seine Göttin; lat. »infernum« = Unterwelt; griech. »gehenna«, vom hebr. Hinnomtal, nach Jer 7 u. 19 wegen Götzendienst von Gott verflucht u. nach frühjüdischen Schriften als Gerichtsort vorgesehen). Die Vorstellung eines jenseitigen Strafortes ist in vielen Religionen verbreitet, im AT höchstens Jes 14,9–20 angedeutet. Die bei Platon (†347 v. Chr.) als Mythos erzählte Jenseitsgeographie spielt in frühjüdischen Schriften, nach-neutestamentlich bei manchen Theologen, weit verbreitet in Predigt u. volkstümlicher Literatur, eine große Rolle. Nach dem NT gab Jesus seiner Verkündigung in zweifacher Weise den Charakter einer Drohrede: Er sprach für den Fall einer Nichtannahme seiner Botschaft von der ↗Herrschaft Gottes von einem Nichthineinkommen bzw. Draußenbleibenmüssen, u. er richtete zeitgenössische sprichwörtliche Redensarten (vom Wurm, der nicht stirbt; vom Feuer, das nicht erlischt; durch die Redaktoren mit den Bildern vom Heulen u. Zähneklappern verschärft) v. a. drohend gegen Erbarmungslose u. Uneinsichtige (vgl. auch ↗Gericht). In der Offb wurde die Rede von der H. (Feuer- u. Schwefelsee) mit dem Bedürfnis der verfolgten Christen nach Rache verbunden. In der theol. Tradition stehen zwei Weisen der Auslegung kontra-

stierend gegeneinander: Die der Wissenden, für die exemplarisch Augustinus (†430) steht u. die bis zur Gegenwart in Kreisen des ↗Fundamentalis-
mus vorhanden sind, die die Texte über die H. wörtlich nehmen u. von
einer Vielzahl ewig verdammter Menschen ausgehen, u. die der Hoffenden,
die, mit Origenes (†253; ↗Apokatastasis) beginnend u. mit vielen Heiligen
u. angesehenen Theologinnen u. Theologen in ihren Reihen, auf eine Rettung aller Menschen hoffen. Die kargen biblischen Zeugnisse wurden vom
Frühmittelalter an bis zur Gegenwart durch phantasievolle Erzählungen
von Visionärinnen u. Visionären über angebliche Jenseitsreisen u. Höllen-
einblicke angereichert. In der systematischen Theologie wurde das Höllen-
thema mit der Spekulation verbunden, die ↗Barmherzigkeit Gottes auch
gegenüber dem schwersten Sünder bestehe als Umkehr- u. Gnadenangebot
lediglich bis zum Tod; nach diesem existiere nur noch mitleidlose ↗Ge-
rechtigkeit. Die beiden Aussagereihen bei Jesus wurden zur Ansage zweier
Arten von Strafen systematisiert: Die Strafe der (auf eigener menschlicher
Entscheidung beruhenden) ewigen Ferne von Gott (»poena damni«) u. die
im Bereich der menschlichen Sinnlichkeit vollzogenen ewigen Strafen
(»poenae sensus«). – Die kirchlichen Lehraussagen sprechen von einer Existenz der H., vom Eintreten der Strafe sogleich nach dem Tod u. nicht erst
bei der Auferstehung der Toten u. von der ewigen Dauer. Die Erklärung
des Konzils von ↗Florenz 1442, daß niemand außerhalb der röm.-kath.
Kirche des ewigen Lebens teilhaftig werde, weder »Heiden« noch Juden
noch Ungläubige noch von der Einheit mit dem Papst Getrennte, daß vielmehr alle diese dem ewigen Feuer verfallen, wurde vom II. ↗Vaticanum im
Hinblick auf Nichtkatholiken, Juden, Muslime, Angehörige nichtchristlicher Religionen u. schuldlos Ungläubige zurückgenommen (LG 15 f.). –
In der heutigen Theologie werden die sinnenhaften Höllenstrafen nicht
mehr thematisiert. Die Gottesferne spielt in den Erklärungen der menschlichen Freiheit eine Rolle: Gott zwinge niemand dazu, ihn zu lieben u. ewig
in seiner Gegenwart zu sein. Damit ist allerdings die Frage nicht beantwortet, inwieweit ein nicht kranker (u. damit schuldloser) Mensch den
eindeutig als Liebe erkannten Gott überhaupt verneinen könne u. wann
diese volle Gotteserkenntnis gegeben sei; außerdem bleibt die Möglichkeit
eines heilenden Einwirkens Gottes auf die menschliche Freiheit, ohne sie
zu zerstören, offen. Viele Generationen wurden durch Höllenpredigt u.
-pädagogik eingeschüchtert oder der Kirche entfremdet. Schwerwiegend
war dabei, daß das theoretisch mögliche Nein zu Gott nicht in seiner Radikalität verkündet, sondern in zahlreichen konstruierten »Todsünden«
konkretisiert wurde. Die biblischen Texte dürfen nach weitgehend übereinstimmender Meinung heutiger Theologie nicht als Informationen, als »an-
tizipierende Reportagen« verstanden werden, vielmehr wollen sie auf den
Ernst der jeweiligen menschlichen Situationen, ihrer Entscheidungen u.

ihrer Geschichte aufmerksam machen. Sie warnen vor Leichtsinn u. Oberflächlichkeit u. stellen einen Ruf zur Besinnung dar. Die kirchlichen Lehrtexte können als Aussage über das ewige (»verfluchende«) Nein Gottes zur Sünde verstanden werden; ob u. in welchem Umfang Sünder davon betroffen werden, dazu äußert sich die Offenbarung Gottes nicht u. deshalb hat auch die kirchliche Lehrautorität keine Kompetenz, sich dazu zu äußern.

Höllenabstieg Jesu Christi. Nach wenigen Texten des NT (eindeutig 1 Petr 3,18 ff.; 4,6) war Jesus nach seinem Tod in der »Unterwelt«, wo er durch seine heilbringende Verkündigung (↗Kerygma) verstorbenen Menschen »im Gefängnis« (oder gefallenen Geistern) Rettung brachte. Dieser H. J. Ch. kommt seit 370 n. Chr. im Apostolischen ↗Glaubensbekenntnis vor u. wurde in späteren Glaubensformulierungen wiederholt. In der ältesten christlichen Theologie wurde er als siegreicher Akt der Erlösung v. a. der vorchristlichen Gerechten aus dem »Hades« (der ↗Scheol) verstanden. In den Ostkirchen wurde er daher zum Thema der Oster-Ikone schlechthin. Unter christologischem Vorzeichen spekulierten die klassische Patristik u. die Scholastik darüber, ob der göttliche ↗Logos oder die menschliche Seele Jesu in der Unterwelt gewesen sei (manchmal verbunden mit der sinnlosen Frage, ob das Bekenntnis »auferstanden am dritten Tag« auf die Dauer dieses Aufenthalts schließen lasse). Bei Thomas von Aquin († 1274) rettete der H. J. Ch. als Abstieg der menschlichen Seele Jesu die Gerechten aus der »Vorhölle« (↗Limbus), während sie den Verdammten in der Strafhölle den Sieg Jesu nur »anzeigte«. M. Luther († 1546) verstand den H. J. Ch. als Ausleiden u. Besiegen der Glaubensanfechtungen u. der Gottverlassenheit durch Jesus. Nach H. U. von Balthasar († 1988), in dessen Theologie der H. J. Ch. zentrale Bedeutung hat, erlitt Jesus im Tod stellvertretend für *alle* Menschen die Höllenstrafe völliger Gottverlassenheit, gehorsam gegenüber dem Liebeswillen des göttlichen Vaters, so daß dadurch die Strafhölle für alle Zeiten entleert worden sei.

Homiletik (Lehre von der ↗Predigt; griech. »homilein« = reden), eine eigene Disziplin der ↗Praktischen Theologie (↗Pastoraltheologie), die die kirchliche Verkündigung insgesamt u. insbesondere Bedingungen u. Möglichkeiten der Predigt behandelt. Theol. Fragen betreffen das Verständnis von Heiliger Schrift u. deren Auslegung, von Wort Gottes u. Menschenwort; Probleme von Sprache, Kommunikation u. Kompetenz sind zentral.

Hominisation (lat. = Menschwerdung), naturgeschichtlicher, erstmals 1958 auftauchender Begriff für den stammesgeschichtlichen, mindestens 6 Millionen Jahre dauernden Prozeß, in dem sich aus tierischen Vorfahren vor 400 000 bis 100 000 Jahren der heutige, naturwissenschaftlich »homo sapiens« genannte Mensch entwickelte. Das Faktum dieser ↗Evolution gilt als wissenschaftlich gesichert, die Einzelstufen u. Seitenzweige sind Gegenstand intensiver Forschung, die genaueren Ursachen der H. sind noch nicht naturwissenschaftlich erforscht. Die kirchliche Lehre von der ↗Erschaffung des Menschen durch Gott steht nicht im Widerspruch zu den naturwissenschaftlichen Erkenntnissen der H., die sich nur auf die äußeren Umstände beziehen u. über einen transzendenten ↗Grund nichts aussagen können.»Menschwerdung« des Menschen wird oft in übertragendem Sinn verwendet.

Homoousios (griech. = wesensgleich; lat.»consubstantialis«), ein schon im 3. Jh. verwendeter Begriff, der mit dem I. Konzil von ↗Nikaia dogmatisch verbindliche Geltung erlangte: Der Vater u. der ↗Logos in der göttlichen ↗Trinität sind gleichen (besser: *eines*, so in der deutschen Übersetzung des Glaubensbekenntnisses) Wesens mit dem Vater. Aus den christologischen u. trinitarischen Auseinandersetzungen vom 3. bis zum 5. Jh. (↗Arianismus, ↗Monophysitismus) ging die Glaubensaussage hervor: Jesus Christus ist wesenseins mit dem Vater u. wesenseins mit uns kraft der beiden ↗Naturen in ihm. Die griech. Theologie verstand das göttliche ↗»Wesen« (griech.»ousia«) als absolut einfach (↗Einfachheit Gottes); es kann nicht geteilt, sondern nur ungeteilt mitgeteilt werden, an die ↗Hypostasen, in denen der eine Gott existiert.

Humanismus (lat. = Bemühung um Menschenwürde, Menschlichkeit), ein zu Beginn des 19. Jh. gebildeter Begriff, der eine geistige Strömung, meist zusammen mit der Renaissance genannt, vom 14. bis 16. Jh. bezeichnet; der darüber hinaus auch die spätere Orientierung am »Menschenbild« der griechischen u. römischen Antike meinen kann u. im weitesten Sinn für alle Mentalitäten verwendet wird, die sich intensiv mit dem Menschen beschäftigen, z. T. unter Ablehnung von Transzendenz u. Religion. Die mit dem 14. Jh. greifbare geistige Strömung des europäischen H. brachte, von entsprechenden Forschungen u. Lehren an Hochschulen unterstützt, ein Bildungsbürgertum hervor (darunter viele Laien; Studien antiker Autoren, Hochschätzung des Lateinischen, Griechischen u. Hebräischen; Bedeutung des Buchdrucks). Philosophie u. Theologie dieses H. sind durch Abkehr vom ↗Nominalismus, Aufmerksamkeit für Erfahrung, Geschichte (Texteditionen von der Bibel bis zur Mystik) u. Moralphilosophie gekennzeichnet. In diesem Zusammenhang entstand ein lebhaftes Bewußtsein für die individuelle ↗Menschenwürde (Menschenbild u. pädagogisches Ziel des H.). Dieses, zusammen mit den formulierten ↗Menschenrechten, ist auch nach dem Verschwinden wirklich humanistischer Bildung Ende des 20. Jh. das bleibende Erbe des H. In vielen Einzelheiten (Selbstbewußtsein der Informierten, kritischer Sinn, Bibelkenntnis) schuf dieser H. wesentliche Grundlagen für die Reformation des 16. Jh. Die spätere humanistische Strömung vom Ende des 18. Jh. an mit ihrer Hinwendung zum Griechentum, das eher als Idealtyp ausgedacht statt wirklich erforscht wurde, umfaßte die meisten »Klassiker« der deutschen Literatur des 18. u. 19. Jh., eine Erneuerung des Bildungsbürgertums u. die der moralischen Erziehung zugewandten Philosophen (I. Kant † 1804 u. a.). Naturwissenschaftliche Interessen u. Bewegungen zur politischen u. ökonomischen Emanzipation im 19. Jh. verstanden sich als humanistisch u. anthropozentrisch. Auch im 20. Jh. entstanden Humanismen, z. T. als Reaktion auf die Unmenschlichkeiten der Arbeitswelt, Technisierung u. Industrialisierung sowie der politischen Totalitarismen, ein »christlicher H.« in Frankreich (z. B. M. Blondel † 1949, J. Maritain † 1973, H. de Lubac † 1991) u. ebenso ein französischer, entschieden nichtchristlicher H. (A. Camus † 1960, J.-P. Sartre † 1980). Ein jüdischer H. (M. Buber † 1965, E. Lévinas † 1995) ist bis heute theol. einflußreich. – ↗Mensch.

Hylemorphismus (griech. = die Lehre von der »hyle«, der ersten Materie, u. der »morphe«, der ersten Wesensform) heißt die auf Aristoteles († 322 v. Chr.) zurückgehende Lehre, daß bei allen körperhaften, bewegten Dingen die beiden Wesensbestandteile, die ↗Materie u. die ↗Form, zu einer Einheit verbunden sind. Der Begriff H. wurde erst in der Zeit der Neuscholastik (19.–20. Jh.) gebildet. Der H. wurde vom 12. Jh. an in die scholastische Philosophie u. Theologie eingeführt u. am konsequentesten bei Thomas von Aquin († 1274) ausgebildet. Bei ihm ist dadurch, daß er die beiden Wesensbestandteile als Teilsubstanzen, die auf einander einwirken, dachte, die Einheit der ↗Substanz gewahrt. Dem H. liegt die Vorstellung zugrunde, daß das Körperhafte ein substantielles ↗Wesen ist, das durch eine »erste Materie« konstituiert ist. Auf diese wirkt ein substantielles Gestaltprinzip ein, das auch wechseln kann, das durch eine äußere Wirkursache hervorgebracht wird (↗Kausalität), das die Verschiedenheit der Art begründet u. das die Materie zu dem bestimmt, was sie vorher in ↗Potenz schon war; dieses Gestaltprinzip heißt die »Form« (↗Akt). Aus dem Einwirken der Form auf die Materie entsteht die »zweite Materie«, die also immer »hylemorph« konstituiert ist. Diese zuerst bei Aristoteles naturphilosophisch verwendete Sicht übertrug die Scholastik zur deutlicheren Beschreibung theologischer Sachverhalte auf die Metaphysik. Gegen den ↗Thomismus nahmen die Franziskanerschule u. F. Suárez († 1617) einen Pluralismus der Formen an. In der Lehre von der ↗Transsubstantiation ging man von einem Ausnahmefall des substantiellen Werdens aus, da sich bei ihr die Materie nicht durchhalte, sondern die ganze Substanz, Materie u. Form, verwandelt würde. In hylemorpher Begrifflichkeit beschrieb das Konzil von ↗Vienne 1311 das Verhältnis von ↗Leib u. ↗Seele (ohne den H. zu dogmatisieren). Ferner spielte der H. in der scholastischen Lehre von der ↗Heiligmachenden Gnade als der »Formalursache« der Rechtfertigung eine Rolle. Durch Hugo von St. Cher († 1263) wurde der H. in die Sakramententheologie eingeführt, um die Einheit des sakramentalen Zeichens aus der äußeren Symbolhandlung (»Materie«) u. dem deutenden Wort (»Form«) zum Ausdruck zu bringen. Auch die Hypostatische Union, die Einwohnung des Heiligen Geistes, die Anschauung Gottes u. die Erbsünde wurden hylemorphistisch-schematisch gedeutet. Die Theorie des H. würde von naturwissenschaftlichen Erforschungen der »Zusammensetzung« anorganischer Körper u. organischer Lebewesen nicht betroffen, da sich der H. nur auf »metaphysische Zusammensetzung« bezieht.

Hyperdulie (griech. = vorzügliche Verehrung), die im Vergleich zur allgemeinen ↗Heiligenverehrung in den orthodoxen Ostkirchen u. in der röm.-kath. Kirche übliche größere Verehrung ↗Marias wegen ihrer ↗Gottesmutterschaft u. ihrer damit gegebenen einmaligen Stellung in der Glaubensgeschichte. Der Begriff entstammt der Scholastik des 13. Jh. H. wird wegen mißverständlicher Ausdrucksformen oft mit ↗Anbetung verwechselt, die Gott allein zukommt.

Hypostase (griech = das Darunter-Stehen), ein Begriff der griech. Philosophie (vor allem im ↗Neuplatonismus), der die konkrete Verwirklichung eines geistigen ↗Wesens (griech. »ousia«), das hier als das »Höhere« angesehen wurde, bezeichnet. Seine Übersetzung ins Lateinische war u. ist eine Quelle von Mißverständnissen; H. wurde mit »substantia« (↗Substanz) u. mit »persona« (↗Person) wiedergegeben. *1. Trinitätstheologische Verwendung.* An der Wende zum 3. Jh. sprach Tertullian († um 220) im Kampf gegen den ↗Patripassianismus von »drei Personen« in »einer Substanz«. Origenes († 253) nannte Vater u. Sohn (ohne den Geist zu erwähnen) »Hypostasen«. Im 4. Jh. entstanden im Bereich der griech. Theologie Streitigkeiten darüber, ob Gott als eine H. oder – wegen seiner Offenbarung als Vater, Logos u. Geist – als drei Hypostasen zu bezeichnen sei. Athanasius († 373), der wesentlichen Anteil an der Bekämpfung des ↗Arianismus u. an der Durchsetzung des Konzils von ↗Nikaia hatte, verwendete sowohl »eine ousia, drei Hypostasen« als auch »eine ousia, eine H.« Die drei ↗Kappadokier reflektierten die Begrifflichkeit u. erreichten, daß ihre Formulierung »eine ousia, drei Hypostasen« die kirchenamtlich anerkannte wurde (II. Konzil von ↗Konstantinopel 553). Dabei verstanden sie unter »ousia« das gemeinsame Göttliche, Gott, das »Wesen« (das in der griech. Philosophie auf die Frage »Was ist das?« antwortet). Die drei konkreten Verwirklichungsformen (Hypostasen) dieses Wesens galten ihnen nicht, wie bei der Verwirklichung des Wesens Mensch in den konkreten Hypostasen »Johannes oder Petrus«, als Bündelung vieler Eigentümlichkeiten (»idiotes«, »idioma«), sondern als drei nur in einer einzigen Eigentümlichkeit jeweils von einander unterschiedene: Ungezeugtsein, Gezeugtsein, Hervorgegangensein. Zur problematischen Weiterentwicklung: ↗Trinität. – 2. *Christologische Verwendung:* ↗Hypostatische Union.

Hypostatische Union (griech.-lat. wörtlich etwa: Vereinigung u. bleibende Einheit in einer ↗Hypostase), der christologische Fachbegriff, mit dem die verbindliche Glaubenslehre, das Dogma des Konzils von ↗Chalkedon 451, bezeichnet wird, daß in ↗Jesus Christus durch die Vereinigung u. bleibende Einheit einer menschlichen Natur mit der göttlichen Natur eine menschliche Wirklichkeit zur kreatürlichen Selbstaussage des göttlichen ↗Logos wurde, in dessen Hypostase die beiden Naturen geeint sind. Die im 4. Jh. vor allem von den ↗Kappadokiern praktizierte Redeweise von *einer* Hypostase Jesus Christus, gebildet vom göttlichen ↗Logos, rief wegen der Reduzierung der menschlichen Natur u. a. den begreiflichen Widerspruch des Nestorius († um 451; ↗Nestorianismus) hervor, der von zwei vollständigen Hypostasen in Jesus Christus sprach u. den ↗Monophysitismus vermeiden wollte. Nach der Verurteilung des Nestorius in Chalkedon u. dem Wirksamwerden des Monophysitismus kam im 5. Jh. die Redeweise von dem einen »prosopon« (griech.), der einen »persona« Jesus Christus auf, einflußreich vor allem in einem dogmatischen Brief des Papstes Leo I. († 461) an Patriarch Flavian von Konstantinopel. Zwei Theologen des 6. Jh., Leontios v. Byzanz († um 543) u. Leontios v. Jerusalem (Mitte 6. Jh.), vor allem letzterer, äußern sich so über die menschliche Natur Jesu Christi, daß ihr schließlich ein In-sich-Stehen als »prosopon« abgesprochen u. ihr In-sich-Stehen so erklärt wird, als sei es in die Hypostase des göttlichen Logos aufgenommen (Enhypostasie). Diese Entwicklungslinie ist abgeschlossen bei Maximos Confessor († 662), der entschieden das volle Menschsein Jesu verteidigte u. die, im modernen Sinn gesprochen, personale Existenz Jesu durch das gegenseitige Durchdrungensein der beiden Naturen, durch die ↗Perichorese, erklärte. Die westlich-lat. Theologie hat sich diese christologische Sicht, daß die menschliche Natur Jesu Christi in der »Person« (Hypostase) des göttlichen Logos existiert, zu eigen gemacht. – Ein Rückblick zeigt: Ausgehend von den biblischen Zeugnissen, die Jesus als wahren Menschen u. als Gegenwart Gottes bei den Menschen (Joh 1, 1–14; 20, 28) verstanden, ergaben sich die christologischen Auseinandersetzungen dieser genannten Jahrhunderte. Auf der einen Seite wurde das Menschsein zu einer bloßen »Verkleidung« Gottes minimalisiert (z. B. wurde eine menschliche Seele Jesu geleugnet u. die göttliche »Seele« des Logos als Klammer zwischen diesem u. dem Fleisch angesehen, so daß das Heilswirken Jesu als eine Tat Gottes selber galt: ⁊Monophysitismus), auf der andern Seite wurde bestritten, daß der göttliche Logos das »Subjekt« auch der menschlichen Wirklichkeit sei, so daß ein Abgrund zwischen Gott u. Kreatur in Jesus bliebe (⁊Nestorianismus). Mit der Lehre von Chalkedon u. ihrer Weiterentwicklung gewann man eine Sicht, in der das Heilswirken Jesu in die menschliche Natur u. damit in die menschliche Freiheit verlegt wurde u. *zugleich* als Heilswirken des göttlichen Logos gelten darf. Auch wenn im Lauf der Entwicklung die *eine* Hypostase im modernen Sinn als Person verstanden wurde, mußte festgehalten werden, daß die menschliche Natur des Logos ein menschliches Selbstbewußtsein u. echte menschliche Freiheit besitzt, ein geistiges Aktzentrum hat, das Gott kreatürlich anbetend gegenübersteht. Nur so kann Jesus nicht als in Menschengestalt handelnder Gott angesehen werden; nur so konnte er in Wahrheit ⁊Mittler sein. »Wie dies gedacht werden könne, das macht die aktuelle Problematik der H. U. aus. Ihre Lösung müßte davon ausgehen, daß nur eine *göttliche* Person eine von ihr real verschiedene Freiheit so als ihre eigene besitzen kann, daß diese nicht aufhört, wahrhaft frei zu sein auch gegenüber der sie besitzenden göttlichen Person, u. doch diese Freiheit diese Person selbst als ihr ontologisches Subjekt qualifiziert. Denn nur bei *Gott* ist es überhaupt denkbar, daß er selber die Unterschiedlichkeit zu sich selbst konstituieren kann. Das Verhältnis der Logos-Person zu ihrer menschlichen Natur ist gerade so zu denken, daß hier Eigenstand *und* radikale Nähe in gleicher Weise auf ihren einmaligen, qualitativ mit anderen Fällen unvergleichbaren Höhepunkt kommen, der der einmalige Höhepunkt eines Schöpfer-Geschöpf-Verhältnisses ist. Daraus folgt: in dem Maß u. in der Weise, wie die H. U. eine realontologische Bestimmung der menschlichen Natur, u. zwar ihre ontologisch höchste, ist u. diese menschliche Natur ›bei sich selbst‹ ist durch sich selbst (was mit ihrer Geistigkeit gegeben ist), muß auch die menschliche Natur von sich selbst her dieser H. U. bewußt sein; die H. U. kann nicht bloß ein Inhalt ihres ›von außen‹ gegebenen gegenständlichen Wissens sein, d. h. die menschliche Seele Jesu Christi ist unmittelbar ontisch u. bewußtseinsmäßig beim Logos (vgl. auch ⁊Wissen und Bewußtsein Jesu Christi). Von da her könnte man sagen: ›Jesus ist der Mensch, der die einmalige *absolute* Selbsthingabe an Gott lebt‹ (als Wesensaussage über Jesus Christus), unter der Voraussetzung, daß eine absolute Selbsthingabe eine *absolute* ⁊Selbstmitteilung Gottes beinhaltet, die das durch sie Bewirkte (den mit Gott beschenkten Adressaten der Selbstmitteilung Gottes, der durch diese Mitteilung geschaffen wird) zur Wirklichkeit des Bewirkenden selbst macht, u. unter der Voraussetzung, daß eine solche existentielle Aussage in radikalster Weise eine Seinsaussage ist« (Rahner-Vorgrimler 1961, 177). Die Aufgabe, hier eine Lösung zu fin-

den, die den christologischen Prozeß integriert u. gleichzeitig die Sprache
K. Rahners »übersetzt«, bleibt weiterhin aktuell.

I

Idealismus (begrifflich von ↗Idee abgeleitet), ein Sammelbegriff für philosophische Theorien, in denen im Unterschied zum ↗Materialismus den Ideen
(dem ↗Geist) im Sein wie in der Erkenntnis der Vorrang zukommt vor
dem innerweltlich Seienden. Platon († 347 v. Chr.) unterschied zwei Seinsbereiche, den des übersinnlichen, beständigen »idealen« Wesens u. Seins
sowie den daran nur teilhabenden (↗Teilhabe) Bereich der sinnlichen, vergänglichen »realen« Seienden. Dabei kommt es der Vernunft zu, die beständige übersinnliche Idee im voraus zu dem zu erkennen, was dann in
der wechselnden sinnlichen Erfahrung wahrgenommen wird (»ontologischer I.«). In der Neuzeit wurde die Idee in den Bereich der ↗Subjektivität
verwiesen; sie gilt als die Vorstellung, die sich das menschliche Bewußtsein
von den äußeren Dingen macht (»psychologischer I.« im ↗Cartesianismus,
bei J. Locke † 1704, D. Hume † 1776). Bei I. Kant († 1804) u. den ihm folgenden Philosophen erfolgt ein »Überschritt« über den Bewußtseins-
bereich hinaus zu den noch vor dem Bewußtsein liegenden Strukturen
der endlichen Subjektivität, zu dem Bereich der Bedingungen der Möglichkeit endlicher Erfahrungen u. Handlungen. Idee gilt hier als Bedingung der
Vernunft, als Regulativ u. Norm (»transzendentaler I.«). Schließlich wird
die Meinung wirksam, beim Rückgang in die Subjektivität begreife diese
sich selber als die Idee, als einen inneren, absoluten Einheitsgrund, aus
dem alles Unterschiedene u. Unterscheidbare erst hervorgingen (»absoluter I.« bei J. G. Fichte † 1814, F. W. J. Schelling † 1854, G. W. F. Hegel
† 1831). Insgesamt hatte u. hat der I. in allen Spielarten seine große Bedeutung, auch wenn die Versuche, die gesamte Wirklichkeit als ein einziges
System zu durchschauen, gescheitert sind. Er besteht auf der Erkenntnisfähigkeit des ↗Verstandes (anders als die irrationalen Mentalitäten), auf
der Bedeutung der Bemühungen um ↗Wahrheit (über die praktische Lebensgestaltung hinaus), auf der unabweisbaren Frage nach dem ↗Sinn u.
dem Ganzen (gegen den heute weit verbreiteten ↗Positivismus), auf der
Erkennbarkeit geltender Normen (gegen den ebenfalls verbreiteten ↗Rela-
tivismus). Eine produktive theol. Auseinandersetzung bestand vor allem in
einer bis zur Gegenwart andauernden Kritik an Hegel. Die neuere Theologie, auf ev. Seite schon seit F. Schleiermacher † 1834, auf kath. Seite, mit
Ausnahme der Begegnung der ↗Tübinger Schule mit dem I., erst nach
Überwindung der Neuscholastik im 20. Jh., ist vom I. beeinflußt, wird aber

anders als er durch ihr geschichtliches Denken (↗Geschichtlichkeit) dem Unverfügbaren u. Unkalkulierbaren in der Freiheit Gottes u. der Menschen neu gerecht.

Idee (griech. = Urbild, Gestalt) ist der Grundbegriff in der Philosophie Platons († 347 v. Chr.) für das eigentlich Wirkliche, das Wesen u. Vollkommene. Die Trennung der Seinsbereiche des Geistigen u. des Sinnlichen versuchte Aristoteles († 322 v. Chr.) durch seine Theorie des ↗Hylemorphismus zu überwinden. Im ↗Neuplatonismus (Plotin † 270 n. Chr.) werden die Ideen als ↗Emanationen des Einen verstanden, die im ↗Geist (»nous«) als Urbilder aller nicht-geistigen Dinge existieren. In der Geschichte des ↗Idealismus erfuhr der Begriff der I. radikale Veränderungen. – Bei den neuplatonisch beeinflußten Kirchenvätern sind die *göttlichen Ideen* die schöpferischen Gedanken Gottes über die erschaffbaren Wirklichkeiten oder die in Gott immanenten Urbilder, die mit seiner ↗Vollkommenheit identisch sind u. durch die ↗Schöpfung im Geschaffenen nachgebildet werden (eine ausbildete Theorie bei Augustinus † 430). Diese Überlegungen wurden bei Bonaventura u. Thomas von Aquin (beide † 1274) zur Lehre von Gott als der ↗Exemplarursache weiter ausgebaut. Bonaventura verstand diese christozentrisch: Jesus Christus ist das Bild des Vaters u. vermittelt dem Geschaffenen die ↗Gottebenbildlichkeit. Die Überlegungen zu den göttlichen Ideen halfen, den Dualismus Platons zu überwinden.

Identität (lat. = Selbigkeit), ein Begriff für die Beziehung zweier unterschiedlich gegebener Seienden, der völlige Gleichheit besagt. I. ist seit der Antike Gegenstand umfangreicher philosophischer Diskussionen, von besonderer Bedeutung für das Verständnis der ↗Person. Auf die Frage, wie sich die I. eines Menschen in der Zeit durchhalte, antwortete die ältere Philosophie mit dem Hinweis auf das unveränderliche Wesen; in der Neuzeit wird auf die Kontinuität des Bewußtseins (in Gestalt der Erinnerung) hingewiesen. In neuester Zeit wird die Beschränkung auf die Wahrnehmung der eigenen Gleichheit u. Kontinuität in der Zeit als ungenügend für die I. empfunden. Nachdem v. a. G. W. F. Hegel († 1831) aufgezeigt hat, daß ein Ich erst durch den Ausgang zum andern u. durch das Sein beim andern bei sich selber ist, wird Identitätsfindung als ein Prozeß verstanden, der in einer Selbst-Identifizierung durch soziales Handeln besteht. Von solchen Sichten aus wird die Bedeutung des Identitätsproblems für Ethik, Psychologie (besonders Entwicklungspsychologie), Sozialwissenschaften u. Praktische Theologie ersichtlich: Annahme seiner selbst wird begründet durch das Angenommensein durch u. bei Gott u. ist Ausgangspunkt immer neuer Selbstfindung in der Einheit von Gottes- u. Menschenliebe.

Ideologie (griech. = Lehre von den Ideen), ein Ende des 18. Jh. eingeführter, zunächst positiv verwendeter Begriff für ein System von Theorien über die gesellschaftliche Wirklichkeit im ganzen, über Sinn u. Ziel des menschlichen Lebens u. über die individuelle u. kollektive Geltung ethischer Normen. I. als System besteht daher aus Beschreibungen u. analysierenden Erklärungen dieser Wirklichkeiten wie aus motivierenden Impulsen u. Forderungen. Schon zu Beginn des 19. Jh. wurde der Begriff I. negativ besetzt; er steht von da an eher für »falsches Bewußtsein«, interessebedingte falsche Deutungen der Wirklichkeit, Leugnung ihrer Widersprüche usw. Die Ideologiekritik befaßt sich, allgemein gesprochen, mit der Beobachtung, daß aus einer falschen Interpretation der sozialen Wirklichkeit nicht zwangsläufig verkehrte Handlungsimpulse hervorgehen müssen u. umgekehrt, daß aus richtigen Gesellschaftsanalysen nicht notwendig richtige Motivationen für das individuelle u. kollektive Handeln hervorgehen (so im früheren Marxismus u. seinen Folgen). Der ⁊Positivismus wird insofern eine I., als er an die Stelle der von ideellen Motivationen u. Impulsen bestimmten Freiheitsentscheidungen die Behauptung stabiler Regeln u. Funktionen in gesellschaftlichen Organisationen setzt, die es lediglich zu erforschen gilt (sog. Sachzwänge). Wo Religion als Ausdruck eines falschen Bewußtseins der gesellschaftlichen Verhältnisse u. als Begründung der Stabilisierung solcher Verhältnisse angesehen wird, da wird die Ideologiekritik zur ⁊Religionskritik. In der Gegenwart gehen die Tendenzen dahin, die Suche nach der Richtigkeit der Wirklichkeitserkenntnisse als dialogischen Prozeß unter größtmöglicher Wahrung des ⁊Pluralismus in Erkenntnis u. Zielsetzung zu verstehen. Diese Tendenzen gelten auch für die soziale Wirklichkeit der Kirche.

Idiomenkommunikation (griech.»Idiom« = Eigentümlichkeit; lat. ⁊Kommunikation), ein Begriff der ⁊Christologie, der zunächst besagt, daß von der einen Person Jesus Christus wegen der ⁊Hypostatischen Union die Eigentümlichkeiten beider ⁊Naturen, Gottheit u. Menschheit, ausgesagt werden dürfen. Die eigentliche I. im logischen Sinn besteht darin, daß die Person Jesu Christi mit einem Namen (Begriff) bezeichnet wird, der sie direkt als »Träger« einer der beiden Naturen bezeichnet, u. von dem so bezeichneten Person-Subjekt eine Eigentümlichkeit der anderen Natur ausgesagt wird (z.B.: »der göttliche Logos wurde gekreuzigt«). Anfänge der I. finden sich schon im NT, vor allem in Phil 2,6f. u. in den Aussagen über die ⁊Präexistenz Jesu Christi. In den christologischen Auseinandersetzungen wurde die I. der Sache nach häufig diskutiert; eine Formel für sie findet sich bei Leo I. 449 am Vorabend des Konzils von ⁊Chalkedon. In der Scholastik wurden 6 Regeln für die I. aufgestellt, immer im Hinblick auf die *eine* Person Jesus Christus: 1) Konkrete göttliche u. menschliche

Attribute können getauscht werden (»Gott ist Mensch«); 2) göttliche u.
menschliche Abstracta können nicht getauscht werden; Abstracta können
nicht von Concreta ausgesagt werden (falsch ist: »Die Menschheit Jesu ist
der göttliche Logos«); 3) ein Satz, der Jesus ein Attribut schlechthin ab-
spricht, das ihm kraft einer der beiden Naturen zukommt, ist falsch (falsch:
»Der Logos ist nicht gestorben«); 4) für Aussagen, die das Werden der
Hypostatischen Union aussprechen, ist der Mensch Jesus nicht Subjekt
(falsch: »Der Mensch ist Gott geworden«); 5) beim Gebrauch von Ableitungen oder Zusammensetzungen von »Mensch« u. »Gott« ist Vorsicht
geboten (falsch: »Christus ist ein Gott tragender Mensch«); 6) von Irrlehrern verwendete Redeweisen sind mit Vorsicht zu verwenden (z. B. der
Satz der Arianer: »Christus ist ein Geschöpf«, der rechtgläubig sein kann).
Bei reformatorischen Theologen, besonders bei M. Luther (†1546), wurde
die I. akzeptiert u. weiter ausgebildet. Ältere christologische Texte können
ohne Kenntnis der Regeln der I. nicht verstanden werden. Die Christologie
der Gegenwart ist sich der Mangelhaftigkeit des Zwei-Naturen-Modells u.
der Problematik der vom göttlichen ↗Logos gebildeten Personeinheit bewußt. Die klassische Lehre von der I. scheint die von Chalcedon her festzuhaltende strikte Unterscheidung von Gott u. Mensch nicht zu wahren.

Immanenz (lat. = das Innebleiben) besagt im Unterschied zur ↗Transzen-
denz, daß etwas eine Grenze nicht übersteigt. Der Begriff spielt in der Philosophie I. Kants (†1804) eine Rolle, wo er den Bereich der ↗Erfahrung
bezeichnet; der Gegenstand der Erkenntnis bleibt dem Akt der Erkenntnis
immanent, ohne ihn zu transzendieren; die vom Verstand gebildeten Begriffe sind bewußtseinsimmanent. Wenn eine Philosophie das Sein auf das
Erfahrbare oder Endliche eingrenzt, heißt sie *Immanenzphilosophie* (z. B.
↗Materialismus, ↗Monismus). In der scholastischen Philosophie wird I.
vom ↗Leben ausgesagt, da der Lebensvollzug nicht etwas bewirkt, was er
außerhalb seiner »setzen« würde, daher bedeutet Lebensvollzug Selbstvollzug (»actio immanens«). Ein genaueres Verständnis des ↗Geistes u. seines
Selbstvollzugs zeigt jedoch, daß sich I. u. Transzendenz nicht notwendig
ausschließen müssen. Daher wird in der neueren Theologie seit der Reformationszeit das Verhältnis Gottes zum Nichtgöttlichen auch in die Formel
gebracht, Gott verhalte sich zu ihm sowohl immanent als auch transzendent.

Immanenzapologetik ist eine Sammelbezeichnung für Bemühungen der
theol. ↗Apologetik Ende des 19. u. zu Anfang des 20. Jh. vor allem in
Frankreich, bei einer vernunftgemäßen Darlegung der Glaubensbegrün-
dung an die im Menschen selber angelegten Tendenzen u. an diejenigen
Gehalte der göttlichen Offenbarung, die diesen Tendenzen wegen deren

gnadenhafter Erhebung besonders »entgegenkommen«, anzuknüpfen. Naturgemäß wurden bei diesem Vorgehen die in der herkömmlichen Apologetik hochgeschätzten äußeren Kriterien, Wunder u. Erfüllung von Prophezeiungen, in den Hintergrund gedrängt. Die römische Lehrinstanz verdächtigte die I., das ↗Gefühl u. das religiöse Bedürfnis überzubewerten u. den Verstand abzuwerten, u. nannte die I. mit bei der Verurteilung des ↗Modernismus, doch wurde der Hauptvertreter der I., M. Blondel † 1949, ausdrücklich von der Verurteilung ausgenommen. Blondel hatte auch nie die Absicht, das ↗Übernatürliche philosophisch zu »beweisen« (I. in seinem Sinn vertrat z. B. auch J. H. Newman † 1890). – ↗Praeambula fidei, ↗Potentia oboedientialis.

Immanuel (hebr. = Gott mit uns; in der Vg. Emmanuel), Name eines bei Jes 7, 14 angekündigten Kindes. Die atl. Exegese nimmt in einmütigem Konsens an, daß es sich um ein Dynastieorakel handelt, in dem ein Sohn u. Thronfolger für König Ahas († 735 v. Chr.) in Aussicht gestellt wird. Über den zeitlichen Ansatz u. daraus folgende Konsequenzen für die Interpretation wird noch diskutiert. Mt 1, 23 wird der Name für Jesus in Anspruch genommen (↗Messias).

Imputationsgerechtigkeit (lat. »imputatio« = Anrechnung), eine Bezeichnung für das Verständnis der ↗Rechtfertigung bei manchen Reformatoren (v. a. Ph. Melanchthon † 1560): Gott rechne in der Rechtfertigung dem Sünder seine Sünden nicht mehr an, weil er ihm aus reiner Gnade die Gerechtigkeit Jesu Christi anrechne. Dieses Gerechtmachen ist in Wirklichkeit ein bloß äußerliches, einem gnädigen Gerichtsakt vergleichbares (»forensisches«) Gerechtsprechen; die Gerechtigkeit vor Gott wird dem Sünder in Wirklichkeit nicht innerlich zu eigen. Das Konzil von ↗Trient hielt im Bemühen um eine biblische Basis dem gegenüber daran fest, daß in der Rechtfertigung ein Sünder auch innerlich ein wirklich Gerechtfertigter wird (Röm 8, 1 u. ö.). Dennoch kann die Existenz einer I. auch in einem kath. Sinn mit biblischer Begründung angenommen werden, da die Schrift sagt, daß die Sünden allein aus der Gnade Jesu Christi nicht angerechnet werden (Röm 4; Gal 3, 6; 2 Kor 5, 19) u. nichts im Sünder vom Menschen her Grund der Rechtfertigung ist. Da die reformatorische Formel ↗Simul iustus et peccator, die kurz die bleibende Sündigkeit des gerechtfertigten Menschen ausspricht, einen gut kath. Sinn hat u. da heute auf ev. Seite oft gelehrt wird, mit I. solle die rein gnadenhafte Unverfügbarkeit der Rechtfertigung ausgesagt, die wahre u. wirkliche Gerechtmachung des Sünders aber nicht geleugnet werden, kann die Lehre von der I. keine wirklichen Unterscbiede zwischen kath. u. nichtkath. Christen mehr bezeichnen (Rahner-Vorgrimler 1961, 180).

Indifferenz (lat. = Nichtentscheidung) bezeichnet in der Ethik die unentschiedene, selber noch nicht ethische Ausgangsposition *vor* einer Entscheidung der Wahlfreiheit. In der Spiritualität bezeichnet I. die Haltung der Gleichmütigkeit (»aequilibrium«) gegenüber allen geschaffenen Dingen, verbunden mit der Entschiedenheit, sich in allen Dingen für Gott zu entscheiden (Ignatius von Loyola † 1556). Diese Vorentscheidung in Gleichmütigkeit soll nicht mit Gleichgültigkeit verwechselt werden. – *Indifferentismus* ist ein Begriff der kirchlichen Lehrinstanz, mit dem sie die Gleichgültigkeit gegenüber religiösen Werten bezeichnet u. den sie in der Neuzeit wiederholt verurteilte. Im Zeichen der ⁊Säkularisierung tritt an die Stelle eines aggressiven, argumentativen ⁊Atheismus häufig die Haltung völliger Gleichgültigkeit gegenüber Gott, der nicht ohne Schuld der kirchlichen Verkündigung unter die Kategorie der Brauchbarkeit geraten war u. dessen »Brauchbarkeit« in Nöten u. Problemen nicht mehr erfahren wird.

Individualität (lat. = die persönliche Einzigartigkeit), jene Eigenschaft eines Seienden, die es in seiner Einzigkeit u. nicht-mitteilbaren Einheit gegenüber dem Allgemeinen (der Gattung oder Art) bestimmt. Die Frage der aristotelisch-thomistischen Philosophie, was zum Allgemeinen »hinzukommen« müsse, damit es zu einem konkreten Individuum werde, wurde thomistisch mit der raum-zeitlich geprägten ⁊Materie beantwortet (sog. Individuationsprinzip). Dem gegenüber setzte sich die Überzeugung durch, daß das ⁊Person-Sein die I. im strikten qualitativen (nicht nur zahlenmäßigen) Sinn begründet, theol. zunächst vom Anruf Gottes u. der Antwort des Menschen aus gedacht (schon bei Augustinus † 430), später im Subjektdenken der Neuzeit weiter entwickelt (⁊Subjektivität). Die philosophische Strömung, die (vor allem in Hinblick auf Gesellschaft u. Staat) den Vorrang des Individuums vor dem Allgemeinen behauptet, heißt *Individualismus*.

Initiation (lat. = Einweihung), ein religionsgeschichtlicher Begriff, der in überreligiöser Bedeutung die Einweihung eines sich um Mitgliedschaft bewerbenden Menschen in die (Glaubens-) Geheimnisse der Religion u. die Aufnahme in die Gemeinschaft bezeichnet. Aus der Menschheitsgeschichte sind viele Riten der I. bekannt. Es gibt auch Initiationen von nicht-erwachsenen Menschen, ja von Säuglingen, die naturgemäß nicht »eingeweiht« werden können. Wesentlicher Bestandteil der I. im Judentum u. Islam ist die ⁊Beschneidung. Die I. in der christlichen Kirche hatte in der Antike die Reihenfolge Katechumenat, Taufe, Firmung, Eucharistie (neuestens wiederhergestellt bei der »Feier der Eingliederung Erwachsener« in die kath. Kirche). Etwa vom 5. Jh. an wurde die Abfolge aus praktischen Gründen

(Säuglingstaufe) geändert; röm.-kath.: Taufe, Erstkommunion, Firmung (später); in den Kirchen der Reformation Taufe, Konfirmation (später), Abendmahl. Die ⊅Mystagogie muß dann nachgeholt werden.

Inkarnation (lat. = Fleischwerdung), von Joh 1,14 aus gebildeter Begriff für das zentrale Mysterium des Christentums, wobei »Fleisch« (⊅Sarx) die ganze endliche u. sterbliche Wirklichkeit des Menschen meint, in der griech. Form »sarkosis« von Irenäus von Lyon († um 202) verwendet. Der Begriff leidet an einer gewissen Unschärfe, ist aber nicht so irreführend wie »Menschwerdung« (u. ⊅Gottmensch). Die dogmatische Formulierung des Konzils von ⊅Chalkedon 451 verwendet das Denkmodell der ⊅Hypostatischen Union, in der die menschliche ⊅Natur Jesu Christi vom göttlichen ⊅Logos (Wort) für immer als ihm eigene angenommen wurde. I. bezeichnet so in bestimmter Hinsicht ein Werden Gottes zu dem, was er nicht »immer schon« war, aber nicht seine Verwandlung in etwas anderes. Die Formulierung »menschliche Natur« läßt nicht deutlich erkennen, was mit ihr gemeint ist: Menschsein mit allem, was dazu gehört, menschliches Bewußtsein, das fragend u. anbetend sich als völlig verschieden von Gott versteht, begrenzte Erkenntnis mit Lernen u. Wachsen, Einbindung in soziale Verhältnisse u. Umwelt, spontane Subjektivität mit Gefühlen u. Freiheit (die durch die Einheit mit Gott wächst u. nicht abnimmt), Leiden u. Sterbenmüssen. Dieses wahre Menschsein ist der heutigen Mentalität nicht so fremd wie seine Einheit mit dem lebendigen, unbegreiflichen Gott. Zu den Fragwürdigkeiten gehört die Erklärung des Motivs der I. durch die ⊅Satisfaktionstheorie Anselms von Canterbury († 1109), als sei die I. die notwendig gewordene Antwort Gottes auf die Sünde der Menschheit. Sowohl in der alten griech. Theologie mit ihrer Auffassung von einer ⊅Vergöttlichung der Menschheit als auch in der mittelalterlichen ⊅Erhöhungs-Christologie stand ein anderes Motiv im Hintergrund. Heutiges Nachdenken über die I. kann von der Offenheit des Geschöpfes Mensch für Gott ausgehen (⊅Transzendenz), die sich aktualisiert als dauerndes, fragendes Verwiesensein des Erkennens u. Wollens auf Gott, als Frage. Die ⊅Selbstmitteilung Gottes an den Menschen wäre eine mögliche freie u. radikal höchste Antwort Gottes auf diese Frage. In diesem Zusammenhang besagt I., daß Gott selber Frage u. Fraglichkeit zu eigen angenommen hat u. daß er darin sich selber zur Antwort gibt. Dabei wird, wie das Dogma von Chalkedon sagt, der Wesensunterschied von Göttlichem u. Menschlichem nicht vermischt. »Dasjenige« an Gott, was der Kreatur Mensch mitteilbar ist, wird als sein Wort in der I. u. als sein Geist (⊅Heiliger Geist) dem Menschen bleibend zu eigen mitgeteilt, ohne sich in es zu verwandeln. Vom Menschsein her gesehen könnte die Übereignung des

Menschen Jesus an Gott, die den Menschen mit Gott eint, ohne daß er in Gott verwandelt würde, als ⁊Selbsttranszendenz gesehen werden.

Inkulturation, ein im 20. Jh. neu geprägter u. vor allem von der kath. Missionstheologie gebrauchter Begriff, der die innerste Verwurzelung u. Aneignung des Christentums in einer bestimmten Kultur bezeichnet. Unterschiede dazu sind dort gegeben, wo Kulturen einander friedlich u. dialogisch begegnen, aber einander fremd bleiben, oder wo nur Einzelheiten des christlichen Glaubensgutes in die Sprache einer anderen Kultur »übersetzt« werden. Es handelt sich mehr um ein Programm als um ein bereits gelingendes Geschehen. Die theol. Fragen um den universalen Anspruch des Christentums u. die Legitimität nichtchristlicher Religionen sind erst gestellt. Von den nichteuropäischen Kulturen her gesehen würde wirkliche I. des Christentums bedeuten, daß diese Kulturen ihre Identität in keiner Hinsicht preisgeben würden. Kirchengeschichtlich ist noch genauer zu prüfen, was die Hellenisierung, die I. in Rom, Gallien, Franken, Angelsachsen usw. für die Identität des Christentums bedeuteten. Zwar ist von der Kirchenleitung her mit dem 20. Jh. ein Ende des »Exports« des europäisierten Christentums prinzipiell möglich geworden, doch wirken bestimmte Faktoren (z. B. die europäische u. vor allem römische Ausbildung »einheimischer« Bischöfe oder die uniforme Normierung durch einen »Weltkatechismus«) ausgesprochen »gegenläufig«.

Inspiration (lat. = die Einhauchung, Eingebung) bezeichnet den charismatischen Einfluß Gottes auf die Verfasser der ⁊Heiligen Schrift, durch den Gott in einem besonderen Sinn »Urheber« des Alten oder Ersten u. des Neuen Testaments wird u. der bewirkt, daß diese das irrtumslose ⁊Wort Gottes darstellen, ohne daß dadurch die menschlichen Verfasser aufhören würden, die literarischen Autoren ihrer Werke zu sein. Die I. unterscheidet sich von der göttlichen ⁊Offenbarung an u. durch ⁊Propheten, insofern diese zur mündlichen Verkündigung bestimmt ist. In frühjüdischen Schriften u. in Spätschriften des NT zeigen sich Reflexionen über die I. (2 Tim 3,16; 2 Petr 1,20f.) durch das heilige ⁊Pneuma Gottes. Die aus einem Reflexionsprozeß hervorgehende Glaubenserkenntnis der alten Kirche, welche Schriften das Wort Gottes enthalten, führte zur Bildung des biblischen ⁊Kanons. Unter den Kirchenvätern wandten sich besonders Origenes († 253), Ambrosius († 397) u. Augustinus († 430) der I. zu. In der Scholastik wurde mit Hilfe der Unterscheidungen der ⁊Kausalitäts-Theorie zwischen Gott als der Prinzipalursache (oder als »auctor principalis«) u. den Menschen als Instrumentalursache (»auctores secundarii«) unterschieden. Mit dem Aufkommen historisch-kritischer Fragen an die Bibel u. mit der Betonung des Wortes Gottes in der reformatorischen

Theologie geht das Verständnis der I. in zwei Richtungen auseinander: Als *Verbalinspiration* wird die Theorie bezeichnet, der Heilige Geist habe nicht nur die Aussageinhalte vermittelt, sondern die einzelnen Worte der Schrift diktiert. Nach den Vertretern der *Realinspiration* garantiert der göttliche Geist nur die Wahrheit der Inhalte, nicht die Richtigkeit der einzelnen Worte. Beide Theorien haben kath. u. ev. Vertreter. Die radikale Bibelkritik verneinte die I., das I. ↗Vaticanum bejahte sie u. bezeichnete Gott als »auctor« der Heiligen Schrift in allen ihren Teilen. In einer viel beachteten Theorie interpretierte K. Rahner († 1984) die I. der Schrift als Moment an der Urheberschaft Gottes bei der Verwirklichung der Kirche: Der charismatische Einfluß Gottes bei der Niederschrift der biblischen Texte bewirkte, daß sie dasjenige zum Inhalt haben, was Gott selber durch sie sagen wollte, nämlich daß sie irrtumsfreier Ausdruck der Glaubensunterweisung der auf der apostolischen Predigt beruhenden Kirche sind, so daß diese Schriften zugleich das Wort der inspirierten Verfasser u. die »normative Objektivation des Glaubens der Urkirche« u. in beidem das in menschlichen Worten wiedergegebene Wort Gottes sind (wobei die menschlichen Worte also »mehr« sind als nur äußeres Sprachgewand, wie die Theorie der Realinspiration meinte). Das II. ↗Vaticanum unterschied zwischen Gott als dem »Urheber« u. den Menschen als den »echten Verfassern« der Heiligen Schrift, in der »die Wahrheit« enthalten ist, »die Gott um unseres Heiles willen in heiligen Schriften aufgezeichnet haben wollte« (DV 11). Damit ist nicht ausgeschlossen, daß biblische Aussagen, die mit der Wahrheit um des menschlichen Heiles willen nicht in einem inneren Zusammenhang stehen, menschliche Fehler u. Irrtümer enthalten. Da die Bemühungen um die Erkenntnis dieser ↗Wahrheit u. um das intensive u. extensive Wachstum in der Wahrheitserkenntnis ein von der ↗Selbstmitteilung Gottes getragenes Geschehen sind, können die I. der Schrift u. die I. des Glaubensgeschehens in einem inneren Zusammenhang unter der Urheberschaft Gottes gesehen werden.

Institution (lat. = feste Einrichtung) bezeichnet ein anerkanntes Gebilde sozialer Ordnung, das garantiert, daß im menschlichen Zusammenleben die individuellen Bedürfnisse u. angestrebten Ziele aller (u. nicht nur einzelner) zur Geltung kommen können. Die Anerkennung einer I. setzt voraus, daß in einer Gruppe (Gemeinschaft usw.) ein Bewußtsein des gegenseitigen Aufeinanderangewiesenseins, ein Einigungswillen zu gemeinsamer Handlungs- u. Zielorientierung (↗Konsens) u. die Möglichkeit gegeben sind, die Einhaltung der sozialen Ordnung durch ↗Macht zu garantieren. Da die I. das Zusammenleben entlasten u. zugleich die individuelle Selbstbestimmung u. -verwirklichung fördern soll, hat die I. die Daueraufgabe, die Polarität von Ordnung u. Freiheit auszubalancieren. Dabei sieht sie sich ständig der Anfrage nach ihrer Legitimität u. nach ihrer Fähigkeit, Bereitschaft zu allgemeiner Zustimmung zu vermitteln, ausgesetzt. Dieser Kommunikationsvorgang kann auch die Forderung nach Veränderungen der I. mit sich bringen. Wo die I. sich der Antwort oder sogar der Anfrage verweigert, riskiert sie Widerspruch, Widerstand, ja Zurücknahme der Anerkennung als I. Alle diese sozialphilosophischen Einsichten gelten auch von der I. Kirche. Der Glaube an ihre Gründung durch den Heiligen Geist u. die Bejahung ihrer Aufgabe, die Identität mit ihrem Ursprung sowie die Ordnung ihrer Lebens- u. Zeugnispraxis zu sichern, stellen zugleich eine Bejahung ihrer Legitimität dar. Die I. Kirche ist in Gefahr, Spielräume »konkreter Freiheit« (G. W. F. Hegel † 1831) der Individuen wie der Teil-Institutionen (Ortskirchen usw.) einzuengen, die Bemühung um Konsens zu verweigern u. statt dessen »Unterwerfung« zu fordern u. sich im Namen der Identitätswahrung durch »Überlegitimierung« (argumentationsloses Beharren auf »göttlicher Stiftung«, Gottes Geboten, »göttlichem Recht« usw.) gegen sinnvolle Veränderungen zu immunisieren. Eine Folge ist die lautlose Abwanderung aus der I. Kirche.

Integrität (lat. = Ganzheit, Unversehrtheit). In der dogmatischen Theologie ist I. eine Sammelbezeichnung für alles, was Gott den ersten Menschen in ihrem ↗Urstand zugedacht hatte u. was über dasjenige hinausging, was der Schöpfer der von ihm geschaffenen Kreatur schuldig ist, also die ungeschuldete heiligmachende ↗Gnade als »übernatürliche« Gabe, das Freisein von negativer ↗Begierde, vom ↗Tod u. von dessen Vorformen in Krankheit u. Leid. Nach der kath. Dogmatik ging diese I. durch die ↗Erbsünde verloren. – Ferner bezeichnet I. in der dogmatischen Theologie jene Freiheit von der Begierde, die dem göttlichen Logos nach der inkarnatorischen Vereinigung mit der menschlichen Natur zukam, die Gott auch ↗Maria im Hinblick auf ihre Stellung in der Glaubensgeschichte schenkte u. die, zusammen mit der Leidensfreiheit, zur ↗Vollendung in der ↗Auferstehung der Toten gehören wird. – In der Ethik meint I. die physiologisch-psychologische Ganzheit des Menschen, die dann beschädigt wird, wenn eine Schicht oder Dimension (ein Trieb) sich dominierend bewußt-freiwillig oder krankhaft verselbständigt oder wenn durch Eingriffe Teile manipuliert oder entfernt werden; letzteres ist nur dann sittlich einwandfrei, wenn der Gesamtorganismus es fordert (Operation) oder Hilfsbereitschaft es geboten sein läßt (Organspende). Die Integrierung des einen ganzen Menschen in eine ethisch gute Fundamentalentscheidung (↗Liebe) heißt ebenfalls Integrität.

Intention (lat. = Absicht) bezeichnet in der Ethik seit der Scholastik jene Eigentümlichkeit eines sittlichen ↗Aktes, kraft derer er auf ein ↗Ziel (↗Gut,

↗Motiv) willentlich hinbezogen ist, u. die darum über die ethische Qualität des Aktes u. die Verantwortung des Handelnden entscheidet. Mit I. ist weder ein äußeres Motiv noch eine nur allgemeine innere Gesinnung gemeint, sondern I. ist innerlich u. konkret. Sie wird in der ethischen Tradition unterschieden in eine explizite oder implizite, ferner in eine aktuelle I. (wenn das innere Motiv ausdrücklich erfaßt u. im Tun aktuell präsent ist), eine virtuelle I. (wenn das Motiv ausdrücklich erfaßt war u. weiterwirkt, aber beim Tun nicht aktuell präsent ist) u. eine habituelle I. (wenn das Motiv einmal früher ausdrücklich erfaßt war u. später bloß nicht mehr ausdrücklich widerrufen wurde). In der traditionellen Sakramententheologie spielen diese Unterscheidungen eine Rolle, da ein Mindestmaß an I. verlangt wird, damit ein ↗Sakrament »gültig« vollzogen wird. Ein positiver Wille, ein Sakrament nicht zu empfangen, macht dieses immer ungültig. Ehe, Buße u. Krankensalbung fordern eine positive, unter Umständen aber bloß habituelle I. zu ihrer Gültigkeit. Taufe, Firmung u. Weihesakrament können im Vernunftalter nur mit genügender I. empfangen werden. Wenn ein Mensch befugt ist, ein Sakrament zu »spenden«, muß er wenigstens die I. haben, das zu tun, »was die Kirche tut«, d. h. seine I. muß sich willentlich auf den ihm bekannten kirchlich-religiösen Ritus beziehen.

Intuition (lat. = unmittelbares Erfassen) heißt eine Erkenntnis, bei der eine Wirklichkeit sich selber unmittelbar »gibt«, so daß sie irrtumsfreies Wissen vermittelt. Ihrem Wesen nach wäre sie weder in ihrer Begründung u. in ihrem Geltungsanspruch anderen mitteilbar noch könnte sie überprüft werden. Begrifflich ist sie verschieden von der abstrakten, »diskursiven« Erkenntnis; bei der Reflexivität des menschlichen ↗Geistes (der transzendentaler ↗Erfahrung) ist sie jedoch von dieser nie völlig getrennt. Philosophiegeschichtlich wurde die I. auch unter anderen Begriffen thematisiert (z. B. Schau der Ideen, des Wesens, lat. Evidenz = einleuchtende Gewißheit). Eher intuitive Wege zur Gotteserkenntnis vermittelt die ↗Mystik. Eine Theorie der religiösen Erkenntnis, die versucht, das rationale, logische Erkennen durch I. völlig zu ersetzen, heißt *Intuitionismus*. Sie prägte weithin den ↗Neuplatonismus u. war bzw. ist gegeben im ↗Ontologismus, in der Wertphilosophie (M. Scheler † 1928), in ↗Theosophie u. ↗Anthroposophie.

Irrationalismus (lat. = Lehre über das dem Verstand nicht Zugängliche), Ende des 18. Jh. aufgekommene Bezeichnung für unterschiedliche Deutungen des menschlichen Bewußtseins, die von der Existenz von Erkenntniskräften ausgehen, die vom Verstand lösbar oder ihm gegenüber mehr oder weniger unabhängig sind u. die das begriffliche Denken zurückhaltend oder ablehnend beurteilen. I. wäre dort gegeben, wo das Fühlen als dritte geistige Grundkraft neben Verstand (Intellekt) u. Willen (Freiheit, Liebe), gleichrangig mit ihnen, angenommen würde (Gotteserkenntnis durch »Wertfühlen«), oder wo etwas Dunkles (z. B. der Lebensdrang) als letzter Wesensgrund aufgefaßt würde. A. Schopenhauer († 1860) u. F. W. Schelling († 1854) nannten das Wesen der Welt »irrational«, weil kein Grund ersichtlich sei, warum sie existiere. Oft wird religiöser Glaube als »irrational« diffamiert, weil er sich der Anstrengung u. Verantwortung des Denkens entziehe

Islam (arabisch = Hingabe, Friedenssuche, Errettung), die von Mohammed (arabisch Muhammad = der Gepriesene) († 632) begründete Form der Gottesverehrung u. die ihr dienende Religionsgemeinschaft. Im theol. Sinn heißt I. »Hingabe an Gott«, der im absoluten Zentrum des Glaubens u. der Lebensführung steht. Vom Begriff I. her lautet die Selbstbezeichnung der Religionszugehörigen »Muslime«. Die früher häufige Bezeichnung »Mohammedaner« wird als verfälschend u. beleidigend empfunden. Nach einem Berufungserlebnis um 610 lehrte Mohammed als Prophet der göttlichen Offenbarung bis 622 in Mekka, wo er in der Unterschicht akzeptiert, von den Reichen abgelehnt wurde, nach seiner Auswanderung in Medina, wo ihm die Gründung einer Gemeinde gelang, 630 Rückeroberung Mekkas u. Übernahme des Ka'ba-Kults. Nach einer Spaltung des I. vom 7. bis zum 8. Jh. v. a. in Schiiten u. Sunniten kam es in großen Wellen zu einer weiten Ausbreitung des I., mit bedeutenden wissenschaftlichen u. kulturellen Leistungen in Spanien, auf dem Balkan, im Mittleren Osten, in Indien u. Indonesien. – Der Koran (arabisch kur'an = Rezitationstext), die hl. Schrift des I., enthält die Mohammed durch den Engel Gabriel vermittelten Offenbarungen Gottes, z. T. von Sekretären notiert, z. T. mündlich überliefert, in der Zeit 644–656 endgültig schriftlich festgelegt. In 114 »Suren« (Kapiteln) werden in der älteren Schicht Glaubensthemen, v. a. die ↗Eschatologie, behandelt: Ende der Welt, Auferstehung der Toten, Gericht durch den »einen Gott«, Schöpfer u. Erhalter der Welt, der Rechenschaft über alles Tun verlangt u. der absolut allmächtig ist; ferner wird der Auftrag des Gottgesandten, das Gericht anzusagen, dargelegt; Bilder malen das Paradies u. die Hölle konkret aus. In der jüngeren Schicht erfolgt die Kritik an Juden u. Christen (den »Schriftbesitzern«), v. a. an Tora- u. Bibelverständnis u. an der christlichen Trinität. Die besondere Aufgabe des Propheten zur Wahrung des ↗Monotheismus wird erläutert. Erster Monotheist u. Urbild des »Muslim« war ↗Abraham; Urbild des Propheten war Mose; der letzte, jungfräulich geborene Prophet u. Wundertäter war Jesus, Marias Sohn, der nicht als Gott verehrt werden wollte, der nicht am Kreuz starb, der nicht die Sünden der Menschheit sühnte, der von Gott zu sich erhoben wurde. Die vom I. mißverstandene christliche Trinität (Gott, Ma-

ria u. Jesus) ist Anlaß für Auseinandersetzungen bis heute:»Ungläubig
sind diejenigen, die sagen: Gott ist einer von dreien« (Sure 5,73). Judentum u. Christentum werden hoch geschätzt:»Wir glauben an dieselbe Offenbarung. Unser u. euer Gott ist einer« (Sure 29,46), aber wegen der
Nichtannahme des I. unterliegen Juden u. Christen in islamischen Gesellschaften als Bürger zweiter Klasse einer Kopfsteuer. Wie alle sog. Hoch-
religionen erfuhr auch der ursprüngliche I. zahlreiche spätere Erweiterun-
gen u. Interpretationen. Der I. verfügt über eine ausgeprägte Ethik (in die
sachlich der ↗Dekalog integriert ist u. die außerhalb des Koran in der»Ha-
dith« überliefert wurde) u. Pflichtenlehre, viele Rechtsanweisungen u.
theol. Interpretationen, die sämtlich nicht zu einem System zusammengefaßt sind u. flexibel gehandhabt werden können (nicht müssen). Neben der
hochstehenden islamischen Kultur (Literatur u. Kunst) ist vor allem die
vom 8. Jh. bis heute blühende ↗Mystik zu erwähnen. Die religiöse Praxis
des I. ruht auf fünf»Säulen«, die für alle Muslime verbindlich sind: Die
Wallfahrt nach Mekka wenigstens einmal im Leben, das fünfmalige tägliche Gebet (im Zustand ritueller Reinheit, gemeinsam im Versammlungsraum, der»Moschee«, oder außerhalb privat verrichtet), das Fasten im
Monat Ramadan, das Glaubensbekenntnis (»Ich bekenne, daß es keinen
Gott gibt außer Gott und daß Mohammed der Gesandte Gottes ist«) u.
die Pflicht zum Almosengeben. – Nach einer jahrhundertelangen leidvollen Geschichte von Christentum u. I. zeigen sich große, vom ↗Fundamen-
talismus auf beiden Seiten gefährdete Verständigungsmöglichkeiten, gerade auch in der Theologie. Das II. Vaticanum formulierte im Hinblick auf
den I.:»Der Heilswille (Gottes) umfaßt aber auch die, welche den Schöpfer
anerkennen, unter ihnen besonders die Muslim, die sich zum Glauben
Abrahams bekennen u. mit uns den einen« Gott anbeten, den barmherzigen, der die Menschen am Jüngsten Tag richten wird« (LG 16).»Mit Hochachtung betrachtet die Kirche auch die Muslim, die den alleinigen Gott
anbeten, den lebendigen u. in sich seienden, barmherzigen u. allmächtigen,
den Schöpfer Himmels u. der Erde, der zu den Menschen gesprochen hat.
Sie mühen sich, auch seinen verborgenen Ratschlüssen sich mit ganzer
Seele zu unterwerfen, so wie Abraham sich Gott unterworfen hat, auf den
der islamische Glaube sich gerne beruft. Jesus, den sie allerdings nicht als
Gott anerkennen, verehren sie doch als Propheten, u. sie ehren seine jungfräuliche Mutter Maria, die sie bisweilen auch in Frömmigkeit anrufen.
Überdies erwarten sie den Tag des Gerichtes, an dem Gott alle Menschen
auferweckt u. ihnen vergilt. Deshalb legen sie Wert auf sittliche Lebenshaltung u. verehren Gott besonders durch Gebet, Almosen u. Fasten. Da
es jedoch im Lauf der Jahrhunderte zu manchen Zwistigkeiten u. Feindschaften zwischen Christen u. Muslim kam, ermahnt die Heilige Synode
alle, das Vergangene beiseite zu lassen, sich aufrichtig um gegenseitiges

Verstehen zu bemühen u. gemeinsam einzutreten für Schutz u. Förderung
der sozialen Gerechtigkeit, der sittlichen Güter u. nicht zuletzt des Friedens
u. der Freiheit für alle Menschen« (NA 3).

Ius divinum (lat. = göttliches Recht) ist eine Begriffsbildung, die auf die
Einbürgerung des röm. Rechtsdenkens (v. a. Cicero † 43 v. Chr.) in die
christliche Theologie (Ambrosius † 397, Augustinus † 430 u. a.) zurückgeht, wobei Gott als Gesetzgeber gedacht wurde. Die Unterscheidung zwischen »göttlichem Recht« u. »menschlichem Recht« wurde in der Scholastik eingehend reflektiert. Dabei wurde das I. d. noch einmal unterteilt in
ein »I. d. naturale«, das schöpfungstheologisch verstanden wurde (Naturrecht; Institutionen dieses Rechts sind z. B. Ehe, Familie, Eigentum, Staat),
u. in ein »I. d. positivum«, womit das in der ↗Offenbarung gesetzte Recht
gemeint war (Institutionen dieses Rechts sind z. B. die Kirche, ihr Lehramt,
ihre Hierarchie, ihre Sakramente). Die mit der Neuzeit immer drängender
aufkommenden Fragen nach der wissenschaftlichen (überprüfbaren) Erkenntnis dieser göttlichen Rechtssetzung wurden bzw. werden in starkem
Maß durch das kirchliche Lehr- u. Leitungsamt zurückgedrängt, das sich
die Kompetenz zur Erkenntnis u. Interpretation des I. d. zuschreibt. In der
Theologie des 20. Jh. wurde wiederholt darauf aufmerksam gemacht, daß
die Erkenntnis des I. d. in geschichtlichen Prozessen vor sich geht u. daß
auch Entscheidungen, die nach dem Abschluß der amtlich-öffentlichen
Offenbarung Gottes getroffen wurden, als Setzungen eines I. d. verstanden
werden können. Historische Anhaltspunkte dafür sind u. a. das Faktum,
daß der scholastische Begriff einer »Stiftung« durch Jesus Christus »offener« war u. auch noch nachösterliche Impulse des Heiligen Geistes umfassen konnte, u. daß in früheren lehramtlichen Erklärungen eine kirchliche
Position dem I. d. zugeordnet wurde, die dem geoffenbarten Willen Gottes
entsprach oder sogar nur ihm nicht widersprach. Der CIC von 1983
spricht von I. d. bzw. »institutio« oder »ordinatio divina«. Auf jeden Fall
wäre I. d. nur Gottes Wort im Menschenwort.

J

Jahwe, der heilige, von Gott selber durch die Vermittlung Moses dem Volk
Israel anvertraute Gottesname (Ex 3, 14), auch in christlichen Schriften in
Solidarität mit der jüdischen Ehrfurcht vor diesem Namen zunehmend
JHWH geschrieben. Ausgehend von dem hebr. Wort für »dasein, sich er-
weisen« wird J. heute meist gedeutet als Verheißungsname: »Ich bin der
Ich-bin-da« oder »Ich bin der, der sich (für euch) erweisen wird« (E. Zen-

ger). J. begegnet auch in außerbiblischen Zeugnissen vom 9. Jh. v. Chr. an, in der später noch geläufigen Kurzform jh bereits als Beduinen-Gott in ägyptischen Zeugnissen des 14. Jh. v. Chr. Nach einer heute favorisierten Hypothese fand Mose den Namen J. als Stammes- u. Wüstengott bei den Midianitern (genauer: Kenitern) schon vor. Inschriften aus Südpalästina vom 9. Jh. v. Chr. an nennen in Segensformeln »J. u. seine Aschera«, so daß J. im volkstümlichen Glauben, bis sich der ↗Monotheismus durchsetzte, als begleitet von einer göttlichen Gattin oder einer personifizierten weiblichen Kraft gedacht worden sei. Aus Ehrfurcht vor dem heiligen Gottesnamen wurde JHWH seit dem 3. Jh. v. Chr. in den üblichen Lesungen u. Gottesdiensten nicht mehr ausgesprochen. Hebräische Bibeln vokalisierten später JHWH entsprechend der ehrfürchtig vorgetragenen Aussprache »adonai« (= mein Herr; von da her seit dem 14. Jh. die irrtümliche Version »Jehova«) oder »schema« (aramäisch = der Name). Die LXX gibt J. mit »ho oon«, der Seiende, wieder, Anlaß für die deutsche Übersetzung »Ich bin der ich bin«, in der die Zusage einer dynamischen, hilfreichen u. zuverlässigen Gegenwart Gottes nicht zum Ausdruck kommt. Es wäre gut, wenn Christen aus dem Respekt vor ihrer bleibenden Verbindung mit dem Judentum JHWH ebenfalls nicht aussprechen würden. Als dem Glauben entsprechende Wiedergabe empfiehlt sich »der Lebendige« eher als »der Ewige« u. noch viel eher als »der Herr«.

Jansenismus heißt, benannt nach Bischof C. Jansen von Ypern († 1638), eine Strömung innerhalb der kath. Theologie u. Kirche des 17. u. 18. Jh., die in Frankreich, Belgien, den Niederlanden, Italien u. Deutschland eine große Anhängerschaft fand. Ihre Grundzüge lassen sich nur sehr verkürzt angeben: Abneigung gegen rationale u. logische Philosophie, Vorrang der Heiligen Schrift u. der Kirchenväter, eine Herzensmystik, ein moralischer ↗Rigorismus (der sich erbittert gegen den vor allem den Jesuiten zur Last gelegten Laxismus richtete). Fragwürdige päpstliche Verurteilungen (die Jansenisten akzeptierten die Verurteilung von 5 Sätzen 1653 als häretisch, bestanden aber darauf, daß sie zu Unrecht Jansen zugeschrieben wurden) u. deren Unterstützung durch König Ludwig XIV. († 1715), der die Jansenisten als Opposition einschätzte, führten dazu, daß die Jansenisten sich auch den Episkopalismus zu eigen machten u. wegen der »Fehlbarkeit« des Papstes an ein allgemeines Konzil appellierten. Der J. hatte in Klöstern u. unter den Bischöfen sehr viele Anhänger. 1723 spaltete sich die jansenistische, »altkatholische« Kirche von Utrecht mit gültig geweihten Bischöfen von Rom ab. In Italien führte der J. zur Synode von ↗Pistoia 1786. Über das Ende des J. hinaus können bestimmte Fakten u. Tendenzen als richtungweisend gelten: Mitwirkung von Laien an der theol. u. kirchlichen Diskussion, die in die Öffentlichkeit getragen wurde (B. Pascal † 1662), unmittelbarer Zugang zur Bibel, »Aufwertung« der Frauen in der Kirche. – Gnadenauffassungen, die dem J. zugeschrieben wurden u. die sich vor allem gegen den jesuitischen ↗Molinismus richteten, trafen auf starken theol., nicht nur päpstlichen, Widerspruch: Gott schuldete seinem Geschöpf »Adam« die ↗Gnade; die ↗Tugenden der Heiden sind nur »glänzende Laster«; die Menschheit ist insgesamt der lasterhaften ↗Begierde verfallen, u. auch der gerechtfertigte Mensch bleibt ihr wenigstens innerlich unterworfen; ↗Schuld ist auch ohne innere Wahlfreiheit möglich; Jesus starb nur für die Auserwählten, die große Masse bleibt verdammt (↗Prädestination im Gefolge des im J. höchst einflußreichen Augustinus † 430).

Jenseits ist eine volkstümliche, um 1800 aufgekommene Bezeichnung für Gott u. seine Wirklichkeit, vor allem aber für das Leben u. den Zustand der Menschen nach ihrem Tod »auf jener Seite«. Die Redeweise ist aus archaischen räumlichen Vorstellungen entstanden. Bestimmte Indizien aus den Bestattungsarten vor- u. frühgeschichtlicher Menschen weisen auf den Glauben an ein Fortleben nach dem Tod hin. In den Hochkulturen entstanden Zeugnisse, die das ↗Weltbild mit dem J. in zeitgenössischen Auffassungen rekonstruieren lassen (z. B. Kult des verstorbenen Königs an den Pyramiden, 3. Jahrtausend v. Chr.; ägyptisches Totenbuch usw.). Es existieren vielfache Entwürfe einer Geographie des J., mit Zugängen, Weggabelungen in die Unterwelt u. in die paradiesischen Gefilde, mit Gerichtsorten u. gesonderten Stätten für Läuterungen, Strafen oder Belohnungen. Von besonderem Einfluß auf spätere christliche Vorstellungen waren die Ausmalungen des J. bei Platon († 347 v. Chr.). Das AT u. das frühjüdische Schrifttum bezeugen zunächst den Glauben an das schattenhafte Fortexistieren der Verstorbenen in der ↗Scheol, dann die Ausgestaltung der Unterwelt zur Straf- ↗Hölle, während für Gerechte zuerst an die Entrückung in den ↗Himmel, später auch an die Aufbewahrung in gesonderten Kammern gedacht wurde. Im biblischen Glauben stand die Erwartung einer ↗Auferstehung der Toten bzw. in der ↗Apokalyptik die Ansage eines ↗Gerichts u. die Umgestaltung der Erde in immer stärkerem Gegensatz zu räumlichen Vorstellungen des J. Jesus teilte die Auferweckungshoffnungen weiter Teile des damaligen Judentums; er setzte die Redeweisen von Hölle u. Himmel in seiner Verkündigung ein u. unterstützte räumliche Ideen in seiner Erzählung vom jenseitigen »Schoß Abrahams« (Lk 16,19–31). In das NT drangen auch hellenistische Gedanken zum Überleben des Todes durch die ↗Seele ein. Weite Texte des NT verzichten auf räumliche Redeweisen vom J., sie konzentrieren sich auf die Rettung zu Gott, auf die personale Begegnung mit Jesus u. den Erwerb des Lebens in Fülle; zum Teil veranschaulichen sie den transzendenten Hintergrund mit Bildern u. Symbolen. Im Vergleich zu den J.-Vorstellungen des antiken Mittelmeerraums

u. sonstigen nahen Ostens sind die biblischen Materialien zum J. spärlich. Dieses »Vakuum« füllten im frühjüdischen u. christlichen Schrifttum vom 2. Jh. n. Chr. an Berichte von »Jenseitsreisen« u. Visionen phantasievoll aus, die im Christentum bis ins 20. Jh. anhalten. Räumliche u. physikalische Vorstellungen (»arme Seelen« im Fegfeuer, Höllenfeuer usw.) überdauerten in Verkündigung u. Volksglauben ebenfalls bis ins 20. Jh. Die Theologie der Gegenwart sucht die »diesseitige« Dimension des Kommenden in dem Gedanken beizubehalten, daß die ↗Vollendung (der Schöpfung u. der Menschheitsgeschichte) der neue, verwandelte Zustand *dieser* Welt ist, in dem ihre ganze Geschichte »aufgehoben« bleibt.

Jesus Christus. *1. Zu den Lebenszeugnissen. a) Methodisches.* Es gibt bis zur Gegenwart Tendenzen, die Existenz Jesu überhaupt zu bestreiten. Angesichts der viel selteneren u. späteren Zeugnisse über die Existenz anderer bedeutender Personen der Antike (Platon † 347 v. Chr., Aristoteles † 322 v. Chr. usw.), bei denen solche Zweifel nicht laut werden, können die Bestreitungen nicht als ernsthaft gelten. Berechtigt sind wohl Fragen an spätere Deutungen u. Übermalungen des Lebens u. Wirkens Jesu u. an die Versuche, ihn instrumentalisierend zu »vereinnahmen«. Nachdem in der ersten Hälfte des 20. Jh. R. Bultmann († 1976) mit seinem Programm der »existentialen Interpretation« (nicht ganz zutreffend ↗Entmythologisierung genannt) die Frage nach dem historischen Jesus für völlig unerheblich u. die nach seiner Botschaft (↗Kerygma) für allein entscheidend erklärt hatte, begannen mit E. Käsemann († 1998) höchst umfangreiche wissenschaftliche Bemühungen um Jesu menschliche Existenz. Sie erforschten das damalige Judentum, mögliche Einflüsse des nichtjüdischen Umfelds, die literarischen u. sprachlichen Eigentümlichkeiten des NT, wandten die Erkenntnisse der ↗Hermeneutik auf die unterschiedlichen Jesuszeugnisse an usw. Inzwischen ist es fundierte Überzeugung im wissenschaftlichen Bereich geworden, daß vernünftige Zweifel an der Existenz Jesu, an den Eigentümlichkeiten u. Inhalten seines Wirkens u. am gewaltsamen Ende seines Lebens nicht möglich sind. Nichtchristliche Zeugnisse (Flavius Josephus, Tacitus, Sueton, Plinius d. J. u. a.) lassen das bloße »Daß«, aber keine Einzelheiten erkennen. Unter den Schriften des NT kommen als zuverlässige Quellen für Einzelheiten die drei ↗Synoptischen Evangelien in Frage, die Biographisches wiedergeben, aber keine Biographien im modernen Sinn sein wollten. Sie lassen erkennen, daß im Kreis der Jesusanhänger u. -anhängerinnen zunächst Redestücke u. markante Einzelheiten gesammelt u. überliefert, später immer wieder reflektiert u. ergänzt wurden. In ihnen treten charakteristische Profile der Worte u. Taten Jesu zutage (z. B. die für ihn eigentümliche Redeweise in »Gleichnissen«). Es wird deutlich, daß infolge der »Ostererfahrung«, daß der Hingerichtete lebt, Interpretationen versucht wurden, um die besondere Qualität seiner Person u. die Bedeutung seines Wirkens sprachlich aussagen zu können, Interpretationen, die Anhaltspunkte für die spätere ↗Christologie u. ↗Soteriologie ergaben. Diese späteren Deutungen wurden in die älteren Sammlungen »rückübertragen«, sind aber sehr oft als spätere Ausprägungen zu erkennen. – *b) Zum irdischen Jesus.* Das Kind Jesus erhielt seinen Namen bei der ↗Beschneidung. Jesus ist die griech. Form von hebr. »Jehoschua«, kurz »Joschua«, u. bedeutet JHWH wirkt Rettung. »Christus« geht bereits auf eine theol. Deutung zurück; es ist die griech. Form des Begriffs ↗Messias u. ist heute zum Eigennamen geworden. Nach der Kindheitserzählung des Mt wurde Jesus zur Zeit des Königs Herodes, wohl einige Zeit vor dessen Tod († 4 v. Chr.), geboren, doch wird der Wert dieser theol. Erzählung als historische Quelle bezweifelt. Die Heimat seiner streng jüdischen Familie war Nazaret in Galiläa, wo sich auch das spätere öffentliche Wirken Jesu im wesentlichen abspielte. Vor dem Beginn seines Auftretens als Wanderprediger war er im Bauhandwerk mit der Bearbeitung von Holz u. Steinen tätig. Seine Sprache war Aramäisch; möglicherweise konnte er Griechisch. Das Auftreten Johannes des Täufers, der die Umkehr (↗Metanoia) angesichts des nahenden Gottesgerichts predigte u. die ↗Taufe zur Vergebung der Sünden praktizierte, war für Jesus der auslösende Faktor, seine Familie zu verlassen u. eine öffentliche Verkündigung aufzunehmen. Dabei sammelte er ↗Jünger u. Jüngerinnen, die er dazu berief, ihm zu folgen (↗Nachfolge Jesu) u. mit ihm der Predigt des ↗Evangeliums zu dienen. Dieser Jüngerkreis war intensiver an seine Person gebunden als normalerweise der Schülerkreis an einen Lehrer. Um seine Sendung an alle zwölf Stämme Israels zu einem symbolischen Ausdruck zu bringen, hob er aus dem Kreis die ↗Zwölf besonders hervor. Die ihm folgenden Frauen bestritten den Lebensunterhalt Jesu u. der Zwölf (Lk 8,1 ff.). Mit seiner öffentlichen Verkündigung hielt er sich ganz im Rahmen des jüdischen Glaubens, doch fühlten sich bestimmte einflußreiche Kreise durch seine Radikalität provoziert. Er galt auch als »Fresser u. Säufer« (Mt 11,19 par.) u. als einer, der die gebotene Distanz zu Sündern u. Sünderinnen nicht einhielt (Lk 7,36–50). Eine Protestaktion am Tempel in Jerusalem war der Anlaß, daß Personen aus dem Kreis der Hohenpriester (↗Sadduzäer) ihn verhaften ließen u. einen Prozeß vor dem Repräsentanten der röm. Besatzungsmacht gegen ihn in Gang brachten. Wahrscheinlich mit den politischen Begründungen der Verletzung der Majestät des Kaisers u. des Landfriedensbruchs wurde Jesus zum Tod verurteilt u., wohl im Jahr 30, am Kreuz hingerichtet u. außerhalb der Stadtmauer Jerusalems begraben. Der Jüngerkreis bezeugte, den Hingerichteten als lebendig erfahren zu haben (1 Kor 15,1–11, Apg 2,36). – *c) Zum Wirken Jesu.* Den Sinn seines öffentlichen Auftretens sah Jesus darin, die Menschen so zu verändern, daß sie ihr Leben kompromißlos nach den Weisungen Gottes gestalteten u. so der ↗Herrschaft Gottes inmitten der Menschen dienten. Dieses Reich Gottes stand im Zentrum seiner Predigt (Mk 1, 15). Er erwartete sein vollendetes Kommen in naher Zukunft (↗Naherwartung), forderte die Menschen aber dazu auf, ihre Lebenspraxis schon jetzt an ihm zu orientieren u. es so erfahrbar zu machen. Seine Warnungen vor Angst, Mutlosigkeit u. Resignation sind in den »Wachstumsgleichnissen« enthalten, die den Kontrast zwischen kleinen Anfängen u. großer Vollendung zeigen sollen. Den Inbegriff der Weisungen Gottes sah er in der ↗Tora, die er in der ↗Bergpredigt auf die Einheit von Gottesliebe u. ↗Nächstenliebe hin radikalisierte. Der von ihm verkündete Gott ist durch Erbarmen u. Vergebung der Sünden gekennzeichnet (Mt 18, 23–33; 20, 1–15, Lk 15, 11–32). Jesus machte die Zuneigung Gottes zu den Menschen durch seine Zuwendung zu Kranken, Sündern u. Randexistenzen deutlich. Zugleich wies er aber auch auf den Ernst gegenwärtiger Entscheidung hin. Das Thema des Gerichtes Gottes fehlte bei ihm nicht, u. das Einlaßfinden in das Reich Gottes war für ihn von größter Bedeutung (Mk 10, 25 par.; 14, 25 par.). Seine öffentliche Tätigkeit beschränkte sich nicht auf das Predigen; er praktizierte auch Heilungen u. ↗Exorzismen. Was ihn dabei von anderen Menschen der Antike (»Wundertätern«) unterschied, war die Abhängigkeit dieses Wirkens vom Glauben der Menschen (Mk 2, 5 u. ö.); er setzte seine Fähigkeiten nicht zu Demonstrationszwecken ein (Mk 8, 11 f.). – d) Zum »Gottgeheimnis« Jesu. Die frühere Literatur suchte die einzigartige Besonderheit des historischen Jesus durch den Rückgriff auf sein »Selbstbewußtsein« zu bestimmen. Mit Recht wird gesagt, daß statt dessen besser von »Sendungsautorität« (J. Gnilka) gesprochen werden sollte. Sie kam verschiedentlich deutlich zum Ausdruck, indem Jesus den Einlaß in das Reich Gottes mit dem Bekenntnis zu seiner Person – die er im übrigen nicht in den Mittelpunkt seiner Predigt stellte – machte, indem er der authentische Interpret des göttlichen Willens u. der Tora zu sein beanspruchte, vor allem aber durch die Bekundungen eines einzigartigen Verhältnisses als Sohn zu Gott, seinem Vater (Mt 11, 25 f.). Zusammengefaßt läßt sich sagen: Seine Augen- u. Ohrenzeugen kamen zu dem Schluß, daß in der Verkündigung u. in der Praxis Jesu Gott selber sprach u. wirkte. Noch innerhalb des NT selber sind daher wesentliche christologische u. soteriologische Elemente als »Ansatzmöglichkeiten« einer späteren Glaubensentwicklung vorhanden. Zum einen sind hier die sog. christologischen Hoheitstitel zu nennen. Die drei bedeutendsten von ihnen sind: ↗Messias, ein Begriff, der in der entstehenden Kirche in der Unterscheidung vom Judentum eine große Rolle spielte (Mk 8, 29 par.) u. der zu dem Eigennamen »Christus« wurde; ↗Menschensohn (Lk 12, 8), der später keine Rolle mehr spielte, u. ↗Sohn Gottes (Mk 15, 39; Mt 14, 33), der in der nachbiblischen Christologie bis heute den

ersten Rang einnimmt. Des weiteren sind zu nennen: Die Glaubensüberzeugung von einer neuen Gegenwartsweise des zu Gott Erhöhten (Mt
18,20; ↗Abendmahl); die Erwägungen einer ↗Präexistenz Jesu Christi bei
Gott; die Ansätze zu einer ↗Weisheits-Christologie; das Verständnis Jesu
als des vom ↗Heiligen Geist Gottes Erfüllten; die beginnende Interpretation der »Proexistenz« Jesu auch in seinem Tod als stellvertretendes Sühneleiden; schließlich die kosmologische ↗Christozentrik in den deuteropaulinischen Briefen. – *2. Zur späteren Lehrentwicklung.* Durch die
»Inkulturation« des neu entstehenden Christentums in der griech.-röm.
Antike war es unvermeidlich, daß die in der Bibel in Gestalt dynamischer
Erzählungen wiedergegebene einzigartige Qualität Jesu in hellenistische
Wesensaussagen »übersetzt« wurde. Dieser Prozeß zog sich bis ins 7. Jh.
hin, wobei die wesentlichen begrifflichen u. dogmatischen Entscheidungen
im 4. u. 5. Jh. fielen. Die Tendenzen können hier nur in äußerster Kürze
angeführt werden. Wo man keine Schwierigkeit dabei empfand, zu Jesus
einfach »Gott« zu sagen (so z. B. Ignatius von Antiochien † um 117), da lag
die Gefahr des ↗Doketismus nahe, der in der Menschlichkeit Jesu nur
äußeren Schein sehen wollte. Wo die große Sorge der ungeteilten Einzigkeit Gottes galt, wurde die Besonderheit Jesu eher im Sinn des ↗Adoptia-
nismus verstanden, bei dem Gott den ausgezeichneten Menschen Jesus an
Kindes Statt angenommen habe. Im Rückgriff auf den stoischen u. mittel-
platonischen ↗Logos schien für viele (darunter Justin † um 165, Klemens
von Alexandrien † nach 215, Origenes † 253) die Möglichkeit zu liegen,
dem Vermittler zwischen Gott u. Menschheit göttliche Qualität zuzuschreiben, ohne die Einheit Gottes durch einen »zweiten Gott« zu beschädigen. Von da aus ergab sich die Gefahr des radikalen ↗Subordinatianis-
mus, der, wie im ↗Arianismus, in Jesus nur noch das erste u. vornehmste
Geschöpf Gottes sehen wollte. Wesentlich auch aus politischen Gründen,
wegen des bedrohten inneren Friedens, erfolgte die erste dogmatische Entscheidung in der Christologie auf dem Konzil von ↗Nikaia 325 mit der
Formel des ↗Homoousios, der Wesenseinheit des göttlichen Vaters mit
dem Sohn (wobei man sich nur mit ↗Analogien behelfen konnte: Licht
vom Licht, gezeugt, nicht geschaffen). Die Folgezeit war von zwei großen
Bemühungen geprägt. Die Frage, wie genau in Jesus Christus Gott u.
Mensch vereint sein konnten, wurde zunächst durch die Theorie einer direkten Verbindung des göttlichen Logos mit der ↗Sarx des Menschen Jesus,
unter Verzicht auf eine menschliche Seele, zu erklären versucht (↗Apolli-
narismus) u. führte dann zum ↗Monophysitismus, der das Menschsein
Jesu ganz von der Gottheit aufgesogen sein ließ. In der Gegenreaktion
darauf wollte der ↗Nestorianismus in Jesus Christus nur eine äußere oder
moralische Einheit zweier getrennter Wirklichkeiten sehen. Die andere
große Strömung führte in Auseinandersetzung mit den Folgen des Konzils

von Nikaia zu der Deutung der göttlichen ↗Trinität als drei ↗Hypostasen eines einzigen ↗Wesens (↗Kappadokier, Konzil von ↗Konstantinopel 381).

Die gedanklichen Linien liefen zusammen in der im Grunde nichts erklärenden, im Abstrakten verbleibenden Kompromißformel des Konzils von ↗Chalkedon 451: Jesus Christus, der menschgewordene Logos, eine Person in zwei ↗Naturen, die in dieser Person unvermischt, unverwandelt, ungetrennt u. ungeschieden geeint sind. Dieses Konzil verurteilte den Monophysitismus u. den Nestorianismus. Die gewonnene christologische Formel wurde als ↗Hypostatische Union gedeutet (Konzil von Konstantinopel 533), wobei die Frage nach dem vollen u. ganzen Menschsein Jesu, das eine Personalität mit eigenem psychischem Aktzentrum erforderlich macht, weniger wichtig genommen wurde. So blieb auch die Aussage des Konzils von Konstantinopel 680–681 über die zwei Willen in der einen Person Jesus Christus, gegen den ↗Monotheletismus, ohne genauere Erklärung. Andere christologische Perspektiven des kirchlichen Altertums (die christozentrische Schöpfungskonzeption mit der ↗Anakephalaiosis bei Irenäus von Lyon † um 202, die Auffassung Jesu als des Pädagogen, durch den Gott die Menschheit zu sich hin erzieht, in der ↗Alexandrinischen Theologenschule, oder die Betonung des Gedankens vom ↗Leib Jesu Christi, des Zusammenwirkens Jesu mit seiner Kirche als des »Christus totus« bei Augustinus † 430) spielten beim Werden der dogmatischen Christologie keine Rolle. – In der mittelalterlichen Theologie trat die Frage nach dem Motiv der ↗Inkarnation ausgeprägt hervor. Mit der Thematisierung der ↗Erlösung durch genugtuende Sühne in der ↗Satisfaktionstheorie war die Grundlage für die Trennung der Soteriologie von der Christologie gegeben. In der Menschheit Jesu sah Thomas von Aquin († 1274) das mit Gott in einzigartiger Weise verbundene Werkzeug der Erlösung. Eine franziskanisch orientierte Christologie (Bonaventura † 1274; Johannes Duns Scotus † 1308) verstand die Inkarnation als die Offenbarung, ja den schlechthinnigen Inbegriff der Liebe Gottes. Für M. Luther († 1546) ergab sich aus der strikten Identifizierung Jesu mit Gott (↗Idiomenkommunikation) die Möglichkeit, die Überwindung von Sünde u. Tod durch Gott selber als Grundlage der Rechtfertigung des Menschen zu sehen. J. Calvin († 1564) versuchte, die christologische u. soteriologische Sicht in seiner Theorie der drei ↗Ämter Jesu Christi zusammenzubringen. In der Folgezeit zeigten sich im nicht-kath. Bereich unterschiedliche Akzentsetzungen, während die kath. Christologie bei den Themenstellungen der Scholastik stehenblieb. Für Theologen u. Philosophen der ↗Aufklärung ist Jesus ein bedeutender Erzieher der Menschheit, für I. Kant († 1804) das Ideal der moralischen Vollkommenheit. Eine Reaktion darauf war F. Schleiermachers († 1834) Betonung des Gottesbewußtseins Jesu. Dem spekulativen Verständnis der Menschwerdung Gottes als notwendige Stufe in der Geschichte des Geistes

bei G. W. F. Hegel (†1831) setzte S. Kierkegaard (†1855) ein konkret-exi-
stentielles Verständnis Jesu Christi entgegen. Die systematische Christologie zeigte sich zunächst von den Bemühungen der historisch-kritischen
Methode in der Exegese u. von der Resignation der Leben-Jesu-Forschung
nicht beeindruckt. – *3. Zur Christologie des 20. Jh.* Die ev. Theologie weist
originelle Zugänge u. Schwerpunktsetzungen auf, in denen sich die großen
Programme einer »Christologie von oben«, des Abstiegs Gottes zur Rettung der Menschenwelt, u. einer »Christologie von unten«, der Bemühungen um die einzigartige Qualität des Menschseins Jesu, abzeichnen.
K. Barth (†1968) ging strikt von der Präexistenz Jesu Christi u. von der
Entscheidung Gottes, in ihm sein Gnädig-Sein zu erweisen, aus. P. Tillich
(†1965) sah in Jesus Christus den Verkünder u. Verwirklicher des »Neuen
Seins«, in dem die Entfremdung zwischen Gott u. Mensch aufgehoben ist.
W. Pannenberg möchte, christologisch auf die Auferweckung Jesu konzentriert, darin die ↗Antizipation des Endes der ganzen Geschichte sehen.
J. Moltmann betont den Aspekt des solidarischen Mitleidens des ohnmächtigen Gottes mit der Menschheit am Kreuz u. zugleich eine unüber-
hörbare Verheißung. E. Schillebeeckx greift auf kath. Seite auf das Zentrum der Botschaft Jesu, die Verkündigung der Herrschaft Gottes u. deren
Praxis zurück, um die Heilsbedeutung Jesu in Verbindung mit der Offenbarung des menschenfreundlichen Gottes ohne Rückgriff auf Mythologien
deutlich zu machen. H. U. von Balthasars (†1988) Vision eines innertrinitarischen Dramas, der Ur-Kenose des Vaters u. dem Gehorsam des Sohnes,
offenbarte ihm den Grund für die Rettung aus abgründiger Verlorenheit,
während P. Teilhard de Chardin (†1955) im »Christus-Evolutor« die Zug-
kraft u. den vollendenden Kulminationspunkt der »vorwärts« u. »auf-
wärts« gerichteten Evolution sehen wollte. P. Schoonenberg (†1999) wollte
die Hypostatische Union nicht als statisches Gebilde, sondern als Ereignis
von Beziehung verstehen, bei dem er das menschliche Personzentrum Jesu
zu seinem vollen Recht eingesetzt wissen wollte. K. Rahner (†1984) verstand die Inkarnation als Höchstfall der geschichtlichen Verwirklichung
der ↗Selbstmitteilung Gottes, auf die hin die Schöpfung überhaupt erst
angelegt ist, u. zwar als Selbstmitteilung Gottes in seinem Wort, das die
liebende u. vergebungsbereite Zusage Gottes selbst an die Menschheit ist,
während die Selbstmitteilung Gottes in seinem Geist gnadenhaft die Annahme dieser Selbstmitteilung bewirkt. Das Kreuz Jesu verstand Rahner
nicht als »einzigartigen Kulminationspunkt aller Christologie«, sondern
in sich gesehen als Inbegriff der Liebe Jesu zu seinem Vater in der Hingabe-
Geste des Todes; seine Heilsbedeutung wird aber erst in seiner Einheit mit
der Auferweckung u. Erhöhung Jesu deutlich, in der die definitive Annahme der Menschheit durch Gott zu sehen ist. Andere Akzentsetzungen in
der theol. Beschäftigung mit Jesus zeichnen sich in der Politischen Theo-

logie (Jesu Bedeutung für das Leidensgedächtnis), in der Befreiungstheologie (die praktisch-konkrete Bedeutung der Nachfolge Jesu in der Reich-
Gottes-Praxis) u. in der Feministischen Theologie (Jesus als nicht-sexisti-
scher Mann) ab. – 4. *Zu Jesus außerhalb der Theologie.* Vielfältige Zeugnisse
beweisen, daß Jesus nicht das Eigentum der Kirchen ist. Im Judentum
existiert eine aufmerksame Beschäftigung mit dem Jude-Sein Jesu u. ein
Verständnis für das Auftreten Jesu im Rahmen innerjüdischer Auseinandersetzungen. Der Islam verehrt Jesus als den zu Gott erhobenen großen
Propheten. In Hinduismus u. Buddhismus findet Jesus Sympathie als Mystiker u. Heiler u. wegen seines konsequenten Gewaltverzichts. In ganz
unterschiedlichen Strömungen, vom Neo-Marxismus bis zur Jugendkul-
tur, wird Jesus auch dort akzeptiert, wo Kirche u. Christen schon lange
nicht mehr akzeptiert werden. In ausdrücklicher u. eher noch in verfrem-
dender Form gilt Jesus immer wieder die Aufmerksamkeit der Literatur,
der bildenden Kunst u. auch des Films. So begegnen auch nach 2000 Jahren noch Menschen, die nach der Begegnung mit Jesus fasziniert fragen:
Wer war dieser? Wer ist dieser?

Jetzt als theol. Begriff zielt nicht auf einen bestimmten Punkt innerhalb der
kontinuierlichen, in ihren Momenten gleichwertigen Zeit-Reihe, sondern
meint eine qualifizierte religiöse Erfahrung. Sie besteht darin, daß ein
Mensch in einer »Hinreise«, im Eingang in sich selber, nicht im Ausgang
in die Welt u. Zeit, sondern im Überschreiten von Raum und Zeit, der
eigentlichen Gegenwart inne wird. Diese Erfahrung ist bei Augustinus
(† 430) beschrieben, ähnlich das »gegenwärtige Nu« bei Meister Eckhart
(† 1328), wohl auch der »ewige Augenblick« bei Karl Jaspers († 1969). Biblisch ist das J. (griech. »nyn«) die jeweils heilsentscheidende Gegenwart,
z. B. die Verkündigung Jesu, das ↗Kerygma; das J. fordert eine Entscheidung des Menschen ohne Aufschub. Der Augenblick bei S. Kierkegard
(† 1855) ist das Ewige, nämlich zugleich die entscheidende Gegenwart u.
das Zukünftige, das als Vergangenheit wiederkommt.

Johanneische Schriften. Dem »Jünger Jesu Johannes« schreibt Irenäus von
Lyon († um 202) unseres Wissens als erster das Evangelium (Joh), zwei
Briefe (1 u. 2 Joh) u. die Apokalypse (Offb) zu. a) Das *Evangelium* unterscheidet sich in größtem Ausmaß von den drei ↗Synoptischen Evangelien,
vor allem im Prolog (↗Logos) u. in den großen Jesusreden. Es kennt mehrere Aufenthalte Jesu in Jerusalem (mit wiederholten Auseinandersetzungen mit »den Juden«). Es erzählt von ↗Zeichen, mit denen Jesus sein eigenes Geschick deutet. Öfter tritt das Menschsein Jesu hinter seine
Göttlichkeit zurück. An die Stelle der Ankündigung der Herrschaft Gottes
durch Jesus (Synoptiker) tritt die Verheißung des ↗Ewigen Lebens. Zu dem

Auseinandersetzungs-Stil des Joh gehört eine stark dualistische Prägung (↗Licht, ↗Weg, ↗Wahrheit). Da der Text nicht einheitlich ist (deutliche »Brüche« z. B. in der Eschatologieauffassung Joh 5 u. in der Wertung des »Fleisches« in der Eucharistierede Joh 6), geht man heute von einer längeren Entstehungszeit aus. Einflüsse des hellenistischen Judentums u. der LXX sind nachgewiesen. Hypothetisch wird von Kleinasien als Region der Entstehung u. den Jahren um 90 als Zeit der Fertigstellung ausgegangen. – b) Unter dem Namen Johannes enthält das NT drei *Briefe*. 1 Joh handelt von der Gemeinschaft mit Gott u. von der Liebe; Auseinandersetzungen deuten auf das Bestehen von »frommen Konventikeln« (M. Rese) hin. Auch 2 Joh thematisiert die Liebe u. warnt vor Irrlehrern. 3 Joh bezeugt ebenfalls Spaltungen in der christlichen Gemeinde. Die Verfasserfrage ist nicht geklärt, Entstehungszeiten u. Orte sind unsicher. – c) Die *Offenbarung des Johannes* ist eine Apokalypse (↗Apokalyptik) mit der Absicht der Tröstung u. Stärkung der bedrängten Christengemeinden, die dadurch ermutigt werden sollen, daß ihnen die Herrschaft Gottes über die Weltgeschichte, allem Anschein zum Trotz, die Heils- u. Herrschaftsfunktion Jesu Christi, die Untaten der bösen Mächte u. ihrer weltlichen Handlanger deutlich gemacht werden, sie auf einen gewaltigen Endkampf vorbereitet werden u. ihnen das Kommen der neuen Welt Gottes, des himmlischen Jerusalem u. das baldige Kommen Jesu (↗Parusie) in Aussicht gestellt werden. Die Bildersprache ist stark emotional u. mythologisch gefärbt. Ob der Verfasser, der sich selber als »Johannes« bezeichnet u. als Ort der Visionen die Insel Patmos angibt, mit einem biblischen Johannes identisch ist, läßt sich nicht eruieren. Adressaten der Offb sind wohl die in 7 »Sendschreiben« (2, 1 – 3, 22) genannten kleinasiatischen Stadtgemeinden. Hinweise auf Kaiserkult u. Christenverfolgung deuten auf die Zeit des Kaisers Domitian († 96) als Abfassungszeit hin. Die Offb versteht die Glaubenden als Schar der von Gott Auserwählten u. Geretteten u. läßt für ihre heidnischen u. jüdischen Gegner weder Mitleid noch Feindesliebe erkennen.

Judenchristen sind nicht die Juden, die sich zum Christenglauben bekehrten, sondern diejenigen Christusgläubigen, die an jüdischen Lebensweisen (Beschneidung, Speisegebote, Sabbat), Glaubensschwerpunkten u. einer entsprechenden jüdischen Theologie festhielten. Ihre Existenz in unterschiedlichen Gruppierungen (↗Ebioniten usw.) wird von frühchristlichen Schriftstellern mannigfach bezeugt, die auch aus ihren Schriften zitieren. Ihre Ursprünge sind vielleicht mit den aramäisch sprechenden Christen aus Palästina greifbar, die sich nach Apg 6 u. ö. von den aus der jüdisch-hellenistischen Diaspora stammenden Christen unterschieden. »Judaisten« ist eine Bezeichnung für die frühen Christen, die am jüdischen Gesetz (↗Tora) u. der Beschneidung festhielten u. sie als heilsnotwendig betrach-

teten u. die auch nach der Einigung über die Bedingungen der Aufnahme
von Heidenchristen Apg 15 weiterhin bei ihren Überzeugungen blieben u.
sich besonders Paulus in einigen seiner Gemeinden widersetzten. J.
gab es nach den jüdischen Katastrophen der Jahre 70 u. 135 noch in Rom u. im
Nahen Osten, besonders in Syrien bis ins 5. Jh. In der Erkenntnis u. in dem
Wunsch, daß J. die bleibende Herkunfts- u. Lebensbeziehung der Kirche zu
Israel öffentlich bewußt machen, existieren ganz kleine Gemeinden von J.
im heutigen Israel.

Judentum, Israel. Hier geht es nicht um die immensen Kulturleistungen
des Judentums oder um seine moderne Geschichte, sondern um die religiös-theol. relevante Geschichte Israels u. um die fundamentalen Inhalte
seines Glaubens. *1. Zur Geschichte.* Die Existenz des alten Israel (hebr.,
Deutung unsicher, vielleicht »Gott = El möge streiten« oder »Gott möge
herrschen«) ist nicht nur in der Bibel, sondern auch in außerbiblischen
Quellen bezeugt. Die Bibel berichtet von Wanderungen der Patriarchen
(↗Abraham) in Palästina, von der Knechtschaft in Ägypten mit dem Exodus als fundamentaler Befreiungserfahrung u. von anschließender Wü-
stenwanderung der Mosegruppe. Trotz unterschiedlicher Hypothesen wird
der Beginn der Geschichte Israels von vielen mit der 2. Hälfte des 13. Jh.
v. Chr. u. der sog. Landnahme (wohl ein Umschichtungsprozeß innerhalb
Kanaans) angesetzt. (Aus dieser Zeit ist außerbiblisch ein Stamm »Hapiru«
bezeugt, von dem sich möglicherweise der Begriff »Hebräer« ableitet.) Ein
Verband von Stämmen hatte den Gott El verehrt u. sich daher Israel genannt. Nomadische Einwanderer aus dem Sinai brachten die ↗Jahwe-Ver-
ehrung nach Kanaan, wo El allmählich mit JHWH gleichgesetzt wurde.
Soziologisch war dieses Volk durch Blutsverwandtschaft, relative Armut
u. Struktur in 12 Stämmen ohne zentrale Leitungsinstanz (aber mit »Rich-
tern«) charakterisiert. Infolge verschiedener Bedrängnisse wurden Versuche zur Staatsbildung unternommen, die schließlich zur Einsetzung
Sauls (um 1014 v. Chr.) als König führten. ↗David begründete Israel als
(multinationales) Großreich u. machte Jerusalem zur Hauptstadt. Sein
Nachfolger Salomo (965–926) erbaute den Tempel als Staatsheiligtum:
JHWH als in der Nachbarschaft des Königs auf dem Zion thronender Gott.
Nach Salomos Tod zerfiel das Reich in zwei Teile. Das Nordreich erhielt
den Namen Israel mit eigenen Heiligtümern u. erst später der Hauptstadt
Samaria, mit heftigen Auseinandersetzungen der Anhänger des Gottes Baal
mit den Verehrern JHWHs (die Propheten Elija u. Elischa), später mit dem
warnenden Wirken der Propheten Amos u. Hosea, mit vielen Bedrängnissen u. Unruhen, bis das Staatsgebiet sukzessiv von Assyrien erobert wurde;
die Hauptstadt Samaria fiel 722 v. Chr., viele Bewohner wurden nach Assyrien deportiert. Das Südreich führte den Namen Juda mit Jerusalem als

Hauptstadt u. dem Zion als Heiligtum, war aber ein assyrischer Vasallenstaat (Wirken des Propheten Jesaja im 8. Jh. v. Chr.); nach einem Aufschwung (Reform des Joschija) zuerst Vasallenstaat Ägyptens, dann Baby-
loniens (Wirken der Propheten Jeremia u. Ezechiel); nach Aufständen
Eroberung u. Zerstörung Jerusalems 586 v. Chr., Deportation vieler Bewohner ins babylonische Exil, wo sie ihre Religion behalten durften. Unter
der Herrschaft der Perser wurden die Rückwanderung u. der Wiederaufbau des Tempels (515 v. Chr. eingeweiht) sowie ein eigenes Recht gestattet
(Esra u. Nehemia). Von der selbständigen Provinz Juda im 5. Jh. leitet sich
nun der von außen gegebene u. verwendete Name »Juden« ab; »Judentum«
wird die Bezeichnung einer offiziell anerkannten Religion, deren Grundlagen die gemeinsame Geschichte u. die ein Volk bildenden Verwandt-
schaftsverhältnisse sind. Im 4. Jh. begann die Zugehörigkeit dieses
jüdischen Gebietes zum hellenistischen Staat der Ptolemäer unter Beibehaltung einer relativen Selbständigkeit (von nun an bedeutende Rolle der
Hohenpriester u. des Hohen Rats). Auf dem Gebiet des früheren Nord-
reichs spalten sich die Samaritaner mit einem eigenen Tempel auf dem
Garizim ab. Eine bedeutende Judengruppe lebt in Alexandrien, führt zur
Vermittlung von jüdischer u. griechischer Mentalität u. hat eine hohe Kultur (Entstehung der LXX). Als auf die Ptolemäer die Seleukiden folgten,
wurden die jüdischen religiösen Rechte beseitigt (167 v. Chr. wird der Tempel dem griech. Hauptgott Zeus gewidmet), so daß es zu den Aufständen
der Hasmonäer u. Makkabäer kam. Trotz religiöser Freiheit nahm die
Verweltlichung zu, so daß oppositionelle fromme Gruppen entstanden
(Chassidim, Qumran-Leute, Essener, Pharisäer). 63 v. Chr. erfolgten die
Besetzung durch die Römer unter Pompeius u. eine territoriale Neuglie-
derung unter Beibehaltung der religiösen Rechte. Der Idumäer Herodes
(† 4 v. Chr.) war römischer Vasallenkönig eines großen Reiches; er suchte
die Juden u. a. durch Umbau, Vergrößerung u. Verschönerung des Tempels
für sich zu gewinnen. Unruhen gegen die Römer begannen schon zu seiner
Zeit u. führten 66 n. Chr. zu dem großen Aufstand, der 70 n. Chr. mit der
Zerstörung Jerusalems u. des Tempels endete. Ein neuer Aufstand unter
Bar Kochba endete äußerst verlustreich 135 n. Chr. Von nun an durften
Juden das frühere Jerusalem, nun Colonia Aelia Capitolina, nicht mehr
betreten; das ganze Territorium war die römische Provinz Syria Palaestinae
(Palästinas Name von den früheren jüdischen Feinden, den »Philistern«,
abgeleitet). – 2. Zum Glauben Israels. Israel versteht sich laut ältestem Beleg
im Debora-Lied (Ri 5) als »Volk JHWHs«, geeint durch gemeinsamen
Glauben, gemeinsame Geschichte u. besondere Beziehung zu seinem Land,
als JHWH-Gemeinschaft, ↗Volk Gottes (Ri 20,2; 2 Sam 14,14), gerade
auch in seiner Stämmeordnung eine Gründung JHWHs. Diese Zugehörigkeit äußerte sich schon früh in der ausschließlichen Verehrung JHWHs,

neben dem zunächst die Existenz anderer Götter nicht geleugnet wurde
(Monolatrie). Die Identifizierung JHWHs mit dem kanaanäischen
Schöpfergott El führte zum Bekenntnis Israels zu seinem Gott als dem
einzigen Schöpfer des Himmels u. der Erde. Die Bejahung der Gutheit
der Schöpfung als solcher (nicht der Zustände in ihr) u. daher der dankbare Genuß ihrer Güter gehört wesentlich zur jüdischen Religiosität. Diese
Glaubensinhalte hielten sich auch nach der Teilung in zwei Reiche durch.
Unerschüttert blieb das Bewußtsein, erwähltes Gottesvolk zu sein, vertieft
durch den Glauben an den ↗Bund (↗Dekalog) u. durch die Verpflichtung
auf die ↗Tora. Die Umwandlung der Monolatrie in den ↗Monotheismus ist
höchstwahrscheinlich der Besinnung während des Exils in Babylonien zu
verdanken (Dtn 4,35 39: »JHWH ist der Gott, keiner sonst außer ihm«).
Eine theol. Krise stellte das babylonische Exil insofern dar, als die Frage
aufkam, ob die Deportierten oder die Verbliebenen das »wahre Israel« sei-
en. Nach der Rückkehr wurde an die alten Traditionen angeknüpft, aber
immer wieder wurde nach der Identität Israels gefragt (sind es die Armen?
die Frommen?). Je mehr die staatliche Souveränität verlorenging, umso
stärker wurde die Gemeinschaftsbildung durch die kultische Gottesverehrung u. durch das Ritual von Beschneidung u. Sabbat betont. Allerdings
führten äußere u. innere Gründe dazu, daß die Bildung kleiner Glaubensgemeinschaften abseits des Tempelkults mit seinen Opfern notwendig für
das religiöse Überleben wurde: Wortgottesdienste in ↗Synagogen wurden
eingeführt. Je größer die äußeren Bedrängnisse nach dem Wiederaufbau
des Tempels waren, umso größer wurde die eschatologische Hoffnung,
sowohl auf individuelle Rettung durch Gott als auch auf radikale, verwandelnde Erneuerung der Schöpfung, genährt durch prophetische u.
apokalyptische Verheißungen. Der Glaube hielt daran fest, daß Gott Israel
»wiederherstellen« werde, mit oder ohne Hilfe eines ↗Messias. Je unbedeu-
tender Israel in der Politik war, desto deutlicher wurde seine Erwählung als
Dienst auch für andere wahrgenommen (Universalismus des Heilswillens
Gottes, geoffenbart in der Prophetie der Völkerwallfahrt). Seit der Katastrophe des Jahres 586 v. Chr. kam es in Israel immer wieder u. kommt es
auch im heutigen Judentum zu Widersprüchen zwischen weltoffenen, re-
formorientierten Tendenzen u. der Religiosität von Sondergruppen, die
sich als »Kern-Israel« u. als Hüter der alten Glaubens- u. Sittentraditionen
verstehen. Diese Pluralität verbietet es, von »den Juden« oder »dem Judentum« zu sprechen.

Judentum und Christentum. In der Kirchengeschichte war es seit der Zeit
der ↗Apostolischen Väter u. der ↗Apologeten üblich geworden, von einer
Beerbung Israels durch die christliche Kirche zu sprechen, als sei die Kirche
das »wahre Israel«, der gerettete »heilige Rest Israels«, als habe ein »Neuer

Bund« den »Alten Bund« abgelöst, als sei die Kirche das »neue Volk Gottes«, das an die Stelle des alten Gottesvolkes getreten sei. Behauptungen dieser Art gingen Hand in Hand mit den Anschuldigungen, »die Juden« hätten kollektiv die Botschaft Jesu ausgeschlagen, hätten die Schuld an seiner Hinrichtung auf sich genommen, seien von Gott verstockt u. verworfen worden. Diese Mentalität führte konkret zu Verleumdungen, zu Wellen der Judenverfolgung, der Pogrome, der rechtlichen Diskriminierung, der Besitzkonfiszierung durch Christen. Sie gehört als ein primärer Faktor in die Entstehung u. Ausbreitung des Antisemitismus (↗Antijudaismus, Antisemitismus), dessen schrecklichste Konkretion das Programm u. der Massenmord der »Endlösung« war. »In Auschwitz ist nicht das Judentum, sondern das Christentum gestorben« (E. Wiesel). Der Schock des Holocaust hat im Bereich der christlichen Kirchen u. Theologien zu einer radikalen Besinnung geführt, in deren Folge das Verhältnis von Judentum u. Christentum, von Israel u. der Kirche in einem neuen Licht gesehen wird. Während die Kirchen aller Konfessionen den Antisemitismus nachdrücklich beklagen (z. T. aufrichtig bereuen) u. verurteilen, halten sich in der Theologie noch Relikte der alten antijüdischen Mentalität. Vor allem wird dem Judentum die Anerkennung als legitimer, von Gott geoffenbarter Heilsweg manchmal noch verweigert, im Zeichen einer mißverstandenen Christozentrik (auf den Einwand, Jesus habe gesagt, niemand komme zum Vater außer durch ihn, Joh 14,6, antwortete F. Rosenzweig †1929: »außer denen, die schon immer beim Vater waren«). Die Sonderstellung des Judentums in der Offenbarung Gottes verbietet die Judenmission, für die sich noch immer einige Stimmen erheben. Ein Rückblick auf den Beginn der Trennung des Christentums vom Judentum im NT ergibt in aller Kürze das folgende Bild, für das sich eine breite Mehrheit in der heutigen Bibelwissenschaft findet: a) Das Sendungsbewußtsein Jesu war von der Aufgabe geprägt, Israel die nahe gekommene Herrschaft Gottes anzusagen u. ganz Israel für sie zu gewinnen, mit eindringlichen Warnungen u. Drohungen an die Adresse derer, die zum Hören gerade auf ihn u. zur Umkehr nicht bereit waren, aber auch mit der nicht weniger eindringlichen Verkündigung des göttlichen Erbarmens, gerade für Arme u. Verlorene. In der Art u. Weise seines Werbens kommt seine Überzeugung von der Erstberufung Israels in das Reich Gottes zum Ausdruck. Der Glaube Israels war der Glaube Jesu (Dtn 6,4f.; Mk 12,29f.), der Gott Abrahams, Isaaks u. Jakobs war der Gott Jesu (Ex 3,6; Mt 22,32), die Tora war für ihn die wichtigste Gottesweisung, die er bis zum letzten Buchstaben erfüllen wollte u. deren Geltung er, indem er sie auf die Liebe hin radikalisierte, einschärfte (↗Bergpredigt). Aus seinen Drohreden folgt keinerlei definitive Verwerfung Israels, die auch im Widerspruch zu seiner umfassenden Vergebungsbereitschaft stünde. Kein Indiz spricht dafür, daß er seine Anhängerschaft als das wahre, neue Israel angesehen hätte oder begründen wollte. Die bibelwissenschaftliche Diskussion darüber, ob Jesu Selbst- u. Sendungsbewußtsein mit der Forderung, seinem Ruf zur Umkehr zu folgen, noch im Rahmen des Judentums blieb, oder ob hier die Grundlage für die spätere Christologie gegeben ist, die zur Trennung von Juden u. Christen führte, ist noch im Gang. – b) Unvollständige u. vielleicht mißverständliche Äußerungen bei Paulus sind durch Röm 9–11 bei weitem »wettgemacht«. Den Israeliten, den »Brüdern« des Paulus, »gehören die Annahme an Sohnes Statt u. die Gegenwart Gottes u. die Bündnisse u. die Gesetzgebung u. der Gottesdienst u. die Verheißungen«, zu ihnen gehören »die Väter, u. von ihnen stammt Christus dem Fleisch nach« (Röm 9, 4 f.). Gott hat sein Volk nicht verstoßen (Röm 11, 1–7). Die Israeliten bleiben, selbst wenn sie im Hinblick auf das Evangelium »Feinde« sind, »in Hinsicht auf die Erwählung aber Geliebte um der Väter willen. Denn Gott kann seine Gnadenverheißungen u. seine Berufung nicht bereuen« (Röm 11, 28 f.). Schließlich stellt Paulus die Rettung ganz Israels am Ende der Zeit in Aussicht (Röm 11, 25–32). Die christliche Kirche bleibt für immer auf das Judentum angewiesen, denn sie verhält sich zu Israel wie aufgepfropfte Zweige zu Wurzel u. Stamm des Ölbaums (Röm 11, 16–24; »wenn die Wurzel heilig ist, dann sind auch die Zweige« Röm 11, 16). – c) Nach der Darstellung der Apg besuchte die christliche Urgemeinde täglich den Tempel in Jerusalem, die Apostel Petrus u. Johannes beteten dort u. verkündeten dort das Evangelium, auch Paulus u. seine Mitarbeiter verkündeten das Wort Gottes zuerst in den jüdischen Synagogen. Die Apg berichtet aber auch von heftigen Konflikten zwischen den Jesusanhängern u. der jüdischen Gemeinschaft. Wenn Paulus in seinen Briefen auch nicht von einer schon erfolgten Trennung der beiden spricht, so muß diese doch schon ein Prozeß der ersten Jahrzehnte nach dem Tod Jesu gewesen sein. Der Hauptgrund dafür war die Jesusverkündigung, in der er als der ↗Messias Israels u. als ↗Sohn Gottes proklamiert wurde. Daneben wurde er als einziger Mittler zu Vergebung u. Heil unter Abwertung der Tora vorgestellt. In den nach 70 n. Chr. abgefaßten Evangelien ist die Trennung der frühen Kirche von Israel bereits vollzogen. Allen von ihnen liegt es fern, Israel definitiv vom Heil Gottes auszuschließen. Aber Mt übt besonders scharfe Polemik, baut das Feindbild der Pharisäer auf u. schreibt im »Blutwort« (Mt 27, 25) dem ganzen jüdischen Volk die Schuld an der Hinrichtung Jesu zu (freilich sieht es Mt, anders als die spätere Unheilsgeschichte des Wortes, mit der Zerstörung Jerusalems als erfüllt an). Weit über Polemik hinaus geht das Joh-Ev., das »die Juden« insgesamt als die Feinde Jesu hinstellt u. sie zu Kindern des Satans erklärt (Joh 8, 44). Die Spätschriften des NT sind mit Ausnahme der Offb nicht durch Antijudaismus charakterisiert; ihre starke Verwurzelung im Heidenchristentum führte vielmehr zu einer »Israelvergessenheit«, so daß auch die Ausführungen des Hebr nicht im Sinn einer Beerbung Israels durch die Kirche verstanden werden können. Eine exzessive Beleidigung stellt die Bezeichnung der Synagogen von Sardes u. Philadelphia als »Synagogen des Satans« Offb 2, 9; 3, 9 dar. – Nach 1945 wurden von verschiedenen Kirchen über 200 offizielle Erklärungen zum Verhältnis von Judentum u. Christentum abgegeben, davon über die Hälfte von der kath. Kirche, die im II. Vaticanum (NA 4) das Fortbestehen der Liebe Gottes zu den Juden, ihre Erwählung u. Berufung, die göttlichen Gnadengaben an die Juden ohne Reue u. ihre eigene bleibende Verbundenheit mit dem erwählten Volk bekannte u. die später auch durch den Papst ausdrücklich erklärte, daß der Bund Gottes mit den Juden nie gekündigt wurde. Wenn es zwar konstruktive Dialoge von Juden u. Christen gab u. gibt u. auf jüdischer Seite positive Einschätzungen Jesu u. des Urchristentums ausgesprochen werden, so kann es doch eine eigentliche Ökumene von Juden u. Christen nicht geben. Zum einen: »Ökumene« setzt zum wenigsten eine Einigung über die Heilsbedeutung Jesu voraus. Bedeutete Jesus konkret für die Juden anderes als Unglück? Zum andern, u. noch gravierender: Jüdische Stimmen sprechen von einer Asymmetrie: Für unseren Glauben u. unsere jüdische Existenz brauchen wir euch nicht, aber ihr braucht uns. Die Wege zu Gott verlaufen getrennt, müssen aber auf christlicher Seite von Reue, Hochachtung u. praktischer Solidarität gekennzeichnet sein.

Jünger und Jüngerinnen. In den Evangelien heißen diejenigen »Jünger Jesu«, die, anders als bloße Schüler, der Aufforderung Jesu zur ⁊Nachfolge unter Zurücklassung der bisherigen Lebensverhältnisse folgten u. sich dabei von seiner Verkündigung der nahegekommenen ⁊Herrschaft Gottes motivieren ließen (Mk 1, 16–20). Wie groß ihre Zahl war, ist unbekannt (Lk 6, 17 nennt »eine große Schar«; Lk 10, 1 spricht von 70 anderen Jüngern). Einige Jünger waren nach Joh 1, 35–40 von Johannes dem Täufer zu Jesus übergegangen. Wie viele Jünger nach der sich abzeichnenden Krise noch bei Jesus verblieben, ist ebenfalls unbekannt. Am ersten Tag der Woche nach dem Tod Jesu waren nach Joh 20, 19 »die Jünger« versammelt. Sie können hier nicht als Amtsträger verstanden werden, da ein »gläubiges Volk« »hinter ihnen« ja nicht existierte, sondern sie repräsentierten die frühe Glaubensgemeinschaft. Aus dem Jüngerkreis treten durch besondere Unterweisungen u. Beauftragung die ⁊Zwölf hervor. Sie werden Mt 10, 1 auch als ⁊Apostel bezeichnet. Viele Frauen begleiteten Jesus nach Lk 8, 1 ff.; sie sorgten »mit ihrem Vermögen« für Jesus u. die Zwölf. Drei von ihnen werden mit Namen genannt (ebd.). Maria von Magdala wird in der Funktion einer besonderen Zeugin für Leben u. Sterben Jesu u. wohl auch als Zeugin des Auferweckten besonders hervorgehoben. In den Paulusbriefen werden Frauen mit Namen genannt, deren Aufgaben denen von Jüngerinnen gleichzusetzen sind. Der Begriff »Jüngerin« kommt nur Apg 9,36 vor. Die qualifizierte Erwähnung so zahlreicher Frauen im neutestamentlichen Schrifttum ist jedoch im Vergleich zu der damaligen Stellung der Frauen in Gesellschaft u. Literatur von größter Bedeutung.

Jungfrauengeburt bezeichnet in der Religionsgeschichte nicht wie in der Biologie die Entstehung eines Foetus aus einer Eizelle ohne Samen (»Parthenogenese«; daß sie jemals beim Menschen vorkam, ist nicht bewiesen), sondern die Geburt eines Menschen aus der Verbindung eines Gottes mit einer Frau. Von entsprechenden Mythologien, deren Einfluß auf das NT ebenfalls nicht bewiesen ist, unterscheidet sich der christliche Glaube an die Geburt Jesu aus der Jungfrau Maria fundamental. Die Kindheitserzählungen Mt 1,18–25 u. Lk 1,26–38 verarbeiten älteres, auf Jerusalem als Ursprung zurückweisendes Material, das seinerseits nur einem kleinen Kreis bekannt gewesen sein muß (vgl. die Meinung, Josef sei der Vater Jesu, Mt 13,55; Lk 3,23). Sie stellen die Empfängnis Jesu als Schöpferhandeln Gottes durch sein heiliges ↗Pneuma u. ohne Zutun Josefs dar, so daß das Bekenntnis zu Jesus als dem ↗Sohn Gottes zu Recht besteht, ohne daß Gott als biologischer Vater verstanden wäre. Das Interesse der Erzählungen gilt eindeutig dem Geheimnis der Herkunft u. der Würde Jesu (christologisch) u. nicht dem »privaten« Wunder bei Maria (biographisch). Die altkirchliche Tradition hat, von den Ausnahmen des ↗Adoptianismus u. begrenzter christlich-gnostischer Auffassungen abgesehen, die J. im Sinn der gottgewirkten Empfängnis Jesu durch die Jungfrau Maria ununterbrochen gelehrt; die J. gehört von Anfang an zum Bestand der Glaubensbekenntnisse u. wurde auch von den Reformatoren festgehalten. In der ostkirchlichen Tradition führte die Ausweitung der Überzeugung von der Jungfräulichkeit Marias über die Geburt hinaus zu der Formulierung von der »immerwährenden Jungfrau« (»aeiparthenos«), die nach dem apokryphen »Protoevangelium des Jakobus« aus dem 2. Jh. drastisch »nachgewiesen« wurde. Hier tritt der Unterschied des biologischen u. biographischen Interesses gegenüber dem christologischen Bekenntnis, daß in Jesus zugleich ein *neuer* ↗Mittler durch Gottes Selbstmitteilung geschaffen *und* die Vergangenheit in Gestalt der jüdischen Jungfrau Maria rettend aufgenommen wurde, deutlich zutage. – Sonderfragen: Die Jes 7,14 LXX erwähnte Empfängnis u. Geburt durch eine »Jungfrau« ist keine Vorausverkündigung der J.; der hebr. Text u. Kontext, baldige Empfängnis u. Geburt durch eine »junge Frau« als Verheißung an den König, sind für das Verständnis entscheidend. Ferner: ↗Brüder und Schwestern Jesu.

Jungfräulichkeit als christlich-religiöser Begriff meint weder das sexuelle Unberührtsein noch das bloße Unverheiratetsein (Single-Existenz), sondern die Lebensform dauernder sexueller Enthaltsamkeit, die in der kath. Kirche als ↗Evangelischer Rat gilt. Sexuelle Enthaltsamkeit an sich ist kein sittlicher Wert; sie ist letztlich auch nicht als Sublimierung von ↗Trieben oder als Verdrängung von ↗Begierde zu begründen. Als eine konkrete Verwirklichungsform christlicher ↗Askese kann u. darf J. nicht aus ↗Weltflucht u. -verachtung hervorgehen, sondern sie muß ihre letzte Bestimmung u. Begründung aus der ↗Liebe (als »göttlicher« Tugend) ableiten. Diese Grundlegung gehört zunächst einmal in die Intimität des individuellen Verhältnisses zu Gott bzw. zu Jesus. So spielte u. spielt die J. im Rahmen der ↗Brautmystik eine große Rolle. In wie weit J. in dem jeweiligen konkreten gesellschaftlichen Milieu, in dem sie gelebt wird, eine Anzeigenfunktion ausüben kann, muß offen bleiben. Nicht selten wird gesagt, sie sei ein gelebter Hinweis auf das noch ausstehende Reich Gottes, in dem nicht geheiratet wird (Mk 12,25). Diese Aussage betrifft auch den Zölibat der Priester in der lat. Kirche, der außer mit dieser Anzeigenfunktion auch noch mit der größeren Verfügbarkeit zum Dienst begründet wird.

Jurisdiktion (lat. = Rechtsprechungsbefugnis), bezeichnet im kath. Kirchenrecht im umfassenden Sinn die Befugnis zur Leitung (»hoheitliche Hirtengewalt«, »potestas regiminis«) in inneren u. äußeren Angelegenheiten. Voraussetzung für die Erteilung der J. ist das ↗Weihesakrament, das jedoch noch nicht von selbst zur Ausübung der J. berechtigt. Vielmehr kommt den Inhabern der drei Weihestufen des kirchlichen ↗Amtes eine unterschiedliche J. zu: ↗Jurisdiktionsprimat des Papstes, J. des Bischofs im Zusammenhang mit der Zuweisung einer Diözese, J. des Priesters im engen Sinn als Vollmacht zur ↗Absolution im Bußsakrament, im erweiterten Sinn im Zusammenhang mit der Zuweisung einer Pfarrei. ↗Laien können bei der Ausübung der J. »mitwirken«.

Jurisdiktionsprimat (von ↗Jurisdiktion; Primat von lat. »primus« = Erster), wurde vom II. Vaticanum so formuliert: »Der Bischof von Rom hat nämlich kraft seines Amtes als Stellvertreter Christi u. Hirt der ganzen Kirche volle, höchste u. universale Gewalt über die Kirche u. kann sie immer frei ausüben« (LG 22), es wiederholt damit die verbindliche Glaubenslehre des I. ↗Vaticanums 1870. Der Papst kann daher in die Leitung der einzelnen Diözesen u. Pfarreien direkt eingreifen, prinzipiell alle Amtsinhaber ohne Mitwirkung anderer einsetzen, überall die Disziplin durchsetzen usw. Gegen seine Entscheidungen kann an keine andere höhere Instanz appelliert werden. Die Lehre des II. Vaticanums über die ↗Bischöfe hat diese Vollmacht nicht wirklich eingegrenzt. Sie ist von ihrem Wesen her nicht notwendig mit der sog. ↗Unfehlbarkeit verbunden. Eine freiwillige, verbindliche Eingrenzung des J. ist theologisch möglich.

K

Kairos (griech. = die rechte Zeit, Gelegenheit), bezeichnet in der griech. Philosophie innerhalb einer Zeiterfahrung eine kritische Situation, die den Menschen anruft u. ihn zur Entscheidung herausfordert. Ohne den Begriff kommt die Entscheidungssituation im theol. Zeitverständnis des AT vielfach vor (»Zeit der Gnade«, »Zeit den Herrn zu suchen«). Nach Mk 1,15 verkündete Jesus den »erfüllten K.« mit der nahe herbeigekommenen ↗Herrschaft Gottes; dies verlangt ohne Zeitaufschub Entscheidung, Umkehr u. Glauben. Verwandt damit sind »Fülle der Zeit« u. »Jetzt-Zeit« (↗Jetzt). Auf die Situation Jesu bezogen ist die Rede von seiner »Stunde« (Joh). Wenn Jesus nach Lk 12,56 eine Volksmenge tadelt, weil sie den K. nicht einzuschätzen vermag, dann ist damit eine in der jeweils aktuellen Kirchensituation gültige u. dringliche Mahnung gegeben, die »Zeichen der Zeit« zu erkennen u. den Mut zu zukunftsfähigen Entscheidungen zu haben.

Kanon (griech. Lehnwort aus dem Semitischen = Meßrohr, Maßstab), hat in der kirchlichen Sprache eine mehrfache Bedeutung: (1) Sammlung der Schriften des Alten (Ersten) u. Neuen Testaments; (2) verbindliche Glaubensaussagen des Konzils von ↗Trient u. des I. ↗Vaticanums; (3) kirchenrechtliche Einzelvorschrift von Synoden, Konzilien u. im Kirchenrecht (auch im CIC von 1983); (4) Bezeichnung für die »Eucharistischen Hochgebete« in der Liturgie. Hier wird nur der *Kanon der biblischen Bücher* besprochen. *1. Positive Daten.* K. bezeichnet die Sammlung all jener Bücher zur ↗Heiligen Schrift, in denen die ↗Offenbarung Gottes überliefert ist (↗Inspiration) u. die daher als Glaubensnorm anerkannt sind. Diese Sammlung war ein historischer Prozeß, der mit der »Kanonisierung« zunächst von Teilen abschloß. Ein erstes Zeugnis dafür ist die Festlegung der ↗Tora im 4. Jh. v. Chr., gefolgt von Zusammenstellung u. Anerkennung der Propheten im 3. Jh. v. Chr. u. übriger »Schriften« im 2. Jh. v. Chr. Die Anordnung der Schriften des AT u. der Anerkennungsgrad sind bei Juden, orthodoxen, ev. u. kath. Christen unterschiedlich. In den Ostkirchen wurde Offb erst 692 von der »trullanischen Synode« (↗Konstantinopel) in den K. aufgenommen; zugleich wurde der »längere« K. des AT mit 3 Makk, aber ohne Weish, Tob u. Jdt gutgeheißen. Die orthodoxen Kirchen benutzen den »längeren« K. in der Liturgie, bezeichnen aber die Bücher, die nicht im hebr. K. enthalten sind, als »deuterokanonisch«. Bedeutende Reformatoren haben 7 griechisch überlieferte Schriften, bei den Katholiken seit 1566 »deuterokanonisch« genannt, als sehr angesehene, aber nicht biblische Schriften nicht im K. aufgenommen wissen wollen (Tob, Jdt, Bar, Weish, Sir, 1 u. 2 Makk, die griech. Teile von Dan u. Est), von M. Luther († 1546) als ⁊Apokryphen bezeichnet. Das Konzil von ⁊Trient legte 1546 den kath. K. fest: 1) Die Geschichtsbücher: Gen, Ex, Lev, Num, Dtn (die 5 Buchrollen, griech. »Pentateuch«); Jos, Ri, Rut, 1 u. 2 Sam, 1 u. 2 Kön, 1 u. 2 Chron, Esra, Neh, Tob, Jdt, Est, 1 u. 2 Makk. – 2) Die »Hagiographen« (griech. = heilige Schriften; umfaßt poetische u. lehrhafte Bücher): Ijob, 150 Psalmen, Spr, Koh, Hld, Weish, Sir. – 3) Die Propheten: Jes, Jer mit Klgl, Bar, Ez, Dan, Hos, Joel, Am, Obd, Jona, Mi, Nah, Hab, Zef, Hag, Sach, Mal. – Späte Schriften des NT deuten an, daß im 1. Jh. n. Chr. mit der Sammlung von Berichten u. Briefen begonnen wurde. Eine Liste vom Ende des 2. Jh. (Muratori-Fragment) enthält einen K. des NT ohne Hebr, 1 u. 2 Petr, einen Joh-Brief, Jak. Bei Athanasius († 373) sind 367 alle 27 Schriften des NT als kanonisch aufgezählt: 4 Evangelien (Mt, Mk, Lk, Joh), die Apg; 14 Paulus zugeschriebene Briefe (⁊Paulus-Briefe): Röm, 1 u. 2 Kor, Gal, Eph, Phil, Kol, 1 u. 2 Thess, 1 u. 2 Tim, Tit, Phlm, Hebr; 7 »katholische Briefe«: Jak, 1 u. 2 Petr, 1–3 Joh, Jud; abschließend die Offb. Auch dieser K. wurde vom Trienter Konzil 1546 festgelegt. Für die jüngeren Schriften (Hebr, Jak, 2 Petr, 2 u. 3 Joh, Jud u. Offb) verwendete die kath. Bibelwissenschaft seit 1566 die Bezeichnung »deuterokanonisch«. – 2. *Theol. Aspekte.* Die Anerkennung bestimmter Schriften als zugehörig zum K. (»Kanonisierung«) bedeutet zugleich die Anerkennung ihres normativen u. identitätsstiftenden Charakters für die jüdische bzw. christliche bzw. jüdische u. christliche Glaubensgemeinschaft. Die Kanonbildung als Prozesse der ⁊Rezeption ist in historischen Umrissen einigermaßen deutlich. Sie zeigt, daß ⁊Glaube u. ⁊Tradition lange Zeit vor der Schriftwerdung als lebendige Größen existierten. Als entscheidendes theol. Kriterium für die Aufnahme einer Schrift in den K. zeichnet sich im Lauf eines Reflexionsprozesses die Überzeugung ab, daß sie ein authentisches Zeugnis der ⁊Offenbarung Gottes ist u. daher, wie das Konzil von Trient u. das I. Vaticanum sagten, Gott zum Urheber hat (⁊Inspiration). Mit der Erkenntnis dieses Kriteriums ist die kath. Glaubenslehre gegeben, daß mit der letzten Schrift des NT (oder wie früher gesagt wurde: »mit dem Tod des letzten Apostels«) die amtliche, öffentliche, die Kirche u. ihren Glauben konstituierende Offenbarung Gottes abgeschlossen, keine neue amtliche Offenbarung mehr zu erwarten ist u. daß der Glaube nur durch intensivere Beschäftigung mit der Offenbarung, d. h. durch hermeneutische Bemühungen, ein Wachstum erfahren kann. Hierbei sind die Bibelwissenschaften von größter Bedeutung, denn mit dem »Abschluß« der Offenbarung beginnt erst der nie abgeschlossene geschichtliche Vorgang der Interpretation. Beim Abschluß der Kanonbildung ist ein ausdrücklicher lehramtlicher Anerkennungsakt historisch nicht greifbar. Auch wenn nach einem ersten Ansatz beim Konzil von ⁊Florenz ein solcher erst vom Trienter Konzil bezeugt ist, kann man ihn als Akt des besonderen Schutzes u. des Respekts im Hinblick auf das ⁊Wort Gottes verstehen, von dem, wie es schon im AT wiederholt heißt, nichts weggenommen u. dem nichts hinzugefügt werden darf. Zwei Problemkomplexe prägen die heutige Diskussionssituation im Hinblick auf den K. Die ev. Theologie sucht gerade infolge des unverkennbaren Pluralismus der biblischen Inhalte u. Intentionen nach einem »Kanon im Kanon« oder nach einer »Mitte der Schrift«, die als Kriterium für den Glaubensanspruch biblischer Texte dienen könnte (etwa die Lehre von der ⁊Rechtfertigung). Das Beharren auf der Ganzheit der Schrift als Gabe des Wortes Gottes, dem nach kath. Lehre das Lehramt nicht übergeordnet ist, sondern dem es zu dienen hat (II. Vaticanum DV 10), könnte dem gegenüber als Bekenntnis zur Pluralität des ⁊Glaubenssinns unter den je unverfügbaren Impulsen des Heiligen Geistes verstanden werden. Im Gespräch mit dem Judentum ist es ein dringliches Erfordernis, den Eigenwert des Kanons der hebräischen Bibel zu erkennen u. anzuerkennen, der Interpretation des AT vom NT her ein Ende zu machen u. das Schema ⁊Verheißung-Erfüllung aufzugeben, als seien in Jesus von Nazaret alle Verheißungen der Schrift erfüllt.

Kappadokier, seit dem 19. Jh. nach einem geographischen Gebiet im Zentrum der heutigen Türkei benannte Bezeichnung für die im 4. Jh. höchst einflußreichen Theologen Basileios von Kaisareia († 379), seinen jüngeren Bruder Gregor von Nyssa († nach 394) u. seinen älteren Studienfreund Gregor von Nazianz († 390). Sie mühten sich um die theol. vertiefte Interpretation des Konzils von ⁊Nikaia 325 u. leisteten die maßgebliche Vorarbeit für das Konzil von ⁊Konstantinopel 381. Die theol. Formel für die göttliche ⁊Trinität, daß der eine Gott als ein einziges Wesen (griech. »ousia«) in drei ⁊Hypostasen existiere, ist zwar nicht auf sie zurückzuführen, wurde aber von ihnen mit Nachdruck vertreten. Ihr Einfluß war auch noch für das Konzil von ⁊Chalkedon 451 von Bedeutung; ihr Gedankengut bleibt bis zur Gegenwart aktuell. Gregor von Nyssa war der denkerisch Originellste, ein Mystiker u. ein Hüter der Intentionen des Origenes, Gregor von Nazianz war um trinitätstheologische Differenzierungen bemüht, Basileios verband die Theologien des Mönchtums u. der Taufe miteinander, mit nachhaltigen Wirkungen in der Liturgiegeschichte.

Kardinaltugenden (lat. »cardo« = Türangel), die vier ⁊Tugenden (Grundhaltungen), die das ethische Leben des Menschen fundamental tragen:

↗Klugheit, ↗Gerechtigkeit, ↗Starkmut (Tapferkeit) u. ↗Mäßigkeit (Zucht u. Maß). Eine erste systematische Lehre über diese vier trug Platon (347 v. Chr.) vor. Seither bilden sie ein Hauptthema der abendländischen Ethik. Der Begriff K. stammt von Ambrosius († 397). Petrus Lombardus († 1160), gefolgt von Thomas von Aquin († 1274), baute die ganze theol. Ethik auf der Grundlage der K. zusammen mit den drei »theologischen Tugenden« ↗Glaube, ↗Hoffnung u. ↗Liebe auf. Diskussionen kreisten um den unterschiedlichen Rang u. die gegenseitige Zuordnung der sieben Tugenden. Die Lehre von den K. wurde von der reformatorischen Theologie mit Hinweisen auf mögliche Selbstrechtfertigung abgelöst. Die Inhalte dieser Lehre kommen im Zusammenhang mit den aktuellen Problemen der Wertedefizite u. der Orientierungssuche neu zur Geltung.

Kardiognosie (griech. = Herzenskenntnis), ein Wort der scholastischen Philosophie u. der Mystik für eine besondere Erkenntnisfähigkeit, die sich auf das Gottesverhältnis eines Menschen bezieht. Nach der Bibel besitzt Gott von seinem Wesen her die K. (1 Kön 8,39; Apg 1,24; Röm 8,27; Offb 2,23). Bei Menschen ist K. ein ↗Charisma, das konkret schwer von intuitiver Menschenkenntnis u. parapsychologischen Phänomenen zu unterscheiden ist.

Karthago, in der alten nordafrikanischen Kirche Bischofssitz u. Ort wichtiger Synoden. Die 16. (früher irrtümlich Milevitanum genannt) formulierte 418 gegen den ↗Pelagianismus 9 Canones (DS 221–230; NR 338, 761–766). Zwar wurden diese Lehraussagen von Papst Zosimus gutgeheißen, doch bedeutet diese Approbation kaum eine dogmatische ↗Definition.

Katechetik (griech. »katechesis« = mündliche Unterweisung), als Begriff u. theol. Disziplin seit Ende des 18. Jh. eingebürgert, befaßt sich mit der theol. Theorie u. den praktischen Methoden des christlich-religiösen Unterrichts, vor allem in dem zwischen dem 16. u. 18. Jh. entwickelten Religionsunterricht. Durch die auch sachinhaltliche Orientierung an Glaube u. Theologie unterscheidet sich die K. von der ↗Religionspädagogik, die an sich rein humanwissenschaftlich (als »Orientierungsunterstützung in Suchbewegungen«) möglich ist.

Katechismus, im Anschluß an die altchristliche Katechese (mündliche Unterrichtung vor u. nach der Taufe) gebildeter, erstmals bei Augustinus († 430) bezeugter Begriff, der bei ihm wie später im Mittelalter die ganze Glaubensunterweisung bezeichnet. Die altkirchlichen Katechesen umfaßten die Erklärungen des Glaubensbekenntnisses u. des Vaterunsers. Als Bezeichnung für ein umfassendes Glaubensbuch taucht K. Anfang des

16. Jh. auf. Die Darlegungsform bestand in Fragen u. Antworten oder in Lehrstücken, der Aufbau enthielt in unterschiedlicher Reihung Glaubensbekenntnis, Vaterunser, Dekalog u. die einzelnen Sakramente. Starke Unterschiede der Katechismen ergeben sich daraus, für welchen Personenkreis sie bestimmt sind (Kinder, Jugendliche, Erwachsene; Laien, Priester, Bischöfe; für bestimmte Länder oder für die ganze Welt). Aufschwung nahmen die Katechismen naturgemäß mit der Erfindung des Buchdrucks; Bedeutung erlangten sie durch die Auseinandersetzungen der Reformationszeit: Zwei Katechismen verfaßte M. Luther 1529, einen J. Calvin 1537; große Verbreitung im reformierten Christentum fand der »Heidelberger K.« (1563); auf kath. Seite sind bemerkenswert mehrere Katechismen von Petrus Canisius († 1597), der für den Pfarrklerus gedachte »Catechismus Romanus« (1566) im Anschluß an das Konzil von Trient u. der K. von Robert Bellarmin (1597). In der Zeit vom 17. bis 20. Jh. verloren die Katechismen ihre kontroverstheologischen Ausrichtungen; sie erschienen in großer Vielzahl u. weltweit verbreitet. In neuester Zeit fanden besondere Aufmerksamkeit die niederländische K. (1966) u. der deutsche, in Glaubenslehre u. Lebenspraxis geteilte Erwachsenen-K. (1985 u. 1995). Auf dem I. Vaticanum wurde der Plan eines Welt-K. besprochen, der 1992 (1. Ausgabe französisch) verwirklicht wurde. Katechismen haben die Zielsetzung, die Inhalte des Glaubens der Kirche an die Offenbarung Gottes authentisch wiederzugeben. Frühere Katechismen sind unersetzliche Quellen für das Glaubensbewußtsein früherer kirchlicher Regionen oder Instanzen u. für die Prüfung der Identität des kirchlichen Glaubens im Lauf der Geschichte. In kath. Sicht haben die Inhalte der Katechismen nur insoweit verpflichtenden Charakter, als sie definitiv verbindliche Glaubenslehre enthalten.

Kategorischer Imperativ (griech. »kategorien« = etwas präzise erklären; lat. »imperare« = gebieten), von I. Kant († 1804) formulierte ethische Regel (Maxime), die er unter den Gesichtspunkten: uneingeschränkt, allgemein gültig, notwendig, objektiv u. ohne subjektive Absicht, in mehrfacher Form vorgelegt hat u. nach der menschliche Absichten u. Handlungen als gut oder nicht gut beurteilt werden sollen. Neben der verallgemeinernden Regel, nur nach einer Maxime zu handeln, von der man wünsche, daß sie allgemeines Gesetz werde, ist die auf die menschliche Person abzielende Form von großer Bedeutung: »Handle so, daß du die Menschheit, sowohl in deiner Person als in der Person eines jeden anderen, jederzeit zugleich als Zweck, niemals bloß als Mittel brauchst«. Der K. I. ist für eine Verständigung von Menschen unterschiedlicher Religionen u. Weltanschauungen über ethisches Verhalten unentbehrlich.

Katholisch (griech. »kat'holon« = das Ganze betreffend oder umfassend), in der Antike gebräuchlich für Ganzheiten im Unterschied zu Teilen (auch als lat. Lehnwort), auf die Gesamtkirche bezogen im Unterschied zu den Ortskirchen bei Ignatius von Antiochien († nach 115). Neben der Bedeutung von weltweiter Ausbreitung (Augustinus † 430) findet sich im 4. Jh. diejenige von Rechtgläubigkeit. ↗Katholizität der Kirche wird als Kennzeichen der Kirche in das Glaubensbekenntnis aufgenommen. M. Luther († 1546) hält an K. im Sinn von »allgemein« fest u. spricht es der seiner Überzeugung nach nicht mehr katholischen, römischen Kirche ab. J. Calvin († 1564) sieht K. als Eigentümlichkeit der unsichtbaren Kirche im Gegensatz zur institutionellen Kirche. Mit Betonung auf der Rechtgläubigkeit versteht sich heute die ostkirchliche Orthodoxie zunehmend als »katholisch-orthodox«. Die Engführung »römisch-katholisch« hat ihre Anfänge im 4. u. 5. Jh. (Julius I. † 352, Innozenz I. † 417): Die Ortskirche Roms sei die Mutter (die ja Jerusalem war) u. das Haupt aller anderen Ortskirchen. Sie wurde verstärkt, nachdem der Bruch zwischen Rom u. den Ostkirchen 1054 endgültig geworden war. So sagte Gregor VII. († 1085), die »Ecclesia Romana« habe nie geirrt u. werde niemals irren. Aber das so verstandene Römische wurde vom 11. bis 20. Jh. immer stärker im ↗Papst konzentriert, so daß eine zweite Engführung zu konstatieren ist: Römisch-katholisch im Sinn von Papstkirche. Durch die Spaltungen des 16. Jh. (England, Reformationskirchen) u. das Entstehen verschiedener Konfessionskirchen wird »römisch-katholisch« die Bezeichnung einer Konfessionskirche neben vielen anderen.

Katholische Wahrheiten (»veritates catholicae« oder »doctrina catholica«), in einem fachlichen Sinn die Lehraussagen, die von der kirchlichen Lehrautorität authentisch u. verbindlich vorgelegt werden, weil für sie ein unlösbarer Zusammenhang mit der Offenbarung Gottes gegeben ist, ohne daß sich diese Aussagen in der Offenbarung selber finden (↗Dogmatische Tatsachen, ↗Konklusionstheologie). Der Begriff wird von der röm. Autorität zunehmend ersetzt durch eine noch über der »authentischen Lehre« stehende »definitive Lehre«, für die feste Annahme u. Beibehaltung verlangt wird, also ein Akt des ↗Gehorsams, nicht des ↗Glaubens. Die Frage einer inneren Zustimmung hängt von der Überzeugungskraft der Argumente, nicht von der Berufung auf eine formale Autorität ab.

Katholizität der Kirche, eine der vier Wesenseigenschaften u. ein Kennzeichen der wahren ↗Kirche Jesu Christi. Den biblischen Hintergrund bilden die Zeugnisse für einen universalen Auftrag (vor allem Völkerwallfahrt im AT, Sendung bis an die Grenzen der Erde im NT; in Spätschriften des NT kosmisch ausgeweitet; ↗Pleroma). K. besagt, a) daß die Kirche wegen des universalen ↗Heilswillens Gottes, wegen des grundsätzlich alle Menschen umfassenden Heilswirkens Jesu u. wegen der Mitteilung des ↗Heiligen Geistes an alle Menschen in einer räumlich u. zeitlich unbegrenzten Weise allen Menschen offensteht (u., als Verpflichtung für die Kirche, allen zugänglich sein muß). Die Einsicht in ihre ↗Heilsnotwendigkeit hängt wesentlich von der Erfüllung dieser Aufgabe auf der Ebene der Wahrnehmung ab. Die Kirche muß den von Gott gewollten ↗Pluralismus (in vielfältigen privaten u. öffentlichen Bereichen) jederzeit anerkennen u. darf ihre Verkündigung, Liturgie u. kirchlichen Lebensformen nie auf einen bestimmten Kulturkreis, Personenkreis (eine bestimmte Rasse oder Klasse) usw. einschränken u. andere ausgrenzen; diese universale Offenheit verlangt von der Kirche, daß sie um konfessionelle Ökumene in Anerkennung der Andersartigkeit anderer Kirchen (um »versöhnte Verschiedenheit«) bemüht ist. K. besagt ferner b) daß der Kirche die Fülle der ↗Offenbarung Gottes in Jesus Christus anvertraut ist, die sie zur Praxis der Liebe in Einheit von Gottes- u. Menschenliebe u. zur Feier der universalen Versöhnung in den Sakramenten motiviert. Unter Berücksichtigung der Sonderstellung des ↗Judentums in der Heilsgeschichte resultiert aus der Gabe der Offenbarung auch die Aufgabe universaler Verkündigung an »alle Völker« (Mt 28,19) in der ↗Mission. – Die K. ist Gegenstand des christlichen Glaubensbekenntnisses.

Kausalität (lat. = Ursächlichkeit). Die Fragen, warum etwas ist bzw. was ein Seiendes bewege oder verändere, beschäftigten die frühe griech. Philosophie. Aristoteles († 322 v.Chr.) unterschied vier Ursachen: Aus Vorgegebenem (↗Materie) wird durch eine neue auf es von innen einwirkende ↗Form ein neues; so werden Materie u. Form als *innere Gründe oder Ursachen* (Material- u. Formalursache) aufgefaßt. Da die Formung eines durch ein anderes immer zielgerichtet ist (↗Zweck), sind das Wirken selber u. das Ziel als die *äußeren Ursachen* (Instrumental- u. Finalursache) angesehen. Diese Vierzahl wurde ergänzt durch die äußere Form des Vorbilds oder Urbilds, dem ein Seiendes nachgebildet wird (↗Exemplarursache). In der Scholastik, vor allem bei Thomas von Aquin († 1274), wurde diese Philosophie genauer durchdacht u. durch die Theorie des *metaphysischen Kausalitätsprinzips* fundiert. Es besagt: Alles endliche Seiende ist nicht das ↗Sein selbst, daher ist es nicht notwendig (↗Kontingenz); ist es aber wirklich, dann muß es von einer (Wirk-)Ursache hervorgebracht worden sein. Die Anwendung dieses Prinzips im Rahmen des ersten ↗Gottesbeweises aus der Bewegung (die die Veränderung der ↗Potenz zum ↗Akt meint) gilt heute als illegitim, weil sie Gott als Ursache bei anderen Ursachen einordnet. Ergänzt wird das philosophische Kausalitätsprinzip durch das *Widerspruchsprinzip:* Das Kontingente ist nicht von seinem Wesen her zum Dasein bestimmt; es kann sein oder nicht sein, da sein Wesen nicht der Grund seines Daseins ist. Existiert es im Dasein, dann muß es durch ein anderes zum Dasein bestimmt worden sein. Wäre es nicht durch ein anderes zum Dasein bestimmt worden, so wäre es gleichzeitig zum Dasein bestimmt worden (da es ja existiert) u. nicht bestimmt worden (da es angeblich keine Ursache hatte). Hier stellt sich wieder die theol. Forderung, den transzendenten ↗Grund von der zum Dasein bestimmenden Ursache zu unterscheiden. – In der Theologie- u. Philosophiegeschichte wurde seit Beginn der Neuzeit die Frage diskutiert, ob Gott als die Ursache seiner selbst verstanden werden könne. B. de Spinoza († 1677): Wenn alles Seiende eine Ursache hat u. wenn es nur eine in sich stehende, notwendige Substanz, Gott, gibt, dann fallen Wesen u. Dasein bei ihm in Einheit zusammen, dann muß er die Ursache seiner selbst (»causa sui«) sein. Auch hier wird nicht zwischen Sein u. Dasein unterschieden. Heutige Wissenschaften befassen sich nicht mehr mit »metaphysischen« Theorien der K., untersuchen aber Bedingungen u. Wirkungen auf verschiedenen, auch experimentellen, Feldern, wobei sie die Begrifflichkeiten im Hinblick auf »kausale Zusammenhänge« gar nicht vermeiden können (z. B. bei ↗Evolution, ↗Chaos).

Kenosis (griech. = Entleerung, Verzicht) ist ein ntl. Wort, mit dem die »Selbstentäußerung« des göttlichen Logos in der ↗Inkarnation, in der Tat seines Gehorsams gegenüber dem göttlichen Vater, in der bewußten Annahme seines Todes zum Ausdruck gebracht wird (in dem von Paulus vorgefundenen u. erweiterten »Christuslied« Phil 2,6–11). Die Entäußerung besteht im Verzicht auf die ↗Herrlichkeit des Seins bei Gott (↗Präexistenz), im Eintauschen der »Gottesgestalt« gegen ein Sklavendasein um der Menschen willen (vgl. 2 Kor 8,9), u. sie wird belohnt durch eine »Übererhöhung« Jesu zum ↗Kyrios des Kosmos. In der Theologiegeschichte (ev. Theologie, russische Theologie) wurde u. wird die K. im Zusammenhang mit der Solidarität Jesu mit den Erniedrigten u. mit der ↗Verborgenheit der Göttlichkeit in ihm immer wieder als deutlichster Ausdruck der Liebe Gottes betont. Spekulationen über eine Urkenose in Gottes ↗Trinität (Entäußerung des Vaters an den Sohn usw.) haben keinen Anhalt in der Offenbarung Gottes.

Kerygma (griech. = lauter Ruf, Verkündigung), ein ntl. Wort, das neben anderen Begriffen die Verkündigung des ↗Evangeliums bezeichnet, in der ev. Theologie seit der 1. Hälfte des 20. Jh. eine bevorzugte Bezeichnung für das ↗Wort Gottes, das, im Namen Gottes u. Jesu Christi in autorisierter Form vorgetragen, sich in der Situation des angerufenen Menschen oder der glaubenden Gemeinde wirksam gegenwärtig setzt. Im NT gehört es zur frühchristlichen Missionssprache u. meint die Akte des Verkündigens wie die Inhalte (Jesus als den Gekreuzigten u. Auferweckten, das nahe gekommene Reich Gottes). Bei aller Rückbindung an das geschichtliche Ereignis steht das Ankommen u. Wirksamwerden in der Situation der Hörenden im Vordergrund. Dieses Wirksamwerden geschieht nicht durch die Subjektivität der Verkündiger (»wir verkündigen nicht uns selber«: 2 Kor 4,5), sondern durch die Kraft des Ausgesagten, die ↗Gnade des rechtfertigenden ↗Glaubens, der seine Annahme selber bewirkt. So gesehen ist das K. verschieden u. qualitativ »mehr« als die Sätze des kirchlichen ↗Dogmas u. als die Sätze der menschlichen Reflexion über diese kirchlichen Sätze (↗Theologie), steht aber nicht im Gegensatz zu ihnen, sondern ist deren ursprünglicher Grund u. bleibende Norm.

Kerygmatische Theologie im weiteren Sinn kann die wissenschaftliche Beschäftigung mit der konkreten Gestaltung der christlichen Botschaft bezeichnen (in der modernen Praktischen Theologie auch »Kerygmatik« genannt). Sie geht auf die Inhalte der christlichen Glaubenslehre unter den Gesichtspunkten situationsbezogener Vermittlung u. der Anbindung an die plurale menschliche Erfahrungswelt ein. Das christliche Zeugnis im Bereich der noch nicht oder nicht mehr Glaubenden bedarf nicht in erster Linie, aber auch einer solchen wissenschaftlichen Fundierung, ebenso die mit der Predigt beauftragten Frauen u. Männer (»Lehrautorität der Gläubigen«). – Im engeren Sinn war K. Th. oder Verkündigungstheologie ein in den 30er Jahren des 20. Jh. (vor allem in Innsbruck, von J. A. Jungmann † 1975 u. a.) vorgelegtes Programm, das strikt zwischen Dogma u. Kerygma trennte u. forderte, es müsse neben der wissenschaftlichen (damals neuscholastischen) Theologie mit ihrem Formalobjekt (Gott im Hinblick auf seine Gottheit) eine zweite Theologie mit eigenem Formalobjekt (Jesus Christus) geben, die sich selber als Verkündigung der biblischen Heilsbotschaft verstehe u. den Glauben »existentiell« vermitteln (statt rational reflektieren) wolle. Die Verselbständigung dieser zweiten Form von Theologie wurde in der Diskussion abgelehnt. Das »Anliegen« ist in dem Unbehagen an einer »verkopften« Theologie auch nach dem Ende der neuscholastischen Schultheologie geblieben. Die wissenschaftliche Theologie sieht sich vor den Aufgaben, die Menschen, ihre Glaubensschwierigkeiten u. Lebenserfahrungen aufzufinden u. anzusprechen u. anderseits den wissenschaftlichen Anforderungen zu genügen u. sich den daraus folgenden Konflikten zu stellen.

Ketzertaufstreit, Fachausdruck der Theologie- u. Dogmengeschichte für ein im 3. Jh. entstandenes Problem: Sollen Christen, die in einer häretischen oder schismatischen Gemeinschaft getauft worden waren, bei ihrer

Konversion zur kath. Kirche noch einmal getauft werden? Das Problem stellte sich in Nordafrika u. Kleinasien; in Rom genügte bei der Wiederaufnahme abgefallener Katholiken die Kirchenbuße. Die afrikanische Kirche (wichtig v. a. eine Synode in Karthago 220, Tertullian † um 220 u. Cyprian † 258) sowie mehrere Ostkirchen erklärten die Häretikertaufe für ungültig, weil Häretiker u. Schismatiker den Heiligen Geist nicht hätten u. nicht mitteilen könnten; sie praktizierten eine zweite Taufe. Die Kirchen von Rom u. Alexandrien verzichteten auf sie. Nach mehreren Synodenbeschlüssen für eine zweite Taufe kam es 256 zwischen den Parteien zu dem von Feindseligkeiten geprägten K., der nie offiziell bereinigt wurde, aber sich allmählich legte. Mehrere Synoden befaßten sich im 4. Jh. mit der Frage u. entschieden, daß nur solche ein zweites Mal getauft werden sollten, deren erste Taufe das Bekenntnis zur göttlichen Trinität nicht enthielt. Dies blieb, unter dem Einfluß der Lehre Augustinus' († 430) von der Unabhängigkeit der Gültigkeit der Sakramente von der Würde der »Spender« (↗Donatismus), die kath. Position bis heute. Die Bedeutung des K. liegt in der theol. Erkenntnis, daß auch in getrennten (objektiv vielleicht häretischen oder schismatischen) Kirchen der wahre Gottesglaube möglich u. eine gültige Taufe gegeben ist, wenn dabei dieser Glaube objektiv bezeugt wird.

Kindertaufe. Die biblischen Texte über die Umkehr eines Menschen u. die bewußte Annahme des Glaubens in freier, von Gottes ↗Gnade getragener Entscheidung lassen die ↗Taufe von Erwachsenen als den »Normalfall« erscheinen. Andere Reihungen (Röm 6,3–11; 2 Kor 4,6) müssen nicht grundsätzlich dagegen sprechen. Ntl. Zeugnisse können allenfalls von K. in Ausnahmefällen verstanden werden. Die K. bürgerte sich im Lauf der ersten drei Jhh. allmählich ein; sie wurde seit Augustinus († 430) mit der Tilgung der ↗Erbsünde, mit der Furcht, ungetauft gestorbene Kinder würden in die ↗Hölle verwiesen, begründet (zu einer späteren Milderung dieser Ansicht: ↗Limbus). Die Täufer (»Wiedertäufer«) verlangten die Erwachsenentaufe als Zeichen der vorher erfolgten Bekehrung u. Glaubensannahme (seit 1521). Die Reformatoren hielten an der K. fest, weil mit ihr das Zuvorkommen der Gnade Gottes bekundet werde. Das Konzil von ↗Trient verteidigte die K. zur Tilgung der Erbsünde u. lehrte verbindlich, auch kleine Kinder dürfe man nach der Taufe zu den Gläubigen zählen, eine nochmalige Taufe sei zur Gültigkeit ebenso wenig notwendig wie eine spätere bewußte Ratifizierung. Theologisch wird heute das Argument aus dem Zuvorkommen der Gnade Gottes, die jedem positiven Tun des Menschen vorausliegt u. die durch die K. bezeichnet u. im Bekenntnis der Anwesenden zum Ausdruck gebracht wird, als das überzeugendste angesehen. Der dem Säugling u. Kleinkind geltende individuelle Heilswille Gottes wird in der Taufe geschichtlich-kirchlich greifbar zugesagt (als Gabe u. Aufgabe zugleich). Damit wird nicht die Notwendigkeit der K. begründet. Infolge der Revision der Erbsündenlehre ist es in der kath. Kirche möglich geworden, in Fällen, in denen es zweifelhaft ist, ob die Eltern oder Angehörigen von der Bedeutung des Glaubenszeugnisses u. der Glaubensvermittlung an das Kind wirklich überzeugt sind, die Taufe aufzuschieben. Auch wenn die Gültigkeit der K. nicht von einer späteren bewußten Übernahme abhängt, ist es in der heutigen Situation geboten, auf eine solche freiwillige Annahme (Tauferneuerung) hinzuwirken. Die teilweise Ablehnung der K. in ev. Kirchen (K. Barth † 1968: die legitime Reihenfolge sei Geisttaufe – Glaubensannahme – Wassertaufe) macht ökumenische Gespräche notwendig.

Kirche (deutsches Lehnwort von griech. »kyriake« = dem Kyrios, dem Herrn, Gehörende). *1. Biblisch.* Die christliche K. ist in einem leidvollen Trennungsprozeß aus der jüdischen Glaubensgemeinschaft ausgeschieden, ohne jemals ihre Verwurzelung im jüdischen Glauben u. ihre Übernahme (nicht: Erbe) jüdischen Eigengutes (Gemeinschaftscharakter, Hauptbegriffe, Liturgie, Gebete, Heilige) ignorieren zu können. Die Entstehung u. Existenz der K. sind in Israel nicht vorausgesagt oder (»typologisch«) vorausbedeutet worden. Der ntl. Begriff für K. (griech. »ekklesia«, wörtlich: das Herausgerufensein, von da her: Versammlung, wie hebr. »qahal«) umfaßt sowohl die Gesamtkirche als auch die ↗Ortskirche (K. Gottes in Korinth) als auch die ↗Hauskirche. Absichten Jesu, eine eigene, von Israel getrennte Glaubensgemeinschaft zu gründen, sind nicht erkennbar, auch nicht in der Berufung von ↗Jüngern und Jüngerinnen zur ↗Nachfolge. In den Evangelien begegnet »ekklesia« im Sinn von »Gesamtkirche« in der Verheißung an Petrus (Mt 16, 17 ff.) u. im Sinn von »Ortskirche« oder auch Gemeindeversammlung (Mt 18, 17), jeweils einmal, nach exegetischer Auffassung erkennbar nachösterliche Bildungen. Die ältesten Zeugnisse für eine Kirchengründung, diejenigen bei Paulus, führen die Existenz der Kirche auf das Wirken des ↗Heiligen Geistes zurück (1 Kor 12), noch deutlicher im lukanischen Doppelwerk (Lk 4, 18 21; Apg 2: das Pfingstereignis). Die ersten Lebensäußerungen der K. bestanden darin, daß diejenigen Jünger (u. Jüngerinnen), die durch die Erscheinungen des auferweckten Jesus die Gewißheit erlangt hatten, daß der Hingerichtete als zu Gott Erhöhter lebt, sich in seine Sendung einbezogen wußten u. seine Verkündigung des ↗Evangeliums aufnahmen. Das entscheidende Ereignis der ↗Urkirche war die Entscheidung, sich für »Heiden« (↗Heidentum) zu öffnen (Apg 15, 1–29; Gal 2, 1–10) u. damit die ↗Mission zu bestätigen, die einige im Bewußtsein ihrer Berufung schon vorher begonnen hatten. Das tiefere theol. Selbstverständnis der K. in ntl. Zeit äußert sich in Metaphern, die teils dem jüdischen Sprachgebrauch entnommen, teils spezifisch christliche Neubildungen sind. Die Übernahme von Prädikaten, die Israel gehören, geschah in den ntl. Schriften noch nicht in der Absicht, eine »Beerbung« Israels zu behaupten; sie bezeugen vielmehr ein Stadium, in dem Israel einfach »aus dem Blick« geraten war. Dazu gehören die Selbstbezeichnungen als ↗»Volk Gottes« u. als »königliche Priesterschaft« (↗Priestertum). Christlich sind die Metaphern vom ↗Leib (Jesu) Christi, vom Bau u. Tempel Gottes (1 Kor 3,9–17; Eph 2,19–22; 1 Petr 2,5; Hebr 3,6 u. ö.), von der Braut Christi (Offb 19,7 9; 23,17; Eph 5,25 ff.), im johanneischen Schrifttum die Metaphern von Hirt u. Herde (Joh 10) u. vom Weinstock mit den Rebzweigen (Joh 15). Alle diese Metaphern zeigen, daß die K. sich nicht als menschlicher Zusammenschluß von Glaubenden, sondern als Gründung Gottes im Heiligen Geist verstand, mit den Aufgaben, einander im Glauben zu stärken, die Vielfalt der Gaben (↗Charisma) in den Dienst des Ganzen zu stellen, in der Lebensführung der Berufung als »Heilige« zu entsprechen u. nach »außen« hin glaubwürdig (durch die »Früchte des Geistes« ausgewiesen) das Evangelium Jesu Christi zu bezeugen. Als wesentliche sakramentale Selbstvollzüge der jungen Kirche erscheinen ↗Taufe u. ↗Eucharistie, doch sind auch Ansätze zu weiteren Sakramentsbildungen zu erkennen. Diesen Zielen, die als Wille Gottes erkannt u. geglaubt werden, dient der immer deutlichere Ausbau kirchlicher Dienste u. Ämter (↗Amt). Während die Apg ein Idealbild des christlichen Gemeinschaftslebens zeichnet, das so wohl konkret nie existiert hat, wird aus Briefen u. Evangelien (Mt 18; Joh 20) deutlich, daß die frühe Kirche unter dem Vorkommen massiver Schuld in ihrer Mitte litt, daß Parteien, Spaltungen u. (in den »johanneischen« Brudergemeinden) ein sektenhaftes Konventikelwesen existierten; ferner mußte die Identität des Evangeliums mühsam gegen abweichende Interpretationen (↗Häresien) unter Rückbezug auf die ↗Tradition des Anfangs gesichert werden. So sind auch Anfänge der Bildung des biblischen ↗Kanons zu erkennen, in dem sich die frühe Kirche ihre normative ↗Heilige Schrift gab. – *2. Zur Theologiegeschichte.* Aus der Zeit der Kirchenväter sind sehr viele Zeugnisse dafür erhalten, wie sich die K. des Altertums verstand, die jedoch nirgendwo zu einer ↗Ekklesiologie systematisch zusammengefaßt wurden. Trotz der großen Unterschiedlichkeit der so weit gestreuten Ortskirchen läßt sich verallgemeinernd sagen, daß die Gemeinden überall im Bewußtsein des von Gott in Jesus Christus geschenkten endgültigen ↗Heils lebten, sich die Heilstaten Gottes unter Lobpreis u. Dank in der Eucharistie vergegenwärtigten, das Evangelium wenigstens im Gottesdienst verkündigten u. sich in ihrem Leben von den Impulsen des ↗Heiligen Geistes leiten ließen (in den ↗Glaubensbekenntnissen wurde die K. immer im 3. Hauptstück, das vom Heiligen Geist sprach, genannt). Das innere »Wesen« der so als Geheimnis

des Glaubens verstandenen K. wurde in der Theologie der Kirchenväter
mit über das NT hinausgehenden Metaphern umschrieben, die sehr stark
vom Gedanken der Rettung aus der verlorenen u. dem Untergang zuge-
henden Welt geprägt waren. Wenn der wirksame Heilswille Gottes in seiner Universalität berücksichtigt wurde, mußte das von Gott geschenkte
Heil nicht auf die Kirchenmitglieder beschränkt werden. So war es z. B.
möglich, von einer K. »seit Abel«, also von Heilsmöglichkeiten von Anfang
an, zu sprechen. Zugleich mit dieser immer lebendigen u. wachsenden
Vertiefung in eine »Innensicht« der Kirche existierten die durch Streit u.
Abweichungen in der Glaubensinterpretation entstehenden Probleme. Sie
führten, verbunden mit organisatorischen Notwendigkeiten, zu einem ver-
stärkten Ausbau der kirchlichen Ämter (↗Amt, ↗Klerus) u. zu zugespitzen
Formulierungen der »wahren« Kirche u. ihrer Heilsnotwendigkeit (↗Ket-
zertaufstreit, ↗Extra Ecclesiam nulla salus, ↗Donatismus). Bei Augustinus
(† 430) finden sich alle positiven Elemente dieser frühen Kirchentheologie,
mit einer Betonung des Leib-Christi-Gedankens u. der Eucharistie als des
Zentrums der kirchlichen Einheit, die aber durch seine Begrenzung der
Heilsmöglichkeit auf einige wenige Auserwählte beeinträchtigt werden.
Seine Unterscheidung von einer nur leiblichen Zugehörigkeit zur K. u.
einer solchen dem Herzen nach, in der reformatorischen Theologie im
Thema der »sichtbaren« u. der »verborgenen« K. weiterwirkend u. vom
II. Vaticanum positiv aufgegriffen (LG 14), bewahrte ihn davor, K. u.
↗Herrschaft Gottes zu identifizieren. Die Ekklesiologie des Mittelalters
stand unter zwei Schwerpunktsetzungen, die bis heute Bestand haben:
Auf der einen Seite wurde die »Innensicht« der K. theol. weiter vertieft,
vor allem in den christologischen (Jesus Christus als Haupt) u. sakramententheol. Reflexionen der Scholastik, auf der anderen Seite geriet die Ekklesiologie im Zeichen der Befreiung der K. von der weltlichen Herrschaft
(vor allem seit der Gregorianischen Reform des 11. Jh.) immer stärker
unter die Herrschaft des Kirchenrechts (der »Kanonistik«) u. seines streng
hierarchischen, auf Gehorsam u. Unterwerfung bedachten Denkens. Innerkirchlicher Widerstand dagegen, der sich bis zum I. ↗Vaticanum hinzog
(vor allem in immer neuen Reformansätzen, ↗Konziliarismus), wurde
Zug um Zug gebrochen. Die seit dem Konzil von Konstantinopel 381 geläufigen vier Kennzeichen der K. Jesu Christi (Einheit, Heiligkeit, Katholizität u. Apostolizität der K.) wurden im Sinn einer juridischen, auf den
Papst konzentrierten Ekklesiologie formuliert. Einen radikalen Ausdruck
für die Heilsnotwendigkeit der sichtbaren K., unterstützt durch die
Höllendrohung gegen alle Andersdenkenden, fand das Konzil von ↗Flo-
renz 1442. Nach der Reformation u. der Entstehung der »konfessionellen«
Kirchen stand im röm.-kath. Bereich der institutionelle Aspekt der K. erst
recht im Mittelpunkt. Einflußreich bis ins 20. Jh. war die Sicht der K. bei

R. Bellarmin († 1621): Die K. ist eine sichtbare Gemeinschaft, so greifbar wie »das Königreich Frankreich oder die Republik Venedig«, geeint durch die drei »Bänder« (»vincula«), nämlich Bekenntnis des wahren Glaubens, Teilhabe an den gleichen Sakramenten u. Unterstellung unter den rechtmäßigen Hirten, den Stellvertreter Christi auf Erden, den römischen Papst. Die auf die K. bezogenen Impulse der ↗Aufklärung (Suche nach einer von der Vernunft erkannten Gemeinsamkeit über alle institutionellen Grenzen hinaus, Ablehnung jeder Fremdbestimmung) wurden im Bereich der röm.-kath. K. zunächst nicht wirksam; ein spätes Echo findet sich bei J. H. Newman († 1890) mit seiner Betonung der personalen Entscheidung (↗Gewissen, ↗Glaubenssinn) vor jedem institutionellen Element. Die Überlegungen der ↗Tübinger Schule zur K. als einem vom Heiligen Geist belebten Organismus führten zu der extremen, nicht rezipierten Auffassung von der Fortsetzung der »Menschwerdung Gottes« (↗Inkarnation) in der K. Die auf den Papst bezogenen Dogmen des I. ↗Vaticanums sind insofern nicht ausschließlich auf die »Außenseite« der K. bezogen, als die Betonung der ↗Unfehlbarkeit dem Schutz der Identität des Glaubens der K. von ihrem apostolischen Anfang an dienen soll. Aus den Erneuerungsbewegungen des 20. Jh. ging die Ekklesiologie des II. ↗Vaticanums hervor, in den Texten freilich unvermittelt mit Elementen der auf den Papst konzentrierten »hierarchologischen« Ekklesiologie verbunden. – 3. *Zur gegenwärtigen Kirchenauffassung.* In der K. ist die bleibende Gegenwart des gehörten, weiter verkündigten u. wirksamen ↗Wortes Gottes in der Welt gegeben, so daß die K. durch dessen Eigentümlichkeit, von Gott her u. zugleich ganz menschlich zu sein, geprägt ist. Wenn die K. »gleichsam« als ↗Sakrament bezeichnet wird, dann ist damit gesagt, daß die »innere« Gnade der ↗Selbstmitteilung Gottes, deren Werkzeug sie ist, u. die »äußere« Gestalt der K. weder mit einander identifiziert noch von einander getrennt werden können. In dieser doppelten Sichtweise gründet die Geschichtlichkeit der K. »In ihren Sakramenten u. Institutionen, die noch zu dieser Weltzeit gehören, trägt die pilgernde K. die Gestalt dieser Welt, die vergeht« (II. Vaticanum LG 48). Diese Geschichtlichkeit der K. widerspricht ihrem verbindlichen Anspruch nicht, denn das Verbindliche ist jeweils nur in einer konkreten Erscheinung anzutreffen. Gegenüber dem immer drohenden Verfall wird die K. immer neu gehalten vom Heiligen Geist, der die abgeschlossene »öffentliche« ↗Offenbarung Gottes immer neu geschichtlich enthüllt. Die K. »ist zugleich heilig u. stets der Reinigung bedürftig, sie geht immerfort den Weg der Buße u. Erneuerung« (LG 8). Die K. lebt in drei Daseinsräumen, in der Innerlichkeit u. im lobpreisenden Bekenntnis des Glaubens u. der Gnade, in der Sichtbarkeit der Sakramente u. des Amtes in seinen geschichtlichen Ausprägungen u. in der umfassenden Praxis der Liebe, innerhalb der K. u. im Dienst am Frieden u. der

Einheit der Welt. Die neuere Ekklesiologie u. Praktische Theologie haben sich angewöhnt, dementsprechend von drei Grundfunktionen der K. zu sprechen: Martyria, Leiturgia, Diakonia. Sie werden manchmal ergänzt durch die Koinonia; die Besinnung auf die grundlegende Gleichheit aller vor Gott u. in der K. hat zu der problematischen Verwendung des Begriffs ↗Volk Gottes u. zu der nicht weniger problematischen ↗Communio-Ekklesiologie des II. Vaticanums geführt. Die Betonung des Dienstes u. des Werkzeug-Charakters der K. haben dazu geführt, daß die Aburteilungen u. Verdammungen der Außenstehenden zurückgenommen sind; die ↗Heilsnotwendigkeit der K. kann in ihrem Dienst an den Kirchen, Gemeinschaften u. Individuen gesehen werden, die ihr in unterschiedlicher (gestufter) Weise verbunden sind. Die *theologischen* Gründe der Trennung der nicht röm.-kath. Kirchen von »Rom« liegen bei der »äußeren«, institutionellen Seite. Die ostkirchlich-orthodoxe Fundierung der K. im Heiligen Geist u. in der Eucharistie ist mit röm.-kath. Glauben ebenso vereinbar wie die reformatorische Auffassung der K. als Gemeinschaft der Gerechtfertigten, die ihr kirchliches Dasein u. ihre Heiligkeit aus dem Wort Gottes empfangen. Zu der jeweils unterschiedlichen Auffassung des Amtes treten freilich noch große Unterschiede in Mentalitäten, gelebter Spiritualität usw., so daß ein Wiederfinden institutioneller Einheit kaum denkbar ist; eine Ökumene der »versöhnten Verschiedenheit« wäre vereinbar mit der Aussage des II. Vaticanums, daß die K. Jesu Christi in jeder Ortsgemeinde verwirklicht ist (LG 26). – *4. Kirche u. Welt.* Nach dem II. Vaticanum ist die K. an kein politisches, wirtschaftliches oder gesellschaftliches System u. an keine bestimmte Kultur gebunden (GS 42, 58, 76). Sie erkennt Staaten u. Gesellschaften als autonome, von der K. unabhängige Größen an. Wenn sie für sich beansprucht, »Zeichen u. Schutz der Transzendenz der menschlichen Person« zu sein (GS 76) u. die sich aus Menschenwürde u. Menschenrechten ergebenden ethischen Normen auch in ihrer Geltung für das öffentliche u. staatliche Leben in Erinnerung zu rufen u. wenn sie dadurch auch das Gewissen ihrer eigenen Mitglieder bindet, dann verstößt sie nicht gegen die Normen der Gewissensfreiheit u. ↗Toleranz, weil sie damit nicht behauptet, für dasjenige, was in einer jeweiligen geschichtlichen Situation staatlich u. gesellschaftlich zu tun ist, *positive u. konkrete* Weisungen geben zu können (vgl. GS 42: die K. hat keine Sendung in den politischen, wirtschaftlichen oder sozialen Bereich). Die K. weiß sich verpflichtet, aktiv »zu einer humaneren Gestaltung der Menschheitsfamilie« beizutragen (GS 40); hinsichtlich des konkreten politischen Weges haben die Kirchenmitglieder berechtigte Meinungsverschiedenheiten (GS 43, 75). Damit ist natürlich nicht die Freiheit gemeint, auf der Seite der allein Besitzenden, Unterdrücker u. Ausbeuter zu stehen (GS 63–72). Die Aufgaben der K. in der Welt ergeben sich daraus, daß sie *für* andere, auch *für* Un-

gläubige existiert u. dadurch *gegen* Unrecht sein muß. Diese Aufgaben sind
in einer »globalisierten« Welt unter dem Diktat der Unterhaltungsindu-
strie, der technischen Perfektionierung u. der immer größeren Chancen-
ungleichheit der Menschen viel schwerer geworden als zur Zeit des II. Vaticanums. Die K. steht neu vor der Frage, ob sie sich mit der Hoffnung auf
Gehör in dieser Medien- u. Wissenschaftswelt beteiligen oder sich zurück-
ziehen soll.

Kirchengeschichte heißt jene Wissenschaft, die die Geschichte der Verwirklichung der Kirche (des Selbstvollzugs der Kirche) unter allen Aspekten methodisch erforscht u. darstellt. Wenn sie von den Zeugnissen der
Offenbarung Gottes über die Kirche u. dem jeweiligen Selbstverständnis
der Kirche der Vergangenheit ausgeht, ist sie eine *theol.* Disziplin. Trotz
des unbestreitbaren Methodenpluralismus kann gesagt werden, daß die
seit dem 18. u. 19. Jh. erarbeitete historisch-kritische Methode der Geschichtswissenschaft auch die authentische Methode der K. ist. Trotz vieler
wertvoller Bemühungen um Geschichtsschreibung seit dem NT (Lk 1, 1–4;
Apg 1, 1 f.) u. der Erstellung von Chroniken (erster Versuch, eine Geschichte der Kirche zu schreiben, bei Eusebius von Caesarea um 303), Annalen u.
Viten sowie großen geschichtstheol. Interpretationen (Augustinus † 430)
kann erst der Umgang mit Quellen vom 17. Jh. an wissenschaftlichen Ansprüchen genügen (Dogmengeschichte, Kirchenväter- u. Konzilieneditio-
nen usw.). Sowohl bei einer über die K. hinausreichenden Geschichte des
Christentums als auch bei der Religionsgeschichte sind ungeachtet des eigenen theol. Theorieansatzes der K. interdisziplinärer Austausch u. wissenschaftliche Kooperation notwendig; erst recht gilt das für die K. der getrennten Kirchen. Hinsichtlich *einer* Zielsetzung der K. kommt ihr theol.
Ansatz wieder besonders zur Geltung: Sie müßte sich wertend den Fehlern
der Kirche in Theorie u. Praxis stellen, der Selbstkritik der Kirche dienen u.
versuchen, das von der Kirche unterdrückte Gedankengut zu rekonstruieren.

Kirchengliedschaft. Die Frage nach der Zugehörigkeit zur Kirche setzt
natürlich die Frage, was ↗Kirche ist, voraus. Hier können nur einige Gesichtspunkte der kath. Theologie genannt werden. Die ältere ↗Ekklesio-
logie war von dem Grundsatz ↗»Extra ecclesiam nulla salus« geprägt; die
Begründung der Kirchenzugehörigkeit wurde zunächst in Glaube u. Taufe
gesehen. Mit der gegenreformatorischen Theologie kam zu diesen »Bän-
dern« (»vincula«) des Bekenntnisses (»vinculum symbolicum«) u. des Sakraments (»vinculum liturgicum«) das institutionelle Band der Bindung
an den Papst (»vinculum hierarchicum«) hinzu. Die Heilsmöglichkeit für
diejenigen, bei denen auch nur eines dieser Bänder nicht im vollen Sinn

existierte, bestand nur im ↗Votum; sie gehörten nicht zur Kirche. Das Verständnis der Kirche als ↗Leib Jesu Christi war bestimmend für die Prägung des Begriffs K. Ihm gegenüber bevorzugte das II. Vaticanum den Begriff der Gemeinschaft (↗Koinonia). Wenngleich das II. Vaticanum sagte, die Kirche Jesu Christi sei »verwirklicht« (habe ihre »konkrete Gestalt«) in der kath. Kirche (LG 8), so ist die Kirche im vollen Sinn doch nicht exklusiv mit der kath. Kirche identisch (LG 8; UR 3): Die (gültige) ↗Taufe bewirkt die K. (LG 7, 9 f., 11, 14 f.), die jedoch aus unterschiedlichen Gründen bei den von einander getrennten Kirchen u. kirchlichen Gemeinschaften noch nicht voll entfaltet sein kann. So kann kein Zweifel daran sein, daß getaufte Christen der nichtkath. Kirchen u. Gemeinschaften zur Kirche Jesu Christi gehören, ohne daß sie dadurch der röm.-kath. Hierarchie untergeordnet oder gegen ihren Willen vereinnahmt würden. Sie sind nach UR getrennte Schwestern u. Brüder, die nicht in voller Gemeinschaft mit der kath. Kirche stehen, aber weder Häretiker noch Schismatiker sind (↗Häresie, ↗Schisma). Die drei »Bänder« werden nur zur Kennzeichnung der röm.-kath. Christen verwendet (LG 14). Nichtgetaufte Menschen sind in unterschiedlicher Weise auf die eine Kirche Jesu Christi hingeordnet, ohne daß dies als Zugehörigkeit bezeichnet wird (LG 16). Die Gnade Gottes eröffnet auch Polytheisten u. Atheisten, die schuldlos an ihrer eigenen Weltanschauung festhalten, Wege zum Heil (LG 16; GS 22; AG 7). Das II. Vaticanum unterscheidet mit Augustinus († 430) zwischen einer Zugehörigkeit zur Kirche »im Herzen« u. einer solchen »dem Leibe nach« (LG 14). Ein kath. Christ gehört nach dem Glauben seiner Kirche »dem Leibe nach« zu ihr; daß er auch »im Herzen« zu ihr gehört, das kann er nur *hoffen*.

Kirchenlehrer, Kirchenlehrerin heißen in der kath. Kirche u. Theologie ein Theologe bzw. eine Theologin, die die ↗Tradition von alters her bezeugten, die rechtgläubige Lehre vertraten, persönlich heilig lebten, eine hervorragende theol. Leistung erbrachten u. von der kirchlichen Autorität ausdrücklich anerkannt wurden. Sie nehmen unter den ↗Theologen einen hohen Rang ein, gehören aber nicht zu den ↗Kirchenvätern, da sie nicht notwendigerweise nur aus deren Zeit stammten. In der lat. Kirche werden seit dem 8. Jh. vier solcher Lehrautoritäten herausgehoben: Ambrosius († 397), Hieronymus († 419), Augustinus († 430) u. Gregor I. († 604). Die Ostkirchen verehren seit dem 9. Jh. die »drei Hierarchen u. ökumenischen Lehrer« Basilius († 379), Gregor von Nazianz († 390) u. Johannes Chrysostomus († 407). Die lat. Kirche zählte (1999) 30 Kirchenlehrer u. 3 Kirchenlehrerinnen: Teresa von Avila († 1582), Katharina von Siena († 1380) u. Therese von Lisieux († 1897).

Kirchenordnungen sind Texte, die entweder als Idealentwürfe oder mit dem Anspruch auf rechtliche Gültigkeit Fragen der Kirchenverfassung, der Liturgie (des Kultes) u. der Kirchenzucht (der Disziplin) behandeln. Trotz gewisser Ordnungselemente können Weisungen u. Verbote im NT (»Standestafeln«, Lasterkataloge usw.) nicht als K. im technischen Sinn gelten. Im kirchlichen Altertum entstanden seit dem Ende des 1. Jh. bis zum Ende des 5. Jh. zahlreiche K. Von aktueller Bedeutung sind die K. in den aus der Reformation hervorgegangenen Kirchen, die dort das alte ↗Kirchenrecht ersetzten. Sehr oft wurden sie durch weltliche Obrigkeiten in Kraft gesetzt. Spätestens nach dem Zweiten Weltkrieg erlangten sie ausschließlich durch kirchliche Legitimation ihre Verbindlichkeit.

Kirchenrecht heißt das Recht, das in der ↗Kirche gilt u. ihr Leben als Gemeinschaft besonderer Art ordnet. In allen Kirchen (getrennten Konfessionen) gibt es Rechtsordnungen, die sich nach Begründung (aus dem »Wesen« der Kirche) u. konkreter Gestaltung stark voneinander unterscheiden. Im Bereich der kath. Kirche wird zum einen von einem Recht gesprochen, das in dem erkannten Willen Gottes gründet, wenn es auch nicht unmittelbar in biblischer Zeit als der Zeit der öffentlichen Gottesoffenbarung als Recht formuliert wurde, das »göttliche Recht«: ↗Ius divinum. Zum andern existiert ein kirchliches Recht, das aus Gesetzen besteht, die von der kirchlichen Autorität legitim erlassen wurden u. die sich oft auf »göttliches Recht« zurückbeziehen; außerdem gehört das Gewohnheitsrecht zum kirchlichen Recht. Hauptsächliche Quelle des K. in der lat. Kirche ist der CIC, der 1983 in Kraft trat. Das »göttliche Recht« wird nicht als starr u. unflexibel verstanden; vielmehr gelten bei seiner Erkenntnis u. bei seiner Anwendung auf konkrete Situationen analoge Prinzipien wie bei der ↗Dogmenentwicklung. Im rein kirchlichen Recht sind erst recht Änderungen u. Anpassungen an veränderte Zeiten möglich u. z. T. geboten. Kriterien zur Änderung des K. ergeben sich nicht nur aus dem Achten auf die »Zeichen der Zeit«, die angeben, was in der Kirche »heute« geboten ist, sondern auch aus kritisch-hermeneutischer Reflexion über Entstehungszusammenhänge des K. (z. B. des Ehe- u. Verwaltungsrechts). Auch bei Begründungen aus einem »göttlichen Recht« fehlt oft eine überzeugende Argumentation, so daß die Verbindlichkeit von Normen im Einzelfall nicht immer leicht zu erkennen ist. Vertreter des K. fordern oft die Anerkennung ihrer Wissenschaft als einer *theol.* Wissenschaft. Eine Ansammlung von aus dem Zusammenhang gerissenen Zitaten (aus dem NT, dem II. Vaticanum) ohne Reflexionshintergrund genügt solchen Ansprüchen nicht. Die kirchliche Autorität erspart sich nicht selten die Mühe einsichtiger Begründung »göttlichen Rechts« u. fordert statt dessen disziplinarisch »Unterwerfung« unter »authentische« u. »definitive« Weisungen. Willfährige Kirchenrechtsvertreter, eine Minderheit, neigen dazu, disziplinarische Anweisungen in den Rang »unfehlbarer« Lehren hinaufzusteigern, Gehorsam nicht nur von Laien, sondern auch von Bischöfen unter Androhung von Strafen (!) einzufordern u. den »Gesetzgeber« über das Konzil zu stellen. »Kirchenrechtlich zulässig ist für den Diözesanbischof einzig die gehorsame Umsetzung des päpstlichen Befehls gegenüber den Gläubigen u. dem Staat« – Äußerungen von Handlangern dieser Art zeigen, daß eine totalitäre, dem Führerprinzip anhängende Mentalität auch noch 1999 Begründungen ersetzen soll. Aus der Rechtsgeschichte sind nachsichtige Anwendungen kirchlicher Normen leicht zu erkennen: ↗Epikie gilt als Tugend; bei rein kirchlichen Gesetzen gilt der allgemein anerkannte Grundsatz, daß sie bei schwerem Nachteil nicht verpflichten; Bischöfe müssen röm. Anweisungen nicht befolgen, wenn sie schweren Schaden für ihre Ortskirche befürchten (»Remonstrationsrecht«) usw. – K. ist auch der Name einer theol. wissenschaftlichen Disziplin, die zu den ältesten zählt, da sie auf den schon im 5. Jh. greifbaren Sammlungen der Konzilskanones beruht. Von griech. »Kanon« (= Richtmaß) her wurden die ältere Bezeichnung »kanonisches Recht« für K. u. »Kanonistik« für die wissenschaftliche Beschäftigung damit abgeleitet. Die Sammlung von Quellen des K. ist umfangreich u. wird oft zu Gesetzesinterpretationen herangezogen. Eine bedeutende Quelle ist Gratians Dekretensammlung um 1142.

Kirchenschatz ist ein mißverständlicher Begriff, der im Zusammenhang mit der Theologie des ↗Ablasses im 14. Jh. entwickelt wurde. Der gedankliche Hintergrund dieses bildhaften Begriffes sagt, daß das von Jesus Christus in seinem Leben u. Sterben den Menschen zugute Getane u. das von Gottes Gnade ermöglichte u. getragene positive Tun aller Kirchenmitglieder der ganzen Glaubensgemeinschaft u. jedem einzelnen Mitglied zugute kommen. Insofern dieses Ganze der Heilswirklichkeit sich zur Tilgung der zeitlichen ↗Sündenstrafen auswirkt, wird es K. genannt. Bei der Reform des Ablasses nach dem II. Vaticanum wurde vorgeschlagen, die Berufung auf den K. als eine Fürbitte vor Gott zu verstehen. Paul VI. († 1978) folgte dem nicht, sondern behielt die Redeweise von einem autoritativen Zugriff auf den K. bei.

Kirchenväter sind nach der Definition des Vinzenz von Lérins († Mitte des 5. Jh.) jene Schriftsteller des Altertums, die in ihrer Zeit u. an ihren Orten in der Einheit des Glaubens u. der Gemeinschaft der Kirche bewährte Lehrer (»magistri probabiles«) waren. Wegen ihrer Probleme mit der kirchlichen Gemeinschaft rechnete er Tertullian († um 220) u. Origenes († 253) nicht zu ihnen. Kirchlich-amtliche Merkmale für K. sind: rechtgläubige Lehre (was Irrtümer in Einzelheiten nicht ausschließt), heiliges Leben im altchristlichen Sinn, Anerkennung durch die Kirche, die sich z. B. auch durch Zitationen äußern kann, ihr Leben innerhalb der »Zeit der Väter«, die mit Isidor von Sevilla († 633) im Westen u. Johannes von Damaskus († um 749) im Osten aufhört. Eine besondere theol. Autorität genießen sie dann, wenn ein einmütiger ↗Konsens der Väter u. damit ein wichtiges Zeugnis der Glaubenstradition vorliegt. – ↗Patrologie.

Kirchenzucht, die aktive Beachtung der Gemeinschaftsordnung u. die konkreten Anordnungen, um sie zu garantieren oder wiederherzustellen. In der kath. Kirche ist der Begriff K. nicht üblich; die entsprechenden Bestimmungen enthält das ↗Kirchenrecht im Disziplinarrecht u. im Strafrecht. Die biblischen Begründungen werden in den Anfängen des Bußverfahrens (↗Binden und Lösen, ↗Bußsakrament) gesehen. M. Luther († 1546) sah verschiedene Maßnahmen vor, um anstößiges Verhalten von den Gemeinden fernzuhalten u. Täter durch Besserungsstrafen zur Umkehr zu bewegen: Verweigerung der Sakramente, der kirchlichen Amtshandlungen (Trauungen, Beerdigungen usw.) u. der kirchlichen Rechte (v. a. passives Wahlrecht). In den reformierten Kirchen kam eine strikte Aufsicht über die öffentliche Sittlichkeit hinzu. War in der röm.-kath. Kirche die Sorge um die Kirchenordnung u. die Rechtgläubigkeit in eine nicht zu rechtfertigende Kooperation mit der weltlichen Gewalt übergegangen (Inquisition) u. waren die Kirchenstrafen vielfältig politisch mißbraucht worden, so waren doch auch die aus der Reformation hervorgegangenen Kirchen von solchen Fehlentwicklungen nicht völlig frei. Die Einflüsse der Säkularisierung, der Glaubensverdunstung u. die Entfremdung zahlreicher Menschen von der Kirche haben eine Mentalität erzeugt, die weithin für Verfahren der K. kein Verständnis mehr hat oder der kirchliche »Maßnahmen« gleichgültig sind. Bei den verbliebenen Kirchenmitgliedern beider großen Kirchen haben Lehrbeanstandungsverfahren nicht die gewünschte Wirkung einer Vertiefung der Identifizierung mit der Kirche; im kath. Bereich stößt die Verweigerung der Zulassung (zivil) wiederverheirateter Geschiedener zur Eucharistie auf Unverständnis u. Widerspruch.

Klerus (griech. = Schicksal, Los), biblisch u. nachbiblisch mit unterschiedlicher Bedeutung (Wahl, Belohnung usw.) verwendet; für die Gruppe derer, die durch ↗Handauflegung zum liturgischen Dienst bestimmt sind, erstmals zu Beginn des 3. Jh. bezeugt. Bei Cyprian († 258) umfaßt K. unter Bezugnahme auf das Levitenamt in Israel Bischöfe, Priester, Diakone, Subdiakone, Lektoren u. Exorzisten. Im 4. Jh. bildet der K. deutlich einen eigenen gesellschaftlichen Stand mit besonderer Ausbildung, speziellen Pflichten u. Privilegien. Später wird zwischen der ↗Hierarchie der oberen drei Stufen u. dem »niederen K.« unterschieden. Im 12. Jh. wird von »zwei

Gattungen von Christen« gesprochen. Nach dem heutigen kath. Kirchenrecht wird ein Laie durch die Diakonatsweihe zum Kleriker, was (bis jetzt)
nur bei getauften Männern möglich ist. Mit der Weihe ist eine »Inkardina-
tion« in ein Bistum oder in eine kirchliche Gemeinschaft verbunden. Eine
Entlassung aus dem Stand des K. ist möglich.

Klugheit (lat. »prudentia«, griech. »phronesis«, »sophrosyne«), nach der
aristotelisch-thomistischen Lehre über die ↗Tugenden die erste der ↗Kar-
dinaltugenden, die die Einsicht in das ethische Sollen, die Handlungsimpulse dazu u. die praktischen Wege zu ihrer Erfüllung vermittelt. Ihre
vollkommenere Gestalt findet sie in der ↗Weisheit. Nach der Schrift ist
klug, wer seine aktuelle Situation deuten kann, die Gabe der ↗Unterschei-
dung der Geister hat u. wer wachend den eigenen Tod u. die Ankunft Jesu
vor Augen hat (Ps 90,2; Mt 25,1–13; 1 Joh 4,1–6). – ↗Schlange.

Knecht Gottes (hebr. »ebed JHWH«), im AT eine »Gestalt« im Buch Deutero-Jes (Jes 42; 49; 50; 52; 53), als eine Persönlichkeit vorgestellt, die von
Gott auserwählt u. zur Rettung Israels gesandt wird, u. der seinerseits Israel die Sendung mitteilen soll, für die Offenbarung u. das Heil Gottes Zeugnis bei den »Völkern« abzulegen. Bei der Erfüllung dieser Sendung treffen
Leiden u. Tod diesen K. G., der aber nach seinem Tod von Gott erhöht
werden wird. Er nimmt sein schweres Schicksal an als ↗Sühne in ↗Stell-
vertretung für »die vielen«. Deutero-Jes selber identifiziert diesen K. G.
mit Israel. Das NT versteht in der Reflexion auf das Schicksal u. die Heilsbedeutung Jesu ihn als den angekündigten K. G. (Mt 12,17–21 u.ö.) u.
übernimmt einzelne Formulierungen in diesem Sinn (Jesus als »Lamm
Gottes«: Joh 1,29; seine Hingabe »für die vielen« Mk 10,45 u.ö.). Nach
Apg 13,47 sahen Paulus u. Barnabas ihren Dienst am Wort Gottes als
Erfüllung der K.-G.-Prophetie.

Koinonia (griech. = Gemeinschaft), im NT ein Begriff für Solidarität u. gegenseitige Verantwortung innerhalb der christlichen Gemeinden oder der
Gemeinden untereinander, vor allem aber für die Gemeinschaft mit Jesus,
für die Teilhabe an seinem Leib, seinen Leiden u. seiner Herrlichkeit, auch
für die Teilhabe am göttlichen Geist. In der neueren Praktischen Theologie
wird K. als eine identitätsstiftende Grundfunktion der ↗Kirche (neben
Diakonia, Martyria u. Leiturgia) genannt, im Sinn vor allem einer Solidarität mit Armen u. Leidenden. Vgl. auch ↗Communio-Ekklesiologie.

Kollegialität (lat. = Zugehörigkeit zu einer bestimmten Gruppe oder auch
gutes Einvernehmen), Schlüsselbegriff des II. Vaticanums hinsichtlich des
Bischofsamtes u. der ↗Successio apostolica (LG 22). Da der ↗Papst als

»Haupt« des Bischofskollegiums zu diesem gehört, aber ohne es tätig werden kann (⊅Jurisdiktionsprimat), haben vorerst die Aussagen des II. Vaticanums über die K. nur theologiegeschichtlichen Wert hinsichtlich der Nachfolgerschaft des Bischofskollegiums im Hinblick auf das »Apostelkollegium«. – ⊅Bischof.

Kommunikation (lat. = Mitteilung, Vermittlung) ist die menschliche Fähigkeit, mit einander im Austausch über Inhalte zu stehen, die für mehr oder weniger wichtig gehalten werden. Der Ende des 20. Jh. ungemein angewachsene, durchtechnisierte Kommunikationsprozeß ist Gegenstand vielfacher Kommunikationstheorien. K. ist auch ein theol. Begriff. K. beruht ja auf personalem Hörenkönnen u. freier Offenheit u. führt zu einer Gemeinsamkeit von Mitteilendem u. Empfangendem, die »Kommunion« heißt. Die höchste Form der K. teilt den Mitteilenden dem Empfangenden selber mit: ⊅Selbstmitteilung. Da ein Mensch nicht isoliertes ⊅Subjekt ist, sondern als Subjekt in Beziehungen existiert, deren Medien Sprache, Gesten (»non-verbale K.«), Zeichen sind, »kommuniziert« er immer schon mit anderem. In der (nicht notwendig auf zwei beschränkten) Ich-Du-Begegnung wird das vom Du angesprochene Ich im vollen Sinn konstituiert, da nur in der Stellungnahme zu diesem Angesprochenwerden die Freiheit u. Einmaligkeit der ⊅Person realisiert wird. – In der Wesensanlage zur K. ist dem Menschen immer schon die Möglichkeit gegeben, von einem absoluten universalen Du angesprochen u. in endgültige, kosmische Gemeinschaft gerufen zu werden. In theol. Sicht kann ein Mensch diese Anrede Gottes (seine Selbstmitteilung) vernehmen, annehmen (weil Gottes Gnade ihn zu einer solchen »konnaturalen« Annahme befähigt) u. so Kommunikationspartner des Ewigen u. Unendlichen sein. Der Glaube versteht die K. mit Gott in Jesus Christus als wahre, gegenseitige Selbst-Übereignung, die ihren bleibenden Höhepunkt in der ⊅Anschauung Gottes finden wird. Eine besondere Form der K. ist die »geistliche Kommunion«, das glaubende u. liebende Verlangen nach bleibender Einheit mit Jesus Christus (u. durch ihn im Heiligen Geist mit Gott), ohne das sakramentale Essen des eucharistischen Brotes. Nach kirchlicher Lehre bewirkt diese »geistliche Kommunion« eine wirkliche, personale K. mit Jesus, u. dadurch bewirkt sie die sakramentale Gnade der Eucharistie auf nichtsakramentale Weise. Die Kirche wird in neuester Zeit als Kommunikationsgemeinschaft verstanden, in der die Offenbarung Gottes nicht mehr »informationstheoretisch« als Mitteilung von Wahrheiten u. Doktrinen, sondern kommunikativ als Selbstmitteilung Gottes geglaubt u. in Verkündigung u. Lebenspraxis vermittelt wird. Dabei ist die Gefahr der ⊅Communio-Ekklesiologie des II. Vaticanums mit ihrem Appell zu sehen, daß sich die kommunikative Praxis der Kirche an der angeblichen trinitarischen Kommunikationsstruktur (die den einen Gott zu drei Subjekten deformiert sein läßt) auszurichten habe. Zu ethischen u. kirchlichen Einzelfragen: ↗Wahrhaftigkeit, ↗Rezeption.

Konfession (lat. = Bekenntnis), ein kirchengeschichtlicher u. rechtlicher Begriff, mit dem christliche Kirchen u. kirchliche Gemeinschaften bezeichnet werden, vor allem diejenigen, die nach dem Auseinanderfallen der einen Kirche zwischen 1555 u. 1648 als von einander unterschiedene in Erscheinung traten. Ein Begriff der ↗Ekklesiologie ist K. nicht.

Konfessionskunde, eine seit Ende des 19. Jh. ausgebildete theol. Wissenschaft, die sich um »objektive« u. vergleichende Darstellung der von einander unterschiedenen Kirchen u. kirchlichen Gemeinschaften unter allen denkbaren Aspekten bemüht, heute oft ein Bestandteil der ↗Ökumenischen Theologie. Im 18. u. 19. Jh. entsprach ihr die »Symbolik«, die sich mit den Inhalten der jeweiligen ↗Bekenntnisschriften u. ↗Glaubensbekenntnisse (»Symbola«) befaßte.

Konflikt (lat. = Zusammenstoß), das Zusammentreffen widersprüchlicher Ansichten, Mentalitäten, Emotionen, Grundsätze usw. Da Konflikte in höchst unterschiedlichen Ausprägungen u. aufgrund verschiedenster Ursachen existieren, ist K. ein wissenschaftlich kaum brauchbarer Begriff, wenn er auch z. T. in Wissenschaften verwendet wird (z. B. »Friedens- u. Konfliktforschung«). In der theol. Ethik wird der Sachverhalt K. (»Gewissenskonflikt«) vor allem unter dem Thema ↗Güterabwägung besprochen. Zu theol.-religiösen Einsichten gehören die Bejahung von Konflikten als produktiven Prozessen, die ohne ↗Gewalt u. durch ↗Dialoge voranzutreiben sind, die entschlossene Vermeidung von emotionaler Übermächtigung (Haß, Feindschaften), die Einübung von ↗Toleranz. Zu speziellen innerkirchlichen Konflikten: ↗Rezeption.

Konfuzianismus, im 19. Jh. geprägter Sammelbegriff für philosophisch-ethische Lehren, die sich in unterschiedlicher Weise auf Konfuzius (lateinische Form von Kongfuzi) berufen. Dieser war der erste chinesische Philosoph († 479 v. Chr.). Auf ihn geht ein Teil der Schrift »Lunyu« (= ausgewählte Gespräche) zurück, erhalten in einer Fassung aus dem 2. Jh. v. Chr. Er soll die rituelle Praxis der traditionellen Religion (sog. ↗Ahnenverehrung), ergänzt durch Musik, empfohlen haben, wollte selber aber gültige ethische Werte ergründen (Treue, Gegenseitigkeit, Offenheit für alle Menschen, Ehrfurcht der Kinder vor den Eltern, angemessenes Handeln; er zitierte die ↗Goldene Regel). Schon bald nach Kongfuzi entstanden mehrere ihn interpretierende u. weiterführende Schulen, die ethisch rigorose Forderungen stellten u. sich zum Teil radikal unterschieden (z. B. in der Frage, ob die Natur des Menschen gut oder schlecht sei). Neben das hochstehende Ideal der Humanität traten in religiöser Hinsicht agnostische Auffassungen (↗Agnostizismus). Im 2. Jh. v. Chr. erlangte der K. den Rang einer in einem »Kanon« (auch mit Überlieferungen aus der Zeit vor Kongfuzi) zusammengefaßten Staatslehre des chinesischen Kaiserreichs. Das staatliche Ritual umfaßte ein Opferwesen, bei dem der Kaiser Himmel u. Erde als die höchsten Götter verehrte, während die Beamten anderen Göttern zu opfern hatten. Seit dem 8. Jh. n. Chr. sind mehrere Wellen von Besinnungen auf den ursprünglichen K. u. Reformbestrebungen zu konstatieren, wobei im 11. Jh. Einflüsse von ↗Buddhismus u. ↗Taoismus zur Geltung kamen. Das Staatskultwesen brach 1911 zusammen. Konfuzianische Tugenden wirken vielfach im privaten Leben weiter. Trotz der Verbindung mit den alten Ritualen kann der K. nicht als Religion gelten.

Konklusionstheologie (lat. = theol. Erkenntnis mit Hilfe von Schlußfolgerungen) heißt das Bemühen, Erkenntnis über Glaubenswahrheiten dadurch zu erreichen, daß mit Hilfe der logischen Regeln (Zusammenstellung von drei Begriffen in zwei Sätzen, Obersatz u. Untersatz, u. Schlußfolgerung in einem Schlußsatz) theol. überzeugende Aussagen zu erreichen versucht werden. Die Bildung dieser Sätze geschieht aus dem vernunftgemäßen ↗Verstehen von Glaubensinhalten. Theologiegeschichtlich war sie bei der ↗Dogmenentwicklung wirksam.

Konsens (lat. = Zustimmung, Übereinstimmung). Verständigen sich Gesprächspartner über Aussagen, die Tatsachen betreffen, oder über die Geltung von ethischen Normen u. erzielen sie Übereinstimmung (K.) aus überzeugenden Gründen, dann ist damit nach neueren philosophischen Auffassungen die ↗Wahrheit einer Aussage oder die Geltung einer ethischen Norm festgestellt. In der Theologie bezeichnet K. in der ↗Ehe die freie, ungezwungene Willenserklärung von Mann u. Frau, eine auf Dauer angelegte Lebens- u. Liebesgemeinschaft einzugehen. Der K. der ↗Kirchenväter (»consensus patrum«) über eine Lehre *als von Gott geoffenbarte* gilt von den ersten ↗Konzilien an als verbindlicher Hinweis bei der Frage nach geoffenbarten Glaubenswahrheiten. Der K. rechtgläubiger u. in ihrer Lehre bedeutender ↗Theologen stellt ebenfalls eine herausragende theol. Erkenntnisquelle dar. Von größter Bedeutung ist der K. in der Gesamtheit der Glaubensgemeinschaft (»consensus fidelium«): Wenn sie »ihre allgemeine Übereinstimmung in Sachen des Glaubens u. der Sitten äußert«, kann sie in diesem ↗Glaubenssinn nicht irren (II. Vaticanum LG 12). Die Lehre des I. Vaticanums über die ↗Unfehlbarkeit des Papstes widerspricht dieser Aussage nicht, denn eine dogmatisch verbindliche Äußerung des Papstes über einen Glaubensinhalt *als von Gott geoffenbarten* geht aus dem K. der Glaubensgemeinschaft hervor u. ist auf diesen zurückbezogen; das Dogma von 1870 besagt nur, daß die dogmatische ↗Definition durch einen Papst in ihrem Verpflichtungscharakter nicht durch eine übergeordnete Größe überprüft werden kann. In der neuesten Diskussion über die Reichweite u. Verpflichtungsgrade der Äußerungen des höchsten kath. ↗Lehramts wird zu Recht gesagt, daß eine von Gott geoffenbarte Wahrheit nicht durch einen K.»hervorgebracht« wird. Ihre Erkenntnis jedoch war von den ältesten synodalen Vorgängen u. Konzilien her nicht nur an einmütigen K. gebunden, sondern sogar durch »Mehrheitsentscheidungen« möglich. Zur Aufhebung des Verpflichtungscharakters von Entscheidungen u. Weisungen: ↗Rezeption.

Konstantinopel (davon heute Istanbul, schon in vorchristlicher Zeit Byzantion, nach Kaiser Konstantin † 337 benannt), Stätte wichtiger Konzilien u. Synoden. Das I. Konzil von K. (als 2. ökumenisches gezählt) tagte vom Mai bis Juli 381 in K. Die Intention des Kaisers Theodosius war, dem Glauben von ↗Nikaia weitere Geltung zu verschaffen. Wegen der Diskussion über den ↗Heiligen Geist konnten die Pneumatomachen (↗Makedonianer) nicht dafür gewonnen werden. Das Konzil äußerte sich (gegen ↗Subordinatianismus, ↗Modalismus u. ↗Apollinarismus) verbindlich zur ↗Trinitäts-Lehre u. ausdrücklich zur göttlichen Würde u. Verehrung des Hl. Geistes. Das Nicaeno-Konstantinopolitanische ↗Glaubensbekenntnis (DS 150; NR 250) geht vielleicht auf dieses Konzil zurück; es wurde jedenfalls vom Konzil von Chalkedon 451 als Interpretation u. Bestätigung des Bekenntnisses von Nikaia anerkannt. – Das II. Konzil von K. (als 5. ökumenisches gezählt) tagte vom 5.5. bis 2.6.553 auf Befehl des Kaisers Justinian I. Die östlichen Patriarchen u. 150 Bischöfe (nur sehr wenige aus dem Westen) nahmen teil u. verurteilten noch einmal den ↗Nestorianismus (DS 421–438; NR 180–192) u. die nur in Zerrbildern bekannte Theologie des Origenes (↗Origenismus) (DS 403–411, NR 325, 287, 891). – Das III. Konzil von K. (als 6. ökumenisches gezählt) tagte vom 7.11.680 bis zum 16.9.681 im Kuppelsaal (Trullos) des Kaiserpalastes, daher auch »Trullanum« genannt. Es verurteilte in der Intention, dem Konzil von Chalkedon zur Geltung zu verhelfen, den ↗Monotheletismus (DS 548, 553–559; NR 220f.). 681 verurteilte es neben ostkirchlichen Bischöfen auch Papst Honorius I., weil dieser den Monotheletenstreit als bloßes Wortgezänk bezeichnet hatte. Papst Leo II. bestätigte 682 die Konzilsbeschlüsse u. die Verurteilung seines Vorgängers Honorius. – Das IV. Konzil von K. (seit der 2. Hälfte des 11. Jh. in der lat. Kirche als 8. ökumenisches Konzil gezählt, von den orthodoxen Ostkirchen nicht anerkannt) tagte vom 5.10.869 bis 28.2.870 u. exkommunizierte in der komplizierten Situation der Auseinandersetzung von Ost- u. Westkirchen den griech. Patriarchen Photios (vgl. DS 650–664; NR 328). Auf einer Synode, die 879–880 in K. mit 380 Bischöfen der östlichen Kirchen stattfand, stimmten die röm. Legaten auf Weisung des Papstes Johannes VII. der Aufhebung der früheren Beschlüsse gegen Photios zu. – Eine Synode von 691–692 wurde von Kaiser Justinian II. u. 220 Bischöfen abgehalten (»Trullanum II« oder »Quinisextum«). Sie beschloß 102 Canones zur Reform des Staatskirchenrechts. Wegen der Übernahme westlicher (»jugoslawischer«) Bischofssitze in die Jurisdiktion von K., wegen der Unterschrift des Kaisers an 1. Stelle u. wegen des damit verbundenen »östlichen« Verständnisses des Konzils wurde die Synode von Rom nicht anerkannt. Für die orthodoxen Ostkirchen ist sie verbindlich u. zählt dort zu den ökumenischen Konzilien.

Konstanz. In dieser Stadt am Bodensee tagte vom 5.11.1414 bis 22.4.1418 eine Generalsynode der lat. Kirche (gezählt als 16. ökumenisches Konzil), nach Nationen gegliedert, der größte Kongreß des Mittelalters (rund 450 Bischöfe u. Äbte, Hunderte von Gelehrten, Fürsten u. Gesandten). Sie sollte vor allem das »Abendländische Schisma« wegen der Existenz mehrerer Päpste beseitigen. Gregor XII. († 1417) verzichtete auf sein Amt; Johannes XXIII. († 1419) u. Benedikt XIII. († 1423) wurden abgesetzt; Martin V. († 1431) wurde gewählt. Vor dessen Wahl verabschiedete das Konzil 1415 das Dekret »Haec sancta«, das den Primat des Konzils auch über den Papst erklärte u. dessen Verbindlichkeit bis heute diskutiert wird. Ferner verurteilte es J. Wyclif († 1384), der u. a. die ↗Transsubstantiation abgelehnt hatte (DS 1151–1195; NR 499, 626, 431 f.). Ebenfalls 1415 verurteilte es (vor allem DS 1201–1230; NR 377–380) den von Wyclif stark beeinflußten J. Hus, der trotz der Zusicherung freien Geleits als Ketzer verbrannt wurde; ebenso wurde 1416 mit seinem Gefährten Hieronymus von Prag verfahren. Das Konzil erließ auch ein Verbot des Laienkelchs u. mehrere Reformbeschlüsse, darunter 1417 das Dekret »Frequens« mit der Vorschrift, in Zukunft periodisch Synoden abzuhalten.

Konsubstantiation (lat. = Koexistenz der Substanzen), ein von Reformierten in Auseinandersetzung mit den Lutheranern im 16. Jh. geprägter Begriff, um deren Verständnis der Gegenwart Jesu Christi im ↗Abendmahl zu kennzeichnen. Im Unterschied zur Lehre von der ↗Transsubstantiation, die vor dem Konzil von Trient noch nicht als Dogma galt, besagt die Lehre von der K., daß zusammen mit den Erfahrungswirklichkeiten von Brot u. Wein, die ja in der ↗Eucharistie mit Sicherheit gegeben bleiben (↗Species), auch die geistigen ↗Substanzen (Wesenheiten) von Brot u. Wein erhalten bleiben. Die Auffassung von der K. wurde von Kirchenvätern u. mittelalterlichen Theologen mehrfach vertreten, von M. Luther († 1546) übernommen u. vom Konzil von Trient verurteilt.

Kontemplation (lat. = Betrachtung), in der antiken griech. Philosophie das intuitive Schauen (»theoria«) der höchsten Ideen, von Kirchenvätern als Gottesschau verstanden, als Vorbereitung auf die ↗Anschauung Gottes in der Vollendung u. als Einübung in diese eine wesentliche Praxis der christlichen ↗Mystik. Gewiß ist die K. mit der Aktivität der Öffnung des Herzens u. der Einkehr in sich u. ebenso mit der »Rückreise« zur christlichen Lebensgestaltung verbunden; sie besteht in ihrem Kern aber in einem eher passiven Durchdrungensein von der Gegenwart Gottes in seinem Geist u. von der Gegenwart Jesu Christi. Sie kann mit Erfahrungen der Leere u. Nacht oder der Ekstase u. Erleuchtung verbunden sein; sie kann mehr theologisch-theoretisch oder mehr sinnenhaft orientiert sein. Die Geschichte der christlichen Spiritualität kennt vielfältige Ausprägungen der K. auch in ihrer Verschiedenheit von ↗Meditation u. ↗Betrachtung sowie eingehende Erörterungen des Verhältnisses von aktivem u. kontemplativem Leben, seit Origenes († 253) am Beispiel von Maria u. Martha (Lk 10, 38–42) diskutiert.

Kontextuelle Theologie ist ein in den 70er Jahren des 20. Jh. aufgekommener Sammelbegriff, bei dem die unterschiedlichsten theol. Interessen u. Methoden darin übereinkommen, daß die theol. Reflexion u. die ihr zugrundeliegende Glaubensentscheidung (»Identitätsfindung«) von einem jeweils genau zu bestimmenden sozio-kulturellen »Umfeld« (= Kontext) ausgehen müssen u. in ihm ihren Lebensraum haben. Als Programm bedeutet die K. Th. eine Absage an die Weltgeltung der »Eurozentrik« der traditionellen ↗Theologie (womit zugleich die Forderung gestellt ist, daß sich die europäische Theologie ihres eigenen Kontextes bewußt werde) u. an das Idealbild eines ungeschichtlichen Glaubens. K. Th. besagt also mehr als nur »Anpassung« oder ↗»Inkulturation« eines exportierten Christentums. Die detaillierte Kenntnis des je eigenen Kontextes erfordert große interdisziplinäre Anstrengungen. Kontextuelle Theologien ev. u. kath. Prägung entstanden in der ↗Befreiungstheologie, in der Feministischen Theologie (↗Feminismus) u. in Theologien der Dritten Welt.

Kontingenz (lat. = das Zufällige) ist ein philosophischer Begriff für die »Zufälligkeit« im Sinn von Nicht-Notwendigkeit eines existierenden Seienden. Das ↗Wesen (So-Sein) u. das ↗Dasein sind von einander unterscheidbar; ihre Einheit ist nicht notwendig (↗Notwendigkeit). Im Verständnis der K. kann auch das Möglich-Sein enthalten sein. Was von seinem Wesen her die Existenz nicht einschließt, verweist den Grund der faktisch bestehenden

Einheit von Dasein u. Wesen von sich weg, da jede Faktizität in einer Notwendigkeit gründet u. doch mit ihr nicht identisch sein kann. (Logisch zeigt sich die transzendentale Notwendigkeit, bestimmte Urteile – wie: »Das habe ich getan« – als bloß assertorisch anzuerkennen, so daß jedes assertorische Urteil ein apodiktisches in sich enthält u. doch mit ihm nicht identisch ist.) So erscheint eine faktisch bestehende Einheit von Wesen u. Dasein als schlechthin »gesetzt« u. getragen vom absoluten ↗Sein Gottes, ohne das es nicht ist u. ohne dessen (implizite) Bejahung es nicht bejaht werden kann. Diese Einheit kann demnach nur als frei von Gott »gesetzt« gedacht werden. Von da aus ist K. das philosophische »Gegenstück« zum theol. Begriff der Geschaffenheit (Kreatürlichkeit). Der moderne Begriff der *Kontingenzerfahrung* ergibt sich aus dem Fehlen zureichender Erklärungen für bestimmte Ereignisse oder Verhältnisse, aus der Verunsicherung durch Unvorhersehbares, so daß von heutigen Philosophen u. Soziologen ↗Religion positiv als Praxis der *Kontingenzbewältigung* angesehen wird.

Kontritionismus (lat. »contritio« = Reue, Zerknirschung) ist die theologiegeschichtliche Bezeichnung für drei zu unterscheidende Auffassungen von der ↗Reue. 1) Auf patristischer Basis galt in der Frühscholastik seit dem 11. Jh. die These, daß jede echte, wirksame Reue (»contritio«) bereits rechtfertigende ↗Liebe sei. Daher sei der zum ↗Bußsakrament hinzutretende Sünder schon gerechtfertigt. Die ↗Absolution sei die autoritative Erklärung dieses Rechtfertigungszustands (deklarative Sentenz), darüber hinaus bewirke sie den Erlaß zeitlicher ↗Sündenstrafen u. die Versöhnung des Sünders mit der Kirche. Nach der neuen Bußtheorie der Hochscholastik kann die aufrichtige, aber noch nicht rechtfertigende »attritio« (↗Attritionismus) durch die Absolution im Bußsakrament in eine volle »contritio« verwandelt werden (Konzil von ↗Trient). – 2) Im Bajanismus, Jansenismus u. a. wurde gelehrt, jede wirkliche Reue müsse als Motiv die vollkommene Liebe zu Gott haben (was schon vom Konzil von Trient abgelehnt worden war). – 3) Im 17. Jh. existierte ein Streit zwischen Kontritionisten u. Attritinisten. Die Kontritionisten lehrten, jede Reue mit dem Motiv der ↗Gottesfurcht müsse beim Empfang des Bußsakraments mit einer wenigstens anfänglichen, schwachen, aber nicht begehrlichen Liebe zu Gott verbunden sein, die allerdings erst zusammen mit dem Sakrament den Sünder rechtfertige. Die Attritionisten lehrten, das Vorhandensein einer begehrlichen Liebe genüge für den Hinzutritt zum Bußsakrament. Alexander VII. verbot 1667 den streitenden Parteien, sich gegenseitig mit theol. Zensuren zu belegen.

Kontroverstheologie, die theol. Auseinandersetzung mit christlichen »Andersgläubigen« (so schon in der alten Kirche) u. im speziellen Sinn mit den durch die Reformatoren aufgeworfenen theol. Problemen. Alle durch Kirchen- u. Konfessionsspaltungen betroffenen Seiten entwickelten eine K. Wissenschaftlich ist die K. nur dann, wenn sie sich mit allen Kräften um ein möglichst genaues Bild des Bestandes, des Werdens u. des Selbstverständnisses der getrennten Gemeinschaften bemüht. In der Geschichte der K. seit dem 16. Jh. traten drei historisch nicht genau abgrenzbare Verfahrensweisen der K. zutage, die *Polemik* (griech. = Konfliktsuche), die aggressiv nach Schwächen der gegnerischen Auffassung fahndete, die *Irenik* (griech. = Friedenssuche), das aggressionsfreie, bewußte Verstehenwollen der Gegenseite, u. die ↗*Symbolik* (griech. = Ergründung der »Symbola«, der Bekenntnisse), die auf Vergleichen u. Verstehen der jeweiligen Glaubensfestlegungen hin orientierte Suche nach einer Einigung. Ohne ↗Konfessionskunde u. ↗Kirchengeschichte ist K. undenkbar. Die ökumenischen Anstrengungen des 20. Jh. führten dazu, daß die K. in der ↗Ökumenischen Theologie aufging.

Konvergenzargumentation (lat. = Beweisführung aus der Übereinstimmung), die Begründung einer theol. Aussage durch den Nachweis, daß mehrere von einander unabhängige Beobachtungen u. Überlegungen für sie sprechen. Je nachdem, ob das Zusammenstreben (= die Konvergenz) mehrerer Gründe die *einzige* Erklärung einer Aussage darstellt oder ob noch andere Gründe möglich oder denkbar sind, entsteht aus der K. Sicherheit oder Wahrscheinlichkeit. Die Forderung nach absoluter Sicherheit entspricht auch bei religiösen u. theol. Aussagen den konkreten Erkenntnismöglichkeiten eines Menschen nicht.

Konversionstheorie (lat.-griech. = Umwandlungslehre), eine Erklärung der ↗Transsubstantiation, die durch Thomas von Aquin († 1274) u. andere Theologen der Hochscholastik vorgetragen u. von L. Billot († 1931) u. M. de la Taille († 1933) erneuert wurde, wonach die ↗Substanz von Brot u. Wein in einem einfachen Umwandlungsvorgang in die Substanz von Leib u. Blut Jesu Christi übergeht, ohne daß die Substanz von Brot u. Wein zuvor vernichtet würde (wie die Annihilationstheorie sagte).

Konzil (lat. = Versammlung). *1. Zur Geschichte.* Konzilien u. ↗Synoden als Versammlungen von Bischöfen (in theol. Sicht nicht notwendigerweise nur von Bischöfen) sind als wichtige Lebensäußerungen der Kirche seit Ende des 2. Jh. bekannt. Die Gegenstände der Beratungen u. Beschlüsse waren u. sind von großer Vielfalt. Die einmütige Übereinstimmung (↗Konsens), die auf das Wirken des Heiligen Geistes zurückgeführt wurde,

u. die Suche nach Übereinstimmung mit früheren Konzilien bzw. Synoden waren u. sind durchwegs von größter Bedeutung. Die Organisationsform der Konzilien war u. ist variabel (Nachbarschaftstreffen, Provinzialsynoden, Nationalsynoden, Diözesansynoden, neuerdings kontinentale Synoden). Mit Kaiser Konstantin († 337) entstand die Reichssynode (später »Ökumenisches K.«), im 1. Jahrtausend immer vom Kaiser zur Höchstentscheidung von Glaubensfragen u. stets auch im Interesse des Friedens im Reich einberufen. Die Rivalität zwischen Kaiser u. Papst um Einberufung, Vorsitz u. Recht der Bestätigung wurde erst im 2. Jahrtausend zugunsten des Papsttums entschieden. Im Lauf eines vom 6. Jh. (Ostkirchen) bis zum 12. Jh. (Westkirche) dauernden Prozesses setzte sich die Überzeugung vom wesentlichen Unterschied eines »Ökumenischen Konzils« von allen partikularen Konzilien u. Synoden durch. Auch nach der Trennung der Ostkirchen von der Westkirche 1054 bestand lange Zeit Übereinstimmung hinsichtlich der im Osten bis heute geltenden Siebenzahl der Ökumenischen Konzilien (von 325 bis 787), wobei in westkirchlicher Sicht die wenigstens nachträgliche Bestätigung durch den Papst bei der Anerkennung des »ökumenischen« Charakters eine Rolle spielte. Erst im Zeichen der Gegenreformation wurden Generalsynoden der lat. Kirche ebenfalls als Ökumenische Konzilien angesehen, so daß die röm. Zählung bis heute 21 umfaßt. Die Auseinandersetzungen um das Verhältnis von Papst u. K. führte zum ↗Konziliarismus, dessen Ideengut vom 11. Jh. bis zum I. ↗Vaticanum 1870 immer wieder auflebte. Die heutige röm.-kath. Sicht besagt, daß in Partikularkonzilien (Diözesansynoden usw.) die Bischöfe jeweils ihre Ortskirche repräsentieren u. als einzige »Gesetzgeber« fungieren (alle anderen Mitglieder sind nur Berater), wobei Beschlüsse in Fragen des Glaubens u. der Moral der päpstlichen Zustimmung bedürfen. Kommt eine Repräsentation der röm.-kath. Kirche rechtmäßig zustande (Einberufung, Leitung u. Bestätigung durch den Papst), so heißt diese Zusammenkunft in der röm. Rechtssprache »Ökumenisches Konzil«. – 2. *Theol. Fragen zum Ökumenischen Konzil.* Abgesehen von den Rechtsfragen um die Leitung sind die Bischöfe, die unter Leitung des Papstes u. zusammen mit ihm auf einem Ökumenischen Konzil über Glaubensfragen beraten u. Beschlüsse fassen, bei feierlichen dogmatischen ↗Definitionen unfehlbar (II. Vaticanum LG 25; ↗Unfehlbarkeit). Sie sind dies auch bei der Ausübung ihres ordentlichen ↗Lehramts in Übereinstimmung mit dem Glauben der Gesamtkirche. In beiden Fällen amtieren sie *als* Kollegium in der Nachfolgerschaft des Apostelkollegiums. Ein Ökumenisches Konzil bietet die Möglichkeit, die vielgestaltige Einheit der Kirche deutlicher darzustellen u. den Pluralismus der Ortskirchen bewußter werden zu lassen. Ein früheres K. kann nicht einfach nach den heute geltenden Kriterien beurteilt werden. Es repräsentiert das Selbstverständnis der Kirche einer früheren

Zeit, nicht das der heutigen. Dieses Selbstverständnis ist bei aller wesentlichen Identität in geschichtlicher Entwicklung (↗Dogmenentwicklung) begriffen. Ob ein früheres K. im römischen Sinn »ökumenisch« war, ob es unfehlbare oder nur disziplinarische Entscheidungen treffen wollte, das ist nur aus den Quellen (Konzilsakten) u. den allgemeinen Absichten des betreffenden Konzils sowie aus den Auffassungen der damaligen Zeit zu erschließen. Die von einem K. vorgetragene Schriftauslegung kann nur dann verbindlich sein, wenn das K. die Absicht hatte u. äußerte, über eine bestimmte Auslegung ausdrücklich zu entscheiden.

Konziliarismus heißt eine von Kanonisten (Kirchenrechtskundigen) des 12. u. 13. Jh. ausgehende, in vielfältigen Ausprägungen vorgetragene Theorie, nach der ein Ökumenisches ↗Konzil die Oberhoheit über den ↗Papst habe. Auslösende Faktoren waren oft praktische Übelstände (Simonie, d. h. Ämtervergabe gegen Geld, politischer Mißbrauch kirchlicher Strafen gegen weltliche Mächte, Spaltung der Kirche durch Gegenpäpste u. andere Ärgernisse), die zu Überlegungen führten, welche Instanz einen Papst absetzen könne. Ein bekannter Vertreter des K., der das Konzil als Repräsentanz der Gesamtkirche auch bei Glaubensentscheidungen ansah, war Marsilius von Padua († um 1343). Die gleichzeitige Existenz zweier, zu Beginn des 15. Jh. sogar dreier konkurrierender Päpste führte zu den Dekreten des Konzils von ↗Konstanz über die Oberhoheit des Konzils über den Papst (vom Konzil von ↗Basel 1439 zum Dogma erhoben). Noch im 15. Jh. verboten jedoch Päpste, gegen einen Papst an ein allgemeines Konzil zu appellieren. Im 15. u. 16. Jh. wurde heftig über die konziliaristische Theorie gestritten, z. T. im Zusammenhang mit der Reformation. Das Wiederaufleben des K. wurde oft von einzelnen Nationen u. ihren Herrschern aus politischen Gründen gefördert (»Gallikanismus«). Er wirkte sich auch in den Strömungen des ↗Jansenismus u. Episkopalismus aus. Die Papst-Dogmen des I. ↗Vaticanums 1870 richteten sich nicht zuletzt gegen ihn. Ein irenischer Rückblick auf den K. u. auf die Diskussionen um das Konzil von Konstanz scheint auf den Minimalkonsens hinzulaufen, daß in einem gravierenden Notstand der Kirche ein Konzil einen Papst absetzen kann, ohne daß damit eine dogmatische Überlegenheit des Konzils über den Papst gegeben wäre. Ebenso könnte ein Konzil wiederum im Notstand bei einer physischen oder psychischen Amtsunfähigkeit eines Papstes dessen Emeritierung friedlich veranlassen, ohne daß das K. wäre.

Kosmologie (griech. = die Lehre von der Welt) ist ein von verschiedenen Wissenschaften verwendeter Begriff. Die Religionswissenschaft untersucht Theorien, Mythen oder Sagen über die Entstehung der Welt, die in nahezu allen Religionen vorkommen. Zur biblischen K.: ↗Schöpfungsmythen und biblische Schöpfungserzählungen; ↗Weltbild. Zur theol. Sicht: ↗Schöpfung, ↗Welt. Die in der vorchristlichen griech. Antike entstehende philosophische K. versuchte die Ordnung des Universums u. den Ort des Menschen in ihm zu ergründen, wobei religiöse Auffassungen (von einer unpersönlichen göttlichen Macht), pantheistische Deutungen u. materialistische Beschränkungen auf die Beobachtung des erfahrbaren Vorhandenen nebeneinander standen. Im Christentum kam die Erklärung des Kosmos als wohlgegliederter, aus dem Willen des personal gedachten Schöpfers hervorgegangener Ordnung hinzu. Mit der Änderung des Weltbilds u. dem Aufkommen der Naturwissenschaften entsteht ein Pluralismus in der K., der im Grunde die genannten vier Auffassungen bis heute neben einander bestehen läßt. Die Physik der Neuzeit verzichtete auf eine K. des Anfangs u. wandte sich einer großen Zahl von Einzelfragen zu. Eine Rolle spielte der Begriff der ↗Unendlichkeit (schon bei Anaximander † 546 v. Chr. im Sinn unendlich vieler Welten verstanden), die zunächst noch räumlich u. zeitlich verstanden wurde. Mit der 1916 vorgetragenen Relativitätstheorie A. Einsteins († 1955) kam die der Vorstellung nicht zugängliche Idee auf, der Kosmos sei ein unendlicher (in sich gekrümmter) Raum mit endlichem Volumen. Empirische Untersuchungen wiesen nach, daß es sich dabei nicht um ein »von Ewigkeit her« existierendes, stabiles, in sich geschlossenes Universum handeln könne, sondern daß dieses nicht stabil u. in Expansion begriffen sei. Astrophysikalische Berechnungen führten zu einem zeitlichen Ansatz von Raum, Zeit u. der uns bekannten Materie vor maximal 20 Milliarden Jahren u. damit zu dem sog. Urknall, »hinter« den zurückzugehen der Naturwissenschaft unmöglich ist. Konsens besteht darüber, daß der uns bekannte Kosmos dem Alter nach endlich ist. Über die genauere Art u. Weise sowie die »Dauer« der Expansion existiert eine Mehrzahl von Hypothesen u. vorsichtigen Prognosen. Neben der philosophischen Kategorie der Unendlichkeit wird auch diejenige der Ewigkeit hypothetisch mit einbezogen: Wenn der Kosmos nur durch die ↗Kausalität geschlossen, hinsichtlich des Raumes u. der Zeit aber »randlos« ist, dann müßte er als »ewig« bezeichnet werden. In der 2. Hälfte des 20. Jh. entstand auch eine Diskussion, in der nach der Stellung des Menschen im Kosmos neu gefragt wurde (Debatte um das »Anthropische Prinzip«). Das Faktum fand Aufmerksamkeit, daß die Entstehung u. Erhaltung von Leben im Kosmos vom (naturwissenschaftlich unerklärlichen u. als Häufung von Zufällen angesprochenen) Zusammentreffen vieler Faktoren abhängig war. Weitere Schwerpunkte kosmologischer Diskussionen sind die »Chaostheorie« u. die Struktur der ↗Materie.

Krankensalbung, im kath. u. ostkirchlich-orthodoxen Glaubensverständnis der sakramentale Akt der Kirche am kranken Menschen, mit dem die Gemeinschaft der Glaubenden ihre Hoffnung auf die Überwindung des Todes u. seine weit im Leben vorausdrohenden Anzeichen in der ↗Krankheit bezeugt. Nach dem Willen des II. Vaticanum soll die K. (»unctio infirmorum«) besser nicht »Letzte Ölung« genannt werden, da sie nicht nur das Sakrament für diejenigen ist, die sich in äußerster Lebensgefahr befinden (SC 73; LG 11). Nach der röm. Ordnung von 1972 ist es für die bestimmt, deren Gesundheitszustand bedrohlich angegriffen ist, u. für die, die sich in Lebensgefahr befinden. – *1. Zur Geschichte.* Die biblische Begründung wird stets von Jak 5, 14 ff. abgeleitet, wonach die Vorsteher der Gemeinde (die »Ältesten«) über den Kranken beten, ihn mit Öl salben (gemäß der alten Verbindung von ↗Salbung u. Heilungshoffnung) u. den Namen des Herrn anrufen sollen; diese Weisung ist mit der Verheißung verbunden, daß Gott den Kranken »aufrichten« u. ihm die Sünden vergeben wird; damit man Heilung finde, sollen die Gläubigen einander die Sünden bekennen u. füreinander beten. Die spätere theol. Reflexion bezog sich darauf, daß die hier ausgesprochene »Vollmacht« vor allem der Sündenvergebung nur von Gott geschenkt sein kann, so daß die Symbolhandlung als ein ↗Sakrament aufgefaßt werden darf, auch wenn ein ausdrückliches »Stiftungswort« Jesu fehlt. Das Verständnis u. die Praxis der K. erlebten im Lauf der Geschichte einschneidende Veränderungen. Die älteste im Zusammenhang mit der K. relevante Tradition (erste Hälfte des 3. Jh.) bezieht sich auf die dem Bischof vorbehaltene Ölweihe; durch sie erlangt das geweihte Öl seine heilende u. stärkende Kraft. Die Frage nach einer speziellen »Spendervollmacht« stellt sich überhaupt nicht: auch »Laien« können das geweihte Öl bei sich zu Hause aufbewahren, bei anderen u. sogar bei sich selber in der ganzen Breite der von der Antike her bekannten Möglichkeiten anwenden. Die Intention der Zeugnisse geht dahin, Gläubige abzuhalten, sich Öl bei Zauberern zu beschaffen. Diese Sicht ist in einem Schreiben des Bischofs von Rom von 416 wiedergegeben, in dem die K. erstmals »Sakrament« genannt wird. Auffassung u. Praxis änderten sich im germanisch-fränkischen Bereich (»karolingische Renaissance«), als die K. dem geweihten Priester vorbehalten wurde u. für eine K. (wegen der ntl. Mehrzahl der »Ältesten«) z. T. 7 Priester notwendig wurden u. aufwendig entlohnt werden mußten; im Fall der Genesung mußte der Geheilte weitgehend lebenslang auf die Freuden der Sinne, die mit der K. Gott geweiht wurden, verzichten. Diese Faktoren bewirkten, daß die K. auf das Lebensende verschoben, zur »Letzten Ölung« (»extrema unctio«) wurde. Eine ähnliche Entwicklung vollzog sich im Bereich der Ostkirchen: K. nicht nur als Heilmittel der Kranken, sondern auch als Vollendung der Buße. Die Betonung verlagerte sich in Ost u. West auf die Heilung der Seele. Bei der sakramententheol. Reflexion der Scholastik über Begriff u. Zahl der Sakramente gehörte die K. immer zur Siebenzahl; ihre sündenvergebende Wirkung (eigentliche Sünden oder nur ↗Sündenstrafen?) wurde diskutiert. Während M. Luther († 1546) die K. auf eine Empfehlung des Apostels Jakobus zurückführte, also ihre Sakramentalität bestritt, aber ihren Gebrauch freistellte, lehnte J. Calvin († 1564) die K. strikt ab. Das Konzil von ↗Trient verteidigte die K. als von Jesus Christus eingesetztes, von Jakobus rechtskräftig verkündetes Sakrament v. a. für Kranke in Todesgefahr, das Gnade mitteile u. Vergebung der Sünden bewirke, den Kranken zum leichteren Ertragen der Krankheit aufrichte, u. manchmal, wenn es der Seele nütze, zur Genesung verhelfe; »eigentliche Spender« seien die Priester. In diesem Sinn wurde die K. in der kath. Kirche 400 Jahre lang gelehrt u. praktiziert. Während sich die Theologie relativ wenig mit ihr beschäftigte, geriet das Sakrament mit zunehmender Aufklärung u. Säkularisierung in eine Existenzkrise: Den mit der K. herannahenden Priester empfanden viele Kranke, Angehörige u. Ärzte als Todesboten, durch dessen Erscheinen die Ängste des Patienten vermehrt u. die Widerstandskräfte vollends gebrochen würden. Im Glauben unterrichtete Patienten, die in der Krankheit Trost u. Hilfe vom Gebet u. vom Vollzug des Bußsakraments u. von der Eucharistie (als der eigentlichen »Wegzehrung«) erhofften, dabei durchaus positiv zur Kirche gehören wollten, sahen nur noch historische Gründe für die Existenz der K. u. lehnten sie daher als überflüssig ab. In dieser Situation reformierte das II. Vaticanum Lehre u. Praxis der K. (siehe oben). Für diejenigen, die in traditioneller Religiosität die Praxis der K. beibehalten wollen, bedeutet der Priestermangel in der Krankenhausseelsorge, daß Kranke in der Situation großer Not von der Kirche im Stich gelassen werden. Die Geschichte der K. zeigt, daß sie ohne theol. Probleme in die Obhut von Diakonen u. Laien gelegt werden könnte. Dies wegen der Berufsprofilierung der Priester zu verweigern, stellt ein Fehlurteil in der Abwägung von Gütern dar. – *2. Zur Theologie.* Die theol. Deutung der K. kann nicht mehr von einem inneren Zusammenhang von Krankheit u. Sünde ausgehen. Daß die K. in einer Situation tiefer Krise des Leidenden eine spezifische »Begegnung mit dem leidenden Herrn« sein soll, ist ein interessebedingtes ideologisches Konstrukt, ebenso die Forderung, die K. als Tauferneuerung zu verstehen. So bleibt als theol. Basis offensichtlich nur der ekklesiale Aspekt: In einer andrängenden Not, mit Ängsten, Schmerzen u. Hilflosigkeit verbunden, die an Mitleid u. Solidarität appelliert, bekennt sich die Kirche in einem Sakrament, das wesentlich im fürbittenden Gebet (↗Epiklese) im Vertrauen auf Gott besteht, als mit dem leidenden Mitmenschen zutiefst verbunden.

Krankheit ist nach einem weit verbreiteten, von der »Weltgesundheitsorganisation« mitgetragenen Verständnis ein physischer oder psychischer oder psycho-physischer Zustand, der von einem Menschen als Störung seines

Wohlbefindens empfunden wird. In dieser Sicht besteht K. nicht mehr nur in einer mechanistisch erklärbaren Funktionsstörung, sondern das menschliche ↗Subjekt (↗Person) wird ernstgenommen; ebenso wird eine breite Basis für das helfende u. heilende Einwirken anderer, vor allem der Ärzte, angenommen. Die religiöse Sicht fragt nach den Gründen, warum Krankheiten existieren, u. welchen Sinn sie für die Menschen haben könnten. In der Bibel (vor allem in den Klagepsalmen) wird die Existenz von Krankheiten beklagt u. als zerstörerisch für die Beziehung zu Gott empfunden. Ein Zusammenhang mit der ↗Sünde im allgemeinen u. eine Zusammengehörigkeit von K. u. ↗Tod führen zu der Auffassung, daß Krankheiten als Strafe Gottes für das gottwidrige Verhalten der Menschheit im ganzen zu deuten seien. Die individualistische Sicht, daß K. eine Strafe für persönlich begangene Sünden sei, wird von AT u. NT abgelehnt. Im NT tritt eine personifizierende Auffassung von Sünde (als gottwidriger Macht) zutage, die sich mit der geläufigen Meinung verbindet, K. sei oft eine Manifestation von dämonischer ↗Besessenheit. Jesus wirkte dem Bösen u. Leidvollen der K. durch zeichenhafte Heilungen u. ↗Exorzismen entgegen, ohne die K. u. ihre Herkunft theol. zu deuten. Gelegentlich versteht die Bibel die K. als Erprobung von Glaube u. Hoffnung oder als Appell zur Besinnung. Die theol. Tradition hat einhellig die Existenz von K. als Folge der ↗Erbsünde u. damit als von Gott verhängte Straffolge aufgefaßt. Diese Sicht führte auf der einen Seite zu pastoralen Ermahnungen, die K. gottergeben zu tragen; auf der andern Seite konnte sie das christlich-praktische Engagement der Bekämpfung der K., der Krankenfürsorge u. -seelsorge nicht lähmen. Nicht jede K. kann von vornherein als sinnlos verstanden werden. Es gibt Erkrankungen, die zur Besinnung auf den bisherigen Lebensstil, zu radikaler Änderung der Lebensweise, zu praktiziertem ↗Mitleid mit anderen Kranken usw. aufrufen. Es gibt auch ohne Zweifel sinnlose Krankheiten u. entwürdigende Krankheitsformen, so wie es sinnlosen Tod gibt. Die damit gegebene unbeantwortbare ↗Theodizee-Frage darf nicht durch seelsorgliche Leerformeln u. pseudoreligiöse Phrasen (als könne die K. »auf die Ebene der ↗Erlösung gehoben« werden) zugedeckt werden. Auch der Tod Jesu Christi (↗Kreuz) ist keine Antwort auf das namenlose Leiden der Kreatur.

Kreatianismus (lat. = Lehre von der Erschaffung), die Lehrmeinung, daß Gott jede einzelne ↗Seele unmittelbar aus dem Nichts erschafft u. sie mit den in der Zeugung vereinigten Zellen zur Einheit des neuen gezeugten Menschen verbindet. Die Theorie kam im kirchlichen Altertum auf, zum Teil im Zusammenhang mit der platonischen Idee der Präexistenz der Seelen vor der Zeugung (↗Präexistenzvorstellungen), zum Teil im Kontext der Lehre über die ↗Erbsünde (andere ältere Ansichten waren der ↗Traduzianismus u. der ↗Generatianismus). Wenn infolge der theol. Autorität Thomas von Aquins († 1274) kirchenamtliche Äußerungen sich kreatianistisch äußern, dann ist zu beachten, in welchen Zusammenhängen u. gegen welche Tendenzen solche Äußerungen erfolgten. Der K. leugnet nicht, daß die Eltern in wahrem u. eigentlichem Sinn die »Ursache« des *ganzen neuen Menschen* sind, aber er besagt auch, daß das neue Entstehen u. Werden einer geistigen, freien ↗Person die bloß kreatürliche Ursache überbieten muß. Wie sich die Zeugung des Leibes *und* der Seele eines Menschen durch seine Eltern mit der im K. vertretenen Erschaffung der Seele durch Gott vereinbaren läßt, wird bisher am besten durch den Begriff u. die Theorie der ↗Selbsttranszendenz verdeutlicht. In diesem Akt der Selbsttranszendenz wirkt Gott immanent-dynamisch, u. gleichzeitig bleibt das Entstehen des neuen Menschen ein wahrhaft »natürliches« Geschehen, ungeachtet dessen, welche ethische Qualität der Zeugungsakt hat (gewollt – ungewollt; freiwillig – erzwungen usw.). Die Befähigung zur Selbsttranszendenz gilt unabhängig davon, ob Menschen in ihrer Freiheitsentscheidung von ihr Gebrauch machen. – *Kreationismus* ist ein in jüngster Zeit in USA geprägter Begriff für eine Auffassung (breiter Kreise des ↗Fundamentalismus u. der evangelikalen Bewegung), wonach Gott das Universum, den Planeten Erde mit Pflanzen, Tieren u. Menschen direkt u. gleichzeitig vor wenigen Jahrtausenden erschaffen habe. Sie richtet sich ausdrücklich gegen die Theorie der ↗Evolution.

Kreuz ist ein uraltes menschliches Symbol mit vielen Varianten u. Bedeutungen sowie das in der Antike bei den Römern gebräuchliche Hinrichtungsinstrument. Das NT bezeugt die konkrete Hinrichtungsart bei Jesus u. verwendet das Kreuztragen metaphorisch für die ↗Nachfolge Jesu. Im Joh-Ev. wird das K. überdies in Zusammenhang mit der ↗Erhöhung Jesu gebracht. Bei Paulus findet sich eine Theologie des Kreuzes. Das K. ist für Nichtglaubende ein »Ärgernis« u. eine »Torheit«, den Glaubenden aber das durch den Geist geoffenbarte Geheimnis der göttlichen Weisheit (1 Kor 1,17–25; 2,6–10). Gal 3,13 deutet Jesu Tod am K. als Fluchtod unter Bezugnahme auf Dtn 21,23 (vgl. 2 Kor 5,21). Im Glauben leben bedeutet die Mitkreuzigung des »alten« oder fleischlichen Menschen mit Jesus (Gal 5,24; Röm 6,6). Auch in anderen Schriften des NT tritt das »Für uns« des Kreuzes Jesu in Erscheinung. Nach Kol 1,20 geht vom K. kosmische Versöhnung aus. In der Theologiegeschichte wurde das K. in unterschiedlichen Zusammenhängen thematisiert, im Hinblick auf die Nachfolge Jesu im blutigen Martyrium u. in der unblutigen »Kreuzigung« der Mönche, in der ↗Leidensmystik, in der Frage nach der Leidensfähigkeit des göttlichen ↗Logos oder (nur) der Menschheit Jesu, vor allem aber in den Erwägungen über die Heilsbedeutung des gewaltsamen Todes Jesu (von Petrus Lombar-

dus † 1160 aus bei Thomas von Aquin † 1274). Nach der Trennung der
↗Soteriologie von der ↗Christologie gehört die ↗Erlösung (u. mit ihr das
K.) in das soteriologische Zentrum. Alle theol. Anschauungen M.
Luthers († 1546) sind von seiner *Kreuzestheologie* geprägt, die den Menschen in
seiner radikalen Verfallenheit an die Sünde u. das K. als die Übernahme
von Sünde u. Fluch (s. Paulus) durch Jesus Christus sieht, so daß an die
Stelle der menschlichen Überheblichkeit u. Nichtigkeit die durch Gott in
ihm geschenkte Gerechtigkeit treten kann. Alles von Gott kommende Heil
gründet im K. Alle menschlichen Bemühungen um vernunftgemäßes Verstehen der Wege Gottes u. um Wirken aus der empfangenen Gnade sind
für Luther Produkte der Überheblichkeit, von der die »Theologie der Glo-
rie« der alten Kirche geprägt ist. Der ↗Verborgenheit Gottes entspricht die
Erniedrigung Jesu u. in dessen Nachfolge die Niedrigkeit des Christen u.
seiner Kirche. Innerhalb des reformatorischen Denkens blieb Luthers
Kreuzestheologie zunächst singulär. In der vom ev. Glauben geprägten
Philosophie G. W. F. Hegels († 1831) ist das K. (nur) eine notwendige Phase (»spekulativer Karfreitag«) im Prozeß der Geistesgeschichte. »Erben«
der radikalen Kreuzestheologie Luthers sind S. Kierkegaard († 1855),
K. Barth († 1968) u. in seiner kath. Nachbarschaft H. U. von Balthasar
(† 1988), ferner die Theologen der Ohnmacht u. des Schmerzes des »gekreuzigten Gottes«. Es wird der radikalen Kreuzestheologie schwer fallen,
die menschlichen Verzweiflungen an Gott angesichts der Leiden seiner
Kreatur, angesichts der Untätigkeit u. des Schweigens Gottes im millio-
nenfachen Tod, angesichts der Sterbensqualen einfach als menschliche
Überheblichkeit zu übergehen. Auch die Kreuzestheologie beantwortet
die Fragen u. Klagen der ↗Theodizee nicht. Das K. hat nicht einfach die
Verbrechen menschlicher Freiheit »gesühnt« (↗Sühne). Wo sind Heil u.
Gerechtigkeit erfahrbar? So erreichen die Worte des Findens Gottes allein
im K. u. der universalen, im K. erwirkten Versöhnung nur noch solche, die
mit ihrem Leben versöhnt sind.

Kritische Theorie, eine 1937 von M. Horkheimer († 1973) geprägte Bezeichnung für eine Gesellschaftstheorie, zu deren besonderen Schwerpunkten die Kritik an Widersprüchen u. zweideutigen Folgen der grundsätzlich
bejahten europäischen ↗Aufklärung gehört. Mitgründer der K. Th. war
Th. W. Adorno († 1969). Zur älteren Generation der K. Th. oder »Frank-
furter Schule« zählten W. Benjamin († 1940), E. Fromm († 1980), H. Mar-
cuse († 1979) u. a.; zur jüngeren Generation werden J. Habermas, O. Negt,
A. Schmidt u. a. gerechnet. Die K. Th. hat analytisch-scharfsinnig auf vielfache Unrechts- u. Herrschaftsverhältnisse, auf die Konsequenzen der in-
dustriell-technischen Naturausbeutung u. auf das Diktat von Vernunft u.
»Sachzwängen« aufmerksam gemacht u. (Habermas) ideale sprachliche

Kommunikationsvorgänge aufgezeigt; diese Hinweise im Sinn einer herr-schaftsfreien Diskussion wären in der Kirche erst noch aufzugreifen. Hork-heimer faßte den Gedanken »Gott« in der jüdisch-christlichen Tradition als Ausdruck der Sehnsucht nach vollkommener Gerechtigkeit u. als un-entbehrlich zur Begründung von Moral auf. So konnte er positive, gesell-schaftsverändernde Funktionen der Religion (»Sehnsucht nach dem ganz Anderen«) erkennen. Eine Nähe zur ↗Negativen Theologie ist auch bei Adorno zu konstatieren. Die K. Th. wurde in der Theologie viel beachtet u. übte, auch im Vokabular, großen Einfluß auf die ↗Politische Theologie aus.

Kritischer Rationalismus, eine der bedeutenden Strömungen der Philoso-phie des 20. Jh. Vor allem K. R. Poppers († 1994) Thesen zur wissenschaft-lichen Methode finden bis heute weithin Zustimmung. Danach muß jedes wissenschaftliche Vorgehen voraussetzen, daß die menschliche Vernunft prinzipiell fehlbar ist (daher der Begriff K. R.). Alle Versuche zur Lösung von Problemen müssen einer strengen logischen u. empirischen Prüfung zugänglich sein; prinzipiell können sie an der Erfahrung scheitern (»falsi-fiziert« werden). Da es viele empirische Beobachtungen gibt, können Ein-zelaussagen nie endgültig bestätigt (»verifiziert«) werden. Popper möchte nicht, wie die neopositivistische Logik, zwischen sinnlosen u. sinnvollen Sätzen unterscheiden, sondern zwischen wissenschaftlichen u. nichtwis-senschaftlichen (wobei letztere auch sinnvoll sein können). ↗Metaphysik gehört nicht in den Bereich wissenschaftlicher Erkenntnis, da ihre Aus-sagen empirisch nicht überprüfbar sind. In einer sozialphilosophischen Ausweitung dieser Theorie wandte sich Popper gegen Versuche, die Welt als großen Sinnzusammenhang zu verstehen (»Holismus«); er verdächtigte sie des Totalitarismus u. plädierte statt dessen für eine »offene Gesell-schaft«, deren schrittweise vorgehende Technologie überprüfbar ist.

Kult (lat. »colere« = sorgfältig pflegen), eine Bezeichnung für den respektvol-len Umgang der Menschen mit göttlichen Mächten oder mit dem einzigen Gott, konkreter Ausdruck der ↗Religion in rituellen Symbolhandlungen u. Gesten, sprachlichen Ausdrucksformen u. in der damit verbundenen inne-ren Haltung. Religionsgeschichtlich gehören zum K. Gemeinschaftsbil-dung, heilige Überlieferungen, bestimmte Zeiten u. Orte, eine gewisse Vor-bereitung (Läuterung), besonders eingeweihte oder ausgebildete Personen. Das AT enthält umfangreiche Zeugnisse für den K. des auserwählten Got-tesvolkes, der seinen Ursprung nicht in menschlichen Initiativen hat, son-dern als Gabe Gottes sein Erwählungs-, Liebes- u. Vergebungsverhalten immer neu bewußt machen soll. Die eindringliche Kritik am K. (Am 5; Jes 1; Jer 6; Psalmen u. ö.) zeigt, daß der Gott Israels Barmherzigkeit u.

Gerechtigkeit als den wahren K. betrachtet. Dem entspricht im NT die Kritik am K. durch die Betonung der Einheit von Gottes- u. Menschenliede u. durch die Forderung nach einer Anbetung Gottes »im Geist u. in der Wahrheit« (Joh 4, 23 f.). Darin ist das Wesentliche am christlichen Verständnis von K. zu sehen, nicht in der von zunehmender Ablösung vom Judentum geprägten Kritik am Tempel u. seinem Opferkult (die beide mit der Zerstörung Jerusalems 70 n. Chr. endeten). Das NT bezeugt, auch in ausgesprochen liturgischer Sprache, die Entstehung eines spezifischen, auf den ↗Kyrios Jesus gerichteten Kultes, der später in der Gestalt der ↗Liturgie in die Gefahr einer Ästhetisierung u. vom Leben abgesonderten Ritualisierung geriet u. bis heute gerät, gegen die die heutige Kultkritik ein Wahrnehmen der »Zeichen der Zeit«, eine aus Erinnerung u. produktiver Hoffnung erwachsende Praxis fordert u. z. T. neue Kultformen entwirft. Das Faktum, daß das Bedürfnis nach K. in der Menschheit seit archaischen Zeiten tief verwurzelt ist, machen sich in der neueren Zeit weltliche Machthaber, Unterhaltungsmeister (Sportrituale, Kultfilme u. -stars) u. Werbungsfachleute menschenverachtend zunutze.

Kultur (lat. = das sorgfältig Gepflegte oder Geschaffene), die sorgfältige Selbstverwirklichung des Menschen u. die verantwortete Gestaltung seiner Umwelt. In der Sorgfalt u. Verantwortung liegt der Unterschied der K. zu der (an Lustgewinn u. Profitmaximierung orientierten) Zivilisation. Im Glaubensverständnis bezieht sich die Verantwortung nicht auf die Vernunft allein, sondern letztlich auf Gott. K. kann von der Bibel aus (Gen 1, 28) als von Gott gegebene Aufgabe der Menschheit angesehen werden, in deren Erfüllung die Menschen ihr Verhältnis zu Gott realisieren. Es wäre ein Irrtum, dem manchmal Kreise christlicher Mönche u. Asketen erlegen sind, das christliche Dasein als grundsätzlich kulturfeindlich zu verstehen u. kulturlos leben zu wollen. Die auf das Geheimnis Gottes u. dessen Verfügung hin offen gehaltene K. ist aber als kreatürliche immer von Endlichkeit, Schuld u. Erlösungsbedürftigkeit bedroht. In diesem Zusammenhang ist der heute öfter thematisierte Konflikt zwischen K. (mit der ↗Technik) u. Natur (↗Umwelt) zu sehen. Als Aktivität des Menschen ist K. immer auch von der Religiosität geprägt u. ist umgekehrt die Religion ein Teil menschlicher K. Nach dem II. Vaticanum ist die Kirche an keine besondere Form menschlicher K. gebunden (GS 42); sie anerkennt den ↗Pluralismus heutiger neuer Kulturformen (GS 53 f.) u. fühlt sich imstand, mit verschiedenen Kulturformen eine Einheit einzugehen (GS 58). Die Kirche spricht sich entschieden für einen genügenden Freiheitsraum u. für eine legitime Autonomie der K. (GS 59) u. für die Verwirklichung des Rechts *aller* Menschen auf menschliche u. mitmenschliche K. aus (GS 60). Von den Christen wird erwartet, daß sie die Geisteskultur ihrer Mitmenschen »vollkommen verstehen« u. daß ihre Frömmigkeit u. Rechtschaffenheit mit ihrer Bildung u. ihrem Wissen Schritt halten (GS 62). Damit sollte auf kath. Seite einer Kulturkampfmentalität definitiv Absage erteilt worden sein. Aktuelle Fragen betreffen das Zusammenleben von Menschen in »multikulturellen Gesellschaften«, die ↗Inkulturation des Christentums in Kulturkreisen, in denen es nicht entstanden ist, die Sorge um eine »politische K.« angesichts zunehmender ethischer Verwahrlosung der Politik u. die Bemühung um eine innerkirchliche »Streitkultur«.

Kunst (griech. »techne«, lat. »ars«; das deutsche Wort bezeichnet »wissendes Können«) wird heute als Sammelbegriff für das bewußte menschliche Gestalten durch ↗Literatur, Musik, »darstellende Künste« (Theater, Film, Medien) u. »bildende Künste« (Malerei, Plastik, Architektur) verwendet. Bis ins 19. Jh. herrschte ein ästhetischer Kunstbegriff vor, wonach die K. als vornehmstes Ziel die Abbildung des Schönen habe; im 19. Jh. wurde die Einbeziehung des Nicht-Schönen als legitim erachtet. Für die I. Kant (†1804) folgende Kunstauffassung ist K. eine eigene Form der Erkenntnis, während sie von G. W. F. Hegel (†1831) an eher als gesellschaftliche Funktion u. Handlungsorientierung verstanden wurde. Die religiöse K. hatte ursprünglich vorwiegend funktionalen Charakter (»Vergegenwärtigung des Heiligen« usw.; ↗Bilderverehrung). Nach der sog. Konstantinischen Wende im 4. Jh. wurde der kirchliche Bereich für die Förderung der K. entscheidend (in unterschiedlichen »Wellen«). Mit der ↗Aufklärung entstand umfassend der Anspruch der K. auf ↗Autonomie. Die kirchliche K. führte ein nach rückwärts gewandtes Sonderdasein (z. B. Nazarener, Historismus mit Neuromanik u. Neugotik usw.). Die K. im nichtkirchlichen Bereich sagte Traditionen u. Konventionen ab, löste Formen auf u. wandte sich auf immer neuen Ebenen umfangreichen Experimenten zu, z. T. absichtslos, z. T. als nicht abbildgetreue Wiedergabe gebrochener Daseinserfahrungen, z. T. als programmatische Andeutungen von Utopien. Schritt um Schritt wurde der Kunstbegriff erweitert (was K. ist, bestimmt der Künstler allein; K. ist, was Diskussionen auslöst usw.). Das Ende einheitlicher Wirklichkeitsauffassungen u. Lebenswahrnehmungen äußerte sich im Aufkommen der »abstrakten« u. »kubistischen« K. Viele dieser künstlerischen Äußerungen waren im Zusammenhang mit der Absage an Traditionen gegen Religion u. Kirche gerichtet oder wurden von diesen als Provokation empfunden. So waren das 19. u. die erste Hälfte des 20. Jh. von Entfremdung, ja Feindseligkeit zwischen Kirchen u. K. geprägt. Die sog. »moderne« K. faßte vor dem Zweiten Weltkrieg fast nur durch die Architektur im kirchlichen Bereich Fuß. Während nach 1945 zunächst noch ideologische Vorbehalte gegen die »gegenstandslose« K. formuliert wurden (»Verlust der Mitte«), hat sich das Verhältnis von Kirchen u. nichtkirchlicher K. in der zweiten Hälfte des 20. Jh. völlig entkrampft, obwohl christliche Motive z. T. blasphemisch oder makaber verfremdet werden. Viele neue Kunstformen (Aktionen, Objekte, »Performances«) kommen auch im kirchlichen Bereich zur Geltung. Die theol. Versuche, künstlerische Äußerungen als Wahrnehmungen dessen, »was uns unbedingt angeht«, in den Dienst zu nehmen (P. Tillich † 1965), sind fast ganz verschwunden.

Kyrios (griech. = Herr, Gebieter), ein antiker Götter- u. Würdetitel, wird in christlichen Handschriften der LXX meist zur Wiedergabe des heiligen Gottesnamens ↗Jahwe verwendet (so vielleicht schon früher in jüdischen Kreisen üblich). Im NT ist er in der Sprache der frühen christlichen Gemeinden (außer Tit u. 1–3 Joh) der Verehrung, Lobpreis u. Vertrauen aussprechende Titel schlechthin für Jesus Christus. In einer breit bezeugten Tradition wird mit ihm die Würde Jesu (des Erhöhten), die alle Kreaturen überragt, ausgesprochen. Bei Paulus u. Lk werden mit ihm die hoheitliche Herrschaft u. Göttlichkeit Jesu bezeugt. Die gottgleiche Würde Jesu beeinträchtigt im NT nirgendwo die auf Gott, den Vater, gerichtete Theozentrik (Phil 2,12; 1 Kor 15,25–28); das Bekenntnis »Jesus ist der K.« darf nicht mit »Jesus ist JHWH« wiedergegeben werden. Die Proklamation Jesu als des K. (»König der Könige, Herr der Herren« Offb 19,16) mußte im hellenistischen u. röm. Bereich zum Konflikt mit den weltlichen Machthabern führen. Die Feministische Theologie weist darauf hin, daß die stereotype Verwendung von »Herr« in der Gebetsanrede Gottes u. Jesu auf sexistische Einseitigkeit des Denkens u. der Spiritualität zurückzuführen ist.

L

Laie (griech. »laikos« = dem Volk zugehörig), ein Begriff, der vom 3. Jh. an die nicht durch Gebet u. Handauflegung geweihten Mitglieder der Kirche bezeichnet. Dieser negativ bestimmte Begriff für die übergroße Mehrzahl der Kirchenmitglieder blieb in der kath. Kirche bis zum II. ↗Vaticanum in Geltung. Das Konzil versuchte, ihn dadurch positiver zu umschreiben, daß es die Bezeichnung »Laien« für »alle Christgläubigen mit Ausnahme der Glieder des Weihestandes u. des in der Kirche anerkannten Ordensstandes« verwendet u. die Gemeinsamkeit aller mit dem höchst problematischen Begriff ↗»Volk Gottes« ausspricht (LG 31). – Zeitgleich mit der Unterscheidung von ↗Klerus u. Laien begegnen im 3. Jh. die Begriffe ↗»Ordo« (= Stand) u. »plebs« (= Volk). Das Ende des 3. Jh. erstmals greifbare Mönchtum (Männer u. Frauen) wird nicht zum einfachen »Volk« gerechnet. Ein »innerer«, spiritueller Unterschied wird im Mittelalter the-

matisiert: Priester u. Ordensleute sind die »Geistlichen«, die zu einer nicht-
weltlichen, religiösen Lebensform verpflichtet sind; den Weltlichen oder
»Fleischlichen« ist das weltliche Leben erlaubt, sie haben die »Geistlichen«
zu unterstützen. Weder hinsichtlich der asketischen, dem Evangelium ge-
mäßen Lebensform noch hinsichtlich des Bildungsstandes (auch nicht der
theol. Kenntnisse) konnten die »Geistlichen« ihr Monopol behaupten. In
den Forderungen nach Kirchenreform kam dies immer wieder zum Ausdruck. M. Luther († 1546) lehnte die Spaltung der Kirche in zwei Klassen
(»genera«) von Christen ab. Er leugnete die Existenz des ↗Weihesakra-
ments, bezeichnete die Taufe als Priesterweihe u. rief die biblischen Aussagen vom gemeinsamen ↗Priestertum aller Kirchenmitglieder in Erinnerung. Ihm folgten die aus der Reformation hervorgegangenen Kirchen.
Das Konzil von ↗Trient sprach dogmatisch verpflichtend von den Unterschieden, die durch Weihe u. geistliche Vollmacht begründet würden. So
blieb es im Bereich der kath. Kirche bei den zwei »Klassen« mit der durchwegs negativen Bestimmung der Laien. Bei den Männerorden wurden die
Nichtgeweihten trotz der Verpflichtung auf die »geistliche« Lebensform
nach den ↗Evangelischen Räten zu den Laien gerechnet. Nach dem Verlust
der weltlichen Macht des Papsttums seit 1870 wurde den Laien die positive
Aufgabe zugesprochen, Gehilfen der Hierarchie im weltlichen Bereich zu
sein: Verteidigung der Rechte u. Freiheit der Kirche, Wiederherstellung der
»christlichen Kultur« in der Welt. Seit 1890 sollte dem die »Aktion der
Katholiken« (Leo XIII. † 1903), später »Katholische Aktion« genannt, als
»Mitarbeit u. Teilhabe der Laien am hierarchischen Apostolat der Kirche«
(Pius XI. † 1939) unter der Leitung der Hierarchie dienen. In der 1. Hälfte
des 20. Jh. entstand die literarische Gattung der »Laientheologie« mit
einem im Vergleich zur Schultheologie abgesenkten wissenschaftlichen
Niveau. Ende der 50er Jahre wurde den Laien ein eigenes »Laienapostolat«
zugesprochen. Eine »Theologie des Laientums« (Y. Congar † 1995) versuchte damals die Laien als diejenigen zu umschreiben, die das »Werk
Gottes« als »Werk der Welt« in der Welt verrichten. Diese Sicht der Laien
als »Mitarbeiter Gottes, des Schöpfers, Erlösers u. Heiligmachers« (AA 16)
mit einem besonderen »Weltcharakter« (LG 31) machte sich das II. Vaticanum zu eigen. Darüber hinaus sprach es den Laien aufgrund der Taufe u.
Firmung eine eigene Sendung auch in der Kirche, eine Teilhabe am dreifachen ↗Amt Jesu Christi, eine Weihe zu einer »königlichen Priesterschaft«
(AA 3), das Recht, eigene Vereinigungen zu gründen (AA 19) u. a. zu. Mit
verschiedenen Hinweisen legte das Konzil den Grund dafür, daß Laien
durch ihre Zugehörigkeit zu kirchlichen »Räten« auch offiziell Mitverantwortung in der Kirche tragen. Durch ihre theol. Kompetenz haben Laien
das Profil der wissenschaftlichen Theologie entscheidend geprägt, so daß
der Begriff »Laientheologie« entbehrlich ist. In einer vertieften weltlichen

Spiritualität u. in einer von Sachkenntnis bestimmten Lebensgestaltung
sind die Laien nicht mehr auf die Anleitungen durch den Klerus angewiesen. So viele Probleme im Verhältnis von Laien u. Klerus auch noch offen
sind, die Stellung der Laien in der Kirche hat sich in knapp 100 Jahren
entscheidend verändert. Sie sind nicht mehr die von der Hierarchie betreu-
ten Objekte, sondern können in dem Bewußtsein leben: »Wir sind (auch)
Kirche«.

Laster, Lasterkataloge. Laster (lat. »vitium«) ist ein theol. Fachbegriff für
eine feste Einstellung, bewußt herbeigeführte u. beibehaltene Gewohnheit
(↗Habitus operativus), aus der gleichmäßig u. dauernd ethisch schlechte
Verhaltensweisen hervorgehen (schlechte Gewohnheiten, Gewohnheits-
sünden). Nach der scholastischen Philosophie werden Laster wie ihre positiven Gegenstücke, die ↗Tugenden, durch beständige Wiederholung erworben. Ihr liegt nicht nur eine bewußte negative Entscheidung gegenüber
erkannten ethischen Normen zugrunde; die ↗Disposition zum Laster ergibt sich auch aus unterschiedlichem Umgang mit Trieben, Affekten u.
Neigungen sowie aus psychischen Fehlentwicklungen. In moraltheol. Sicht
können durch komplexe Umstände Verantwortlichkeit u. Schuld gemin-
dert bzw. aufgehoben werden. Viele Laster sind der Therapie bedürftige
Krankheiten. Die schon von der Antike her bekannten Aufzählungen von
Lastern zeigen, daß nicht zu allen Zeiten das Gleiche als Laster beurteilt
wurde. In der Gegenwart werden Gewohnheiten im persönlichen Bereich,
die andere nicht gefährden oder verletzen, kaum mehr den Lastern zugeordnet. – Auflistungen von Lastern in Lasterkatalogen finden sich in systematischer Form in der ↗Stoischen Philosophie: Den ↗Kardinaltugenden
werden entgegengesetzte Hauptlaster zugeordnet; dazu kommen Aufzählungen der wichtigsten ↗Affekte, die die Tugend gefährden. Die Auffassungen, auch in der Populärphilosophie, sind sehr individuell u. sozio-kulturell bestimmt. Diese Merkmale finden sich auch bei den ntl. Tugend- u.
Lasterkatalogen (parallele Präsentation: Gal 5,19–23). Neben spora-
dischem Vorkommen in anderen ntl. Schriften fallen die Lasterkataloge
bei Paulus u. den Deuteropaulinen auf (Röm 1,28–31; 1 Kor 5,9 ff.; 6,9 f.;
Eph 5,3 ff.; Kol 3,5–9; 1 Tim 1,9 f. usw.). Mit der frühjüdischen Tradition
von Lasterkatalogen stimmen sie darin überein, daß die Benennungen
einer jüdischen Praxis entsprechen (z. B. sind Unzucht u. Götzendienst
bildhafte Ausdrücke für »heidnisches Verhalten«). Manche Lasterkataloge
werden mit der Wendung beschlossen, die Täter (also die bewußten, verantwortlichen Täter) würden das Reich Gottes nicht erben. Darin liegt ein
bibeltheol. Grund für die Unterscheidung zwischen schweren (Todsünden)
u. läßlichen Sünden. Auf eine Minderung der Verantwortlichkeit reflektiert das NT nicht.

Lateran. Von den im römischen Lateran abgehaltenen Generalsynoden der
lat. Kirche (I.: 1123; II.: 1139; III.: 1179; IV.: 1215; V.: 1512–1517) sind
theol. bedeutsam: Die IV. (als 12. ökumenisches Konzil gezählt), tagte
vom 11. bis 30. 11. 1215 (etwa 800 Bischöfe u. Äbte unter Vorsitz Innozenz' III.); sie setzte sich theol. mit den Albigensern u. dem Abt Joachim
von Fiore (†1202) auseinander u. stellte dogmatisch verbindliche Lehren
zur ↗Trinität Gottes, zu ↗Jesus Christus u. den Sakramenten der Eucharistie (↗Transsubstantiation), Taufe u. Buße auf (DS 800–808; NR 918 ff.,
280) u. erließ die Kirchengebote der jährlichen Beicht der Todsünden u.
der österlichen Kommunion (DS 812 f.). Folgenschwer waren u. a. die Beschlüsse zum Kreuzzug u. zur Diskriminierung der Juden. – Die V. (als
18. ökumenisches Konzil gezählt), tagte vom 3. 5. 1512 bis zum 16. 3. 1517
(mehr als 430 Teilnehmer unter Julius II. u. Leo X.); sie äußerte sich dogmatisch verbindlich gegen neuaristotelische Auffassungen zur Unsterblichkeit der ↗Seele (DS 1440 f.; NR 331). – Von den nicht allgemeinen im
Lateran abgehaltenen Synoden sind theol. wichtig die von 313 gegen den
↗Donatismus u. die von 649 gegen den ↗Monotheletismus (DS 501–522;
NR 193–208 84).

Leben ist ein Begriff für unterschiedliche Gegebenheiten, mit denen sich
mehrere Wissenschaften befassen. Ein naturwissenschaftlicher Begriff für
L. existiert nicht. Die Biologie befaßt sich mit zusammenzusehenden
Merkmalen des Lebendigen, nämlich Stoffwechsel, Replikation (Vermeh-
rungsfähigkeit schon auf der Ebene der Moleküle) u. Mutabilität. Die Ordnung des Lebendigen wird durch die Biochemie untersucht. Den Naturwissenschaften gelingt es nicht, die Ursprünge des Lebendigen (als eines
»hochkomplexen materiellen Gefüges mit dem Zweck der Selbsterhaltung«, das die »Fähigkeit hat, das Phänomen des Psychischen hervor-
zubringen«: Ch. Kummer) zu ergründen. Daß die Entwicklung des Lebendigen evolutiv vor sich geht, ist eine trotz aller Unterschiede in den
Evolutionstheorien empirisch gesicherte Erkenntnis (↗Evolution). Die Lebensfähigkeit des lebendigen Elementarorganismus der Zellen ist von
vornherein begrenzt. – *Philosophisch* bezeichnet der Begriff L. die Existenzweise der Arten, auf die die biologischen Merkmale des Lebendigen zutref-
fen, u. den Zeit-Raum des einzelnen Menschen. Für die antike Philosophie
(besonders Platon †347 v. Chr. u. die ihm Folgenden) ist L. auf das Lebensprinzip der ↗Seele zurückzuführen, die als Weltseele u. als Seele der Menschen, bei Aristoteles (†322 v. Chr.) als vegetative (in Pflanzen), animalische (in Tieren) u. vernünftige Seele L. schenkt, wobei der Mensch eine
alle drei Seelenarten umfassende Seele hat (nur seine vernünftige Seele ist
unsterblich: sie hat »ewiges L.«). Im Zusammenspiel von Naturwissenschaften u. Aufklärung näherte man sich in der Neuzeit den Lebensäuße-

rungen mit mechanistischen Kategorien, während der philosophische
»Vitalismus« (lat. = Lehre vom Leben; Ch. Wolff † 1764; C. G. Carus † 1869
u. a.) eine naturwissenschaftlich nicht zugängliche Lebenskraft (»vis vita-
lis«) annahm, der ↗Entelechie bei H. Driesch († 1941) verwandt. In Abset-
zung vom naturwissenschaftlichen, technischen u. rationalistischen Denken des 19. Jh. wollte die »Lebensphilosophie« zu Beginn des 20. Jh. die
Aufmerksamkeit auf das Irrationale u. Schöpferische im Menschen lenken,
auf den Lebensschwung u. Entwicklungsdrang bei H. Bergson († 1941),
auf das Erleben des Menschen in der Geschichte bei W. Dilthey († 1911)
u. a. Seither wird das L. als ganzes, im Unterschied zur Existenz, philosophisch nicht mehr bedacht. – *Biblisch* gilt das L. als Gabe Gottes, beim
Menschen mit hebr. »nephesch«, griech. »psyche« bezeichnet: ↗Seele.
Außerdem ist die Aufmerksamkeit den gelungenen oder eingeschränkten
Lebensformen (hebr. »chajjim«, griech. »zoe«) zugewandt, die ebenfalls
von Gott in seinen Verfügungen bestimmt werden (der Sache nach ist die
Frage nach der »Lebensqualität« bereits bekannt). Allerdings verschiebt
sich der Schwerpunkt des Interesses im NT auf das L. »jenseits des Todes«
(Paulus) bzw. auf das ↗Ewige Leben (Joh-Ev.). – *Theologisch-systematisch*
wird das im Mikro- u. im Makrobereich ständig bedrohte »Wunder« des
Lebens als Gabe von Gott her gesehen, weil im L. die ↗Kontingenz u. Kreatürlichkeit deutlicher als im Unbelebten erfahren werden. Das L. erscheint
als im wesentlich höheren Grad verwirklicht im Wesensvollzug des personalen ↗Geistes. Dieser als wissender, freier Selbstbesitz bedeutet als Geschichte, Selbstverantwortung, endgültige Selbstverwirklichung u. als
Transzendenz auf das absolute Geheimnis Gottes in ausgezeichnetem Sinn
L. Von da aus wird analog bzw. metaphorisch Gott selber als das L.
schlechthin u. als der stets neu schöpferische Urgrund allen Lebens, als
der »lebendige Gott« einfachhin erfaßt. Er ist nicht un-wirklich wie die
toten, von Menschen gestalteten Götzen, er kann in absoluter Souveränität
u. freier Unabhängigkeit handeln. Seine Welt ist in absoluter Unterschiedenheit u. Nähe zugleich vor ihm als dem Schöpfer u. in ihm (Gen 2, 7; Ps
36, 10; Apg 17, 24–28). Er ist das restlose Bei-sich-selber-Sein in Erkenntnis
u. Liebe seines unendlichen Seins (↗Trinität), das nur von ihm selber herkommt u. so gerade in selbstloser Mitteilung alles andere erkennt u. liebt. –
In *ethischer Sicht* ist das personale L. im eben beschriebenen Sinn Selbstzweck, nicht Gegenstand äußerer Verfügung, wohl aber Thema eigener
Verantwortung. Eine kommunikative Moralphilosophie (↗Ethik) befaßt
sich im Gespräch mit den Naturwissenschaften intensiv mit dem Anfang
u. mit dem Ende des Lebens. Angesichts der noch immer anwachsenden
Erkenntnis von der Gestaltbarkeit der menschlichen Natur u. Umwelt als
Gabe u. Aufgabe erweisen sich frühere Argumentationsformen hinsichtlich
direkter Verfügungen u. Eingriffe Gottes (»Herr über L. u. Tod«) als un-

haltbar u. jedenfalls hinsichtlich wichtiger Problemfelder (von der Empfängnisregelung bis zu Sterbehilfe u. Selbsttötung) als nicht zu vermitteln
im Gespräch mit Nichtglaubenden. Die Ethik thematisiert auch das einge-
schränkte u. behinderte L. u. die aus der Mitwelt u. ↗Umwelt erwachsen-
den Aufgaben (↗Tier). Sie hat das Recht aller Menschen auf ein men-
schenwürdiges L. als ↗Menschenrecht zu begründen u. zu verteidigen.
Staat u. Gesellschaft haben kein Verfügungsrecht über Anfang u. Ende des
Lebens, die der individuellen Verantwortung des Gewissens unterstehen;
daher hat die Ethik auf das Unrecht u. auf die Folgen aller lebensfeind-
lichen, inhumanen Grenzüberschreitungen (Todesstrafe, Euthanasie) hinzuweisen. Ferner sieht sie sich vor der Aufgabe, einerseits die individuellen
Bemühungen um größtmögliche Lebensqualität zu legitimieren u. andererseits deren Grenzen an den gleichen Rechten aller aufzuzeigen; hierbei ist
eine Besinnung auf die frühere ethische Reflexion der ↗Tugenden hilfreich.

Lehramt (lat. »magisterium«) bezeichnet im kath.-theol. Sprachgebrauch
die rechtlich gefaßte Befähigung der kirchlichen Leitungsinstanz zur Wei-
terbezeugung der Selbstoffenbarung Gottes in Jesus Christus. Die zugrunde liegende theol. Überzeugung besagt: Weil die ↗Kirche die endgültige u.
unüberholbare Selbstbezeugung Gottes unverfälscht zu hüten u. weiter-
zugeben hat, kann sie als ganze aus der von der Gnade Gottes geschenkten
u. erschlossenen ↗Wahrheit nicht herausfallen. Biblische Grundlagen sind
einerseits die Zeugnisse über Gegenwart u. Wirken des ↗Heiligen Geistes,
andererseits die hervorgehobene Rolle der ↗Zwölf u. ↗Apostel (↗Aposto-
lizität der Kirche). Sorge um die Identität der kirchlichen Lehre zeichnet
sich schon in den Pastoralbriefen des NT ab. Sie hatte weitere institutionelle Festlegungen zur Folge (↗Regula fidei; biblischer ↗Kanon; Amt des
↗Bischofs; ↗Successio apostolica; ↗Synoden). Die Ausbildung einer wissenschaftlichen Theologie in der Zeit der ↗Scholastik führt zu einem Konkur-
renzdenken von wissenschaftlicher Theologie u. päpstlichem Entschei-
dungsanspruch, das vom letzteren für sich entschieden wurde. Mit der
Reformation des 16. Jh. werden Glaubens- u. Lehrkompetenz *aller* Glaubenden deutlicher ins Bewußtsein gehoben. Die Fragen nach dem ↗Glau-
benssinn aller Getauften u. nach der ↗Rezeption können auch im kath.
Bereich nicht völlig zum Verstummen gebracht werden, obwohl die Entwicklung in der röm.-kath. Kirche auf die dogmatische Formulierung der
höchsten, universal verbindlichen Lehrkompetenz des ↗Papstes (I. ↗Vati-
canum) zuläuft. Trotz der Ausgleichsbemühungen des II. Vaticanums versuchen die Autoritäten des röm. Lehramts ihre Kompetenzen auszuweiten
u. mit Strafandrohungen (besonders 1983 u. 1990) Unterwerfung zu fordern. Sie unterscheiden zwischen authentischen, definitiven (also jeden
Dialog beendenden) u. unfehlbaren Urteilen bzw. Maßnahmen des Lehr-

amts. Zu den unfehlbaren Äußerungen: ↗Dogma. Bei nicht dogmatisch
definierten, aber »authentischen« (Unterwerfung fordernden) Lehräuße-
rungen können der Lehrautorität Irrtümer unterlaufen u. sind ihr faktisch
Irrtümer unterlaufen. Sie hat faktisch auch nicht selten zur vermeintlichen
Wahrung der eigentlichen »Glaubenssubstanz« unangemessen hart u. un-
gerecht, d. h. unmoralisch, gehandelt. Da es Aufgabe des Lehramts ist,
nicht nur sachlich richtig zu entscheiden, sondern auch um eine größtmögliche Wirksamkeit seiner Entscheidungen u. Weisungen bemüht zu
sein, hat es nicht das Recht, sich auf seine bloße formale Autorität zu berufen; es hat dem hörenden Gegenüber seine Lehre u. Entscheidungen
argumentativ zu begründen u. nachzuweisen, inwiefern diese in einer Beziehung zum göttlichen ↗Heil des Menschen stehen. Da es bei seinen Entscheidungen keinerlei neue Offenbarung des Heiligen Geistes erhält, hat es
dem hörenden Gegenüber verständlich zu machen, *wie* es seine Einsichten
aus der Ganzheit des in der Kirche lebendigen Glaubens an die Offenbarung Gottes gewonnen hat. Da seit dem Konzil von ↗Trient eine immer
größere Ausweitung in der Produktion von Enzykliken, Instruktionen usw.
zu beobachten ist, läßt sich nicht verheimlichen, daß sich das kirchliche L.
angesichts des unbestreitbaren theol. ↗Pluralismus auswählend instrumentell einer *bestimmten* Theologie bedient. Es ist das Recht des hörenden
Gegenübers des Lehramts, Aufschluß über die Gründe einer solchen Auswahl zu fordern. Zur möglichen Verweigerung einer Zustimmung (die
nicht notwendigerweise ↗Häresie oder ↗Schisma ist): ↗Konsens, ↗Rezep-
tion.

Lehrfreiheit gehört zusammen mit der Forschungsfreiheit zur Freiheit der
Wissenschaft; sie besteht in dem Recht, eigene u. fremde Forschungsergeb-
nisse in eigener Verantwortung lehrend anderen zu vermitteln. Die Anerkennung dieses Rechts ist eine Errungenschaft der Neuzeit. In Deutschland
ist die Freiheit der Wissenschaft grundgesetzlich garantiert (Art. 5 Abs. 3),
aber eine »Treueklausel« fordert Loyalität zur Verfassung (ebd.) u. begrenzt
damit die L. In der kath. Kirche entstehen Spannungen u. Konflikte zwischen der kirchlichen Autorität u. der theol. Wissenschaft, bei denen nicht
selten das Recht auf L. eingeklagt wird. Das II. Vaticanum bejahte zwar die
rechtmäßige ↗Autonomie der Kultur u. vor allem der Wissenschaft (GS 36,
59), doch gilt für die Theologie nur eine relative Autonomie. Da die Theologie wissenschaftliche Reflexion auf den Glauben der Kirche ist, der in der
Offenbarung Gottes u. in deren verbindlicher Auslegung durch das kirchliche ↗Lehramt gründet, bestimmt dieser Glaube der Kirche den Raum der
theol. L. Dadurch ist die Theologie »gebunden« u. zugleich von subjektiver
Willkür befreit. In diesem Rahmen u. Raum existieren ein legitimer theol.
↗Pluralismus u. die L. der theol. ↗Schulen. Die offizielle kath. Lehre aner-

kennt, daß es auch außerhalb der Offenbarung Gottes religiös bedeutsame Erkenntnisquellen gibt. Daraus ergibt sich, daß die Theologie in offenem ↗Dialog mit den nichttheologischen Wissenschaften steht, wenn sie ihren Aufgaben nachkommen will. Nach kirchlicher Lehre kann ein solcher Dialog nie zu einem endgültigen, radikalen Gegensatz zum bisherigen Glaubensverständnis oder zu dessen wesentlicher Änderung führen, weil es nur eine einzige, höchste Quelle aller Wirklichkeiten u. Erkenntnisse gibt. Ein solcher Dialog, der auch in gegenseitigem Befragen besteht, ist nie beendet. Er gehört zum geschichtlichen Verstehen der Offenbarung u. beinhaltet Forschungsfreiheit auf beiden Seiten (nach der je eigenen Methode der Theologie u. der anderen Wissenschaften) u. L., weil diese die »kommunikative Seite« der Forschungsfreiheit ist. Die Anerkennung des Glaubens als höchste Norm alles Wissens setzt das »weltliche« Wissen gerade in seine eigene Freiheit ein. Die Absichtserklärungen des II. Vaticanums über die Förderung der Forschungs- u. Lehrfreiheit auch der Theologie (GS 62) ließen hoffen, daß rechtliche Formen gefunden würden, die einen unvermeidlichen Dissens u. Konflikte über die L. geduldig austragen ließen, statt vorschnell u. doch nur vermeintlich das freie Wort zu verbieten.

Leib. *1. Zugang.* Die Sprache bietet die Möglichkeit, zwischen einem Körper u. einem Leib, d. h. einem lebendigen, von Geistigkeit geprägten Körper, zu unterscheiden. Nur der letztere wird hier mit L. bezeichnet. Im Gespräch der Theologie mit den Naturwissenschaften kann heute der aristotelische ↗Hylemorphismus, der die »erste Materie« durch das gestaltgebende Lebensprinzip, die ↗Form, die ↗Seele, zum menschlichen L. werden ließ, nicht mehr als Verständigungsbasis dienen. Die Existenz von ↗Geist, der sich (unbehindert herangewachsen) im Bewußtsein äußert, wird naturwissenschaftlich akzeptiert, aber sie gilt als völlig abhängig von einem biologischen »Substrat« (lat. = Unterlage), dem Gehirn, das zu dem nach mechanisch-physikalischen Gesetzen funktionierenden Körper gehört. Diese Abhängigkeit ist unbestreitbar, aber der menschliche Geist läßt sich nicht einfach auf den Körper zurückführen. Das menschliche Bewußtsein, Denken u. die Sprache sind auf sinnliche Wahrnehmung angewiesen. Einen Selbstvollzug der Seele kann es ohne das Medium der Materie nicht geben. Je größer u. stärker, reflexer u. bewußter ihr Selbstvollzug wird, je mehr also der Mensch von seinem Geist bestimmt wird, um so mehr wird er L. Damit ist auch gegeben, daß der L. das Medium aller ↗Kommunikation ist u. daß der »Selbstvollzug« der menschlichen Seele im Maß des Mitseins eines leib-haftigen Menschen mit anderen leib-haftigen Menschen in leib-haftiger Welt wächst. Diese Komponente des bewußten leib-seelischen Mitseins ist für das ↗Person-Werden (Ich-Annahme) des Menschen von der Kindheit an von größter Bedeutung. Die Beschädigung des Menschseins durch leibfeindliche Erziehung u. Askese, aber auch durch Gewalt-anwendung wird von da aus deutlich. Der positive Sinn von non-verbaler Kommunikation für das Person-Werden durch leiblichen Austausch (Zärt-lichkeit) wird ebenfalls deutlich. – *2. Biblische Aspekte.* Eine allgemein akzeptierte Erkenntnis der Bibelwissenschaften besagt, daß die alttesta-mentliche u. von da her weite Teile der neutestamentlichen Menschenauf-fassung »ganzheitlich« waren. Das menschliche Seelenleben ist auf die leib-lichen Medien (»Herz«, »Nieren«, »Fleisch«) angewiesen. Erst der ↗Tod macht diesem ganzheitlichen Dasein ein Ende. Die Fortexistenz leibloser Schatten, in denen dennoch das alte »Ich« den Tod überlebt, war gemein-same Anschauung in den antiken Gesellschaften des Mittelmeerraums u. des Nahen Ostens. Nach Israels Glauben endete die Macht JHWHs an der Grenze dieser ↗Scheol nicht. Gerechten u. v. a. Märtyrern dachte man eine wohl nicht ganz leibfreie Entrückung zu Gott zu. Das späte Eindringen hellenistischen (»dualistischen«) Denkens ist in der Weisheitsliteratur, im Frühjudentum u. im NT zu beobachten. Die eschatologische Erwartung umfaßt nun auch die ↗Auferstehung der Toten. Dualistische, den Leib ab-wertende, auf psychologischen Beobachtungen der Gespaltenheit u. Trieb-gebundenheit des Menschen beruhende Tendenzen sind Paulus nicht ab-zusprechen; wichtig sind seine Unterscheidung eines »inneren« u. eines »äußeren« Menschen sowie seine Hoffnung auf eine »Erlösung« des der Sünde u. dem Tod ausgesetzten Leibes (entscheidende Texte in Röm 6 u. 7; 2 Kor 4 u. 5). Der L. der Glaubenden ist Eigentum Jesu Christi u. »Tem-pel des Heiligen Geistes« geworden, so daß sie die Pflicht haben, Gott in ihrem L. zu verherrlichen (Röm 12, 1; 1 Kor 6, 19 f. u. ö. 9). Über unbefan-gene Freude am L. reflektiert Paulus nicht. In den Deuteworten zum Brot beim ↗Abendmahl Jesu bedeutet »Leib« das Ich, die konkrete Person. – *In der christlichen Tradition* sind immer wieder dualistische, den L. abwerten-de Tendenzen mächtig geworden. Gegen die oft übermächtige, von Augu-stinus (†430) u. seiner Biographie (↗Manichäismus) geförderte neuplato-nische Auffassung des Menschen setzte die aristotelisch-thomistische Philosophie die Erkenntnis von der radikalen substantiellen Einheit des Menschen, bei dem L. u. Seele auf einander angewiesene Prinzipien des einen menschlichen Selbstvollzugs sind. Erfahrene Grenzen (Krankheit, Alter, aber auch begrenztes Erkenntnisvermögen) haben oft die Meinung gefördert, das Seelische u. Spirituelle seien der »eigentliche« Mensch (»ret-te deine Seele!«). Viele Generationen mußten (u. müssen bis heute) sich mühsam einen Weg gegen amtlich-kirchliche Widerstände zu humaner Gestaltung der ↗Sexualität bahnen, die Verteufelung von Erholung, Mode u. Kosmetik bekämpfen. Der ↗Feminismus muß nach wie vor alle Kräfte für die Selbstbestimmung der Frauen für ihren L. mobilisieren. Starke Motive der Glaubenstradition gegen die Vernutzung u. Abwertung des

menschlichen Leibes beider Geschlechter sind die Erschaffung (gleichbe-
rechtigter!) Menschen zur ↗Gottebenbildlichkeit, die wahre Menschwerdung des göttlichen Wortes, die Einsenkung der Gegenwart des göttlichen
Geistes in die Herzen der Menschen, die Verheißungen der Auferweckung
des ganzen Menschen aus dem Tod u. der Vollendung der Schöpfung in
der ↗Anschauung Gottes.

Leib (Jesu) Christi ist, zunächst bei Paulus, in einer bildhaft-analogen Verwendung des Begriffs »Leib«, eine Metapher für die Beziehung des
erhöhten Herrn Jesus Christus zur Gemeinschaft der Kirche (wichtigste
Stellen: 1 Kor 6, 12–20; 10, 14–22; 12, 4–27; Röm 12, 4–8). Deutlich ist
der Zusammenhang mit dem Deutewort über das Brot als Jesu Leib beim
↗Abendmahl. Die Metapher möchte den Gemeinschaftscharakter betonen,
ohne die selbstverständliche Pluralität zu leugnen; sie hebt die Grundlage
dieser Gemeinschaft in der pneumatischen Gemeinschaft mit dem
Erhöhten hervor u. legt den Organismus des Leibes aus vielen Gliedern
mit ihrem Zusammenspiel dahingehend aus, daß gleichermaßen der (auch
institutionelle) Aufbau der Kirche (der *einen*, in Ortskirchen gegliederten
Kirche) zur Geltung kommt u. die unterschiedlichen ↗Charismen im
Dienst des Ganzen anerkannt werden. Die Deuteropaulinen erweitern die
paulinische Metapher durch theol. Erläuterungen des »Hauptes« Jesus
Christus, vor allem auch in seiner kosmischen Stellung, die vor einer triumphalen Überschätzung der Kirche warnen können (Hauptstellen: Eph
2, 11–18; 1, 22 f.; 4, 4 12 15 f.; 5, 30; Kol 1, 18 24; 2, 19; 3, 15). – In der Theologiegeschichte diente die Leib-Christi-Theologie den Reformatoren zur
Bekräftigung ihrer geistlich-innerlichen Kirchenauffassung. Die Folge war
die Überbetonung des institutionellen Charakters der Kirche u. ihrer Hierarchie sowie die Dominanz des Kirchenrechts in der Ekklesiologie auf
kath. Seite, die erst nach langwierigen Bemühungen (von der Tübinger
Schule des 19. Jh. zum II. Vaticanum) rückgängig gemacht werden sollten.
Enthusiastische u. exzessive Deutungen der paulinischen Metapher (die
Kirche, der fortlebende Christus) führten zu einer Zurückhaltung des
II. Vaticanums gegenüber dem Begriff »Leib Christi«. Er kann weder mit
↗Volk Gottes noch mit Kirche als Grundsakrament (↗Ursakrament) noch
mit der ↗Communio-Ekklesiologie in überzeugende Verbindung gebracht
werden.

Leiden (althochdeutsch »lidan« = in die Fremde müssen, Not erfahren) bezeichnet ein den Menschen oft zutiefst beeinträchtigendes subjektives Erleben; gelegentlich wird das Substantiv »Leid« im Unterschied dazu für den
objektiven Tatbestand verwendet. Philosophisch meint L. zunächst die Art
u. Weise, wie sich die Welt in den menschlichen ↗Geist, der immer u.

notwendig der Welt spontan ausgesetzt ist, ein-bildet oder ein-prägt (lat. »passio«) u. wie sich der menschliche Geist so als der Welt u. ihren Eindrücken ausgesetzt erfährt. Negativ wird dieses L. empfunden, weil der Mensch von der Welt her einen ihn entmächtigenden inneren oder äußeren Widerspruch erfährt. Mit den leidenmachenden Formen dieser Widersprüchlichkeit befassen sich viele Wissenschaften (das ⁊Böse, das ⁊Übel, die ⁊Krankheiten mit ihren Schmerzen, die Kränkungen, ⁊Angst, Unglück u. andere »Schläge« des ⁊Schicksals, Verlust, Entmächtigung im aktiven Tun, ⁊Gewalt usw.). Da ein leidensloser Zustand der Menschheit undenkbar ist, L. vielmehr eine universale »Grundbefindlichkeit« des menschlichen Daseins zu sein scheint, erheben sich die Fragen nach der Herkunft des Leidens u. stellen sich die Aufgaben, wie ein Mensch die auf ihn eindrängende Situation so gut wie möglich integrierend u. verwandelnd auffangen u. sie zu einem Moment seines eigenen Selbstvollzugs transformieren könnte, was das Gegenteil wäre von rein passivem Hinnehmen. – a) Im Rahmen der jüdischen u. christlichen Glaubenstradition ist die Frage nach der Herkunft des Leidens mit der Frage nach dem Ursprung des (moralisch) Bösen u. der (physischen u. psychischen) Übel identisch. Da ein metaphysischer ⁊Dualismus ausgeschlossen ist, weisen alle Bemühungen um eine Antwort in die Richtung der Verantwortung Gottes als des Schöpfers u. damit in die Richtung des unlösbaren ⁊Theodizee-Problems. Die biblischen Deutungen des Leidens als Strafen für eine ⁊Ursünde oder für individuelle Sünden, als Prüfung u. Läuterung führen gleichfalls vor die Theodizee-Fragen. Beide Testamente erwecken durch die Zeugnisse göttlicher ⁊Verheißungen die Hoffnung auf eine zukünftige endgültige Aufhebung aller L. u. Leidensursachen. Die Befragung anderer Religionen u. Weltanschauungen (⁊Materialismus, ⁊Nihilismus) bietet keine anderen Antwortmöglichkeiten. – b) Die Glaubenshaltung nötigt nicht dazu, dem L. einen Sinn zu geben. In einzelnen Fällen mag ein Teil-Sinn eines Leidens erkannt werden (durch eine Erkrankung heilsam zur Ruhe u. Besinnung gezwungen zu werden usw.); generell existieren sinnlose L. ebenso wie sinnloser Tod. Wie das Beispiel der Klagepsalmen zeigt, sind Protest u. Klage, ja vorwurfsvolle Anklage gegen Gott angesichts des Leidens berechtigt. Ob ein Mensch seine Leidenssituation als Mitleiden mit dem leidenden u. gekreuzigten Jesus interpretieren kann (⁊Nachfolge Jesu, ⁊Leidensmystik), ist eine höchst individuelle, von außen mit äußerster Diskretion zu behandelnde Angelegenheit. Die Theologie der ⁊Erlösung behauptet nicht die Aufhebung von L. Da das L. in der Sicht des Glaubens nicht von einem gerechten u. liebenden Gott »verhängt« sein kann, hat auch der glaubende Mensch das Recht, eigenes L. mit allen Mitteln zu bekämpfen oder wenigstens zu lindern. Die von Gott gebotene ⁊Nächstenliebe macht aktive Mithilfe in der Leidensbekämpfung u. -prävention u. darüber hinausgehend möglichst auch ↗Mitleid zur Pflicht (↗Barmherzigkeit, ↗Solidarität). Heutige Mentalitäten (Erlebnisgesellschaft, Lustprinzip) stehen der Wahrnehmung von L. im Weg u. neigen zu einer mit religiösem Glauben nicht vereinbaren ↗Apathie.

Leiden Gottes. Von dem vorchristlichen griech. Gottesdenken aus wurde bereits in der frühchristlichen Theologie die Leidensunfähigkeit Gottes (↗Apathie) zu einer der göttlichen Wesenseigenschaften erklärt. Das zugrundeliegende Denken verstand Leiden vom Modell der Bewegung vonseiten einer stärkeren Kraft aus, die es im Hinblick auf Gott prinzipiell nicht geben kann (vgl. auch ↗Unveränderlichkeit Gottes). Das Axiom von Gottes Leidensunfähigkeit ergab sich auch aus der Reflexion über die Geistigkeit u. absolute ↗Einfachheit Gottes. In der ev. wie kath. Theologie des 20. Jh. zeigen sich starke Tendenzen, das Mitsein Gottes mit seiner leidenden Kreatur, seine Nähe u. Solidarität gegen diese Tradition doch als (Mit-) Leiden oder als »Schmerz Gottes« zu verstehen (ja sogar von einem »ohnmächtigen Gott« zu sprechen). Als wesentliche Begründung wird das ↗Kreuz Jesu angeführt, in dem »Gott selber« sich leidend dem Fluch der Sünde u. der Folge, der Gottverlassenheit, ausgesetzt habe, wobei die Göttlichkeit Gottes durch den Hinweis darauf »gerettet« wird, daß Gott selber in diesem Leiden nicht unterging, sondern es siegreich überwand. Die Möglichkeit eines solchen Leidens Gottes wird spekulativ in eine innertrinitarische »Urkenose« (↗Kenosis) zurückverlegt. Die Vertreter einer solchen Sicht versuchen, das bedrängende Problem der ↗Theodizee dadurch zu verharmlosen, daß sie Leiden u. Tod zum Ort einer überraschenden Nähe Gottes verklären. Die Theorie vom L. G. vermag den Schmerz offener Fragen an Gott nicht offenzuhalten u. nimmt die Zuflucht zu einer in Wirklichkeit nicht tröstenden Auskunft, die sie in einer sprachlichen Gestalt vorträgt, die den Grundsatz der ↗Analogie aller Gottesrede nicht konsequent respektiert.

Leiden Jesu Christi. *1. Biblisch.* Sehr altes Traditionsgut enthalten wohl die formelhaften Bekenntnisse (1 Kor 15, 3 f.). Diskutiert wird ein vor-paulinischer »Urbericht« von der Kreuzigung Jesu (Mk 15, 20b-41) mit Gestaltungselementen aus dem AT (vor allem Ps 22 u. 69). Nach exegetischer Auffassung ist damit zu rechnen, daß die ↗Synoptischen Evangelien ihre Erzählungen vom L. J. Ch. bereits unter dem Eindruck der paulinischen Kreuzes- u. Sühnetheologie geformt haben; weitere Elemente christologischer u. soteriologischer Art prägen die heutigen Textgestalten (Mk: äußerste Not – Rettung durch Gott in aller Öffentlichkeit, verdeutlicht durch Zerreißen des Tempelvorhangs u. Bekenntnis des Hauptmanns; Mt: Erfüllung biblischer Verheißungen, Jesus als Vorbild im Leiden der frühesten Gemeinden; Lk: Jesus als der Anführer auf dem Heilsweg, Wiederherstellung des Gottesverhältnisses; Joh: durch das L. J. Ch. Verherrlichung u. Erhöhung Jesu durch das Kreuz). – In den Synoptischen Evangelien kündigt Jesus den Ausgang seines irdischen Lebens bis in die einzelnen Abläufe hinein in den *Leidensweissagungen* an (Mk 8,31 par.; 9,30 ff. par.; 10,32 ff. par.). Als ursprüngliche Absicht gilt der Aufweis, daß Jesus sich einem ihm bekannten göttlichen Willen zugunsten der »vielen« unterworfen hat. Nach exegetischer Auffassung handelt es sich um nachösterliche Bildungen, die von der Entschlossenheit, mit der Jesus auf seinen Tod zuging, angeregt worden waren. – 2. *Theologiegeschichtlich.* Angesichts der biblischen Zeugnisse zweifelte die frühchristliche Theologie überwiegend nicht an der Leidensfähigkeit Jesu Christi. Zweifel an der wahren Menschheit Jesu (↗Doketismus) wurden zurückgewiesen. Eine gewisse Tendenz hielt sich von der Kirchenväterzeit bis ins 12. Jh., wenn auch nicht breit bezeugt: Der göttliche ↗Logos, der mit Jesus geeint war, habe das Leiden des Menschen Jesus erst durch einen eigenen Willensentschluß ermöglicht. In der Hochscholastik wurde das Problem im Zusammenhang mit der Sündlosigkeit Jesu gesehen: Der göttliche Logos habe alle Schwächen u. Unvollkommenheiten der Menschennatur angenommen, die nicht direkt von der Sünde verursacht waren. In der Folge zeigten sich bis zur Gegenwart die Folgen des Konzils von ↗Chalkedon u. seiner unmittelbaren Auswirkungen, wonach die Menschennatur Jesu Christi ihr Personsein im göttlichen Logos habe. Daß in diesem Vorstellungsmodell das Leiden Jesu nicht mehr die gleiche zerstörende Wirkung auf die menschliche Persönlichkeit u. auf das Gottesverhältnis haben konnte wie das Leiden der nicht mit einem Logos geeinten menschlichen Kreatur, Jesus im letzten doch nicht mit der gepeinigten Menschheit solidarisch sein konnte, liegt auf der Hand.

Leidenschaft (lat. »passio«, griech. »pathos«) heißt in der scholastischen ↗Anthropologie das sinnliche Strebevermögen (↗Sinnlichkeit) des Menschen u. dessen Aktuierung, stärker u. dauerhafter als der ↗Affekt. Bei Thomas von Aquin (†1274) wird die L. in Lust- u. Leistungsstreben unterschieden. Die Aktuierung des Luststrebens erfolgt aufsteigend stufenweise (Wohlgefallen – Begehren – Genießen) oder von dem Unlust Bereitenden absteigend (Mißfallen – Flucht – Trauer); ebenso geschieht die Aktuierung des Leistungsstrebens (Hoffnung u. Kühnheit bzw. Niedergeschlagenheit – Furcht – Zorn). Diese den ↗»Trieben« der späteren Psychologie vergleichbaren Leidenschaften sind nach kath. Auffassung ihrem Wesen nach gut, bedürfen aber bei ihrer Aktuierung der Ordnung u. Lenkung durch die ↗Vernunft (oft thematisiert im Zusammenhang mit Eros u. ↗Sexualität). Sie bringen die Gefahr mit sich, sich vom einen Ganzen des

Menschen zu trennen u. sich krankhaft zu verselbständigen (z. B. im ↗Fanatismus oder im Destruktionstrieb). Im Blick auf die ↗Erbsünde können sie als der »Ort« gesehen werden, an dem das negative Element an der ↗Begierde in Erscheinung tritt. Anderseits treiben sie den Menschen, z. B. durch Mitleid u. Solidarität, zu »leidenschaftlichem« Engagement an u. werden so als Impulse der Gnade Gottes erkannt. Ähnlich positiv wirkt die künstlerische L. Darum ist es (wiederum nach Thomas) unsittlich, Leidenschaften bewußt ausmerzen zu wollen (wie das mit verschiedenen Motiven u. a. Platon † 347 v. Chr. u. I. Kant † 1804 forderten). Gelegentlich thematisiert die moderne Psychologie die Leidenschaften unter den Stichworten »Emotionen« u. »Motivationen« (S. Freud † 1939; E. Fromm † 1980).

Leidensmystik heißt jene Gestalt christlicher ↗Mystik, die sich in intensivem Erleben dem Leiden Jesu zuwendet u. ihm mit-leidend ähnlich zu werden sucht. Zeugnisse des NT, besonders bei Paulus, weisen auf legitime Möglichkeiten solcher Erfahrungen hin (↗Christusmystik). In der Kirchengeschichte trat die L. besonders bei Franz von Assisi († 1226), Heinrich Seuse († 1366), Ignatius von Loyola († 1556) u. Johannes vom Kreuz († 1591) hervor. Beachtung fand in der L. bis heute B. Pascals († 1662) Bemerkung, der Todeskampf Jesu dauere bis ans Ende der Welt. Von da aus ergibt sich in der L. der Gedanke, daß das Leiden Jesu in den Leidenden weitergehe u. Solidarität fordere. In Zusammenhang mit der L. sind die Phänomene der ↗Stigmatisation zu sehen. Wenn das Gefühl Heimatrecht in der Religiosität hat, dann kann die L. nicht von vornherein als krankhaft masochistisch abgetan werden.

Letzte Dinge, nicht mehr sehr geläufige Sammelbezeichnung für das, was einem Menschen an der Grenze seines irdisch-biologischen Lebens oder »jenseits« ihrer begegnet, die verschiedenen Teilmomente oder -aspekte, die sein individuelles Leben u. seine Existenz in der Menschheit in die Endgültigkeit hineinführen: ↗Tod, (individuelles) ↗Gericht (↗Fegfeuer), ↗Anschauung Gottes (↗Himmel), ↗Hölle (als Möglichkeit der Freiheit), ↗Auferstehung der Toten, (universales) Gericht, ↗Herrschaft Gottes (als kosmische Vollendung von Menschheit u. Schöpfung). Zur sprachlichen Herkunft u. zum Inhalt der Lehre von den L. D.: ↗Eschatologie.

Lex orandi – lex credendi, die Kurzfassung eines Satzes aus der Schrift »Indiculus« (Cap. 9), der wörtlich lautet: »Die Norm des Fürbittgebets bestimme die Norm des Glaubens«. Der »Indiculus de gratia« wird dem Laientheologen Prosper von Aquitanien († nach 455) zugeschrieben. Der zitierte Satz steht im Kontext einer Widerlegung des ↗Semipelagianismus

u. besagt in seiner streng gnadentheologischen Intention: Die Notwendigkeit des fürbittenden Gebets beweist die Pflicht, an die Notwendigkeit der
Gnade zu glauben. Die Kurzformel wird zu Unrecht von der Liturgiewissenschaft in Anspruch genommen, um die Geltung der ↗Liturgie als bedeutende Quelle der theol. Erkenntnis u. als Norm der christlichen Wahrheit vom kirchlichen Altertum her zu legitimieren. Daß die Liturgie so
aufgefaßt werden kann, sei nicht bestritten, doch sind Grenzen zu beachten: Wo die Liturgie nicht eindeutig eine Glaubensaussage machen will
oder unbezweifelbar voraussetzt, darf keine aus ihr herausinterpretiert
werden. Die liturgischen Formulierungen (auch der Fürbitten!) beweisen
oft nur geringen theol. Sachverstand ihrer Verfasser(innen). Die liturgische
Praxis bietet keine historische Sicherheit für Glaubensübungen (aus der
Verehrung von »Joachim u. Anna« kann wie bei etlichen anderen Heiligen
nicht auf deren historische Existenz geschlossen werden).

Liberale Theologie, Ende des 18. Jh. aufkommender Begriff für eine »aufgeklärte« Richtung der ev. Theologie, die Christentum u. Religionen im
allgemeinen als vernünftig u. nützlich aufzeigen u. die Vereinbarkeit des
mündigen Glaubens mit dem menschlichen Freiheitsanspruch nachweisen
wollte. Bei frühen Vertretern wie D. F. Strauß († 1874) u. F. Ch. Baur
(† 1860) wurde das Christentum noch als höchste Form aller Religionen
angesehen, während es später unter dem Eindruck der religionsgeschichtlichen Schule (E. Troeltsch † 1923) relativiert wurde. Unter dem Einfluß
von F. Schleiermacher († 1834) u. A. Ritschl († 1889) verstanden Vertreter
der »kritischen« oder »rein geschichtlichen« Theologie die dogmatische
Glaubenslehre als Objektivation des subjektiven Glaubens (A. von Harnack † 1930). Die von Ritschl herkommende, bis zur Gegenwart einflußreiche L. Th. betont die Praxis der Nächstenliebe u. verlangt die Verwirklichung der Herrschaft Gottes in einer veränderten Gesellschaft (ethische
Basis der Dogmatik). Ein folgenreiches Ergebnis der Liberalen Theologie
war die weit verbreitete, z. T. extreme Bibelkritik. Das Erbe der liberalen
Impulse im 19. u. in der ersten Hälfte des 20. Jh. lebt in einer positiven
Bewertung der nichtchristlichen Religionen, in der Bejahung moderner
Kultur u. Gesellschaftsformen, in Zurückhaltung gegenüber dogmatischen
Ansprüchen u. in der Suche nach der Überbrückung konfessioneller Gegensätze weiter. »L. Th.« war ein polemischer Begriff, mit dem v. a. lutherische Theologen u. die Vertreter der ↗Dialektischen Theologie, wie sie
meinten, die Auflösung der Glaubenssubstanz u. die falsche Anpassung
an die »Welt« bekämpfen konnten.

Licht gilt in archaischen Auffassungen als geheimnisvolle, lebensspendende
Macht u. als unpersönliche oder personale Gottheit, oft dualistisch gegen

die Finsternis gestellt. Antike u. Mittelalter wenden ihm metaphorisch in der Philosophie oder in naturwissenschaftlichen Theorien große Aufmerksamkeit zu. Vielfach metaphorisch kommt das L. in AT u. NT vor. Gen 1,3 ff. wird das L. zwar als erstes Geschaffenes u. als Ordnungsprinzip, aber eindeutig als nichtgöttlich dargestellt. Im AT steht das L. ferner für das Gute, Hilfreiche u. Hoffnungsvolle. Gott ist das L. (Ps 27,1). Die Schriften von ↗Qumran zeichnen dualistisch einen Kampf der Söhne des Lichtes gegen die Söhne der Finsternis (vgl. Ps 12,4). Eine dualistische Sicht auf L. u. Finsternis kennt auch das NT (die Bekehrten sind »Kinder des Lichtes« 1 Thess 5,5; Eph 5,9 u. ö.; sie kamen aus der Finsternis ins L. 2 Kor 4,6; 1 Petr 2,9 u. ö.). Betont ist die Lichtmetaphorik in den johanneischen Schriften; Höhepunkt das Jesuswort »Ich bin das L. der Welt« (Joh 8,12). – In der christlichen Mystik bildet die *Lichtmystik* eine Sonderform (bedeutend u. einflußreich Euagrios Pontikos † 399): Der menschliche Geist ist das Bild Gottes u. als solches soll er ein Abglanz des trinitarischen Lichtes sein. Um diese Aufgabe zu erfüllen, muß er frei werden von Sünden, bösen Gedanken u. Leidenschaften, ja von sämtlichen Gedanken. Sind Bilder u. Formen beseitigt, dann ist der Anblick des reinen göttlichen Lichtes möglich.

Liebe ist die vom Willen gesteuerte, mehr oder weniger von vernünftiger Erkenntnis begleitete, stark vom ↗Gefühl geprägte Beziehung (Zuneigung) zu einem Menschen oder – eher metaphorisch – auch zu einer »Sache«. Die frühere Theologie unterschied in einem durchaus nicht wertenden Sinn die selbstlose L. des Menschen, der einer anderen Person nur Gutes will (»wohlwollende L.«, »amor benevolentiae«), von der L., die als Moment oder Mittel im Dienst einer berechtigten Selbstverwirklichung steht (»begehrende L.«, »amor concupiscentiae«). Die ↗Nächstenliebe (»caritas«) wurde der erstgenannten Form zugerechnet. Der schwedische Theologe A. Nygren († 1978) wollte einen Wesensunterschied von »Eros« im Sinn Platons († 347 v. Chr.) als Verlangen nach dem Vollkommenen, das dem Menschen als Schönheit erscheint, u. »Agape« als die ideale christliche, dienende, sich selber schenkende, ja aufopfernde L. (»caritas«) erkennen. Im Licht gegenwärtiger humanwissenschaftlicher Erkenntnisse sind diese Unterscheidungen nicht haltbar. L. ist ein »Wesensvollzug« des ganzen Menschen, an dem immer, wenn auch in unterschiedlicher Intensität, alle Formen von L. Anteil haben. Eine vollkommen selbstlose L. gibt es nicht, da jedes bewußte Ausgehen von sich selber u. jede Zuwendung zum anderen die Bejahung seiner selbst voraussetzt. ↗Selbstliebe ist nicht einfach gleichzusetzen mit »Egoismus«. Rein gefühlsmäßiger Überschwang (Verliebtsein) ist nicht L. – *1. Zur Religionsgeschichte.* Gegenüber den Versuchen, das Christentum als alleinige »Religion der L.« darzustellen oder seine Absolutheit mit der nur bei ihm anzutreffenden Einheit von Vernunft u. L. zu begründen, ist darauf hinzuweisen, daß neben dem Judentum, von dem das Christentum das Doppelgebot von Gottes- u. Nächstenliebe erhielt, auch andere Religionen hohe Auffassungen von L. haben. Im ↗Hinduismus heißt der Weg der unmittelbar erfahrenen Gottesliebe durch bedingungslose Hingabe an Vishnu »bhakti«. Nur sie, nicht die theoretische Erkenntnis, gewährt Erlösung aus dem Geburtenkreislauf. In der Bhakti-Mystik wird sie als der Ursprung der universalen Menschheitsliebe interpretiert. Hierin ist das ethische Programm M. Gandhis († 1948) u. anderer hinsichtlich des Gewaltverzichts u. der umfassenden Nächstenliebe begründet. Im ↗Buddhismus umfaßt »metta«, die Tugend der begierdelosen Güte, alle Menschen, ja alles Lebendige. Sie wird immer zusammen mit dem Mitleid (»karuna«) zu allen Leidenden erwähnt. Aus beiden zusammen entstehen die Impulse zu praktischer Nächstenliebe u. zu sozialem Engagement; beide zusammen ermöglichen die Überwindung der Aggressivität. Im ↗Islam wird die Einheit von Gottes- u. Menschenliebe wenigstens von den Kreisen vertreten, die von der Sufi-Mystik beeinflußt sind. Es läßt sich auch nicht behaupten, im nichtreligiösen ↗Humanismus u. ↗Atheismus werde L. nicht realisiert. – *2. Biblisch.* Die Beziehung Gottes zu seinem auserwählten Eigentumsvolk ist L. mit vielsagenden »anthropomorphen« Komponenten: ↗Barmherzigkeit, Leidenschaft, Eifersucht u. einem seinen Zorn überwindenden ↗Mitleid (Hos 11,8 ff.); sie ist auch mütterliche L. (Jes 49,14 f.). Mit vielen Zeugnissen bekennt das NT die grundlose L. Gottes zu der Menschheit u. Welt, die er in der Hingabe des Sohnes unter Beweis stellte. Die Verkündigung Jesu stellt in konkreten Gleichnissen die L. Gottes unbegrifflich vor Augen (Lk 15,11–32). Der Gott der Offenbarung ist »der Gott der L. u. des Friedens« (2 Kor 13,11). Von der Liebesgemeinschaft zwischen Vater u. Sohn, in die die Glaubenden u. einander Liebenden einbezogen werden sollen, sprechen die johanneischen Abschiedsreden. Nach 1 Joh 4,8 16 ist Gott »die L.« (nicht »eros« u. »philia« = Freundesliebe, sondern »agape«). Seine L. ist ausgegossen in die Herzen der Menschen (Röm 5,5). Auch die Liebe Jesu Christi in seinem Leben u. Sterben »anderen zugute« wird weniger begrifflich definiert als konkret beschrieben. Die L. der Menschen zu Gott (»Gottesliebe«) wird im AT u. NT nicht mit gefühlsbetonten Begriffen, sondern mit dem Gehorsam gegenüber seinen Weisungen gekennzeichnet. Deren Inbegriff ist das Doppelgebot der Gottes- u. Nächstenliebe (Dtn 6,4 f.; Lev 19,18; Mk 12,28–34 par.). Bei Paulus u. im johanneischen Schrifttum ist die Gottesliebe die (dankbare) Antwort der Menschen auf Jesus, sein Kreuz u. sein offenbarendes Wirken. Die menschliche L. in allgemeiner Wertung u. Charakterisierung ist Gegenstand des »hohen Liedes der L.« 1 Kor 13. Im AT tritt sie in Gestalt der ↗Nächstenliebe u. der Fremdenliebe auf (Lev 19,34;

Dtn 10, 18 f.), bei Jesus als ↗Feindesliebe radikalisiert (↗Bergpredigt). Erotische L. wird im AT unbefangen geschildert u. dichterisch gepriesen (Hld), während das NT seine Aufmerksamkeit eher der L. in der ↗Ehe zuwendet. – 3. *Systematisch.* Die Dogmatik versteht unter L. den radikalen Wesensvollzug des Menschen, der den ganzen Menschen, so wie er von Gott gemeint u. angerufen ist, auf Gott hin integriert u. ihn so in die Gnade Gottes (↗Rechtfertigung) u. in das ↗Heil stellt. Er ist Entgegennahme der freien u. restlosen ↗Selbstmitteilung Gottes in der Kraft eben dieser Selbstmitteilung. Insofern diese sich in Gott hinein gebende L. von Gott *frei* mit dem Menschen mitgeschaffen ist, insofern sie in der innersten Intimität Gottes nur ankommen kann durch die zuvorkommende Selbstgabe Gottes an den Menschen, insofern sie – um der L. Gottes wirklich »kongenial entsprechen zu können – von der L. Gottes selber getragen werden muß u. dabei immer auch eine Überwindung der schuldhaften Selbstsucht des Menschen durch Gott bedeutet, ist diese L. ↗Gnade, »eingegossene ↗Tugend«, mit der Rechtfertigung nach kath. Lehre untrennbar verbunden. (Der Protest M. Luthers † 1546 gegen die »Ergänzung« des Glaubens durch die L. bezog sich nicht auf diese von der Gnade geschenkte L., sondern gegen ein Verständnis der L. als »rein natürliche Kraft«.) Weil sie der totale, alles integrierende Grundakt des Menschen ist, stellt sie einerseits das Ganze dessen dar, was als Heilstat vom Menschen verlangt ist, muß aber anderseits sich selber in die Vielheit der echt von einander u. von der L. verschiedenen geistigen Vollzüge auslegen: in ↗Glaube, ↗Hoffnung, ↗Reue usw. Sie alle können von der L. durchformt, »informiert« sein, sie können ihre konkrete Greifbarkeit darstellen, sie können Kriterien ihrer Echtheit u. Weisen ihres Wachstums sein, ohne darum schlechthin identisch mit der L. zu sein. Als noch nicht von der L. durchformte Tugenden können sie ihr auch vorausgehen u. ihren Vollzug vorbereiten. Bei allen Redeweisen von der L. Gottes ist zu beachten, daß auch der auf Gott angewandte Begriff L. ein analoger Begriff ist (↗Analogie), so daß die L. Gottes mehr Unähnlichkeit als Ähnlichkeit zur menschlichen L. aufweist. Daher darf von menschlicher Seite Gott nicht vorgeschrieben werden, wie seine L. zu sein hat (wichtig für die Theodizee, aber auch für die Trinitätstheologie, in der manchmal behauptet wird, eine Selbstliebe Gottes wäre »einsam«, Gottes L. müsse sich daher mit den beiden Polen Ich u. Du u. in einem gemeinsamen Wir vollziehen usw.). Zu beachten ist ferner, daß die L. zu Gott u. die L. zu (einem) Menschen nicht in Konkurrenz zu einander stehen. Die Vorstellung, Freiheit von menschlicher L. bedeute größere Verfügbarkeit für Gott u. darum größere L. zu ihm, ist ein ideologisches Konstrukt. Eine wirklich vorbehaltlose L. zu Menschen, die einen anderen »über alles« schätzt u. ihn »absolut« bejaht, stellt implizit eine Bejahung Gottes als des Grundes aller L. dar. Identisch damit ist das theol. Verständnis der ↗Selbstliebe (im Unterschied zu der vermeintlich selbstlosen ekstatischen Gottesliebe von Augustinus † 430 an über die Franziskanertheologie bis zum ↗Quietismus) in ihrem Verhältnis zur Gottesliebe, das als nicht-konkurrierende Einheit verstanden wird. Die neuere theol. Ethik untersucht, inwiefern die Konzentration auf individuelle Liebesvollzüge die Aufmerksamkeit für soziale, strukturelle Bedingungen vermindert, die Menschen daran hindern, sich einen »Begriff« von L. zu machen.

Limbus (lat. = Saum, Rand), in älterer deutscher Literatur oft »Vorhölle«. In der Frühscholastik (11. Jh.) wurde eine Lehre über einen Ort u. Zustand, L. genannt, entwickelt, später von Thomas von Aquin († 1274) systematisiert u. zur allgemeinen Geltung gebracht, im Hinblick auf Verstorbene, die von Gott weder mit Seligkeit beschenkt noch mit Verdammung bestraft werden würden. Es handelte sich um eine Reaktion gegen den sonst jahrhundertelang maßgebenden Theologen Augustinus († 430), der »wissend« die Meinung vertrat, die ohne Taufe verstorbenen Kinder würden für immer in die Feuerhölle geworfen, wenn dort auch mild bestraft für eine »Sünde«, die sie sich nur von ihren Eltern erbend zugezogen hätten. In der Lehre vom L. wurde der »limbus puerorum« für Kinder unterschieden vom »limbus patrum« für die vor der Auferweckung Jesu verstorbenen atl. Gerechten u. die frommen Heiden. Im L. war den Insassen die ↗Anschauung Gottes (wegen des Fortbestehens der ↗Erbsünde) versagt; sie wurden überdies mit sinnenhaften Strafen (»poenae sensus«) gepeinigt, jedoch nicht so stark wie die Verdammten. Im Zug der theol. Reflexion wurden diese Strafen gemildert u. schließlich verneint; statt dessen sprach man von einer Art »natürlicher Seligkeit«. Biblische Anhaltspunkte waren die Texte über die ↗Scheol, über den »Schoß Abrahams« (Lk 16, 22) u. über den ↗Höllenabstieg Jesu Christi. Die Lehre vom L. wurde von der röm.-kath. Theologie allgemein vertreten, war jedoch nie Gegenstand einer verbindlichen amtlichen Lehräußerung. Die Theologie der Neuzeit erwog verschiedene Möglichkeiten, auch unmündigen Kindern die Möglichkeit einer ewigen Seligkeit zuzugestehen. Eine bloß natürliche Seligkeit wurde mit der Klärung des Verhältnisses von Natur u. Gnade abgelehnt. Schließlich setzten sich die Überzeugungen von einem universalen, wirksamen ↗Heilswillen Gottes u. von einem übernatürlichen ↗Existential durch. Der L. als Produkt einer wissenden Theologie ist heute aufgegeben.

Literatur (lat. = Schrifttum) meint hier »schriftliche Kunstwerke«, die »Dichtkunst«, die sich in unterschiedlichsten Formen u. Gattungen äußert. Sie stand schon in der Antike in engem Zusammenhang mit der Religion, aus der sie Stoffe u. Sprache nahm. Diese Verbindung war im Christentum kirchlich orientiert u. dauerte so im christlichen Bereich bis in das ausgehende 18. Jh. an. Mit ↗Aufklärung u. ↗Säkularisierung setzte die Emanzipation des dichterischen Genies von normativer Fremdbestimmung, sein Beharren auf der Darstellung authentischer Ich-Erfahrungen u. zugleich sein Engagement in Religions- u. Kirchenkritik ein. »Tendenzen« dieser Art konnten sich durchaus mit Kritik an Fortschrittsglauben, an Rationalität u. emotionalen Defiziten verbinden. Eher als bei Kirchenleitern u. Theologen wurden bei Schriftstellern u. Dichtern Gedanken, Stimmungen u. Sehnsüchte einer jeweils bestimmten Zeit verarbeitet u. Krisenerscheinungen »verbalisiert«. Seit der Romantik kamen dann Bemühungen bei Frauen u. Männern um eine »christliche L.« auf, im 19. Jh. erstmals auch um eine spezifisch »kath. L.«, nachdem im Zusammenhang mit den Vorwürfen kultureller Inferiorität u. patriotischer Unzuverlässigkeit der Katholiken der Protestantismus mit kirchenfeindlichem Liberalismus gleichgesetzt wurde. Der Rückgriff mancher Schriftsteller u. Dichter auf religiöse Traditionen (Mystik, Mythen) u. Symbole, die Bearbeitung kirchlicher Stoffe in polemischer Absicht u. bewußte, mit den kirchlichen Moralvorstellungen nicht vereinbare Provokationen führten zu heftigen kirchlichen u. theol. Abwehrreaktionen gegen die »moderne Lit.« (auf kath. Seite wurden Gesamtwerke von Schriftstellern auf den Index verbotener Bücher gesetzt; Prozesse angestrengt u. Zensurmaßnahmen gefordert). Auch die Darstellungen von Glaubens- u. Konfessionsproblemen, die Nähe mancher Beschreibungen zu »existentialistischen« Lebensgefühlen der Gefährdung, des Nichterlöstseins, der tödlichen Vergänglichkeit, des Ausgesetzt- u. Zerstörtseins bei christlichen Autorinnen u. Autoren erregten Argwohn u. Widerspruch amtlicher kirchlicher Kreise. So war bis in die zweite Hälfte des 20. Jh. das Verhältnis von L., Kirche u. Theologie weithin durch feindselige Distanz gekennzeichnet. Einzelne Theologen machten auf die Bedeutung von L. u. Dichtung für die Wahrnehmung der Wirklichkeit in ihrer Vielschichtigkeit u. für neue sprachliche Gestaltungsmöglichkeiten bei der Vermittlung religiöser u. theol. Inhalte aufmerksam (P. Tillich † 1965, R. Guardini † 1968, H. U. von Balthasar † 1988). In der zweiten Hälfte des 20. Jh. setzte sich die Überzeugung durch, daß L. u. Theologie zwei unterschiedliche, selbständige Weisen der Wirklichkeitswahrnehmung u. -formulierung sind u. daß der Prozeß der Trennung notwendig war. Die gelegentlichen früheren Versuche, L. für christliche Apologetik oder kirchliche Zwecke indiskret zu »vereinnahmen«, gelten als verfehlt. Die (interkonfessionelle) Suche nach Spuren des christlichen Erbes bei Schriftstellerinnen u. Schriftstellern der Gegenwart ist legitim u. erbringt auch im Hinblick auf deren Auswahlkriterien bedeutende Erkenntnisse. Offenheit für das Geheimnis u. den letzten Grund menschlicher Existenz, Unverständnis oder provokatives Verhalten gegenüber religiösen Mentalitäten u. Praktiken, Verhüllung eigener religiöser Interessen u. Motive in literarischen

Werken stellen der Theologie immer neue Aufgaben u. verlangen intensive
Beschäftigung mit L.

Liturgie (griech. = das Tun des Volkes; in der LXX Bezeichnung für den
↗Kult), heute der eingebürgerte Begriff für den jüdischen u. christlichen
Gottesdienst (einmal im NT als gottesdienstliche Versammlung von Christen Apg 13,2) in seinen mannigfaltigen Ausprägungen. Im Bereich der
Ostkirchen bezeichnet L. seit dem Altertum die Feier der ↗Eucharistie allein. Die historische Erforschung der Struktur der alten christlichen L.
führte zur Erkenntnis einer identischen Struktur mit der jüdischen Liturgie: ↗Anamnese, ↗Epiklese u. ↗Doxologie. Der Gottesdienst der ersten Jhh.
wurde als Mahlgedächtnis des Todes Jesu, als Lese- u. Gebetsgottesdienst
mit Predigt u. Bekenntnis u. als zentraler Ort der Organisation sozial-caritativer Praxis mit Sicherheit improvisiert. Die ersten überlieferten Formeln wollen nur Beispiele sein. Erst um 600 n.Chr. wurden in Rom liturgische »Formeln« verpflichtend vorgeschrieben. Unter der Herrschaft des
Kirchenrechts drang die Ängstlichkeit im Hinblick auf die »Gültigkeit«
liturgischer Vollzüge, vor allem der ↗Sakramente, prägend in die L. ein.
In der lat. Kirche entwickelte sich das Verständnis von L. zunächst parallel
zur Entwicklung des Amtsbewußtseins der Hierarchie u. vor allem des
Papsttums, so daß zu Beginn des 20. Jh. nur noch als L. galt, was durch
päpstliche Gesetzgebung u. vor allem durch Approbation der liturgischen
Bücher gebilligt worden war. Die Bewegung der »Liturgischen Erneuerung« führte seit Beginn des 20. Jh. zur Besinnung auf die Gemeinschaft
der Glaubenden als Träger (nach dem »Haupt« Jesus Christus die »sekundären Subjekte«) der L. u. auf die Gestaltungsmöglichkeiten u. -fähigkeiten
der Ortskirchen. Im II. Vaticanum mit seiner wegweisenden Konstitution
(SC) werden die feiernde Vergegenwärtigung der Heilsgeschichte u. die
mannigfaltigen Gegenwartsweisen Jesu Christi besonders bedacht. Seither
entstanden vielfältige liturgische Gestaltungen, die von der feierlichen
Pontifikalliturgie (als besonderer Ausdruck eines »kulturellen Gedächtnisses«) über kommunikativ u. musikalisch emotionale Familien- u. Jugendgottesdienste bis zu einfachen häuslichen »Liturgien« (Gesprächskreise mit
Gebet; ↗Hauskirche) reichen. Zugleich wächst das Bewußtsein, daß ein
Verständnis der L. als »heiliges Spiel« nur gewisse ästhetisch formierte
Kreise betrifft, u. daß eine Überbetonung der Symbolik die praktischen
Impulse der L. »entschärfen« kann. – Im reformatorischen Bereich werden
die Begriffe »Gottesdienst« bzw. »Kult« bevorzugt.

Liturgiewissenschaft (oder auch »Liturgik«) heißt jene theol. Disziplin,
die in methodischer Vielfalt die ↗Liturgie als Zeugnis des gelebten Glaubens (also systematisch) untersucht, die unterschiedlichen Ausprägungen

historisch erforscht u. sich (praktisch-theol.) mit den heutigen Verwirklichungen von Liturgie in den Gemeinden kritisch u. impulsgebend befaßt. Die Eigenständigkeit der L. im Rahmen der theol. Forschung u. Lehre wird immer wieder von Nachbardisziplinen bedroht, die sich selber als exklusiv normgebend für die Gemeinschaft der Glaubenden mißverstehen (vor allem Dogmatik u. Kirchenrecht). Nach jahrhundertelangen bloßen »Liturgieerklärungen« u. kirchenrechtlichen Rubrikenbemühungen entstand seit dem 16. Jh. eine ungemein fruchtbare, historisch arbeitende L. Seit dem 18. Jh. wurde die L. der ↗Pastoraltheologie zugerechnet, bis mit der Bewegung der »Liturgischen Erneuerung« im 20. Jh. ihr eigenes Profil zutage trat. In der Gegenwart spielen neben der klassischen Thematik Theorien zur symbolischen Kommunikation u. handlungsorientierte Fragen nach heutigen Daseinserfahrungen eine Rolle.

Loci theologici (lat. = Orte der theol. Erkenntnis), ein wohl von Ph. Melanchthon († 1560) gebildeter, in der ev. Theologie eingebürgerter Begriff, der die unter inhaltlichen Gesichtspunkten gegliederten Hauptstücke des Glaubens auf der Basis der Heiligen Schrift bezeichnet. Den kath. Begriff der L. th. erarbeitete als erster M. Cano († 1560). Bei ihm umfaßt er die Erkenntnisquellen der Theologie u. insbesondere der Dogmatik auf der Grundlage der kirchlichen Tradition u. in der Gestalt von »Beweisführungen«, so daß sich hier neben der Sorge um die Identität des Glaubens auch die Einsicht in die Geschichtlichkeit der theol. Erkenntnis abzeichnet. Seine umfangreiche Liste der L. th. wurde in der kath. Theologie verändert u. vereinfacht. Als wesentliche Erkenntnisquellen gelten das kirchliche ↗Lehramt, das im Dienst der ↗Offenbarung Gottes steht, sie hütet u. auslegt; die ↗Kirchenväter; die ↗Liturgie; die ↗Theologen; für manche Autoren auch das ↗Kirchenrecht. – ↗Erkenntnislehre.

Logienquelle. Bei der Erforschung der ↗Synoptischen Evangelien Mt, Mk u. Lk wurde im 19. Jh. festgestellt, daß die Evangelien Mt u. Lk außer Mk noch eine weitere Quelle benutzt haben mußten, seit Ende des 19. Jh. als Q bezeichnet. Da man sie früher als eine Sammlung von Jesusworten auffaßte, bürgerte sich der Begriff L. (griech. »logos« = Wort) ein, den man nach der Erkenntnis beibehielt, daß es sich bei dem Erforschten um eine eigenständige Jesustradition u. -verkündigung handelt. Nach heutigem Erkenntnisstand folgt Lk eher dem Aufbau von Q als Mt, der den Stoff in seinen großen Reden mit anderem Traditionsgut zusammenkomponierte. Daher werden Zitate aus der L. nach Lk mit dem Zusatz Q zitiert. Die heutige intensive Erforschung der L. in Europa u. USA ergab, daß der schriftlichen Fixierung wohl eine mündliche Weitergabe durch Wanderprediger in Galiläa zugrunde lag (weisheitliche Mahnungen: ↗Weisheit;

apokalyptisch-prophetische Heils- u. Gerichtsverkündigung: ⁊Gericht, ⁊Prophetie, ⁊Apokalyptik), während die Endfassung die Katastrophe 70 n. Chr. voraussetzt. Die L. führt in ⁊Naherwartung die Verkündigung der ⁊Herrschaft Gottes weiter, vor allem an die Armen gewandt in der Zeit der Verelendung, die zum Aufstand 66 n. Chr. gegen die Römer führte, mit Mahnung zu Frieden u. Feindesliebe gegen die militanten Rebellen, mit Betonung des »Tuns« statt der Lehre. Die Gerichtspredigt Johannes des Täufers gehört zum Bestand der L. Jesus wird mit dem apokalyptischen ⁊Menschensohn identifiziert, der zum Gericht kommen wird. Dieses Gericht wird als bald bevorstehend angesagt; darin liegen Trost u. Stärkung der Anhänger Jesu angesichts der Mißerfolge ihrer Verkündigung. Das Bekenntnis zu Jesus in der Bedrängnis ist entscheidend für den Ausgang des Gerichts. Die Erzählung von der Versuchung Jesu zeigt die Abweisung von ⁊Messias-Ideen.

Logos (griech. = Wort). *1. Philosophisch* bedeutet L. zunächst das sammelnde u. ordnende Denken (bei Heraklit † um 480 v. Chr. die »Weltordnung«), bei Platon († 347 v. Chr.) die argumentativ begründete Wahrheitsaussage, die begriffliche Definition u. die Tätigkeit der erkennenden ⁊Vernunft. Bei Aristoteles († 322 v. Chr.) gilt die Aufmerksamkeit dem L. als vernunftgemäßer Rede. In der ⁊Stoischen Philosophie wird der L. als universales, bestimmendes, vernünftiges Weltprinzip angesehen, dem der Mensch sich durch sein ethisches Verhalten, besonders durch das Beherrschen der ⁊Affekte, möglichst weitgehend angleichen soll. Bedeutsam auch für seinen Einfluß im Christentum ist das Logosdenken des jüdischen Philosophen Philon († um 50 n. Chr.): Der L. ist »ersterzeugter« Sohn Gottes, Urbild der sichtbaren Welt, welt-schöpferische Kraft, Vermittler zwischen Gott u. seiner Schöpfung. In der sichtbaren Welt gibt es Abbilder dieses L., im Menschen (wie in der Stoischen Philosophie) den inneren, vernünftigen L. u. den sprachlich sich äußernden L. Bei dem neuplatonischen Philosophen Plotin († 270) wird das Logosdenken mit der Spekulation über ⁊Hypostasen in Verbindung gebracht: Der L. geht aus einer Hypostase als vernunftgemäße, geistige Einwirkungsform zu einer niedrigeren Hypostase über, ist aber nicht selber Hypostase. Da alle Verwirklichungen so jeweils durch einen L. mit der höheren »Stufe« verkettet sind, bedeuten Existenz u. Wirken des L. gleichzeitig die Rückbindung von Allem an das göttliche Eine. Auf diese Gedanken griff die neuzeitliche Existentialontologie (G. Marcel † 1973) zurück. – *2. Biblisch.* Das ⁊Wort Gottes (in den prophetischen u. weisheitlichen Büchern des AT in der LXX mit L. wiedergegeben) ist jene Selbstmitteilung Gottes, durch die er Schöpfung u. Geschichte gestaltet u. lenkt, Leben schenkt u. wieder an sich nimmt. Ihre letztgültige Gestalt nahm die Selbstkundgabe Gottes in seinem Wort in

⁊Jesus Christus an. Besondere Bedeutung innerhalb des NT u. in der exegetischen Diskussion hat der L. im Prolog des Joh-Ev. (1, 1–18). Danach war der L. in ⁊Präexistenz mit dem einen Gott eins; er war dessen Schöpfungsmittler (Aussage der Güte der Welt); er wurde »Fleisch« (⁊Inkarnation) u. als »Einziggezeugter« Mittler der ⁊Gotteskindschaft an die Menschen (Verbindung aller Schöpfung zum einen Ursprung). In der exegetischen Forschung wird die Verbindung dieses (wohl von Philon beeinflußten) Logosdenkens mit der frühjüdischen ⁊Weisheits-Spekulation, die ebenfalls Präexistenzvorstellungen kannte, untersucht. Möglicherweise wendet sich das johanneische Schrifttum mit der Logostheologie gegen zwei Richtungen, einmal gegen eine »Geistchristologie«, in der die Qualität Jesu erst von seiner Taufe an datiert wurde; zum andern gegen solche, die eine wirkliche Inkarnation bezweifelten (1 Joh 4, 2 mit 1, 2). – *3. Theologiegeschichtlich.* Von den ⁊Apostolischen Vätern an wird die offenbar von Philon beeinflußte Logoschristologie aufgegriffen (göttlicher Ursprung, Schöpfungsmittlerschaft). Eine *Logos-Sarx-Christologie* wurde im 4. Jh. weithin vertreten: der göttliche L. sei ohne menschliche Seele unmittelbar mit der menschlichen ⁊Sarx verbunden worden, so daß er die Rolle der Seele übernommen hätte (⁊Arianismus, ⁊Apollinarismus), weil Jesus durch eine menschliche Seele zu einem »bloßen Menschen« gemacht worden wäre, der nicht hätte erlösen können. Eine Rolle spielte das Logosdenken in der Theologie von ⁊Zeichen u. Wort (»verbum«) bei Augustinus († 430). In der späteren Theologie geht es in die unterschiedlichsten Wortspekulationen ein. Neue Aktualität gewinnt es in den Überlegungen zur ⁊Trinität Gottes, in der festgestellt wird, daß die eine »Gegebenheitsweise« und geschichtliche Selbstaussage Gottes besser L. als analog-mißverständlich »Sohn Gottes« genannt würde.

Logosmystik ist jene Ausprägung der Mystik, die sich in die Vereinigung des glaubenden u. getauften Menschen mit dem ⁊Logos Jesus Christus u. durch ihn mit dem ewigen göttlichen Urgrund vertieft. Die L. weist v. a. zwei deutliche Ausprägungen auf. Nach der einen ist es mittels zunehmender Erkenntnis u. Läuterung möglich, den Weg des erschaffenden u. erlösenden Logos in die Erniedrigung u. die Rückkehr in die Einheit mit Gott mitzuvollziehen (Origenes † 253 u. ihm folgende Theologen, vor allem Gregor von Nyssa † 394). Diese mystische »Reise« wird u. a. in der Auslegung des biblischen Hohenlieds mit dem bräutlichen Verhältnis der menschlichen Seele zu Jesus u. einer werbenden Wanderschaft »verbildlicht«. Die andere Ausprägung wendet sich der Geburt des göttlichen Logos in der Seele bzw. im Herzen des Menschen zu (ebenfalls bei griech. Theologen u. besonders bei Meister Eckhart † 1328).

Lohnmoral. Bei diesem Begriff handelt es sich nicht um die wirtschafts- u. sozialethischen Bemühungen, die Forderung nach einem gerechten Lohn nach den Leitbildern von ↗Gleichheit u. ↗Gerechtigkeit zu begründen (biblische Impulse u. a. Dtn 24,14; Lk 10,7; Jak 5,4). Die biblische Lohnverheißung als solche ist ebenfalls nicht gemeint, denn sie versteht die Gaben Gottes nicht als angemessenes Entgelt für erbrachte Leistungen, sondern als frei u. überreichlich von Gott gewährte Geschenke (zu den mit diesem Lohnverständnis verbundenen theol. Kontroversen: ↗Verdienst). Vielmehr bezeichnet der als Vorwurf gebildete Begriff L. eine Deutung der kath. Moral, als bejahe sie sittliche Werte um vorsittlicher Werte willen; »Lohn« meint dann das bewußte Motiv des Handelns. Daß ein solches »kaufmännisches« Verhalten die christliche Spiritualität manchmal prägte u. prägt, kann nicht bestritten werden. Grundsätzlich können glaubende Menschen jedoch auf den verheißenen »großen Lohn im Himmel« (Mt 5,12) nicht verzichten, da sie auf die gänzlich ungeschuldete u. unverdienbare Aufnahme in das Reich Gottes u. auf das selige Heil bei Gott nicht verzichten können u. dürfen (vgl. ↗Quietismus), das sie erhoffen u. ersehnen, wobei sie in dieser Hoffnung letztlich immer Gott selber meinen u. bejahen, so daß die Liebe zu ihm ihr letztes Motiv ist.

Lyon. Von den in der französischen Stadt L. abgehaltenen zwei Generalsynoden der lat. Kirche (1245 u. 1274) ist die II. (gezählt als 14. ökumenisches Konzil) theol. wichtig. Sie tagte von Mai bis Juli 1274 in 6 Sitzungen unter Gregor X. (mehr als 250 Bischöfe, Albertus Magnus u. Bonaventura unter den Teilnehmern). Unter Bedrohung durch Sizilien-Neapel suchte Kaiser Michael VIII. Palaiologos trotz der Ablehnung durch den orthodoxen Klerus nach einer Einigung mit der westlichen Kirche. Seine Gesandten akzeptierten während der Synode ein Glaubensbekenntnis, das ihm Clemens IV. 1267 vorgelegt hatte (in mehreren Teilen älter) u. das sich im römischen Sinn zum ↗Filioque, dem ↗Fegfeuer u. den sieben Sakramenten äußerte (DS 850–861; NR 921–929).

M

Macht und Herrschaft. Das Bestreben, seine eigenen Interessen u. Überzeugungen durchzusetzen wie auch seine Freiheitsräume zu vergrößern, auch gegen das Beharren u. den berechtigten Widerstand anderer, wurzelt in der Grundanlage des Menschen. Voraussetzung dafür ist das Vorhandensein konkreter Faktoren, zu denen u. a. natürliche Ressourcen (materieller u. geistig-kultureller Art), Einfluß, Information, eine gewisse Abhängigkeit anderer gehören. Wenn es mit Hilfe dieser Faktoren gelingt, auf andere (einzelne oder Gruppen oder größere Sozialgebilde) effektiven Einfluß auszuüben, spricht man von Macht. Wenn die Art u. Weise der Durchsetzung dieses »Willens zur Macht« durch ein System von Machtbeziehungen institutionalisiert ist, u. zwar durch freiwillige Zustimmung von Untergeordneten, die auch befristet sein kann, oder durch erzwungenen Gehorsam, durch gewaltsame Unterdrückung (↗Gewalt), spricht man von Herrschaft. Analysen der Quellen, Wirkungsbereiche, Techniken usw. von Macht u. Herrschaft sind vielfältig. Die bisherige Geschichte sozialer Systeme zeigt, daß Herrschende ihr Machtpotential zur Beibehaltung bestehender Über- u. Unterordnungsverhältnisse einsetzen können u. faktisch einsetzen, so daß es in ihrer Macht steht, eine Neuordnung der Machtverhältnisse zu verhindern. Seit Beginn der Neuzeit finden sich Theorien im Interesse der Beherrschten, die Formen der Machtausübung durch Herrschaft wenigstens zu begrenzen (von hierarchischer Machtkonzentration zu demokratischer Machtlegitimation bzw. zur Mitbestimmung durch alle Betroffenen). Die Verkündigung Jesu respektiert in ihrem konkreten Auftreten zwar bestehende Macht- u. Herrschaftsverhältnisse, zielt aber entschieden auf Macht- u. Herrschaftsverzicht unter seinen Anhängerinnen u. Anhängern ab, so daß inmitten weltlicher Machtstrukturen Gegenmodelle entstehen (mußten oder sollten), die von existierenden Machthabern als subversiv empfunden werden mußten, u. dies umso mehr, als die Botschaft u. die befreiende Praxis Jesu den Zurückgesetzten u. Unterdrückten ein neues Selbstbewußtsein vermittelten. Die von Jesus verkündete Macht u. ↗Herrschaft Gottes erweist sich als ein Potential radikalen Widerstands gegen jede mitleidlose, unsolidarische Machtausübung wie gegen jede religiöse Rechtfertigung politischer Unterdrückungsverhältnisse. Aus ihr entstehen immer neue Impulse zugunsten der Durchsetzung fundamentaler ↗Menschenrechte (↗Befreiungstheologie) u. immer neue ↗Konflikte mit herrschaftsstabilisierenden ↗Ideologien (auch in der Kirche): aktiver Widerstand. Das Beispiel des leidenden u. sterbenden Jesus u. vieler Märtyrer zeigt, daß das Vertrauen auf die rettende Macht Gottes so groß sein kann, daß die irdischen Machthaber einen Menschen wohl töten, ihm aber die stärkere Macht seiner Überzeugungen nicht nehmen können: passiver Widerstand, der bei anderen aktive Kräfte freisetzt.

Makedonianer, bei griech. Theologen des 4. Jh. Bezeichnung für solche, die Göttlichkeit des ↗Heiligen Geistes bestreiten u. daher »Pneumatomachen«, »Geistbekämpfer«, genannt werden. Der Name M. bezieht sich auf Anhänger des Bischof Makedonios von Konstantinopel († in der 2. Hälfte des 4. Jh.), der vielleicht gar kein »Pneumatomache« war. Die M., die im Gefolge des ↗Arianismus auftauchten u. sich noch nicht mit einer entwickelten ↗Pneumatologie auseinandersetzen mußten, vertraten die Meinung, der Hl. Geist sei wohl nur ein Geschöpf; sein Wirken sei in der Schrift nie als »personales« Wirken Gottes selber geschildert worden. Andere nahmen an, der Hl. Geist sei ein Mittelwesen, eine göttliche »dynamis« zwischen Gott u. Schöpfung. Hauptbekämpfer der M. waren Athanasius († 373) u. Basilius († 379). Die M. wurden seit 362 auf Synoden verurteilt, zuletzt auf dem I. Konzil von ↗Konstantinopel 381, auf dem 36 Vertreter von ihnen anwesend waren.

Manichäismus, von dem Babylonier Mani († 276 n. Chr.) gegründete Religion. Mani hielt sich nach zwei von ihm empfangenen »Offenbarungen« für den letzten großen Propheten, u. a. nach Zarathustra, Buddha u. Jesus, deren Religionen er vollenden sollte, weil sie, von ihnen selber nicht schriftlich fixiert, nur unvollkommen seien. Dank engagierter Jünger u. eigener Missionsreisen gewann er viele Anhänger im römischen Reich, in Ägypten, Persien u. Indien, später auch in China. Von den Priestern der zoroastrischen Staatsreligion angeklagt, starb er an den Folgen der Kerkerhaft für seinen Glauben. Der M. war eine systematisch entworfene gnostische Religion mit konsequentem ↗Dualismus der zwei Prinzipien Gut u. Böse, Geist u. Materie, Licht u. Finsternis, die eine Art »Heilsgeschichte« durchliefen (drei Zeiten): Zuerst streng geschieden, vermischten sie sich in der mittleren Periode (der Jetztzeit Manis). In ihr wurde die Lichtgestalt Jesus, der den Menschen vom göttlichen Ursprung der Seele kündete, besiegt, seine Seele mit der Materie vermischt. In der Folge wurden die weiteren Gesandten Gottes wiederholt besiegt; es war ihnen nicht möglich, die in die Körper gebannten Seelen (die Lichtelemente) ihrerseits zu befreien, wenn auch die Botschaft von ihrer himmlischen Heimat eine Art Erlösung darstellte. Die Rückkehr der Seelen ins Lichtreich ist nur durch die Annahme der Heilsbotschaft Manis, des ↗Parakleten, möglich. Die an ihn Glaubenden bilden die Kirche der Vernunft. Erlösung geschieht durch Bewußtwerden seiner selbst, das mit radikaler Enthaltsamkeit verbunden sein muß; Unvollkommene unterliegen dem Gesetz der ↗Reinkarnation. Am Ende der Vermischungszeit hält Jesus nach einem großen Krieg Gericht mit abermaliger Scheidung der Guten von den Bösen, kosmisch des Lichts von der Finsternis. – Der M. (dem Augustinus † 430 neun Jahre lang anhing) wurde vom römischen, später vom byzantinischen Staat gewaltsam verfolgt; kirchliche Angriffe (Eusebius † 339, Leo I. † 461) beschränkten sich auf beleidigende Polemik. Die umfangreiche manichäische Literatur ist in Bruchstücken erhalten. Im 6. Jh. fand der M. im röm. Reich sein Ende, in Zentral- u. Ostasien überlebte er bis ins 16. Jh.

Maria, die Mutter ↗Jesu Christi. *1. Biblisch.* M. nimmt in allen vier Evangelien eine bedeutende Stelle ein (ihr Name dort mit der einen Ausnahme »Maria« Lk 2, 19 immer »Mariam«, wohl ursprünglich Mirjam), mit Namen genannt oder auch »seine (deine) Mutter«, die »Jungfrau«, die »Frau« des Josef. Bei Mk gehört sie zu den Verwandten Jesu, die ihn wegen seines öffentlichen Verhaltens für geistig gestört halten u. Anstoß daran nehmen (Mk 3, 20 f. 31–35; 6, 1–6). Das Mt bezeugt eindeutig die ↗Jungfrauengeburt, doch tritt M. in der Kindheitserzählung hinter die Aktivität Josefs zurück. Im Lk gilt die Aufmerksamkeit der spirituellen Größe Marias, angefangen mit dem aus atl. Texten komponierten Magnificat (Lk 1, 25–56) über die mit aller Gnade Erfüllte, die Jungfrau, Mutter des Sohnes Gottes, die glaubende u. gehorchende Magd des Herrn, deren Seele ein »Schwert« durchdringen wird, bis hin zur Braut des Hl. Geistes. Im Joh tritt M. bei der Hochzeit von Kana als diejenige hervor, die zum gehorsamen Hören auf Jesus auffordert, u. beim Kreuz als diejenige, die dem »Lieblingsjünger« in besondere Obhut gegeben wird. Außer bei Mk sind viele Ansätze für eine theol. Reflexion u. für eine Verehrung Marias (nicht Anbetung, sondern Seligpreisung: Lk 1, 48) gegeben. Nach Apg 1, 14 gehört M. zum innersten Kreis der ↗Urgemeinde in Jerusalem. Paulus erwähnt die Geburt Jesu »aus einer Frau« (Gal 4, 4). Offb 12 spricht von einer mit der Sonne bekleideten symbolischen Frauengestalt, die in der christlichen Tradition auf M. gedeutet wurde. – *2. Dogmengeschichte.* Im Lauf der Geschichte entstanden vier auf M. bezogene Dogmen, die aus zwei Grundgestalten theologischer Interessen hervorgingen. Die erste Epoche wandte ihre Aufmerksamkeit M. aus christologischen Gründen zu; das Bekenntnis zur wahren Gottheit Jesu Christi wurde auch durch die Aussage von der ↗Gottesmutterschaft Marias (Konzil von ↗Ephesos 431) u. durch die Beteuerung ihrer »immerwährenden Jungfräulichkeit« (II. Konzil von ↗Konstantinopel 553) ausgesprochen. Nachdem sich aber schon von früh an das Interesse auch auf die persönliche Mitwirkung Marias bei der ↗Inkarnation u. auf ihre Bedeutung für die Heilsgeschichte gerichtet hatte (Justin † um 165: »neue ↗Eva«), die Marienverehrung ungemein anwuchs u. sich in der westlichen Kirche eine eigenständige ↗Mariologie entwickelt hatte, entstanden aus diesen Zusammenhängen die Dogmen von der ↗Unbefleckten Empfängnis (Pius IX. 1854) u. von der ↗Aufnahme Marias in den Himmel (Pius XII. 1950). – *3. Nichtkath. Auffassungen.* Im kirchlichen Osten entstand eine bis heute überaus große Marienverehrung, die zugleich vom Nachdenken über die Gottheit Jesu Christi wie vom Interesse an der Biographie Marias gespeist wurde. In der ersten Hinsicht ist das Dogma von der Gottesmutterschaft von 431 zu sehen, das in der ostkirchlichen Orthodoxie als einziges Dogma über M. gilt. Ikonen bilden M. als Symbol der Kirche mit Jesus Christus in der Mitte ab. In der zweiten Hin-

sicht fand das apokryphe »Protoevangelium des Jakobus« aus dem 2. Jh.
mit biographischen Einzelheiten u. dem detaillierten Bericht über die immerwährende Jungfräulichkeit Marias große Aufmerksamkeit. Ein Unterschied zum röm.-kath. Verständnis besteht darin, daß in der ostkirchlichen
Orthodoxie M. zur (erb)sündigen Menschheit gehört. Die Aufnahme der
Seele Marias durch ihren Sohn wird als »koimesis« (»Entschlafung«) am
15. August festlich begangen. Während die Reformatoren an den dogmatischen Aussagen der alten Kirche festhielten u. nur die theol. Spekulationen u. die ausgeprägte kath. Marienverehrung ablehnten, trat im späteren
ev. Christentum M. immer stärker in den Hintergrund, da die Aufmerksamkeit für die Mitwirkung Marias beim Heilsgeschehen als Verdunkelung
des einzigartigen Wirkens Jesu u. als Verletzung des ↗Sola-Scriptura-Prin-
zips galt. Die »Jungfrauengeburt« gilt der ev. Exegese eher als Mythos. In
bestimmten ev. Kreisen blieb jedoch das Marienlob M. Luthers immer lebendig. – 4. *Marienverehrung, Inhalte der Mariologie.* Die Verehrung Marias gründet in der ntl. Seligpreisung (die Zusage an die Gnadenvolle gilt als
Aussage ihrer Sündlosigkeit) u. in ihrem Glaubensgehorsam, in dem sie
immer wieder den Glaubenden als Vorbild dargestellt wird. Fester Bestandteil ist der Glaube an ihre Rolle als Fürsprecherin bei Gott u. bei
ihrem Sohn, in dem sie oft als Barmherzige die göttliche Gerechtigkeit
überwinde. In der stark emotionalisierten Volksfrömmigkeit knüpfte die
Marienverehrung mit Sicherheit häufig an den Kult der Großen Mutter
(hl. Orte u. Quellen, Wallfahrten) an. Trost u. Gewißheit suchen viele
Christen im Glauben an Marienerscheinungen (↗Erscheinungen). Intensi-
ves Mitgefühl erweckten Gedanken an das Schwert in ihrem Herzen u. an
den toten Sohn in ihrem Schoß (Pietà). Gestalt u. Schicksal Marias bilden
wesentliche, symbolreiche Themen der christlichen u. nichtchristlichen
Kunst u. Literatur bis zur Gegenwart, z. T. als Ausdruck der Volksfrömmigkeit, z. T. diese wiederum inspirierend. – Die Theologie der östlichen Kirchen äußert sich zu M. vor allem in einer doxologischen Hymnographie.
Im Westen ist die Zeit vom 5. bis 12. Jh. von Gedanken über M. als Urbild
der Kirche (bei Augustinus auch: Mutter der Glieder des ekklesialen Leibes
Jesu Christi) geprägt. In der Hochscholastik wird über M. im Rahmen der
Christologie gesprochen. Vom 17. bis 19. Jh. werden mit Hilfe theol. Kon-
klusionen immer mehr »Herrlichkeiten« u. Privilegien Marias spekulativ
erschlossen (»nie genug von M.«; »was Gott für M. geziemte, das hat er
auch verwirklicht«). M. wird als Urbild der reinen, idealen Frau im Kontrast zu Eva vorgestellt; sie gilt als Siegerin über die Häresien u. als mächtige Schutzpatronin. Der Widerstand gegen frommen Überschwang u. die
ökumenische Besinnung führten in der 2. Hälfte des 20. Jh. zu einer immer stärkeren Zurückhaltung in der theol. Beschäftigung mit M. u. z. T.
auch in der Marienverehrung. Im II. Vaticanum äußerte sich das auch in

der Abstimmung, ob M. ein eigener Lehrtext gewidmet oder ihre Bedeutung in der Geschichte Gottes mit der Menschheit im Rahmen der Aussagen über die Kirche dargestellt werden solle. Die Entscheidung fiel zugunsten der zweiten Möglichkeit (LG 52–69). In der ↗Feministischen Theologie finden sich positive Zugänge zu M. als Mythos des weiblichen Göttlichen, der zur Ganzwerdung der Menschen beitrage, oder, unter besonderer Beachtung des Magnificat, zu ihr als starker, befreiender, selber freier (Jungfräulichkeit) u. mütterlicher Frau, oder im Zeichen einer kritischen Exegese als Schwester im Glauben (so auch ev. Theologinnen).

Mariologie, als Bezeichnung für die theol. Lehre über Maria erstmals 1602, bildet nur in der röm.-kath. Theologie ein eigenes Lehrstück (Traktat). Spezielle Probleme bilden die Frage, ob alle Aussagen über Maria von einem »mariologischen Fundamentalprinzip« aus gegliedert werden könnten, u. die Zugehörigkeit oder Zuordnung zu anderen dogmatischen Traktaten. »Da über Maria nur von Jesus Christus her etwas gewußt werden kann, muß die M. im Ganzen der Dogmatik auf die ↗Christologie u. ↗Soteriologie folgen. Bedenkt man aber, daß auf diese beiden Traktate ebenso wesentlich u. unmittelbar eine dogmatische ↗Ekklesiologie als Traktat über die geschichtliche, soziologische u. gnadenhafte Bleibendheit Jesu Christi u. seiner Erlösung in der Welt u. deren Annahme zu folgen hat, dann erscheint die M. auch wie ein inneres Moment u. erster Abschnitt einer dogmatischen Ekklesiologie, was ja durch die in der Sache selbst begründete Parallele zwischen der Kirche u. Maria in der ganzen Tradition gerechtfertigt ist u. sachlich darin seinen Grund hat, daß Maria als Erlöste u. Glaubende u. als heilsgeschichtlich in entscheidender Weise Handelnde zur Kirche gehört u. den rein vollendeten Fall derer darstellt, die die Kirche bilden« (Rahner-Vorgrimler 1961, 234 f.). Elemente der M. sind auch relevant für eine dogmatische ↗Anthropologie, für die ↗Gnadenlehre u. für die ↗Eschatologie.

Martyrium (griech. = Zeugnis) ist das Sterben um des christlichen Glaubens oder der christlichen Lebenspraxis willen. Dieser Tod wird seit dem 2. Jh. als »Zeugnis« verstanden u. vom Verhalten der »Bekenner« (»confessores«) unterschieden, die zwar durch Standhaftigkeit herausragten, jedoch ohne getötet zu werden. Im modernen Sprachgebrauch wird M. auch von nichtchristlichen gewaltsam Verfolgten ausgesagt (makkabäische Märtyrer; auch Christen machten Juden zu Märtyrern). Mit der Verehrung der Märtyrer (M. des Polykarp um 160) begann die ↗Heiligenverehrung im christlichen Bereich; in ihnen sah man authentische Jünger u. Jüngerinnen Jesu in seiner ↗Nachfolge im Leiden u. Kreuztragen. In theol. Sicht kommt im M. der Tod als Tat des christlichen Glaubens u. der Liebe zu Gott (nicht

nur als passiv hingenommenes Widerfahrnis) unzweideutig zur Erscheinung. Die ↗Heiligkeit der Kirche erhält, durch Gottes Gnade ermöglicht
u. erwirkt, im M. eine erfahrbare Dimension u. dadurch ihre Glaubwürdigkeit »nach außen hin«. Seit Klemens von Alexandrien († nach 215)
wird dem M. die gleiche rechtfertigende, sündenvergebende Kraft zugeschrieben wie der Taufe (daher M. als »Bluttaufe«). Auch in den aus der
Reformation hervorgegangenen Kirchen gelten die frühchristlichen Märtyrer u. ihre eigenen Blutzeugen als »erbauliche« Beispiele überzeugenden
christlichen Lebens u. Bekenntnisses. Im Sprachgebrauch der heutigen
kath. Praktischen Theologie bezeichnet »Martyria« den »Dienst am Wort«,
früher auch »Verkündigung« genannt; sie gehört mit Diaconia u. Leiturgia
(manchmal auch mit Koinonia) zu den Grundvollzügen der Kirche.

Mäßigkeit (lat. »temperantia«; griech. »sophrosyne«), auch Mäßigung (lat.
»moderatio«), heißt in der christlichen Tradition jene ↗Tugend, in der ein
Mensch seine ↗Affekte u. ↗Leidenschaften mit Hilfe seiner Vernunft in
»Zucht u. Maß«, besonnen in der »Mitte« hält. Nach Thomas von Aquin
(† 1274) ist die M. nicht nur die letzte der vier ↗Kardinaltugenden, sondern auch Bestandteil jeder Tugend überhaupt. Nach ihm wird die M. in
einer Reihe ihr untergeordneter Tugenden verwirklicht, z. B. in eigentlicher
M. im Essen u. Trinken, in Keuschheit u. Enthaltsamkeit. Verwandt sind
Selbstbeherrschung, Demut u. Bescheidenheit. Aktuell wird die Frage nach
der M. in der Konsumaskese u. in der Ökologie.

Materialismus ist ein Ende des 17. Jh. geprägter Begriff für unterschiedliche
Versuche eines systematischen Weltverständnisses, dessen Anfänge bereits
in der griech. Antike bezeugt sind (Demokrit † um 370 v. Chr.), das die
erfahrbare Welt als einheitliches Ganzes aus sich selber heraus erklären
will. Damit ist die Behauptung eines Vorrangs der Materie vor dem Geist,
der materiellen Welt vor der Welt der Ideen gegeben. Materialistisch sind
z. B. der ↗Monismus, die Reduzierung der Seele u. der geistigen Aktivitäten
auf Prozesse des Gehirns in manchen Naturwissenschaften, die Interpretationen der Geschichte als (überwiegend) bedingt durch die materielle Situation der Menschen (↗Ideologie), auch die ethischen Theorien der Lust-
maximierung (seit Epikur † 270 v. Chr.). Infolge des mechanistischen
Denkens der Neuzeit (↗Cartesianismus, Naturwissenschaften) entstand in
der französischen Aufklärung des 18. Jh. ein ausgeprägt deterministischer
(↗Determinismus) u. atheistischer M. Aus dem 19. Jh. sind ein aggressiver
Vulgärmaterialismus auf naturwissenschaftlicher Basis u. der historische,
später dialektische M. (das Erkennen als Widerspiegelung der Außenwelt)
zu nennen. Insofern in den verschiedenen Spielarten des M. die Materie als
einheitliche Substanz aufgefaßt u. ihre Mannigfaltigkeit in quantitativer,

qualitativer u. struktureller Hinsicht nicht erkannt wird, hebt sich der M. selber auf. Neuere Erkenntnisse über die Natur als Chaos widersprechen dem monistischen Weltverständnis. Der heutige ↗Positivismus leistet dem M. insofern Vorschub, als er den Methodenpluralismus nicht anerkennt. Für die Theologie ist es keine schwere Aufgabe, die Defizite des erkenntnistheoretischen M. nachzuweisen; sie hätte aber auf die Warnung zu achten, die in der Verbindung des M. mit der menschlichen Freiheitsgeschichte (insofern diese von Theologie u. Kirche nicht gefördert wurde) besteht; ferner hätte sie in der materialistischen Absage an den ↗Idealismus die Anfrage an sich selber zu vernehmen, ob sie die konkrete Situation des Menschen als sinnliche u. daher leidende u. hinfällige Kreatur ernst genug nimmt.

Materie (griech. = Urstoff). 1. In der Philosophie wird die M. von den »Vorsokratikern« (6. Jh. v. Chr.) an thematisiert, denen die Zusammensetzung u. Veränderung des »Urstoffs« durch Atome bereits bekannt ist. Aristoteles († 322 v. Chr.) bezeichnet mit M. den von sich aus unbestimmten, bestimmbaren u. der Bestimmung bedürftigen tragenden Grund eines Seienden, der durch eine ↗Form bestimmt wird. Im aristotelischen ↗Hylemorphismus wird die M. beim nichtgeistigen Seienden als reine ↗Potenz (die »erste M.«) vom formgebenden ↗Akt unterschieden; die bereits geformte »zweite M.« ist Gegenstand der Naturforschung (diese hylemorphistische Sicht spielt in der kath. Theologie der ↗Sakramente eine Rolle). In der späteren Philosophie kommt der Begriff M. gelegentlich als Bezeichnung alles dessen, was bestimmbar ist, vor, doch wird der Hylemorphismus aufgegeben u. M. als körperlicher Stoff aufgefaßt, der nach Raum, Masse u. Gestalt beschreibbar ist u. bewußtseinsunabhängig existiert. – 2. Die gegenwärtige Naturwissenschaft erkennt die M. als hochkomplexes, aus kleinsten Teilchen (u. Antiteilchen) aufgebautes Gefüge, ihren Kräften (Wechselwirkungen, Kraftfeldern) nach erforscht. Die Beschäftigung mit der M. hat sich auf die »kosmische M.« (»Gesamtmasse«) ausgeweitet. Mit der Wesensfrage, was M. ist, befaßt sich die Naturwissenschaft nicht. – 3. Theologische Perspektiven: In einem allgemein zugänglichen Sprachgebrauch kann M. als das konkrete, physikalische Nichtgeistige aufgefaßt werden, das Gegenstand der äußeren Erfahrung des Alltags, der Physik, Chemie, Biologie u. der anthropologischen Wissenschaften ist, soweit letztere auf der Erfahrung der Leibhaftigkeit des Menschen beruhen. Im jüdischen u. christlichen Glauben gilt, daß diese M. ganz von Gott geschaffen ist; diese Aussage betrifft nicht das Wie der ↗Schöpfung, sondern sie besagt, daß die M. Gott nicht als ein gleich ewiges, das heißt gleich zeitmächtiges selbständiges Prinzip gegenübersteht, u. daß sie als von Gott gewollte u. geschaffene gut ist. In christlicher Sicht ist sie (verbürgt durch die ↗Inkarnation u. die ↗Auferstehung Jesu) ein endgültig bleibendes Moment an der Schöpfung auch in deren verwandelter Gestalt der Endgültigkeit. Es ist nicht möglich, sich vom Zustand der bleibenden M. in der vollendeten Welt eine positive Vorstellung zu machen; der Glaube besagt nur, daß die Wirklichkeit als vorgeistiger Grund des endlichen Geistes in der Vollendung nicht einfach eliminiert wird. Endlicher ↗Geist u. M. (diese als »inneres Moment« am konkreten geistigen Seienden, als dessen notwendige »Umwelt« u. als »Stoff« der Selbstverwirklichung des Geistes) bilden eine bleibende, gute Einheit. Eine Offenheit des Materiellen in seiner ↗Evolution hin zum Geistigen unter dem dauernden schöpferischen Impuls des zugleich welttranszendenten u. weltimmanenten göttlichen Geistes widerspricht der christlichen Lehre von einem Wesensunterschied von Geist u. M. nicht. Eine ↗Selbsttranszendenz der M. auf den Geist hin kann daher diskutiert werden. Die Glaubenslehre von der Inkarnation des göttlichen ↗Logos besagt, daß die höchste Geistigkeit noch die unterste Tiefe der Wirklichkeit durchdringt u. daß sie diese in Freiheit zum ewig bleibenden Moment an der konkreten Wirklichkeit Gottes gemacht hat.

Meditation (lat. = Nachdenken) wird heute überwiegend als aktiver methodischer Prozeß des Zu-sich-selber-Kommens verstanden. Die heutige M. hat keineswegs notwendigerweise religiösen Charakter. Sie unterscheidet sich von der auf ein Objekt oder Thema konzentrierten ↗Betrachtung u. von dem eher passiven Durchdrungensein von einer religiösen Erfahrung in der ↗Kontemplation. Von der Geschichte der M. her entwickelten sich zwei verschiedene Traditionen. Die eine ist in der fernöstlichen Religiosität begründet. Im Hinduismus besteht der Prozeß der M. im klaren Erkennen u. im bewußten, methodischen Entfernen dessen, was in der Sinnenwelt an der Vereinigung des Menschen mit der Gottheit hindert. Im Buddhismus dient die Versenkung ebenfalls der Beseitigung der vitalen Antriebe u. der Einübung der Überwindung aller polaren Gegensätze als Vorbedingungen für das definitive Erlangen seliger Erlösung im Nirwana. Zwei Elemente der fernöstlichen M. sind in westlichen Gesellschaften besonders aktuell geworden, Zen u. Yoga. Der Stufenweg des Zen besteht in der Befreiung von Leidenschaften, Erlangung von Gelassenheit im Blick auf Leben u. Tod, Erfahrung des Einklangs u. der Einheit mit kosmischen Kräften, Erreichen einer mystischen Erleuchtung, bei der das Bewußtsein von Zeit verschwunden ist. Yoga unterscheidet sich im Hinblick auf die innere Einstellung zu Entfremdungen, Leidenschaften u. Sinnlichkeit nicht von den genannten Konzeptionen; es handelt sich vielmehr um detailliert ausgearbeitete Techniken des befreienden Prozesses (Lebensweise, Atmung, Entspannung, Ernährung). Die Verbreitung dieser Meditationsformen im Westen ist auf die Einsicht in zerstörerische Lebensweisen u. Ablehnung der entfremdenden Formen der modernen Arbeitswelt zurückzuführen; daraus ergab sich die Aufmerksamkeit der psychologischen Wissenschaften für die M. u. deren Einbeziehung in Therapien. – Die zweite Tradition der M. entstand im Christentum, beginnend mit den Läuterungs- u. Versenkungsmethoden des östlichen Mönchtums u. in der Gegenwart unter Einbeziehung fernöstlicher Erkenntnisse neu belebt. In dieser neueren Entwicklung gilt der Selbstfindung u. Selbsterfahrung, die als positiv u. unentbehrlich bewertet werden, vermehrte Aufmerksamkeit. Was sonst vom Mittelalter an, in der Mystik, bei M. Luther († 1546), Ignatius von Loyola († 1556) u.a. als Läuterung, Befreiung u. Versenkung praktiziert wurde, gehört eher zu Kontemplation (mystisch) u. Betrachtung (ignatianisch) mit dem Ziel einer personalen Gottes- bzw. Christuserfahrung als zur Meditation.

Meletianer, die Angehörigen zweier verschiedener Gruppen im kirchlichen Altertum. Die erste vertrat eine rigorose, verurteilende Haltung gegenüber den in der Christenverfolgung des Kaisers Diokletian schwach Gewordenen, benannt nach einem Bischof Meletios von Lykopolis in Ägypten († um 325). Die zweite wurde nach dem (hl.) Bischof Meletios von Antiochien († 381), unter Kaiser Theodosius Vorsitzender des Konzils von ↗Konstantinopel, benannt, wurde aber nicht von ihm gegründet u. war nicht wirklich häretisch, gehörte im Streit um den ↗Arianismus der »homöischen« Richtung an (↗Semiarianismus); 415 kirchlich versöhnt.

Mensch. *1. Philosophischer Zugang.* Die theol. Auffassung vom Menschen kommt mit der klassischen Philosophie darin überein, daß »der M.« (bedauerlicherweise eine männliche Abstraktbildung) in der Gesamtheit alles Lebendigen eine Ausnahme darstellt, weil »er« die Fähigkeit besitzt, sich zu sich selber u. zu allem anderen reflex u. ausdrücklich zu verhalten. In der Philosophie des Aristoteles († 322 v.Chr.) wird der Unterschied des Menschen zum ↗Tier erstmals greifbar thematisiert. Mit den Tieren hat der M. das ↗Leben u. die Körperlichkeit gemeinsam. Dazu gehören die Gesetzlichkeiten des Materiellen u. des Organischen: ↗Evolution. »Zugleich« mit den auf diese Eigenarten bezogenen Wahrnehmungen erfährt sich der M. als eine unendliche Offenheit in der transzendierenden ↗Freiheit des Erkennens, Wollens u. Handelns; er erfährt sich als ↗Geist u. als ↗Person. Aus dieser zweifach-einen Wesenserfahrung des Menschen ergab sich in der aristotelisch-thomistischen Philosophie die Definition: »Der M. ist ein vernunftbegabtes Lebewesen« (»animal rationale«), wobei das »Animalische« die Gemeinsamkeit mit den nichtmenschlichen, tierischen Lebewesen anzeigt. Eine erste fundamentale Differenz zwischen der philosophisch traditionellen Auffassung vom Menschen u. einer naturwissenschaftlichen Sicht entstand im 19. Jh. und wirkt weiter bis zur Gegenwart. Die Verbindung der evolutionsorientierten Biologie mit dem weltanschaulichen ↗Materialismus führte zur Leugnung eines Wesensunterschiedes von M. u. Tier mit den Versuchen, geistig-seelische Vorgänge aus biologischen, physikalischen u. chemischen Prozessen erschöpfend zu erklären. Die Philosophie sah u. sieht sich immer wieder vor der Versuchung, die Komposition des Menschen aus ↗Leib u. ↗Seele im Sinn eines prinzipiellen ↗Dualismus zu erklären (Platon † 347 v. Chr., R. Descartes † 1650). Geistesgeschichtlich war die von Aristoteles u. dessen ↗Hylemorphismus geprägte Sicht des Menschen als Einheit der Teilsubstanzen Leib u. Geistseele bei Thomas von Aquin († 1274) von großer Nachwirkung. Über das individualisierende Person-Denken hinaus, das in der idealistischen Philosophie ↗Subjektivität ausschließlich vom reflexiven Selbstbesitz u. der Selbstverfügung her sehen wollte, ist in der neueren Zeit deutlich geworden, daß Beziehung (»Relationalität«) zum Wesen des Person-Seins gehört, so daß »der M.« sein Wesen u. seine Wirklichkeit immer nur mitmenschlich in gemeinsamer Welt »hat«. Menschen sind M. im Besitz der gleichen ↗Menschenwürde u. ↗Menschenrechte. Diese kommen auch dem Menschen zu, der noch nicht zu reflexivem Selbstverhältnis, Selbstbewußtsein u. Gewissen gelangt, aber seiner ganzen Potenz nach auf dem Weg zu einem entwickelten Personsein ist, dem eben erst gezeugten »Embryo«. Ebenso kommen sie dem Menschen zu, der als Behinderter u. Beschädigter auf diesem Weg steckengeblieben ist, u. demjenigen, der sie einmal besessen, sie aber alters- oder krankheitshalber hinter sich gelassen hat; sein Menschsein, das verhindert, daß er als Sache angesehen wird, ist ihm geblieben. Mit der personalen ↗Freiheit als einem der beiden Grundvermögen des menschlichen Geistes u. der Fähigkeit zu vernünftigem Urteil ist als ein den Menschen auszeichnendes Merkmal das ↗Gewissen gegeben, das ihn unter den Anspruch des ethisch ↗Guten u. des Handelns in Verantwortung stellt. Was den Menschen vor dem Tier auszeichnet, sein geistiges Person-Sein in Erkenntnis u. Freiheit, ist durch den unendlichen Horizont ihrer Aktivität auf eine Vollendung (Endgültigkeit) hin angelegt, die es doch nie aus eigener Kraft zu erreichen vermag, weil es im Tod diese Existenz- u. Tätigkeitsform aufgeben muß; auch in seinem ethischen Sollen gelangt es nicht zur angezielten Vollendung (↗Glück), weil es dem Sollensanspruch nie ganz gerecht wird u. auch dieser mit dem biologischen Leben endet. – *2. Theologisch.* Die Zeugnisse der Gottesoffenbarung im AT u. NT enthalten Aussagen über den Menschen, die den Anspruch erheben, den Menschen zur vollen Erkenntnis seines konkreten Wesens zu bringen. Der M. wird als das in seiner Welt unvergleichliche Wesen geschildert, so sehr als ↗Subjekt, daß die Menschen allein Partner Gottes sind, denen gegenüber alles andere von Gottes Schöpferwillen her die vom Menschen treu zu behütende Umwelt ist (↗Gottebenbildlichkeit). Die menschliche Subjektivität als Geist, Freiheit, ewig individuelle Bedeutung u. Gültigkeit vor Gott, als Fähigkeit zu einem echt dialogischen Verhältnis zu Gott, bis hin zur absoluten Nähe zu Gott »von Angesicht zu Angesicht«, die Nähe zu Gott im Erkennen Gottes so wie die Menschen von ihm erkannt sind (wobei »Erkennen« biblisch intime Liebe meint), ferner als die Möglichkeit, zur »Äußerung« Gottes zu werden: das alles bedeutet Mensch-Sein nach der Offenbarung Gottes. Das alles macht den Menschen wirklich zu einem Seienden, das im letzten nicht Teilstück eines größeren Ganzen (der Welt), sondern gewissermaßen das Ganze in je einmaliger Weise ist, Person, »Existenz« im Gegensatz zum bloß Vorhandenen. Die echt geschichtliche, das heißt einmalige (nicht zyklische) Geschichte des Kosmos ist ein »Moment« an dieser Geschichte zwischen Gott u. M. von Anfang an bis zum Ende; die Geschichte des Menschen ist nicht ein »Moment« einer umfassenden »Kosmogonie« (Weltwerdung), sondern Welt ist nur die voraus-gesetzte Ermöglichung der Geschichte des Menschen u. hat in dieser ihren letzten Ermöglichungsgrund. Das Ende des Kosmos ist von der Geschichte des Menschen vor Gott bestimmt. Innerhalb dieser Geschichte weiß sich der glaubende M. trotz seiner Geschöpflichkeit u. seines Versagens im Schuldigwerden als der von Gott immerfort geschichtlich Angesprochene, u. zwar mit dem Wort absoluter, freier, gnadenhafter ↗Selbstmitteilung Gottes, das den Menschen zur ↗Anschauung Gottes in dessen eigenstes inneres Leben hinein beruft. Von dieser Verheißung her gesehen wird deutlich, daß die Möglichkeit der ↗Schöpfung in der radikaleren Möglichkeit der Selbstentäußerung Gottes begründet ist (dogmatisch gesprochen: da ja in dem »einfachen« Gott nicht einfach verschiedene Möglichkeiten nebeneinanderliegen). Dann ist der M. in ursprünglicher Definition: »das mögliche Anderssein der Selbstentäußerung Gottes« (K. Rahner).

Menschenrechte heißen die grundlegenden, universal gültigen Rechte, die jedem Menschen aufgrund seines Menschseins allein, ungeachtet aller möglichen oder bestehenden Unterschiede, zukommen (»Grundrechte«). Ihre Geltung hat den Vorrang vor allen anderen rechtlichen Regelungen. Aufgrund der ↗Geschichtlichkeit der Menschen u. ihrer Verwirklichung in einer evolutiven Welt gibt es keine statisch erschöpfende Festlegung der M.; die bestehenden Erklärungen u. Aufzählungen sind vielmehr Ergebnisse von Erfahrungen mit den katastrophalen Folgen der Menschenrechtsverletzungen. Die M. betreffen das menschliche Individuum (Recht auf Leben, Freiheit von Zwang, Gewissensfreiheit, Recht auf Eigentum), seine politische Existenz (Beteiligung an Meinungsbildung u. Entscheidungen), das Sozialleben (Recht auf ↗Arbeit u. Ausbildung, ↗Gleichheit der Bildungschancen) sowie das Zusammenleben von Völkern u. Kulturen (Völ-

kerrecht; Verhinderung von Kriegen u. Gewaltanwendung; Teilhabe der
Dritten Welt an den Gütern der Erde; Umweltschutz usw.). Die Geschichte
der Erkenntnis der M. beginnt in der vorchristlichen Antike mit dem
Nachdenken über die ↗Menschenwürde. Trotz der möglichen Ansätze in
der christlichen Tradition (Gal 3,28) u. bemerkenswerten Bemühungen
der Spätscholastik (F. de Vitoria † 1546, B. de Las Casas † 1566 u.a.), die
auf dem Weg über H. Grotius († 1645) zu den bedeutenden Menschen-
rechtsphilosophen der ↗Aufklärung (J. Locke † 1704, Ch. Wolff † 1754
u.a.) gelangten, verweigerte sich die röm.-kath. Kirche bis ins 20. Jh. den
Menschenrechten. Meilensteine auf dem Weg ihrer öffentlichen Anerkennung waren die Verfassung der USA von 1789 (vom ev. Christentum geprägt) u. die (religionslose) Formulierung der französischen Nationalver-
sammlung von 1789 sowie der überragende Einfluß I. Kants († 1804)
hinsichtlich der philosophischen Fundierung. Die Päpste des 19. Jh. be-
kämpften die M. als »zügellose Freiheitslehren« (Gregor XVI. † 1846;
Pius IX. † 1878; Leo XIII. † 1903). Die Katastrophen der M. im 20. Jh.
führten zur »Allgemeinen Erklärung der M.« durch die Vereinten Nationen 1948, die in zahlreichen internationalen Verträgen (u.a. gegen die
Diskriminierung der Frauen, gegen die Folter, zum Schutz der Rechte der
Kinder usw.) konkretisiert wurden u. werden. Die kath. Anerkennung der
M. datiert mit Johannes XXIII. († 1963) u. seiner Enzyklika »Pacem in
terris« 1963. Trotz verbaler Erklärungen bleibt die Verwirklichung der M.
in der Kirche unzureichend.

Menschensohn bezeichnet im AT in einem allgemeinen Sinn den individuellen Menschen; im besonderen aber wird eine geheimnisvolle Gestalt
Dan 7,13 M. genannt, der dort in apokalyptischer Sicht die endgültige
↗Herrschaft Gottes symbolisiert u. als deren Repräsentant inthronisiert
wird. Die frühjüdische ↗Apokalyptik beschäftigte sich eingehender mit
dieser Gestalt. Vor diesem Hintergrund ist die M.-Christologie des NT zu
sehen. In den Evangelien findet sich der Begriff M. in den Aussagen Jesu
sowohl in seiner eschatologischen Bedeutung (der kommende M.) wie
auch im Sinn einer Selbstidentifizierung Jesu mit dem M. Die stärkeren
exegetischen Argumente sprechen dafür, daß Jesus selber sich nicht als M.
bezeichnet hat, sondern daß die frühe christliche Gemeinde ihre ↗Nah-
erwartung der ↗Parusie u.a. auch in die Gestalt einer M.-Christologie ge-
kleidet hat. Zu ihr gehörte auch die Verbindung mit Leidens- u. Sühnevorstellungen. Dabei wird manchmal zwischen dem irdischen M. u. dem
M. als eschatologischem Richter unterschieden u. der erhöhte M. als
himmlischer Fürsprecher bekannt.

Menschenwürde, ein Begriff, mit dem die Gesamtheit aller Werte bezeichnet wird, die dem Menschen u. nur ihm, u. zwar allen Menschen, unabhängig von Herkunft, Entwicklungsstand, Bildung, Besitz usw. zu eigen sind. Auf die Anerkennung u. den Schutz der M. (oder Personwürde) müssen sich in einem Gemeinwesen die Anhängerinnen u. Anhänger aller Weltanschauungen einigen können, zumal die Folgen der Verletzungen der M. allen vor Augen stehen u. die M. durch immer neue Praktiken u. Möglichkeiten bedroht wird (genetische Experimente, Darbietungen u. »Enthüllungen« in den Medien usw.). Die Erkenntnis der individuellen M. geht auf die ↗Stoische Philosophie (besonders Cicero † 43 v. Chr., Seneca † 65 n. Chr.) zurück, die sich trotz der Einsicht in bestehende Ungleichheiten zu einer fundamentalen ↗Gleichheit aller Menschen u. ihren Unterschied gegenüber allen anderen Lebewesen bekannte. Die christliche Tradition brachte in das Nachdenken über die M. die ↗Gottebenbildlichkeit ein. Von grundlegender Bedeutung für die philosophische Fundierung der M. ist bis heute I. Kant († 1804; ↗Kategorischer Imperativ). Die M. ist der Grund aller Rechtsordnungen, mit denen die aus der M. sich ergebenden ↗Menschenrechte geschützt u. garantiert werden.

Messalianer, eine christliche asketische Gruppierung um 350 in Syrien (ihr syrischer Name = die Betenden, griech. Euchiten). Lehre: Durch die Taufe kann der Dämon, der jede menschliche Seele besetzt hält, nicht ausgetrieben werden; nur durch Gebet u. strenge Askese kann der Hl. Geist in die Menschenseele einziehen u. sie von den Leidenschaften befreien. In der schon früh einsetzenden Polemik u. in synodalen Verurteilungen (massiv auf dem Konzil von ↗Ephesos 431) wurde ihnen außerdem, in Unkenntnis des Syrischen wohl zu Unrecht, vorgeworfen, die Sakramente zu verschmähen, die Arbeit zu verabscheuen u. sich in Schlaf zu flüchten.

Messias (griech. Lehnwort, gebildet vom hebr. »maschiach« = Gesalbter, griech. in der LXX »christos«, im NT zu dem Eigennamen »Christus« geworden). M. bezeichnet im AT die Gesalbten JHWHs, Könige, Hohenpriester usw. (↗Salbung). In den sogenannten messianischen Texten des AT wird der Begriff M. nicht verwendet (Gen 3, 14 f.; 49, 10; Num 24, 17; 2 Sam 7, 12–16); die darin ausgesprochenen Rückblicke bzw. Erwartungen konzentrieren sich auf die Dynastie ↗Davids, immer stärker nach dem Exil (Ps 89, 20–46 u. ö.; »Gesalbter JHWHs« Ps 2; 18; 28; 84; 89; 132). Jes 7, 10–17, ein auf die nächste Zeit bezogenes Geburtsorakel, wird bei Jes später ebenfalls auf die Erwartung eines neuen David bezogen, ebenso Mich 5, 1–5 mit der Nennung Bethlehems u. sog. messianische Texte bei Jer u. Ez, Hag u. Sach. Mit der zeitlichen Entfernung von der Königsdynastie nimmt diese Erwartung eschatologisch-apokalyptische Gestalt an. Sie

wird in frühjüdischen Schriften thematisiert, bildet aber keineswegs den
zentralen Inhalt des jüdischen Glaubens. Das NT bezeugt, daß die
frühchristliche Gemeinde schon früh den Titel M. für Jesus in Anspruch
genommen hat (vorpaulinische Formel 1 Kor 15, 3 ff.), z. T. in eschatologischer Charakterisierung, z. T. unter Behauptung einer Abstammung von
David. Paulus verwendet M. als Titel, wenn er über das Heilswirken Jesu
spricht. Besonders entfaltet ist die M.-Christologie bei Mt (ein gewisser
Höhepunkt das M.-Bekenntnis des Petrus Mt 16, 16). Probleme der Auseinandersetzung um den M. u. Jesus spiegelt Joh wider. Offenbar war das
Bekenntnis der Jesusanhänger zu ihm als dem M. der Anlaß, sie aus den
Synagogen auszuschließen (9, 22; 12, 42 f.). Das Selbstbekenntnis Jesu vor
dem Hohenpriester Mk 14, 62 gilt in heutiger exegetischer Sicht ebenso wie
das Petrus-Bekenntnis als spätere frühgemeindliche Bildung. Die christliche M.-Behauptung weist Züge auf, die den jüdischen Erwartungen völlig
fremd waren (der M. ein starker König u. Krieger, Jesus gewaltlos; Jesus
einerseits leidend u. hingerichtet, anderseits Gottessohn). Überzeugende
Gründe (außer der Trennung von der jüdischen Glaubensgemeinschaft)
für die Übernahme u. Verfremdung des M.-Titels durch die Christen sind
nicht vorgebracht worden (genannt werden die religiösen Inhalte des Begriffs »Gesalbter« u. die Vollmachtsgestalt der Verkündigung Jesu). Das
Judentum kannte auch nach der Katastrophe von 70 n. Chr. immer wieder
»messianische Erwartungen« (extrem deutlich beim Aufstand des Bar
Kochba † 135) im Sinn einer Hoffnung auf baldige Errettung, Befreiung
u. Heimführung Israels, doch waren diese nicht signifikant für das gesamte
Judentum. Impulse des modernen Judentums, die das Befreiungspotential
der M.-Idee gegen Resignation u. hoffnungslose Anpassung nutzen wollten, wurden auch in der ↗Politischen Theologie (messianische gegen
bürgerliche Religion) u. in der Befreiungstheologie in Anspruch genommen. In der Christologie der klassischen Theologie spielt der M.-Titel keine bedeutende Rolle. Nur vereinzelt wird noch behauptet, das Bekenntnis
zu Jesus als dem M. (Israels!) sei Mitte u. Norm des christlichen Bekenntnisses; Jesus als absoluter Heilbringer habe die Verheißungen des AT überboten usw. Um Jesu Qualität als Sohn Gottes u. seine göttliche Sendung
zum Ausdruck zu bringen, bedarf es des M.-Titels nicht. Christen haben
keinen Grund, die Erwartungen begrenzter jüdischer Kreise auf das Kommen eines Israel rettenden M. zu beerben. Die »Entwendung« gehört zum
Beginn einer leidvollen Feindschaft, die schließlich nach Auschwitz führte.

Meßopfer, als Begriff von lat. »missa« = Entlassung, d. h. vom Schlußsegen
aus seit dem 5. Jh. auf die ganze Feier der ↗Eucharistie übertragen. *1. Zur*
Geschichte. Die Gedächtnisfeier des ↗Abendmahls wurde schon früh als
»Opfer« bezeichnet (Didache 14, 1 f., wohl um 100 n. Chr.; Justin † um 165;

Irenäus von Lyon † um 202), u. zwar als Dankopfer. Der Gedanke, daß im
Erinnerungsgehalt dieser Feier das »Kreuzesopfer« Jesu vergegenwärtigt
wird (↗Anamnese), wird von griech. u. lat. Kirchenvätern vom 4. Jh.
ab (mit Ansätzen bei Cyprian † 258) eingehend thematisiert, u. wegen dieses
kirchlichen Erinnerungshandelns gilt die Feier auch als ein »Opfer der
Kirche« bzw. Selbstdarbringung der Glaubenden (Augustinus † 430 u. a.).
Die mittelalterliche Theologie verschob den gedanklichen Schwerpunkt
von der Vergegenwärtigung des Kreuzesopfers auf das Opfer der Kirche,
freilich mit Jesus Christus als dem Opferpriester, der die Identität beider
Opfer garantiert. Bei Albertus Magnus († 1280) u. Thomas von Aquin
(† 1274) wird, wiederum mit Jesus Christus als hauptsächlich Handeln-
dem, der Opferakt in der »Doppelkonsekration« von Brot u. Wein gesehen. Infolge der Aufmerksamkeit für Sühneformulierungen in den Abend-
mahlsberichten galt das M. in M.-Erklärungen auch als Sühneopfer
(↗Opfer). M. Luther († 1546) u. die Reformatoren erhoben keinen Einspruch gegen das Verständnis der Eucharistie als Lob- u. Dankopfer, widersetzten sich aber der Deutung als Sühneopfer, weil die kirchliche Feier
das ein für allemal gültige Sühneopfer Jesu Christi u. die Rechtfertigung
aus dem Glauben allein entwerte. Als Zuwendung der Heilswirkungen
dieses einmaligen Sühneopfers u. als Gedächtnisfeier ließ die reformatorische Tradition die Eucharistie gelten. Das Konzil von ↗Trient verteidigte
verbindlich die Messe als wahres u. eigentliches Opfer, nicht nur Lob- u.
Dankopfer, sondern auch wahrhaftes Sühneopfer für Lebende u. für Tote;
sie ist aber kein neues, selbständiges Opfer, sondern Vergegenwärtigung
(»repraesentatio«), Gedächtnis (»memoria«) u. Zuwendung (»applicatio«)
des Kreuzesopfers, wobei Jesus Christus selber opfert u. zwar durch den
Dienst der Priester. Da der Begriff des Opfers vom Trienter Konzil unreflektiert übernommen wurde, entstanden in der Folgezeit auf kath. Seite
Meßopfertheorien, die ihrerseits ebenfalls von einem allgemeinen Opferbegriff ausgingen: die ↗Destruktionstheorie als die am weitesten verbreitete, die Oblationstheorie, nach der Jesus Christus in jeder Messe sich neu
opfere, u. die Maktationstheorie, nach der die Doppelkonsekration eine
»mystische Schlachtung« sei. Diese Theorien sind im allgemeinen aufgegeben. Zu den Aussagen des II. Vaticanums über das M.: SC 2, 7, 47; LG 3,
10 f., 28. – *2. Zur Theologie.* Wenn auch die Redeweise vom M. (vor allem
auch wegen der Opfertheologie in Hebr 9 f.) beibehalten wird, so konzentriert sich die heutige Theologie doch stark auf das kultische Gedächtnis-
Geschehen im ganzen (großer Einfluß der ↗Mysterientheologie u. von
J. Betz † 1984): Die Eucharistiefeier vergegenwärtigt in der Gestalt des
Mahles Tod u. Auferstehung Jesu, der als Erhöhter der Mahlgeber ist (Per-
sonalpräsenz); unter den verhüllenden Zeichen von Brot u. Wein schenkt
er sich selber als den in den Tod Hingegebenen (somatische Realpräsenz);

dadurch macht er die Heilskraft seines Sterbens in den Mahlhaltenden
wirksam u. befähigt sie zur Teilhabe an seiner Lebenshingabe (Aktualpräsenz). Person u. Werk, Sakrament u. Opfer sind in dieser Sicht nicht mehr
getrennt. Insofern die Hingabe Jesu »Sühneopfer« war, ist das M. als die
Vergegenwärtigung dieser Hingabe ein »Sühneopfer«. Da das M. die
Selbstübereignung Jesu an Gott in der sichtbar-greifbaren Dimension (»sakramental«) vergegenwärtigt, ist sie, mit Trient gesprochen, ein wahres u.
sichtbares Opfer, aber kein neuer Opferakt, auch nicht infolge der Indienstnahme der Priester. Als Opfer der Kirche kann das M. nicht die Darbringung des Kreuzesopfers Jesu sein; »Opfer der Kirche« kann nur den
glaubenden u. dankenden Mitvollzug der Lebenshingabe Jesu, seines Todesweges als seinem vertrauenden Gehen zu Gott, meinen. In dieser Sicht
zeichnen sich Möglichkeiten ökumenischer Verständigung ab.

Metanoia (griech. = Umsinnen), bedeutet in biblischen Zeugnissen beider
Testamente die Umkehr von einer falschen Lebensorientierung u. die Hinkehr zu Gott, u. zwar in allen Dimensionen des Menschseins, emotional,
rational, nach »außen« dokumentiert (Schuldbekenntnis, Fasten usw.) u.
durch eine neue Lebenspraxis »bewiesen«. Johannes der Täufer predigte
die M. im Sinn einer absoluten, durch die Drohung mit dem Gericht Gottes motivierten Forderung (Mt 3, 7 ff.; Lk 3, 7 f.). Im Zusammenhang damit
predigte u. erteilte er die »Bußtaufe«, besser »Umkehrtaufe« (Mk 1, 4 f.).
Relativ selten setzte Jesus diesen Begriff der M. in seiner Verkündigung ein,
unter Zurücktreten der Gerichtsdrohung u. unter Betonung der Funktion
des ↗Glaubens bei echter M. (Mk 1, 15). Im Frühjudentum tauchte bereits
die Frage einer öfteren M. auf. Im späten NT wird dies angesichts des nach-
lassenden Eifers in den Gemeinden zu einem großen Problem, so daß sogar gesagt werden kann, bei einem Rückfall von Christen in eine alte Lebensform gebe es keine Wiederholung der M. (Hebr 6, 6 u. ö.). Darin ist
ein psychologisches, nicht ein theol. Urteil zu sehen. Außer in der Erörterung des Glaubens hat das Thema der M. heute seinen Platz in der Theologie der ↗Reue.

Metapher (griech. = bildhafte Übertragung) heißt seit der antiken Rhetorik
(Quintilian † um 100 n. Chr.) eine Aussageweise, bei der ein bestimmter
sprachlicher Ausdruck auf einen anderen gemeinten Ausdruck übertragen
wird (verkürzter oder bildhafter Vergleich). Sie wird dann angewandt,
wenn durch sie ein Sachverhalt deutlicher zum Ausdruck kommt als in
einer direkten, mit abstrakter Begrifflichkeit (↗Abstrakt) arbeitenden Aussage. Verwandt damit sind »Mythos«, »Symbol« u. »Chiffre«. Bedingung
für eine gelingende M. ist eine Ähnlichkeit des Inhalts des übertragenen
Ausdrucks mit dem Inhalt des gemeinten Ausdrucks, die bei der Ent-

schlüsselung der M. zum Vorschein kommt. Mit Metaphern befassen sich Philosophie, Literatur- u. Sprachwissenschaften, zunehmend auch die Bibelwissenschaften u. die Systematische Theologie. Den Metaphern wird die Kraft zugeschrieben, neue Wirklichkeiten zu schaffen oder zur Sprache zu bringen, indem in etwas »Gewöhnlichem« sich »Ungewöhnliches« ausspricht. So bediente sich Jesus der Metaphern (»Gleichnisse«), um zum Ausdruck zu bringen, wer u. wie Gott u. seine Herrschaft sind, wobei er zugleich die Andersartigkeit des Göttlichen im Vergleich zum Gewöhnlichen verdeutlichen u. Gott »offenbaren« konnte (↗Negative Theologie). Im Unterschied zur M. fehlt der ↗Analogie die konkrete Bildhaftigkeit.

Metaphysik (griech. = die Lehre von dem, was »hinter« den Naturdingen liegt), als Begriff um 70 v. Chr. für bestimmte Schriften des Aristoteles († 322 v. Chr.) geprägt, der Sache nach das »Wissen« vom Seienden im Blick auf das ↗Sein (bei Aristoteles die »Erste Philosophie«, »sophia«) oder die Wissenschaft von der gesamten Wirklichkeit u. von deren erstem Ursprung oder ↗Grund im Unterschied zu den »begründeten« Einzeldingen. Die zusammenhängend einander zugeordneten Themen der klassischen M. sind: Das Seiende in seinem Sein (↗Ontologie), der »Überstieg« zum Ersten als dem ausgezeichnet Seienden (philos. ↗Theologie), die Zusammenhänge des Seienden (philos. ↗Kosmologie), die menschliche Seele als ein ausgezeichnet Seiendes (philos. ↗Psychologie). Der ↗Aristotelismus versteht das Sein als identisch mit dem ↗Geist (der wahren ↗Substanz), der als einzig Beständiger allem wechselhaften Materiellen zugrundeliegt u. es eint u. auf den alles Seiende hin-orientiert ist. Nach A. Halder ist die M. durch ihr Geistdenken »idealistisch«; weil für sie das »Erste Sein« in der Frage nach der Erstbegründung das Ersterkannte ist, ist sie »transzendental«; da sie Substanz als »bei-sich-seiendes Selbstverhältnis des Geistes« versteht, ist sie Beginn einer Philosophie der ↗Subjektivität. Ein »zweiter Anfang der M.« (L. Honnefelder) setzt Mitte des 12. Jh. ein u. führt zu einem neuen Höhepunkt des metaphysischen Denkens, wonach alles endlich Seiende durch die Prinzipien des Seins u. Wesens konstituiert u. daher auf die Verwirklichung durch einen »reinen ↗Akt« des Seins verwiesen ist, bei Thomas von Aquin († 1274; ↗Thomismus). Nach der positiven Einschätzung der M. bei I. Kant († 1804), der die M. als »Naturanlage der Vernunft« u. als »Wissenschaft von den Grenzen der menschlichen Vernunft« verstand, lebte die M. in unterschiedlichen Strömungen der idealistischen Philosophie im 19. Jh. weiter. Sie wurde zusammen mit diesen grundsätzlich bestritten durch die Anthropozentrik L. Feuerbachs († 1872), den ↗Materialismus, die »Existenztheologie« S. Kierkegaards († 1855) u. die Kritik F. Nietzsches († 1900), der sie für eine »Rationalisierung« des menschlichen Sinnbedürfnisses, das ursprünglich von der Religion erfüllt wurde, hielt. Für M. Heidegger († 1976) ist die M. gerade durch ihr Fragen nach dem Seienden als solchem durch »Seinsvergessenheit« charaktierisiert; was sie an Wahrem enthalte, sei in ein ursprüngliches Seinsdenken einzubringen. In einer vertiefenden Weiterführung des thomistischen Seinsdenkens durch Philosophen u. Theologen des 20. Jh. (J. Maréchal † 1944; K. Rahner † 1984 u. a.) ist eine Erneuerung der M. zu sehen, die als unentbehrlich für die vernunftgemäße vergewissernde Reflexion der Theologie gilt. Neben der Ablehnung der M. durch rein empirisches u. positivistisches Denken ist auch in der Philosophie des 20. Jh. von der Phänomenologie bis zur sprachanalytischen Philosophie ein Weiterwirken metaphysischer Fragestellungen zu konstatieren.

Methode (griech. = der Weg zu etwas), ein bestimmtes Vorgehen, um ein angestrebtes Ziel zu erreichen. Entsprechend der Vielfalt der Wege u. Ziele gibt es »die eine« M. nicht, auch nicht in der Wissenschaft. Seit Aristoteles († 322 v. Chr.) wird zwischen der *analytischen* u. der *synthetischen M.* unterschieden. Bei Anwendung der analytischen M. wird von Einzelfällen aus (vor allem von empirischen Beobachtungen aus) auf Allgemeingültiges, Gesetzmäßiges geschlossen (lat. Induktion = das Hineinführen). Bei der synthetischen M. wird das Besondere u. Einzelne vom Allgemeinen abgeleitet (lat. Deduktion = das Ableiten). Der Methodenpluralismus prägt nicht nur Alltagsleben u. Wissenschaften; er herrscht auch innerhalb der Theologie u. innerhalb ihrer Einzeldisziplinen vor.

Mission (lat. = Sendung) ist ein christlicher Begriff, der die Überzeugung der christlich glaubenden Menschen von der universalen Geltung des ↗Evangeliums u. von ihrer Verpflichtung, überall auf der Welt Zeugnis von ↗Jesus Christus abzulegen, sowie die Praxis dieses Zeugnisses umfaßt; in einem engeren Sinn kann er dann die Gründung neuer Kirchen u. auch die Neubelebung weithin toter Kirchen (Neu-Evangelisierung) bezeichnen. Die Religionswissenschaft unterscheidet zwischen der Frage nach einem Sendungsbewußtsein der Religionen, das sich nur bei Minderheiten äußert, u. einer faktischen Ausbreitung einer Religion über den begrenzten Bereich ihrer Entstehung hinaus, das weithin vorkommt. – *1. Biblisch.* Die historische Überzeugung von der Notwendigkeit der M. gründete in der religiösen Sorge um das ewige ↗Heil der Menschen, die vom Evangelium nicht erreicht worden waren, *falls* Gott die Annahme des Evangeliums zur absoluten Bedingung für die Gewährung seines Heils gemacht habe. Diese Sorge muß nicht notwendigerweise zu einer Theologie u. Praxis der M. führen. Das AT bezeugt gewiß die einzigartige ↗Erwählung Israels zum Eigentumsvolk JHWHs u. zum Partner des ↗Bundes, es leugnet aber nicht generell die Heilsmöglichkeiten für die Nichtjuden. Der Bund Gottes mit

Noach u. die Verheißungen an Abraham umfassen die gesamte Menschheit. Die prophetischen Verheißungen für die Endzeit stellen die Rettung der (»Heiden«-)Völker, die Völkerwallfahrt zum Zion, die Anerkennung u. Anbetung JHWHs durch sie in Aussicht. So kann die Auserwählung Israels zum Zeugnis für die Existenz u. die Macht des einen u. einzigen Gottes auch als Dienst an den Nichtglaubenden gesehen werden. Die Zeiten großer Bedrängnisse führen zu Bedrohungen der nichtgläubigen Mächte mit Gericht u. Vernichtung. – Das NT läßt eindeutig erkennen, daß die an Jesus Glaubenden unmittelbar nach der Erfahrung, daß der Hingerichtete lebt, in die Sendung Jesu zur Verkündigung eintraten u. das Evangelium von den Machttaten Gottes an ihm in das Zentrum ihrer Predigt stellten. Die darauf bezogenen Texte des NT lassen unterschiedliche Situationen dieser Verkündigung erkennen. Nur zum kleineren Teil u. im ersten Ansatz nehmen sie die Hinwendung Jesu zum gläubigen Judentum auf (Erstverkündigung in Synagogen). Die meisten Texte stehen im Zeichen der bereits geschehenen Trennung der frühen Kirche von Israel u. der Öffnung auf die »Heiden«. Paulus zweifelt nicht an der Rettung ganz Israels durch die Bundestreue Gottes am Ende der Zeiten (Röm 9–11), sieht aber offenbar keine Chancen einer »Judenmission« mehr. Seine Verkündigung geht von der Überzeugung aus, daß die gottlosen u. moralisch verkommenen »Heiden« unter dem Zorn Gottes verloren sind (Röm 1, 18 – 2, 16), eine Situation, aus der nur die Annahme des Evangeliums retten kann, die Versöhnung der Sünder mit Gott (2 Kor 5, 18–21). Andere Texte des NT zeigen, daß diese Sicht auch in der frühen Kirche nicht die einzige war. Die überlieferten Themen der Rettung der Völker oder der Weitergeltung der Verheißungen an Noach u. Abraham behielten ihre Geltung. Auch die Möglichkeit einer Mitteilung des ↗Heiligen Geistes an (Noch-)Nicht-Glaubende ist zu beachten. Wirkungsgeschichtlich waren die sog. »Missionsbefehle« bedeutsam, am meisten Mt 28, 16–20, wonach alle »Völker« (der biblische Begriff für Nicht-Juden) durch die Taufe u. die Annahme der Weisungen des Lehrers Jesus zu Jüngern gemacht werden sollen. Ebenso sind in Lk 24, 44–49 die »Völker« die Adressaten der M. Nach Mk 16, 15–18 (»unechter Markusschluß«) soll sie sich an »alle Geschöpfe« wenden (hier wird den Nichtglaubenden die Verdammnis angedroht). Joh 20, 21 nennt nur eine Sendung durch den Auferstandenen ohne Angabe der Adressaten. Alle Missionsbefehle spiegeln einen fortgeschrittenen Stand der M. wieder, Mt auch eine bereits sehr ausgeprägte Taufliturgie. – *2. Problemanzeige.* Die ungemein differenzierte Geschichte der christlichen M. mit ihren Schatten- u. Lichtseiten läßt sich nicht in geraffter Kürze darstellen. Das Ende des Kolonialismus, das erwachende Selbstbewußtsein der Völker der sog. Dritten Welt, die teilweise Besinnung auf kulturelle, nichtchristliche Eigenwerte, aber auch die »Verdunstung« des

Glaubens in den Heimatländern der M. führten zu nicht übersehbaren Krisensituationen der M. Es war von größter Bedeutung für die Begegnung von Christen u. Nichtchristen, daß in weiten kirchlichen Kreisen erkannt wurde: Jedes verbale Glaubenszeugnis ist ohne überzeugende Praxis wertlos. Von da aus ergaben sich das aktive Eintreten von Kirchen in die Entwicklungshilfe, die Solidarisierung von Christen mit unterdrückten u. bedrohten Bevölkerungen u. Kulturen, die medizinische Hilfe, die Unterstützung des »Schuldenerlasses« usw. Auf der anderen Seite ließ die massenhafte Beteiligung einheimischer Christen an beispiellosen Brutalitäten (zuletzt in Ostafrika u. Indonesien) immer wieder die Frage aufkommen, inwieweit die M. tatsächlich zu einer Annahme des Evangeliums geführt hat. Das neue Bewußtsein auf kath. Seite prägte z. T. bereits die Äußerungen des II. ↗Vaticanums zur M. In den Texten über die Kirche werden die Gesamtkirche, die Ortskirchen u. die einzelnen Kirchenmitglieder an ihre Sendung erinnert (LG 48), aber die Motivation wird nicht mehr aus der Sorge um das ewige Heil der Nichtbekehrten genommen (↗Heilsnotwendigkeit, ↗Extra Ecclesiam nulla salus). Die Sendung der Kirche umfaßt auch die »irdische« Verwirklichung des Willens Gottes, den Frieden in der Menschheit u. die Sorge um die Schöpfung, so daß die primären Aufgaben in der friedensfördernden Begegnung der Religionen u. im Dialog zu sehen sind. Als Voraussetzungen für ein effektives Zeugnis für das Evangelium werden die Bejahung der religiösen Werte bei Nichtchristen u. die wirkliche ↗Inkulturation angesehen (vgl. dazu AG im ganzen). Die Entwicklungsstadien der Konzilstexte über die Juden (LG 16, NA 4) zeigen, daß der Gedanke an eine »Judenmission« angesichts der fortbestehenden Erwählung Israels, der Gnadengaben Gottes an die Juden u. seiner Bundestreue Zug um Zug zurückgenommen wurde, so daß die Perspektive nicht in einer M., sondern in der Hoffnung auf die endzeitliche Erfüllung einer Verheißung des Sich-Findens zu sehen ist. – Die Missionstheologie als Teil der theol. Systematik sieht sich mit ungelösten Fragen konfrontiert: Könnte es sein, daß der »Missionsbefehl« schon lange erfüllt ist, aber nicht zu universaler Annahme des Evangeliums geführt hat, so daß die Bewegung in umgekehrter Richtung zu einer Bekehrung der Bekehrten führen müßte? Ist die (universale) Heilsbedeutung Jesu Christi überhaupt geklärt? Wäre die Hinführung zur Erkenntnis der ↗Transzendenz des Menschen (↗Mystagogie), die Vermittlung von Gotteserfahrungen, nicht das primäre Gebot unter den »Zeichen der Zeit« u. erst die Voraussetzung für die Predigt des Evangeliums?

Missionswissenschaft heißt die theol. Disziplin, die wissenschaftlich-methodisch die universale Geltung des Evangeliums u. dementsprechend die Verwirklichung der universalen Sendung der Kirche erforscht u. darlegt.

Sie entstand als eigene Disziplin zuerst innerhalb der ev. Theologie Ende des 19. Jh., als kath.-theol. Disziplin seit Beginn des 20. Jh. Da die Bezeugung des Evangeliums nur dort sinnvoll ist, wo fundamentale sozio-kulturelle Verstehensbedingungen gegeben sind, bedarf die M. einer Fundierung in kontextueller u. interkultureller Theologie. Die M. untersucht nach dem Ende des Eurozentrismus aufgrund des Selbstverständnisses der Kirche die jeweils höchst unterschiedlichen Möglichkeiten zu Dialog u. eventueller ↗Inkulturation, von denen die Existenz der ↗Mission grundsätzlich abhängt. So wird die M. von einer begrenzten Disziplin immer mehr zu einer Theologie neuer Art, die nach der herkömmlichen Einteilung sowohl der Systematischen als auch der Praktischen Theologie zuzurechnen ist u., wegen der erheblichen Bedeutung der Erkenntnis früherer Irrtümer u. Fehlhaltungen in der Mission, auch große kirchengeschichtliche Aufgabenstellungen hat.

Mitleid, die innere, affektive Seite der ↗Barmherzigkeit, als Fähigkeit, mit fremdem Leiden real mit-zu-leiden. In der christlichen Tradition wird M. im Zusammenhang der Lehre über die ↗Tugenden mitbesprochen; darin bekundet sich die Überzeugung, daß die einem Menschen in seiner Sozialisation vermittelte Sensibilität sich durch Einübung u. praktische Betätigung zu einer Haltung stabilisieren läßt. Wenig einflußreich für diese Tradition war die Auffassung (z. B. in manchen Kreisen des frühen Mönchtums), M. gehöre zu den ↗Affekten, die zu überwinden seien (↗Apathie). In der Philosophie wurde bis auf wenige Ausnahmen (F. Nietzsche † 1900) M. als wesentlicher Bestandteil ethischen Verhaltens angesehen (I. Kant † 1804, A. Schopenhauer † 1860 u. a.; theologisch A. Schweitzer † 1965). Die neuere ↗Politische Theologie wertet das »Eingedenken fremden Leids« als Kriterium jeder Gottesrede »nach Auschwitz«. In der heutigen Praktischen Theologie wird den psychologischen Theorien über »einfühlendes Verstehen« (»Empathie«) große Bedeutung, neben Identität u. Akzeptanz, für die in kirchlicher Praxis tätigen Menschen zugemessen.

Mittelplatonismus, eine rund 300 Jahre dauernde Periode des ↗Platonismus, deren Ende mit dem Tod Plotins († 270 n. Chr.) angesetzt wird. Charakteristisch für ihn ist der gedachte Stufenbau des Ganzen, an der Spitze beginnend mit Gott, dem transzendenten Geist (»nous«), der die Ideen in sich enthält u. der die »ewige Ursache« aller Dinge u. der Urheber einer Weltordnung ist, unter ihm die transzendente Weltseele, in der Welt sodann Götter u. Dämonen, die Menschen (wegen ihrer geistbegabten Seele mit den Göttern verwandt), am unteren Ende die geist-losen Tiere u. Pflanzen. Die geistbegabten Geschöpfe haben die von Gott gesetzte Ordnung zu verwirklichen; nach der Erfüllung dieser Aufgabe werden die

Menschen ethisch beurteilt. Im übrigen hielt sich der M. genau an die
Philosophie Platons († 347 v. Chr.). Der Einfluß des M. auf die Theologie
der alten Kirche war sehr groß.

Mittler in einem allgemeinen Sinn ist derjenige, der zwei andere in Beziehung zueinander bringt u. gegebenenfalls diese Beziehung aufrechterhält,
die ohne ihn nicht wäre. Im AT werden viele Formen der Mittlerschaft (von
Offenbarungen u. Weisungen Gottes an sein Volk, von Fürbitten bei Gott
für Israel usw.) genannt. Das NT nennt ausdrücklich den Menschen Jesus
Christus den einmaligen u. endgültigen M. zwischen Gott u. den Menschen (1 Tim 2,5). Seine Mittlerschaft wird jedoch der Sache nach auch
mit anderen Formulierungen ausgesprochen, u. a. im Hebr durch die Thematisierung seines ↗Priestertums. In der theol. Tradition ist die Mittlerschaft Jesu wesentlicher Bestandteil der Christologie, genauer der Soteriologie: Weil in der personalen Wirklichkeit Jesu (in seiner Einigung mit dem
göttlichen ↗Logos) u. in seinem Tun die endgültige, nicht mehr überbiet-
bare Selbstzusage Gottes an die Menschheit gegeben ist u. in ihm, in dem
Menschen Jesus, die Annahme dieser Zusage geschieht, ist er *der* M.
schlechthin. Diese Mittlerschaft darf nicht einfach mit der »Versöhnung«
von Gott u. Menschen gleichgesetzt werden, da ja Gott als der Versöhnte
die Friedensinitiative ergriffen hat (Röm 3,25). Ebenso mißverständlich
wäre die einfache Identifizierung von Mittlerschaft u. ↗Stellvertretung.
Mittlerschaft auf menschlicher Ebene bedeutet die Vergewisserung u. Vertiefung einer Beziehung, die »an sich« auch sonst besteht, so wie die des
Schöpfergottes zu seinen Kreaturen auch vor u. »neben« Jesus Christus
bestand u. besteht, oder wie eine umfassende menschliche Beziehung
durch die grundsätzliche Einheit aller derer existiert, die ein Menschen-
antlitz tragen, wobei diese Einheit dann in der vermittelnden Herstellung
einer bestimmten Beziehung konkretisiert u. aktualisiert wird.

Mittlerschaft Marias (lat. »Maria mediatrix«, oft ergänzt »omnium gratia-
rum«), eine Begriffsprägung der kath. ↗Mariologie, die besagt, daß Maria
wegen ihrer Mutterschaft bei Jesus, dem einzigen ↗Mittler, die »Mittlerin«
(so zuerst im 8. Jh., später: aller Gnaden) sei. Der Sprachgebrauch ist
ökumenisch verletzend. Das II. Vaticanum lehnte, ebenso wie bei ↗Cor-
redemptrix, eine verbindliche Übernahme dieser Redeweise ab, sondern
lehrte, die »mütterliche Aufgabe« u. der »heilsame Einfluß« Marias hingen
vollständig von der Mittlerschaft Jesu Christi ab (LG 60); im »heilbringen-
den Auftrag« erwirke sie uns ständig die Gaben des ewigen Heils u. werde
deshalb u. a. in untergeordnetem Sinn als »Mittlerin« angerufen (LG 62).

Mitwirkung Gottes ist ein Thema der Glaubenslehre, die sich mit dem genaueren Verhältnis Gottes zu seiner Schöpfung befaßt. Die M. G. (lat. »concursus divinus«) wird unterschieden von der ↗Erhaltung der Welt, der ↗Vorsehung u. der ↗Zulassung. Von der biblischen Offenbarung u. dem Glauben her wirkt Gott in der Welt, seinen Geschöpfen zugeneigt u. auf die Vollendung der Schöpfung hinorientiert. Wird dies aber in der Art naiver Gläubigkeit ausgesprochen, dann gerät die Gottesrede in die unlösbare Problematik der ↗Theodizee, die das Nichtwirken u. Schweigen Gottes rechtfertigen müßte. Im Lauf der Theologiegeschichte stellte sich daher die Notwendigkeit heraus, die M. G. im Zusammenhang mit der Frage nach den Ursachen zu bedenken. Der Ausgangspunkt heutiger Überlegungen lautet: Gott hat eine Welt erschaffen, die sich selber entfalten kann (↗Entwicklung) u. die bei der Verwirklichung ihrer Möglichkeiten in jedem Augenblick diejenige bleibt, die Gott in seiner Ewigkeit erschaffen hat u. erhält, oder anders gesagt bleibend erschafft. Von der absoluten Göttlichkeit Gottes her ist nun die M. G. mit seinen Kreaturen nicht so zu denken, daß er eine (kategoriale) Ursache neben anderen Ursachen wäre u. so neben ihnen wirken würde. Gott ist vielmehr jene einzigartige transzendente Ursache, die besser ↗»Grund« genannt wird. Als solcher Grund trägt Gott das Wirkende in der Welt, das in der klassischen Theologie mit dem Sammelbegriff »Zweitursachen« bezeichnet wird. So gesehen ist die M. G. die göttliche Dynamik, die für jedes Tun der Geschöpfe, aus dem wirklich Neues entsteht, notwendig ist. In dieser Dynamik ermöglicht Gott dem Geschöpf eine schöpferische ↗Selbsttranszendenz, so daß dort, wo wirklich Neues entsteht, weder die Geschichte der Welt unterbrochen u. neu begonnen wird (wie das die Redeweise von »Sprüngen« nahelegen könnte) noch Gottes Wirken überflüssig wäre, weil die alte Geschichte das Neue einfach ohne ihn aus sich selber heraus produzieren würde. Die Theologie hat an einer unmittelbaren physischen M. G. mit seinen Geschöpfen gegen den ↗Deismus festgehalten, ohne daß die genauere Art dieser M. G. in einem Konsens ausgesprochen worden wäre. Wenn Gott einen menschlichen ↗Akt übernatürlich zu einem ↗Heilsakt erhebt, den Menschen also befähigt, gut zu handeln, dann sollte das um der theol. Klarheit willen besser nicht M. G. genannt werden, weil es sich in diesem Fall um die vorausgehende Befähigung des Menschen zum guten Handeln u. nicht um die Mitwirkung mit diesem handelt (vgl. auch ↗Synergismus).

Modalismus (lat. »modus« = Art, Weise), um die Wende vom 17. zum 18. Jh. geprägte Sammelbezeichnung für alle Theorien über die göttliche ↗Trinität, wonach der eine Gott in einer Trinität ausschließlich in seinen *Wirkweisen* »nach außen« existiere. Am Ursprung der Bezeichnung stand eine Auseinandersetzung mit dem Verständnis der Trinität als Denkweisen

des einen Gottes, in denen er sich selber denke. Vom 19. Jh. an steht der
Begriff dann vor allem für die Anhänger des ↗Patripassianismus u. ↗Sabel-
lianismus. In der heutigen Diskussion werden Theologen, die auf die Problematik des Begriffs der ↗Person in der Trinitätslehre hinweisen, oft kur-
zerhand als Modalisten beschimpft (so K. Barth u. K. Rahner durch
J. Moltmann).

Moderne (im frühmittelalterlichen Latein = die Gegenwart), bezeichnete
die im Vergleich zur Vergangenheit positiv bewertete Gegenwart, in der
Romantik des 19. Jh. als Begriff für eine Epoche verwendet, mit dem
20. Jh. eher zu einem Begriff für Tendenzen (vor allem der sog. Avantgar-
de) geworden. Vertreter der ↗Postmoderne werfen der M. einen aus der
↗Aufklärung stammenden ↗Rationalismus u. den Hang zu»Totalitäts-
entwürfen« vor, die, vor allem natürlich ↗»Metaphysik«, im Programm
einer radikalen Pluralität nun abgelehnt werden.

Modernismus, eine Sammelbezeichnung für höchst unterschiedliche Tendenzen u. Bemühungen zunächst um 1900, aus dem berechtigten Wunsch,
die wesentlichen Inhalte des christlichen Glaubens den Zeitgenossen verständlich zu vermitteln u. das Gespräch mit modernen Wissenschaften u.
Anschauungen zu suchen. Praktische Themen u. Reformvorschläge waren
damit verbunden (Kirchenreform im Sinn von Demokratisierung u.»Aufwertung« der»Laien«, besserer Priesterausbildung, Liturgiereform, Ein-
dämmung des römischen Zentralismus usw.). Verwandte Bestrebungen
(»Reformkatholizismus«,»Amerikanismus« gegen Ende des 19. Jh.) waren
früher entstanden. Schwerpunktthemen in Frankreich, England u. Italien
(weniger vehement in Deutschland) waren: Historisch-kritische Erforschung der Bibel u. der Dogmen; Bejahung subjektiver Verantwortung
unter dem Primat des Gewissens; gegen die rationale Beweisführung der
neuscholastischen Theologie die Bemühung um Glaubenserfahrung; Erneuerung der Kirche als Gemeinschaft mit der Betonung der einzelnen
Gemeinde u. ihres sakramentalen Lebens, die durch das kirchliche Amt
mit der Gesamtkirche verbunden bleibt. Drei besonders kritisierte Auspräg-
gungen besagten, Religion entspringe dem Unbewußten, somit seien Religion u. Theologie dem Verstand als einer religiös belanglosen Funktion
eigentlich nicht zugänglich; bei der Offenbarung Gottes handle es sich
um das Bewußtwerden eines inneren religiösen Bedürfnisses, das bei den
Offenbarungszeugen nur am deutlichsten »objektiviert« sei, u. bei Erstarrung dieser Objektivationen entstehe Tradition; die Dogmen seien nur
symbolische Ausdrücke dieser Objektivationen, die sich mit fortschreitender Kultur verändern müßten. Nach harten röm. Stellungnahmen gegen
»moderne« Auffassungen (wie Gewissens- u. Pressefreiheit) im 19. Jh.

führten Papst Pius X. († 1914) u. eine »Pressuregroup« in seiner Umgebung eine heftige Kampagne gegen die »Modernisten« (Dekret »Lamentabili« u. Enzyklika »Pascendi« von 1907), bei welcher der M. als ein »System« konstruiert u. verurteilt wurde, das faktisch nie bestanden hatte. Die »Modernisten«, wo erreichbar, wurden verfolgt: Indizierung der Schriften, Schreibverbote, Amtsenthebungen, Exkommunikationen. Ein vom Vatikan 1909 gegründeter Geheimbund »Sodalitium Pianum« arbeitete in vielen Ländern mit Spitzelwesen, Verdächtigungen, Verketzerungen u. Denunziationen. Von 1910 bis 1967 existierte, verpflichtend für kirchliche Amtsträger, der »Antimodernisteneid« (in den 90er Jahren des 20. Jh. durch sog. Treue-Eide ersetzt). Benedikt XV. († 1922) suchte den schlimmsten Umtrieben ein Ende zu machen. In gewissem Ausmaß lebten einige von ihnen bis zum II. Vaticanum weiter u. wurden von Kreisen der ↗Traditionalistenbewegung wieder aufgenommen. »Modernismus blieb bedauerlicherweise bis heute ein liebloses, gehässiges Schimpfwort der innerkirchlichen, von den Schwierigkeiten des Glaubens in der heutigen Welt nicht angefochtenen Arroganz« (Rahner-Vorgrimler 1961, 243).

Molinismus, das von dem Spanier L. de Molina SJ († 1600) in bewußtem Widerspruch gegen den ↗Bañezianismus entworfene ↗Gnadensystem. Der M. geht davon aus, daß die menschliche ↗Freiheit als Entscheidungsfähigkeit durch die Erbsünde nicht geschwächt wurde. Die ↗Mitwirkung Gottes wird als Bewirkung des freien menschlichen Handelns durch Gott verstanden, nicht als physische ↗Prädetermination. Der M. möchte mit Hilfe des Begriffs der ↗Scientia media erklären, wie das gedacht werden könne, ohne daß Gottes Souveränität u. die menschliche Freiheit beeinträchtigt würden. In diesem »mittleren Wissen« wisse Gott, wie ein Mensch unter den unterschiedlichsten konkreten Umständen sich frei verhalten würde, wenn Gott diesen oder jenen konkreten Umstand herbeiführen würde. Wenn nun Gott in souveräner Verfügung einen bestimmten konkreten Umstand herbeiführe, wäre damit auch das freie menschliche Handeln herbeigeführt, ohne daß die Entscheidungsfreiheit des Menschen beeinträchtigt wäre. In dem Augenblick, in dem ein Mensch die von Gott vorausgesehene freie Entscheidung trifft, würde je nach der »scientia media« die von Gott frei geschenkte zuvorkommende Gnade (die »gratia praeveniens«) zur helfenden Gnade (zur »gratia adiuvans«), die hinreichende Gnade (die »gratia sufficiens«) zur wirksamen Gnade (zur »gratia efficax«) oder eben nicht. Neben der Anfrage, ob in diesem System die Offenbarung Gottes über die Gnade ernstgenommen werde, wurde in dem Gnadenstreit seit 1588 gegen den M. die Anklage vorgetragen, er sei mit der Gnadentheologie des Augustinus († 430) u. des Konzils von Trient nicht vereinbar u. stelle einen ↗Semipelagianismus dar. Papst Paul V. verbot 1607 den

streitenden Dominikanern u. Jesuiten, sich gegenseitig die Rechtgläubigkeit abzusprechen.

Monarchianismus (griech. = die Lehre vom einzigen Urgrund), ein bei
Tertullian († nach 220) bezeugter Begriff, der als Sammelbezeichnung für
alle Bemühungen dient, die versuchen, den jüdischen Glauben, der auch
der Glaube Jesu war, an die Einzigkeit Gottes (↗Monotheismus) mit der
christlichen Auffassung von der göttlichen ↗Trinität in Übereinstimmung
zu bringen. Dieser Begriff kann u. darf nicht von vornherein als Bezeichnung einer Irrlehre aufgefaßt werden, da Gott, in der Glaubensüberlieferung der ↗Vater, der einzige, unteilbare Urgrund alles Nichtgöttlichen ist.
Kirchlich abgelehnte Formen des M. sind der ↗Adoptianismus, für den
Jesus ein bloßer prophetischer, von Gott als Sohn adoptierter Mensch gewesen sei, u. der ↗Modalismus des ↗Patripassianismus, nach dem Gott der
Vater im »modus« des Sohnes am Kreuz gelitten habe. Aktuell ist die Frage
nach dem M. im Problem des ↗Filioque.

Monismus (griech. = Einheitsauffassung), als Begriff erst im 19. Jh. verwen-
det, als Leitgedanke schon in der indischen Religiosität u. in der griech.
Antike in der Bemühung um All-Einheit entwickelt. In der Neuzeit war der
M. weitgehend identisch mit dem philosophischen ↗Materialismus u. dem
ursprünglichen naturwissenschaftlichen Evolutionskonzept, bei denen
Geist, Materie u. Leben als *eine einzige* Wirklichkeit verstanden wurden.
In theol. Sicht ist der strikte M. bestenfalls ↗Pantheismus, da er von einer
schlechthinnigen Identität von Welt u. Weltgrund ausgeht; praktisch ist er
↗Atheismus, nach dem die Welt sich aus sich selber erklärt, das Absolute u.
Selbstverständliche ist. Monistische Tendenzen halten sich bis zur Gegen-
wart gegen die Pluralität in der Erfahrung u. Erforschung einer pluralen
Wirklichkeit.

Monogenismus (griech. = die Lehre von einer Abstammung), die Lehrmeinung, daß alle nach einer ↗Ursünde lebenden Menschen von einem einzigen Menschenpaar abstammen. Diese Lehrmeinung beinhaltet also eine
naturwissenschaftliche Aussage in theol. Absicht. Sie steht im ausdrücklichen Gegensatz zum Polygenismus, nach dem sich die Hominisation,
der evolutive Übergang vom Tierreich zur Menschheit bei ein u. derselben
Tierspezies in Populationen ereignet habe, u. zum Polyphylismus, nach
dem sich die Menschheit aus mehreren Tierspezies entwickelt habe. Die
theol. Absicht des M. war es, allen naturwissenschaftlichen Hypothesen
zum Trotz an der Einheit (u. Solidarität) der Gesamtmenschheit vor Gott
festzuhalten, in der Schöpfung, in der Heilsgeschichte u. in der Vollendung
der Schöpfung u. Menschheitsgeschichte. Eine wesentliche Funktion kam

dabei der kath. Lehre von der ⁊Erbsünde zu, die aus der Tat *eines* Menschen hervorgegangen sei u. durch Abstammung, nicht durch Nachahmung auf *alle* Menschen (mit Ausnahme Marias u. Jesu Christi) übertragen werde. Die biblische Begründung wurde Texten entnommen, deren Inhalt als selbstverständlich u. evident angesehen wurde, vor allem der »antitypischen« Gegenüberstellung des *einen* Menschen ⁊Adam u. seines Ungehorsams im Gegensatz zu dem *einen* Jesus Christus u. seinem Gehorsam bei Paulus (Röm 5,12–21; 1 Kor 15,22f. 45f.). Unabhängig davon, wie sich die naturwissenschaftliche Diskussion über die Polygenismus-Hypothese weiterentwickeln wird, kann gesagt werden, daß es der Theologie nicht zukommt, biologische Aussagen zu machen. Die Absicht der kirchlichen Lehre, die Einheit der Menschheit als theol. Größe zu betonen, kann auch ohne die Voraussetzung eines biologischen M. erreicht werden: Die Menschheit ist durch ihre Herkunft von dem einen Gott, durch ihre Zugehörigkeit zu seiner einen Heilsverwirklichung, durch seinen universalen Heilswillen, durch die Verwirklichung des »Wesens Mensch« in einer geschwisterlichen Menschheit, durch die gegenseitige Beziehung u. Abhängigkeit in räumlichen u. zeitlichen Schicksalen, durch die »menschheitliche« Bedeutung Jesu, durch ihr gemeinsames Ziel im Reich Gottes eine wahre, reale Einheit. Das ethische Profil dieser einen Menschheit ist im positiven u. im negativen Sinn durch die personalen Entscheidungen aller Menschen mitbestimmt, da keine wesentliche Entscheidung in der bloßen Innerlichkeit des Individuums verbleibt. Und schließlich, im Blick auf die sog. Erbsünde: Die ganze Menschheit ist vom Anfang ihrer Existenz an nicht »unschuldig«, Schuld ist das universal vorkommende, die Menschheit mitprägende Phänomen. Für diese unheile Situation ist es gleichgültig, ob sie auf eine erste Sünde eines einzelnen Menschen zurückgeführt oder durch viele Menschen herbeigeführt worden ist (die Erbsündenlehre besagt ja nicht, daß die *Tat* eines ersten Menschen vererbt u. nachkommenden Generationen zur Last gelegt wird).

Monophysitismus (griech. = die Lehre von einer einzigen Natur), ein im 6. Jh. entstandener Name für die von Eutyches (Archimandrit eines Klosters in Konstantinopel Mitte des 5. Jh.) wohl auf der Basis des ⁊Apollinarismus (»Mia-physis«- Formel) vertretene Theorie, wonach durch die Einigung des göttlichen ⁊Logos mit der menschlichen Wirklichkeit Jesu in der ⁊Inkarnation eine einzige »Physis« (lat. ⁊Natur) entstanden sei. Ein dabei verwendetes Bild: Die Menschheit sei von der Gottheit absorbiert worden, wie ein Honigtropfen im Meer aufgelöst werde. Die Begrifflichkeit war zwischen den Konzilien von ⁊Ephesos u. ⁊Chalkedon geklärt worden, so daß ⁊»Hypostase« (⁊Person) nicht mehr mit »Physis« gleichgesetzt wurde, wie das für Kyrill von Alexandrien (†444) noch möglich gewesen war.

Aus Angst vor dem ↗Nestorianismus leugneten Eutyches u. seine Anhänger, daß die menschliche Wirklichkeit Jesu »unvermischt« neben der göttlichen Wirklichkeit in der einen Hypostase des göttlichen Logos fortbesteht. Der strikte M. wurde in Chalkedon verurteilt. – Der M. als »vorchalkedonische« Lehre lebt in den sog. monophysitischen Ostkirchen fort (Kopten, Westsyrer, Armenier u. Äthiopier). Diese Kirchen verstehen sich selber u. ihre Christologie jedoch nicht als monophysitisch, da sie mit »Physis« nicht eine schlechthin einfache Wirklichkeit, sondern eine zwar einzige, aber zusammengesetzte »Physis« bezeichnen u. in *diesem* Sinn die Formel von Chalkedon akzeptieren können, während sie die begriffliche Unterscheidung von »Physis« u. »Hypostase« ablehnen (Wiener christologische Konsenserklärungen von 1976).

Monotheismus (griech. = die Lehre von der Existenz eines einzigen Gottes), die im 17. Jh. so bezeichnete Lehre, daß es nur einen einzigen Gott als absolutes, unendliches u. geistig-personales Wesen, den von der Welt verschiedenen, aber alle nichtgöttlichen Wirklichkeiten in allem schöpferisch tragenden u. durchdringenden ↗Grund »gibt«. Diese Aussagen sind wie alle, die den unendlichen Gott betreffen, nur analoge Annäherungen an das unbegreifliche ↗Geheimnis (↗Analogie). Im M. kommen ↗Judentum, Christentum u. ↗Islam überein. Im Christentum kann der M. verschiedenartige Ausprägungen in sich enthalten (↗Theismus, ↗Deismus). Abgrenzend gilt der M. gegenüber dem ↗Polytheismus u. dem ↗Pantheismus. – *1. Zur Geschichte.* Die früheren religionsgeschichtlichen Hypothesen über das Geschick des Ein-Gott-Glaubens haben einer ernsthaften Erforschung nicht standgehalten, weder die Stufen-Auffassung Fetischismus-Polytheismus-M. noch die Dekadenztheorie über einen Abfall des Urmonotheismus zum späteren Polytheismus. In der archaischen Zeit des ↗Exodus galt ↗Jahwe als der ausschließliche persönliche Gott Israels, ohne daß die Existenz anderer Götter geleugnet wurde. Von der in Kanaan ansässigen Bevölkerung übernahmen die Israeliten die Verehrung des semitischen Hauptgottes El, den sie mit JHWH identifizierten, ohne andere dortige Gottheiten anzuerkennen, aber auch ohne ihre Existenz zu leugnen. Der syrische Wettergott Baal wurde von Propheten eher aus politischen Gründen bekämpft, doch ist zweifellos eine Entwicklung in Richtung eines M. zu konstatieren (z. B. bei Hosea). Eine entschiedene JHWH-allein-Bewegung datiert in Israel seit dem babylonischen Exil. Die exklusive Alleinverehrung JHWHs u. die radikale Ablehnung aller Polytheisten wurde mit der Selbstoffenbarung JHWHs als des »Eifersüchtigen« (Ex 34, 14) begründet. Der M. diente auch zur theol. Fundierung der Schöpfungsauffassung u. der Ethik, da alle Wirklichkeiten u. Gesetze aus dem Willen des Einen hervorgehend gedacht werden konnten (z. B. Deutero-Jes). Nach dem Exil verstärkte sich die Auffassung von der transzendenten Erhabenheit JHWHs, die dem M. zusätzlich förderlich war u. die Einführung mittlerischer Gestalten (Engel) veranlaßte. Die Deutungen des einen, einzigen Gottes als »Liebender« (Hos 15,5) u. als »Liebe« (Dtn 10,15) sowie die Vorstellung des Gotteswirkens mittels der personifizierten ↗Weisheit rechtfertigen es nicht, den Gott Israels als »Gemeinschaft« zu verstehen u. zu bezeichnen. Im NT bezeugen das Gottesverhältnis u. die Gottesrede Jesu sowie das Gebet, das Jesus empfiehlt (Vaterunser), sein Festhalten am monotheistischen Gottesglauben der Vorfahren (vgl. sein »Glaubensbekenntnis« mit Dtn 6,4f. bei Mk 12,29f.). Für die Jüngerinnen u. Jünger Jesu war der Polytheismus kein Thema. Die Mahnungen der missionierenden frühchristlichen Gemeinde, sich dem lebendigen Gott zuzuwenden u. sich vom Götzendienst abzukehren, bezeugen dann die Konfrontation mit dem ↗»Heidentum«. Paulus versucht nicht, sein Evangelium von der Rettung durch Jesus Christus, die von der Initiative des einzigen Gottes ausging (Röm 3,25), u. das damit verbundene christologische Bekenntnis zum ↗Kyrios theoretisch auszugleichen, aber »subordinatianische« Formulierungen (am Ende werde sich auch »der Sohn« Gott unterwerfen, damit Gott »alles in allem« sei: 1 Kor 15,28) zeigen seinen prinzipiellen M. Ähnlich kann die johanneische Redeweise vom ↗Logos u. vom ↗Paraklet den monotheistischen Glauben nicht auflösen. Die ↗Glaubensbekenntnisse aller Zeiten haben an der Einheit u. Einzigkeit Gottes festgehalten. So stellte die Versuchung des Polytheismus bis zur Gegenwart, trotz des Bekenntnisses zur ↗Trinität Gottes, kein ernsthaftes Problem dar. Gegenwärtige Tendenzen in ev. u. kath. Theologie versuchen, die überlieferte christliche Tradition von der ↗Einfachheit Gottes u. von der Identifizierung Gottes mit dem ↗Absoluten zu bestreiten (»absolutistischer Willkürgott«); sie karikieren den M. als verantwortlich für einen »politisch-monarchianischen Herrschaftsbegriff« u. preisen Gott als ↗Communio oder als Liebeskommunität. Die Du-Personalität Gottes wird zerstört.

Monotheletismus (griech. = die Lehre von einem einzigen Willen) ist eine im 7. Jh. im Oströmischen Reich entstandene Auffassung, mit der die Anhänger des ↗Monophysitismus mit den Anhängern des Konzils von ↗Chalkedon versöhnt werden sollten. Im Kreis um den Patriarchen Sergius I. von Konstantinopel griff man (ab 618) auf eine Diskussion des 6. Jh. über eine einzige Wirkkraft (griech. »energeia«) in Jesus Christus zurück u. sprach zwar von zwei Naturen, aber von nur einer Wirkungsweise; diese Lehre hieß »Monenergismus«. Sie wirkte versöhnend bei den Unionsverhandlungen mit den Chalkedon ablehnenden Kirchen. 633 verbot Sergius, von einer oder zwei Energien zu sprechen; da er aber die Meinung äußerte, die Redeweise von zwei Energien lege zwei gegeneinander streitende Willen in

Jesus Christus nahe, behauptete er implizit einen einzigen Willen. Papst Honorius, von Sergius informiert, nahm selber ebenfalls für einen einzigen Willen in Jesus Christus Stellung, so daß nun über den Willen (griech. »thelema«) statt über die Energien diskutiert wurde. Nach weiteren Streitigkeiten, denen der Kaiser 648 Einhalt gebot, wurde die Lehre von einem einzigen Willen von einer Synode im ↗Lateran 649 verurteilt. Ein darüber entstandener offener Konflikt zwischen Rom u. Konstantinopel wurde mit Hilfe des Kaisers beigelegt. Das III. Konzil von ↗Konstantinopel lehrte 680–681, daß es in Jesus Christus zwei natürliche Tätigkeiten (mit Chalkedon: ungeteilt, ungetrennt, unverwandelt, unvermischt) u. zwei natürliche Willen gebe, die nicht in Gegensatz zu einander stünden, da der menschliche Wille dem göttlichen untergeordnet sei. Zusammen mit den dem M. anhängenden Patriarchen von Konstantinopel u. monotheletischen Theologen wurde auch Papst Honorius von diesem ökumenischen Konzil verurteilt.

Montanismus, eine christliche prophetische Bewegung, entstanden in der 2. Hälfte des 2. Jh. in Phrygien (Kleinasien), benannt nach dem Phrygier Montanus, der zusammen mit Prophetinnen als Gründer gilt. Kennzeichnend ist eine ekstatische Prophetie, bei der die Prophetinnen u. Propheten als Künder u. Interpreten, vielleicht auch als Inkarnationen des Heiligen Geistes die Verpflichtung zu strengem Fasten, die Unmöglichkeit einer Vergebung schwerer Sünden u. den hohen Wert des Martyriums, vielleicht auch ein baldiges Weltende verkündeten u. den ↗Chiliasmus vertraten. Der wichtigste Anhänger des M. im kirchlichen Westen war der bedeutende Kirchenschriftsteller Tertullian († nach 220). Die ekstatische Prophetie wurde in der Großkirche abgelehnt (u. a. daher Reserven gegen die Laienpredigt bis heute); ihr ethischer Rigorismus galt als unvereinbar mit dem Liebesgebot u. der Vergebungsbereitschaft Gottes. Der M. entwickelte nach seiner Ablehnung in der Großkirche eine eigene Hierarchie, in der auch Frauen Priesterinnen u. Bischöfinnen werden konnten. Die Bewegung wurde mit der zunehmenden Christianisierung des röm. Reichs gewaltsam unterdrückt.

Moral (lat. »mos«, »mores« = Sitte, Pflicht), ursprünglich das Ganze der ethischen Überzeugungen, später die Auffassung, daß nicht nur ethisch gutes Handeln möglich ist, sondern daß es auch durch allgemein anerkannte Grundsätze begründet werden kann; in der heutigen Umgangssprache eher im Sinn von idealistischem Pflichtbewußtsein gebraucht.

Moralsysteme ist ein Begriff der kath. Theologie, mit dem verschiedene Theorien bezeichnet werden, die sich auf *eine* konkrete Frage beziehen:

Was ist ethisch (verantwortlich) zu tun, wenn ein ernsthafter Zweifel vorliegt, ob ein ethisches Gebot überhaupt existiert oder ob ein bestehendes einen vorliegenden Fall betrifft? Diese Frage setzt voraus, daß alle Anstrengungen, den Zweifel zu beheben, vergeblich waren u. daß im konkreten Fall keine sichere Verpflichtung besteht, daß ein bestimmter Zweck auf jeden Fall erreicht werden muß (wie das z. B. bei der Forderung nach der »Gültigkeit« eines Sakraments der Fall ist). Auf die gestellte Frage antworten verschiedene M.: 1. Der absolute *Tutiorismus* (lat. »tutior« = sicherer) besagt, es sei immer zugunsten eines Gebotes (Gesetzes) zu entscheiden, auch wenn Zweifel über seine Existenz bestehen, u. zwar solange ein Zweifel besteht, ob man sich berechtigterweise im Sinn einer Freiheit vom Gebot entscheiden könne. Diese tutioristische Haltung stellt einen Rigorismus dar, der praktisch unmöglich ist u. denkerisch das ethische Wesen der ↗Freiheit verkennt. Der Tutiorismus ist kath. kirchenamtlich abgelehnt. – 2. Der *Probabiliorismus* (lat. »probabilior« = wahrscheinlicher) besagt, ein Mensch dürfe sich nur dann im Sinn der Freiheit entscheiden, wenn die Gründe gegen das Bestehen eines Gebotes besser begründet u. darum wahrscheinlicher sind. Dagegen ist einzuwenden, daß ein Gebot erst dann verpflichtet, wenn es mit Sicherheit begründet ist, u. daß die Präsumption (lat. = Vermutung) zugunsten der Freiheit (die von Gott gewollt u. ein ethischer Wert ist) entscheiden kann. Trotz dieser Bedenken ist der Probabiliorismus kath.-kirchenamtlich erlaubt. – 3. Der *Äquiprobabilismus* (lat. »aequiprobabilis« = gleich wahrscheinlich), der besagt, eine Entscheidung könne zugunsten der Freiheit fallen, wenn sie gleich gut begründet ist wie das Bestehen eines Gebotes. – 4. Der einfache *Probabilismus* (lat. »probabilis« = wahrscheinlich), der besagt, solange für die Forderung eines Gebotes keine sicheren Beweise vorliegen u. für die Präsumption der Freiheit ernsthafte Gründe vorliegen, könne für die Freiheit entschieden werden. Problematisch ist diese Auffassung deswegen, weil das Abwägen der Gründe letztlich nicht analysierbar u. die Entscheidung weitgehend eine Sache des redlichen Ermessens ist. In der Praxis sind die Urteile bei Probabilismus u. Äquiprobabilismus sachlich wohl identisch. Beide zusammen bilden das in der Tradition der Moraltheologie am meisten bejahte Moralsystem. In Zweifelsfällen lassen sie Spielraum für andere Überlegungen (ob die Gefahr, ein Gebot zu verletzen, nicht durch Erreichen anderer Werte kompensiert wird: ↗Güterabwägung; Erwägungen der ↗Existentialethik). – 5. Der *Laxismus* besagt, es besteht die Freiheit, sich gegen das Gebot zu entscheiden, wenn nur die mindeste Spur eines Rechts auf Freiheit sichtbar ist. Laxismus als Prinzip würde das Ende jeder Verpflichtungskraft ethischer Gebote bedeuten, da in den Zweifelsfragen meist nicht »mathematische« Gewißheiten, sondern nur moralische Sicherheiten erreicht werden können. Der Laxismus wurde kath. kirchenamtlich verurteilt.

Moraltheologie (lat.-griech. = die theol. Lehre von der Sittlichkeit), in der kath. Theologie eingebürgerter Begriff für die theol. Wissenschaft, die sich mit der Bedeutung des Glaubens für die richtige Gestaltung des menschlichen Lebens (in Haltung u. Handeln) befaßt. In der heutigen M. wird diskutiert, ob nicht »theol. Ethik« der sachgemäßere Begriff wäre. Insofern die ↗Offenbarung Gottes die orientierende Norm der M. darstellt, ist die M. von einer philos. ↗Ethik unterschieden, so sehr sie sich deren Begrifflichkeit u. Erkenntnisse zu eigen macht. Diese Ethik entwirft eine formale Struktur des Menschen, wie sie ist u. vom freien Handeln des Menschen respektiert werden soll, beantwortet aber die Frage nach den Willensbekundungen Gottes hinsichtlich dieses auf ihn hin »offenen« Wesens des Menschen nicht. Die Orientierung der M. an der Selbsterschließung Gottes, wie sie die ↗Dogmatik analysiert u. systematisiert, bedeutet nicht, daß sie aus der Dogmatik unmittelbar praktische Verhaltensregeln entnehmen könnte. Vielmehr bemüht sie sich um eine Letztbegründung der ↗Sittlichkeit aus den Grunddaten der Offenbarung (Schöpfung, Gnade, Rechtfertigung, Hoffnung), um die Bedeutung des Evangeliums von der ↗Herrschaft Gottes für ein praktisches Handeln (im Hinblick auf die Einheit von Gottes- u. ↗Nächstenliebe) u. um die individuellen Motivationen für eine sittliche Lebensgestaltung aus dem Glauben. Vor dem Hintergrund der theol. ↗Anthropologie (↗Freiheit) reflektiert sie auch über die Möglichkeiten u. Folgen der menschlichen Verweigerung gegenüber dem sittlichen Anspruch des Glaubens (↗Sünde). Insofern die M. von einem bleibenden »Wesen« des Menschen (als ↗Person) ausgeht, ist sie eine »essentiale Normwissenschaft«; insofern sie den Wandel der geschichtlichen Situationen in allen Dimensionen des Menschseins unter Berücksichtigung der erfahrungsbezogenen Humanwissenschaften notwendig mit einbezieht, ist sie »existentiale Normwissenschaft«. Beim Verstehen der Offenbarung Gottes u. deren Bedeutung für die sittliche Lebensgestaltung nimmt die M. Bezug auf Offenbarungsverständnis u. -interpretation des kirchlichen ↗Lehramts, da sie Wissenschaft für die Menschen in der Glaubensgemeinschaft Kirche ist. Die amtlichen Äußerungen u. die Zeugnisse der Tradition zu ethischen Problemen bringt sie in den wissenschaftlichen Dialog argumentativ ein, um so auf ihre Weise zu einem sittlichen ↗Konsens der Glaubenden beizutragen. Die M. kann dem Einzelnen die Findung des konkreten Willens Gottes für je ihn nicht abnehmen, weil die Analyse der konkreten Situation diese nie ganz *reflex* auflösen kann, weil Gott auch innerhalb der allgemeinen Normen, die mehrere Möglichkeiten eines an sich legitimen Handelns erlauben, eine bestimmte Handlungsweise »wollen« u. dem Menschen kundtun kann (↗Gewissen) u. weil der Mensch das vorbehaltlose Sichanvertrauen an Gottes Barmherzigkeit nicht vermeiden kann durch eine adäquate reflexe Klarheit über die konkrete Richtigkeit seines Handelns. Ausgangspunkt u. Ziel der M. ist also die Respektierung der Eigenverantwortlichkeit des Menschen. – Als selbständige theol. Wissenschaft entstand die M. gegen Ende des 16. Jh., wobei versucht wurde, sowohl Erkenntnisse der kirchlichen Praxis (der Sakramente, vor allem des Bußsakraments, des Kirchenrechts) als auch der scholastischen Ethik zusammenzuführen. Heute wird die M. weithin in »Fundamentalmoral« oder »Allgemeine M.« u. »Spezielle M.« oder »Konkrete«, »Angewandte« M. (je nach den menschlichen Lebensbereichen differenziert) eingeteilt.

Motiv (lat. = das Bewegende) heißt jener Wert, der einen frei Handelnden zu einer Tat bewegt, ohne ihn darum zu nötigen. In der philosophischen Diskussion war strittig, ob dieser Wert primär vom Intellekt erkannt wird u. den Willen indirekt beeinflußt oder umgekehrt. Ebenso wurde über die Ansicht gestritten, die Motive seien in erster Linie von ↗Affekten u. ↗Gefühlen bestimmt. Die bewußten Motive, mit denen sich Philosophie u. Psychologie bis ins 20. Jh. ausschließlich beschäftigten, wurden durch unbewußte Antriebe ergänzt. Die neuere ethische Diskussion weist darauf hin, daß den Vernunftentscheidungen subjektive Vorgegebenheiten vorausliegen, die nicht restlos rational wirksam sind (Erbarmen, Mitleid, Nächstenliebe). Die Dogmatik unterscheidet M. u. ↗Formalobjekt. Letzteres ist der bestimmte Aspekt, unter dem ein Gegenstand von einem Akt intentional erfaßt wird. M. u. Formalobjekt können identisch sein, sind es aber nicht notwendigerweise. Die Reue aus Furcht (↗Attritionismus) verurteilt z. B. die Sünde als Verletzung des göttlichen Anspruchs auf den Menschen (= Formalobjekt) wegen der Strafe (= Motiv). Wenn M. u. Formalobjekt verschieden hohe Werte sind, muß dieser Unterschied eine Entscheidung nicht grundsätzlich ethisch verderben.

Mystagogie (griech. = Einführung in das Geheimnis) hat in der griech. Antike zwei Bedeutungen, die der Einweihung (↗Initiation) in die kultisch begangenen ↗Mysterien u. die der Einführung in Glaubenswahrheiten u. deren tieferen Sinn. Im Christentum war u. ist M. in der zweiten Bedeutung lebensnotwendig. Galt die M. der Kirchenväterzeit vor allem der Deutung der Sakramente, so geht es bei der Verwendung des Begriffs M. in neuester Zeit um die Eröffnung u. Einübung von Möglichkeiten der Transzendenz-, Geist- u. Gotteserfahrung. Erfahrungen der Alltagswelt, also nicht in erster Linie religiöse Vollzüge, sollen auf solche Erfahrungen hin »entschlüsselt« werden. Dazu gehört auch die Deutung »dunkler« Erfahrungen, die je nach den verschiedenen Lebensaltern unterschiedlich sein werden (Schweigen Gottes, dessen dunkle Seite, Trostlosigkeit, Verzweiflung, unlösbare ↗Theodizee-Frage). Ferner ist es Aufgabe der M., Hinder-

nisse des Glaubens in Gestalt naiver oder autoritär manipulierter Gottesvorstellungen abzubauen u. in das ↗Geheimnis des je größeren, unbegreiflichen Gottes einzuführen.

Mysterien des Lebens Jesu, früher in der systematischen Theologie besprochen, stellen ein zentrales Thema in den von Ignatius von Loyola
(† 1556) empfohlenen ↗Betrachtungen dar. Die Aufmerksamkeit der traditionellen Glaubensformulierungen u. der entsprechenden Theologie konzentriert sich auf ↗Inkarnation, ↗Kreuz u. ↗Auferstehung Jesu u. deren
universale Bedeutung trotz ihrer historischen Bedingtheit, aber nicht nur
sie sind »Mysterien« (↗Geheimnis), sondern alle Ereignisse im Leben Jesu
können Gegenstand der ↗Anamnese u. des Lobpreises sein. Es handelt sich
bei der Ausdehnung des Mysterienbegriffs auf alle diese Ereignisse nicht
um eine sublime Spiritualisierung oder Mythologisierung, sondern um die
Perspektive, daß Jesu ganzes Leben mit allen Ereignissen eine Ausrichtung
auf den Heilswillen Gottes in seiner ↗Selbstmitteilung u. eine einende Mitte in Tod u. Auferweckung hat. Die einzelnen Ereignisse haben Mysterien-
charakter insofern, als in ihnen das eine Mysterium zur Erscheinung
kommt, daß dort, wo das Endliche in radikalster Endlichkeit erlebt u. er-
litten wird, sich die liebende Ankunft Gottes ereignet. »Darin ist gerade
eingeschlossen u. muß bei der Meditation dieser M. bedacht werden, daß
wir gerade dadurch erlöst sind, daß das Wort des Vaters die Niedrigkeit,
Profanität u. Todgeweihtheit unseres Lebens annahm u. eben *darin* die
Gestalt der Gewöhnlichkeit unseres eigenen Lebens zum Ereignis der Gnade, die Gott letztlich selbst ist, machte« (Rahner-Vorgrimler 1961, 250).
Von dieser Sicht her kann die Betrachtung eines einzelnen Mysteriums
des Lebens Jesu, die vom Stand der biblischen Überlieferung ausgeht u.
sich nicht in Erwägungen über den möglichen historischen Hintergrund
verliert, eine »Schlüsselfunktion« für das eigene Leben haben.

Mysterien und Christentum. *1. Zum Begriff.* Mysterium (griech. »mysterion«, wohl von »myein« = den Mund verschließen) bezeichnet in der antiken griech. Religion u. Philosophie zunächst das Geheimnisvolle u. Unsagbare an einer Gotteserfahrung, vor allem auch dasjenige, was nicht der
Öffentlichkeit preisgegeben werden soll. Im AT u. Judentum wird der Begriff Mysterium durch den Hellenismus bekannt u. meint im Plural Geheimnisse, die an sich in Gott verborgen sind, die er aber auserwählten
Menschen anvertraut, um sich in seinen innersten Absichten zu offenbaren. In diesem Sinn kommt Mysterium auch im NT vor (Mk 4, 11 par.
Geheimnis des Reiches Gottes; bei Paulus endzeitliche Geheimnisse). In
den Deuteropaulinen Kol u. Eph ist Mysterium ein wichtiger Begriff der
Geschichtstheologie: Enthüllung des Heilsgeschehens in Jesus Christus,

insbesondere als die Liebe zu seiner Kirche, als Frieden von Juden u. Heiden, Herrschaft Jesu Christi über den Kosmos. Die geschichtliche Verwirklichung des göttlichen Heilsplans soll nicht geheimgehalten, sondern allen Menschen »veröffentlicht« werden. In diesem Sinn wird Mysterium auch in der alten Kirche verwendet, bis es vom 4. Jh. an auf die Sakramententheologie übertragen wird, um dasjenige zu bezeichnen, was in den Zeichen verhüllt ist. Die neuere deutschsprachige Theologie benützt statt Mysterium vorzugsweise den Begriff ↗Geheimnis. – *2. Mysterienreligionen* waren in der griech. u. röm. Antike religiöse Auffassungen u. Kulte abseits der jeweils offiziellen Kulte, nur »Eingeweihten« zugänglich. Zeugnisse reichen vom 1. Jahrtausend v. Chr. bis in die späte Kirchenväterzeit. Bedeutende Mysterienkulte galten in Griechenland der Göttin Demeter (Lebens- u. Wachstumskult) u. dem Gott Dionysos (Kommunion mit ihm durch Essen des Opferfleischs), in Kleinasien Attis u. der Magna Mater (Vegetationsriten, Stieropfer), in Ägypten Isis u. Osiris, mit späteren Einflüssen in Rom (Religion im Hinblick auf Überleben des Todes); eine Sonderstellung nimmt der vom westlichen Iran ausgehende, auf Männer beschränkte Mithras-Kult (Stieropfer als Ursprung der Lebenskraft) ein, der die Veden-Religion in Indien, den ↗Parsismus, ↗Manichäismus u. Rom beeinflußte. Wegen der Bedeutung der Einweihung existierten unterschiedliche Weihestufen (Hierarchie); die Basis der Religionen waren alte Mythen. Das eigentliche »Geheimnis« bestand nicht in den Texten u. Riten, sondern in der (eventuell ekstatischen) Erfahrung des Göttlichen. Die religionsgeschichtliche Bemühung, Einflüsse der Mysterienreligionen auf das junge Christentum anzunehmen, kann allenfalls auf Analogien im Bereich der Reinigungsriten u. der Kultmähler u. auf die christliche Verwendung des Begriffs Mysterium hinweisen. Die Naturmythen in Verbindung mit Tod u. Auferstehung einer Gottheit geben ein zyklisches Geschehen wieder, während die ↗Auferstehung Jesu ein einmaliges, für immer gültiges Geschehen in einer »linearen« Auffassung der Heilsgeschichte bezeichnet.

Mysterientheologie, eine von den Benediktinern O. Casel († 1948) u. I. Herwegen († 1946) ausgegangene Bemühung, das frühchristlich-theol. Denken zur Erneuerung der Theologie »wiederzubeleben«. Im Mittelpunkt ihrer Aufmerksamkeit steht das Verhältnis der allgemeinen Heilsgeschichte zur einzelnen »Heilsverwirklichung«, wobei die wirkliche u. wirksame Gegenwart des Heilsereignisses in Jesus Christus im sakramentalen Geschehen im Zentrum steht. Die Bezugnahmen vor allem Casels auf das Vergegenwärtigungsgeschehen in den antiken Mysterienreligionen (daher der Name M.) waren einer sehr kritischen Diskussion ausgesetzt. Von bleibender Bedeutung war die Wiederentdeckung des Mysteriums im Sinn des NT u. der Kirchenväter, von dem her die ganze Theologie als M.

entfaltet werden sollte. Die intendierte Abkehr galt sowohl dem »Objektivismus« der Scholastik als auch dem »Subjektivismus« einer bloßen religiösen Erfahrung. Ausgangspunkt war das »Urmysterium«, der ewige Ratschluß Gottes, die Schöpfung, das Handeln Gottes mit den geschichtlichen Menschen zu deren Heil oder zum Gericht; verwirklicht im »Christusmysterium« (↗Pascha-Mysterium) u. dessen Vergegenwärtigung im »Kultmysterium« in Kirche, im Glauben u. in den Sakramenten; rettender Abschluß u. Vollendung des Heilswerkes im bleibenden Gegensatz zum »Mysterium des Bösen«. Die von der M. hervorgehobenen Themen der ↗Anamnese u. ↗Gleichzeitigkeit bleiben aktuell, auch wenn die neuere Theologie erkannt hat, daß die »Vergegenwärtigung« in der jüdischen Liturgie viel grundlegender ist als in der Kirchenvätertheologie. Die M. hat zur Erneuerung der Theologie des ↗Meßopfers wesentlich beigetragen u. auch das II. Vaticanum beeinflußt (SC 35, 102 u. ö.). Im ökumenischen Gespräch wurde sie viel beachtet.

Mystik (griech. = die Lehre vom Verborgenen) ist ein Begriff für die innerliche, vorübergehende Erfahrung einer einenden Begegnung eines Menschen mit der ihn u. alles Seiende begründenden göttlichen Unendlichkeit (in Judentum, Christentum u. Islam mit dem Du des persönlichen Gottes), u. auch ein Begriff für die wissenschaftliche Reflexion u. Interpretation dieser Erfahrung (also für die M. als theol. Lehre). Für biblische Bezüge: ↗Brautmystik, ↗Christusmystik, ↗Logosmystik, ↗Leidensmystik. – *1. Geschichtliches zur christlichen M.* Die Anfänge einer eigentlichen christlichen M. sind mit dem frühen Mönchtum u. seiner Praxis u. Lehre der ↗Kontemplation gegeben. Bei Ps.-Dionysios Areopagites (um 500) gilt die »mystische Theologie« dem Nachdenken über die »mystische Einigung« u. dem Stufenweg zu ihr über Läuterung u. Erleuchtung. Als erster bedeutender Systematiker der M. wird Origenes († um 253) genannt, der mit besonderer Berücksichtigung des Hohenlieds die Jesusbegegnung des einzelnen Menschen nach dem Vorbild der Liebe Jesu zu seiner Kirche zeichnete. Wichtige Mystiker der östlichen Kirche waren im 4. Jh. Euagrios Pontikos, Makarios der Ägypter, Gregor von Nyssa (mit seiner Lehre von der nie, auch im Himmel, nicht endenden »mystischen Suche«), im 10. u. 11. Jh. Simeon der Neue Theologe (↗Hesychasmus). In der westlichen Kirche gelten Ambrosius († 397) mit seinen Hohelied-Katechesen u. Augustinus († 430) mit seinen Beschreibungen eigener mystischer Erfahrungen als grundlegend für die spätere mystische Theologie. In der klösterlichen M. sind persönlichste Erfahrungen mit theol. Reflexionen verbunden (in der Frauenmystik trat Hildegard von Bingen † 1179 besonders hervor, bei den Zisterziensern sind vor allem Bernhard von Clairvaux † 1153 u. Wilhelm von St. Thierry † 1148 zu nennen). Durch die »Bettelorden« wurde der exklusive u. esoterische Zug der klösterlichen M. aufgebrochen (Franz von Assisi † 1226 mit seiner Nachfolge- u. Leidensmystik, Bonaventura † 1274 als bedeutender Theologe der franziskanischen M.; die Dominikaner Meister Eckhart † 1328, stark philosophisch-theol. orientiert, Heinrich Seuse † 1366 u. Johannes Tauler † 1361 gehören alle drei zu den einflußreichen mystisch geprägten Predigern). Eine neue Frauenmystik entstand vom 13. Jh. an. Manche Vertreterinnen erregten, so wie schon Meister Eckhart, wegen ihrer »Freigeistigkeit« den Argwohn kirchlicher Lehrinstanzen (Margareta Porète 1310 als Häretikerin verbrannt). Einflußreich u. anerkannt waren Katharina von Siena († 1380), Juliana von Norwich († nach 1460) u. Katharina von Genua († 1510). Nikolaus von Kues († 1464) zeigte, daß die Verbindung von Philosophie, Theologie, Kirchenleitung u. M. in einer Person möglich war. Einflüsse der M. lassen sich auch bei den Reformatoren, besonders bei M. Luther († 1546), nachweisen. Die spanische M. fand ihren Höhepunkt bei Teresa von Avila († 1582) u. Johannes vom Kreuz († 1591). Mystische Elemente prägten den ev. ↗Pietismus wie den kath. ↗Quietismus. Aus der neueren Zeit sind die Karmelitinnen Therese von Lisieux († 1897) u. Edith Stein († 1944) zu nennen. Stark von mystischen Erfahrungen geprägt ist die Theologie bei H. U. von Balthasar († 1988) mit der Leidensmystikerin Adrienne von Speyr († 1967) u. bei K. Rahner († 1984). – *2. Zu den Phänomenen.* M. im eigentlichen Sinn ist ein individuelles Geschehen, von gemeinschaftlichen Erlebnissen (↗Glossolalie, Trance, Massensuggestion) grundlegend verschieden. Mystische Erfahrung kann von außerordentlichen Phänomenen, die z. T. durch die ↗Parapsychologie erklärt werden können (Ekstase, ↗Stigmatisation, »Elevation« = körperliches Emporschweben, ↗Erscheinungen), begleitet sein, doch sind diese für M. nicht wesentlich. Die begriffliche Auslegung des Erfahrenen bleibt immer unzureichendes »Stammeln«, denn die ganz persönliche Erfahrung u. Schau mit ihrer individuellen ↗Gewißheit widersetzen sich einer Vermittlung an andere, sie sind »unsagbar«. Diese Kommunikationsprobleme zeigen sich in den theol. Abhandlungen zur M. wie in den mystischen Predigten mit der häufigen Verwendung von Paradoxen u. Bildern. Die ↗Askese kann für die Vorbereitung der mystischen Einigung als unerläßlich aufgefaßt werden (besonders betont in der außerchristlichen M.). Reinigung u. Enthaltung dienen nicht der Auslöschung der Persönlichkeit, sondern der Befreiung der menschlichen ↗Seele zu intensiveren Erfahrungen der »Schau« oder der »Gottesgeburt« in der Seele. Bei dem häufig beschriebenen aufsteigenden Erleuchtungs- u. Einigungsweg verhält sich die Seele »leidend«, doch können die »Gaben des Heiligen Geistes«, vor allem die des Rates u. der Stärke, die Mystikerin oder den Mystiker zu entschiedener sozialer u. kirchlicher Aktivität führen. – *3. M. u. Gnadenerfahrung.* Die Erfahrung der ↗Transzendenz, der göttlichen

Unendlichkeit, kann auch als christliche M. verstanden werden. Christliche M. im eigentlichen Sinn beruht jedoch auf der Erhöhung u. Befreiung der Transzendenzerfahrung durch die ↗Gnade Gottes als erfahrene ↗Selbstmitteilung Gottes. Die mystische Einigung im christlichen Sinn ist eine unvollkommene Andeutung der ↗Anschauung Gottes u. ist wie diese vermittelt durch das Faktum des geschichtlichen »Abstiegs« Gottes zu den Menschen in seinem Wort, das auch in der Ewigkeit Gottes mit dem Menschen Jesus geeint bleibt. Die eigentliche christlich-mystische Erfahrung ist weder ↗Weltflucht u. Weltverneinung noch Begegnung mit dem unendlichen All, sondern Integration des Weltlichen, Materiellen u. Geschichtlichen in die liebende Begegnung mit dem persönlichen Gott. – ↗Charisma.

Mythos (griech. = anschauliche Erzählung) heißt eine Redeweise, die in erzählender Form Erkenntnisse vermitteln will, die rational-begrifflich nicht faßbar sind. In diesem Sinn verwendet schon die antike griech. Philosophie (Platon † 347 v. Chr.) Mythen. Alle Religionen haben ihre Mythen, in denen die Beschlüsse der Gottheiten, die Herkunft der Welt (Schöpfungsmythen), ihr gegenwärtiger Zustand oder menschliche Schicksale gedeutet werden (↗Ätiologie); sie sind Gegenstand religiöser Dichtungen (Dramen) u. bilden vielfach wichtige Bestandteile des ↗Kultes. Vonseiten der christlichen Theologie wurde der M. geraume Zeit (erste Hälfte des 20. Jh.) als (entstellende) Verkleidung der ↗Offenbarung Gottes, des ↗Kerygmas, negativ bewertet. Nachdem sich das Programm einer ↗Entmythologisierung als nicht realisierbar herausgestellt hat (die »gemeinte Sache« ist von ihrer »sprachlichen Einkleidung« nur zum Schaden der Sache abtrennbar), wird der M. neuerdings religiös-theol. positiv eingeschätzt: als Vergegenwärtigung des historisch nicht faßbaren »Ursprungsgeschehens«; Offenhalten der Erwartung einer unvorstellbaren Zukunft; Fundierung eines Ur-Vertrauens; wegen der Verwandtschaft der Mythen mit den religiös-theol. unentbehrlichen ↗Symbolen. So erhebt die Dogmatik keinen Einspruch (mehr), wenn die Exegese mythologische Erzählstücke in der Bibel feststellt, z. B. mehrere in Gen 1–11, andere in den Exodus-, Sinai- u. Landnahmeerzählungen; mythische Motive bei mehreren Propheten, im Buch Ijob u. im Hld, vielleicht in der ↗Logos-Theologie u. in den apokalyptischen Partien (↗Apokalyptik). – »Wenn man davon ausgeht, daß jeder Begriff einer metaphysischen u. religiösen Wirklichkeit als jenseits der unmittelbaren Erfahrung mit einer Vorstellung arbeiten muß (in ursprünglicher, nicht nachträglich künstlicher u. bloß didaktischer Synthese), die nicht die ursprüngliche Erscheinung dieser Wirklichkeit, sondern anderswoher gewonnen ist, wenn man dann noch voraussetzt, diese ›Vorstellung‹ (ohne die jeder Begriff leer, d. h. unmöglich ist; thomistisch das ›phantas-

ma‹, dem sich jede transzendentale Erkenntnis zuwenden muß) sei nicht
ein statisches ›Bild‹, sondern sei gegeben als dramatische, ereignishafte
Vorstellung oder könne in eine solche hinein entfaltet werden u. so etwas
dürfe dann mythische Vorstellung genannt werden, dann ließe sich sagen:
Jede metaphysische u. religiöse Aussage ist eine mythische oder lasse sich
als solche verdeutlichen. Und dies wäre nicht eine Leugnung der Möglichkeit echter u. bleibend gültiger Wahrheitserkenntnis, sondern sie wäre mit
einer solchen durchaus u. wesentlich immer vereinigt, nur ein anderer
Ausdruck für die ↗Analogie in solcher Erkenntnis. Wo das kritische Bewußtsein für die notwendige, variierbare, aber unüberwindliche Bildhaftigkeit als solche in einer solchen Aussage entweder fehlt oder sogar ausgeschlossen wird (in wirklicher absoluter Identifikation von Vorstellung u.
Begriff), wäre das M. im eigentlichen oder pejorativen (formalen) Sinn des
Wortes. Jeder M. kann natürlich, so aufgefaßt, nochmals die Wahrheit
treffen oder dadurch verfehlen, daß er schlechterdings etwas Falsches sagt
oder eine richtige Teilinterpretation des menschlichen Daseins als die ganze verabsolutiert« (Rahner-Vorgrimler 1961, 253).

N

Nachfolge Jesu. Der Ruf Jesu, ihm nachzufolgen, meint in den Evangelien
zunächst die Aufforderung an einzelne Menschen, in Wandergemeinschaft
mit ihm die ↗Herrschaft Gottes anzukündigen (Mk 1,17 par.; 3,14; Lk
9,60 par. u.ö.) u. in seiner Existenzweise zu leben (Lk 9,58 par.; Mk
10,17–22 par. u.ö.). Er betraf Frauen (Mk 15,41; Lk 8,1ff.) u. Männer
(vgl. auch ↗Sendung, ↗Naherwartung). Unter dem Eindruck der Konsequenz, mit der Jesus selber lebte, wurde die N. J. als Bereitschaft, auch
das Kreuz auf sich zu nehmen, verstanden (Lk 14,27 par.; Mk 8,34 par.). In
der frühen Kirche, besonders im Mönchtum, entstand die Auffassung, die
N. J. werde in der Nachahmung seines asketischen Lebensstils u. vor allem
im ↗Martyrium verwirklicht (↗Weltflucht). Im Mittelalter galten Wallfahrten u. ein Leben in Armut u. Demut (Franz von Assisi † 1226) als besondere Ausprägungen der N. J. (↗Selbstverleugnung). Diese Linie wurde im
Sinn einer Relativierung aller äußerlichen Dinge verinnerlicht u. individualisiert (einflußreich das spätmittelalterliche Buch von der »Nachfolge
Christi«, rheinisch-niederländisch vor 1427). Diese Gedanken über die
N. J. wurden in der reformatorischen Tradition wegen der möglichen
Überschätzung von Leistung u. Verdienst kritisiert. Unter den Lebensbedingungen der Gegenwart u. der Säkularisierung hat die Praxis einer
schöpfungs- u. lebensbejahenden N. J. große Bedeutung als ↗Zeugnis für

das Evangelium u. damit für die Zukunft des Christentums. Sie kann nicht kirchlich organisiert, sondern nur als individuelle Berufung vernommen werden, wobei sich Gemeinschaftsformen der N. J. ergeben können, die als Alternativen zu negativen Entwicklungen der Gesellschaft unter Wahrnehmung der »Zeichen der Zeit« die Impulse der ↗Bergpredigt konkret realisieren. Die individuelle Ausprägung der N. J. behält weiterhin insofern ihr Recht, als ein Mensch die Annahme der Vergänglichkeit des Daseins u. seines eigenen Todes als Mitsterben mit Jesus, als N. J. verstehen kann.

Nächstenliebe. So, wie die Feindesliebe (↗Feind) sich von der ↗Liebe überhaupt unterscheiden läßt, so auch die N.: Während die Liebe schlechthin den ganzen Menschen in allen seinen Dimensionen u. Schichten betrifft, erhebliche Anteile an ↗Gefühl u. ↗Sinnlichkeit hat u. von unverfügbarer Spontaneität bestimmt ist, geht die N. aus dem willentlichen Entschluß der menschlichen ↗Person hervor, muß also nicht notwendigerweise von Gefühlen u. Sympathien geprägt sein (vgl. aber ↗Mitleid, ↗Barmherzigkeit) u. kann darum von der Bibel u. der christlichen Tradition als Gebot Gottes verstanden werden. In beiden biblischen Testamenten wird die N. mit zahlreichen konkreten Beispielen hinsichtlich des Verhaltens gegenüber den Menschen der eigenen Glaubensgemeinschaft u. gegenüber Bedrängten u. Hilflosen verdeutlicht. Im AT wie im NT umfaßt die N. jedoch darüber hinaus Ungerechte u. »Sünder«; sie ist imstand, eigene negative Gefühle wie Verachtung u. Rachsucht zu überwinden, auch »Fremden« gegenüber (Lev 19, 18 34; Dtn 10, 18 f.). Daß die Ethik der N. kein Sondergut des NT ist, wie oft noch fälschlich behauptet wird, sondern einen wesentlichen Bestandteil der jüdischen Ethik darstellt, zeigt die wiederholte ausdrückliche Begründung der N. im NT mit Lev 19, 18. Bei Paulus gehört die N. zu den notwendigen Konsequenzen des Glaubens, zu der gläubigen Antwort auf die Liebe Gottes gegenüber den »Sündern« u. zu den »Früchten des Geistes« (Gal 5, 6 22). Charakteristisch für die Auffassung der N. bei Jesus ist, neben der starken praktischen Ausprägung u. neben ihrer Verbindung mit der Feindesliebe, die Betonung der Einheit von Gottes- u. Nächstenliebe (Gleichnis vom barmherzigen Samariter: Mk 12, 28–34 par.). – Die systematische Theologie wird unter ökumenischen Rücksichten zunächst betonen, daß die N. keine eigenständige Leistung des Menschen, sondern von Gottes ↗Gnade ermöglicht u. getragen ist. Ihrer klassischen Tradition entsprechend versteht sie die N. als personales »Wohlwollen« (»amor benevolentiae« hat nicht den herablassenden Beigeschmack von »Wohlwollen«), als Entdeckung des ↗Anderen u. Zuwendung zu ihm um seinetwillen, als Bejahung des Anderen in seiner Eigenart, ohne ihn »uniformieren« zu wollen, als Interesse am Anderen, ohne zu fragen, wie nützlich er für einen selber sein könnte (»amor concupiscentiae«), ohne ihn vom Wert für die eigene Lust u. Befriedigung (auch sozialer Gefühle) her zu bewerten. Nach dem Gleichnis vom barmherzigen Samariter bezieht sich die N. auf die Menschen, die jeweils konkret als Nächste begegnen; grundsätzlich umfaßt sie freilich alle Menschen ohne jede Einschränkung (das II. Vaticanum spricht sogar von einer »politischen Liebe«: GS 75). Wenn die N. mit emotional starken Worten wie »Selbstlosigkeit« oder »Hingabe« beschrieben wird, dann ist zu beachten, daß es neben der N. biblisch u. philosophisch auch eine legitime ↗Selbstliebe gibt, so daß keine Verpflichtung besteht, sich restlos andern zu »übereignen« oder sich für sie »aufzuopfern«. Zur Begründung der *Einheit von Gottes- u. Nächstenliebe* ist darauf hinzuweisen, daß Gott auch für den liebenden Menschen kein »Objekt« der Liebe neben anderen sein kann, so daß sich von vornherein die Frage nach einer Liebes-Konkurrenz gar nicht ergeben kann. Gott ist von vornherein, auch wenn das in der Reflexion gar nicht bedacht wird, der ermöglichende u. tragende Grund jedes subjektiven u. objektiven menschlichen ↗Aktes, u. dieser menschliche Akt (jeder Art) zielt gegenständlich auf die Welt u. damit auf innerweltliche Beziehungen. Wenn Gott sich selber »übernatürlich« offenbart, als das Wovonher u. Woraufhin der menschlichen ↗Transzendenz, dann geschieht das gegenüber einem Menschen, der durch liebende, personale Begegnung u. Beziehung mit einem innerweltlich erfahrenen Du sich selber in seiner Freiheit gegeben ist. Ein Mensch erreicht die *ganze* Wirklichkeit nur vermittelt durch einen Akt, der sich frei u. liebend einer *einzelnen* Wirklichkeit zuwendet, u. gerade darin ereignet sich die Erfahrung Gottes, die für den Menschen immer u. notwendig weltliche Erfahrung ist. Die liebende Bejahung einer einzelnen Wirklichkeit ist daher immer u. notwendig liebende Bejahung Gottes. Daraus ergibt sich aber auch, daß jedes Nein zur N. immer u. notwendig, auch wenn das nicht bewußt ist, ein Nein zu Gott ist.

Naherwartung wird im Hinblick auf neutestamentliche Aussagen in zweifacher Bedeutung verwendet. 1) Die N. Jesu bezog sich auf die alsbaldige, von der Sammlung ganz Israels ausgehende, universale Verwirklichung der endzeitlichen ↗Herrschaft Gottes (Mk 1,15; 9,1; 14,25; Mt 10,23). Diese N. führt zu der theol. Frage, ob Jesus sich geirrt habe, oder ob seine N. eher eine feste Hoffnung war, die an menschlichen Verweigerungen scheiterte (↗Wissen und Bewußtsein Jesu). – 2) Die N. der Urgemeinde galt der ↗Parusie (des ↗Menschensohnes bzw. des ↗Kyrios Jesus, nicht sachgerecht als »Wiederkommen« Jesu übersetzt) in irdisch absehbarer, sehr kurzer Zeit. Am Ursprung dieser Erwartung stand sicher die Überzeugung der Urgemeinde, mit dem Tod u. der Auferweckung Jesu habe Gott sich der Welt u. der Menschheit unwiderruflich zugesagt, so daß nach diesem Geschehen eine wesentlich neue Heilszeit nicht mehr zu erwarten sei (im

Doppelwerk des Lukas Lk u. Apg, das eine Zeit der Kirche vorsieht, ist diese N. nicht mehr gegeben). Was »nur noch« ausstehe, sei das völlige Offenbarwerden dieses eschatologischen Heils. Eine theol. Erklärung dieser N. besagt, daß angesichts der Gewißheit des schon Geschehenen der irdisch-zeitliche Abstand zu seinem vollendeten Erscheinen als unerheblich »verkürzt« wahrgenommen worden sei. Mit Hinweisen auf das Nichtwissen der »Stunde« (Mk 13,32; Apg 1,7) oder ein Verzögern des Endes durch die Langmut Gottes (2 Petr 3,8–10) verlegt bereits das NT das Problem der N. in das Geheimnis Gottes. Das Anstößige an der Enttäuschung der N. wird, je weiter die Geschichte fortschreitet, vergrößert durch das Zurücktreten des drängenden Themas der Herrschaft Gottes hinter dem Wirken der immer stärker institutionalisierten Kirche. Ein Gegengewicht könnte das Bedenken der unwiderruflichen Selbstmitteilung Gottes in seinem Heiligen Geist sein, die sich unaufhaltsam »schon jetzt« ereignet. Eine individuelle Gestalt der N. ist diejenige des eigenen Todes.

Name. Etwas, das dem Menschen begegnet, sich ihm zeigt, wird erst dann erfaßt, von anderem unterschieden u. in das Ganze des Bewußtseins eingeordnet, wenn der Mensch ihm einen N. gibt. In der Namensnennung ereignet sich personales Gegenüber. In der Religionsgeschichte wird die Hoffnung der Menschen deutlich, durch die Nennung des richtigen Namens Macht über das Benannte zu gewinnen (in Beschwörungen, Hymnen usw.). Feierliche Namensgebungen (wie bei der Taufe, Benennung eines Namenspatrons) oder Namensänderungen (wie beim Eintritt in eine religiöse Gemeinschaft oder beim Antritt eines hohen kirchlichen Amtes) haben programmatische Bedeutung. Wird Gott als »Namenloser« oder als »namenloses Geheimnis« bezeichnet, dann kommt darin das Bekenntnis zum Ausdruck, daß Menschen über das Göttliche nicht Macht gewinnen können (↗Apophatische Theologie). – Einzigartig ist die Israel geschenkte Offenbarung des heiligen Gottesnamens ↗Jahwe durch Gott selber. Programmatisch ist die Praxis »theophorer« N., die sich auf JHWH (Jo-, Joh-, Ja- usw.) oder auf El beziehen. Ein besonderes Merkmal der Namensauffassung im AT ist das »Gedenken« des Namens u. dadurch die Bekundung von Gemeinschaft (auch mit Verstorbenen); eine negative Entsprechung ist das Vergessen des Namens. Mit der jüdischen Religiosität bitten Christen um die Heiligung = Verherrlichung des Namens Gottes (Mt 6,9; Ps 115,1). Eine Namenstheologie enthält das Joh-Ev. (Jesus tut Werke im N. des Vaters; in seinem N. ist Leben, in ihm wird gebetet usw.), aber auch sonst ist das Handeln »im N. Jesu« in der Sicht des NT bedeutsam, als Vergegenwärtigung seiner Person (Mt 18,20) oder als »Fortsetzung« seiner Sendung (Mk 9,37 ff. u. ö.).

Narrativität (lat. = erzählende Form) ist ein Merkmal der aus der Gottes-offenbarung hervorgegangenen Glaubensgemeinschaft: Israel u. Kirche als »Erinnerungs- u. Erzählgemeinschaften«, die sich nicht nur erzählend die Vergangenheit vergegenwärtigen, sondern durch Erzählung der Verhei-ßungen ihre Erwartungshaltung immer neu aktualisieren (↗Befreiungs-theologie). Die Beachtung der Eigenart der ↗Offenbarung Gottes führt zu der Erkenntnis, daß diese ursprünglich in Gestalt des Erzählens, nicht der Indoktrination u. der theoretischen Lehre, überliefert wurde. Die N. ist von Bedeutung für die ↗Mystagogie (Glaubenserzählung) wie für die An-eignung von ↗Weisheit aufgrund von erzählbaren Lebenserfahrungen. Die narrative Charakterisierung der Theologie wurde bei K. Barth († 1968) wiederentdeckt; seit Mitte der 70er Jahre des 20. Jh. wandte sich P. Ricoeur einer Texthermeneutik zu, in deren Zentrum die lebendigen ↗Metaphern u. der Akt des Erzählens stehen.

Natur (lat. = das Entstandene; griech. »physis« = das Gewachsene) umfaßt als Begriff verschiedene Sachverhalte: N. bezeichnet das Ganze desjenigen Seienden, das nicht durch Bearbeitung (z. B. Technik, Kunst) entstanden ist, u. zwar das Ganze in seinem Bestand u. in seinem Werden (Wachsen); in Übertragung dieses Verständnisses in die Theologie bedeutet N. die ↗Schöpfung; ferner besagt N. das ↗Wesen, also die bleibende, nicht eigent-lich zusammensetzbare, sondern als ursprünglich *eine* Setzung zu begrei-fende Struktur eines Seienden, insofern sie der Grund u. die vorgegebene Norm seines Handelns (u. so der Ursprung des ↗Sittengesetzes u. die Vor-aussetzung der ↗Kultur ist); schließlich ist N. in der theol. Systematik ein Gegenbegriff zu ↗Gnade. – *1. Philosophisch.* Bei den »Vorsokratikern« (6. Jh. v. Chr.) ist »physis« der Begriff für das Sein u. umfaßt das Ganze des Seienden. Bei Aristoteles († 322 v. Chr.) ist »physis« (vom Hergestellten unterschieden) das »Selbstanfängliche«, das auch sein Ziel (↗Entelechie) in sich selber hat. Von Augustinus († 430) an wird N. als von Gott, dem tran-szendenten Grund, vernünftig geordnete Schöpfung verstanden. In der Neuzeit begegnet (etwa bei B. de Spinoza † 1677) eine Form des ↗Pantheis-mus, bei dem Gott nicht transzendenter Grund verbleibt, sondern die her-vorbringende N. (»natura naturans«) selber ist u. so »von innen« die her-vorgebrachte N. (»natura naturata«) begründet. Freilich ist auch die neuzeitliche Philosophie von der naturwissenschaftlichen Sicht auf die N. beeinflußt; so nennt I. Kant († 1804) die N. das Dasein der Dinge, »sofern es nach allgemeinen Gesetzen bestimmt ist« (↗Naturgesetze), Gegenstand von Hypothesen (griech. = zunächst unbewiesene Annahme) u. Experi-menten. Bei G. W. F. Hegel († 1831) ist die N. dasjenige, wohin der Geist sich frei »entäußert«, ein notwendiger, aber nur vorübergehender Ort des Ausgangs aus sich selber um der Rückkehr willen. K. Marx († 1883) sah in

dieser uneigentlichen Auffassung von N. einen Ausdruck der ↗Entfrem-
dung u. formulierte die Zielvorstellung einer Gesellschaft, in der die wahre
»Wesenseinheit des Menschen mit der N.« wiederhergestellt sein würde.
Sofern die gegenwärtige Philosophie sich mit N. befaßt, sucht sie nicht
nach dieser »Wesenseinheit«, wohl aber nach einer Formulierung des Verhältnisses von Mensch u. N., in dem die N. nicht als verfügbares Objekt des
Menschen erscheint. – 2. *Ethisch:* ↗Ökologie, ↗Umwelt. – 3. *Theologisch.* In
der kath. Dogmatik spielt der Begriff der N. zum einen in der ↗Gnaden-
lehre u. im ökumenischen Gespräch eine Rolle: ↗Natur und Gnade; zum
andern dient er der Bestimmung des »Wesens« des Menschen im Hinblick
auf seine Stellung innerhalb der ↗Schöpfung. In dieser zweiten Hinsicht
gehört der Mensch zur »Natur im ganzen«, zur Schöpfung, nimmt teil an
deren Sinnhaftigkeit u. Eigenständigkeit, die von Gott gewollt sind u. getragen werden, u. nimmt dennoch innerhalb (nicht »über«) der N. eine
Sonderstellung ein. Ausgangspunkt ist die Überlegung, daß die Naturhaf-
tigkeit eines Seienden im gleichen Maß mit der »Nähe« zur schöpferischen
Ursächlichkeit Gottes wächst u. nicht mit wachsender Nähe unterdrückt
wird u. abnimmt. Die N. kann bei allem nichtmenschlichen Seienden als
»geschlossen« aufgefaßt werden, das heißt, daß sie, was ihre Beziehung in
ihrem »Wesen« u. damit in ihrem Handeln auf eine bestimmte, begrenzte
Umwelt hin angeht, entweder überhaupt nicht »bei sich« ist u. so sich
selber auch nicht zum Gegenstand des eigenen Handelns machen kann
(wenn ihr ↗Selbstbewußtsein u. Selbstorganisation fehlen), oder daß sie
nur auf einen endlichen Kreis von Wirklichkeiten, die der biologischen
Selbstentfaltung dienen, ausgerichtet ist (Instinkt, Selbsterhaltungs- u. Ar-
terhaltungstrieb). Ist diese N. aber »offen«, das heißt, ist sie durch die
absolute ↗Transzendenz des Erkennens u. Wollens über jedes Einzelne
(über jeden Gegenstand, jede Beziehung) hinaus auf die »Wirklichkeit
schlechthin« u. damit auf Gott ausgerichtet, dann kann sie sich selber »vergegenständlichen«, sich als ↗Subjekt (als Ich oder Selbst) erkennen u. sich
zum Gegenstand ihres Tuns machen. Damit ist gesagt: In diesem Fall ist die
N. »personal« u. sie steht in einem dialogischen Verhältnis zum absoluten,
geheimnishaften Grund des Ganzen aller Wirklichkeit, zu Gott. Die Einsicht in diese »Offenheit« gerade der menschlichen N. müßte verhindern,
daß auf sie ein nur biologischer Naturbegriff angewandt u. eine angeblich
bekannte, unveränderliche N. des Menschen behauptet wird, die eine
humane, in Freiheit verantwortete Gestaltung der eigenen N. unterbinden
soll (wie das manchmal bei der kirchlich-amtlichen Forderung nach »na-
turgemäßem« Verhalten der Fall ist). – Der dogmatische Begriff der N. ist
in der Lehre von der ↗Hypostatischen Union von Bedeutung, in der gesagt
wird, die beiden »Naturen«, Gottheit u. Menschheit, seien durch den
göttlichen ↗Logos zur »Person« Jesus Christus geeint. Diese Lehre ließ die

Frage aufkommen, warum die menschliche N. Jesu nicht auch als ⁊Person verstanden werde (⁊Nestorianismus). Der Grund kann folgendermaßen angegeben werden. Wenn sich eine geistige N. in ihrer Offenheit durch die Tat Gottes an ihr so in Gott hinein »transzendiert«, daß sie absolut Gott übereignet ist, in ihrem Sein u. Tun schlechthin Gott gehört, so daß ihre Transzendenz also gewissermaßen nicht im stets unvollendeten u. von sich aus nicht vollendbaren »Anlauf« steckenbleibt, dann wird eine solche N. im kirchlich-christologischen Sprachgebrauch nicht »Person« genannt. Bei dieser (einzigartigen) N. sind ja ihr Selbstvollzug u. ihre Eigenwirklichkeit im schlechthin höchsten Maß als vollendet gedacht. Verglichen mit diesem einmaligen »Fall« ist jede endliche Person, also jeder andere Mensch, durch etwas Negatives charakterisiert, nämlich durch das von Gott weg-»verwiesene« Bei-sich-bleiben-Müssen, durch das Nicht-ganz-übereignet-Sein an Gott.

Natur und Gnade. *1. Geschichtlich.* Der biblische Begriff für ⁊Gnade ist nicht abstrakt, u. ein Begriff für ⁊Natur fehlt in der Schrift. Insofern alle Aussagen der Schrift das »Heilshandeln« Gottes sowohl in der ⁊Schöpfung als auch in der Glaubensgeschichte bezeugen, liegt der Schrift ein »rein natürliches« Verständnis der Natur fern. Die Kirchenväter gingen davon aus, daß die biblische ⁊Urgeschichte einen historischen Ablauf wiedergeben wolle; sie unterschieden daher die ⁊Stände des Menschen von einander (Stand in der ⁊Heiligmachenden Gnade – Stand der »gefallenen Natur« – Stand der aus Gnade u. Vergebung wiederhergestellten u. erhöhten Natur). Schon früh (Irenäus von Lyon † um 202, Origenes † um 253) tritt der Sache nach die Unterscheidung von N. u. G. insofern in Erscheinung, als gelehrt wird, Gott als Schöpfer sei dem Menschen die ⁊Vergöttlichung nicht »schuldig«. Augustinus (†430) war mit seiner Lehre, daß der Mensch ständig u. in jeder Hinsicht auf die Gnadenhilfe Gottes angewiesen sei, in seiner Bekämpfung des ⁊Pelagianismus mit verantwortlich dafür, daß sich der Begriff der Natur theol. profilieren konnte. Thomas von Aquin (†1274) systematisierte die bisherigen Auffassungen in seiner Lehre von der ⁊Anschauung Gottes, die Gott dem Menschen nicht schuldig ist u. sie ihm aus Gnade allein gewährt (das ⁊Übernatürliche), die aber doch auf einem »natürlichen Verlangen« (⁊Desiderium naturale) gründe u. die deshalb natur-gemäß u. nicht natur-widrig sei, weil dem Menschen die ⁊Gott-ebenbildlichkeit geschenkt worden sei. Die damit gelehrte »Kontinuität« von N. u. G. wurde durch die Reformatoren unter sehr starker Betonung der Macht u. Wirkungen der ⁊Sünde radikal bestritten (⁊Natürliche Theologie). In innerkath. Auseinandersetzungen nach dem Konzil von ⁊Trient (⁊Gnadensysteme, ⁊Bajanismus, ⁊Jansenismus) traten, vorsichtig gesagt, Tendenzen zutage, aus dem Angewiesensein des Menschen auf die Gnade

Gottes zu schlußfolgern, Gott sei dem Geschöpf die Gnade schuldig, der Mensch habe ein Recht auf sie allein aufgrund seiner geschaffenen Existenz. In Reaktion darauf entstand die Theorie des ⌐Extrinsezismus, die kirchlich-amtlich begünstigt wurde: Um das »Ungeschuldetsein« des »Übernatürlichen« zu wahren, wurde die Natur als in sich stehende, auch ohne jede Gnade sinnvolle Wirklichkeit behauptet. Diese Theorie wurde in der Erneuerung der Gnadentheologie im 20. Jh., die zu einem kath.-dogmatischen Konsens führte, revidiert. – *2. Systematisch.* »Natur« ist die von Gott gewirkte absolute, dialogische Verfügbarkeit des Menschen auf Gott hin. Die Schöpfung kann in einer bloßen Theorie so gedacht werden, daß die ⌐Selbstmitteilung Gottes an die Kreatur, also seine Selbstgabe in der Gnade, nicht der eigentliche Sinn der Schöpfung wäre. In einer so gedachten Schöpfung wäre die Natur des Menschen dann eine »reine«, bloße Natur (»natura pura«). Wenn in der Theologie hypothetisch eine solche Theorie in Erwägung gezogen wurde, dann besagt das nicht, daß diese reine Natur jemals als solche existiert hätte, u. auch nicht, daß sich jemals ein Mensch als reine Natur erfahren kann. In der konkret von Gott verwirklichten Schöpfung ist die »Natur« des Menschen so geschaffen, daß Gott dadurch die Möglichkeit einer Selbstmitteilung an das Nichtgöttliche in Liebe hat. Somit steht jeder Mensch unter dem Anruf der Gnade Gottes (⌐Existential), wobei Gott liebend u. vergebend ihm die Möglichkeit des Ja zu diesem Anruf schenkt, u. nur im Ja zu diesem Anruf Gottes findet die »Natur« des Menschen ihr wirkliches Ziel. Konkret ist daher überall, auch bei Nichtchristen, mit der wirksamen Gegenwart der Gnade Gottes zu rechnen. Konkret sind Programme u. Aktivitäten von Nichtchristen nie als bloße Produkte einer »reinen Natur« anzusehen. Wenn die Theologie an der Lehre von der Möglichkeit der Sünde festhält, dann kann sie Sünde nicht als Rückfall in die bloße Natur verstehen. Wenn sich ein Mensch dem Angebot Gottes schuldhaft versagt (was dunkel bleibt, weil der Einfluß Gottes auf die menschliche ⌐Freiheit nicht berechnet werden kann), dann bewahrt er nicht seine Natur, sondern er verdirbt sie.

Naturalismus ist ein Sammelbegriff für theoretische Auffassungen oder praktische Verhaltensweisen, als sei nur das »Natürliche«, d.h. das naturwissenschaftlich Erkennbare oder alltäglich Erfahrbare, das Wirkliche. Philosophisch fällt der ⌐Positivismus unter diesen Begriff des N. In der Theologie (z.B. im Zusammenhang mit den Fragen nach ⌐Natur und Gnade) ist N. kein Fachbegriff geworden. In der bildenden Kunst u. Literatur meint N. die Bemühungen um naturgetreue Wiedergabe ohne hintergründige Bedeutungen u. notwendige Interpretationen.

Naturgesetze. Der Begriff »Naturgesetz« wurde im 17. Jh. gebildet u. bedeutete zunächst, daß sich aus einer bestimmten Anzahl von Beobachtungen durch Verallgemeinerung ein »Gesetz« ableiten lasse, das zugleich zur Erklärung bestimmter Ereignisse wie zur Prognose folgender Ereignisse diene. Experimente dienten der Bestätigung der Existenz u. der (zeitlich u. räumlich) uneingeschränkten Geltung solcher Gesetze. Die Meinung, mit naturwissenschaftlichen Methoden generell N. konstatieren zu können, führte zu Theorien des ↗Determinismus. Diese Sicherheit ist weitgehend erschüttert: Naturwissenschaftliche Erkenntnis führt nur zu jeweils vorläufigem Wissen, das immer neuen Hypothesenbildungen unterliegt. Die Chaosforschung, die große Veränderungen aus minimalen Abweichungen in den Anfangsbedingungen konstatiert (↗Chaos), veranlaßt den Verzicht auf Theorien über allgemein gültige »naturgesetzliche« Ordnungsstrukturen in der Schöpfung u. die Einsicht in ihren unberechenbar variablen u. labilen Zustand. Theol. ist das von Bedeutung für die ↗Anthropologie u. für die Frage nach dem ↗Wunder, das nicht mehr als punktuelle »Durchbrechung« von Naturgesetzen definiert werden kann.

Natürliche Theologie wurde von M. T. Varro († 27 v. Chr.) die philosophische ↗Gotteslehre genannt. Im Lauf der Geistesgeschichte wurde der Begriff »natürlich« in diesem Zusammenhang unterschiedlich gedeutet (↗Ontologie als N. Th., weil sie notwendigerweise eine Aussage über die »Natur« Gottes, sein absolutes Sein, machen müsse; »Natur« im Sinn der erfahrbaren Schöpfungswirklichkeit als Ausgangspunkt der Theologie; »natürliche Erkenntnis« im Unterschied zu »Offenbarungserkenntnis« usw.). Die neuscholastische N. Th. hatte ihren Schwerpunkt bei der ↗Erkennbarkeit Gottes (seiner Existenz, seines Wesens u. seiner Eigenschaften), die mittels der »natürlichen« Vernunft auch ohne Offenbarung »aus den geschaffenen Dingen« möglich sei (so das I. ↗Vaticanum). Die Reformatoren leugneten eine Gotteserkenntnis durch die Vernunft nicht schlechthin; in der sog. altprotestantischen Orthodoxie wurde sie positiv gelehrt. Einen vehementen Angriff führte K. Barth († 1968) in den 30er Jahren gegen die N. Th., da Jesus Christus die einzige Offenbarung Gottes sei. Dabei wurde die menschliche Vernunft stark abgewertet. Die Diskussion hierüber wird unter Beteiligung der kath. Theologie bis zur Gegenwart weitergeführt. Weitgehende Übereinstimmung besteht darin, daß alle faktische Gotteserkenntnis von der zuvorkommenden Gnade Gottes ermöglicht u. getragen ist (was durch das I. Vaticanum nicht bestritten wurde), daß der Glaube zwar nicht durch Vernunftbeweise »verifizierbar« sei, aber durch Vernunftgründe als nicht widersprüchlich u. sinnvoll aufgezeigt u. vertieft werden könne. Da der Begriff N. Th. im Sinn des ↗Extrinsezismus mißverstanden werden könne, als habe jemals eine »reine Natur« exi stiert, der das ↗Übernatürliche additiv hinzugefügt worden sei, müsse er abgelehnt u. z. B. durch »philosophische Gotteslehre« ersetzt werden.

Natursakrament ist ein Begriff der klassischen Theologie, angeregt von Augustinus († 430), der von »paradiesischen Sakramenten« (Baum des Lebens, Ehe) sprach. Die mittelalterliche Theologie (einflußreich Thomas von Aquin † 1274 u. seine Schule) war davon überzeugt, daß Gott infolge seines allgemeinen ↗Heilswillens kultisch-rituelle Vollzüge in der vor- u. außerchristlichen Menschheit nach Art von ↗Sakramenten wirksam sein lasse, wobei er die Entscheidung für bestimmte Zeichen den Menschen überlassen könne.

Naturwissenschaften und Theologie. *1. Geschichtliches.* Erste Konflikte zwischen N. u. Th. ergaben sich aus der Verdrängung des geozentrischen ↗Weltbildes durch das heliozentrische, die kirchlicherseits als Widerspruch gegen die Offenbarung Gottes aufgefaßt wurde, u. im Zusammenhang mit der Auseinandersetzung von ↗Deismus u. ↗Theismus (↗Aufklärung), als Eingriffe Gottes in den Ablauf der ↗Naturgesetze durch Vorsehung u. Wunder geleugnet wurden. Im 19. Jh. verbanden sich ↗Materialismus u. ↗Determinismus mit der naturwissenschaftlichen Theorie der ↗Evolution zu einer generellen Infragestellung der Religion. Zwei Eigentümlichkeiten des naturwissenschaftlichen »Selbstbewußtseins« schienen einen nicht revidierbaren Bruch zwischen »wissenschaftlichem Weltbild« u. religiösem Glauben zu markieren: Die Abweisung der Wesensfrage »Was ist das?« u. die Beschränkung der Forschung auf das Existierende u. Machbare einerseits u. die Vorstellung, es werde den Naturwissenschaften gelingen, alle »Welträtsel« zu lösen, anderseits. Im Lauf des 20. Jh. wurde mindestens diese zweite Meinung aufgegeben, die erstgenannte Position wurde zu einer »offeneren« verändert. Die Naturwissenschaften differenzierten sich immer mehr, u. mit den wachsenden Forschungsmöglichkeiten wuchsen die Aufgabengebiete, auch mit der Einsicht in immer neue unbeantwortbare Fragen u. in die Notwendigkeit interdisziplinärer Zusammenarbeit. Die Theologie machte ihrerseits einen grundlegenden Wandel in ihrem Verhalten gegenüber den Naturwissenschaften durch, an dem K. Rahner († 1984) einen bedeutenden Anteil hatte. Gerade von seinem Hinweis auf Gottes absolute ↗Transzendenz her, die es verbietet, Gott in die Reihe innerweltlicher Ursachen (↗Kausalität) einzuordnen, u. die verlangt, ihn als ↗Grund zu denken, war es möglich, den legitimen »methodologischen Atheismus« (J. Lacroix) der Naturwissenschaften anzuerkennen. Die Schöpfungstheologie lernte, ihre Vereinbarkeit mit der Theorie der ↗Evolution an verschiedenen Einzelthemen zu erproben, wobei sich der Rahnersche Begriff der ↗Selbsttranszendenz als dialogfähig erwies: Verhältnis von ↗Materie u. ↗Geist, ↗Hominisation (↗Erschaffung des Menschen), Eigenart u. Einheit von ↗Seele u. Leib. In der Dogmen- u. Theologiegeschichte fand die philosophische Erkenntnis der Geschichtlichkeit eingehende Berücksichtigung. In der Praktischen Theologie u. Moraltheologie wurden wissenschaftliche Erkenntnisse der Psychologie u. Tiefenpsychologie positiv verarbeitet. In Exegese u. Kirchengeschichte wurden alle erprobten Methoden der Geschichtswissenschaften angewandt. Grundsätzliche Wissenschaftsauffassungen wurden auch in der Theologie übernommen (↗Sprachtheorie und Theologie, Nachprüfbarkeit, Konsensfindung usw.). Am Ende des 20. Jh. existierte eine intensive Zusammenarbeit von N. u. Th. in den Bereichen der Umweltethik u. der medizinischen Ethik (Bioethik, Gentechnologie, Verantwortung für das ↗Leben u. einen menschenwürdigen ↗Tod). Gespräche von Theologie, Zoologie, Biologie u. Neurologie (Gehirn- u. Seelenforschung) sind im Gang; die Weiterentwicklung der Physik stellt die theol. Auffassung von Entstehung u. Entwicklung des Kosmos vor neue Aufgaben. – *2. Systematisch-theol. Perspektiven.* Die früheren Konflikte zwischen N. u. Th. sind bei Einhaltung der durch die jeweilige Fragestellung u. Methode beiden Seiten vorgegebenen Grenzen prinzipiell vermeidbar. Soweit N. u. Th. im einzelnen Aussagen über denselben Gegenstand (wenn auch mit verschiedenen Methoden u. unter verschiedenen Aspekten) machen, kann es immer wieder zum *Anschein* einer Unvereinbarkeit kommen. Hier ist es vor allem auf seiten der Theologie u. noch mehr der Kirchenleitungen durch Mangel an Geduld u. Selbstkritik zu voreiligen Erklärungen gekommen, die vermieden werden können. Schwieriger ist es, Begegnungen u. Synthesen der beiderseitigen »Weltgefühle« herzustellen. »Weltgefühle« in diesem Sinn ist ein Sammelbegriff für die Summe der unmittelbar zur Verfügung stehenden, auch affektgebundenen, als selbstverständlich angenommenen u. als tragend empfundenen Wissensinhalte. Sie ergeben sich, wenn ein Mensch sich lebenslang »beruflich«, spezialisiert u. intensiv nur mit *einer* Wissenschaft befaßt. Die Diskrepanz (was nicht heißt: sachliche u. logische Widersprüchlichkeit) u. gegenseitige Fremdheit der »Weltgefühle«, zumal wenn ein Mensch der Naturwissenschaften nur gefühlsmäßig »irgendwie« religiös u. ein Mensch der Theologie gefühlsmäßig dem alten Weltbild u. Theismus verhaftet ist, sind meist eine Folge des heutigen unvermeidlichen ↗Pluralismus u. daher in Geduld u. Toleranz zu ertragen. Diese ihrerseits können durch Vermehrung der Begegnungen gefördert werden; auch kann jede Wissenschaft sich aufmerksamer den Fragen u. Themen zuwenden, die über sie selber hinausweisen. In religiös-theol. Sicht kann ein Mensch der Naturwissenschaft legitimerweise nicht grundsätzlich religiös uninteressiert sein, da er nicht der Mensch ist, der er sein soll, wenn er »nur« Naturwissenschaftler ist. Ein Mensch der Theologie hat seine Rede von

Gott so zu formulieren, daß seine tiefe Gemeinsamkeit mit dem Menschen der Naturwissenschaft zum deutlichen Ausdruck kommt: Beide stehen vor dem unerforschlichen u. unverfügbaren Geheimnis, das die Welt u. Erkenntnis beider umfaßt, ohne beide einzuengen u. ohne das Erforschbare von vornherein einfach als unerforschlich zu erklären.

Negative Theologie ist zunächst eine Bezeichnung des theol. Erkenntniswegs, der Begrenzungen u. Unvollkommenheiten von Gott verneint (»via negativa« oder »negationis«) u. Gott das unendliche u. vollkommene ↗Geheimnis sein läßt. Sie bekam von Ps.-Dionysios Areopagites (um 500) u. seiner ↗Apophatischen Theologie her großen Einfluß bei u. durch Thomas von Aquin (✝ 1274). Seit ihm wird sie in der theol. Erkenntnislehre zusammen mit der ↗Analogie (»analogia entis«, Seinsanalogie) thematisiert. – Negative Theologie ist sodann ein wesentlicher Grundzug der ↗Politischen Theologie, insofern diese angesichts der Leiden der Menschen u. des drohenden Scheiterns der Geschichte das ↗Theodizee-Problem für unlösbar erklärt u. von Gott eher im Sinn der erhofften Rettung als in affirmativen Aussagen sprechen will.

Nestorianismus, eine dem Patriarchen Nestorius von Konstantinopel (✝ um 451) zugeschriebene christologische Lehre, nach der in Jesus Christus »zwei Söhne« zu einer nur äußeren, moralischen Einheit verbunden gewesen seien, der göttliche Logos u. der Mensch Jesus, in dem der Logos wie in einem Tempel wohnte, u. der, an sich zur Sünde fähig, wegen seiner Bewährung zum Lohn göttliche Attribute empfangen habe. Diese Lehre wurde vom Konzil von ↗Ephesos 431 verurteilt. Sie beruhte im Wesentlichen auf der Darstellung durch den Hauptgegner des Nestorius, Kyrill von Alexandrien (✝ 444). Nestorius wollte die Vollständigkeit der menschlichen Natur Jesu ebenso wie die Person-Einheit Jesu Christi wahren, aber eine Vermischung der göttlichen u. der menschlichen Natur vermeiden, daher verwendete er als Anhänger der ↗Antiochenischen Theologenschule die Formulierung der Annahme des Menschen durch den Logos u. der Einwohnung des Logos im Menschen. Eine »Bewährungslehre« vertrat er nicht, sondern er betonte die Freiwilligkeit der Vereinigung der Naturen mit mißverständlichen Begriffen. Anderseits konnte er die Redeweise Kyrills von einer (einzigen) Natur in Jesus Christus nicht akzeptieren. Durch die klare Lehre des Konzils von ↗Chalkedon von den zwei unvermischten Naturen konnte er sich zum Teil bestätigt sehen. – Die heute noch existierenden sog. nestorianischen (altorientalischen) Kirchen sprechen christologisch von zwei Naturen, zwei Hypostasen u. einer Person in Jesus Christus.

Neue Religionen ist ein Begriff der Religionswissenschaft, der neue, im 19. u. 20. Jh. entstandene ↗Religionen umfaßt u. nicht nur das Erwachen einer neuen Religiosität meint. Synkretistische Religionsneubildungen sind besonders für Japan, Korea, Indien registriert. In weiteren Kreisen bekannt geworden sind die im Iran entstandene Baha'i-Religion u. im Westen die Mormonen u. Zeugen Jehovas. In Lateinamerika u. dort, wo eine »indigene« Bevölkerung existiert, sind neu organisierte Kultformen unter Rückgriff auf Traditionselemente zu beobachten. Außer den vielfältigen kultischen Ritualen u. der Neigung zu emotionalen Ekstasen ist vor allem eine starke Tendenz zu »Universalisierung« zu konstatieren. Von theol. Seite werden sie häufig als Beweise für die Überlebenskraft des religiösen menschlichen Bedürfnisses angesehen; nicht zu verkennen ist, daß sie oft eine Antwort auf Kolonial-Christentum u. ↗Mission ohne ↗Inkulturation sind.

Neues Testament meint als Begriff in erster Linie den im ↗Urchristentum entstandenen christlichen Teil der Bibel (der ↗Heiligen Schrift). Gelegentlich bezeichnet N. T. auch den »neuen ↗Bund« als heilsgeschichtliche Größe. Sprachlich ist N. T. von da her abgeleitet (hebr. »berit«, lat. »testamentum«, griech. »diatheke«). – 1. Das NT besteht aus einer Sammlung von 27 Schriften, die der Hauptsache nach zwischen 80 u. 100 n. Chr. entstand u. im Lauf der ersten vier Jhh. n. Chr. »kanonische Geltung« (↗Kanon) erlangte. Wahrscheinlich wurden zunächst die ↗Paulus-Briefe (mit Hebr) gesammelt, danach die ↗Evangelien (↗Logienquelle, ↗Synoptische Evangelien, ↗Johanneisches Schrifttum), die Apostelgeschichte, die »Katholischen Briefe« u. die Offb. Die Originalschriften sind verloren. Die handschriftliche Überlieferung hat ein sehr hohes Alter (ältestes Fragment Anfang des 2. Jh.) u. gestattet eine wissenschaftlich einwandfreie textkritische Präsentation, die auch die Varianten aus der Zeit einer relativ freien Textüberlieferung enthält. Der ursprünglich griech. Text des NT wurde seit Beginn des 3. Jh. in das Lateinische, Syrische u. Koptische übersetzt. Der Begriff N. T. bürgerte sich seit Klemens von Alexandrien († nach 215) ein. – 2. Nach wie vor besteht im Bereich des Christentums die irrtümliche Auffassung, der »neue Bund« habe den »alten Bund« abgelöst. Auch dort, wo innerhalb des NT von zwei Bünden die Rede ist (2 Kor 3; Hebr 8 u. 9), wird über eine Ablösung oder Beerbung des alten oder ersten Bundes kein Wort gesagt. Der Rückgriff auf die prophetische Ankündigung eines »neuen Bundes« (Jer 31; Jes 55 u. 61; Ez 16) meint vielmehr die neue Gewährung einer Versöhnung der Menschen mit Gott, eine Erneuerung des als »Bund« formulierten Gottesverhältnisses. Vermittelt durch den Juden Jesus von Nazaret dürfen Christen »aus den Heiden« in diesen Gottesbund eintreten oder doch wenigstens seine Heilswirkungen empfangen (↗Judentum und Christentum). Für Christen gelten beide Teile ihrer Bibel, AT u. NT, als normative Glaubensurkunden, wobei die Spannung zwischen unterschiedlichen Theologien u. Interpretationen des Geschehens hingenommen wurde u. wird. Als sein »Testament« hinterließ Jesus die Botschaft von der nahe gekommenen Herrschaft Gottes, deren »Grundgesetz« die Einheit von Gottes- u. Nächstenliebe ist u. die anfangsweise in veränderten menschlichen Haltungen u. Beziehungen praktiziert werden kann. Sie gründet im Liebes- u. Vergebungswillen Gottes u. ist durch die »Sendungsautorität« Jesu vermittelt. Sie bezeugt das fortbestehende Ja Gottes zu Welt u. Menschheit, die von ihm geschaffen wurden u. vollendet werden sollen. Das NT zeigt, wie unter dem Eindruck der Ostererfahrungen die einzigartige Qualität Jesu als des menschgewordenen Wortes Gottes bewußt u. die »dreifaltige« Gegebenheitsweise des einen Gottes als sich selber in seinem Wort u. in seinem Geist mitteilender Vater erkannt wurde. In seinem Offenbarungs- u. Heilswillen sah u. sieht die Kirche ihren Ursprung, die Gemeinschaft der Glaubenden, die sich – immerfort ihrer Verwurzelung im Glauben Israels eingedenk – in ihrer Liturgie der Machttaten Gottes erinnert, Fürbitte hält u. (paulinisch wie synoptisch u. johanneisch) das Evangelium der Versöhnung weiter verkündet. Das NT sieht realistisch auf die Bedrängnisse des Glaubens u. der Treue u. vermittelt Zuversicht u. Hoffnung dank der göttlichen Verheißungen. Als Ganzes genommen versteht sich das NT als endgültige u. unwiderrufliche (»eschatologische«) Gottesoffenbarung u. -zusage in einer Situation des Wartens auf die vollkommene Erlösung u. auf die volle Verwirklichung der Gottesherrschaft.

Neuplatonismus bezeichnet die letzte Phase der antiken Philosophie vom 3. bis 6. Jh. n. Chr., die vorwiegend, wenn auch nicht ausschließlich von der Philosophie Platons († 347 v. Chr.) geprägt war u. die auf den ↗Mittelplatonismus folgte. Schulen des N. entstanden u. a. in Athen, Rom, Apameia in Syrien, Pergamon, Alexandrien. Als Hauptvertreter u. einflußreiche Lehrer werden genannt: Plotin († 270), Porphyrios († 305) u. Iamblichos († 326). Der N. ging von einem konsequenten Einheitsdenken aus, in dem er alle Wirklichkeiten, geistige u. wahrnehmbare, in einem hierarchisch gestuften Zusammenhang differenzierte, aber den ↗Dualismus ablehnte. Das Eine (»to hen«) überragt alles Denken, alles Sein u. alles Seiende, ist der Ursprung von allem, faßt alles Vielfältige in sich zusammen: der transzendente »Gott«. Das höchste Seiende ist der ↗Geist (»nous«), der Ursprung alles endlichen Seienden. An ihm hat die ↗Seele Anteil, die den geistigen Kosmos mit der wahrnehmbaren Welt gleichsam verbindet. Die wahrnehmbare Welt ist durch die ↗Materie gekennzeichnet, die zwar die niederste Stufe darstellt, aber ihrerseits auch nicht ohne Verbindung zum Geist ist. Alles Endliche strebt zurück zu seinem Ausgang, daher kommt den Menschen die ethische Aufgabe zu, sich immer stärker zu »vergeistigen« u. die Seele den mystischen Weg des »Aufstiegs« zum Einen nehmen zu lassen. Dieses Gedankengut, in dem Philosophie mit Theologie verbunden war, hielten die ↗Kirchenväter für sehr geeignet, die in der Bibel bezeugte Selbstoffenbarung Gottes in ihre zeitgemäße Sprache zu »übersetzen«. Besonders der Neuplatoniker Augustinus († 430) prägte, zum Teil bis zur Gegenwart, die Theologie weitgehend neuplatonisch. Andere vom N. beeinflußte Theologen waren Ps.-Dionysios Areopagites (um 500), Johannes Scottus Eriugena (9. Jh.), Meister Eckhart († 1328) u. Nikolaus von Kues († 1464). Auch in der Philosophiegeschichte zeichnen sich öfter Spuren des N. ab. Er behält seine Bedeutung in der Theologie vor allem durch die Konsequenz, mit der er die transzendente Göttlichkeit Gottes betonte, die sich jeder Vergegenständlichung entzieht (↗Negative Theologie). Aber wesentliche Themen der Selbsterschließung Gottes sind dem N. fremd: Die Schöpfung als Adressatin der Selbstmitteilung Gottes, die einmalige, unumkehrbare Geschichte mit einem Werden, das Gott selber sich zu eigen macht, indem er in der Inkarnation das wird, was er nicht »schon immer« war, die in der Materie u. Geschichte »ausgezeitigte« Einmaligkeit u. Endgültigkeit der menschlichen Person. Die Denkformen des N. haben bis in das 20. Jh. verhindert, daß Christentum u. Kirche ihre vom Judentum überlieferte Gottes- u. Menschenauffassung in die Gegenwart vermitteln konnten.

New Age (engl. = neues Zeitalter), eine seit den 70er Jahren des 20. Jh. bekannt gewordene Strömung, die Harmonie u. Ganzheit sucht u. dabei unterschiedliche Traditionselemente (Apokalyptik, Mystik, Ökologie, Heilungswissen, asiatische Religionsanschauungen, Spiritismus usw.) in einer neuen Weltkultur (»gewaltloser Bewußtseinswandel«) zu integrieren u. damit eine »Wendezeit« (F. Capra) zu beginnen sucht, keine Religionsgemeinschaft, sondern eher eine (Rationalismus, Überindustrialisierung, »Sachzwänge« ablehnende) Mentalität oder Spiritualität. Sie ist ein wichtiger Teil einer umfassenden alternativen Bewegung, die durchaus einen Sinn für das ↗Heilige hat, sich aber der Elemente traditioneller Religionen souverän selektiv u. synkretistisch bedient. – ↗Esoterik.

Nichtchristliche Religionen. *1. Geschichtlich.* Mit dem Judentum in der »Zerstreuung« teilte das Christentum die Situation, mit anders gearteter Religiosität konfrontiert zu sein. Ohne Zweifel verstand sich das frühe Christentum nach seiner leidvollen Ablösung von Israel als der einzige von Gott eröffnete »Heilsweg«. In der Minderheitensituation führte das Bewußtsein der Kirche, die einzige »rettende Planke« in einem umfassenden »Schiffbruch« zu sein, zu einer Mentalität der Überlegenheit über andere Religionen u. Weltanschauungen (↗Absolutheitsanspruch), die sich nach der Erlangung gesellschaftlicher Macht in Verfolgungen u. Diskriminierung Andersdenkender äußerte. Wo Theologen der alten Kirche hochachtungsvoll von »Heiden« sprachen, waren nichtchristliche Philosophen u. Dichter, nicht Kultgemeinschaften gemeint. Die Abwertung nichtchristlicher Religiosität prägte die Form der Auseinandersetzungen in der Zeit der Völkerwanderung, die Juden- u. Ketzerverfolgungen, die Kreuzzüge, die »Missionen« u. die Behandlung »Einheimischer« im Zeitalter der Entdeckungen. Die Frage nach authentischen religiösen Werten bei Nichtchristen u. damit die nach der Möglichkeit respektvollen Zusammenlebens in ↗Toleranz stellten sich ernsthaft erst dort, wo sich die europäische ↗Aufklärung durchgesetzt hatte (↗Menschenrechte). Theologisch galten die N. R. als Religions- u. Kultgemeinschaften im kath. wie im ev. Bereich weiterhin als »falsche« Religionen, die als solche keinesfalls Heilswege für ihre Anhänger darstellten. Hinsichtlich der Heilsmöglichkeiten konzentrierte sich die Theologie auf die Einzelschicksale. Trotz des Tiefpunkts in der theol. Abwertung nichtchristlicher Religiosität durch das Konzil von ↗Florenz 1442 hielt die systematische Theologie unter verschiedenen Stichworten an individuellen Heilsmöglichkeiten für Nichtchristen fest: ↗Begierdetaufe, ↗Votum, impliziter ↗Glaube (im 20. Jh. ↗Anonymes Christsein). – 2. *Theologisch.* Eine Revision der kirchlichen Einstellung gegenüber nichtchristlicher Religiosität war erst möglich, nachdem sich die Erkenntnis durchgesetzt hatte, daß Gottes ↗Gnade nicht nur innerhalb der institutionellen Kirchen wirksam ist. So setzte zögernd die Erwägung einer möglichen »Legitimität« der nichtchristlichen Religionen ein: »Da der leiblich-soziale Mensch konkret Religion immer nur haben kann in konkret, institutionell u. sozial verfaßter Religion, so braucht den vorchristlichen, außeralttestamentlichen institutionellen Religionen nicht von vornherein u. allgemein der Charakter eines in mancher Hinsicht positiven Heilsmittels aberkannt werden. Andernfalls könnte von einem ernsthaften u. allgemeinen Heilswillen Gottes der außerchristlichen Menschheit gegenüber nicht gesprochen werden« (Rahner-Vorgrimler 1961, 262). Von einem »langsamen geschichtlichen Begegnungsprozeß« des Christentums mit den nichtchristlichen Religionen wurde gesagt, daß er die Anhänger anderer Religionen zu der gewissensmäßigen Überzeugung führen könne, die Erwartungen ihrer Religion seien im Christentum »erfüllt«: »Wann für die einzelnen Kulturräume u. Religionen der genaue konkrete Zeit-Moment dieser grundsätzlichen ›Aufhebung‹ ihrer bisherigen möglicherweise vorhandenen Legitimität durch das Christentum gekommen war (oder vielleicht eben erst am Kommen ist oder kommen wird), ist im einzelnen schwer festzulegen. Angesichts der immer zu erwartenden Schuld der Menschen (u. der Kirche) ist nicht nur zu erwarten, daß dieser Anspruch der Aufhebung teilweise einem Nein begegnet bis zum Ende der Zeiten, nicht nur durch ein starres Nein von seiten der anderen noch lebendigen Religionen, nicht nur durch einen globalen u. institutionalisierten Atheismus, sondern auch dadurch, daß sich diese Religionen, ohne sich in das kirchliche Christentum aufzuheben, Wahrheits- u. Wirklichkeitsmomente zu assimilieren suchen (wie ja auch das Christentum selbst durch ↗Akkomodation u. ↗Mission in seiner konkreten Gestalt sich diesen Religionen in ihren Positionen nähern kann u. wird). Was sich innergeschichtlich aus dieser gegenseitigen Näherung, ohne dabei zur Einheit kommen zu wollen, an Folgen ergibt, ist noch nicht abzusehen« (Rahner-Vorgrimler 1961, 263). Grundsätzlich ist diese Perspektive möglicher *gegenseitiger* Näherung bisher theol. nicht überholt worden. Das II. ↗Vaticanum äußerte sich hochachtungsvoll zu den nichtchristlichen Religionen (NA; LG 16). Das Bestehen vieler Religionen wird, ausgehend von den fundamentalen Fragen der Menschheit, mit den vielfältigen Erwartungen einer Antwort erklärt. Allen Religionen liegt nach der Auffassung des Konzils die Wahrnehmung des verborgenen Gottes zugrunde. Bekundungen eigener Wertschätzung erfolgen an die Adressen von ↗Hinduismus, ↗Buddhismus, ↗Islam u. – herausgehoben vor allen anderen – ↗Judentum. Alle Religionen enthielten Wahres u. Heiliges. Gespräch u. Zusammenarbeit von Christen u. Nichtchristen seien dringend geboten. Die Heilsmöglichkeit für jeden einzelnen Menschen wird jedoch nur vom umfassenden ↗Heilswillen Gottes u. nicht unter Einbeziehung der Legitimität nichtchristlicher Religionen ausgesagt (LG 14–16; AG 7; GS 22). In den 80er Jahren des 20. Jh. entstand eine lebhafte Diskussion über die »Pluralistische Religionstheorie«, die auf ev. u. kath. Seite vorgetragen wurde. Diese Theorie wandte sich gegen den »Inklusivismus«, der die Werte anderer Religionen in dem Umfang anerkenne, als sie sich christlich verstehen oder eine Konvergenz zum Christentum hin erkennen ließen. Eine solche »Vereinnahmung« anderer Religionen respektiere diese in ihrer Eigenwirklichkeit nicht. Statt dessen seien die unterschiedlichen Religionen in jeweils ihrer Geschichte u. innerhalb ihres eigenen Kulturkreises gleichwertige, legitime, eigenständige Antworten auf jeweils eigene Wahrnehmungen der Transzendenz oder jeweils eigener ausdrücklicher Offenbarungen Gottes. Insofern müsse man von einer Vielfalt von nicht nur individuellen, sondern auch institutionellen Heilswegen sprechen, die Gott eröffnete.

Nichts ist in der Philosophie ein notwendiger Begriff im Zusammenhang mit dem Urteil. Auf die Frage, was das (kontradiktorische) Gegenteil von »alles« sei, heißt die Antwort zwangsläufig: nichts. Für ein Nachdenken über das endliche Seiende u. dessen Sein ergibt sich als Gegenteil das

Nichtseiende. Falls für dieses auch keinerlei Möglichkeit (↗Potenz) des Werdens u. Seins vorhanden ist, muß es als nichts bezeichnet werden. Wenn nach jüdisch-christlichem Glauben Gott nicht aus »etwas«, vorhandenem Material, erschaffen hat, wird das als »Erschaffung aus dem Nichts« bezeichnet, obwohl die Möglichkeit der Schöpfung in Gott »immer schon« gegeben war u. mit dem Begriff »Gott« verbunden ist. Das Ergebnis einer totalen Negation ist nicht ein (restliches) Etwas, sondern – N.

Nihilismus (lat. »nihil« = nichts), seit dem Ende des 18. Jh. verwendete Bezeichnung für eine radikale Verneinung des Sinnvollen im Sein oder allgemein gültiger Werte (ontologischer u. moralischer N.). In der Philosophie warf F. H. Jacobi († 1819) der ↗Transzendentalphilosophie nihilistische Konsequenzen vor, weil sie Realitäten in bloße subjektive Vorstellungen verwandle. Innerhalb der deutschen Romantik tritt ein »ästhetischer N.« zutage (bei Jean Paul † 1825 ironisiert). F. Nietzsche († 1900) bezeichnete sich selber als Nihilist, weitete dabei aber den Begriff des N. aus: Wenn die klassische Metaphysik u. das Christentum das Geistige absolut setzen, so nehmen sie in der Konsequenz dem Sinnlichen u. dem Diesseitigen jeden Sinn u. verheißen dafür Seligkeit im Jenseits; Nietzsche dagegen verstand sich als Zerstörer der Jenseitsillusionen u. als Anbahner eines Weges, auf dem ein Mensch den Sinn seines Lebens autonom hervorbringt. In russischen Romanen des 19. Jh. verzweifeln anarchistische, revolutionäre Nihilisten an den ungerechten Zuständen u. werden Gewalttäter oder Selbstmörder. Der Existentialismus versteht sich z. T. als Gegenentwurf zu der nihilistischen Verzweiflung an der Sinnlosigkeit des Daseins (Glück im Protest gegen das Morden), z. T. als beharrliches Offenhalten der Frage nach dem Sinn von Sein (M. Heidegger † 1976).

Nikaia, der kleinasiatische Ort des Konzils, das als 1. ökumenisches gezählt wird. Es wurde von Kaiser Konstantin († 337) im Interesse der Reichs- u. Kircheneinheit einberufen u. geleitet u. tagte vom Juni bis Juli 325, mit rund 300 östlichen u., als Vertretern des Papstes, 5 westlichen Bischöfen. Die Synode formulierte, erstmalig für ein Glaubensbekenntnis unter Verwendung philosophischer Begriffe, das »nicaenische Glaubensbekenntnis« gegen den ↗Arianismus. Darin wurde die Gottheit u. Wesenseinheit des Sohnes mit dem Vater (↗Homoousios) feierlich ausgesprochen (DS 125 f.; NR 155 f.). – Das 2. Konzil von N. vom 24.9. bis 23.10.787 (gezählt als 7. ökumenisches Konzil) entschied auf Initiative der Kaiserin Irene mit rund 350 Bischöfen u. 2 päpstlichen Vertretern über die Berechtigung der ↗Bilderverehrung (DS 600–609; NR 85).

Noach (hebr. von »ruhen«, als »Tröster« gedeutet), eine Gestalt des AT (im NT als Vorbild dargestellt), Held der Erzählung von der »Sintflut« (Gen 6, 5–9, 17), die ihrerseits altorientalischen, vorisraelitischen Sagenstoff verarbeitet. Nachdem der gerechte N. mit Familie u. Tieren in der Arche vor der großen Flut gerettet wurde, setzt der kompromißbereite Gott durch den N.-Bund einen neuen Anfang in seinem Verhältnis zur Menschheit. Keine menschliche Schuld kann inskünftig verhindern, daß JHWH kraft dieses ↗Bundes stets neue Rettung gewährt, so daß der Bund nie aufgehoben, sondern immer wieder erneuert wird. Aus dem Kontext der N.-Erzählung erschloß das Judentum (Zeugnisse seit dem 2. Jh. n. Chr.) die *sieben noachitischen Gebote* (Verbote: Götzendienst, Lästerung JHWHs, Vergießen von ↗Blut, Unzucht, Raub, Essen des Fleisches lebender Tiere; Gebot eines geordneten Rechtswesens). Die Einhaltung dieser Gebote gilt im Judentum als Weg zu Rettung u. Heil bei Gott auch für »Heiden«. Der Zusammenhang der biblischen N.-Erzählung läßt nicht erkennen, daß es sich um Vorbedingungen für das Heil im strikten Sinn von Bedingung handelt.

Nominalismus (lat. = Namenstheorie), eine erkenntnistheoretische, metaphysische u. theol. Richtung der Spätscholastik am Ende des Mittelalters (↗Ockhamismus). Nach ihr haben die allgemeinen Begriffe (»universalia«) keine jeweils eigene Realität; sie sind nicht eigentliche »Wesensbegriffe«, sondern »Namen« (»nomina«) für vieles, was an sich absolut individuell ist. Zugrunde liegt die Auffassung, daß das Allgemeine nicht zu der vom Denken unabhängigen Wirklichkeit gehört (so der »Realismus«), sondern reines Produkt des Denkens oder sprachliches Erfordernis sei. Allgemeine Aussagen seien nicht identisch mit Aussagen über Allgemeines u. dessen Existenz. Bemerkenswert ist das »Sparsamkeitsprinzip« des N.: Wenn der Realismus besage, daß jeder Begriff eine real existierende »Sache« bezeichne, so wäre das eine überflüssige u. nicht begründbare Annahme. In nominalistischer Sicht ist die Theologie »in sich« zwar eine Wissenschaft, doch stammen ihre »Prinzipien« nicht aus der Vernunft (die in ihren Grenzen wahrgenommen wird), sondern aus der Offenbarung, daher ist sie als Wissenschaft auch nicht Sache der Menschen. In der Dogmatik spielte die Lehre des N. über die Freiheit Gottes bei der Schöpfung eine Rolle: Gott habe kraft seiner absoluten Macht (»de potentia Dei absoluta«) frei wählend die Welt in ihrer ↗Kontingenz erschaffen; faktisch sei durch die Ordnungsmacht Gottes (»de potentia Dei ordinata«) eine Schöpfung ohne Widersprüche entstanden, doch hätte Gott auch eine andere Schöpfung, ebenfalls ohne Widersprüche, entstehen lassen können. Im N. kann eine »Wachstumskrise« des christlichen Weltverständnisses gesehen werden, die zur Befreiung aus mittelalterlichen Denkformen notwendig war (Frage nach dem Faktischen u. geschichtlich Einmaligen, Betonung des erkennenden Subjekts im Unterschied zu den »Sachen«, Verwendung der induktiven ↗Methode, die zu den modernen Naturwissenschaften führt).

Notwendigkeit als philosophischer Begriff besagt, daß etwas nicht nichtsein oder nicht anders sein kann, als es ist; logisch besagt N., daß eine Aussage, von bestimmten Voraussetzungen aus betrachtet, gar nicht falsch sein kann. In biblischer Sicht zeichnen sich nicht nur in der ↗Weisheits-Lehre vom Tun-Ergehens-Zusammenhang Versuche ab, gesetzmäßige Abläufe zu ergründen (Sünden – Gericht Gottes in Katastrophen usw.). Der so vermutete göttliche »Heilsplan« (»Ökonomie«) führt zu einem »Muß«, dem notwendigen Eintreten bestimmter Ereignisse. Die Frage nach der N. in Gott selber wurde in der Neuzeit aufgeworfen. B. de Spinoza († 1677) entwickelte eine pantheistische Notwendigkeitsphilosophie, nach der nur eine einzige ↗Substanz existiere, diejenige Gottes, die notwendig existiere u. aus der die notwendigen Gesetze des Seienden abzuleiten seien. G. W. F. Hegel († 1831) wollte den Prozeß von Welt u. Geschichte als notwendige Selbstvermittlung Gottes verstehen. In der Dogmatik gilt Gott als der absolut notwendige ↗Grund alles von ihm in kreatürlicher ↗Kontingenz Geschaffenen. Zur Realisierung der unterschiedlichen Möglichkeiten von ↗Selbsttranszendenz in der Schöpfung (bis hin zur ↗Inkarnation u. zur Vollendung des Menschen in der ↗Anschauung Gottes) ist die ↗Selbstmitteilung Gottes in seiner Gnade absolut notwendig. Zu den bedingten Notwendigkeiten der Heilsvermittlung: ↗Heilsnotwendigkeit.

Nouvelle Théologie (französisch = neue Theologie), als »neue Theologie« 1926 von E. Przywara († 1973) geprägter Begriff, von vatikanischen Personen 1942 u. von Papst Pius XII. († 1958) 1946 polemisch gebrauchte Sammelbezeichnung für sehr differenzierte Bemühungen der kath. Theologie in Frankreich, eine theol. Erneuerung durch Vertiefung in das Gedankengut der ↗Kirchenväter, durch Beachtung der Entwicklungsmöglichkeiten des thomistischen Denkens (↗Thomismus), durch ökumenische Gespräche u. durch den Dialog mit zeitgenössischen Philosophien (einschließlich des Marxismus) zu erreichen. In der unsachlichen Agitation römischer Theologen gegen die N. Th. kann man ein spätes Echo der Kampagnen gegen den ↗Modernismus sehen. Im Zusammenhang mit der Enzyklika »Humani generis« Pius' XII. 1950 »über einige Auffassungen, welche die Grundlagen der kath. Lehre auszuhöhlen drohen«, in der die N. Th. nicht formell verurteilt wurde, erfolgten gravierende u. diffamierende »Maßnahmen« gegen beteiligte Theologen. Die Auseinandersetzungen bezogen sich in erster Linie auf das Verhältnis von ↗Natur u. ↗Gnade, ferner auf die Rezeption des Evolutionsdenkens (P. Teilhard de Chardin

† 1955) in der Schöpfungs- u. Erbsündenlehre usw. Die Berufung bedeutender Vertreter der N. Th. zu Konzilstheologen durch Johannes XXIII. († 1963) wurde als Versuch einer »Wiedergutmachung« gewertet. H. de Lubac († 1991), Y. Congar († 1995), J. Daniélou († 1974) u. H. U. von Balthasar († 1988) wurden, meist im weit fortgeschrittenen Lebensalter, zu Kardinälen ernannt.

Novatianismus ist nach dem römischen Presbyter Novatian (Mitte des 3. Jh.) benannt u. bezeichnet eine rigorose Auffassung der Bußdisziplin. Nach dem N. soll die Kirche den vom Glauben Abgefallenen u. überhaupt allen »Todsündern«, die die Taufgnade ja verloren hätten, auch bei reuiger Umkehr die Wiederversöhnung mit der Kirche, die Praxis kirchlicher Gemeinschaft u. die Absolution für immer versagen; sie müsse solche Sünder der Gnade Gottes allein überlassen. Weil Papst Cornelius den in der Christenverfolgung schwach Gewordenen die Versöhnung gewährte, verschaffte sich Novatian von einigen italienischen Bischöfen die Bischofsweihe u. versuchte, von Rom aus eine Gegenkirche zu organisieren (erster »Gegenpapst« der Kirchengeschichte). Noch im 6. Jh. scheint der N. Gemeinden gebildet zu haben, da er auch nach seiner Verurteilung durch das Konzil von Nikaia 325 von griechischen Bischöfen noch jahrhundertelang bekämpft wurde.

O

Objekt (lat. = das Entgegengeworfene), das Vorhandene, Gegebene, dem sich ein ⁊Subjekt bei seiner Erkenntnis zuwendet. Die Orientierung der Erkenntnistheorie am O. war die Folge des ⁊Cartesianismus; in der mittelalterlichen Philosophie galt nur das Subjekt als das in sich selber Stehende, während mit O. das Vorgestellte bezeichnet wurde. *Objektive Erkenntnis* besagt Unabhängigkeit der Erkenntnis von einem Subjekt, von seinen Vorprägungen u. »Vorverständnissen«, u. meint daher auch Allgemeingültigkeit u. Nachprüfbarkeit einer Erkenntnis. *Objektiv* im Alltagsverständnis besagt Unvoreingenommenheit.

Ockhamismus, spätmittelalterliche Richtung der scholastischen Philosophie u. Theologie, benannt nach ihrem bedeutendsten Vertreter, dem Franziskaner Wilhelm von Ockham (Occam) († um 1349), auch als *Konzeptualismus* (⁊Nominalismus) bezeichnet. In seinem Gottesverständnis geht der O. nicht von einer objektiv strukturierten, in Allgemeinbegriffen faßbaren Wirklichkeit der Schöpfung, sondern von einem umfassenden

Begriff der ↗Allmacht Gottes aus. Danach vermag Gottes alles, was nicht widersprüchlich ist, u. so entstammt die Schöpfung den Willensdekreten Gottes, in denen ihre radikale ↗Kontingenz begründet ist. Das Allgemeine existiere demnach nur im Geist (Bewußtsein), u. nur das einzelne Wirkliche existiere real. Damit wird die aristotelisch-thomistische Auffassung einer Einheit von Philosophie u. Theologie (↗Metaphysik) aufgegeben, so daß die Möglichkeit objektiver Erkenntnis der Strukturen des Ganzen (z. B. der Kausalität, der Teleologie, die für die »Gottesbeweise« von Bedeutung waren) geleugnet wird. Auch andere Wissenschaften können nur von Begriffen (Konzepten) als Zeichen der Dinge handeln. In der Ethik sind Normen ebenfalls nicht durch die Vernunft erkennbar; vielmehr sind sie von Gott als Gesetzgeber aufgestellt. Die Haltung des Menschen ihnen gegenüber ist nicht in Einsicht begründet, sondern besteht in der Leistung des freien Gehorsams. Hierin ist eine der Wurzeln des neuzeitlichen Subjektivismus zu sehen. Der O. übte mit dieser Freiheitslehre in der Sozialphilosophie u. mit seiner aus der Ordnungskritik entstehenden Hierarchiekritik starken, besonders in der Reformation spürbaren Einfluß aus. Auf Ockham wird das *Ockhamsche Rasiermesser*, ein Sparsamkeitsprinzip, zurückgeführt, das besagt, daß eine Vielfältigkeit ohne Notwendigkeit nicht angenommen werden darf.

Offenbarung als theol. Begriff bezeichnet eine Erfahrung Gottes, die als Selbstkundgabe oder Selbsterschließung Gottes wahrgenommen wird. Zwei Meinungen unterscheiden sich grundsätzlich von dieser Auffassung: a) Nach der einen Meinung ist dasjenige, was die Theologie als O. versteht, nichts anderes als die geschichtliche, mit dem Menschsein notwendig gegebene Entwicklung des religiösen Bedürfnisses, das in der Religionsgeschichte in den unterschiedlichsten Formen zum Vorschein kommt, sich positiv weiterbildet u. in Judentum u. Christentum seine reinsten »Objektivationen« erhalten hat. – b) Nach der anderen Meinung ist O. ihrem Wesen nach ein rein »von außen« u. »von oben« kommender Eingriff Gottes, der ausgewählte Menschen, Propheten, anspricht u. ihnen in Sätzen Wahrheiten mitteilt, die für sie anders nicht erreichbar sind, u. Weisungen ethischer u. institutioneller Art erteilt, die die Menschen zu befolgen haben. In der neueren Diskussion wird diese Meinung als »instruktionstheoretisches Offenbarungsverständnis« bezeichnet. – 1. *Die sogenannte natürliche O.* Gestützt auf klassische Bibeltexte wie Weish 13, 1–9 u. Röm 1, 18 ff. hielt die theol. Tradition jahrhundertelang an einer ↗Erkennbarkeit Gottes aus den »Werken« der Schöpfung fest. Es handelt sich dabei mehr um einen Rückschluß auf die Existenz Gottes als um eine Antwort auf die Frage, »wer« u. »wie« Gott eigentlich ist. Der menschliche ↗Geist erkennt durch seine Transzendenz das Endliche als Endliches u. schließt daraus auf die Existenz eines ↗Grundes, der qualitativ vom Endlichen völlig verschieden sein muß (↗Geheimnis). Der so in einer gewissen Weise kundgemachte Gott bleibt unbekannt, u. ebenso ergibt sich aus dem schlußfolgernden Denken nicht, *wie* dieser Gott sich zu seiner Schöpfung u. zu den Menschen verhält. – 2. *Die eigentliche O. Gottes* ist »Anrede« (Hebr 1,1–2), Ereignis u. Dialog, eröffnet den Menschen dasjenige, was sich nicht durch den Hinweischarakter des Geschaffenen u. durch die Erahnung des unendlichen ↗Geheimnisses ergibt, die innere Wirklichkeit Gottes u. sein personales, freies Verhalten zu dem von ihm Geschaffenen. In der theol. Diskussion heißt diese O. die »geschichtlich-personale Wortoffenbarung« oder auch die »amtliche«, »öffentliche« (von ↗Privatoffenbarungen verschiedene) O. – a) Voraussetzung einer solchen O. ist, daß Gott das Hörenkönnen des Menschen u. die Annahme des Gehörten im Glauben selber erst ermöglicht u. mitträgt, da die endliche Kreatur u. die durch Versagen u. Schuld geprägte Kreatur von sich aus nicht fähig ist, eine Selbsterschließung Gottes wahrzunehmen. Voraussetzung des Geschehens u. der Annahme der O. Gottes ist daher die heiligende u. rechtfertigende ↗Gnade, in der Gott sich selber dem Menschen zu eigen mitteilt. Da aufgrund der bereits geschehenen O. anzunehmen ist, daß Gott diese Gnade keinem einzigen Menschen versagt (universaler ↗Heilswille Gottes), ist auch anzunehmen, daß diese Selbstoffenbarung Gottes zu allen Zeiten gegeben war u. ist. Das Verständnis der O. beruht auf dem von der Gnade Gottes bewirkten Vertrauen, daß die unendliche Frage, die der Mensch ist, von Gott mit der unendlichen Antwort, die er selber ist, beantwortet wird (↗Glaubenssinn). – b) Diese O. Gottes in der Tiefe u. Mitte der menschlichen ↗Person ist zunächst »unreflex«, »unformuliert«, zwar bewußt, aber nicht kommunikabel »gewußt«. Wenn die O. Gottes eine Zielrichtung hat u. ein bestimmtes Denken u. Handeln des Menschen bewirken will, dann muß sie reflektiert, in Sätzen formuliert u. kommunikabel gemacht werden können, wie es der Sozialnatur des Menschen entspricht. Daher hat die O. Gottes eine Geschichte der Reflexion, der sprachlichen »Übersetzung« u. der Kommunikation. Daß die Vorgänge dieser Ausformulierung von menschlichem Verständnis, individuellen Vorgegebenheiten auch schuldhafter Art, sozio-kulturell vorgeprägter Begrifflichkeit usw. mitbestimmt sind, ist selbstverständlich. So ist das Gotteswort nie »rein«, sondern immer nur im Menschenwort vermittelt, aber *als* Gotteswort, das nicht in die Irre führt, wahrnehmbar. Für die Geschichte der O. sind zwei Faktoren wesentlich, die ↗Propheten, die sich um Reflexion u. sprachliche Übersetzung bemühen, u. die Gemeinschaft der Hörenden, die ihre eigenen Gotteserfahrungen in Korrelation zur prophetischen Botschaft bringen u. sich auf begriffliche Formulierungen dessen, was sie wahr- u. angenommen haben, verständigen. Das Ergebnis dieser Vorgänge ist die

»amtliche« oder »öffentliche« O., die in der ↗Heiligen Schrift festgehaltene Grundlage für die Existenz des Bundesvolkes Israel u. der Glaubensgemeinschaft Kirche. Die Existenz dieser Glaubensgemeinschaften stellt die freie geschichtliche Antwort der Menschen auf die vernommene u. angenommene O. Gottes dar. Obwohl aus allen Religionen, die sich schriftlich äußern, analoge Vorgänge bekannt sind, hat die O. des jüdischen u. christlichen Glaubens innerhalb der allgemeinen Religionsgeschichte noch einmal eine eigene Geschichte u. eine eigene Wirkungsgeschichte, die nach der Überzeugung der Glaubenden von Gott selber geleitet u. gesteuert sind (↗Depositum fidei). – c) Der Vorgang der Reflexion, »Übersetzung«, Kommunikation u. Annahme kann auch unter dem Gesichtspunkt der ↗Selbstmitteilung Gottes betrachtet werden. Im christlichen Glaubensverständnis hat die Selbstmitteilung Gottes an die geistige Kreatur ihren (vor der ↗Anschauung Gottes) vorläufigen Höhepunkt in der ↗Inkarnation, in der sich das ewige ↗Wort Gottes mit der kreatürlichen Wirklichkeit Jesu zu einer unlösbaren Einheit ohne Vermischung verbunden hat. Der innergeschichtliche Höhepunkt ist damit gegeben, daß Gott als der Ausgesagte, die Art u. Weise der Aussage, nämlich die ganze menschliche Wirklichkeit Jesu, u. der Empfänger der Aussage, nämlich Jesus, absolut einer geworden sind. Darum darf Jesus als *der* Offenbarer Gottes schlechthin gelten. Mit ihm u. in seinem Schicksal ist »unüberholbar«, nicht mehr rückgängig zu machen, geoffenbart, daß Gottes letztes Wort zur Menschheit Liebe u. Vergebung u. nicht Gericht ist. Das Verstehenkönnen dieser unbegreiflichen Liebe u. die glaubend-dankende Antwort des Menschen schenkt Gott in seiner Selbstmitteilung an den einzelnen Menschen im ↗Heiligen Geist.

Öffentlichkeit ist ein vielschichtiger Begriff, der u. a. das allgemein Zugängliche im Unterschied zum Privaten u. die Zugänglichkeit von Erkenntnisquellen (Informationen) bezeichnet. Das Christentum versteht sich im Unterschied zu den antiken ↗Mysterien-Religionen auf der Basis der öffentlichen ↗Offenbarung von Anfang an als Religion der Ö. Die Forderung nach größtmöglicher Ö. in der Politik unter dem Vorzeichen der Freiheit mündiger Subjekte entstammt der ↗Aufklärung u. wird zunehmend innerkirchlich relevant. Die Bildung einer »öffentlichen Meinung« in der Gesellschaft hat eine innerkirchliche, nicht mehr rückgängig machbare Entsprechung, wobei in beiden Bereichen die Gefahr einer Manipulation nicht übersehen werden kann. Eine falsche Ö. bestünde in der Preisgabe intimer religiöser Vollzüge in den Massenmedien (↗Arkandisziplin). Berechtigt ist die Forderung nach öffentlicher Transparenz der innerkirchlichen Vorgänge, die alle betreffen (auch der Erkenntnisquellen des ↗Lehramts), u. nach öffentlicher Mitentscheidung (↗Demokratisierung).

Okkasionalismus (lat. = Lehre von der »occasio«, dem Anlaß, der Gelegenheit), eine Lehre von der Allwirksamkeit u. Alleinwirksamkeit Gottes. Als Hauptvertreter werden A. Geulincx († 1669) u. N. de Malebranche († 1715) genannt. Der O. leugnete die gegenseitige Ursächlichkeit der geschaffenen Dinge (verneinte auch jede Beziehung zwischen den Eigenschaften des Geistes u. Körpers). Für ihn sind die von Gott geschaffenen Wirklichkeiten u. ihre Zustände nur die »Gelegenheiten«, anläßlich derer Gott als alleinige Ursache die entsprechenden Wirkungen in anderen, auch in bloß materiellen, Dingen hervorbringt. Diese Theorie versteht die ↗Mitwirkung Gottes mit u. in der Schöpfung als eine Art immerwährenden Wunders (so G. W. Leibniz † 1716) u. führt zu einer Unwirklichkeit des Endlichen.

Okkultismus (lat. = Lehre vom Verborgenen), im 19. Jh. entstandene Bezeichnung für eine Weltanschauung, die sich auf ein »geheimes« Wissen über verborgene Wirkkräfte beruft. Es handelt sich um eine Gegenbewegung gegen ↗Aufklärung u. naturwissenschaftlich-technisch geprägte Mentalitäten, die behauptet, über Praktiken zu verfügen, mit denen sie die verborgenen Kräfte in den Dienst der Selbst- u. Welterkenntnis stellen könne (↗Spiritismus). Während die ↗Parapsychologie unbekannte Phänomene wissenschaftlich ernsthaft erforscht, handelt es sich beim O. um spekulative Ganzheitstheorien, die das einzelne Menschenleben von einem kosmischen Prozeß her deuten (unter Rückgriff auf ↗Reinkarnations-Lehren) u. zur Selbstfindung führen wollen. Viele okkultistische Elemente finden sich in der modernen ↗Esoterik.

Ökologie (griech. = die Lehre vom Haus oder Haushalt), als Begriff aus der Biologie des 19. Jh. hervorgegangen, im 20. Jh. zunächst die wissenschaftliche Beschäftigung mit dem Zusammenwirken verschiedener Subjekte (»Lebensträger«) innerhalb einer »Lebenseinheit« (↗Umwelt), in der 2. Hälfte des 20. Jh. als »Humanökologie« mit den Eingriffen der Menschen in den Gesamthaushalt (»Biosphäre«) der Erde befaßt. Die Ö. sucht die Folgen der Einwirkungen der Bevölkerungsentwicklung, des Verbrauchs der natürlichen Ressourcen, der Industrialisierung (↗Technik) u. »Globalisierung«, der Umweltzerstörung u. der Nahrungsmittelproduktion zu analysieren u. zu prognostizieren. In breiten Bevölkerungsschichten entstehen Initiativen für Naturschutz, für alternative Energien u. Lebensweisen, gegen Kernenergie, ABC-Waffen u. Waffenhandel, Ausweitung der Technisierung. Außer regionalen Einzelerfolgen gelang bisher kein umfassendes korrigierendes Einwirken auf Politik u. Wirtschaft, obwohl die Lebensfähigkeit kommender Generationen ernsthaft in Frage gestellt ist. In den Kirchen u. in der theol. Ethik wurden die Themen u. Pro-

bleme der Ö. zögernd u. spät aufgegriffen, haben jedoch zu einem ökume-
nischen Konsens über die »Bewahrung der Schöpfung« geführt, der die
↗Anthropozentrik der bisherigen Schöpfungstheologie erschüttert u. von
»Ehrfurcht vor dem Leben« (A. Schweitzer † 1965) bestimmt ist.

Ökumene (griech. = die bewohnte Erde). In einem wertfreien u. auch negativen Sinn (↗Welt) kommt der Begriff Ö. in der Bibel vor. Als Bestandteil
der kirchlichen Sprache wurden u. werden Ö. u. die damit zusammenhängenden Wortprägungen in unterschiedlichen Bedeutungen verwendet. Seit
dem im 4. Jh. bezeugten Bedürfnis, Fragen des Glaubensverständnisses ge-
samtkirchlich zu klären u. damit den gesellschaftlich-politischen Frieden
zu retten, werden ↗Konzilien mit dem Anspruch, die Gesamtkirche zu
repräsentieren u. allgemeingültige Beschlüsse zu fassen, »ökumenische
Konzilien« genannt. In diesem Sinn heißen in der reformatorischen Theologie die universal anerkannten ↗Glaubensbekenntnisse »ökumenisch«.
Nach dem Zerbrechen der institutionellen Einheit der christlichen Kirche
und dem Entstehen vieler nicht röm.-kath. Kirchen bezeichnet Ö. die Gesamtheit dieser Kirchen, insofern sie in einer mehr oder weniger friedlichen Koexistenz eine fundamentale Gemeinsamkeit im Glauben anerkennen. *Ökumenische Bewegung,* ein besserer Begriff als das romanische
Kunstwort »Ökumenismus«, heißen a) die Bemühung, die Einheit *der
Christen* in einem gemeinsamen Glauben auszusprechen u. institutionelle
Formen eines gemeinsamen Zeugnisses u. Wirkens im Dienst an der Welt
zu finden, u. b) die darüber hinausgehende Bemühung, eine auch äußerlich greifbare Einheit *der Kirche* zu erreichen. Die Kirchengeschichte kennt
viele durch menschliche Unzulänglichkeiten belastete u. letztlich erfolglose
Versuche zur Wiederherstellung der kirchlichen Einheit, die hier nicht
registriert werden können. Sie wurden auch dadurch erschwert, daß die
Gegensätze nicht nur das Verhältnis zur alten röm.-kath. Kirche betrafen,
sondern außerhalb ihrer immer neue Ausprägungen fanden (lutherisch-re-
formiert, reformatorisch-ostkirchlich, reformatorisch-freikirchlich usw.).
Die nicht röm.-kath. ökumenischen Anstrengungen führten im 20. Jh. zu
anfanghaften Erfolgen u. zur Gründung des »Ökumenischen Rates der Kirchen« (mit Beginn 1948, heute über 330 Mitgliedskirchen), der sich selber
nicht als »Superkirche« versteht. Die röm.-kath. Autoritäten verhielten sich
gegenüber ökumenischen Initiativen ablehnend; sie vertraten die Meinung,
die röm.-kath. Kirche habe die Einheit gemäß dem Willen Jesu Christi immer bewahrt u. den von ihr getrennten Christen u. Gemeinschaften komme
die Aufgabe einer Rückkehr zu. Viele kath. Christen teilten diesen Standpunkt nicht; sie unterliefen ihn durch Kontakte u. Publikationen (auch in
theol. Gesprächskreisen u. vor allem in der »Una-Sancta-Bewegung«).
Durch sie, u. nicht durch Initiativen »von oben«, entstand die kath. ökume-

nische Bewegung, die neben den Bewegungen zur biblischen u. liturgischen Erneuerung das II. Vaticanum prägte u. zu dem wegweisenden Dekret »Über den Ökumenismus« (UR) führte. – *Einige theol. Aspekte.* Voraussetzung aller ökumenischen Bemühungen ist, daß von der Seite aller getrennten Kirchen her gesehen die Existenz der anderen Kirchen nicht als Übel angesehen wird, das durch Einzelbekehrungen u. durch die Forderung nach Verzicht auf das jeweils eigene Erbe zu bekämpfen sei. In diesem Sinn betrachtet die röm.-kath. Kirche auch in ihren Autoritäten die Existenz der anderen Kirchen nicht mehr als Produkte von ↗Häresie u. ↗Schisma. Voraussetzung ist ferner der ernsthafte u. effektive Wille zu einem ↗Dialog, in dem alle Seiten bereit sind, sich zu verändern, u. in dem das Gemeinsame über das Trennende gestellt wird. Das bereits bestehende Gemeinsame betrifft die von der Einheit der Kirchen zu unterscheidende *Einheit der Christen:* Der gemeinsame Glaube an Gott in der Dreifaltigkeit seiner Selbstoffenbarung u. an den einzigen Herrn Jesus Christus; die gegenseitige Zubilligung des »guten Glaubens«; die gegenseitige bedingungslose Respektierung der Glaubens- u. Religionsfreiheit; die gemeinsame (»gültige«) Taufe u. die gemeinsame Lebenseinheit mit Jesus Christus. Die röm.-kath. Kirche anerkennt *offiziell*, daß Gottes Gnade u. Rechtfertigung nicht nur bei einzelnen »getrennten Christen«, sondern in den »getrennten Kirchen« u. durch sie wirksam sind, daß diese daher für ihre Angehörigen eine positive Heilsfunktion haben, der auch die Existenz von Sakramenten u. die Verkündigung des Evangeliums dienen; daß die von der röm.-kath. Kirche getrennten Kirchen in einem positiven christlichen Erbe leben, das zum Teil eine positive Ausprägung in einem Eigengut erfahren hat u. das zum Teil in der röm.-kath. Kirche so nicht existiert; daß die eigene Kirche der dauernden Umkehr u. Reform bedarf; daß das Zeugnis für den Glauben in den anderen Kirchen bis hin zum Martyrium vorbildlich u. förderlich auch für die röm.-kath. Kirche ist. In Gang sind Gespräche über Lehrunterschiede u. deren Überwindung, gegenseitige Informationen über Lehre u. Leben, Absprachen über gemeinsame Initiativen. Praktisch wird vielfältige konkrete Zusammenarbeit ausgeübt. Desiderate grundsätzlicher Art betreffen den Willen, den Pluralismus in Glaubensformulierungen u. Theologie innerhalb u. außerhalb der eigenen Kirche zu respektieren, u. die Anstrengungen, die eigenen Überzeugungen u. Hoffnungen jeweils in die Sprache des anderen zu »übersetzen«. Haupthindernisse sind die »Trägheit der Herzen«, die an der bestehenden Trennung gar nicht leiden, die Mentalitäten von Intoleranz u. Konkurrenz u. die Immobilität der Institutionen auf allen Seiten. Spezielle Hindernisse auf Seiten der offiziellen röm.-kath. Lehre u. Praxis sind: das Papsttum mit seinem Jurisdiktionsprimat, das kirchliche Lehramt, die Mißachtung des synodalen Prinzips, die Auffassung des Weihesakraments u. dessen Einfluß auf die Eucharistie, die Mariologie, die

Meinung, daß eine Abendmahlsgemeinschaft erst nach Herstellung einer völligen Kircheneinheit legitim sei. Bei realistischer Betrachtung der Schwierigkeiten u. fundamentalen Verschiedenheiten im Glaubensverständnis zeigt sich, daß die Verwirklichung einer organisatorisch-institutionellen »einen Kirche« utopisch ist u. auch gar nicht programmatisch mit Berufung auf biblische Texte (Joh 10, 16: ein Hirt u. eine Herde; 17, 21: daß alle eins seien, usw.) gefordert werden muß, sondern daß eine geschwisterliche Koexistenz in »versöhnter Verschiedenheit« im Bereich des konkret Möglichen liegt.

Ökumenische Theologie ist eine im 20. Jh. aus der ↗Konfessionskunde u. aus der ökumenischen Bewegung entstandene theol. Fachwissenschaft, die Glaubens- u. Lehrunterschiede der getrennten Kirchen im dialogischen (lernbereiten) Geist zu verstehen, ihrer Herkunft nach zu analysieren u. durch Bemühungen um sprachliche »Übersetzung« die Gemeinschaft im Glauben zu vertiefen sucht. Sie wird gewöhnlich der ↗Systematischen Theologie zugeordnet, in der sie vor allem Dogmatik, Ethik u. Sozialethik betrifft, hat aber erhebliche biblische, historische u. praktische Anteile. Aus arbeitsorganisatorischen Gründen spezialisiert sie sich zuweilen in Abteilungen für theol. Ökumene mit den Ostkirchen u. mit den reformatorischen u. freien Kirchen. Daß alle theol. Disziplinen ökumenisch »durchprägt« sein müssen, versteht sich von selbst.

Ontisch – ontologisch. Die Begriffe sind in der systematischen Theologie von Bedeutung. Das *Ontische* (griech. »to on« = das Seiende) heißt das faktisch Seiende, das von Eigentümlichkeiten je nach dem Verständnis des Tatsächlichen bestimmt wird (so kommen ihm z. B. Individualität oder Raum-Zeitlichkeit zu). Das *Ontologische* heißt das allgemeine ↗Wesen, das ↗Sein, welches das Seiende in seinem Seiendsein begründet. M. Heidegger († 1976) unterschied das Sein von dem Wesen, das in dem Sein ermöglicht ist, u. vom Seienden u. nannte diesen Unterschied *ontologische Differenz.* Der traditionellen Metaphysik warf er vor, sich nicht dem Sein als solchem zugewandt, sondern es nur vom Seienden aus reflektiert u. es so in den Dienst des Seienden gestellt zu haben.

Ontologie (griech. = Lehre vom Sein), als Begriff im 17. Jh. gebildet, später auch »erste Metaphysik« genannt. O. ist die philosophische Frage, wie das ↗Sein u. das Seiende zu verstehen sind. Ein solches Verständnis liegt jedem denkenden u. freien Umgang mit den konkreten Wirklichkeiten zugrunde, indem es diese auf das Sein im Ganzen hin u. von diesem her interpretiert. Sachlich wird diese Frage in der »Ersten Philosophie« des Aristoteles († 322 v. Chr.) im genannten Sinn thematisiert: Seiendes oder Ontisches wird in seinem Seiendsein als solchem, nicht unter einem bestimmten Aspekt (z. B. seiner Brauchbarkeit) betrachtet (O. als »reine Theorie«). O. fragt nach dem, was in einem allgemeinsten u. umfassenden Sinn alles Seiende im Sein begründet, u. nach den unterschiedlichen Arten, in denen das Sein dem Seienden zukommt, also nach dem ersten ↗Grund des Seienden (↗Dasein), nach den allgemeinsten Seinsbestimmungen (Transzendentalien), nach dem Möglich- u. Wirklichsein (↗Potenz, ↗Akt). Das höchste Seiende nannte Aristoteles das Göttliche (»to theion«), von dem her u. auf das hin das Ganze des Seienden »geordnet« ist. Bei I. Kant († 1804) tritt die ↗Transzendentalphilosophie an die Stelle der O.; statt nach dem Seiendsein des Seienden wird nach den Bedingungen gefragt, unter denen die Gegenständlichkeit von Gegenständen möglich wird (Abweisung einer Erkennbarkeit des »Ding an sich«, Beschränkung der Erkenntnis auf die Erfahrungswelt). Neuere Zugänge zur O. im 20. Jh. wurden in der theol. Reflexion nicht wirksam. – Das ursprüngliche Seinsverständnis, um das sich die Philosophie von Aristoteles bis Kant mühte u. das sie in der Reflexion nicht »einholte« u. nicht erschöpfend auszusagen vermochte, ist auch die Grundlage einer theol. Aussage u. in einer jeden Das-ist-Aussage enthalten. Die O. ist daher von Anfang an engstens mit der Theologie verbunden u. bleibt eine unentbehrliche Hilfe für sie. Ein Verzicht auf das Denken der O. würde die Theologie nicht selbständiger machen, sondern sie unkritischen Gefühlen ausliefern. Die Theologie ist ihrerseits »über die O. hinaus«, weil Theologie bedeutet, daß ein Mensch unter der Erfahrung der innerlich-gnadenhaften u. der öffentlichen (jüdisch-christlichen) Offenbarung Gottes reflex zu sich selber kommt u. somit die Gesamtwirklichkeit totaler erfährt als in der bloß transzendentalen Reflexion. Anderseits kann die O. den Menschen als möglichen »Hörer des Wortes« begreifen: offen für das Ankommen des absoluten Geheimnisses u. sich selber auch in seiner Geschichtlichkeit, nicht nur in seiner Transzendenz, verstehend. Darum kann die O. sich als offen für eine göttliche Offenbarung u. Theologie begreifen u. ist nicht genötigt, sich selber als die einzige u. erschöpfende »Erhellung« des menschlichen Daseins auszuweisen.

Ontologischer Gottesbeweis heißt ein Gedankengang bei Anselm von Canterbury († 1109), der (im »Proslogion«) von Gott als dem schlechthin vollkommenen Sein (»das, worüber hinaus Größeres nicht gedacht werden kann«) ausging u. in der neuplatonisch-augustinischen Tradition Erkenntnis- u. Seinsordnung als Einheit ansah: Die Gesetze des Denkens sind auch solche des Seins u. umgekehrt. Daher wäre von dem allgemein geltenden Begriff »Gott« zu sagen, daß ihm nicht nur gedankliche Geltung zukommt, sondern daß er die Realität der Existenz Gottes einschließt, weil bei einer Nichtexistenz Gottes Größeres, nämlich seine Existenz, gedacht werden

könne. Diesen Schritt vom Denken zum Sein lehnten Thomas von Aquin
(† 1274) u. I. Kant († 1804) ab; positiv wurde er von R. Descartes († 1650)
u. G. W. F. Hegel († 1831) aufgenommen. K. Barth († 1968) bejahte die
Intention Anselms, die er so verstehen wollte, daß das Denken von der
Existenz Gottes ausgehe, u. nicht so, daß ein in sich begründetes Denken
erst nachträglich »Gott denke«.

Ontologismus, die von dem italienischen Philosophen V. Gioberti († 1852)
begründete Lehre, daß jede geistige Erkenntnis des Menschen dadurch
ermöglicht ist, daß ihm das ↗Sein im ganzen u. mit ihm das absolute
göttliche Sein zu einer unmittelbaren, intuitiven Anschauung gegeben ist.
Diese Erkenntnis ist nicht mit der Anschauung Gottes in der Vollendung
identisch. Sie ergibt sich innerhalb der Erfahrung der Abhängigkeit des
Menschen von seinem transzendenten Grund u. damit von seinem
Schöpfer. Damit wollte Gioberti die größeren Möglichkeiten einer christlichen Philosophie gegenüber der ↗Transzendentalphilosophie I. Kants
(† 1804) zur Geltung bringen. Zu Unrecht bezog er sich in dieser Sicht auf
Augustinus († 430) u. Bonaventura († 1274). Nach A. Rosmini († 1855)
gefährdet diese Theorie das Moment des ↗Übernatürlichen in der Gotteserkenntnis. Sie wurde im 19. Jh. kirchenamtlich abgelehnt.

Opfer ist einer der ältesten u. am weitesten verbreiteten religiösen Riten der
Menschheit. Als Grundgestalt, die nicht bei jedem O. gegeben ist, kann der
folgende Vorgang benannt werden: Eine sinnenfällige Gabe, die als Wert
gilt, wird von einem Menschen in seinem eigenen Namen oder als Vertreter einer Kultgemeinschaft dem ↗»Heiligen« übereignet. Dieses kann das
unpersönliche Göttliche, eine Macht oder der persönliche heilige Gott
sein. Die Übereignung hat eine Bedeutung u. eine Absicht. In vielen Religionsgemeinschaften, die einen persönlichen Gott verehren, soll sie Ausdruck für die anbetende Selbstübergabe an den heiligen Gott sein; ausgehend von der Glaubensüberzeugung, daß Gott die Gabe annahm, wird
das Opfermahl der Kultgemeinschaft zum Zeichen des gnädigen Gemein-
schaftswillens Gottes. Die Übereignung kann in der Vernichtung oder
Tötung der Gabe kultisch-rituelle Gestalt annehmen. Neben der Absicht,
der Gemeinschaft mit Gott symbolischen Ausdruck zu verleihen, steht oft
die Hoffnung auf Schutz u. Hilfe durch die Gottheit oder die Bitte um
Versöhnung (»sozialer Reinigungsvorgang«) im Mittelpunkt des Interesses. – *1. Biblisch.* Die Religiosität Israels war von mannigfaltigen Opfern
geprägt. In der Kultreform des Königs Joschija († 609 v. Chr.) wurden die
JHWH-fremden Kulte beseitigt u. alle Kulthandlungen mit den Opfern in
Jerusalem zentralisiert. Das Opfermahl ist Feier der Gemeinschaft mit Gott
u. hat für das Eigentumsvolk Gottes gemeinschaftsbildende Kraft. Nach

dem Exil dient ein verstärktes Opferwesen der Versöhnung Gottes (Sühne-O.; reinigende Wirkung des ↗Blutes). Unter den mannigfaltigen Gestalten des Opfers ragen Brand- u. Speise-O. hervor. Zur Kultkritik der Propheten u. der Weisheit gehörte auch die Kritik an einem magischen u. automatisch-mechanischen Opferverständnis. So beginnt bereits in vorchristlicher Zeit eine Erneuerung des Opfergedankens durch Betonung der innerlichen Vorgänge (Gebet, Almosen, Fasten, Demut). Seit dem Ende der O. in Jerusalem erbittet das Achtzehnergebet täglich die Erneuerung des Tempels u. der O. – Jesu eigene Haltung gegenüber dem Opferwesen ist von der Kultkritik der Propheten u. vom Vorrang der religiös-praktischen Haltung (Einheit von Gottes- u. Menschenliebe: Mk 12,28–34 u.ö.) vor dem Ritus geprägt (Mt 5,23f.). Eine Interpretationsrichtung der frühen Gemeinde verwendet hinsichtlich der Deuteworte Jesu beim ↗Abendmahl u. hinsichtlich des Geschehens am ↗Kreuz opfertheol. Kategorien (1 Kor 5,7; Eph 5,2; Joh 1,29 36; Offb 5,6–12). Als Opferpriester u. Opfergabe wird Jesus Christus in Hebr 7–10 dargestellt. Mit wachsender Entfremdung des Christentums vom Judentum wird der Tempelkult zugunsten der Verehrung des Gekreuzigten u. Erhöhten abgewertet (Mk 14,58 par. u.ö.). Andeutungen zeigen die Tendenz zu einem opfertheol. Verständnis der Liturgie (1 Kor 10,14–22). Eine verinnerlichte u. ethische Opfersprache dient zur Bezeichnung des Christenlebens u. -dienstes (Röm 12,1f.; 15,16; Phil 4,18; 1 Petr 2,4f. u.ö.). – *2. Systematisch.* Die durch Gott selber immer wieder ermöglichte Gewährung von ↗Versöhnung u. Erneuerung des ↗Bundes ist an keine Vorleistungen durch O. gebunden. Die konsequente Pro-Existenz Jesu in seinem Leben u. Sterben ist wirksames Zeichen der Liebe Gottes, die durch menschliche Verweigerung u. Sünde nicht zunichte gemacht werden konnte u. kann. Der Gehorsam Jesu gegenüber seiner Sendung in der Treue zu seiner Gottesbotschaft, der ihn in den Tod führte, muß nicht mit dem religionsgeschichtlichen Begriff O. interpretiert werden. ↗Erlösung in der Sicht des christlichen Glaubens kann von der alles umfassenden Liebe Gottes zu seiner ↗Selbstmitteilung an die Kreatur her verstanden werden u. muß nicht auf einen Sieg über die ↗Sünde oder auf ein »stellvertretendes Sühneopfer« Jesu Christi hin (↗Stellvertretung, ↗Satisfaktionstheorie) enggeführt werden. Erst recht nötigt nichts die Theologie dazu, das Geschehen am Kreuz als Ausdruck des ↗Zornes Gottes über die Sünde, als Erleiden der »Gottverlassenheit« als Folge der Sünde oder gnostisch als Produkt eines innertrinitarischen Dramas usw. auszugeben. Zur »Anwendung« des Opferbegriffs auf die Eucharistie: ↗Meßopfer. – In der kirchlichen Tradition spielten die asketischen O. eine große Rolle. Nachdem die Mißverständnisse geklärt sind, als könne oder müsse Gott durch menschliche O. gnädig gestimmt werden, als könnten Menschen durch Opferleistungen (↗Sühne) an der Vergebung fremder Sünden mitwirken, als seien Verzichte einfach als solche Gott wohlgefällig, sind positive Inhalte möglicher O. weiterhin dort gegeben, wo praktische Solidarität mit anderen schmerzhafte Verzichte abverlangt, wo die Selbstliebe u. der Wunsch nach Befreiung von Abhängigkeit zu Konsumverzicht nötigen, wo die Einübung des Loslassenkönnens als alltägliches Sterben u. Einüben des Todes begriffen wird.

Optimismus (lat. = Lehre vom Besten) meint als theol. Begriff nicht, wie die Alltagssprache, eine erfreuliche Gemütsstimmung von Heiterkeit u. Zuversicht. 1. Als O. wurde in der Geistesgeschichte die Auffassung von G. W. Leibniz († 1716) bezeichnet, nach der die real existierende Welt die beste aller möglichen Welten sei u. die Übel in ihr durch die Harmonie des ganzen Kosmos ausgeglichen würden (↗Theodizee). Möglicherweise wird eine solche Wiedergabe der Intention von Leibniz nicht gerecht. Unbestritten ist, daß ein fortschrittsgläubiger O. sich immer wieder auf ihn berufen hat. In extremer Form führt er zu der Utopie, daß die Übel in der Welt durch technische u. gesellschaftliche Entwicklungen überwunden werden könnten. Die Sicht des christlichen Realismus, daß die Übel als schmerzliche Erfahrungen der inneren u. äußeren Endlichkeit innerweltlich nie ganz u. adäquat überwunden werden können (auch durch die ↗Erlösung nicht überwunden wurden), verbietet einen solchen O. Sie darf nicht dazu führen, daß gläubige Menschen den Kampf auf allen Ebenen gegen die Übel aufgeben u. das Leiden als gottgewollt darstellen. Sogar eine *sichere* Prognose einer überweltlichen Harmonie in der Vollendung der Schöpfung ist in gläubiger Sicht nicht möglich. – 2. Die ↗Hoffnung auf eine selige Vollendung bei Gott, auf das Geheilt- u. Erfülltwerden durch seine Liebe, muß sich für glaubende Menschen immer zuerst auf »die anderen« beziehen, weil sie nur dadurch legitimiert ist, daß sie »für andere« u. nur zuletzt für sich selber ist. Dieses feste Vertrauen auf den universalen, wirksamen ↗Heilswillen Gottes kann »Heilsoptimismus« genannt werden.

Opus operatum – opus operantis. Mit diesen Begriffen der ↗Sakramententheologie, die von der mittelalterlichen Theologie unter Beachtung der Ablehnung des ↗Donatismus entwickelt u. vom Konzil von ↗Trient festgeschrieben wurden, soll das Wirken Gottes bei einem ↗Sakrament unterschieden werden vom menschlichen Mitvollzug der sakramentalen Liturgie. »Opus operatum« (lat. = gewirktes Werk) wird ein Sakrament genannt, insofern es von Gott her gültig u. wirksam ist. »Opus operantis« (lat. = Werk des Wirkenden) heißt der bewußte, glaubende Anteil der Menschen bei der liturgischen Symbolhandlung Sakrament. Die Lehre vom »Opus operatum« bedeutet nicht, daß ein Sakrament in automatischer Mechanik wirkt u. auch dann Gottes Gnade vermittelt, wenn ein

Mensch sich ihr bewußt verschließt (in traditioneller Sprache: dem Ankommen der Gnade Gottes schuldhaft einen »obex«, ein Hindernis,
entgegensetzt). Damit ein Sakrament wirksam werden kann, ist eine ↗Dis-
position des »Empfängers«, seine Bereitschaft, Gottes Vergebung u. Heiligung anzunehmen, also sein »Opus operantis«, subjektiv notwendig. Aber
sie ist gnadengewirkte Bedingung u. nicht Ursache für das Wirksamwerden
der Gnade Gottes. Die Lehre vom »Opus operatum« soll den einzelnen
Mitfeiernden die Sicherheit geben, daß die im Gebet erbetene (↗Epiklese)
u. von Gott verheißene Gnadenwirksamkeit dann eintritt, wenn die Beteiligten das Sakrament vollziehen wollen u. es liturgisch »richtig« vollziehen,
auch dann, wenn der leitende Liturge ungläubig geworden oder durch sein
ethisches Verhalten »unwürdig« geworden ist. Die Lehre vom »Opus operantis« wurde durch die Bewegung der Liturgischen Erneuerung u. das
II. Vaticanum wesentlich vertieft, indem auf die Bedeutung einer bewußten, vollen, inneren u. äußeren, gemeinschaftlichen »participatio actuosa«
(lat. = tätige Teilnahme) *aller* an der Liturgie hingewiesen wurde (SC 11,
14, 21, 41).

Orange, südfranzösische Stadt, nach der eine Provinzialsynode benannt
wurde (Arausicanum II), die jedoch wahrscheinlich 528 in Valence tagte.
Ihre Beschlüsse waren der Theologie im Mittelalter unbekannt, sie gelten
aber seit dem 16. Jh. als verbindliche Formulierungen der kirchlichen
↗Gnadenlehre (DS 366, 370–397, vgl. 1510; NR 350 f., 777–783, vgl. 352).
In ihnen wurde der ↗Semipelagianismus verurteilt. Sie waren 529 veröffentlicht u. 531 von Papst Bonifaz II. bestätigt worden (vgl. DS 398 ff.).

Ordnung bezeichnet einen Zustand, auch ein dynamisches Geschehen, bei
denen sich Regeln u. stabile Strukturen im Zusammensein u. -wirken der
»Bestandteile« beobachten lassen. Von O. sprechen vor allem Philosophie
mit Ethik u. Sozialethik u. die Theologie. Die antike griech. Philosophie
bemühte sich, die bestehende O. des Kosmos u. die in ihr angelegte
↗Teleologie zu ergründen. In der stoischen Ethik wurde versucht, Normen
aus der ewigen O. abzuleiten. Die christliche Theologie las (seit Augustinus
† 430) aus der O. der Schöpfung ein ewiges Gesetz, gegen das Menschen
seit der ↗Ursünde schuldhaft aufbegehren u. dem Gott in seinem Heilsplan
ein neues Gesetz folgen ließ; aus dieser Sicht ergab sich eine Periodisierung
der Menschheitsgeschichte. Diese Ordnungen wurden bei Thomas von
Aquin († 1274) philosophisch analysiert u. durch teleologische Reflexionen
ergänzt. Fortan blieben die »Schöpfungsordnung«, das natürliche ↗Sitten-
gesetz u. die Ausrichtung der Schöpfung auf Vollendung wesentliche Bestandteile der kath. Theologie. In der neueren Philosophie u. Naturwissenschaft wird eine vorgegebene Gesamt-O. nicht mehr in Betracht gezogen,

statt dessen richtet sich die Aufmerksamkeit auf die Herstellung von Ordnungen (↗Autonomie in der Ethik, Konsensbildungen in der Gesellschaft)
u. auf die Möglichkeiten von Eingriffen in vermeintlich »gesetzmäßige«
Naturabläufe (↗Naturgesetze), verbunden mit der Ausrichtung auf ange-
strebte Teilziele.

Ordo, Ordination. Ordo (lat. = Ordnung) bezeichnet im römischen Recht
eine Körperschaft oder einen leitenden Stand im Unterschied zum Volk, in
der frühkirchlichen Sprache den ↗Klerus u. auch den »Ordensstand« in
seinen Anfängen. Die Eingliederung in einen solchen kirchlichen Stand
heißt schon im 3. Jh. »ordinare«. Eine gewisse begriffliche Differenz zeichnet sich insofern ab, als die Bestellung zu einem kirchlichen ↗Amt (auch
von Frauen) in diesem Sinn als »ordinare« bezeichnet werden kann, während bei Bischof, Priester u. Diakon eher von »benedictio« oder »consecra-
tio«, also ↗Weihe, die Rede ist, ohne daß der Unterschied exakt durchgehalten worden wäre. Seit der Klärung des Begriffs u. der Zahl der
↗Sakramente im 12. Jh. heißt das ↗Weihesakrament »sacramentum ordinis«, im Mittelalter auf das ↗Priestertum »zweiten Grades« konzentriert,
während die Weihe des Bischofs nicht sakramental verstanden »consecra-
tio« hieß. Nach der Amtstheologie des II. Vaticanums existiert in der Kirche ein Ordo, an dem die Ordines von Diakon, Priester u. Bischof in unterschiedlicher Weise, jeweils sakramental vermittelt, Anteil geben u. beim
Letzteren die »Fülle« des Ordo gesehen wird (LG 26). In kath. theol. Publikationen nach dem II. Vaticanum wird dem Begriff »Ordination« öfter
der Vorzug gegeben vor »Weihesakrament«. In der Auffassung der reformatorischen Theologie existiert in der Kirche *ein* Amt (»ministerium«),
dem die Aufgaben der öffentlichen Verkündigung des Evangeliums u. der
rechten Verwaltung der Sakramente zukommen. Dessen Übertragung
heißt »Ordination«; sie wird unter Handauflegung u. Anrufung des Heiligen Geistes vorgenommen, ist nicht wiederholbar u. ist »göttlichen
Rechts« (↗Ius divinum), während die Unterscheidung von Pfarrern u.
Bischöfen nur »menschlichen Rechts« ist. Die Bestellung zu anderen kirchlichen Diensten heißt nicht »Ordination«, sondern »Einsegnung«.

Origenismus. Zu unterscheiden ist zwischen der nur unvollständig bekannten authentischen Lehre des bedeutenden alexandrinischen Theologen
Origenes (†253) mit seiner unmittelbaren Schule u. späteren Ausprägungen seines Erbes. a) In seiner sehr erfolgreichen Lehrtätigkeit unterschied
Origenes die Darbietung für die »Kleinen« von der für Fortgeschrittenere.
Er mühte sich um die begriffliche Fassung der göttlichen ↗Trinität, um ein
genaueres Verständnis der ↗Inkarnation u. um die ↗Schriftsinne. Das verwendete gedankliche Instrumentar verdankte er dem neu entstehenden

↗Neuplatonismus. In allen theol. Bemühungen war ihm der sprituelle u. mystische Gehalt wichtig. Mit der ↗Alexandrinischen Theologenschule war er von der Existenz einer göttlichen »Pädagogik« überzeugt, durch die Menschen – deren Seelen vor ihrer Geburt bei Gott »präexistent« gewesen seien – mit Hilfe der göttlichen Weisheit von den irdischen Dingen zu den himmlischen Dingen u. zu Gott gelangen sollen. Diesen Prozeß betrachtete Origenes »heilsoptimistisch«, indem er bei »allen vernunftbegabten Seelen« nach einer langen Zeit der Prüfung u. Läuterung mit einer endgültigen Rettung rechnete (↗Apokatastasis). Eingetaucht in die vollkommene Erfahrung der Liebe Gottes, die das Paradies bei weitem übertreffe, würde kein Geschöpf mehr in die Ungerechtigkeit zurückfallen. – b) Zu Predigten nach Palästina eingeladen, ließ sich Origenes in Caesarea zum Priester weihen u. wurde darum von der Gemeinde in Alexandrien ausgeschlossen. Von da ab datieren heftige Streitigkeiten über seine Lehre, wobei ihm Gedanken unterstellt wurden, die er nicht mit Sicherheit vorgetragen hatte (z. B. über Seelenwanderung oder über endgültige Erlösung des Teufels). In bestimmten Mönchskreisen (einflußreich Euagrios Pontikos † 399) wurden Lehren des Origenes übertrieben oder neu erfunden u. von anderen wiederum bekämpft. Ein Hauptgegner war Hieronymus (†419); auch Augustinus (†430) polemisierte gegen Origenes wegen dessen erbarmungsvollen Mitleids. Kaiser Justinian I. (†565) griff in die Mönchsstreitigkeiten ein u. verurteilte 543 u. 553 mit Dekreten neun Irrlehren, die bei Origenes nicht nachzuweisen sind. Das II. Konzil von ↗Konstantinopel verurteilte 553 einige in 15 Thesen zusammengefaßten, dem Origenes zugeschriebene Sätze, z. B. die Lehre von der Präexistenz der Seelen u. von der Einholung des guten Schöpfungsanfangs im Ende.

Orthodox (griech. = rechtgläubig) war schon in der alten Kirche ein Abgrenzungsbegriff zur Bezeichnung der Rechtgläubigkeit der Kirche im Verhältnis zur ↗Häresie. In diesem Sinn wird er auch auf reformatorische Kirchen u. ihre Theologien (z. B. »altprotestantische Orthodoxie«) übertragen. Im alltäglichen Sprachgebrauch hat er oft die negative Bedeutung einer starren, dialogfeindlichen Strenggläubigkeit, in der die Doktrin mehr gilt als das Zeugnis der »Orthopraxie« (= richtiges Tun). Nachdem sich Ost- u. Westkirche im 11. Jh. endgültig getrennt hatten, bürgerte sich der Begriff »Orthodoxie« für die östliche Kirche ein, in offiziellen Dokumenten als Selbstbezeichnung vom 17. Jh. bis zur Gegenwart greifbar. Die Westkirche bevorzugte für sich den Begriff ↗»Katholisch«, den die Ostkirche ebenfalls für sich in Anspruch nimmt. »Orthodoxe Kirche ist die geläufigste Bezeichnung für eine Familie von Schwesterkirchen, die in eucharistischer Gemeinschaft den einen Glauben der ungeteilten Kirche vielfältig manifestieren« (A. Kallis). Mit der »ungeteilten Kirche« wird Be-

zug genommen auf die Fundierung des gemeinsamen Glaubens in der
Heiligen Schrift u. in den Bekenntnissen der ersten Ökumenischen ↗Kon-
zilien. Rechtgläubigkeit in dieser Selbstbezeichnung ist »nicht abstrakte
Doktrin, sondern rechte Lobpreisung Gottes, die im Leben der Kirche,
das eine ↗Doxologie, ein Dank für das erfahrene Heil ist, die geoffenbarte
Wahrheit in der Geschichte ununterbrochen manifestiert. Die Identität der
Orthodoxie besteht weder in einem Lehrsystem gesicherter Wahrheiten
noch in einem Organisationssystem, sondern in ihrer ↗Liturgie, in der die
↗Schöpfung die Gemeinschaft mit ihrem Schöpfer erfährt« (A. Kallis).
Wenn Orthodoxie nicht Lehre, sondern Lebensweise ist, dann wird deutlich, daß auch ihre Theologie nicht mit den Kriterien u. Denkformen westlicher Wissenschaft beurteilt werden darf u. daß ein doktrinärer Vergleich
völlig unangemessen wäre. Die äußere Struktur der Ostkirche (ein nur
relativer Begriff, der sich auf die Teilung des röm. Reichs 395 u. die byzantinische Kirche Ostroms bezieht) ergab sich daraus, daß die unabhängigen
↗Ortskirchen ihre Grenzen durch Synodenbeschlüsse an bestehende territoriale Grenzen anglichen. So entstand die Gliederung der orthodoxen
Kirchen in »autokephale« (griech. = selbstbestimmte) Kirchen, ohne daß
dies ein unveränderliches Prinzip wäre. Die Bildung einer autokephalen
Kirche (neben den bestehenden Patriarchaten Konstantinopel, Alexandrien, Antiochien, Jerusalem, Georgien, Moskau, Serbien, Rumänien,
Bulgarien) geschieht nach Gesichtspunkten pastoraler Zweckmäßigkeit,
durch den Willen des kirchlichen »Pleroma« (Laien u. Klerus zusammen)
u. durch Vereinbarung mit der Synode von Konstantinopel. Bindende
(»kanonische«) Regelungen für die ganze Orthodoxie kann nur eine »pan-
orthodoxe Synode« treffen.

Ortskirche bezeichnet, von einem Sprachgebrauch des NT (»Kirche Gottes
in Korinth« usw.) ausgehend, die Verwirklichung der ↗Kirche jeweils an
einem »Ort«. In bevorzugter Weise wird die von einem Bischof geleitete
Diözese O. genannt. Der für die O. naheliegende Begriff »Teilkirche« bringt
die volle Verwirklichung von Kirche nicht so gut zum Ausdruck, da er das
Mißverständnis fördern könnte, erst die Addition der Teile unter einem
absolutistischen Monarchen ergebe »die Kirche«. O. als Verwirklichung
der Kirche existiert auch in ↗Gemeinden, ↗Hauskirchen u. ↗Basisgemein-
den. Das Verhältnis der O. zur Gesamtkirche ergibt sich aus dem gelebten
Glauben, dem ↗Glaubenssinn, dem Glaubensbekenntnis, der Zielrichtung
der ↗Liturgie mit den Sakramenten, bei kleineren Verwirklichungsformen
der O. aus dem loyalen Verhältnis zum Bischof, der seinerseits die Verbindung mit der Gesamtkirche verbürgt. Solange der ↗Jurisdiktionsprimat
des Papstes uneingeschränkt gilt u. übergeordnete Instanzen in das Leben
der Ortskirchen auch dort eingreifen können, wo die Identität des Glau-

bens nicht bedroht ist, kann von einer wirklichen Respektierung der O. nicht die Rede sein.

P

Panentheismus (griech. »pan« = alles, »en« = in, »theos« = Gott), ein Begriff des 19. Jh. für die Auffassung, nach der »das All« oder »alles« »in Gott« existiert, ohne daß Gott u. alles, Gott u. Welt, Gott u. Schöpfung identifiziert würden. Eine solche Auffassung des »Inseins« des Nichtgöttlichen in Gott wäre nur dann falsch u. im christlichen Glauben nicht vertretbar, wenn sie damit das Unterschiedensein des Nichtgöttlichen von Gott (nicht nur Gottes vom Nichtgöttlichen) leugnen würde. Theologisch ergibt sich aus einer Reflexion über das genauere Verhältnis von absolutem u. endlichem Sein, daß Verschiedenheit u. Einheit bei wachsender Nähe in gleichem Maß wachsen.

Pantheismus (griech. = die Lehre, das All sei Gott), zu Beginn des 18. Jh. entstandener Begriff für die in verschiedenen Ausprägungen vertretene Auffassung, daß das absolute ↗Sein Gottes mit der ↗Welt (dem Kosmos, der Natur usw.) identisch sei. Die erfahrbare, endliche u. werdende Wirklichkeit wäre demnach nicht durch das schöpferische Wirken Gottes als von Gott unterschiedene Wirklichkeit zustande gekommen, sondern sie sei als Entfaltung des göttlichen Wesens, als Selbstauslegung oder Erscheinung Gottes entstanden, so daß das Wort »Gott« eine Art Summenformel für die Welt sei. Ein philosophisch reflektierter P. findet sich in der ↗Stoischen Philosophie u. im ↗Neuplatonismus, von neuplatonischem Denken aus bei G. Bruno (1600 als Häretiker verbrannt), in dem gegen den ↗Cartesianismus mit seinem Dualismus gewandten ↗Monismus B. de Spinozas († 1677) mit seiner Nachwirkung bei G. E. Lessing († 1781). Ein mehr gefühlsmäßiger P. prägt Vertreter von Literatur u. Theologie im 19. Jh. u. manche Naturwissenschaftler bis zur Gegenwart. Die vom P. angenommene Identität von Gott u. Welt wird in seinen vielfältigen Spielarten unterschiedlich ausgelegt; z. T. handelt es sich nur um ungenaue Formulierungen für die enge Beziehung u. das Angewiesensein der Kreaturen auf Gott. Ein konsequenter P. würde religiöse Akte wie Anbetung Gottes, Gebet, Verantwortung, Annahme der eigenen Endlichkeit, Einsicht u. Bekenntnis der Schuld unmöglich machen. Es bliebe das vom unphilosophischen P. praktizierte vage Gefühl, daß Welt u. Dasein »irgendwie numinos« sind, übrig, oder das eigene Endlichsein (das dem Glauben gemäß zur Vollendung in Endgültigkeit bestimmt ist) würde als etwas bloß Negatives gegenüber der Unendlichkeit des Alls empfunden. Eine ursprüngliche Erfahrung der ↗Transzendenz kann den radikalen Unterschied zwischen endlichem Gegenstand u. unumgreifbaren Grund u. Woraufhin dieser Transzendenz deutlich machen. Dieser Unterschied ist geleugnet, wenn Gott selber ebenfalls im Endlichen gründet. Die biblischen Offenbarungszeugnisse zeigen in AT u. NT keinerlei Neigung zum P. Die kath. Lehrautorität hat ihn ausdrücklich verurteilt.

Papst (griech. »pappas«, lat. »papa« = Vater), Amtsbezeichnung, die im kirchlichen Westen seit dem 5. Jh. ausschließlich dem Bischof von Rom gilt. – *1. Zur Geschichte.* Nach der kath. Glaubenslehre wurden dem Apostel Simon Petrus Verheißungen Jesu zuteil, nach denen er Fundament der künftigen Kirche u. Inhaber der ↗Schlüsselgewalt werden solle. Unter Hinweis darauf, daß mit dem Fundament nicht der persönliche Glaube des Petrus allein gemeint sein könne, sondern die Fundamentfunktion eine dauernde ist, hält die kath. Glaubenslehre daran fest, daß dem Petrus *und* seinen Nachfolgern das höchste Leitungsamt in der Kirche anvertraut wurde (die hauptsächlich angeführten Texte: Mt 16,16–19; Lk 22,31 f.; Joh 21,15–19; dazu kommen noch weitere Texte des NT, die eine Sonderstellung des Petrus bezeugen, darunter auch die Haltung des Paulus gegenüber Petrus; vgl. auch ↗Successio apostolica). Es ist heute Gemeingut der Theologie, daß die entsprechenden Texte des NT, die sämtlich der nachösterlichen Tradition angehören, nicht als historische Zeugnisse im Sinn einer »Stiftung« des Papstamtes durch Jesus verstanden werden können. Ein Vorrang der Christengemeinde in Rom ist schon in Zeugnissen Ende des 1. Jh. greifbar; daß sie von einem Bischof geleitet wurde, ist 235 bezeugt. Bei Cyprian (†258) findet sich erstmals die Auffassung, daß der Bischof von Rom der Nachfolger des Petrus ist. Dabei spielte zweifellos der Rang Roms als Hauptstadt des Kaiserreichs eine Rolle; da aber vom 4. Jh. an Konstantinopel diesen Rang beerbte u. das Verhältnis des geistlichen u. politischen Vorrangs nicht genau definiert war, fanden die wichtigen Klärungen von Glaubensfragen durch Ökumenische ↗Konzilien im 1. Jahrtausend auf Initiative der oströmischen Kaiser u. nur mit päpstlichen Legaten statt. Etappen in der Entwicklung des Papsttums: Durch Schenkungen von Kaisern u. Adel seit dem 4. Jh. wird die römische Kirche zum größten Grundbesitzer in Italien (Kirchenstaat bis 1870, seit 1929 Vatikanstaat); Geltung des Papstamtes im ganzen Abendland zur Zeit Gregors I. (†604); allgemeine Anerkennung als Appellationsinstanz im 8. Jh.; Ablehnung der röm. Verhaltensweisen durch die Ostkirchen; Kaiserkrönung im Westen 800 u. in der Folgezeit bis 1530; Beanspruchung des ↗Jurisdiktionsprimats seit Gregor VII. (1075); allmähliche Zurückweisung der Eigenständigkeit der Bischöfe u. Auseinandersetzung mit der weltlichen Macht;

seit Innozenz III. († 1216) Beanspruchung des Titels »Stellvertreter Christi«; bei Bonifaz VIII. (1302) die Forderung der Anerkennung des päpstlichen Primats durch alle Menschen als Voraussetzung für deren ewiges Heil; als Reaktion auf die jahrhundertelangen Reformbegehren (Konzil von ↗Konstanz; ↗Konziliarismus) u. die Reformation Verstärkung des absolutistischen Anspruchs u. Ausbau der röm. Kurie; in Reaktion auf den Schock durch Aufklärung u. Französische Revolution Konzentration auf den Jurisdiktionsprimat u. die ↗Unfehlbarkeit des Papstes im I. ↗Vaticanum 1869–1870; Versuch einer »Neuentdeckung« des Bischofskollegiums u. des »pastoralen« Charakters des Papstamtes durch Johannes XXIII. († 1963); seither neuerliche Betonung des päpstlichen Primats, aber auch Andeutung der Möglichkeit, die Art seiner Ausübung im Interesse der Ökumene deutlich zu verändern. – *2. Zur Theologie.* Zu den dogmatisch verbindlichen Formulierungen des I. Vaticanums: ↗Jurisdiktionsprimat, ↗Unfehlbarkeit. Für geschichtliches Denken ist es selbstverständlich, daß eine Institution dem Willen Gottes gemäß sein u. dennoch konkreten Gestaltungen, menschlichen Eingriffen u. Prägungen auch sehr unvollkommener Art ausgesetzt sein kann. Mit den Papstdogmen des I. Vaticanums sind bei weitem nicht alle theol. u. praktischen Fragen geklärt. Der P. ist, ohne daß das juristisch geltend gemacht werden könnte, in das Glaubensverständnis der Gesamtkirche eingebunden; sein Amt ist immer Dienst an der Offenbarung Gottes u. Knechtsdienst Jesu Christi. Die Anerkennung der Kompetenzen der einzelnen Bischöfe in der Leitung ihrer Diözesen u. die Respektierung des Bischofskollegiums könnten ungleich größer sein als heute. Die Ämter des Papstes als Bischof von Rom u. als Patriarch der westlichen Kirche könnten in seiner Dienstausübung Vorrang gewinnen, so daß die Ausübung des universalkirchlichen Primats immer stärker subsidiären Charakter annähme (↗Subsidiarität). Anderseits sieht die kath. Theologie deutlich, daß nach dem bisherigen Ausweis der Geschichte das Papstamt einen entscheidenden Dienst bei der Überlieferung u. Bewahrung der Offenbarung Gottes, bei der Sicherung der Identität der Kirche im Lauf der Geschichte u. auch bei der Garantierung der Einheit bei zunehmendem Pluralismus u. starker Polarisierung leistet. Ökumenisch sind konstruktive Gespräche über ein der Einheit dienendes universalkirchliches Amt im Zeichen »versöhnter Verschiedenheit« u. Eigenständigkeit der Teil- u. Schwesterkirchen denkbar.

Paradies (Lehnwort aus dem Persischen für königliche Gärten), im modernen Sprachgebrauch eine Metapher für höchst selige (allerdings vergängliche) Zustände, in der hebr. Bibel als Lehnwort selten (Koh 2, 5; Hld 4, 13; Jer 2, 8), in der LXX »paradeisos« für den Garten (hebr. »gan«) Eden, den von Gott bei der Schöpfung angelegten Garten (Gen 2–3). Die Erzählungen vom P. werden von der heutigen Exegese als »Kulturätiologie« aufgefaßt, weil ein ausgegrenztes Stück Lebensraum in der Schilderung eines Mischgebildes aus Natur u. Kultur ein Gegenmodell darstellen soll zu den Erfahrungen von Niedergang u. Zerstörung in der realen Welt (↗Ätiologie). Bereits die Verarbeitung des P.-Motivs im AT läßt erkennen, daß der Idealvorstellung des von Gott gesetzten ↗Anfangs eine Vollendungshoffnung am ↗Ende entspricht (Jes 51,3; 60,13; das »himmlische Jerusalem« der Apokalyptik). In diesem Sinn spricht das NT dreimal vom P. als dem überirdisch verborgenen Ort der Geretteten vor der allgemeinen Totenauferstehung (Lk 23,43; 2 Kor 12,4; Offb 2,7). In der christlichen Dogmatik, die bis ins 20. Jh. die Erzählungen vom P. als historische Berichte einer real geschehenen Urgeschichte auffaßte, wurde das P. gelegentlich als selbstverständliche Umwelt der beiden ersterschaffenen Menschen in ihrem »Urstand der Heiligkeit u. Gerechtigkeit« erwähnt. Im Zusammenhang mit den naturwissenschaftlichen Erkenntnissen u. der Evolutionshypothese, die auf einen wenig paradiesischen Anfang der Menschheitsgeschichte schließen lassen, bleibt festzuhalten, daß sich die kirchliche Lehre nie ausdrücklich mit dem P., seiner Geographie u. seinem Zustand beschäftigt hat. In der Symbolsprache der Mystik, in der Dichtung u. in der darstellenden Kunst spielte das P. eine große Rolle (wenige Beispiele: Liebesgärtlein, »hortus conclusus«, Paradiso bei Dante † 1321, »Paradiese« als Vorhallen von Kirchen, Bilder bei M. Chagall † 1985 u. S. Dalí † 1989). – ↗Urgeschichte.

Paradosis (griech. = Weitergabe), ein nicht selten im NT vorkommendes Wort für Überlieferung oder ↗Tradition (darunter Mk 7,3–13 par. über die ↗Tora-Auslegung, 1 Kor 11,2–16 über die Abendmahlsüberlieferung, 1 Kor 15,1–5 über erste Formeln des Glaubensbekenntnisses, 2 Thess 2,15; 3,6 über Traditionen in paulinischen Gemeinden).

Paradox (griech. = gegen das Geltende), eine Widerspruch provozierende oder Erstaunen hervorrufende unerwartete Redeweise im alltäglichen Umgang, in Philosophie u. Theologie. Das P. wurde u.a. schon bei Platon († 347 v.Chr.), in der Stoischen Philosophie u. bei Cicero († 43 v.Chr.) zum Gegenstand eingehender Reflexionen. Nicht wenige moderne Wissenschaften befassen sich mit Paradoxien. In der theologisch orientierten Mystik ist das P. eine unverzichtbare Ausdrucksform (vgl. die ↗Coincidentia oppositorum bei Nikolaus von Kues † 1464). Gegen die positive Funktion des Widerspruchs in der Religionsphilosophie G. W. F. Hegels († 1831) wandte sich S. Kierkegaard († 1855): Das endliche Denken ist überfordert, wenn es das ewige, unendliche Sein als zeitliches, geschichtliches denken soll, wie es vom Evangelium her gerade gefordert ist. Von Kierkegaard aus gilt das P. bei manchen ev. Theologen (K. Barth † 1968, P. Tillich † 1965 u. a.) als die einzige konsequente Denkform der Theologie.

Paraklet (griech. = der herbeigerufene Beistand), in den Abschiedsreden Jesu bei Joh der ↗Heilige Geist (Joh 14, 16 26; 15, 26; 16, 7–15), der nach dem Weggang Jesu als Geist der Wahrheit die Jünger in die Wahrheit Jesu Christi einführen, diese entfalten u. die Jünger zu ihrem Zeugnis vor der ↗»Welt« ermächtigen wird, u. zwar als vom Vater durch Jesus Gesendeter. 1 Joh 2, 1 ist Jesus selber der P. als Fürsprecher für die Sünder, eine dem Frühjudentum geläufige Vorstellung, daß Menschen einen Anwalt bei Gott benötigen. Die personifizierende Redeweise kann nicht dazu dienen, den P. als eigenständige Subjekt-Person in der modernen Bedeutung dieses Begriffs zu verstehen.

Paränese (griech. = mahnender Zuspruch), ein Wort der griech. Antike für freundliches, aber bestimmtes Zureden; das entsprechende Wort im NT heißt »Paraklese«: Mit der Erinnerung an das Heilsgeschehen wird die Aufforderung zu einer ihm entsprechenden ethischen u. praktischen Verhaltensweise verbunden. Diese Aufforderung ist im christlichen Sinn nicht durch Leistungsdenken u. Moralisieren geprägt, sondern betont das Befreiende u. Tröstliche einer christlichen Lebensführung, deren Verwirklichung von Gott ermöglicht u. geschenkt ist. In der Exegese wird die P. heute nicht mehr als eigene literarische Gattung, sondern als Charakteristikum ganz unterschiedlicher Mahnungen an die christlichen Gemeinden angesehen.

Parapsychologie (griech. = Lehre von ungewöhnlichen seelischen Erscheinungen), als Begriff seit Ende des 19. Jh. verwendet, eine Wissenschaft, die ungewöhnliche Vorkommnisse untersucht, klassifiziert u. mit Experimenten zu wiederholen versucht, die seit Jahrhunderten bekannt sind (Hellsehen, Spuk, Geistererscheinungen usw.). Die Forschungsbereiche umfassen außersinnliche Wahrnehmungen wie Telekinese (physikalische Beeinflussung ohne Verwendung bisher bekannter physikalischer Mittel), Telepathie (»Gedankenübertragung«), Präkognition (Voraussehen künftiger Ereignisse), Hellsehen (Erkennen geheimer Fakten). Nach dem heutigen Erkenntnisstand handelt es sich um Vorkommnisse aufgrund spezifischer psychischer Veranlagungen, die vorgegeben sind, also nicht vermittelt, wohl aber durch Bewußtseinsveränderung (z. B. durch Fasten, »Wüstenerlebnisse«) gefördert werden können. Naturwissenschaftliche Erkenntnisse von Physik u. Biologie werden durch die unbestreitbaren Phänomene nicht in Frage gestellt, könnten aber durch Berücksichtigung von Bewußtseinsvorgängen gewinnen. – Parapsychologische Erkenntnisse können Berichte von außergewöhnlichen Phänomenen in der Bibel bestätigen, ohne daß ein Eingreifen Gottes in innerweltliche Abläufe, bei dem sich Gott zu einer irdischen Ursache neben anderen machen würde, anzunehmen wäre. Ein »erweitertes Wirklichkeitsverständnis« ist eher eine Hilfe für den religiösen Glauben als ein Hindernis. Erkenntnisse aus dem Bereich der P. können die Wirklichkeit Gottes, die Existenz der Engel u. Heiligen oder das Weiterleben der Verstorbenen nicht »beweisen«. Das Interesse vieler Menschen an solchen »Beweisen« u. am Außergewöhnlichen überhaupt nahm vom 19. Jh. an in den Formen des ↗Spiritismus u. ↗Okkultismus gesellschaftliche Gestalt an. Sie leiteten in die modernen Bewegungen der ↗Esoterik u. des ↗New Age über, in denen sie z. T. Bestandteil einer eklektizistischen »neuen Religiosität« wurden. Die Gefahr der Ausbeutung Leichtgläubiger durch Sensationsliteraturen ist evident.

Parsismus, auch »Mazdaismus«, eine Religion, die Ende des 2. oder zu Anfang des 1. Jahrtausends v. Chr. von Zarathustra (griech. Zoroaster) im Nordosten des damaligen Persien (daher die Bezeichnung P.) gegründet wurde u. in kleineren Gemeinden bis heute existiert. Zarathustras heiliges Buch »Avesta« läßt einen Polytheismus u. strengen, auch ethischen ↗Dualismus erkennen. Dem Hauptgott Ahura Mazda (»Weiser Herr«) steht Ahriman als böser Geist gegenüber; das Leben wurde als Kampf des Wahrhaften mit dem Lügenhaften interpretiert. Zarathustra lehrte dabei die Existenz überirdischer u. irdischer Helfer sowie die Trennung der Guten u. Bösen nach ihrem Tod an einer eschatologischen »Brücke«. Die Religion des P. wurde seit dem 8. Jh. v. Chr. durch Priester (medische Magier) ausgebaut, mit Reinheitsvorschriften versehen u. mit Kulten von Feuer u. Wasser angereichert; sie erreichte bis zum 4. Jh. v. Chr. eine beträchtliche Ausbreitung. Eine im 3.–7. Jh. n. Chr. ausgebaute Theologie sammelte die Überlieferungen Zarathustras u. erweiterte die Kosmologie durch eine Art dualistischer Engel- u. Dämonenlehre sowie die Eschatologie durch Ausführungen über den »Himmel« für die Guten (in einem »besten Dasein« oder bei »anfanglosen Lichtern«) u. über eine Hölle für die Bösen. Die wissenschaftliche Forschung hat Einflüsse des P. auf die Vorstellungen von ↗Engeln u. ↗Dämonen im AT u. von da her im NT sowie auf dualistische Auffassungen in der jüdischen Apokalyptik nachgewiesen.

Parusie (griech. = Anwesenheit, Kommen), ein Begriff, der im Deutschen mißverständlich mit »Wiederkunft Jesu Christi« übersetzt wird. Als Begriff kommt er nur im NT vor, doch weist die Exegese auf seine Hintergründe hin: Hellenistisch bezeichnet P. das Erscheinen eines Würdenträgers oder eines Gottes. Im AT u. in der jüdischen Apokalyptik ist oft die Rede vom »Kommen Gottes«, sei es in einer ↗Epiphanie, sei es am Ende der Geschichte. Das NT sieht die P. als ein Geschehen am Ende des katastrophischen, von vielen Vorzeichen angekündigten »Endes der Welt« (Mk 13 par.), u. zwar als Kommen des ↗Menschensohnes »in den Wolken mit großer Macht u. Herrlichkeit« (Mk 13,26) oder als Herabsteigen Jesu Christi vom Himmel (1 Thess 4,16 f.). Das unmittelbare Ziel dieses Kommens ist die Abhaltung des eschatologischen ↗Gerichts. Die P. in diesem Sinn mit der Rettung der Treuen aus den irdischen Bedrängnissen ist Gegenstand der ↗Naherwartung bei Paulus u. der Urgemeinde; auf die »Verzögerung« der P. reagieren Texte des NT in unterschiedlicher Weise. Die P. stellt insofern ein wichtiges Thema im Verhältnis von ↗Judentum und Kirche dar, als der von jüdischen Kreisen erwartete ↗Messias eine siegreiche Herrschergestalt der Endzeit war, als welche der irdische Jesus mit Sicherheit nicht gelten konnte. So wird gelegentlich die P. als das wahre Erscheinen des Messias dargestellt. In der theol. Systematik wurden früher die biblischen Ankündigungen unreflektiert wiederholt u. die P. im Zusammenhang mit der allgemeinen Erweckung der Toten u. dem universalen Gericht thematisiert. In der gegenwärtigen Theologie wird in unterschiedlicher, nicht einfach harmonisierbarer Weise von der P. gesprochen. Eine Sicht faßt die P. zwar traditionell als (blitzartiges) Ereignis am Ende der Zeiten auf, betont aber die Identität des irdischen Jesus mit dem in Herrlichkeit kommenden erhöhten Jesus Christus u. begreift das Gericht als Gnadengericht seiner erbarmenden u. heilenden Liebe. Darin liegt eine wichtige Korrektur einer kirchlichen Verkündigung u. Pastoral der Einschüchterung. In einer zweiten Sicht wird behauptet, die P. habe sich bereits ereignet, da Jesus in der Kirche gegenwärtig sei u. insbesondere in ihren Sakramenten wirke; die mit den biblischen Verheißungen gemeinte sichtbare Herrlichkeit ist hier allerdings nicht faßbar, überdies ist die P. wesentlich mit dem Gedanken der ↗Vollendung verbunden, in der ja die Sakramente u. Institutionen der Kirche vergangen sein werden. Eine dritte Sicht versteht die P. nicht als plötzlich eintretendes Ereignis, sondern als Prozeß der Vollendung der Schöpfung u. Menschheitsgeschichte: »Die Vollendung dieses Prozesses (dessen innerweltlich gemessene Zeitdauer niemand weiß) nennen wir Parusie Jesu Christi, insofern dann für *alle* offenbar ist (weil alle vollendet sind in der Endgültigkeit ihrer Rettung oder Verlorenheit), daß Anfang der Irreversibilität u. tragender Grund dieses Prozesses, seine Sinnmitte u. sein Höhepunkt die Wirklichkeit des Auferstandenen ist, der ›wiederkehrt‹, insofern alle bei ihm ankommen« (Rahner-Vorgrimler 1961, 279).

Pascha, Passah. Das griech. Lehnwort »pas-cha« ist eine Wiedergabe des hebr. »pesach«, dessen Bedeutung noch nicht geklärt ist u. das zugleich ein Opfertier (Lamm) u. einen kultischen Ritus bezeichnet (Ex 12,12–14 24–27 u. ö.). Die im AT im Zusammenhang mit dem befreienden Auszug aus Ägypten erzählte Handlung bezeugt den Glauben an die Rettung des Volkes vor Unheil (Schonung der israelitischen Erstgeburt), greifbar gemacht in einem Blutritus. Nach Dtn 16,1–17 wurde der eingebürgerte jährliche Ritus mit dem »Fest der ungesäuerten Brote« zusammengelegt. Bei der Wallfahrt nach Jerusalem sollte das Pesach-Opfer am 14. des 1. Monats (Nisan: März-April) im Tempel dargebracht u. im Rahmen einer Familienfeier das Opferlamm unter einem bestimmten Ritual gegessen werden. Das Pesachfest bedeutet somit die jährliche Vergegenwärtigung (↗Anamnese) der befreienden Tat Gottes an seinem Eigentumsvolk. Die synoptischen Evangelien stellen das letzte ↗Abendmahl Jesu mit den Jüngern als Pesachmahl dar; nach Joh fand das Abendmahl am Tag vor dem Pesachfest (»Rüsttag«) statt u. Jesus starb zu der Stunde, als im Tempel die Lämmer geschlachtet wurden. Nach einer frühchristlichen Auffassung ist das Pesach-Lamm der ↗Typos Jesu Christi (1 Kor 5,7; vgl. schon den Hinweis des Täufers auf das »Lamm Gottes« Joh 1,29 36), dessen Opfertod am Kreuz Anlaß für das christliche Fest mit dem »ungesäuerten Brot der Lauterkeit u. Wahrheit« ist (1 Kor 5,8). Dieses Verständnis war der Anlaß dafür, daß das christliche Osterfest als Beerbung des jüdischen Pesachfestes verstanden wurde. Dies macht wiederum die Pesachtexte in der christlichen Osternachtfeier erklärlich. Für das II. Vaticanum ist »Pascha-Mysterium« ein wichtiger Begriff: Es wird jährlich gefeiert in den drei »österlichen Tagen« (Triduum paschale) u. in jeder sonntäglichen Eucharistiefeier vergegenwärtigt (SC 5 f., 61, 102, 104, 106), zum Gedächtnis der Machterweise Gottes in Jesus Christus. Dieses Verständnis sollte jedoch nicht der Anlaß sein, das Christentum polemisch vom Judentum abzugrenzen (etwa durch die im Zusammenhang mit Ostern vorgetragene Behauptung, der »Monismus des atl. Gottesglaubens« sei in der Proklamation Jesu zum Gottessohn »trinitarisch aufgesprengt« worden). Für das Judentum ist das Pesachfest bis heute ein zentrales, symbolhaltiges (auch das nicht mehr mögliche Opfer am Tempel symbolisierendes), mehrere Tage lang begangenes Fest, an dem sich das Eigentumsvolk Gottes der in Geltung bleibenden göttlichen Verheißungen erinnert.

Pastoraltheologie. Das Wort »Pastor« (lat. = Hirt), von Jes 40,11; Ez 34; Joh 10 aus gebildet, bezeichnete im Frühmittelalter den Bischof, seit dem 7. Jh. auch den Leiter einer Pfarrkirche, z. T. noch heute für den Pfarrer einer Pfarrei gebräuchlich. Seine Tätigkeit wird, obwohl mehrere Arbeitsfelder umfassend, mit dem Sammelbegriff »Seelsorge« oder »Pastoral« bezeichnet. »Pastoral« heißt die auf das Gottesverhältnis der Menschen direkt ausgerichtete Aktivität der Kirche im Unterschied zur reflektierteren Tätigkeit der Lehre u. Forschung u. zu den der Ordnung dienenden Diziplinarvorschriften. Pastoraltheologie (P.) ist eine selbständige theol. Disziplin

seit dem Ende des 18. Jh. Sie war bis Mitte des 20. Jh. auf das Amt der
»Hirten« bezogen (ähnlich die ev. Konzeption der P.) u. auf die Selbstverwirklichung der Kirche im Gegensatz zur »Welt« hinorientiert. In der
neueren Zeit wurden ↗Katechetik, ↗Homiletik u. ↗Liturgiewissenschaft
als eigene Disziplinen aus der P. ausgegliedert. Zur P. werden je nach dem
Spezialisierungsbedarf die Teilfächer Pastoralsoziologie, Pastoralpsycholo-
gie u. Pastoralmedizin gerechnet. Mit der Erneuerung des Kirchenver-
ständnisses im II. Vaticanum wurden neue »Entwürfe« der P. vorgelegt,
die in die Richtung einer Handlungstheorie (nicht nur der Amtsträger)
wiesen u. die wissenschaftliche Reflexion der kirchlichen Praxis in Gemeinden, (neuen) Gruppen u. Bewegungen u. bei einzelnen Menschen
unter Einbeziehung der Verantwortung der Kirche für die Welt als Auf-
gabenstellung vortrugen. Leitend war dabei die Gliederung der Grundfunktionen der Kirche in Martyria, Leiturgia u. Diakonia, eventuell noch
mit Koinonia. In diesem Sinn bildet die P. einen wesentlichen Teil der
↗Praktischen Theologie.

Patripassianismus, ein polemisch verwendeter lat. Begriff, mit dem der
ursprüngliche ↗Modalismus bezeichnet u. bekämpft wurde (als seine
Hauptvertreter gelten Noetos von Smyrna um 170, Praxeas um 189–198
in Rom). Die biblischen Zeugnisse über Vater, Sohn u. Geist ordnete Noetos dem streng monotheistischen ↗Monarchianismus unter u. erklärte, die
Drei seien nur sukzessive Erscheinungsweisen des Einen gewesen; Vater u.
Sohn seien ein u. derselbe; der Vater sei geboren worden u. habe gelitten
(»passio patris«). Praxeas soll außer diesem P. auch noch gelehrt haben, die
Drei (Vater, Geist, Christus) seien das Göttliche in Jesus; mit »Sohn« werde
nur das »Fleisch« Jesu bezeichnet; im Leiden habe nur das Fleisch, d. h.
Jesus, gelitten, der Vater-Geist habe mitgelitten. Da Praxeas in Rom ener-
gisch den ↗Montanismus bekämpfte, wandte sich der Montanist Tertullian
(† um 220) polemisch gegen ihn u. seine Anhänger. Tertullian prägte die
Schimpfnamen »Monarchianer« u. »Patripassianismus«. Die antike Theologie mußte Gott streng leidensfrei denken (↗Apathie). Zur Aktualität:
↗Leiden Gottes.

Patrologie, Patristik. Patrologie (griech. = die Lehre von den Vätern) bezeichnet seit dem 17. Jh. die wissenschaftliche (historische, literarische)
Erforschung der ↗Kirchenväter. Ebenso alt ist der Begriff Patristik, mit
dem eher die Theologie der Kirchenväter sowie die Dogmengeschichte
der Kirchenväterzeit bezeichnet wurde, der aber außer Gebrauch kommt.
Das heutige theol. Fach Patrologie greift weit über die Grenzen der betreffenden kirchlichen Literatur hinaus; es untersucht vor allem die verschiedenen Ausprägungen der antiken Philosophie u. ihre Bedeutung für die

Sprachgestalt der christlichen Glaubensvermittlung (vgl. z.B. ↗Platonismus, ↗Mittlerer Platonismus, ↗Neuplatonismus, ↗Aristotelismus, ↗Stoische Philosophie). Einbezogen werden die kirchengeschichtlichen u. politischen Konstellationen der Kirchenväterzeit. In Forschung u. Lehre ist die Patrologie heute konsequent ökumenisch orientiert. Wenn sie auch für die Dogmatik Traditionsmaterial von größter Bedeutung erarbeitet u. wesentliche exegesegeschichtliche Befunde erhebt, zählt die Patrologie in der heutigen Wissenschaftsorganisation doch zur Historischen Theologie.

Paulus-Briefe. Paulus, in Tarsus in Kleinasien geboren, als Jude beschnitten u. »Schaul« genannt, mit ererbtem römischem Bürgerrecht, von Beruf Handwerker (Zeltmacher), nach eigenem Bekenntnis ein »Eiferer« (Gal 1, 14), Verfolger der frühen Christengemeinde, bei Damaskus (im Jahr 34?) eine Erscheinung des Gekreuzigten, Bekehrung u. Berufung zum ↗Apostel der Heiden, getauft u. in die Jerusalemer Kirche aufgenommen, unternahm drei sehr erfolgreiche sog. Missionsreisen (Syrien, Kleinasien, Griechenland), Konflikte mit Petrus u. Judenchristen in der Frage der ↗Beschneidung, in Jerusalem (im Jahr 56?) verhaftet, in Caesarea am Meer zweijährige Haft, nach Rom deportiert. Paulus verfaßte – nach heutiger überwiegender Meinung der Exegeten – 7 authentische Briefe: 1 Thess, 1 u. 2 Kor, Gal, Phil, Phlm, Röm. Seines angesehenen Namens bedienen sich (»pseudepigraphisch«) weitere Briefe, die »Deuteropaulinen«, die eine Weiterentwicklung mancher paulinischer Gedanken bezeugen: 2 Thess, Kol, Eph u. die »Pastoralbriefe« 1 u. 2 Tim u. Tit. Der Hebr gibt sich selber nicht als Paulusbrief; er wurde trotz seiner andersartigen Theologie von der Tradition Paulus zugeschrieben. Das über die aktuellen Anlässe hinaus geltende Evangelium der echten Briefe bekennt Jesus als den von Gott gesandten Sohn, dessen Kreuz den Versöhnungswillen Gottes bezeugt u. den Paulus als ↗Kyrios verehrt u. liebt (↗Christusmystik); es spricht von der allgemeinen Erlösungsbedürftigkeit, von der Überwindung der versklavenden Mächte der Sünde u. des Todes (wobei das Gesetz, das Paulus zu diesen Mächten zählt u. gegen das er die Rettung durch Glauben u. Rechtfertigung setzt, nicht die ↗Tora ist), von dem rettenden ↗Pneuma Gottes, das keine helfenden Voraussetzungen im Menschen benötigt, vom wirksamen Wort Gottes, von der Kirche als dem ↗Leib Jesu Christi, von der Taufe u. der Eucharistie u. von der Hoffnung auf Vollendung der einzelnen Menschen u. des ganzen Kosmos. Röm 9–11 enthalten eine theol. Basis für das Verhältnis von ↗Judentum und Christentum u. eine Geschichtstheologie. Paulus ist nicht der »Stifter« des Christentums, aber, vor allem auch durch die Art u. Weise seiner Rezeption bei Augustinus († 430) u. M. Luther († 1546), bis heute prägend für eine bestimmte Gestalt des Christentums u. seiner Theologie.

Peccatum philosophicum (lat. = philosophische Sünde), ein Begriff der traditionellen theol. Ethik, der beinhaltet, daß es einen schuldhaften Verstoß gegen das natürliche ↗Sittengesetz geben könne, der nur als Widerspruch gegen die menschliche Natur bewußt werde u. bei dem ein Widerspruch gegen Gottes Sittengesetz in keiner Weise gesehen u. gewollt sei. Wo ein schuldhaftes Verhalten gegenüber Menschen bewußt wird (ohne ein solches Schuldbewußtsein kann von ↗Sünde überhaupt nicht die Rede sein), wird wenigstens implizit u. nur »unthematisch« Gott in seinem andere Menschen bejahenden Willen abgelehnt. Ein bloßes P. ph. kann es also nicht geben.

Pelagianismus (die dem Pelagius zugeschriebene Lehre). Der britische Laientheologe Pelagius († vor 431) trug seine Lehre mit großem Erfolg (auch wegen seines asketischen Lebens) in Rom vor: Gegen den ↗Manichäismus verteidigte er die Willensfreiheit des Menschen; er widersprach dem ↗Fatalismus u. der Auffassung der ↗Erbsünde als einem unausweichlichen Verhängnis. Wiederholte Verfahren gegen ihn, die Augustinus († 430) denunziatorisch in Gang gesetzt hatte, führten nach einem Hin u. Her zur Verurteilung u. Exkommunikation des Pelagius u. seiner Anhänger auf einer afrikanischen Synode in ↗Karthago 418, von Papst Zosimus bestätigt u. vom Konzil von ↗Ephesos 431 wiederholt. Angesichts der komplizierten Quellenlage, der z. T. unsachlichen Polemik des Augustinus u. der manchmal nicht genau unterscheidbaren Auffassungen des Pelagius u. seiner führenden Anhänger Caelestius († nach 418) u. Julian von Aeclanum († vor 455) ist eine Rekonstruktion des authentischen P. schwierig. Die Bejahung der Freiheit des Willens u. der Fähigkeit des Menschen zum guten Handeln beruhte nicht auf einer Leugnung der Notwendigkeit der Gnade, sondern wurde im Gegenteil im P. auf eine grundlegende Befähigung durch die Gnade zurückgeführt. Die ↗Ursünde »Adams« wurde ebenfalls nicht geleugnet, ihre Nachwirkungen aber durch Nachahmung u. nicht durch Vererbung erklärt. Die negativen Wirkungen der Sünde werden nach dem P. durch die gnädige Hilfe Gottes mittels der heilsgeschichtlichen Institutionen (einschließlich der Kirche) »ausgeglichen«, so daß ein glaubender Mensch zum guten Handeln befähigt bleibt. Die augustinische Auffassung vom bleibenden Ausgeliefertsein an die Sünde, das fortgesetzte aktuelle Gnadenhilfen Gottes erforderlich macht, erschien dem P. als manichäischer ↗Dualismus. Die Verurteilung des P. trug zum genaueren Verständnis des Verhältnisses von ↗Gnade u. ↗Freiheit nichts bei.

Perichorese (griech. = gegenseitige Durchdringung), in der antiken griech. Philosophie Bezeichnung für das Verhältnis von Leib u. Seele, vom 4. Jh.

an in der Christologie im Hinblick auf die zwei Naturen in Jesus Christus verwendet, von Johannes von Damaskus († 749) an vom gegenseitigen Insein von Vater u. Sohn aus (Joh 10,38) trinitätstheologisch thematisiert. Das Verständnis der P. als »Beziehungsgeschehen« oder »gegenseitige Lebensvermittlung von Personen« ist ein phantastisches Konstrukt (moderne Spekulationen gehen bis zur Geschmacklosigkeit: vom antiken Theatergebrauch des Wortes P. aus wird die göttliche Trinität mit einem Männerballett verglichen, drei »Tänzer« eines göttlichen Liebestanzes). Die P. ist eine Umschreibung des *einen*, in drei unterschiedlichen Lebens- u. Gegebenheitsweisen differenzierten göttlichen Wesens.

Person. *1. Begriff u. Bedeutung in der Theologie. a) Anthropologisch.* Über die genauere Bedeutung des Begriffs P. ist die Diskussion noch in vollem Gang. Anhaltspunkte sprechen dafür, daß lat. »persona« (von »personare« = hindurchtönen?) u. griech. »prosopon« der antiken Theaterwelt entstammten u. die Maske bezeichneten, mit der die genaue Eigenart eines Schauspielers gekennzeichnet wurde. Der Begriff der P. ist einer der wichtigsten Beiträge der Theologie zur Geistesgeschichte. Er hat seine Voraussetzungen in der antiken ↗Anthropologie, in welcher »der Mensch« durch seine Geistigkeit, sein Bei-sich-selber-Sein in Bewußtheit, seine über sich selber verfügende Freiheit gekennzeichnet ist u. die schon bei Cicero († 43 v. Chr.) als mit der Natur des Menschen gegebene Würde bezeichnet wird. Aber erst in der jüdisch-christlichen Glaubensüberlieferung wird der Grund gelegt für die Überzeugung von jener einmaligen Würde u. Geltung »des Menschen«, die in seinem Verhältnis zu Gott, im Verhältnis Gottes zu ihm begründet ist u. in der Reflexion über seine ↗Transzendenz, über seine bleibende u. unausweichliche Verwiesenheit auf das ↗Sein im ganzen vertieft werden kann. Wenn im AT auch das Bewußtsein, das Eigentumsvolk Gottes zu sein, u. der Bundesgedanke im Zentrum des religiösen Glaubens stehen, so ist doch von Anfang an der einzelne Mensch mit der Glaubensforderung Gottes konfrontiert u. zur Verantwortung aufgerufen; das dialogische Geschehen zwischen Gott u. Mensch ereignet sich »von Person zu Person«. Daß der Anruf Jesu zu Umkehr u. Nachfolge u. die frühchristliche Verkündigung des Evangeliums primär den einzelnen Menschen suchen u. finden wollen, unterstreicht die »Personalität« des Menschseins, die es ein für allemal verbietet, im Individuum nur einen »Fall« zu sehen. Die bedeutenden Theologen der Tradition haben in jeweils ihrer Perspektive u. Sprache das Personengeheimnis des Menschen reflektiert, z. B. die griechischen Theologen seit Origenes († 253) vor allem in ihren Hoheliedkommentaren u. Augustinus († 430) im Nachdenken über die menschliche ↗Seele als gesuchter Partnerin Gottes; bei anderen stärker auf das Ankommen der Gnade Gottes im Menschen oder auf die Gottesgeburt im menschlichen Herzen (eher mystisch) konzentriert. Die »Synthese« des Persondenkens findet sich, wie andere Synthesen der Tradition, bei Thomas von Aquin († 1274), für den die P. nicht nur durch eine einzigartige Existenzweise mit Selbstbesitz, Erkenntnisvermögen des Unendlichen, Bewußtsein u. Freiheit, sondern auch durch ihre Berufung zum übernatürlichen Ziel (↗Natur und Gnade) ausgezeichnet ist. Selbstbewußtsein u. Verantwortung sind die beiden Merkmale der P., die nach der Emanzipation der Philosophie von der Theologie in der Neuzeit erhalten bleiben. Die Vertiefung des Personverständnisses durch den Gedanken der Subjektivität (↗Subjekt) geht von der Verantwortung aus: »P. ist dasjenige Subjekt, dessen Handlungen einer Zurechnung fähig sind« (I. Kant † 1804), wobei die Verantwortung freilich von autonomer Selbstbestimmung (↗Autonomie) u. damit vom Gedanken des Selbstbesitzes geprägt ist. Im deutschen ↗Idealismus u. im ↗Personalismus des 20. Jh. wird die Subjekt-P. von der Beziehung her gedacht: Im Ausgang von sich selber u. im Sein-beim-andern aktualisiert sich die P., so daß sie beim andern zu sich selber kommt. Diese Auffassung von der P. als dialogisches Beziehungsgeschehen gründet in der konkreten Leiblichkeit, Geschichtlichkeit u. Gemeinschaftsnatur des Menschen. Die Gefahr, P. als statischen Besitz zu denken u. dabei das Vollzugsgeschehen der P. zu vernachlässigen, ist damit überwunden, doch ist der bewußte Selbstbesitz u. das Wissen um Selbstverfügung die unverzichtbare Voraussetzung für das Ausgehen aus sich selber, so daß theol. Polemiken gegen den »Selbstbesitz« überflüssig sind. – *b) Christologisch.* Chronologisch wäre zunächst die Verwendung des Begriffs P. in der Trinitätstheologie zu erörtern (hier unter c). Die christologischen Auseinandersetzungen, die zu den Formulierungen Ökumenischer Konzilien vom 4. bis zum 7. Jh. führten, waren der Anlaß dafür, daß theologisch noch in einer anderen Weise als in der eben umschriebenen über P. diskutiert wird. Ausgangspunkt dieses Denkens ist die Formulierung von ↗Chalkedon 451, daß in Jesus Christus zwei Naturen, die göttliche u. die menschliche, zu einer einzigen ↗Hypostase geeint sind (wobei sie unvermischt verschieden bleiben). In dem von der antiken Philosophie beeinflußten christlichen Denken war es möglich gewesen, dasjenige, was später zum modernen Begriff der P. führte, als »Wesen«, »Natur« oder »Substanz« zu bezeichnen. Nach der Festlegung der Zwei-Naturen-Lehre bedurfte diese Redeweise einer Klärung. Sie verlief in der Richtung, daß in einem anderen Begriff von P. nur *ein* Merkmal, *eine* Eigentümlichkeit einer bei-sich-seienden, freien (also subjekthaften, konkreten) »Natur« (also einer P. im modernen Sinn) herausgehoben u. zum formalsten Merkmal der P. erklärt wurde: ihr Hypostase-Sein (lat. ihre »Subsistenz«), jene Eigentümlichkeit, als geistige Natur bei sich selber zu sein, sich in letzter unvertauschbarer Unmittelbarkeit selber zu gehören. Gerade in einem christologischen Denkprozeß bildete Boethius († um

525) seine einflußreich gewordene Definition von P.: »P. ist die individuelle Substanz einer geistbegabten Natur«. Eine solche Auffassung ist in Gefahr, vom wahren Menschsein Jesu wegzuführen. Zu der ganzen konkreten Wirklichkeit Jesu gehört ja alles echt Menschliche, das im modernen Sinn (siehe oben a) zur P. gehört, das Endliche u. Kreatürliche, mit seinem unendlichen Abstand von Gott und mit seiner dialogischen Beziehung zu Gott, das mit dem göttlichen ↗Logos so geeint ist, daß Jesus zum »offenbarenden Da-sein Gottes bei uns« (K. Rahner) werden konnte. Im Dogma von Chalkedon wird dieses wahre Menschsein »Natur« genannt, u. ferner wird gesagt, daß der göttliche Logos die Person, d. h. der Selbstbesitz dieser »Natur« sei. Von da aus kann das Menschsein Jesu nicht im scholastischen Sinn (siehe oben zu Thomas von Aquin) P. genannt werden. Im modernen Sinn von P. ist es jedoch nicht weniger P. als das Menschsein anderer Menschen, sondern mehr. Denn: wenn P. bewußtes Bei-sich-Sein u. bewußtes Verwiesen-Sein auf ein anderes Du u. damit auch auf Gott, also notwendige Gottesbeziehung, besagt, dann ist in Jesus die unüberbietbare Erfüllung des Person-Seins gegeben (wenn seine menschliche Wirklichkeit im göttlichen Logos ihre »Subsistenz« hat, »en-hypostasiert« ist). Gott hat bewirkt, daß die ↗Transzendenz-Beziehung, die jeden Menschen als P. ausmacht, in Jesus seinshaft u. bewußt bleibend an ihrem Ziel ist. – c) Trinitätstheologisch. Die Offenbarung Gottes in seinem Logos u. in seinem Geist, die Erkenntnis, daß Gott selber sich in Logos u. Geist mitteilte u. mitteilt u. es sich bei ihnen also nicht um geschaffene Kräfte handelt, so daß Gott sich selber »dreifach« offenbarte, führte in der östlichen wie auch in der westlichen Kirche vor die Notwendigkeit, das Verhältnis der (im strikten Ein-Gott-Glauben Israels u. Jesu festgehaltenen) Eins zu diesen »Drei« zu klären. Dabei wurde in der östlichen Kirche für die »Drei« der Begriff »prosopon« im Sinn von Offenbarungsgestalt oder der Allerweltsbegriff »Hypostase« im Sinn von individueller Verwirklichung eines einzigen Wesens eingesetzt. Im kirchlichen Westen begegnet erstmals bei Tertullian († nach 220) die Formulierung von einer einzigen göttlichen ↗»Substanz« (»una substantia«) u. »drei Personen« (»tres personae«). In diesem altkirchlichen Sinn bedeutet P. das Sich-Vorstellen, Sich-Offenbaren, Sichtbar-Werden, nicht aber ein »Beziehungsgefüge«. Nach langwierigen Auseinandersetzungen kam mit Hilfe der drei ↗Kappadokier die kirchliche Formulierung von dem einen göttlichen Wesen (»ousia«) in drei Hypostasen zustande, wobei jeder Hypostase nur eine einzige abstrakte Eigentümlichkeit (Ursprungsein, Gezeugtsein, Hervorgegangensein) zugeschrieben wurde, die Eigentümlichkeiten im Hinblick auf den Ursprung aber zueinander in Beziehung (↗Relation, griech. »schesis«) gesetzt wurden. Nichts in der altkirchlichen Redeweise von der Trinität nötigt dazu, dieser subtilen Sicht zu unterstellen, sie lehre die Trinität Gottes als Communio

oder Personen-Kommunität. Erst mit Richard von St. Victor in Paris
(† 1173) kommt eine Spekulation auf, die bis zur Gegenwart das Mißverständnis bewirkt, als könne der *eine* Gott der jüdischen u.
christlichen Offenbarung als Kommunität dreier Subjekte aufgefaßt werden. Bei der
Suche nach Entsprechungen der göttlichen Wirklichkeit in der geschaffenen Welt wählte er das Phänomen der Liebe, in der sich das Ich (»dili-
gens«), das Du (»dilectus«) u. etwas seltsam konstruiert der gemeinsam
Geliebte (»condilectus«) unterscheiden ließen, so daß er hier Vater, Sohn
u. Geist abgebildet sah. Von da aus ergibt sich bis zur Gegenwart eine Fülle
mit großem Wortaufwand konstruierter, in einer immer künstlicheren
Sprache vorgetragener Trinitätsspekulationen, die sich in das innerste Le-
bensgeheimnis Gottes zurücktasten. Theologen wie K. Barth († 1968),
K. Rahner († 1984), P. Schoonenberg († 1999), J. B. Metz u. a. machen
nachdrücklich darauf aufmerksam, daß dasjenige, was im modernen Per-
sonbegriff grundlegend ist (bewußtes Bei-sich-Sein, Selbstbesitz, Selbstverfügung, Freiheit), in den drei göttlichen »Personen« nicht dreifach unterschieden existiert (womit drei Götter entstünden), sondern nur
strengstens einmal gegeben ist. Im Logos u. im Geist teilt der eine Gott
sich selber mit, so daß der Logos u. der Geist nicht von sich aus beginnen
würden, sich mitzuteilen. »Die drei ›Personen‹ in Gott bedeuten nicht drei
handelnde ›Subjekte‹, die mit dreimal je eigener wissender u. freier Lebensfülle sich gegenüberstünden u. so die Einzigkeit der göttlichen Natur
nicht als Mysterium stehenließen, sondern aufheben würden« (Rahner-
Vorgrimler 1961, 285). – *2. Zur heutigen philosophischen Diskussion.* Zum
einen spielt in aktuellen Überlegungen die Frage nach der »Identität des
Menschen in der Zeit« eine große Rolle. Sie wird oft als Kontinuität des
Bewußtseins, das in der Erinnerung zu sich selber kommt, verstanden
(↗Identität), während andere auf »Selbstidentifizierung durch soziales
Handeln« hinweisen u. damit am Beziehungsdenken anknüpfen. Zum an-
dern wird im Zusammenhang mit ethischen Fragen über Kriterien des
Personseins diskutiert. Dabei nähern sich Theoretiker in erschreckender
Weise den Auffassungen vom »lebensunwerten Leben«. Den Verteidigern
der Personwürde eines *jeden* Menschen, auch des embryonalen, behinder-
ten oder senilen Menschen, wird unterstellt, sie verteidigten aus kulturhi-
storischen Gründen die Existenz der ganzen Gattung Mensch oder sie ar-
gumentierten mit der nicht »beweisbaren« Existenz einer unsterblichen
↗Seele. Dem gegenüber hält die theol. Ethik daran fest, daß (wie es spätestens seit Kant Gemeingut menschlicher Erkenntnis ist: ↗Kategorischer
Imperativ) P. u. Mensch identisch sind, begrifflich nicht empirisch-de-
skriptiv festgemacht werden können, u. daß jeder Mensch (auch ein
Mensch in rudimentärer oder eingeschränkter Form) Selbstzweck ist, so

daß kein Mensch als Sache behandelt werden darf, u. daß es keinem Menschen zusteht, über den »Wert« eines andern zu urteilen.

Personalismus, ein im 19. Jh. gebildeter Begriff, der unterschiedliche Interpretationen der menschlichen ↗Person umfaßt u. verschiedene Inhalte abdeckt, die geistesgeschichtlich weit in die Antike zurückführen. In den italienischen Ansätzen eines personalistischen Denkens u. in Frankreich (Ch. Renouvier † 1903) sind die Einflüsse I. Kants († 1804) u. seiner auf Selbstbestimmung hinorientierten Personphilosophie deutlich. Ein theol. P. befaßt sich im deutschen Sprachbereich mit der dialogischen Philosophie (als deren namhafteste Vertreter F. Ebner † 1931, F. Rosenzweig † 1929, M. Buber † 1965 u. später G. Marcel † 1973 gelten). Der Unterschied zum früheren P. ist besonders dadurch gekennzeichnet, daß nun eine kritische Auseinandersetzung mit der Auffassung von Subjektivität erfolgt u. die konstitutive Bedeutung der Ich-Du-Beziehung im Verhältnis des Menschen zu Gott wie im Verhältnis der Menschen zueinander eingehend reflektiert wird. In der ev. Theologie führt dies zu einem erneuerten Verständnis der Offenbarung als Ereignis u. der Liebe unter Menschen als dem Ort, an dem sich Gott »ereignet«. Im kath.-theol. P. (Th. Steinbüchel † 1949, R. Guardini † 1968) wird weniger »aktualistisch« das »dialogische Sein« thematisiert. Weitreichend ist die Erkenntnis des theol. P., daß die ↗Liebe zu Gott u. die Liebe zu Menschen nur in strikter Einheit gegeben sind.

Persönlichkeit in einem ethischen Sinn ist dann gegeben, wenn ein Mensch sein ↗Person-Sein in freier Entscheidung annimmt: den dialogischen Charakter des Daseins angesichts des unendlichen ↗Geheimnisses (gegen eine banale Vitalisierung), Freiheit, Pflicht u. Verantwortung, Bezogensein auf Mitmenschen in ihrem unveräußerlichen u. unvertretbaren Personsein, unverdrängte Schuld, Leiden, Schmerzen, Tod. Ein solchermaßen christliches Verständnis von P. ist mit dem vom ↗Autonomie-Denken bestimmten Begriff der P. bei I. Kant († 1804) vereinbar: individuelle Existenz in freier sittlicher Selbstbestimmung. Äußere negative Einflüsse (besonders emotionale Erschütterungen) u. Fremdbestimmung führen zu (oft krankhafter) Persönlichkeitsveränderung u. Entpersönlichung.

Pessimismus (lat. »pessimum« = das Schlimmste) kann eine negative Grundstimmung gegenüber dem Dasein heißen. Sie ist auch auf physiologische Bedingungen zurückzuführen u. daher eventuell auf Therapie angewiesen (Depressionen). In religiöser Sicht besteht der P. in einem sehr intensiven Erleben des Scheiterns positiver Bemühungen, der alle Bereiche des Menschseins betreffenden Vergänglichkeit, der Dunkelheit der Gotteserfahrungen, aber auch tiefer Schuldverflechtungen. Wenn eine solche Grundstimmung einschwingt in das dunkle Geheimnis Gottes, das »diesseitig« unbegriffen bleiben muß, wird sie zu Recht akzeptiert u. als eine Art der Nähe Gottes verstanden. Wenn sie weltanschaulich absolut gesetzt u. zu einer Auffassung führen würde, »alles« sei absurd (das ↗Absurde), sinnleer, unter der Herrschaft dumpfer Triebe stehend usw., wäre der P. selber absurd. Er müßte sich ja befragen lassen, warum er in der Überzeugung von totaler Sinnlosigkeit überhaupt die Frage nach Sinn stellt. Er müßte sich sagen lassen, daß er eine begrenzte Erfahrung absolut setze (wobei er nicht grundsätzlich leugnen könne, daß es die Erfahrung von Liebe, Güte, Geist u. Freiheit *auch* gibt). Er wäre zu fragen, ob er in seiner Erfahrung des Vergänglichen u. Endlichen neben der nicht zu leugnenden Negativität die Offenheit »nach vorn«, die Idee eines Zieles u. damit die Möglichkeit einer Hoffnung übersieht. Transzendentalphilosophisch könnte ihm gesagt werden, daß die Transzendenz auch der Grund der Möglichkeit der pessimistischen Sicht u. darum notwendigerweise die Bejahung des Seins ist. Wo der P. nicht völlig krankhafter Herkunft, sondern willentlich beeinflußbar ist, könnte er seine vielfältigen Schmerzen als Geburtswehen der Liebe u. der verheißenen Zukunft annehmen u. bereit sein, sich von Gott Vergebung schenken zu lassen. »Dies aber ist die Gnade« (K. Rahner).

Pflicht ist ein bedeutender Begriff der Moralphilosophie I. Kants († 1804) u. steht dort für den Grundsatz, daß eine Handlung (Verhaltensweise) dann u. nur dann objektiv geboten ist, wenn sie von einem unbedingten moralischen Gesetz verlangt wird. Ist diese Geltung eingesehen, u. sie ist einsehbar, weil sie von der Vernunft geboten ist (↗Autonomie), dann hat sie den Vorrang vor subjektiven Neigungen oder Bedürfnissen. Die ältere Moraltheologie begründete die Geltung mit Gott als Gesetzgeber. *Pflichtenkollision* bedeutet die subjektive Wahrnehmung zweier oder mehrerer Pflichten, die sich objektiv nicht gleichzeitig erfüllen lassen. Die theol. Ethik kennt seit langem eingespielte »Vorzugsregeln«, die in der Situation von Konflikten helfen können, das Schuldbewußtsein zu verringern, z. B. den Vorrang von Verboten (des Gewissens u. der »geoffenbarten« göttlichen Verbote) vor den Geboten. Vgl. auch ↗Güterabwägung.

Pharisäer (hebr. = die Abgesonderten), im Alltagssprachgebrauch ein bedauerliches Schimpfwort mit der Bedeutung »Heuchler«, dessen antisemitischer Hintergrund oft nicht bewußt ist. Die Ph. bildeten eine bedeutende religiöse Gruppierung des Judentums, von der berichtet wird, sie habe bereits um 150 v. Chr. unter dem Namen Ph. existiert. Die wesentlichen Zeugnisse über sie stammen von Flavius Josephus († um 100 n. Chr.), der sich ihnen als 19jähriger angeschlossen hatte. Ihre Anführer stammten

wohl aus der Stadtbürger- u. Priesterschaft. Die Ph. leisteten dem liberalen
Hellenismus u. später den Römern effektiven Widerstand u. setzten sich
auch von der »Unreinheit« des Volkes ab. Ihr Programm war auf Treue zur
↗Tora u. zu weiteren Überlieferungen, Erlangung von Gerechtigkeit, Hoffnung auf das Wohlgefallen Gottes, Belehrung des Volkes, Bewahrung vor
Fremdem abgestimmt. Zwischen ihnen u. anderen religiösen Gruppen bestand Gegnerschaft: sie widersprachen aus ihrer Glaubenstreue den ↗Sad-
duzäern (die Ph. glaubten an die Auferstehung der Toten, an das Gericht u.
an die Existenz von Engeln) u. wurden von der Gemeinschaft von ↗Qum-
ran der Laxheit gegenüber dem Gesetz beschuldigt. Das NT erwähnt die
Ph. häufig als religiöse Gegner Jesu, doch sind die Formulierungen bereits
von der Trennung der frühchristlichen Gemeinden vom Judentum geprägt. Paulus, ehemaliger Ph., lehnt eine legalistische Werkgerechtigkeit
ab, wobei er ein »Gesetz« negativ beurteilt, das nicht mit der Tora identisch
ist u. das historisch (noch) nicht greifbar ist. Jesus selber stand zweifellos
den Ph. näher als den Sadduzäern oder als den Leuten von Qumran. Seine
Radikalisierung der Tora im Geist der Einheit von Gottes- u. Menschenliebe, sein Kampf gegen die Veräußerlichung der Religion u. gegen men-
schenfeindliche Sabbat- u. Ritualvorschriften können als Teil einer innerjüdischen Auseinandersetzung verstanden werden, die später polemisch als
gegen die Ph. u. gegen das Judentum überhaupt gerichtet interpretiert
wurde.

Philosophie und Theologie. Mit ihrer klassischen Tradition versteht die
kath. (systematische) Theologie die Philosophie (griech. = Liebe zur Weisheit) u. sich selber, die ↗Theologie, als *Grund*wissenschaften, das heißt als
Bemühungen um wissenschaftlich-systematische, reflexe Erhellung des
Daseins überhaupt u. im Ganzen (vgl. Rahner-Vorgrimler 1961, 287 ff.),
so daß ein Mensch nicht vor die Entscheidung gestellt ist, entweder auf
Theologie oder auf Philosophie verzichten zu müssen. *1. Grundsätzliches
Verhältnis.* Nach der kath. Theologie beruht das Ankommen von Offenbarung u. Glauben im Menschen nicht auf dem absoluten Scheitern des den-
kenden Menschen als eines Sünders. Die Betrachtung der Theologie-
geschichte zeigt, daß von Anfang an die Geschichte der Offenbarung
Gottes u. ihres Verständnisses mit der Geschichte des Denkens verbunden
war; die Theologie hat immer philosophisch gedacht, u. das (gegen bloße
↗Gefühlsreligion gesagt) mit Recht: Offenbarung u. ↗Gnade Gottes haben
von vornherein den *ganzen* Menschen, also auch den denkenden, zum
Adressaten. Zum Glauben gehört die Überzeugung, daß Geist, Natur u.
Geschichte die Schöpfung, die Offenbarung u. das Eigentum Gottes sind,
der als die eine ↗Wahrheit die Quelle *aller* Wirklichkeit u. Wahrheit ist.
Was »außerhalb« eines bestimmten begrenzten Bereichs der Weltwirklich-

keit, nämlich außerhalb der geschichtlichen Offenbarung, der Kirche u. der Theologie liegt, das gehört für den glaubenden Menschen immer noch zum Bereich seines Gottes. Würde er seine Theologie zum Schaden der Philosophie verabsolutieren, so würde er seine Theologie mit deren Gott verwechseln. Der Glaubende weiß, daß die Welt von einem ↗Pluralismus gekennzeichnet ist, der von niemand, auch nicht von Kirche u. Theologie, außer von Gott allein zur Einheit gebracht werden kann. Und umgekehrt: Wenn Philosophie die denkerische »Bewältigung« des ganzen tatsächlichen menschlichen Daseins sein soll, dann kann sie am Phänomen der ↗Religion nicht vorbeiblicken, weil diese überall, zu allen Zeiten u. Orten zu den Grundstrukturen des menschlichen Daseins gehört. – a) Das Verhältnis der Philosophie zur Theologie. Wenn u. soweit die Philosophie systematische, transzendentale Reflexion sein will, dann will u. kann sie von sich aus nicht den Anspruch erheben, die konkrete, heilschaffende u. adäquate Daseinsdeutung zu sein u. so die konkrete, geschichtliche Religion samt deren Theologie zu ersetzen. Wenn die Philosophie mehr als eine solche transzendentale Reflexion (»Vermittlung«) sein wollte, wenn sie mit anderen Worten selber die konkrete Mäeutik (griech. = Hebammenkunst) in das konkrete, reflex gar nicht adäquat aufholbare u. doch als solches unausweichliche u. verpflichtende Dasein u. somit in die konkrete Religion sein wollte, dann wäre sie eben die plurale Einheit von Theologie u. Philosophie, von apriorischem Selbstverständnis u. Offenbarung, unter dem Namen »Philosophie«, oder sie wäre säkularisierte Theologie. Versteht sich aber die Philosophie ihrer ganzen Tradition entsprechend als transzendentale Reflexion, dann wäre zu sagen: Eine solche holt die Konkretheit des Daseins material nie adäquat ein, obwohl dieses Konkrete selber als existenzbegründend u. nicht als gleichgültiger Rest erfahren wird. Geschichtlichkeit ist weniger als wirkliche Geschichte, konkrete Liebe ist mehr (nicht weniger!) als analysierte formale Subjektivität (als Liebenkönnen u. -sollen), erfahrene Angst ist mehr (nicht weniger!) als der Begriff der menschlichen Grundbefindlichkeit Angst. Gehört aber dieses Selbstverständnis als Selbstbescheidung der Philosophie zu ihren grundlegenden Aussagen, gerade insofern sie »erste« (Grund-)Wissenschaft ist, die keine ihr vorgeordnete Wissenschaft mehr als ihren Grund unter sich hat (wohl aber die größere, vollzogene Wirklichkeit), dann verweist die Philosophie als Lehre von der Transzendenz des ↗Geistes auf Gott als das absolute Geheimnis »in Person«. Dann konstituiert sie den Menschen als möglicherweise möglichen »Hörer des Wortes« dieses lebendigen Gottes in ihrer ↗Anthropologie u. ↗Religionsphilosophie, vielleicht schon unter dem Einfluß des übernatürlichen ↗Existentials. Dann verweist sie als bloße Reflexion u. unvollendbare Vermittlung den als geschichtlich sich vermittelten Menschen für seinen Daseinsvollzug in die Geschichte selbst. Die Philosophie ist also von sich aus nicht Grundwissenschaft derart, daß sie den Anspruch machen würde, allein das konkrete Dasein des Menschen zu erhellen u. zu verwalten. Sie ist, wenn sie sich recht versteht u. ihre Freiheit (durch die geheime Gnade Gottes befreit) von ihr recht verstanden wird, jene erste reflexe Daseinserhellung, die dem Menschen den Mut macht, das Konkrete u. die Geschichte ernst zu nehmen. Dann aber gibt sie ihn in die Möglichkeit frei, in der konkreten Geschichte den lebendigen Gott zu finden, der sich selber dem Menschen durch die Menschwerdung vermittelt hat. – *b) Das Verhältnis der Theologie zur Philosophie.* Die konkrete Offenbarung u. ihre »Hüterinnen« Kirche u. Lehramt machen zwar notwendigerweise den Anspruch, in gewissem Sinn das *Ganze* der Wirklichkeit zu deuten. Ein glaubender Mensch kann von der Einheit seines Daseins aus für sich als Philosoph u. für seine Philosophie die Lehre der Kirche nicht als schlechthin gleichgültig u. inkompetent erachten. Letztere ist für seine Philosophie als solche zwar keine materiale Sachquelle, aber wenigstens »negative Norm«. Bei der bleibenden, von der Theologie selber geforderten Pluralität von Philosophie u. Theologie bedeutet dies aber durchaus nicht, daß dem philosophischen oder theologischen Menschen eine *positive* Synthese immer greifbar sein müsse. Die letzte Einheit seines philosophischen u. theologischen Geschicks muß u. darf er dem einen Gott der Philosophie u. Theologie anvertrauen, der immer größer ist als Philosophie *und* Theologie. – *Theologie* ist (in ihrem Unterschied zu Offenbarung u. Verkündigung) die Reflexion auf Offenbarung u. kirchliche Verkündigung, in der der Mensch, nach beiden Seiten fragend u. kritisch, die Offenbarung mit dem Ganzen seines (auch teilweise philosophisch reflektierten) Daseinsverständnisses konfrontiert. In seiner konkreten Situation geschieht das, um die Offenbarung sich selber wirklich anzueignen, sie auf sich selber hin auszulegen, sie kritisch von Mißverständnissen zu reinigen u. umgekehrt seine eigenen mitgebrachten Verstehenshorizonte von der Offenbarung selbst in Frage stellen zu lassen. Damit aber »philosophiert« der Mensch in der Theologie notwendig. Sein »philosophisches« (reflektiertes oder nicht reflektiertes) Vorverständnis von sich selber ist mindestens *eine* der Kräfte, die die Theologie von der Offenbarung als solcher unterscheiden u. die Theologie in Gang bringen. Diese philosophische Ingangsetzung der Theologie ist möglich, weil die Offenbarung als Anruf u. Anspruch der ganzen Existenz des Menschen immer schon offen ist für dieses Selbstverständnis des Menschen, u. weil in ihr selber schon ein philosophisches oder vorphilosophisches oder ein ursprünglich philosophisches, aber wieder in die scheinbar banale Alltäglichkeit abgesunkenes Selbstverständnis mitgegeben ist. Wo man innerhalb der Theologie meint – u. diese Meinung ist zu Beginn des 21. Jh. weit verbreitet –, nicht »philosophieren« zu müssen, da verfällt man nur einer unreflektiert herrschenden modischen Mentalität, einer unernsten Beliebigkeit, oder man gerät in ein bloß erbauliches Gerede, das ernsthaften Fragen nicht standhält. Daß Philosophie in der Theologie notwendig ist, bedeutet nicht, daß die nachdenkliche Theologie ein geschlossenes philosophisches System als unabänderlich gültig ansehen u. zur bloßen »Anwendung« übernehmen müßte. Philosophie darf »eklektisch« (auswählend) den unsystematischen Pluralismus der menschlichen Erfahrung u. Geistesgeschichte widerspiegeln u. muß bereit sein, sich durch den Dialog mit der Theologie verändern u. vertiefen zu lassen. – *2. Die Frage einer »christlichen Philosophie«.* Christliche Philosophie kann es (wenn überhaupt) nur geben, wenn sie in Prinzip u. Methode Philosophie u. sonst nichts sein will, weil sie sonst aufhören würde, Philosophie als Grundwissenschaft zu sein. Die Philosophie kann, mit dem alten Wort, nur dann »Dienerin« der Theologie (das heißt bloßes Moment an einem höheren Ganzen, auf das hin sie sich von sich aus öffnet) sein, wenn sie frei ist. Auch die Theologie muß den offenen, vom Menschen selbst u. von der kirchlichen Autorität nicht von vornherein schon manipulierten Dialog mit der Philosophie wagen u. muß sich etwas sagen lassen, was sie nicht schon im voraus weiß. »Christlich« kann ein Philosoph zunächst sein, insofern er seinen christlichen Glauben als »negative Norm« gelten läßt. Das ist nicht »unphilosophisch«. »Christlich« kann eine Philosophie genannt werden, insofern geschichtlich die Philosophie Antriebe u. Themen aus dem Christentum erhalten hat, ohne die sie faktisch nicht so wäre, wie sie ist. – *3. Philosophie u. Theologie in einer veränderten Welt.* Das faktische Verhältnis von Philosophie u. Theologie hat sich durch den größeren Pluralismus der Philosophien von heute gewandelt; eine seriöse Beschäftigung u. erst recht ein Dialog mit allen Philosophien ist unmöglich. Das Verhältnis hat sich auch dadurch gewandelt, daß die Philosophie schon lange nicht mehr die einzige, ja faktisch nicht einmal mehr die primäre Vermittlung der »Welt« für die Theologie ist, die in der Begegnung mit dieser Welt eine Aufgabe ersten Ranges hat. Heute sind die modernen Wissenschaften (der Geschichte, der Natur, der Gesellschaft) vor der Philosophie die Orte der wissenschaftlichen Begegnung der Theologie mit der Welt geworden. Und sie verstehen sich nicht als Ausgliederungen aus der einen Philosophie; sie wissen wohl zum überwiegenden Teil von ihrer geschichtlichen Herkunft aus ihr, lassen sich aber ihr Selbstverständnis, ihre Methode u. ihr »Wesen« nicht von der Philosophie vorgeben. Eher betrachten sie die Philosophie als überflüssig für die Vermittlung eines Daseinsverständnisses oder sie halten sie für eine nachträgliche Formalisierung der Methoden der vielen autonomen Wissenschaften. So sind die Wissenschaften für die Theologie ihre Gesprächspartner in einem Dialog, der für beide Seiten Wirkungen hat. Dabei kommen für die Theologie die grundlegenden Mentalitäten des modernen Wissenschaftsbetriebs u. der nicht adäquat synthetisierbare Pluralismus der Wissenschaften ebenso in Betracht wie Einzelmethoden u. -ergebnisse dieser Wissenschaften. Umgekehrt könnte die Theologie den Wissenschaftlern helfen, diese Situation, die in Gefahr ist, bis zur geistigen Schizophrenie zu gehen, menschlich auszuhalten. – *4. Die Notwendigkeit einer »philosophischen Propädeutik« in der Theologie.* Trotz des heutigen, faktisch nicht mehr überwindbaren Pluralismus von Philosophien, der auch einen analogen Pluralismus von Theologie bedingt, muß folgendes bedacht werden. Die *eine* Kirche desselben Bekenntnisses u. *eines* Lehramts für alle ihre Mitglieder kann auf eine einigermaßen selbige Theologie nicht verzichten, deren sie zur Bewahrung u. Auslegung des einen Bekenntnisses bedarf, bis hin zu einer gewissen Sprachregelung im Dienst der Vergewisserung über das Gemeinte, von dem die Rede ist. Eine solche einigermaßen einheitliche »Schultheologie« (mit schulmäßig geklärten Begriffen), die das Amt in der Kirche bei allem Ausgesetztsein im Fluß der geschichtlichen Entwicklung benötigt, bedarf aber in den Methoden u. in ihren Grundbegriffen, die sie als gängig u. verständlich voraussetzen muß, einer gewissen kirchlichen Schulphilosophie. Dort, wo die Schultheologie nicht mehr wie früher (u. wie noch in manchen klassischen Akademien) ein mehrjähriges Philosophiestudium voraussetzen kann, existiert schon seit längerer Zeit eine »philosophische Propädeutik« (griech. = Einführung in die Vorkenntnisse), in der Kenntnisse der Methoden, Grundbegriffe u. Epochen der früheren Schulphilosophie vermittelt werden. Man kann natürlich fragen, ob eine solche »Philosophie« noch im strengen Sinn Philosophie ist oder ob sie im Grunde nur die Kenntnis jener Sprache u. jener Verständnishorizonte vermittle, die zwar von den Philosophien herkommen, aber nicht auf ein System hin reflektiert werden. Aber eine solche schulmäßige philosophische Einführung ist für die Theologie mehr denn je nötig, in einer Zeit, in der manche ihrer Fächer mehr Sprache, Methoden u. Mentalität einer nichttheologischen Wissenschaft pflegen als die der Theologie (ein Beispiel: manche Disziplinen der Praktischen Theologie sind mehr Soziologie als Theologie), u. in der viele an Theologie Interessierte gar nicht mehr wissen, wovon die Rede ist.

Pietismus (lat. »pietas« = Frömmigkeit, Ehrfurcht), eine bedeutende, Ende des 17. Jh. entstandene Bewegung religiöser Erneuerung im ev. Christentum. Als Begründer im Luthertum gilt Ph. J. Spener († 1705); weitere bedeutende Persönlichkeiten waren u. a. G. Arnold († 1714), A. H. Francke († 1727), N. L. von Zinzendorf († 1760). Der P. wurde durch unterschiedliche Strömungen, auch in England u. im Calvinismus, vorbereitet, die z. T. auf religiöse Erfahrungen hinarbeiten wollten u. dabei die Mystik neu beachteten, jedenfalls aber eine überzeugende christliche Existenz anstrebten.

Der P., der auch Gemeinschaftsformen schuf, verbreitete sich international u. existiert bis heute. Seine ursprünglichen Intentionen wandten sich gegen eine rationalistische u. starre Schultheologie u. gegen kirchliche Schablonen. Der P. bejaht vorbehaltlos die Offenbarung Gottes, wie sie in der Bibel enthalten ist; historisch-kritische Beschäftigung mit der Bibel wird weitgehend abgelehnt. Betont werden das praktische Christentum tätiger Liebe, subjektive Innerlichkeit u. Erfahrung in der Frömmigkeit, Bemühung um eine umwandelnde Gnade, mystische Verbindung mit Jesus. Weniger angesehen sind im P. die dogmatischen, verbindlichen Glaubensformulierungen. Naheliegende Gefahren sind das Konventikelwesen u. der ↗Fundamentalismus (heutige »evangelikale Bewegung«).

Pistoia, italienische Bischofsstadt in der Toscana, 1786 Ort einer Diözesansynode, die Bischof Scipione de' Ricci († 1810), der als wichtiger Vertreter des italienischen ↗Jansenismus gilt, im Zusammenhang mit seinem Programm der Kirchenreform einberief. Die 250 Teilnehmer verabschiedeten 57 Artikel Riccis, u. a. mit folgenden »episkopalistischen« u. anti-scholastischen Inhalten: Rückkehr zur Urkirche, Fehlbarkeit des Papstes, Trennung von Kirche u. Staat, Ablehnung des ↗Limbus, Abschaffung der Inquisition, Reform der Pfarreien u. Pfarrer, Volkssprache in der Liturgie, Verbot der Kommunion außerhalb der Messe, Reform des Stundengebets, Abschaffung von Privatmessen, von häufiger Andachtsbeicht, Exerzitien, Ablässen, Volksmissionen u. Ordensschulen. Formierter Widerstand breiter Kreise führte zum Rücktritt Riccis. Papst Pius VI. verurteilte 1794 in einer Bulle 85 Sätze der Synode, wobei er genau zitierte u. exakte ↗Qualifikationen angab. In vielem nahm P. die Intentionen des II. Vaticanums voraus, in der klaren Sicht kirchlicher »Problemzonen«.

Platonismus. Die in Form von Dialogen vorgetragene Philosophie Platons († 347 v. Chr.) ist vorrangig geprägt von einer Ideenlehre (↗Idee, ↗Idealismus). Eine Idee (griech. »eidos«) ist für den P. eine geistige, vom Denken unabhängige, erkennbare, unveränderliche u. selbständige Wirklichkeit. Die Ideen sind das »eigentlich« Seiende u. bilden die Welt der Erkennbarkeit (»kosmos noetos«). Die veränderlichen, sinnlich wahrnehmbaren Wirklichkeiten haben als bloße Erscheinungen teil an den Ideen u. existieren nur durch diese ↗Teilhabe (Partizipation). Sie bilden die Welt der Wahrnehmbarkeit (»kosmos aisthetos«). Da die menschliche ↗Seele mit ↗Geist (»nous«) begabt u. daher unvergänglich ist, kann sie sich von ihrer Ersterkenntnis durch sinnlich-unmittelbare Erfahrung lösen (Läuterung, »katharsis«, auch vom Leib) u. den Aufstieg bis zur Schau (»theoria«) der Ideen beginnen, die ihr deshalb möglich ist, weil sie in ihrer Geistigkeit mit den Ideen verwandt ist. Dieser Weg ist gekennzeichnet durch argumentatives Lernen u. Lehren, in Gang gebracht durch den Eros, u. kann zur sicheren Erkenntnis der Wahrheit führen. Der Weg ist wesentlich auch Wiedererinnerung (»anamnesis«) an die ↗Präexistenz der Seele vor ihrer durch Schuld verursachten Verbannung in den Leib. Die Einsicht in das vernünftige Gute kann bei diesem Erziehungsprozeß die seelischen Antriebskräfte so formen, daß sie in den geordneten Zustand der ↗Tugend geraten. Das Erreichen des Zieles in der Schau der Idee des Guten bedeutet zugleich das vollkommene Glück der Seele. Ein ↗Demiurg hat die Welt der Sinnendinge unter dem Einfluß der Idee des Guten mit den vier Elementen Feuer, Luft, Wasser, Erde als einen Kosmos von ständiger Bewegung gegründet, die auf das Vollkommene hin ausgerichtet ist u. unter dem Walten einer göttlichen ↗Vorsehung steht. In einer staatsphilosophischen ↗Utopie zeichnete Platon den idealen Staat als ein Gemeinwesen, das von den wenigen Menschen regiert wird, die zur Einsicht des Guten gelangt, d. h. wahre Philosophen geworden sind. – Als P. wird auch das Weiterwirken des platonischen Gedankenguts bezeichnet. Es wurde nicht nur systematisiert, sondern auch mit anderem Denken angereichert, vor allem mit solchem aus der ↗Stoischen Philosophie. Auf den ↗Mittelplatonismus folgte der ↗Neuplatonismus, der vom 3. Jh. an die christliche Theologie zutiefst beeinflußte u. noch bei den Theologen der Hochscholastik, die sich dem ↗Aristotelismus zuwandten, feststellbar ist. Eine Rückkehr zu Platon selbst versuchte die Platonische Akademie in Florenz seit 1459.

Pleroma (griech. = Fülle), in den Deuteropaulinen (Kol 1,19; 2,9; Eph 1,23; 3,19; 4,13) ein dunkler Begriff wohl nicht gnostischer Herkunft, der die »Fülle« des Wesens Gottes oder seiner Gnade bezeichnet u. der auch christologisch u. kosmisch-ekklesiologisch verwendet wird (u. a. in der Rede vom Wachstum der Glaubensgemeinde zur »Fülle« des erhöhten Jesus Christus).

Pluralismus (lat. = Vielfalt bestehender Auffassungen) bezeichnet, vom einzelnen Menschen u. seiner Lebenswelt ausgesagt, die Tatsache, daß »der Mensch« selber, sein Daseinsverständnis u. seine Lebenswelt aus so verschiedenartigen Wirklichkeiten gebildet sind, daß die menschliche Erfahrung aus unterschiedlichen, nicht einheitlich zusammenspielenden Quellen herkommt u. daß »der Mensch« diese Vielfalt weder theoretisch noch praktisch auf einen einzigen Nenner bringen kann (zu einem »System« zusammenfügen kann), von dem aus er diese Vielfalt ableiten, verstehen u. beherrschen könnte. Die Überzeugung von einer allen Wirklichkeiten zugrundeliegenden Einheit in Gott u. der Bestimmung aller Dinge auf Gott hin ändert an diesem unaufhebbaren u. kreatürlich unvermeidbaren P. nichts. So spricht man heute von einem P. der Weltanschauungen, einem wissenschaftlich-methodologischen, ethischen, kulturellen, politischen P. Da dieser P. in der ganzen menschlichen Lebenswelt gegeben ist, prägt er auch den gesellschaftlichen Bereich. Aus dem P. geht die ethische Grundforderung der ↗Toleranz hervor, u. aus ihm ergibt sich auch, daß es keine einzige endliche Instanz geben kann u. darf, die alle gesellschaftlichen u. individuellen Vorgänge steuert. Auch die Kirche kann prinzipiell nicht als eine solche oberste, über alles verfügende Instanz betrachtet werden. Gott hat in seiner alle pluralen Wirklichkeiten umgreifenden u. einenden Macht u. in seiner Verfügung über das Ganze keinen Stellvertreter, weder den Staat noch die Kirche. Es gibt (auch nach dem Ende des Sozialismus) im gesellschaftlichen u. ökonomischen Bereich das Postulat eines P., mit dem keineswegs die individuellen Rechte der Person (↗Menschenrechte) geschützt werden sollen, sondern der bestimmte Interessengruppen vor Veränderungen zugunsten der Allgemeinheit schützen soll. In der kath. Kirche wurde ein solcher gruppenegoistischer P. abgelehnt u. eine legitime Sozialisation gefordert (II. Vaticanum GS 6, 25, 42, 75 u. ö.). – Der heutige *Pluralismus der Theologien* ist nicht einfach mit dem früheren Nebeneinander verschiedener theol. ↗Schulen identisch. Selbstverständnis (↗Kontextuelle Theologie), Denkmodelle, Methoden, Zielsetzungen usw. existieren so unterschiedlich u. unvereinbar nebeneinander, daß ein gemeinsamer Verständnishorizont, der wenigstens stillschweigend anerkannt wäre u. innerhalb dessen eine sinnvolle Diskussion möglich wäre, faktisch oft nicht mehr besteht. Daß die kirchliche Leitungsinstanz in dieser pluralen Situation wenigstens die Einheit des ↗Bekenntnisses fordert, ist verständlich u. legitim. Aber die Realisierung dieser Forderung wird dadurch erschwert, daß das ↗Lehramt selber das Bekenntnis formuliert u. sich dabei für eine bestimmte theol. Sprache aufgrund einer bestimmten Theologie (die eine von vielen sind) entschieden hat. In dieser Situation muß die kirchliche Leitungsinstanz in erheblich größerem Umfang als früher den theologisch Tätigen die Verantwortung dafür überlassen, daß sie sich selber ehrlich in Übereinstimmung mit dem kirchlichen Bekenntnis befinden.

Pneuma (griech. = Wind, Hauch, Atem), bezeichnet vom AT (LXX) her auch im NT die dem Menschen von Gott geschenkte, von Gottes souveräner Verfügung abhängige innere Lebendigkeit des Menschen, deren tiefe Dimensionen sich in der Reflexion immer deutlicher abzeichnen: Das Lebensprinzip, die ↗Seele; seine Geistigkeit (↗Geist, ↗Trichotomismus) mit seiner Gesinnung; seine »pneumatische« Begabung durch Gott, die ihn vor Gott gerecht u darum in einem tieferen Sinn lebendig macht. Der *Geist Gottes* wirkt nach dem AT (das für ihn meist »ruach« einsetzt) befähigend u. stärkend in Personen, die für den Glauben u. das Gedeihen des Eigentumsvolkes Gottes wichtig sind (Richter, Propheten, Könige usw.); als guter Geist führt er das Volk beim Auszug aus Ägypten, als warnender Geist spricht er durch Propheten; als schöpferisch lebendig machender Geist bewirkt er die Erneuerung nach dem Exil (Ez 37, 1–14). Das Kommen des göttlichen Geistes wird nicht selten als »Ausgießen« bezeichnet, so auch in der universalen eschatologischen Verheißung Joel 3, 1 ff. In der Weisheitsliteratur tritt das P. in enger Verbindung mit der ↗Weisheit auf (die »sophia« ist weiblich, wie meist die hebr. »ruach« auch). Der Geist Gottes ist nicht nur dynamische Gegenwart in den Glaubenstreuen, sondern er erfüllt auch in kosmischer Gegenwart das Universum. In der Sicht des NT wurde die Joel-Verheißung nach dem Tod u. der Erhöhung Jesu erfüllt (Apg 2, 17 f.). Jesus selber scheint den Beistand des Heiligen Geistes in Verfolgungen verheißen zu haben (Mk 13, 11 par.). Die Kindheitserzählungen führen die Empfängnis Jesu auf den Heiligen Geist zurück (Mt 1, 18–21; Lk 1, 35). Dieser kommt bei der Taufe sichtbar auf Jesus, er führt ihn u. in ihm »jubelt« Jesus (Lk 3, 21; 4, 1; 10, 21). Paulus, seinem Selbstbewußtsein nach im Besitz des göttlichen Geistes, erinnert eindringlich an die Gegenwart u. das Wirken des göttlichen Geistes in allen Getauften (Röm 5, 5; 8, 11 15 23; 1 Kor 3, 16; 6, 19). Durch das P. sind sie herausgenommen aus dem Bereich der Sünde u. des Todes (Röm 15, 16). Die Initiative u. die Verwirklichung des Gebets werden auf den Heiligen Geist zurückgeführt (Röm 8, 14 26; vgl. Gal 4, 6). Erkennbar ist der Heilige Geist in den Glaubenden an den »Früchten des Geistes« (Gal 5, 22 f.). Denen, die die »Erstlingsgabe« des Heiligen Geistes besitzen, schenkt er die ↗Hoffnung auf Erlösung (Röm 8, 23). Durch die Taufe mit dem einen Geist werden die Glaubenden zu einem Leib (1 Kor 12, 13). Sie werden ermahnt, den Geist nicht auszulöschen (1 Thess 5, 19). Paulus spricht von der Bedeutung der Geistesgaben für den Aufbau der Gemeinden (↗Charisma), warnt aber vor übertreibender Wertung (↗Glossolalie). Er sieht Geist u. Buchstabe im Widerspruch zueinander (2 Kor 3, 14–17), ebenso den Geist u. das »Fleisch« (↗Sarx). Das göttliche P. befähigt zum Bekenntnis Jesu als des ↗Kyrios (1 Kor 12, 3). Paulus versteht das göttliche P. als den Geist Jesu Christi, so sehr, daß den Kyrios mit dem Geist identifiziert (2 Kor 3, 17). Bemerkenswert ist das Vorkommen des Heiligen Geistes in »triadischen Formeln« u. Schilderungen der Wirkweisen (1 Kor 12, 4–28; 2 Kor 13, 13). Das »lukanische Doppelwerk« (Lk u. Apg) betont das Wirken des Heiligen Geistes in den Aposteln, in den Jüngern u. in der Kirche insgesamt (vgl. auch ↗Firmung). Nach Lk, Apg u. noch mehr nach Joh ist es der zu Gott erhöhte Jesus Christus, der den Heiligen Geist schenkt oder sendet. In der johanneischen Theologie hilft der göttliche Geist als ↗Paraklet zum Einssein mit der ↗Wahrheit. Insgesamt bezeugen die P.-Texte beider Testamente (u. die des Frühjudentums) ein Wirken Gottes durch seinen Heiligen

Geist, das absolut frei, souverän u. »personal«, auf keinen Fall also eine »unpersönliche Kraft« ist, aber ohne daß das göttliche P. zu einer »Person« mit eigenem psychischem Aktzentrum u. eigener willentlicher Aktivität gemacht werden müßte. Das verlangen auch die sog. »triadischen Formeln« (außer bei Paulus v. a. Mt 28, 19) nicht. Zu beachten ist ferner, daß angesichts der Geist-Zeugnisse des AT u. des Glaubensbekenntnisses (»der gesprochen hat durch die Propheten«) nicht behauptet werden kann, Sendung u. Wirken des Heiligen Geistes seien ausschließlich vermittelt durch den erhöhten Jesus Christus. Zur Theologiegeschichte u. Systematik: ↗Heiliger Geist.

Pneumatologie (griech. = die Lehre vom Geist), als Bezeichnung der Lehre vom ↗Heiligen Geist Ende des 19. Jh. greifbar, nach einem Impuls K. Barths (in seinem Todesjahr 1968), nach ökumenischen Besinnungen u. a. in den 80er Jahren des 20. Jh. verschiedentlich zu einem eigenen Traktat der Dogmatik geworden. Bedenken gegen einen eigenen Traktat beruhen auf den vielfachen Zusammenhängen, in denen die gesamte Theologie u. mit ihr alle Lehrstücke der Dogmatik vom Heiligen Geist sprechen müssen. Naheliegend ist eine Gestaltung parallel zur Christologie (mit biblischer Basis, Berücksichtigung heutiger Erfahrungen, Vermittlung des Dogmas von ↗Konstantinopel 381, mit dem Problem des ↗Filioque, Vermeidung trinitarischer Mißverständnisse, als seien die drei Hypostasen Gottes drei göttliche Subjekte usw.). Die ev. Systematik behandelt die pneumatologische Thematik häufig, wenn sie die Dogmatik nach dem Glaubensbekenntnis gliedert, unter dem 3. Glaubensartikel.

Polarität (von griech. »polos« = Endpunkt der Erdachse). Als theol. Begriff der Schöpfungslehre bezeichnet P. angesichts der Vielheit des Geschaffenen die notwendige Bezogenheit des einen Verschiedenen u. Gegensätzlichen auf das andere, eine unterscheidende, einende u. gegenseitig tragende Beziehung verschiedener Seiender. Der Begriff soll vermeiden helfen, daß die geschaffene Wirklichkeit als Einerlei gedeutet wird (↗Monismus) oder einer Atomisierung unterliegt (↗Dualismus), denn eine polare Beziehung eint u. unterscheidet zugleich (die Welt dieses Vielfältigen hat *einen* Ursprung u. *ein* Ziel). – *Polarisierung* meint eine aggressive Mentalität u. ein Verhalten, bei denen das Unterscheidende bewußt zugespitzt u. einseitig hervorgehoben, das Einende ebenso bewußt verdrängt u. zurückgestellt wird (↗Konflikt).

Politische Theologie. Begrifflich begegnet in der ↗Stoischen Philosophie die Unterscheidung von mythischer, natürlicher u. politischer Theologie. Von der letzteren her stammt eine *erste* Gestalt der christlichen P. Th., die

es als ihre Aufgabe ansah, bestehende staatliche Strukturen theol. zu rechtfertigen. Nach dem Vorbild der antiken röm. Staatstheologie legitimierte
die byzantinische Hoftheologie mit ihrem Urbild-Abbild-Denken die Kai-
serherrschaft (ein Gott – ein Kaiser – ein Patriarch oder Papst – eine Kirche). Elemente dieser Legitimationsgestalt der P. Th. finden sich später in
der Renaissance, in der französischen Restauration u. in totalitären christlichen Staatsauffassungen (pseudotheol. Begründungen des Führerprin-
zips, des »Dritten Reiches« usw.). – Die *zweite* Gestalt einer P. Th. geht
inhaltlich auf die Theologien der ↗Welt u. der ↗Hoffnung zurück, in der
die Vorgänge der ↗Säkularisierung positiv gesehen u. kritische Potentiale
des Christentums (gegen weltliche Ideologien u. inhumane Zustände wie
gegen Anpassung der Kirche an weltliche Strukturen u. Herrschaftsverhältnisse) reflektiert wurden; Kritikfähigkeit erwuchs auch aus der Erneuerung
der ↗Eschatologie, die sich der Vorläufigkeit von Kirche u. Welt bewußt
wurde. Die Anfänge dieser P. Th. sind, basierend auf Einsichten D. Bon-
hoeffers († 1945), mit den Namen J. Moltmann, D. Sölle, H. Gollwitzer
(† 1993) u. J. B. Metz (der in den 60er Jahren den Begriff P. Th. einführte)
verbunden. Die P. Th. entwickelte sich vor allem in zwei Richtungen. Die
mehr praktischen Impulse führten zu konkreten Initiativen, die ihrerseits
wieder theol. reflektiert wurden. So entstanden die ↗Befreiungstheologie
(unter starkem Einfluß der These K. Rahners † 1984 von der strikten Einheit von Gottes- u. Menschenliebe), die ↗Kontextuelle Theologie, die vielfältigen Theologien der Dritten Welt u. manche Strömungen der Feministischen Theologie. Die P. Th. bei Metz u. in seiner Schule entwickelte sich
in zwei Phasen. Die erste läßt sich äußerst kurz zitatweise so charakterisieren: Entprivatisierung der christlichen Rede von Gott; Neuformulierung
der Eschatologie »unter den Bedingungen strukturell gewandelter Öffentlichkeit«; Verständnis der Kirche als »Institution gesellschaftskritischer
Freiheit des Glaubens«. In der zweiten Phase erfolgt eine Konzentration
auf die innere Situation der Gottesrede, mit dezidierten Wendungen gegen
die vermeintliche Geschichtslosigkeit u. den »Idealismus« der Transzendentaltheologie, gegen »Letztbegründungsversuche«, mit dem Aufdecken
der Unlösbarkeit der ↗Theodizee-Problematik (alles dies unter der bleibenden Verunsicherung von Christentum u. Theologie durch den Schock
von »Auschwitz«). Besondere Kritik gilt dem Gedächtnisverlust u. der
Apathie der modernen u. postmodernen Gesellschaften. Die Wahrheits-
fähigkeit der Gottesrede soll durch die Erinnerung, durch das »Eingedenken fremden Leids« vor Gott gesichert werden. Im Blick auf die polyzentrische Weltkirche u. die der biblischen Gottesrede widersprechenden
gesellschaftlichen Zustände gibt die P. Th. ihrer Sensibilität für die Leidenden in steter »gefährlicher Erinnerung« Ausdruck u. klagt die Autorität der
Leidenden als Kriterium für alle Dialoge von Religionen u. Kulturen ein.

Eine Änderung apathischer Mentalitäten soll durch das Bewußtmachen der »befristeten ↗Zeit« erreicht werden. Diese Gottesrede der neueren P. Th. ist von einem »Vermissen Gottes« geprägt, das die affirmative Theologie mit ihrem Beharren auf Vorsehung u. ständig mögliche Wunder verdrängt; läßt aber die Frage offen, ob nicht doch positiv von einer aus stetigen gewaltlosen Impulsen des ↗Heiligen Geistes bestehenden Gegenwart Gottes gesprochen werden könnte. – ↗Negative Theologie.

Polytheismus (griech. = die Auffassung von der Existenz mehrerer oder vieler Götter), tritt in der Religionsgeschichte in den unterschiedlichsten Formen u. Traditionen auf, die sich nicht systematisieren lassen (heute noch in fernöstlichen u. in neu gebildeten Religionen). Jedem Seienden u. vor allem den großen, bestimmenden Mächten des menschlichen Daseins eignet wegen ihrer Geheimnishaftigkeit, wegen ihrer sehr oft vorhandenen Unverfügbarkeit durch den Menschen u. wegen ihres oft widersprüchlichen ↗Pluralismus in einem gewissen Sinn ein »numinoser« (Ehrfurcht u. Schaudern erregender) u. gleichzeitig konfliktreich pluraler Charakter. Wenn ein Mensch über solche »Mächte« reflektiert, sie in seinem Dasein »anwesend« sein läßt, dann interpretiert er sein Dasein jedenfalls tiefer u. richtiger, als wenn er die physischen Einzelwirklichkeiten in einem mechanistischen ↗Empirismus u. in einem banalen ↗Positivismus nur beglückenden Konsum suchend benutzt u. technisch vernutzt. Wenn einem Menschen die geschichtlich einmalige ↗Offenbarung u. Selbstmitteilung des einen lebendigen Gottes noch nicht begegnet ist oder sie ihm durch menschliche Schuld der »Glaubensboten« nur in entstellter Form begegnet ist, dann ist es möglich, daß er seine Transzendenzerfahrung als eine Erfahrung solcher »numinoser« (heilig-göttlicher) Mächte deutet u. mit diesen »polytheistisch« in ein verehrendes Verhältnis tritt. Solche Erfahrungen sind in ihrer Echtheit nicht zu bestreiten; in der Sicht des Glaubens sind sie Mißdeutungen der pluralen Erfahrungen des einen Gottes. Eine polytheistische Gefährdung des christlichen Glaubens liegt dort vor, wo an die Unentbehrlichkeit »numinoser« Mächte als Vermittler zu dem einen Gott geglaubt wird u. diese »heiligen« Mächte den religiösen Akt der Anbetung an sich ziehen. Über die Schuldhaftigkeit des P., die erst dort gegeben wäre, wo Gott als der eine wahre u. weltüberlegene Grund aller Wirklichkeit erkannt u. gegen besseres Wissen polytheistisch »ausgelegt« würde, hat der Außenstehende nicht zu urteilen. – ↗Monotheismus.

Positive Theologie ist nicht eine »Richtung« der Theologie, sondern ein Teil ihres wissenschaftlichen Vorgehens, insofern sie in historischer Methode die Aussagen von Schrift, Tradition, früheren lehramtlichen Äußerungen zu sammeln u. sachgemäß zu interpretieren unternimmt, im Unterschied zur »spekulativen« oder ↗Systematischen Theologie, die die einzelnen Daten untereinander u. mit Denken u. Leben der Menschen in Beziehung zu setzen, zu einen u. zu verstehen sucht. Diese »aposteriorische« Methode der Beschäftigung mit den Quellen findet sich zuerst im 17. Jh. als Reaktion auf entsprechende Tendenzen im ↗Humanismus; an spanischen Universitäten sollte die P. Th. die scholastische Theologie ergänzen.

Positivismus (lat. = eine Auffassung, die vom Gegebenen ausgeht), eine auf Tatsachen u. Gesetzmäßigkeiten konzentrierte philosophische Auffassung, programmatisch bei A. Comte (†1857) unter strikter Absage an ↗Metaphysik formuliert. Überprüfbare Sinneserfahrung überragt die Vernunfterkenntnis bei weitem; die »Wesensaussagen« (der Metaphysik) sind den Sinneserfahrungen nicht zugänglich, also höchstens subjektive Meinungen. Mit seiner Orientierung am Positiven, Gegebenen, Tatsächlichen, mit der Forderung nach Überprüfbarkeit u. mit den Bemühungen, die Beziehungen der Tatsachen in Gesetzmäßigkeiten zu ordnen, versteht sich der P. als philosophische Wissenschaft im Sinn der Naturwissenschaften (eindimensionale Erkenntnis, Einengung der Wirklichkeitsbereiche, Ablehnung der Frage nach dem Grund). Der sog. Neopositivismus (L. Wittgenstein †1951, R. Carnap †1970, B. Russell †1970) forderte die Begrenzung der Philosophie auf die Ausarbeitung der Logik im Sinn des P. (Programm der »Wissenschaftssprache«) u. ist im angelsächsischen Bereich bis heute sehr wirksam. »Der P. ist eine heute weit verbreitete Haltung, die lebt vom Eindruck der unüberwindbaren Vielfalt der Religionen, der metaphysischen u. ethischen Systeme u. der ›Sicherheit‹ der ›exakten‹ Wissenschaft, wo sie sich auf das experimentell Vorzeigbare beschränkt. Der P. übersieht, daß er als Theorie u. System sich selber aufhebt (wie jeder Skeptizismus), daß er im konkreten menschlichen Leben nicht durchführbar ist, weil er eine ethische Forderung nicht wirklich begründen kann, daß dem tiefer Blickenden hinter der Vielfalt der Meinungen unter verschiedener Terminologie u. wechselndem geschichtlichem Gewand eine tiefere Einheit menschlicher Grundüberzeugungen durchaus metaphysischer u. religiöser Art sich enthüllt, daß es eine transzendentale Erfahrung gibt, die sogar der tragende Grund der Naturwissenschaft ist (auch wo sie es nicht weiß) u. sich in Logik, Ontologie, Ethik so auslegt, daß ihre Sicherheit andersartig als die der positiven Wissenschaften ist, aber als ursprünglich vollzogene nicht geringer (↗Transzendenz)« (Rahner-Vorgrimler 1961, 293).

Possibilien (lat. = die Möglichkeiten). Der Begriff P. u. die Beschäftigung mit ihnen geht auf die aristotelische Lehre von ↗Potenz u. ↗Akt zurück. Die Möglichkeit eines Seienden wird daran erkannt, daß es faktisch exi-

stiert u. doch weder ewig noch notwendig ist (↗Kontingenz), also ist es
etwas, was möglich war, also denkbar war u. einen äußeren Grund seines
Daseins hat. Aus der Erfahrung, daß die menschliche Freiheit unter mehreren Möglichkeiten auswählt u. nicht alle verwirklicht, wird theol. darauf
geschlossen, daß es bei Gott nicht verwirklichtes Mögliches, die P., geben
muß, die auch innerlich denkbar sind. Nach Thomas von Aquin († 1274)
haben diese P. ihre Existenz im Denken Gottes. Das Nicht-Mögliche u.
Nicht-Denkbare heißt das »Chimärische« u. ist religiös (z. B. im ↗Bitt-
gebet) ohne jede Bedeutung.

Postmoderne ist ein diffuser Begriff für Reaktionen unterschiedlicher
Strömungen u. Wissenschaften auf die ↗Moderne. Er taucht erstmals Ende
der 60er Jahre des 20. Jh. in der Architekturdiskussion auf, in Abwehr pu-
ristischer Stilrichtungen, gefolgt von der Literatur. In beiden Bereichen
sollen die Unterschiede zwischen Hoch u. Trivial eingeebnet werden; bewußt wird auf frühere Gestaltungsformen zurückgegriffen. Die P. kritisiert
die Vorherrschaft des ↗Fortschritts-Denkens. Die von Frankreich in den
70er Jahren ausgehende Strömung der philosophischen P. plädierte für
Anerkennung größtmöglicher Vielfalt ohne Unterordnung unter System-
zwänge u. für größtmöglichen Widerstreit in den Diskursen, von den einen als Entdeckung von »Veränderungspotentialen« gerühmt, von anderen
als »Irrationalismus« geschmäht. In der Theologie äußerte sich der Einbruch der postmodernen Mentalität u. a. in der aufwertenden Wiederentdeckung der Mythen, in Bejahung von Emotionen (zu ungunsten der
Beachtung von Glaubenswissen) u. Pluralitäten, in ästhetisierenden
Sprachspielen. Im religiösen Bereich war u. ist die postmoderne Stim-
mungslage dem »Auswahl-Christentum« sehr förderlich.

Potentia oboedientialis (lat. = gehorsame Empfangsfähigkeit), ein Begriff
der kath. Gnadenlehre, die über die Voraussetzungen für das Ankommen
der ↗Gnade Gottes beim Menschen nachdenkt u. begrifflich eine »Offenheit« oder das Fehlen eines Widerstands denkt. Die P. o. wurde seit Thomas von Aquin († 1274) in der Theologie reflektiert u. bei E. Przywara
(† 1972) weitergedacht. Bei K. Rahner († 1984) gehört sie als »Offenheit«
für die übernatürliche Gnade zum Wesen des Menschen, »insofern es kraft
der geistigen ↗Transzendenz auf alles Sein offen ist für die Selbstmitteilung
Gottes, die ohne *Aufhebung* dieses Wesens nur einem Seienden zuteil werden kann, das nicht schon durch sein Wesen auf einen begrenzten Daseins-
raum eingeengt ist« (Rahner-Vorgrimler 1961, 294). Die nähere Bestimmung als »gehorsame« Empfangsfähigkeit soll besagen, daß diese
»Offenheit« als Ermöglichung eines geistig-personalen Daseins (↗Person)
auch dann noch sinnvoll wäre, wenn Gott sich nicht selber mitteilen

würde. Trotz der bestehenden »Offenheit« bliebe die ↗Selbstmitteilung Gottes ungeschuldet u. frei; die »Offenheit« kann nach dieser Auffassung also vor Gott keine Ansprüche stellen (sie bleibt »gehorsam« Gott zur Verfügung). Bei Rahner gilt die menschliche ↗Natur als P. o. für eine radikale Selbstaussage Gottes, die in Jesus Christus »aktualisiert« ist.

Potenz (lat. = Möglichkeit, Fähigkeit) bezeichnet, als Gegenbegriff zu ↗Akt, das Angelegtsein »auf etwas hin«. Eine P. begegnet in der Alltagswelt als Erfahrung des Anderswerdens: Ein Etwas (ein »Subjekt«) bleibt es selber u. wird doch etwas, das es vorher nicht war. Es kommt ihm also eine neue Wirklichkeit zu, durch Fremd- oder durch Selbstbestimmung. P. ist also zunächst nicht etwas bloß Gedachtes, eine abstrakte Möglichkeit, sondern das Veranlagtsein eines realen Seienden für eine weitere Seinsbestimmung, die es vervollkommnet, die von ihm verschieden ist u. doch so seine eigene wird, daß zwei wirklich eins sind, ohne einfach identisch zu sein (das Subjekt als P. – das bestimmte Subjekt als »aktuierte« P.). »Das Verständnis für diese metaphysische, dialektische Struktur des endlich Seienden ist grundlegend für das inhaltliche Verständnis der Kreatürlichkeit u. Endlichkeit u. für die Möglichkeit (die grundlegend ist für das Verhältnis zu Gott), daß etwas wahrhaft etwas werden kann, ohne es von vornherein u. notwendig zu sein (↗Potentia oboedientialis), also der Mensch wirklich von Gott so begabt u. begnadet sein kann, daß diese Gabe von *ihm* selbst wahrhaft ausgesagt werden muß u. doch ihm – *gegeben* ist u. so den Geber preist u. von ihm abhängig bleibt« (Rahner-Vorgrimler 1961, 294).

Prädestination (lat. = Vorherbestimmung) ist der fachliche Begriff für die ewige göttliche Verfügung, die sich »vor aller Zeit« auf das ewige ↗Heil des Menschen bei Gott bezieht; der Begriff wird entweder nur positiv von der Willensverfügung Gottes zur Rettung des Menschen oder im Sinn einer doppelten P. von der Vorherbestimmung zum Heil oder zur Verwerfung verwendet; diese letztere, negative P. heißt auch ↗Reprobation u. kann bedingt (durch nichtgöttliche Faktoren) oder unbedingt sein. *1. Biblisch.* In bestimmten biblischen Texten ist von einer doppelten P. die Rede, so etwa, wenn die Unterscheidung der Menschen in Gerechte u. Sünder auf die Verfügung des souveränen Willens Gottes von Anfang an zurückgeführt wird (Sir 33, 7–15; ähnlich in Texten von ↗Qumran), in Texten von der aktiven ↗Verstockung von Menschen durch Gott (Paulus läßt in Röm 11, 23 f. Gottes Erbarmen über die von ihm selber bewirkte Verstockung siegen) oder in johanneischen Aussagen, daß die Menschen durch den Willen Gottes in Glaubende u. Nichtglaubende unterschieden seien (Joh 9, 39; 12, 37–40), ferner an anderen über das NT verstreuten Stellen. Aussagen des AT u. des NT über Erwählung u. Berufung sprechen nur von der positiven P. zum Heil, die Glauben fordert u. Menschen in Verantwortung einbindet. – 2. *Theologiegeschichtlich-systematisch.* In der Theologie der griech. Kirchenväter entwickelt sich die theol. Vorstellung von einer »bedingten doppelten P.«: Gott sieht das gute oder böse Tun der Menschen »im voraus« u. verfügt dementsprechend gewährend oder verweigernd über seine ↗Gnade. Die Lehre des Augustinus († 430) über eine doppelte P. ist von Polemik gegen den ↗Pelagianismus, von ↗Rigorismus u. vorgespiegelter Kenntnis über die übergroße Zahl der Verdammten geprägt. Streitigkeiten über diese extreme Position ziehen sich bis zur sog. Synode von ↗Orange 529 hin (↗Semipelagianismus). Bei mittelalterlichen Auseinandersetzungen über radikale Anhänger der augustinischen doppelten P. (v. a. der Mönch Gottschalk der Sachse † um 868) wenden sich Synoden gegen sie; auf der Synode von Quierzy 853 tritt die spätere offizielle Lehrauffassung an den Tag: Der allumfassende ↗Heilswille Gottes bedeutet eine Entschiedenheit Gottes, das ewige Heil ohne Einschränkung zu schenken; das Vorauswissen Gottes erkennt aber diejenigen, die sich mit freiem Willen der Gnade widersetzen, so daß für diese dann die P. zu einer ewigen Strafe gilt (unbedingte positive P., bedingte, vom Willen des Menschen abhängige, aber von Gott willentlich verfügte Reprobation). Die traditionelle Theologie der Scholastik kommt über diese Sicht, die sie nicht tiefer problematisiert, nicht hinaus. Für M. Luther († 1546) war der Gedanke an eine P. eher Anlaß zu einer Anfechtung, aus der nur die Zuflucht zum Glauben (↗Heilsgewißheit) half. J. Calvin († 1564) entschied sich für eine doppelte P., wollte aber Gott von dem Vorwurf, er werde dadurch Urheber des Bösen, freigehalten wissen. Diese Sicht lehnte das Konzil von ↗Trient ebenso wie die Heilsgewißheit ab. In der Folge wurde das Thema der P. in den Auseinandersetzungen über die kath. ↗Gnadensysteme mitbesprochen. Durchaus vergleichbare Dispute spielten sich in der reformatorischen Theologie ab. Ein Konsens wurde nirgendwo erzielt. Als Ausweg zeichnet sich nur die Richtung (nicht die Systematik) einer Allversöhnung (↗Apokatastasis) ab, so z. B. bei F. Schleiermacher († 1834) u. K. Barth († 1968), vergleichbar mit der festen Hoffnungsgewißheit bei H. U. von Balthasar († 1988) u. K. Rahner († 1984) u. a. Die neuere kath. u. ev. Theologie ist außer im ↗Fundamentalismus vom Bekenntnis zum universalen, wirksamen Heilswillen Gottes, zu einem unbedingten Ja Gottes zu allen Menschen, gekennzeichnet, zu dem sie ihre Zuflucht nimmt, ohne zu behaupten, sie könne von sich aus die Probleme von menschlicher ↗Freiheit u. göttlichem ↗Heilswillen lösen.

Prädetermination (lat. = Vorausbestimmung) bezeichnet in der thomistischen Gnadenlehre (↗Bañezianismus) den freien Entschluß Gottes, bei jedem Akt des Menschen in Gestalt einer »physischen Vorausbewegung«

(»praemotio physica«) mitzuwirken. Dabei wisse Gott im Voraus zu dieser Vorausbewegung, was der Mensch in Freiheit tun werde, Gutes oder Böses. Gott ist in dieser Theorie nicht verantwortlich für böse Entscheidungen, da er nur das Da-Sein des Aktes, nicht dessen So-Sein (Qualität) garantiert. Die Freiheit des Menschen wird nicht aufgehoben, da die göttliche Vorausbewegung mit dem Da-Sein des Aktes auch dessen Frei-Sein ermöglicht. Die »physische Vorausbewegung« zum übernatürlichen ↗Heilsakt mache das Wesen der wirksamen ↗Gnade im Unterschied zur bloß hinreichenden Gnade aus.

Praeambula fidei (lat. = das dem Glauben Vorausgehende) ist ein Begriff der Theologie des ↗Glaubens, seit dem 13. Jh. eingebürgert, mit dem nicht Glaubenszugänge oder Glaubensbegründungen gemeint sind, sondern der die Voraussetzungen im Menschen, um den Glauben anzunehmen u. über ihn »vernünftig« (argumentativ) Rechenschaft geben zu können, bezeichnet (vgl. 1 Petr 3, 15). Die geschichtliche ↗Offenbarung Gottes in seinem Wort trifft jeweils auf einen Menschen mit bestimmten Erfahrungen u. Urteilen, sie wendet sich an seine Verantwortung u. Entscheidung. Also muß sie sich bei diesem Menschen Gehör verschaffen, sich *als Wort Gottes* ausweisen können. Im Wort eines Menschen an einen andern wirkt die erkennbare Wahrheit, die er spricht (seine Wahrhaftigkeit als Zeuge), als in seinem Wort wirkende Kraft so, daß sie Verstehen u. Zustimmung bewirken kann. Erst recht ist vom ↗Wort Gottes anzunehmen, daß es durch die Art u. Weise seines Ergehens, durch seinen Inhalt u. vor allem durch die es notwendig u. immer begleitende innere Gnade (die selber ja wesentlicher Bestandteil der Offenbarung Gottes ist) seine eigene Aufnahme beim Menschen erwirkt. Die ↗Selbstmitteilung Gottes als dasjenige, was Gott bei der Schöpfung u. in seinem Verhältnis zur Schöpfung in erster Linie will, schafft sich selber ihre Voraussetzungen des Ankommens. Einerseits erwirkt die Gnade Gottes, in der u. aus der die Wortoffenbarung erfolgt, das verstehende u. annehmende Hören des Subjekts, so daß Gott durch Gott gehört wird, in *seinem* Wort, das jeder »natürlichen« Dimension überlegen ist. Anderseits soll dieses Wort *alle* Dimensionen des Menschen, vor allem seine geistigen, ansprechen; es soll die ganze Verantwortung des Menschen ansprechen, es soll nicht einfach erfahrungs-jenseitig verbleiben, denn ohne Anbindung an die konkrete menschliche Erfahrung könnte es als bloße illusionäre Ideologie verdächtigt werden. Das Wort Gottes soll den Menschen dort treffen, wo er von sich aus ist u. von wo er sich nicht einfach wegbegeben kann, in der Dimension seiner geschichtlichen *und* seiner metaphysischen Erfahrung (↗Transzendenz). Die Erkenntnis dieser *beiden Erfahrungen*, die den Glauben an eine ergangene Offenbarung Gottes noch nicht voraussetzen, die also logisch (nicht notwendigerweise zeitlich) der Glaubenszustimmung »vorausgehen«, die beide vor der freien Verantwortung des Menschen es logisch u. ethisch (↗Gewißheit) glaubwürdig machen, daß eine göttliche Offenbarung ergangen ist, ohne mit dem Beharren auf eine göttliche Autorität die Zustimmung erzwingen zu wollen, die Erkenntnis beider Erfahrungen also ist mit der Erkenntnis der P. f. identisch. Da Gottes Offenbarung den Menschen in seinem konkreten Dasein anruft u. Anspruch auf ihn erhebt, gehören zu den P. f.: a) Die Erkenntnis Gottes aus der geschaffenen geistig-personalen Welt, also als Erkenntnis des personalen ↗Geheimnisses, für dessen freie Verfügung der Mensch als metaphysisches *und* als geschichtliches Wesen offen sein muß; b) die Erkenntnis der Glaubwürdigkeit der Zeugen der Gottesoffenbarung unter ihren ganz bedingten konkreten Verhältnissen; c) die vor der Vernunft verantwortete Erkenntnis der Existenz, der wesentlichen Inhalte der Verkündigung, des Selbstzeugnisses in Leben u. Sterben Jesu Christi; d) die geschichtlich glaubwürdige Bezeugung, daß der hingerichtete Jesus zu Gott erhöht lebt; e) die Erkenntnis der Bedeutung der Erinnerung an die Leidenden u. Opfer der Geschichte verbunden mit der Verheißung der Gerechtigkeit; f) die Erkenntnis der daraus entspringenden Hoffnungs- u. Handlungspotentiale. Diese u. vielleicht noch andere, von der Theologie zu erhebende Faktoren können genügend (ausreichend) mit jener logischen, rational-historischen Sicherheit aufgewiesen werden, mit der ein Mensch sich in unzähligen wichtigen Entscheidungen seines Lebens zufrieden geben muß, zumal dann, wenn ihm deutlich ist: eine *gegenteilige* Entscheidung hätte in ihrem Inhalt u. in ihren »Gründen«, die letztlich nur darin bestehen können, daß eine Entscheidung nicht zwingend begründet ist, keine wirklich bessere logische u. ethische Rechtfertigung. Mit Formulierungen wie »unbedingte Einforderung«, »unbedingter Einforderungscharakter« oder »Anspruchscharakter« müßte die Theologie behutsam umgehen, da sie zu rasch im Sinn zwingender Letztbegründungen verstanden werden. Zu diesen »äußeren« Faktoren der P. f. kommt als inneres Moment die innere Übereinstimmung (»Harmonie«) des Menschen mit der gehörten Botschaft, durch die er sich im »Sinn« seines Daseins weiß, auch wenn er zuweilen mit geistiger Tapferkeit gegen eine enttäuschte oder müde, skeptische Gemütsverfassung auf diesem Sinn bestehen muß; die feste Zuversicht, daß infolge der Annahme der Offenbarung sein Leben einen Ausgang in das Sinnvolle hat, das als unendliches ↗Geheimnis in unendlich naher ↗Liebe erscheint. Diese inneren Faktoren oder Momente integrieren die pluralen äußeren, logisch analysierten Faktoren in sich; sie (die inneren Momente) lassen sich dann nicht mehr reflex vom inneren Licht der Glaubensgnade abgrenzen, so daß auch hier die P. f. nicht einfach dem Bereich des »Natürlichen«, von der Gnade Gottes (noch) nicht Betroffenen zugerechnet werden dürfen.

Präexistenz Jesu Christi ist ein etwas mißverständlicher Begriff der Dogmatik, der nahelegen könnte, daß ↗Jesus Christus schon »vor« (»prae«) dem Beginn seiner irdischen Existenz existierte. Gemeint ist, daß das Wort in Gott, in dem Gott sich von Ewigkeit her erkennt u. »aussagbar« ist, nicht erst mit dem zeitlichen Beginn der Person Jesus Christus, der ↗Inkarnation, entsteht, sondern »immer schon« im voraus zu diesem Ereignis existiert. Die Voraussetzungen für dieses Denken waren im Judentum mit der ↗Weisheit gegeben, die bei Gott existierte, »hypostasiert« gedacht wurde (↗Hypostase) u. in Zusammenhang mit der Schöpfungstätigkeit gebracht wurde (Spr 8,22–36; Weish 9; Sir 24,1 22). Bei Philon († um 50 n. Chr.) war es aus jüdischer Sicht möglich, von Gott als Vater, der Weisheit als Mutter oder Tochter u. dem ↗Logos als dem Sohn Gottes zu reden. Im frühjüdischen Schrifttum wird auch der endzeitlich wichtigen Figur des ↗Menschensohns Präexistenz bei Gott zugeschrieben. So mußten die Aussagen des NT über die P. J. Ch. nicht absolut befremdlich wirken. In Betracht kommen die in der ↗Logienquelle greifbare Weisheit-Christologie (Lk 7,31–35; 11,49 ff.; 13,34 f. par.), einige Menschensohn-Aussagen, die »Hymnen« (Phil 2,6–11; Kol 1,15–20; Joh 1,1–18; Hebr 1,3; 1 Tim 3,16) sowie die »Sendungsformeln« (Gal 4,4 f. u.ö.). Die Exegese sieht durch den Zusammenhang mit dem Tod Jesu (Phil u. Kol) eine eher eschatologische Prägung, in den Hymnen dagegen die Absicht, Jesus Christus schöpfungstheol. Mittlerschaft zuzuschreiben. In der johanneischen Verbindung mit der ↗Erhöhung Jesu Christi wird deutlich, daß es sich um eine geschichtstheol. Konzeption handelt, die den im Glauben Bedrängten die Zuversicht vermitteln soll, daß Anfang, Geschichte u. Ende unter der Herrschaft Gottes stehen. Die systematische Theologie muß darauf aufmerksam machen, daß mit der P. J. Ch. keinesfalls eine vor-irdische Existenz des Menschen Jesus oder seiner menschlichen Seele gemeint ist. Sie bezieht sich vielmehr auf die »Hypostase« des göttlichen Logos, ohne daß sie Ansatzpunkte dafür böte, von einer »Personenkommunität« in Gott zu sprechen (↗Trinität, ↗Sohn Gottes). Die Trinitätstheologie u. Präexistenz-Christologie der Kirchenväter betonen die ↗Kenosis u. ↗Sendung des »Sohnes« im »heilsökonomischen« Sinn, ohne sich auf Spekulationen über innergöttliche Subjekte einzulassen.

Präexistenzvorstellungen. »Präexistenz« (lat.) im religionsgeschichtlichen Sinn besagt, daß Menschen oder die menschliche Seele oder Dinge schon »vor« dem Beginn ihres zeitlichen Daseins vorhanden waren bzw. von Gott voraus-erschaffen wurden. Im Judentum findet sich zuweilen der Gedanke, daß das ↗Paradies, die ↗Tora oder der Tempel vor ihrer zeitlichen Verwirklichung, ja vor aller Zeit erschaffen wurden. Die antiken Auffassungen von einer »Seelenwanderung« (↗Reinkarnation) gingen von P. im Hinblick auf die ↗Seele aus (wieder aufgetaucht in ↗Theosophie u. ↗Esoterik). Platon († 347 v.Chr.) begründete seine Überzeugung von der Präexistenz der Seele mit ihrer geistigen u. unsterblichen Qualität; er sah im Phänomen des Wieder-Erinnerns einen Beweis dafür. Auf dem Weg über den ↗Mittelplatonismus nahmen Klemens von Alexandrien († nach 215) u. Origenes († 253) eine Präexistenz der Seele an. Nach einer Origenes zugeschriebenen Lehre (↗Origenismus) sei die Seele für ein rein geistiges Freiheitsdasein geschaffen, als Folge einer Schuld jedoch zu einem Läuterungs- u. Erziehungsprozeß in einem leiblichen Dasein verurteilt worden. Weil diese Ansicht die Einheit des Menschen verneint, die Güte der materiellen Schöpfung leugnet, den menschlichen Leib als Erscheinung der Schuld ansieht u., wenn sie mit Reinkarnationsauffassungen verbunden ist, die Einmaligkeit u. Bedeutung des menschlichen Lebens verkennt, wurde sie kirchenamtlich 553 verurteilt.

Praktische Theologie heißt in der Organisation der kath. Theologie eine aus mehreren Einzelfächern oder Disziplinen bestehende Sektion, die vor allem ↗Pastoraltheologie mit ihren Einzelfächern, ↗Religionspädagogik, je nach der Standortbestimmung u. interdisziplinären Anlage auch ↗Liturgiewissenschaft u. ↗Missionswissenschaft, Friedens- u. Konfliktforschung, Feministische Theologie wenigstens teilweise umfaßt. Der praxisorientierte Charakter der Theologie kam immer wieder zum Bewußtsein (z.B. in der scholastischen Bezeichnung »doctrina practica«). Die Entwicklung zur wissenschaftlichen Reflexion der Praxis der *Kirche* statt der Praxis der *Pastoren* (wie in der Pastoraltheologie) ist zu Beginn des 19. Jh. zu konstatieren. Eine Theorie K. Rahners († 1984), die P. Th. als »existentiale ↗Ekklesiologie« zu verstehen, wurde seither mit zeitgenössischen Handlungstheorien konfrontiert, methodologisch weiter ausgebaut u. mit erfahrungswissenschaftlichen Erkenntnissen bereichert. Ähnlich verlief seit F. Schleiermacher († 1834) die Entwicklung der P. Th. in der ev. Theologie zu einer eigenständigen, von der Systematischen Theologie abgesetzten Handlungswissenschaft. Auch hier profilieren sich die einzelnen Fächer (mit Diakonie, Gemeindepädagogik usw.) immer stärker.

Präskriptionsargument. »Präskription« (lat.) bezeichnet in der römischen Rechtssprache die »Ersitzung«. Tertullian († um 220) übertrug den Begriff auf die Beweisführung einer verbindlichen Glaubenswahrheit. Das P. besagt dann: Wenn die Glaubensgemeinschaft als *ganze* zu einem späteren Zeitpunkt an einer Wahrheit *als* an einer von Gott geoffenbarten Wahrheit festhält u. das Geoffenbartsein dieser Wahrheit durch lange Zeit hindurch nie bestritten wurde (also eine Art »Ersitzung« stattgefunden hat), dann kann diese Überzeugung wegen der Bewahrung der Kirche als

ganzer vor Irrtum nicht falsch sein, auch wenn der historische Überliefe-
rungsvorgang nicht aufzuhellen ist. Die Problematik, die z. T. in der kath.
Theologie aktuell ist, besteht darin, daß nicht nur die lang dauernde Existenz einer Überzeugung von einer Wahrheit, sondern auch die Tatsache
einer ausdrücklichen Offenbarung durch Gott als Inhalt dieser Überzeugung historisch nachgewiesen werden müßte, ein Problem der ↗Tradition.

Predigt (von lat. »praedicare« = laut sagen) bezeichnet die Verkündigung
des ↗Wortes Gottes (↗Kerygma) durch den in der Kirche im Namen Jesu
amtlich dazu beauftragten Menschen (Frau oder Mann, Geweihter oder
»Laie«). Die biblischen Entsprechungen werden gewöhnlich unter ↗»Verkündigung« (vgl. auch ↗Prophet) besprochen. Die P. hatte hinsichtlich
ihres »Ortes«, der Sprechenden u. Hörenden, ihrer Gestaltung (formale u.
materiale Vielfalt) u. der Rechtsvorschriften eine überaus komplizierte Geschichte. Im kath. Bereich sorgten die sog. Bettelorden u. Mystiker, in den
ev. Kirchen die Mittelpunktstellung des ↗Wortes Gottes für neue Impulse
des Predigtwesens. Mit den praktischen u. inhaltlichen Aspekten sowie
dem spirituellen Geschehen bei der P. befaßt sich innerhalb der Theologie
die ↗Homiletik. – Im theol. Verständnis ist P. nicht Lehre oder Information, die auch unabhängig von ihr zugänglich wären, u. nicht moralisch-
ethischer (oder im schlimmen Fall auch moralisierender) Impuls, sondern
Proklamation des wirksamen, liebenden u. vergebenden Heilswillens Gottes (des ↗Evangeliums). Dieser wird zeit- u. situationsbedingt Wirklichkeit
in seiner Verkündigung: In ihr verbindet Gott sein verkündigtes Wort mit
seiner wirksamen Gnade, u. diese Gnade ist als ↗Selbstmitteilung Gottes
das Verkündigte selber, das bewirkt, daß es von hörenden Menschen in
Freiheit angenommen wird. Beides, die Proklamation u. die Gabe des
Hörens u. der Zustimmung in Gnade, bietet Gott mittels der Kirche auch
dort noch an, wo menschliche Eitelkeit sich selber predigt. So besteht ein
innerer Zusammenhang zwischen dem wirksamen Wort Gottes, das dem
einzelnen Menschen in seiner Situation vor Gott auch im ↗Sakrament zugesprochen wird, mit der Proklamation der Heilstat Gottes in Tod u. Auferweckung Jesu, die in der Eucharistie wirksam gegenwärtig gesetzt wird,
u. der »normalen« P. Darum darf der Wortgottesdienst, wie bei Katholiken
noch weithin üblich, nicht abgewertet werden. Bei der P. hat die Einwei-
sung in die gläubig verstehende Annahme des wirksamen Wortes, die
↗Mystagogie, neben allen andern sinnvollen Formen u. Inhalten der P.,
den Vorrang. Für die Verbreitung gesellschaftlicher Impulse, theol. Auseinandersetzungen, Vermittlung von Informationen usw. gibt es andere
öffentliche Möglichkeiten u. kirchliche Orte als die der P. Die weithin übliche monologische Kommunikationsstruktur der P. ist weder vom Wort
Gottes her geboten noch sachlich notwendig. Erinnerung des Wortes Got-

tes, Kommunikationsvorgang u. Lernprozeß sind grundsätzlich *gemeinsame* Vollzüge *aller* Beteiligten, Frauen u. Männer, Geweihter u. »Laien«.

Priestertum (Priester, deutsches Lehnwort von griech. »presbyteros« = der Ältere), ein Begriff, der in der Religionsgeschichte eingebürgert u. im Judentum u. Christentum eine wichtige Amtsbezeichnung ist. In vielen Kulturen u. Religionen begegnen Priester (u. Priesterinnen) als Mittler zwischen dem »Volk« u. seinen Gottheiten, wobei sie vor allem als Spezialisten für rituelle Tätigkeiten (u. a. für Darbringung von ↗Opfern) gelten. In ihrer Kultfunktion handeln sie nicht im eigenen Namen (wie Zauberer oder Medizinmänner), sondern durch eine »amtliche« Bestellung durch die Gemeinschaft oder durch eine Gottheit; dadurch werden sie aus dem Bereich des Profanen ausgegliedert u. dem Sakralbereich zugeordnet (↗Sakral und profan). Oft ist die kultische Kompetenz mit spirituellen u. kommunikativen Fähigkeiten verbunden. – *1. Biblisch.* Anfänge eines P. in Israel gehen auf die vorstaatliche Zeit zurück. Angehörige des Stammes Levi waren schon in dieser Zeit priesterlich tätig. In der Kultreform des Königs Joschija († 609 v. Chr.) wurden alle Priester in Israel als »Leviten« verstanden; wegen der Rückbindung der Religiosität an die Zeit Moses wurde der Beginn des levitischen P. in dessen Bruder Aaron mit seinen Söhnen gesehen. Eine Linie des P. wurde auf Jerusalem u. den dortigen Priester Zadok zurückgeführt. Nach dem Exil entstand eine Zweiteilung des P. in die Jerusalemer Hohenpriester u. in die »Landleviten« (mit Zulassung zum Tempel). Die Priester erscheinen als eigene soziale Kaste; ihre Funktionen sind durch einen Jahresdienstzyklus geregelt. Als Aufgaben treten hervor: Unterweisung im Glauben u. in der ↗Tora in der Tradition Moses, Darbringung der Opfer, Kompetenz in Reinheits- u. Rechtsfragen (mit starker Konkurrenz von Laien wie z. B. der ↗Pharisäer), Betreuung der Heiligtümer (des Tempels), Deutung des Orakels, Segnung des Volkes. Angesichts des hohen Ranges des Glaubens, des ethischen Verhaltens u. der Frömmigkeit der Individuen war dieses P. nicht konstitutiv für das Gottesverhältnis des einzelnen Israeliten. Nach der Zerstörung des Tempels 70 n. Chr. ging dieses P. unter, ohne daß die religiöse Substanz des Judentums mit untergegangen wäre. Von diesem P. im amtlich-institutionellen Sinn ist *das gemeinsame P.* des ganzen Eigentumsvolkes Gottes zu unterscheiden (es ist ein Königreich von Priestern: Ex 19,5 f.; vgl. Jes 61,6). – Das Verhältnis des »Laientheologen« Jesus zum institutionellen P. in Israel läßt sich als prophetische Kultkritik verstehen, wobei Jesus die Autorität der Priester nicht grundsätzlich in Frage stellte (Mk 1,14 par.; 11,15–19 par. u. ö.). Seine Appelle zur Umkehr u. Annahme der ↗Herrschaft Gottes richten sich unmittelbar an die einzelnen Menschen u. erwähnen die Notwendigkeit einer priesterlichen Vermittlung des Gottesverhältnisses nicht. Sein

Konflikt mit der Tempelhierarchie fand eine Fortsetzung in deren Feindseligkeit gegenüber der frühen Kirche (Apg 4 u. 5 u. ö.). Sehr viele Priester schlossen sich der Urgemeinde an (Apg 6, 7). Bei Paulus spielt der Priesterdienst nur metaphorisch eine Rolle (Röm 15, 16). Die Urgemeinde knüpfte institutionell nicht am P. in Israel an. In leitenden Funktionen begegnen vielmehr neben den Episkopen (↗Bischof), wohl nach dem Vorbild der »Ältesten« in der jüdischen Synagogenverfassung, die »Ältesten« (Presbyter), z. T. zusammen mit den ↗Aposteln, z. T. ohne sie, von den Episkopen nicht deutlich unterschieden. Ihnen kamen neben der Gemeindeleitung der Dienst an Predigt u. Lehre u. die Sorge für Kranke zu (die meisten Zeugnisse in Apg). Im Hebr wird das israelitische P. als vorläufig, das Hohepriestertum Jesu als ewig bezeichnet; als Priester u. Opfergabe zugleich hat Jesus durch seinen Sühnetod den Zugang der Glaubenden zu Gott ermöglicht (Hebr 5 7 8 u. ö.). Diese christologische Priesterauffassung steht in einem gewissen Kontrast zum Selbstverständnis Jesu. Auch andere Spätschriften des NT verstehen Jesus als ↗Mittler. – Einige Texte des NT übertragen die Redeweise von einem *gemeinsamen P.* auf die Gemeinschaft der Glaubenden (1 Petr 2, 5 9; Offb 1, 6; 5, 10; 20, 6). – *2. Theologiegeschichtlich.* Ein Forschungskonsens besteht darin, daß die frühchristliche Gemeinde bei der Entwicklung u. Benennung ihrer Ämter (↗Amt) nicht von einer kultischen (»sazerdotalen«) Schwerpunktsetzung ausging (wofür griech. »hiereus«, lat. »sacerdos« gestanden hätten), sondern von leitenden u. lehrenden Gemeindeaufgaben (Episkopen u. Presbyter). Ein kultisches Verständnis des P. bahnt sich mit der Interpretation der ↗Eucharistie als Opfer (↗Meßopfer) auf dem Hintergrund der Deutungen des Kreuzes als Opfer u. Jesu als des Priesters an. Eine besondere Bestellung (»ordinatio«) des Amtsträgers mit ↗Handauflegung zum Dienst an der ↗Liturgie ist erst in der wohl berechtigt Hippolyt von Rom (Anfang des 3. Jh.) zugeschriebenen »Traditio apostolica« bezeugt. Daß der ordinierte Amtsträger den Hohepriester Jesus Christus bei der Eucharistiefeier »repräsentiere«, ist eine viel spätere Ausdeutung; sie kann nicht der Zeit Hippolyts unterstellt werden. Daß der Priester bei der Eucharistiefeier »in der Person Christi« handle, weil er die Konsekrationsworte zitationsweise in Ich-Form vorträgt, beruht auf einem Mißverständnis des lat. Textes von 2 Kor 2, 10. Der erstmals bei Hippolyt im Zusammenhang mit der Liturgie verwendete Begriff ↗»Klerus« (griech. = Los, Schicksal) bezeichnet von Cyprian († 258) an eine institutionelle Klasse, die von den ↗Laien materiell zu unterstützen ist u. nach der Tolerierung des Christentums durch den römischen Staat (313–324) in den Genuß von Standesprivilegien kommt. Erst im Mittelalter (vom 9. Jh. an) wird der christologische Titel des ↗Mittlers auf den Priester übertragen u. sein Dienst hauptsächlich als »Vollmacht« (»potestas«) zur Darbringung des Meßopfers interpretiert. Die wesentlich gegen diese Entwicklung gerichtete, auf das gemeinsame P. aller Glaubenden gestützte radikale Kritik der Reformatoren, verbunden mit der Verneinung der Existenz des Weihesakraments, führte zu den dogmatischen Formulierungen des Konzils von Trient, die auf den »sazerdotal«-kultischen Charakter des P. u. des Opfers zentriert sind (↗Weihesakrament). Das kirchliche Amt, das seine Mitte u. Fülle theologisch u. historisch im Bischofskollegium hat, wurde nun für Jahrhunderte her vom P. (»sacerdotium«) verstanden, das bereits durch die Priesterweihe mitgeteilt werde. Das II. Vaticanum versuchte eine gewisse »Rückkehr zu den Ursprüngen«. Es bekannte sich zum *gemeinsamen P.* aller Glaubenden (SC 14, 48; LG 9 f., 26, 34; PO 2 u. ö.), nannte das Amts-P. als vom Wesen u. nicht nur dem Grad nach von diesem gemeinsamen P. verschieden (LG 10). Zur Milderung des »Stufendenkens« wurde die Einheit des »Presbyteriums« aus Bischof u. Priestern hervorgehoben (LG 28). Die primäre Aufgabe des Amtes sah das Konzil im Dienst am ↗Wort Gottes (Bischöfe: LG 25; Priester: PO 4 u. ö.). Die theol. Begründung des Amts-P. suchte es durch den Gedanken einer besonderen Teilhabe an den drei Ämtern Jesu Christi zu vertiefen (LG 28; PO 1 u. ö.). Da eine solche Teilhabe, die Aufgabe des Dienstes am Wort u. auch die Befähigung zur Leitung einer Ortsgemeinde grundsätzlich *allen* Gliedern der Kirche Jesu zukommen, bleibt auch für das II. Vaticanum das wesentliche Merkmal des amtlichen P. die amtspriesterliche »Weihegewalt« (»potestas ordinis«): »Der Amtspriester nämlich bildet kraft seiner heiligen Gewalt, die er innehat, das priesterliche Volk heran u. leitet es; er vollzieht in der Person Christi das eucharistische Opfer u. bringt es im Namen des ganzen Volkes Gott dar; die Gläubigen hingegen wirken kraft ihres königlichen P. an der eucharistischen Darbringung mit u. üben ihr P. aus im Empfang der Sakramente, im Gebet, in der Danksagung, im Zeugnis eines heiligen Lebens, durch Selbstverleugnung u. tätige Liebe« (LG 10). – *3. Einige gegenwärtige Fragen.* Die Argumentationsweise auch in amtlichen Texten ist noch weitgehend nicht sachgerecht. So wird z. B. der vollständige Ausbau der kirchlichen Ämterstruktur innerhalb weniger Jahre nach Jesu Tod behauptet; das Apostelverständnis des Paulus wird ohne weiteres für das Amts-P. in Anspruch genommen. Das Amts-P. ist in weiten Teilen der Welt in eine die Kirche zutiefst betreffende Krise geraten, die nicht monokausal erklärt werden kann. In dieser Situation eines gravierenden Priestermangels u. eines erschütterten Ansehens des Priesterberufs wird versucht, das Priesterbild möglichst hoch zu stilisieren u. damit »attraktiv« zu machen. So wird dem priesterlichen Amt die realsymbolische Vergegenwärtigung der ganzen Lebenshingabe Jesu Christi zugeschrieben, ja noch mehr: Jesus Christus nehme durch den Priester die Gemeinde in sein Lebensopfer hinein u. gebe ihr Anteil an dessen Frucht. Der Priester habe Auftrag u. Befähigung, das zu tun, was die Kirche

im letzten zusammenführe u. trage. Es wird von einer »Selbstenteignung«
durch den Heiligen Geist gesprochen usw. Es fragt sich, ob die von K. Rahner († 1984) ausgegangenen Impulse nicht tragfähiger sind als solche ideo-
logiebefrachtete Konstrukte. Er verstand unter Priester denjenigen, dem
mystagogische Kompetenz (↗Mystagogie) u. amtliche Bestellung zum prophetischen Dienst am Wort Gottes (↗Prophet) zukommt, wobei die dem
Priester bisher (noch) vorbehaltenen sakramentalen Leitungsdienste sich
auf die höchsten Intensitätsgrade dieses Gotteswortes, die in den Sakramenten gegeben sind, bezögen. Die Notwendigkeit der Priester in der Kirche begründete er nicht von einer »Christusrepräsentanz«, sondern von
der Unentbehrlichkeit eines stabilen, gesellschaftlich greifbaren Dienstes
an Glaube, Hoffnung u. Liebe der Glaubenden her, eines Dienstes am Verstehen u. der Praxis der Einheit von Gottes- u. Menschenliebe, die das
Höhere sind als dieser Dienst selber. Die konkreten Möglichkeiten zur Erneuerung der Theologie u. der Ausgestaltung des P. sind jedenfalls bei
weitem nicht ausgeschöpft. – Vgl. auch ↗Frauenordination.

Prinzip (lat. = Grund, griech. »arche«) bezeichnet den ↗Grund im umfassenden Sinn, d. h. insofern etwas von ihm her, durch ihn u. auf ihn
hin möglich, wirklich oder notwendig ist. In der älteren Philosophie
wurde zwischen *Formalprinzipien* (logische Denkregeln) u. *Materialprin-
zipien* (Seinsgrund, Erkenntnisgrund, Handlungsgrundsatz) unterschieden. Nach der aristotelisch-scholastischen Philosophie gibt es »erste,
durch sich dem Verstand bekannte Prinzipien«, Axiome (griech. = Grundsätze), unableitbare, voraussetzungslose, an sich selber einleuchtende Voraussetzungen jedes Beweises.

Priscillianer, Sammelname für eine antihierarchische Asketengruppe in
Spanien, benannt nach dem synodal verurteilten u. 385 mit Gefährtinnen
u. Gefährten hingerichteten Priscillianus. Der Verurteilung, gegen die u. a.
Martin von Tours († 397) protestierte, lagen Anklagen wegen gnostischem
↗Dualismus, ↗Modalismus u. ↗Fatalismus zugrunde. Noch im 6. Jh. von
Synoden bekämpft.

Privatoffenbarung ist ein Begriff, der zur Unterscheidung von der allgemeinen, »öffentlichen« ↗Offenbarung geprägt wurde u. Glaubenserfahrungen bezeichnet, die einzelne Menschen machen, denen sich bestimmte
Glaubensinhalte erschließen, so daß sie darüber kommunikativ Mitteilung
machen können. Diese Inhalte gehören nicht zu dem Glaubensgut, das der
Kirche im ganzen u. ihrem Lehramt zur Bewahrung u. Verkündigung anvertraut ist. Keine P. muß von allen Glaubenden mit dem religiösen Glauben angenommen werden, der der »öffentlichen« Offenbarung gilt. Eine P.

kann für den einzelnen Menschen, dem sie gegeben wurde, durchaus eine Glaubenspflicht begründen, wenn für ihn feststeht, daß Gott sich ihm in einer besonderen Weise geoffenbart habe. Andere als der betroffene Mensch können einer solchen P. nur in dem Maß vertrauen, als dieser Betroffene für sie menschlich glaubwürdig ist. Nach einer kath. kirchlichen Regelung aus dem 18. Jh. kommt der höchsten kirchlichen Lehrautorität das Urteil über die »Echtheit« (»Authentizität«) einer P. zu; da diese sich selber nicht ausweisen kann (auch nicht durch ↗Erscheinungen u. ↗Wunder), kann eine entsprechende Erklärung nur bedeuten, daß die Inhalte der P. in Einklang mit der allgemeinen Offenbarung stehen. Über die Tatsächlichkeit einer P. urteilt die Lehrinstanz nicht. Es ist mit der Möglichkeit zu rechnen, daß eine echte P., die einem Menschen zur Vertiefung seiner Glaubenseinsicht u. im Sinn einer »prophetischen Sendung« mit Impulsen für eine aktuelle Situation der Kirche gegeben wurde, vom Menschen falsch interpretiert oder bewußt verzerrt wurde. Wenn eine vermeintliche P. mit schwärmerischem Enthusiasmus, Geltungssucht u. Sektierertum verbunden ist, handelt es sich meist um Einbildungen, subjektive, plötzliche Manifestationen des Unterbewußtseins. Keine P. kann u. darf den Anspruch erheben, die in AT u. NT festgehaltene Offenbarung Gottes zu verbessern oder auch nur zu ergänzen.

Prophet (griech. = öffentlicher Künder) bezeichnet in der Umgangssprache einen Menschen, der Zukünftiges voraussagen kann, das aus Vergangenheit u. Gegenwart nicht erschließbar ist. Die religionswissenschaftliche Verwendung des Begriffs P. ist der biblischen Tradition entnommen; der Begriff P. umfaßt in den Religionen wie im AT u. NT ganz unterschiedliche Erscheinungsformen. Nicht alle Gründer-, Künder- u. Priestergestalten oder Ekstatiker werden mit Recht als P. bezeichnet. Am nächsten mit der prophetischen Tradition der Bibel verwandt sind die im ↗Islam respektvoll genannten Propheten (= Offenbarungszeugen, Gottgesandte), zu denen auch Jesus zählt u. deren unüberholbaren Höhepunkt Mohammed darstellt. – *1. Biblisch.* Die LXX übersetzt mit P. (griech. »prophetes«) das hebr. »nabi« (Bedeutung vielleicht »Rufender« oder »Berufener«), Mehrzahl »nebi'im«. Die männliche Form P. darf nicht übersehen lassen, daß das AT auch *Prophetinnen* kennt (Mirjam; Debora; die Frau des Jesaja; Hulda; Noadja; eine Prophetinnengruppe Ez 13). Die Zeugnisse über die älteren Prophetengestalten lassen kein einheitliches »Bild des Propheten« erkennen. Als Propheten werden Abraham, Mose, Aaron u. Bileam bezeichnet; neben prophetischen Gruppen treten Einzelgestalten der »Vorderen Propheten« (Jos bis 2 Kön) hervor: Josua, Samuel, Natan, Gad, Ahija, Micha ben Imla, Elija, Elischa, Jesaja. Die Gruppe der »Hinteren Propheten« umfaßt die mit Amos im 8. Jh. beginnenden sog. Schriftpro-

pheten (deren Verkündigung natürlich mündlich war) u. die dem Umfang
der Bücher nach in die »Großen« (Jesaja, Jeremia, Klagelieder, Ezechiel,
Daniel) u. »Kleinen Propheten« (Hosea, Joel, Amos, Obadja, Jona, Micha,
Nahum, Habakuk, Zephanja, Haggai, Sacharja, Maleachi) eingeteilt werden. Dieser »Kanon der Propheten« war um 200 v. Chr. vollständig. Die
Verbindung der Propheten zum Königshof u. zu Kultorten bzw. Tempel
war so unterschiedlich wie die Redeformen (Scheltworte wegen der Sünden, Drohworte mit der Ankündigung kommenden Unheils, Mahnworte;
jeweils teils an Israel, die Völker oder an Gruppen oder einzelne Menschen
gerichtet). Letztere sind gelegentlich mit Zeichenhandlungen verbunden.
Den in der prophetischen Verkündigung den meisten Raum einnehmen-
den Gerichtsansagen folgen in unterschiedlich starker Weise Ausblicke auf
eine Heilsmöglichkeit. Es wäre jedoch nicht sachgemäß, die Propheten nur
als Mahner u. Warner anzusehen. Unheils- wie Heilsbotschaft, Sozial- wie
Kultkritik der Propheten bekunden in situationsbezogener u. eindring-
licher Weise, daß Gott durch sie sein »Wesen« u. seinen Willen offenbaren
wollte. So dürfen sie in erster Linie als Vermittler der Offenbarung Gottes
gelten. Bei der Annahme der prophetischen Botschaft spielten die Persönlichkeit des Propheten u. die Konsequenz in der Treue zu seiner Aufgabe
die entscheidende Rolle. Die Berufung der Propheten durch Gott wird in
den Berufungserzählungen eindrucksvoll geschildert. Innerhalb des Judentums wurden die Propheten als die von Gott berufenen Mahner zur ↗Tora-
Treue besonders gewürdigt. Außerhalb des Judentums hatten die Sozial- u.
die Kultkritik der Propheten bis zur Gegenwart die größte Wirkungsgeschichte. Im Christentum wurden Aussagen der Propheten häufig als
Ansagen der Heilsereignisse in Jesus Christus verstanden. Die Hochschätzung der Propheten des AT kommt im NT durch die Bezeichnung der
Heiligen Schrift als »Gesetz u. Propheten« (viele Zeugnisse), durch das
Bekenntnis, daß Gott durch sie zu den Vätern gesprochen habe (Apg 3, 18
21; Hebr 1, 1; 2 Petr 1, 21) u. durch die positiven Äußerungen zu ihrem
Glauben u. Leiden (viele Zeugnisse) zum Ausdruck. Mose u. Elija werden
besonders hervorgehoben; Johannes der Täufer gilt als zweiter Elija (Mk
9, 11 ff. par. u. ö.), Jesus als zweiter Mose (Apg 3, 22 f.; 7, 37 u. ö.). Jesus
verstand zweifellos seine Sendung als prophetische; seine »Sendungsautorität« läßt ihn als den unüberholbaren Offenbarer Gottes u. seiner
Weisungen erscheinen. Er deutete sein Schicksal als das eines Propheten
(Mk 6, 4 par.; Mt 23, 37 par. u. ö.) u. zählte sich zu den Propheten Israels
als deren letzten (Mk 12, 1–12 par.). Die Exegese spricht von einer in den
Evangelien fortschreitenden »Entschärfung« des Prophetentums (gerade
auch Jesu), die mit der zunehmenden Hellenisierung in Verbindung gebracht wird. Die Überbietung der Zeichenhandlungen durch massive
Wunder soll offenbar die Überlegenheit Jesu über die Propheten des AT

verdeutlichen. Die ↗Urgemeinde ist durch prophetische Inspiration gekennzeichnet (Apg 2 u. 3) u. nimmt die Ansage der Ausgießung des göttlichen Geistes auf das ganze Volk (Joel 3,1–5) für sich in Anspruch (Apg
2,14–30). Die Apg verdeutlicht ihre Überzeugung, daß die Kirche vom
Geist Gottes geleitet ist, durch Darstellungen prophetischen Wirkens. Paulus schreibt der Prophetie wichtige Aufgaben, darunter Ermutigung, Trost,
Belehrung u. Mahnung, zu (1 Kor 14). Das paulinische Schrifttum enthält
viele Zeugnisse über Prophetinnen u. Propheten (außer 1 Kor 11–14 auch
Röm 12,6; 1 Thess 5,20). Bemerkenswert sind die Aufnahme der Propheten in die grundlegenden kirchlichen Funktionen zusammen mit Aposteln
u. Lehrern (1 Kor 12,28) bzw. mit den Aposteln allein (Eph 2,20; 3,5;
4,11). Als Prophetie versteht der Verfasser der Offb seine Verkündigung.
In Offb ist vielfach von frühchristlichen Propheten die Rede. In vielen Texten des NT wird vor »falschen Propheten« gewarnt. In der alten Kirche
wurden die Propheten seit dem 3. Jh. durch die »Lehrer« verdrängt. –
2. Systematisch. In theol. Hinsicht ist das Prophetentum in der Kirche zu
Ende: Wenn ein P. seinem Wesen nach der vom Geist Gottes inspirierte
Vermittler der »amtlichen«, »öffentlichen« ↗Offenbarung Gottes an die
Menschen ist, dann ist mit dem Abschluß dieser Offenbarung auch die
eigentlich prophetische Aufgabe zu Ende. In der Zeit danach bestand u.
besteht die wichtigste Verkündigungsaufgabe in der aktualisierenden Vermittlung u. authentischen Interpretation dieser »amtlichen« Offenbarung.
Die apologetisch orientierte Theologie, die nach Legitimationen der Of-
fenbarungsträger (im Zusammenhang mit den Glaubwürdigkeitsmotiven)
fragte, war wesentlich daran beteiligt, daß die Prophetie seit Irenäus von
Lyon († um 202) als Voraussage des Künftigen verstanden wurde. Da man
bis ins 20. Jh. davon ausging, daß die Heilsansagen der Propheten des AT
in Jesus Christus vollkommen »erfüllt« worden waren, war in theol. Sicht
auch die Aufgabe der Prophetie als Weissagung bereits in der Vergangenheit zu Ende gegangen; auch hier bedurfte es nur noch der weitergehenden
Interpretation. Aber auch die seither gewonnene Erkenntnis, daß die Erlösung u. Vollendung ansagenden Verheißungen in Jesus Christus nicht
erfüllt wurden, macht zwar die weitere Erinnerung u. Bezeugung dieser
Verheißungen, nicht aber neue Offenbarungen notwendig. Die Empfänge-
rinnen u. Empfänger von ↗Privatoffenbarungen im kath. Sinn können
nicht als Prophetinnen u. Propheten gelten. Bei der Übernahme der calvi-
nischen Drei-Ämter-Lehre in die kath. ↗Soteriologie wurde das »Prophetenamt« Jesu Christi mit dem Amt des Lehrers identifiziert. Alle diese Faktoren trugen dazu bei, das Prophetentum im Christentum für »erfüllt« u.
damit für beendigt anzusehen. Gegenüber dieser Auffassung meldete u.
meldet sich in der Kirche immer wieder »prophetischer Freimut« zu Wort.
Er wird sowohl von kirchlichen Autoritäten als auch von einer aufgeklärten

Öffentlichkeit kritisch nach seiner Berufung, Legitimation u. Vollmacht befragt. Er wird auch darauf hingewiesen, daß es Aufgabe aller Glaubenden ist,»die Menschen für Gottes Zukunft zu öffnen«, u. daß Gottes Geist die dafür notwendigen ⁊Charismen in der Kirche gibt, ohne daß sich individuelles elitäres Selbstbewußtsein die Attitüde des Prophetischen zulegen müßte. Die Warnung vor»falschen Propheten« bleibt aktuell.

Proselyten (griech. = Hinzugekommene), Konvertiten zur Religion des ⁊Judentums. Obwohl Israel sich als Volk Gottes im strengen Sinn, d. h. als Abstammungsgemeinschaft, verstand u. versteht, nahm es immer P. auf. Abraham, Sara u. Rut galten als große Vorbilder der P. Spätestens mit dem 4. Jh. n. Chr. gibt es keine organisierte jüdische Mission mehr; der theol. Hintergrund dafür ist in der rabbinischen Überzeugung zu sehen, daß die Gerechten unter den Nichtjuden Anteil an der künftigen Welt erhalten können auch ohne Übertritt zum Judentum. Die Möglichkeit der heutigen Berufung einzelner Menschen zum Judentum als P. wird strengen Prüfungen unterzogen.

Protoevangelium (griech. = erste gute Nachricht, erstes Evangelium) heißt seit dem 17. Jh. der Satz Gen 3, 15. Er wurde seit Justin († um 165) von vielen Kirchenvätern u. scholastischen Theologen auf Maria u. Jesus hin gedeutet (christologisch-mariologische Interpretation) u. galt, weil man einen mehrfachen ⁊Schriftsinn annahm, als Verheißung des sieghaften Ausgangs des von Anfang an herrschenden Kampfes der Menschheit gegen die bösen Mächte u. insofern als »Evangelium«. Die M. Luther († 1546) folgende Theologie verstand den Satz nur christologisch, die reformierte Tradition beschränkt sich auf die wissenschaftliche Exegese. – Dieses P. ist mit dem apokryphen, an biographischen Einzelheiten im Hinblick auf Maria interessierten P. des Jakobus (2. Jh.) nicht zu verwechseln.

Protologie (griech. = die Lehre vom Ersten), parallel zu ⁊Eschatologie gebildete Bezeichnung für die theol. Lehre von den Anfängen der Welt u. der Menschheit. Das entsprechende Lehrstück (fast nur in der kath. Theologie P. genannt) umfaßt in der traditionellen Darlegung die Teile vom erschaffenden u. von dem in seiner Gnade »erhebenden« Gott sowie von der Ursprungssünde u. folgt daher, dem Glaubensbekenntnis entsprechend, auf den Traktat der Gotteslehre. Zur P. gehören deshalb wesentlich die ⁊Schöpfungslehre, die Überlegungen zum Verhältnis von ⁊Anfang u. ⁊Ende, zur ⁊Erschaffung der Menschen, zur ⁊Erhaltung der Welt, zur ⁊Mitwirkung Gottes u. zur ⁊Vorsehung. Bei diesen Themenkreisen handelt es sich vielfach um Bereiche des Dialogs von Theologie u. Naturwissenschaften. Ebenso tritt hier die enge Verbundenheit der christlichen mit der jüdischen Theologie zutage. Ein noch nicht eingehend genug reflektierter Problemkreis ergibt sich mit der Frage, inwiefern Schöpfung u. Menschheitsgeschichte christozentrisch gesehen werden müssen (↗Christozentrik). Hierzu gehört die soteriologische Perspektive: inwiefern vom Verlust der Gnade durch die ↗Ursünde u. von der daraus folgenden Unheilssituation gesprochen werden muß (in der traditionellen Dogmatik wurden Spekulationen über einen »supralapsarischen«, »paradiesischen« Zustand der Menschheit u. über ihren »infralapsarischen«, nach der Ursünde u. mit der Erbsünde gegebenen Zustand angestellt), u. ob diese vom universalen Heilswillen Gottes her bereits wirksam behoben wurde oder ob dieser Heilswille nur durch eine genügende Sühne-Satisfaktion wirksam wurde (↗Satisfaktionstheorie). Eine deutliche Gestalt einer P., die Antworten auf heutige Anfragen geben könnte, zeichnet sich angesichts dieser disparaten Themen noch nicht ab.

Prozeßtheologie heißt eine Gestalt nordamerikanischer Theologie, die sich auf naturphilosophische Grundsätze von A. N. Whitehead († 1947) stützt u. von dessen Schüler Ch. Hartshorne entwickelt wurde. Alle Aktualität wird hier als Prozeß verstanden; die »natürliche Wirklichkeit« besteht nicht aus Substanzen, sondern aus Ereignissen. Der Prozeß kann ein Übergang von einer Wirklichkeit zu einer andern oder ein Zusammenwachsen u. Konkretwerden innerhalb einer einzelnen Wirklichkeit sein. Alle Aktualitäten sind Erlebnis- u. Genußgeschehen, nur gelangen nicht alle zum Bewußtsein. Jedes Erlebnisgeschehen bedeutet eine Vielfalt an Beziehungen; in größerer Abhängigkeit des einen vom andern ist eine größere Vollkommenheit zu erblicken als in Unabhängigkeit. Die Erlebnis- oder Genußprozesse bestehen auch aus Verflechtungen von Vergangenheit, Gegenwart u. Zukunft. Möglichkeiten, die bisher in der Welt noch nicht verwirklicht wurden (also »Neues« bedeuten), werden auf Gott zurückgeführt, denn in Gott besteht eine Urschau der reinen Möglichkeiten, die nach Aktualisierung drängen. Da jedes Erlebnisgeschehen einmal neu war, ist Gott der »Schöpfer jeder zeitlichen aktualen Entität«, u. zwar ist das Gott in seiner ersten Natur, der »Urnatur«. Die zweite Natur Gottes, die »Folge- oder Handlungsnatur« besagt: Gott wird von allem betroffen, was in Aktualitäten verwirklicht wird; er ist Liebender, Verstehender u. Mit-Leidender. In seiner dritten Natur, der »hyperbolischen Natur«, leitet Gott die von ihm aufgenommene, bewahrte u. vervollkommnete Aktualität wieder in die Welt zurück. In diesem Prozeß verwirklicht er sein Reich. Die P. versucht den Nachweis, daß diese Sicht sowohl alle wesentlichen Elemente der alten Gotteslehre (einschließlich der Trinitätstheologie) in sich enthält als auch dem Werdeprozeß aller Wirklichkeit gerecht wird. Voraussetzung dafür sei lediglich, nicht von einem Sein auszugehen, an dem das Werden ein (bestimmtes) Element ist, sondern vom Werden, an dem das »bloße Sein« ein Element sei, so daß alles Unwandelbare ein Element am Wandelbaren sei. So könne Gott zugleich in seinem abstrakten Wesen gedacht werden, das unveränderlich u. absolut ist, u. in seiner konkreten Aktualität, die sich immerfort verändert, abhängig, auf die Welt bezogen, »responsiv«, d. h. mitfühlend, mitgenießend u. mitleidend ist. Mit diesem Konzept stellt die P. ernstzunehmende Anfragen vor allem an den klassischen Katalog der ↗Eigenschaften Gottes, aber auch an die Moraltheologie (da es ihr um schöpferische Entwicklung u. freie Selbstverwirklichung des Menschen geht). Die Abkehr der Gotteslehre vom traditionellen ↗Theismus soll nach der P. durch konzentrierte Hinwendung zum »galiläischen Ursprung des Christentums« erfolgen, der auf »jenen zarten Elementen in der Welt« beruht, »die langsam u. still durch Liebe wirken«. – In den USA entstanden differenzierte Schulen der P. (D. R. Griffin, J. B. Cobb, M. H. Suchocki auf der einen, B. Loomer u. a. auf der anderen Seite). Harte Kritik äußert jene ev. Sicht, die aufgrund der Rechtfertigungsthematik von einem entscheidenden qualitativen Abstand zwischen Gott u. Welt ausgeht. Auf kath. Seite begegnet die P. wegen ihres »evolutionistischen Optimismus« ähnlichen Bedenken wie seinerzeit P. Teilhard de Chardin (†1955). Jedenfalls stellt die P. ernsthaft die Frage, ob die alten, logisch erschlossenen Eigenschaften Gottes nicht ebenso anthropomorph (↗Anthropomorphismus) sind wie diejenigen, die im Anschluß an die Offenbarungszeugnisse nun als »menschenfreundliche« Eigenschaften thematisiert werden.

Psychologie (griech. = Seelenkunde), die stark naturwissenschaftlich orientierte, aber auch geistes- u. sozialwissenschaftlich arbeitende Erforschung des menschlichen Verhaltens u. Erlebens. An ihrem Ursprung lag die Beschäftigung mit der ↗Seele schon bei »vorsokratischen« Philosophen wie Heraklit (um 500 v. Chr.), dann bei Platon (†347 v. Chr.) u., mit wichtigen empirischen Beobachtungen, Aristoteles (†322 v. Chr.). Nach Augustinus (†430) hat die menschliche Seele drei Komponenten, Gedächtnis, Verstand u. Willen. Detaillierte Selbstbeobachtungen enthalten seine autobiographischen »Confessiones«. Wenn danach in der abendländischen Geistesgeschichte über die Seelenphilosophie hinaus gelegentlich Interesse an psychischen Eigengesetzlichkeiten, die sich empirisch erforschen ließen, wach wurde, so datiert die Etablierung der P. als selbständige Wissenschaft doch erst vom Ende des 19. Jh. an durch W. Wundt (†1920). Differenzierungen entstanden durch die Psychoanalyse, die ↗Verhaltensforschung u. a. naturwissenschaftliche Orientierungen. Gemeinsam ist diesen Richtungen die negative Beurteilung des Begriffs »Seele«, die Abweisung der Frage nach ihrem »Wesen« u. die Zuwendung zu einzelnen Momenten u.

Komponenten im Prozeß des psychischen Geschehens. Elementare Begriffe der alten Seelenlehre (Liebe, Haß, Gewissen usw.) werden in dieser »Elementen-« oder »Assoziations-P.« als Produkte nicht verifizierbarer Hypothesen angesehen. Einer dem »Wesen« psychischer Phänomene zugewandten »geisteswissenschaftlichen P.« (M. Scheler † 1928, E. Spranger † 1963) gelang der Dialog mit den empirischen psychologischen Wissenschaften nicht. Die heutige wissenschaftliche P. gliedert sich in Grundlagenfächer (»allgemeine P.« zur Untersuchung psychischer Grundprozesse u. allgemeiner Gesetzmäßigkeiten, »Entwicklungs-P.«, »Persönlichkeits-P.« u. »Sozial-P.«) u. in »angewandte P.« Die »angewandte P.« ist in eine Vielzahl einzelner Disziplinen mit großem Methodenpluralismus (Beobachtungen, Experimente, Felduntersuchungen u. Tests der Leistungen u. der Persönlichkeit) eingeteilt, wobei die Einzelheiten des menschlichen Verhaltens u. v. a. der psychischen Störungen in detaillierten Statistiken festgehalten, Vergleiche von »Fällen« vorgenommen u. Prognosen aufgestellt werden. Ein breiteres theol. Interesse an der »angewandten P.« ist nicht erkennbar. Die P. ist allenfalls einbezogen in Gespräche über Eigenart u. Methoden von Wissenschaften u. über anthropologische Themen: ↗Naturwissenschaften und Theologie. Größere Beachtung findet die Tiefenpsychologie, die sich den unbewußten Erwartungen u. Antrieben des Menschen zuwendet. Die *tiefenpsychologische Exegese* versucht, sich Erfahrungen der Psychoanalyse u. vor allem die Erkenntnisse C. G. Jungs († 1961) zunutze zu machen u. die Heilkraft biblischer Texte zu erschließen: Das Weisheitswissen der Bibel im Zusammenhang mit Sinnfragen; die Möglichkeiten, sich mit biblischen Personen zu identifizieren; Jesus als Beispiel »integrierten« Menschseins; die Hinwendung zur therapeutischen Kraft biblischer Symbole (Symboldidaktik). In der »archetypischen Hermeneutik« wird versucht, biblische Aussagen mit Hilfe der Archetypen zu entschlüsseln. »Archetyp« (griech. = Urform, Urbild) bezeichnet bei Jung das Abbild einer überpersonalen Macht, die das Ichbewußtsein transzendiert u. die sich bewußtseinsmäßig durch Abbilder in Träumen u. Visionen manifestiert. In diesen Archetypen (Schatten, Animus, Anima, Geist, Wandlung, das Selbst als Zentrum) sind Kräfte, die aus der Mythologie, aus Märchen u. aus der Kunst bekannt sind, am Werk, um dem Menschen zur Ganzheit zu verhelfen. Die Ganzheits- u. Heilungserfahrungen werden gleichzeitig als religiöse Erfahrungen gedeutet. In der Kritik werden Fragen an die empirische u. historische Gültigkeit dieser Grundlagen der tiefenpsychologischen Exegese gestellt.

Psychotherapie (griech. = Seelenheilkunde), die Lehre von der Behandlung psychischer Krankheiten, die insofern zur »klinischen Psychologie« innerhalb der »angewandten Psychologie« gehört, u. die daraus hervor-

gehenden Therapien. Am Beginn der Entwicklung der P. standen tiefenpsychologische Untersuchungen (S. Freud † 1939, C. G. Jung † 1961,
A. Adler † 1937). Die wichtigsten Verfahren mit zahlreichen therapeutischen Einzelformen sind die Psychoanalyse (die tiefenpsychologisch mit
der Ergründung von Erinnerungen beginnt), die Verhaltenstherapie (Abbau von Ängsten, Verhaltensauffälligkeiten, rationale Bearbeitung über-
perfektionierter »innerer Leitsätze«, Depressionen durch Fehlinterpreta-
tionen der Welt, Rollenspiele u. Trainings), die Familien-, Gruppen- u.
Paartherapie, die Gesprächstherapie (C. Rogers † 1987). Die ↗Praktische
Theologie wendet überkonfessionell der P. große Aufmerksamkeit zu, da
die kirchliche Praxis dem Heil des ganzen Menschen gilt u. es mit kranken
u. beschädigten Menschen in großer Zahl zu tun hat. Kirchliche Seelsorger
u. Seelsorgerinnen sind in ihrer großen Mehrzahl für Beratung u. Therapie
nicht kompetent; zudem haben psychische Erkrankungen oft einen kirchlichen Hintergrund (deformierte Sexualerziehung, »ekklesiogene Neurosen« usw.). Kirchliche Bedenken, die früher häufiger geäußert wurden,
beruhten auf der Meinung, die P. verstehe sich selber als wertneutral oder
sei um Ausweitung ethischer Freiräume bemüht. Heute wendet sich theol.
Kritik vor allem gegen jene P., die sich selber als Teil des ↗New Age
(↗Esoterik) versteht.

Q

Qualifikationen, theologische (Zensuren) sind Einschätzungen theologischer Thesen (Lehrsätze) unter dem Gesichtspunkt der Frage, mit welchem Maß an Sicherheit ihre Übereinstimmung mit der Offenbarung Gottes oder ihr Widerspruch zu ihr festgestellt werden kann. Solche Q. gehen
zwar zurück auf Formeln, mit denen vom NT an u. von alten Konzilien
usw. vor allem Irrtümer qualifiziert wurden (↗Bann), im fachtechnischen
Sinn wurden sie jedoch erst von der scholastischen Theologie ausgebildet.
Wird eine These als falsch bezeichnet, dann wird die negative Qualifikation
»Zensur« genannt. Mit der Erstellung detaillierter Listen befaßten sich vom
13. Jh. an einzelne Theologen, doch verwendeten auch amtliche kirchliche
Instanzen (Konzil von ↗Konstanz; Lehrentscheid gegen die Synode von
↗Pistoia) gestufte Zensurlisten, ohne daß dieser Prozeß zu einem verbind-
lichen System geführt hätte. Hier werden nur die wichtigsten genannt. Ein
Lehrsatz, der eindeutig u. ausdrücklich in der im Glauben bindenden Of-
fenbarung Gottes enthalten ist, wird qualifiziert als *mit göttlichem Glauben
anzunehmen (de fide divina)*. Das Gegenteil heißt: Irrtum im göttlichen
Glauben. Ist eine solche Offenbarungswahrheit vom kirchlichen ↗Lehramt

als solche festgestellt u. allgemein gelehrt, dann ist sie *mit göttlichem u. katholischem Glauben anzunehmen (de fide divina et catholica).* Das Gegenteil ist die formelle ↗Häresie. Ist eine solche Offenbarungswahrheit dazu noch durch das außerordentliche Lehramt eines Konzils oder durch den Papst als ↗Dogma definiert (↗Definition), dann ist es als *definierten Glaubens (de fide definita)* qualifiziert; seine Annahme im Glauben u. sein Gegenteil wie eben. Mit bloß *kirchlichem Glauben (de fide ecclesiastica)* wäre eine These anzunehmen, die nicht als direkt von Gott geoffenbarte Wahrheit gilt, aber vom Lehramt authentisch vorgetragen wird (↗Katholische Wahrheiten). Sein Gegenteil heißt Irrtum im kirchlichen Glauben. Wenn ein Lehrsatz nach allgemeiner Lehre als eigentliche Offenbarungswahrheit anzusehen ist, vom Lehramt aber nicht deutlich u. endgültig als solche vorgetragen wird, dann wird er *dem Glauben zunächst stehend (fidei proximum)* genannt. Sein Gegenteil wird als häresieverdächtig bezeichnet. Als *theologisch sicher (theologice certum)* gilt eine These, über deren Qualität als Offenbarungswahrheit sich das Lehramt noch nicht sehr ausdrücklich geäußert hat, deren Leugnung aber deutlich u. nach überwiegender Meinung der Theologen einer Leugnung oder indirekten Bedrohung einer Glaubenswahrheit gleichkäme (↗Konklusionstheologie). Sein Gegenteil heißt falscher oder verwegener (temerärer) Satz oder einfach theol. Irrtum. Die geringeren Q. tragen selbstverständliche Bezeichnungen wie: durchgängige Lehre (»sententia communis«), wahrscheinliche Meinung, »fromme« Ansicht, geduldete Meinung, das religiöse Empfinden verletzende Meinung (doch vgl. ↗Ärgernis) usw. Die Q. u. Zensuren genießen in der heutigen Theologie u. Kirche kein hohes Ansehen; ihre letzte Absicht war, die Identität des Glaubens an Gottes Offenbarung in unterschiedlichen Problem- u. Diskussionssituationen zu schützen u. einer Verwechslung kirchlicher Disziplinaranweisungen u. theologischer Meinungen mit Offenbarungswahrheiten vorzubeugen.

Quietismus (lat. »quies« = Ruhe), eine Richtung der ↗Mystik in den romanischen Ländern im 17. u. 18. Jh., für die der anzustrebende Zustand der Vollkommenheit in reiner Innerlichkeit, völliger Passivität, selbstloser, völlig resignierter Liebe zu Gott bestehe. Der Weg dazu wurde in der Ausmerzung jeglicher Aktivität u. jedes eigenen Heilsinteresses gesehen. Als Hauptvertreter werden genannt: M. de Molinos († 1696), Madame J.-M. de Guyon († 1717) u. F. Fénelon († 1715). Ihr Hauptgegner war J.-B. Bossuet († 1704). Ähnliche Tendenzen existierten im ostkirchlichen ↗Hesychasmus des 12.–14. Jh. u. in der westlichen Beginenmystik des 13. Jh. Die Folge der quietistischen Grundauffassung war für die kirchliche Spiritualität, daß mündliches Gebet, besonders das ↗Bittgebet, die nichtmystische ↗Betrachtung u. die aktive ↗Askese mehr oder weniger abgelehnt wurden. Eine in manchem vergleichbare Bewegung im ev. Christentum war der ↗Pietismus. Dieser u. der Q. waren Reaktionen auf eine dürre, »verkopfte« Schultheologie u. gegen eine rationale, aktivistische Willensaskese, durch die tiefere Kräfte des Menschen verschüttet statt befreit u. geformt wurden. Aufgrund von Verdächtigungen u. Denunziationen wurden 1687 u. 1699 Thesen des Q. von Päpsten mit verschiedenen Zensuren belegt, aber nicht als häretisch verurteilt.

Qumran, Siedlung einer essenischen Gemeinschaft am Toten Meer, vom 2. Jh. v. Chr. an ausgebaut, durch ein Erdbeben 31 v. Chr. u. durch die Römer 68 n. Chr. zerstört. In 11 Höhlen der Umgebung wurden seit 1947 zwischen 900 u. 1000 Schriftrollen u. Fragmente mit hebr., aramäischen u. griech. Texten gefunden, die zwischen dem 3. Jh. v. Chr. u. dem 1. Jh. n. Chr. niedergeschrieben wurden, darunter Fragmente des ganzen AT mit Ausnahme von Haggai, Esther u. Nehemia sowie Zeugnisse des hebr. Textes »deuterokanonischer« Bücher des AT (Sir, Tob, Bar). Die Schriften enthalten Bibelkommentare, Gemeindeordnungen, Loblieder u. andere liturgische Texte, aus denen sich Theologie u. Anthropologie der Gemeinschaft rekonstruieren lassen, die sich als Gemeinde des neuen, d. h. erneuerten ↗Bundes Gottes mit Israel verstand, ihre Aufgabe in strikter Einhaltung der ↗Tora, im Bemühen um kultische u. ethische ↗Reinheit u. im ständigen Lobpreis Gottes sah u. stark eschatologisch orientiert war. Die Texte von Q. sind für die Textkritik u. das Kanonverständnis des AT von höchster Bedeutung. Sie weisen zahlreiche Berührungspunkte mit dem NT auf, die sehr wichtig sind u. a. im Hinblick auf die Bundesthematik, das Gesetz, die Leitungsstrukturen, die Naherwartung u. die dadurch begründete Askese. Direkte Beziehungen Johannes des Täufers u. der Urkirche zu Q. sind nicht nachgewiesen. Die Funde von Q. waren Anlaß für zahlreiche phantastische Veröffentlichungen, die durch Sensationsmache u. Profitgier ihrer skrupellosen Autoren gekennzeichnet sind.

R

Rabbi (hebr. = mein Herr), Anrede des Lehrers der ↗Tora im Judentum, im NT bezeugt u. auch als Anrede Jesu verwendet (Mk 4, 38; 9, 17 u. ö.). Ein hauptamtliches Rabbinat ist seit dem 14. Jh. n. Chr. bekannt, mit den Aufgaben, das Lehrhaus zu leiten u. zivile Gerichtsbarkeit auszuüben. Seit dem 19. Jh. kommen geistliche Funktionen mit Predigt u. Seelsorge dazu. – Die *rabbinische Literatur* beinhaltet eine Frühform (2. Jh. v. Chr. – 1. Jh. n. Chr.), die für die Kenntnis des NT unentbehrlich ist. Nach der Zerstörung des Tempels 70 n. Chr. erwies sich eine mündliche Unterweisung in den Lebensnormen der Tora, gestützt auf die Bibel u. eine anerkannte Autorität, als notwendig, die Halacha (hebr. = der Wandel). In unterschiedlichen literarischen Gestaltungen (Gleichnissen, Legenden, Anekdoten) gibt die Haggada (hebr. = das Erzählende) die Interpretationen der nicht-normativen Bibelteile wieder. Die eingehende Interpretation des Pentateuch mit der Absicht der Rechtsbegründung heißt Midrasch (hebr. = Auslegung, Forschung). Ein Lehrer des 2. oder 3. Jh. n. Chr. sammelte aus der mündlichen Überlieferung das Gewohnheitsrecht, das in Israel nach dem Exil entstanden war, in der Mischna (hebr. = Wiederholung). Sie fand vom 3. bis 5. Jh. eine Erläuterung durch Gesetzeslehrer in der Gemara (hebr. = Gelerntes, Vollkommenes). Aus Mischna u. Gemara zusammen besteht der Talmud (hebr. = Studium, Lehre), dessen ältere, kürzere Version aus Palästina, die längere, jüngere aus Babylon stammt. Die Gegenwart Gottes in Wort u. Geist, die Fragen der Gnade u. Gerechtigkeit, die Eschatologie bilden die besonderen Lehrinhalte, bei denen die hebräische Bibel einer ausführlichen Interpretation bedurfte. Um die Toragebote wurde ein »Zaun« vieler weiterer Weisungen errichtet, um so die Übertretung der Tora zu erschweren.

Ratio, Rationalismus. Die häufigste Bedeutung des lat. »ratio« ist Erkenntnisvermögen. Seine Aktivierungsgestalten sind nach der Tradition die Wissenschaft (»scientia«) u. die Weisheit (»sapientia«). Das menschliche Erkenntnisvermögen gilt beim Erfassen u. Begreifen als abhängig von der Anschauung, von der aus es Begriffe u. Grundsätze formuliert. Der Bereich dieses Schlußfolgerns heißt traditionell »ratiocinatio«, die schlußfolgernde Tätigkeit »Diskurs«. – *Rationalismus* heißt seit dem 16. Jh. die Meinung, dem bloßen Denken komme bei der Erkenntnis ein höherer Rang zu als der Empirie (↗Erfahrung). Mit der ↗Aufklärung wird diese Wertung im Hinblick auf den Offenbarungsglauben u. religiöse Traditionen vorgenommen; diesen gegenüber müsse das vernünftig begründete Denken als überlegen gelten. Seither bezeichnet R. in der Philosophie die Forderung nach Begründungen, Erklärungen u. Ableitungen alles dessen, was für die Empiriker als Tatsachen feststeht. Programme für rationale Beweisgänge wurden für die unterschiedlichsten Wissenschaften entworfen. Der ↗»Kritische R.« (K. Popper † 1994, H. Albert) hält es nicht für möglich, wissenschaftliche Sätze durch empirische Beobachtungen zu »verifizieren« oder als Wahrheiten zu begründen; statt dessen gilt nur dasjenige als »wissenschaftlich«, was prinzipiell »falsifizierbar« ist. – In der ev. Theologie galten diejenigen als »Rationalisten«, für die im Gefolge I. Kants († 1804) Fragen nach der Religion in den Bereich der Ethik, der praktischen, nicht der theoretischen Vernunft gehören. Im Katholizismus wurden alle als »Ratio-

nalisten« angesehen, die in Fällen des Konflikts zwischen Autoritäts-
ansprüchen u. autonomer Vernunft für die höhere Geltung der Vernunft
plädierten. Den Ursprung dieses Denkens sah man in der Aufklärung u. im
Protestantismus; es wurde im 19. Jh. zusammen mit ⁊Materialismus u.
⁊Pantheismus als größte Gefahr für den kath. Glauben angesehen. Theologen, die versuchten, die Wahrheit des Offenbarungsglaubens vor dem
Forum der Vernunft zu verteidigen, was angesichts der neuzeitlichen Mentalität lebensnotwendig war, wurden als »Rationalisten« durch Pius IX.
(† 1878) u. das I. ⁊Vaticanum administrativ u. dogmatisch bekämpft:
G. Hermes († 1831), A. Günther († 1863), J. Frohschammer († 1893). Ab-
zulehnender »R. in der Theologie wäre es, wenn der Theologe sich in seiner
Aussage nicht bewußt bliebe der Analogheit seiner Begriffe, des letztlich
anbetenden u. preisenden Charakters des christlichen Bekenntnisses, der
Verwiesenheit der satzhaften Aussage von sich weg auf die wirkliche Person, auf die hin u. von sich weg jeder theol. Satz hinweisen will (auf Gott u.
seine Verfügung selbst), der offenen Verwiesenheit alles Ergreifens u. Begreifens in die Ergriffenheit durch das unbegreifliche Mysterium selbst«
(Rahner-Vorgrimler 1961, 308 f.).

Rechtfertigung ist ein Begriff, der in kürzester Form das vergebende Handeln Gottes am sündigen Menschen bezeichnen soll. *1. Biblisch* gibt es eine
Rechtfertigungslehre nur bei Paulus, der die R. u. damit die von Gott geschenkte ⁊Gerechtigkeit polemisch gegen das ⁊Gesetz (⁊Gesetz und Evangelium) ausspielt. Er beruft sich dabei auf Gen 15,6 (Röm 4,3; Gal 3,6),
Hab 2,4 (Röm 1,17; Gal 3,11) u. Ps 143,2 (Röm 3,20; Gal 2,16). Nach der
Gen-Stelle erklärt Gott ⁊Abraham als gerecht auf grund seines Glaubens,
doch ist weder von Gesetz noch von Sünde die Rede. Ebenso fehlen beide
an der Hab-Stelle. Nach der Ps-Stelle erkennt der Beter die allgemeine
Sündhaftigkeit; er spricht seine Hoffnung auf Gottes zuvorkommende Gerechtigkeit aus. Für Israel gelten ⁊Tora u. Gesetz als Geschenke der Freundlichkeit u. des Erbarmens Gottes; Israel lebt in einem tiefen Bewußtsein der
Sünde u. des Versagens, doch ist die Vergebung durch Gott nirgendwo
Anlaß zu einer sich selber rühmenden ⁊Selbstgerechtigkeit. Die Rettung
durch die ⁊Gerechtigkeit Gottes bewirkt jeweils den Anfang eines neuen
Lebens in Gerechtigkeit vor Gott. Die exegetische Untersuchung der Pau-
lus-Texte ergab, daß am Ursprung seiner Rechtfertigungslehre seine Intention lag, den Heidenchristen nicht »Werke des Gesetzes« aufzuerlegen
(Phil 3 u. Gal). In Röm ist er bemüht, angesichts der sündigen Schwäche
des Menschen die Ohnmacht der Tora aufzuzeigen. Zentrum seine Lehre
ist die R. allein durch den ⁊Glauben an Jesus Christus (Gal 2,16). Die
nachpaulinische Veränderung innerhalb des NT von den »Werken des Gesetzes« zu den »guten Werken« überhaupt kann hier außer Betracht blei-

ben. Die »antipaulinische« Wendung bei Jak 2, 14 u. die Hinweise auf tätige
Nächstenliebe (Jak 2, 8 16 22) lassen sich nicht als grundsätzlichen Widerspruch zu Paulus verstehen (für den der Glaube »durch die Liebe wirksam«
wird: Gal 5, 6). Die R. wird bei Paulus nicht einfach als Vergebung der
Sünden verstanden, sondern als Befreiung von der Herrschaft der personifiziert gedachten Sünde (u. zusammen mit ihr vom Tod), so daß dem
Menschen neues Sein u. Leben in ↗Freiheit geschenkt wird. Die paulinische
Rechtfertigungslehre kann angesichts von Röm 9–11 u. seiner Bekräftigung der Treue Gottes gegenüber den Juden keinesfalls gegen das Judentum ausgespielt werden. – 2. *Systematisch.* Nach einer komplexen
Vorgeschichte mit einem nicht einlinigen Verständnis von Gnade – Gerechtigkeit – Barmherzigkeit – Genugtuung – Sündenvergebung stellte sich
in der westlichen Theologie ein Verständnis der R. ein, wonach diese nicht
einfach mit der Gnade identisch, sondern deren Wirkung u. zwar »Gerechtmachung« ist. M. Luther (†1546) wandte sich gegen mögliche Mißverständnisse der spätmittelalterlichen Scholastik, als könne ein Mensch
sich Gerechtigkeit durch eigene Tätigkeit verschaffen. In seiner Sicht ist R.
»Gerechtsprechung« vor dem Gericht Gottes; die Gerechtigkeit Gottes
wird dem Menschen weder innerlich zu eigen noch als Geschenk von außen zuteil, sondern besteht in der gnädigen Gesinnung Gottes. Gegen dieses »forensische« (lat. = juristisch-gerichtliche) Verständnis der R. wandte
sich das Konzil von ↗Trient. Dessen offizielle Lehre von der R. läßt sich
folgendermaßen wiedergeben: Gott schenkt in seiner vergebenden Liebe
den ↗Heiligen Geist als Geist der ↗Gotteskindschaft, der ↗Freiheit u. der
↗Heiligkeit, der im Menschen Wohnung nimmt u. ihm Zeugnis von der
Neuschöpfung durch das Wort des Glaubens u. durch die Zeichen der
Sakramente gibt. Diese Selbstmitteilung Gottes schenkt dem Menschen
eine rechtmachende, nicht nur eine juristisch anrechenbare Gerechtigkeit
(nicht nur eine ↗Imputationsgerechtigkeit), die zugleich die Vergebung der
Sünden ist. Der Wille Gottes zur R. ist grundsätzlich in der Welt anwesend,
eschatologisch unwiderruflich u. gewiß durch die ↗Inkarnation des Wortes
Gottes, Jesu Tod u. seine Auferstehung. Daß dieser Heilswille Gottes in
Jesus Christus den Menschen gegeben ist, ist Gegenstand des ↗Glaubens.
Daß er gerade jeden einzelnen Menschen trotz seiner Sündigkeit, in der er
sich schuldhaft, wenn auch uneingestanden der Liebe Gottes wirksam versagen kann, wirksam trifft, ist Gegenstand vertrauensvoller ↗Hoffnung,
nicht aber einer ihrer selbst sicheren ↗Heilsgewißheit. Die Tat Gottes in
der R. überspringt nicht den freien Selbstvollzug des Menschen, sondern
kommt gerade in der – die Selbstmitteilung Gottes annehmenden – Freiheitstat des Glaubens, Hoffens u. Liebens zu ihrer Wirksamkeit. Darum
geht diese gottgeschenkte u. angenommene Gerechtigkeit durch das
schwer schuldhafte Sichversagen des Menschen gegenüber der göttlichen

Liebe verloren. Insofern die R. am Menschen (als geschichtlichem Wesen) ereignishaft geschieht, ist sie ein wahrhaft radikaler Übergang vom Zustand der Sünde in den der R., so sehr der Mensch von der Sünde angefochten bleibt (↗Begierde, ↗Simul iustus et peccator). Der Mensch ist einer *sicheren* subjektiven Reflexion über seinen Zustand vor Gott nicht fähig; er sündigt auch immer u. bleibt unter diesen Aspekten immer derjenige, der von seiner eigenen Verlorenheit zur Gnade Gottes flieht. Da der menschliche Heilsweg geschichtlich verläuft, können der R. Akte der Vorbereitung vorausgehen, die durch Gottes Gnade ermöglicht sind (wie Glaube u. »unvollkommene« Reue), u. kann durch Gottes Gnade die Bewahrung bzw. Mehrung der R. den Menschen immer umfassender in Anspruch nehmen (das wird in kath. Sprache dann u. a. mit ↗Verdienst u. guten ↗Werken bezeichnet). – Ökumenisch konsensfähig sind die Aussagen, daß Menschen *allein aus Gnade im Glauben* an die Heilstat Jesu Christi, *nicht aufgrund eines Verdienstes,* von Gott angenommen werden u. den Heiligen Geist empfangen, der die menschlichen Herzen erneuert u. Menschen befähigt u. aufruft *zu guten Werken.*

Regula fidei (lat. = Regel, Norm des Glaubens) geht als theol. Begriff auf Irenäus von Lyon († um 202) zurück, der das Glaubenszeugnis der apostolischen Zeit (↗Apostel) als verbindlich für jedes spätere christliche Glaubensverständnis bezeichnete. Bei ihm u. bei anderen diente der Rückgriff auf diese R. f. in erster Linie der Abwehr irriger u. die Einheit der Kirche zerstörender Auffassungen. Auch die Zusammenfassung der wesentlichen Glaubensinhalte in ↗Glaubensbekenntnissen kann R. f. genannt werden. Schon im kirchlichen Altertum wurde erkannt, daß die Pluralität der Glaubensformulierungen u. -interpretationen es verbieten, »den Glauben« vermeintlich erschöpfend in einer sprachlich u. inhaltlich starren R. f. zu konzentrieren, u. daß er eine aktuelle, aus dem ↗Glaubenssinn u. dem Konsens der Glaubenden entstehende Gestalt aufweist. So gelangte eine von Vinzenz von Lérins († vor 450) aufgestellte R. f. zu weitgehender theol. Anerkennung: Katholisch, d. h. rechtgläubig ist, was zu allen Zeiten u. an allen Orten von allen geglaubt wurde. Aktuelle u. ökumenische Bedeutung hat das Thema einer R. f. durch den Anspruch des röm.-kath. ↗Lehramts, selber die »nächste R. f.« zu sein. Er entstand als Reaktion gegen das reformatorische Verständnis der ↗Sola Scriptura u. der Selbstinterpretation der Heiligen Schrift. Er macht die Suche nach einem Konsens über das gegenseitige Verhältnis von Schrift u. Tradition, Lehramt u. individuellem Glaubenssinn notwendig.

Reinheit, kultische. Viele Religionen unterscheiden bei Dingen, Speisen oder Handlungen vielfältiger Art zwischen solchen, die als vereinbar mit

dem ↗Kult oder dem Kult-Ausübenden betrachtet werden, dem »Reinen«,
u. solchen, die als unvereinbar angesehen werden, dem »Unreinen« (beide
Male entweder dauernd oder für bestimmte Zeit). In der Religion Israels
existierten zahlreiche Reinheitsvorschriften (z. B. Lev 11–17), die sowohl
das soziale Leben als auch den Kult prägten. Herkunft u. genaue Bedeutung sind schwer zu erklären, da wohl viele nicht mehr verstandene archaische Tabu-Gewohnheiten in die Gesetzgebung übernommen wurden
(Blut, körperliche Ausflüsse usw.) u. hygienische Erfahrungen eine Rolle
spielten. Der Wunsch, sich der R. u. Heiligkeit Gottes anzunähern, wird oft
im Hintergrund gestanden haben. Zahlreiche Reinigungsriten dienten der
Wiederherstellung der R. In prophetischen u. Weisheits-Texten wird metaphorisch von R. u. Unreinheit im Hinblick auf Sünden, vor allem auf Verehrung fremder Götter, gesprochen. Als »R. des Herzens« gilt eine lautere
Gesinnung (Spr 20, 9; Sir 38, 10; Ijob 3, 17). Jesus steht im Hinblick auf die
R. in dieser weisheitlichen jüdischen Tradition (Mk 7, 1–23; Mt 23, 25 f.).
Die ältere Auffassung ist in den Erzählungen von der Austreibung »unrei-
ner Geister« u. von gesellschaftlich ausgegrenzten Menschen erhalten. Die
Frage nach der Verpflichtung der R. für Heidenchristen hatte in der
frühen, vom Judentum schon getrennten Kirche eine große Bedeutung
(z. B. Apg 10; 15 u. ö.). In der späteren christlichen Askese tauchten, mit
Nachwirkungen bis weit ins 20. Jh., archaische Unreinheitsvorstellungen
im Zusammenhang mit einem engen u. befangenen Umgang mit der ↗Se-
xualität auf. In der Mystik u. in einer höher stehenden Ethik hatte u. hat
die »R. des Herzens« im Sinn einer lauteren, von Haß u. Eigennutz freien,
vertrauensvoll Gott zugewandten Gesinnung einen sehr hohen Stellenwert.

Reinkarnation (lat.: = Wiederfleischwerdung. Wiedermenschwerdung), die
Vorstellung, daß die ↗Seele eines Lebewesens nach dessen Tod mit dem
Körper eines anderen Lebewesens zu einem abermaligen Leben verbunden
wird, daher auch der volkstümliche Name »Seelenwanderung«. Die feste
Überzeugung von einem Geburtenkreislauf als Folge der angesammelten
negativen Auswirkungen früherer Taten gehört zu den ältesten Grund-
beständen von ↗Hinduismus u. ↗Buddhismus. In der griechischen Antike
wurden Wanderungen von Seelen auch durch Tiere u. Pflanzen gelehrt,
z. T. unabhängig vom ethischen Verhalten. Eigentlich läuternden Charakter hat die R. nach Platon († 347 v. Chr.), der eine mögliche Befreiung der
Seelen durch wiederholtes gutes Handeln aus dem Geburtenkreislauf vertrat. In der Bibel wird eine R. nirgendwo ernsthaft in Betracht gezogen.
Trotz des hohen Ansehens Platons in der Theologie der alten Kirche wurden seine Reinkarnationsideen abgelehnt, da man sie als unvereinbar mit
der Hoffnung auf eine einzige u. einzigartige ↗Auferstehung des Fleisches
ansah. Die kirchliche Lehre über den ↗Tod u. das mit diesem einsetzende

definitive Vollendungsgeschehen ermöglicht es, die in der Reinkarnations-
lehre vertretenen Läuterungsgedanken zu integrieren, die R. selber aber
abzulehnen, weil sie den Glaubensüberzeugungen von der Einmaligkeit
des menschlichen Lebens u. der definitiven Gültigkeit seiner Entscheidungen, von der unvertauschbaren Identität des Individuums u. von der Rettung durch Gottes Erbarmen, nicht durch menschliche Bußleistung,
widerspricht. In neuzeitlichen esoterischen Weltanschauungen (↗Spiritis-
mus, ↗Anthroposophie) haben Reinkarnationsvorstellungen eher den gedanklichen Hintergrund immer neuer Chancen bei fortschreitender Ver-
vollkommnung. Die moderne »selektive Religiosität« sympathisiert stark
mit Reinkarnationsideen, z. T. unter Verkennung des mühsamen u. quälenden Charakters eines Geburtenkreislaufs.

Relation (lat. = Beziehung, Verhältnis), in der Philosophie eine Seinsweise
eines Seienden im Hinblick auf seine Beziehung zu einem anderen oder zu
anderem. Eine solche Seinsweise in Beziehung kann rein gedachter Art sein
oder aber als reale Beziehung einem Seienden selber zukommen. Eine solche reale R. besagt, daß etwas, der Beziehungsträger, auf etwas, das Beziehungsziel, hin ist, u. zwar aufgrund einer bestimmten Eigentümlichkeit,
wegen des Beziehungsgrundes. Beispiele einer »relationalen« Seinsweise:
die Beziehung des Ursprungs, die Beziehung der Ähnlichkeit. Ist eine Beziehung mit einer bestimmten absoluten Wirklichkeit notwendig mitgegeben u. mit ihr in adäquater Weise identisch, dann heißt die R. »transzendental«. Davon unterschieden ist die »kategoriale« oder beiläufige R. Zwei
Seiende können in einer gegenseitigen Beziehung existieren, die in einem
selben Beziehungsgrund begründet ist. Dann ist jedes von ihnen Beziehungsträger u. Beziehungsziel. Die neuere Philosophie ist von einem
Struktur- u. Funktionsdenken geprägt, in dem alles Seiende als relational
verstanden wird. Diese Sicht verdrängt zunehmend die alte Auffassung
einer in sich ruhenden u. bleibenden Substantialität (↗Substanz; ↗Persona-
lismus). In der Dogmatik ist R. ein wichtiger Begriff der ↗Trinitäts-Theo-
logie. Das *eine* göttliche Wesen wird als ein absolutes Sein (↗absolut), nicht
als relatives, verstanden. Die genauere Seinsart der drei »Personen« in Gottes ↗Trinität wird in der kirchlichen Lehre als R. bestimmt, u. zwar werden
bei den drei »Personen« vier Relationen unterschieden: 1) Vaterschaft od.
Ursprungsein, 2) Sohnschaft od. Gezeugtsein, 3) aktive »Hauchung« des
Geistes u. 4) Gehauchtsein des Geistes. Diese vier Beziehungen oder relationalen Seinsarten begründen dort, wo sie gegensätzlich zu einander sind,
die ↗Hypostasen (mißverständlich: die »Personen«) in Gott in ihrem Unterschied. Die Trinitätstheologie erklärt: Der Grundsatz, daß zwei Seiende
miteinander identisch sein müssen, wenn sie mit einem dritten Seienden
identisch sind, gelte im Hinblick auf die drei »Personen« nicht; sie sind

zwar mit dem ↗Wesen Gottes, also im absoluten Sein, identisch, aber nicht im relativen Sein untereinander.

Relativismus (lat. = Lehre von der verhältnismäßigen Geltung) bezeichnet die Auffassung, daß es eine universell geltende ↗Wahrheit u. eine für alle Menschen geltende ↗Sittlichkeit nicht gibt. Im Hinblick auf die Erkenntnis der Wahrheit weist der R. auf subjektive, veränderliche Bedingungen hin, die die Erkenntnis stärker beeinflussen als die objektiven Erkenntnisgegenstände. Solche Bedingungen sind mit dem sozio-kulturellen Kontext, mit psychischen Stimmungen, ökonomischen Verhältnissen usw. gegeben. Der ethische R. sieht die Grundsätze des moralischen Handelns ebenfalls von unterschiedlichen individuellen, kulturellen u. a. Faktoren bestimmt u. bestreitet die Existenz vernünftig begründbarer, allgemein verpflichtender ethischer Normen. Falls der radikale R. behauptet, der Mensch habe (in Erkenntnis u. Ethik) Verbindlichkeiten nur durch ein bestimmtes endliches System, neben dem es andere gleichberechtigte Systeme gebe, widerlegt er sich selber, weil eine solche These, wenn sie auf ein bestimmtes System bezogen wird, von diesem als falsch abgelehnt werden kann. In theol. Sicht existieren objektive Wirklichkeiten u. »von außen« gestiftete Verhältnisse zu ihnen, die nicht bloße Sätze u. Systeme sind u. die »heilsentscheidend« sind. Das Bekenntnis, daß Jesus wahrhaft vom Tod erweckt wurde, kann nicht relativistisch versöhnt werden mit der Aussage, er sei nicht auferstanden. Das Zutreffende am R. ist, daß alle universellen Geltungsansprüche (in Wahrheitserkenntnis u. Sittlichkeit), sobald sie sprachlich formuliert werden, unter dem Einfluß kontextueller Faktoren formuliert werden, u. daß sie infolge der ↗Geschichtlichkeit intensiv u. extensiv wachsen u. verändert werden können, so daß es statisch-zeitlosen, endgültigen »Besitz« nicht geben kann.

Religion (lat., sprachliche Bedeutung nicht geklärt, im Altertum von »relegere« = sorgfältig wahrnehmen, oder »religare« = zurückbinden, abgeleitet), ein für Interpretationen offener, nicht festgelegter Begriff, oft als »Umgang mit dem ↗Heiligen« definiert, wobei »Umgang« eine große Bedeutungsbreite haben u. theoretische, ästhetische u. ethische religiöse ↗Akte umfassen kann. Bei lat. Kirchenvätern wurde »religio« (z. B. bei Cicero † 43 v. Chr.) im Sinn von Gottesverehrung übernommen u. als weisheitliche Lebensgestaltung vor Gott verstanden. Nach Thomas von Aquin († 1274) hat R. die Aufgabe, die Hinordnung des Menschen auf Gott zu tragen; für ihn sind alle, die nach dem »Gott« genannten Grund u. Ziel der Welt fragen, »religiös«. – *1. Zur Geschichte.* Bis zur Neuzeit wurde R. mit dem christlichen Glauben identifiziert. Die Beschäftigung mit Religionen orientierte sich an der Unterscheidung der wahren R. von den falschen

Religionen. Nach ersten Ansätzen (z. B. bei Nikolaus von Kues † 1464) begann erst im Zusammenhang mit der ↗Aufklärung eine reflektierende Beschäftigung mit der Vielfalt der Religionen. Sie alle wurden von der Vernunft als Bewertungsmaßstab her beurteilt, so daß der Oberbegriff der
»natürlichen R.« entstehen konnte. Parallel dazu entstand eine ↗Religions-
kritik, die z. T. die »unvernünftigen Elemente« einer R. aufzudecken suchte, z. T. im Namen der Vernunft R. überhaupt bekämpfte; an deren Stelle
sollten moralische u. künstlerische Anstrengungen treten. In konstruktiver
Reaktion darauf entstand die bis zur Gegenwart wirksame Tendenz, R. als
ursprüngliche, alle menschlichen Vollzüge umfassende Sinndeutung zu
verstehen. In der ↗Apologetik u. späteren Fundamentaltheologie existierte
das Bemühen fort, Besonderheit u. Überlegenheit des ↗Christentums als R.
zu begründen. Im 20. Jh. äußerte sich dies von den Gedanken her, daß
Gott selber sich zur Menschheit in ↗Selbstmitteilung verhält, wobei er die
Bedingungen des Hörenkönnens auf sein Wort selber schafft u. seine
Selbstmitteilung geschichtlich unwiderruflich u. endgültig in Jesus zur Erscheinung gebracht hat. Aufgrund dieser Inhalte wird ein *wesentlicher* Unterschied des Christentums von anderen Religionen ausgemacht, der dazu
berechtige, nur das Christentum als *legitime* R. zu verstehen. Solchen in
der kath. u. ev. Theologie (bis heute) vertretenen Tendenzen gegenüber
trat eine ev. Religionskritik »von innen« entgegen. K. Barth († 1968) verstand die christliche ↗Offenbarung als Gericht über alle Religionen, die er
als gottfeindliche Konstrukte des Menschen ansah, der sich gegenüber Gott
selber rechtfertigen u. behaupten wolle. Von D. Bonhoeffer († 1945) her
zeigte sich das Bestreben, die R. des ↗Theismus als Inanspruchnahme Gottes zur Erklärung der Welt, als Behauptung eines aktiven Weltregiments
Gottes (in ↗Vorsehung) u. als ideologische Stütze bestehender Verhältnisse
abzulehnen. Statt dessen wird ein »reiner«, oft liturgie- u. gebetsloser
Glaube u. vor allem der Weltdienst eines »religionslosen Christentums« in
Solidarität mit allen Leidenden u. Benachteiligten gefordert. In der theol.
Auseinandersetzung mit diesen Tendenzen wurde ihnen die Anstrengung
zur »Bewahrheitung« des Glaubens in der Praxis nicht vorgeworfen, aber
darauf hingewiesen, daß sie sich nur der Tradition einer institutionellen R.
verdanken, sich unvermeidlich gesellschaftlich artikulieren müssen u. damit selber wieder Religionsgemeinschaft werden wollen. – 2. *Einige aktuelle Fragen.* Auch nach dem Entstehen wissenschaftlicher Disziplinen, die
sich einzelnen Religionen u. religiösen Phänomenen zuwenden, ver-
stummte bis zur Gegenwart die Frage nach den Gemeinsamkeiten in allen
Religionen nicht. Werden sie im »Umgang mit dem Heiligen« gesehen,
dann können sie alle Spielarten religiöser Erfahrung umfassen, alle Philosophien, die »das Göttliche« nicht zu thematisieren wagen, alle Deutungen des Heiligen als des personalen Gottes wie auch alle nicht-personalen

Auffassungen des Heiligen. Die Praxis der R. vor allem in Gestalt der ↗Mystik hat eine nicht hinterfragbare Selbstevidenz. Das II. Vaticanum sah die Gemeinsamkeiten darin, daß die Religionen Antworten »auf die ungelösten Rätsel des menschlichen Daseins« u. auf die »Unruhe des menschlichen Herzens« suchen (NA 1 f.), u. daß in ihnen »eine gewisse Wahrnehmung jener verborgenen Macht, die dem Lauf der Welt u. den Ereignissen des menschlichen Lebens gegenwärtig ist«, gegeben sei (NA 2). Wenn auch frühere Polarisierungen gegen »falsche Religionen« hinter dem Bekenntnis zum universalen ↗Heilswillen Gottes u. zu den Heilsmöglichkeiten außerhalb des kirchlichen Christentums zurückgetreten sind, so ist doch die theol. Frage noch offen, ob die ↗Nichtchristlichen Religionen als legitime, d. h. von Gott selber gewollte Heilswege angesehen werden können (vgl. auch ↗Absolutheit des Christentums, ↗Anonymes Christsein). Das Entstehen einer weltanschaulich plural differenzierten Gesellschaft hat die gesellschaftlichen Stützen von R. abgeschwächt u. die R. so stark in den Sektor des Privaten abgedrängt, daß heute auch nach der Wahrheit einer R. eher individuell-privat gefragt wird.

Religionsfreiheit, die Freiheit eines Menschen, sich nach seinem eigenen Gewissen zu einer oder zu keiner ↗Religion zu bekennen, auch in der Lebensführung, u. dieses Bekenntnis zu »äußern«, dies jedoch mit der Einschränkung, daß andern dadurch kein Schaden entsteht. Die R. gehört zu den ↗Menschenrechten u. erstreckt sich nicht nur auf Individuen, sondern auch auf Religionsgemeinschaften u. religionslose Gruppierungen. Sie steht in keinem Zusammenhang mit der Frage nach der Wahrheit oder Falschheit einer Religion oder ↗Weltanschauung. Die Anerkennung der R. bahnte sich erst mit dem Augsburger Religionsfrieden 1555 u. der Betonung der Gewissensentscheidung beim Glauben in der reformatorischen Theologie an. In der röm.-kath. Kirche wurde die R., seit das Christentum Staatsreligion wurde (380), bis zur ↗Säkularisation weder erkannt noch respektiert, im Gegenteil. Im 19. Jh. bekannten sich Verfassungen europäischer Staaten mit konfessionell gemischter Bevölkerung zur R., während sich die Päpste Gregor XVI. 1832, Pius IX. 1864, Leo XIII. 1885 u. Pius XII. 1953 gegen die R. äußerten. Bis u. mit Pius XII. vertrat das kath. Lehramt die Auffassung, das Thema der R. sei notwendigerweise mit der Wahrheitsfrage verbunden u. die Wahrheit habe den Primat vor der Freiheit. Erst seit Johannes XXIII. (»Pacem in terris« 1963) u. dem II. Vaticanum akzeptiert die kath. Kirchenleitung die R. Sie wird als Freiheit von jedem Zwang in religiösen Dingen verstanden (DH 2); ihre Grenzen ergeben sich durch die öffentliche Ordnung (DH 7); *alle* Religionsgemeinschaften haben gleiche Rechte, keine Religionsgemeinschaft darf unlautere Werbung betreiben (DH 4). Die theol. Begründung wird im Appell Jesu u.

seiner Jünger an die Freiheit der Menschen gesehen (DH 9, 11). Rechtlich
u. sachlich kann die R. als umfassender Begriff für Glaubens-, Gewissens-,
Bekenntnis- u. Kultusfreiheit verstanden werden. Zu ihr gehören nach
heutigem kirchenrechtlichem Verständnis auch das Recht, die Religion zu
wechseln, u. die Freiheit, den Glauben aufzugeben u. an Gottesdiensten u.
Riten nicht teilzunehmen. In der Fortentwicklung der Weltzivilisation
wird die Aufnahme der R. in die »Allgemeine Erklärung der Menschenrechte« (Art. 18) der Vereinten Nationen von 1948 wegweisend sein.

Religionsgeschichte ist die wissenschaftliche Erforschung religiöser Phänomene in der Geschichte eines bestimmten kleineren oder größeren Kul-
turraums aller früheren oder heutigen Kulturen. Sie gehört zur Geschichtswissenschaft, nicht zur Theologie; zu ihren profilierten Methoden gehört
die vergleichende Betrachtungsweise; zu ihren Disziplinen u. Hilfswissenschaften zählen Religionssoziologie, -psychologie, -geographie, Philologie
u. Archäologie.

Religionskritik, als Begriff Ende des 18. Jh. verwendet, bezeichnet sowohl
die prinzipielle, argumentativ begründete Ablehnung von ↗Religion als
auch die Kritik (griech. = Beurteilung) von Fehlentwicklungen u. Fehlfor-
men religiösen Verhaltens (des »Unwesens der Religion«, B. Welte † 1983).
Die R. äußert sich bereits in der griech. Antike in Hinweisen auf Entstehung der Religion aus Angst u. Unwissenheit sowie in der Kritik am anthropomorphen Verhalten der Götter (↗Anthropomorphismus); hier
dient sie der Läuterung der Religion u. der Respektierung des wahren
Göttlichen. Radikal ist die R. in der atheistischen Strömung der ↗Aufklä-
rung, bei L. Feuerbach († 1872), K. Marx († 1883), F. Nietzsche († 1900),
S. Freud († 1939) (vgl. ↗Gott). In diesen Formen der R. wird Religion als
illusionärer Trost in einer trostlosen Welt, als Treulosigkeit an der Erde u.
Flucht in ein Jenseits, als Manipulationsform der Unterdrückung oder als
Neurose verstanden. Ihr werden Wissenschaftsfeindlichkeit, Behinderung
der Emanzipation u. Demokratisierung, falsches Bewußtsein (↗Ideologie)
u. Subjektivismus vorgeworfen. Neuere Formen der Sprachanalyse u. des
↗Positivismus erklären Glaubensaussagen zu Hypothesen, die sich einer
kontrollierbaren Prüfung entzögen u. daher sinnlos seien. Auf die z. T. berechtigte R. des 19. Jh. hat die Theologie zureichende Antworten gefunden,
nicht aber auf die ↗Theodizee-Probleme. Die theol. R. weist auf die Grenzen religiöser Rede, auf die Unverfügbarkeit u. Unbegreiflichkeit Gottes
hin. Sie akzeptiert die Einsicht M. Horkheimers († 1973), daß der Zweifel
an der Religion »ein Moment an ihrer Rettung« ist. Neuere Philosophen u.
Soziologen weisen darauf hin, daß die Religion sich als resistent gegenüber
der R. erwiesen habe: als Praxis der »Kontingenzbewältigung« (H. Lübbe),

als unersetzliche Integrationskraft in der unübersichtlich ausdifferenzier-
ten Welt (J. Habermas), als »Reduktionsleistungen«, die die Kontingenz
des Welthorizonts in Sinn verwandeln (N. Luhmann).

Religionspädagogik unterscheidet sich seit Beginn des 20. Jh. zunehmend
von der älteren ↗Katechetik: Religion ist umfassender als der kirchliche
Glaube, die Erkenntnisse der modernen wissenschaftlichen Pädagogik
kommen in der R. entschieden zur Geltung. Als Disziplin, die zur ↗Prak-
tischen Theologie gehört, befaßt sich R. mit den verschiedenartigen religiösen Lernprozessen u. ihren Orientierungen sowie reflexiv-kritisch mit
den praktischen Methoden in Religionsunterricht, Jugend- u. Erwachse-
nenbildung. Zugänge zu religiösen Erfahrungen, religiösen Traditionen u.
religiöser Identität sollen zum Subjektwerden des Menschen nicht nur »vor
Gott« beitragen. Die Einbeziehung nichtreligiöser Erfahrungswelt gilt als
unerläßlich.

Religionsphilosophie heißt die philosophische Reflexion auf ↗Religion als
wesentliches Hingeordnetsein des Menschen auf das ↗Heilige, als menschliche Antwort auf das Angesprochensein durch das Unbedingte (P. Tillich
† 1965) oder als Offenheit für die Möglichkeit des annehmenden Hörens
einer Offenbarung (K. Rahner † 1984). Beim Aufkommen des Begriffs R.
in der Zeit der ↗Aufklärung Ende des 18. Jh. bedeutete R. die Bemühungen
um eine vor dem Forum der Vernunft bestehen könnende »natürliche Religiosität«. Zu einer wissenschaftlichen Disziplin ausgestaltet, befaßte sich
R. im 20. Jh. auch mit dem religiösen ↗Akt, mit Weltanschauungstypen,
Analysen des religiösen Bewußtseins u. der religiösen Sprache, Aporien
unbeantworteter religiöser Fragen usw. Die Methodenunterschiede erklären sich aus der Verschiedenheit des jeweiligen »Vorbegriffs« von Religion.

Religionswissenschaft erforscht interdisziplinär religiöse Phänomene
(Tatbestände) hinsichtlich der Sprachen u. Literaturen, der Geschichte,
verbunden mit Kultur- u. Sozialgeschichte, im religionsvergleichenden
Hinblick, unter Einbeziehung hermeneutischer Fragestellungen. Als wissenschaftliche Disziplin gilt die R., nach Anfängen im 18. Jh., seit Ende
des 19. Jh., wobei sie sich sogleich differenzierte in Religionssoziologie,
-phänomenologie, -anthropologie u. -psychologie. In der 2. Hälfte des
20. Jh. besteht in der R. außerhalb der Theologie wie in der R. als Teildis-
ziplin der Theologie ein wachsendes Interesse an heutigen Religionen (darin ist ein wesentlicher Unterschied zur historischen Orientierung der ↗Re-
ligionsgeschichte gegeben). Neben der Bemühung um authentische,
gründliche Kenntnisse der einzelnen Religionen geht es in der R. auch um

deren heutiges Verhältnis zum Christentum. Dabei geht die R. grundsätzlich nicht von eigenen religiösen Vorentscheidungen aus.

Reliquien (lat. = Überreste) im kirchlich-technischen Sinn sind die Leiche
(das Skelett) von Heiligen oder Teile davon (Primärreliquien), sowie Dinge, die mit ihrem Leben oder Grab Berührung hatten (Sekundärreliquien).
Das Bedürfnis, Erinnerungsstücke an Tote, auch körperliche wie Haare,
aufzubewahren, ist allgemein menschlich verbreitet u. stellt eine Äußerung
der Liebe u. Verehrung dar. Daß es sich auch in kirchlichen Zusammenhängen äußerte (bezeugt beim Martyrium des Polykarp † 156), ist verständlich. In »gläubiger« Sicht wird den Überbleibseln allerdings das Inne-
wohnen der übernatürlichen Kraft des Heiligen zugeschrieben; ein guter
Erhaltungszustand der Leiche gilt als Erweis besonderer Heiligkeit. Diese
Auffassungen führten zu dem Glauben, die beigesetzten R. wirkten ↗Wun-
der; Wallfahrten zu Heiligengräbern mit entsprechender äußerer Verehrung verbreiteten sich seit der Zeit der Kaiserin Helena († um 328).
Jahrhundertelang galten die Gräber als unantastbar (Ausnahmen: »Trans-
lationen« von Heiligen in neue Grabstätten). Vom 9. Jh. an bis heute wer-
den körperliche Überbleibsel den Gräbern entnommen, Skelette in kleinste
Teilchen zersägt usw. Im Spätmittelalter wurden R. unter großen Kosten
erworben; die Verehrung mit Ablässen gefördert. Der Export von R. aus
Rom wurde seit der Entdeckung der Katakomben (seit dem 16. Jh.; nicht
alle waren christliche Begräbnisstätten, aber alle Gräber galten als die von
Märtyrern) enorm gesteigert. Die ↗Aufklärung übte heftige Kritik am
Reliquienwesen. Auf dem II. Vaticanum vorgetragene Forderungen, die
Reliquienverehrung zu beenden u. die R. »ehrfurchtsvoll zu begraben«,
blieben folgenlos. Das neue kath. Kirchenrecht von 1983 bleibt bei der
Empfehlung, in alle Altäre R. einzumauern. Selig- u. Heiligsprechungen
gelten als »Erhebung zur Ehre der Altäre« (Aufbrechen der Gräber, soweit
vorhanden, u. Übertragung der R. in eine Kirche).

Repräsentation (lat. = Vergegenwärtigung). Der dem Begriff R. zugrunde
liegende Gedanke besagt, daß etwas scheinbar oder wirklich Abwesendes
Gegenwart gewinnen kann. In Theologie u. Spiritualität kommt dieser
Gedanke mehrfach zur Geltung. Im Hinblick auf die Gegenwart Gottes
bedeutet er nicht, daß der abwesende Gott zum Gegenwärtigwerden, zum
Kommen veranlaßt oder durch einen anderen vertreten werden könnte.
Vielmehr besagt er, daß sich Glaubende u. Betende bewußtseinsmäßig der
immer gegebenen Nähe Gottes vergewissern u. sich dadurch Gott »vergegenwärtigen«. Mit der Gegenwart Gottes ist die Gegenwart alles dessen
u. aller derer gegeben, was nach aktueller menschlicher Erfahrung in den
Bereich des Vergangenen gehört, bei Gott aber zur Endgültigkeit vollendet

ist. Daher kann in der Vergegenwärtigung Gottes Vergangenes wieder Gegenwart werden: mittels des erinnernden Gedenkens (↗Anamnese). Das betrifft Schöpfung, Offenbarung, Ereignisse der Heilsgeschichte, für den Glauben bedeutsame Personen. Ein Raum »verdichteter Vergegenwärtigung« ist im jüdisch-christlichen Glauben in der ↗Liturgie gegeben. Im Zusammenhang mit der ↗Eucharistie spricht die kirchenamtliche Lehre von »Realpräsenz« u. von R. des Geschehens am Kreuz. Durch das zugleich transzendente u. immanente Verhältnis Gottes zur Schöpfung (Befähigung zur ↗Selbsttranszendenz), durch seine ↗Selbstmitteilung im Wort u. im Heiligen Geist in der ↗Gnade ist ebenfalls reale Gegenwart gegeben, die auf unterschiedliche Weise »vergegenwärtigt« werden kann. So können z. B. die Schöpfung oder das Wortgeschehen nicht nur äußerliche Verweise (Hinweiszeichen, konventionelle Symbole) auf Gottes Gegenwart, sondern wirkliche Ereignisse der Vergegenwärtigung sein. Nach dem Zeugnis der biblischen Offenbarung sollen die Menschen Gott selber bei der Sorge um die Schöpfung vergegenwärtigen: ↗Gottebenbildlichkeit. In der kath. Amtstheologie ist die Gefahr gegeben, den Amtsträger, der allenfalls Repräsentant der Kirche sein kann, ideologisch als reale R. Jesu anzusehen. – ↗Stellvertretung.

Reprobation (lat. = Verwerfung, Ablehnung), ein Begriff der ↗Gnadenlehre. In kath. ↗Gnadensystemen wird es für möglich gehalten, daß Gott, wenn er ein endgültiges Nein der geschöpflichen Freiheit voraussieht, diese Kreatur »verwirft«, d.h. ihre ewige Verdammnis bewirkt. Es würde sich hier um eine positive, unbedingte, aber dem vorausgesehenen geschöpflichen Nein »nachfolgende« Verwerfung oder R. handeln. Eine positive, unbedingte, aber der kreatürlichen Schuld logisch vorausgehende R. würde das geschöpfliche Nein erst bewirken; die Annahme einer solchen Bewirkung des Bösen durch Gott u. damit einer negativen apriorischen ↗Prädestination wird von der kath. Theologie als häretisch abgelehnt.

Reue heißt in der theol. Sprache die Abkehr des Sünders von seiner ↗Sünde u. ↗Schuld u. die Neuorientierung seines Lebens in Glaube, Hoffnung u. Liebe zu Gott, als die von Gottes Gnade u. Initiative ermöglichte u. getragene Antwort des Menschen auf die von Gott geoffenbarte Vergebungsbereitschaft. Der Vorgang der R. ist also nicht Selbsterlösung, sondern ein dialogisches Geschehen zwischen Gott u. Mensch, bei dem die ↗Gnade Gottes die freie, verantwortliche Antwort des Menschen auf sie, die Gnade, selber ermöglicht u. trägt. Zur biblischen Auffassung: ↗Metanoia. Nach kirchlicher kath. Lehre kann die R. Phasen haben, die sich auch durch unterschiedliche Motive unterscheiden. Ein Mensch kann zu der Erkenntnis kommen, daß seine Sünde einen Widerspruch zum heiligen Willen

Gottes darstellte, u. er kann sich dann in Gesinnung u. Tat von der Sünde
distanzieren, weil er erwägt, daß die Gerechtigkeit Gottes ihn als Sünder
verurteilen muß; diese R. heißt in der kirchlichen Tradition »unvollkommene« R. (»attritio«; vgl. ↗Attritionismus). Gelangt die R., eventuell durch
diese erste Phase hindurch wachsend, zu ihrer vollendeten Gestalt, zur
Liebe Gottes um seinetwillen, so daß diese Liebe die Distanzierung von
der Sünde bewirkt, trägt u. erhält, dann heißt die R. »vollkommene R.«
(»contritio«; vgl. ↗Kontritionismus). Über das Verhältnis der außersakra-
mentalen u. der sakramentalen Vergebung zu diesen beiden Arten von R.:
↗Bußsakrament. – Wenn einem Menschen dank der Gnade Gottes diese
Distanzierung von der Sünde als Schuld vor Gott überhaupt gelingt, erscheint die Liebe zu Gott nicht als schwer, weil ein Mensch sich in der
Freiheit seines Herzens immer an anderes weggeben »muß«, an ein absolut
gesetztes Endliches oder an Gott. Darum ist die durch Gottes Gnade geschenkte desillusionierende Befreiung von der Tyrannei eines einzelnen
endlichen Lebenswertes, von dem man meint, ohne ihn sei das eigene Leben nicht denkbar u. man könne auch gegen den Willen Gottes auf ihn
nicht verzichten, das eigentlich Entscheidende bei jeder R. Die Absage des
Menschen an die freie, verantwortliche Tat seiner Vergangenheit, an die
Sünde, gilt dem erkannten, eingesehenen ethischen Unwert dieser Tat u.
der Gesinnung, deren »Konkretion« die Tat darstellte. Diese Absage ist
nicht Flucht vor der Vergangenheit, sondern sie bedeutet, daß ein Mensch
sich in Verantwortung u. Bekenntnis seiner Vergangenheit stellt. Diese Absage kann u. darf nicht heucheln. Sie ist vereinbar mit der unbestreitbaren
Tatsache, daß auch eine böse Tat etwas »Gutes« wollte u. für den Menschen
oft auch sehr viel Gutes bewirkt (eine Zunahme an Einsicht u. Erfahrungen, menschlicher »Reifung« u. a.). Viele Menschen empfinden die biblische u. kirchliche Lehre über die R. als nicht nachvollziehbare Zumutung,
wenn sie sich von einem Ereignis distanzieren sollen, das von ihnen eventuell als beglückendes Erlebnis empfunden wurde u. jedenfalls wegen seiner guten Folgen vom konkret existierenden Menschen nicht mehr weg-
gedacht werden kann. In einem solchen Fall scheinbarer Ausweglosigkeit
ist statt einer immer wiederkehrenden Reflexion der Vergangenheit die
positive, bedingungslose u. vertrauensvolle Hinwendung zum vergebenden Gott in Liebe der bessere Weg der Reue.

Rezeption (lat. = das Annehmen, Übernehmen) bedeutet die zustimmende
Annahme einer Botschaft oder einer Weisung durch den oder die Adressa-
ten. Die Aneignung des Glaubens, seiner Inhalte u. seiner sprachlichen
Formulierungen kann als Rezeptionsgeschehen verstanden werden. Eine
einwilligende Annahme nur aufgrund einer formalen Autorität mit ihrer
Gehorsamsforderung ist keine R. Authentische R. setzt das Fehlen jeder

Art von ↗Zwang, das argumentative Bemühen um Überzeugung u. das
Werben um ↗Konsens voraus u. besteht in freiwilliger innerer Zustimmung. Die entscheidende theol. Basis für die Geltung der R. in der Kirche
sind die Freiheit des ↗Glaubens (II. Vaticanum DH 10) u. des ↗Gewissens
(↗Religionsfreiheit). Kirchen- u. theologiegeschichtlich waren die R. des
biblischen ↗Kanons u. die R. oder Nichtrezeption von Konzilsentscheidun-
gen von großer Bedeutung. Die ↗Ekklesiologie beschäftigt sich seit etwa
1970 zunehmend mit der R. u. ihren Bedingungen. Seit etwa 1980 stellt
sich angesichts wachsender ökumenischer Verständigung in Experten-
gruppen bei einzelnen Problemzusammenhängen die Frage nach der R.
in den Ortskirchen u. Gemeinden. In reformatorischer Sicht ist der Nachweis der Übereinstimmung einer Vorlage mit der Heiligen Schrift die Vorbedingung für eine R. In amtlicher kath. Sicht sind eine dogmatisch verbindliche oder eine nur authentische u. definitive Lehrerklärung sowie
eine disziplinarische Weisung rechtsgültig auch ohne R., doch können solche Erklärungen u. Weisungen aus verschiedenen Gründen (fehlender
Nachweis des Zusammenhangs mit der Offenbarung Gottes, mit fundamentalen Glaubensinhalten; Mißachtung des Glaubenssinns, des ökumenischen Taktgefühls, der konkreten menschlichen Lebenssituationen,
des legitimen Pluralismus in Theologie u. Spiritualität; Nichtberücksichti-
gung humanwissenschaftlicher Erkenntnisse) wirkungslos bleiben. Da die
Verweigerung einer R. nicht gleichbedeutend mit der öffentlichen Verbreitung eines Widerspruchs ist, kann sie nicht als ↗Häresie oder ↗Schisma
angesehen werden. In kath. kirchenrechtlicher Sicht ist eine »Norm« der
genannten Art mit ihrer Veröffentlichung (Zustellung) durch die Autorität
formell gültig auch ohne Zustimmung der Empfänger, verpflichtet aber
nicht, wenn die R. verweigert wird (»legitime Verhinderung der Wirksamkeit u. Durchsetzung eines Gesetzes durch allgemeine Nichtbefolgung«).
Dies gilt auch bei päpstlichen »Weisungen«.

Rigorismus (lat. = starre Orientierung an Grundsätzen), eine Haltung, die
sich weigert, ihre Prinzipien hinsichtlich der argumentativen Überzeugungskraft, der Umstände, der möglichen Güterabwägung jemals zu
überprüfen. Der R. akzeptiert die Unterscheidung zwischen dem ethisch
Guten u. dem ethisch Richtigen nicht, weil er das »Gute an sich« nicht nur
in seiner prinzipiellen Geltung, sondern ohne Rücksicht auf die Folgen als
konkrete Verhaltensnorm verteidigt. Der R. untersagt aus Prinzip bestimmte Verhaltensweisen (z. B. Schwangerschaftsberatung, Empfängnisverhütung), auch wenn durch sie schwere Übel zu vermeiden wären. Durch
das starre Festhalten am »Guten an sich« wird das »Böse an sich« produziert. In der früheren Geschichte trat der R. als Verweigerung einer zwei-

ten Buße nach der Taufe auf (»rigoristische Bußhäresien« des ↗Monta-
nismus u. ↗Novatianismus).

S

Sabellianismus ist ein im 4. Jh. entstandenes polemisches Wort, mit dem
jedes theol. Denken als häretisch diffamiert werden sollte, das man als
↗Modalismus verdächtigen konnte. Der Name geht auf einen Vertreter
des ↗Patripassianismus namens Sabellius zurück, der gegen die ↗Logos-
u. ↗Hypostasen-Spekulationen die monotheistische Monarchie verteidigen wollte. Mit seinen Anhängern veränderte er die patripassianische Lehre
des Noetos von Smyrna (um 170) dahingehend, daß der eine Gott sich im
AT als Vater, in der Inkarnation als Sohn u. in der apostolischen Gemeinde
als Hl. Geist geoffenbart habe. Bischof Calixtus I. (um 217–222), der sich
selber gegen den Verdacht des Patripassianismus wehren mußte, schloß
Sabellius aus der römischen Christengemeinde aus.

Sadduzäer, eine religiöse Gruppierung in Israel, benannt nach dem Priester
Zadok, der zur Zeit Davids als Angehöriger einer Familie mit erblichem
Hohepriestertum lebte. Sie werden von dem jüdischen Geschichtsschreiber
Flavius Josephus († um 100 n. Chr.) u. im NT bezeugt; bei Josephus wird
ihre Existenz erstmals für das 2. Jh. v. Chr. erwähnt. Nach beiden Quellen
gehörten die S. zu einer aristokratischen Elite, die mit den frommen ↗Pha-
risäern konkurrierte, mit denen sie aber bei gemeinsamen Interessen (wie
beim Prozeß gegen Jesus) zusammenarbeitete. Ihre Religiosität hatte den
Tempel u. die Priesterschaft zum Zentrum, darum wandten sie sich wegen
der souverän kritischen Haltung Jesu zum Tempel gegen ihn. Sie leugneten
eine Auferstehung der Toten (Mk 12, 18–27 par.; Apg 23, 6 ff.) u. glaubten
nicht an die Existenz von Engeln u. Dämonen (Apg 23, 8). Offenbar betonten sie die Autonomie des Menschen über sein Schicksal u. die Willensfreiheit. In Rechtsauffassungen u. in Fragen kultischer Reinheit sollen sie
sehr streng gewesen sein. Nach der Tempelzerstörung 70 n. Chr. unbedeu-
tend.

Sakral und profan. Sakral (lat. = auf das »sacrum«, das Heilige bezogen) ist
ein Wort, mit dem dasjenige bezeichnet werden soll, was in einer besonderen Weise zum ↗Heiligen gehört oder auf es hingeordnet ist: der ↗Kult, die
durch ↗Weihe zum Dienst am Heiligen bestellten Personen oder Dinge.
Profan (lat. = was »pro«, vor, dem »fanum«, dem heiligen Bereich, liegend
gedacht wird) sei der dem Heiligen entzogene Bereich, in einer bestimm-

ten christlichen Auffassung die ⁊Welt, entweder verstanden als das Unheilige, Sündige, zur Sünde Verführende, oder das auf Autonomie von der Religion Beharrende. Dieses in der christlichen Tradition wiederholt auftauchende Modell geht von der Vorstellung aus, Bereiche der Welt ließen sich ausdrücklich dem Heiligen reservieren, Menschen u. Dinge könnten sich zeitweise oder auf Dauer dorthin absondern lassen u. nur von diesem sakralen Bereich aus sei ein unmittelbarer Bezug zu Gott möglich. Dagegen steht die religiöse u. theol. Auffassung, daß das Christentum die Welt insofern als profan versteht, als sie von dem schöpferischen Willen Gottes in einen Prozeß wachsender Selbständigkeit eingesetzt ist, der mit dem Prozeß fortwährender ⁊Selbstmitteilung Gottes an die Kreatur verbunden ist u. daher mit wachsender Selbständigkeit auch wachsende Nähe der Welt zu Gott bedeutet. Nach eben dieser Auffassung versteht sich das Christentum nicht als sakral, weil es von Gott nicht aus der Welt ausgegrenzt ist, sondern seinen Lebensvollzug in der Welt hat u. haben soll. Die negative Prägung der Welt (ihre »konkupiszente Situation«) wird damit nicht geleugnet, aber die kritische Distanz des Christentums gegenüber dieser Situation besteht nicht in der Schaffung eines Sakralbereichs. Der zentrale »kultische« Vollzug des Christentums, die Eucharistie, in der das »profane« Leben u. Sterben Jesu vergegenwärtigt u. Impulse des Heiligen Geistes zum Leben unter den Verheißungen der ⁊Herrschaft Gottes in der Welt gewonnen werden, ist keine sakrale Handlung, in der eine Materie oder Personen »weltlos« würden. Umso weniger können kirchliche Personen u. Institutionen, die immer auch vom »Geist der Welt« geprägt sind u. das gar nicht bestreiten können, sakral werden. Die beiden Begriffe können daher zur Verdeutlichung des christlichen Welt- u. Selbstverständnisses nichts beitragen.

Sakrament (seltenes lat. Wort, von »sacrum« = Heiliges; bedeutete einen im Tempel hinterlegten Betrag, dann auch den militärischen Fahneneid). Sakramente heißen hervorgehobene liturgische Symbolhandlungen der Kirche. Zu unterscheiden sind einerseits die Existenz solcher Symbolhandlungen, anderseits der Begriff S. u. seine Geschichte. – *1. Biblische Zeugnisse.* Diejenigen ntl. Texte, von denen aus sich die spätere Sakramententheologie entwickelt hat, setzen bereits eine liturgische Praxis der frühen christlichen Kirche u. eine theol. Reflexion auf diese Praxis voraus. Keine Meinungsverschiedenheiten bestehen darüber, daß ⁊Taufe u. ⁊Eucharistie (⁊Abendmahl) schon in ntl. Zeit besonders hervorgehobene liturgische Symbolhandlungen waren. Eine theol. Deutung beider findet sich 1 Kor 10, 1–11, wo Paulus nahelegt, daß göttliche Heilsgeheimnisse geschichtlich-konkret vermittelt werden können. Geistesgeschichtliche Grundlagen dafür stammen sowohl aus dem Judentum als auch aus dem Hellenismus (frühere

Erklärungen der Herkunft der Sakramente litten unter der Einseitigkeit nur einer Ursprungsbestimmung). Andere Anhaltspunkte sind die Salbungen mit Öl (Mk 6,13; Jak 5,13 ff.), die ↗Handauflegung im Zusammenhang mit Amtsübertragung, Geistmitteilung, wohl auch mit Versöhnung, die Verhaltensweisungen im Hinblick auf Sünde u. Vergebung (Mt 18,15–18; Joh 20,22 f.). Einen Sonderfall bildet die ↗Ehe; die Liebesbeziehung Jesu Christi zu seiner Kirche wird in Eph 5,32 als deren Vorbild dargestellt u. mit griech.»mysterion«, in der Vg.»sacramentum«, bezeichnet. Damit ist nicht die liturgische Symbolhandlung gemeint, aber die Bedeutung des konkreten Geschehens der Ehe für das Heil bei Gott ausgesprochen. Nirgendwo in biblischen Zeugnissen werden diese unterschiedlichen liturgischen Vollzüge einem Einheitsbegriff S. untergeordnet. – 2. Die theol. Bemühungen der nachbiblischen Zeit sind zunächst durch ein *Schwanken hinsichtlich des Begriffs mysterion (mysterium)* gekennzeichnet. Er wird in Abwehr der Gnosis abgelehnt oder doppelt positiv verwendet, einmal um die konkret-geschichtlichen Zuwendungen des göttlichen Heils zu bezeichnen, zum andern um das Heilsgeschehen in Jesus Christus kultisch zu vergegenwärtigen. Aus dem ersteren entstand der spätere »weitere« Begriff S., mit dem Jesus Christus, die Kirche, der Glaube u. das Glaubensbekenntnis benannt werden konnten. Der letztere, wohl in Nordafrika zuerst »sacramentum« für »mysterion«, wurde zunächst auf Taufe u. Eucharistie angewandt, wegen des Gedankens der religiös-ethischen Selbstverpflichtung im lat. Wort »sacramentum«, wobei das Angebot der göttlichen Gnade u. die Zustimmung (Bekenntnis) des Glaubens engstens zusammengesehen wurden. Vom 3. Jh. an fand der engere Begriff S. Eingang in die kirchliche u. theol. Sprache, wobei auch andere liturgische Symbolhandlungen wie Fußwaschung u. Handauflegung als Sakramente bezeichnet wurden. Von großer Bedeutung für die Sakramententheologie war Augustinus († 430). Er rechnete die Sakramente Taufe u. Eucharistie zu jenen sichtbaren ↗Zeichen, die eine unsichtbare Wirklichkeit (»res«) anzeigen. Vornehmstes Zeichen (»signum«) ist für ihn das Wort. Die Sakramente sind Geschenke Gottes zur Wiederherstellung der von »Adam« gestörten Ordnung im Umgang mit Zeichen u. Gütern; sie zeigen Göttliches an u. enthalten es. Ihr sinnlich wahrnehmbares Element wird durch ein Wort, das Glaubenswort der Kirche, gedeutet, ohne das ein S. nicht zustande käme. Daher nennt Augustinus das S. auch »sichtbares Wort«. Die Wirklichkeit, die im S. bezeichnet wird, ist für ihn nicht einfach die göttliche Gnade, sondern der ganze Christus (»Christus totus«), der in den Sakramenten der eigentlich Handelnde ist u. durch den Hl. Geist die göttliche Gnade bewirkt. Daher kann die innere heilige Wirklichkeit u. Wirksamkeit der Sakramente durch unheilige Amtsträger gar nicht beschädigt werden (↗Donatismus). Im frühen Mittelalter kamen sachhafte

Vorstellungen auf, als enthielten die Sakramente die Gnade so, wie Medizin in einem Gefäß enthalten ist. Ein ängstliches Sicherheitsdenken sorgte sich um den richtigen Ritus, den man durch die Autorität Roms garantiert sah. Vom 12. Jh an wird die Sakramententheologie theoretisch erweitert. Das S. wirkt, gleichsam von Gott her betrachtet, »objektiv«, unabhängig vom »Spender« u. dessen Würdigkeit, »ex opere operato«, d. h. kraft des vollzogenen Ritus. Ob die göttliche Gnade aber wirksam ankommt, das hängt vom subjektiven Tun des »Empfängers«, vom »opus operantis«, ab. Minimalbedingungen werden aufgestellt: Der »Spender« müsse die entsprechende Vollmacht u. die ↗Intention, das zu tun, was die Kirche tut, haben; der »Empfänger« müsse frei von einem Hindernis sein (↗Disposition). Für diese Theorien waren, ebenso wie bei der nun entwickelten Lehre vom sakramentalen ↗Charakter, Anhaltspunkte bei Augustinus gegeben. Seit der Frühscholastik mühte man sich, eine auf alle Sakramente zutreffende Definition zu erarbeiten, wobei die Frage nach der ↗Ursache der Gnade besondere Aufmerksamkeit fand. Mitte des 12. Jh. ist ein Konsens hinsichtlich der (heutigen kath.) Siebenzahl der Sakramente zu konstatieren, für die jedoch keine zwingenden Gründe angegeben werden konnten. Einen Bestandteil bildete die Bemühung der scholastischen Theologie um Stiftungsakte der Sakramente, wobei Einsetzungsworte bei Jesus, spätere Erkenntnis u. Promulgation einer Stiftung durch Jesus, eine Stiftung durch Gott (nämlich der Ehe im Paradies) behandelt wurden u. die Betonung auf dem Zeitpunkt lag, zu dem die Sakramente ihre Wirksamkeit durch den Hl. Geist erhielten. Die Scholastik unterschied »sacramentum« (»tantum«), das äußere Zeichen, von der »res«, dem Inhalt, der letzten Wirkung der Gnade Gottes, die ihrerseits nicht auch Zeichen ist. Dazwischen nahm sie ein Mittleres an, »res et sacramentum«, das vom äußeren Zeichen im Bereich des Sichtbaren hervorgebracht werde u. unmittelbar die Gnade bewirke. Der ↗Hylemorphismus wurde auf die Sakramente angewandt, so daß bei jedem S. (manchmal etwas künstlich) Materie u. Form unterschieden wurden; weil dabei »materia« in einem sehr weiten Sinn aufgefaßt u. mit der substantialen Form die Einheit des Ganzen »gerettet« wurde, war es möglich, ein bloß sachhaftes Verständnis des »materiellen« Zeichens zu überwinden u. zum liturgischen u. personalen Vollzug zurückzukehren. Thomas von Aquin († 1274), der die Sakramententheologie systematisierte, nannte mit Hilfe seiner Kausalitätstheorie Gott die Ersturursache, das S. die Instrumentalursache der göttlichen Gnade, die Gott jedoch nach Thomas auch außersakramental mitteilt. – 3. Erste *kirchenamtliche Stellungnahmen,* zur allgemeinen Sakramententheologie seit dem 13. Jh., verteidigen die Lehre, daß Gültigkeit u. Wirksamkeit eines S. nicht von der Würdigkeit seines »Spenders« abhängen. Das II. Konzil von ↗Lyon äußerte sich 1274 affirmativ zur Siebenzahl der Sakramente. Der Sakramententext

des Armenierdekrets von ⁊Florenz ist, einschließlich der hylemorphisti-
schen Sicht u. der Bestätigung der Siebenzahl, überwiegend von Thomas
von Aquin übernommen. Die Kritik der *Reformatoren*, die schließlich zu
einem unterschiedlichen Sakramentenverständnis führte, entzündete sich
an Mißbräuchen in der Praxis des ⁊Ablasses, der ⁊Eucharistie u. des ⁊Buß-
sakraments. – *a) M. Luther († 1546)* betonte aus seiner augustinischen Tradition u. seiner religiösen Erfahrung das Wortgeschehen beim S., auf christologischer Basis: das Wort der vergebenden Liebe Gottes ist im Leben u.
Sterben Jesu Fleisch geworden, daher ist Jesus *das* S. schlechthin. Von Augustinus her suchte Luther nach dem Verheißungswort u. nach dem sichtbaren Zeichen u. fand beide zusammen nach einem gewissen Schwanken
nur noch bei ⁊Taufe u. ⁊Abendmahl. Sie sind jeweils unterschiedliche,
allein durch den Glauben im Menschen wirkende, ihm ohne sein Verdienst
von Gott geschenkte Heilsworte. Zugleich haben sie in der lutherischen
Tradition kirchenbildenden Charakter, wenn sie, zusammen mit der reinen
Verkündigung des Evangeliums, recht verwaltet werden. – *b) Nach J. Calvin († 1564)* können alle im AT u. NT genannten Zeichen, mit denen Gott
die Menschen im Glauben stärken möchte, »Sakramente« heißen. Er betont die unabdingbare Voraussetzung: Die Menschen müssen durch den
Hl. Geist für das Himmlische geöffnet u. zur Annahme der Verkündigung
im Glauben bewegt worden sein. Da sie trotz des Glaubens durch Schwäche, Trägheit u. auch Unwissenheit bleibend angeschlagen sind, bedurften
sie der Sakramente als göttlicher Bekräftigungen seiner Verheißungen. – In
Reaktion auf die reformatorische Sakramentenauffassung, vor allem über
die Wirksamkeit der Sakramente allein durch den Glauben u. über die
Begrenzung ihrer Zahl, verabschiedete das *Konzil von* ⁊Trient 1547 ein
Dekret über die Sakramente. Als Richtlinien galten die Texte von Florenz,
als Normbeispiel für »das« S. betrachtete man offensichtlich die Säuglingstaufe, eine Definition des S. wurde jedoch nicht geboten. Das Konzil lehrte
die Siebenzahl der Sakramente: ⁊Taufe u. ⁊Eucharistie als die bedeutendsten Sakramente, ferner ⁊Firmung, ⁊Bußsakrament, ⁊Krankensalbung,
⁊Ehe, ⁊Weihesakrament. Alle werden auf eine Einsetzung durch Jesus
Christus zurückgeführt (Genaueres dazu sagte das Konzil aber jeweils bei
den einzelnen Sakramenten). Die Sakramente werden in den Zusammenhang der ⁊Rechtfertigung eingeordnet, aber nicht alle sind von gleichem
Rang u. nicht alle gelten als heilsnotwendig. Erkennbar wird die Auffassung zurückgewiesen, die Sakramente hätten nur den Glauben zu stärken
oder sie seien nur Zeichen des menschlichen Bekenntnisses; so wird ihre
sichere Wirkung von Gott her mit dem »ex opere operato« ausgesprochen.
Andere Lehraussagen bejahen die Existenz des sakramentalen ⁊Charakters;
sie handeln von der notwendigen Vollmacht, der Intention des »Spenders«,
dem Fehlen eines Hindernisses beim »Empfänger«. Die personale u. litur-

gische Sicht der Sakramente kommt nicht zur Geltung. – 4. *Heutige Systematik.* Die frühesten christlichen Gemeinden haben bei der Einführung ihrer sakramentalen Praxis auf ein den Menschen naheliegendes, weil bereits mit ihrer eigenen Leiblichkeit u. mit Transzendenzerfahrungen im Bereich der Schöpfung verbundenes Verständnis von ↗Symbol u. symbolischen Handlungen zurückgegriffen. Die mögliche Mehrdeutigkeit in der Transparenz der Schöpfung wird dabei kraft der Wortoffenbarung interpretierend überwunden, womit zugleich die Überzeugung verbunden war, dem Willen u. der Praxis Jesu zu entsprechen. Was so an kirchlichen Sakramenten geschaffen wurde, war aus folgenden Gründen nicht rein menschliche Erfindung, sondern »Gründung« Gottes in Jesus Christus: a) Die christlichen Gemeinden wußten sich in ihren vor Gott u. auf ihn hin realisierten Aktionen von den Initiativen des Hl. Geistes geführt u. von ihm getragen; b) sie verließen sich auf die Zusage Jesu, bei ihren Versammlungen auf eine neue Weise gegenwärtig zu sein »bis ans Ende der Welt«; c) sie trauten der durch die Auferweckung Jesu verbürgten Verheißung, daß ihre Gebete im Hl. Geist u. so auch ihre sakramentalen ↗Epiklesen unfehlbar erhört würden. Damit ist der Ursprungs- oder Stiftungszusammenhang mit Jesus gegeben. Die theol. Erneuerungen im 20. Jh. haben dieses Ursprungsverhältnis verdeutlicht durch die Erkenntnis Jesu als des einzigartigen ↗Ursakraments u. der ↗Kirche als des Grund- oder Wurzelsakraments, das sich in vorzüglicher Weise in den Einzelsakramenten aktualisiert. Die Überzeugung von der realen Gegenwart Jesu u. seiner Mysterien in jedem S. entstand neu aus der kritischen Diskussion der ↗Mysterientheologie u. aus der Erinnerung an das Vergegenwärtigungsgeschehen in der jüdischen Liturgie. Die Besinnung auf den pneumatologischen, christologischen u. ekklesiologischen Aspekt der Sakramente eröffnete sehr positive Perspektiven für das ökumenische Gespräch, auch mit der ostkirchlichen Orthodoxie (die ebenfalls die Siebenzahl der Sakramente kennt). – Diese Sicht der Sakramente zeigt, daß sie im Glauben dankend u. preisend angenommene Taten Gottes an der Gemeinde u. an den einzelnen Menschen sind, auch wenn sie in ihrer konkreten Gestalt liturgische Symbolhandlungen der Kirche sind. Genauer werden sie als Realsymbole verstanden, u. so kann ihre Ursächlichkeit im Hinblick auf die Gnade deutlicher erfaßt werden: Die Sakramente sind Ursache der Gnade, insofern sie ihre Zeichen sind, aber die Gnade ist eben Ursache der Zeichen, die diese erwirkt u. damit selber gegenwärtig wird. Den Sakramenten ist nicht ein Mehr an Gnade über die gnädige Gegenwart Gottes bei den Menschen hinaus, sondern eine Steigerung der personalen Kommunikation, ein höheres Maß an Greifbarkeit zuzuschreiben. – Die Praxis der sakramentalen Symbolhandlungen ist von Anfang an unlösbar mit den deutenden Worten verbunden. In ihnen, nicht im Zeichen als solchem, geschieht der Zeitbezug der Sakramente als Erinnerung, Vergegenwärtigung u. Verheißung. Die neuere Theologie des ↗Wortes Gottes suchte die innerste Zuordnung von Wort u. S. dadurch aufzuzeigen, daß sie das S. als höchste Wesensverwirklichung des Wortes Gottes (in radikalem Engagement der Kirche bei entscheidenden Heilssituationen einzelner Menschen u. der kirchlichen Gemeinschaft) auffaßte. Das Mittun der Gläubigen garantiert, daß nicht monologische Wortverkündigung oder »Spendung« geschehen, sondern daß wechselseitiges liturgisches Tun u. gemeinsames Bekenntnis gegeben sind. Neuere Versuche, die Sakramente als Interaktionen (Sprech-Akte) oder als »Rites de passage« (Übergangsriten) zu verstehen, können manche Aspekte verdeutlichen, sind aber in der Gefahr, die ganz unterschiedlichen Geschehnisse u. Situationen der Einzelsakramente dem künstlichen Oberbegriff S. schematisch unterzuordnen. Ein anderes neueres Verständnis will die Sakramente als Feste u. Feiern u. als »die Menschen verwandelnde Spiele« sehen. Hierin liegt die Gefahr einer einseitigen Verharmlosung u. Ästhetisierung mit dem Anschein, als solle die konkrete menschliche u. gesellschaftliche Leidenssituation durch religiöse Symbolhandlungen überspielt werden. Die heutige Krise der Sakramente besteht weniger in der Verwechslung mit magischen Praktiken als in der vom konkreten Leben abgehobenen, in starren Traditionen fixierten, schematisch ablaufenden Gestaltung.

Sakramentalien ist in der kath. Theologie eine Bezeichnung für Riten, die nicht von Jesus Christus her direkt begründbar, von der Kirche eingeführt sind, um in einer gewissen »Nachahmung der Sakramente« (CIC von 1983 can. 1166 ff.; II. Vaticanum SC 60) aufgrund des Gebets der Kirche das menschliche Leben, die Lebenswelt u. Schöpfung im ganzen zu »heiligen«, d. h. sich zur Herrschaft Gottes über alles zu bekennen. Zu den S. gehören Weihen u. Segnungen (Konsekrationen, Benediktionen). Fürbittende Weihegebete beziehen sich z. B. auf Lebensentscheidungen oder Funktionsbestellungen (Mönchs-, Jungfrauen-, Abtsweihe) oder auf Dinge, die exklusiv in liturgischen Dienst gestellt werden (Kirchen, Altäre, Glocken, Weihwasser). Gesegnet werden Personen, wobei die optative Segensformel deutlich anzeigt, daß die Segnung so wie die Weihe ihrem Wesen nach fürbittendes Gebet ist. Der Segen der Eltern für die Kinder ist nicht minderen Ranges als ein bischöflicher oder päpstlicher Segen, denn auch »Laien« können segnen (II. Vaticanum SC 79,2; CIC von 1983 can. 1168). Gesegnet werden auch Dinge, bei deren Benützung man das fürbittende Gebet der Kirche als hilfreich versteht (Häuser, Autos, Trauringe). – Als sinnvolle u. an sich authentische religiöse Vollzüge, die die Bereiche des Greifbaren u. Leibhaften mit zur Geltung bringen, dürfen die S. nach kirchlicher Lehre nicht verworfen werden, jedoch ist ihr Gebrauch dem

einzelnen Menschen u. seinem Glauben anheimgestellt. Die Gefahr aber-
gläubischer u. magischer Vorstellungen ist nicht zu übersehen.

Sakramententheologie bezeichnet in der klassischen Theologie die wissenschaftliche Reflexion über Herkunft, Wesen, Wirkweise u. Praxis der
↗Sakramente sowie den dogmatischen Traktat S., der die allgemeine Sakramentenlehre u. die Darstellung der einzelnen Sakramente enthielt. Die
patristischen Überlegungen zur Heilsökonomie, zu den hl. Zeichen u. zu
den Inhalten von Taufe u. Eucharistie (vor allem bei Augustinus † 430)
waren für die spätere S. von großer Bedeutung, aber ein eigentlicher Traktat »über die Sakramente« konnte vor der Diskussion u. Erarbeitung eines
Oberbegriffs »Sakrament« nicht entstehen. So beginnt die S. im technischen Sinn erst Mitte des 12. Jh. Einflußreich war die Systematisierung
bei Thomas von Aquin († 1274), der die allgemeine S. unter Einbeziehung
der ↗Ekklesiologie geschlossen darstellte u. die einzelnen Sakramente später folgen ließ. Für die klassische Dogmatik waren seit der Wende vom 16.
zum 17. Jh. damit Struktur u. Inhalte der S. vorgegeben. Die lutherische
Theologie trägt sakramententheol. Überlegungen überwiegend im Zusammenhang mit Taufe u. Abendmahl vor. Die reformierte Tradition kennt
eine der allgemeinen S. entsprechende Zeichen-Theorie. Die S. der ortho-
dox-ostkirchlichen Theologie ist wie die röm.-kath. S. strukturiert. Die
Erneuerung der kath. Theologie im 20. Jh. hatte Vorschläge zu einer Neuordnung zur Folge, wonach die allgemeine S. der Ekklesiologie mit entsprechenden Bezügen zu ↗Christologie, ↗Pneumatologie u. ↗Gnadenlehre
zugeordnet werden sollte, während die Einzelsakramente an verschiedenen
Stellen bei der theol. Erörterung wesentlicher Situationen der kirchlichen
Praxis u. des christlichen Lebens behandelt werden könnten. Diese Vorschläge, die vermeiden helfen, daß die einzelnen Sakramente nur als
gleichartige »Fälle« des Oberbegriffs Sakrament schematisiert werden u.
die S. unter die Vorherrschaft des Kirchenrechts gerät, wurden in einigen
Handbüchern realisiert. Da die Sakramente liturgische Symbolhandlungen
der Kirche sind, muß die S. nicht zwangsläufig bei der Dogmatik verbleiben; sie könnte in die ↗Liturgiewissenschaft integriert werden, wo diese
sich als Theologie versteht u. nicht rein historisch-deskriptiv u. exklusiv
praktisch orientiert ist.

Säkularisation (von lat. »saeculum« = Welt, daher: Verweltlichung), ein Begriff, der nur in der deutschen Sprache von ↗Säkularisierung verschieden
ist u. unterschiedliche historische Sachverhalte bezeichnet, in denen kirchlicher Besitz enteignet u. »umgewidmet« wurde. Wenn von »der S.«
schlechthin die Rede ist, so ist die Folge des »Reichsdeputationshaupt-
schlusses« von 1803 gemeint, wonach die Reichskirche umfangreiche ter-

ritoriale Herrschaftsrechte u. Kulturgüter sowie Vermögen in sehr großem
Ausmaß verlor.

Säkularisierung ist ein philosophischer, theologischer u. soziologischer Begriff als Kurzbezeichnung für einen Prozeß, in dem die von der Religion
geprägte vormoderne europäische Welt durch die neuzeitlich-moderne
Welt abgelöst wurde. Ein herausragendes Kennzeichen dieser S. ist das
Entstehen autonomer, von religiösen Einflüssen freier Bereiche: Politik,
Wirtschaft, Wissenschaften usw., mit der Folge immer größerer Privatisierung der ↗Religion u. eines immer stärkeren Bedeutungsverlustes des
kirchlichen Christentums in der Öffentlichkeit. Innerhalb der kirchlichen
Religiosität vollzog sich ein analoger Prozeß (nicht unabhängig vom erstgenannten), bei dem eine kritische u. aufgeklärte Mentalität an die Stelle
des vormodernen Wunder- u. Vorsehungsglaubens tritt. Von da her wird
verständlich, daß S. ein Kampfbegriff des ↗Fundamentalismus u. der ↗Tra-
ditionalistenbewegung ist, die ihrerseits den Prozeß verloren geben u. sich
auf dem Rückzug in ein sektiererisches Getto befinden. Ohne den Begriff S. zu gebrauchen, wertete D. Bonhoeffer († 1945) das Entstehen einer
»mündigen Welt« positiv (vgl. auch ↗Atheismus). F. Gogarten († 1967)
wies auf die biblische Herkunft einer legitimen S. hin. Die ↗Politische
Theologie erkennt gerade auf der Grundlage des Glaubens die Autonomie
einer weltlichen Welt an, deckt deren Defizite auf u. weist auf die Verpflichtung der Christen hin, an der Verwirklichung einer menschlicheren Welt
mitzuarbeiten.

Salbung. Eine S. mit Öl ist in der Kulturgeschichte ein uraltes Ritual, schriftlich seit dem 3. Jahrtausend v. Chr. bezeugt; die Absichten waren Reinigung, Kräftigung, Heilung, Besiegelung eines Rechtsaktes oder einer Amtsübertragung, häufig mit religiösen Vorstellungen vermischt. Im AT haben
solche Salbungen die übliche kosmetische u. medizinische Bedeutung, ferner dienen sie zur Bekundung von Freude. Die S. von Königen gilt als
Symbol der Erwählung u. Mitteilung des Geistes durch Gott, ferner ist die
S. von Hohenpriestern, Kultstätten u. -geräten bezeugt. Einen Sonderfall
bildet die Erwartung eines Gesalbten der Endzeit (↗Messias). Auch das NT
berichtet von Salbungen im Zusammenhang mit Wohlbehagen u. Gast-
freundschaft. Theologiegeschichtlich bedeutsam war die S. mit Öl durch
die Zwölf mit dem Ziel der Heilung (Mk 6, 13) u. die Anweisung Jak 5, 14,
daß die Ältesten unter Gebet Kranke salben sollen (↗Krankensalbung).
Jesus galt als der Gesalbte (Lk 4, 18; Apg 4, 27; 10, 38). Die symbolische
Bedeutung der S. ist ebenfalls im NT bezeugt (Geistmitteilung, Kräftigung,
Schutz). In der kath. Liturgie sind mannigfache Salbungen im Gebrauch:
bei den Sakramenten der ↗Initiation Taufe u. Firmung, bei Priester- u.

Bischofsweihe sowie bei der Weihe von Kirchen (S. der Wände) u. der Altäre.

Sarx (griech. = Fleisch), ein biblisches Wort, das nicht den menschlichen ↗Leib bezeichnet, sondern den *ganzen* Menschen, der in seiner Leibhaftigkeit Trieben, Leidenschaften, Schwächen u. dem Tod ausgesetzt ist u. dessen geistig personale Wirklichkeit davon wesentlich mitgeprägt u. mitbetroffen ist. Der Unterschied zu diesem Dasein des Menschen in der S. (»im Fleisch«) liegt nicht in der ↗Seele, sondern im ↗Pneuma Gottes als der heilenden u. rettenden Gottesmacht (Mt 26, 41; Joh 6, 63; Röm 7, 5 f.; 8, 3–14; Gal 3, 3 u. ö.). Insofern das »Fleisch« des Menschen sich gegen diese Gabe des Hl. Geistes wehrt u. sich, statt sich vom Pneuma durchdringen zu lassen, mit der ↗Welt im negativen Sinn verbündet, bezeichnet S. nicht nur das Hinfällige, sondern auch das Sündige u. ewigen Tod Bewirkende. Von da her erklärt sich die existentielle Dualität (nicht ein prinzipieller ↗Dualismus) von »Fleisch« u. Geist (Pneuma) in ntl. Texten. – Im Ersten Testament kann »basar« (hebr. = Fleisch) auch kollektiv die gesamte Menschheit (z. B. Gen 2, 23; 6, 12) oder alle »körperhaften Wesen« (Gen 6, 17) bezeichnen.

Satisfaktionstheorie (lat. »satisfactio« = Genugtuung). Leben u. Sterben Jesu Christi wurden in der theol. Meditation u. Interpretation unter den unterschiedlichsten Aspekten betrachtet u. formalisiert. Zu diesen Vorgängen gehört die Deutung komplexer Verhaltensweisen Jesu vor allem gegenüber seinem Tod am Kreuz als ↗Akt, als sühnendes Opfer, als Friedensstiftung zwischen Gott u. Menschheit (hierfür existieren ntl. Zeugnisse in verschiedenartigem Kontext: ↗Erlösung). Anselm von Canterbury († 1109) analysierte diese »Tat« Jesu Christi genauer unter einem formalen Gesichtspunkt. Als freier, sittlicher Tat des Gehorsams u. der Liebe sprach er ihr einen »unendlichen« sittlichen Wert zu. Hintergrund dafür war die aus Anselms Kulturkreis stammende Vorstellung, daß die sittliche Qualität einer Tat sich nicht nur aus dem konkreten Geschehen, aus dem Inhalt der Tat, ergibt, sondern auch aus der Würde der Person, die diese Tat setzt. Für Anselm war jene Tat Jesu Christi die Tat des göttlichen Logos, des »Gottmenschen« u. daher von göttlich »unendlichem« Wert. Umgekehrt gehörte zum gedanklichen Hintergrund die Vorstellung, daß die Schuld einer negativen Tat sich nicht nur aus dem konkreten Geschehen, dem Inhalt der Tat, sondern auch aus der Würde des Betroffenen u. Verletzten ergibt. So war die Folge der Sünde ↗»Adams« eine »unendliche« Schuld wegen der unendlichen Würde des beleidigten u. verletzten Gottes. Anselms Antwort auf die Frage, warum Gott Mensch geworden sei (»Cur Deus homo?«), bestand in der Auskunft, daß dadurch ein Subjekt konstituiert worden sei, das einerseits kraft seiner menschlichen Natur imstande war, stellvertretend für die Menschheit zu handeln, u. anderseits kraft seiner göttlichen Natur dem unendlich beleidigten Gott-Vater »unendliche« ↗Genugtuung leisten konnte. Das Wesen der Erlösung besteht für Anselm daher darin, daß Jesus stellvertretend für die gesamte Menschheit dem Vater eine »unendliche« Genugtuung für die Sünde der Welt leistete. Neuere Rehabilitationsversuche Anselms, er habe das Kreuzesopfer für notwendig gehalten zur Wiederherstellung der Würde des Sünders, können die Texte selber nicht entkräften, sondern allenfalls einen ergänzenden Gesichtspunkt beibringen. Anselms Theorie wurde von der kath. Theologie u. von amtlichen Äußerungen übernommen, nicht jedoch lehramtlich verpflichtend gelehrt. Die seit Anselm in der Schultheologie vorgetragenen Erlösungsauffassungen werden in mehrfacher Hinsicht überprüft: Wie tragfähig ist der Begriff der ↗Stellvertretung? Inwiefern kann Gott durch eine Sünde »beleidigt« u. in seiner Ehre verletzt werden? Was bedeutet die Würde einer Person genauer für den Wert ihres Aktes? Ist das Leiden bei dieser Genugtuung durch Jesus Christus wesentlich oder nur zufällig? Ist das Kreuz radikalster Ausdruck der Strafgerechtigkeit Gottes oder »nur« der Erweis seiner erbarmenden Liebe? Die Diskussion offenbart zu einem großen Teil die Neigung, die S. Anselms abzulehnen. Die Vorstellungen von Genugtuung, Sühneopfer usw. waren nur unter bestimmten kulturellen u. geistesgeschichtlichen Verhältnissen wirklich hilfreich; sie können schwere Mißverständnisse hervorrufen, als sei Gott zur Zeit Jesu der seit »Adam« Unversöhnte u. Zornige gewesen, als habe er nicht selber immer schon die Initiative zu Vergebung u. Versöhnung ergriffen (vgl. Röm 3, 25), als sei Gott durch eine Tat innerhalb der Menschheitsgeschichte »umgestimmt« worden.

Schekhina (hebr. »skn« = sich niederlassen, wohnen), ein rabbinischer Begriff für die Gegenwart Gottes bei seinem Volk, in seinen Heiligtümern, auch in einzelnen Menschen, z. B. als Geist der Prophetie. Das Wort meint einerseits die bleibende Treue Gottes zu seinem Volk u. dessen Begleitung, andererseits wahrt es die unendliche Transzendenz Gottes, da Gott nur in bestimmter Hinsicht zugewandt u. gegenwärtig sein kann, ehe die endzeitliche Fülle seiner Präsenz geschenkt wird. Die ntl. Stellen vom Herabkommen u. Einwohnen des Geistes Gottes sind mit solchen Gedanken eng verwandt. Die Sch.-Theologie der Rabbinen, nach der Tempelzerstörung 70 n. Chr. entwickelt, bietet im Hinblick auf ↗Christologie u. ↗Pneumatologie Möglichkeiten für den jüdisch-christlichen Dialog (↗Einwohnung Gottes).

Scheol (hebr. Wort, Herkunft ungeklärt), in der jüdischen Tradition (Psalmen u. a.) zunächst Bezeichnung für einen »Aufenthaltsort« der Verstorbenen, die in Gestalt schemenhafter Schatten ein freudloses Fortleben führen müssen, dem griechischen Hades vergleichbar. Bei Jes 14,9–20 Anzeichen für ein Verständnis der Sch. als »Strafort« (↗Hölle). Die Sch.-Auffassungen bezeugen den archaischen Glauben, daß mit dem Tod nicht »alles aus« ist. Sie verweisen auf eine Grenze, die allein von Gott überwunden werden kann.

Schicksal. Menschliches Dasein vollzieht sich zwischen zwei Polen. Auf der einen Seite sind Menschen fähig zu freier, bewußter Planung u. deren Verwirklichung (↗Person), auf der anderen Seite sind sie fremden, unberechenbaren u. oft unbeherrschbaren Einflüssen ausgesetzt (Schicksal = das Zugeschickte). Letztere werden von manchen Religionen Mächten zugeschrieben, die z.T. personifiziert werden (altgermanisch die Nornen; griech. »moira«, lat. »fatum«). Ein solcher Schicksalsglaube ist im Christentum nicht möglich: Die nichtgöttlichen ↗Gewalten u. Mächte sind beherrschbar; die Schicksalsfügungen werden Gott allein zugeschrieben, der das unverfügbare ↗Geheimnis schlechthin ist; auf ihn als den Schöpfer sind die physischen, aus Naturabläufen entstehenden Übel sowie die Existenz der menschlichen, für Mißbrauch offenen Freiheit zurückzuführen. Dieser Gott respektiert die Freiheit seiner Geschöpfe, hat in der Menschwerdung seines ↗Logos die dunklen, verhüllten Seiten des menschlichen Schicksals selber erfahren u. in Tod u. Auferweckung Jesu den Weg zu deren Verwandlung aufgezeigt. Die Problematik der ↗Theodizee verbietet es, konkrete Einzelheiten des menschlichen Schicksals einer göttlichen Vorherbestimmung zuzuschreiben.

Schisma (griech. = Spaltung), ein Begriff zur Bezeichnung der Spaltung der kirchlichen Einheit. In der kath. Tradition meint Sch. vor allem die öffentliche Verweigerung des Gehorsams gegenüber dem Papst u. den Abbruch der Gemeinschaft mit Kirchenmitgliedern, die sich dem Papst unterordnen. In diesem eher disziplinarischen Sinn unterscheidet sich Sch. von ↗Häresie. Die aktuellen Probleme ergeben sich aus dem Verhältnis von Einheit u. legitimem Pluralismus u. aus der Diskussion um Befugnisse u. mögliche Einschränkungen des päpstlichen Jurisdiktionsprimats (↗Papst).

Schlange, Tier mit doppelter symbolischer Bedeutung, als Sinnbild für Heimtücke wie für Unsterblichkeit (wegen ihrer immer wiederkehrenden Häutung). Personifiziert als Verführerin in Gen 3,1 (Paradies-Sch.), ist sie dort nicht mit dem ↗Teufel identisch; sie steht als Symbol dafür, daß Menschen die Herkunft des moralisch Bösen u. der physischen Übel nicht zu erklären vermögen. Die »eherne (kupferne) Sch.« war ein Symbol der Lebensrettung durch Gott (Num 21, 4–9; Joh 3, 14); positiv die Wertung der Sch. als Inbegriff der Klugheit (Mt 10, 16).

Schlüsselgewalt, ein Begriff der Theologie des ↗Amtes. In frühjüdischer Anschauung, mannigfach im NT bezeugt, stehen die »Schlüssel« im Zusammenhang mit dem Eingehen in das Reich Gottes. (Der erhöhte Jesus Christus schreibt sich auch die »Schlüssel« des Todes u. des Totenreiches zu: Offb 1, 18.) Die »Schlüssel« sind Gottes Eigentum, manchmal aber menschlichen Beauftragten übergeben; sie gehören zum Heilsweg u. bedeuten nicht das Heil selber. Nach Mt 16, 19 hat Jesus sie dem Petrus anvertraut, der damit als bevollmächtigter Verwalter in jener Heilsinstitution bezeichnet wird, die die ↗Kirche ist. Die Sch. darf nicht mit der Vollmacht des ↗Bindens und Lösens identifiziert werden, da die Bilder disparate Inhalte haben u. da die Sch. nur dem Petrus zugesagt wurde. In der Zeit der Kirchenväter wurde die Sch. im Zusammenhang mit der Sündenvergebung (↗Bußsakrament) behandelt; sie wurde von Hieronymus († 419) u. Leo I. († 461) für den Primat des Bischofs von Rom als des Nachfolgers des Petrus in Anspruch genommen. Schon früher schrieb man sie den Bischöfen zu (Cyprian † 258). In der scholastischen Tradition umfaßte die Sch. (»potestas clavium«) sakramentale u. kirchenrechtliche Vollmachten. Sch. ist auch ein Begriff der reformatorischen Tradition, die sie prinzipiell allen Getauften, in besonderer Weise den bevollmächtigten Amtsträgern zuschrieb (Kirchenregiment, Kirchenzucht). In der Gegenwart ist der Begriff (nicht die Sache) Sch. in den Hintergrund getreten.

Scholastik (griech. = Schulmäßigkeit) bezeichnet die hauptsächliche, in sich sehr differenzierte wissenschaftliche (nicht nur theol.) Methode des Mittelalters u. darüber hinaus eine Denkform, die sich auch vor u. nach dem Mittelalter finden läßt. Voraussetzungen für sie waren in der Zeit der *Vorscholastik* (um 800–1050) die von Kloster- u. Domschulen ausgehenden Bemühungen um Bildung u. Kultur u. damit verbunden ein sorgfältiger Umgang mit Traditionen. In der *Frühscholastik* (1050–1200) kamen die bis heute existierenden Universitäten auf. Grundlage des Theologiestudiums waren Texte aus der Bibel u. von anerkannten Theologen (vor allem Augustinus † 430), die mit begrifflicher Anstrengung je nach der Eigenständigkeit des Dozenten kommentiert wurden. Das Gedankengut war zunächst platonisch-augustinisch. Entstehende Fragen wurden in streng angewendeter Logik disputiert. (Exakte Begrifflichkeit u. argumentationsstarke Diskussionen sind in heutiger Zeit in gleicher Qualität nicht mehr vorhanden.) So entstehen die Methoden der kommentierenden Vorlesung (»lectio«), der Vorlage von Fragen (»quaestio«), geordnet in den Sammlungen der »Summen«, u. der Diskussion (»disputatio«). Die in ihr vorgetragenen

Antworten haben sich auf »Autoritäten« (göttliche u. menschliche) u. auf die Vernunft (⁊Ratio) zu stützen, wobei z. T. bis heute diskutierte Probleme bewußt werden (Verhältnis von Glauben u. Denken, »Gottesbeweise«). Zu den vielen Leistungen dieser Zeit gehört die Klärung des Sakramentsbegriffs. Bedeutende Theologen u. a.: Anselm von Canterbury († 1109), Peter Abaelard († 1142). Gegen Ende der Frühscholastik wurde mit Hilfe arabischer Gelehrter Aristoteles († 322 v. Chr.) wiederentdeckt, dessen Wissenschaftsauffassung, Metaphysik, Logik, Ethik überaus großen Einfluß auf das theol. u. philosophische Denken gewannen. Die *Hochscholastik* (1200–1350) erreichte an Wissensumfang u. Problembewußtsein ein bis dahin nicht gekanntes Niveau. Die Mitwirkung der im 13. Jh. entstandenen Dominikaner u. Franziskaner führte zur Bildung höchst unterschiedlicher theol. ⁊Schulen, wobei die Franziskaner (Bonaventura † 1274) programmatisch den ⁊Augustinismus ausbildeten. Inspirierend wirkte die geistige Auseinandersetzung mit dem Islam. Über Aristoteles u. seinen Lehrer Albertus Magnus († 1280) hinaus entwickelte der Dominikaner Thomas von Aquin († 1274) ein eigenständiges, verschiedene Traditionen einschließlich der ⁊Negativen Theologie zusammenfassendes Denken (Gotteslehre, Natur u. Gnade, Leib u. Seele, Materie u. Form; Tugendlehre in der Ethik usw.). Eine individuelle Prägung ohne augustinische Einseitigkeit wiesen Philosophie u. Theologie bei dem Franziskaner Johannes Duns Scotus († 1308, ⁊Skotismus) auf. Um universales Wissen u. missionarisches Wirken im Islam war der Laientheologe Raimundus Lullus († um 1315) bemüht. Platonisch inspiriert, um die Einheit von Denken u. Spiritualität u. um eine verantwortliche theol. Sprache besorgt war Meister Eckhart († 1328). Die Zeit der *Spätscholastik* (1350–1500) sieht auf der einen Seite die Skepsis gegenüber der Metaphysik, verbunden mit einem gewissen Positivismus u. mit Interesse an Sprachanalysen im ⁊Nominalismus, anderseits einen so originellen Denker des Paradoxen u. der Negativen Theologie wie Nikolaus von Kues († 1464). Die neu entstehenden Naturwissenschaften u. die großen Bewegungen von Renaissance u. Humanismus eröffneten neue Horizonte des Denkens; die letzteren leiteten durch ihre teilweise Aufmerksamkeit für die biblischen Quellen zur Reformation über. Fortan wurde eine wesentlich veränderte Gestalt von Sch. in der *Barockscholastik* u. in der *Neuscholastik* prägend für die kath. Theologie. Erstere war unter naturwissenschaftlichem Einfluß stark an deduktiven Beweisgängen interessiert u. sah bedeutende Beiträge zur Gesellschaftstheorie, z. B. bei F. Suárez († 1619). Letztere widmete sich (mit Ansätzen im 18. Jh., Blütezeit im 19. Jh., Niedergang im 20. Jh.) der Abwehr gegen »moderne« Geistesströmungen. Bei ihren großen Vorzügen durch exakte Begrifflichkeit war sie, von der kirchlichen Leitungsautorität immer wieder nachdrücklich empfohlen bzw. vorgeschrieben, weder theo-

logisch noch philosophisch produktiv, verfügte über keinerlei Diskussions-
kompetenz u. entwickelte kein theol. Problembewußtsein. Der Rückzug in
das wissenschaftliche Getto erbrachte hervorragende historische u. edito-
rische Leistungen, die zu einer gerechten Würdigung der Sch. im ganzen
über die Grenzen einer Konfession hinaus beitrugen.

Schönheit (deutsch sprachlich von »schauen«) ist bei Thomas von Aquin
(† 1274) das Leuchten der ↗Form, eine unmittelbare, notwendige Wesensbestimmung des ↗Seins, die alle anderen Wesensbestimmungen vollendet.
Jedes Seiende ist darum (in seiner Art u. in seiner Partizipation am Sein)
schön. Die Sch. wächst in dem Maß, in dem nach aristotelisch-thomisti-
scher Philosophie das Leben sich steigert. So findet sie sich im Materiellen
als Symmetrie, Proportion u. Harmonie oder als das Funktionelle, im
Organischen als Vitalität u. Rhythmus. Von dieser Entelechie (Zielverwirklichung) her gesehen ist Gott das (der) absolut Schöne, die Sch. im höchsten Maß. Der Mensch kommt über sein Begehren hinaus, wenn er in der
↗Kontemplation im Gefallen an der Sch. ruht. Die Sch. ist ein inneres
Moment der ↗Hoffnung, da das Unendliche als Exemplarursache u. Verheißung in allem Schönen anwest u. das Schöne (oft unbewußt, aber notwendig) in seiner Beziehung zum Unendlichen geliebt wird. In christlichem Glaubensverständnis kann es keine rein ästhetische Lebenshaltung
geben (S. Kierkegaard † 1855), weil die reine Sch. erst für die Schau in der
Vollendung in Aussicht gestellt ist, doch ist für den Glaubenden die Sch. in
der Doxa- ↗Herrlichkeit Gottes bereits Gegenwart. – Die ältere Theologie
wandte ihre Aufmerksamkeit der Sch. zu: von Plotin († 270) aus Augustinus († 430), Ps.-Dionysios Areopagites (um 500), Bonaventura († 1274).
Lange Zeit wurde die Sch. nur noch im Zusammenhang mit Liturgie u.
christlicher Kunst thematisiert. Neuerdings gilt der Sch. das intensive
Bemühen einer theol. ↗Ästhetik.

Schöpfung steht als Begriff heute vielfach für den Planeten Erde, der auch
für künftige Generationen bewohnbar erhalten werden muß (↗Umwelt,
↗Ökologie). Als theol. Begriff meint Sch. umfassend das Nichtgöttliche
sowie dessen Verhältnis zu Gott bzw. das Verhältnis Gottes zu diesem.
1. Zu den biblischen Grundlagen. Aufgrund jahrhundertealter Erfahrungen
mit seinem Gott reflektierte ↗Israel in einer Art Rückschlußverfahren, in
das die Götter- u. Weltvorstellungen der Umwelt einbezogen waren, auf
einen »jetzigen« unheilen Zustand, auf die Frage, was dieser mit Gott zu
tun habe (↗Urgeschichte, ↗Ätiologie), auf seinen möglichen idealen Entwurf (↗Paradies), auf seinen Gott u. dessen Verhältnis zum Nichtgöttlichen (↗Schöpfungsmythen und biblische Schöpfungserzählungen). Die
daraus resultierenden Aussagen des AT über die Sch. setzen ein bereits

ausgeprägtes Bekenntnis zum ⁊Monotheismus voraus. Sie besagen, daß der eine u. einzige Gott ohne Verwendung vorliegender Materialien u. Strukturen durch sein Wort u. unter Mitwirkung seines Geistes das Universum als Lebenshaus für die Menschen geschaffen habe. Das Universum wird konkret benannt: Licht u. Finsternis, die »Lichter« am Himmel, das Firmament, die Tiere im Meer u. die Vögel, das trockene Land u. die Pflanzen, die Tiere auf dem Land u. die Menschen (nur bei ihnen bedient Gott sich des bereits Geschaffenen; so wird der Zusammenhang der Menschen mit der Natur deutlich). Das »Lebenshaus« wird entsprechend einer fortgeschrittenen Agrar- u. Gartenkultur geschildert. Die ältere Version geht im Zusammenhang der Sündenfälle von einer schuldhaft verdorbenen Sch. u. von der Kompromißbereitschaft Gottes, mit diesem Zustand zu leben (Gen 9), aus, während die jüngere Version mit Gottes wiederholtem Urteil über die Güte der Sch. u. mit seiner Sabbatruhe auf das denkbare Ideal zu sprechen kommt (E. Zenger). Über die Erzählungen von der Sch. hinaus enthält das AT viele Zeugnisse des Glaubens, daß Gott die Welt u. ihre Ordnungen um Israels willen erschaffen hat u. unter Mitsorge durch die Menschen erhält. Besonders in der Weisheitsliteratur werden Sinnhaftigkeit u. Schönheit der Sch. gerühmt, aber auch unbeantwortbare Fragen nach der Herkunft des Bösen u. des Todes gestellt. Eine ausdrückliche Formulierung, daß Gott alles aus dem ⁊Nichts erschaffen habe, findet sich 2 Makk 7,28. In Zeiten äußerster Not u. Bedrängnis des Eigentumsvolkes Gottes gilt die Sch. so sehr als deformiert durch Treulosigkeit u. Gottesfeindschaft von Menschen, daß eine neue oder von Grund auf erneuerte Schöpfung in Aussicht gestellt wird (Jes 65,17–25; so auch im frühjüdischen apokalyptischen Schrifttum). – Diese Schöpfungsauffassungen des AT sind im NT voll erhalten, wobei Spuren der Beschäftigung mit griechischem (auch polytheistischem) Gedankengut auftreten (Apg 14,15–17; 1 Thess 1,9 f.; Röm 1,20). Die Verkündigung Jesu war vom Bekenntnis zur weitergehenden Fürsorge Gottes für seine gute Sch. geprägt. Zusätzlich zu dem Bekenntnis, daß alles aus Gott, in Gott u. auf ihn hin ist (Röm 11,36), wird im NT ⁊Jesus Christus bzw. das in ihm Mensch gewordene ⁊Wort Gottes bzw. die in ihm verkörperte ⁊Weisheit Gottes als präexistenter Schöpfungsmittler dargestellt (1 Kor 8,6; Kol 1,15–20; Hebr 1,1–4; Joh 1,1–18), dem nach seiner ⁊Erhöhung »alles unterworfen« ist (vor allem 1 Kor 15,24–28). Das Leben aus dem Glauben, aus dem Heiligen Geist u. aus der Taufe wird als Neuschöpfung in Christus aufgefaßt (Gal 6,15; 2 Kor 5,17; Eph 2,15; Kol 3,10). Die gesamte jetzt erfahrene alte Sch. leidet an einem unerlösten Zustand, dem künftige Erlösung verheißen wird (Röm 8,18–23). Mit dieser alten ⁊Welt sollen sich die Glaubenden nicht gleichförmig machen, denn ihre Gestalt wird vergehen (1 Kor 7,29 ff.). Aus der Prophetie des AT nimmt Offb 21 das Thema einer neuen

Sch. auf. – *2. Systematische Aspekte. a) Fundamentaler Zugang.* Die folgenden Aspekte verstehen sich nicht als »idealistisches« Konstrukt einer
↗Natürlichen Theologie, sondern als Reflexion auf die vernommene ↗Of-
fenbarung Gottes. Wenn ein Mensch in jeder einzelnen Aussage implizit als
realen Grund der Möglichkeit jeder Aussage, als schweigenden Horizont
jeder geistigen Begegnung mit Wirklichkeiten das absolute ↗Sein u. dieses
als ↗Geheimnis u. als ↗Person bejaht – dieses »namenlose Geheimnis« wird
↗»Gott« genannt (↗Transzendentaltheologie) –, dann sagt er implizit in
jeder Aussage: Dieser unumgreifliche ↗Grund aller Wirklichkeit ist *unendlich verschieden* vom endlichen begreifenden menschlichen Subjekt. In diesem Zugang liegt der Ansatz zum Bekenntnis zu Gott als dem Schöpfer: Als
der Absolute u. Unendliche muß er vom Endlichen schlechthin *unterschieden* sein (sonst wäre er Gegenstand einer begreifenden Erkenntnis, nicht
der immer »darüber hinausliegende« Grund des Begreifens). Damit ist
aber auch gesagt, daß Gott der endlichen Wirklichkeit (in der Bibel u. in
der Alltagssprache auch »Welt« genannt) *nicht bedarf*, denn sonst wäre er
nicht wirklich von ihr verschieden, sondern ein Teil eines umfassenderen
Ganzen. So etwas wurde in der Geistesgeschichte immer wieder gedacht:
↗Pantheismus, ↗Emanation. Die »Welt« muß radikal *von Gott abhängen*
(ohne daß er von ihr, etwa wie ein Chef von einem Angestellten, abhängig
wäre). Sie kann nichts an sich haben, was seinsmäßig von ihm unabhängig
wäre. Diese Abhängigkeit des Nichtgöttlichen von Gott muß von Gott *frei
gesetzt* sein, denn als endliche u. werdende Wirklichkeit kann es nicht notwendig sein. Seine Notwendigkeit könnte ja nur aus der Notwendigkeit
einer »Setzung« in Gott herstammen, so daß Gott nicht unabhängig wäre.
Die völlige Abhängigkeit des Nichtgöttlichen muß *eine dauernde* sein,
kann also nicht nur den ↗Anfang betreffen, denn das Endliche verweist je
jetzt u. immer auf das Absolute als seinen Grund. Dieses eigentümliche u.
einmalige Verhältnis Gottes zum Nichtgöttlichen ist nicht ein »Fall« einer
allgemeinen ↗Kausalität. Es heißt in der Glaubenslehre in dem Sinn das
Geschaffensein der Welt, daß sie *dauernd gründet* in der freien Setzung
des personalen Gottes, so daß sie *restlos* u. *in jedem Augenblick* von ihm
abhängig ist (↗Erhaltung der Welt, ↗Mitwirkung Gottes). Mit dem radikalen Unterschied des Nichtgöttlichen von Gott, mit dem dauernden
Gegründetsein u. der dauernden Abhängigkeit ist gegeben, daß das Nichtgöttliche nicht aus schon vorhandenem Stoff gebildet wurde; es ist also *aus
nichts*. Durch die Setzung ist das Gesetzte aber eine *echte, von Gott verschiedene Wirklichkeit*, so daß radikale Abhängigkeit u. echte Wirklichkeit in
gleichem Maß wachsen. Die »autonome«, verantwortliche Wirklichkeit
des Geschöpfs ist völlig in die unverfügbare Verfügung des absoluten Geheimnisses überantwortet, so daß die Erfahrung von Eigenständigkeit u.
von Abhängigkeit zugleich in die ↗Anbetung des Schöpfergottes einmün-

den. Ein wesentliches Moment an der Eigenständigkeit des Nichtgöttlichen ist die ihm vom transzendenten Grund immanent eingestiftete Befähigung zur ⊿Selbsttranszendenz (⊿Erschaffung des Menschen; ⊿Evolution). Im Glaubensverständnis Gottes als des *einen Grundes* aller nichtgöttlichen Wirklichkeit ist der Gedanke an einen zweiten Grund völlig ausgeschlossen; der Schöpfungsglaube ist mit einem radikalen ⊿Dualismus nicht vereinbar. Der biblische Schöpfungsglaube bedeutet gleichzeitig eine »Entmythologisierung« der nichtmenschlichen Welt (Natur): sie ist nicht Gott, sie ist nicht »numinos«; sie ist den Menschen zur sorgfältigen Behütung u. Gestaltung anvertraut. Die Sch. ist im Sinn der Hervorbringung geist-begabter Empfänger der gnadenhaften Selbstmitteilung Gottes »anthropozentrisch«, in allen ihren Aspekten betrachtet ist sie aber weder anthropozentrisch noch kosmo- oder biozentrisch, sondern theozentrisch. In Wellen der Erwartung eines baldigen »Weltuntergangs« entstanden immer neue Impulse der ⊿Weltflucht, der Sehnsucht nach dem »Jenseits« als der »eigentlichen« Heimat der Christen (nicht so bei den Juden). Schon im kirchlichen Altertum verbanden sich diese Erwartungen mit der Theorie von der alt u. müde gewordenen Sch. Die gegenwärtigen Anstrengungen zur Erhaltung der Sch. können auch als Reaktionen auf diese Abwertungen der Sch. verstanden werden. – *b) Weitere Einzelaspekte.* Die Erfahrungen der Unlösbarkeit der ⊿Theodizee-Probleme führen die überlieferten Redeweisen vom fortdauernden Schöpferwirken u. von der ⊿Vorsehung Gottes in eine Krise, die nur zum Teil damit beantwortet ist, daß Gott für das Da-Sein des Nichtgöttlichen, nicht aber für dessen So-Sein verantwortlich sei, denn wenn der zerstörerische Zustand des So-Seins der Schöpfung auf die menschliche Freiheit zurückzuführen ist, dann trägt Gott dafür doch die Verantwortung als Schöpfer dieser Freiheit. Die Verheißung einer Erneuerung u. der ⊿Vollendung der Sch. gewinnt von da her neue Aktualität. – Die Bemühungen der Physik (Astrophysik) um den »Urknall« können nicht zum Schöpfungsakt selber »zurückführen«, denn sie können nur dem »gesetzten Anfang«, nicht der »Setzung des Anfangs« gelten. Mit der Sch. »setzte« Gott erst die ⊿Zeit (so daß die theol. Frage, was Gott »vor« der Sch. tat, sinnlos ist; auch trinitarische Spekulationen über ein innergöttliches Geschehen »vor« der Sch. erübrigen sich). – Vgl. auch ⊿Erkennbarkeit Gottes; ⊿Kosmologie.

Schöpfungslehre in der Theologie bespricht folgende Themenkreise: 1) Das mögliche u. aktuelle Verhältnis Gottes zum Nichtgöttlichen (warum ist überhaupt etwas u. nicht vielmehr nichts?), 2) die Erschaffung alles dessen, was nicht Gott ist, aus dem Nichts u. die Kontingenz alles Geschaffenen, 3) die Kreatürlichkeit des Menschen, 4) das Verhalten Gottes gegenüber dem konkreten Geschaffenen (Erhaltung der Welt, Vorsehung).

In der traditionellen Theologie steht die Sch. als dogmatischer Traktat nach der theologischen Gotteslehre über den einen u. dreieinen Gott. Die erneuerte Theologie sieht die Sch. in enger Zusammengehörigkeit mit der theol. ↗Anthropologie: Die Kreatürlichkeit des Nichtgöttlichen kommt im Menschen zu sich selber u. führt zur Einsicht in eine dialektische Haltung der Kreatur Mensch gegenüber ihrem Schöpfer: Auf der einen Seite die Kontingenzerfahrung einer restlosen Abhängigkeit von Gott, auf der anderen Seite die vor Gott verantwortliche Selbständigkeit (↗Autonomie) der Kreatur. Die Sch. macht die Offenbarung Gottes u. die Glaubenstradition der Kirche zum Gegenstand ihrer Reflexion; sie geht daher vom wirksamen Willen Gottes zu seiner ↗Selbstmitteilung an die Kreatur aus, setzt also mit dem Thema der Gnade an, u. befaßt sich nur insofern mit dem »Natürlichen«, als dieses, abstrakt gesehen, dasjenige umfaßt, was der Schöpfer seinem Geschöpf »schuldet«, wenn er es denn überhaupt erschafft (Natur als theol. Restbegriff). Konkret kommt die Kreatur ohne existentiellen Bezug zu Gott u. ohne Anruf der Gnade nicht vor. Eine historisierende Betrachtung: Zustand der Schöpfung vor dem Sündenfall – die Ursünde – die Schöpfung u. Menschheit nach dem Fall wird dem apriorisch gnadenhaften Verhältnis Gottes zum Nichtgöttlichen nicht gerecht. In neuester Zeit bezieht die Sch. die Thematik der nichtmenschlichen Kreatur (Verantwortung gegenüber dem Planeten Erde, möglicherweise gegenüber dem Universum, gegenüber der Tier- u. Pflanzenwelt: Ökotheologie) vermehrt ein.

Schöpfungsmythen und biblische Schöpfungserzählungen. 1. Die religiöse Frage nach der Schöpfung u. schöpferischen Mächten führte in der biblischen Umwelt zu Schöpfungsaussagen in der Gestalt des ↗Mythos. Umfangreiche Texte in *sumerischer* Sprache zeigen seit Mitte des 3. Jahrtausends v. Chr. Vorstellungen einer vielköpfigen Götterwelt u. einer »Theogonie« (griech. = das Werden von Göttern, vor allem durch Zeugung), bei den Göttinnen u. Götter für Himmel, Erde u. Meer zuständig waren. Der Luftgott Enlil trennte Himmel u. Erde. Bei den Akkadern trat in dem Epos »Enuma elisch« (um 1100 v. Chr.) an dessen Stelle der *babylonische* Stadtgott Marduk, der die Urmeergöttin Tiamat tötete, aus ihrem Leib Himmelsgewölbe u. Erde errichtete u. damit die dämonischen Chaosfluten besiegte. Wie bei den Sumerern wird der Mensch aus der großen Flut gerettet, er soll auf Marduks Befehl Fronarbeit für die Götter leisten. Nach sumerischem u. babylonischem Glauben soll ein König in einer heiligen Stadt die weiter von den Chaosmächten bedrohte Welt verteidigen u. zwischen Göttern u. Menschen vermitteln. In den *ägyptischen* Mythologien wirkt jeweils nur eine Gottheit schöpferisch. Eine aus sich selber entstandene Gottheit bringt aus einem Urzustand das vielfach Differenzierte hervor. Dieses Schöpfungswerk muß wiederholt u. bestätigt werden;

beim Sonnenaufgang, an Neujahr u. bei Erneuerung des Königtums. Miß-
lingt diese Wiederholung, dann kehren Schöpfung u. Schöpfer in den Anfangszustand zurück. In der Mythologie von Heliopolis verkörpern die
Gottheiten Nun u. Amun das Chaos der Vorzeit. Aus ihm ersteht der Stadtgott Atum als Ur-Hügel, der die Menschen in ihrer Zweiheit als sein Eben-
bild hervorbringt u. ihnen die Welt als Heimat bildet. Die Mythologie von
Hermupolis erzählt die Schöpfung mit Bildern von Frosch, Schlange, Kuh,
Ur-Ei u. Lotuspflanze. Nach dem Mythos von Theben schwebt der Stadtgott Amun als Vogel über der Chaoswelt u. wirkt durch sein Rufen
schöpferisch. Der Wassergott Chnum bildet den Menschen aus Lehm.
Nach dem Mythos von Memphis (um 700 v. Chr.) war der Gott Ptah nach
einem in seinem Inneren ersonnenen kunstvollen Programm schöpferisch
tätig u. ruhte nach der Vollendung, so daß hier die Schöpfung nicht in
einem weitergehenden Prozeß besteht. – 2. Das AT enthält zwei Schöpfungserzählungen, die ältere Gen 2, 4b-24 u. die jüngere Gen 1, 1 – 2, 4a
(die weiter in Gang befindliche Diskussion über Alter u. Quellen hat noch
kaum zu einem Konsens geführt). Zu ihrem Kontext: ↗Urgeschichte. Die
Erzählungen stehen offenbar in bewußtem Kontrast zu den Schöpfungsmythen der Umwelt, kommen aber ohne deren Vorstellungsmaterial nicht
aus. Der Gott der biblischen Offenbarung ist nicht das Produkt einer
Theogonie. Seine Einzigartigkeit gegenüber der antiken Göttervielfalt zeigt
sich auch darin, daß keine für Einzelheiten der Schöpfung zuständigen
Gottheiten oder göttlichen Kräfte auftauchen; auch die anderswo verehrten Gestirne mit Sonne u. Mond werden einfach als erschaffene Leuchten
vorgestellt. Mehr als in Gen 1–2 zeigen andere Texte des AT, daß Gottes
Schöpfertätigkeit dem Kampf gegen die Chaosmächte u. der Errichtung
einer Ordnung galt (Ps 18; 68; 104; Ijob 38–41; Jes 51, 9 f. u. ö.). Diese war
von Gott (»anthropozentrisch«) zugunsten des entsprechend mancher
Umweltideen aus Ackerlehm geformten ersten Menschen errichtet worden. Die Erschaffung der ↗Eva aus ↗Adam weist unmißverständlich nicht
nur auf die selbstverständliche gleiche »Würde«, sondern auf ihre Gleichberechtigung in allen Bereichen der Schöpfung hin. Der Bewahrung dieser
»gut« gelungenen Schöpfung galt die Beauftragung beider Menschen in
ihrer ↗Gottebenbildlichkeit. Ihre Verurteilung zu mühseliger Arbeit ist erst
Folge ihrer ↗Ursünde u. hat mit einer Bestellung zu dienstbarer Fronarbeit
nichts zu tun. Die symmetrische u. rhythmische Komposition der biblischen Schöpfungserzählungen zeigt, daß sie (wenigstens in der jetzigen
Form nachexilisch) zur Verwendung in der Liturgie erarbeitet wurden.

Schriftbeweis. Dieser Begriff bezeichnet das theol. Vorgehen, eine dogmatische oder ethisch-praktische Lehre durch ein oder mehrere Schrifttexte
biblisch zu begründen. Das Verfahren wird in der Schrift selber praktiziert.

Auffallend sind die »Erfüllungszitate« im NT, mit denen »bewiesen« werden soll, daß die jungfräuliche Empfängnis Jesu, seine Messianität, sein Leiden usw. in einzelnen Texten des AT »vorausgesagt« waren. Auf jüdischer wie auf christlicher Seite dienen der Rückgriff auf ↗Allegorie, in der Kirchenväterzeit auch auf den »spirituellen Sinn« (↗Schriftsinne), als »Beweisführung«. Die Bezugnahme auf Bibeltexte wird schon im kirchlichen Altertum ergänzt durch die ↗Regula fidei, die Argumentation mit der ↗Tradition, im Mittelalter zusätzlich mit der »Vernunft« (»ratio«). Schon vorreformatorische Kirchenkritiker führen gegen konkrete kirchliche Mißstände u. gegen das Papsttum Schrifttexte an. Bei M. Luther († 1546) tritt an die Stelle des »Beweises« die Glaubensforderung der Schrift; sein Schriftgebrauch ist streng auf Jesus Christus u. das Evangelium konzentriert. Anders als bei Luther ist im Calvinismus u. in den ↗Bekenntnisschriften der Sch. von Bedeutung. Der »unwissenschaftliche« Umgang der Kirchenväter u. der Scholastik mit Bibeltexten fand mit der historisch-kritischen Exegese ein Ende. Gelegentlich (z. B. auf dem Konzil von ↗Trient, aber bei nur wenigen Anlässen) trat an die Stelle einer »Beweisführung« der Versuch, eine Lehre als »schriftgemäß« (Nichtwidersprüchlichkeit) aufzuzeigen. Katholischerseits ist anerkannt, daß die Schrift nicht als »Steinbruch« für die nachträgliche Rechtfertigung einer ohne Bibel aufgestellten Theorie mißbraucht werden darf, auch nicht vom Lehramt, das seinerseits unter der Schrift steht (II. Vaticanum DV 10). Da die Heilige Schrift als die unmittelbare u. letzte Quelle der ganzen göttlichen ↗Offenbarung anzusehen ist, hat die ganze Theologie in allen ihren Einzelwissenschaften, Bemühungen u. Resultaten sich als biblisch begründet auszuweisen (die Schrift »gleichsam die Seele der ganzen Theologie«: II. Vaticanum OT 16).

Schriftsinne. Die Frage, wie ein Schrifttext zu verstehen u. zu interpretieren ist, der zunächst als dunkel erscheint, ist weder spezifisch christlich noch geht sie auf das Interesse der Neuzeit zurück. Bereits im Rahmen des gläubigen Judentums (1. Jh. v. Chr.) wurden genaue Regeln der Interpretation der Bibel formuliert, die darum besonders wichtig waren, weil in der Schrift Gott als der Redende auftritt u. es als vorrangig erschien, seinen Willen u. seine Weisungen genau zu erkennen, auch wenn ein Text nicht unmittelbar zugänglich war. Bestimmte konkrete Einzelheiten der Erzählungen wurden daraufhin befragt, welcher Sinn über den Wortlaut hinaus noch in ihnen verborgen sein könne. Der jüdische Exeget u. Philosoph Philon von Alexandrien († um 50 n. Chr.) griff auf Deutemöglichkeiten zurück, die sich in der griech. Exegese Homers eingebürgert hatten: Hinter dem »Wortsinn« suchte er nach einem darin verborgenen »physikalischen« u. einem »ethischen« Sinn (↗Allegorie). Paulus u. andere Verfasser des NT zeigen, wie das frühe Christentum bestimmte Aussagen des AT auf Jesus Christus beziehen wollte (Beispiel: der Felsen, aus dem Mose Wasser schlug, war ein »geistlicher Felsen«, u. dieser war Christus, 1 Kor 10,4; ↗Typos). Origenes († 253) erarbeitete auf der Basis der neuplatonischen Philosophie den dreifachen Schriftsinn: Hinter dem buchstäblichen Wortsinn (von ihm »somatisch« genannt) nahm er einen moralischen (»psychischen«) u. allegorischen (»pneumatischen«) Sinn an. Schon Origenes u. dann vor allem Augustinus († 430) betonten die Konstante des kirchlichen Bibelverständnisses als Auslegungsnorm (↗Regula fidei). Wie schon Johannes Cassian († um 430) nahm die mittelalterliche Theologie einen vierfachen Schriftsinn an: Literalsinn (wörtliche Auslegung), allegorischer Sinn (dogmatische Interpretation), tropologischer Sinn (ethischer Gehalt), anagogischer Sinn (eschatologische Bedeutung). Die Reformatoren (u. schon Erasmus von Rotterdam † 1536) mißtrauten den Schriftsinnen; für M. Luther († 1546) war nur die Auslegung relevant, die auf Jesus Christus hinwies. Dabei verließ er sich darauf, daß die Schrift sich selber interpretiert. Mit dem Aufkommen der historisch-kritischen ↗Bibelwissenschaften war das Ende der bisherigen Lehren von den Schriftsinnen gekommen (↗Hermeneutik). Relikte bestehen bis zur Gegenwart dort weiter, wo Prediger »fromme« Anwendungen von Schrifttexten ohne jeden Verständnishorizont zu geben versuchen. Eine neue Art von Textzugängen erhebt aus den Bibeltexten »mehr«, als der historisch-kritisch erforschte Wortsinn zunächst hergibt: die »materialistische« (sozialgeschichtliche) Interpretation, die weiterführende Impulse zu einer umfassenden Befreiung aus dem aktuellen sozio-kulturellen Kontext der Bibelleserinnen u. -leser zu gewinnen sucht (so auch die feministische Exegese); die tiefenpsychologische Interpretation, die Bibeltexte so wie Märchen u. Träume in den Dienst einer befreienden Selbsterfahrung stellen will; die linguistische Interpretation, die vor allem durch sprachwissenschaftliche Analysen von Erzählstrukturen u. Symbolen die Regeln von Kommunikationsprozessen zu verstehen sucht. Wenn sich dabei auch keinerlei Konsens abzeichnet, so ist doch zu konstatieren, daß den Mythen, ↗Metaphern u. Allegorien eine viel positivere Wertung zuteil wird, als dies in der historisch-kritischen Auslegung der Fall ist.

Schuld als religiöser u. theol. Begriff läßt sich von ↗Sünde unterscheiden. Wenn Sünde eher einen Akt (in Gesinnung u. Tun) meint, bezeichnet Sch. die daraus entspringende Schuldverhaftung, das Geschuldete, dasjenige, dem der Schuldspruch des ↗Gewissens gilt. Der Begriff der Sch. hat in den heutigen säkularisierten Gesellschaften nicht die gleiche Erosion erfahren wie der Begriff der Sünde. Wenn die These auch richtig sein mag, daß »Unschuldswahn« u. »Entschuldigungsmechanismen« weit verbreitet sind, so fehlt es doch nicht an vielfältigen Schuldgefühlen u. an dem Bedürfnis, sich Geschädigten oder Beleidigten gegenüber zu entschuldigen. Auch die Erfahrung von Unterlassungen (der Verweigerung von Liebe) führt zu Schuldgefühlen (Gleichgültigkeit als Komplizenschaft: A. Camus † 1960). Psychologie u. Psychiatrie befassen sich mit krankhaftem Schuldbewußtsein, wie es nicht zuletzt durch perverse kirchliche Verkündiger, die Menschen in permanenten Anklagezustand zu versetzen suchen, eingeimpft wird, zumal in so sensiblen Bereichen wie der ↗Sexualität. Sch. kann, wo die Möglichkeit der Vergebung nicht (mehr) erscheint, als ausweglos erfahren werden.

Schulen, theologische Schulen. Mit Sch. ist zunächst das Faktum gemeint, daß in der Geschichte der Theologie verschiedene Sch. auftraten u. auftreten (↗Alexandrinische, ↗Antiochenische Theologenschule, ↗Augustinismus, ↗Thomismus, ↗Skotismus; in der ev. Theologie z.B. lutherische, reformierte Theologie, Schleiermachers Theologie, ↗Liberale Theologie, ↗Dialektische Theologie usw.). Das Faktum als solches wirft die Frage nach der Berechtigung u. den Grenzen von Schulbildungen in der Theologie auf. (Im Bereich der kath. Kirche ist zu konstatieren, daß die bevorzugte Empfehlung der Philosophie u. Theologie Thomas von Aquins † 1274 nie bedeutete, daß sich das kirchliche Lehramt mit dessen Schule identifizierte.) Zur Beantwortung der Frage können folgende Gedankengänge K. Rahners († 1984) dienen: Die Wahrheitserkenntnis des Menschen ist geschichtlich (↗Geschichtlichkeit), d.h., obwohl das Ganze der Wirklichkeit »an sich« seiner Erkenntnis zugänglich ist, geschieht sein konkreter Zugang immer nur aus einer bestimmten endlichen, geschichtlich bedingten Perspektive, bei der ihm Begriffe, Fragestellungen, ja auch selbstverständliche bloße Meinungen vorgegeben sind. Die ↗Offenbarung Gottes erging selber geschichtlich in geschichtlich bedingten Gestalten, daher kann ein Mensch sie gar nicht anders als in geschichtlich bedingter Form vernehmen u. verstehen (diese Auffassung ist nicht mit theol. ↗Relativismus zu verwechseln). Es gibt nur »objektives«, verstehendes Hören, wenn die Botschaft auf die »Subjektivität« des Hörenden trifft u. dieser bereit ist, sich in seiner bedingten Situation durch sie verändern zu lassen. Wo sich mehrere oder viele Menschen über ein gemeinsames Verstehen verständigen, meist unter Anleitung durch eine an Befähigung herausragende Lehrperson, u. wo sie ihre Einsichten wissenschaftlich-methodisch reflektieren, da entsteht eine theol. Schule. Daß es innerhalb der einen Kirche mehrere oder viele geschichtlich, sozio-kulturell u. individuell bedingte, endliche Weisen des Hörens u. der Akzeptanz der Offenbarung Gottes gibt, ist nach dem II. Vaticanum legitim (LG 23; UR 14, 16 u.ö.). Nach kath. Überzeugung gehört es zur Kompetenz des ↗Lehramts in der Kirche, zum Schutz der Identität

der Kirche zu beurteilen, ob bei einem Verstehensvorgang die Übereinstimmung mit der apostolischen Botschaft des Anfangs gewahrt ist, u.
zum Schutz der Einheit der Kirche zu prüfen, ob sich die Lehre einer bestimmten Schule in Übereinstimmung mit dem allgemein verständlichen
Glaubensbekenntnis der Kirche befindet. Deshalb ist von den Anhängern
einer Schule zu erwarten, daß sie selbstkritisch in Loyalität zur Kirche diese
Maßstäbe akzeptieren u. ihre Subjektivität in Korrelation u. in einen Dialog mit diesen »objektiven« Größen zu bringen versuchen. Dabei versteht
sich von selbst, daß sich ein adäquates »System« aller Verständnisweisen
der Kirche als ganzer zu allen Zeiten nicht erstellen läßt. Die Ablehnung
der Vielzahl theologischer Sch., der Geschichtlichkeit der Wahrheit u. des
theol. ↗Pluralismus, der weit über die alten theol. Sch. hinausgeht, ergibt
sich aus dem fundamentalistischen Hochmut, der behauptet, die ewige
Wahrheit überzeitlich, unabhängig von allen geschichtlichen Bedingtheiten zu besitzen (↗Fundamentalismus).

Scientia media (lat. = mittleres Wissen), eine Bezeichnung im ↗Gnaden-
system des ↗Molinismus für ein Wissen Gottes, der in seiner ↗Allwissen-
heit erkenne, wasfüreine bedingt zukünftige freie Handlung ein Geschöpf
setzen würde, logisch vorgängig zu einem Entschluß Gottes, die betreffende Entscheidungssituation herbeizuführen. Die Frage lautet also: Was würde oder wird ein Geschöpf frei tun, wenn es – letztlich von Gott – in eine
bestimmte Situation versetzt würde oder wird? Der Molinimus geht davon
aus, daß Gott dieses bedingt Zukünftige in ihm selber erkennt u. darum,
wenn er die betreffende Situation herbeiführt, die geschöpfliche Freiheit
nicht aufhebt. Dieses göttliche Wissen heißt »mittleres«, weil das bedingt
freie Zukünftige ein Mittleres zwischen einer bloß möglichen Freiheitstat
u. der späteren tatsächlichen Freiheitsentscheidung ist. Die Antwort hat ihr
Defizit nicht wegen dieser Unterscheidung, sondern weil das Rechnen mit
der Herbeiführung einer Situation durch Gott rein spekulativ ist.

Seele (griech. »psyche«, lat. »anima«). Das deutsche Wort S. (wohl vom alt-
germanischen »saiwolo« = vom ewigen See Herkommende) ist vieldeutig
u. wird in mehreren Wissenschaften in unterschiedlichem Sinn gebraucht.
In der theol. Sprache ist es ein fester Begriff mit einer Vorgeschichte in der
platonischen u. aristotelischen Philosophie, während die biblischen Entsprechungen für das mit S. Gemeinte nur entfernt zu dieser Vorgeschichte
gehören. – 1. In der Schule Platons († 347 v. Chr.) wurden verschiedenartige Elemente archaischer Vorstellungen über die S. systematisiert, in einer
Gegenbewegung gegen die landläufige Meinung, wirklich sei nur dasjenige,
was der sinnenhaften Erfahrung zugänglich ist. Die platonische Lösung
besteht in einem ↗Dualismus, nach dem die S. das geistige Selbst des Men-

schen sei, das in den Körper gleichsam wie in ein Gefängnis oder Grab zur Bewährung hineingebannt sei, die wesentlich darin bestehe, den Körper, seine Sinnlichkeit u. die daraus entstehenden Antriebe zu beherrschen u. das kollektive u. individuelle Leben entsprechend den ewigen geistigen ⁊Ideen zu gestalten. Die Einseitigkeit, die in dieser abwertenden Betrachtung des Materiellen u. Körperlichen liegt, mußte nicht zwangsläufig zur Weltflucht führen, da die Idee der ⁊Gerechtigkeit im Leben verwirklicht werden müsse u. alles Versagen ihr gegenüber nach dem Tod zu verantworten sei. So ist die Vorstellung, die S. sei unsterblich, engstens mit der Forderung nach Gerechtigkeit verbunden. Das Geschehen nach der Vernichtung der leiblichen Existenz wird bei Platon in der Gestalt des ⁊Mythos geschildert. – Platons Schüler Aristoteles († 322 v. Chr.) überwand den krassen anthropologischen Dualismus durch ein Denken der Bewegung oder Entwicklung vom Unbelebten zum vergänglichen Lebendigen, das unter dem Antrieb der dominierenden Idee des Guten zum Aufstieg zu Gott, der rein geistigen, ewig sich selber denkenden Wirklichkeit tendiert. Das nichtgöttliche Seiende ist nicht abgewertet, da es auf seine Weise (⁊Analogie) am göttlichen Sein Anteil hat. Die Aufstiegsdynamik (Entelechie = Zielverwirklichung) des Nichtgöttlichen wird realisiert in einer gestuften Existenzweise der S., die für Aristoteles das Gestaltprinzip der ⁊Materie ist (⁊Hylemorphismus): Die S. der Pflanzen wird tätig in deren Ernährung; die S. der Tiere hat Empfindungen, sie ist aktiv im Begehren u. in den Initiativen zur örtlichen Bewegung; die S. der Menschen ist durch Denken tätig, sie verfügt beherrschend über die mannigfachen menschlichen Möglichkeiten u. stellt so das Einheitsprinzip im Menschen dar; sie ist unsterblich. Neben diesem philosophischen System findet sich von der griech. Antike an immer wieder ein ⁊Trichotomismus, nach dem nur die Vital-S. des Menschen in materielle Zustände u. in die Geschichte verwoben ist, während die geistige S., oft auch einfach »Geist« genannt, der Materie enthoben die Aufstiege in die geistige Welt realisieren kann. – 2. Der Begriff der S. in der kath. Theologie ist das Ergebnis der Rezeption bestimmter (nicht aller) Elemente des platonischen u. aristotelischen Denkens, besonders systematisiert bei Thomas von Aquin († 1274). Dabei widerstand die offizielle Theologie, im Unterschied zu Äußerungen des Volksglaubens u. der Verkündigung, dem platonischen Dualismus; auch die Vorstellung einer Welt-S. im Neuplatonismus wurde kirchlich abgelehnt. Die Grundlage des kath. Denkens über die S. ist die Unterscheidung zwischen dem Seienden u. dem realen Seinsprinzip. Das Seiende ist durch eine Mannigfaltigkeit seiner Teile, Merkmale, Dimensionen usw. gekennzeichnet, erscheint aber zugleich als ein eines u. ganzes. Das ist der Grund dafür, warum von *einem* Wesen u. *einer* Existenz dieses Seienden gesprochen werden kann. Der innere Grund eines Seienden, der zugleich die Einheit garantiert u. die Pluralität von Eigentümlichkeiten zuläßt, heißt in diesem Denken Seinsprinzip. Nach kath. Tradition ist die S. ein Seinsprinzip des Menschen, zusammen mit einem zweiten, dem Materiellen. S. als Seinsprinzip besagt, daß die S. nicht etwas Selbständiges ist, das zu einer auflösbaren, »äußeren« Einheit mit dem Materiellen zusammengefügt worden wäre. Denn die S. stellt zusammen mit dem anderen Seinsprinzip des einen Menschen, der physikalischen Raumzeitlichkeit (der ↗Materie), *ein* Seiendes dar, so daß beide Prinzipien zusammen den *einen* Menschen in substantieller Einheit bilden. *Alle* empirisch erfahrbaren Eigentümlichkeiten des Menschen sind zutiefst von dieser substantiellen Einheit der beiden Prinzipien geprägt. Der ↗Leib ist nicht die bloß materielle Seite des Menschen, wie der Dualismus meint, sondern er ist der »Ausdruck« des Geistigen u. Personalen, er ist spezifisch menschlicher Leib. Und das Geistig-Personale des Menschen ist auf einen Lebensvollzug in Raum u. Zeit, in Geschichtlichkeit, auf Anschauungen, Bilder, Worte, Begriffe, Gesten (Körpersprache, non-verbale Kommunikation) angewiesen. Empirisch-konkret kommt immer nur der eine ganze Mensch vor. Allerdings wäre die Gesamtwirklichkeit »Mensch« nicht zutreffend u. umfassend genug erkannt, wenn der Mensch nicht als ↗Person verstanden wäre. Das besagt: Jeder Mensch ist eine unvertauschbare Individualität, mehr als nur ein »Fall« einer allgemeinen Gattung; seine Erkenntnis ist mehr als nur Selbstorganisation im Bereich des biologisch Nützlichen. Er existiert mit der Gabe u. Aufgabe der Freiheit u. Verantwortung, so daß er mehr ist als nur ein austauschbares Funktionsteil in einer biologischen u. technisierten Gesellschaft. Die Theologie versteht den Menschen als offen für das ↗Geheimnis Gottes (↗Transzendenz) u. damit auch als offen für die Wahrheit Gottes. Kurz: S. heißt das Prinzip dieses Menschseins, das es »an sich« ermöglicht, daß das Materielle, Raumzeitliche im Bewußtsein zu sich selber kommen kann, daß es sich in Verantwortung selber bestimmt u. das Bestimmtsein vom bloß Materiellen transzendiert. Das andere innere Prinzip des Menschen heißt ↗Materie (Raumzeitliches, Biologisches, Fallhaftes, Gesellschaftliches), die nicht dasselbe ist wie der Leib, der schon jenes Eine ist, das aus den beiden Seinsprinzipien S. und Materie zusammen konstituiert ist. Mit verschiedenartigen Umschreibungen sucht die kirchliche Lehre abzusichern, daß die personale Geistigkeit des Menschen nicht aus der Materie ableitbar ist (sie nennt die S. substantiell, weil sie nicht eine bloße Seinsweise einer anderen Wirklichkeit ist, u. einfach, weil sie nicht etwas Quantitatives ist, sondern sich erkennend zum Quantitativen verhält). – 3. In der ev. Theologie wurde nicht in diesem aristotelisch-thomistischen Sinn, sondern eher umgangssprachlich-unscharf von S. gesprochen, wobei S. als das Innere oder das Selbst des Menschen, als Organ der Einsicht von Sünde u. Vergebung, als Ort der Liebe u. der Hoff-

nung verstanden wird. Widerspruch erhob die ev. Theologie gegen die
kath. Lehre von der ↗Unsterblichkeit der S. Diese Lehre ergab sich aus
den Überlegungen, daß eine von Gott geschaffene echte Wirklichkeit nie
einfach untergeht, sondern allenfalls zu einer neuen Existenzweise verwandelt wird, ferner daß die S. als geistig-personales Seinsprinzip dem bloß
Materiellen eigenständig (was nicht heißt: unabhängig) gegenübersteht u.
nicht nur ein Moment am Materiellen ist, so daß es nicht einfach mit einer
bestimmten konkreten Erscheinungsform des Materiellen (z. B. dem Gehirn) identisch wäre u. mit dieser zusammen vergehen würde. So sehr das
physisch-biologische Bewußtsein des Menschen durch den ↗Tod radikal
betroffen ist: Die Individualität eines Menschen u. damit die Identität seiner Lebensgeschichte hören bei Gott nicht auf zu sein, daher spricht die
kath. Lehre der S. Unsterblichkeit zu, die in der neueren Theologie nicht
als »Weiterleben« in der gleichen Art wie im früheren Leben gedacht wird,
sondern als überzeitliche Vollendung dessen verstanden wird, was im
irdischen Leben vielleicht nur keimhaft angelegt, vielleicht in fragmentarischen Freiheitsentscheidungen nur begonnen war. Aus der aristotelisch-
thomistischen Auffassung, daß die S. zu ihrer Existenz auf die Aktualisierung in der Materie angewiesen ist, als Teilsubstanz ohne Materiebezug
also nicht existieren kann, ergab sich in der neueren kath. Theologie die
Meinung, daß im Tod eine Vollendung des *ganzen* Menschen geschenkt
werde (vgl. 2 Kor 5, 1–10), die mit einem umstrittenen Wort als »Auferstehung im Tod« bezeichnet wird. Die Lehre von der Unsterblichkeit der S.
führte in der Philosophie des Idealismus zu einem gegenüber Gott wie
gegenüber der Natur triumphalen Überlebenspathos. Dagegen wandte sich
die ev. Theologie in besonderer Weise, da eine »natürliche Unsterblichkeit«
die radikale Abhängigkeit des Menschen von Gott bestreite. Sie verweist
dagegen auf eine »dialogische Unsterblichkeit«, da nach einem Wort
M. Luthers († 1546) derjenige, mit dem Gott geredet hat, in der Gnade
oder im Zorn, in Wahrheit unsterblich ist. Darin liegt eine wichtige
Möglichkeit ökumenischer Verständigung. – 4. Die biblischen Worte für
dasjenige, was Philosophie u. Theologie als S. thematisieren, berühren eher
nur Teilaspekte. Das Erste Testament spricht von »nephesch« (seltener von
»ruach«) als einer Lebensgabe Gottes, die Gott im Tod zu sich zurück-
nimmt, ohne daß der Verstorbene völlig zu existieren aufhörte (↗Scheol).
In dieser Gabe Gottes wird auch der Sitz von Gefühlen u. von Begehren
gesehen. Diese Auffassung ist im NT erhalten, doch werden in der Verwendung von »psyche« auch griechische Vorstellungen deutlich (Mt 10, 28).
Eine höhere Seelenkraft als die »psyche« ist das »pneuma«, insofern dieses
Wort nicht nur das heilige ↗Pneuma Gottes, sondern auch eine geistige,
zum Menschen von Natur aus gehörige Begabung bezeichnen kann. –
5. Zu der Erschaffung der einzelnen Menschenseele durch Gott: ↗Kreatia-

nismus, ↗Selbsttranszendenz; weitere Fragen: ↗Trichotomismus, ↗Leib, ↗Tod, ↗Anschauung Gottes, ↗Auferstehung der Toten, ↗Parapsychologie.

Segen, seinem Wesen nach eine Verbindung von Wunsch u. Bitte, oft mit einer Erinnerung an Gottes frühere Hilfe (↗Anamnese) u. mit Lobpreis verbunden. Nach uralter Tradition ist der S. oft formelhaft gestaltet. Der »aaronitische S.« (Num 6, 24–26) ist im Judentum u. Christentum besonders verbreitet, desgleichen der ebenfalls aus dem Judentum stammende Brauch eines Tischsegens. – ↗Sakramentalien, ↗Epiklese, ↗Handauflegung.

Sein, Seiendes. Das Seinsdenken der frühen griech. Philosophie (5. Jh. v. Chr.) befaßte sich mit dem »hinter« dem Vergänglichen u. Veränderlichen zu denkenden Ewigen u. Unveränderlichen. Dieses Denken findet bei Platon († 347 v. Chr.) genaueren Ausdruck in der Konzeption der ewigen ↗Ideen, denen das wahre, unveränderliche Sein zukommt, während alles Veränderliche nur unvollkommen an ihnen teilhätte. In der aristotelisch-thomistischen Theologie ist der Begriff des Seins von ausschlaggebender Bedeutung zum Verständnis dessen, was mit ↗Gott gemeint ist. In der theol. Erkenntnistheorie K. Rahners († 1984) findet diese »klassische« Sicht folgenden Ausdruck. Seiendes (lat. »ens«; griech. »to on«) ist alles das, von dem, wenn auch in unterschiedlicher Weise, gesagt werden kann, daß es »ist«, dem also Sein zukommt, das nicht nichts ist. Steht ein Seiendes einem erkennenden Ich-Subjekt gegenüber, so heißt es ↗Objekt (Gegenstand). Der Begriff des Seienden kommt also dadurch zustande, daß alle unterscheidenden Eigentümlichkeiten aller Gegenstände nicht im Begriff mit ausgesagt werden, daß der Begriff sie alle aber »abdecken« muß. Sein (lat. »esse«, griech. »to einai«) ist dann dasjenige, das etwas, das nicht nichts ist, zu einem Seienden macht. Wenn die menschliche Erkenntnis einen einzelnen Gegenstand erfaßt, dann kann sie sich einen »Begriff« davon nur machen, wenn sie auf die ursprüngliche Gesamtheit aller möglichen Gegenstände »vorgreift«. »Sein« ist nicht ein nachträglich aus Einzelerfahrungen abstrakt gebildeter Begriff, sondern er bezeichnet einen »Horizont«, innerhalb dessen alles Einzelne angetroffen wird. Ein erkennender Mensch »weiß« um diesen »Horizont« im allgemeinen nur unausdrücklich, unthematisch, in einer Art »metaphysischer Erfahrung«. Diese beginnt dort bewußt zu werden, wo unendliche Liebe, Angst, Sehnsucht erfahren werden. Ohne das unthematische »Wissen« um den »Horizont« könnte die einzelne Erkenntnis nicht vergleichen, nicht in Beziehung setzen, nicht urteilen. Dieses Wissen ist also die »apriorische« Bedingung der einzelnen Erkenntnis von »aposteriorisch« gegebenen Gegenständen. Wendet sich die Erkenntnis unterscheidend u. verbindend (im urteilenden Denken) diesen Gegenständen zu, dann setzt die Erkenntnis einen gemeinsamen Maßstab voraus. Sie schafft ihn aber nicht, u. er wird erst »anhand« der zu erkennenden Gegenstände bewußt. Das »Woraufhin« dieses Vorgriffs, der die einzelnen Gegenstände »apriorisch« zugleich unterscheidet u. vereint, eines »Vorgriffs« des menschlichen Geistes, also der Erkenntnis u. der Liebe, auf die ursprüngliche Ganzheit jeder möglichen Erkenntnis u. Liebe, das »Ziel« also dieses Vorgriffs (↗Transzendenz) heißt: Sein. Wird die Bewegung des Denkens so verstanden, dann ist damit auch ausgesagt, daß dieses Sein als Ziel u. »Horizont« das unumgreifbar Unendliche ist. Denn wenn das Sein als endlich aufgefaßt würde, dann wäre es schon »umgriffen«; es wäre innerhalb eines noch weiteren »Horizonts« gedacht, der seinerseits erst wirklich der »Horizont« des Seins schlechthin wäre. Das Seinsdenken kann also theoretisch in zweifacher Weise vorgehen. Zum einen: Sein kann als nachträglicher, abstrakter Begriff gebildet werden u. dasjenige bezeichnen, was von jedem einzelnen, endlichen Seienden verwirklicht wird. Um diesen Seinsbegriff geht es der Theologie nicht. Zum andern: Sein kann gedacht werden als das Sein schlechthin, dem ursprüngliche Unendlichkeit zu eigen ist. Auf dieses Sein weist die Transzendenz des Menschen in jedem Erkennen u. Lieben hin, ohne es als solches selber vorzustellen; es bleibt unumfaßbares ↗Geheimnis. Dieses Sein schlechthin ist der Grund jeder Erkenntnis u. Liebe. Es ist darüber hinaus der Grund der Wirklichkeit jedes Seienden. Darum heißt es »reiner ↗Akt« (»actus purus«), absolutes Sein schlechthin, absolutes Geheimnis. Es ist dasjenige, das »alle Gott nennen« (Thomas von Aquin).

Sekte (lat. »secta« = Gefolgschaft, von »sequi«), Bezeichnung für religiöse Gruppen, vor allem für solche, die sich von einer Mutterkirche abgespalten haben u. vom Staat nicht als öffentlich-rechtliche Körperschaften anerkannt sind. Verschiedene Wissenschaften befassen sich mit dem Phänomen der Sekten, ohne daß verbindliche Definitionen u. Auflistungen von Grundtypen zustandegekommen wären. Theol.-ekklesiologisch ist das Entstehen einer S. primär auf Abweichungen in der Glaubensauffassung u. -auslegung zurückzuführen (↗Schisma, ↗Häresie). Exklusive Heilsverheißungen, starke, emotional geprägte Gruppendisziplin, rigorose ethische Ansprüche mit entsprechenden negativen Folgen sind oft Kennzeichen einer S. Die Existenz christlicher Sekten läßt die Kirchen selbstkritisch nach eigenen Defiziten (Akzeptanz jugendlicher Eigenwilligkeit, Zulassung von Gefühlen usw.) fragen u. stellt eine Herausforderung zur Toleranz aggressiver Minderheiten dar.

Selbstbewußtsein, das in der Reflexion (= Rückwendung) entstehende Bewußtsein eines Ich, das sich selber gegenwärtig ist (Ichbewußtsein) u. sich nicht nur auf seine »Gegenstände« u. auf die Erkenntnisvorgänge, die auf diese gerichtet sind, bezieht. Wenn das Ichbewußtsein sich selber gegenwärtig ist, begreift das Ich ausdrücklich seine Verschiedenheit von allem anderen (von allem, was nicht Ich ist). Auf platonischer Basis ist bei Augustinus († 430) das S. der Einheitsgrund allen Bewußtseins. Für Thomas von Aquin († 1274) besteht der Selbstvollzug des menschlichen ↗Geistes in der vollendeten Rückkehr des Geistes in sich selber (»reditio completa intellectus in se ipsum«). R. Descartes († 1650) sah im S. eine ↗Gewißheit, die gegen alle Zweifel gesichert ist. Im deutschen Idealismus (besonders bei I. Kant † 1804) wird das S. als ein Akt der Vernunft verstanden, in dem das Ich die Synthese zwischen dem wissenden ↗Subjekt u. dem gewußten ↗Objekt ist (sich als Subjekt u. Objekt seiner Reflexion zugleich weiß). Da das Subjekt in der Reflexion der Vernunft sich einen ausdrücklichen Begriff von sich selber bildet, ist das S. gleichzeitig Selbstbestimmung (Herstellung der ↗Identität mit sich selber bei G. W. F. Hegel † 1831). Eher als diese philosophischen Überlegungen spielen psychologische Erörterungen im Gespräch von Theologie u. Naturwissenschaften eine Rolle, wenn es um die Unterscheidung des spezifisch Menschlichen vom Tierischen geht. Die Unterscheidung des menschlichen Ich von seiner Umwelt geschieht, indem der Mensch Selbstgefühl u. Selbstwert entwickelt u. sein Leben selber organisiert (das S. als Zentrum der gesteuerten Verhaltensstrategien ist der empirischen Untersuchung zugänglich).

Selbstgerechtigkeit als religiöser Begriff meint nicht die von Eitelkeit u. Rechthaberei geprägte Haltung eines Menschen gegenüber anderen Menschen, sondern die Selbstbehauptung eines Menschen vor Gott: Durch religiöse u. caritative Leistungen will er sich autonom einen sittlichen Wert vor Gott verschaffen, statt sich die wahre ↗Gerechtigkeit vor Gott als dessen unverdienbare u. ungeschuldete Gabe schenken zu lassen. Der Verzicht auf solche S. ist nicht mystischer ↗Quietismus, denn es wird ja an der Möglichkeit einer eigenen guten Freiheitsentscheidung u. an eigenem Tun des Guten – beides ermöglicht u. getragen von der ↗Gnade Gottes! – festgehalten (Phil 2, 13). Verzicht auf S. ist Verzicht auf Absicherung gegenüber Gott durch Leistungen u. kommt positiv zur Vollendung in der Ekstase der Liebe zu Gott, die sich ihrerseits als reines Geschenk der Liebe Gottes zum Menschen erfährt.

Selbstliebe ist ein ausdrückliches Gebot der Offenbarung Gottes in beiden Testamenten (Lev 19,18; Mk 12,31; ↗Goldene Regel). Sie besteht grundlegend in der Bejahung des eigenen Daseins u. in der Annahme der eigenen Subjektivität, verbunden mit dem Willen, Defizite u. Schuldsituationen realistisch als die eigenen anzuerkennen, sich produktiv mit ihnen auseinanderzusetzen u. sie nicht zum Anlaß für Selbsthaß u. Selbstverachtung zu

nehmen. Die S. kann, muß aber nicht, theol. fundiert werden in der Überlegung, daß mit dem individuellen Leben der liebende Wille Gottes zu dem
betreffenden Ich schöpferisch wirksam wurde u. daß im Angebot der vergebenden Gnade jede denkbare Situation des Ich von der Liebe Gottes
umfangen ist. In der religiösen Tradition wurde in Abkehr von der ausdrücklichen Gottesweisung immer wieder (krankhafter u. krankmachen-
der) Haß auf sich selber als religiöser Akt empfohlen.

Selbstmitteilung Gottes, ein Begriff der kath. ↗Gnadenlehre, in der Theologie K. Rahners († 1984) von zentraler Bedeutung u. in der deutschspra-
chigen kath. Dogmatik weitgehend konsensfähig. S. G. will das innerste
Wesen von ↗Gnade (↗Rechtfertigung) zutreffend umschreiben. Dabei wird
das innerste Wesen von Gnade eben nicht als eine von Gott geschaffene
Gabe oder Hilfe verstanden, also nicht als ein von Gott verschiedenes Seiendes, das ihn durch eine gewisse (»analoge«) Ähnlichkeit als Gabe offen-
baren oder ihn als Hilfe vertreten würde. Vielmehr besagt S. G., daß in der
Mitteilung von Gnade Gabe u. Geber streng identisch sind. Biblische
Grundaussagen zu dieser Sicht sind Röm 5,5 u. 1 Joh 4,8. Die S. G. ist
Gottes freie, keiner Kreatur geschuldete u. durch keinerlei Leistung oder
Qualität zu verdienende Tat, in der sich Gott selber an die endlichen Kreaturen verschenkt. Auf seiten des Menschen bedeutet diese Selbstgabe
Gottes Heiligung, Gerechtmachung u. Beseligung, die aber nur in krea-
türlicher Begrenzung erfahrbar sind. Die S. G. ist die denkbar höchste Verwirklichung der Liebe Gottes zu dem, was er nicht selber immer schon ist
u. eigentlicher Grund für die Hoffnung auf die Vollendung der Schöpfung
u. der Geschöpfe. Daher muß die S. G. als das Ursprungsmotiv der
↗Schöpfung, als Fundament der Schöpfungs- u. Menschheitsgeschichte,
als deren endgültiges Ziel u. in diesem Sinn als eigentliches Wesen der
↗Erlösung angesehen werden.

Selbsttranszendenz, ein vor allem von K. Rahner († 1984) in der Theologie in zentralen Zusammenhängen verwendeter Begriff. Er setzt die
Überlegung voraus, daß in der Schöpfung wahrhaft Neues entsteht, das
nicht einfach das Produkt von etwas vorgegebenem Alten ist, also ein Wirken jener »absolut unabhängigen Macht voraussetzt, die wir Gott nennen«.
Dieses Einwirken Gottes kann u. darf um der göttlichen ↗Transzendenz
Gottes willen nicht als eine Ursächlichkeit unter anderen, als ein schöpfe-
risches Eingreifen von außen in Naturabläufe verstanden werden, wobei
das Vorhandene sich gegenüber dem von außen zugefügten Neuen rein
passiv verhielte. Vielmehr ließe sich das schöpferische Wirken Gottes als
die wahre *Ermöglichung* einer Selbstüberschreitung des Vorgegebenen, als
S., denken. »Fälle«, in denen eine solche S. ernsthaft in Betracht gezogen

werden könnten, sind das Entstehen von Leben aus anorganischer Materie, das Werden von menschlichem Bewußtsein aus tierischen Vorgegebenheiten (↗Hominisation), die wahre Elternschaft von Mutter u. Vater auch bei der Seele eines Kindes (↗Erschaffung des Menschen), die Selbstüberbietung des in sich eingeschlossenen Menschen in Akten der ↗Liebe. Zu bedenken wäre die Möglichkeit, die Transformation der menschlichen Existenz im Tod u. die des Kosmos bei der Vollendung der Schöpfung als von Gott gewährte S. zu verstehen. Soweit heutige Naturwissenschaft u. Theologie überhaupt in einem Dialog miteinander stehen, wird von naturwissenschaftlicher Seite darauf hingewiesen, daß bei der Theorie der S. die Konzeption des wahrhaft »Neuen« zu hinterfragen wäre, u. daß es notwendig wäre, die Koexistenz des (transzendenten) Grundes u. der (kategorialen) innerweltlichen Ursachen im Denken zu vermitteln, um die Gefahr zu vermeiden, für ein u. dasselbe Geschehen doch zwei Ursachen annehmen zu müssen.

Selbstverleugnung, ein biblischer Begriff (Mt 16, 24 ff.; vgl. Tit 2, 12), der dem Mißverständnis ausgesetzt ist, als werde mit ihm der richtig verstandenen Autonomie u. Selbstverwirklichung des menschlichen Ich abgesagt. In Wirklichkeit setzt er gerade aktiven Selbstbesitz u. Selbstverfügung voraus. Mit dem Wort von der S. ist eine Entscheidungssituation angesprochen, die von einer Gotteserfahrung oder vom Vernehmen des Rufs zur ↗Nachfolge Jesu geprägt ist. In dieser Situation sieht sich ein Mensch vor die Wahl gestellt, ob er trotz der für ihn evidenten Gotteserfahrung oder trotz des Rufs an seinem subjektiven Glücksverlangen festhalten oder der Stimme Gottes (vgl. auch ↗Gewissen) gehorchen will. Annahme u. Praxis dieses Gehorsams werden dann wie ein Sterben u. Aufgeben seiner selbst, als tödlicher Widerspruch des göttlichen ↗Pneuma im Menschen gegen das »Fleisch« (↗Sarx) erfahren. In der richtig verstandenen ↗Askese ist ein aktives Entgegengehen auf diese Situation einer radikalen Entscheidung zu sehen.

Seligkeit, ein theol. Begriff für die ↗Vollendung des ganzen Menschen in der Gnade Gottes, in der Gemeinschaft mit anderen Vollendeten u. in der vollendeten Schöpfung. Die Seligpreisungen (Makarismen) der ↗Bergpredigt, die ein beglückendes Angenommensein durch Gott in Aussicht stellen, waren für die Theologie (Augustinus † 430, Boethius † 524, Thomas von Aquin † 1274) der Anlaß zu weiterer Reflexion. Inbegriff der S. wurde die erkennende u. liebende, genießende Vereinigung mit Gott in der ↗Anschauung Gottes (»visio beatifica«). Da ein Mensch sich völlige Glückseligkeit nur dann vorstellen kann, wenn das absolute Gute (= Gott) ihn in allen seinen Dimensionen unverlierbar erfüllt, gehören zu seiner S. die leibliche Vollendung (↗Auferstehung der Toten), die Realisierung des göttlichen Vorhabens mit der Schöpfung in der ↗Herrschaft Gottes, das Wiederfinden der im Tod Vorausgegangenen (↗Gemeinschaft der Heiligen). Das christliche Bildwort schlechthin für die S. ist ↗Himmel geworden.

Semiarianismus (»halber«, gemäßigter ↗Arianismus), eine theol. Theorie, die Mitte des 4. Jh. zwischen der offiziellen Christologie der Großkirche (die dem göttlichen ↗Logos das ↗Homoousios, das »Ein-Wesen-Sein«, mit dem Vater zuschreibt) u. dem strikten Arianismus vermitteln wollte. Vom Kaiser begünstigt, lehrten ihre Anhänger als »Homöer« eine Gleichheit des Logos mit dem Vater »gemäß den hl. Schriften« (biblizistischer ↗Subordinatianismus). In der Tradition des Origenes (†253) u. Eusebios (†339) verstanden in antiarianischer Intention die »Homöusianer« den Logos als wesen*ähnlich* mit dem Vater, da das »Homoousios« ihnen als ↗Sabellianismus erschien. Als Homöer wird Akakios von Kaisareia (†366), als Homöusianer Basileios von Ankyra († nach 360) genannt. Die Gedanken beider Richtungen wurden auf mehreren Partikularsynoden vertreten. Kaiser Theodosius (†395) verfolgte die Homöer als Ketzer, doch lebten ihre Anschauungen bei den christlichen Goten bis zum 7. Jh. weiter.

Semipelagianismus (»halber«, gemäßigter ↗Pelagianismus), Ende des 16. Jh. aufgekommene Bezeichnung für den Versuch einiger gallischer Theologen (Vinzenz von Lérins † vor 450, Faustus von Reij † etwa 490), zwischen dem Pelagianismus u. der von Augustinus (†430) beeinflußten ↗Gnadenlehre der Großkirche zu vermitteln. Vinzenz führte gegen Augustinus vor allem sein berühmtes ↗Traditions-Argument an. Faustus lehrte, ein Mensch könne sich auch ohne zuvorkommende Gnade aus eigenem Willen Gott zuwenden, so daß der Heilsanfang dem Menschen zuzuschreiben wäre u. Gott die Vollendung des Heilswerks durch die Gnade überlassen bliebe (↗Synergismus). Diese Lehre wurde auf Betreiben des Caesarius von Arles (†542) auf der kirchlich anerkannten Synode von ↗Orange (wohl Valence 528) verurteilt. Kirchlich unbehelligt blieb die Ablehnung der rigorosen ↗Prädestinations-Lehre des Augustinus durch die Vertreter des S. – Eine gewisse Aktualität hat der S. in der seit dem II. Vaticanum aufgekommenen unpräzisen Redeweise von »Menschen guten Willens«.

Sendung wird in mehrfacher Hinsicht als theol. Fachbegriff verwendet. 1. Die ↗Propheten Israels wissen sich als von Gott gesandt, Zeugnis durch ihr Wort zu geben; sie unterstreichen es durch Zeichenhandlungen u. berichten von den Gotteserfahrungen, in denen sie ihre S. empfingen. Das NT spricht vom Sendungsbewußtsein Jesu (Mk 9, 37 par.), der den Willen

Gottes, seine ↗Herrschaft zu verwirklichen, u. seine Weisungen in Vollmacht zu verkünden hat u. der sich »zu den verlorenen Schafen des Hauses Israel« gesandt weiß (Mt 15, 24), ohne die Nicht-Juden vom kommenden Heil auszuschließen. Von ihm wird gesagt, er habe die ↗Zwölf (Mk 6, 7–13) u. 70 andere Jünger (Lk 10, 1–12) ausgesandt, um die Botschaft vom nahen Reich Gottes im Wort auszurichten u. sie durch Zeichenhandlungen zu bekräftigen. Nach der Ostererfahrung, die als göttliche Bestätigung der S. Jesu gilt, tritt die früheste christliche Gemeinde in die S. Jesu ein u. verkündet seine Botschaft zunächst den Juden, dann »allen Völkern« (Mt 28, 18 ff.; Mk 16, 15; Apg 1, 8; ↗Apostel). Den Auftrag, nach der Erhöhung Jesu ↗Zeugnis für sein Evangelium bei »allen Völkern« zu geben, versteht die Kirche als ihre S.: ↗Mission. Die kirchenrechtliche Erteilung von Befugnissen heißt zuweilen auch S. (z. B. »Missio canonica«). – 2. In der Trinitätstheologie ist S. (lat. »missio«) ebenfalls ein Fachbegriff. Das Wirken Gottes in seiner ↗Selbstmitteilung an das Nichtgöttliche wird mit dem Hervorgang (lat. »processio«) des ↗Logos u. des ↗Heiligen Geistes aus dem Vater begründet u. als Sendungen beider bezeichnet. Dementsprechend ist beim Vater zwar von seinem »Kommen« (Joh 14, 23), nicht aber von seiner S. die Rede, während Jesus vom Vater gesandt ist (siehe oben 1) u. seinerseits den ↗Parakleten sendet (Joh 16, 7).

Sexualität als den Menschen in seiner Ganzheit prägende biologische Anlage ist Gegenstand vieler Wissenschaften. In der Theologie befassen sich v. a. Moraltheologie (theol. Ethik) u. Praktische Theologie mit der S. Sie haben zunächst dem Faktum Rechnung zu tragen, daß in den biblischen Offenbarungszeugnissen vielfältig in konkreten Erzählungen von S. die Rede ist, daß aber nur insofern eine Sexualethik von überzeitlich gültigen Gesichtspunkten her biblisch begründbar ist, als der Umgang miteinander unter dem Primat des Liebesgebotes u. damit der gegenseitigen Respektierung, unter dem Verbot, den andern Menschen zum bloßen »Objekt« zu machen, steht. Die biblische Paradies-Weisung, fruchtbar zu sein u. sich zu mehren (Gen 1, 28), kann nicht als Begründung dafür dienen, die menschliche S. überzeitlich-biologistisch von der Fortpflanzung u. Arterhaltung her zu erklären. Das von Jesus unter dem Aspekt des Begehrens radikalisierte Verbot des Ehebruchs im ↗Dekalog (Ex 20, 14; Mt 5, 27 f.) ist nicht als Verbot der Sinnlichkeit zu sehen, sondern steht im Kontext der Sorge um friedliches Zusammenleben, unter dem Vorzeichen des Schutzes der Frau (Mt 5, 31 f.). Die gebotene Beschränkung aktiver S. auf die Ehe ist biblisch nicht begründbar, zumal Institutionalität u. Gestaltung der Ehe einem erheblichen geschichtlichen Wandel unterlagen u. eine notwendige Zusammengehörigkeit von Liebe, S. u. Ehe erst im 19. Jh. behauptet wurde. Sozio-kulturell bedingt sind die Verurteilungen abweichenden Sexualverhaltens bei Paulus. Verhängnisvoll für das Verhältnis sehr vieler Menschen zur Kirche u. damit auch zum christlichen Glauben war die kirchenamtliche Normierung des Sexualverhaltens an einem die Menschen (»animal rationale«) u. die Tierwelt umfassenden Verständnis des »Naturgemäßen«. Eine Seelsorge der Einschüchterung mit Höllendrohungen produzierte verhängnisvolle Schuldkonflikte u. Neurosen. Erst die Theologie des 20. Jh. erkannte die spezifisch menschliche Eigenart der S., die Gestaltungsfähigkeit der gerade beim Menschen nicht starr festgelegten »Natur«, die möglichen Steigerungen von Glück u. Lebensgefühl, gerade auch durch Beglückung eines Partners, die Überwindung von Einsamkeit, auch in non-verbaler Kommunikation, die Schaffung oder Verstärkung des Wir-Gefühls. Die Zerstörung aller Tabu-Schranken, die hemmungslose Vermarktung der Intimsphäre, die Forcierung sexueller Höchstleistungen u. a. sind z. T. als exzessive Pendelausschläge gegen kirchlich u. gesellschaftlich-konventionell produzierte Sündenangst zu verstehen. Ihnen gegenüber behalten die Ratschläge zur Beherrschung der S. u. zur ↗Askese unter dem Primat der Liebe ihren Sinn. Eine positive Wirkung der öffentlichen Diskussion der S. ist die Erkenntnis der vor allem männlichen Herrschaft u. Gewalt im Bereich der S. mit Ausbeutung u. Entwürdigung der Frauen (des in den 60er Jahren des 20. Jh. so genannten Sexismus, der sich freilich nicht auf die S. beschränkt, sondern in allen gesellschaftlichen Lebensbereichen virulent ist).

Shintoismus (japanisch »to« = Weg, »shin« = Götter), die japanische polytheistische Nationalreligion, unter konfuzianischem u. buddhistischem Einfluß seit dem 6. Jh. n. Chr. synkretistisch systematisiert, wobei die Sonnengöttin Amaterasu besondere Bedeutung erhielt (Ahnfrau des Kaiserhauses). Kennzeichnend sind Schreine u. Schreinanlagen, deren Besuch unter Gebet u. verschiedenen Riten Reinigung, von Priestern unterstützt, u. Stärkung der menschlichen Treue u. Aufrichtigkeit bringen soll. Die Beteiligung großer Massen an solchen »Wallfahrten« symbolisiert u. fördert die nationale Einheit. Der Sh. erhebt keinen universalen Anspruch.

Simul iustus et peccator (lat. = zugleich Gerechter *und* Sünder), eine Kurzformel der ev. Theologie u. Gläubigkeit, mit der in paradoxer Form die Existenz des gläubigen Menschen vor Gott ausgesprochen werden soll. Im Glauben verstehen sich Menschen als gerechtfertigt durch Gottes Gnade (↗Rechtfertigung), u. *zugleich* erfahren sie sich ständig als Sünder. Die Formel hat aus folgenden Gründen einen gut katholischen Sinn: a) weil es eine absolute u. selbstverständliche ↗Heilsgewißheit (über eine *feste* ↗Hoffnung hinaus) nicht gibt; b) weil Menschen täglich um die Vergebung ihrer Schuld beten müssen; c) weil Menschen vor Gott entgegen jeder ↗Selbstgerechtigkeit wirkliche Sünder sind u. immer wieder sündigen; d) weil die theol. Lehre, daß schwere Sünden, die die Rechtfertigung aufheben, vermeidbar sind, keine sichere Garantie dafür bietet, daß beim einzelnen Menschen eine schwere Schuld tatsächlich nicht vorliegt, obwohl er sich subjektiv einer schweren Sünde nicht bewußt ist. Die dunkle, existentielle Situation der Menschen vor Gott wird darum mit der Formel gut beschrieben. – Die Formel wäre im kath. Glaubensverständnis nicht akzeptierbar, wenn sie bedeuten würde: a) ein Mensch ist *immer* u. immer in gleicher Weise zugleich Gerechter u. Sünder; b) ein Mensch wird in der Rechtfertigung nicht aus einem Ungerechten u. Sünder zu einem Gerechtfertigten, so daß er nach der Rechtfertigung nicht ein anderer wäre als der er vorher war; c) der gerechtfertigte Mensch wäre nicht in einem »objektiven« Zustand gerecht durch die wahre Mitteilung des Heiligen Geistes, also nicht in einem ihn innerlich bestimmenden Zustand, den letztlich nicht ein Mensch, sondern nur Gott beurteilen kann. Die kath. Ablehnung der Formel bezieht sich also auf die mögliche Meinung, die von Gott in seiner vergebenden Gnade geschenkte Gerechtigkeit sei – auch dann, wenn sie von Gott wirklich geschenkt ist – nur ein »als ob«, nur eine gleichsam in einem äußerlichen Gerichtsverfahren (»forensisch«) gewährte Nichtanrechnung, eine bloße Fiktion (↗Imputationsgerechtigkeit), die einen Menschen in seinem innersten Kern so wenig verändere, ihn so sehr bloß Sünder sein lasse, daß er auch nach der Rechtfertigung unfähig zum Guten sei.

Sinai, biblisches Wort mit ungeklärter Bedeutung, geographische Bezeichnung einer ägyptischen Halbinsel. Im Ersten Testament ist eine S.-Tradition erhalten (Ex 18 – Num 10), die ihrerseits das Produkt einer langen theol. Reflexion u. einer komplizierten literarischen Geschichte ist. Grundlage war wohl eine Lokalisierung des Gottes ↗Jahwe, so daß dieser als »der vom S.« benannt werden konnte (Ri 5,5; vgl. Ps 68,9). Die S.-Tradition war für Israel konstitutiv, da JHWH am S. nach der Befreiung des Volkes aus der ägyptischen Knechtschaft dem Mose erschien u. ihm den ↗Dekalog gab (↗Bund). Die Diskussion um die mögliche genaue Lage dieses S. führte bisher zu keinem Konsens. Daß es sich bei dem Massiv des heutigen Gebel Musa um den authentischen S. handelt, ist eine Auffassung, die zuerst wohl von christlichen Eremiten im 4. Jh. n. Chr. vertreten wurde. Nach einer atl. Theorie hat die deuteronomistische Tradition den Begriff S. vermieden, weil er an den Mondgott Sin erinnere, u. statt dessen den Kunstbegriff »Horeb« verwendet.

Sinn ist ein vieldeutiger Begriff. Von »Sinnen« wird im Zusammenhang mit dem Wahrnehmungsvermögen des Menschen gesprochen (↗Sinnlichkeit).

Oft wird S. gleichsinnig mit ↗Ziel gebraucht, wenn vom S. einer bestimmten Lebenshaltung, eines Engagements, einer Tat, einer Geste, eines Zeichens usw. die Rede ist; in diesem Fall meint S. die Bedeutung, die etwas für einen Menschen hat, individuell oder im Kontext der Kommunikation. Die Frage nach einem »letzten« oder »umfassenden« S. taucht erst in der Neuzeit auf, nachdem Religion u. Glaube ihre Bedeutung zum Verständnis der Welt, der Geschichte u. des menschlichen Daseins immer mehr verloren haben. Die modernen u. postmodernen Angebote an S. u. die Versuche zu S.-Stiftung betreffen in Wirklichkeit bestenfalls »sinn-volle« Teil-Ziele. Der immer plausibler gewordenen Möglichkeit, die unübersichtliche Welt u. das orientierungslose Dasein als »sinn-los« zu verstehen (↗Nihilismus, das ↗Absurde), steht der religiöse Glaube gegenüber, der im Hinblick auf die Verheißung der ↗Vollendung an einem von Gott gewollten u. bewirkten S. der Schöpfung u. des einzelnen Lebens (dessen S. die Einübung des Weges zu Gott ist) festhält. Freilich ist diese Antwort des Glaubens auf die S.-Frage der Bedrohung durch die ↗Theodizee-Problematik ausgesetzt. Darin sind Glaubende mit S.-Suchenden solidarisch. Viele konkrete Gestalten der Katastrophen in der Schöpfung, der Krankheiten, des Mißbrauchs der Freiheit u. des Todes können nicht anders als »sinnlos« (wenn auch nicht »ziel-los«) genannt werden.

Sinnlichkeit meint vor-ethisch die an den menschlichen ↗Leib gebundene Seite des Menschsein, die der geistig-personalen Seite vorausliegt, für ein Bestimmtwerden von außen unmittelbar offen ist, in gewisser Weise das »Material« des menschlichen Geistes darstellt. In Trieben u. Leidenschaften fordert sie den Menschen zu bestimmten bewußten Verhaltensweisen heraus. Die kath. Theologie erkennt dieses konstitutive Element des Menschseins als notwendig u. als gut. Es darf nicht in einer falsch verstandenen ↗Askese mit dem Ziel der Auslöschung bekämpft werden; Aufgabe ist vielmehr, die S. mit ihren Antrieben in das Ganze der menschlichen Person u. ihrer positiven Freiheitsentscheidung auf Gott hin zu integrieren. In der Zeit des irdischen Lebens ist diese Aufgabe unvollendbar. Konkret ist die S. auch des glaubenden Menschen immer von eigenen falschen Entscheidungen, von Herkunft u. Mitwelt (↗Welt) mitgeprägt u. vom ↗Bösen bedroht. Die Erfahrung zeigt vielfältig, wie deshalb von den Antrieben der S. Anreize zur ↗Sünde ausgehen, denen nur mit Hilfe der Gnade Gottes Widerstand geleistet werden kann. Von da her ist verständlich, daß in der christlichen Tradition oft abwertend von S. gesprochen u. ihre gute Bedeutung verkannt wurde.

Sittengesetz 1. Philosophisch bezeichnet S. die höchste Norm aller ethischen Forderungen, die den Menschen zum Tun des ↗Guten u. zum Unterlassen des ↗Bösen verpflichten. Bei I. Kant († 1804) ist das S. das objektiv gültige Gesetz, das dem Willen eines jeden vernünftigen Wesens einsichtig u. verpflichtend gegeben ist (↗Kategorischer Imperativ). Im Unterschied dazu versteht er »Maximen« als subjektive Bestimmungsgründe des Willens. – 2. Das »natürliche S.« der kath. Theologie. Die objektiven Strukturen der menschlichen ↗Natur, die der menschlichen ↗Freiheit vorgegeben sind u. sie ermöglichen, bedeuten ebenso viele notwendige objektivierte Normen für das menschliche Handeln. Sie werden mit transzendentaler Notwendigkeit auch im Akt der Verneinung (im Erkennen u. Handeln) nochmals implizit bejaht. In der Sicht des Glaubens können diese Strukturen als vergegenständlichter Wille Gottes, des Schöpfers dieser Natur, aufgefaßt werden; das aus ihnen hervorgehende Gesetz des Sollens kann dann (mit einem interpretationsbedürftigen Begriff) *natürliches Sittengesetz* genannt werden. Die Summe von Rechten u. Pflichten, die sich aus der Natur des Menschen (als eines mit Verstand u. freiem Willen begabten Wesens) unmittelbar von selber ergibt, heißt in der kath. Ethik auch *Naturrecht*. Dessen Erkennbarkeit, Unveränderlichkeit oder Veränderlichkeit sind wesentliche Themen der griechischen u. christlichen Tradition (↗Menschenrechte). Nicht alles, was faktisch am Menschen ist, ist darum auch schon sein-sollend; der Mensch ist von seiner Natur her auch auf ein Tun hin angelegt, durch das er sich auch selber verändert. Das ist in der kirchlichen Lehre vom »Naturgemäßen« oft nicht gesehen. Aber die Grundstrukturen seiner Wirklichkeiten (Geistigkeit, Personsein, Bezogensein auf das Geheimnis, Geschichtlichkeit, soziale Bezogenheit auf andere usw.) machen seine ↗Menschenwürde u. seine Verpflichtung im »natürlichen S.« aus. Insofern die menschliche Natur auf die absolute Verfügung Gottes hin offen ist (↗Natur und Gnade, ↗Potentia oboedientialis), sind natürlich die Normen des Sollens, die sich aus der gnadenhaften ↗Selbstmitteilung Gottes an den Menschen ergeben, von noch höherer Würde u. von gleicher verpflichtender Kraft wie das »natürliche S.« In der Sicht der heutigen kath. Theologie gab u. gibt es in der konkreten, von Gottes Gnade u. Vergebung bestimmten »Ordnung« keine »reine Natur«. Eine grundlegende Problematik des Naturrechts besteht daher in der Frage, ob »Natur« überhaupt als Schlüsselbegriff für sittliche Weisungen, die für alle Menschen aller Zeiten gelten, geeignet ist. Nach kath. kirchenamtlicher Lehre existieren zwei Erkenntnisordnungen, die des Glaubens u. die der Vernunft (II. Vaticanum GS 59). Wenn u. insofern ein Mensch die Möglichkeit hat, mittels seiner Vernunft (die auch beim Nichtglaubenden nie eine »rein natürliche« Vernunft ist) sittliche Verhaltensnormen logisch unabhängig von der ausdrücklichen Offenbarung Gottes im Wort zu erkennen, könnten von da aus Grundlagen einer »operativen« ethischen Einigung von Glaubenden u. Nichtglaubenden diskutiert werden. Es ist aber damit zu rechnen, daß bei einer solchen Diskussion keine Einigung über das erzielt werden kann, was »naturgemäß«, »zeitlos gültig«, »widernatürlich« oder »geschichtlich relativ« ist. Das kirchliche Lehramt erhob wiederholt, besonders intensiv u. oft seit »Humanae vitae« 1968 in der Frage der Geburtenplanung, den Anspruch, verbindliche Aussagen über Sachverhalte des »natürlichen Sittengesetzes« machen zu können. In solchen Fällen handelt es sich um »authentische« Äußerungen des kirchlichen ⁊Lehramts, die nicht an der ⁊Unfehlbarkeit partizipieren u. die in ihrer Argumentation auf Begründungen aus dem Bereich der nicht-theol. Wissenschaften u. der allgemeinen menschlichen Vernunft angewiesen sind.

Sittlichkeit ist ein Begriff der ⁊Ethik zur Bezeichnung der moralischen Einstellung u. Verhaltensweisen, die aus Freiheit u. Selbstbestimmung der menschlichen Person hervorgehen u. sich an allgemeingültigen Maßstäben orientieren, so daß wenigstens die Verhaltensweisen öffentlicher Beurteilung zugänglich sind. – ⁊Sittengesetz; das ⁊Gute. In der Alltagssprache u. juristisch ist S. auf den Sexualbereich eingeschränkt (»unsittliche Anträge« usw.).

Situationsethik heißt eine ethische Auffassung, nach der das ethische Sollen eines Menschen sich nur aus seiner jeweiligen Handlungssituation ergebe u. die Erkenntnis dessen, was in der Situation, d.h. hier u. jetzt, zu tun ist, sich nicht nach allgemeinen Normen des natürlichen ⁊Sittengesetzes richten müsse oder könne. Eine S. kommt in der Geschichte der Ethik immer wieder zum Vorschein. Sie ist häufig eine Folge der Tatsache, daß allgemeine Normen unvermeidlich zum Teil aus geschichtlich bedingten Weltanschauungen abgeleitet u. immer auch ideologisch mißbraucht werden können. Die S. ist dann als Protest gegen solche Faktizitäten zu verstehen. Ihr richtiger Kern ist die ⁊Existentialethik. In philosophisch-ethischer Sicht erscheint die S. als extrem individualistisch u. kurzschlüssig. Sie stellt eine Leugnung des sich in allem geschichtlichen Wandel durchhaltenden, erkennbaren Wesens des Menschen dar. In ihrer Konsequenz müßte das Christentum auf die Verkündigung der Ansprüche materialer ethischer Inhalte verzichten.

Skepsis, Skeptizismus (griech. »skeptesthai« = prüfend umherspähen), umfassen als Begriffe verschiedene Haltungen u. Methoden des Fragens u. des ⁊Zweifels, die zu der Überzeugung führen, daß die dem Menschen zur Verfügung stehenden Anlagen (Vernunft u. Sinnlichkeit) gegenwärtig nicht oder überhaupt nie zum »Beweisen« der ⁊Wahrheit führen können, so daß es also auch keine Gewißheit geben kann. Weisheit besteht für die radikalen griech. Skeptiker vom 4. Jh. v.Chr. an darin, sich jeglichen Ur-

teils zu enthalten (»epoche«) u. gegenüber allem Gelassenheit zu bewahren
bzw. einzuüben (das Ideal der Unerschütterlichkeit: »ataraxia«). Eine skeptische Tradition wirkte eher »unterschwellig« als sehr ausdrücklich im
christlichen Abendland weiter (M. de Montaigne † 1592). Skepsis war mit
im Spiel bei den Einwänden gegen die klassische ↗Metaphysik, wie sie
I. Kant († 1804) mit seinem »methodischen Zweifel« vorgetragen hat, allerdings mit dem Ziel, den Skeptizismus dadurch zu widerlegen, daß er
ihm ein sicheres Wissen, nämlich über die Begrenztheit der menschlichen
Erkenntnis, nachwies. (Ähnlich G. W. F. Hegel † 1831, der den Skeptizismus als eine negative Gestalt des Wissens beschrieb, die in ihrem Wissen
die Möglichkeit alles Wissens bestreite.) Als skeptisch muß die Grundhaltung des modernen ↗Positivismus bezeichnet werden. Die Theologie
hält daran fest, daß eine Bejahung eines ↗Grundes aller Wirklichkeit nicht
widersprüchlich u. widervernünftig ist, bewahrt aber skeptische Elemente
im Bekenntnis zu den Grenzen ihres eigenen Erkennens u. Urteilens:
↗Negative Theologie, ↗Analogie.

Skotismus, eine Lehrrichtung in der kath. Theologie, die nach dem schottischen Franziskaner Johannes Duns Scotus († 1308, begraben in Köln)
benannt ist, von einer gewissen Auseinandersetzung mit dem ↗Thomis-
mus bestimmt ist u. bis zur Gegenwart vertreten wird. Die Philosophie
des S. ist durch eine im Gegensatz zu Thomas von Aquin († 1274) stehende
Auffassung des ↗Seienden u. damit durch ein neues Verständnis von Metaphysik charakterisiert. Den Hintergrund der Theologie des S. bildet der
↗Augustinismus in konstruktiver Auseinandersetzung mit dem ↗Aristote-
lismus. In seiner Gotteslehre betont der S., daß Gottes Wesen am besten als
unendliche, freie, den Geschöpfen selbstlos geschenkte ↗Liebe zu erfassen
ist. Diese Liebe gilt im S. als das primäre Motiv der Menschwerdung
(↗Inkarnation). Sie verlangt, gerade auch im Hinblick auf das erlösende
Leiden Jesu Christi, eine selbstlos liebende Antwort des Menschen. Der S.
identifiziert Rechtfertigungsgnade u. Liebe u. versteht daher die Freiheit u.
das Glück des Menschen als von Gott geschenkte selbstlose Gottesliebe.
Von da aus hat für den S. der mit dem Liebesaffekt verbundene Wille in
der ↗Anschauung Gottes den Vorrang vor der beglückenden Erfüllung des
Intellekts.

Socinianismus, eine Bezeichnung für die Sonderform des ↗Unitarismus,
die der italienische Protestant Fausto Sozzini (lat. Socinus † 1604) als kir-
chenähnliche Gemeinschaft mit eigener Lehre vor allem in Polen begründete. Zu den besonderen Anschauungen zählen die Leugnung der
göttlichen Natur in Jesus Christus, der als Wegweiser u. Liebender, nicht
als Erlöser gilt; ferner bloß rituelles, nicht sakramentales Verständnis von

Taufe u. Abendmahl (↗Rationalismus). Der S. ging spätestens im 19. Jh. in anderen Kirchenbildungen auf.

Sohn Gottes. Der Begriff S. G. wird in der Glaubensüberlieferung in mehrfacher Weise verwendet. 1) In der ↗Christologie ist S. G. ein Würdetitel ↗Jesu Christi. Die ntl. Grundlage dafür besteht in jenen Zeugnissen, nach denen sich Jesus in einem einzigartigen, vertrauensvollen Verhältnis zu Gott als seinem Vater wußte, wenn er sich selber auch nicht als S. G. bezeichnet hat u. wenn auch das Verständnis Gottes als des ↗Vaters nicht christliches Eigengut, sondern Bestandteil des Glaubens Israels ist (Jes 63,15 f.; 64,8). In der Reflexion der ersten drei Jahrhunderte wurden atl. Texte (Ps 2,7) christologisch in Anspruch genommen u. mit ntl. ↗Präexistenz-Aussagen kombiniert, so daß der Begriff S. G. auch im Hinblick auf Jesu Wesenseinheit mit dem Vater trinitarisch verwendet wurde. Die dogmatische Formulierung gegen den ↗Arianismus besagt, daß der Vater durch Mitteilung des göttlichen Wesens den Sohn »zeugt«. In dieser analogen Aussage soll das Gezeugtsein den wesentlichen Unterschied zu Geschaffensein festhalten; analog ist sie, weil »zeugen« an sich einen zeitlich sehr begrenzten Vorgang mit zeitlichem Beginn u. Ende u. gegebenenfalls dem Hervorbringen eines Neuen u. völlig Selbständigen bezeichnet, u. weil all dies in der dogmatischen Aussage nicht gemeint ist. In der neueren Theologie wird erwogen, ob der Begriff S. G. nicht besser dem Verhältnis des irdischen Menschen Jesus zu seinem Vater vorbehalten bliebe u. für den ersten innergöttlichen »Hervorgang« der biblisch bestens bezeugte Begriff ↗Logos (hebr. »dabar«) verwendet würde, um das Mißverständnis zu vermeiden, daß durch die Mitteilung des göttlichen Wesens durch den Vater ein zweites Gott-Subjekt entstünde. – 2) Die Bibel beider Testamente bezeichnet auch Menschen als Söhne Gottes. Vorweg ist festzuhalten, daß diese maskuline Form sozio-kulturell bedingt ist. Der Sache nach sind Töchter Gottes gleichberechtigt mitgemeint, so daß die betreffenden Aussagen besser mit »Kinder Gottes« übersetzt würden (↗Gotteskindschaft). Das NT versteht die Menschen nicht schöpfungstheologisch als Kinder Gottes. Vielmehr bezeichnet es den gerechtfertigten Menschen als S. G. Seine Sohnschaft wird, als Tat der freien Gnade Gottes, als »Kindesannahme« (»Adoption«) bezeichnet (Röm 8,15; Gal 4,5 u. ö.). Da aber auch bei der Rechtfertigung des Menschen eine reale ↗Selbstmitteilung Gottes an den Menschen geschieht, spricht die Schrift von Zeugung aus Gott, Geburt aus Gott, ↗Wiedergeburt (Joh 1,13; Tit 3,5; 1 Joh 2,29 u. ö.). – ↗Vater.

Sola fide (lat. = allein durch den Glauben), eine Kurzformel der ev. Theologie u. Gläubigkeit: Ein Mensch kann die ihm von Gott angebotene Vergebung u. Gnade nur in der Haltung des ↗Glaubens entgegennehmen; sie sind keinesfalls seinem von Gott unabhängigen Tun, seinen ↗Werken, zu verdanken. Wenn »Glaube« der Inbegriff für die freie Annahme der Gnade Gottes ist u. diese freie Annahme ihrerseits wieder von Gottes Gnade geschenkt wurde (wofür die biblische Basis bei Paulus gegeben ist), dann ist das S. f. eine Kurzformel auch der kath. Theologie u. Gläubigkeit. Die Kontroversen zwischen kath. u. reformatorischer Theologie entstanden aus der Frage, *wie* diese von Gottes Gnade bewirkte Annahme der ↗Rechtfertigung genauer zu beschreiben sein könnte. Nach kath. Theologie kann der Glaube im S. f. nicht als ein bloßes u. sicheres Vertrauen auf eine rein äußerliche (»forensische«) Anrechnung der Gerechtigkeit Jesu Christi verstanden werden. Nach der Lehre des Konzils von ↗Trient kann ein Mensch, geleitet u. getragen von der Gnade Gottes u. von deren alleiniger Initiative, diese Gnade in zeitlich erstreckten, verschiedenen Akten annehmen, im Glauben als Zustimmung zum Wort Gottes, in der ↗Hoffnung, in der ↗Reue. Ihre Vollgestalt u. Vollendung erreicht diese Annahme in der ↗Liebe auf der Basis des Glaubens.

Sola gratia (lat. = allein durch die Gnade), eine Kurzformel der ev. Theologie u. Gläubigkeit: Ein Mensch kann sich das Heil bei Gott nicht verdienen; ein Sünder ist von sich aus zu einem ↗Heilsakt völlig unfähig. So verstanden ist das S. g. eine Kurzformel auch der kath. Theologie u. Gläubigkeit, denn nach der Lehre des Konzils von ↗Trient ist ein Mensch ohne die zuvorkommende Gnade Gottes zum Guten schlechthin unfähig. In der kath. Gnadenlehre wird ein ↗Synergismus nicht vertreten. Wird das S. g. so verstanden, daß die Wahlfreiheit beim Tun des Guten zum Heil geleugnet wird, *nachdem* anerkannt ist, daß die ↗Freiheit in ihrem Können, Wollen u. Vollbringen ihrerseits Gabe der Gnade Gottes ist, dann könnte das S. g. in kath. Sinn nicht akzeptiert werden. Schwierigkeiten können auch aus einem katholischerseits nicht annehmbaren Verständnis des Glaubens (↗Sola fide) in Zusammenschau mit dem S. g. entstehen. Schließlich wären in der Konsequenz des S. g. jene Schwierigkeiten zu bedenken, die sich aus einer unterschiedlichen Auffassung des ↗Simul iustus et peccator ergeben können.

Sola Scriptura (lat. = allein durch die Schrift), die Lehre der ev. Theologie, daß die ↗Heilige Schrift kraft des Heiligen Geistes sich selber Verstehen verschafft, sich selber genügend interpretiert, so daß ein ↗Lehramt, das die Bibel verbindlich auslegt, u. eine ↗Tradition, die ebenfalls für den Glauben normativ wäre, überflüssig sind. Vonseiten der kath. Theologie wird dagegen geltend gemacht, daß sich mit dem S.-S.-Prinzip der biblische ↗Kanon nicht begründen läßt, da dieser ja aus der Schrift selber nicht zu entnehmen ist. Ferner: Die urchristliche Verkündigung (↗Kerygma) be-

gann mit dem Anspruch, Glauben zu finden u. sich als Autorität auf Jesus
selber berufen zu können, lange Zeit *vor* der Schrift. Trotz der Bemühungen des II. Vaticanums um das Verhältnis von Schrift u. Tradition (vor
allem in DV 9 f.) ist es – abgesehen von der Bedeutung des kirchlichen
Lehramts für die richtige Auslegung der Schrift – für die kath. Theologie
eine noch immer nicht entschiedene Frage, ob die Schrift im Hinblick auf
die ↗Offenbarung Gottes nicht doch inhaltlich allein genügt. Es ist der
kath. Theologie auch klar, daß die Frage des biblischen Kanons in der
Thematik des S. S. nicht verallgemeinert werden kann. Angesichts der beiderseits offenen Fragen stellt die S.-S.-Lehre keinen Grund zur Trennung
der christlichen Kirchen dar.

Solidarität (lat. = gegenseitige Verantwortung oder Haftung) bezeichnet in
der dogmatischen Theologie die Einheit der Menschen auch im Bereich
von ↗Heil u. Unheil, die besagt, daß die Entscheidung jedes einzelnen
Menschen für die geistig-personale Situation des ↗Anderen u. aller anderen mitbestimmend ist. Das bedeutet nicht, daß die freie Entscheidung
eines Menschen durch die eines anderen ersetzt werden könnte (↗Stellver-
tretung). Diese Einheit hat mehrfache Gründe, u. a. die biologische Zusammengehörigkeit, die gemeinsame ↗Umwelt, die geistig-personale
↗Kommunikation, den gemeinsamen Ursprung im Schöpfungswillen Gottes, die Gemeinsamkeit im Angerufensein durch die Gnade Gottes, die
Menschheit als Empfängerin der Selbstmitteilung Gottes. Theologiegeschichtlich findet diese S. besonderen Ausdruck in den Lehren von
↗Erbsünde u. ↗Erlösung. Praktisch u. spirituell ist die S. gläubiger Menschen mit den Armen u. Unterdrückten aller Weltanschauungen, im
fürbittenden Gebet für andere, in der »anamnetischen« u. »antizipieren-
den« Gestalt der Erinnerung der Opfer u. der Verantwortung für künftige
Generationen von höchster Bedeutung. – In der kath. Soziallehre wird die
S. als zweites wichtiges Prinzip neben der ↗Subsidiarität u. komplementär
zu ihr thematisiert (II. Vaticanum GS 30). Ausgehend vom Verständnis des
Menschen als eines »gesellschaftlichen Wesens« wird das Verhältnis »des
Ganzen« zu »den Gliedern«, »der Glieder« gegenüber »dem Ganzen« u.
»der Glieder« untereinander in Einzelanalysen von Rechten u. Pflichten
dargestellt.

Soteriologie (griech. = die Lehre von der »soteria«, Heil, Rettung), die
theol. Einzelwissenschaft, die sich mit dem ↗Heil der Menschen, mit der
↗Erlösung befaßt. Da Gott in universalem ↗Heilswillen, in seiner ↗Selbst-
mitteilung das Heil will u. selber ist, kann *alle* Wirklichkeit, von der die
↗Offenbarung spricht, unter »soteriologischem« Gesichtspunkt betrachtet
werden. Insofern ist die S. mehr als nur ein Einzelsachgebiet der Dogmatik.

Aber infolge einer historischen Entwicklung, die im 12. Jh. ansetzt u. bei Thomas von Aquin († 1274) konsequent durchgehalten wird, trennte die kath. Dogmatik bis ins 20. Jh. die S. von der ↗Christologie ab, wobei sich die Christologie mit der Konstitution u. den Qualitäten der Person ↗Jesus Christus befaßte, u. die in ihm vollbrachte Heilstat, die ↗Erlösung, den Gegenstand der S. bildete. Der auslösende Faktor für diese Trennung war die ↗Satisfaktionstheorie Anselms von Canterbury († 1109). In der ev. Theologie wurde die S. oft als »Lehre von der ↗Rechtfertigung u. der ↗Versöhnung« dargelegt u. mit dem Geschehen am ↗Kreuz begründet. Die neueren Versuche, christologische u. soteriologische Gehalte in Einheit zusammenzudenken, gehen, oft von der Reflexion über die ↗Selbstmitteilung Gottes an die Kreatur geprägt, von der ↗Inkarnation aus.

Sozialethik ist eine im 20. Jh. ausgebildete eigene, die Individualethik ergänzende theol. Disziplin, die in besonderem Maß auf interdisziplinäres Vorgehen innerhalb der Theologie u. über sie hinausgreifend angewiesen ist. Sie hat sich informierend (unter Rückgriff auf »empirische Sozialforschung«) u. analysierend mit Problemen u. Konflikten der jeweiligen Gesellschaften zu befassen. Als Teil der theol. Ethik sollte sie christliche Normen für gesellschaftliches Handeln in jeweiligen Situationen entwickeln, wobei sich ein ökumenischer Konsens herauszubilden scheint, daß unter den komplexen sozio-kulturellen Verhältnissen der neuesten Zeit aus der Bibel höchstens gewisse grundsätzliche Impulse, nicht aber konkrete Regeln abgeleitet werden können. So ist die S. sehr stark philosophisch-ethisch u. soziologisch orientiert. Im Hinblick auf die Verantwortung der Kirche für die Welt muß die S. versuchen, den christlichen Beitrag für das Gemeinwohl des Ganzen der jeweiligen Gesellschaft öffentlich kommunikabel zu machen. In kath. Sicht gehört dazu die Soziallehre des ↗Lehramts (das jedoch nicht über eigene Erkenntnisquellen verfügt), während in ev. Sicht verbindliche sozialethische Prinzipien sich aus einem kirchlichen Konsens ergeben müssen, dem im deutschen Bereich die »Denkschriften« dienen. Die S. ist durch die völlig verschiedenen gesellschaftlichen Strukturen u. Probleme (Industriegesellschaften, »Dritte Welt« usw.) eine plural differenzierte Wissenschaft geworden.

Soziologie und Theologie. Soziologie (lat.-griech. = Wissenschaft von der Gesellschaft) entstand, nachdem bereits in der griech. Antike über gesellschaftliche Lebensordnungen nachgedacht wurde, aus den vom 18. Jh. an zu beobachtenden Tendenzen, Theorien zur Reform der gesellschaftlichen Verhältnisse u. Institutionen zu entwickeln. Den Hintergrund bildete im Rahmen der ↗Aufklärung das Bewußtsein von der Notwendigkeit einer gesellschaftlichen Ordnung unter gleichzeitiger Respektierung der individuellen Freiheit. Der Begriff Soziologie stammt von A. Comte († 1857), der die drei Stadien seines ↗Positivismus auf die Gesellschaft übertrug. Philosophische Einflüsse (I. Kant † 1804, J. G. Herder † 1803, G. W. F. Hegel † 1831) verbanden sich mit den Evolutionstheorien des 19. Jh. (»Sozialdarwinismus«: die Überlebenskämpfe in der Gesellschaftsentwicklung; K. Marx † 1883; H. Spencer † 1903). Eine wichtige Etappe markierte E. Durkheim († 1917), der die das Individuum prägende quasi religiöse Kraft der Gemeinschaft hervorhob u. die wichtigsten Gestalten des Denkens (wie Raum u. Zeit, Ursache u. Folgen) aus ihr ableitete; er entwickelte die Methoden der Gesellschaftsanalyse (Beobachtung, Messung, Statistik) u. prognostizierte den Fortschritt zu Arbeitsteilung u. Solidarität bei fortbestehender Ungleichheit der Mitglieder der Gesellschaft. In seiner Sicht kann Soziales nur durch Soziales (ohne Rücksicht auf religiöse oder psychologische Bedingtheiten) erklärt werden. Die Soziologie als Wissenschaft wurde weiter durch differenzierte Unterscheidungen u. Analysen fundiert von F. Tönnies († 1936), G. Simmel († 1918) u. M. Weber († 1920). Weber gilt als Gründer der »verstehenden Soziologie«, in der gesellschaftliche Prozesse zugleich kausal erklärt werden sollen, indem die Handlungsabsichten der Akteure rekonstruiert, die »Interaktionsprozesse« analysiert u. nichtrationale Faktoren einbezogen werden. Die analytische Methode suchte er durch den Entwurf von »Idealtypen« zu verbessern. Während er die Soziologie als »wertfrei« bestimmte, sah er das gesellschaftliche Handeln nicht nur durch materielle Interessen, sondern auch durch Werte motiviert (»Wertethik«). Die im 20. Jh. als wissenschaftliche Disziplin etablierte Soziologie entwickelte unter Abgrenzung auch von der Sozialphilosophie (↗Kritische Theorie) vielfältige Theorien über die Beeinflussung der menschlichen Lebenswelt durch gesellschaftliche Zusammenhänge: Verhaltenstheorien, Theorien über »symbolischen Interaktionismus«, phänomenologische Analyse, darüber hinaus Theorien des Strukturellen, Funktionalen u. des Systems. Dabei differenzierte sich die Soziologie in zahlreiche Einzeldisziplinen. Unter diesen ist im Hinblick auf Theologie u. Kirche die von Durkheim inspirierte »Religionssoziologie« von besonderer Bedeutung. Religion wurde als wesentliche positive Kraft der sozialen Integration gesehen, durch die gesellschaftlich »unabgegoltene« Bedürfnisse erfüllt u. Konflikte vermieden würden. In der Weiterentwicklung wurden als Hauptfunktionen der Religion die »Kontingenzbewältigung« (N. Luhmann) u. die persönliche Identitätsfindung (H. Lübbe) ausgemacht. Die theol. Kritik an einer weltanschaulichen »Soziologisierung« zielte in zwei Richtungen: zum einen verwahrte sie sich gegen die »Vereinnahmung« der Religion zur Stabilisierung gesellschaftlicher Systeme, zum andern wies sie darauf hin, daß die Überbewertung des sozialen ↗Fortschritts durch die Soziologie zum Verlust des menschlichen ↗Transzendenz-Bewußtseins führen könne. Wenn die frühere Phase der ↗Politischen Theologie eine Zurücksetzung der »Orthodoxie« des Glaubens zugunsten der »Orthopraxie« der Gläubigen (↗Theorie und Praxis) erkennen läßt, oder wenn in der ↗Praktischen Theologie kirchliche Institutionen u. Methoden fast nur noch unter funktionalen Gesichtspunkten reflektiert werden, dann ist auch darin der Einfluß der Soziologie deutlich.

Species (lat.) ist ein naturwissenschaftlicher u. ein philosophie- u. theologiegeschichtlicher Begriff. Naturwissenschaftlich, besonders biologisch, bezeichnet Sp. die Art im Unterschied zum Individuum u. zur allgemeinen Gattung. In der Geschichte der aristotelisch-thomistischen Philosophie ist Sp. (oder auch ↗Akzidens) die empirische Wirklichkeit eines Seienden, die der sinnenhaften Erfahrung unmittelbar zugänglich ist, im Unterschied zum substantiellen Grund, dem »Wesen«, dieses Seienden. Der substantielle Grund trägt in dieser Auffassung das Mannigfaltige der äußeren Erscheinung u. hält es gleichsam zusammen. Theologiegeschichtlich wurde der Begriff Sp. in diesem Sinn in der Lehre von der ↗Transsubstantiation in der Feier der ↗Eucharistie verwendet. Sie besagt, daß in der Eucharistie die sinnenhaft erfahrbare Wirklichkeit unverändert bleibt; in physikalischer u. chemischer Hinsicht geschieht mit Brot u. Wein – nichts. Nach kirchlicher Lehre hören durch die »verwandelnde« Transsubstantiation die unsichtbaren, geistigen ↗Substanzen des Brotes u. Weines zu bestehen auf. Abgesehen davon, daß es »Substanz« in diesem Sinn im modernen Verständnis u. Sprachgebrauch nicht mehr gibt, bleiben wesentliche theol. Fragen zum Geschehen u. zur sprachlichen Vermittlung dieses Geschehens noch offen. »Für das glaubensmäßig eigentlich Gemeinte ist dies letztlich belanglos: Jesus Christus gibt uns unter der bleibenden Erscheinungswirklichkeit des Brotes wahrhaft seinen Leib, so daß das, was er gibt, sein Leib u. in dieser Dimension sonst nichts ist. Damit wird den Sätzen der physikalisch-sinnlichen Empirie u. des Glaubens genug getan. Die Weise der Koexistenz dieser beiden Sätze darf ruhig geheimnisvoll bleiben« (Rahner-Vorgrimler 1961, 340). Da es sich um eine Gabe Jesu in der Dimension des Glaubens handelt, kann eine neutrale Behandlung der Sp. (durch Tiere, Natureinflüsse usw.) oder eine Schändung der Sp. nur die physikalisch-chemische Dimension betreffen u. der Gegenwart Jesu nichts anhaben.

Sphragis (griech. = Siegel, Eigentumsmarke), vom biblischen Sprachgebrauch (Offb 9, 4) aus in der altkirchlichen Theologie Kurzbezeichnung für die »Besiegelung« mit dem Heiligen Geist Gottes (in der ↗Rechtfertigung, in den ↗Sakramenten der Initiation, verstanden als rettende Inbe-

sitznahme der Menschen durch Gott), später auch für den sakramentalen
↗Charakter, das sog. Prägemal.

Spiritismus (englisch »spirit« = Geist, Gespenst), ein weit verbreiteter Begriff für die Meinung, daß Verstorbene mit Lebenden u. Lebende mit Verstorbenen in Kontakt treten können. Unterschiedliche Totenorakel waren
in der Antike weit verbreitet, wurden auch in Israel trotz offiziellen Widerstands praktiziert. Seit dem 19. Jh. findet der moderne Sp. in westlichen
Zivilisationen überaus großes Interesse. Die Phänomene, die mit technischen u. menschlichen Medien zustandekommen bzw. registriert werden, sind nicht pauschal zu bestreiten. Um ihre wissenschaftliche Erklärung müht sich die ↗Parapsychologie. Hieb- u. stichfeste Beweise für ein
Weiterleben Verstorbener, für authentische Botschaften aus dem »Jenseits«
oder für die Existenz von Geistern, Dämonen u. Teufeln erbrachte u. erbringt der Sp. nicht.

Spiritualität, ein vieldeutiger Begriff, der wohl auf dem Weg über Frankreich (»spiritualité«) u. mit der Herkunft von lat. »spiritualis« = geistig,
geistlich (griech. »pneumatikos«), in der 2. Hälfte des 20. Jh. sehr weit verbreitet wurde. Es bezeichnet im christlichen Verständnis umfassend ein
»Leben aus dem Geist« (K. Rahner), womit sowohl die innerste Gottesbeziehung, eine bewußte subjektive Haltung gegenüber dem im Menschen
gegenwärtigen Heiligen Geist als auch die den Mitmenschen zugewandte
Glaubenspraxis gemeint sind. Daraus ergibt sich, daß trotz der Betonung
des Geistes eine Absage an menschliche Sinnlichkeit u. Weltflucht nicht
Bestandteile christlicher Sp. sind. Im deutschen christlichen Bereich verdrängt das Wort Sp. zunehmend den älteren Begriff »Frömmigkeit«, mit
dem eher eine engere persönliche Lebensgestaltung aus dem Glauben bezeichnet wird, während die Sp. von einer Vielgestaltigkeit des Geistwirkens
ausgeht. Eine ausweitende Verwendung von Sp. für nichtchristliche oder
auch nichtreligiöse existentielle Grundhaltungen (die Überzeugung verbunden mit der Praxis) ist möglich. Wie vielschichtig der Begriff Sp. ist,
zeigen allein im christlichen Bereich die unterschiedlichsten Konzeptionen:
Ordens- oder monastische Sp., Laien-Sp., missionarische Sp., biblische Sp.,
afrikanische, asiatische, mediterrane Sp., jüdische, ökumenische, orthodoxe Sp. usw. Abhandlungen zur Geschichte der Sp. umfassen so verschiedene Themen wie Geschichte der Mystik, der Gebetsformen, der charismatischen Aufbrüche u. Bewegungen.

Sprachtheorie und Theologie. Als Wissenschaft hat die Theologie es
nicht nur mit Begriffen u. Sätzen, mit der Praxis des kommunikativen,
unmißverständlichen Sprechens zu tun. Sie muß sich auch sprachtheo-

retisch engagieren, da sie den Wahrheitsanspruch ihrer Aussagen durch die kritische Reflexion der Strukturen, Funktionen u. Konventionen eines *vernünftigen* Redens über Gott argumentativ sichern muß. Da die Theologie auf die religiöse Erfahrung einer ↗Offenbarung Gottes u. deren sprachliche Interpretation in der Tradition innerhalb des Kontextes geschichtlicher Veränderungen u. gesellschaftlicher Lebensformen bezogen ist u. bleibt u. da sie durch die Vergegenwärtigung des so verstandenen ansprechenden Wortes Gottes Handlungsimpulse vermitteln will, ist es legitim, wenn sie eine bestimmte Sprachtheorie zur Selbstvergewisserung bevorzugt, nämlich jene, die sich wesentlich damit befaßt, den faktischen Gebrauch der Sprache u. dessen Regelsysteme sowie den sprachlichen Vorgang lebensweltlicher Sinnvermittlung zu analysieren. Bei den »Theorien der Normalsprache« ist das der Fall. Die theol. Auffassungen des Wortes Gottes (Offenbarung, ↗Inspiration) setzen voraus, daß mit der »Versprachlichung« bei der Weitergabe der prophetischen Botschaft auch die Bedingungen der Verstehbarkeit mit gesetzt u. unmittelbar einsehbar sind. Daraus ergibt sich die theol. Forderung an eine Sprachtheorie, daß durch eine Analyse des empirischen Sprachvollzugs die transzendentale »Leistungsfähigkeit« ergründbar sein sollte. In erster Linie trägt dazu die geisteswissenschaftliche ↗Hermeneutik bei. Darüber hinaus kommen verschiedene Impulse aus der analytischen Sprachphilosophie in Betracht: Die Theorie der »Sprachspiele« (L. Wittgenstein † 1951), die u. a. zur Anerkennung der Eigenständigkeit religiöser Sprachspiele geführt hat, u. die Theorie der »Sprechakte« bei J. L. Austin († 1960) u. a. können der Theologie neue Begründungsmodelle des Sprechens von Gott anbieten. Die kritische Behauptung, religiöse Sprache sei weder »verifizierbar« noch »falsifizierbar« u. daher von vornherein sinnlos (so der ↗Empirismus bei A. J. Ayer † 1989 u. a.), wurde innerhalb der Sprachtheorie durch Hinweise auf die expressiven, emotionalen u. wirklichkeitsdeutenden Funktionen der religiösen Sprache (Selbstvergewisserung im Beten, Trösten, kommunikativ Bekennen usw.) entkräftet. Ebenfalls zur »linguistischen Pragmatik« zählen die »semiotischen« (griech. = zeichentheoretischen) Begründungen der Wahrheit empirischer Aussagen bei Ch. S. Peirce († 1914) u. a., von denen aus die Bedeutung einer »universalen Kommunikationsgemeinschaft« (Sprache als sozial vereinbartes System von Zeichen) als der Ort deutlich wird, an dem der Wahrheitsanspruch theoretischer Aussage eingelöst wird. Sowohl der Anspruch der Theologie als Wissenschaft wie auch der unaufgebbare Gemeinschaftsbezug der theologischen Reflexion (u. damit die Kirchlichkeit der Theologie) u. der normative Charakter von Glaubensentscheidungen können von diesen sprachtheoretischen Forschungen u. Reflexionen her einleuchtender begründet werden. Binnentheologische Einzeldaten finden in neueren Sprachtheorien vermehrt Beachtung: Gebet,

Namen, Mythos, Metaphern, Erzählen, sakramentales Wort. Bedeutung
für Theologie u. Kirche hat eine »Hermeneutik des Verdachts«, die im
Zusammenhang mit der Feministischen Theologie auf den sexistischen
Charakter u. Mißbrauch der Sprache hinweist.

Stammesreligionen, ein Begriff der Religionswissenschaft, der die religiösen Anschauungen u. Praktiken kleinerer Religionsgemeinschaften vor allem in Afrika, Indonesien u. Südamerika im Unterschied zu anderen Religionen bezeichnet. Frühere, noch weniger zutreffende Benennungen waren
»Naturreligionen« oder »primitive Religionen«. Von vielen Eigentümlichkeiten, die den St. zugeschrieben wurden, haben manche sich bei genauerer
Kenntnis als nicht zutreffend erwiesen, z. B. ↗Ahnenverehrung. Am ehesten sachgerecht ist eine Auffassung von Allbeseelung (↗Animismus).
Kennzeichnend ist die Vererbung der Religion durch Zugehörigkeit zu einer nach außen abgeschlossenen Gesellschaft, nur ungenau »Stamm« genannt (Unmöglichkeit von Konversionen, Verzicht auf jegliche Mission).
Göttliche Führungen werden unmittelbar erlebt u. rituell erfleht. Weltdeu-
tungen in Mythen u. Symbolen gehören zum Geheimwissen geistlicher
Führer. Dem friedlichen Sozialverhalten gilt große Aufmerksamkeit. In
der Stellungnahme des II. Vaticanums zu den nichtchristlichen Religionen
sind die St. mitgemeint: »So sind auch die übrigen in der ganzen Welt
verbreiteten Religionen bemüht, der Unruhe des menschlichen Herzens
auf verschiedene Weise zu begegnen, indem sie Wege weisen: Lehren u.
Lebensregeln sowie auch heilige Riten. Die kath. Kirche lehnt nichts von
alledem ab, was in diesen Religionen wahr u. heilig ist« (NA 2).

Stände des Menschen, ein Fachbegriff der klassischen Theologie, mit dem
die unterschiedlichen Heilssituationen gekennzeichnet wurden, die jeweils
als die Voraussetzungen für die verantwortlichen Entscheidungen des einzelnen Menschen angenommen wurden. Ein »Stand der reinen ↗Natur«
(»natura pura«) ist theol. nur denkbar; er hat nie existiert. Auf der Grundlage der als historische Perioden angenommenen Phasen der biblischen
Geschichte Gottes mit den Menschen wurden drei solcher »Stände«
thematisiert: 1. Die Heilssituation der Menschen im ↗Paradies vor der
↗Ursünde, »supralapsarischer Stand« genannt; 2. die Heilssituation der
Menschen unter der ↗Erbsünde, vor der ↗Rechtfertigung durch Glaube,
Liebe u. Taufe, »infralapsarischer Stand« der »gefallenen Natur« genannt;
3. die Heilssituation der durch die Gnade Jesu Christi geheiligten Gerechten, deren Sünden (Erbsünde u. eventuelle persönliche Sünden) vergeben
sind, der »Stand der gefallenen u. wiederhergestellten Natur«. – Die neuere
Theologie hat darauf hingewiesen, daß mit diesen »Ständen« nicht drei
einander ablösende Phasen gemeint sein können, u. daß es sich allenfalls

um Aspekte der *einen* Heilssituation handelt. Die Schuldsituation muß immer zusammengedacht werden mit dem Versöhnungswillen Gottes; die Schuld kann die größere Gnade nicht aufheben. Die Heilssituation ist geprägt von der Tendenz zu äußerer Greifbarkeit in ausdrücklichem Glauben, in nichtsakramentalen u. sakramentalen Gesten der Gottesverehrung, zu institutionellen Erscheinungsformen, zu Konkretionen also, die jeweils koexistieren u. nicht auf einander folgen.

Starkmut, Tapferkeit (lat. »fortitudo«), in der klassischen Tugendlehre (↗Tugend) die dritte ↗Kardinaltugend, die den Menschen befähigt, die Probleme u. Leiden der im Argen liegenden ↗Welt auszuhalten sowie die ↗Angst (besonders die Todesangst) in ↗Hoffnung zu bestehen. Diese Tugend wird der ↗Weisheit u. der ↗Klugheit zugeordnet, da von diesen her die unterscheidende Grenze zu waghalsigem Risiko u. Tollkühnheit gezogen wird. Die ethischen Abhandlungen scheinen diese Tapferkeit oft mit ↗Apathie zu verwechseln.

Stellvertretung ist ein in Theologie u. Spiritualität mehrdeutig verwendeter Begriff, der einer klärenden Interpretation bedarf. St. im präzisen Sinn des Wortes meint nicht die ↗Solidarität aller vor Gott oder das Eintreten des einen für den andern im fürbittenden Gebet (wenn Abraham mit Gott um die Verschonung der Stadt Sodom ringt, Gen 18,23–33, dann ist das keine St.). St. bezeichnet auch nicht die Erwählung eines Menschen durch Gott, der ihn zugunsten anderer in Dienst nehmen will, damit durch ihn seine Heilsbotschaft verkündet u. wirksam werde. Religiös-theol. Abhandlungen über St. nehmen oft ganz andere Sachverhalte in Anspruch: Wenn Jesus sich als der Diener aller versteht, wenn er Sünder sucht u. sich ihrer annimmt, wenn Paulus sich für die Gemeinde aufreibt, dann ist auch alles das keine St. Eine im Glauben relevante St. ist im AT vom ↗Knecht Gottes in Vergangenheitsform ausgesagt (besonders Dt-Jes 53,12). Hier ist die Rede von der »Strafe zu unserem Heil«, von Gott, der den Gottesknecht »unser aller Schuld« treffen ließ u. dem es gefiel, »ihn mit Krankheit zu schlagen«. Der Gottesknecht trug »die Sünde der vielen«. Eine solche Möglichkeit der St. sieht auch Paulus: Einer ist für alle gestorben (2 Kor 5,14 f.); Gott hat den Sündlosen für uns zur Sünde gemacht (2 Kor 5,21 f.); Jesus Christus hat sich für uns zum Fluch gemacht, um uns vom Fluch des Gesetzes loszukaufen (Gal 3,13 f.). Elemente einer solchen urchristlichen Theologie der St. prägt auch die Formung der Becherdeutung beim ↗Abendmahl nach Mk 14,24, falls dort Bezug auf den dt-jesajanischen Gottesknecht genommen ist. Wenn hier St. im Sinn von »stellvertretender Sühne« gemeint ist, dann erhebt sich notwendigerweise die Frage nach dem Subjekt, das eine Sühne solcher Art in der Peinigung des Schuldlosen, ob blutig oder nicht, einfordert oder wohlgefällig annimmt. Ebenso muß bei Formulierungen wie »Loskauf«, »Lösegeld« gefragt werden, wem dieser Preis stellvertretend entrichtet werden sollte (im christlichen Ernst kann ja wohl nicht der Teufel gemeint sein). Wenn es sich nicht um ↗Anthropomorphismen handelt, wäre die ethische Qualität eines solchen göttlichen Subjekts zutiefst in Frage gestellt (↗Sühne). Bei der soteriologischen Redeweise vom »Tausch« zwischen Jesus Christus u. der Menschheit (Sterblichkeit – Unsterblichkeit) geht es im präzisen Sinn ebenfalls nicht um St. Die zunehmende Ablehnung der auf dem Gedanken der St. begründeten ↗Satisfaktionstheorie Anselms von Canterbury († 1109) zeigt das deutlich. Neuere Interpretationen Anselms wollen dessen Konzeption dadurch »retten«, daß sie erklären, bei der ↗Genugtuung durch Jesus Christus gehe es nicht um die Ehre Gottes, sondern um die Ehre des Sünders, die durch Jesus Christus dadurch wiederhergestellt werde, daß er die Genugtuung des Sünders nicht ersetzt, sondern ermöglicht. Ein solches gnadenhaftes Wirken kann jedoch sachgerecht nicht als St. bezeichnet werden. Katholischerseits gibt es keine verbindliche kirchliche Lehre zur St. Die reformatorische Lehre vom stellvertretenden Strafleiden Jesu ist bis zur Gegenwart nicht ohne Widerspruch geblieben. In der neueren Theologie u. Ethik wird zunehmend eingesehen, daß alle relevanten Entscheidungen des Menschen, auch diejenigen, die er kraft der zuvorkommenden Gnade vor Gott realisiert, ihm von anderen nicht abgenommen werden können. Davon ist auch die religiöse Redeweise betroffen, die sagt, bei einer Taufe verträte das Glaubensbekenntnis der Paten dasjenige des unmündigen Säuglings. Ein stellvertretender Glaube ist nicht möglich. Wichtig ist das Bewußtsein der Verantwortung für andere (auch für die Schöpfung im ganzen), die jedoch nicht St. ist. Eine Sonderform des Gedankens der St. trug Dorothee Sölle vor: In der Zeit des Vermissens Gottes wäre Jesus als Vertreter des abwesenden Gottes zu verstehen.

Stigmatisation (griech. »stigma« = Zeichen) bezeichnet das nicht absichtlich oder betrügerisch zugefügte, sondern spontane Erscheinen von Wundmalen bei Mystikerinnen u. Mystikern, wobei die Wunden oder Narben den Vorstellungen entsprechen, die diese Personen von den Wundmalen Jesu hatten. Seit der ersten historisch bezeugten St. bei Franz von Assisi († 1226) sind bis zur Gegenwart mehrere hundert Fälle bekannt. Die ↗Parapsychologie weiß von ähnlichen Phänomenen außerhalb der echten Mystik. Die mystischen Erlebnisse von Personen mit extremer Emotionalität u. ausgeprägter Passionsfrömmigkeit können durch Selbst- oder Fremdsuggestion zur St. führen; auch hysterische Selbstbestrafung (»Sühne«) ist nicht auszuschließen. Als Ausdruck einer privaten Christus- u. Kreuzesliebe kann die St. mit religiösem Respekt betrachtet werden, wenn sie nicht mit Geltungsdrang verbunden ist u. als Sensation ausgebeutet wird.

Stoische Philosophie, nach den Diskussionen in einer Säulenhalle in Athen (griech. »stoa«) benanntes Denken, dessen erste Impulse mit Zenon von Kition († 262 v. Chr.) verbunden werden u. das durch eine eigenständige Rezeption im röm. Bereich große Geltung erlangte, durch Cicero († 43 v. Chr.), Seneca († 65 n. Chr.) u. Kaiser Mark Aurel († 180). Schon in der ersten Epoche der St. Ph. galt es als Ziel des menschlichen Lebens, entsprechend der Vernunft u. der Natur gemäß zu leben. Anknüpfend am Denken des Sokrates über die Tugenden erklärte die St. Ph. die ↗Tugend, die dann entstehe, wenn ein Mensch Gewißheit über die Vernunftstruktur des Kosmos u. des Menschen gewonnen habe, zur Grundlage allen Glücklichseins. Ein Mensch muß sich, im Interesse der Erhaltung seines Lebens, die eigene vernünftige Natur aneignen durch jene Tugend, die ihn frei macht von ↗Affekten (↗Apathie). Reichtum u. Gesundheit sind Werte, die erstrebt werden können, ihrer Eigenart nach aber ↗Adiaphora, die mit Tugend nichts zu tun haben. Vernunft- u. naturgemäßes Verhalten ergibt sich aus entsprechender richtiger Einsicht: »Lohn der richtigen Tat ist es, sie getan zu haben« (Seneca). Darin war die St. Ph. für eine spätere Ethik der ↗Pflicht einflußreich, ebenso die Maxime der Selbsterhaltung. Mit anderen Ansichten der St. Ph. setzten sich altkirchliche Theologen auseinander (Logos-Feuer-Spekulation, monistischer Materialismus, der den Logos als aktives göttliches Prinzip in der Materie ansah, deterministisches Denken über den Weltprozeß, mögliche Ewigkeit des Kosmos). Die altkirchlichen Spekulationen über den göttlichen ↗Logos sind ohne Kenntnis der St. Ph. nicht zu verstehen. Sie rezipierten die Idee des Logos-Samens (»logos spermatikos«), der in der individuellen Seele existent u. in der vorchristlichen Menschheit heilswirkend anwesend sei. Augustinus († 430) vermittelte stoische Gedanken an das Mittelalter. Die St. Ph. selber endete im 3. Jh.; ihr Erbe trat der ↗Neuplatonismus an.

Struktur (lat. = Errichtetes, Gebäude) ist ein in vielen Wissenschaften unentbehrlicher Begriff, in denen er bei aller unterschiedlichen Anwendung das Gemeinsame zur Grundlage hat, daß einzelne Gegebenheiten nicht »in sich«, sondern in ihren Zusammenhängen in einem Ganzen untersucht werden; St. bezeichnet dann dessen funktionsbestimmte Ordnung oder dessen Gesamtaufbau. Seine Herkunft aus der Beobachtung eines lebenden Organismus ist oft noch zu erkennen. Vom geschlossenen System unterscheidet sich die St. durch ihre steigerungsfähige Offenheit u. Dynamik. In der Theologie bezeichnet St. häufig charakteristische, ein Ganzes prägende Teilelemente in ihrer gegenseitigen Zuordnung (z. B. »anthropologische St.

der Sakramente« usw.). Die ⊅Befreiungstheologie versteht unter *struktureller Sünde* die zwar von vielen Individuen verantwortlich verursachten, aber überindividuell wirkenden Mechanismen (angebliche »Sachzwänge«, Sorge um »nationale Sicherheit« usw.), gesellschaftliche Funktionszusammenhänge, die Verweigerung von Gleichberechtigung, unterdrückende Herrschaft u. Leiden aller Art bewirken.

Strukturalismus, ein Oberbegriff für diverse Methoden unterschiedlicher Wissenschaften, die sich mit apriorischen Ordnungen (Strukturen) menschlicher Äußerungen u. Verhaltensweisen befassen u. nachzuweisen versuchen, daß diese Strukturen vom Bewußtsein unabhängig sind. Der Beginn wird mit Bemühungen von F. de Saussure († 1913) in der Sprachwissenschaft angesetzt. Dieser linguistische St. wurde in mehreren Ländern weiterentwickelt u. gewann auch Beachtung in der Bibelexegese. Von den weiteren Wissenschaften, in denen der St. wirksam wurde, sind v. a. Ethnologie (C. Lévi-Strauss) u. Psychoanalyse (J. Lacan) zu nennen. Nach M. Foucault († 1984) ist das menschliche Subjekt das bloße Produkt anonymer Regeln (»Tod des Menschen«). Die Kritik richtet sich gegen die klassische Metaphysik u. deren theol. Ausprägung, gegen ⊅Anthropozentrik, ⊅Teleologie u. ⊅Transzendentalphilosophie (so auch bei späteren Strukturalisten wie J. Baudrillard, J. Derrida oder J.-F. Lyotard). Insbesondere die Konzeption des Menschen in der gegenwärtigen systematischen Theologie, die ihn als von Gott mit befreiter Freiheit zu Eigenverantwortung u. Autonomie begabt versteht, wird vom St. total negiert. Eine theol. Auseinandersetzung mit strukturalistischen Thesen ist Paul Ricoeur zu verdanken, der aufzeigte, daß Sprache mehr ist als nur strukturell kombinierte Wörter, u. daß sich nicht aus strukturellen Analysen, sondern nur aus Anstrengungen der ⊅Hermeneutik ein spezifisch menschliches Verstehen ergibt.

Subjekt (lat. = das Darunterliegende), ein in Philosophie u. Theologie wichtiger Begriff, der bis zum 18. Jh. dasjenige bezeichnete, was bestimmten Eigenschaften u. Wirkungen als »Träger« zugrundeliegt, also die ⊅Substanz. Diese Bedeutung verändert sich nach R. Descartes († 1650) radikal. S. bezeichnet seither nur noch das Ich, das seiner selbst bewußt ist, allem Denken u. Wollen als letzte Einheit zugrundeliegt. Die Frage nach dem Verhältnis von S. u. Objekt in der Erkenntnis wurde bereits in der griech. Antike gestellt. Nach I. Kant († 1804) umfaßt die Wesensstruktur des Subjekts, die *Subjektivität*, ohne Ausnahme alles; sie enthält als »transzendentale Bedingung der Möglichkeit« alle Objekte (Gegenstände) in sich. Wenn das S. seine Freiheit verwirklicht, übernimmt es Verantwortung. Die weitere Philosophie des 19. Jh. befaßte sich mit der möglichen Entfremdung des Subjekts von der objektiven Welt u. deren Aufhebung. Eine weitere wichtige Ergänzung über das Selbstbewußtsein hinaus brachte die Reflexion über die »Selbstverwirklichung« des Subjekts. Im 20. Jh. wurde der Zusammenhang zwischen dem Selbstverständnis des Subjekts u. seinem Verstehen der geschichtlichen u. sozio-kulturellen Bedingungen thematisiert. Die Theologie berücksichtigte bei ihrem Ausgang von der subjektiven Situation des Menschen die neuzeitlichen Erkenntnisse u. versuchte, die Engführung der Subjektivität auf »Selbstbesitz« durch ein relationales Denken zu überwinden.

Subjektivismus heißen eine Mentalität u. Verhaltensweise, bei denen die veränderliche psychische Individualität eines Subjekts das einzige Prinzip für jede bewußte Erkenntnis u. für jeden Willensakt ist. Wahrheit u. Sittlichkeit sind im S. nicht mehr intersubjektiv-allgemeingültig. Philosophisch heißt die entsprechende Theorie ↗Relativismus. Ethisch gesehen entfällt beim S. die Verantwortung. Tendenzen zu einer Überbewertung der reinen Innerlichkeit im 19. Jh. fanden auch philosophischen Ausdruck. Die theol. Überzeugung, daß der einzelne Mensch unmittelbar von Gottes Geist angerufen u. in seiner Glaubensentscheidung nicht vertretbar ist, darf dann nicht als S. bezeichnet werden, wenn bei ihm die grundsätzliche Bereitschaft besteht, seine Gotteswahrnehmungen in Korrelation zur Überlieferung der Glaubensgemeinschaft zu bringen. Ähnliches gilt von Positionen des französischen Existentialismus u. der Kritischen Theorie, insofern sie Verantwortung u. Solidarität nicht ausschließen. Ein extremer S. entsteht durch die Flucht aus Industriegesellschaft u. Institutionenherrschaft in die ↗Esoterik.

Subordinatianismus (lat. = Lehre von der Unterordnung), ein Sammelbegriff der Dogmengeschichte für eine Auffassung vom 2. bis 4. Jh. im Hinblick auf die ↗Trinität Gottes. Gemeint sind damit nicht »subordinatianische« Formulierungen im NT (z. B. Mk 13,32; Joh 5,30; 14,28; 1 Kor 15,28). Nach dem S. sind der göttliche ↗Logos u. der ↗Heilige Geist nicht »eines Wesens« mit dem Vater (↗Homoousios), sondern nur göttliche »Kräfte«, durch die der Vater »heilsökonomisch« auf Schöpfung u. Geschichte einwirkt, ein Erklärungsversuch in der Auseinandersetzung mit ↗Modalismus u. ↗Sabellianismus, besonders ausgeprägt im ↗Arianismus u. bei den ↗Pneumatomachen. Nach den Konzilien von ↗Nikaia 325 u. ↗Konstantinopel 381 nicht mehr im rechtgläubigen Sinn vertretbar.

Subsidiarität (lat. = Grundsatz des »subsidiums«, hilfreichen Beistands) bezeichnet in manchen Gesellschaftstheorien u. vor allem in der kath. Soziallehre das Verhältnis größerer Gemeinschaften zu kleineren u. das Verhält-

nis der Gemeinschaft zum einzelnen Menschen im Sinn einer Verpflichtung zum hilfreichen Dienst. Es besagt, daß eine größere Gemeinschaft
(oder eine Autorität) nicht das an sich ziehen darf, was die kleinere (oder
das Untergeordnete) zu leisten vermag. Bei größeren Sozialgebilden
fördert das Subsidiaritätsprinzip das Engagement kleinerer Gruppen u.
Verbände; in allen Gemeinschaften dient die Einhaltung dieses Prinzips
der Mitbestimmung bei Entscheidungen. Die Respektierung des Subsidia-
ritätsprinzips durch die römische Kirchenleitung wäre eine Konsequenz
aus dem Verständnis des ↗Bischofs u. der bischöflichen Kollegialität u. ein
Erfordernis bei einer ökumenischen Neugestaltung des päpstlichen Dienstes.

Subsistenz (lat. = das Darunterexistieren), ein Begriff der aristotelisch-thomistischen Philosophie, der ursprünglich mit ↗Substanz identisch war.
Ausgangspunkt dafür, S. u. Substanz von einander zu unterscheiden, war
die Überlegung, daß in jeder Wirklichkeit (Substanz) eines Seienden eine
Unmittelbarkeit gegeben ist, ein schlechthinniges In-sich-Stehen, ein Für-
sich-Sein, das nicht mitgeteilt ist = die »Subsistenz«. Diese S. wurde aufgrund der genannten Überlegung mit dem alten Begriff der ↗Hypostase
identifiziert, der nicht mitgeteilten Eigentümlichkeit eines substantiellen
Seienden. Der Begriff S. wurde in der klassischen Trinitätslehre u. Christologie (die Substanz der menschlichen Natur Jesu gehört einer höheren
realen Einheit an u. ist daher keine eigene »Hypostase«; sie »subsistiert«
nicht) benützt.

Substanz (lat. = das Darunterstehende), nach einer langen Vorgeschichte in
der griech. Philosophie (»ousia«, oder auch wie bei Aristoteles »hyposta-
sis«) ein Begriff der aristotelisch-thomistischen Philosophie u. Theologie.
In positiver Umschreibung bezeichnet S. ein Seiendes, das seine Wirklichkeit als seine eigene hat, »in sich steht«, u. unter Umständen, aber nicht
notwendigerweise, Träger von ↗Akzidentien (↗Species) sein kann, daher
»das Darunterstehende«. In negativer Umschreibung ist dieses Seiende,
das S. ist, keine innerliche Bestimmung eines anderen u. kein bloßes Teil-
prinzip eines anderen. Die S. in dieser umschriebenen Sicht heißt auch
»erste S.« (»substantia prima«), die Wirklichkeit eines individuellen, konkreten Seienden. In diesem konkreten Seienden ist ein »allgemeines
↗Wesen« verwirklicht (z. B. im konkreten Johannes das Wesen »Mensch«),
die »zweite S.« (»substantia secunda« oder »essentia«). In der amtlichen
Kirchensprache ist Gott als der absolut in sich selber ruhende in über-
ragender Weise Substanz. In Abhängigkeit von Gott u. im Vergleich zu
ihm in nur analoger Weise ist auch die menschliche ↗Person S. – Der
aristotelisch-thomistische Begriff S. wurde in einem geistesgeschichtlichen

Prozeß vom ↗Cartesianismus an bis I. Kant († 1804) u. dem deutschen Idealismus einer harten kritischen Reflexion unterzogen, bei der anstelle des Verhältnisses von geistig gedachtem Selbstand u. wahrnehmbaren Akzidentien die Beziehungen von Gegenständen in ihren Erscheinungen thematisiert wurden. Aus der gegenwärtigen Wissenschaftssprache ist der Begriff S. verschwunden. In der kath. Sakramentenlehre lebt er in der Theorie der ↗»Transsubstantiation«, der »Wandlung« des geistigen »Wesens«, weiter.

Successio apostolica (lat. = apostolische Nachfolge), ein Begriff der kath. u. ev. Theologie des ↗Amtes, der zwei wesentliche Aspekte umfaßt. Von grundlegender Bedeutung für die Existenz von Christentum u. Kirche ist die Frage, ob u. inwiefern Christentum u. Kirche im ganzen im Glauben der ersten Jüngerinnen u. Jünger Jesu u. der ↗Apostel stehen u. ihnen »nachfolgen«, also die Frage nach Identität u. Kontinuität des heutigen Glaubens mit dem des Anfangs. Es besteht ein ökumenischer Konsens darüber, daß dies der wichtigere Aspekt der S. a. ist. Der zweite Aspekt betrifft die Legitimation des kirchlichen Amtes (mit seinen »Vollmachten«) durch seine »gültige« Herkunft von den Aposteln, die auf der Überzeugung beruht, daß in der Berufung der ↗Zwölf durch Jesus u. in der Ausgestaltung des Amtes unter den Impulsen des Heiligen Geistes der Wille Gottes zur Entstehung der Kirche u. ihres Amtes zum Ausdruck kam. Die kath. Theologie unterscheidet hier eine S. a. durch sakramentale Weihe durch »rechtmäßig geweihte« ↗Bischöfe als Nachfolger der Apostel u. eine S. a. durch rechtlich geordnete volle Zugehörigkeit eines Amtsträgers zur Institution Kirche mit dem Papst als dem legitimen Nachfolger des »Hauptes des Apostelkollegiums«. Die Legitimität eines Bischofsamtes wurde schon in der alten Kirche (besonders durch Irenäus von Lyon † um 202) dadurch zu begründen versucht, daß sich ein Bischofssitz in direkter oder indirekter Form auf einen Apostel zurückführen ließe (»Bischofslisten«). Von da her wurde die »Gültigkeit« einer Bischofsweihe danach beurteilt, ob sie durch »gültig«, d.h. in der Abfolge der Weihen durch Handauflegung u. Gebet seit der Zeit der Apostel stehende, geweihte Bischöfe erfolgte. In der kath. Kirche ist allgemein anerkannt, daß es auch außerhalb der röm.-kath. Kirche solche »gültig« geweihte Bischöfe, z.B. in den orthodoxen Ostkirchen u. bei den Altkatholiken, gibt. Infolge der begründeten Zweifel an der Vollständigkeit u. Korrektheit von historischen Bischofslisten verstand das II. Vaticanum die S. a. vom Gedanken der Kollegialität her: Die Gesamtheit der Bischöfe mit dem Papst an der Spitze ist in S. a. Nachfolger des Apostelkollegiums mit Petrus an der Spitze; der einzelne Bischof steht *als* Mitglied dieses Kollegiums in der Nachfolgerschaft der Apostel (LG 20, 22 u.ö.). In ökumenischen Gesprächen zeichnet sich als ein Hauptproblem das Thema des ↗Weihesakraments ab. Theol. wird diskutiert, warum neben der Amtsnachfolge nicht auch die Nachfolge in Prophetie u. Charismen Aufmerksamkeit fand.

Sühne gehört zu den religiös-theol. Begriffen, die in besonderer Weise den Gefahren von Mißverständnissen u. Verwechslungen ausgesetzt sind. Religiös wie nichtreligiös wird S. oft in engstem Zusammenhang mit Strafe verwendet; die damit mögliche archaische u. inhumane Bedeutung von S. als »Abbüßen«, »Strafleiden« kommt jedoch theol. in der Beziehung von Gott u. Menschen nicht in Betracht. Andere mögliche Interpretationen sind ↗Versöhnung oder »Entsündigung« (↗Buße, ↗Vergebung, ↗Rechtfertigung), Wiederherstellung der kultischen ↗Reinheit, metaphorisch die Bezahlung von Lösegeld (↗Erlösung): alle diese Deutungen sind unsachgemäße Ausweitungen des Begriffs S. Eine genaue Beachtung der Texte findet den Sühnegedanken im AT am ehesten im Zusammenhang mit dem ↗Knecht Gottes, der nach Jes 52, 13 – 53, 12 als Unschuldiger die ↗Schuld Israels »ableistet«, so die Mechanik von Tun u. Ergehen außer Kraft setzt u. die Schuldigen zur Anerkennung der eigenen Schuld bewegt. In der frühchristlichen Gemeinde nähert sich *eine* erweiternde Fassung der Deuteworte beim ↗Abendmahl dem Sühnegedanken; eben dies gilt auch von der Formulierung »für unsere Sünden« (1 Kor 15,3). Für Paulus steht es fest, daß Gott als der von Anfang an zur Versöhnung bereite das Blut u. den Tod Jesu nicht als Bedingung der Vergebung verlangte, sondern mit dem gewaltsamen Tod Jesu ein Sühne-, d. h. Versöhnungsdenkmal zum Beweis seiner rettenden Gerechtigkeit »errichtete« (Röm 3,25). Bei den Deuteropaulinen Kol u. Eph spielt die Blutgabe durch Jesus eher die Rolle einer Friedensstiftung zwischen Gott u. Menschen, Juden u. Heiden. Hebr spricht in seiner Hohepriester-Theologie eher von Entsündigung als von S.; dies gilt auch von den Vergebungsaussagen des johanneischen Schrifttums. – Die ↗Soteriologie der Kirchenväter verwendet wiederholt eine deutliche Sühneterminologie, die vom zeitgenössischen Strafdenken geprägt ist. Solche Verständnisformen gelangen zu ihrem Höhepunkt in der ↗Satisfaktionstheorie Anselms von Canterbury († 1109). Das Konzil von ↗Trient lehrte die Existenz von ↗Sündenstrafen, die auch bei Gerechtfertigten noch bleiben u. in diesem Leben oder im ↗Fegfeuer Strafleiden bewirken. In der kath. Spiritualität sind Mißverständnisse, als wären Sünden durch selbst-zugefügte Qualen u. Verzichte zusätzlich zur Vergebung durch Gott noch »abzubüßen«, nicht überwunden. Peinliche Züge von Überheblichkeit u. Selbstgerechtigkeit nehmen Sühneaktionen im Hinblick auf die Verfehlungen anderer an, nicht selten mit pathologischem ↗Fanatismus verbunden.

Sünde ist ein spezifisch religiöser u. theol. Begriff (heute weitgehend säkularisiert), der die freie u. bewußte, also voll verantwortliche u. existentiell radikale Entscheidung gegen den eindeutig erkannten Willen Gottes bezeichnet. S. in diesem vollen Sinn ist nach kath. Sprachgebrauch »schwere S.« oder (von Joh 8,21 u. 1 Joh 5,16 f. aus) »Todsünde«. Sie kann in Gedanken oder im Tun begangen werden. Begrifflich wird S. oft gleichbedeutend mit ↗Schuld verwendet; es wäre im Interesse begrifflicher Klarheit, S. für den Akt selber u. Schuld für die daraus resultierende »Schuldverhaftung« vor Gott u. den Menschen zu reservieren. *1. Biblische Aussagen.* Die das Sündigen betreffenden Texte u. mannigfaltigen Sündenbegriffe des AT setzen Kenntnis der Weisungen Gottes, Bewußtsein, Vorsätzlichkeit u. damit Verantwortung voraus. Ihrem Wesen nach besteht die S. in der Verweigerung der Gottes- u. Nächstenliebe in ihrer Einheit oder in gegen sie gerichteten Handlungen. Als Hauptsünde gegen Gott erscheint die Verehrung fremder Götter, die als Bundesbruch gilt oder metaphorisch als Ehebruch bezeichnet wird (↗Tora, ↗Dekalog). Die Überzeugung, daß jeder Mensch von seiner Geburt an ein Sünder ist (Ps 51,7), teilt Israel mit der altorientalischen Umwelt, weil das gesamte Leben von einem Netz unzähliger Normen überzogen ist. Die gesellschaftliche Dimension wird so stark betont, daß von der S. des einzelnen Menschen nicht nur dieser unheilvoll betroffen ist, sondern auch seine Gemeinschaft. Gelegentlich begegnet die Auffassung, unbewußte Sünden seien möglich (Lev 4,2 22 u. ö.). Innerweltliche Schicksalsschläge u. politische Katastrophen gelten als unmittelbar von Gott herbeigeführte Strafen für Sünden, doch bleibt Gott unter allen Umständen zur ↗Vergebung bereit (↗Buße), für die in der ↗Reue, in der ↗Liturgie u. in der Fürbitte konkrete Wege eröffnet sind. Im NT begegnet bei Paulus die Unterscheidung »der Sünde« (griech. »hamartia«) von der Sündentat (griech. meist »parabasis«). »Die S.« wird, ebenso im Joh-Ev., als Macht personifiziert, die über die Menschen herrscht u. sie in ihrem Innern negativ qualifiziert (Röm 5,12–21 u. ö.). Konkreter Ort der S. ist die ↗Sarx; sie herrscht durch den ↗Tod. Ein Sünder kann seine Unheilssituation nicht erkennen (Röm 7,15), wohl aber seine Tatsünden. Die Befreiung von »der S.« geschah u. geschieht aus reiner Gnade, indem Gott dem Sünder die ↗Rechtfertigung, die ↗Gerechtigkeit Gottes schenkt. Ein Vorkommen gehäufter Sünden von Glaubenden u. Getauften zieht Paulus nicht in Betracht. Die ↗Lasterkataloge sehen den Abbruch der Gemeindebeziehungen mit »schweren« öffentlichen Sündern vor. Jesus wußte sich gesandt, nicht die Gerechten zu rufen, sondern die Sünder (Mk 2,17). Er verkündete den ohne weitere Vorbedingungen, auch ohne die Vorbedingung seines eigenen blutigen Todes, erbarmungsvollen Vater (Lk 15,11–32), wobei der Sünder allerdings Einsicht in sein verkehrtes Tun hat, umkehrt u. vor dem Vater das Bekenntnis ablegt. Als (schwere) Sünde wird die Nicht-Annahme der ⁊Herrschaft Gottes verstanden. Die ⁊Bergpredigt zeigt die Konzentration der Gottesweisungen auf die Einheit von Gottes- u. Menschenliebe. Jesus bekämpfte die Vorstellung von der Sündhaftigkeit der kultischen Unreinheit. Die »unvergebbare« S. (Mk 3, 29 par.) visiert (ebenso wie Hebr 6, 4 ff.; 10, 26–29; 12, 16 f.) eine paradoxe, psychologisch undenkbare Erkenntnissituation an u. gehört zu den radikalen Drohworten, die den Ernst einer gegenwärtigen Entscheidungssituation hervorheben wollen. Nach Joh (vor allem Kap. 8 u. 9) besteht »die S.« im Unglauben. – 2. *Zur theol. Tradition.* Im Zusammenhang mit der nicht eingetretenen ⁊Parusie wird die Beschäftigung mit faktisch eingetretenen Sünden für die alte Kirche immer dringlicher. Zunächst ist die Unterscheidung von öffentlichen u. geheimen Sünden wichtig; den ersteren gelten das Bußverfahren u. die Anfänge der Theologie des ⁊Bußsakraments u. der ⁊Genugtuung. Als Hauptsünden werden Mord, Götzendienst u. Ehebruch angesehen (wobei letzterer auch Metapher für Götzendienst sein kann u. in Verfolgungszeiten die Einwilligung in den Kaiserkult als Götzendienst gilt). Schon früh setzen im kirchlichen Westen u. vor allem im Osten die Bemühungen um »Seelenführung« ein (Kampf gegen Versuchungen durch ⁊Askese, Wachen u. Beten). Die biblischen Aussagen über »die S.« u. ihre Macht werden von Augustinus († 430) in die Theorie der ⁊Erbsünde eingebracht, verbunden mit einem Verständnis der ⁊Begierde, die unentwegt zum Sündigen verführe. Zu seiner Sündentheologie gehören die Beschreibung der Tat-S. als »Abkehr von Gott« u. »Hinwendung zur Kreatur« (»aversio a Deo«, »conversio ad creaturam«) u. ihre neuplatonische Einordnung als »Mangel an Gutem«. Zu den großen Erkenntnissen der scholastischen Theologie gehörte die Einsicht, daß es unbewußte u. unfreiwillige Sünden nicht gibt (Peter Abaelard † 1142). Bei Thomas von Aquin († 1274), der die Sünden im Zusammenhang mit den ⁊Tugenden behandelt, werden die »Todsünden« (»peccata mortalia«) als Verlust der ⁊Heiligmachenden Gnade, der mit der ewigen Verdammung geahndet werde, von den »läßlichen« Sünden (»peccata venialia«) theol. scharf geschieden. Die Sündenauffassung M. Luthers († 1546) ist stark von Augustinus abhängig, doch nimmt sie ihren Ausgang nicht von der Ursünde, sondern von der Rechtfertigung. Im Unterschied zur röm.-kath. Auffassung, die den Sündenakten u. -arten zugewandt war, befaßte sich Luther nicht primär mit den einzelnen Todsünden, sondern mit der den ganzen Menschen prägenden, den freien Willen auslöschenden Sündigkeit, die zunächst nicht moralisches Versagen, sondern personaler Unglaube aus »ererbter« Selbstsucht u. Ichperversion ist (⁊Simul iustus et peccator). Das Konzil von ⁊Trient äußerte sich außer zu Erbsünde, Begierde u. Willensfreiheit auch zur Unterscheidung von Todsünden (wobei nicht jede Todsünde Glaubensverlust sei) u. läßlichen Sünden. Ferner lehrte es, daß der gerechtfertigte Mensch mit Hilfe der Gnade Gottes imstand sei, die Todsünde zu meiden. Der seit dem Mittelalter dominierenden Individualisierung des Sündenbewußtseins wirkt die Entdeckung der »sozialen S.« oder »strukturellen S.« durch die ↗Befreiungstheologie entgegen. – *3. Aktuelle Fragen.* Die aus der Redeweise von »der S.« bei Paulus u. Johannes stammende Auffassung von der – vor jeder Tatsünde bestehenden – Sündigkeit des Menschen vor Gott, der »verkehrten Existenz« usw., läßt sich darum schwer vermitteln, weil diese Sündigkeit, wie wenigstens S. Kierkegaard († 1855) u. K. Barth († 1968) meinten, nur aus dem Glauben erkannt werden kann. Auf welche Erfahrungen kann sich eine auf Sündigkeit bezogene Glaubenspredigt beziehen? Der Hinweis auf ungeschuldet zuteil gewordene Rechtfertigung bzw. Erlösung überzeugt denjenigen kaum, der nicht weiß, wovon er gerechtfertigt bzw. erlöst ist. Die kath. Definition der Todsünde spricht von einem klar u. eindeutig erkannten Willen Gottes als der obersten Norm ethischen Verhaltens. Die Zweifel am Bestehen einer Todsünde oder gar an deren häufigem Vorkommen (wie das die übliche Beichtunterweisung nahelegt) entstehen zum Teil aus mangelhafter Erkenntnis oder aus fehlerhafter u. ungenügender Begründung einer bestehenden Norm. Schwer begründbar ist der engste Zusammenhang zwischen dem in seiner Existenz unter Umständen respektierten oder bejahten Willen Gottes u. dem »Material« aus der pluralen Wertewelt, an dem dieser Wille u. dem entsprechend auch das Nein gegen ihn konkret »realisiert« werden; die in der Tradition bezeichneten »Materialien« entstammen, wie schon die Übernahme stoischen Gedankenguts in die Tugend- u. Lasterlehre zeigt, häufig demjenigen, was in einer bestimmten Zeit u. Gesellschaft als öffentliche Norm gilt. Bei einer Mehrzahl von Gedanken- oder Tatsünden wird verneint, daß es sich um einen »Bruch mit Gott« handelt. Apodiktische Behauptungen wie diejenige, eine Handlung sei »in sich« schlecht, ersetzen eine Begründung nicht; ebenso wenig sinnwidrige Begriffsbildungen wie »Stand der objektiven Sünde«. Das ↗Theodizee-Problem wirft die ernstzunehmende Frage auf, ob der Gott der christlichen Tradition selber ethischen Kategorien standhalten kann.

Sündenfreiheit, ein Begriff der traditionellen Theologie u. Spiritualität. Gott ist wesensnotwendig ohne jede Sünde. Eine geistig-personale Kreatur kann durch Gottes zuvorkommende Gnade grundsätzlich vor jeder Sünde bewahrt werden; dann wird die S. ↗Unsündlichkeit genannt. Ein Mensch, der gesündigt hat u. dessen Schuld durch die erbarmende Gnade Gottes vergeben ist, hat durch die ↗Rechtfertigung S. erlangt, solange er nicht wieder sündigt (doch vgl. ↗Simul iustus et peccator).

Sündenmystik bezeichnet eine Auffassung, wonach radikal böse Sünde u. Schuld in der menschlichen Entwicklung notwendig seien, einen legitimen »Selbstvollzug« des Menschseins darstellten u. Gott die Möglichkeit gäben, gnädig u. barmherzig zu sein. So dürfe ein Mensch die Sünde als positives Moment seines Lebens von vornherein einkalkulieren. Eine solche Auffassung wurde in der Literatur (z. B. bei G. Greene † 1991) u. im Lebensgefühl des 20. Jh. wiederholt vertreten. Nach Paulus ist zwar die begangene Sünde von Gottes immer größerem Erbarmen umfangen (Röm 11, 32), doch darf der glaubende Mensch keinesfalls sündigen, um Gott zur Gnade zu bewegen (Röm 6, 1 f.). Gegen die S. ist einzuwenden, daß mit ihr ein endlicher Mensch seine Situation gleichsam vom Standpunkt Gottes aus sieht u. plant, u. daß kein Gutes existiert, das vom Menschen aus nur durch das Böse erreicht werden könnte. Im weiteren Sinn können Faszinationen durch das Böse in der Literatur als S. gelten, z. B. im Satanismus des 19. Jh.

Sündenstrafen. Nach offizieller kath. Lehre führen Sünden einen Schuldzustand im Menschen herbei u. werden überdies von Gott bestraft. Ist die Schuld als solche durch Reue u. Vergebung getilgt, so können die S. dennoch weiter bestehen. Die genauere Art u. Weise, wie diese »Bestrafung« gedacht werden könnte, blieb in der offiziellen Lehre offen. K. Rahner († 1984) schlug vor, davon auszugehen, daß jede Sünde naturgemäß Folgen habe, die nicht durch eigene Urteile u. Dekrete Gottes herbeigeführt würden, als sei Gott nach Art einer weltlichen Obrigkeit zu denken. Die Folgen einer Sünde können innerlich oder äußerlich sein; sie ergeben sich jeweils aus dem Wesen der betreffenden Schuld u. können die ganze leibseelische Wirklichkeit des Menschen beeinträchtigen. Sie können den Menschen durch ihre Eigenart auch Reaktionen seiner Umwelt aussetzen, die er als Leiden empfindet. Eine Schuld könne demgemäß in der innermenschlichen u. in der umweltlichen Wirklichkeit ihre »Objektivationen« haben. Gottes Gnade komme dem Menschen, der mit Gottes Hilfe seine letzte Einstellung schon wieder auf Gott hinorientiert hat, bei der »Aufarbeitung« dieser S. zu Hilfe, auch dadurch, daß Gott die Glaubensgemeinschaft zur Solidarität mit dem unter seinen Sündenfolgen leidenden Menschen bewegt. Der Gedanke an S. liegt manchen kath. theol. Auffassungen zugrunde (↗Fegfeuer, ↗Genugtuung, ↗Ablaß).

Symbol (griech. = das Zusammengefügte, Erkennungszeichen) ist nicht gleichbedeutend mit ↗Bild oder ↗Repräsentation, sondern bezeichnet die Herstellung eines Zusammenhangs, u. zwar wird etwas sinnenhaft Wahrnehmbares in einem bestimmten Sinn gedeutet, zum »Sinnbild« erhoben, oder aber es ist von sich aus geeignet, einen bestimmten Sinn zu bedeuten. Im kirchlichen Sprachgebrauch kommt S. Ende des 2. Jh. als Bezeichnung für das ↗Glaubensbekenntnis vor: Das Sprechen des Bekenntnisses als wahrnehmbares Element begründet die Zusammengehörigkeit der Bekennenden im Glauben jeweils neu. Von dieser Bedeutung her erklärt sich die theol. Fachrichtung der ↗Symbolik. Eine konsequente Anwendung des Begriffs S. in der Theologie findet sich erst im 20. Jh., wobei die wesentlichen Impulse von P. Tillich († 1965) u. K. Rahner († 1984) ausgingen. Es wurde betont, daß S. mehr besagt als nur ein von Menschen willkürlich gewähltes ↗Zeichen als Hinweis auf eine bestimmte, an sich verborgene Wirklichkeit, die raum-zeitlich, geschichtlich zur Erscheinung gebracht werden soll (S. durch Übereinkunft oder Konvention). Im vollen Sinn besagt S., daß »etwas« *sich selber* in einem anderen zur Erscheinung bringt u. sich so »äußert«; das so verstandene »eigentliche« S. heißt bei Rahner »Realsymbol«. Von da aus eröffnen sich Verständniszugänge zu zentralen Glaubensaussagen: Der Vater in der ↗Trinität ist er selber, indem er sich selber in seinem Wort aussagt u. sich dabei von diesem unterscheidet. Jesus Christus ist das ↗Ursakrament der ↗Selbstmitteilung Gottes an die Kreatur; er ist »dasjenige«, was Gott wird, wenn er bekunden will, was er in seinem Verhältnis zur Kreatur ist. Die menschliche ↗Seele »ist«, d.h. sie vollzieht ihr eigenes Wesen, indem sie sich in dem von ihr verschiedenen ↗Leib zum Ausdruck bringt, sich (als ↗Form) in ihm »verleiblicht«. – Der Begriff des S. spielt auch in anderen Wissenschaften eine große Rolle, ohne daß es je zu einem Konsens über seine Definition gekommen wäre. In der Philosophie existieren umfassende Symboltheorien, z.B. bei E. Cassirer († 1945), u. engere Symboltheorien, z.B. in der Zeichenlehre (F. de Saussure † 1913 u.a.). Mathematik, Tiefenpsychologie, Entwicklungspsychologie u. Wissenschaften, die sich mit Kommunikation u. symbolischen Interaktionen befassen, haben jeweils ihr eigenes Symbolverständnis.

Symbolik im weiteren Sinn bezeichnet die Lehre von den Symbolen u. ihrer Bedeutung im einzelnen (vor allem auch in Literatur u. Kunst) oder die Lehre von der Entstehung u. den Inhalten der christlichen ↗Glaubensbekenntnisse (»Symbola«). Im engeren Sinn bezeichnet S. eine theol. Fachrichtung. Ende des 18. Jh. versuchte die historisch vergleichende S. die getrennten Konfessionen nach deren eigenen Prinzipien u. Merkmalen in »Typen« darzustellen. Im 19. Jh. entstand eine dogmatische S., die sich in systematischer Weise den Lehrgehalten der ↗Bekenntnisschriften zuwandte. Diese ältere S. war nicht frei von Polemiken. Auf dem Weg über die ↗Konfessionskunde ging die S. in ökumenischem Geist in die ↗Ökumenische Theologie ein.

Synagoge (griech. = Versammlung, hebr. »bet-ha-knesset« = Gemeindehaus). Das Versammlungshaus spielt im jüdischen Glaubensleben nach der Zerstörung des Jerusalemer Tempels 70 n. Chr. eine entscheidende Rolle. Über die Zeit des Aufkommens von Synagogen existieren unterschiedliche Hypothesen; Vermutungen weisen in die Zeit des babylonischen Exils. Die S. bietet Gelegenheit zu dreimaligem täglichem Gottesdienst, zur Feier des Sabbats (↗Tag des Herrn) u. der Festtage u. zu unterschiedlichen Versammlungen. Die S. als Gebäude gilt im gläubigen Judentum nicht als »sakral«; ein beliebiger Versammlungsraum wird durch die Gemeindeversammlung zur S. Zehn im religiösen Sinn volljährige Männer (»Minjan«) sind die Mindestforderung zur Bildung einer S. Für die Gottesdienste sind der Schrein der ↗Tora u. das Vorlesepult wesentlich. Die leitenden Rollen des Kantors u. Rabbiners im Synagogengottesdienst gehen auf das 19. Jh. zurück. Das Reformjudentum hat die räumliche Trennung von Frauen u. Männern im Synagogengottesdienst beseitigt u. Rabbinerinnen zugelassen. – Schon in der Zeit der Kirchenväter kam »Synagoge« als Bezeichnung für das Judentum im Gegensatz zur Kirche (»ekklesia«) auf. Die diffamierende Polemik der Christen gegen die S. geht auf das NT zurück (↗Antisemitismus). Immer wieder richteten sich gewalttätige Angriffe von Christen gegen die Synagogen, deren Zerstörung auch M. Luther (✝ 1546) empfahl. Mit der Vernichtung der Synagogen in Deutschland – unter weitestgehender Teilnahmslosigkeit der christlichen Kirchen – begann 1938 das Mordprogramm der »Endlösung«. Es kann nicht übersehen u. vergessen werden, daß an deren Wurzeln auch die pseudoreligiösen Kunstdarstellungen (z. B. an gotischen Kathedralen) zu finden sind, in denen die personifizierte Synagoge mit verbundenen Augen u. zerbrochenem Stab der triumphierenden Kirche entgegengestellt wird.

Syneidesis (griech. = Bewußtsein), in der scholastischen Literatur wegen eines Schreibfehlers oft »Synderesis«, die innerste Grundbefindlichkeit des Menschen, die »Mitte« seines Wesens, in der er auf Gott ausgerichtet ist (↗Transzendenz) u. dabei die letzten Grundgegebenheiten ethischer Verantwortung erfaßt (natürliches ↗Sittengesetz), die er, selbst wenn er sie verdrängt oder gegen sie protestiert, unausweichlich nochmals bejaht. Dieses Bewußtsein tiefster ethischer Verantwortung u. der Möglichkeit, verantwortet Stellung zu nehmen, bildet den tragenden Grund (die »Anlage«) des ↗Gewissens. In diesem Bewußtsein kann ein Mensch nicht irren, daher ist der Begriff »irrendes Gewissen« falsch. Irren kann nur das an einem bestimmten Material aktualisierte, auf der Basis des Gewissensbewußtseins formulierte Gewissen*urteil*.

Synergismus (griech. = Auffassung vom Zusammenwirken), eine theol. Auffassung, die entweder in einem allgemeinen Sinn von Mitwirkung der Menschen mit Gott spricht oder im engeren Sinn das Zusammenwirken

von Gott u. Mensch bei der ⁊Rechtfertigung meint, so daß Gott u. Mensch
als *Teil*ursachen aufgefaßt werden. Im ersteren Sinn kommt eine unreflek-
tierte Redeweise von Mitwirkung (»cooperatio«) in der theol. Tradition
häufig vor (vgl. schon Phil 2, 12). Auf Theorien, daß Menschen wenigstens
den Anfang des ⁊Glaubens u. die ⁊Beharrlichkeit in der Gnade bis zum
Tod selber willentlich bewirken können, reagierten die Reformatoren mit
entschiedener Abweisung des S. Das Konzil von Trient erklärte, der Anfang
der Rechtfertigung gehe ohne irgendein Verdienst des Menschen von der
zuvorkommenden Gnade Gottes aus; ebenso führte es das Wollen, Können
u. Vollbringen alles Guten so wie das Ausharren bis zum Ende auf Gott
zurück. Insofern enthält die kath. Lehre über die Rechtfertigung den S.
nicht. Wenn in Trient gesagt wird, die Menschen würden durch Gottes
»weckende u. helfende Gnade bereitet, sich ihrer eigenen Rechtfertigung
zuzuwenden in freier Zustimmung zu dieser Gnade u. freier Mitwirkung
mit ihr«, so wird auch hier kein S. gelehrt, denn die hier erwähnte ⁊Freiheit
des Menschen ist ja nach dem Wortlaut selber Geschenk der Gnade Gottes.
In der ev. Theologie wurde im 16. u. 17. Jh. ein »synergistischer Streit«
ausgetragen, bei dem auch Tendenzen, eine Alleinwirksamkeit Gottes zu
bekennen, zutage traten. Nach der Konkordienformel von 1577 kann der
Mensch durch Gottes Gnade zu eigener Willenszustimmung befähigt werden. Darum kann von einer ev. u. kath. Einheit hinsichtlich des S. ausgegangen werden. – ⁊Verdienst.

Synkretismus (griech. = Lehre oder Praxis der Vermischung) bezeichnet die
religiöse Vermischung von Elementen, die aus der Überlieferung verschiedener Religionen stammen. Bei stärkeren Vorbehalten der ev. Theologie,
das Christentum als synkretistische Religion zu verstehen, zeichnet sich
gegenwärtig doch die Möglichkeit eines theol. Konsenses ab, daß der faktisch unbestreitbare S. des Christentums seine innere Stärke u. Dynamik,
seine Fähigkeit zur Universalisierung anzeige. Je umfangreicher u. länger
das Zusammenleben von Menschen verschiedener Religionen u. Weltanschauungen dauert, umso wahrscheinlicher ist eine gegenseitige Beeinflussung (vor allem in Sprache, Riten u. Ethik). Klassische Beispiele bieten
die »Umwidmungen« »heidnischer« Feste durch das Judentum u. Christentum oder die Beeinflussung der Theologie durch den Hellenismus,
des Kirchenrechts durch das römische Recht. Im Dialog der Weltreligionen
u. in den notwendigen Versuchen, eigene Auffassungen in die Sprache der
anderen zu »übersetzen«, sind immer auch synkretistische Elemente enthalten. Das II. Vaticanum u. manche ev. Stimmen äußern sich insofern
positiv zum S., als sie Gottes Offenbarung auch in anderen Religionen u.
Kulturen anerkennen u. bei ihnen »Wahres u. Heiliges« wahrnehmen, das
auch im eigenen Bereich fruchtbar werden kann. Die Warnungen vor Ge-

fährdung der eigenen Identität u. die Tendenzen, sich stärkstens von anderen Religionen u. Weltanschauungen abzugrenzen u. diese abzuwerten, kommen aus dem ↗Fundamentalismus.

Synode (griech. = gemeinsamer Weg), fachliche Bezeichnung für eine kirchliche Zusammenkunft mit den Aufgaben gemeinsamer Beratung, Konsensbildung u. gegebenenfalls der Entscheidungen. Ihre Anfänge gehen auf das 2. Jh. zurück. Im kirchlichen Altertum waren Synoden dauerhafte Institutionen in Diözesen u. Kirchenprovinzen (z. T. nur Versammlungen von Amtsträgern, z. T. gemeinsam mit »Laien«); Synoden, auf denen faktisch die Gesamtkirche repräsentiert war, heißen »ökumenische ↗Konzilien«. – In röm.-kath. Sicht bedürfen Beschlüsse von Diözesansynoden u. Konzilien zur Rechtskräftigkeit der Bestätigung durch den Papst. An sich bestehen keine theol. Schwierigkeiten gegen eine kollegiale u. synodale Leitung der kath. Kirche unter der Voraussetzung einer freiwilligen Reduktion des päpstlichen ↗Jurisdiktionsprimats. Ansätze zu einer effektiven Wiederbelebung der synodalen Praxis in der kath. Kirche (↗Trient, II. ↗Vaticanum) scheiterten am röm. Zentralismus. Die sog. Bischofssynode ist ein reines Beratungsgremium. – Von größter Bedeutung sind die Synoden in den orthodoxen Kirchen. Auf unterschiedlichen Stufen bringen sie die ostkirchliche pneumatologische u. eucharistische Ekklesiologie ereignishaft zum greifbaren Ausdruck. Ihre Entscheidungen müssen mit dem Glaubensbewußtsein der jeweiligen Kirchengemeinschaft (Diözese, Region; »Große S.« aller Landeskirchen) übereinstimmen u. werden daher von dieser bestätigt oder verworfen. – Vom französischen Calvinismus des 16. Jh. ausgehend entstanden in mehreren aus der Reformation hervorgegangenen Landeskirchen Synodalverfassungen, die im 19. u. 20. Jh. rechtlich weiter ausgebaut wurden.

Synoptische Evangelien (griech. »synopsis« = Zusammenschau). Die drei Evangelien Mt, Mk u. Lk werden seit dem Ende des 18. Jh. »synoptische« genannt, nachdem man die Möglichkeit erkannt hatte, ihre Texte in Spalten nebeneinander zu drucken, um Identitäten, Ähnlichkeiten u. Unterschiede in einer »Zusammenschau« feststellen zu können. Joh wird nicht einbezogen, da es sich nur mit rund 9 % seines Bestands mit den Synoptikern berührt. Mehrere Hypothesen versuchten die Abhängigkeitsverhältnisse der drei Evangelien aufzuhellen u. damit die Frage nach dem ältesten von ihnen zu beantworten. Von der Mehrzahl der Exegeten wird heute die »Zwei-Quellen-Theorie« vertreten, nach der Mk das älteste Evangelium ist u. Mt u. Lk eine ↗Logienquelle sowie Mk zu jeweils unabhängiger Verarbeitung benützt haben. a) Mk zeichnet Jesus in seiner Sendung von Gott als ↗Messias u. als ↗Sohn Gottes, in dem die ↗Herrschaft Gottes nahegekommen ist, u. erzählt seinen Weg durch Galiläa u. von dort nach Jerusalem. Nach seiner Passion u. Auferweckung treten die Jünger in seine Sendung an die »Völker« ein. Der Schluß des Mk 16,9–20 gilt allgemein als unecht. Als Entstehungsort wird Palästina oder Syrien angenommen. – b) Mt schildert mit einem »Stammbaum« Jesu u. in der Kindheitserzählung Jesus als von Gott vorherbestimmten ↗Messias, mit Interesse an Erfüllungen atl. Prophetie, u. beschließt das Evangelium mit einer Aussendungsrede des Auferweckten, so daß die Sendung auf »alle Völker« ausgeweitet wird. Fünf Redekompositionen charakterisieren dieses Evangelium. Jesus tritt in Vollmacht als Verkünder des eschatologischen Heils auf. Auffällig sind Passagen, die eine polemische Einstellung gegen das Judentum bezeugen, ohne daß die von Mt angekündigte Kirche als Ablösung Israels verstanden wird. Indizien weisen auf Syrien als Entstehungsort. – c) Lk bildet zusammen mit Apg das »lukanische Doppelwerk« (vgl. Lk 1,1). Das Evangelium ist um genaue u. eingehende Schilderungen (aber nicht im Sinn moderner Geschichtsschreibung) bemüht. Kindheitserzählungen u. Ausführungen über die Taufe gelten Johannes dem Täufer u. Jesus. Die Berichte über das Wirken Jesu in Nazaret, über seinen Weg nach Jerusalem u. sein Lehren im Tempel weisen wie auch die übrigen Passagen ein umfangreiches Sondergut (etwa die Hälfte des Textes) auf. In Verbindung mit Apg wird deutlich, daß Lk auch Entstehung u. Sendung der Kirche auf den Willen Gottes zurückführen will. Lk gilt als in Kleinasien entstandene, an hellenistische Heidenchristen gerichtete Schrift.

Systematische Theologie. *System* (griech. = ein aus Teilen gegliedertes Ganzes) bezeichnet die notwendige Zusammengehörigkeit von Einzelheiten zueinander sowie zu einem Ganzen, u. zwar unter funktionalem Gesichtspunkt. In vielen Bereichen u. Wissenschaften wird der Begriff System angewendet u. werden Systemtheorien entworfen. In die ↗Theologie gelangte das Systemdenken, als zu Beginn der Neuzeit Versuche einsetzten, den additiven Aufbau der theol. Lehre (vgl. auch ↗Loci theologici) durch eine Gesamtschau zu ersetzen. Im Zusammenhang damit entstanden im 17. Jh. Begriffe wie »theologia systematica«, ohne daß zunächst gründlich über deren Eigenart reflektiert worden wäre. Als in der Zeit der ↗Aufklärung Glaubens- u. Lehrinhalte von ↗Dogmatik u. ↗Ethik unter dem Gesichtspunkt der Vernünftigkeit überprüft wurden, bahnte sich der Zugang zu begrifflich genauen u. sachlich zusammenhängenden Gesamtdarstellungen an. Verstärkt wurde dieses Bemühen durch zunehmende Säkularisierung u. Vorherrschaft der Naturwissenschaften im Wissenschaftsbereich; nun mußten die Existenzberechtigung u. Geltungsansprüche der Theologie in der pluralen Kultur begründet werden. Von da her versteht sich die Zugehörigkeit der ↗Fundamentaltheologie zur S. Th. Komplex u.

umstritten waren bzw. sind die ↗Apologetik (↗Kontroverstheologie) u. ↗Ökumenische Theologie in ihrem Verhältnis zur Glaubenslehre u. ↗Moraltheologie. Abgesehen von unterschiedlichen Organisationsformen in einzelnen Theol. Fakultäten wird in wachsender Übereinstimmung der Aufbau der Theologie heute in der sinnvollen Einteilung in vier Sektionen gesehen, die in sich jeweils eine Mehrzahl von einzelnen Disziplinen oder Fächern u. sogenannte Hilfswissenschaften umfassen: Biblische Theologie, Historische Theologie, S. Th. u. Praktische Theologie. Soll die Theologie (wissenschaftliche) Reflexion des Glaubens u. der Glaubenspraxis sein, dann sind angesichts der schon unüberschaubaren Spezialisierung u. Verselbständigung der theol. Einzeldisziplinen immer neue Anstrengungen zu einer Gesamtschau lebensnotwendig.

T

Tag des Herrn hat im religiös-theol. Sprachgebrauch eine zweifache Bedeutung. 1. bezeichnet T. d. H. den *Sonntag*. Der 1. Tag der Arbeitswoche wurde in der frühen Kirche (Zeugnisse des 2. Jh.) als Feier der ↗Auferstehung Jesu begangen, in Erinnerung daran, daß sich Jesus an einem solchen Tag durch Jüngerinnen u. Jünger als lebendig erfahren ließ (Mt 28, 1; Mk 16, 2; Lk 24, 1; Joh 20, 1). Am Abend des Sonntags, d. h. nach der Arbeit, versammelte sich die Gemeinde zur Verkündigung u. zur Eucharistiefeier (↗Abendmahl). Kaiser Konstantin († 337) erhob den 1. Wochentag zum Ruhetag. Seit dem Spätmittelalter gilt die Mitfeier der Eucharistie am Sonntag als ↗Gebot der Kirche (nicht so in den Kirchen der Reformation). Der christliche Sonntag trat mit der zunehmenden Entfernung der Kirche von der jüdischen Gemeinschaft an die Stelle des *Sabbats* im ↗Dekalog u. beerbte diesen in der Pflicht zur Arbeitsruhe (Ex 20, 8–11; Dtn 5, 12–15). Der Sabbat (Wortbedeutung ungeklärt) wurde u. wird am 7. Wochentag begangen, seit dem babylonischen Exil als Zentrum jüdischer Religiosität: Er dient der aktualisierenden Erinnerung an den ↗Bund Gottes mit seinem Eigentumsvolk (Jes 56, 6) u. an den ↗Exodus (Dtn 5, 15); die Sabbatruhe wird mit dem Ruhen Gottes am Ende des Schöpfungswerks u. mit seinem Segnen des 7. Tags (Gen 2, 2 f.) begründet. Schon vom 2. Jh. v. Chr. an datieren jüdische Diskussionen über Ausnahmen von der Sabbatruhe. Jesus hielt den Sabbat als Ordnung Gottes für die Menschen ein (Mk 1, 21; 2, 27; 6, 1 f.; Lk 4, 16), nahm aber die Freiheit für sich in Anspruch, bei Heilungen über Ausnahmen von der Sabbatruhe zu entscheiden. Gottesdienstlich wird der Sabbat sowohl im Familienkreis als auch in der Synagoge mit symbolhaltigem Brauchtum gefeiert. – 2. Tag des Herrn heißt in der Bibel das ↗Ende der zeitlichen Geschichte der Schöpfung u. der Menschheit, wenn die universale ↗Herrschaft Gottes vor aller Augen offenbar werden wird, als Tag JHWHs, im NT auch Tag des ↗Menschensohns, »jener Tag«, der Tag schlechthin, der »Jüngste Tag«, verbunden mit der Erwartung des universalen ↗Gerichtes Gottes (Am 5, 18–20; Jes 2, 2; 13, 6 ff.; Lk 17, 24; Joh 6, 39 f.; 1 Kor 1, 8; 5, 5; Phil 1, 6 u. ö.). Der T. d. H. wurde in der kirchlichen Verkündigung oft im Sinn einer Einschüchterung eingesetzt; heutige Theologie sieht das Kommen Jesu u. die ↗Vollendung als universale Offenbarung der Gnade Gottes.

Taoismus, europäische Bezeichnung, mit der philosophische u. religiöse Gedanken zusammengefaßt werden, die auf den chinesischen Philosophen Lau-tsi (westlich: Lao-tse) zurückgehen sollen. Nach einer Quelle des 1. Jh. v. Chr. lebte er im 6.–5. Jh. v. Chr. u. soll das Buch »Tao-te ching« (»Kanonisches Buch über den Weg u. die Tugend«) verfaßt haben. Diese Schrift, eine Sammlung unterschiedlicher philosophischer Aphorismen wohl aus dem 3. Jh. v. Chr., bezeugt Auffassungen, die sich stark vom ↗Konfuzianismus unterscheiden. Zusammen mit ihm gilt ein weiteres, etwa gleich altes Buch »Nan-hua chen-ching« (»Wahres Buch vom südlichen Blütenland«) eines Verfassers Chuang-tzu als Grundlage des T. In abendländischen Begriffen ist der ursprüngliche T. anders als der Konfuzianismus nicht auf Ethik, sondern auf Metaphysik konzentriert. »Tao« (»Dao«) kann mit »Urprinzip des Weges« übersetzt werden; es kommt dem ↗Absoluten in der westlichen Metaphysik sehr nahe, da es allem Sein u. Tun als Quelle zugrunde liegt, selber aber nicht »begründet«, ohne Anfang u. ohne Ende ist. Das Tao läßt sich verstandesmäßig nicht erfassen u. auch nicht definieren, da es keine Eigenschaften hat. Es ist nur der Intuition zugänglich. Die Möglichkeit, von da aus eine »Naturmystik« zu entwickeln, macht den T. im Abendland interessant. Im Ursprung galt der T. als Tugendlehre für Fürsten, die unparteiisch u. selbstbeherrscht, auf das Ideal des Weiblichen u. des Geringen bezogen, leben sollen. Der spätere T. in den ersten Jahrhunderten n. Chr. läßt Einflüsse des Konfuzianismus u. Buddhismus erkennen; er wurde zu einer Religion mit Priestern u. eigenen Ritualen. Zu den Grundvorstellungen unterschiedlicher Richtungen gehört die Meinung, das Tao personifiziere sich in drei Göttern, den »Himmlischen Ehrwürdigen«. Ihnen gelten Verehrung u. Rituale zur Läuterung von Sünden, zur Erlangung von Glück, Abwendung von Unglück u. zur Erlösung der Verstorbenen. Den Priestern wird auch die Möglichkeit zugesprochen, Krankheiten zu heilen. Der T. in diesen Gestalten überlebte die großen Veränderungen von 1911 u. 1949 in China.

Taufe heißt das erste u. grundlegende christliche ⁊Sakrament. *1. Biblische Zeugnisse.* Wenn auch im Umfeld der frühesten christlichen Gemeinden rituelle Bäder u. Waschungen vorkamen, so besteht doch ein theol. Konsens darüber, daß nicht ihretwegen die T. eingeführt wurde, sondern wegen des Vorbilds, das Jesus selber gab, als er sich durch Johannes den Täufer im (fließenden Wasser des) Jordan taufen ließ (Mk 1,9 par.). Die T. des Johannes war eine Symbolhandlung, mit der die Bereitschaft, das Leben neu nach den Weisungen Gottes zu gestalten (⁊Metanoia), u. die Vergebung der Sünden zum Ausdruck gebracht wurden. Die T. war u. ist wie beim Täufer Johannes ein einmaliger Akt. Sie wurde aber von Anfang an mit der Gabe des ⁊Heiligen Geistes verbunden (Mk 1,8 u. ö.) u. geschah »auf den Namen Jesu« (Apg 2,38; 10,48). In der ältesten Tauftheologie versteht Paulus die T. als sakramentalen Mitvollzug des Todes Jesu (Röm 6,3–11) zur Bezeugung der Absage an ein »altes« Leben u. des Vertrauens auf ein »neues« Leben mit dem auferweckten Christus. Dieses neue »Sein in Christus« ist bei Paulus unlösbar mit der Gabe des göttlichen ⁊Pneuma u. dem Beginn der kirchlichen Existenz in der T. verbunden (1 Kor 1,10–17; Gal 3,26 ff.; 5,24 f. u. ö.). Der sog. Taufbefehl (Mt 28,18 ff.) mit seiner »triadischen Formel« geht nach überwiegender exegetischer Auffassung nicht auf Jesus zurück, sondern er bezeugt eine bereits entwickelte Taufliturgie. Apg enthält zahlreiche Zeugnisse für frühchristliche Taufpraxis, in der das Verständnis der T. als ⁊Initiation deutlich wird. Daß die Gabe des Heiligen Geistes nicht ausschließlich an die T. gebunden ist, wird daran ersichtlich, daß sie durch ⁊Handauflegung vor der T. geschieht (Apg 9,17 ff.; 10,44–48) oder ihr nachfolgt (Apg 8,14–15; 19,1–7). Joh 3,5 ist als Zeugnis für die ⁊Wiedergeburt aus dem Wasser (der T.) u. dem Geist bedeutsam. – *2. Zur Geschichte.* Für die Taufpraxis der alten Kirche existieren viele Zeugnisse vom 2. Jh. an; vgl. auch ⁊Kindertaufe. Eingehend sind die Ausführungen in einem Hippolyt zugeschriebenen Text aus dem Beginn des 3. Jh. Der T. ging ein Unterricht über die Glaubensinhalte u. die christliche Lebensgestaltung voraus, das (meist 3 Jahre dauernde) »Katechumenat«, von Wortgottesdiensten begleitet. Das Taufwasser wurde geweiht. Die Taufliturgie umfaßte u. a. einen ⁊Exorzismus, eine ⁊Salbung, das ⁊Glaubensbekenntnis (in der Gestalt einer Befragung), die T. durch Übergießen mit oder Untertauchen in Wasser, die ⁊Handauflegung (in den ersten Jhh. durch den Bischof), nochmalige Salbung, Friedenskuß, Eucharistiefeier. Etwas andere Gestaltungen sind z. B. für Syrien, Jerusalem u. Konstantinopel bezeugt. Die zunehmende Größe der Gemeinden war der Anlaß, daß die Priester als Gehilfen des Bischofs normalerweise die T. spendeten u. dem Bischof die Vollendung der Liturgie in der ⁊Firmung vorbehalten wurde. Vom 13. Jh. an wurde den Kleinkindern in der Westkirche die Eucharistie nicht mehr gereicht. Zu theologiegeschichtlichen Problemen:

↗Ketzertaufe, ↗Donatismus, sakramentaler ↗Charakter. Im Gefolge der Reformation, die unverändert an der Tauftheologie festhielt, kam, angefangen mit der Täuferbewegung des 16. Jh., immer wieder die Forderung auf, die persönliche Glaubensentscheidung müsse der T. vorausgehen (z. B. Mennoniten, Baptisten, im 20. Jh. K. Barth † 1968 u. a.). Liturgische Erneuerungsbemühungen u. ökumenische Gespräche galten der Neuordnung der Initiationsriten. In der röm.-kath. Kirche wurde die Einbettung eines Kindes in die gläubige Existenz der Familie so hoch bewertet, daß bei Zweifeln daran ein Taufaufschub für ratsam gehalten wird. Die nachchristliche Gesellschaft bedingte die Erneuerung der Erwachsenentaufe u., verbunden mit ihr, die Wiedereinführung einer eingehenden Unterweisung in christlichen Glauben, Spiritualität u. Lebensführung (das wiederbelebte Katechumenat, nicht mit dem problematischen »Neokatechumenat« zu verwechseln). In orthodoxen Ostkirchen bestehen Zweifel an der Gültigkeit der von Nichtorthodoxen gespendeten T. – *3. Zur aktuellen Auffassung.* In sehr vielen aus der Reformation hervorgegangenen Kirchen besteht zusammen mit der röm.-kath. Kirche die Überzeugung, daß die T. ein ganz wesentliches Element bestehender Einheit der Christen u. der getrennten Kirchen darstellt. In kath. Sicht besteht die erstrangige Wirkung der T. in der Eingliederung in die Kirche (ihr gegenüber tritt die im Glaubensbekenntnis bezeugte Vergebung der Sünden, die im Zeichen der Kindertaufe als Tilgung der ↗Erbsünde verstanden wurde, zurück). Die Heilsnotwendigkeit der T. wird analog zur ↗Heilsnotwendigkeit der ↗Kirche gestuft verstanden (Bluttaufe im Martyrium, ↗Begierdetaufe durch ein ↗Votum usw.). An der Möglichkeit für Nichtgetaufte, durch die vergebende Gnade Gottes das ewige Heil in der Vollendung erlangen zu können, bestehen keinerlei Zweifel mehr (vgl. auch übernatürliches ↗Existential, ↗Anonymes Christsein). Nach offizieller kath. Lehre kann jeder Mensch, Frau oder Mann, taufen, auch Angehörige anderer Religionen, Ungetaufte, wenn sie die ↗Intention haben, das zu tun, was die Kirche in der T. tut, auch wenn sie das nicht bejahen. Die gültige T. geschieht durch Aufgießen von Wasser oder Untertauchen im Namen der göttlichen ↗Trinität gemäß Mt 28, 19. Für die feierliche T. u. die Paten gelten eigene Bestimmungen, in denen die Bedeutung der eigenen Pfarrgemeinde, des Pfarrers u. des Sonntags zur Geltung kommt.

Technik (griech. = Herstellungskunst) als Verwirklichung der vielfältigen menschlichen Möglichkeiten, die Lebensverhältnisse humaner u. angenehmer zu gestalten, ist Gegenstand mehrerer Wissenschaften, darunter auch der theol. Ethik. Die »Schübe« oder »Revolutionen«, durch die sich die T. in immer neuen Innovationen fortentwickelt, wurden seit Beginn der Neuzeit mit theol. Reflexionen teils begrüßend, teils warnend begleitet. Ins-

besondere auf kath. Seite galt der technische Fortschritt als »Fortsetzung der Schöpfung«, zu der Gott die Menschen ermächtigt habe, als er ihnen auftrug, sich »die Erde untertan« zu machen (Gen 1,28). Noch das II. Vaticanum teilte (in GS, vor allem 33–39 54–72) diesen Fortschrittsoptimismus. Wie die kirchliche Sozialethik des 19. Jh. mahnte es lediglich zur Einhaltung der ethischen Normen, mit der Erinnerung daran, daß die Güter der Erde allen gehören, die Entwicklung dem Nutzen aller dienen u. die Errungenschaften besser verteilt werden müßten (vgl. auch LG 36). Seit den 70er Jahren des 20. Jh. (Bericht des »Club of Rome« über Grenzen des Wachstums 1972) zeigen sich Menschen aller Weltanschauungen zunehmend sensibilisiert durch die Folgen der umfassenden Technifizierung u. durch die Beobachtung, daß manche Auswirkungen nicht mehr rückgängig zu machen sind: einschneidende Veränderungen der Umwelt, Unbeherrschbarkeit mancher Technologien (Kernkraft, Chemie), Eingriffe in Erbanlagen (Gentechnik), neue Abhängigkeiten, von der Arbeitslosigkeit bis hin zur Süchtigkeit, infolge der Informations- u. Kommunikationstechnik (industrielle Rationalisierung, Medien- u. Vergnügungsindustrie). Den Fortschritten in den Abrüstungsbemühungen bei Massenvernichtungswaffen in der »Ersten Welt« entsprechen negativ der Waffenhandel mit der Dritten Welt u. deren Griff nach atomarer Bewaffnung. Ungleichheiten auf Weltebene mit den Risiken immer neuer Konflikte sind durch technische Überlegenheiten (Nord-Süd-Gefälle) herbeigeführt, verbunden mit der Verbreitung einer durch-technifizierten Einheitszivilisation, die alte Kulturen u. Sozialgefüge zerstört. Die Erforschung u. Realisierung von Möglichkeiten, die durch Technologien erzeugten Schäden zu mindern, erfordern ihrerseits wieder enorme technische u. wirtschaftliche Anstrengungen. Mit der Erkenntnis der Unübersichtlichkeit der technischen Entwicklung, des hilflosen Ausgeliefertseins an Sachzwänge, Marktwirtschaft u. das Herrschaftswissen von Spezialisten verbindet sich bei vielen Menschen eine Mentalität der Resignation u. der Gleichgültigkeit. Aufrufe zu neuen Formen der ⁊Askese u. des Konsumverzichts haben ebenso wenig Breitenwirkung wie Appelle, sich unter ein ethisches »Prinzip Verantwortung« (H. Jonas † 1993) zu stellen.

Teilhabe (lat. »participatio«, griech. »methexis«), ein Begriff, der zuerst in der Philosophie Platons († 347 v. Chr.) eine Rolle spielt: Das einzelne Seiende wird verstanden als Abbild einer bestimmten Idee, ihres Urbilds, die ihm T. an ihr u. dadurch relatives Sein gewährt. Von Augustinus († 430) wurde diese Sicht auf die menschliche Erkenntnis als T. an den ewigen Wesenheiten im Geist Gottes angewendet. Von der Rezeption in der aristotelisch-thomistischen Philosophie her ist T. ein Schlüsselbegriff der Theologie geworden. Jede Ursache, die als Wirkursache ein von ihr Verschiedenes hervorbringt, das ihr auf gewisse Weise ähnlich ist, gibt ihm dadurch Anteil an ihr. Darüber hinaus kann eines dem andern Anteil an sich selber durch Selbstmitteilung geben, auf verschiedene Weise u. auf verschiedenen Ebenen. Die ↗Seele gibt dem Leib Anteil an ihrem Leben, indem sie ihn »informiert« (Form). Zwei geistig personale Seiende können sich in ihrer personalen ↗Kommunikation Anteil an einander geben. Im gesellschaftlichen Leben besteht die Forderung nach T. (Mitbestimmung) aller zu recht. Diese T. von Freien hat ihren Höhepunkt in der ↗Selbstmitteilung Gottes: Alles stammt aus einem u. hat so als Endliches in gewisser Weise am Unendlichen Anteil, u. die Entäußerung Gottes, der Liebe ist, vollendet sich in der Mitteilung seiner selber in der ↗Gnade u. in der Herrlichkeit der ↗Anschauung Gottes. In dieser Sicht bleibt auch der Geheimnischarakter der T. gewahrt, daß zwei durch T. an einander eins sind u. doch zwei bleiben.

Teleologie (griech. = Lehre von der Zielrichtung), als Lehre vom Ziel der beobachtbaren Prozesse u. Entwicklungen bereits bei Aristoteles (†322 v. Chr.) entfaltet, wobei der Grund des Geschehens in einem ihm inneliegenden ↗Zweck, nicht (nur) in äußeren Anstößen oder Zufällen gesehen wird. Gilt die Aufmerksamkeit der jeweils eigenen Dynamik eines zielgerichteten, zweckmäßigen Geschehens, dann spricht man auch von *Teleonomie* (zielgerichtete Gesetzmäßigkeit). Nicht der Begriff T., aber teleologisches Denken ist in der Theologie unentbehrlich. Sie spricht von einem Seienden, das ein »Wesen« (eine Natur) hat u. doch zeitlich-geschichtlich ist, also von einem ↗Anfang her das werden soll, was es ist. Es ist daher auf ein ↗Ziel hin ausgerichtet. In seinem anfänglichen »Wesen« ist das Erreichen einer eigenen ↗Vollendung schon grundgelegt. Da dieses Seiende in geistiger ↗Transzendenz, Freiheit u. Geschichtlichkeit existiert, kann die Vollendung konkret nicht als mechanisch oder biologisch determiniertes Endprodukt aufgefaßt werden. Sie bleibt unergründliches Geheimnis des göttlichen u. menschlichen Schöpfertums, enthüllt sich erst im ↗Ende u. ist nicht vorhersagbar. Wenn auf eine Erkenntnis des Wesens nicht positivistisch blind verzichtet wird, ist ein »teleologisches« Verständnis eines Seienden von seiner Vollendung her unentbehrlich. – Die neuere theol. Ethik fragt nach dem Worum-Willen jedes sittlichen (verantwortlichen) Verhaltens u. beurteilt eine Handlung von ihren Folgen her als gut oder böse (teleologische Ethik). Dabei ist sie davon überzeugt, Handlungsprinzipien ergründen zu können, die für die gemeinsame menschliche Vernunft, also nicht nur für Gläubige, überzeugend sind. Die Nachteile der ↗Deontologischen Ethik wären dabei vermieden. Die Folgen sind aus langen Menschheitserfahrungen bekannt; sie können, müssen aber nicht eintreten, daher stellt der Hinweis auf sie keine Prognose dar. – Die Frage, ob

u. in welchem Sinn in der nicht-menschlichen, materiellen u. biologischen Wirklichkeit T. mit naturwissenschaftlichen Methoden erkennbar ist, wird kontrovers diskutiert. Sicher ist das Phänomen des ↗Lebens in der Biologie nicht ohne Kategorien der T. verständlich beschreibbar.

Tenak, Tanach, eine Abkürzung, die vor allem im Judentum für das ↗Alte Testament verwendet wird. Sie ist aus den Anfangsbuchstaben der drei Hauptteile des AT gebildet: Tora = Gesetz, Nebi'im = Propheten, Ketubim = Schriften. Die Tora enthält den Pentateuch, die Nebi'im außer den Propheten auch die Geschichtsbücher von Jos bis 2 Kön, die Ketubim die Psalmen sowie Spr, Ijob, Hld, Rut, Klgl, Koh, Est, Dan, Esra u. Chron.

Teufel (das deutsche Wort abgeleitet vom semit. »tfl« = besudeln; hebr. »satan«; lat. u. griech. »diabolus«, »diabolos«), eine mit extrem negativen Eigenschaften ausgestattete Symbolgestalt, die generell der Verarbeitung von Erfahrungen des ↗Bösen dient, wobei Probleme u. Konflikte nicht rational angegangen, sondern auf eine mythische Personifikation proijziert werden. Analoge Personifikationen kommen auch außerhalb des jüdisch-christlichen Bereichs vor. Religionsgeschichtlich ist der T. nicht so alt wie die ↗Dämonen. In der hebr. Bibel tritt der T. als Mitglied des himmlischen Hofstaats auf, als Ankläger vor Gott (Sach 3,1 f.) oder als von Gott zugelassener Prüfer des Ijob (Ijob 1 f.). Durch den T. als Anstifter zum Bösen wird Gott entlastet (1 Chron 21,1). Im außerbiblischen jüdischen Schrifttum wird der T. als ursprünglich gut geschaffener Engelsfürst dargestellt, der einen Aufstand moralisch schwacher Engel gegen Gott inszeniert habe, mit ihnen vom Himmel gestürzt u. so zum Anführer der Dämonen wurde. Dieser Mythos begegnet in Spätschriften des NT (2 Petr 2,4; Jdt 6). Obwohl Jesus den Satan wie einen Blitz vom Himmel fallen sah, spielt der T. im NT eine bedeutende Rolle: als Versucher Jesu u. anderer Menschen, als Zerstörer, Verursacher von Krankheiten, Verfolger der Gläubigen, Beeinflusser des Judas, als Herr über ein eigenes Reich (für Paulus sogar als Gott dieser Welt 2 Kor 4,3 f.). Gelegentlich kommt der T. im Plural vor. In der Offb dient der T zur Dämonisierung Roms; die Geschichte endet mit dem Sturz des T. in den feurigen Schwefelsee (Offb 20,10; vgl. Mt 25,41). In der nachbiblischen Entwicklung der christlichen Auffassung des T. lassen sich drei ineinander verschränkte Aspekte unterscheiden: Theol. Spekulationen, konkretere Ausmalungen u. gesellschaftliche Folgen. Die Theologie systematisiert die Bibeltexte u. wahrt damit die prinzipielle Güte der Schöpfung gegenüber einem radikalen ↗Dualismus wie die Meinung, Gott könne nicht Urheber des Bösen u. der Übel sein (zur amtlichen Lehre: ↗Dämonen). In den Ausgestaltungen durch Seelsorge u. Volksglauben äußern sich unglaubliche Phantasien. Folgenschwer sind die von kirch-

lichen Autoritäten vorgenommenen oder tolerierten Identifizierungen des
T.: mit den Juden (Hilarius von Poitiers † 367, Johannes Chrysostomus
† 407; ↗Antijudaismus), mit Zigeunern, mit dem ↗Antichrist. Hintergründe u. Auswirkungen des Glaubens an den T. werden im Hexenwahn
deutlich: Aggressivität gegen Außenseiter u. Fremde, Abwälzung eigener
Schuldkomplexe auf Minderheiten, vermeintliche Schaffung sicherer Le-
bensräume durch deren »Ausrottung«, Beherrschbarkeit der Geschichte
usw. Der T. findet Aufmerksamkeit in Psychologie, Literatur u. darstellen-
der Kunst sowie in den Medien. Diverse Satanskulte dokumentieren immer wieder die vom T. ausgehende Faszination.

Theismus (griech. = Auffassung von Gott), im 17. Jh. geprägter Begriff, der
die gemeinsame Gottesauffassung der verschiedenen Religionen im Unterschied zum Atheismus bezeichnen sollte u. im 18. Jh. zur Kennzeichnung
des Unterschieds zum ↗Deismus diente. Der Th. in diesem Sinn versteht
Gott als souverän u. personal (d. h. bewußt u. willentlich) Handelnden, der
seiner Schöpfung ständig aktiv gegenwärtig ist. Er stellt insofern ein theol.
Hauptproblem dar, als an ihn die Frage zu richten ist, ob seine Gottesauffassung nur durch philosophische Reflexion, abgesehen also von der
↗Offenbarung Gottes zustandekommt u. somit zu einer Art ↗Natürlicher
Theologie führt, eine Frage, die besonders kritisch von der ev. Theologie
an den Th. gerichtet wird (seit P. Tillich † 1965 ist die Rede vom »nach-
theistischen Zeitalter«). Den Ausgangspunkt von der Offenbarung Gottes
hat die kath. Theologie mit der evangelischen gemeinsam; sie versteht sich
nicht (mehr) als »natürliche Theologie«, sondern als philosophische (d. h.
methodische u. kritische) Reflexion auf die Offenbarung u. als deren Interpretation. Eine philosophische Theologie, die von der Offenbarung ab-
sieht, kann zwar den alles begründenden Grund denkerisch erschließen;
er bleibt aber für sie immer der ferne, unerreichbare Horizont; der von
ihr gebildete Begriff des schlechthinnigen ↗Absoluten bleibt »leer«. Ein
solcher Th., der von sich aus das »Wesen« Gottes nicht erreicht, kann auch
nichts Positives über Wesenseigenschaften Gottes sagen. Eine kritische
Funktion der Theologie besteht darin, die naiven Gottesvorstellungen des
in den Kirchen noch weit verbreiteten Th. abzubauen, der immer wieder
versucht, aus abstrakt gebildeten Begriffen der Vorsehung u. der Eigenschaften Gottes (wie Allmacht, Allwissenheit usw.) etwas Zutreffendes
über das Verhältnis Gottes zur Welt zu erschließen u. von da aus ein phy-
sikalisches Eingreifen Gottes in Abläufe der Natur u. der Menschheitsgeschichte zu behaupten. Des weiteren gilt die theol. Kritik des Th. ihm
insofern, als er zur Stabilisierung bestehender Verhältnisse mißbraucht
wird (↗Ideologie). Wird die Offenbarung Gottes philosophisch reflektiert
u. interpretiert, wie das in den biblischen Zeugnissen bereits vielfach der

Fall ist, so ist das keine überhebliche Vergegenständlichung Gottes, sondern sie wendet sich nur insofern Gott als Gegenstand zu, als er sich selber in seinem Offenbarungswort »vergegenständlicht« hat. Gottes »Eigenschaften« in seinem Verhalten zur Schöpfung u. Menschheit lassen sich an seinem »Werden« in der ↗Inkarnation u. an seinem mitleidenden Erbarmen erkennen. Die von der Dogmatik festgehaltenen ↗Eigenschaften Gottes formulieren die unendliche Verschiedenheit von Gott u. Nichtgöttlichem, seine grundsätzliche Unabhängigkeit von der Kreatur, sie sagen aber nichts darüber, wie sehr Gott selber sich von Schöpfung u. Menschen abhängig gemacht hat. Die Theologie hat nicht nur diese kritische Funktion gegenüber dem allzu selbstverständlichen Th. (wobei ihre Einsicht in die ↗Analogie jeder Gottesrede u. ihr Verstummen vor dem ↗Geheimnis notwendige Selbstkorrekturen des Th. sind), sondern sie hat auch zu beachten, inwieweit der Atheismus einen theol. berechtigten Einspruch gegen den Th. enthält.

Theodizee (griech. = Rechtfertigung Gottes), von G. W. Leibniz († 1716) erstmals gebrauchter Begriff für denkerische Versuche des Nachweises, daß die furchtbaren ↗Übel u. ↗Leiden der Geschöpfe die philosophische oder gläubige Überzeugung von der Existenz eines unendlich vollkommenen Gottes nicht aufheben. In der vorchristlichen Antike tauchte das Problem der Th. auf, sobald Übel u. Leiden im Zusammenhang mit menschlicher Freiheit, Schuld u. Schuldlosigkeit reflektiert wurden. Die ↗Stoische Philosophie begegnete ihm mit apathischem ↗Fatalismus, während Epikur († 272 v. Chr.) mit atheistischer Intention die Schlußfolgerung zog, daß Gott entweder nicht allmächtig oder nicht gut oder nicht existent sei. Die biblische Tradition beider Testamente sah das innerweltliche Geschehen unter dem Gesichtspunkt der alles bestimmenden göttlichen ↗Vorsehung, gegen die dem Menschen nur Fügung u. Klagen blieben. Unter Hinweis auf die eschatologische Beantwortung der Warum-Fragen werden den Fragenden u. Klagenden Geduld u. Aushalten empfohlen. In der Theologie der Kirchenväter herrscht die Neigung vor, Übel u. Leiden als Strafen für die menschliche Schuldverfallenheit aufzufassen, ja das ↗Böse als Mangel am Guten zu minimalisieren. Ernsthaft wurden die den Glauben u. die Theologie erschütternden Fragen der Th. erst in der Neuzeit aufgegriffen, wobei erstmals Leibniz die Endlichkeit mit ihren Übeln als Preis der menschlichen Freiheit ansehen wollte. Aufklärerische Versuche zur Rechtfertigung Gottes wurden durch das Erdbeben von Lissabon 1755 nachhaltig erschüttert. Im 19. Jh. verschärft sich die Tendenz, die Versuche zur Th. unter Hinweis auf die Nichtexistenz Gottes abzuweisen u. sich auf Impulse, Übel u. Leiden praktisch zu bekämpfen, zu beschränken. Noch zur Zeit des Zweiten Weltkriegs existierten theol. Auffassungen, die Übel als Preis der ↗Evolution zu »erklären«. Die Menschheitskatastrophe von »Auschwitz« bedeutete sachlich das Ende aller Th. Die französische Existenzphilosophie antwortete mit der These, das menschliche Dasein oder auch die Schöpfung im ganzen sei absurd. Sie hielt, wie später Menschen unterschiedlicher Weltanschauung (Th. W. Adorno † 1969, D. Sölle), jeden Versuch, dem Leiden Sinn zu unterstellen, für verwerflich, betonte aber die Notwendigkeit einer Solidarität mit den Leidenden. K. Barth († 1968) hielt alle rationalen Bemühungen um eine Th. für theologisch illegitim; allein eine Selbstrechtfertigung Gottes könne die Fragen der Th. beantworten. Die Geschichte der Th. hat radikale Konsequenzen für Theologie u. Glaube: Die verharmlosende Rede von der ↗Allmacht Gottes ist zu Ende; Eingriffe der göttlichen Vorsehung in Naturabläufe sind unvorstellbar; die unvollkommene u. unvollendete Schöpfung kann nicht einfachhin als »gut« bezeichnet werden; die göttlichen Geistimpulse sind offenbar nicht imstande, negative menschliche Freiheitsentscheidungen zu verhindern; der christliche Umgang mit Schmerzen u. Leiden muß sich mit der unablässigen Erinnerung an die Opfer der Menschheitsgeschichte u. der Schöpfung verbinden. Theologisch wäre anzufügen, daß eine Leugnung der Existenz Gottes zu ausweglosen Fragen einer »Anthropodizee« führen würde.

Theologen gehören *insofern* zu den Erkenntnisquellen (↗Loci theologici) der Theologie, als in ihrer einhelligen Lehre das Glaubensbewußtsein der Kirche u. dessen Entfaltung greifbar werden. Begrifflich werden in der Schultheologie die Th. des Mittelalters u. der Neuzeit als solche Erkenntnisquelle von den ↗Kirchenvätern unterschieden. Voraussetzung dieser Anerkennung ist, daß die Theologie der einzelnen Th., die sie als geoffenbarte Lehre vortrugen, von der kirchlichen Leitungsinstanz nicht zurückgewiesen, sondern wenigstens stillschweigend toleriert wurde. Andernfalls würde ein Irrtum in der Auffassung dessen, was geoffenbart ist, auf die Leitungsinstanz selber zurückfallen. Lehren, die nicht als geoffenbart vorgetragen werden, können natürlich sehr anfällig für Irrtümer sein; sie bleiben auch dann falsch, wenn sie über längere Zeit u. in breitem Konsens vorgetragen wurden. Wenn die einzelnen Th. ihr individuelles Glaubensbewußtsein u. ihre denkerische Subjektivität, unter Umständen sehr mühsam u. schmerzhaft, als kompatibel mit dem Glaubensbewußtsein der Gesamtkirche nachweisen, wird dieses seinerseits mit ihrer schöpferischen Individualität bereichert. – Theologische ↗Schulen, ↗Pluralismus.

Theologie (griech. = Rede über Gott), ein aus der griech. Antike stammender Begriff, der vor allem die hymnische, mythische u. philosophische Rede von Gott bezeichnete. Es ist hier nicht möglich, auf die unterschiedlichen Konzeptionen (auch konfessionellen Unterschiede), Problemstel-

lungen u. die höchst komplexe Geschichte der Th. einzugehen. Lediglich
kurz kann der Begriff der kath. Th. umschrieben werden (vgl. Rahner-Vorgrimler 1961,352f.). Th. ist ihrem Wesen nach das ausdrücklich bemühte
Hören des glaubenden Menschen auf die eigentliche, geschichtlich ergangene Wortoffenbarung Gottes *und* das wissenschaftlich methodische Bemühen um ihre Erkenntnis u. die reflektierende Entfaltung des Erkennt-
nisgegenstandes. Ihr »Gegenstand« ist also nicht Gott. Th. setzt die
Wortoffenbarung voraus, läßt sich aber nicht adäquat von ihr abgrenzen,
weil diese ↗Offenbarung selber schon ein Wissen von begrifflicher u. satz-
hafter Art als Moment in sich hat, das *als* solches Moment des Glaubens u.
seiner verantwortbaren Verkündigung zur weiteren Entfaltung, Reflexion
u. Konfrontation mit anderen Erkenntnissen treibt u. von sich her die
Reflexion möglich macht (= »Gottes Wort im Menschenwort«). Erst recht
besteht, ebenso wie zwischen vorwissenschaftlicher u. wissenschaftlich methodischer Erkenntnis im allgemeinen, keine feste Grenze zwischen vorwissenschaftlicher u. wissenschaftlich methodischer Glaubenserkenntnis.
– 1. *Die Th. als Glaubenswissenschaft.* Die Th. geht davon aus, daß das
Wort Gottes wegen des ↗Heils der Menschen erging; um der Menschen
willen bemüht sie sich also um ein richtiges Hören des Wortes Gottes,
dem sie letztlich dienen will. Sie ist an dieses geoffenbarte Wort gebunden,
so wie es durch den ↗Glaubenssinn der Glaubenden seine Gegenwart in
der Kirche hat, die durch ihr ↗Lehramt im ständigen Blick auf die ↗Heilige
Schrift die ihr überkommene Offenbarung bewahrt u. auslegt. Daher ist
Th. eine Wissenschaft, die ↗Glauben u. Kirche voraussetzt. Insofern es sich
konkret um *christliche* Th. handelt, ist der Gegenstand der Th. die Offenbarung des Gottes, der sich selber in seinem Wort (↗Jesus Christus) u. in
seinem ↗Heiligen Geist den Menschen kundgeben wollte u. will u. sich in
seiner Gnade selber den Menschen mitteilt (↗Selbstmitteilung Gottes). Zu
diesem Gegenstand der Th. gehören also Akt u. »Inhalt« des christlichen u.
kirchlichen Glaubens, der in methodischer Reflexion untersucht wird. Daß
diese Reflexion *glaubend* vor sich geht, nimmt ihr den Charakter der Wissenschaftlichkeit nicht, denn ein absolutes Engagement kann durchaus
vereinbar sein mit einer kritischen Reflexion auf dieses Engagement, die
nichts von vornherein aus der kritischen Frage ausschließt. Als Moment
der *Kirche* hat die Th. eine kritische Funktion gegenüber der Kirche, ihrem
Glauben u. ihrer Praxis. Eine tiefere u. breitere Kenntnis der Th. hat
»natürliche« (theol. gesprochen: immer auch aus der Gnade Gottes hervorgehende) Voraussetzungen, die nicht überall in der Kirche gegeben sind
u. die auch nicht notwendig in allen Amtsträgern vorhanden sein müssen.
Die Th. ist Gabe des Geistes (↗Charisma) u. so außerhalb u. innerhalb des
Amtes zu finden. Die wissenschaftliche Reflexion der Th. hat heute so viele
wissenschaftstechnische Vorbedingungen, daß sie notwendigerweise von

»Experten« u. »Expertinnen« getragen sein muß. – *2. Der Wissenschafts-charakter der Th.* Das methodisch gelenkte Bemühen um die Erkenntnis eines in sich einheitlichen Gesamtgegenstandes ist als *Wissenschaft* anzu-sprechen, wenn auch die primäre Gegebenheitsweise ihres Gegenstandes, die Ausgangsprinzipien u. teilweise auch die Methoden der Erforschung des Gegenstandes anders sind als bei den profanen Wissenschaften (in der Wissenschaftsdiskussion zeichnet sich aber ein Konsens darüber ab, daß nicht nur dort »Wissenschaft« gegeben ist, wo sich eine Forschung experi-mentell verifizierbaren Tatbeständen zuwendet). Insofern die Offenbarung Gottes einem Menschen vermittelt u. von ihm verstanden werden soll, der von bestimmten Vorgegebenheiten geprägt ist, muß diese Vermittlung im-mer u. notwendig profane Erkenntnisse u. Methoden einsetzen, die diesen Vorgegebenheiten entsprechen: Logik, Philosophie, das einer bestimmten Zeit gemäße »Weltbild« samt seinen human- u. naturwissenschaftlichen Erkenntnissen. So trägt Th. unvermeidlich eine historische Zeitsignatur, ohne sich darum einfach dem innerweltlichen Wissen des Menschen un-terzuordnen, ohne zu einem »System« im geschichtlichen, relativistischen Sinn zu werden. Insofern das Wort Gottes, auf das die Th. hört, das Wort ist, das den *ganzen* Menschen betreffen u. engagieren will, kann die Th. nie *bloß* theoretische, das heißt existentiell nicht beteiligte Wissenschaft sein. Sie muß meditative u. kerygmatische Th. sein, um ihrem Gegenstand zu entsprechen u. so wissenschaftliche Th. zu werden. Insofern sie immer das Hören u. Verstehenwollen eines Menschen mit einer innerweltlichen, ge-schichtlich bedingten Erfahrung ist, die sich als Bedingung des Hörens im Akt der Th. auswirken muß, ist die Konfrontierung der Botschaft des Evangeliums mit dem Weltverständnis des jeweiligen Menschen ein inne-res Moment an der Th. selber. Durch ihren Glaubensbezug ist die Th. eine *praktische* Wissenschaft, in dem Sinn, daß sie auf die Praxis der Hoffnung u. der Liebe ausgerichtet ist (die ihrerseits ein Moment an Erkenntnis an sich tragen, das außerhalb ihrer gar nicht gegeben ist). »Orthodoxie« u. »Orthopraxie«, das heißt richtiger Glaube u. richtige Praxis, bedingen sich gegenseitig in einer ursprünglichen Einheit. Th. ist nicht bloß auf das pri-vate Heil u. die religiöse Innerlichkeit des einzelnen Menschen bezogen, sondern muß in allen ihren materialen Bezirken die gesellschaftliche Rele-vanz ihrer Aussagen bedenken (↗Theorie und Praxis). Weil in keiner Wis-senschaft der Abstand zwischen der Aussage u. dem Ausgesagten, dem ausdrücklich Ausgesagten u. dem Gemeinten, dem Ergriffenen u. dem er-greifenden Geheimnis so groß sein kann wie hier, ist es nicht nur das Recht, sondern auch die Pflicht der Th., die Erfahrung dieses Abstands immer schärfer werden zu lassen u. den Menschen aus der (scheinbaren) Klarheit der Begriffe heraus in die Dunkelheit des ↗Geheimnisses zu ver-weisen. Die Th. des immer größeren Gottes als der einzigen absoluten

⁊Zukunft, der alle innerweltlichen Ansätze u. Systeme unendlich übersteigt, ist keine Ideologie, sondern deren radikalste Kritik. Da die Sache der Th. reflex u. satzhaft nie anders als in dem offenbarenden Wort darüber gegeben sein kann, ist der Rückgriff auf die Geschichte der Aussage, also auf ihre eigene Geschichte, ein inneres Moment an der Th. Durch diese ständige Bezogenheit auf einmalige geschichtliche Ereignisse, auf geschichtliches Hören u. Verstehen ist Th. *Geschichtswissenschaft* mit wesentlichem Zukunftsbezug, da das Geschichtliche in der Th. Verheißungscharakter hat. Mit diesem Gesagten ist gegeben, daß die eine Th. in ihrer geschichtlich bedingten Entfaltung sich heute als Biblische, Historische, Systematische u. Praktische Th. in Einheit u. Vielfalt zugleich präsentiert.

Theologoumenon (griech. = theol. Einzelthese), mögliche Bezeichnung für eine theol. Lehre, die keinerlei verpflichtenden Charakter hat, von der kirchlichen Leitungsinstanz toleriert wird u. deren Eigentümlichkeit darin besteht, daß sie versucht, Lehrformulierungen der theol. Überlieferung interpretierend verständlich zu machen u. sie in größere Zusammenhänge zu stellen.

Theorie und Praxis. Theorie (griech. = geistige Schau) bezeichnet bei Platon († 347 v.Chr.) das »Schauen« der ⁊Ideen, bei Aristoteles († 322 v.Chr.) die Einsicht in das Sein im ganzen u. in die letzten Gründe alles Seienden (⁊Metaphysik), die wichtigste Tätigkeit des Menschen, da sie zum ⁊Glück führt (so dann auch die »Schau« Gottes in der ⁊Anschauung Gottes). Das praktische Wissen u. Tun (»Praxis« u. »Poiesis«) sind von ihr grundlegend verschieden. In der Neuzeit geht dieses »kontemplative« Verständnis der Theorie als Wesensschau verloren; Theorie wird auf den Bereich der erfahrbaren Erscheinungen beschränkt u. bezeichnet ein Aussage-System, das aufgrund »bewiesener« oder evidenter Voraussetzungen »deduktiv« aufgestellt wurde u. überprüfbar sein muß. In der Philosophie des 19. Jh. (G. W. F. Hegel † 1831; K. Marx † 1883) meldete sich ein Unbehagen an der Trennung von theoretischem u. praktischem Wissen zu Wort, das neue Reflexionen über deren Verhältnis auslöste (⁊Kritische Theorie), wobei beide Begriffe z.T. anders umschrieben wurden: Denken u. Handeln, Aussage u. Tatsache, Bewußtsein u. Gegenstand. Philosophisch wurde deutlich, daß es keine theoretische Unmittelbarkeit ohne praktische Vermittlung gibt u. daß praktische Erfahrungen immer auch von Theorie geprägt sind. In den Bereichen von Theologie u. Spiritualität wurde das Problem seit der Kirchenväterzeit mit der Unterscheidung von beschaulicher Innerlichkeit u. äußerlicher Aktion u. in der Frage nach deren komplexer Wechselwirkung thematisiert. Nicht erst unter dem Eindruck der Erkenntnisse moderner Sozialwissenschaften stand es im Glaubensbereich fest, daß jede Glaubensaussage praktisch vollzogen sein muß, um anschaulich zu sein u. um sich zu bewahrheiten, u. umgekehrt, daß theoretische Sätze, die nicht praktisch vollzogen sein wollen, ihren Anspruch verlieren, Glaubensaussagen zu sein. Neuerdings kam jedoch die Einsicht hinzu, daß Theorie u. Praxis des Glaubens immer auch historische Entwicklungen u. gesellschaftliche Verhältnisse reflektieren. Diese Erkenntnis kommt in einer nur geisteswissenschaftlichen Hermeneutik der Glaubensaussagen so wenig zur Geltung wie in einer nur beschreibenden empirischen Analyse des existierenden Tatbestands. Daher forderte die ↗Politische Theologie eine gesellschaftskritische Hermeneutik des Glaubens in praktischer Absicht als wesentlichen Aspekt der theologischen Theorie.

Theosophie (griech. = Gottesweisheit), im kirchlichen Altertum oft gleichbedeutend mit ↗Theologie, vom 18. Jh. an ein Begriff für Lehren, wie Gott oder das Göttliche über das rationale theologische Denken u. über das Hören der Wortoffenbarung hinaus mystisch erfahren oder »geschaut« werden können. Oft wenden sich diese Lehren (mit pantheistischen Zügen: ↗Pantheismus) auch einer ganzheitlichen Weltschau zu. Bilder u. Symbole sind für die Th. von großer Bedeutung. Als »theosophisch« werden in der Literatur u. a. bezeichnet: Origenes († 253), Paracelsus († 1541), J. Böhme († 1624), E. Swedenborg († 1772), F. von Baader († 1841), W. Solowjew († 1900) mit seinen Schülern S. N. Bulgakow († 1944) u. N. A. Berdjajew († 1948); im Judentum gilt die mystische Strömung der Kabbala (= Überlieferung), die vom 12. bis 19. Jh. lebendig war, als »theosophisch«. – Im 19. Jh. wurde durch Helena P. Blavatsky die »Theosophische Gesellschaft« gegründet, die sich, organisatorisch zersplittert, international weit verbreitete. Ihre Weisheitslehre wurde synkretistisch aus hinduistischen, buddhistischen u. christlichen Elementen kombiniert u. sollte im ↗Spiritismus eine Erfahrungsbasis erhalten. Von dieser Gesellschaft spaltete sich die ↗Anthroposophie ab.

Thomismus, die Lehre des Kirchenlehrers Thomas von Aquin († 1274) selber (in der Literatur häufig »thomanisch« oder »thomasisch« genannt) u. unterschiedlicher Schulen, die seine Lehre interpretieren (»thomistisch«). In der kath. Kirche wird Thomas amtlicherseits, auch vom II. Vaticanum, als der »gemeinsame Lehrer« aller theol. Richtungen empfohlen, ohne daß alle auch dort auf seine Lehre festgelegt würden, wo sie nicht allgemein gültige kirchliche Lehre ist. In Fragen der theol. Systematik von größerer Bedeutung ist seine weite, für weiterführende Interpretationen offene Lehre weithin die gemeinsame Grundlage, so daß sie nicht bloß die Auffassung einer theol. Schule ist. Bei Einzelfragen (z. B. ↗Gnadensysteme) bestehen weiterhin Differenzen, ebenso hinsichtlich seiner Rezeption des ↗Aristotelismus, den Thomas als begriffliches Instrumentar (allerdings mit erheblichen platonischen Anteilen) zum näheren Verständnis der Offenbarung einsetzte. Aber auch hier ist Thomas bemüht um Übergänge von einer vorpersonalistischen, kosmozentrischen Philosophie zu einer durchaus eigenständigen christlichen, anthropozentrischen u. personalen Philosophie. Als »gemeinsamer Lehrer« darf er vor allem mit seinem Respekt vor der Tradition, mit der Transparenz u. Systematik seiner Thesen, mit der Rückführung der Einzelfragen auf letzte Prinzipien, mit seiner Unterscheidung u. Hervorhebung der Einheit von Vernunft, Offenbarung u. Glaube, Natur u. Gnade, Welt u. Kirche gelten. Die philosophische Vernunft vermag nach ihm Gott als den Grund aller nichtgöttlichen Wirklichkeit zu erkennen, nicht aber als Geheimnis der Liebe u. Vergebung u. als das vollendende Ziel. In dieser Sicht ist seine Theologie anbetende ↗Negative Theologie. In der ev. Theologie wird anerkannt, wie sehr bei Thomas das Wort Gottes biblisch vermittelt ist, so daß sich eine positive Würdigung anbahnt.

Tier. Erst in der 2. Hälfte des 20. Jh. findet das T. zunehmende Aufmerksamkeit im menschlichen Denken. Dabei ist die Bibel wegen nicht vergleichbarer sozio-kultureller Bedingungen u. daraus resultierender Zweideutigkeit nur eine begrenzte Hilfe. Tiere sind nach der biblischen Schöpfungsauffassung Mitgeschöpfe mit dem Menschen. In den Bund Gottes mit der Schöpfung sind sie mit einbezogen. Der Einbruch der menschlichen Sünde hat zur Folge, daß Menschen Tiere aufessen; der kompromißbereite Gott toleriert das (Gen 9, 1–4). Die Erhebung von Tieren (oft mit unerklärlichen, mächtigen Eigenschaften) zu Göttern oder Götterbildern in der Umwelt macht die Abwehr des AT verständlich. Tiere sind in der Existenz Israels unentbehrliche Begleiter, aber auch Bedrohungen. Im NT sind die Tiere im »Seufzen der Kreatur«, die auf ihre Erlösung noch wartet, mit gemeint. Jesus war kein Vegetarier, lebte aber auch bei »wilden« Tieren (Mk 1, 12 f.). Im aristotelischen u. scholastischen Denken sind Menschen u. Tiere gemeinsam »Lebewesen«, wobei nach den zusätzlichen, unterscheidenden Qualitäten der Menschen gesucht wird. In der Kirchengeschichte ist Franz von Assisi († 1226) mit seiner Zuwendung zu den Tieren als »kleinen Brüdern« singulär. Die reflektierte Abwertung der Tiere zu Gegenständen, die der Verfügung durch Menschen unterliegen, datiert mit R. Descartes († 1650: Tiere als nicht leidensfähige Maschinen) u. J. G. Fichte († 1814: Tiere als im übrigen belangloses Eigentum der Menschen). In der Theologie wurde der »Herrschaftsauftrag« (Gen 1, 28), der verantwortungsvolles Leiten meint, häufig als Ermächtigung, mit Tieren wie mit Sachen zu verfahren, verstanden. Erst mit der Erkenntnis der

Grenzen menschlicher Vernunft beginnt eine neue Einschätzung der Tiere
(G. W. Leibniz † 1716: Tiere haben eine ↗Seele u. seelische Fähigkeiten;
A. Schopenhauer † 1860: Tiere haben Ichbewußtsein). Noch vor dem Bewußtwerden der Umwelt- u. Mitwelt-Zerstörung durch die Menschen
(↗Ökologie, ↗Umwelt) erhob A. Schweitzer († 1965) die »Ehrfurcht vor
dem Leben« zum ethischen Prinzip. In der heutigen theol. Ethik besteht
Konsens über die Ächtung jeder Tierquälerei (durch Massentierhaltung
usw.), über Tierschutz u. Sorge um die Erhaltung der Arten. Kontrovers
sind die Meinungen über Tierversuche, über das Jagen u. über Fleisch-
genuß überhaupt.

Tod. Für bewußt existierende Menschen sind das Sterbenmüssen u. die Erscheinungsformen des Todes das denkbar Abscheulichste, auch wenn ein T.
im einzelnen als »gnädige Erlösung« oder als stilles, lebensmüdes »Erlöschen« (»natürlicher T.«) erfahren wird. Die Protesthaltung gegen die Ab-
scheulichkeit des Todes, die Zerstörung des Leibes u. das Ende aller Beziehungen äußert sich im Kampf der Naturwissenschaften gegen den T., den
sie hinauszögern, aber nicht besiegen können. »Lebensverlängerungen«
machen den T. im allgemeinen nur qualvoller. Der T. kann »unnatürliche«
Ursachen (Gewalt, Katastrophen, Unfälle) haben, durch Krankheiten bewirkt sein oder nach Ablauf der allem Lebendigen genetisch einprogram-
mierten, begrenzten Zahl von Zellteilungen »von selbst« eintreten. Der
hilflose Protest gegen den T. äußert sich auch in der Ablehnung jenes
Schöpfer-Gottes, auf den der T. zweifellos zurückzuführen ist (↗Theo-
dizee). – *1. Theologiegeschichtliche Sicht des Todes.* Die bedeutendste vorchristliche Beschreibung des Todes stammt von Platon († 347 v. Chr.): Der
T. ist die Trennung von ↗Leib u. unsterblicher ↗Seele. Da die geistige Seele
in platonischer Auffassung das »Eigentliche« am Menschen darstellt, kann
der T. dem Menschen nichts anhaben; im Gegenteil: er gilt als Befreiung
der Seele aus einem Kerker, als Auferstehen aus einem Grab. Der Leib ist
unerheblich, das Ich, sofern es gerecht gelebt hat, gelangt in einen seligen
Zustand u. freut sich an der Begegnung mit im T. vorangegangenen Gerechten (T. des Sokrates). Mit diesem dualistischen Denken trösteten sich
viele christliche Generationen. In der Theologie wurden die unterschiedlichen Aussagen der Bibel zum T. nicht gleichmäßig beachtet, vielmehr galt
die Aufmerksamkeit ausschließlich den Texten, die das Sterbenmüssen aller Menschen als Straffolge der ↗Ursünde »Adams« darstellen (vor allem
Röm 5, 12; vgl. ↗Erbsünde). Von da aus wurde der T. von der Mehrzahl der
Theologen u. Katechismen bis in die 2. Hälfte des 20. Jh. als Folge der
Sünde angesehen u. sein Einbruch in die biologische Geschichte mit dem
Sündenfall im ↗Paradies angesetzt. Die Gedanken der Aufklärung, daß
eine Kollektivbestrafung dieser Art jede Verhältnismäßigkeit vermissen las-

se u. eines göttlichen Gottes unwürdig sei, kamen nicht zur Geltung. Die Existenz des Todes in der Schöpfung vor dem Sündenfall »Adams« wurde von einigen Theologen als »Vorauswirken« der Ursünde ausgegeben. Nach der Bibel wurde die Todesandrohung im Paradies (Gen 2, 17) nicht wahrgemacht, vielmehr wird das Sterben der ersten Sünder als etwas »Natürliches« dargestellt (Gen 3, 19). In der Weisheitsliteratur wird der T. auf Gott (Sir 11, 14) oder ausdrücklich nicht auf Gott, sondern auf den ↗Teufel zurückgeführt (Weish 1, 13; 2, 24). Im johanneischen Schrifttum wird der T. als Ende des irdischen Lebens nicht ernstgenommen (Joh 8, 51), vielmehr ist die Sünde zum T. (1 Joh 5, 16), der Abbruch der Gottesbeziehung in einem »zweiten T.« (Offb 2, 11; 20, 6) das eigentlich Bedrohliche. In der traditionellen Theologie wurde der T. in der ↗Eschatologie kurz im Zusammenhang mit dem Thema des individuellen ↗Gerichts besprochen. Als bemerkenswertester Inhalt kann die Meinung gelten, daß das irdische Leben die Zeit der Entscheidung u. unter dem Vorzeichen der Barmherzigkeit Gottes die Chance immer neuer Umkehr (↗Buße) sei, während im T. dieser »Pilgerstand« ende, keine Revision fehlerhafter Freiheitsentscheidungen mehr möglich sei u. Gottes Gerechtigkeit unerbittlich walte. Zusammen mit den Drohungen durch die ↗Hölle wurde der T. in einer Seelsorge durch Einschüchterung instrumentalisiert. Im Zeichen der Säkularisierung wird den Kirchen vorgeworfen, nach dem Schwinden ihres öffentlichen Einflusses hielten sie als letzte Bastion der Schadenfreude den T. »besetzt«, der alle »diesseitigen« Fortschrittsimpulse zunichte mache. – *2. Der Tod Jesu.* Das Sterben Jesu als Zugang auf seinen T. hat einen doppelten Aspekt: Zum einen ist es passiv erlittene Folge von Verurteilung, Folter u. Kreuzigung, also ein Jesus »von außen« zugefügtes Widerfahrnis, zum andern ist es ein bewußtes, personales Tun, da Jesus bewußt war, daß er die Priesterhierarchie am Tempel bis zum äußersten provoziert hatte, da er die Konsequenzen seiner Gottesverkündigung bis zum Ende auf sich nehmen wollte (sein »Gehorsam« nach Phil 2, 8), da er in der Vorausdeutung seines Todes beim ↗Abendmahl seinen Willen aussprach, sein T. möge »vielen« zugute kommen, u. da er das ihm verbliebene Leben vertrauensvoll in die Hände des Vaters legte (Lk 23, 46). Zweifellos gehörte Jesus zu jenen frommen Juden, die sich darauf verließen, daß Gottes Macht nicht an der Grenze des Todes endet, so daß er (gemäß der Psalmenfrömmigkeit, vor allem in Ps 16; 49; 73) erwartete, daß der Gott der Lebendigen u. nicht der Toten (Mt 22, 31 f.) ihn aus dem T. erretten würde. In diesem Vertrauen nahm er den T. aller lebendigen Kreaturen auf sich. Sein Vater bezeugte die Annahme dieses Tuns in der Auferweckung aus dem T. (↗Auferstehung Jesu). Zweifellos sah eine Traditionslinie schon vom NT an Sterben u. T. Jesu als stellvertretende ↗Sühne für die »Sünde der Welt«, einflußreich auch für die ev. Theologie des ↗Kreuzes. Diese theol. Deutung ist jedoch nicht die einzig mögliche u. ist wegen des ihr zugrundeliegenden »Gottesbildes« großen Mißverständnissen ausgesetzt (von dem Eindruck, Gott sei rachsüchtig u. blutgierig bis zur leichtfertigen Berufung auf eine »billige Gnade«). Der T. Jesu kann auch als »Sakrament« verstanden werden, weil in ihm das »Bezeichnete«, der alle Menschen umfassende ↗Heilswille Gottes, in einem greifbaren »Zeichen« – Leben, Sterben u. Auferweckung Jesu als Einheit in einem radikalen Sein-für-andere gesehen – geschichtlich gegenwärtig u. wirksam wird. – *3. Eine erneuerte Theologie des Todes* ist ohne Zweifel zu einem guten Teil K. Rahner († 1984) zu verdanken. Einflußreich waren seine seit 1958 vorgetragenen Gedanken: a) Das anthropologische Geschehen beim T. Unter Aufnahme von Gedanken bei R. M. Rilke († 1926) u. M. Heidegger († 1976) über den »eigenen T.« u. den T. als Tat wies Rahner darauf hin, daß die menschliche Fähigkeit, in Freiheit über sich selber zu verfügen, nicht einfach angesichts des Todes kapitulieren u. vergehen darf, sondern daß ein Mensch seinen T. im Glauben verstehen darf als Ende des Prozesses, in dem die geistige Person sich »auszeitigt« u. »auszeugt« u. durch Gott zu ihrer Endgültigkeit u. ↗Vollendung zu kommen hofft. Wie bei Heidegger setzt Rahner den T. als Tat nicht im Moment des Exitus an, sondern in einem durch das Leben hindurch bewußt übernommenen u. bejahten Hingang zum Ende. Ein solches bewußtes Tun ändert nichts an der »Verhülltheit« des Todes, da er zugleich »Abbruch von außen«, das Ereignis radikalster Entmächtigung der Person ist. – b) Das Überleben des Todes. Unabhängig davon, ob die Unsterblichkeit der Seele als natürliche, mit ihrem geistigen Wesen gegebene betrachtet wird (eine Anschauung von Platon her, die zunehmend aufgegeben wird) oder ob sie dialogisch als Erhaltenwerden durch Gott verstanden wird, ist davon auszugehen, daß der T. den Menschen als *ganzen* an Leib u. Seele betrifft. Wenn diese beiden Komponenten mit der kirchlichen Tradition als »Teilsubstanzen« aufgefaßt werden, die zu ihrer Existenz auf einander angewiesen sind, dann kann nach Rahner die Seele im T. nicht einfach »leiblos« werden. Er schlug zunächst vor, vom Gewinnen einer neuen Leiblichkeit im T., einem neuen »Materiebezug« der Seele, auszugehen. In der weiteren Entwicklung des Gedankens wurde daraus, von manchen anderen positiv aufgenommen, die Überlegung, ob diese Verwandlung des »Materiebezugs« durch Gott nicht auch die leibliche Vollendung des Individuums, wenn auch nicht die erhoffte Vollendung der Menschheitsgeschichte u. der Schöpfung, sein u. »Auferstehung im T.« genannt werden könne. – c) Der T. als Folge der Sünde. Obwohl Rahner sich nicht ausdrücklich mit den Problemen einer kollektiven Verhängung des Todes als Strafe durch Gott auseinandersetzte, wollte er nicht den T. als solchen, sondern seine konkrete Gestalt u. vor allem seine »Verhülltheit« auf die Sünde in der Welt zurückführen. Es ist dem Menschen als Person grundsätzlich möglich, sein Lebensende in der Gnade Gottes in gläubiger Bereitschaft für den unbegreiflichen Gott offenzuhalten oder sich in Verzweiflung u. Rebellion dieser Hoffnung zu verweigern u. dem T. selber damit Schuldcharakter zu geben. – *4. Ethische Fragen.* Der T. beschäftigt die theol. Ethik in mehrfacher Hinsicht. Das Bewußtsein nimmt überhand, daß die stereotype Formel, Gott sei der alleinige Herr über Leben u. T., in einem fundierten Gottesverständnis nicht Bestand haben kann, wenn Gott nicht als innerweltlich wirkende Ursache, sondern als transzendenter Grund aller Wirklichkeit begriffen wird. Gottes Wille ist die Befähigung zur Möglichkeit von Leben u. T., aber die Menschen sind ihrerseits befähigt, diese Möglichkeiten verantwortlich als konkrete Ursachen zu realisieren. Das hat nicht nur zur Folge, daß der einzelne T. nicht mehr als Hinrichtung durch Gott (oft verbrämt als »Heimholung«) bezeichnet werden kann. Es führt auch zu neuen Überlegungen hinsichtlich der Selbsttötung u. der Sterbehilfe, die jedoch keineswegs zu einem ethischen Konsens in den christlichen Kirchen geführt haben. Konsensfähig ist jedoch die Überzeugung, daß Gesellschaft u. Staat kein Recht zum Töten haben u. dieses auch nicht straffrei einräumen können. Die archaischen Vorstellungen, der Verbrecher habe sein Leben »verwirkt« u. sein T. durch die Todesstrafe sei eine »Sühne«, sind unter vernunftbegabten Menschen nicht mehr konsensfähig.

Toledo. In dieser spanischen Stadt wurden zahlreiche Partikularsynoden abgehalten, von denen die 3. von 589, die 11. von 675, die 15. von 688 u. die 16. von 693 theologiegeschichtlich bedeutsam sind. In T. formulierte Glaubensbekenntnisse sprechen ausführlich über die ↗Trinität Gottes u. die ↗Inkarnation (DS 525–541 566 573; NR 266–276 209–219 892 ff.).

Toleranz (lat. = Duldung) bedeutet zunächst die Achtung vor der Andersartigkeit eines oder vieler anderer Menschen, sodann die Anerkennung u. Förderung rechtlicher Regelungen zum Schutz dieser Andersartigkeit u. zur Sicherung einer friedlichen Koexistenz. Philosophisch hat T. nichts mit Gleichgültigkeit gegenüber der Wahrheitsfrage oder mit der Auffassung, alle Religionen, Bekenntnisse u. Weltanschauungen seien objektiv gleich richtig, zu tun. Sachlich begegnet die T. zuerst im religiösen Bereich, u. zwar bereits in der vorchristlichen Antike. Viele alte u. neue Religionen, darunter auch Israel u. das neue Judentum, sind im Bewußtsein, einen eigenen Gott zu haben, tolerant gegenüber den fremdländischen Anhängern anderer Götter. Religionen mit dem Anspruch auf universale Geltung verhielten sich fast immer intolerant gegenüber anderen, so auch das Christentum. Grenzen der T. zeigten sich dort, wo eine Religion oder Konfession »Staatsreligion« war. Nach einer Übergangszeit zu Beginn der Neuzeit, als sich in Europa allmählich Regeln zur Duldung konfessioneller Minderheiten abzeichneten, wurde die T. vom Ende des 16. Jh. an Thema staatsrechtlicher Theorien. Sie wurde von Theologen u. Philosophen der Aufklärung mit den Gedanken der Gottebenbildlichkeit aller Menschen, der begrenzten menschlichen Gotteserkenntnis, der Würde des Gewissens u. der gemeinsamen Wahrheitssuche näher begründet. – Heute ist es gemeinsame christliche Überzeugung, daß eine Glaubenszustimmung gar nicht erzwungen werden *kann* u. daß jeder Versuch, gegen Gewissensfreiheit u. ↗Religionsfreiheit ↗Zwang auszuüben, in höchstem Maß unmoralisch ist. In der Sicht der neueren kath. Theologie hat jeder Mensch von seinem Wesen her einen Anspruch auf einen Raum der ↗Freiheit, in dem er seine innere Freiheitsentscheidung konkret im Leben aktualisieren kann. Da konkret die ↗Wahrheit nie statischer Besitz ist, sondern in geschichtlichen Prozessen gefunden werden muß, u. also auch die Kirche die ihr anvertraute Wahrheit ebenfalls nicht statisch besitzt, verhält sie sich nicht wesenswidrig, wenn sie die Existenz der Freiheitsräume Andersdenkender als legitim anerkennt. Jeder individuelle Freiheitsraum hat seine Grenze am gleichen Recht des andern, daher stellt sich der Gesellschaft die praktisch zu lösende Aufgabe, Freiheitsräume zugleich einzuräumen u. einzugrenzen. Der Staat hat von seinem Wesen her nicht die Aufgabe, die Annahme der göttlichen Offenbarung durch die Menschen u. die religiösen Interessen der Kirchen positiv zu fördern, daher steht in kath. Sicht einer Gleichberechtigung von Kirchen, Konfessionen u. Denominationen in einem Staat grundsätzlich nichts im Wege. Diese Gleichberechtigung erweist sich im Zeitalter des weltanschaulichen Pluralismus als sachgemäßer Ausdruck der T., die Christen allen andern Menschen schulden (II. Vaticanum GS 28, 43, 73, 75; AG 11; DH 14). In vielen Fällen ist es berechtigt, daß der Staat ethische Normen auch gegen die Überzeugung einzelner Menschen im öffentlichen Leben schützt, weil er nur so den Freiheitsraum aller Menschen gegen die Übergriffe Einzelner schützen kann. Die Geschichte zeigt, daß sich sowohl in der Kirche wie im Staat ein System durchsetzen kann, das die Mitsprache aller verhindert, sich der Kontrolle durch die Öffentlichkeit entzieht u. dabei formal Äußerungen von öffentlicher Meinung u. Kritik duldet. Eine solche nur formale T. ist ein Instrument der Unterdrückung (»repressive T.«).

Tora (hebr. = Weisung, Anweisung), im gläubigen Judentum die zusammenfassende Bezeichnung für sämtliche zu allen Zeiten gültigen u. verbindlichen Weisungen Gottes, die alle Lebensbereiche betreffen u. die in der Zeit von der Erschaffung der Welt bis zum Tod des Mose (des Gesetzesmittlers vom ↗Sinai) erlassen wurden. Die T. gilt nicht als Last, sondern als Gegenstand großer Liebe, da sie die Selbstaussage Gottes, die Israel von den »Völkern« unterscheidet, u. der Ort der Gottesbegegnung ist. Wichtigste u. freudig erfüllte Aufgabe im Leben eines Juden ist das Lernen der T. Höchste Autorität u. Ansehen als T. genossen unbestritten die »fünf Bücher Mose« (griech. = Pentateuch). Über die Zugehörigkeit anderer Gebote u. späterer Interpretationen zur T., die als »Zaun« um die T. gesammelt wurden, um sie zu ehren, auch über die Problematik der Ritualgebote, wurde schon früh innerjüdisch diskutiert. Jesus betonte die Geltung der T. u. seinen Willen, sie zu »erfüllen«; gleichzeitig verschärfte er mit radikalen Konkretionen die zentrale Bedeutung des Liebesgebotes in der T. (Mt 5,21–48; Mk 10,1–12), während er gegenüber den Ritual- u. Speisegeboten u. späteren Traditionen sehr kritisch eingestellt war. Die Behandlung des ↗Gesetzes bei Paulus, Lk u. Joh zeigt, daß bei ihnen ein anderes Verständnis der T. vorliegt; insbesondere ist das von ↗Paulus negativ beurteilte Gesetz (dessen Konzeption sich im damaligen Judentum nicht nachweisen läßt) keineswegs mit der T. identisch. Die reformatorische, von Paulus abgeleitete Auffassung vom Widerspruch des Evangeliums gegen ein tötendes Buchstabengesetz kann nicht die T. im Sinn Jesu meinen.

Tradition (lat. = Überlieferung) in einem allgemeinen Sinn bezeichnet die Überlieferung, das Herkommen, das heißt die Gesamtheit aller Vorgänge, durch die in der Menschheitsgeschichte erworbene Einsichten, Fähigkeiten u. Institutionen (Bräuche usw.) übermittelt werden; von da her bezeichnet T. auch die Summe des so Überlieferten. Die positive Funktion der T. wird weithin darin gesehen, daß sie Kontinuität u. Identität des einmal Begonnenen u. als Wert Erfahrenen sichert, u. auch darin, daß sie Kriterien zur Einordnung u. Beurteilung von Neuem liefern kann. Sie ist ein unentbehrliches Element von ↗Kultur u. so auch von ↗Religion. Im AT sind vielfältige Zeugnisse für Traditionen (Dichtungen, Rituale, Formelbildungen) erhalten. Die Sammlung mündlicher Überlieferungen in schriftlichen »Objektivationen« ist konstitutiv für den Glauben Israels u. der Kirche. Es war unumgänglich, daß das lebendige apostolische ↗Kerygma sich spätestens von der zweiten Generation an u. angesichts der Probleme durch abweichende Interpretationen (»Irrlehrer«) zu einer Glaubens*lehre* entwickelte (↗Paradosis). Im Zusammenhang mit der Traditionssicherung wurde nach Maßstäben gesucht: ↗Successio apostolica, ↗Regula fidei. Ihr galten auch die Festlegung des biblischen ↗Kanons u. die Entscheidungen von ↗Synoden u. ↗Konzilien. In den verschiedenen christlichen Kirchen entstanden unterschiedliche Einstellungen zur T. In den orthodoxen Ostkirchen bilden die Heilige Schrift, die Liturgien, die Entscheidungen der von ihnen anerkannten sieben Ökumenischen Konzilien u. der Konsens der ↗Kirchenväter den Grundbestand ihrer T. Im röm.-kath. Bereich wurde vom Mittelalter an die Auffassung vertreten, neben der in der Bibel schriftlich objektivierten Überlieferung des apostolischen Kerygmas existierten auch mündliche apostolische Traditionen. Die vielen im Lauf der Geschichte entstandenen kirchlichen Traditionen standen ebenfalls in hohem Ansehen. Die Reformatoren sahen die Rückgriffe der kirchlichen Autoritäten auf nichtbiblische Traditionen als Willkür u. Gefährdung des ↗Wortes Gottes an u. lehrten die kritische u. normative Autorität der Heiligen Schrift allein (↗Sola Scriptura) über allen kirchlichen Institutionen u. Traditionen. In den aus der Reformation entstandenen Kirchen haben kirchliche Traditionen (z. B. Konzilien, Dogmen) unterschiedliche Geltung. In Reaktion auf die Reformation entstand im Gefolge des Konzils von ↗Trient die kath. Zwei-Quellen-Theorie, wonach die göttliche Offenbarung teils in der Schrift, teils in der mündlichen T. enthalten sei (»partim-partim«). Diese Theorie wurde in der theol. Diskussion des 20. Jh. zunehmend in Frage gestellt. Das II. ↗Vaticanum vermied eine klare Stellungnahme u. äußerte sich mit großer Vorsicht zur T. (↗Heilige Schrift). Im Bereich der Ökumene setzte in der zweiten Hälfte des 20. Jh. eine positive Bewertung der grundlegenden T. ein, die der Heilige Geist in der Kirche bewirkt u. die sich in Predigt, Sakramenten, Gottesdienst, Katechese, Mission, Theologie u. Glaubenszeugnis der Christen äußert, so daß das Thema der T. keinesfalls mehr kirchentrennend ist. – In der Gesellschaft verloren seit der ↗Aufklärung diejenigen Traditionen ihre Autorität, die sich nicht mehr vor dem Forum der Vernunft rechtfertigen ließen. Der dadurch ausgelöste unaufhaltsame Prozeß führte zu den radikalen Traditionsbrüchen u. dem Wandel in den Wertvorstellungen des 20. Jh. Kirchliche Kreise trugen ihrerseits dadurch zu diesem Prozeß bei, daß sie die Offenheit für nötige Veränderungen u. unbefangene Würdigung von Neuem vermissen ließen u. die Erstarrung im Gewesenen für eine göttliche Verpflichtung hielten. Die kirchliche Gegenwart bewegt sich zwischen den Extremen derer, die Fortschritt u. Veränderung um jeden Preis fordern u. für die das Neue schon deshalb gut ist, weil es nicht das Alte ist, einerseits u. der fundamentalistischen ↗Traditionalistenbewegung anderseits.

Traditionalismus ist ein theologiegeschichtlicher Fachbegriff für eine im 19. Jh. aufgekommene, gegen ↗Rationalismus u. ↗Skepsis gerichtete Lehre, daß die individuelle Vernunft metaphysische u. religiös-ethische Erkenntnisse nicht erreichen könne, daß diese vielmehr nur durch eine ↗Offenbarung Gottes in der Gestalt einer ↗Uroffenbarung erlangt werden könnten, deren Zeugnisse in den Sprachen, im »Volksgeist«, in der kollektiven Gemeinvernunft, in der kirchlichen Tradition erhalten seien u. die autoritativen Rang hätten. Als kath. Hauptvertreter werden genannt: L. G. A. de Bonald († 1840), L.-E.-M. Bautain († 1867), A. Bonnetty († 1879). Wenn, wie im T., eine göttliche Offenbarung die einzige Quelle höherer Erkenntnisse ist, dann verliert sie ihren eigentümlichen geschichtlichen Charakter. Vor allem ignoriert der T., daß die geschichtliche Offenbarung u. Tradition die menschliche Vernunft als Adressaten brauchen, damit das geschichtliche Wort in verantwortlichen Entscheidungen angenommen werden kann. Der T. wurde von der kirchlichen Lehrinstanz abgelehnt.

Traditionalistenbewegung. Mit T. wird die röm.-kath. Spielart des ↗Fundamentalismus bezeichnet. Sie hat mit der theol. Lehre des ↗Traditionalismus nichts gemein, wenn auch manche französischen Traditionalisten zugleich Anhänger des »Ultramontanismus« waren, die im Papst »jenseits der Berge« (»ultra montes«) u. seinen öffentlichen wie privaten Äußerungen den Inbegriff u. Gipfel des religiösen Glaubens ansahen u. blinden Gehorsam gegenüber der Autorität forderten. Die kath. T. hat mentalitätsmäßig ihre Vorläufer in der Inquisition, im Hexenwahn, in der Jagd auf Modernisten, im »Integralismus« (Höhepunkt Ende des 19. u. zu Beginn des 20. Jh.), der das Gespräch mit zeitgenössischem Denken ablehnte u. auch weltliche Bereiche den kirchlichen Autoritäten zu unterstellen suchte. Die heutige kath. T. läßt sich durch ein unterschiedliches Verhältnis zum II. Vaticanum (1962–1965) charakterisieren. Zu einer kleinen Sekte entwickelten sich die »Sedisvakantisten«, die alle Papstwahlen seit dem Tod Pius' XII. (†1958), alle darauf folgenden Bischofsernennungen u. Priesterweihen für ungültig erklären u. sich eigene Katechismen geben, in denen selektive Glaubensinhalte (ohne Anerkennung einer ↗Hierarchie der Wahrheiten) u. jüngere Traditionselemente als Wesentliches des »katholischen« Glaubens ausgegeben werden. Eine Sekte wurde auch die T. des französischen emeritierten Erzbischofs M. Lefebvre (†1991), der die Liturgiereform (SC), die Kollegialität der Bischöfe (LG) u. die Religionsfreiheit (DH) ablehnte u. trotz weitestgehenden Entgegenkommens seitens des Vatikans gegen ausdrückliche Verbote eigene Priester u. Bischöfe weihte u. sich mit den Letzteren die Exkommunikation zuzog. Ein »Erfolg« dieser Sekte ist die Wiedereinführung der lateinischen Messe nach vorkonziliaren Meßbüchern in vielen Bistümern. Etwas zahlreicher sind die innerhalb der Großkirche verbliebenen Opponenten, die sich durch Agitationen u. Denunziationen überproportionalen Einfluß verschaffen. Sie bekennen sich verbal zum Primat des kirchlichen Lehramts, stehen aber gleichzeitig im Gegensatz zu ihm, da sie ihm zu große Toleranz vorwerfen (z. B. die »offene« Haltung gegenüber nichtchristlichen Religionen, die zu wenigen Maßnahmen gegen die »moderne« Theologie usw.) u. sich selber die größere Unfehlbarkeit zuschreiben. Hohen Rang nehmen Marien-↗Erscheinungen mit ihren »Botschaften«, blutgierige Sühnevorstellungen, Engels- u. Dämonenglaube ein. Selektiv ist auch ihr Verhältnis zu ethischen Fragen:

Während sie pathologisch auf Sexualität u. Eheprobleme fixiert sind, praktizieren sie vielfach unbekümmert Rufmorde, Verleumdungen u. Beleidungen. Diese kath. T. ist, mit entsprechenden Publikationsorganen, international in »Una-voce«-Kreisen, in Deutschland auch in »Initiativkreisen kath. Laien u. Priester« organisiert.

Traduzianismus (spätlat. »tradux« = körperliche Fortpflanzungssubstanz, Samen), die im kirchlichen Altertum u. a. von Tertullian († um 220) vertretene Auffassung, der menschliche Leib *und* die Seele gingen beim Zeugungsakt derart von den Eltern auf das Kind über, daß ein Teil der elterlichen Seelensubstanz zusammen mit ihrem körperlichen Samen das Kind erzeugte. Das Interesse war, Schöpfung u. Materialität gegen die spiritualisierende Gnosis zu verteidigen. Der T. wurde 498 von Rom abgelehnt. – ↗Kreatianismus.

Tragik (griech. = schweres schicksalhaftes Leid), Bezeichnung für ein Lebensgefühl, das zutiefst von Widersprüchen u. vom Scheitern geprägt ist, u. für Versuche, das Tragische zu analysieren u. seine Ursachen aufzuklären. Deutungsversuche bezogen sich von Aristoteles († 322 v. Chr.), der aus dem dargestellten Scheitern in der tragischen Katastrophe den Ursprung der Katharsis, der ethischen Reinigung, sehen wollte, bis zur Gegenwart auf das »Material« der Tragödien in Schauspiel u. Literatur. Das menschliche Existieren in Konflikten u. in Widersprüchen wurde von Paulus (Röm 7, 14–24) bis M. de Unamuno († 1936) u. R. Schneider († 1958) beschrieben. Unzureichende Erklärungsversuche gehen von der ↗Erbsünde, der Neigung zum ↗Bösen, dem Schuldigwerden, von einer melancholischen Konstitution oder einfach vom Verhängnis des ↗Schicksals aus. Theologisch verweist die T. in die ↗Theodizee-Problematik, da zwischen der Schuld u. dem Leiden an der T. keine Verhältnismäßigkeit besteht.

Transsubstantiation (lat. = Wesensverwandlung) ist der Begriff der amtlichen kath. Lehre, mit dem die durch Gottes Macht geschehende Verwandlung der ↗Substanz (des geistigen Wesens) von Brot u. Wein in der Feier der ↗Eucharistie in die Substanz des »Leibes u. Blutes« Jesu Christi bezeichnet wird. Dabei bleiben die sinnlich wahrnehmbaren Eigentümlichkeiten von Brot u. Wein voll erhalten (↗Species). Der Begriff T. will nicht erklären, *wie* die Gegenwart Jesu zustandekommt, sondern er will sprachlich eindeutig sagen, daß das von Jesus im gottesdienstlichen Gedächtnis Dargebotene er selber in seiner »verklärten« Wirklichkeit ist, die an der empirisch erfahrbaren Wirklichkeit der Gaben nichts ändert. Der Begriff T. selber ist in der kath. Theologie nicht dogmatisch verpflichtend, er wird vom Trienter Konzil nur als »sehr treffend« bezeichnet. Problematisch ist die aus der spätmittelalterlichen Naturphilosophie entnommene, dem anorganischen Bereich geltende apersonale Begrifflichkeit. Neuere amtliche Äußerungen betonen, daß die Veränderung im Seinszusammenhang festgehalten werden muß; ist das der Fall, dann werden keine Einwände gegen die Formulierungen erhoben, daß Brot u. Wein in einen neuen Bedeutungszusammenhang gestellt werden (»Transsignifikation«), oder daß die Speisen nicht mehr der Ernährung dienen, sondern eine neue Zielrichtung erhalten (»Transfinalisation«). Freilich können das Sein (die Substanz, das geistige Wesen), die Bedeutung u. die Zielrichtung identisch sein.

Transzendent (lat. = überschreitend) bezeichnet in der aristotelisch-scholastischen Philosophie dasjenige, was ausnahmlos von allem ↗Seienden auszusagen ist (wenn auch analog: ↗Analogie), weil es alle Einteilungen (Kategorien) des Seienden überschreitet. Transzendente Aussagen gelten notwendig von jedem wirklichen oder möglichen Seienden. Sie heißen »transzendent«, weil sie, wenn sie jedem Seienden ausnahmslos gelten, auch dann nochmals wenigstens implizit gesetzt werden, wenn ihre Geltung in Frage gestellt oder geleugnet wird. Abstrahierendes Denken erreicht diese Gemeinsamkeiten, *Transzendentalien* genannt, durch Begriffe, die mit dem Begriff des Seins notwendig verbunden u. darum vertauschbar sind: Die Seiendheit des Seienden (»ens«), die Washeit (»res«), die Einheit (»unum«), die Etwasheit (»aliquid«), die Wahrheit (»verum«), die Werthaftigkeit oder Güte (»bonum«), bei manchen auch noch die Schönheit (»pulchrum«). Bei I. Kant († 1804) bezeichnet »transzendent« dasjenige, was die Grenzen der Erfahrung »übersteigt« u. außerhalb der sinnlich wahrnehmbaren Welt liegt; der Gegenbegriff dazu heißt daher »immanent« (↗Immanenz).

Transzendental heißt bei I. Kant († 1804) »nicht etwas, das über alle Erfahrung hinausgeht, sondern was vor ihr (*a priori*) zwar vorhergeht, aber doch zu nichts Mehrerem bestimmt ist, als lediglich Erfahrungserkenntnis möglich zu machen. Wenn die Begriffe die Erfahrung überschreiten, dann heißt ihr Gebrauch transzendent«. Möglich ist die Erkenntnis von Gegenständen dadurch, daß bestimmte menschliche Vorstellungsweisen a priori die Gegenständlichkeit der Gegenstände konstituieren. Der Gegenbegriff zum Transzendentalen ist hier das Empirische (a posteriori). Auf eine bestimmte Frage- u. Erkenntnisweise bezogen besagt der Begriff »transzendental«, daß die (apodiktische) Notwendigkeit einer Aussage u. deren Inhalt so erkannt wird, daß nachgewiesen werden kann, die Leugnung einer solchen Aussage hebe sich selber auf. Den Unterschied dazu stellt die (rein assertorische) Aussage eines bloß Faktischen dar, das auch nicht sein kann.

Transzendentalphilosophie, von I. Kant († 1804) geprägter Begriff für jenes System der Erkenntnis, das nicht Urteile über Gegenstände fällt, sondern nach den Bedingungen der Möglichkeit objektiv gültiger Urteile fragt. Sie steht damit im Gegensatz zur klassischen ↗Metaphysik, die vom ↗Seienden aus zum ↗Wesen u. ↗Sein (»transzendierend«) zu gelangen versucht. Nach der T. ist es möglich, die Entgegensetzung von ↗Subjekt u. ↗Objekt denkerisch zu überwinden, wenn das Objekt nicht als »Ding an sich«, sondern als vom Subjekt interpretierte Erscheinung verstanden wird. Damit tritt das Bewußtsein als dasjenige hervor, was schlechterdings nicht mehr überschreitbar ist. Ist das Subjekt konstitutiv für alles, fragt sich, wie der Mensch zu demjenigen gelangt, was seinen Bewußtseinsvollzügen vorausliegt u. ihn grundlegend bestimmt (z. B. ↗Sprache, ↗Geschichtlichkeit).

Transzendentaltheologie heißt der von J. Maréchal († 1944) begonnene u. von K. Rahner († 1984) entscheidend weitergeführte Versuch, das Seins- u. Gottesdenken bei Thomas von Aquin († 1274) durch Einbeziehung des transzendentalen Gedankengangs bei I. Kant († 1804) u. der Seinsphilosophie M. Heideggers († 1976) zu erweitern u. im 20. Jh. gesprächsfähig zu halten. Dabei geht die T. von einem inneren Verwiesensein des Menschen auf Gott aus, der als das unbegreifliche Woraufhin der ↗Transzendenz des menschlichen Geistes verstanden wird. Die Inhalte des Offenbarungsglaubens werden nicht a priori denkerisch konstruiert, wie die Kritik der T. immer wieder unterstellt; sie sind geschichtlich vermittelt (↗Offenbarung) u. nicht transzendental ableitbar. Die T. analysiert vielmehr die im glaubenden Menschen liegenden Bedingungen der Möglichkeit für das »Ankommenkönnen« der Offenbarungsinhalte (der Mensch wird als Wesen der Frage verstanden, als »Hörer des Wortes«). Die kreatürliche Wirklichkeit im ganzen, auch die materielle, ist von ihrem Wesen her auf Bewußtsein bezogen. Für Glauben u. Theologie ist Gott daher nicht »Objekt«, sondern in einer transzendentalen Erfahrung gibt er sich auch bewußtseinsmäßig selber (↗Selbstmitteilung Gottes). Soll die ↗Theologie in der kreatürlichen Wirklichkeit »vorkommen«, dann muß sie sich als ↗Anthropologie verstehen, aber umgekehrt ist die Anthropologie des Menschen als des Wesens der Transzendenz auch schon Theologie. Rahner hat viele Inhalte der theol. Tradition (Gotteslehre, Gnadentheologie, Christologie, Soteriologie, Eschatologie usw.) einer transzendentalen Reflexion unterzogen. Dabei wird jeweils die kreatürliche Wirklichkeit auf ihre konkreten Dimensionen hin befragt (Geschichtlichkeit, Praxis, auch politische, der Einheit von Gottes- und Nächstenliebe usw.), so daß sich der Vorwurf eines geschichtslosen Idealismus als (eher gewolltes) Mißverständnis erweist.

Transzendenz (lat. = das Überschreiten) ist ein zentraler Begriff eines Seinsdenkens, das in Theologie u. Anthropologie unentbehrlich ist. Er ergibt sich aus einer Analyse des menschlichen Erkennens u. Wollens: Ein Mensch begreift in seiner Fähigkeit des Erkennens u. Wollens (Liebens) das ihm begegnende Einzelne nur im »Vorgriff« auf das ↗Sein überhaupt. Somit gründen jede Erkenntnis u. jedes bewußte Wollen in einem mit-bewußten, »unthematischen« Wissen um das Sein schlechthin, zu dem (wenn das Sein als schlechthin alles umfassend gedacht wird) ein Wissen um das ↗Geheimnis, um ↗Gott, um ↗Geist u. um ↗Freiheit gehört, auch wenn dieses Wissen nicht ausdrücklich thematisiert wird. Die so verstandene Transzendentalität des menschlichen Geistes ist Voraussetzung u. Grund der ↗Person, der ↗Verantwortung, der religiösen Erfahrung (bis hin zur ↗Mystik) u. der Möglichkeit der ↗Selbstmitteilung Gottes in seiner ↗Gnade u. in seiner ↗Offenbarung. Der Begriff der T. besagt nicht notwendigerweise, daß Gott sich zum Menschen u. der Welt geschichtslos-»jenseitig« verhalte. Wird die T. als Voraussetzung für das sich selber geschichtlich dem Menschen mitteilende Geheimnis verstanden, dann steht diese T. nicht im Widerspruch zu Dimensionen, die neuere evangelische Theologen beim Begriff der T. vermissen (wie: »Tiefe des Seins«, Woraufhin der Mitmenschlichkeit, Antwort auf die Sinnfrage, absolute Zukunft). Vom Menschen u. von der Menschheit ein unendliches Transzendieren auszusagen, ist nicht widergöttlich, wenn immer der Grund, der dieses Transzendieren ermöglicht, mitbedacht wird (vgl. z.B. das Bedenken der ↗Erschaffung des Menschen im Licht der ↗Selbsttranszendenz u. andere konkrete Fälle). Der Begriff der T. Gottes besagt nicht dessen ausschließliche »Weltjenseitigkeit« u. schlechthinnige Unerkennbarkeit, beinhaltet aber seine Unbegreiflichkeit u. Unverfügbarkeit.

Trauer ist eine den Menschen erschütternde Erfahrung u. das daraus resultierende Lebensgefühl wegen eines Verlustes (Tod, Zerstörung einer Beziehung, Vernichtung von Existenzmöglichkeiten) oder wegen einer tief einschneidenden Enttäuschung. T. hat oft eine radikale Verunsicherung des Selbstwertgefühls oder der Lebensorientierung zur Folge. Psychologen suchen den Trauerprozeß zu analysieren u. Methoden der »Trauerarbeit« zu ergründen. Seit dem Altertum sind Trauerriten bekannt, die Entlastung gegenüber den zerstörerischen Gehalten der T. bewirken können. Die biblische Tradition spricht vielfach von den Erfahrungen der T. u. enthält göttliche Verheißungen, die T. in Freude zu verwandeln (Jer 31,13; Am 8,10). Die »Äußerung« der T. in Gestalt des Weinens ist auch von Jesus bezeugt. Die Begleitung Trauernder u. die Bemühungen um ↗Trost sind wesentliche Aufgaben christlicher Solidarität. Der Neigung, Trauernde mit hohlen Phrasen (Verweise auf »unerforschliche Ratschlüsse« oder »unergründliche Liebe« Gottes) abzuspeisen u. sie so zu verbittern, wird zu oft nachgegeben.

Traum im eigentlichen Sinn ist ein Moment am Schlaf, in dem sich das menschliche Bewußtsein auf tiefere Gründe hin öffnet, die der rationalen Vernunft u. Entscheidung entzogen sind. Schon in der vorchristlichen Antike wurde wegen der diffusen Erlebnisse im T. dieser als der Ort möglicher Erfahrungen des Göttlichen oder Dämonischen angesehen. Das Rätselhafte u. Wirre an Träumen ließ nach traumdeutender Kompetenz rufen. Viele Träume galten als Quelle für Vorhersagen zukünftigen Geschehens. Alle diese Elemente gehören auch zu den biblischen Zeugnissen über Träume. Die Schrift warnt vor nichtigen Träumen, sieht die Träume aber auch als Gelegenheiten für Gott an, Ankündigungen oder Weisungen mitzuteilen, gegen die ein Mensch sich im Tagesbewußtsein meist versperren würde. So können Träume Weisen der göttlichen Offenbarung sein (Num 12,6; Gen 20,3 ff.; 28,12–15; 37,5–10; Mt 1,20; 2,13 u.ö.). Die Bibelwissenschaft müht sich um Kriterien, wie gestaltete Kunstträume erkannt werden können. Heutige psychologische Bemühungen um Träume befassen sich positiv u. kritisch mit den Theorien der Traumdeutung bei S. Freud († 1939) u. C. G. Jung († 1961). Für Freud sind Träume der ausgezeichnete Weg, das »Unbewußte« kennenzulernen. Für ihn enthalten die konfusen »manifesten« Inhalte der Träume »latent« unterdrückte u. verdrängte Wünsche; der Wirrwarr zeige an, daß das Ich in einer Traumarbeit diese Wünsche derart verändern könne, daß der Schlaf nicht mehr gestört werde. Der Psychoanalyse komme es zu, die unerfüllten Triebwünsche therapeutisch bewußt zu machen. Jung ergänzte diese Sicht, indem er auf die Zielrichtung der Träume hinwies, abgespaltene psychische Komplexe zu integrieren, Kontakte zum kollektiven »Unbewußten«, dem Archetypischen u. Numinosen herzustellen u. so zu einer umfassenden seelischen Ganzheit des Menschen beizutragen. Therapeutische Methoden wurden seither weiter ausgebaut. Empirische Traumforschung erhob viele faktische Einzelheiten, ohne wesentlichen Erklärungszuwachs. Psychische Störungen u. Erkrankungen äußern sich häufig in religiösen Träumen, die jedoch kaum theol. Interesse finden.

Treue. Unter der *Treue Gottes* versteht die Bibel die unbedingte Verläßlichkeit u. Wahrhaftigkeit Gottes, der sich nicht ändert (Mal 3,6; vgl. 1 Kor 1,9; 10,13; 1 Thess 5,24). Das gläubige Vertrauen des Menschen zur T. Gottes gibt ihm in der Unübersichtlichkeit u. in den Wechselfällen seines Lebens das Bewußtsein, daß sein Leben, allen gegenläufigen Erfahrungen zum Trotz, einen ↗Sinn u. ein erfüllendes ↗Ziel hat. Die *menschliche Treue* beruht auf der willentlichen Bereitschaft, sich frei u. dauerhaft zu binden

u. gegebene Zusagen zu halten. Im Gemeinwesen ist T. verbunden mit Zuverlässigkeit, Wahrhaftigkeit u. Loyalität auf beiden Seiten. Ohne sie u. ohne die Verläßlichkeit des Prinzips »Auf Treu u. Glauben« wird das Funktionieren des Gemeinwesens ausgehöhlt u. werden menschliche Beziehungen zerstört. In der Praxis gerät T. oft in Konflikt mit legitimen Ansprüchen oder illegitimen Ausweitungen des Freiheitsbedürfnisses. Autoritäten neigen dazu, ein von ihnen definiertes Treueverständnis zum Gegenstand von Treue-Eiden zu machen. Diese können nur dann im Gewissen binden, wenn ein Mensch von der Richtigkeit des Beschworenen gewissensmäßig überzeugt ist.

Trichotomismus (griech. = die Lehre von der Dreiteilung), eine geistesgeschichtlich öfter auftauchende Auffassung, daß *drei* Wirklichkeiten zusammen das substantielle Wesen des Menschen bildeten, die real von einander unterschieden seien: ↗Leib, ↗Seele u. ↗Geist. Was in dieser Lehre als »Geist« bezeichnet wird, das ist der Sache (wenn auch nicht immer der ausdrücklichen Lehre nach) der Geschichte enthoben, von der leibhaftigen Wirklichkeit des Menschen getrennt u. so auch vom Heilsgeschehen in der leibhaftigen Geschichte »abgehoben«. Der »Geist« wird als Widersacher der Seele u. als unversöhnbarer Widerspruch zum Leib u. zur Geschichte verstanden. Die im theol. T. angeführten Schrifttexte beweisen seine Richtigkeit nicht, denn »Geist« meint in der Schrift entweder den geistig-personalen Aspekt der Seele oder das göttliche ↗Pneuma, das keinen substantiellen Wesensbestandteil des Menschen darstellt, sondern Gottes Gnade ist (↗Heiliger Geist). Theologiegeschichtlich ist zu registrieren, daß in den leidvollen Streitigkeiten um den Patriarchen Photios von Konstantinopel († um 898) diesem u. a. der T. vorgeworfen wurde. Das auf Betreiben des Kaisers einberufene 4. Konzil von ↗Konstantinopel (869–870), das als 8. ökumenisches Konzil gezählt wird, verurteilte Photios auch wegen seines T. Indes ist nicht nachgewiesen, daß Photios einen T. im Sinn der Verurteilung vertreten hatte.

Trieb heißt das Angezogenwerden des Menschen durch ein endliches ↗Gut, wobei das Angezogensein der freien, positiven oder negativen, Entscheidung vorausliegt. Insofern die personale Entscheidung meist nicht imstand ist, solche Antriebe völlig »aufzuarbeiten« u. sie ganz in die freie Entscheidung zum Guten oder zum Bösen zu integrieren, ist die Summe solcher Triebe identisch mit der ↗Begierde (»Konkupiszenz«) u. möglicherweise Anreiz zur ↗Sünde.

Trient. In dieser norditalienischen Stadt fand, zweimal jahrelang unterbrochen, eine Generalsynode der röm.-kath. Kirche vom 13. 12. 1545 bis zum

4. 12. 1563 (unter den Päpsten Paul III., Julius II. u. Pius IV.) statt, die als 19. ökumenisches Konzil gezählt wird; häufig lat. »Tridentinum« genannt. Jahrhundertelange Rufe nach Kirchenreform, wiederholte Appelle M. Luthers (†1546) u. der von der Sorge um die Reichseinheit motivierte Wunsch Kaiser Karls V. (†1556) nach einem allgemeinen Konzil wurden von röm. Seite lange zurückgewiesen, bis Paul III. (†1549) sich für Kirchenreform u. Konzil entschied. Die »Protestanten« lehnten die Einladung ab; während der 2. Sitzungsperiode konnten Vertreter »protestantischer Stände« 1552 ihre Sache schriftlich u. mündlich vortragen. Das Konzil ging nur in Ansätzen auf das eigentliche religiöse Anliegen der Reformation ein u. verurteilte viele von ihr vertretene Thesen (»Lehrverwerfungen«) mit dem »Anathema« (↗Bann), das manchmal nicht ein Dogma, sondern nur eine Disziplin der Kirche schützen sollte. Die Reformatoren wurden nicht namentlich genannt. Das Lehrgut wird in einer (spät-)mittelalterlichen Begrifflichkeit vorgetragen, doch war man um biblische Begründungen weithin bemüht. Das Konzil behandelte, neben der Kirchenreform, folgende theol. Themen: Umfang des biblischen ↗Kanons, normative Bedeutung der ↗Tradition, Lehre von der ↗Erbsünde u. der ↗Begierde; Lehre über ↗Gnade, ↗Rechtfertigung, ↗Verdienst, ↗Heilsgewißheit, ↗Beharrlichkeit; Lehre von den sieben ↗Sakramenten im allgemeinen mit ↗Taufe u. ↗Firmung, von der ↗Eucharistie (↗Transsubstantiation, ↗Meßopfer), von ↗Bußsakrament, ↗Krankensalbung, ↗Weihesakrament, ↗Ehe im besonderen; Lehre über ↗Fegfeuer, ↗Heiligenverehrung u. ↗Ablaß. Während des Konzils vorgetragene Wünsche wurden nach seinem Ende verwirklicht: ein ↗Glaubensbekenntnis u. ein ↗Katechismus. Erst gegen Ende des 20. Jh. wurde es möglich, ökumenische Gespräche über die (überholten) Verurteilungen u. die heutige Geltung der Glaubensformulierungen von T. zu beginnen.

Trinität (lat. »trinitas« = der »dreieine« Gott). Der Glaube an Gottes T. ist eine spezifische Ausprägung des christlichen Glaubens an den einen ↗Gott. Wie alle großen Lehrstücke hat auch die Trinitätstheologie ihre Geschichte. *1. Zur Geschichte.* Ausgehend vom Bekenntnis Israels zu Gott als dem ↗Vater (Dtn 32, 6; Ps 68, 6; Jes 63, 16; Jer 3, 19; 31, 9; Mal 1, 6; 2, 10; Sir 23, 1; 51, 14) ist Gott im NT der Vater schlechthin (zahlreiche Texte bei Mt, Lk u. Joh; wir haben nur einen Gott, den Vater: 1 Kor 8, 6; Dank u. Ehre gebührt Gott dem Vater usw.). Das NT schrieb dem göttlichen ↗Logos (dem ↗Sohn) u. dem ↗Pneuma göttliche Qualitäten zu, ohne sich um die Klärung ihrer Vereinbarkeit mit dem ↗Monotheismus der Geschichte Gottes mit dem Judentum u. darum auch mit dem Monotheismus Jesu zu bemühen. Außer diesen Zeugnissen kamen für den Beginn der nachbiblischen trinitarischen Reflexionen die »triadischen Formeln« im NT in Be-

tracht (Mt 28, 19; 2 Kor 13, 13), die Vater, Sohn u. Geist einfach nebeneinander nennen. Die christologischen Auseinandersetzungen bis zum Konzil
von ↗Nikaia 325 führten zum Bekenntnis des ↗Homoousios, daß der Sohn
wesenseins mit dem Vater, also göttlichen Wesens ist. Damit bestanden die
Möglichkeiten nicht mehr, den Sohn als reines Geschöpf des Vaters oder
als »zweiten Gott« u. göttliche Vermittlergestalt zwischen dem reinen Geist
u. der materiellen Menschenwelt zu verstehen. Die Diskussion war mit-
getragen von der Frage nach der besonderen Mittlerschaft Jesu Christi,
deren Wirksamkeit darauf beruhen mußte, daß Jesus Christus sowohl ganz
auf der Seite Gottes als auch ganz auf der Seite der Menschen existierte, wie
das dann in der Formel des Konzils von ↗Chalkedon 451 zum Ausdruck
kam. In der mühsamen Rezeptionsgeschichte des Konzils von Nikaia traten Tendenzen zutage, den Heiligen Geist als völlig Gott untergeordnet zu
erklären (↗Makedonianer). Sie wurden durch das Konzil von ↗Konstan-
tinopel 381 abgewehrt, das mit göttlichen Prädikaten (Kyrios, Lebens-
spender) u. mit der Feststellung der Anbetung u. Verherrlichung die Göttlichkeit des Heiligen Geistes bekannte. In der Folge dieses von den
↗Kappadokiern beeinflußten Konzils wurde die trinitätstheologische Formel gefunden: Ein einziges göttliches Wesen (griech. »ousia«) in drei Hypostasen. Nach einer ins 2. Jahrhundert zurückreichenden Vorgeschichte,
bei der im lateinischen Westen Tertullian († um 220) ↗Patripassianismus
u. den ↗Sabellianismus bekämpfte, wurde die griech. Version lateinisch
wiedergegeben als: »una substantia, tres personae«. (Zur genaueren Bedeutung u. Geschichte: ↗Hypostase, ↗Person). Es ist nicht zu übersehen, daß
das einfache Erzählen des drei-einen Wirkens Gottes im NT u. in den
Glaubensbekenntnissen einen enormen kommunikativen u. »religiösen«
Vorsprung hat vor dieser hellenistisch-philosophischen Sprache. Augustinus († 430) suchte in seiner sog. psychologischen Trinitätslehre nach Analogien der göttlichen T. im menschlichen Geist, da er mit einer theol. Tradition die ↗Gottebenbildlichkeit der Menschen in ihrer Geistbegabung sah.
Den rein geistigen Gott kennzeichnen für ihn drei im Menschen analog
gegebene Arten des geistigen Selbstvollzugs: »memoria« (Gedächtnis), »intelligentia« (Erkennen) u. »voluntas« (Wollen). Diese Selbstvollzüge verstand er als »relational« (auf einander bezogen); daraus wurde später die
Theorie der ↗Relationen in Gott. Von da an versuchte die westliche Theologie, die innere Lebensdynamik Gottes auch über die Selbstoffenbarung
Gottes hinaus zu ergründen u. begrifflich zu formulieren, wobei die neuplatonische Auffassung Gottes als des höchsten, sich selber mitteilenden
Guten, verbunden mit der Zusammengehörigkeit Gottes mit dem Nichtgöttlichen in der Schöpfung, nur unterschiedlich zur Geltung kam. Auf der
einen gedanklichen Linie spielte der Begriff der Person (in seiner von Boethius, † um 525, an tendierenden Entwicklung auf Subjektivität hin) kei-

ne Schlüsselrolle, so bei dem einflußreichen Thomas von Aquin († 1274), der den »Sohn« von der Selbsterkenntnis, den Geist von der Selbstliebe Gottes her verstand. Die andere Gedankenrichtung zielte auf die Konstruktion einer personalen Liebesgemeinschaft Gottes, so zuerst der Augustiner Richard von St. Victor († 1173), der den Vater als Liebenden, den Sohn als Geliebten, den Geist (etwas gequält) als Mitgeliebten bezeichnete. In dieser Richtung, in der ohne Scheu von der »Dreipersönlichkeit« Gottes oder von Gott als »Personengemeinschaft« gesprochen werden kann, entwickelten sich kath. Trinitätsspekulationen von M. J. Scheeben († 1888) bis H. U. von Balthasar († 1988). In die andere Richtung des »dreifaltigen« Selbstvollzugs Gottes deuten die Erklärungsversuche bei Nikolaus von Kues († 1464), G. W. F. Hegel († 1831), K. Barth († 1968) u., erweitert durch den Gedanken der ↗Selbstmitteilungsweisen Gottes an das Nichtgöttliche, bei K. Rahner († 1984). Die T. Gottes stand für die von der Reformation geprägten Theologen hinter der Rechtfertigungsfrage zurück; in die Geheimnisse Gottes wollten sie sich nicht hineintasten. Protestantische »Antitrinitarier« wollten den Vorrang des göttlichen Vaters als Quelle auch der Gottheit gewahrt wissen u. plädierten, ohne Leugnung einer »trinitarischen« Offenbarung Gottes in der Geschichte, für eine Rückkehr zum ↗Monarchianismus. Für den so einflußreichen F. Schleiermacher († 1834) war die Trinitätstheologie unerheblich. K. Barth erneuerte die ev. Theologie der T. u. wies als erster auf die Irreführung hin, die in einem modernen Verständnis von »Person« in der Trinitätslehre liegt, u. sprach von einer »Selbstoffenbarung« Gottes in drei unterschiedlichen »Seinsweisen«. Ökumenische Gespräche gegen Ende des 20. Jh. versuchten, die Trinitätsauffassungen der ostkirchlichen Orthodoxie zu berücksichtigen. Nach dieser wird im Westen die Trinitätsoffenbarung verkürzt, weil die substantielle Wesenseinheit Gottes, an der der Westen festhält, zu einer monarchianischen Subjektivität führe. Die Orthodoxie möchte dagegen das göttliche Wesen eher analog zur kollektiven Einheit der Menschheit sehen, freilich in einer Einheit vollkommener gegenseitiger Durchdringung (↗Perichorese). Im Hinblick darauf erhält im ökumenischen Gespräch eine »soziale Trinitätstheologie« mit der Rede von einem »kommunitären Wesen Gottes« den Vorzug; es erfolgt eine Absage an die »substantielle« Gottesauffassung, die durch ein bloßes Konzept der Relationen (ohne Substanz?) ersetzt werden soll: die Hypostasen würden sich nur aus ihrem gegenseitigen Bezogensein definieren. Spekulationen dieser Art stehen auch im Hintergrund einer ↗Communio-Ekklesiologie, die trinitarisch fundiert werden soll. – *2. Aktuelle Fragen.* Im allgemeinen tritt in der ev. Theologie die göttliche T. immer noch hinter der Vater-Sohn-Beziehung u. damit hinter der ↗Soteriologie zurück. Die ev. Version der Politischen Theologie neigt freilich dazu, in ihrer Monotheismus-Kritik die T. als Urbild sozialer Demokratie zu sehen u. die Verteidiger des Ein-Gott-Glaubens der jüdisch-christlichen Überlieferung als »Modalisten« zu brandmarken. Die ostkirchlich-orthodoxe Trinitätstheologie scheint mit ihrer Theorie der innergöttlichen ↗Perichorese (spätestens seit Johannes von Damaskus † 749) zu übersehen, daß »Hypostase« in der Tradition der kappadokischen Kirchenlehrer nicht »Subjektivität« im modernen Sinn bedeutet; sie ist also zu fragen, ob sie sich nicht allzu entgegenkommend gegenüber dem westlichen Person-Begriff verhielt u. verhält. Die röm.-kath. Trinitätstheologie scheint zusammen mit der Einzigkeit u. Einfachheit Gottes auch die »Monarchie« Gottes des Vaters u. damit seine Du-Personalität, die für Gotteserfahrung, Liturgie u. Gebet von großer Bedeutung ist, zu verdrängen zugunsten einer (in einer immer subtileren Kunstsprache entwickelten) Kommunitätsspekulation. Die von K. Rahner ausgehende Formulierung, daß Gottes »ökonomische« T. (die Selbstoffenbarung Gottes in drei Gegebenheitsweisen) mit der »immanenten« T. (Gottes innerstes Sein u. Wesen betreffend) identisch sei u. umgekehrt (1967), wurde viel beachtet u. vielfach akzeptiert. Sie hat aber zur Voraussetzung, das sich selber verschenkende Verhältnis Gottes zum Nichtgöttlichen in das Nachdenken über die innerste Lebensdynamik Gottes einzubeziehen. Das bedeutet, daß Gottes T. nicht »zuerst« unabhängig von Schöpfung u. Menschen spekulativ in einer »Theodramatik« dreier Subjekte »erdacht« wird u. danach die »Personen« Gottes in die Reflexion über die Offenbarung einbezogen werden, sondern daß die Möglichkeiten Gottes, sich dem Nichtgöttlichen mitzuteilen, von den kreatürlichen Aufnahmemöglichkeiten her differenziert zu denken sind, u. berücksichtigt wird, daß diese Differenzierungen für das innerste Leben Gottes »immer schon« etwas Wesentliches bedeuten, das sich einem letzten Verstehen entzieht (↗Geheimnis) u. das in analoger Weise als Selbsterkenntnis, Wort, Wahrheit, Sohn u. als Mitteilung von Glaube, Hoffnung, Liebe, Geist bezeichnet wird, ohne daß Wort u. Geist aufhörten, Wort u. Geist des einen Gottes u. Vaters selbst zu sein, u. ohne daß sie von sich selber aus, als »Subjekte« (in einem Drei-Götter-Verhältnis) anfingen, geschichtlich sprechend Gott zu offenbaren u. »übergeschichtlich« Gott mitzuteilen. Diese »Ansätze« einer Trinitätstheologie sind geeignet, jüdische u. muslimische Mißverständnisse, als bekenne sich das Christentum zu drei Gottheiten, zu beheben. – Andere neuere Versuche, die Trinitätstheologie »gesprächsfähig« zu machen u. ihre Glaubensrelevanz im Christentum aufzuzeigen, leiden unter den Problemen, ob drei Manifestationen des einen Gottes oder drei Gottheiten gemeint sind (wenn z. B. im Gespräch mit dem Hinduismus »Analogien« gesucht werden), oder unter einer zu starken »Personalisierung« der göttlichen Lebensdynamik, wenn z. B. unter Kritik am »patriarchalischen Vaterbild« das göttliche Pneuma (die »ruach«) oder die Weisheit (die »sophia«) als Personifikationen der »weiblichen Dimension« Gottes verstanden werden.

Tritheismus (griech. = die Lehre von drei Gottheiten) ist eine latente Gefahr der Trinitätsspekulationen u. eine Bedrohung der fundamentalen Gemeinsamkeit im Glauben der drei großen monotheistischen Religionen. Dogmengeschichtlich ist von Bedeutung, daß ein T. um 260 kirchenamtlich abgelehnt wurde. Auch zur Zeit des IV. Konzils vom ↗Lateran 1215 wurden tritheistische Tendenzen festgestellt. Sie leben überall dort wieder auf, wo die »Personen« der Trinität im Sinn von Subjekten mit eigenen Aktzentren (Bewußtsein, Wille) verstanden werden u. wo der eine Gott als Personen-Kommunität vorgestellt wird.

Trost (sprachlich verwandt mit »trauen«), die von Gott geschenkte Glaubenszuversicht, auch in größter Enttäuschung u. in ausweglosen, leidvollen Situationen durch die unbegreifliche Liebe Gottes getragen zu sein (Ps 39,8; 71,21; 73,26; Sir 51,35; 2 Kor 1,3–6). Oft tröstet der Glaube in der Gestalt der ↗Hoffnung auf die Erfüllung der Zusagen Gottes (Mt 5,4). Aufgabe der Getrösteten ist es, andere zu trösten (2 Kor 13,11; 1 Thess 4,18; 5,14 u.ö.). In Leid- u. Notsituationen wirken phrasenhafte Vertröstungen u. das Fehlen von ↗Mitleid u. ↗Solidarität verheerend.

Trübsal (auch: Bedrängnis), ein Begriff, der im AT oft die Situation des Menschen kennzeichnet. Im NT ist er bei der Deutung der christlichen Existenz in der ↗Welt wichtig: Auch der Glaubende ist, wenn er seine Endlichkeit erfährt u. sich des Todes bewußt ist, wenn er unter der Mühsal der Arbeit leidet, ein Bedrängter, Betrübter u. in seinem Glauben ein Angefochtener (Mt 24,31; Apg 14,22; Röm 8,35; Offb 7,14 u.ö.). Den Glaubenden in T., ↗Angst u. ↗Trauer gilt die Ermunterung, in der Kraft des Heiligen Geistes die T. in Geduld u. Hoffnung auszuhalten.

Tübinger Schulen ist ein nicht unproblematischer Sammelname für sehr unterschiedliche, ev. wie kath. Theologien, die im 19. Jh. in Tübingen vertreten wurden. 1. Nach älteren Schulbildungen (G. Ch. Storr † 1805) mit einer Kritik an Aufklärung u. Rationalismus trat mit F. Ch. Baur († 1860) u. seiner umfassenden historisch-kritischen Forschung die jüngere ev. Schule hervor, die unter Bejahung der Aufklärung das Christentum als Prozeß der Autonomie u. Freiheit deutete (D. F. Strauß † 1874, E. Zeller † 1908, A. Schwegler † 1857 u.a.) u. z.T. durch Mythen- u. Kirchenkritik großen Einfluß hatte. – 2. Die kath. Tübinger Schule wandte sich nicht nur gegen Aufklärung u. Rationalismus des 18. Jh.; sie unterschied sich in Sprache u. Methode stark von der Neuscholastik. Sie bejahte die historische Methode in der Theologie, entdeckte die Geschichtlichkeit von Offenbarung u. Glaube u. pflegte im Zusammenhang mit der Romantik ein eigentümliches Ganzheits- u. Organismusdenken (J. S. Drey † 1853, J. B. Hirscher † 1865, J. A. Möhler † 1838).

Tugend (sprachlich verwandt mit Taugen, Tüchtigkeit) bezeichnete früher in einem weiteren Sinn jede optimal entwickelte geistig-seelische Fähigkeit; im engeren Sinn ist T. die Kraft, das sittlich ↗Gute gern, beharrlich u. gegen Widerstände zu verwirklichen. Der Gegensatz zur T. ist das ↗Laster. In der theol. Ethik wird je nach der Herkunft, dem Wesen u. Ziel der Tugenden zwischen natürlichen u. übernatürlichen Tugenden unterschieden. Die *natürlichen Tugenden* werden auf die leib-geistige Naturanlage des Menschen zurückgeführt; sie lassen sich durch konsequente Übungen entwickeln (↗Habitus). Sie stellen eine Optimierung des natürlichen Charakters u. den Schutz gegen die Vorherrschaft von ↗Begierden u. ↗Trieben dar. Schon in der griech. Antike (Pindar † 446 v. Chr.) wurden als die wichtigsten, weil tragenden u. zusammenfassenden Tugenden die vier ↗Kardinaltugenden dargestellt: ↗Klugheit, ↗Gerechtigkeit, ↗Starkmut, ↗Mäßigkeit. Nach der neueren Theologie des Verhältnisses von ↗Natur und Gnade gibt es keine »natürlichen« Tugenden, da die ganze menschliche Existenz von Anfang an unter der »übernatürlichen« Gnade Gottes steht, auf ihn als ihr Ziel durch die ↗Selbstmitteilung Gottes hingeordnet ist u. die Gnade Gottes ihr ermöglicht, durch positive gute Akte zu diesem Ziel zu gelangen. Die *übernatürlichen Tugenden* sind die von Gott in der ↗Rechtfertigung (als der Dynamik der ↗Heiligmachenden Gnade) »eingegossenen« Fähigkeiten u. Kräfte, die die »natürlichen« Tugenden unmittelbar auf dieses Ziel hin ausrichten. Die Lehre der ↗Stoischen Philosophie über die vier Kardinaltugenden wurde durch Ambrosius († 397) u. Augustinus († 430) mit der Lehre über die drei »übernatürlichen« oder »theologischen Tugenden« ↗Glaube, ↗Hoffnung u. ↗Liebe verbunden (mit Bezugnahme auf 1 Kor 13,13), die »theologisch« genannt werden, weil sie unmittelbar auf Gott, wie er in sich selber ist, bezogen sind. Durch sie befreit Gott in seiner zuvorkommenden Gnade die ↗Transzendenz des Menschen zur Annahme der göttlichen ↗Offenbarung u. zu der Möglichkeit, ihre eigene Erfüllung in der ↗Anschauung Gottes zu finden. – Die bürgerliche Moral des 19. Jh. beschädigte das überlieferte Tugendverständnis durch ihre Konzentration auf »Sekundärtugenden« wie ↗Gehorsam u. ↗Demut. Unter veränderten gesellschaftlichen Existenzbedingungen werden andere Grundhaltungen betont: ↗Solidarität, ↗Wahrhaftigkeit, ↗Toleranz, Gewissensfreiheit, oder besondere Seiten der überlieferten Tugenden hervorgehoben, z. B. asketische Tugenden wie Konsumverzicht.

Typos (griech. = Schlag, Abdruck) ist ein Begriff der Bibelauslegung, in der Ereignisse oder Personen des AT als Urbilder oder Voraus-Bilder (»typoi«) von späteren Ereignissen oder Personen des NT verstanden werden, u. zwar in dem Sinn, daß das Frühere erst durch das Spätere voll begriffen werden kann. Die methodische Anwendung dieser Auffassung heißt *Typologie*. Biblische Beispiele: 1 Kor 5,7 (Pesachlamm – Jesus), 1 Kor 10,1–13 (Manna u. Wasser – Eucharistie u. Taufe), Gal 4,21–31 (Hagar u. Sara – Knechtschaft u. Freiheit im Hinblick auf das Gesetz), Röm 5,12–21 (Adam u. Unheil – Jesus u. Heil), Joh 3,14 (eherne Schlange – Jesus am Kreuz), 1 Petr 3,20f. (Arche in der Sintflut – Taufe). Eingehende Typologien enthält Hebr (Wanderung, Priestertum, Opfer). Von den Apologeten an wurden bei den Kirchenvätern immer mehr Typen entdeckt. Die Reformatoren lehnten die ↗Allegorie ab, nicht aber die Typologie. R. Bultmann († 1976) beurteilte die Typologie negativ, weil sie von zyklischem Denken (Wiederholung statt Einmaligkeit) bestimmt sei. Wo der Eigenwert des Gottesbundes mit Israel u. des ↗Alten Testamentes erkannt wird, werden auch die negativen, antijüdischen Folgen der Typologie deutlich.

U

Übel ist ein Wort der deutschen Sprache, das es ermöglicht, bei den negativen Erfahrungen u. Zuständen des Daseins zu differenzieren (anders als beim lat. »malum«). Man kann unterscheiden zwischen den Gegebenheiten, die mit der Schöpfung, mit Naturabläufen zusammenhängen, die Leiden u. Schmerzen verursachen (Krankheiten, Tod, Naturkatastrophen usw.) u. die als Ü. bezeichnet werden, u. solchen, die auf menschliche Freiheitstaten zurückzuführen sind (physische, psychische, strukturelle Gewalt usw.), die ebenfalls Leiden u. Schmerzen verursachen u. als das ↗Böse bezeichnet werden. Beides, die Übel u. das Böse, führt in das Zentrum der Frage nach der ↗Theodizee. – Eine andere Unterscheidung schlug G. W. Leibniz († 1716) vor: physische Ü. (Schmerzen), moralische Ü. (Sünden), das metaphysische Übel (= die Endlichkeit). In der scholastischen Philosophie u. Theologie wurde das Ü. (»malum«) unzureichend als »Mangel an Vollkommenheit« (am Guten, »privatio boni«) verstanden.

Übernatürlich. Das »Übernatürliche« (lat. »supernaturale«) ist in der kath. Theologie ein besserer Begriff als das früher oft gebrauchte Wort »Übernatur«, denn das Übernatürliche stellt kein substantielles Seiendes dar. Es besagt im engsten Sinn dasjenige, was die Anlagen u. Forderungen der menschlichen Kreatur (die zusammenfassend seine »Natur« genannt wer-

den können) unendlich übersteigt: die Liebe u. Vergebung Gottes in seiner
↗Gnade (↗Rechtfertigung) u. das Geschenk der ↗Anschauung Gottes, oder,
mit einem Begriff der neueren Theologie, die ↗Selbstmitteilung Gottes, in
der er sich in seiner personalen Intimität der Kreatur völlig »ungeschuldet«
schenkt. Das Ungeschuldetsein ist eine Wesensbestimmung des Übernatürlichen. In einem weiteren Sinn werden auch Voraussetzungen u. Auswirkungen dieses strikt »Übernatürlichen« ihrerseits »übernatürlich« genannt, z. B. die ↗Offenbarung. In einem unpräzisen Sinn werden im kath.
Sprachgebrauch Phänomene als »übernatürlich« bezeichnet, die (noch)
nicht erklärbar sind u. die nicht zu dem verbindlich von Gott Geoffenbarten gehören (z. B. ↗Erscheinungen).

Ubiquitätslehre (lat. »ubique« = überall) stellt den Versuch dar, die ↗All-
gegenwart Gottes genauer zu verstehen, nämlich im Sinn einer Erfüllung
alles Nichtgöttlichen durch Gott (»repletive Gegenwart« genannt im Unterschied zur räumlich gedachten All-Gegenwart, zur »circumscriptiven
Gegenwart«). Infolge einer strikten Identifizierung Jesu mit Gott durch
M. Luther (†1546) wollte dieser die Allgegenwart Gottes auch der
Menschheit Christi zusprechen u. von da her die Gegenwart Jesu im
↗Abendmahl deuten. Die Ubiquität Gottes kann nicht bestritten werden,
da Gott nicht erst durch den Gottesdienst gegenwärtig »gemacht« wird, da
er allem gegenwärtig u. alles ihm gegenwärtig ist. Christologisch ist die U.
nicht haltbar, da die endliche menschliche Natur Jesu Christi nicht zu Gott
gemacht wurde. Eine Allgegenwart Jesu durch göttliche Allgegenwart
würde das Besondere seiner Gegenwart im Sakrament aufheben.

Umwelt. Bis weit ins 20. Jh. galt die These, nur Tiere hätten eine U.; da der
Mensch seine sozialen u. kulturellen Lebensbedingungen selber gestalte, sei
er »weltoffen«, unabhängig von einer »lebensnotwendigen Umgebung«.
Das menschliche Leben vollziehe sich also durch die Organisation eines
Lebensraums unter Umwandlung der ihn umgebenden »Natur«. Diese
»anthropozentrische« Auffassung macht seit den 70er Jahren des 20. Jh.
einer Besinnung Platz. In der Einsicht, daß die Zerstörung der Lebensbedingungen für Menschen, Tiere u. Pflanzen durch die ↗Technik u. durch
Ausplünderung der natürlichen Ressourcen unumkehrbar ist, entstanden
zahlreiche Initiativen u. ausgedehnte wissenschaftliche Bemühungen. Die
Umweltethik (unter Einbeziehung der Wirtschafts- u. politischen Ethik)
macht u. a. darauf aufmerksam, daß sog. Sachzwänge u. ökonomische
Gesetze nicht die Zukunft des Planeten Erde bestimmen dürfen. Die Theologie erkannte, daß Gen 1, 28 nicht die Ermächtigung zur Zerstörung,
sondern den Auftrag zum sorgsamen Umgang mit dem »Lebenshaus

Schöpfung« bedeutet. In diesem Zusammenhang wurde der Begriff U. durch *Mitgeschöpflichkeit* ersetzt.

Unbefleckte Empfängnis Marias (lat. »immaculata conceptio«) bezeichnet die kath. Glaubenslehre, daß ↗Maria durch die zuvorkommende Erlösungsgnade Jesu Christi vom Beginn ihres Daseins an vor der ↗Erbsünde bewahrt wurde, 1854 zum Dogma erhoben (DS 2803 f.; NR 479). Oft wird diese Lehre mit derjenigen über die jungfräuliche Empfängnis Jesu durch Maria (↗Jungfrauengeburt) verwechselt. Als theol. Gründe für die U. E. M. können benannt werden, daß alle Menschen wegen des universalen ↗Heilswillens Gottes ein übernatürliches ↗Existential besitzen u. so von Gott von vornherein als Geschwister Jesu betrachtet werden u. daß Maria wegen ihrer Bestimmung zur Mutter Jesu von Anfang an »voll der Gnade« (Lk 1, 28) war, damit sie im Glauben Ja sagen konnte, so daß sie von Anfang an von Gott zum ewigen Heil prädestiniert u. in vollkommener Weise erlöst wurde.

Unbegreiflichkeit Gottes (lat. »incomprehensibilitas«). Wird Erkenntnis beschränkt auf Umgreifen, theoretisches Durchschauen u. Bemächtigen eines Gegenstandes, dann ist es selbstverständlich, daß ein Endliches das Unendliche (den Unendlichen) nicht zu begreifen vermag. In diesem Sinn spricht die Theologie von Anfang an (vor allem auch in Gestalt der ↗Negativen Theologie) von der U. G. Die klassischen biblischen Bezugsstellen sind Ijob 11, 7 u. Röm 11, 33. Die Lehren von der ↗Erkennbarkeit Gottes, von seiner Selbsterschließung in der ↗Offenbarung u. von seiner ↗Selbstmitteilung in der Gnade bieten jedoch Anhaltspunkte dafür, daß die Gotteserkenntnis nicht im Sinn des begreifenwollenden Erkennens verstanden werden kann. Erst recht wird im Hinblick auf die verheißene ↗Anschauung Gottes die »Disproportion« zwischen Gott als dem tragenden Grund dieser Schau u. der Endlichkeit des schauenden Subjekts deutlich. Unmittelbare Schau Gottes kann nichts anderes bedeuten, als daß die U. G. in der intimsten Nähe Gottes noch zunimmt; daß sie bei Gott dem schauenden endlichen Geist erst »aufgeht«. So kann die U. G. nur sehr bedingt u. abgeleitet als eine »Eigenschaft« Gottes aufgefaßt werden; primär ist sie eine Aussage über die Endlichkeit des Menschen in positivem Sinn. Die Seligkeit der Vollendung bei Gott bedeutet nicht die Lichtung des ↗Geheimnisses, sondern die Befreiung der theoretischen Vernunft in die Erkenntnis der Liebe hinein.

Unendlichkeit wird in der griech. Philosophie gedacht als ein ↗Sein, das weder quantitative noch qualitative Grenzen hat; alles einzelne Seiende wird im Gegensatz dazu innerhalb solcher Grenzen gedacht, es ist »end-

lich«. In der aristotelisch-thomistischen Philosophie u. Theologie wird diese U. Gott zugeschrieben (vgl. auch ↗Panentheismus). Sie wird näherhin
bestimmt als vollkommene Wirklichkeit (↗Vollkommenheit), in der
schlechterdings alles versammelt ist, so daß ihr »darüber hinaus« keine
Möglichkeit mehr zukommt (aktuelle, positive U., »infinitas«). Bei G. W. F.
Hegel († 1831) ist die potentielle U. (negative U., »indefinitas«) kritisch
von Bedeutung. Sie würde besagen, daß das tatsächlich Endliche unendlich
teil- oder vermehrbar ist. Ein solcher »Progreß« würde bedeuten, daß die
Bereiche des Endlichen u. des Unendlichen einander gegenseitig bestimmen. Im Gedanken einer solchen »schlechten« U. wäre die widersprüchliche Vorstellung enthalten, es gebe »jenseits« des Endlichen ein endliches
Unendliches. Die »wahre« U. des absoluten Geistes (↗Absolut, ↗Geist) umfaßt schlechterdings alles; im dialektischen Prozeß ihrer Selbstvermittlung
hebt diese U. ihren Gegensatz, alles Endliche (dessen wahres Ziel sie ja ist),
in sich hinein auf. In der neueren Theologie wird über Hegel hinaus die
Frage bedacht, wie die U. in die Endlichkeit eintreten kann, ohne in ihr
aufzugehen, in ihr erscheinen u. zugleich verhüllt bleiben kann. Im Gedanken der ↗Selbstmitteilung Gottes an die Kreatur ist die Auffassung enthalten, daß bei diesem Ereignis des Zusammenkommens der Endlichkeit wie
der U. das innerste Wesen beider zu sich selber kommt.

Unfehlbarkeit (lat. »infallibilitas«), ein vielfach mißverstandener u. der Interpretation bedürftiger Begriff der kath. Glaubenslehre, der besagt, 1. daß
die Gemeinschaft der Glaubenden im ganzen durch Gottes Gnade, nicht
durch menschliche Fähigkeit, davor bewahrt wird, aus der Wahrheit u.
Liebe Gottes herauszufallen, u. 2. daß das ↗Lehramt der Kirche, wenn es
Inhalte der Offenbarung Gottes mit letzter Verbindlichkeit vorträgt, durch
die Gnade Gottes vor Irrtum bewahrt wird. Die U. im erstgenannten Sinn
war immer die Überzeugung der Gesamtkirche. Aus ihr entwickelte sich
unter starker Beteiligung politischer u. kirchenpolitischer Faktoren die
Lehre von der U. im zweiten Sinn, die auf dem I. ↗Vaticanum zu einer
dogmatisch verbindlichen Formulierung führte. – Die U. der Gesamtkirche wird aus der Endgültigkeit der Heilssituation in Jesus Christus abgeleitet. Nach kirchlichem Glauben gehören ↗Wahrheit, ↗Glauben u. kirch-
lich-institutionelle Verfaßtheit zur eschatologischen ↗Offenbarung als
Heilstat Gottes. Würde ein Irrtum hinsichtlich dieser Heilswirklichkeit als
definitiv gemeint werden, dann wäre die Heilswirklichkeit selber aufgehoben. Der universale ↗Konsens der Gesamtkirche »in Sachen des Glaubens
u. der Sitten«, der »unfehlbar« ist, d.h. im Glauben nicht irren kann
(II. Vaticanum LG 12), hat bisher nur das Lehramt als sein Organ, das
den ↗Glaubenssinn aller kundgeben kann. Dieses Lehramt hat eine hierarchische Struktur, aus der sich die *kundgebenden Organe der U.* entwickelt

haben: 1. »unfehlbar« im genannten Sinn ist der Gesamtepiskopat der Kirche, wenn er zusammen mit u. »unter« dem Papst etwas als von Gott geoffenbart u. alle Gläubigen verpflichtend vorträgt (II. Vaticanum LG 23); 2. »unfehlbar« ist ebenso lehrend ein allgemeines ↗Konzil zusammen mit dem Papst (II. Vaticanum LG 25); 3. »unfehlbar« ist der ↗Papst allein, wenn er als oberster Lehrer der Gesamtkirche »ex cathedra«, d. h. unter Berufung auf seine oberste Lehrautorität, hinsichtlich einer von Gott geoffenbarten Wahrheit eine allgemein u. endgültig verpflichtende Lehrentscheidung trifft (I. Vaticanum). Diese endgültige Entscheidung des Papstes ist »aus sich« (»ex sese«) u. nicht erst durch Zustimmung der Kirche unabänderlich. Sie *muß* aber die Glaubensüberzeugung der Gesamtkirche zum Ausdruck bringen. Wie die Bischöfe u. alle anderen Lehrenden ist der Papst an Schrift, Tradition u. die früheren Entscheidungen der Kirche gebunden. In seinen privaten Ansichten u. persönlichen Verhaltensweisen ist der Papst niemals »unfehlbar«. Zum *Gegenstand der U.* wird außer den von Gott selber geoffenbarten Wahrheiten auch alles dasjenige gerechnet, was notwendig ist, um eine Wahrheit der Offenbarung vor Fälschung zu bewahren; daher kann das Lehramt auch über dasjenige urteilen, was so mit einer geoffenbarten Wahrheit in Zusammenhang steht, daß dessen Verfälschung den Glauben als ganzen oder eine einzelne Wahrheit gefährden würde. Bei solchen Urteilen hat das Lehramt die argumentative Beweispflicht; die bloße Behauptung, seine Ansicht sei authentisch u. definitiv, gehört nicht in den Bereich des Glaubens, sondern sie ist allenfalls disziplinarischer Natur. – *Zur theol. Problematik.* Die Lehre von der U. bezieht sich nicht auf eine absolut gesicherte Erkenntnis *irgendeiner* ganz neuen Wirklichkeit u. Wahrheit, sondern sie hat das Bleiben der Glaubenden in der alten Wahrheit zu garantieren u. sonst nichts. Damit zeigt sich die Unentbehrlichkeit der Theologie hinsichtlich der *früheren* Dogmen (↗Dogma): Sie hat die Aufgabe, die damalige Lehrautorität u. die Absicht ihrer Lehraussage genau festzustellen. Sie hat auch die Situation, die Adressaten der Aussage, die zu allen Zeiten beschränkten Aussagemittel, den engeren historischen Kontext, das vorherrschende Interesse, das nie »rein religiös« ist u. auch unchristlich sein kann, zu erhellen (↗Geschichtlichkeit). Hinsichtlich *künftiger* Dogmen kann man sagen: Jedes wirklich neue Dogma, das nicht nur ein altes aktualisierend wiederholt, bedürfte zu seiner Formulierung *einer u. derselben* Theologie in der *ganzen* Kirche hinsichtlich der Begriffe, der Argumentationsgänge usw. Diese (früher gegebene) Einheit u. Selbigkeit der Theologie besteht aber nicht mehr u. kann auch gar nicht mehr umfassend u. adäquat wiederhergestellt werden (Polyzentrismus der Kirche, Pluralismus der Kulturen u. Theologien). Eine neue dogmatische ↗Definition, wenn sie versucht werden sollte, hätte eine solche *legitime* Interpretationsbreite zur Folge, daß es neben ihr keinen Irrtum mehr geben könnte. Damit ist ein »Ende« eines wirklich *neu* dogmatisch definierenden Lehramts sichtbar. Die Geschichtlichkeit eines Dogmas darf jedoch nicht so interpretiert werden, als garantiere Gott lediglich ein eschatologisches Bleiben der Kirche in der Wahrheit, während Aussagen der Schrift oder Dogmen immer auch irren könnten. Die letzten Grundentscheidungen, durch die Menschen mit Hilfe der Gnade Gottes in der Wahrheit gehalten werden, sprechen sich immer u. notwendig in wahren Sätzen aus. Ohne solche »Objektivationen« ihres Bleibens in der Wahrheit würde die institutionell »greifbare« Kirche nicht in der Wahrheit bleiben. Wie jeder menschliche Satz ist auch das Dogma wegen der weitergehenden Geschichte des menschlichen Bewußtseins Mißverständnissen ausgesetzt, interpretationsfähig, entwicklungsbedürftig. Aber eine Satzwahrheit ist nicht nur eine nachträgliche Abbildung der ursprünglichen Wahrheit, sondern ein mit der menschlichen Sprache gegebener Mitvollzug der ursprünglichen Wahrheit, die letztlich die ↗Selbstmitteilung Gottes ist.

Unitarismus (lat. »unitas« = Einheit), Sammelbezeichnung für christliche u. nichtchristliche Gruppen, für die das Einheitsdenken von zentraler Bedeutung ist. Christliche Anhänger des U. bilden freie Kirchen u. Denominationen, die in einem aufgeklärten, undogmatischen Christentum die ↗Trinität ablehnen (↗Socinianismus) u. humanistische Ideale pflegen, ohne Verständnis für die ev. Auffassung von Sündigkeit u. ↗Rechtfertigung. Nichtchristlicher (»freireligiöser«) U. ist durch das pantheistische Gefühl der Einheit alles Seienden, von Gott u. Natur, gekennzeichnet.

Unmittelbarkeit u. Vermittlung stellen ein seit Platon († 347 v. Chr.) thematisiertes philosophisches Problem dar (hinsichtlich der Möglichkeit vermittelnder Schritte zu einem letztlich Unvermittelten). In Theologie u. Kirchengeschichte tritt das Problem im Zeichen großer Spannungen zutage. Die Tradition kennt einen unmittelbaren Bezug des Menschen zur ↗Transzendenz u. unmittelbare Gotteserfahrungen. Interpretiert werden diese durch die worthaft vermittelte ↗Offenbarung, die ihrerseits den Transzendenzbezug als vermittelndes Medium der unmittelbaren ↗Einwohnung des Heiligen Geistes im Menschen deutet. Diese ursprüngliche Unmittelbarkeit zu Gott ruft den individuellen ↗Glaubenssinn hervor, der auf sprachliche Vermittlung u. Kommunikation verwiesen ist u. verweist. Institutionalisierte Religion u. Kirche lassen sich als Systeme von Vermittlungen (↗Lehramt, ↗Sakrament) verstehen, die den unmittelbaren Gottesbezug des Menschen deuten, aber nicht ersetzen können.

Unsterblichkeit als theol. Begriff besagt mehr als endloses Fortexistieren eines Lebens; U. bedeutet, daß ein Leben dem ↗Tod nicht ausgesetzt ist.

Wenn ein Leben sterblich ist, dann heißt das, daß seine Existenz »von außen her« beendet wird oder daß es als biologisches Leben eine endliche Zeitgestalt hat, so daß es »von innen her« beendet wird. Gott ist als absolut unsterblich zu denken; sein Leben muß als unbedrohbar u. unbedroht, als Lebensfülle gedacht werden. Menschen haben in ihrem biologischen Leben eine endliche u. endigende Zeitgestalt u. ihr Leben kann »von außen« beendigt werden. Aber der theol. Begriff von menschlicher U. besagt, daß ein Mensch – nicht autonom, sondern durch Wollen u. Wirken Gottes! – sich innerhalb seiner biologischen Zeit als geistige ⁊Person in Freiheit vollendet (bzw. daß er, wenn ihm dieses Freiheitsgeschehen versagt bleibt, von Gott in seine ⁊Vollendung eingesetzt wird). Das bedeutet nicht, daß ein Mensch, wenn er im Tod seine biologische Gestalt aufgibt, »zeitlich fortdauert«. In der klassischen Theologie wurde diese U. damit begründet, daß die menschliche ⁊Seele ein »übermaterielles« Lebensprinzip ist, das, wie die hier u. jetzt mögliche Erfahrung der ⁊Transzendenz zeigt, sich nicht auf die Gestaltung des Zeitlich-Materiellen beschränkt. Der Einspruch der reformatorischen Theologie gegen eine Autonomie der U. hat dazu geführt, daß die Ermöglichung der U. durch Gottes gnadenhafte Einwirkung stärker betont u. die U. als dialogisches Gottesverhältnis des Menschen verstanden wird. Damit wird die Überzeugung nicht aufgegeben, daß die alte Lehre von der U. insofern ihr Recht behält, als Gott die Identität des Menschen über seinen biologischen Tod hinaus erhält u. ein Mensch nicht nach seiner Vernichtung in einem »Ganztod« neu erschaffen wird.

Unsündlichkeit, ein Wort der kath. Gnadentheologie, mit dem gesagt wird: In der geistig-personalen Kreatur kann eine Qualität gegeben sein, kraft derer die ⁊Sünde von vornherein ausgeschlossen ist, ohne daß die Freiheit eines Geschöpfes aufgehoben wäre. Kurz gesagt »kann« das Geschöpf nicht sündigen, obwohl es die Freiheit zur Sünde hat u. behält. Wie die Begabung mit einer solchen Qualität u. die bleibende Freiheit miteinander vereinbar sind, wird von den verschiedenen ⁊Gnadensystemen unterschiedlich erklärt; das Grundproblem ist mit dem der »zuvorkommenden« wirksamen Gnade in ihrem Verhältnis zur Freiheit identisch. In der kath. Dogmatik besteht ein Konsens, daß der Mensch Jesus u. unter den Heiligen wenigstens Maria nicht nur faktisch nie gesündigt haben (als Folge einer Freiheitsentscheidung), sondern durch eine »vorausgehende« Begabung mit U. nicht sündigen konnten.

Unterscheidung (lat. »distinctio«) beruht auf Grunddaten der menschlichen Erfahrung (wie Subjektivität, Freiheit, Verantwortung), die zeigen, daß das Viele in der Welt nicht nur der vielfältige Schein eines »an sich einen u. selbigen« ist. Sind zwei Wirklichkeiten unabhängig von Gedankengängen verschieden, handelt es sich um eine *reale Distinktion*, bei Abhängigkeit vom Gedankengang um eine *gedankliche Distinktion.* Reale Distinktionen sind z. B. die Unterscheidung des ↗Akzidens von der es tragenden ↗Substanz, ohne die es natürlicherweise nicht bestehen könnte; die U. mehrerer Seinsprinzipien, die zusammen ein einheitliches Seiendes bilden (↗Form, ↗Materie); die U. der ↗Hypostasen bei bleibender höchster Einheit Gottes (↗Trinität). Die Theologie hat die Aufgabe, in vielfachen Zusammenhängen in gleicher Weise Zusammengehörigkeit *und* Unterscheidung, die sich gegenseitig vergrößern u. nicht vermindern, zu wahren u. auszusagen: ↗Natur u. Gnade, die zwei Naturen in der ↗Hypostatischen Union, Zeichen u. Gnade im ↗Sakrament usw. – In der christlichen ↗Spiritualität ist die Lehre von der »U. der Geister« von Bedeutung. Sie gehört nach Origenes (†253) zu den Tugenden u. bezeichnet die Fähigkeit, subjektive Erfahrungen zu qualifizieren (1 Joh 4, 1: »prüfet die Geister, ob sie aus Gott sind«; 1 Thess 5, 21: »prüfet alles u. behaltet das Gute«). Bei Ignatius von Loyola (†1556) ist sie die Entscheidungsfähigkeit in Situationen, in denen nach dem konkreten Willen Gottes gefragt wird.

Unveränderlichkeit Gottes, eine Eigenschaft Gottes, die von der platonischen u. aristotelischen Auffassung der Bewegung aus erdacht wurde (↗Beweger) u. jede von »außen« her motivierte oder verursachte Veränderung in Gott ausschließen soll. In der biblisch bezeugten Selbsterschließung Gottes bekundet Gott sein unveränderliches Verhalten als sich selber schenkende u. vergebungsbereite Güte gegenüber seinen Geschöpfen u. seine absolut verläßliche ↗Treue, in der er selber den ↗Bund nie widerruft (vgl. u. a. Ex 34, 6 f.; 2 Kor 1, 19 f.). Eine Gott selber betreffende Änderung ist nur auf der Grundlage dieser Güte u. Treue denkbar; nur so kann Gott das werden, was er nicht »immer schon« war (↗Inkarnation). In der neueren Theologie spielt die U. G. in der Frage nach möglichen ↗Leiden Gottes eine Rolle.

Urgeschichte, biblische U., ein nicht sachgemäßer Ausdruck für Gen 1–11. Die jetzt vorliegende Komposition aus mehreren Quellen scheint den Ablauf der Menschheitsgeschichte von der Erschaffung bis zur Berufung Abrahams chronologisch zu schildern. Es handelt sich aber von der Motivation u. Zielsetzung der Komposition her um eine Analyse einer gegebenen Krisensituation (mit bäuerlich-kulturellem Hintergrund), die auf ihre Ursachen hin befragt wird (↗Ätiologie). Ihr wird der Idealentwurf, wie Schöpfung u. Menschheitsgeschichte von Gott her hätten gelingen können, entgegengestellt. Der Gang der Geschichte wird als Abfolge von Sündenfällen aus Mißgunst u. maßloser Anmaßung mit lebensmindernden Folgen für alle u. alles verstanden. Gott zeigt sich dennoch versöhnt, versöhnungs- u. kompromißbereit (↗Noach-Bund mit der gesamten Menschheit ungeachtet ihrer Verdorbenheit). Die Erinnerung an die göttliche Konzeption einer Schöpfung ohne Blutvergießen, einer Menschheit ohne Feindschaft u. Herrschaft soll immer neue Impulse zu einer gottgemäßen Veränderung der Lebensbedingungen freisetzen.

Urkirche, Urgemeinde, Urchristentum. Mit Urchristentum wird die zeitlich erste Phase in der Geschichte der Kirche u. des Christentums bezeichnet. Sie setzt mit der Ostererfahrung des Jüngerkreises, daß Jesus lebt, u. mit der Wiederaufnahme seiner Verkündigung ein u. umfaßt die Sammlung der Urgemeinde in Jerusalem, die Predigt zunächst an Juden, die Abspaltung vom Judentum, den Beginn der Heidenmission u. die Entstehung christlicher Gemeinden in institutionalisierten Formen bis etwa in die erste Hälfte des 2. Jh. – Die Urgemeinde oder Urkirche sammelte sich zu Gebet u. Herrenmahl, wandte sich mit der Verkündigung des Heilsgeschehens in Jesus Christus u. mit der Taufe an Juden, mit einer ausgeprägten Vorrangstellung des Petrus u. der »Zwölf« (↗Apostel). Dieser Abschnitt der Kirchengeschichte gilt in der ev. u. kath. Theologie als eine einmalige u. ausgezeichnete Größe: In der Urkirche waren die Zeuginnen u. Zeugen der Auferweckung Jesu, die authentischen Hörerinnen u. Hörer seiner Verkündigung vereint, denen die eschatologische Gottesoffenbarung als Erstempfangenden, nicht bloß als Tradenten, anvertraut wurde. Im Urchristentum wurde mit dem bleibenden jüdischen Erbe nicht nur die Bibel der Juden als Heilige Schrift auch der Christen anerkannt, sondern das Neue Testament als bleibende Norm für Lehre u. Leben der Kirche gebildet. Die spätere Kirche war immer darum bemüht, sich von diesem bleibenden Anfang nicht zu entfernen u. die Legitimität aller weiteren Entwicklungen an ihm zu messen, in der Glaubensüberzeugung, daß ein u. derselbe göttliche Geist Glauben u. Kirchesein am Anfang gewirkt hat u. auch weiterhin garantiert. – Das Urchristentum enthält zahlreiche Elemente, die für die Zukunft der Kirche von Bedeutung sind u. von der Forschung neu entdeckt werden: Die Pluralität von Theologien, Christologien u. Ekklesiologien, die Respektierung der Charismen in den Gemeinden, die unterschiedlichen Gemeindemodelle (paulinisch, matthäisch, johanneisch, nachpaulinisch usw.). Aus der Besinnung auf solche Elemente lernt die Kirche, daß das Bleiben im Anfang (bei der Lehre der Apostel) u. echte Geschichte keine Gegensätze sind.

Uroffenbarung. Die traditionelle Theologie nimmt an, daß bereits den ersten Menschen eine jedenfalls deutliche, begrifflich reflexe ↗Offenbarung Gottes zuteil wurde. Grundlage dafür ist die Überzeugung, daß der universale ↗Heilswille Gottes u. seine ↗Selbstmitteilung die personale Existenz der Menschen, d. h. ihr Bewußtsein, nicht einfach übergehen, sondern als ausdrückliches »Angebot« der übernatürlichen Gnade von allem Anfang an auf sie treffen. Über das *Wie* u. die *Inhalte* einer solchen U. lassen sich keine theol. Aussagen machen. Biblische Bezugstexte sind die Redeweise von gerechten Heiden, die Berufung von Heiden, die eschatologische Rettung der Völker u. vor allem die Nennung der Möglichkeit von Gotteserkenntnis »seit Erschaffung der Welt« (Röm 1,20). Auch bei den Kirchenvätern begegnet das Thema der gerechten Heiden. Als erster fand Justin († um 165) »Samenkörner der Wahrheit« (»logoi spermatikoi«) in der vorchristlichen Menschheit. Aber die ausdrückliche Theorie einer U. entstand erst im 16. Jh., nachdem die Entdeckung einer Vielzahl von »Heiden«, zu denen die Offenbarung des Evangeliums nie gelangt war, danach fragen ließ, auf welchen Wegen sie das Heil bei Gott finden könnten. – ↗Erkennbarkeit Gottes, ↗Traditionalismus.

Ursakrament, eine wohl in der 1. Hälfte des 20. Jh. geprägte Bezeichnung für Jesus Christus im Hinblick auf die bleibende Herkunft der Kirche u. ihrer Sakramente von ihm. Folgende Überlegung liegt ihr zugrunde: In Jesus Christus hat sich Gott endgültig u. unüberbietbar der Menschheit als ganzer als ihr Heil zugesagt; diese eschatologische Heilsverheißung ist verbürgt durch die ↗Hypostatische Union des göttlichen ↗Logos mit einer menschlichen Natur. Insofern die ↗Kirche nach dem Willen Gottes in die Heilssendung Jesu eingetreten ist, hat sie in ihrem innersten Wesen Anteil an dieser »inkarnatorischen« Struktur: die eschatologische Heilsverheißung ist u. bleibt die Gnadenzusage Gottes u. in ihrer Wirksamkeit letztlich von ihm allein abhängig. Aber sie ist mit einer geschichtlichen Leibhaftigkeit untrennbar (wenn auch unvermischt) verbunden. Diese Leibhaftigkeit kann als das Zeichen (Realsymbol) der göttlichen Gnade angesehen werden. Von da her kann die Theologie auf die bleibende Heilsbedeutung der Menschheit Jesu Christi zurückschließen (II. Vaticanum LG 8). Damit die Kirche trotz der »inkarnatorischen« u. sakramentalen Struktur von Jesus Christus deutlich unterschieden bleibt, wird sie heute (nach einer gewissen Zeit des Schwankens) nicht U., sondern Grundsakrament genannt.

Urstand. Das Wort U. bezeichnet in der klassischen Theologie den religiösen u. ethischen Zustand der ersten Menschen (traditionell immer ↗»Adam« genannt), der ihnen von Gott dem Schöpfer geschenkt worden war u. den sie durch die ↗Ursünde verloren. Diese Lehre verfolgt also zwei Absichten, die Tragweite von Sünde u. Schuld deutlich zu machen u. dasjenige, was Gott den Menschen von Anfang an zugedacht hatte, als Inhalt der Verheißung des Kommenden u. Endgültigen anzugeben. Beides ist unabhängig davon, wie heute unter dem Einfluß naturwissenschaftlicher Erkenntnisse über die ↗Hominisation (↗Monogenismus) u. exegetischer Einsichten hinsichtlich der biblischen ↗Urgeschichte über den U. als Idealentwurf nachgedacht wird. In der Theologiegeschichte datieren die Bemühungen um den U. seit Irenäus von Lyon († um 202) mit den Bezugnahmen auf die ↗Gottebenbildlichkeit (Gen 1, 26 f.) u. auf die Adam-Texte (Röm 5, 12–20; 1 Kor 15, 21–26 45–49). Im einzelnen besagt die traditionelle Lehre vom U.: 1) Die ersten Menschen wurden in der ↗Heiligmachenden Gnade erschaffen, mit dem Ziel, des ewigen Lebens in der ↗Anschauung Gottes teilhaft zu werden. Ein »Stand der bloßen Natur« (einer »natura pura«) existierte also nie. Die Geschichte der Menschheit stand von Anfang an unter einer einheitlichen Sinn- u. Zielsetzung durch Gott. Der theol. Gedankengang besagt, daß ein Mensch sein »natürliches Wesen« nur dann richtig interpretiert, wenn er es als offen für eine über dieses »natürliche Wesen« hinausgreifende Verfügung Gottes versteht. Diese kommt nicht nachträglich zum »natürlichen Wesen« hinzu (↗Extrinsezismus), sondern ist von vornherein das Entscheidende für den Menschen. Der universale ↗Heilswille Gottes besagt, daß die Menschen von Anfang an darauf hingeordnet sind, Anteil an Gott im ewigen Heil zu haben, u. daß diese Hinordnung auch nach der »Sünde Adams« erhalten geblieben ist. Daraus wird gefolgert, daß Gott diese Hinordnung immer schon als Gnade Jesu Christi konzipiert hatte: Der Wille zur Selbstmitteilung Gottes an das Nichtgöttliche ist der Grund der Schöpfung, findet Konkretisation u. Höhepunkt in der ↗Inkarnation u. konkretisiert sich in der rettenden Zuwendung zur Menschheit. So ist Jesus Christus mehr als nur der Wiederhersteller der »Ordnung Adams«. – 2) Die ersten Menschen waren frei von der rebellischen bösen ↗Begierde. – 3) Die ersten Menschen waren frei von der Notwendigkeit, den ↗Tod zu sterben. Da nach gesicherten naturwissenschaftlichen Erkenntnissen der Tod nicht erst durch die Sünde in die Welt kam, sondern vom Schöpfer in die Evolution alles Lebendigen einprogrammiert wurde, könnte diese Lehre höchstens bedeuten, daß den Menschen von Gott »an sich« eine andere Art des Sterbens als Vollendung des biologischen u. geistigen Lebens zugedacht war. – Diese kirchliche Lehre über den U. sagt nichts über biologische u. kulturgeschichtliche Zuständlichkeiten der ersten Menschen. Sie besagt nur das, was mit der theol. Auffassung von ↗Person gemeint ist. Ursprung u. Vollendung können nicht als Momente innerhalb der Menschheitsgeschichte, dem Zugriff der Wissenschaft ausgesetzt, verstanden werden. »Das Urgeschichtliche u. das Eschatologische müssen aus der Natur der Sache heraus für uns den größten Abstand zwischen Vorstellung, Bild einerseits u. gemeinter Sache andersseits haben« (Rahner-Vorgrimler 1961, 375).

Ursünde (»Sündenfall Adams«) bezeichnet in der Theologiegeschichte die freie Entscheidung der ersten Menschen zum Ungehorsam gegen Gott, also die von ↗»Adam« (u. ↗Eva) persönlich zu verantwortende, eigentliche ↗Sünde. Im Unterschied dazu wäre die auf die Nachkommen Adams übergegangene ↗Erbsünde von den späteren Menschen nicht persönlich zu verantworten; sie stellte nur im analogen Sinn eine »Sünde« dar. Nach der Theologiegeschichte wäre Adam durch den Verlust der ↗Heiligmachenden Gnade nicht in einen Zustand »reiner Natur« gefallen; vielmehr blieb die übernatürliche Berufung zur Teilnahme am Leben Gottes bestehen. Sie kann nach der neueren Theologie als übernatürliches ↗Existential (↗Übernatürlich) aufgefaßt werden. Die biblischen Bezugstexte (Gen 2 u. 3) verstehen die U. als überhebliches Aufbegehren gegen ein ausdrückliches Gebot Gottes. In der Geschichte auftauchende Fehldeutungen (maßlose Eßlust, unerlaubter Geschlechtsverkehr usw.) sind leicht als solche erkennbar. Zu den heutigen Problemen: ↗Monogenismus, ↗Paradies, ↗Ätiologie.

Utilitarismus (lat. = Lehre von der Nützlichkeit), eine ethische Theorie, nach der der größtmögliche Nutzen das entscheidende Kriterium für sittlich richtiges Handeln ist, das von den Folgen her verstanden wird. Wird der »Nutzen« enger gefaßt, dann spricht man von *Eudämonismus* (griech. = Lehre vom Glück), nach dem das größtmögliche Glück (Freude, Lust) die Folge des sittlich richtigen Handelns sein muß. Zur Zeit der Entwicklung dieser Lehre in der englischen Moralphilosophie des 18. Jh. war sie strikt individualistisch konzipiert. Es gelang nicht, die universale Geltung des Prinzips logisch schlüssig nachzuweisen, auch D. Hume († 1776) nicht, der vom Mitgefühl ausging u. das Glück des einzelnen Menschen vom Glück aller abhängig machte. Im 19. Jh. wurde der U. von verschiedenen Gesichtspunkten aus zu einer Theorie des sozialen Nutzens weiterentwickelt. Aber alle Spielarten des U. werden dem Streben nach ↗Gerechtigkeit als Motiv des sittlichen Handelns nicht gerecht. Das Ausgangsprinzip des U., das sittlich richtige Handeln von den möglichen Folgen her zu beurteilen (↗Teleologie im Unterschied zur ↗Deontologischen Ethik), bleibt auch dann gültig, wenn Glück u. Nützlichkeit nicht die einzigen Maßstäbe bei der Erwägung der Folgen sind.

Utopie (griech. = Nirgendwo-Land), zuerst bei Thomas Morus († 1535) in Gestalt einer fiktiven Insel »Utopia« vorgestellter Idealentwurf eines Gemeinwesens, später eine literarische Gattung mit programmatischer Kritik am bestehenden Feudal- u. Wirtschaftswesen, z.T. mit Rückbezügen auf Platons († 347 v. Chr.) »Politeia«, z.T. mit ausgesprochen christlicher Zielsetzung. Die »säkularen« Utopien des 19. Jh. standen unter dem Vorzeichen von ↗Fortschritt u. ↗Emanzipation. Deren negative Folgen wurden in den Anti-Utopien von A. Huxley († 1963) u. G. Orwell († 1950) beschrieben. Eine in der Theologie der Hoffnung u. in der ⊅Politischen Theologie wirksam gewordene Philosophie der U. als Bedenken des Noch-nicht-Bewußten u. des Noch-nicht-Gewordenen legte E. Bloch († 1977) vor. Die Gegenwart ist nicht einfach durch das Fehlen von Utopien geprägt. In der Literatur spielen sie u. a. in der Gattung der »Science Fiction« eine Rolle. Vertreter der Bibelwissenschaft wollen in einer von den Weisungen der Bergpredigt geprägten Glaubensgemeinschaft bzw. in der Kirche ein »Gegenmodell« oder eine »Kontrastgesellschaft« zu bestehenden »weltlichen« Gesellschaften sehen. Konkretere Umrisse nimmt diese U. in den Zielvorstellungen der Feministischen Theologie (⊅Feminismus) u. der ⊅Befreiungstheologie an. In der Politikwissenschaft korrespondiert dem das Verständnis der U. als »regulatives Prinzip«.

V

Vater (Väterlichkeit u. Mütterlichkeit Gottes). Die Bezeichnung u. Anrufung Gottes als des Vaters entstammen den Gotteserfahrungen Israels (Dtn 32,6; Jes 9,5; 63,16; Jer 31,9; Mal 2,10), sie sind also nicht spezifisch christlich. Ihre relative Seltenheit erklärt sich aus der Abwehr der erzeugenden Götterväter in der Umwelt Israels. Kennzeichnend für die Väterlichkeit Gottes ist die Erfahrung seines starken Schutzes u. seines fürsorglichen Geleits. Ergänzend tritt der Gedanke an den Schöpfergott hinzu. In den Evangelien ist »Vater« ein bevorzugter Gottesname, mit der bemerkenswerten Unterscheidung »euer Vater« – »mein Vater«. Er übt Schutz, Fürsorge u. Vergebung aus, offenbart sich, hat einen konkreten Willen. Sein Schöpfertum kommt in den Aussagen zur Geltung, daß er als »Vater, Herr des Himmels u. der Erde« (Mt 11,25) angerufen wird; er hat das Leben »in sich« (Joh 5,26). Die besondere Beziehung Jesu (⊅Sohn) zu seinem Vater kommt in der vertraulichen Anrede »Abba« (Mk 14,36) zum Ausdruck, die sich auch die Glaubenden zueigen machen (Röm 8,15). Ein furchterregendes Moment fehlt in dieser Gottesaussage; er ist »der Vater der Barmherzigkeit u. der Gott alles Trostes« (2 Kor 1,3). Prägend für das gemeinsame jüdisch-christliche Verständnis Gottes als des Vaters ist das *Vaterunser,* das in zwei Fassungen überliefert u. in großen Teilen mit dem etwa gleich alten jüdischen Kaddisch verwandt ist. Lk 11,2–4 gilt als ältere Gestalt; die jüngere Mt 6,9–13 (Didache 8,2 f.) zeigt bereits liturgische Prägung. Aussagen über die Mütterlichkeit Gottes bezeugen Trösten, Behüten, Vergeben, Erbarmen (Jes 66,13; Dtn 32,10 f. 18 u.ö.). Moderne Probleme aus der Psychologie (Dominanz einer tyrannischen Über-Vaters) oder aus dem Feminismus (das Patriarchalische im sexistischen Sinn) stellen sich in der Bibel nicht. – Direkt aus dem NT abgeleitet ist das Verständnis des *einen* Gottes als des Vaters, der sich selber mitteilen will u. sich mitteilt in seinem Wort u. in seinem Geist, der also Ursprung auch der »Hervorgänge« in ihm selber ist (↗Trinität). Die biblischen u. dogmatischen Bezeichnungen Gottes als des Vaters u. der Mutter qualifizieren offenbarend sein Person-Sein, sind aber (auch hinsichtlich der Zeugung u. der Geburtsschmerzen) analog (↗Analogie).

Vaticanum I, als 20. ökumenisches Konzil gezählt, tagte unter Pius IX. († 1878) vom 8.12.1869 bis 18.7.1870. Unter dem absolutistischen u. starrsinnigen Papst polarisierte sich die kirchliche Hierarchie, wobei sich der Papst der ihm ergebenen Minderheit bediente, um seine autoritären Vorstellungen durchzusetzen. Bei der Verteidigung gegen das Gedankengut der »modernen Welt« (Aufklärung, Französische Revolution, Liberalismus, nationale Einigungsbewegung in Italien usw.) sollten seine Lehr- u. Leitungsansprüche auf dem von ihm einberufenen Konzil dogmatisiert werden. Von 1056 geladenen Teilnehmern waren zeitweilig 792 (mehr als ein Drittel Italiener) anwesend. Durch massive Einflußnahme erreichte der Papst eine Mehrheit für die Dogmen seiner ↗Unfehlbarkeit u. seines ↗Jurisdiktionsprimats (533 Ja-, 2 Nein-Stimmen). 57 Gegner der Dogmatisierung (fast alle deutschen, österreichischen u. ungarischen Bischöfe) waren vorher abgereist; sie »unterwarfen« sich später, während sich die »Altkatholiken« von der röm.-kath. Kirche abspalteten. In einem zuvor ebenfalls 1870 verabschiedeten dogmatischen Lehrtext über den ↗Glauben wurden Gottes unendliche Verschiedenheit von der Welt, sein freies Schöpfertum, seine Erkennbarkeit durch Vernunft u. Offenbarung gegen Pantheismus u. Materialismus verbindlich gelehrt. Nach dem Ausbruch des Krieges Deutschlands gegen Frankreich 1870 vertagte der Papst das Konzil auf unbestimmte Zeit.

Vaticanum II, gezählt als 21. ökumenisches Konzil, von Johannes XXIII. († 1963) unerwartet einberufen, damit das Glaubenszeugnis ohne Verurteilungen Andersdenkender u. ohne Verfälschung des Inhalts »zeitgemäß« formuliert u. die Kirche erneuert werden könnte, tagte vom 11.10.1962 bis 8.12.1965 in vier Sitzungsperioden, nach dem Tod des Konzilspapstes von Paul VI. († 1978) fortgeführt. Von 2540 stimmberechtigten Personen waren im Durchschnitt über 2000 anwesend. Beobachter aus nichtkatholischen Kirchen u. Fachtheologen hatten großen Einfluß auf die Texte. Nach der Zurückweisung der von der röm. Kurie vorbereiteten Dokumente durch die Mehrheit setzte Johannes XXIII. sie von der Traktandenliste ab; sie wurden jedoch vom Ende des Konzils an zunehmend wieder zur Geltung gebracht. Paul VI. nahm mehrere Eingriffe in die Texte vor, mit denen die hierarchischen Lehr- u. Leitungsansprüche aufrechterhalten werden sollten. Vielfache Kompromisse bei den Formulierungen hatten zum Ziel, die defensiv nach rückwärts gewandte Minderheit zu gewinnen, so daß stets nur wenige Nein-Stimmen u. Enthaltungen zu registrieren waren. Die in 16 Dokumenten (Konstitutionen, Dekreten u. Erklärungen) enthaltenen Konzilsaussagen lassen sich so ordnen: 1. das theol. Selbstverständnis der ↗Kirche, 2. das innere Leben der Kirche, ihre ↗Liturgie, ihr Lehramt (↗Offenbarung), die Leitungsfunktionen u. »Stände« (↗Bischof, ↗Priester, ↗Diakon, Ordensleben, ↗Laie), 3. ihre Beziehungen u. ihr Zeugnis nach »außen«, zur geschwisterlichen nichtkatholischen Christenheit (↗Ökumene), zu den ↗Nichtchristlichen Religionen, insbesondere zum ↗Judentum, ihr Verständnis der ↗Mission, ihr Verhältnis zur Welt in ihrer heutigen weltlichen Situation, ihre Haltung gegenüber dem heutigen weltanschaulichen Pluralismus (↗Religionsfreiheit). Die umfassende Krise des Gottesglaubens wurde vom Konzil nicht herbeigeführt u. auch nicht thematisiert, allenfalls aufgehalten. Aus »Zeitnot« wurden andere dringliche Themen (Empfängnisregelung, Zölibat, Frauenordination) späteren Päpsten überlassen. Eine nachhaltige Wirkung hatte die Liturgiereform Pauls VI. Auf dem Konzil zutage getretene weitere Reformimpulse u. die Einsicht, daß auf argumentativen u. dialogischen Wegen Konsensbildungen zur Förderung kirchlicher Einheit effektiver sind als administrative Maßnahmen u. verordnete Uniformität, wurden nach dem Konzil zunehmend unwirksam gemacht. Ernsthafte ökumenische Anstrengungen wurden durch angestrengte Selbstdarstellungen des Papsttums, folgenlose verbale Beteuerungen u. verstärkte Betonung des kath. Sonderguts (Marienverehrung, Heiligsprechungen, Ablässe usw.) blokkiert. Wegweisend für die Zukunft bleiben vor allem das Verständnis von Offenbarung u. Wahrheit, vom Glaubenssinn aller Glaubenden, von den Möglichkeiten der Ökumene u. des Dialogs mit anderen Religionen u. Weltanschauungen.

Verantwortung. Der Begriff V. setzt eine Autorität (Instanz) voraus, vor der Menschen für ihre Gesinnung u. vor allem für ihr Tun Rechenschaft ablegen müssen. Er kommt als Begriff in der Bibel nicht vor. Die V. vor Gott ist mit den Weisungen u. den Ankündigungen des ↗Gerichts eindeutig betont. Gesellschaftlich steht er im Zusammenhang mit Ordnung u. Gerichtswesen (Klärung der Verantwortlichkeit). In der neueren Ethik ist die Unterscheidung von *Gesinnungsethik u. Verantwortungsethik* bei M. Weber († 1920) bis zur Gegenwart von Bedeutung. Die Beurteilung eines ethischen Verhaltens kann von der inneren Absicht (subjektiven Überzeugung) des Handelnden her erfolgen; diese Gesinnungsethik als Orientierung an

erstrebenswerten ↗Werten (Wertethik) u. moralischem Pflichtbewußtsein
wird der Moralphilosophie im Gefolge I. Kants (†1804) zugeschrieben.
Weber hielt die Gesinnungsethik für gefährdet durch Realitätsverlust u.
Tendenz zum Utopischen; sie war für ihn unvereinbar mit Verantwortungsethik. Diese beurteilt ein ethisches Verhalten ausschließlich von der
Qualität der vorhersehbaren Folgen her u. soll von da her praktikabel sein.
In der Kritik wurde gegen Weber vor allem eingewandt, daß er damit auf
eine argumentative u. normative Begründung der Ethik verzichte. Von der
Auschwitz-Katastrophe her plädierte H. Jonas (†1993) nachdrücklich für
eine Verantwortungsethik, die in der Bemühung um eine humane Zukunft
mögliche Folgen von Verhaltensweisen u. Entscheidungen umfassend reflektiert. In einer zunehmend nachchristlichen Gesellschaft kann die theol.
Ethik auf die Begründung der V. durch Bezugnahme auf Gott nicht verzichten, ist aber zugleich zu einem verantwortungsethischen Dialog verpflichtet, in dem kommunikable Werte (humane Zukunft, Gerechtigkeit,
Friede) zur Geltung kommen.

Verborgenheit Gottes. Texte der biblisch bezeugten Gottesoffenbarung
sprechen von dem trotz seines Sprechens u. seiner Führung verborgenen
Gott (Jes 45,15; Ps 89,47) bzw. vom Verbergen seines Antlitzes (Dtn 31,17;
Ps 30,8; 104,29) oder seiner Güte (Ps 31,20). Bei der Übernahme des
Licht-Motivs in die ältere u. scholastische Theologie spielte das Wohnen
Gottes im unzugänglichen Licht (1 Tim 6,16) eine Rolle. Für M. Luther
(†1546) war das Thema der V. G. von großer Bedeutung. An ihn
anknüpfend spricht die ev. Theologie davon, daß Gott in seiner ↗Herrlich-
keit den Menschen verborgen sei (diese V. G. ist etwas anderes als seine
Nichterkennbarkeit), daß Gott sich in der ↗Inkarnation verborgen habe
u. daß das Wirken Gottes (im Unterschied zu seiner Urheberschaft) verborgen sei. Im Problem der ↗Theodizee tritt die V. G. unverkennbar zu
Tage; daß Gott in seinem Wesen Liebe ist, bleibt angesichts des Bösen verborgen. Bei manchen Theologen nähert sich die in der ↗Offenbarung u. in
der ↗Anschauung Gottes bleibende, ja noch radikalisierte V. G. der ↗Unbe-
greiflichkeit Gottes an.

Verdienst ist ein Begriff der ↗Gnadenlehre, mit dem ein bestimmtes Tun des
Menschen vor Gott positiv qualifiziert wird. Die Voraussetzungen für eine
solche positive Einschätzung menschlichen Tuns sind das Zuvorkommen
der ↗Gnade Gottes vor jeder menschlichen Initiative u. die von Gott geschenkte ↗Rechtfertigung des Sünders. Unter diesen Voraussetzungen
spricht das NT vom Wert menschlicher ↗Werke, denen vom gerechten
Gott Lohn zuteil wird (Lk 6,23; Offb 22,12 u.ö.). Sie sind »Früchte« des
↗Heiligen Geistes u. in seiner Kraft getan, daher dürfen sie trotz der Dun-

kelheit des Glaubens u. der Zweideutigkeit des Alltags als praktische Äußerungen des bereits jetzt geschenkten ewigen Lebens gelten, durch die ein
Mensch dank der Gnade Gottes in seine Vollendung bei Gott »hinein-
wächst«. Diese Auffassung wird in der kath. Theologie mit der Sprache
des Konzils von ⁊Trient als mögliches »Wachstum in der Gnade« oder als
»Verdienen« einer Mehrung der Gnade bezeichnet. Dieses Wachstum kann
man heute wiedergeben als »die existentiell immer tiefere Aneignung der
Gnade, die die Regionen des menschlichen Daseins immer mehr in sich
hineinintegriert« (Rahner-Vorgrimler 1961, 376). Im gleichen Zusammenhang wird vom Trienter Konzil gesagt, daß das Wort »Verdienst« angemessen sei. Zur Vermeidung von Mißverständnissen ist zu beachten: 1. Der
Mensch bietet Gott nicht eine unabhängig von Gott erbrachte Leistung
dar, die Gott belohnen müßte. Die Ermöglichung u. die freie Verwirklichung eines »verdienstvollen« Tuns (eines ⁊Heilsaktes) sind Gabe der
Gnade Gottes. Der gerechte Gott »belohnt« also das, was er selber gegeben
hat. Die Lehre vom V. tastet die absolute Freiheit seiner Entscheidung u.
Gnade nicht an. Menschen arbeiten nicht mit Gott zusammen (⁊Synergis-
mus) als zwei Größen auf der gleichen Ebene, sondern Gott gibt, daß
Menschen frei arbeiten; wenn sie das dank seiner Kraft tun, dann erbringen sie wirklich »Frucht« (vgl. Mt 13, 8). – 2. Die endliche Kreatur Mensch
hat in legitimer Weise eine Mehrzahl von Motiven des Handelns, weil sie
nie alle Motive in einem einzigen zusammen hat. So darf sie von der Hoffnung auf ihr eigenes seliges Leben in der Vollendung motiviert sein u.
darum V. u. Lohn anstreben. Letztlich muß sie aber wissen, daß sie das
ewige Leben nur erlangt, wenn sie Gott um seiner selbst willen liebt u.
nicht bloß als Ursache ihres eigenen Glücks. Diese ⁊Liebe ist wieder
ermöglicht u. geschenkt als Gabe Gottes, die den Willen zum eigenen V.
überholt u. »überformt«.

Verfolgung. Da die Glaubenden sich der nicht vom Gottesglauben bestimmten Mitwelt nicht konform machen dürfen, also im Widerspruch u.
Widerstand leben müssen, u. da dem Glauben innerweltlicher Sieg u. Frieden nicht verheißen sind, müssen die Glaubenden mit Verfolgungen bis
zum Ende der Zeit rechnen. Diese können unterschiedliche konkrete Formen (von Spott bis zur Gewalt) annehmen u. müssen in Feindesliebe
(⁊Feind) ausgehalten werden. Die berechtigte Notwehr gegen sie kann im
Abbau von Feindbildern u. in der Vermeidung von Eskalationen bestehen.
Die Christenverfolgungen bis zu den Toleranzedikten des 4. Jh. führten
z. T. zum ⁊Martyrium bis zum Tod u. bestanden z. T. aus Deportationen,
Pogromen u. Verweigerung der Gleichberechtigung. Nach Art u. Ausmaß
entsprachen ihnen Verfolgungen in der Neuzeit in Europa, Asien u. Afrika.
Dabei waren viele Verfolgungssituationen aus der Vorgeschichte zu erklä-

ren, in der die Kirchen selber unterdrückten u. verfolgten (Kolonialismus, Rassismus, Feudalismus). Vielfach waren die Verfolgungen nicht gegen den Glauben als solchen, sondern gegen die Menschenrechte (Versammlungsfreiheit, Freiheit der politischen Meinungsäußerung) gerichtet. Die Einsicht in christliches Fehlverhalten, besonders auch in das Faktum, daß christliche Kirchen sich gegenseitig Märtyrer verschafft haben, sollte davor warnen, sich »triumphalistisch« auf das Martyrium anderer zu berufen.

Vergebung bedeutet, dem Wortsinn nach, eine berechtigte Forderung aufzugeben. Tragendes Motiv ist der Wille zur ↗Versöhnung. Im religiösen Bereich sind V. durch Gott u. V. durch Menschen von zentraler Bedeutung. Das durch Gottes Initiative gestiftete positive Verhältnis des Menschen zu Gott wird durch die ↗Sünde nachhaltig gestört. Gott offenbart sich im AT wie im NT (keineswegs nur im NT!) als vergebungsbereiter, auf Versöhnung bedachter, erbarmender Gott. Er bereitet die Wege zur V. u. trägt Umkehr (↗Buße) u. ↗Reue des Menschen; er »reinigt« den Menschen von seiner Sünde; er erläßt dem bereuenden u. glaubend vertrauenden Menschen die Schuld; er schenkt dem Menschen die ↗Gerechtigkeit, die den göttlichen Ansprüchen entspricht. Das NT verbindet die Versöhnung der Sünder mit Gott mit der Person u. dem Wirken Jesu. Nach dem Ende des Tempels blieb dem gläubigen Judentum der große Versöhnungstag mit der Liturgie, in der die Sünder ihre Schuld bekennen u. im Vertrauen auf die von Gott ermöglichte u. zugesagte V. den Bund erneuern. Im Christentum verstand sich von Anfang an die Gemeinde mit ihren Sakramenten als Ort, an dem die von Gott geschenkte Reue u. Vergebung öffentlich-greifbaren Ausdruck finden, ohne daß die V. auf den sakramentalen Weg beschränkt wurde. Auf der Grundlage der Vaterunser-Bitte um Vergebung durch Gott, verknüpft mit der Willensbekundung, den »Schuldigern« zu vergeben, waren der Wille zur Versöhnung mit Mitmenschen u. Wiedergutmachung eines Schadens, wo immer möglich, unlösbar mit der Hoffnung auf V. durch Gott verbunden. Dieser Zusammenhang ist in neuerer Zeit dadurch bedroht, daß die V. durch das Sakrament bzw. durch den Glauben als rein privater Vorgang u. als leicht u. »billig« zu erhaltende Gnade aufgefaßt wird. Vielfach förderte die kirchliche Sünden- u. Beichtmoral neurotische Schuldgefühle, so daß das Schuldbewußtsein heute vielfach auf Krankheiten oder Determinanten zurückgeführt wird. Vielfach existiert auch ein Gefühl für Versagen u. Fehlverhalten, ohne daß diese als gegen Gott gerichtete Sünde verstanden werden können. Von da her stellen sich der gläubigen Rede von V. enorme Aufgaben. Eine bedrückende, theol. nicht leicht lösbare Einsicht ergibt sich aus dem Massenmord von »Auschwitz«: Es kann u. darf keine V. geben, an der die Opfer nicht beteiligt sind. Keiner kann, über den Kopf der Opfer hinweg, an deren Stelle vergeben.

Vergöttlichung, ein Begriff der Kirchenväter, vor allem der griechischen, der für sie der Inbegriff des Heilsgeschehens in Jesus Christus war. Eine alte Form der ↗Soteriologie kam in dem Tauschgedanken zum Ausdruck: Er (der göttliche Logos) nahm unsere menschliche Natur zu eigen an, damit wir seiner göttlichen Natur teilhaftig würden (2 Petr 1,4). Die Teilhabevorstellung konnte gegen das Mißverständnis einer »Gottwerdung« des Menschen schützen; auch haben die griechischen Väter die V. oft als Gleichgestaltung der Menschen mit dem Sohn Gottes (als Kindesannahme u.ä.) interpretiert. In sakramententheologischer u. ethischer Sicht ist V. mit dem Zielgedanken der Unsterblichkeit verbunden. Die dogmatische Formulierung der Christologie von ↗Chalkedon schließt eine Vermischung von Gottsein u. Menschsein aus.

Verhaltensforschung ist den (im Unterschied zu psychischen Vorgängen) »von außen« beobachtbaren, meßbaren Vorgängen des Lernens, des Funktionierens usw. zugewandt. In höchst unterschiedlichen Programmatiken untersucht sie die in der theol. Systematik, vor allem in der Ethik, höchst relevanten Fragen, was am menschlichen Verhalten angeboren u. was erworben sei. Ist das Verhalten phylogenetisch (stammesgeschichtlich) unter dem Gesichtspunkt der Zweckmäßigkeit vorgeprägt, dann sind die Determinierung u. entsprechende Reduzierung der Freiheit offensichtlich (z.B.: Sind spontane Aggressionen in evolutiven Zusammenhängen »zweckmäßig« u. ist das in ihnen erfahrene Böse nur ein »sogenanntes Böses«?) Auch »Anpassungsmechanismen« müssen nicht unbedingt Produkte individueller Erfahrungen, also nur ontogenetischen (individualgeschichtlichen) Ursprungs sein. Die kirchliche Rede über »endgültige Freiheitsentscheidungen« hat Fragen (u. Teilergebnisse) der V. noch nicht zur Kenntnis genommen. Die Theologie hat sich der Frage, inwieweit ↗Religion unter das »Verhalten« fällt, noch nicht gestellt.

Verheißung ist ein biblisch-religiöser Begriff, der eine Ankündigung eines positiven Geschehens bezeichnet. Umfassender sind die Voraus-Ansagen, die sich auch auf negative Ereignisse (Leiden, Gericht) beziehen können. Die Rede von Verheißungen dient im AT dazu, die geschehende Geschichte als bewirkt durch Gott zu verstehen. Gottes Eingreifen wird in seinem Wort angekündigt, wenn es auch auf sich warten läßt; damit wirkt die V. gegen Resignation u. Verzweiflung. Naheliegend ist die Tendenz, geschehene Ereignisse als Erfüllungen früherer Verheißungen bzw. Ankündigungen zu interpretieren u. das Wort Gottes damit als glaubwürdig zu erweisen (so in Geschichtsdeutungen der Apokalyptik oder in den Leidensweissagungen Jesu). Das NT deutet in vielfachen Konkretionen (z.B. in »Reflexionszitaten«; in der Redeweise »gemäß den Schriften«) das »Christusereignis«

als Erfüllung alttestamentlicher Verheißungen. Diese Verfahrensweise hat
wesentlich zur wachsenden Entfremdung zwischen Judentum u. Kirche
beigetragen. Heute wird eingesehen, in wie vielen Bereichen das Vertrauen
Israels auf die göttlichen Verheißungen durch Jesus von Nazaret nicht
erfüllt wurde, also ein »Verheißungsüberschuß« bestehen bleibt, durch
den Juden u. Christen gemeinsam in einem »Noch nicht« stehen u. auf
eine Erfüllung in der Zukunft verwiesen sind.

Verkündigung ist ein religiöser, spezifisch christlicher Begriff für die Ansage
der »guten Nachricht«, des ↗Evangeliums. Das NT spricht vielfach von der
V. durch Jesus u. die Jünger; der bevorzugte Begriff ist ↗Kerygma: Das
Nahegekommensein der ↗Herrschaft Gottes wird »ausgerufen«. In neuerer
Zeit steht V. für das Zeugnis der Kirche im Dienst am ↗Wort Gottes (↗Mar-
tyrium) u. zwar speziell für den ↗Predigt-Dienst. Die V. soll in eine konkrete Situation der Hörenden hinein erfolgen u. – entsprechend der Zielsetzung des Evangeliums – diese verändern (»performative Rede«). Sie soll
nicht indoktrinieren, informieren oder überreden, nicht die private Meinung des Predigers andern aufnötigen. Sie sollte den ↗Dialog der Predi-
genden mit den Hörenden ermöglichen. Das Ankommen u. die praktischen Auswirkungen der V. sind Sache des ↗Heiligen Geistes u. seiner
Glaubensimpulse, insofern sie nicht durch die Subjektivitäten der Prediger
oder die Verweigerungen der Hörenden behindert werden.

Versöhnung. Obwohl das deutsche Wort V. auf »Sühnen« hinweist, hat V.
nichts mit dem Abbüßen einer Schuld durch Leistung oder Strafleiden zu
tun (↗Sühne). Näher liegend zu dem mit V. Gemeinten sind die Begriffe
»Aussöhnung« (lat. »reconciliatio«), »die Gemeinschaft wieder aufneh-
men«, »Frieden stiften«. Die Botschaft der beiden biblischen Testamente
bezeugt unmißverständlich, daß die Menschheit im ganzen sich Gott gegenüber verweigert u. bei sich unversöhnte Zustände schafft, daß Gott
jedoch von sich aus immer neu V. ermöglicht (Lk 15, 11–32; 2 Kor
5, 18–21; Röm 3, 25 u. ö.) u. den mit ihm versöhnten Menschen die Befähigung schenkt, ihrerseits Frieden u. V. zu stiften. Das Leiden u. Sterben
Jesu sollte nach seinem Willen andern zugute kommen, bedeutete jedoch
nicht die Beschwichtigung eines maßlos zornigen, auf das Blutvergießen
des Sohnes bedachten Gottes u. auch nicht, harmloser, seine »Umstimmung« zugunsten der Menschen. In der Theologiegeschichte tritt ein solches Mißverständnis immer wieder auf (↗Satisfaktionstheorie). In der ev.
Theologie werden die Themen von Kreuz, Erlösung u. Rechtfertigung oft
unter dem Titel »Lehre von der V.« behandelt. Die Bewußtseinsveränderung bei sehr vielen Christen in der neuesten Zeit bringt es mit sich,
daß Gott ein Unversöhnt-Sein von vornherein gar nicht mehr zugedacht

wird. Die Aufmerksamkeit gilt vielmehr der Weisung Gottes, vertrauens-
bildend Gegensätze u. Aggressionen zwischen Menschen abzubauen u. wo
nötig auf Ursachen von Feindschaft hinzuweisen. Neben der V. unversöhn-
ter Menschen gilt auch die V. der Menschen mit ↗Umwelt u. Natur als
vordringlich.

Verstand und Vernunft werden im Sprachgebrauch der klassischen Theologie nicht unterschieden. Anders bei I. Kant († 1804), nach dem sich die
Vernunft auf das Bewußtsein u. dessen Grundlagen bezieht, während der
Verstand als »Vermögen der Begriffe« die Anwendung der Vernunft auf
den Bereich der Erscheinungen (sinnlichen Wahrnehmungen) darstellt.
In der Theologie bezeichnen Verstand u. Vernunft das durch ↗Transzen-
denz (↗Geist) gekennzeichnete geistige Erkenntnisvermögen des Menschen u. damit seine unausweichliche Verwiesenheit auf Gott, die auch
dann noch existiert, wenn ein Mensch sie leugnet. Dieses *eine* Erkenntnisvermögen des Menschen kommt bewußtseinsmäßig zu sich selber u. damit
zu seiner Transzendenz, indem es sich (notwendig) dem sinnlich Anschaulichen, der »Vorstellung«, dem »Bild« u. damit der Konkretheit menschlicher Erfahrung u. Erkenntnis zuwendet, wie sie in der Gesellschaft u.
ihrem kulturellen Gedächtnis gegeben ist. Dieses *eine* Vermögen ist begrifflich u. schlußfolgernd (»diskursiv«) u. zugleich »intuitiv«, weil es nicht nur
hingewendet zum sinnlich Anschaulichen denkt, sondern – indem es seiner eigenen Transzendenz inne wird – zu höchsten »metaphysischen« Einsichten gelangt, die ursprünglich u. unableitbar sind. Mit dem Wesen des
Menschen als ↗Person ist es gegeben, daß der Grundvollzug seines Verstandes wesentlich auch auf den Grundvollzug seines ↗Willens bezogen ist.
Beide Grundvollzüge zusammen machen den *einen* Selbstvollzug des
menschlichen Geistes aus (so wie in analoger Weise zwei u. nur zwei »Hervorgänge« u. Möglichkeiten der Selbstmitteilung in der göttlichen ↗Trini-
tät erkannt werden). In der Sicht der kath. Theologie nimmt der Verstand,
das vernünftige Denken des Menschen, nicht »nachträglich« Stellung zu
einer ohne menschlichen Verstand ergangenen Offenbarung Gottes. Vielmehr ist dieses menschliche Erkenntnisvermögen in der ganzen Breite seiner Wirklichkeit u. in der ganzen Vielfalt seiner Aspekte von der ↗Offen-
barung Gottes angerufen. Angerufen wird das Erkenntnisvermögen in
seiner Transzendentalität durch die ↗Gnade, in seiner Verwiesenheit auf
die Welt u. das sinnlich Anschauliche durch die Erfahrbarkeit Gottes in
der Geschichte u. durch das Wort der ↗Verkündigung (das als menschliches Wort erscheint), in seiner Gesellschaftlichkeit durch die kirchlich-
kommunikative Gestaltwerdung der Offenbarung, in seiner geschichtlichen Entwicklung durch die Geschichte des Glaubensbewußtseins der
Kirche, in seiner »diskursiven« Rationalität durch den Wissenschaftscha-

rakter der die Offenbarung reflektierenden Theologie. Von da her versteht sich die kath. Überzeugung, daß Glaube u. Vernunft sich nicht widersprechen, sondern gegenseitig positiv beeinflussen.

Verstehen ist nicht nur ein sprachlich-akustischer Vorgang, sondern auch die Möglichkeit, einen Sinn zu erfassen u. von da her ein wichtiger philosophischer u. theol. Begriff. Zur Interpretation von Texten, die nicht direkt zugänglich sind, bedarf es der wissenschaftlichen Verstehensmethode, der ↗Hermeneutik. Bei der Bibelauslegung erlangte das V. der ↗Schriftsinne im christlichen Altertum höchste Bedeutung. Über die Sinnerfassung hinaus bezeichnet V. in der religiösen Tradition den bejahenden Gehorsam gegenüber dem Vernommenen (»intelligentia« als »verstan« bei Meister Eckhart † 1328), wenn es sich um göttliche Weisungen handelt (vgl. Jes 6, 9; Mt 13, 13 19). In der Neuzeit ist V. ein wesentlicher Vorgang bei der dialogischen Begegnung mit einem ↗Anderen, die Fähigkeit, sich in seine Gedanken u. Motivationen so intensiv einzufühlen, daß die bestehende Fremdheit überwunden wird.

Verstockung ist ein Begriff der religiösen Sprache, der die Verhärtung des Herzens, die Weigerung, Gottes Impulse wahrzunehmen u. seinen Weisungen zu gehorchen, bezeichnet. In der Bibel gelten den Menschen vielfache Appelle, ihr Herz nicht zu »verstocken«. Ein schwieriges Problem der ↗Theodizee ergibt sich aus biblischen Aussagen, daß Gott selber das Menschenherz »verstockt« u. danach bestraft (Ex 4, 21; 7, 13 u. ö.; Jes 6, 10; Joh 12, 40; Röm 9, 18). Sie gehören zu den Texten, die Gottes unbegreifliche Transzendenz dadurch zum Ausdruck bringen, daß sie ihm eine helle u. zugleich eine dunkle Seite zuschreiben.

Versuchung bezeichnet in religiöser Sprache den Anreiz zur ↗Sünde. Die menschliche Freiheit ist auf die Erfahrung von wirklichen oder vermeintlichen ↗Werten angewiesen, um aktiv werden u. sich entscheiden zu können. Diese notwendigen Anreize zu aktivem Handeln sind beim Menschen im allgemeinen desintegriert. Die ↗Begierde strebt nach einem partikulären Gut ohne Rücksicht auf das ethische Gesamtziel des Menschen, u. gerade dadurch verführt sie zu einem ausdrücklichen oder unausdrücklichen Nein zu Gott. Aber auch eine wiederholte oder anhaltende V. hebt »an sich« menschliche Freiheit u. Verantwortlichkeit nicht auf. Sie kann unter dem Impuls der ermöglichenden u. tragenden ↗Gnade Gottes »gegenwirkend« u. beständig übend bekämpft werden (↗Askese). Wird die V. zu einem psychischen ↗Zwang, dann hört die Möglichkeit einer schweren subjektiven Schuld auf.

Vertrauen ist ein entscheidender Begriff im Verhältnis der Menschen zu Gott wie im Verhältnis der Menschen zueinander. Die mannigfaltigen Enttäuschungen an Gott wegen vieler nicht erhörter Gebete u. verheerender Schicksalsschläge, wegen unbeantworteter Fragen der ↗Theodizee, verwandeln oft den ↗Fiduzialglauben in einen »Vorschuß« des Vertrauens, Gott möge seine Verheißungen bewahrheiten u. sich als Liebe erweisen. Das »Werden wie die Kinder« (Mt 18,2 ff.) meint nicht Infantilismus, sondern die Offenheit, sich überraschen u. beschenken zu lassen. Diese religiöse Grundhaltung ist leichter zu vermitteln, wenn ein Kleinkind des 1. Lebensjahrs in der Symbiose mit der Mutter ein »Urvertrauen« (E. Erikson † 1994) aufbauen konnte, das sich quer durch vielfache Ablösungs- u. Auseinandersetzungsprozesse als stabil erweist. Vertrauensverlust stellt sich in der kirchlichen Gemeinschaft als glaubenszerstörend ein, wo die kirchliche Autorität Enttäuschung des eigenen Vertrauens nicht riskiert, sondern V. verweigert u. statt dessen auf Überwachung, Denunziation, Anweisungen u. Strafen setzt.

Verzweiflung ist ein den ganzen Menschen in allen »Schichten« betreffender Zustand absoluter Ausweglosigkeit unter dem Vorzeichen völligen Scheiterns, einschneidender als »gewöhnliche« Trauer, Schwermut u. Gefühle des Versagens. Da sich die kirchliche Reaktion auf V. lange Zeit mit Appellen an willentliche Energie, Selbstbeherrschung u. Hinweisen auf den sündhaften Charakter der V. begnügte, waren die Verzweifelten auf die Medizin, vor allem auf die Psychiatrie, angewiesen, die sehr unterschiedliche Syndrome feststellte u. differenzierte Therapien versuchte. Einige wenige biblische Äußerungen, z. B. des Ijob, lassen darauf schließen, daß das Phänomen der V. auch in biblischen Zeiten bekannt war. In der theol. Sicht der traditionellen Tugendlehre galt die V. dann als schuldhaft, u. zwar als eine Sünde, gefährlicher als Unglaube u. Gotteshaß (Thomas von Aquin † 1274), wenn sie jede ↗Hoffnung auf Gott aufgibt, also in einer (uneingestandenen) letzten Überheblichkeit Gott nicht größer sein läßt als die eigene Macht, die in der V. als Ohnmacht erfahren wird. Die existentielle Erfahrung von radikaler Not, Ohnmacht u. Trostlosigkeit als solche, ohne Verleugnung der Treue Gottes, ist keine V. im theol. Sinn. Eine differenzierte Analyse der V. aus der Sicht des Glaubens versuchte S. Kierkegaard († 1855) in seinem Werk »Die Krankheit zum Tode« (1848).

Vienne, Stadt in Südfrankreich, in der vom 16. 10. 1311 bis zum 6. 5. 1312 z. Zt. des Papstes Clemens V. eine Generalsynode der lat. Kirche (gezählt als 15. ökumenisches Konzil) abgehalten wurde. Sie äußerte sich zur Leidensfähigkeit Jesu Christi (DS 900 f.), zur menschlichen ↗Seele als gestaltgebendem Prinzip des Leibes (»anima forma corporis«; DS 902; NR 329), zur

⁊Kindertaufe, die sie gegen Petrus Joannis Olivi verteidigte (DS 903 f.). Die Auffassung der Beginen u. Begarden, ein Mensch könne durch seine natürlichen Kräfte zur ⁊Anschauung Gottes u. zur höchsten Seligkeit gelangen, wurde abgelehnt (DS 891–899; NR 900).

Volk Gottes. Die bleibende Erwählung Israels zum Eigentumsvolk Gottes ist das Zentrum der Gottesoffenbarung an Israel u. des jüdischen Selbstverständnisses (Haupttexte: Ex 6,7; Lev 26,12; Dtn 26,16–19). Die Auserwählung Israels zum V. G. steht im Dienst der Rettung der »Völker« (Sach 2,14f.; Jes 49,6). Die Heilszusage gilt nicht nur einem elitären »Rest«, sondern »ganz Israel« (Röm 11,25f.). Im NT wird Jesus Christus als »Licht zur Erleuchtung der Völker« u. als »Herrlichkeit seines (!) Volkes Israel« gepriesen (Lk 2,30ff.). Ohne polemische Absichten, ohne Israel sein Privileg der Erstberufung abzusprechen, bezeichnet 1 Petr 2,9f. die Christen als V. G. u. als Gottes Eigentumsvolk. Nirgendwo im NT heißen die Christen das »neue V. G.« im Gegensatz zum »alten«. Die antisemitische Entgegensetzung beider unter diesen Begriffen begegnet erst im Barnabasbrief (5,7; 7,5; 13,1) um 130 n.Chr. Fortan wurde der Begriff V. G. von der Kirche in beiden Perspektiven in Anspruch genommen, affirmativ ohne antijüdische Tendenz u. polemisch im Sinn einer Ablösung des alten Volkes Gottes durch ein neues. Freilich trat der Begriff V. G. gegenüber andern Bezeichnungen u. Metaphern für die Kirche eher in den Hintergrund. Das II. Vaticanum erachtete es als glücklichen Gedanken, die Gemeinsamkeit aller Glaubenden ungeachtet der hierarchischen Unterschiede durch den Begriff V. G. zum Ausdruck zu bringen; so ist in LG das Kap. II »Das V. G.« den weiteren Kapiteln über die hierarchische Verfassung der Kirche u. über Laien u. Ordensleute vorangestellt. Im Begriff V. G. fand man außer der grundlegenden Gemeinsamkeit aller Glaubenden auch den »Pilgercharakter« der Kirche ausgesprochen. Bei allen positiven Aussagen des II. Vaticanums über das ⁊Judentum u. über das Fortbestehen seiner Erwählung wird mit der Formulierung »neues Volk Gottes« (LG 9 u.ö.) doch unglücklicherweise die Beerbung Israels nahegelegt (so auch im »Personenrecht« des Kirchenrechts von 1983). Auch die fatale Formulierung »V. G. im neuen Bund« hat sich, ohne Bewußtsein für Wirkung u. Folgen, nach dem Konzil weit verbreitet. Es bleibt nur zu betonen, daß es nur *ein* von Gott selber erwähltes Eigentumsvolk gibt, das der Juden, u. zwar nicht nur der gläubigen Juden, u. daß die Anwendung von V. G. auf die Kirche eine in jedem Fall interpretationsbedürftige Metapher ist.

Vollendung, ein nicht-biblisches Wort, mit dem der Inbegriff der eschatologischen ⁊Hoffnung umschrieben werden kann. – 1. Die Schrift spricht in Metaphern, z.B. vom »neuen Himmel u. der neuen Erde«, von der V. der

Schöpfung Gottes. Insofern das Universum in Evolution begriffen u. der Planet Erde den Menschen als Lebenshaus anvertraut ist, trägt die Schöpfung noch alle Merkmale des Unfertigen an sich. – 2. Der einzelne Mensch ist – im Normalfall – als Geist- ↗Person angerufen, sich in der ihm eingeräumten befristeten Zeit »auszuzeitigen« u. sein je einmaliges geistig-ethisches Profil zu erwirken. Dieses Werden ist ermöglicht u. getragen von der Liebe Gottes, die sich dem Versagenden u. Unfertigen als Vergebung zuwendet. Ob Gott Möglichkeiten findet (auf die der Glaube hofft), das Unvollendete zu vollenden, das Unheile zu heilen, muß ganz ihm überlassen bleiben. – 3. Die Zuwendung Gottes zu seinem Volk Israel u. die Eröffnung des Angebots der ↗Herrschaft Gottes verdeutlichen, daß auch die Menschheit als ganze auf ihre Vollendungsgestalt hin unterwegs ist. Das Ziel ist die bleibende Gemeinschaft Gottes mit den Menschen, der Menschen miteinander u. mit der Natur in höchster Seligkeit, in Frieden u. geglückter Versöhnung (↗Himmel, ↗Auferstehung der Toten). Das Wort von der V. weist darauf hin, daß das menschliche Tun nicht schlechthin vergänglich u. vergeblich ist, sondern »Erträge« zeitigt, die vollendet werden können u. sollen, daß aber die genauere Art u. Weise ihres »Bleibens« in der V. ebenso wie ihre »Zeitpunkte« unter dem absoluten Vorbehalt Gottes stehen.

Vollkommenheit, in der antiken griech. Philosophie Ausdruck für eine Art von Vollendet-Sein, bezeichnet also einen nicht mehr steigerungsfähigen Zustand bzw. eine demgemäß höchste Qualität. Die entsprechenden Begriffe des AT meinen »ungeteilt«, »ganz u. gar«, auch »gerecht«. Sie werden im AT für die V. Gottes nicht verwendet. Bei der Formulierung »Ihr sollt vollkommen sein, wie (weil) euer himmlischer Vater vollkommen ist« (Mt 5,48) steht möglicherweise ein griechisches Ideal im Hintergrund, da die ursprüngliche Formulierung lautete: »Seid barmherzig, wie euer Vater barmherzig ist« (Lk 6,36). Hier ist nicht ein statischer Qualitätszustand gemeint, sondern ein immer neu anzustrebendes Ziel, das je nach den individuell verschiedenen Möglichkeiten in der Einheit von Gottes- u. Nächstenliebe mit Hilfe der Gnade Gottes verwirklicht wird (»für den pilgernden Menschen immer eine nur asymptotisch erreichbare Aufgabe«: Rahner-Vorgrimler 1961,380). Die kirchliche Redeweise vom Weg der (ihrerseits wieder sehr eng verstandenen) ↗Evangelischen Räte als »Stand der V.« ist Fehldeutungen u. einer verkehrten Praxis ausgesetzt. Faktisch führten dieses Vollkommenheitsdenken u. -streben sehr häufig zu Selbstzerstörung, menschenverachtendem Fanatismus, Überheblichkeit, Mißbrauch der Mitmenschen als Übungsmaterial für Tugenden in der Hoffnung auf eine Heiligsprechung. Eine Folge davon ist die fundamentale Krise des kath. Ordenswesens.

Vollmacht heißt eine ständige oder zeitweilige rechtliche Fähigkeit zu Anordnungen u. Handlungen, die andere als legitim u. als moralisch bindend anzuerkennen haben. In einer solchen Definition ist nicht mit ausgesagt, ob es sich um ein »Können« handelt, zu dem andere grundsätzlich nicht fähig sind, oder um ein »Sollen« oder »Dürfen«. Eine V. kann sich aus den objektiven Verhältnissen ergeben (z. B. Erziehungsrecht der Eltern) oder vonseiten eines dazu legitimierten Dritten übertragen werden (z. B. richterliche V.). Nach kath. Glaubensverständnis existieren in der Kirche Vollmachten, die dem Willen Gottes entsprechen u. die teils sakramentaler, teils »hoheitlicher« Art sind. Die frühere Rechtssprache bezeichnete sie als »Gewalten« (»potestates«). Eine Alternative dazu wäre »Aufgabe« oder »Befugnis« (»munus«). Ihre Übertragung geschieht entsprechend der Zweiteilung (sakramental u. »hoheitlich«) durch das ↗Weihesakrament bzw. durch einen nichtsakramentalen rechtlichen Akt (vgl. ↗Jurisdiktion) vonseiten der Kirchenleitung. Da beide aufeinander hingeordnet, aber nicht identisch sind, müssen sie nicht immer ein u. derselben Person zusammen übertragen werden. – ↗Amt.

Voluntarismus (lat. = Lehre vom Willen), Ende des 19. Jh. eingeführter Begriff für alle Auffassungen, nach denen der ↗Wille als Erkenntnisprinzip oder auch als Lebensantrieb maßgeblich ist. Geistesgeschichtlich wird die von Augustinus († 430) geprägte scholastische Richtung (Franziskanerschule, ↗Skotismus), die sich in der Betonung von Wille u. Liebe bewußt vom aristotelisch-thomistischen »Intellektualismus« unterschied, als »voluntaristisch« bezeichnet. In der Neuzeit sind A. Schopenhauer († 1860) u. F. Nietzsche († 1900) u. a. Philosophen des Willens.

Vorsehung (lat. »providentia«, griech. »pronoia«) ist nicht ein biblisches Wort, sondern ein Begriff bereits der frühen griech. Philosophie, die mit ihm die gezielte Steuerung der Weltordnung durch den göttlichen vernünftigen Geist bezeichnete, ohne daß die menschliche Freiheit geleugnet würde. Die biblischen Aussagen über Gott als den Schöpfer u. als den sein Volk führenden u. richtenden Bundesherrn, über seine Sorge für die einzelnen Menschen (Mt 6, 25–34; 10, 29 ff.) bei bleibender menschlicher Freiheit u. Verantwortung, über seine »Ratschlüsse« u. über seine Steuerung der Heilsgeschichte zur eschatologischen Vollendung (Röm 9–11) wurden von der griech. Theologie mit den philosophischen Auffassungen zur Lehre von einer göttlichen Pädagogik kombiniert, bei der Gott sowohl in Schöpfungsabläufe als auch in einzelne Schicksale eingreift. Systematisierende Zusammenfassungen beider Linien einer Theologie der V. (Weltregierung u. individuelle »Fügungen«) finden sich bei Augustinus († 430) u. Thomas von Aquin († 1274). Zweifel der ↗Aufklärung an dieser Konzeption der V., verbunden mit den aufkommenden Fragen der ⁊Theodizee, führten zum Verzicht auf den Gedanken an göttliche Eingriffe in den Weltablauf: ⁊Deismus. Für G. W. F. Hegel († 1831) steht der Geschichtsablauf unter den Gesetzen absoluter Notwendigkeit, die von der Weltvernunft etabliert sind. Nicht zu verkennen ist, daß die konkreten Einsichten in die Unvollkommenheit der Schöpfung (Krankheiten, Naturkatastrophen) u. das Schweigen Gottes angesichts des massenmörderischen Mißbrauchs der menschlichen Freiheit den traditionellen Glauben an die V. Gottes ebenso wie den an seine ⁊Allmacht in eine tiefe Krise gestürzt haben. Die Hoffnung, Gott möge mit dem individuellen Leben u. mit der Schöpfung vollendend sein Ziel erreichen u. dabei den ⁊Sinn von allem enthüllen, verbindet sich mit der Einsicht in evolutive Naturabläufe, bei denen Eingriffe u. »Fügungen« Gottes unwahrscheinlich sind. Seine welt- u. menschenverändernd wirksamen Impulse wären demgegenüber durch den im menschlichen Herzen an die Freiheit appellierenden Heiligen Geist gegeben, dessen Eingebungen freilich durch menschliche Verweigerungen zunichte gemacht werden können. Die Konsequenzen für das ⁊Bittgebet wären deutlich.

Votum (lat. = Verlangen) ist ein (in der Theologie der Hochscholastik entwickelter) Hilfsbegriff, der erklären soll, was *am Menschen* – nicht am wirksamen Heilswillen Gottes! – es möglich macht, daß ein Mensch als Gerechtfertigter in der Gnade Gottes leben u. das ewige Heil erlangen kann, ohne daß er institutionell zur Kirche gehört, also ohne Taufe bleibt, oder ohne ein Sakrament zu empfangen, das »an sich« für ihn heilsnotwendig wäre. In diesem Zusammenhang besagt der Begriff V. eine Art Verlangen nach der Kirche, nach der Taufe oder nach einem anderen Sakrament (z.B. dem Bußsakrament), eine Art ernsthaften Willens, der von Gottes Gnade erweckt u. getragen ist. Dieser Wille, sagt die Lehre vom V. interpretierend, muß nicht bewußtseinsmäßig »ausdrücklich« sein; er setzt nicht notwendig voraus, daß ein Mensch positiv von der Kirche u. ihren Sakramenten weiß u. überzeugt ist. Vielmehr genügt es, wenn der Wille implizit ist, nämlich in einer allgemeinen Bereitwilligkeit des Menschen besteht, gemäß seinem Gewissen, also entsprechend dem Willen Gottes, zu leben. Der kath. Theologie ist es wichtig, daß durch eine solche Erklärung nicht zwei völlig voneinander unabhängige Wege zu Rechtfertigung u. Heil behauptet werden. Die im V. als vorsakramentaler u. vorekklesiologischer Heilsmöglichkeit wirkende Gnade ist dieselbe wie diejenige in der Kirche u. den Sakramenten: sie ist die Gnade Jesu Christi, die inkarnatorische Struktur hat u. beibehält, also in der Kirchenzugehörigkeit u. im Leben der Sakramente konkret »leibhaftig« werden will, aber eben auch schon im voraus dazu wirksam werden kann. Der eine u. einzige Heilsweg, der durch Gottes Offenbarung ausdrücklich bekannt ist, wird in dieser Theorie des V. also in zwei Phasen betrachtet. Bleibt ein Mensch ohne eigene Schuld »nur« in der ersten Phase, so bedeutet das für ihn Heil vor Gott. Würde ihm die Erkenntnis zuteil, daß er die erste Phase in die zweite, in die bewußte u. konkrete Kirchlichkeit, überführen müßte u. würde er schuldhaft dieser Einsicht nicht folgen, so würde er für sich auch die erste Phase des Heilsweges zerstören. – ↗Kirchengliedschaft, ↗Heilsnotwendigkeit, ↗Sakrament.

W

Wahrhaftigkeit, Bezeichnung einer ↗Tugend, d.h. einer ständigen Entschlossenheit u. Einübung, seine äußeren Verhaltensweisen, vor allem auch sein Reden, in keinerlei Widerspruch zur inneren Überzeugung zu bringen. In der hebräischen Bibel gibt es für Wahrheit, Wahrhaftigkeit u. Treue nur den einen Begriff »emet« = dasjenige, worauf man sich verlassen kann. In der Bergpredigt erhebt Jesus die Forderung, daß ein Ja ein Ja, ein Nein ein Nein sei (Mt 5,37). Die erste Aufmerksamkeit bei der Bemühung um W. gilt der Selbsterkenntnis (Vermeidung von Selbsttäuschung). Nicht alles klar Erkannte u. Durchschaute darf andern gegenüber jederzeit ausgesprochen werden, weil die Redeweisen auch des wahrhaftigen Menschen unter dem Primat der Liebe stehen. In Fällen eines Gewissenskonflikts ist ↗Güterabwägung geboten, die das Verschweigen einer Wahrheit gegenüber anderen oder sogar Täuschung dann für berechtigt hält, wenn nur so ein größeres Übel verhindert werden kann (im Fall der sog. Wahrheit am Krankenbett z.B. den Zusammenbruch der Energiereserven u. psychische Verzweiflung verhindert: »barmherzige Lüge«). Das Verbot der Lüge bezieht sich auf die gewollte Schädigung eines Mitmenschen (»falsches Zeugnis«).

Wahrheit (sprachlich verwandt mit lat. »veritas« = das Vertrauenswerte; griech. »aletheia« = das Unverheimlichte, Unverborgene). Im Begriff W. ist zunächst eine Alltagsbedeutung enthalten, die Übereinstimmung einer Aussage mit dem von ihr gemeinten Sachverhalt. Davon unterscheidet sich das philosophische u. theol. Verständnis von W. Geistesgeschichtlich existiert eine zeitlose »Frage nach *der* W.« nicht, ebenso meinen nicht alle Sprachen mit ihren unterschiedlichen Begriffen für W. einfach »dasselbe«. *1. Zur Geschichte.* In der griech. Philosophie galt vom 5. Jh. v.Chr. bis Plotin (†270 n.Chr.) die Aufmerksamkeit der Bemühung des Denkens um größtmögliche Übereinstimmung mit dem kosmischen göttlichen Geist,

die darum möglich sei, weil ein ursprünglicher innerer Zusammenhang
von Denken u. göttlichem Logos (oder »nous«) bestehe. In der christlichen
Theologie (Thomas von Aquin † 1274) wurde dieses Übereinstimmungs-
Denken aus dem Schöpfungsglauben begründet: Die menschliche Erkenntnis ist ebenso wie dasjenige, was sie erkennt, in ein u. demselben
göttlichen Geist begründet (erschaffen), daher ist W. »die Übereinstimmung der Sache u. des erkennenden Denkens« (wobei in dieser Definition
nicht ausgesprochen wird, daß die Übereinstimmung aussagbar ist u. daher grundsätzlich überprüfbar sein muß). Seit dem ↗Nominalismus wird
der Zusammenhang der Erkenntnis mit dem göttlichen Geist nicht mehr
in die philosophische Diskussion über die W. einbezogen. Im 20. Jh. gilt
die erstrangige Aufmerksamkeit vielmehr der Sprache, wobei sprach-
analytische, semantische, logische u. pragmatische Untersuchungen zu
unterschiedlichen Wahrheitstheorien führen. Abgesehen von der *Red-
undanztheorie,* nach der prinzipiell auf die Begriffe »wahr« u. »falsch« zu
verzichten sei, sehen alle die »Bedingung der Möglichkeit von W.« als in
der Sprache gegeben an. Eine gewisse Favorisierung gilt der *Konsenstheorie,*
nach der ein Verfahren der dialogischen Wahrheitsfindung u. das diskur-
sive Auffinden einer Übereinstimmung von Wahrheitsansprüchen die Voraussetzungen dafür sind, daß eine Aussage allgemein als wahr anerkannt
werden kann. Hinsichtlich bestimmter logischer Bedingungen dafür besteht ein Konsens: Eine Aussage muß im logischen Zusammenhang mit
anderen Aussagen stehen, widerspruchsfrei sein, einen Bezug zu einem
bestimmten Kontext haben (denn aus dem Zusammenhang gerissene Aussagen können nicht Anspruch auf W. erheben) usw. Ihre Geltung dauert
an, bis sie durch eine andere, ihrerseits »verifizierte« Aussage »falsifiziert«
wird. – 2. *Das religiöse »Sein in der W.«* Das einfache Bei-sich-selber-Sein
eines Erkennenden (seine innere »Gelichtetheit« im Sinn der »a-letheia«)
kann als dessen W. verstanden werden. Diese ursprüngliche »Gelichtetheit« muß nicht immer begrifflich-gegenständlich oder thematisch sein.
Als Bedingung ihrer Möglichkeit enthält sie eine Erfahrung der ↗Transzen-
denz des ↗Geistes in sich, u. in dieser Erfahrung ist eine W. gegeben, die in
allen anderen Erfahrungen enthalten, also die umfassende W. u. nicht eine
unter vielen Wahrheiten ist. Diese W. ist identisch mit einem Verwiesen-
sein auf Gott, ein schweigendes Sein vor Gott als dem abgründigen ↗Ge-
heimnis. Wird diese W. nicht verdrängt, emotional abgewiesen, sondern
unbefangen angenommen, dann ist ein Mensch »in der W.«, er ist an die
unbegreifliche W., die ihn umfaßt, hingegeben u. so selber »wahr« gemacht, d. h. von sich selber befreit (Joh 8, 32). Der religiöse Glaube sagt
dem Menschen, daß er zu dieser freien Annahme seiner eigenen Transzendenz von sich aus nicht fähig ist, sondern daß sie wegen des allgemeinen
Heilswillens Gottes durch dessen Gnade »erhoben« ist, so daß die An-

nahme der eigenen Transzendenz zugleich die Annahme dessen bedeutet, daß das eigene Leben auf den sich in seiner ↗Selbstmitteilung erschließenden Gott hingeordnet ist. Im Sinn des religiösen Glaubens besagt »Sein in der W.« also die Bejahung der eigenen Hinordnung auf den Gott des ewigen Lebens, der »die W.« schlechthin ist u. der durch sich selber der Kreatur den absolut lichten u. liebenden Besitz der Fülle der W. in der ↗Anschauung Gottes schenken will. – 3. *Wahrheitsprobleme der Theologie.* Wenn ↗Theologie nicht Gott zum »Gegenstand« hat, sondern ihre Aufgabe das Reden von Gott u. die Überprüfung der Rede von Gott ist, dann ist sie primär auf die geglaubte ↗Offenbarung Gottes bezogen. Stellt sich die Theologie der heutigen Wahrheitsdiskussion, dann bedeutet das a) daß ihre Sätze überprüfbar mit der Wortoffenbarung Gottes übereinstimmen u. widerspruchsfrei sein müssen; b) daß ihre Sätze mit dem ↗Konsens der Glaubensgemeinschaft im ↗Verstehen der Wortoffenbarung übereinstimmen müssen; c) daß sowohl ihre Sätze als auch die Konsensaussagen der Glaubensgemeinschaft in Übereinstimmung mit gegenwärtigen Erfahrungen gebracht werden, jedenfalls nicht im Widerspruch zu diesen stehen; d) daß die Ansprüche der Offenbarung Gottes, Menschen zu praktischem Handeln zu bewegen, durch die Theologie in ihrer Bedeutung als Handlungsimpulse für die jeweils »heutige Situation« ausgelegt werden müssen, damit die »Bewahrheitung« umfassend, nicht nur auf der Ebene der Übereinstimmung, sondern auch auf der Ebene der Praxis erfolgt. Diese Bewahrheitung ist immer ein Geschehen, verbunden mit einer Wegsuche unter dem Vorzeichen der im Wort Gottes enthaltenen Verheißungen.

Weg ist eine unmittelbar zugängliche Metapher für alles, was einen ↗Anfang u. ein ↗Ende hat, für das individuelle Leben mit seinen Ereignissen, für den Gang der Menschheit u. ihrer Gruppierungen, mit ihren Epochen usw. Bei Freiheitsentscheidungen legt sich das Bild der »zwei Wege« nahe, das in AT u. NT häufig verwendet wird. Zum gedanklichen Inhalt gehört auch die Vorstellung von Veränderung, Selbstreform, Beweglichkeit, die sich im religiösen Sinn allerdings nicht auf das Ziel erstreckt, das identisch bleibt. Biblisch hängen die Motive von W. u. ↗Weisheit eng zusammen. Auch die Aufforderung Jesu zur ↗Nachfolge enthält den Weggedanken. Jesus als Motiv, normatives Leitbild u. Ziel eines Lebens im Glauben ist *der* W. schlechthin (Joh 14,6). In der Mystik hat die Erfahrung des Weges in einer Hin- u. Rückreise zum u. vom Seelengrund zentrale Bedeutung (Selbstfindung, Transzendenzerfahrung, Einheit von Gottes- u. Menschenliebe). Die griech. beeinflußte Spiritualität verstand den befreienden, läuternden u. erleuchtenden W. der Seele zu Gott als Aufstieg, als eine Wanderung, die auch in der Ewigkeit Gottes nie zu Ende sein wird. Die Theologie bedenkt nicht nur die Wegerfahrungen des Glaubens, sondern auch den mitwandernden, nicht statisch ruhenden Gott (vgl. auch ↗Prozeßtheologie).

Weihe im kath. Sprachgebrauch kann sich auf eine Sache oder auf eine Person beziehen. Zur W. einer Sache: ↗Sakramentalien. Die W. einer Person hat eine individuelle u. eine gemeinschaftliche Dimension. Individuell bedeutet W. den willentlichen Entschluß, sich auf Dauer Gott hinzugeben u. sich von ihm in Dienst nehmen zu lassen. Auch wenn eine W. sich im konkreten Akt etwas Nichtgöttlichem zuwendet (W. an Maria usw.), ist sie religiös nur legitim, wenn sie von der (durch Gottes Gnade ermöglichten) Liebe zu Gott motiviert ist. Die gemeinschaftliche Dimension besagt, daß die Kirche als ganze oder eine kleinere Gemeinschaft diesen persönlichen Akt durch ihr fürbittendes Gebet mitträgt. In keinem Fall bedeutet die W. eine Übertragung magischer Kräfte oder die Begründung einer Vorrangstellung.

Weihesakrament, nach der Glaubensüberzeugung der röm.-kath. Kirche u. mehrerer anderer Kirchen, vor allem der ostkirchlichen Orthodoxie, eines der sieben ↗Sakramente der Kirche. Zur Geschichte u. zu theol. Zusammenhängen: ↗Amt. Zur geltenden kath. Lehre: Als geordnete Gemeinschaft ist die Leitung der ↗Kirche institutionalisiert. Wurde früher ihre »Gewalt« (»potestas«, ↗Vollmacht) überbetont, so suchte das II. Vaticanum sie eher als »Dienst« oder »Aufgabe« (»munus«) zu verstehen. Die Leitungsaufgabe im ganzen hat eine sakramentale u. eine »hoheitliche« Seite oder Dimension. Sie läßt sich hinsichtlich ihrer »Fülle« betrachten; sie muß aber nicht immer *als ganze* übertragen werden, sondern kann entsprechend den Umständen u. den Bedürfnissen einer sachgerechten Ausübung mit bestimmten Schwerpunktsetzungen u. Begrenzungen versehen werden. Zur Zeit existieren drei Abstufungen dieser Übertragung: der Anteil des ↗Diakons, der des Priesters (↗Priestertum) u. der des ↗Bischofs. Die Abstufungen gelten im sakramentalen wie im »hoheitlichen« Bereich. Vom frühen Mittelalter an stand die Priesterweihe unter der Schwerpunktsetzung des Sakramentalen bei der Eucharistiefeier am höchsten: Durch sie wird der Priester befugt, diese Feier leitend zu vollziehen. Der Diakon verkörpert den Bezug dieser Feier zur ↗Diakonie der Kirche. Der Bischof steht »hoheitlich« am höchsten, da er befugt ist, dem Priester durch die Weihe die Befugnis zum leitenden Vollzug der Eucharistiefeier mitzuteilen. Das II. Vaticanum sah die »Fülle« des W. in der sakramentalen Bischofsweihe, während die sakramentalen Weihen zum Diakon u. Priester in unterschiedlicher Weise daran Anteil geben. Ferner sprach es von einer gestuften Teilhabe an der Sendung u. an den drei »Ämtern« Jesu Christi. Beim W. besteht die sakramentale Liturgie aus der

Handauflegung (normalerweise durch den Bischof) u. dem Weihegebet. Dadurch wird dem neuen Amtsträger im Vertrauen auf den das Gebet erhörenden Gott die nötige Gnade von Gott her zugesagt, das Amt zum Segen der Kirche u. zum eigenen Heil auszuüben; nur dem Geweihten wird sie nicht zuteil, der sich schuldhaft u. ungläubig gegen sie verschließt. Es wird diskutiert, ob das W. immer erst ein kirchliches Amt überträgt oder ob es auch Fälle gibt, in denen eine faktische Amtsausübung durch das W. amtlich bestätigt wird. Das W. ist nicht wiederholbar (sakramentaler ↗Charakter); die mit ihm mitgeteilten Amtsbefugnisse können jedoch entsprechend der zugeteilten ↗Jurisdiktion eingeschränkt oder auch »suspendiert« werden. – Die aus der Reformation hervorgegangenen Kirchen sehen im allgemeinen die Taufe als das W. an; das Fehlen des Weihesakramentes ist in der Sicht des II. Vaticanums der Grund dafür, daß die ursprüngliche u. vollständige Wirklichkeit (»substantia«) der Eucharistie nicht gegeben ist (UR 22). Die Weihen der anglikanischen Kirche wurden durch eine umstrittene, nicht definitive Erklärung Papst Leos XIII. 1896 für ungültig erklärt. Vgl. auch ↗Ämteranerkennung.

Weisheit bezeichnet (1) ein umfassendes Daseinsverständnis u. (2) eine bestimmte Lebensauffassung in Israel. 1. Aus der Einsicht in die komplexen, nicht leidlosen Naturabläufe, aus der realistischen Betrachtung individueller u. kollektiver Antriebe, aus ↗Toleranz u. ↗Verstehen anderer Menschen u. Lebenspraktiken, aus der Einübung der ↗Gelassenheit entsteht die Lebensform der W., nicht Resignation, aber Distanz. Sie läßt sich als umfassendere u. höhere Form der Tugend der ↗Klugheit verstehen. Als ihren Anfang bezeichnet das AT die Gottesfurcht (Spr 9,10; Ps 111,10). Sie gilt als so hohes Gut, daß sie in der Weisheitsliteratur personifiziert wird (hebr. »chokma«, griech. »sophia«). Sie ist am Erschaffen des Universums durch Gott beteiligt (Spr 8,30), durch sie ist die Erde gegründet (Spr 3,19). Der Träger des kommenden Friedensreiches ist u. a. durch den »Geist der W.« (Jes 11,2) ausgezeichnet. Wahrscheinlich von einem »messianischen« Verständnis dieser Ansage aus könnte sich im NT eine Weisheitschristologie entwickelt haben (Lk 2,40 52; 7,35; 1 Kor 1,30). Paulus bringt die W. Gottes, die im »Wort vom Kreuz« geoffenbart wurde, in Gegensatz zur (rationalistischen) W. der Welt (1 Kor 1,17–30). Dem entsprechend sehen die Deuteropaulinen die W. als Geschenk der Gnade Gottes an. Ist die W. ein auf Gott hin orientiertes u. aus seiner Selbstmitteilung lebendes Daseinsverständnis, dann gilt sie als eine der sieben »Gaben des Heiligen Geistes«. – 2. Diejenigen Schriften u. Textteile des AT, die Wegweisungen zu einem richtigen Verhalten vor Gott u. der Glaubensgemeinschaft enthalten u. segensreiche Folgen daraus versprechen, heißen »Weisheitsliteratur« (Koh; Spr; Weish; Ijob; Sir; einige Psalmen; Einzelteile anderer Schriften).

In ihnen wird positiv u. auch kritisch von einer Lebensauffassung in Israel gesprochen, die dem »Tun-Ergehens-Zusammenhang« gewidmet ist: Gutes Tun hat Wohlergehen u. Erfolge, böses Tun ein böses Ergehen zur Folge, u. zwar in der Verbundenheit der Generationen wie im individuellen Schicksal. Der »weise« Mensch lebt aus der Einsicht in diese Zusammenhänge. Ijob u. Koh bezeugen auf unterschiedliche Weise die Kritik an dieser Auffassung, die zu einem fatalistischen Schicksalsglauben führt u. an der Gerechtigkeit Gottes zweifeln läßt.

Welt kommt in der Sprache der theol. Tradition in dreifacher Bedeutung vor; W. (griech. »kosmos«; ↗Kosmologie) bezeichnet 1) die Gesamtheit der ↗Schöpfung, 2) den Planeten Erde, für den die alte Theologie kein eigenes Wort hatte, 3) das Widergöttliche in der Menschenwelt. – 1) Entsprechend dem antiken ↗Weltbild bezeichnet W. zunächst das konkret Wahrnehmbare u. das als wirklich Gedachte in seiner Einheit (eins im Ursprung, im Schicksal u. im Ziel, eins in gegenseitiger Beziehung, Abhängigkeit eines jeden von jedem), im Hinblick auf den Menschen die ihm von Gott verfügte Situation im Blick auf eine gemeinsame Geschichte von Gott u. Menschen. So gesehen ist die W. eine ↗Offenbarung mit Hinweisen auf den Schöpfer, zur ↗Ehre Gottes als sinnvoll, gut u. schön geschaffen, in Liebe gewollter Adressat der ↗Selbstmitteilung Gottes (Joh 3,16 f.), nicht etwas, das von Gott trennt oder das gottfeindliche göttliche Kräfte in sich enthielte. Jedoch kann im alten Weltbild bereits etwas nicht Zusammenstimmendes, etwas Entzweites wahrgenommen werden: Die Lebenswelt der Menschen ist geschieden von der oberen Welt, dem Himmel Gottes, u. der unteren W. der Verstorbenen. – 2) Der Begriff W. kann in den alten religiösen Texten auch nur die Erde im engeren Sinn meinen. – 3) Die alte religiöse Interpretation der W. in Judentum u. Christentum geht davon aus, daß die W. von Anfang an (↗Ursünde der Engel u. Menschen) derart verdorben worden sei, daß sie bis tief in den materiellen Bereich hinein von einer Unheilsgeschichte geprägt ist, die sich gegen ihre eigenen schöpfungsmäßigen Strukturen u. Bestimmungen richtet (↗Erbsünde). In den biblischen Aussagen über »diesen« Kosmos oder »diesen« Äon ist alles das gemeint, was in der W. von dem negativen Anfang der Geschichte an als Antrieb zu neuer Schuld u. als Manifestationen dieser Schuld zu finden ist. In diesem Sinn sollen die Glaubenden nicht »von der W.« (Joh 18,36 u. ö.) sein, auch wenn sie »in« ihr sein müssen (Joh 17,11). Diese W. hat einen eigenen Fürsten (Joh 12,31; 14,30; 16,11) oder Gott (2 Kor 4,4); die W. haßt die Glaubenden (Joh 17,14); die Kinder dieser W. sind klüger als die Kinder des ↗Lichts (Lk 16,8), die W. hat ihre eigene Weisheit, die vor Gott Torheit ist (1 Kor 1,20; 3,19). Es gibt einen »Geist« dieser W., den die Glaubenden nicht haben (1 Kor 2,12). Sie sollen sich der W. nicht

»gleichförmig« machen (Röm 12, 2). Trotz dieser negativen Analyse der W. erweist die Sendung Jesu die fortbestehende Liebe Gottes zur W. u. seinen Vergebungswillen, durch den die W. gerettet u. selig werden soll (Joh 1, 29; 3, 16 f.; 12, 47). Die Schöpfung im ganzen, die jetzt in der »Knechtschaft des Verderbens«, »der Nichtigkeit unterworfen« ist u. in Wehen seufzt, existiert auf Hoffnung hin u. steht unter der Verheißung, erlöst zu werden (Röm 8, 18–22). Wenn Jesus sich als Licht der W. bezeichnet (Joh 8, 12; 9, 5) u. die Glaubenden mit der Aufgabe betraut werden, ihrerseits das Licht der W. zu sein (Mt 5, 14), dann zeigt sich nicht nur die Hoffnungsperspektive für die im Argen liegende W., sondern auch die bleibende Aufgabe aktiver Weltverantwortung der Glaubenden (heute gerade auch als Sorge um die Zukunft des Planeten Erde). – 4) *Kirche und Welt.* Die neuzeitlichen Erfahrungen, daß die W. (in der 1. genannten Bedeutung) nicht eine fertige, sondern eine von Menschen geplante u. gemachte ist, rufen die christlichen Kirchen zu einer neuen Bestimmung ihres Verhältnisses zur W. auf, das keinesfalls in moralisierenden Verurteilungen u. in ↗Weltflucht bestehen kann. Katholischerseits zeigte sich im II. Vaticanum (besonders in dem Dokument »über die Kirche in der W. von heute« GS), wie die Kirche in einem sehr langsamen Prozeß eine positive Haltung zur W. in allen ihren Dimensionen zu gewinnen versucht, zur Einheit der vielen Kirchen in versöhnter Vielfalt, zur ↗Autonomie der Wissenschaften, zur Trennung von Kirche u. Staat, zur ↗Sexualität. Die sich in diesem Prozeß äußernde ↗Säkularisierung entstammt dem Geist der jüdisch-christlichen Religion: Entgöttlichung der W., ein kritisches Verhältnis zur eigenen Vergangenheit u. zu starren Traditionen, Reflexion auf die eigene Geschichtlichkeit, Bejahung von Rationalität u. Technik, berechtigte Kritik an der konkreten Kirche. Indem die Kirche akzeptiert, daß die W. zu ihrer eigenen Weltlichkeit findet, ermöglicht sie sich eine immer größere Selbstfindung. In der Sicht des christlichen Glaubens gibt es zwei völlig falsche (»häretische«) Auffassungen des Verhältnisses von Kirche u. W.: den *Integralismus*, der die W. ihrer Weltlichkeit entfremden, sie in die Kirche hinein integrieren will, die W. als Material kirchlicher Herrschaft u. Selbstdarstellung mißbraucht, u. eine Art des *Dualismus*, der die W. nur als Gefährdung der Kirche versteht u. das Engagement in der W. u. in ihrer Aufgaben als unerheblich für das ewige Heil bei Gott auffaßt. Das positive Verhältnis zur W. u. ihrer Weltlichkeit ist in der Sicht des Glaubens darin begründet, daß die Annahme der W. in Gottes Selbstmitteilung die Freisetzung der W. zu ihrer Eigenständigkeit u. Selbstbestimmung bedeutet; »Nähe zu Gott u. Eigenwirklichkeit der W. wachsen im selben, nicht im umgekehrten Maß« (K. Rahner † 1984). So wie die Annahme der W. durch Gott, so kann auch die Freisetzung der W. wachsen u. bewußtseinsmäßig deutlicher werden. Wegen der negativen Vorprägung der W. kann ihr Weltlichwerden nicht einfach als Fortschritt zum Besseren, ohne Einbrüche u. Widersprüche, aufgefaßt werden. So sehr sich Christsein *in* der weltlich gewordenen Welt realisieren soll, so wenig können Christen die Weltlichkeit der W. einfach mit dem Christlichen identifizieren. Aufgabe in der W. u. Berufensein durch Gott sind verschieden, ohne daß ihre Einheit aufgehoben wäre (das gegen den Dualismus), u. sind eins, ohne mit einander identisch zu sein (dies gegen den Integralismus). Die Kirche, insoweit sie die »Zeichen der Zeit« u. der W. wahrnimmt, versteht sich als ↗Sakrament, d. h. als wirksames Zeichen dafür, daß im Erwirken von Einheit u. Humanisierung der W. u. ihrer Zukunft das Reich Gottes am Kommen ist (II. Vaticanum LG 1, 9 u. ö.).

Weltanschauung, ein vieldeutiger Begriff, in dem »Welt« die ganze für Menschen relevante Wirklichkeit meint u. »Anschauung« eine Deutung des Ganzen bezeichnet. Eine W. ergibt sich aus rationalen Überlegungen, Erfahrungen u. Intuitionen, sie ist also nicht nur theoretisch orientiert wie Philosophie u. nicht so enggeführt wie Ideologie. Wird W. als Gesamtbeurteilung im umfassenden Sinn verstanden, dann könnte auch die Offenbarung Gottes zusammen mit deren Annahme im Glauben W. (»christliche W.«) genannt werden. Sinnvoll wäre es aber, zwischen der von Gott in seiner Selbstmitteilung (Offenbarung u. Glaube) erschlossenen Weltsicht u. der von Menschen praktizierten Weltdeutung zu unterscheiden. Christentum u. andere Religionen würden dann nicht W. genannt; im Zeichen des zunehmenden ↗Pluralismus könnte W. für nichtreligiöse Ganzheitsinterpretationen stehen. Damit wäre kein negatives Urteil über sie gefällt, zumal auch im nichtreligiösen Bereich mit dem Wirken der Gnade Gottes zu rechnen ist. – Vgl. auch ↗Anonymes Christsein.

Weltbild kann in einer ähnlichen Weise wie ↗Weltanschauung den Sinn von deutender Übersicht über die Wirklichkeit im Ganzen haben, wie sie in der Neuzeit aus unterschiedlicher wissenschaftlicher Perspektive entworfen wurde: W. der Physik, Weltbilder unterschiedlicher Kulturen, W. der modernen Lebenswelt usw. Die Methoden- u. Orientierungsvielfalt führt eine Vielfalt solcher Weltbilder herbei. Dabei theol. Gesichtspunkte dialogisch einzubringen, würde entsprechende Kompetenzen auf theol. Seite voraussetzen. Im engeren Sinn stellt der Wandel der »naturwissenschaftlichen«, primär astronomischen Weltbilder erhebliche Aufgaben für die Theologie dar. Da biblische Aussagen mit astronomischen, klimatischen, geographischen u. a. Ansichten vermischt erfolgen, wurden ihnen z. T. bis ins 20. Jh. Offenbarungscharakter u. Irrtumslosigkeit zugeschrieben. Beispiele sind die biblische ↗Urgeschichte mit einem historischen Paradies, mit der direkten Erschaffung der Menschen durch Gott u. mit einer universalen, alles

Leben tötenden Flut u. die damit verbundene kirchliche (nicht nur kath.)
Ablehnung einer ⁊Evolution u. Verteidigung eines ⁊Monogenismus. Auf
den Kosmos bezogen steht die Bibel im Zeichen des »ptolemäischen« geozentrischen Weltbildes, aus dem bis heute existierende Vorstellungen von
einem »Himmel« oben u. einer »Hölle« unten stammen. Der Kampf um
das heliozentrische W. (durch Aristarch von Samos † um 250 v. Chr. bereits
erkannt, durch N. Kopernikus † 1543 u. a. verbreitet) trug zu einer bis ins
20. Jh. dauernden Entfremdung der Naturwissenschaften von der kath.
Kirche bei (prominente Opfer der Inquisition: G. Bruno, als Ketzer 1600
verbrannt, u. G. Galilei † 1642). – ⁊Kosmologie.

Weltflucht, ein Wort der christlichen ⁊Askese, das außer Gebrauch zu kommen scheint. Im weiteren Sinn meint W. die Distanzierung von der ⁊Welt
im Bewußtsein u. im praktischen Tun, insofern »Welt« dasjenige bezeichnet, was sich gegenüber Gott u. seinen Willensbekundungen verschließt
oder sich bewußt gegenteilig dazu verhält (⁊Sünde). In einem bestimmten
biblischen Sprachgebrauch ist »Welt« nicht nur dieser Inbegriff der von
Menschen geschaffenen widergöttlichen Verhältnisse, sondern auch stets
neue ⁊Versuchung zur Verweigerung gegenüber Gott. In diesem Zusammenhang ist W. ein selbstverständliches Gebot für jeden glaubenden Menschen. – Im engeren Sinn bezeichnet W. einen solchen Verzicht auf positive
innerweltliche Werte, daß dadurch die ganze Lebensform geprägt wird.
Eine solche W. kann Ausdruck u. Einübung des Glaubens an Gottes Liebe
sein, gerade dort, wo der konkrete tragische Zustand der Welt einen solchen Glauben als absurd erscheinen läßt; W. kann dann ⁊Nachfolge Jesu
als Einübung seines Todesweges, Dennoch-Bekenntnis zur Liebe Gottes,
Vertrauensvorschuß im Hinblick auf den endgültigen Sinn des Lebens
über alle innerweltlichen Sinnhaftigkeiten hinaus sein. – Eine »weltliche«
Form der W. zeigt sich oft in Haltungen der Verweigerung, als Protest
gegen inhumane, ungerechte Strukturen usw. u. »besetzt« mit innerweltlicher Askese Positionen, die Christen weithin aufgegeben haben, z. B. die
der kritischen Distanz zu den Mächten des Faktischen, der Konsumaskese
usw.

Werke. Die innere »Gesinnung« eines Menschen äußert sich (»objektiviert«
sich, vollzieht sich) notwendigerweise leibhaftig, greifbar, welthaft. In philosophischer Sicht gesagt: Die innere »Gesinnung«, die den Menschen entscheidend qualifiziert, »wird«, indem sie sich »am andern«, im »Werk«,
vollzieht; es gelingt einem Menschen nur, sich selber (richtig) zu finden,
indem er »arbeitend« dabei ist, von sich wegzukommen. Die werkhafte
Objektivation ist nicht mit der inneren Gesinnung identisch, d. h. nicht
jede solche Objektivation steht in einem »stimmigen« Zusammenhang

mit einer bestimmten Gesinnung. Auf den Glauben als von Gott geschenkte Gesinnung bezogen bedeutet das: Ein Mensch kann »Werke« tun, die nicht Ausdruck seines reinen, vorbehaltlosen, authentischen Glaubens sind; sie können eine Art defensiver Absicherung gegen Gott u. damit Glaubensverweigerung sein (Beispiele bei Mt 23), sie können getan werden, ohne daß sie als Gabe der Gnade Gottes geglaubt werden, etwa um des eigenen Ansehens, des Ruhmes wegen der Leistung willen. Darin läge die falsche, von den Reformatoren zu Recht angegriffene Werkgerechtigkeit. Im praktischen Gehorsam gegenüber den Weisungen Gottes (im »Halten der Gebote«), wenn er durch Gottes Gnade ermöglicht u. getragen ist u. vom gerechtfertigten Menschen in Glaube, Hoffnung u. Liebe praktiziert wird, ist der Inbegriff der »Werke« im christlich glaubenden Sinn gegeben (Mt 5, 16; Röm 2, 6 f.; 2 Kor 9, 8; Kol 1, 10; 2 Thess 2, 17; 11 Petr 1, 17 u. ö.). Insbesondere gilt das von der ↗Nächstenliebe, in der – wenn sie getragen von der Gnade Gottes echt ist – wenigstens in unthematischer Form Gott wirklich mit geliebt wird. – Vgl. dazu ↗Verdienst.

Wert ist etwas, das einem Menschen als gut, wohltuend oder erstrebenswert erscheint. Da ein Mensch wertend Werturteile fällt, stellen sich die Fragen, nach welchen Kriterien diese erfolgen u. ob (inwiefern) subjektiv eingeschätzte Werte objektive Geltung auch für andere haben. Von diesen Fragen her lassen sich das schlechthin ↗Gute u. die Werte von einander unterscheiden. Die Suche nach Kriterien objektiver Werte führte im 19. u. 20. Jh. zur *Wertphilosophie* u. zur *materialen Wertethik* (programmatisch bei M. Scheler † 1928). Nach der letzteren existieren objektive Werte, die in einer nicht-subjektivistischen Rangordnung zueinander stehen, aber durch ein »ursprünglich intentionales Fühlen« wahrgenommen werden. Als niedrigste Werte gelten Lustwert (↗Utilitarismus) oder Dienstwert; darüber stehen biologische Selbstwerte, ästhetische Selbstwerte u. personale Selbstwerte (auf dieser personalen Ebene fungieren dann das Sittliche u. das Gute). Als höchster Wert gilt der religiöse W., das ↗Heilige. Die so konzipierte Wertethik gelangte nicht zu breiter Geltung, doch sind dort Elemente fruchtbar geblieben, wo nach grundlegenden Bedürfnissen in individueller, sozialer u. politischer Hinsicht gefragt wird u. sie im weltanschaulich pluralistischen Gemeinwesen zu einem praktikablen Ausgleich gebracht werden müssen. Diese Orientierungsdaten umfassen mehr als das vom öffentlichen Recht garantierte Minimum; es handelt sich um die diskutierten *Grundwerte*.

Wesen, durch Meister Eckhart († 1328) in die deutsche Sprache eingeführter Begriff, verweist auf ↗Sein (mittelhochdeutsch »wesen« = »sein, währen, bleiben, anwesen«). In der antiken griech. Philosophie ist W. das Identi-

fizierbar-Bleibende (das auf die Frage: »Was ist das?« antwortet), das unabhängig von allen Veränderungen (↗Akzidentien) existiert, die unwandelbare Geist-Form, die allem zeitlichen Seienden zugrunde liegt (↗Substanz).
Das W. (lat. »essentia«) schenkt dem Seiendes sein Was-Sein (lat. »quiddi-
tas«). Die aristotelisch-scholastische Philosophie unterschied im Sinn eines
realen Unterschieds (Thomas von Aquin † 1274) oder eines nur begrifflichen Unterschieds (Johannes Duns Scotus † 1308) zwischen W. u. ↗Da-
sein (lat. »existentia«), die nur bei Gott als Einheit gedacht wurden (vgl.
auch ↗Ontologie). Seit der Kritik an dieser Philosophie durch J. Locke
(† 1704) u. D. Hume († 1776) gilt das W. weithin als unerkennbar, der
Begriff daher als verzichtbar. Die praktische Philosophie neigt dazu, es im
»Unverfügbaren« neu zu thematisieren. Wenn die neuere Theologie auch
am Begriff u. Bedenken des Wesens festhält, so stimmt sie doch zu, daß W.
(oder ↗Natur) abgesehen vom Seienden u. seinem Werden abstrakt nicht
erkennbar sind. Das W. bleibt von der Geschichte, vom Werden, nicht
unberührt. Je vollkommener ein W. ist, umso größer sind die aktiven u.
passiven Möglichkeiten seines Werdens u. umso mehr wird dasjenige, das
sein W. vollzieht, innerlich von dem Werden u. Gewordenen bestimmt.
Beim W. einer geistigen ↗Transzendenz (wie es der Mensch ist: ↗Person)
ist die Werdemöglichkeit unbegrenzt. Dieses W. einer geistigen Transzendenz ist identisch mit der Offenheit (↗Potentia oboedientialis) für die Aufnahme der ↗Selbstmitteilung Gottes in ↗Gnade u. ↗Anschauung Gottes.
Nichtmenschliche biologische W. sind in ihrem Werden auf einen bestimmten raum-zeitlichen Wirklichkeitsbereich begrenzt. Darin liegt der
Wesensunterschied zwischen ↗Geist u. (bloßer) ↗Materie u. derjenige zwischen Mensch u. ↗Tier.

Wiedergeburt heißt im NT (Joh 1, 13; 3, 5 ff.; Tit 3, 5 u. ö.) der Vorgang, in
dem einem der ↗Sünde u. dem ↗Tod verfallenen Menschen neu u. ungeschuldet von Gott (»von oben«: Joh 3, 7) jenes ↗Leben geschenkt wird, das
dem Willen u. der Heiligkeit Gottes entspricht, das dem Menschen authentische Selbstverwirklichung als Kind Gottes ermöglicht u. die Verheißung
der Vollendung in sich trägt, also in jeder Hinsicht »ewiges Leben« ist. Zur
dogmatischen Verdeutlichung ↗Rechtfertigung, ↗Taufe. – Von diesem ntl.
Verständnis der W. ist das der ↗Reinkarnation zu unterscheiden.

Wille ist die Fähigkeit des Menschen als ↗Person, ein als ↗Wert erkanntes
↗Ziel aktiv anzustreben u., falls dieses Ziel mit anderen möglichen Zielen
kollidiert, diese in ↗Freiheit abzulehnen oder zurückzustellen. Das Streben
der Instinkte ist nicht W.; die Vorprägung des Willens durch ↗Determina-
tion hebt diese Entscheidungsmöglichkeit nicht in jedem Fall auf. Wird der
W. als Fähigkeit verwirklicht, so daß der Mensch »etwas will«, dann erfährt

er zuerst seine Erkenntnis u. zugleich damit den Willen als Moment (als den »Verwirklichungsdrang«) an dieser Erkenntnis. Aber da der Gegenstand der Erkenntnis ursprünglich als Wert erfahren ist, erfährt der Mensch die Erkenntnis zugleich auch als Moment (als »Erhelltheit«) des Willens. So können Erkenntnis u. Wille in ihrem gegenseitigen Bedingtsein erfahren, aber nicht bloß als zwei Momente eines einzigen Grundvollzugs der menschlichen Person betrachtet werden. Der menschliche Geist verfügt über zwei Selbstvollzüge (so wie analog Gottes ↗Trinität die Möglichkeiten zu zwei »Grundhervorgängen« enthält), die nicht auf einander zurückführbar sind. Der geistige Wille des Menschen besitzt auf seine Weise dieselbe ↗Transzendenz wie der ↗Geist u. dessen Erkenntnis. Ohne innere Endlichkeit seines Horizonts ist er als Liebe auf das Gute schlechthin gerichtet u. ist darum Freiheit, verstanden als das liebende, nicht notwendige Streben nach einem endlichen Guten als eines nicht notwendigen Guten in der Transzendenz auf das absolute Gute hin. – In der scholastischen Theologie traten sowohl eine Vorordnung der Erkenntnis vor den Willen (»Intellektualismus« bei Thomas von Aquin † 1274 u. a.) als auch eine Vorordnung des Willens vor der Erkenntnis (↗»Voluntarismus« bei Johannes Duns Scotus † 1308) auf. M. Luther lehrte, von Augustinus († 430) abhängig, eine Alleinwirksamkeit der Gnade (↗Sola gratia) u. sagte im Zusammenhang damit, daß der menschliche W. verdorben u. unfrei sei, so daß ein Mensch von sich aus das Gute nicht tun könne. Die kath. Lehre hält zwar an der *Willensfreiheit* fest, aber in der Gestalt, daß auch in kath. Sicht ein Mensch »von sich aus« das Gute nicht tun kann, sondern nur kraft der durch die Gnade Gottes befreiten Willensfreiheit.

Wille Gottes. Die ↗Gotteslehre sagt von Gott in einer analogen Aussage (↗Analogie), daß er Willen habe. Die Begründung dafür liegt darin, daß dasjenige, was als Bejahung des Daseins, als Hingeordnetsein auf das Gute u. als Liebe in unterschiedlichster Weise erfahren wird, mit »transzendentaler Notwendigkeit« als inneres Wesensmoment zum ↗Sein überhaupt gehört u. darum von Gott als dem absoluten, personalen Sein ebenfalls ausgesagt werden muß. Dieser Wille ist mit der ↗Einfachheit Gottes identisch u. er ist wie Gott selber absolut, ewig, von unendlicher Wirklichkeitsfülle u. darum gut. Er ist von jeder nichtgöttlichen Wirklichkeit »an sich« unabhängig u. so primär bejahend auf das eigene unendliche Sein Gottes bezogen. Bei der Erschaffung des von Gott Verschiedenen unterliegt er keinerlei Notwendigkeit; er ist frei u. bedarf des anderen zur Ermöglichung seines Selbstvollzugs, seiner Liebe usw. nicht. Der denkbar höchste Vollzug dieses Willens Gottes »nach außen« besteht in der ↗Selbstmitteilung Gottes an die Kreatur, in der ↗Offenbarung, die diesen Willen als ↗Liebe enthüllt. Diese Selbsterschließung Gottes verhindert nicht, daß oft-

mals in konkreten Schicksalsschlägen, Katastrophen, Verbrechen usw. der
Wille Gottes als Liebe nicht (mehr) erkannt werden kann. In den quälenden Fragen der ↗Theodizee bleibt nur Gottes Verheißung, sein Wille werde
sich einmal als Liebe erweisen, bestehen. Bekundungen des Willens Gottes
als Weisungen in ein individuelles Leben werden in den Eingebungen des
↗Heiligen Geistes im Herzen des Menschen vernommen. Konkrete Ereignisse in der individuellen u. kollektiven Menschheitsgeschichte werden in
der kirchlichen Rede oft unbedacht als »Fügungen Gottes« ausgegeben.

Wirklichkeit. Das Wirkliche im Unterschied zum nur Gedachten oder Vorgestellten ist das Vorhandene, Existierende, in dem das Mögliche »verwirklicht« ist. In der scholastischen Theologie liegt dem Möglichen u. dem
Wirklichen die *Realität* (Gottes) noch voraus, denn das Denken Gottes als
des allerrealsten Seins (»ens realissimum«) umfasse die Fülle aller Wesensbestimmungen u. damit alles Mögliche u. Wirkliche. Zu den mit W. zusammenhängenden theol. Begrifflichkeiten u. Sachverhalten: ↗Potenz,
↗Akt.

Wissen und Bewußtsein Jesu. Aus den Zeugnissen über das wahre
Menschsein Jesu kann sich die theol. (christologische) Frage ergeben, wie
sich das endliche Wissen des Menschen Jesus zur Einigung Jesu mit dem
ewigen ↗Logos Gottes verhalte. Die Tradition hat der kreatürlichen Seele
Jesu die unmittelbare ↗Anschauung Gottes zugeschrieben. Diese kann u.
darf verstanden werden als die selige Überantwortung dieser Seele, des
Menschen Jesus, an das unbegreifliche ↗Geheimnis Gottes, nicht mehr,
aber auch nicht weniger. Die Annahme ist gestattet, daß Jesus ein Bewußtsein von seiner unmittelbaren Einigung mit dem Logos hatte, insbesondere, weil die geistige Seele Bei-sich-Sein bedeutet, von der Einigung seiner
menschlichen Seele mit dem Logos. Das Übereignetsein der Seele u. mit
ihr des menschlichen Bewußtseins Jesu an Gott ist gewiß »beseligend«,
aber nicht notwendigerweise in jeder Hinsicht. Wenn sich Jesus als völlig
mit Gott geeint erfährt, muß das nicht ein in Einzelerkenntnisse gegliederrtes oder nach Belieben verwertbares Wissen bedeuten. Nach dem Zeugnis
des NT machte Jesus trotz seiner einzigartigen, auch bewußtseinsmäßigen
Einigung mit Gott Erfahrungen wie andere Menschen auch: er hatte eine
geistige Entwicklung (Lk 2,52), mußte den göttlichen Vater (wiederholt)
um Erhörung bitten, selbst »mit starkem Geschrei u. Tränen« (Hebr 5,7),
sah sich also vor einer verhüllten Zukunft, hatte Todesangst, lernte Gehorsam, »wiewohl er der Sohn war« (Hebr 5,8). Er hatte in manchen wichtigen Angelegenheiten kein begrifflich-gegenständliches Wissen u. konnte es
darum sich u. anderen auch nicht sprachlich mitteilen (Mk 13,32). Die
Leidensweissagungen mit ihrem Vorauswissen gelten nach dem Befund

der Literarkritik als sekundäre, nachösterliche Bildungen (Orakel u. Erfüllung).

Wissenschaft in einem weiten Sinn heißt jede mit nachprüfbaren Methoden vorgenommene Beschäftigung mit »Gegenständen«, die eine bestimmte Zielsetzung verfolgt: Sie sucht nach einem Konsens mit anderen Menschen, die gleiche Fragen haben; sie formuliert ihre Befunde begrifflich klar u. logisch widerspruchsfrei; sie ergründet u. systematisiert die Eigenschaften des Untersuchten, um Strukturen u. Gesetzmäßigkeiten zu erkennen. In der antiken W. dominierte die Philosophie, da es um die Erkenntnis unveränderlicher, ewiger Prinzipien ging. Die W. der Neuzeit war vordringlich um die Wiederholbarkeit u. Nachprüfbarkeit der Erkenntnisse besorgt; statt mit einfachen geistigen Ideen u. Formen umzugehen, sah sie sich einer vielschichtigen Erfahrungswelt gegenüber. Da die unterschiedlichen empirischen Ebenen unterschiedliche Untersuchungsmethoden erforderten, entstand die Pluralität der Wissenschaften seit dem 17. Jh. Generell gesehen bewährte sich der Ausgang von Hypothesen (griech. = unbewiesene Annahmen), die im Experiment »bewiesen« werden mußten. In der Sprache begannen sich die Wissenschaften statt an der Begrifflichkeit der Ideen u. Teilhaben nun an der Mathematik zu orientieren. Das 20. Jh. brachte noch einmal neue Umbrüche im Bereich der Wissenschaften. Bis zur Gegenwart ist die wissenschaftliche Landschaft von einer weitgehenden gegenseitigen Nicht-Anerkennung von Naturwissenschaften u. Geisteswissenschaften gekennzeichnet, wobei die ersteren nicht selten beanspruchen, wegen ihres empirischen Vorgehens allein exakte Wissenschaften zu sein. Erschütterungen dieses Wissenschaftsverständnisses gingen zuerst von der Physik aus (Relativitätstheorie, Atom- u. Astrophysik). Die Annahme, Naturwissenschaft könne von gesicherten Grundlagen u. einem System von Regeln aus fortschreitend ihre Kenntnisse erweitern, ging verloren. In den Geisteswissenschaften wurde die Möglichkeit von W. aus der Struktur der Sprache u. der Konvention über Zeichen zu begründen versucht. Die seit der Antike zu beobachtenden Veränderungen wurden durch das Modell des *Paradigmenwechsels* erklärt (Paradigma griech. = beispielhaftes Bild): Die Grundvorstellungen (Ausgangsmodelle) jeder W. halten gegenüber Abweichungen von vermeintlich feststehenden Regeln nicht stand, so daß fundamentale Neuorientierungen nötig werden. Außer in den Naturwissenschaften wurde diese Einsicht auch in den kulturgeschichtlichen Untersuchungen der Geisteswissenschaften von Bedeutung (Wandel der Wertvorstellungen, Verzicht auf die Sinnfrage usw.). Die genannten Problematiken betreffen bis heute auch die ↗Theologie, sowohl »nach außen« hin in ihrem Geltungsanspruch als W. wie auch in ihrem wissenschaftlichen Selbstverständnis, wobei die einzelnen Diszipli-

nen oder Fächer der Theologie noch einmal in unterschiedlicher Weise als
W. zu verstehen u. ausgewiesen sind.

Wissenschaftstheorie heißt das reflexe Bemühen, allgemein anerkannte
Kriterien der Wissenschaftlichkeit bestimmter Wissenschaften zu entwik-
keln. Von vornherein sind die Unterschiede der Entstehungs-, Be-
gründungs- u. Verwendungszusammenhänge bei der wissenschaftlichen
Erkenntnis zu berücksichtigen. Reflexionen auf die Methode sind von der
antiken Philosophie an zu beobachten; der Ansatz der modernen Wissen-
schaftstheorien ist jedoch mit B. Bolzano († 1848) gegeben. Die heutige
allgemeine W. ist eine »Metatheorie« u. besteht vor allem aus Wissen-
schaftslogik, Wissenschaftsmethodologie u. Wissenschaftsphilosophie.
Heutige wesentliche Problemkomplexe sind das Verhältnis von Erfahrung
u. intersubjektiver Kommunikation, die Verhältnisse von Theorie u. Erfahrung, Logik u. Beobachtung, die Verhältnisse der Wissenschaft zu Geschichte u. Sprache (zu Konventionen). Arbeitsprogramme beziehen sich
auf die Naturwissenschaften (logisch-analytisches Programm), auf die
Geisteswissenschaften (↗Hermeneutik mit besonderer Bedeutung für die
Theologie) u. auf die Sozial- u. Wirtschaftswissenschaften (handlungs-
theoretisches Programm, mit Bedeutung für Theologie als praktisch-
kirchliche Wissenschaft).

Wort ist die akustisch wahrnehmbare »Äußerung« eines Begriffs oder einer
geistigen Erkenntnis (im Unterschied zu wortlosen Lauten); das »innere
W.« meint die auf dem Weg über Anschauung gewonnene geistige Erkenntnis selber. Wegen der ↗Transzendenz des menschlichen Geistes u.
wegen der Möglichkeit, Begriffenes zu verneinen, kann im W. auch dasjenige (in analoger Erkenntnis des ↗Seins: ↗Analogie) begriffen u. »geäußert« werden, was in der äußeren u. inneren Erfahrung des Menschen
nicht *unmittelbar* gegeben ist. Darum ist das W. *die schlechthinnige Weise
der gegenständlichen Gegebenheit Gottes* (wenn auch in analoger Gegebenheit), u. zwar Gottes »an sich« wie in seinen freien Verfügungen. Diese
Erkenntnis ist für die Glaubenspraxis von vorrangiger Bedeutung, da mit
ihr gesagt ist, daß das freie Verhalten Gottes an der Welt, z. B. im physikalischen, chemischen u. biologischen Bereich, nicht erscheinen u. nicht abgelesen werden kann.

Wort Gottes wird in der Theologie in zweifacher, wenn auch innerlich
zusammenhängender Bedeutung verwendet. 1. Im ursprünglichsten Sinn
ist der göttliche ↗Logos das W. G. schlechthin. In theol. Sicht begründet u.
verwirklicht der göttliche Logos im höchsten u. einmaligen Maß, daß das
geistig Seiende aussagbar ist, daß es also die Möglichkeit hat, als Frucht

dessen, daß es sich selber »besitzt« u. sich erkennt, sein »Wort« als sein »Abbild« u. als seine »Aussage« selber zu »setzen«. Weil Gott »immer schon« die Möglichkeit der Selbstaussage in seinem Logos in u. bei sich hat, ist jede Worthaftigkeit jedes Seienden für sich u. für andere (im Bei-sich-Sein u. in Aussagbarkeit) in ihm begründet, u. zwar in dem wesentlich je verschiedenen (»analogen«) Grad, der der Teilhabe des betreffenden Seienden am Sein entspricht. Diese in Gott existierende Möglichkeit ist auch der Grund dafür, daß Gott sich selber aussagend mitteilen kann. Der Glaube bekennt die Schöpfung als vom W. G. geschaffenen Adressaten der ⁊Selbstmitteilung Gottes u. als einmaligen Höhepunkt dieser Selbstmitteilung in der Geschichte die ⁊Inkarnation des Wortes Gottes. – 2. Ergeht die Selbstaussage Gottes im gesprochenen menschlichen Wort, dann heißt dies in Kirche u. Theologie »Wort Gottes«. Es umfaßt die Botschaft der ⁊Propheten, die ⁊Verkündigung Jesu, der ⁊Apostel, der ⁊Kirche in ihrem Wort-Zeugnis, das W. G. in der ⁊Heiligen Schrift. In der Sicht der theol. Systematik hat das menschliche ⁊Wort Möglichkeit u. Fähigkeit (⁊Potentia oboedientialis), W. G. zu sein, ohne daß das W. G. schließlich doch nur menschliches Wort u. den apriorischen Bedingungen der menschlichen Erkenntnis unterworfen bleibt. Gott bewirkt in der Sicht des Glaubens in dreifacher Weise, daß das menschliche Wort zugleich W. G. sein kann: a) Gott wirkt charismatisch (⁊Charisma) so auf den Propheten ein, daß er das aussprechen kann, was Gott durch ihn dem Menschen sagen will; Gott kann mit der menschlichen Hilfe des Propheten wenigstens analog (⁊Analogie) alles sagen, was Gott gesagt haben will, weil das Menschenwort als Wort des Geistes grundsätzlich keine solchen inneren Grenzen hat, durch die bestimmte Wirklichkeiten grundsätzlich außerhalb seines Horizontes bleiben würden. – b) Das von Gott beeinflußte Menschenwort ist von Gottes ⁊Gnade begleitet, so daß das glaubende Hören auf es von der Gnade, die Gott selber ist, ermöglicht u. getragen wird; das so vernommene Wort ist nicht bloß menschlicher Erkenntnis ausgeliefert. – c) Das von Gott beeinflußte Menschenwort ist grundsätzlich ein wirksames Wort, weil die Gnade, von der es ermöglicht, getragen u. beeinflußt ist, die »Sache«, von der geredet wird, gegenwärtig setzt, wirksam macht u. dem Hörenden zu eigen gibt. Im kirchlichen Vollzug ereignet sich diese Gegenwart Gottes in seiner Gnade durch das Sprechen (Verkündigen) u. gläubige Hören des Wortes Gottes in den Wortgottesdiensten u. in den Sakramenten. Hinsichtlich der grundsätzlichen theol. Auffassung vom W. G. im Menschenwort u. seiner allein aus Gnade ermöglichten Wirksamkeit bestehen heute keine kath.-ev. Differenzen mehr. Noch kein Konsens ist erreicht in der Frage der Auslegungskompetenz des ⁊Lehramts hinsichtlich der ⁊Offenbarung (wobei die Respektierung des von Gott im einzelnen Menschen vorgängig zu Lehrinterpretationen bewirkten ⁊Glaubenssinns eine Gesprächsbasis bietet), hinsichtlich des genauen Verhältnisses von ↗Heiliger Schrift u. kirchlicher ↗Tradition (vgl. ↗Sola Scriptura) u. hinsichtlich der vom W. G. offenbar nicht oder jedenfalls nicht direkt angesprochenen u. ethisch verbindlich gedeuteten Probleme der komplexen heutigen Lebenswelt.

Wunder ist ein Wort, das von den unterschiedlichsten Voraussetzungen getragen ist, die eine Verständigung schon auf der begrifflichen Ebene erschweren. W. ist nicht alles, was »irgendwie« mit Staunen u. Sich-wundern zusammenhängt. Erstaunen u. Erschrecken in der Begegnung mit dem ↗Heiligen ist kein W. Ein W. ist auch nicht etwas, was für alle einsichtig auf der Erfahrungsebene stattgefunden hat, auf evidente Eingriffe Gottes (oder bestimmter Heiliger) in Naturabläufe u. Biographien zurückzuführen ist u. Gottes souveränes Ausnahmehandeln durch sich selber oder durch Bevollmächtige demonstriert, wie der religiöse ↗Fundamentalismus will. Heutige Mentalität schwankt im Hinblick auf die Möglichkeit (u. Faktizität) von Wundern zwischen völliger Skepsis (W. als das bloß noch nicht Erklärbare, als Produkt von Autosuggestion, Hypnose, nicht allgemein instrumentalisierbaren psychischen Energien, als von bestimmten Interessen diktierte literarische Fiktionen, wie sie von der kritischen Bibelexegese manchmal identifiziert werden) u. barer Leichtgläubigkeit im Zeichen der ↗Esoterik. Eine Annäherung an ein spezifisch christliches Wunderverständnis könnte von folgender Erwägung ausgehen: Im Menschen ist eine »Tiefe« seines Daseins gegeben, die seine ganze Erfahrungswelt ständig begleitet u. zugleich übersteigt. Diese »Tiefe« kann auch durch die Überlegung verdeutlicht werden, daß der Mensch in seiner geistgeprägten Natur innerlich eigentümlich erschlossen u. offen ist für das »Jenseits« seiner Erfahrungswelt. Ausgeführte Gedankengänge dazu bieten die Philosophien des ↗Geistes u. der ↗Transzendenz. In schlichten poetischen Worten ausgesprochen: Der Mensch lebt in bleibender Nachbarschaft zu Gott, er rührt unentwegt an das unbegreifliche göttliche Geheimnis. Diese »Gegebenheit« wird allerdings von innerweltlichen Verfestigungen überdeckt u. aus dem Bewußtsein verdrängt, so daß ein Mensch – theol. u. religiös gesprochen: unter dem Antrieb des ihm innewohnenden Heiligen Geistes – sich immer neu »öffnen« muß auf die eigentliche Weite u. Tiefe seines Daseins hin, sich die Fragwürdigkeit seiner bloß endlichen Horizonte bewußt machen, sich aufmerksam für Gott machen muß. So in empfänglicher Verwunderung wachgeworden, *kann* er (nicht *muß* er) nach einer verantwortlichen Prüfung unerklärliche Ereignisse in seiner Erfahrungswelt als von Gott beabsichtigt u. veranlaßt, als »Fügungen« Gottes annehmen. Sie stellen für ihn dann einen jeweils neuen Anruf Gottes dar, sich dialogisch mit ihm einzulassen. Damit ist gesagt: Die Voraussetzung dafür, ein Wunderwirken Gottes zu akzeptieren, ist die so umschriebene fundamentale, sich öffnende Gläubigkeit eines Menschen. Innerhalb der vielen Erzählungen von Wundern in AT u. NT (die hier nicht registriert werden können u. müssen) wird zuweilen auch sehr deutlich von dieser Gläubigkeit als Voraussetzung für das W. gesprochen (vgl. Mk 5, 34; Lk 18, 42 u. ö.). Das bedeutet aber auch, daß die Gewißheit von der Existenz eines Wunders nur im ↗Glaubenssinn individueller menschlicher Subjektivität gegeben sein kann. Es gibt keinen objektiven Beweis für das tatsächliche Ereignis eines Wunders. Offizielle »Anerkennungen« eines Wunders können nur bedeuten, daß der das W. anerkennenden Instanz Kriterien zur »natürlichen« Erklärung eines Vorkommnisses fehlen. Damit ist die Glaubenslehre des I. Vaticanums von 1870, daß W. grundsätzlich möglich u. erkennbar sind, nicht in Frage gestellt. Theologisch gesehen ist das W. damit nicht eine ungesetzmäßige, willkürliche Demonstration der Allmacht Gottes, sondern es gehört in den Prozeß der gnädig-freien ↗Selbstmitteilung Gottes an die Subjektivität des einzelnen Menschen hinein, den es von der vorbereitenden Gläubigkeit zu immer ausdrücklicherem, vertieften Glauben führen will. Für den christlichen Glauben ist das alles entscheidende W. in der Auferweckung Jesu von den Toten gegeben, die nicht als Vorgang, aber in der Wahrnehmung des Lebendigen von vielen Zeugen bestätigt wurde. In diesem W. hat Gott seine endzeitliche Macht zur Vollendung der Menschheit u. der Schöpfung verheißend bekräftigt.

Z

Zeichen ist eine Wirklichkeit, die auf eine andere hinweist u. diese anzeigt. In dieser Hinweisfunktion wird das Z. in der Philosophie (seit Aristoteles † 322 v. Chr.) als ↗Symbol thematisiert. In der mathematischen Logik u. in der philosophischen Semantik ist der Begriff des Zeichens bis heute unentbehrlich. Die negative Bestimmung des Zeichens bei Aristoteles, auf etwas hinzuweisen, was es nicht selber ist, wird im 20. Jh. abgelöst durch ein Verständnis des Zeichens, wonach es mit dem Bezeichneten eine Einheit bildet, die jedoch, nach einer weiteren Entwicklung der Theorie, für eine Interpretation offen ist. – In der Sprache der Bibel sind Z. nicht Hinweise auf etwas Abwesendes, sondern Vergegenwärtigungen früherer Machterweise Gottes, Vergewisserungen der (verborgenen) gegenwärtigen Macht Gottes (Z. u. ↗Wunder) oder Ansage des künftigen göttlichen Heilswirkens (»prophetische Zeichenhandlungen«). In der theol. Tradition wurde in der östlichen Kirche das Z. als Vergegenwärtigung des Bezeichneten verstanden (↗Bild). Im Westen entwickelte Augustinus († 430) eine ausführliche u.

einflußreiche Zeichentheorie (↗Sakrament). Von ihm her wurden in der mittelalterlichen Theologie alle Sakramente zur Gattung der Z. gerechnet. Nachwirkungen der Frage, ob ein Z. auf ein Abwesendes verweist oder dieses gegenwärtig setzt, zeigen sich in reformatorischen Auffassungen der Sakramente u. in kath. Diskussionen über liturgische Symbolhandlungen.

Zeit, Zeitlichkeit. Ein bis zur Gegenwart einflußreiches Nachdenken über menschliche Zeit u. Zeitlichkeit ergab sich aus einer Auseinandersetzung in der antiken griech. Philosophie: Während Platon (†347 v.Chr.) das Zeitliche nur als das uneigentliche Seiende ansah u. ihm das Ziel der Menschheitsgeschichte so als die Aufhebung von Zeit in der ↗Ewigkeit erscheinen mußte, ging sein Schüler Aristoteles (†322 v.Chr.) von der Beobachtung u. Messung der Bewegung aus u. verstand unter Zeit die Zahl der Bewegung nach dem Früher u. Später, so daß nur das Bewußtsein die Erfahrung von Zeit machen kann. Nur ein mit Geist begabtes Seiendes kann das ↗Jetzt als Übergang vom Noch-nicht zum Nicht-mehr erfahren (↗Gegenwart). Von diesem Ansatz aus dachte die abendländische Philosophie von Augustinus (†430) über I. Kant (†1804) bis ins 20. Jh. über die Zeit nach. Bedeutsam ist die Unterscheidung von Zeit als meßbarer Abfolge u. erlebter Zeit bei H. Bergson (†1941), die in differenzierter Form bei E. Husserl (†1938) u. M. Heidegger (†1976) wiederkehrt. Neuestens wurde vorgeschlagen, die Zeit in drei Dimensionen zu betrachten: Die *endogene* Zeit des unmittelbaren inneren Erlebens (die frühere mythisch-zyklische Zeit, die moderne rational-lineare Zeit u. die »zeitenthobene« mystische Zeit); die *exogene* Zeit (Naturzeit wie Tag u. Nacht, Jahreszeiten, u. die soziale Zeit wie Arbeits-Zeit u. Frei-Zeit oder auch Kirchenjahr); die *transzendente* Zeit (religiöse Zeiterfahrung mystischer oder prophetischer Art, epiphane Zeit der Gotteserfahrungen). – Eine Theologie, die sich auf das gedankliche Erbe einläßt, versteht Zeit als die Art u. Weise, wie die endliche ↗Freiheit des Menschen wird. Sie kommt von einem echten ↗Anfang her, über den sie nicht verfügt (echt heißt: sie hat einen Anfang, sie hat ihn jedoch nicht gehabt). Sie realisiert dann entscheidend u. wählend die Wirklichkeit, die ihr als Möglichkeit vorgegeben war, u. gelangt zu einem echten, unwiderruflichen ↗Ende als verfügte Vollendung. Die Zeit dieses menschlichen Seienden ist daher nicht das bloße aneinandergereihte Verschiedene, sondern das Hintereinander von »Momenten«, die die Phasen *eines* Geschehens, *eine* Zeitgestalt, bilden. Das menschliche Bewußtsein ist in die erfahrene Zeit eingefangen u. kann sie nicht durch Hinzufügung anderer, fremder Momente erklären, wie das in den theol. Spekulationen über die ↗Ewigkeit versucht wurde. Ein echter Begriff der Ewigkeit, wie er in der Offenbarung von Gottes Ewigkeit u. der menschlichen Teilhabe daran im ewigen Leben gegeben ist, ergibt sich nicht dadurch, daß die Zeit als endlos weiterlaufend gedacht wird, denn dann bliebe die Zeit einfach Zeit. Er ergibt sich auch nicht dadurch, daß die Zeit einfach verneint wird, denn wäre es überhaupt sinnvoll, ein »Existierendes minus Zeit« zu denken? Auszugehen hätte die Theologie von einer Reflexion darüber, daß die menschliche Freiheit »eigentlich« als Frucht der Zeit Endgültigkeit will, u. daß diese Endgültigkeit in diesem Wollen schon in der Zeit erfahren wird. In der Sicht des Glaubens »produziert« die menschliche Zeit nicht die Vergangenheit, sondern durch sie wird das Endgültige. Die Zeit ist daher die positive Art u. Weise, wie die Kreatur an der Ewigkeit Gottes teilhat. Die Zeitgestalt, mit der sich Biologie, Physik, Medizin u. andere Naturwissenschaften befassen u. mit ihren Methoden überhaupt nur befassen können, erscheint von da her als depotenzierte Weise der »inneren Zeit« der geistig-personalen Freiheitsgeschichte.

Zeugnis. In der Alltagssprache bezeichnet Z. die von einem Zeugen verbürgte Mitteilung über eine von ihm selber wahrgenommene Wirklichkeit. In biblischer Sicht gehören die Sorge um wahres Z. u. das strikte Verbot eines falschen Zeugnisses zu den elementaren Pflichten der Nächsten- u. Feindesliebe. Bei rechtlichen oder religiösen Auseinandersetzungen ist die Existenz zweier oder dreier Zeugen entscheidend (Dtn 17,6; 19,15; Mt 18,16 u.ö.). Gott gilt als zuverlässiger Zeuge auch über Wirklichkeiten, die der unmittelbaren Wahrnehmung entzogen sind. Für ihre Erfahrung, daß der vom Tod erweckte Jesus lebt, müssen die Zeuginnen u. Zeugen eintreten (Lk 24,46ff.; Apg 1,8 u.ö.; vgl. auch ↗Zwölf). Mehrfach ist Z. mit ↗Bekenntnis identisch (Apg 23,11; Offb 1,9 u.ö.). Die Existenz von Glaubenszeugen ist für die Glaubwürdigkeit der Kirche u. ihrer Botschaft von erstrangiger Bedeutung. Nach dem II. Vaticanums beinhalten die Sakramente der Taufe u. Firmung die Sendung zum Z. (AG 11).

Ziel, ein Problem, dem sich die ↗Transzendentalphilosophie nähert: Ein Seiendes erfährt, wenn es seiner Zeitlichkeit bewußt ist (↗Zeit), die Momente seiner Wirklichkeit »auseinander«; es erlebt seine Zeit als von ihm u. anderen aktiv gestaltete, u. so hat es seine Geschichte als ganze, sein ↗Ende u. seine ↗Vollendung nicht schon in seinem ↗Anfang. Dennoch ist der Anfang, gerade weil er ihm selber nicht gegeben, sondern von einem Andern verfügt ist, gegenüber dem Ende, der Vollendung, nicht gleichgültig. Vielmehr ist das Ende als Vollendung ihm bestimmt u. im Anfang schon vorgesehen, daher ist der Anfang auf das Ende ausgerichtet oder das Ende ist das Z. des Anfangs. Wird der Anfang als anfängliches Wesen u. das Ende als vollendetes Wesen gedacht, dann ergibt sich, daß Wesensethik u. Zielethik im Grund dasselbe sind. Oft werden vom Menschen frei gewählte Teilziele gesetzt. Sie dürfen natürlich nicht mit dem schlechthinnigen Z. identifiziert werden. Über das Verhältnis Gottes zum Zielstreben zwischen Anfang u. Ende: ↗Schicksal, ↗Vorsehung. Die Lehre vom Zielstreben u. dem Zweckmäßigen in der Natur wird seit dem 18. Jh. ↗Teleologie genannt.

Zorn Gottes ist ein Gott in der Bibel anthropomorph zugeschriebener Affekt (↗Anthropomorphismus). Im AT ist das Thema des Zornes G., mit starken Bildern illustriert, v. a. Bestandteil der Drohreden bei den Gerichtspropheten, doch siegt nirgendwo der Z. G. über seine in ewiger Treue fortbestehende Vergebungsbereitschaft. In Hos 11, 8 ff. offenbart Gott den Sieg seines Mitleids über seinen Zorn. Im NT läßt sich das Thema des Zornes G. bei Jesus nicht nachweisen; es kommt bei Johannes dem Täufer, Paulus (v. a. 1 Thess u. Röm) u. in der Offb vor. Die kirchliche Theologie mühte sich von Origenes († 253) bis Thomas von Aquin († 1274), die Gottesvorstellung von negativen Affekten zu reinigen (der Irrlehrer Markion spielte im 2. Jh. den guten Christengott gegen den seinen Affekten ausgelieferten Gott des AT aus). In der Theologie M. Luthers († 1546) nimmt das Thema des Zornes G. breiten Raum ein, doch läßt Luther Gott selber seinen Zorn am Kreuz ausleiden u. von seiner Liebe besiegt werden. In der gegenwärtigen Theologie wird darauf hingewiesen, daß der Z. G. der Sünde gilt, daß aber die Sünder unter der Verheißung der göttlichen ↗Barmherzigkeit stehen u. die Hoffnung haben dürfen, daß das ↗Gericht nicht von unerbittlich strafender Gerechtigkeit, sondern von Liebe bestimmt ist.

Zufall, volkstümlich ein unbeabsichtigtes, unerwartetes Ereignis, dessen Ursache (Gesetze, Regeln) nicht erkennbar ist u. das den Menschen als Glück oder Unglück betreffen kann. Eine eindrucksvolle Rolle spielt der Z. in der Unterhaltung (Spiel) u. in experimentierender Kunst. Das philosophische u. theol. Problem des Zufalls unterscheidet sich von dem der ↗Kontingenz, bei dem das Nichtnotwendige im ganzen notwendig auf ein Notwendiges (Gott) schließen läßt. Die Erkenntnis, daß die Schöpfung – in ihrer Existenz, nicht aber in ihrem konkreten Dasein im Willen des göttlichen Schöpfers gründend – den Prozessen (Spielen) der ↗Evolution überlassen ist, verbietet die religiöse Meinung, es gebe schlechterdings keine Zufälle u. alles unerwartet konkret Begegnende (einschließlich der Unfälle) sei Fügung Gottes. – ↗Schicksal.

Zukunft ist im alltäglichen Verständnis das Unbekannte, das später einmal kommt. Die Gedanken der klassischen Theologie waren hinsichtlich der Z. auf die Ankunft Jesu Christi (↗Parusie; Z. nicht als »futurum«, sondern als »adventus«) u. auf das damit verbundene ↗Gericht konzentriert, mit de-

nen das Ende der Welt u. der Menschheitsgeschichte u. damit die endgültige Z. der Menschen in Heil oder Unheil gekommen wären (↗Eschatologie).
Ein systematisches Nachdenken über die spezifisch menschliche Z. ergibt,
daß Z. nicht nur das noch nicht wirkliche Ausständige ist. Vielmehr ist Z.
das, was dem Menschen in seinem ↗Anfang schon als ↗Ende als echtes, ihn
verpflichtendes ↗Ziel vorgegeben ist, auf das er sich, weil die Gnade Gottes
ihn dazu befähigt, hinbewegen kann u. soll (echte getane u. zugleich geschenkte Z.). Im theol. Verständnis ist das die wahre, eigentliche u. letzte
Z., die insofern schon begonnen hat, als Gott in seinem universalen ↗Heils-
willen durch den Prozeß der Vollendung der einzelnen Menschen die bleibenden Erträge der Geschichte bei sich birgt (er hat sich geoffenbart als der
»Gott der Lebendigen«, der Gott Abrahams, Isaaks u. Jakobs, der Gott des
auferweckten Jesus u. der zu ihm Gehörigen). Für den glaubenden Menschen in seiner Offenheit auf die Z. ist sie scheinbar noch ausständig, aber
in aller Wirklichkeit der feste Punkt, von dem aus er die Vergangenheit
deuten u. die Gegenwart bestehen kann. Im christlichen Glauben wird eine
Z. erwartet, die *von sich aus* vollendend »von vorn« auf die Geschichte
zukommt, u. »hinter« deren Ankommen keine weitere, womöglich noch
größere Z. zu erwarten ist, eben weil sie die vollendende ist. In theol. Sprache ist diese näherkommende Z. daher die »absolute Z.«, ein anderer Name für Gott. Von ihr ist die »innerweltliche Z.« zu unterscheiden. Mit ihr
befassen sich mehrere Wissenschaften (Futurologie). Sie ist der Planung,
Aktivität u. Verantwortung der Menschen aufgegeben, gerade auch als Beseitigung der Zustände, die Menschen an ihrer Z. verzweifeln lassen (↗Be-
freiungstheologie) u. als Sorge um die Z. der kommenden Generationen.
Die moderne Naturwissenschaft zweifelt allerdings (infolge der Fakten, die
durch Quantenphysik u. Chaostheorie erhoben wurden) an ihrer Fähigkeit
zu zuverlässigen Prognosen. Absolute u. innerweltliche Z. werden im Denken unterschieden, gehören in der Glaubenspraxis jedoch engstens zusammen: Die (nicht ideologisch motivierte) Arbeit an einer wahrhaft huma-
nen innerweltlichen Z. ist eine religiöse Aufgabe, bei deren Fortschreiten
Menschen ihre glaubend-hoffende Offenheit für eine absolute Z. realisieren.

Zulassung Gottes ist eine theol. Formulierung im Zusammenhang mit der
↗Theodizee: Wie lassen sich das moralische ↗Böse u. die physischen ↗Übel
mit einem Gott vereinbaren, dessen Eigenschaften ↗Allmacht u. ↗Liebe
sind? Nach den biblischen Zeugnissen sind zwar Menschen für moralisches
Unrecht verantwortlich; für physische Übel können sie aber nicht haftbar
gemacht werden. Außerdem wird das Bewirken von Bösem auch Gott zugeschrieben (Jes 45,6 f.; Ps 81,13; Röm 1,24–28; die Sintflut, die Tötung
der ägyptischen Erstgeburt; die aktive ↗Verstockung usw.). Augustinus

(† 430) meinte, vieles von dem, was gegen den Willen Gottes geschehe, komme doch nicht ohne seinen Willen zustand, da es ja nicht geschehe, wenn er es nicht erlaube. Thomas von Aquin († 1274) sprach vom Zulassen (»permittere«) des bösen Tuns ohne es zu hindern, u. dies sei gut. Von da an wurde die Rede von der Z. G. in die Theologie übernommen, mit dem Hinweis auf den höheren, alles zum Guten führenden Ratschluß Gottes u. unter Verzicht auf eine Erklärung. M. Luther († 1546) thematisierte die Alleinwirksamkeit Gottes, auch bei der Verstockung des Pharao u. bei der Sünde des Judas, über die Gott jedoch schließlich mächtig sei; er lehnte dafür die Formulierung Z. G. ab. Ebenso J. Calvin († 1564), der Gott Heil u. Unheil zuschrieb, aber Gottes Willen in seiner Weisheit für menschlichen Augen verborgen erklärte: Gutes u. Böses dienten am Ende des Heilsgeschehens dem Guten allein (Calvin konnte offenbar nicht akzeptieren, daß auch bei Gott ein guter Zweck die schlechten Mittel nicht heiligt). Dem gegenüber verurteilte das Konzil von Trient die Behauptung, schlecht zu handeln liege nicht in der Gewalt des Menschen, sondern die guten wie die schlechten Werke wirke Gott, nicht nur, indem er sie zulasse, sondern im vollen u. eigentlichen Sinn, so daß der Verrat des Judas nicht weniger das Werk Gottes sei als die Berufung des Paulus. Auf die Frage, in wie weit Gott die menschliche ↗Freiheit positiv beeinflussen könne, ohne sie zu zerstören, ging das Konzil in diesem Zusammenhang nicht ein. In der neueren Theodizee-Diskussion zeichnet sich die Auffassung ab, daß die Unterscheidung von Z. G. u. wirksamem Willen Gottes nur eine scheinbare Lösung sei, da Zulassen u. Wollen bei Gott identisch seien. Das Problem muß bis zu einer Antwort Gottes als theol. unbeantwortbar offen bleiben.

Zwang heißt jene Situation eines Menschen, die es ihm unmöglich macht, sich konkret frei zu entscheiden oder die Entscheidung zu verwirklichen. Z. kann durch äußeren Druck bewirkt werden oder von innen her entstehen. Vor Gott relevante Verhaltensweisen (↗Verantwortung, ↗Verdienst, ↗Schuld) können unter Z. nicht entstehen. Ein Mensch kann für sich selber das Vorliegen eines pathologischen Zwangs oder die genaue Grenze zwischen ↗Freiheit u. innerem Z. nicht beurteilen. Das unbestreitbare Bestehen von Zwängen verschiedener Art darf nicht zu einer generellen Bestreitung der menschlichen Wahlfreiheit führen (↗Determinismus).

Zweck, früher oft philosophisch gleichsinnig mit dem ↗Ziel eines Geschehens gebraucht. Eine genauere Reflexion sieht im Z. eine Grundgegebenheit in der Erfahrung eines Seienden, die schon in ihm u. nicht erst vor ihm liegt: als werdendes, aus-gerichtetes Seiendes strebt es »von innen her« danach, etwas Bestimmtes zu erreichen (↗Finalität). Ist die Struktur eines Seienden oder einer Handlung aus-gerichtet, spricht man von objektivem

Z. Liegt die Ausrichtung in der Absicht eines Handelnden, so handelt es sich um einen subjektiven Z. Liegt der Z. nicht außerhalb oder, wie das Ziel, vor einer Wirklichkeit, sondern innerhalb ihrer, etwa als fortschreitende Selbstverwirklichung u. als Vollendung, die als gut verstanden werden u. nicht als bloß äußere »zweckmäßige« Mittel gelten, dann sind Z. u. ⊅Sinn identisch. – Die theol. Anthropologie sucht zu verdeutlichen, inwiefern die menschliche Person in Erkenntnis u. Liebe ihren Selbst-Z. hat u. in ihrem Sinn ruht u. erst durch ihre Vollendung in Gott zur Einheit aller Z.- u. Sinn-Bezüge aller Wirklichkeiten gelangt. Die Schöpfungstheologie thematisiert, daß diese Einheit Gottes Ehre u. Verherrlichung bedeutet.

Zweifel ist das kritische Infragestellen einer Erkenntnis, um sie in eine bessere, umfassendere Erkenntnis zu integrieren; auch die Absage an Vor-urteile u. Gewohnheiten kann Z. heißen. Kennzeichnend für den Z. ist im theoretischen Bereich ein Schwanken hinsichtlich der Wahrheit oder Falschheit eines Urteils, im ethischen Bereich zwischen der Erlaubtheit oder Verwerflichkeit einer Gesinnung oder Handlung. Ähnlich wie die Frage sucht der Z. nach ⊅Gewißheit. Die Überprüfung von Annahmen (»Hypothesen«) in den verschiedensten Wissenschaften heißt »methodischer Z.« Die hier umschriebenen Arten des Zweifels sind im Entwicklungsprozeß des Menschen u. der Menschheit als Motoren des Fortschritts notwendig. Ein theol. Thema ist der Glaubenszweifel. Ein Schwanken im oben genannten Sinn oder das Aufkommen von Schwierigkeiten beim Festhalten an einer einmal gewonnenen Glaubenseinsicht sind noch nicht Glaubenszweifel. Dieser ist vielmehr das willentliche Aufheben einer früher einmal wirklich bewußt u. frei gegebenen Zustimmung zu einer Glaubenserkenntnis u. deren Begründung(en). Der theol. Hintergrund eines solchen Verhaltens ist damit gegeben, daß die Wahrheitserkenntnis auch hinsichtlich des von Gott Geoffenbarten nicht nur objektive Faktoren hat wie z. B. die Einsicht, daß sie nicht im Widerspruch zu Vernunft u. Menschlichkeit steht. Sie hat auch als wesentliche Voraussetzung eine bestimmte ethische Haltung, die von Gottes zuvorkommender Gnade bewirkt ist (Offenheit, Lernbereitschaft, Selbstkorrektur, Bemühung um gedankliches Durchdringen, um Erkenntnis der Existenzerhellung, die mit der Offenbarung Gottes gegeben ist usw.) u. die im Glaubenszweifel beseitigt wird. Wenn einmal die sichere Erkenntnis gegeben war, daß – u. was – Gott in Wahrheit gesprochen hat, dann ist praktisch dem Menschen ein Z. am Gehörten nicht mehr möglich, aber er kann im Widerstand gegen die Gnade Gottes seine innere Haltung verändern, so daß sein entschiedenes Urteil, eine bestimmte Botschaft sei Gottes Wort, völlig aufgehoben wird. Eine solche Haltungsänderung kann schuldhaft sein; praktisch ist es aber kaum möglich, zwischen einem solchen Z. u. der kritischen Frage, die dem

Menschen gerade angesichts der kirchlichen Glaubensverkündigung als Pflicht aufgegeben ist, zu unterscheiden.

Zwei-Reiche-Lehre, die Auffassung M. Luthers († 1546) u. der lutherischen Reformation hinsichtlich der im Glauben richtigen Verhaltensweise der Christen angesichts ihrer Zugehörigkeit zu zwei Reichen, dem Reich Gottes u. dem Reich der ↗Welt. Biblische Bezugsstellen waren die Reich-Gottes-Verkündigung Jesu mit dem Programm der Bergpredigt, die Warnungen bei Paulus vor der Welt u. seine Äußerungen zur Freiheit vom Gesetz, zum inneren u. äußeren Menschen u. zur weltlichen Obrigkeit (Röm 13). Vor allem die Unterscheidung zweier Reiche bei Augustinus, des Gottesstaates u. des irdischen Reiches des Teufels, u. deren Fortführung in der mittelalterlichen Lehre von den zwei »Schwertern« waren für Luther von Bedeutung. Er suchte die Aufgaben der Christen als Zugehörige zu beiden Reichen zu definieren (Schwerpunkte: Verkündigung der Versöhnung – Bewahrung der Schöpfung vor den Folgen der Sünde), warnte vor der Vermischung der Bereiche u. umriß die Grenzen des Gehorsams gegenüber der weltlichen Ordnungsmacht. Eine ähnliche Lehre legte J. Calvin († 1564) hinsichtlich der zwei »Regime« vor. So kann Z. zur Kurzbezeichnung der ev. politischen Ethik u. Sozialethik dienen.

Zwischenzustand heißt in der ↗Eschatologie der Zustand des Menschen, dessen irdisches Leben durch den ↗Tod beendet ist, während er noch zur »Welt« gehört, die ja nach seinem Tod ihren Fortgang nimmt, so daß er nicht als schlechthin vollendet gedacht werden kann. Diese Auffassung wird in der kath. kirchlichen Lehre so verdeutlicht, daß gesagt wird, die ↗Seele des Verstorbenen sei (als »anima separata«) schon in der ↗Anschauung Gottes im ↗Himmel oder erfahre Läuterung im ↗Fegfeuer oder befinde sich in der selbstverursachten Gottesferne in der ↗Hölle u. erwarte an diesem oder jenem »Ort« die ↗Auferstehung. Allerdings: Da die Seinsprinzipien des Menschen nach ebenfalls geläufiger kirchlicher Lehre eine substantielle Einheit bilden, muß jede Aussage über die »Seele« auch eine Aussage über den »Leib« sein u. umgekehrt. Ein Verstorbener kann deshalb nicht als völlig leibfreier Geist, als völlig ungeschichtlich, als völlig fern von jeder Materialität gedacht werden, wenn ihm auch nicht die Leiblichkeit des irdischen Daseins u. dessen Zeitlichkeit zugeschrieben werden können. Daß die Vollendung der Menschheitsgeschichte im ganzen u. die der Schöpfung auch für die individuellen Verstorbenen »etwas bedeuten«, ist ebenfalls zu berücksichtigen. Bei dem ungeklärten Verhältnis von individueller u. universaler Eschatologie wird in der kath. Dogmatik von einem veränderten, »verwandelten« Materie- u. Weltbezug der Seele oder von einer »Auferstehung im Tod« gesprochen, was weniger mißverständlich ist als die Rede von einer rein geistigen Seele.

Zwölf, die Zwölf, eine nach vielen Zeugnissen des NT von Jesus selber aus der Vielzahl von Jüngern u. Jüngerinnen herausgehobene Gruppe von zwölf Männern, deren Namen in vier Listen, jeweils mit Petrus an der Spitze, wiedergegeben sind (Mk 3,16–19; Mt 10,2–4; Lk 6,14–16; Apg 1,13, an dieser Stelle fehlt Judas, der nach Apg 1,21–26 durch die Zuwahl des Matthias ersetzt wurde). Nach überwiegender exegetischer Meinung handelte es sich bei der Erwählung der Z. um eine Zeichenhandlung, die die Sendung Jesu zur Sammlung der zwölf Stämme Israels im vollendeten Reich Gottes (↗Naherwartung) symbolisieren sollte. Die Z. bildeten nach der Ostererfahrung das Leitungskollegium der Urgemeinde in Jerusalem mit Petrus an der Spitze. Die Vermutung liegt nahe, daß ihr Ansehen darauf beruhte, Empfänger einer besonderen Unterweisung durch Jesus, Augen- u. Ohrenzeugen seines irdischen Lebens u. Zeugen seines Lebens nach seiner Auferweckung gewesen zu sein (vgl. 1 Kor 15,5). Nach der Ausdehnung der Verkündigung des Evangeliums über Jerusalem hinaus traten andere (↗Apostel) an ihre Stelle. Aus dem Kreis der Z. wird dann nur noch Petrus hervorgehoben.

Ergänzendes Sachregister

Konkupiszenz ↗Begierde, Begierlichkeit
Konsenstheorie ↗Wahrheit
Konzeptualismus ↗Ockhamismus
Koran ↗Islam
Letzte Ölung ↗Krankensalbung
Literarkritik ↗Bibelwissenschaften
Loskauf ↗Erlösung
Lüge ↗Wahrhaftigkeit
Lumen gloriae ↗Anschauung Gottes
Mächte und Gewalten ↗Gewalten und Mächte
Makarismen ↗Bergpredigt
Marxismus ↗Entfremdung, ↗Utopie
Mediatrix ↗Mittlerschaft Marias
Midrasch ↗Rabbi
Mischna ↗Rabbi
Miterlöserschaft Marias ↗Corredemptrix
Mütterlichkeit Gottes ↗Vater
Myronsalbung ↗Firmung
Naturrecht ↗Ius divinum, ↗Sittengesetz
Nicaeno-konstantinopolitanisches Glaubensbekenntnis ↗Glaubens-
    bekenntnis
Nirwana ↗Buddhismus
Notwehr ↗Gewalt
Ordensleben ↗Berufung, ↗Evangelische Räte, ↗Vollkommenheit
Pantokrator ↗Allmacht Gottes
Paradigmenwechsel ↗Wissenschaft
Partizipation ↗Teilhabe
Passion Jesu ↗Leiden Jesu Christi
Passionsmystik ↗Leidensmystik, ↗Stigmatisation
Pluralistische Religionstheorie ↗Nichtchristliche Religionen
Pneumatomachen ↗Makedonianer
Politik und Kirche ↗Kirche
Polygenismus ↗Monogenismus
Polyphylismus ↗Monogenismus
Potestas ↗Vollmacht
Presbyter ↗Amt, ↗Priestertum
Propädeutik, philosophische ↗Philosophie und Theologie
Protestantismus ↗Evangelisch, ↗Frühkatholizismus
Pseudepigraphen ↗Apokryphen
Psychoanalyse ↗Traum
Realinspiration ↗Inspiration
Realität ↗Wirklichkeit